# MATEMÁTICA

## *Uma Ciência para a Vida*

Volume 2

# MATEMÁTICA

## *Uma Ciência para a Vida*

Volume 2

**ANTONIO CARLOS ROSSO Jr.**
Mestre em Sistemas Dinâmicos
pela Escola Politécnica da Universidade de São Paulo
Bacharel em Matemática
pelo Instituto de Matemática e Estatística
da Universidade de São Paulo

**PATRÍCIA FURTADO**
Mestre em Ensino da Matemática
pela Pontifícia Universidade Católica de São Paulo
Bacharel e Licenciada em Matemática
pela Pontifícia Universidade Católica de São Paulo

editora HARBRA

*Direção Geral:* Julio E. Emöd
*Supervisão Editorial:* Maria Pia Castiglia
*Edição de Texto:* Roberto Gumercindo Furtado
*Coordenação de Produção e Programação Visual:* Grasiele Lacerda Favatto Cortez
*Revisão de Texto:* Patricia Gazza
*Revisão de Provas:* Hacsa Mariano Franco
Isabela Zanoni Morgado
*Auxiliar de Edição:* Ana Olívia Ramos Pires Justo
*História & Matemática:* Elisabete Teresinha Guerato
José Maria Carlini
Mauro de Almeida Toledo
Oscar João Abdounur
*Tecnologia & Desenvolvimento:* Antonio Gil Vicente de Brum
*Ilustrações:* Kanton
*Gráficos:* Stella Bellicanta Ribas
Danilo Molina Vieira
*Editoração Eletrônica:* AM Produções Gráficas Ltda.
*Auxiliar de Produção:* Maitê Acunzo
*Impressão e Acabamento:* Cromosete Gráfica e Editora Ltda.

Dados Internacionais de Catalogação na Publicação (CIP)
(Câmara Brasileira do Livro, SP, Brasil)

Rosso Jr, Antonio Carlos
Matemática : uma ciência para a vida, 2 / Antonio Carlos Rosso Jr, Patrícia Furtado. -- São Paulo : Editora HARBRA, 2011.

Bibliografia
ISBN 978-85-294-0396-7

1. Matemática (Ensino médio) I. Furtado, Patrícia. II. Título.

10-14163 CDD-510.7

**Índices para catálogo sistemático:**
1. Matemática : Ensino médio 510.7

**MATEMÁTICA – Uma Ciência para a Vida – volume 2**

Rua Joaquim Távora, 779
04015-001 São Paulo – SP
Promoção: (0.xx.11) 5084-2482 • Fax: (0.xx.11) 5575-6876
Vendas: (0.xx.11) 5084-2403, 5571-0276 e 5549-2244 • Fax: (0.xx.11) 5571-9777



ISBN 978-85-294-0396-7

Impresso no Brasil *Printed in Brazil*

Para Priscilla, que com seu amor me ajuda
todos os dias a ser uma pessoa melhor,
e para Matteo, que com sua chegada nos mostrou
que o amor pode ser incondicional.

***Rosso***

A minha mãe Maria de Lourdes (*in memoriam*),
que, além da vida, sempre me apoiou e deu forças
para que eu trilhasse meu caminho
com perseverança e retidão.

***Patrícia***

# Conteúdo

## 2 FUNÇÕES TRIGONOMÉTRICAS ........ 94

**Seções especiais e leituras**

## 3 Matrizes e Determinantes ........ 174

**Seções especiais e leituras**

## 4 Sistemas Lineares ..... 250

**Seções especiais e leituras**



## 5 Áreas de Figuras Planas ..... 308

**Seções especiais e leituras**

**Seções especiais e leituras**

# Apresentação

Quando iniciamos o projeto que resultou nesta obra, a primeira — e talvez a mais importante — pergunta que nos fizemos foi: **Por que** escrever um livro de Matemática?

A resposta veio dos nossos muitos anos em sala de aula: a prática nos mostrou a necessidade de um livro que, ao mesmo tempo, fosse rigoroso e tivesse uma linguagem acessível ao aluno; fosse completo, porém permitisse a todos localizar os diversos assuntos e seções de forma rápida, seguindo um encadeamento lógico; um livro que contemplasse as diretrizes dos PCN+, não em um momento ou outro, mas sim em todos os conteúdos de Matemática normalmente trabalhados no Ensino Médio, e — para nós, fundamental — que fosse agradável ao aluno e o estimulasse ao estudo.

Todas essas necessidades nos levaram a outra pergunta: **Como** conseguir tudo isso em um mesmo livro?

Um cuidadoso planejamento pedagógico, aliado a um projeto gráfico esmerado, deu conta de responder a essas duas perguntas, ou seja, de atingir nossos principais objetivos: colocar nas mãos de nossos colegas professores uma obra que fosse ao encontro de suas necessidades em sala de aula, uma verdadeira ferramenta de trabalho, sendo, ao mesmo tempo, adequada à realidade de nossos alunos neste início de século XXI — jovens atuantes, constantemente estimulados pelas diferentes formas de tecnologia ao seu alcance.

Com esses objetivos em mente, os capítulos foram organizados em três partes bem-definidas: um corpo de **teoria**, sempre adequada em profundidade ao nível dos estudantes, **exercícios** de diferentes tipos e graus de complexidade, e **seções especiais**.

Cada capítulo se inicia com um "olho", um texto abordando uma situação da vida moderna em que a teoria a ser estudada é relevante. Com isso, buscamos uma aproximação do aluno com o conteúdo a ser estudado, mostrando que tais conteúdos estão presentes, explícita ou implicitamente, em sua vida. Aliados à teoria, complementando-a e aplicando seus conceitos, estão os inúmeros **exercícios resolvidos** passo a passo — importante ferramenta para os alunos em seus estudos e para o professor no desenvolvimento de suas aulas. Como auxiliares na avaliação da aprendizagem temos os blocos de **exercícios propostos**, contendo uma imensa variedade de questões, além das atividades de **revisão**, **questões** de **vestibulares** e de **programas de avaliação seriada** ao final de cada capítulo.

As várias seções mostram ao aluno como a Matemática está presente em diferentes contextos na vida de um cidadão. São elas:

- **Matemática, Ciência & Vida** — exemplos de aplicação dos conceitos estudados em outras ciências ou em situações do cotidiano;
- **Tecnologia & Desenvolvimento** — a Matemática como instrumento para inovações e transformações tecnológicas;
- **História & Matemática** — apresenta, de forma simples, o processo histórico que gerou o desenvolvimento da teoria estudada no capítulo;
- **Enigmas, Jogos & Brincadeiras** — um momento em que a Matemática é tratada de forma lúdica; uma seção que convida os leitores a participar de uma atividade descontraída em que se aplicam conceitos estudados no capítulo;
- **Conheça mais...** — assuntos que ampliam e enriquecem o conteúdo tratado;
- **Encare Essa!** — uma seção que estimula o aluno a investigações que lhe propiciam ampliar sua capacidade de aprender e sua destreza mental.

Os volumes desta coleção se encerram com dois bancos de questões — de vestibulares e do ENEM — além de respostas a todos os exercícios.

Elaboramos toda essa ampla gama de atividades para permitir ao professor enriquecer suas aulas e utilizar diferentes estratégias para manter a motivação dos alunos. Buscamos fazer com que cada volume desta coleção seja um forte motivador ao estudo, um instrumento poderoso na formação do aluno como cidadão atuante que deve ser, contribuindo para que ele assuma seu papel de agente participativo em nossa sociedade.

Não poderíamos terminar sem expressar algumas palavras de gratidão: a Maria Pia e Julio, por todo apoio e confiança; a toda equipe editorial, em especial a Roberto, Grasiele, Ana Olívia e Mônica, pela competência, dedicação e paciência, e a todos que colaboraram com suas valiosas opiniões para o enriquecimento desta obra, nossos sinceros agradecimentos.

Esperamos que aproveitem a leitura e nos colocamos desde já à disposição para troca de ideias, pois entendemos que a melhor forma de evoluir é em conjunto!

*Os autores*

# Capítulo 1

## Objetivos do Capítulo

- Retomar conceitos básicos de Trigonometria.
- Apresentar a circunferência trigonométrica e seus arcos, medidos em graus ou em radianos.
- Estender a definição das razões trigonométricas para um arco qualquer da circunferência unitária.
- Explorar a representação geométrica dos conceitos estudados, sempre lidando com a circunferência trigonométrica.
- Deduzir as principais relações trigonométricas.
- Aplicar as fórmulas que envolvem transformações trigonométricas.
- Ampliar o estudo de triângulos aplicando as leis do seno e do cosseno em variadas situações.

# Trigonometria na Circunferência

## A "Nossa Roda"

Você vive como se a roda-gigante sempre houvesse existido. A bem da verdade, para você que nasceu no século XX, ela sempre fez parte de sua vida. E é notável como alguns inventos, no caso a "nossa roda", surgiram com propósitos pouco exóticos.

Era final do século XIX e a Torre Eiffel, construída em Paris e inaugurada na Exposição Universal de 1889, do alto de seus 324 metros era alvo de todas as atenções. Como rivalizar com ela? Como surpreender os participantes da Exposição Universal de Chicago, em 1893? Coube ao engenheiro de pontes George Washington Gale Ferris Jr., mais conhecido como Ferris, surpreender ao mundo e a todos nós. Ele adaptou algo que já se conhecia e construiu o que na época se chamou de "roda": um conjunto de circunferências paralelas, que girava em torno de um eixo, e com bancos dispostos a intervalos precisamente calculados, levando-se em conta sempre o mesmo ângulo central de circunferência.

As rodas-gigantes evoluíram muito. A roda de Ferris tinha 80 metros de altura e hoje a maior delas é a de Cingapura, com 165 metros de altura e cabines com capacidade para 28 pessoas cada. Até jantar tem a bordo!

Circunferências e ângulos, elementos importantes da Trigonometria e com infinitas aplicações, são o tema deste nosso capítulo.

# 1. Conceitos Básicos em Trigonometria

A Trigonometria surgiu da necessidade de se obter medidas de objetos distantes ou inacessíveis, resolvendo problemas práticos de Agrimensura, Astronomia ou Navegação. Essa área estuda as relações de lados e ângulos de triângulos, tendo como base a semelhança de triângulos.

Muitas são as situações em que podemos utilizar os conceitos estudados em Trigonometria como, por exemplo, determinar a distância entre duas árvores separadas por um rio, a altura de um monte, edifício ou poste, o comprimento de uma rampa ou sua altura em relação ao chão, ou, ainda, seu ângulo de inclinação.

Na época das Grandes Navegações muitos instrumentos náuticos surgiram para dar suporte aos astrônomos e pilotos. Com eles se mediam ângulos relativos à posição dos astros e, assim, determinavam as coordenadas geográficas da embarcação, por exemplo, a latitude. Dentre eles encontramos o astrolábio, o quadrante e a balestilha.

Hoje em dia, um instrumento que também nos dá o ângulo e tem grande importância na Topografia é o teodolito.

Desde a Grécia Antiga, eram comuns os chamados *anfiteatros*, enormes construções com palcos circulares, locais em que eram realizadas apresentações para grandes públicos, construídos de modo a permitir que os espectadores, independentemente de onde estivessem sentados, tivessem uma boa visão do espetáculo. Seguindo esse mesmo princípio são construídos hoje os estádios de futebol.

Teatro de Dionísio (ca. 300 a.C.), em Atenas, Grécia. Os assentos para os espectadores foram escavados na encosta, enquanto os assentos em rocha eram destinados aos cidadãos de honra.

YANN ARTHUS-BERTRAND/CORBIS/LATINSTOCK

ANDREW DUNN/CREATIVE COMMONS

Mestre João, astrônomo da esquadra de Pedro Álvares Cabral, com seu astrolábio determinou a latitude das novas terras, que mais tarde se chamariam Brasil.

Para isso, o ideal é que a distância da pessoa ao palco não ultrapasse certo limite e que sua visão não fique obstruída, por exemplo, por outro espectador à sua frente.

Dessa forma, os lugares destinados ao público são, em geral, colocados de modo que, quanto mais longe do palco, mais alto ele está em relação ao solo.

Vamos tomar como exemplo as dimensões do estádio do Maracanã, em que o espectador mais distante está a 126 metros do centro do campo e a 32 metros do solo.

Inaugurado em 1950, por ocasião da Copa do Mundo, o Estádio Jornalista Mário Filho, no Rio de Janeiro, ficou conhecido por Maracanã. Do tupi-guarani, maracanã quer dizer "semelhante a um chocalho" — isso em virtude das inúmeras aves que existiam na região e que emitiam sons parecidos aos de um chocalho.

RICARDO AZOURY/PULSAR IMAGENS

Nessas condições, estimando que a distância do centro do campo (em $O$) até a base da arquibancada (em $B$) seja de 100 metros, para determinar qual deve ser o ângulo de inclinação dessa arquibancada, vamos representar a situação pelo seguinte esquema:

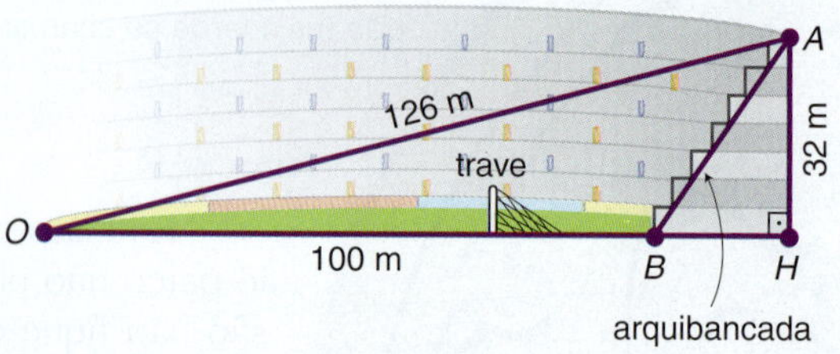


Aplicando o teorema de Pitágoras no triângulo $OHA$, temos:

$$126^2 = 32^2 + (OH)^2 \Rightarrow OH \simeq 122 \text{ m}$$

Além disso, verificamos que:

$$HB = OH - 100 \Rightarrow HB \simeq 22 \text{ m}$$

Como, porém, encontrar a medida $\alpha$ do ângulo de inclinação da rampa dessa arquibancada? É aí que entra a Trigonometria. Você já viu, por exemplo, que a razão entre as medidas $AH$ e $HB$ dos catetos, nessa ordem, nos fornece a tangente do ângulo que essa rampa forma com o solo, o que nos dá sua inclinação. Assim, temos:

$$\text{tg}\ \alpha = \frac{AH}{HB} \simeq \frac{32}{22} \simeq 1{,}45$$

Então, sabemos que $\alpha$ é a medida do ângulo cuja tangente é 1,45. Para encontrar o valor de $\alpha$, podemos usar a tabela trigonométrica que você já conhece (para ângulos agudos) ou uma calculadora científica, por exemplo, a que se encontra em um computador. Daí, obtemos $\alpha \simeq 55{,}4°$.

Vamos, agora, relembrar alguns conceitos sobre as razões trigonométricas no triângulo retângulo, os quais servem de base para toda a Trigonometria, e a partir daí ampliar esse conceito para todos os ângulos.

## 1.1 AS RAZÕES TRIGONOMÉTRICAS NO TRIÂNGULO RETÂNGULO

Observe o triângulo $ABC$, retângulo em $A$, e os segmentos $\overline{DE}$, $\overline{FG}$ e $\overline{HI}$, paralelos ao lado $\overline{AC}$.

**Recorde**

Podemos verificar se dois ou mais triângulos são *semelhantes* quando possuem dois ângulos internos respectivamente congruentes ou três lados respectivamente proporcionais.

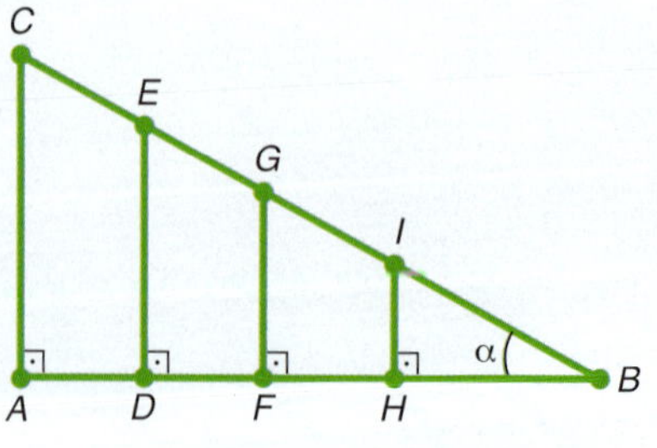


Os triângulos $ABC$, $DBE$, $FBG$, $HBI$ são semelhantes, pois possuem dois ângulos internos respectivamente congruentes: um ângulo reto e o ângulo $\alpha$ comum a eles. Sendo assim, esses triângulos, dois a dois, têm os lados respectivamente proporcionais.

Dessa maneira, podemos afirmar que:

- $\frac{AC}{CB} = \frac{DE}{EB} = \frac{FG}{GB} = \frac{HI}{IB} = k_1$ (constante)
- $\frac{AB}{CB} = \frac{DB}{EB} = \frac{FB}{GB} = \frac{HB}{IB} = k_2$ (constante)

Você já viu que essas constantes ($k_1$ e $k_2$) definem as razões trigonométricas *seno* e *cosseno* (respectivamente) do ângulo interno agudo α e independem das medidas dos lados do triângulo considerado.

Em um triângulo retângulo, temos que:

- o **seno** de um ângulo agudo é a razão entre a medida do cateto oposto a esse ângulo e a medida da hipotenusa do triângulo, ou seja:

$$\text{sen } \alpha = \frac{\text{medida do cateto oposto a } \alpha}{\text{medida da hipotenusa}}$$

- o **cosseno** de um ângulo agudo é a razão entre a medida do cateto adjacente a esse ângulo e a medida da hipotenusa do triângulo, ou seja:

$$\cos \alpha = \frac{\text{medida do cateto adjacente a } \alpha}{\text{medida da hipotenusa}}$$

Ainda em relação à figura do triângulo *ABC*, também podemos destacar:

$$\frac{AC}{AB} = \frac{DE}{DB} = \frac{FG}{FB} = \frac{HI}{HB} = k_3 \text{ (constante)}$$

Agora a razão constante ($k_3$) nos dá a razão trigonométrica *tangente* do ângulo interno agudo α.

Em um triângulo retângulo, a **tangente** de um ângulo agudo é a razão entre a medida do cateto oposto a esse ângulo e a medida do cateto adjacente a ele, ou seja:

$$\text{tg } \alpha = \frac{\text{medida do cateto oposto a } \alpha}{\text{medida do cateto adjacente a } \alpha}$$

**Faça**

Mostre que:

$$\text{tg } \alpha = \frac{\text{sen } \alpha}{\cos \alpha}$$

## Seno, cosseno e tangente dos ângulos notáveis

Como já estudamos, os ângulos de 30°, 45° e 60° são conhecidos como **ângulos notáveis** e suas razões trigonométricas podem ser obtidas a partir do triângulo equilátero e do quadrado. Os valores do seno, cosseno e tangente de 30°, 45° e 60° podem ser resumidos na tabela a seguir.

| | 30° | 45° | 60° |
|---|---|---|---|
| sen | $\frac{1}{2}$ | $\frac{\sqrt{2}}{2}$ | $\frac{\sqrt{3}}{2}$ |
| cos | $\frac{\sqrt{3}}{2}$ | $\frac{\sqrt{2}}{2}$ | $\frac{1}{2}$ |
| tg | $\frac{\sqrt{3}}{3}$ | 1 | $\sqrt{3}$ |

## Exercícios Resolvidos

**ER. 1** Considere o triângulo $ABC$ dado abaixo e determine os valores do seno, do cosseno e da tangente relativos ao ângulo interno $A\hat{B}C$ desse triângulo.

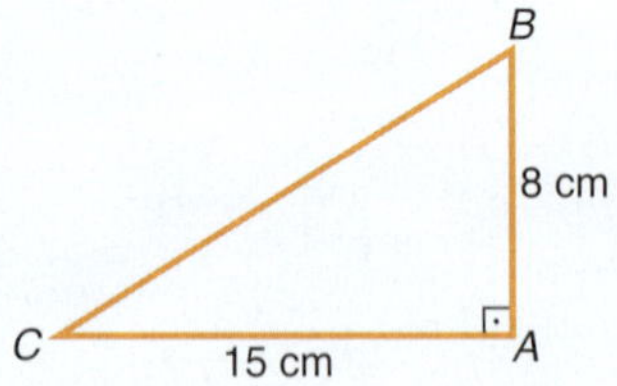


**Resolução:** Observe que só nos falta a medida da hipotenusa $\overline{BC}$, que podemos encontrar aplicando o teorema de Pitágoras:

$$(BC)^2 = 15^2 + 8^2$$
$$(BC)^2 = 289$$
$$BC = 17 \text{ cm}$$

Denotando por $\alpha$ a medida de $A\hat{B}C$, temos:

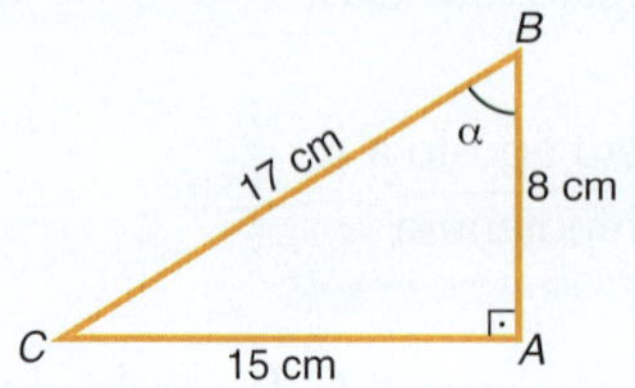


Assim, podemos obter as razões trigonométricas:

- $\text{sen } \alpha = \dfrac{AC}{BC} = \dfrac{15}{17}$
- $\cos \alpha = \dfrac{AB}{BC} = \dfrac{8}{17}$
- $\text{tg } \alpha = \dfrac{AC}{AB} = \dfrac{15}{8}$

### Recorde

*Teorema de Pitágoras*

Em todo triângulo retângulo, o quadrado da medida da hipotenusa é igual à soma dos quadrados das medidas dos catetos.

Por exemplo, no triângulo $ABC$ dado a seguir, temos:

$$a^2 = b^2 + c^2$$

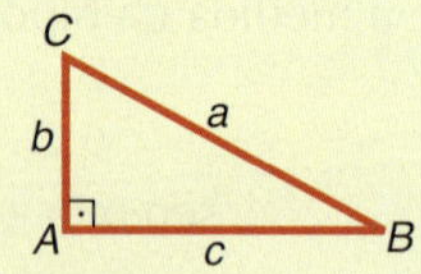


**ER. 2** [SEGURANÇA] Uma loja será instalada em um terreno triangular na esquina entre duas ruas perpendiculares entre si, conforme mostra a figura:

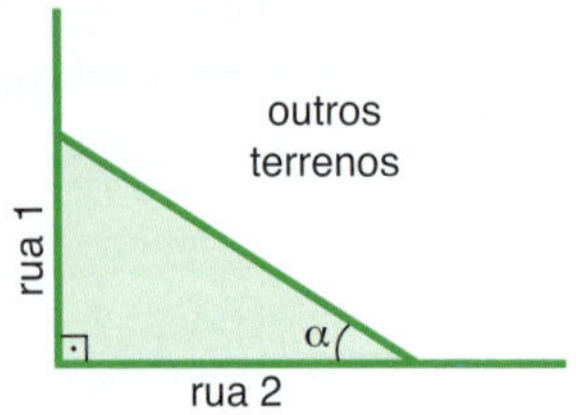


O proprietário precisa murar a divisa do terreno com as duas ruas. Sabendo que $\text{tg } \alpha = \dfrac{1}{2}$ e que a divisa com o terreno vizinho tem $20\sqrt{5}$ metros de comprimento, calcule o comprimento do muro.

**Resolução:** Note que a medida da divisa que foi dada corresponde à medida da hipotenusa do triângulo que representa o terreno.

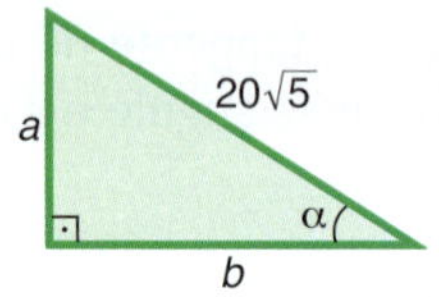


Vamos, então, determinar as medidas $a$ e $b$ dos catetos desse triângulo. Para isso, vamos usar o fato de que conhecemos a tangente de $\alpha$, isto é:

$$\text{tg } \alpha = \frac{1}{2} \Rightarrow \frac{a}{b} = \frac{1}{2} \Rightarrow b = 2a$$

Além disso, vamos aplicar o teorema de Pitágoras nesse triângulo:

$$a^2 + b^2 = \left(20\sqrt{5}\right)^2 \Rightarrow a^2 + (2a)^2 = 400 \cdot 5 \Rightarrow$$
$$\Rightarrow a^2 + 4a^2 = 2.000 \Rightarrow 5a^2 = 2.000 \Rightarrow$$
$$\Rightarrow a^2 = 400 \Rightarrow a = 20 \text{ ou } a = -20 \text{ (não serve, pois } a > 0)$$

Voltando para $b = 2a$ e substituindo $a$ por 20, vem:

$$b = 2 \cdot 20 = 40$$

Repare que o comprimento do muro é dado pela soma das medidas dos catetos, isto é:

$$a + b = 20 + 40 = 60$$

Logo, o comprimento do muro é 60 metros.

**ER. 3** [ENGENHARIA]
Determine a altura da torre *P* na figura a seguir, sabendo que a altura da torre *Q* é 62 metros e que foram dados

$$\text{tg}\,\alpha = \frac{3}{4} \text{ e } \text{tg}\,\beta = \frac{4}{5}.$$

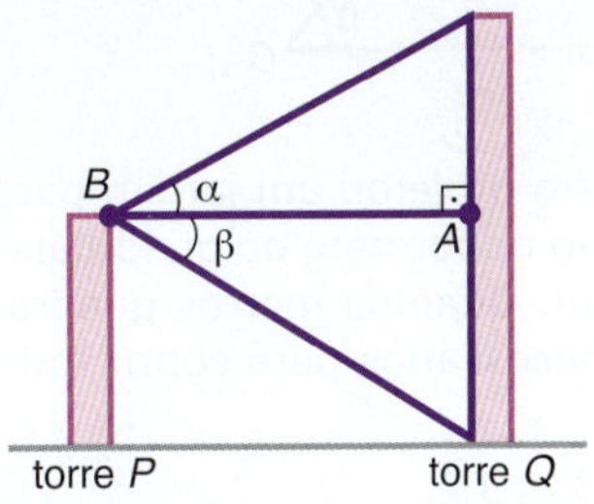


**Resolução:** Sendo *x* a medida da altura da torre *P*, podemos fazer a representação dada ao lado, destacando os triângulos que têm os ângulos internos de medidas α e β.

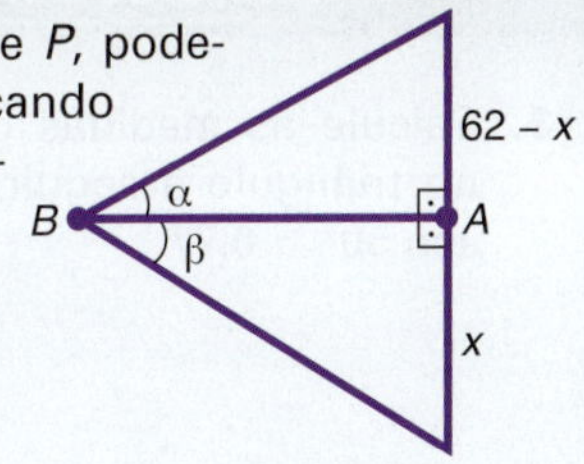


Assim, temos:

- $\text{tg}\,\alpha = \frac{3}{4} \Rightarrow \frac{62 - x}{BA} = \frac{3}{4} \Rightarrow$

  $\Rightarrow BA = \frac{4}{3} \cdot (62 - x)$
- $\text{tg}\,\beta = \frac{4}{5} \Rightarrow \frac{x}{BA} = \frac{4}{5} \Rightarrow BA = \frac{5}{4} \cdot x$

Igualando as duas expressões obtidas para *BA*, temos:

$$\frac{4}{3} \cdot (62 - x) = \frac{5}{4} \cdot x \Rightarrow 12 \cdot \frac{4}{3} \cdot (62 - x) = 12 \cdot \frac{5}{4} \cdot x \Rightarrow$$

$$\Rightarrow 16 \cdot (62 - x) = 15x \Rightarrow 992 - 16x = 15x \Rightarrow$$

$$\Rightarrow 992 = 31x \Rightarrow \frac{992}{31} = \frac{31}{31}x \Rightarrow x = 32$$

Logo, a altura da torre *P* é 32 metros.

**ER. 4** Calcule o perímetro e a área do triângulo *ABC* dado abaixo.

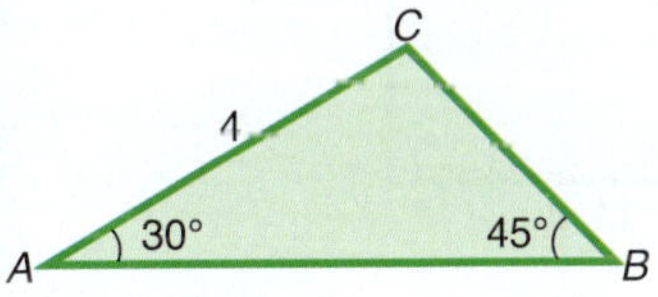


*Recorde*

- *Perímetro* de um polígono é a soma das medidas de seus lados.
- *Área* de um triângulo é o semiproduto da medida da base pela medida da altura relativa a essa base.

**Resolução:** Vamos traçar $\overline{CH}$, altura relativa ao lado $\overline{AB}$.

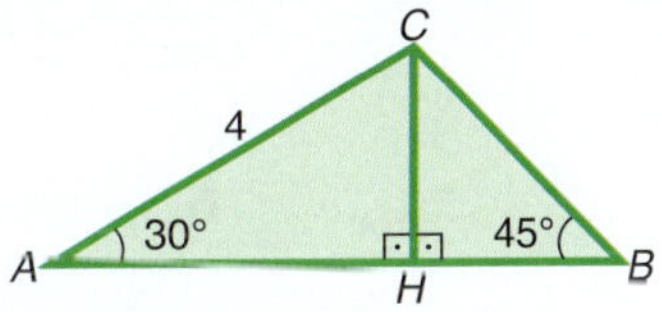


No triângulo *AHC* obtido, temos que:

- $\text{sen } 30° = \frac{CH}{4} \Rightarrow \frac{1}{2} = \frac{CH}{4} \Rightarrow CH = 2$
- $\cos 30° = \frac{AH}{4} \Rightarrow \frac{\sqrt{3}}{2} = \frac{AH}{4} \Rightarrow AH - 2\sqrt{3}$

O triângulo *BHC* é isósceles. Assim, *HB* = *CH* = 2.
Além disso, temos:

$$\cos 45° = \frac{BH}{BC} \Rightarrow \frac{\sqrt{2}}{2} = \frac{2}{BC} \Rightarrow BC = 2\sqrt{2}$$

*Responda*

Por que o triângulo *BHC* é isósceles?

Veja, então, as relações que podemos montar:

- $AB = AH + HB = 2\sqrt{3} + 2$
- $BC = 2\sqrt{2}$ e $AC = 4$

Daí, encontramos o perímetro do triângulo *ABC*:

$$\text{perímetro} = AB + AC + BC = \left(2\sqrt{3} + 2\right) + 4 + 2\sqrt{2}$$

$$\text{perímetro} = 6 + 2\sqrt{3} + 2\sqrt{2} = 6 + 2\left(\sqrt{3} + \sqrt{2}\right)$$

Como $\overline{CH}$ é a altura relativa ao lado $\overline{AB}$, tomemos $\overline{AB}$ como base para calcular a área do triângulo *ABC*:

$$\text{área} = \frac{(\text{medida da base}) \times (\text{medida da altura})}{2}$$

$$\text{área} = \frac{(AB) \times (CH)}{2} = \frac{\left(2\sqrt{3} + 2\right) \times 2}{2} = 2\sqrt{3} + 2$$

## Exercícios Propostos

**1.** Calcule as medidas dos segmentos $\overline{AB}$ e $\overline{AC}$ no triângulo a seguir, dados sen 40° = 0,64 e sen 50° = 0,77.

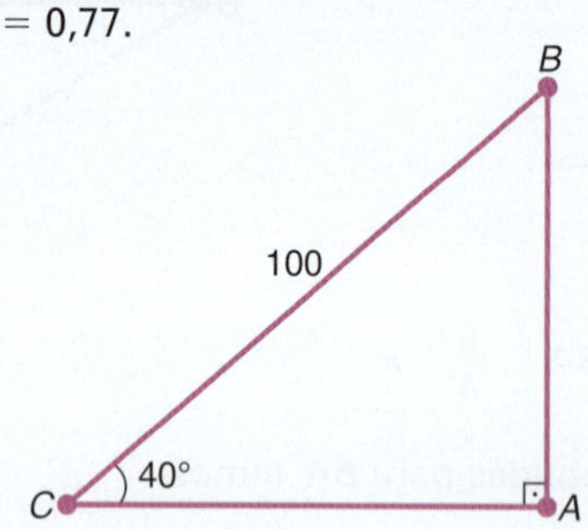


**2.** Em um triângulo *ABC*, temos que o ângulo interno $\hat{A}$ é reto, $AB = 4$ e $A\hat{B}C$ mede $\alpha$. Sabendo que tg $\alpha = 1$, calcule cos $\alpha$ e sen $\alpha$.

**3.** Determine a medida *AB* em cada caso.

a)

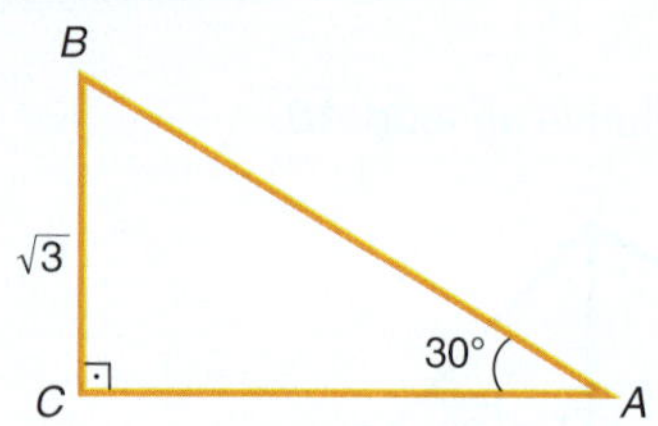


b)

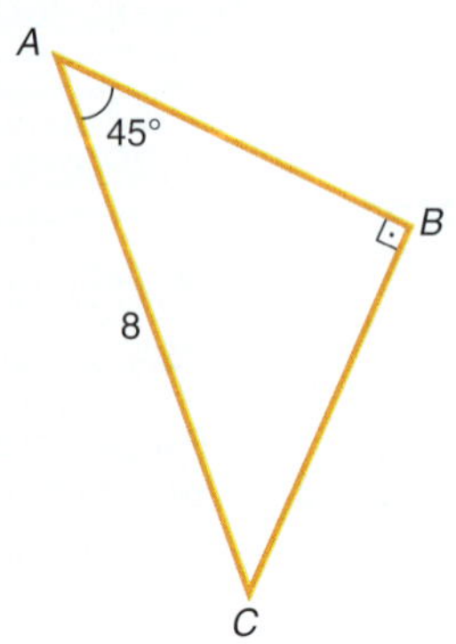


c)

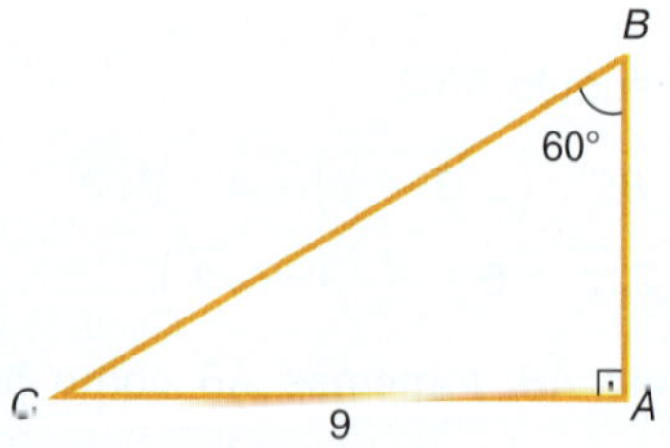


**4.** **[MEDIÇÃO]** Determine a largura de um rio sabendo que a distância entre dois pontos *A* e *B* de uma mesma margem é 80 metros e que *C* é um ponto da outra margem tal que $m(B\hat{A}C) = 60°$ e $m(A\hat{B}C) = 30°$.

**5.** Encontre a medida do lado $\overline{BC}$ em função das medidas $\alpha$ e $\beta$ dos ângulos internos e da medida *c* do lado $\overline{AB}$ do triângulo abaixo.

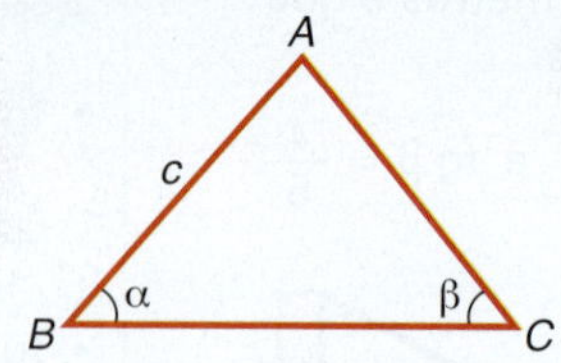


**6.** **[ARQUITETURA]** Roberto projetou um jardim para uma casa de veraneio no formato do quadrilátero mostrado a seguir. Quantos metros quadrados de grama são necessários para cobrir todo esse jardim?

Adote $\sqrt{2} = 1{,}4$ e $\sqrt{3} = 1{,}7$.

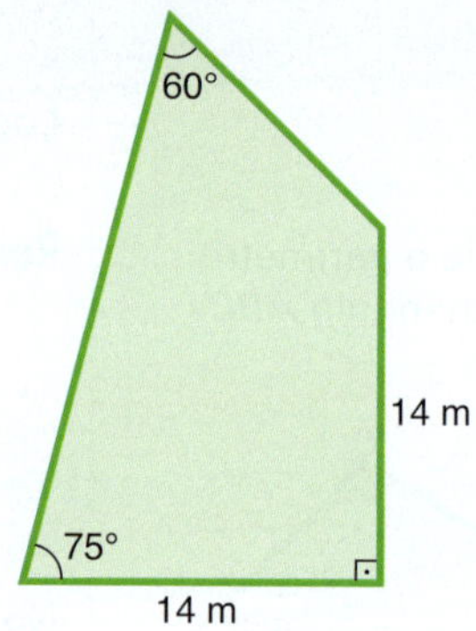


**7.** **[MEDIÇÃO]** Para medir a altura de um monte, Marcos verificou que:

- a uma certa distância, ele observa o topo do monte sob um ângulo de 45°;
- caso ele se afaste 3 metros dessa posição, ele passa a observar o topo do monte sob um ângulo de 30°.

Marcos conseguirá determinar a altura do monte? Se for possível, qual é essa altura?

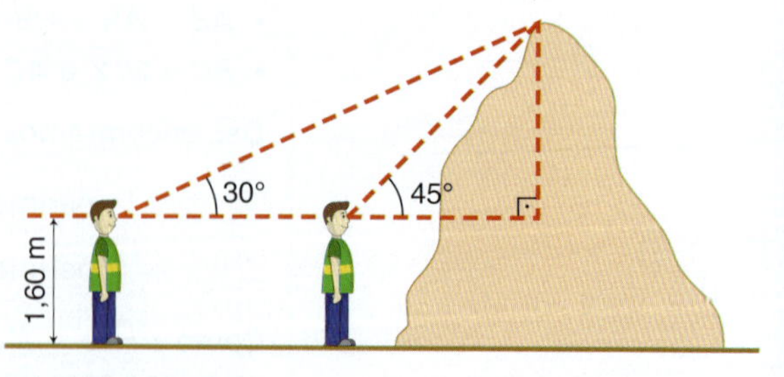


**8.** Sabendo que $\alpha$ e $\beta$ são as medidas dos ângulos agudos de um triângulo retângulo cujos lados medem 5, 12 e 13, determine o valor real de *x* para que $(\text{sen } \alpha, \text{sen } \beta, x)$ seja uma PA crescente.

## 1.2 A CIRCUNFERÊNCIA

Você viu que podemos estabelecer relações trigonométricas para ângulos agudos e, nesse caso, o triângulo retângulo é um bom modelo. Porém, como faríamos para estender esses conceitos para outros ângulos, por exemplo, para ângulos maiores que 90°?

Vamos estudar agora um novo modelo que nos permite obter relações trigonométricas para quaisquer ângulos. Para isso, vamos usar uma circunferência, como você verá mais adiante.

Agora, vamos apresentar alguns conceitos básicos que nos auxiliarão nesse trabalho.

### Comprimento da circunferência

Dada uma circunferência qualquer, de raio $r$, a razão entre o seu comprimento $C$ e a medida $D$ de seu diâmetro é sempre constante. Essa constante é o número irracional $\pi$, que é aproximadamente 3,141597. Assim, temos:

$$\frac{C}{D} = \pi \Rightarrow C = \pi \cdot D \Rightarrow \boxed{C = 2 \cdot \pi \cdot r}$$

**Saiba +**

*Circunferência* é o conjunto dos pontos do plano equidistantes de um ponto fixo desse plano com uma distância constante dada.

OBSERVAÇÃO

Usualmente trabalha-se com $\pi = 3,14$. Sendo assim, o comprimento de uma circunferência de 3 cm de raio é dado por:

$$C = 2\pi r \Rightarrow C = 2 \cdot 3,14 \cdot 3 \Rightarrow C = 18,84 \text{ cm}$$

■

### EXERCÍCIOS RESOLVIDOS

**ER. 5** Determine:

a) o comprimento de uma circunferência cujo diâmetro mede 8 cm;

b) a medida do diâmetro de uma circunferência de comprimento $3\pi$ cm.

**Resolução:**

a) Como a medida do diâmetro de uma circunferência é o dobro da medida do raio $(D = 2r)$, temos:

$$D = 2r \Rightarrow 8 = 2r \Rightarrow r = 4 \text{ cm}$$

Assim, o comprimento dessa circunferência é:

$$C = 2\pi r = 2 \cdot \pi \cdot 4 \Rightarrow C = 8\pi \text{ cm}$$

b) Temos que $C = 3\pi$ cm. Daí, vem:

$$C = 2\pi r \Rightarrow 3\pi = 2r \cdot \pi$$

Como a medida do diâmetro de uma circunferência é $D = 2r$, obtemos:

$$3\pi = D \cdot \pi \Rightarrow D = 3 \text{ cm}$$

**ER. 6** **[COTIDIANO]** Qual é o menor número de voltas que um pneu de um carro precisa dar para percorrer 1.884 metros, sabendo que o raio do pneu mede 30 cm? Adote $\pi = 3,14$.

**Resolução:** A medida do raio é $r = 30$ cm $= 0,3$ m e uma volta do pneu corresponde ao comprimento $2\pi r$ da circunferência. Daí, temos que em uma volta o carro percorre $2 \cdot 3,14 \cdot 0,3$ m ou 1,884 m. Assim, vem:

$$\begin{array}{lcl} 1 \text{ volta} & \text{———} & 1,884 \text{ m} \\ n \text{ voltas} & \text{———} & 1.884 \text{ m} \end{array}$$

$$1,884n = 1.884 \Rightarrow n = 1.000$$

Logo, para percorrer 1.884 m um pneu de um carro deve dar no mínimo 1.000 voltas.

**ER. 7** **[LAZER]** Uma bicicleta tem pneus com raios de 20 cm e 50 cm. Em um percurso, o menor pneu deu 120 voltas. Nesse caso, quantas voltas o maior pneu deu?

**Resolução:** Se o menor pneu deu 120 voltas e seu raio mede $r_1 = 20$ cm, a distância $d$ percorrida por esse pneu é dada por:

$$\begin{array}{ccc} 1 \text{ volta} & \text{———} & 2\pi r_1 \\ 120 \text{ voltas} & \text{———} & d \text{ cm} \end{array}$$

$$d = 120 \cdot 2\pi r_1 \Rightarrow d = 120 \cdot 2 \cdot \pi \cdot 20 \Rightarrow d = 4.800\pi$$

Repare que o pneu maior, com raio medindo $r_2 = 50$ cm, percorreu a mesma distância que o pneu menor dando $n$ voltas. Assim, vem:

$$\begin{array}{ccc} 1 \text{ volta} & \text{———} & 2\pi r_2 \\ n \text{ voltas} & \text{———} & 4.800\pi \text{ cm} \end{array}$$

$$n \cdot 2\pi r_2 = 4.800\pi \text{ cm} \Rightarrow n \cdot 2 \cdot \pi \cdot 50 \text{ cm} = 4.800\pi \text{ cm} \Rightarrow$$

$$\Rightarrow n = \frac{4.800 \cdot \pi \text{ cm}}{100 \cdot \pi \text{ cm}} \Rightarrow n = 48$$

Logo, o pneu maior deu 48 voltas.

## Exercícios Propostos

**9.** **[ESPORTE]** Para um campeonato de pique-bandeira o professor de Educação Física dividiu uma corda de 20 m de comprimento para formar duas circunferências, que ajudarão no traçado das circunferências que demarcam as áreas onde as bandeiras ficam guardadas, uma para o Ensino Fundamental e outra para o Ensino Médio. As medidas dos raios dessas duas circunferências estão na razão de 1 para 3. Quais são as medidas de seus diâmetros?

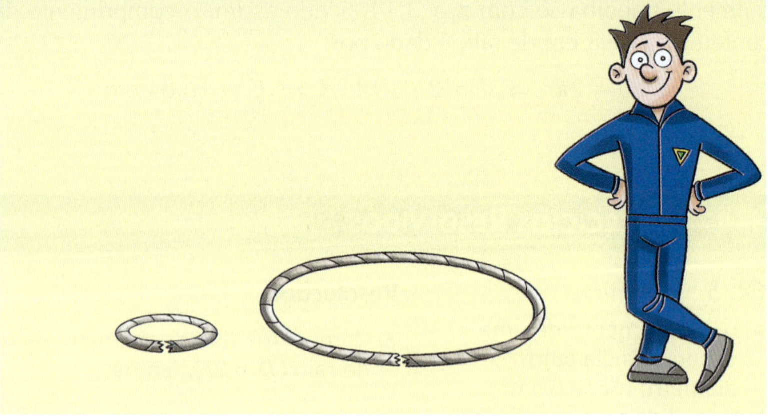

**10.** O primeiro e o terceiro termo de uma PA são respectivamente a medida do diâmetro e o comprimento de uma circunferência de raio $r$. Determine o segundo termo da PA em função da medida $r$.

**11.** **[ARTESANATO]** Clóvis fabricou 50 cestas com borda circular de 80 cm de diâmetro cada uma. Quantos metros de fita ele deve comprar para enfeitar a borda de todas elas?

**12.** **[LAZER]** No final de semana, Silvia fez uma viagem com amigos para a Praia do Francês, em Maceió, e percorreu com seu automóvel 628 km. Quantas voltas deu cada um dos pneus do automóvel, sabendo que eles têm raio de 40 cm? Adote $\pi = 3{,}14$.

STELAN KOLUMBAN PULSAR IMAGENS

13. **[ESPORTE]** Um piloto de Fórmula 1 dá 100 voltas em uma pista circular de 1 km de raio. Aproximadamente, que distância esse piloto percorre?

14. **[MEDIÇÃO]** Sabendo que 100 metros de fio são suficientes para construir 40 circunferências de mesmo raio, quantos metros serão necessários para construir 20 circunferências com o dobro da medida do raio das originais?

15. **[DIVERSÃO]** Determine os comprimentos mínimo e máximo que um carrinho de autorama percorre em uma volta na pista representada abaixo, em que as curvas são semicircunferências. (Adote $\pi = 3$.)

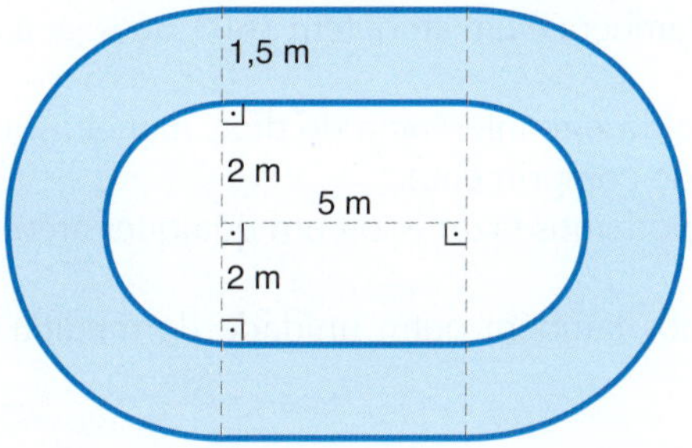


16. **[GEOGRAFIA]** Suponhamos que a Terra tenha o formato de uma esfera com raio medindo 6.500 km. Seguindo a linha do Equador, colocamos um cabo circular cujo comprimento é o da circunferência da Terra mais 1 metro, de modo que o cabo tenha o mesmo centro da circunferência terrestre. No "vão" entre a circunferência do cabo e a da Terra é possível passar uma formiga?

## Arcos de circunferência e ângulo central

Considere uma circunferência de centro *O* e dois pontos (*A* e *B*) dela. O conjunto de pontos compreendidos entre *A* e *B* (incluindo esses dois pontos) é denominado **arco $\overset{\frown}{AB}$**.

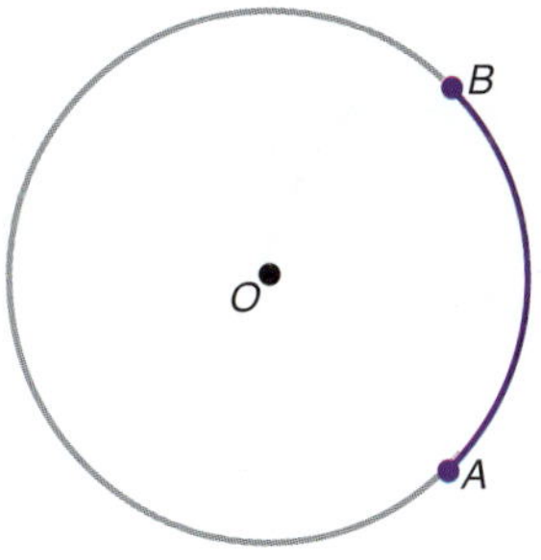


Note que, marcados dois pontos, existem dois arcos na circunferência que são determinados por eles. Para deixar claro qual arco estamos considerando, destacamos um terceiro ponto (*C*) e denominamos os arcos da seguinte maneira:

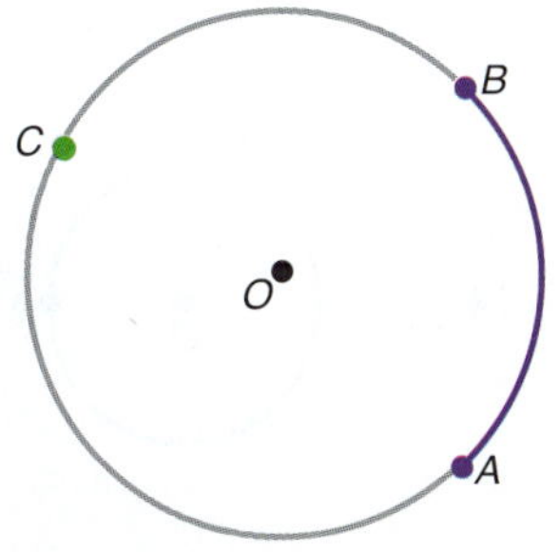


arco $\overset{\frown}{AB}$ para o arco que não contém *C*

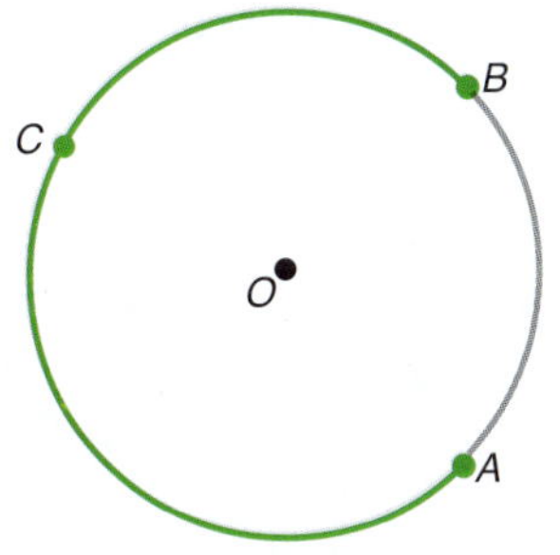


arco $\overset{\frown}{ACB}$ para o arco que contém *C*

Considerando ainda dois pontos em uma circunferência, podemos destacar o ângulo que tem o vértice no centro da circunferência e cujos lados passam por esses pontos da circunferência chamado de **ângulo central**. Na figura ao lado, $A\hat{O}B$ é ângulo central da circunferência.

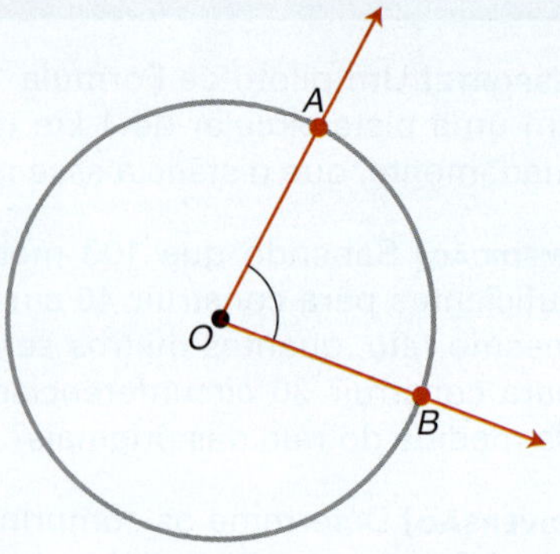


## Graus e radianos

Você já viu que o ângulo de uma volta completa mede 360°. Por isso dizemos que a circunferência (que também é um arco) tem 360°, ou seja, a circunferência é um arco de 360°.

Então podemos medir a circunferência de duas maneiras: uma medida em graus ou uma medida de comprimento.

De modo análogo, podemos fazer isso com qualquer arco de circunferência.

Mais adiante veremos também outra unidade de medida de arcos, o radiano.

### *O grau*

O **grau** é uma unidade de medida de ângulos e de arcos.

Dizemos que 1° corresponde ao arco de circunferência cujo comprimento é $\frac{1}{360}$ da circunferência que o contém.

Um ângulo central determina em uma circunferência um arco de mesma medida, em graus, desse ângulo.

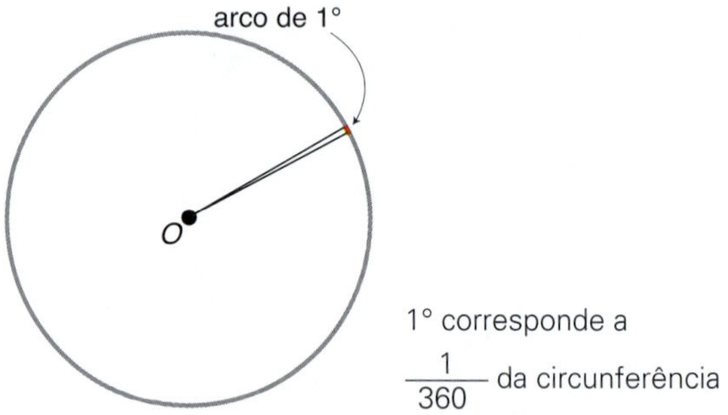


**Exemplos**

Observe os arcos determinados abaixo.

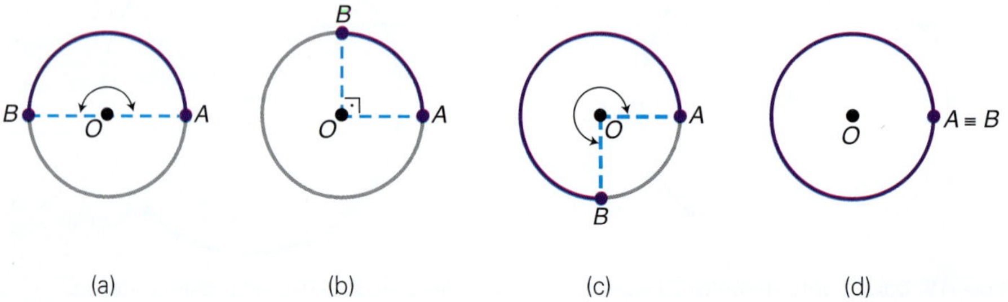

(a) Um arco correspondente à metade do comprimento da circunferência que o contém tem 180° (arco de meia volta).

(b) A quarta parte de uma circunferência (arco de um quarto de volta) corresponde a um arco de 90°.

(c) Um ângulo central de 270° determina na circunferência um arco de 270°, que corresponde a três quartos de volta.

(d) Quando os dois pontos tomados são coincidentes, eles determinam dois arcos, o arco de 360° (arco de uma volta) e o arco de 0° (arco nulo).

### Observação

No Ensino Fundamental, você já viu que o grau pode ser subdividido em seus submúltiplos: o *minuto* (1′) e o *segundo* (1″), de acordo com a seguinte relação:

- $1° = 60'$ ou $1' = \frac{1}{60}$ do grau $= \frac{1°}{60}$
- $1' = 60''$ ou $1'' = \frac{1}{60}$ do minuto $= \frac{1'}{60}$

Por exemplo, um ângulo central pode medir 32°12′5″ e, consequentemente, determina na circunferência um arco também de 32°12′5″.

**Atenção!**

Essas relações não seguem o sistema decimal, pois os agrupamentos são de 60 em 60.

## Exercício Resolvido

**ER. 8** Qual é a medida em graus do menor ângulo formado pelos ponteiros de um relógio quando ele marca 2h30min?

**Resolução:** Vamos representar a situação:

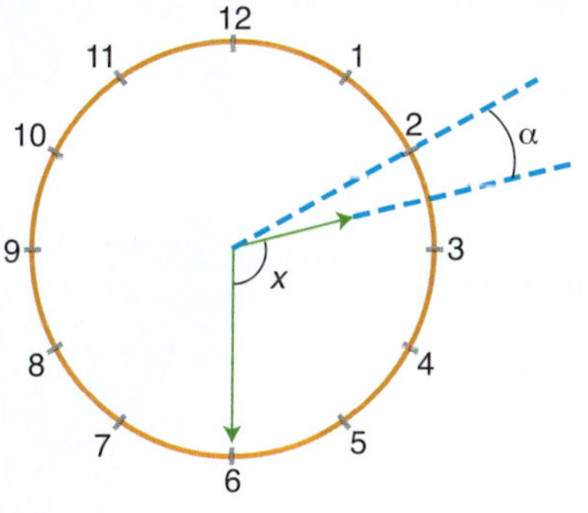


**Atenção!**

Note que enquanto o ponteiro das horas percorre um ângulo de 30° em 60 minutos, o *ponteiro dos minutos* percorre 360°, pois nesse tempo ele dá uma volta completa no relógio.

Como a volta completa é dividida em 12 partes iguais, cada um dos 12 arcos formados corresponde a 30°(360° : 12). Sendo assim, de uma hora exata para outra o *ponteiro das horas* percorre um ângulo central de 30° e isso ocorre em 60 minutos.

Note também que às 2h30min o ponteiro dos minutos aponta para o 6 e o ponteiro das horas percorre um ângulo $\alpha$ a partir de 2 horas. Daí, temos:

30° ———— 60 min

$\alpha$ ———— 30 min

$60\alpha = 30 \cdot 30° \Rightarrow \alpha = 15°$

Se o ponteiro das horas estivesse na posição correspondente ao 2, o menor ângulo formado pelos ponteiros mediria 120°. No entanto, conforme mostra a figura, o ponteiro das horas já se deslocou 15°. Assim, a medida $x$ do menor ângulo formado pelos dois ponteiros às 2h30min é dada por:

$$x = 120° - \alpha = 120° - 15° = 105°$$

## Exercícios Propostos

**17.** Determine a medida do menor ângulo formado pelos ponteiros de um relógio nos seguintes casos:

a) 9h20min

b) 13h50min

**18.** **[cotidiano]** Sueli tem um compromisso às 18 horas e, olhando em seu celular, percebeu que já passava das 17 horas, mas sua bateria acabou e não pode confirmar o horário. Ajude-a a saber qual é esse horário observando o relógio da cozinha da casa dela.

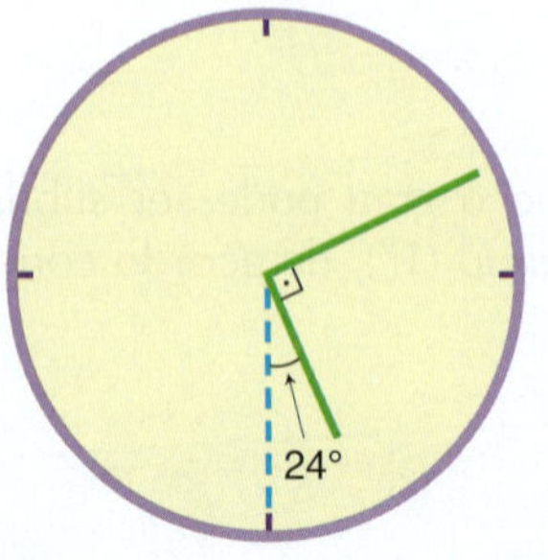


## Matemática, Ciência & Vida

No Brasil, atualmente temos três fusos horários, ou seja, nossos relógios devem ser ajustados de acordo com a localidade em que estamos. Por exemplo, quando são 10 horas em Brasília, serão 9 horas em Manaus e 11 horas em Fernando de Noronha. Mas o que isso tem a ver com circunferências?

Foi no século XI a.C. que Hiparco, astrônomo grego, com o uso da Trigonometria, propôs um sistema para localizar um ponto na superfície de nosso planeta, conhecido por *coordenadas geográficas*. Esse sistema se utiliza de circunferências imaginárias: os *paralelos* — aquelas traçadas paralelas ao plano do equador — e os *meridianos* — que vão de um polo ao outro. A distância entre essas linhas imaginárias é sempre medida em graus.

Esse sistema de coordenadas, que permite que uma cidade seja localizada pela intersecção entre paralelos e meridianos, também foi a base para resolver outra questão: a dos *horários oficiais* de cada país.

Como o dia tem 24 horas e a Terra demora 1 dia para dar uma volta completa (360°) em torno de si mesma, cada hora corresponde a um arco terrestre de 15° (360° : 24 = 15°). Mas por onde começar a contar as horas?

No século XIX, mais precisamente em 1884, uma convenção internacional ocorrida na cidade de Greenwich, próxima a Londres, na Inglaterra, definiu que o meridiano que passa por essa cidade seria o centro do *primeiro fuso*, a partir de onde se marcariam as horas.

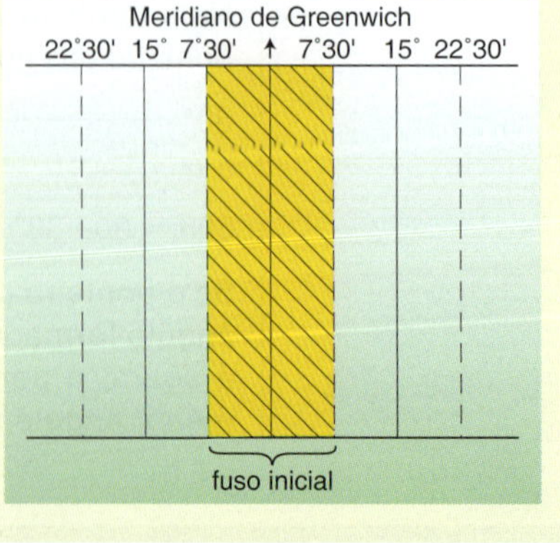

**FUSOS HORÁRIOS**

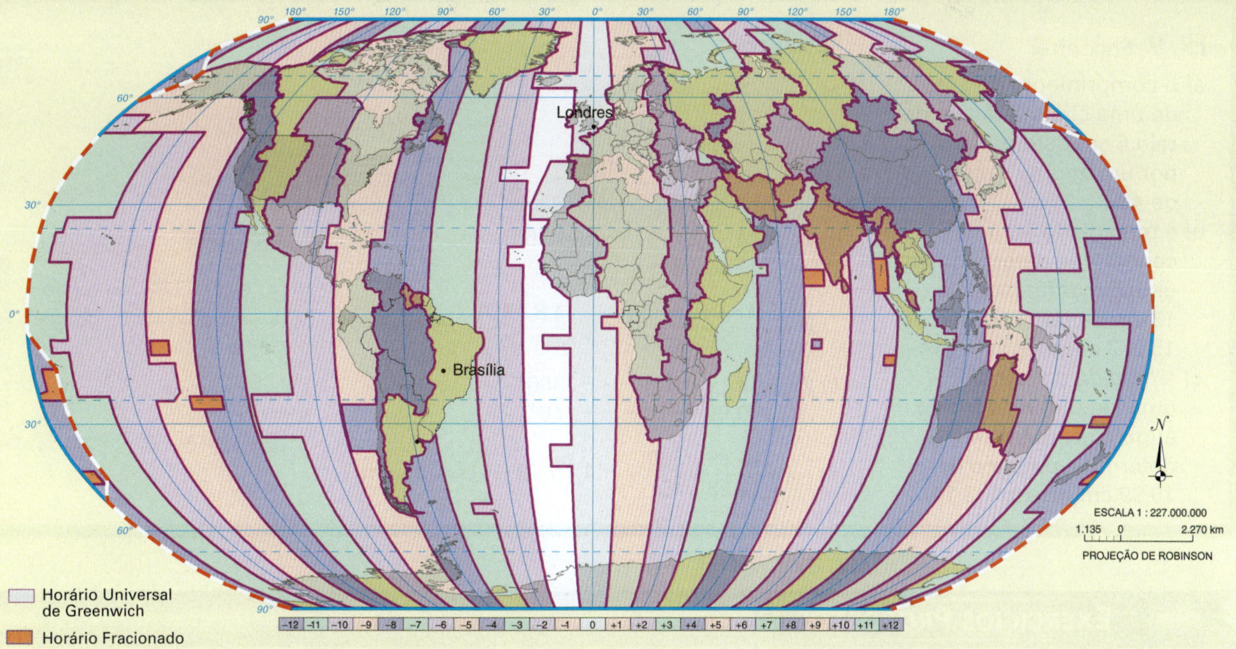


*Fonte:* Atlas geográfico. 3. ed. Rio de Janeiro: IBGE: Fundação de Assistência ao Estudante, 1986.

Observe que temos 24 fusos, correspondendo, naturalmente, às 24 horas do dia. Os números na faixa colorida logo abaixo indicam a diferença em horas com relação ao horário de Greenwich.

Agora, analise o mapa e responda: Se os relógios em Londres marcam 18h48min, que horas são em Brasília?

### *Comprimento de arcos*

Assim como medimos o comprimento de uma circunferência, podemos medir o comprimento de qualquer arco contido nela e essa medida é expressa por uma unidade de medida de comprimento (m, cm, mm, entre outras), como é expressa a medida do raio dessa circunferência.

O comprimento de um arco de circunferência depende de duas informações:

- da medida do ângulo central que determina esse arco;
- da medida do raio da circunferência que contém o arco.

Por exemplo, se desejamos determinar o comprimento ($\ell$) de um arco $\widehat{AB}$ de uma circunferência de raio 3 cm determinado por um ângulo central de 60°, podemos usar a seguinte proporção:

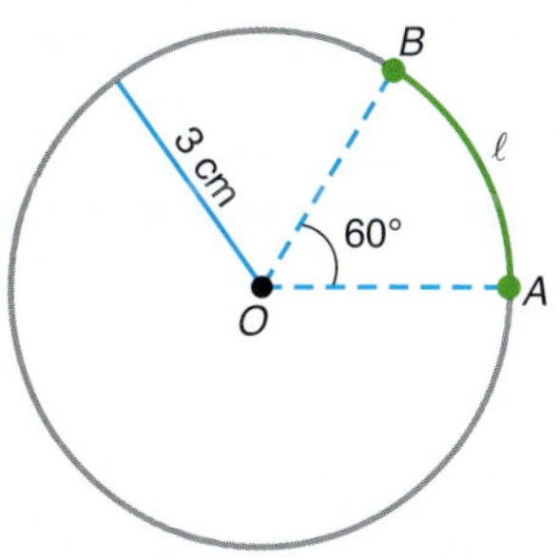


$$\underbrace{2 \cdot \pi \cdot 3}_{\text{comprimento da circunferência em cm}} \;\text{———}\; \underbrace{360°}_{\text{medida da circunferência em graus}}$$

$$\ell \;\text{———}\; 60°$$

$$\ell \cdot 360° = 6\pi \cdot 60° \Rightarrow \frac{\ell \cdot 360°}{60°} = \frac{6\pi \cdot 60°}{60°} \Rightarrow \ell \cdot 6 = 6\pi \Rightarrow \ell = \pi$$

Logo, o comprimento do arco $\widehat{AB}$ é $\ell = \pi$ cm.

## Exercício Resolvido

**ER. 9** Encontre:

a) o comprimento do arco de uma circunferência de raio 6 cm determinado por um ângulo central de 45°;

b) a medida do ângulo central que determina em uma circunferência de 12 cm de raio um arco de 15,072 cm (use $\pi = 3,14$);

c) a medida do raio de uma circunferência cujo ângulo central de 45° determina um arco de 10,99 cm (use $\pi = 3,14$).

**Resolução:**

a) $2 \cdot \pi \cdot 6$ —— 360°
$\ell$ —— 45°

$$\ell = \frac{12\pi \cdot 45°}{360°} = \frac{12\pi}{8} = \frac{3\pi}{2} \Rightarrow \ell = \frac{3\pi}{2}\text{ cm}$$

b) $2 \cdot 3,14 \cdot 12$ —— 360°
$15,072$ —— $\alpha$

$$\alpha = \frac{15,072 \cdot 360°}{24 \cdot 3,14} = \frac{4,8 \cdot 15°}{1 \cdot 1} \Rightarrow \alpha = 72°$$

c) $2 \cdot 3,14 \cdot r$ —— 360°
$10,99$ —— 45°

$$r = \frac{10,99 \cdot 360°}{6,28 \cdot 45°} = 1,75 \cdot 8 \Rightarrow r = 14\text{ cm}$$

**Atenção!**

Note que 72° corresponde à quinta parte da circunferência, pois:

$$72° = \frac{360°}{5}$$

## Exercícios Propostos

**19.** Determine o que se pede em cada grupo.

- comprimento aproximado do arco de circunferência com:

a) ângulo central: 90°; raio: 12 cm
b) ângulo central: 135°; raio: 50 cm

- medida do ângulo central com:

c) medida do arco: 31,4 cm; raio: 15 cm
d) medida do arco: 37,68 cm; raio: 24 cm

- medida do raio da circunferência com:

e) ângulo central: 60°; medida do arco: 9,42 cm
f) ângulo central: 120°; medida do arco: 37,68 cm

**20.** Em uma circunferência de raio $r$ é tomado um ângulo central de medida $\alpha$ (em graus). Em outra circunferência, de raio 25% maior, considera-se um ângulo central de medida 20% menor. Qual será a razão entre os comprimentos dos arcos determinados por esses ângulos centrais?

**21.** **[ENGENHARIA]** A curva de uma estrada tem o formato de um arco de circunferência como mostra a figura a seguir. Sabendo que o comprimento do arco $\widehat{AD}$ é de 94,2 m e o comprimento do arco $\widehat{BC}$ é de 84,78 m, determine a largura da estrada nessa curva. (Adote $\pi = 3,14$.)

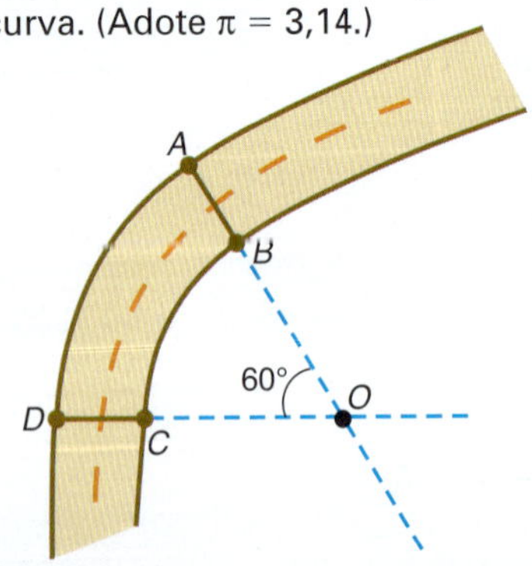


**22.** Obtenha o comprimento do arco $\widehat{ACB}$ na circunferência de centro $O$ e de raio 1 m.

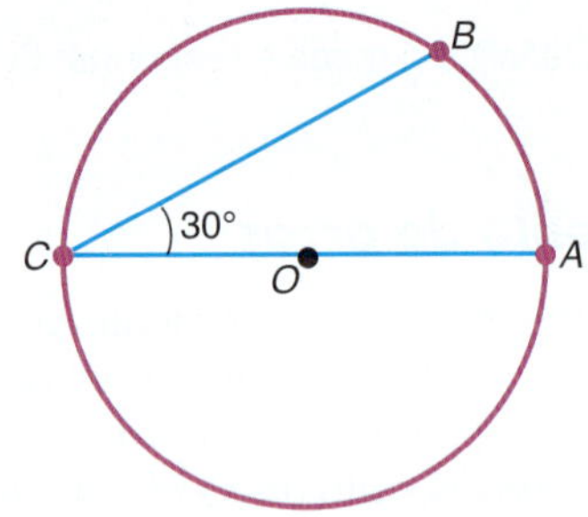


**23.** O que se pode afirmar sobre os comprimentos de três arcos determinados por um ângulo central de 90°, representados um em cada circunferência, sabendo que os raios dessas circunferências formam uma PA de razão $r$?

**24.** **[*DESIGN*]** Uma joia com o formato de um coração, representada a seguir, será decorada com um filete de ouro em seu contorno, que é formado por dois lados de um triângulo equilátero e duas semicircunferências de mesmo raio. Sabendo que o custo do metro do filete é de 300 reais, qual será o gasto com esse material na decoração?

(Adote $\pi = 3$.)

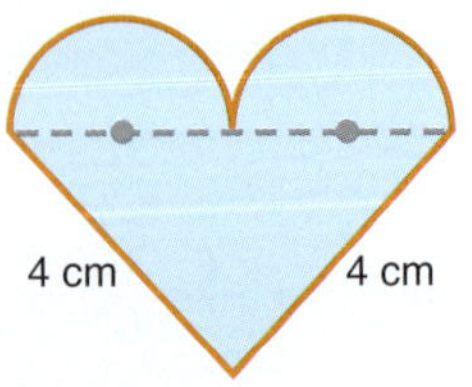

25. **[LAZER]** Vinícius e Luana decidiram apostar uma corrida dando três voltas em torno do jardim principal da cidade onde moram, cujo formato é o mostrado na figura a seguir. Quantos metros eles vão percorrer? (Adote $\pi = 3$ e $\sqrt{3} = 1{,}7$.)

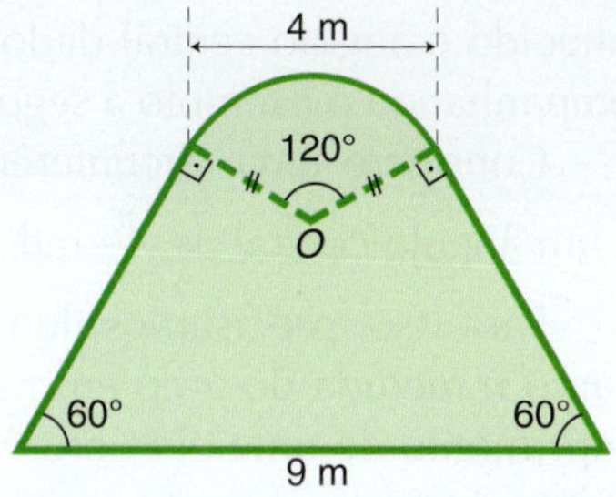


## *O radiano*

Para medir arcos de circunferência sem necessariamente conhecer a medida do ângulo central que determina esse arco, podemos utilizar a razão entre o comprimento do arco e o raio da circunferência. Essa unidade de medida é o *radiano* (rad).

**Um radiano** é a medida de um arco que tem o comprimento igual ao comprimento do raio da circunferência que o contém, cuja notação é **1 rad.**

Assim, em uma circunferência de raio medindo $r$, um arco $\overset{\frown}{AB}$ tem sua medida, em radianos, dada da seguinte maneira:

$$m(\overset{\frown}{AB}) = \frac{\text{comprimento do arco } \overset{\frown}{AB}}{r} \text{ rad}$$

### Exemplos

a) Considere os arcos $\overset{\frown}{AB}$ e $\overset{\frown}{CD}$ contidos na circunferência de raio medindo $r$ dada a seguir.

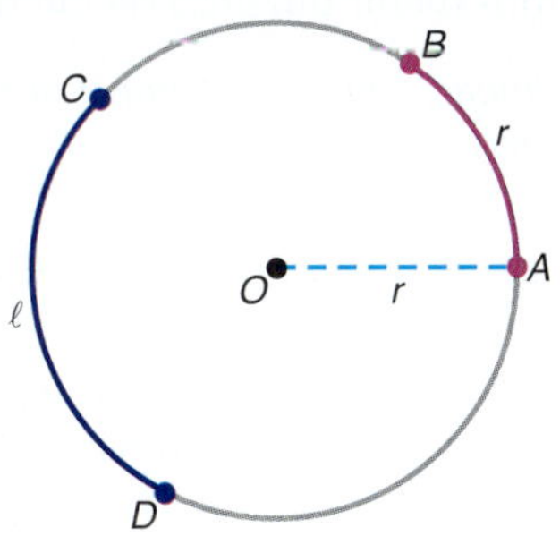


Sabendo que o comprimento do arco $\overset{\frown}{AB}$ é $r$ e o comprimento do arco $\overset{\frown}{CD}$ é $\ell$, suas medidas, em radianos, são dadas por:

- $m(\overset{\frown}{AB}) = 1$ rad (pois o comprimento do arco é $r$)
- $m(\overset{\frown}{CD}) = \frac{\ell}{r}$ rad

b) Uma circunferência também é um arco, que medido em graus corresponde a um arco de 360°. Veja, então, que a medida da circunferência $\lambda$, em radianos, é dada por:

$$m(\lambda) = \frac{2 \cdot \pi \cdot r}{r} = 2\pi \text{ rad}$$

**Saiba +**

Acredita-se que o nome **radiano** tenha vindo da fusão das palavras inglesas *radial angle* (ângulo radial).

De modo análogo ao que vimos anteriormente, podemos associar a medida do ângulo central ao arco correspondente, só que agora medido em radianos, isto é, todo ângulo central tem a mesma medida, em radianos, do arco de circunferência determinado por ele.

Além disso, também podemos encontrar o comprimento de um arco conhecido o ângulo central dado em radianos. Veja como isso pode ser feito acompanhando o exemplo a seguir.

Considere uma circunferência de raio 3 cm e um arco determinado por um ângulo central de $\frac{\pi}{3}$ rad. Vamos encontrar o comprimento $\ell$ desse arco.

Para isso, precisamos de uma relação conhecida entre comprimento de arco e medida do arco em radianos, o que conseguimos lembrando do comprimento de uma circunferência (de raio $r$) e sua medida em radianos:

$$\underbrace{2 \cdot \pi \cdot 3}_{\text{comprimento da circunferência em cm}} \text{ ——— } \underbrace{2\pi \text{ rad}}_{\text{medida da circunferência em radianos}}$$

$$\ell \text{ ——— } \frac{\pi}{3} \text{ rad}$$

$$2\pi \cdot \ell = 6\pi \cdot \frac{\pi}{3} \Rightarrow \ell = \frac{2 \cdot \pi \cdot \pi}{2\pi} \Rightarrow \ell = \pi \text{ cm}$$

De modo geral, dado um arco $\widehat{AB}$ cuja medida angular é em radianos, em uma circunferência de raio $r$, o comprimento desse arco é dado por:

$$2\pi r \text{ ——— } 2\pi \text{ rad}$$

$$\ell \text{ ——— } \text{m}(\widehat{AB}) \text{ rad}$$

$$\ell = \frac{2\pi r \cdot \text{m}(\widehat{AB})}{2\pi} \Rightarrow \ell = r \cdot \text{m}(\widehat{AB})$$

## Medidas de um arco e a relação entre grau e radiano

Veja, então, como podemos medir um arco de circunferência.

- Usando uma *medida linear*, temos o *comprimento do arco*, expresso por unidades de comprimento.
  Exemplo:
  O comprimento de uma circunferência (arco de uma volta) de raio 2 cm é $C = 4\pi$ cm.
- Usando uma *medida angular*, a *medida do arco* pode ser expressa em graus ou radianos (unidades de medida de ângulos).
  Exemplo:
  A circunferência é um arco de 360° ou de $2\pi$ rad.

Com isso, obtemos uma importante relação entre as duas unidades de medida angulares de um arco: o grau e o radiano.

360° é equivalente a $2\pi$ rad

Veja que com uma simples proporção obtemos outra relação entre essas unidades, também bastante utilizada:

$$360° \text{ ——— } 2\pi \text{ rad}$$

$$180° \text{ ——— } \pi \text{ rad}$$

**Observação**

Repare que uma *semicircunferência* de raio $r$ é um arco de 180° e seu comprimento é $\ell = \pi r$, já que é a metade do comprimento da circunferência. Sendo assim, temos:

$$\text{medida da semicircunferência} = 180° = \frac{\pi \cdot r}{r}\ \text{rad} = \pi\ \text{rad}$$

Com isso podemos verificar que 1 radiano equivale a $\left(\frac{180}{\pi}\right)^{\circ}$, que é aproximadamente 57°.

Então, você pode notar que a medida de um arco em radianos não depende da unidade de comprimento utilizada. ■

## Exercício Resolvido

**ER. 10** Determine:

a) quantos graus equivalem a $\frac{5\pi}{3}$ rad;

b) quantos radianos equivalem a 120°.

**Resolução:** Como já vimos, basta utilizar uma simples proporção.

a) 180° ——— $\pi$ rad

$x$ ——— $\frac{5\pi}{3}$ rad

$$\pi \cdot x = 180° \cdot \frac{5\pi}{3} \Rightarrow x = 300°$$

Logo, $\frac{5\pi}{3}$ rad equivalem a 300°.

b) 180° ——— $\pi$ rad

120° ——— $x$ rad

$$\pi \cdot 120° = 180° \cdot x \Rightarrow \frac{\pi \cdot 120°}{60°} = \frac{180° \cdot x}{60°} \Rightarrow \pi \cdot 2 = 3 \cdot x \Rightarrow x = \frac{2\pi}{3}$$

Logo, 120° equivalem a $\frac{2\pi}{3}$ rad.

## Exercícios Propostos

**26.** Faça a conversão conforme for o caso.

| De graus para radianos | De radianos para graus |
|---|---|
| a) 135° | f) $\frac{\pi}{12}$ rad |
| b) 330° | g) 3 rad |
| c) 90° | h) 1 rad |
| d) 72° | i) 0,5 rad |
| e) 1° | |

**27.** Determine o comprimento de um arco de circunferência de raio 4 cm e ângulo central 2 rad.

**28.** Qual é o comprimento de um arco de circunferência cujo ângulo central correspondente é 3 rad, sabendo que o comprimento dessa circunferência é $8\pi$ cm?

**29.** **[Diversão]** Gina adora ir na roda-gigante do parque perto de sua casa, que tem 6 m de raio. Em um dia, a roda-gigante parou depois de a cadeirinha de Gina ter percorrido um arco de comprimento 18,84 m.

Faça um desenho da situação, marcando a posição inicial da cadeirinha de Gina e a posição em que fica na parada, e determine a medida aproximada, em radianos, do arco descrito pela cadeirinha.

PANTHERMEDIA/KEYDISC

**30.** A medida do raio, o comprimento de um arco e o comprimento da circunferência que o contém formam uma PG, nessa ordem. Qual é a medida desse arco em radianos?

## 2. A Circunferência Trigonométrica

Você viu que arcos de circunferência estão associados a ângulos centrais dessa circunferência e como podemos expressar as medidas angulares desses arcos. Dessa forma, trabalhou com ângulos de todos os tipos e tamanhos (agudos, obtusos, reto, raso, nulo e ângulo de uma volta). Por isso, a *circunferência* foi escolhida para ser o modelo que nos permite expandir os conceitos das razões trigonométricas, antes vistas apenas para ângulos agudos em um triângulo retângulo, chamada agora de **circunferência trigonométrica**.

A circunferência trigonométrica é uma circunferência de *raio unitário* (1 unidade), *orientada positivamente no sentido anti-horário*, cujo centro ($O$) é a origem (0, 0) de um sistema de coordenadas cartesianas associado a ela. O ponto $A(1, 0)$, chamado de **origem dos arcos**, é o ponto que demarca o início de todos os arcos considerados na circunferência trigonométrica.

**Saiba +**

O sentido em que os ponteiros do relógio giram é chamado de *sentido horário*.

Dessa forma, o *sentido anti-horário* se refere ao movimento no sentido contrário dos ponteiros do relógio.

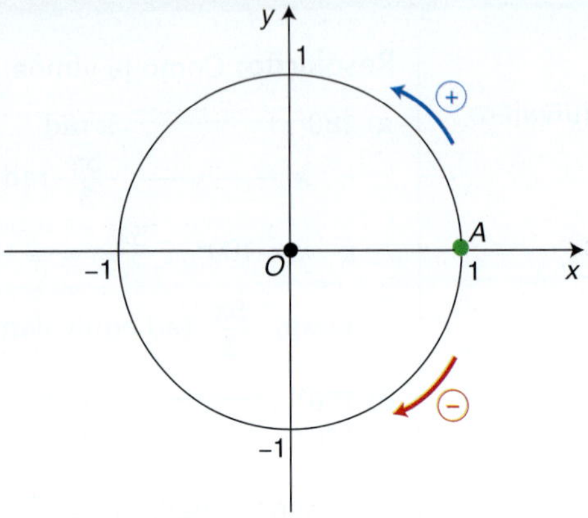


Dessa maneira, a circunferência trigonométrica fica dividida em quatro partes congruentes, de acordo com os quadrantes (Q) do plano cartesiano associado a ela.

Observe que os pontos da circunferência trigonométrica que estão no 1.° quadrante são aqueles compreendidos entre os pontos (1, 0) e (0, 1); os do 2.° quadrante estão entre (0, 1) e (−1, 0); os do 3.° quadrante estão entre (−1, 0) e (0, −1); e os do 4.° quadrante estão entre (0, −1) e (1, 0).

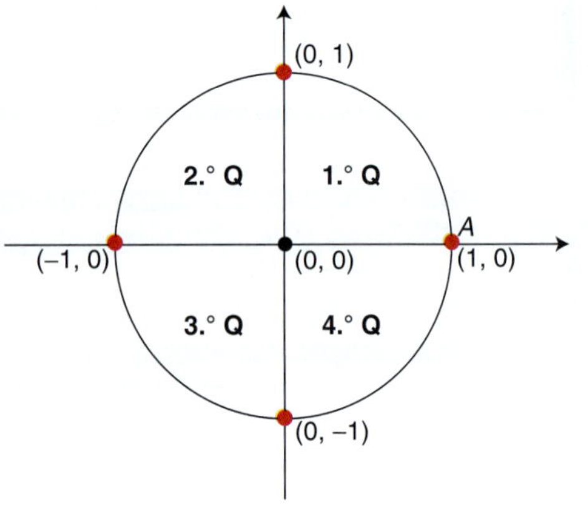


### 2.1 ARCOS TRIGONOMÉTRICOS

**Atenção!**

Como todos os arcos trigonométricos têm origem no ponto (1, 0), origem dos arcos, é comum caracterizarmos o arco apenas por sua extremidade.

A cada ponto ($M$) da circunferência trigonométrica podemos associar um arco orientado $\overset{\frown}{AM}$, com origem no ponto (1, 0) e extremidade no ponto $M$. Esse arco é chamado de **arco trigonométrico**.

Dessa maneira, temos as considerações a seguir.

- Para todo arco trigonométrico existe, na circunferência, um ponto correspondente.
- Os arcos tomados no sentido anti-horário são positivos e aqueles tomados no sentido horário são negativos.
- Para saber a que quadrante o arco trigonométrico pertence, basta verificar onde sua extremidade está na circunferência.
- Arcos de mesma extremidade podem ter medidas diferentes, pois podemos considerar arcos de mais de uma volta na circunferência.

Pela correspondência entre pontos e arcos da circunferência trigonométrica, podemos associar uma medida em graus ou em radianos a um ponto ($M$) dessa circunferência correspondendo ao arco $\overset{\frown}{AM}$ de mesma medida que tem extremidade nesse ponto.

Vejamos alguns desses pontos e os arcos correspondentes da 1.ª volta.

| Ao ponto | Corresponde (em graus) | Corresponde (em radianos) |
|---|---|---|
| $(1, 0)$ | o arco de 0° ou de 360° | o arco de 0 rad ou $2\pi$ rad |
| $(0, 1)$ | o arco de 90° | o arco de $\frac{\pi}{2}$ rad |
| $(-1, 0)$ | o arco de 180° | o arco de $\pi$ rad |
| $(0, -1)$ | o arco de 270° | o arco de $\frac{3\pi}{2}$ rad |

Mostremos alguns arcos e suas medidas na circunferência trigonométrica:

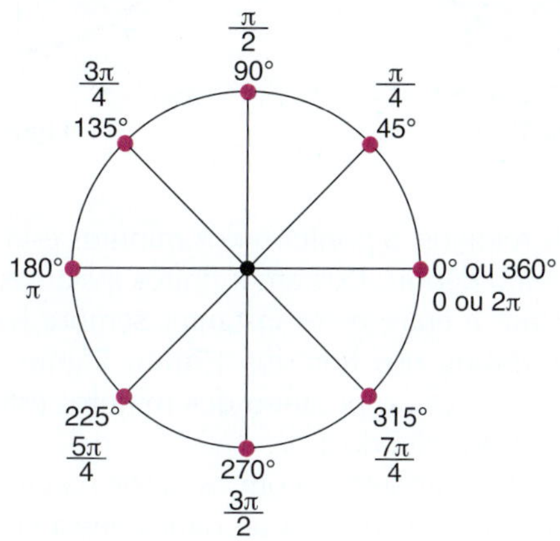


**Atenção!**

Para simplificar, na representação de arcos medidos em radianos na circunferência trigonométrica vamos omitir a unidade de medida "rad".
Essa simplificação também será usada mais adiante em expressões algébricas envolvendo arcos em radianos.

### Observação

Note que os arcos dados pelos pontos da tabela anterior estão sobre os eixos coordenados. Os arcos trigonométricos que estão sobre os eixos não pertencem a qualquer um dos quatro quadrantes.

Veja também na figura anterior que o arco de $\frac{\pi}{4}$ rad pertence ao 1.° quadrante, mas nem o arco de 0 rad (ou $2\pi$ rad) nem o de $\frac{\pi}{2}$ rad estão nesse quadrante.

Ainda podemos destacar o arco de $\frac{3\pi}{4}$ rad do 2.° quadrante, o arco de $\frac{5\pi}{4}$ rad do 3.° quadrante e o arco de $\frac{7\pi}{4}$ rad do 4.° quadrante.

## Exercícios Propostos

**31.** Observe a circunferência trigonométrica dada abaixo e encontre a medida em radianos dos arcos cujas extremidades são os pontos destacados.

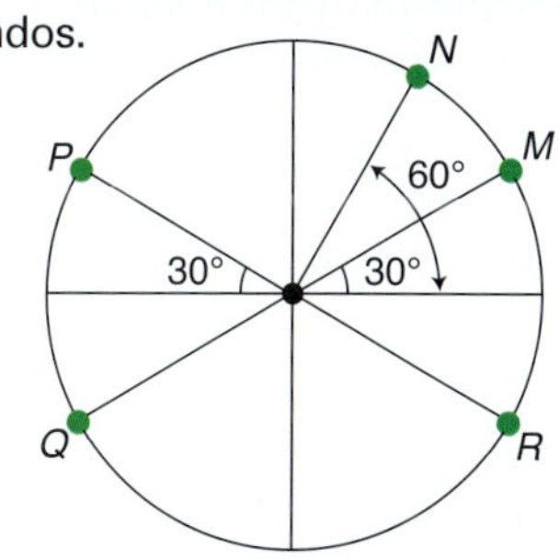


**32.** Localize na circunferência trigonométrica os arcos de extremidades *K*, *L*, *S* e *T* cujas medidas, respectivamente, são $\frac{\pi}{3}$ rad, $\frac{2\pi}{3}$ rad, $\frac{4\pi}{3}$ rad e $\frac{5\pi}{3}$ rad, e dê a medida desses arcos em graus.

## Arcos côngruos

Observe os relógios de ponteiros representados a seguir. No da Figura 1, o horário marcado é 1h15min e no da Figura 2, o horário é 2h15min.

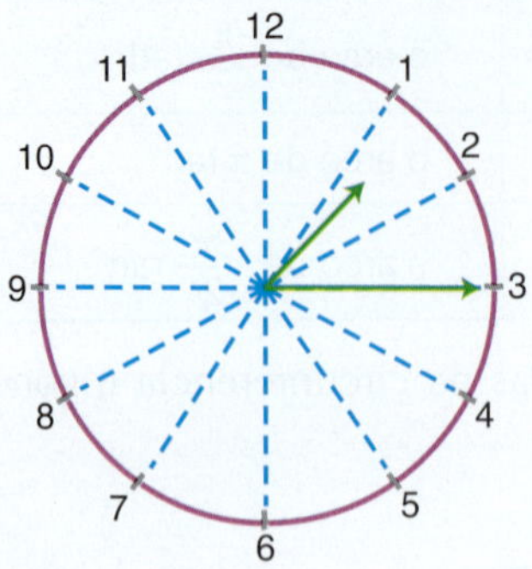


**Figura 1**

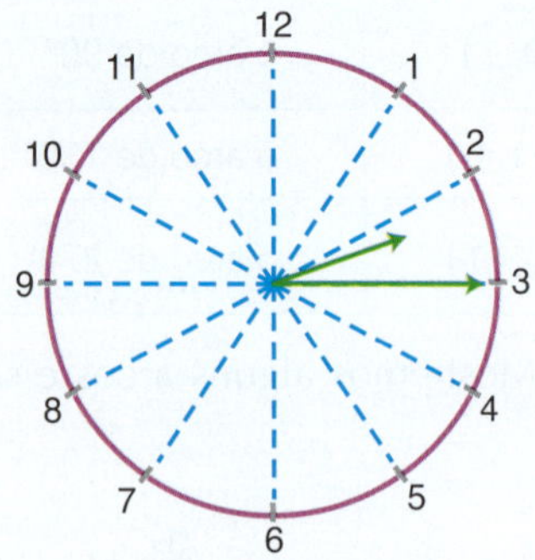


**Figura 2**

Note que, nos dois relógios, o ponteiro dos minutos está no mesmo lugar só que uma hora (ou *uma volta*) depois. Existem infinitos instantes em que o ponteiro dos minutos marcará 15min e entre esses instantes sempre haverá uma hora (ou *uma volta*) de diferença. Assim, nos horários 15min, 75min (1h15min), 135min (2h15min), 195min (3h15min) etc. o ponteiro dos minutos estará sempre no mesmo lugar, apontando para a posição do 3.

Repare que isso também acontece com os arcos na circunferência trigonométrica, considerando as voltas que podem ser dadas nessa circunferência.

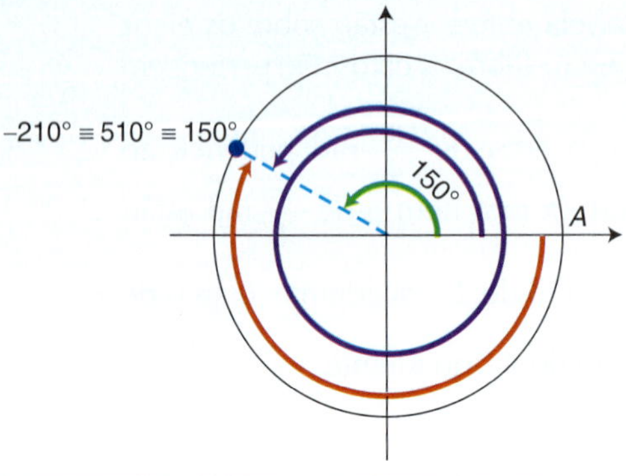


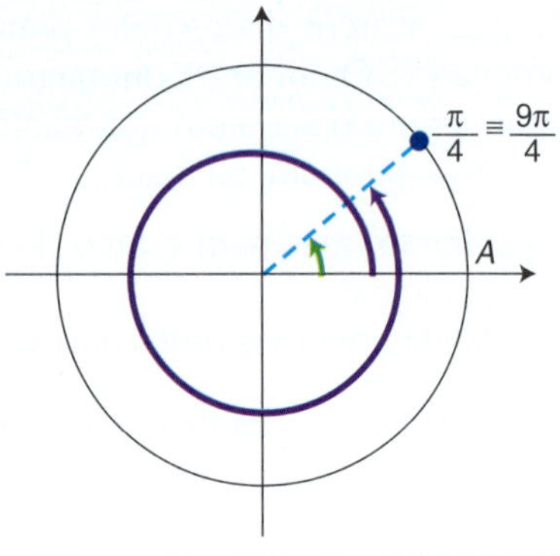


Note que os arcos de 150°, 510° e −210° têm a mesma extremidade, pois a diferença entre eles é de uma volta:

- $510° = 150° + 360°$
- $-210° = 150° - 360°$

Os arcos de $\frac{\pi}{4}$ rad e $\frac{9\pi}{4}$ rad têm a mesma extremidade, já que também diferem de uma volta:

$$\frac{9\pi}{4} = \frac{\pi}{4} + 2\pi$$

Da mesma forma, os arcos de 240°, 600°, 1.320° e −120° têm a mesma extremidade, pois diferem de uma ou mais voltas:

- $600° = 240° + 1 \cdot 360°$ (diferem de uma volta no sentido anti-horário)
- $1.320° = 240° + 3 \cdot 360°$ (diferem de três voltas no sentido anti-horário)
- $-120° = 240° - 360°$ (diferem de uma volta no sentido horário)

Dois ou mais arcos são chamados de **côngruos**, ou **congruentes**, quando têm a mesma extremidade na circunferência trigonométrica.

Indicamos que dois arcos trigonométricos $\overset{\frown}{AM_1}$ e $\overset{\frown}{AM_2}$ são côngruos da seguinte maneira: $m(\overset{\frown}{AM_1}) \equiv m(\overset{\frown}{AM_2})$ ou, simplesmente, pelas suas extremidades coincidentes, $M_1 \equiv M_2$.

Como vimos, dois arcos que são côngruos têm medidas que diferem de um múltiplo de voltas completas na circunferência, ou seja, suas medidas diferem de múltiplos de $2\pi$ radianos (ou de múltiplos de 360°).

De modo geral, há uma coleção de infinitos arcos côngruos associados a cada ponto da circunferência trigonométrica, de medidas:

$$\alpha_0, \quad \alpha_0 + 2\pi, \quad \alpha_0 + 4\pi, \quad \alpha_0 + 6\pi, \quad ..., \quad \alpha_0 + k \cdot 2\pi, \left(\text{com } k \in \mathbb{Z}\right), ...$$

para $0 \leqslant \alpha_0 < 2\pi$ (radianos), que dependendo do valor de $k$ são arcos positivos ou negativos.

A forma genérica de exprimir as medidas dos arcos côngruos a um dado arco de medida $\alpha_0$ (da 1.ª volta) é chamada de **expressão geral** dos arcos trigonométricos e é dada por:

$$\alpha = \alpha_0 + 2k\pi, \text{ com } k \in \mathbb{Z} \text{ (em radianos)}$$
ou
$$\alpha = \alpha_0 + k \cdot 360°, \text{ com } k \in \mathbb{Z} \text{ (em graus)}$$

## Exemplos

a) A expressão geral dos arcos côngruos a $\frac{\pi}{2}$ rad é:

$$\alpha = \frac{\pi}{2} + 2k\pi, \text{ com } k \in \mathbb{Z}$$

b) A expressão geral dos arcos côngruos a 135° é:

$$\alpha = 135° + k \cdot 360°, \text{ com } k \in \mathbb{Z}$$

## Observação

Podemos exprimir genericamente outras coleções de arcos que tenham uma determinada característica comum. Por exemplo, a expressão dos arcos cujas extremidades correspondem aos vértices do quadrado da figura abaixo é:

$$\alpha = 45° + k \cdot 90°, \text{ com } k \in \mathbb{Z} \text{ (em graus)}$$

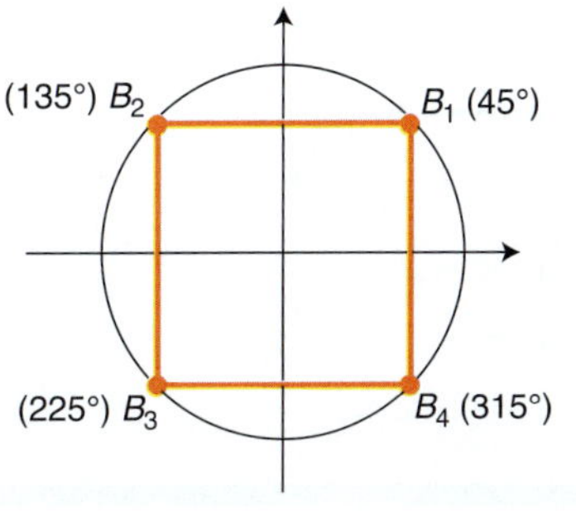

## Exercícios Resolvidos

**ER. 11** Encontre uma expressão que nos dê as medidas de todos os arcos, em radianos, associados aos pontos em destaque em cada um dos casos.

a)

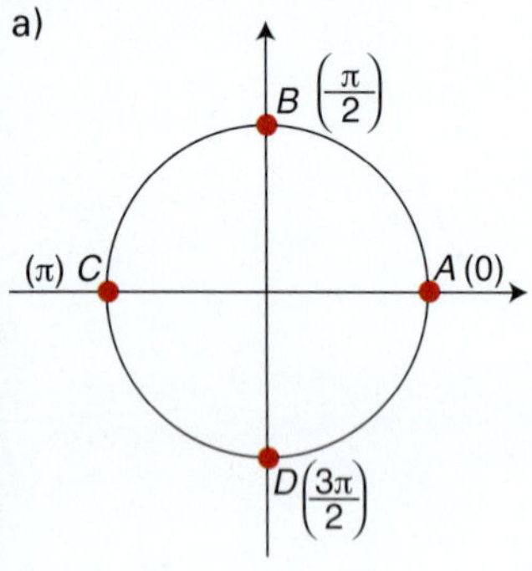


b)

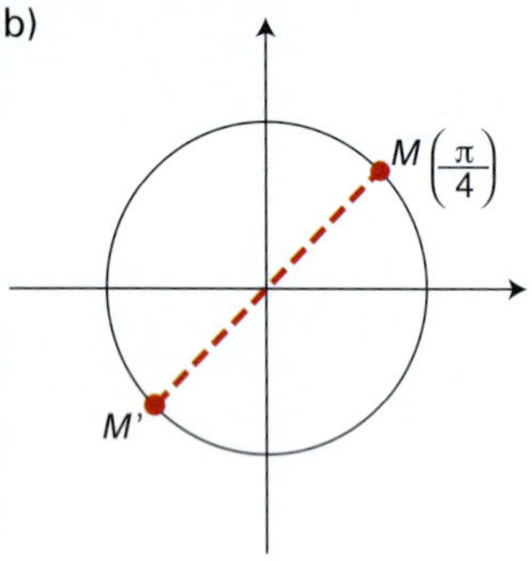


**Resolução:** Em todos os casos, precisamos verificar se há uma expressão única que nos dê as medidas dos arcos associados a todos os pontos destacados ou se precisamos descrevê-las por expressões distintas.

a) Neste caso, verificamos que os quatro pontos dividem a circunferência em quatro partes iguais $\left(\text{em quatro arcos de medida } \frac{\pi}{2} \text{ rad}\right)$. Assim, a partir do arco de extremidade $A$, somando $\frac{\pi}{2}$ rad, obtemos as medidas de todos os arcos associados aos quatro pontos ($A$, $B$, $C$ e $D$) e, desse modo, podemos obter uma única expressão para descrevê-las:

$$\alpha = 0 + k \cdot \frac{\pi}{2}, \text{ com } k \in \mathbb{Z}, \text{ ou seja, } \alpha = \frac{k\pi}{2}, \text{ com } k \in \mathbb{Z}$$

Além disso, observe que ao variar o valor de $k$ em $\mathbb{N}$, considerando assim somente os arcos positivos ou nulo (no sentido anti-horário), as medidas obtidas formam uma PA de razão $\frac{\pi}{2}$ rad, pois elas diferem de múltiplos desse valor:

$$\left(0, \frac{\pi}{2}, \pi, \frac{3\pi}{2}, 2\pi, \frac{5\pi}{2}, ...\right)$$

> **Atenção!**
> Isso ocorre sempre que os pontos demarcados dividirem a circunferência trigonométrica em partes iguais.

b) Primeiramente, vamos encontrar a medida do arco associado ao ponto $M'$, considerando a 1.ª volta. Como o primeiro arco demarcado (associado ao ponto $M$) é o de $\frac{\pi}{4}$ rad, vamos percorrer a circunferência em arcos de $\frac{\pi}{4}$ rad, como mostramos a seguir.

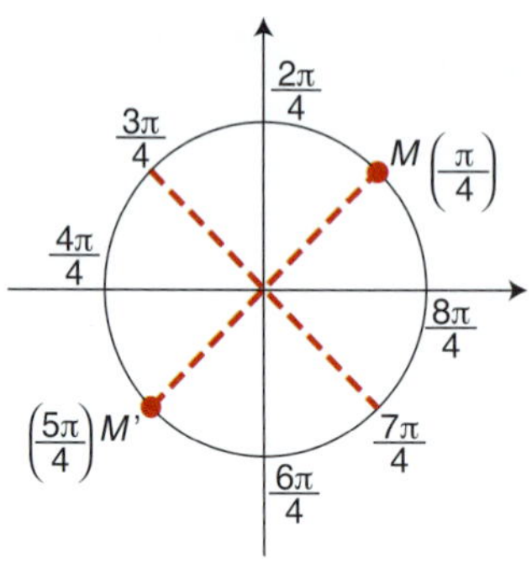


Observe que os pontos $M$ e $M'$ são simétricos em relação à origem (0, 0) do sistema de eixos e dividem a circunferência em arcos congruentes de $\pi$ rad. Sendo assim, percorrendo arcos de $\pi$ rad, a partir do ponto $M$, obtemos as medidas de todos os arcos associados aos pontos $M$ e $M'$ destacados. Daí, essas medidas podem ser expressas do seguinte modo:

$$\alpha = \frac{\pi}{4} + k\pi, \text{ com } k \in \mathbb{Z}$$

**ER. 12** Descreva por meio de uma expressão as medidas de todos os arcos de extremidades em $P$ ou em $Q$, conforme figura abaixo.

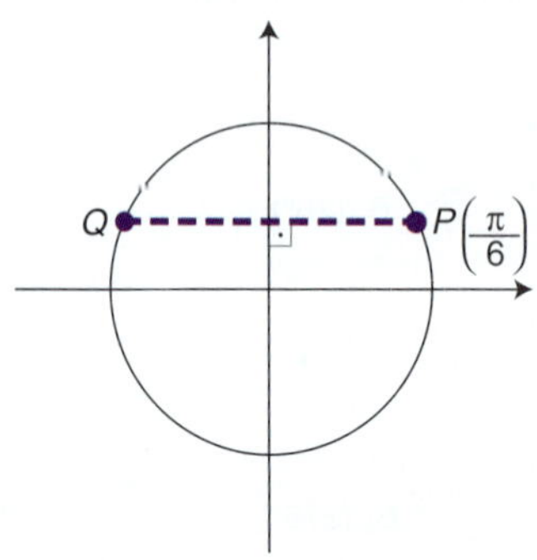

**Resolução:** Repare que neste caso os pontos *P* e *Q* são simétricos em relação ao eixo das ordenadas, mas não dividem a circunferência em arcos congruentes. Sendo assim, não vamos conseguir descrever as medidas dos arcos associados a esses pontos com uma única expressão.

Pela simetria, verificamos que os ângulos centrais demarcados na figura ao lado são congruentes e, portanto, determinam arcos $(\widehat{AP}$ e $\widehat{BQ})$ também congruentes.

Então, a medida do arco com extremidade no ponto *Q*, considerando a 1.ª volta, pode ser encontrada da seguinte maneira:

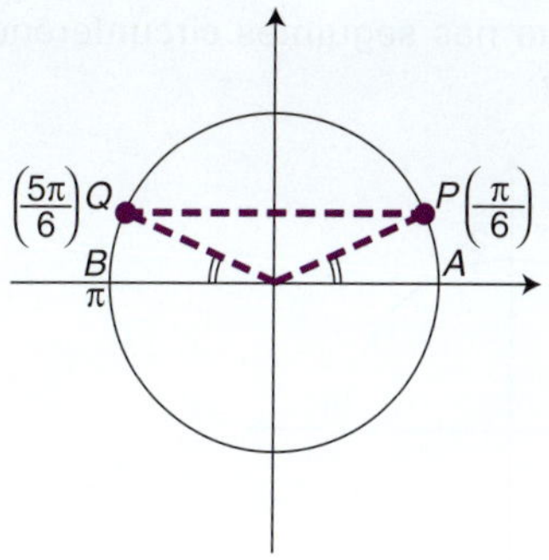


$$m(\widehat{AQ}) = \pi - \frac{\pi}{6} = \frac{6\pi}{6} - \frac{\pi}{6} = \frac{5\pi}{6}$$

Nessas condições, vamos descrever as medidas de todos os arcos de extremidades em *P* ou em *Q* do seguinte modo:

$$\alpha = \begin{cases} \frac{\pi}{6} + 2k\pi \\ \text{ou} \\ \frac{5\pi}{6} + 2k\pi \end{cases} \quad \text{com } k \in \mathbb{Z}$$

---

**ER. 13** Verifique se os arcos de $-200°$ e $880°$ são côngruos. Justifique sua resposta.

**Resolução:** Para verificar se dois arcos são côngruos entre si, precisamos verificar a qual arco da 1.ª volta positiva ele corresponde, ou seja, vamos descrevê-lo separando as voltas completas que sua medida contém: se o arco é positivo, subtraímos um múltiplo de voltas completas e, se o arco é negativo, somamos um múltiplo de voltas completas, até se obter uma medida entre 0° e 360° (ou entre 0 e $2\pi$ rad).

> ***Saiba +***
>
> Quando dizemos "1.ª volta positiva" significa que o arco é tomado no sentido anti-horário. Da mesma forma, "1.ª volta negativa" nos informa que o arco é tomado no sentido horário.

$$-200° = -200° + 360° = 160° \text{ (isto é, } -200° \text{ é côngruo a } 160°)$$

Para o 880°, vamos fazer uma verificação de quantidade de voltas:

- $880° - 360° = 520°$
- $880° - 2 \cdot 360° = 880° - 720° = 160°$ (arco de 1.ª volta no sentido anti-horário)

Assim, vemos que 880° também é um arco côngruo ao de 160°, ou seja, os arcos de $-200°$ e 880° têm mesma extremidade que o arco de 160°, o que significa que eles são côngruos entre si.

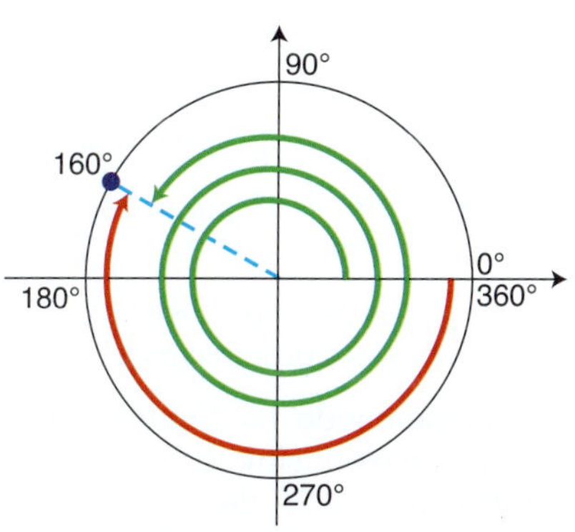


> ***Atenção!***
>
> No caso de a medida do arco corresponder a mais de duas voltas, é mais fácil recorrer à divisão. Como exemplo, vamos usar o arco de 880° (embora sejam apenas duas voltas envolvidas):
>
> 880° | 360°
> 160°   2
>
> Note que o divisor indica o número de voltas completas contidas na medida e o resto indica a medida do arco côngruo na 1.ª volta no sentido anti-horário.

## EXERCÍCIOS PROPOSTOS

**33.** Dê a expressão que descreve as medidas de todos os arcos, em radianos, associados aos pontos em destaque nas seguintes circunferências trigonométricas:

a)

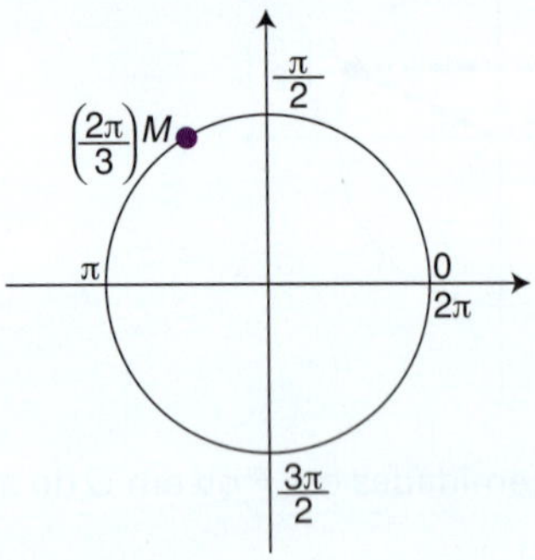


b)

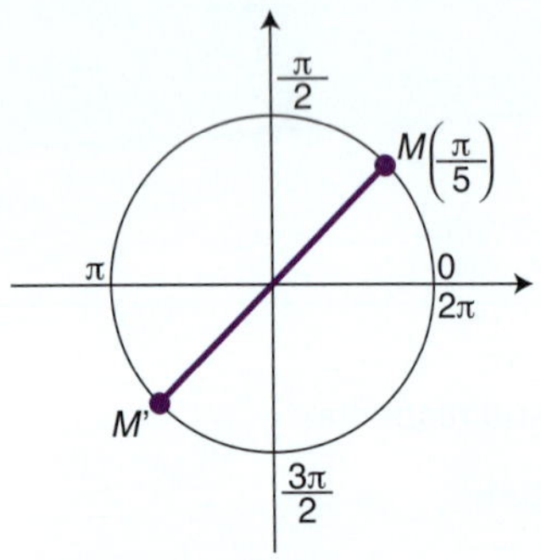


c)

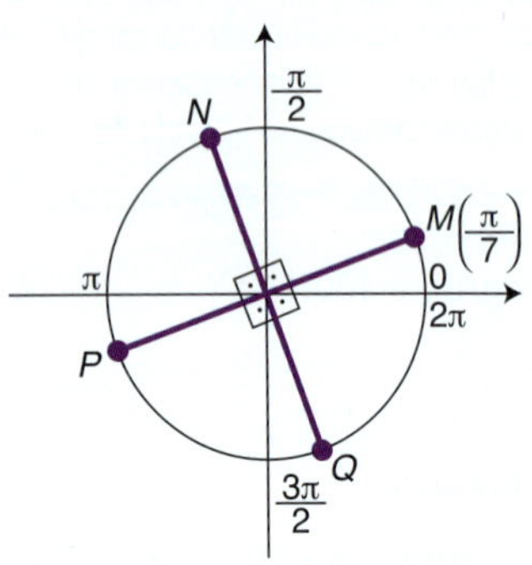


d)

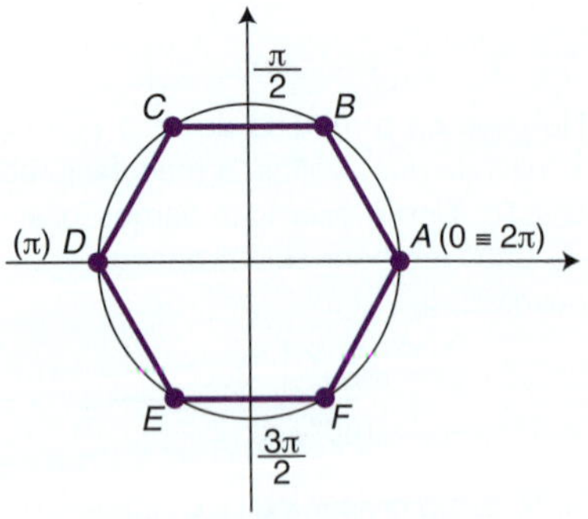


**34.** Represente na circunferência trigonométrica as extremidades de todos os arcos descritos pelas expressões a seguir.

a) $\alpha = \frac{\pi}{12} + 2k\pi$ rad

b) $\alpha = \frac{\pi}{6} + k\pi$ rad

c) $\alpha = \frac{\pi}{3} + \frac{k\pi}{3}$ rad

**35.** Descreva por meio de uma expressão as medidas de todos os arcos trigonométricos cujas extremidades são um dos vértices do triângulo equilátero *ABC* representado abaixo.

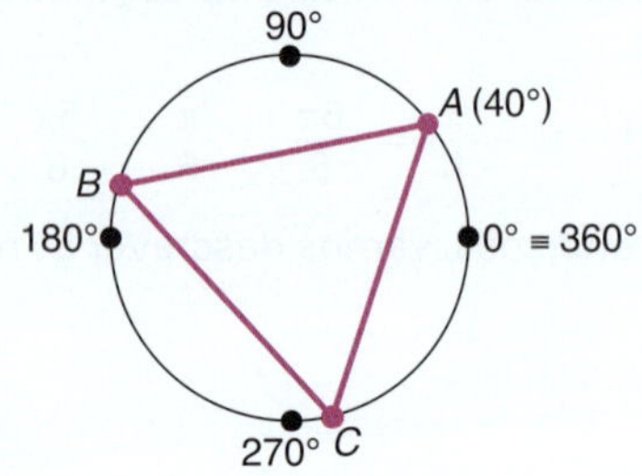


**36.** Encontre um arco de medida $\alpha$, com $0° < \alpha < 360°$, côngruo ao arco de 2.130°.

**37.** Explique por que os arcos de $\frac{7\pi}{3}$ rad e $-\frac{5\pi}{3}$ rad são côngruos.

**38.** **[COTIDIANO]** Uma formiga está andando na borda de um prato.

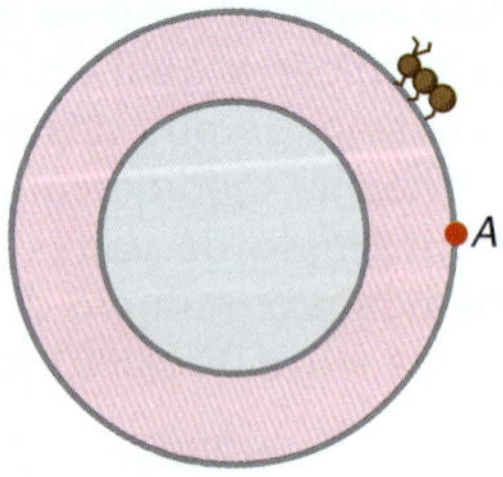


Partindo do ponto *A*, ela percorre, por essa borda, um arco de 1.540°, conforme mostra a figura:

a) Quantas voltas completas a formiga deu na borda do prato?

b) Em que arco da 1.ª volta (no sentido anti-horário) a formiga parou?

**39.** Represente na circunferência trigonométrica as extremidades de todos os arcos de medida $\alpha$, com $0 \leqslant \alpha < 2\pi$, cuja expressão geral é dada por:

$$\alpha = (-1)^n \cdot \frac{\pi}{6} + k\pi, \text{ com } n \in \mathbb{N} \text{ e } k \in \mathbb{Z}$$

Em seguida, verifique se todos esses arcos são côngruos entre si, justificando sua resposta.

**40.** Mostre que os arcos positivos côngruos a 30° e organizados em ordem crescente formam uma PA.

**41.** Representando na circunferência trigonométrica os arcos positivos que, em ordem crescente, formam uma PA de primeiro termo 60° e razão 90°, descubra que polígono tem seus vértices nas extremidades desses arcos.

## Simetria na circunferência trigonométrica

Em algumas situações você já trabalhou com arcos trigonométricos de extremidades simétricas. Vamos ampliar um pouco esse tema, pois o uso de *simetria* facilita para se conhecer as medidas de arcos que não estão no 1.º quadrante.

Podemos encontrar *simetria em relação aos eixos coordenados* e *simetria em relação à origem* (0, 0) do sistema cartesiano.

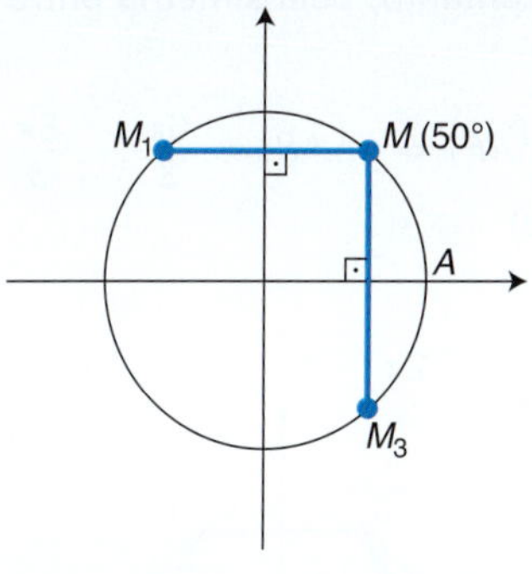


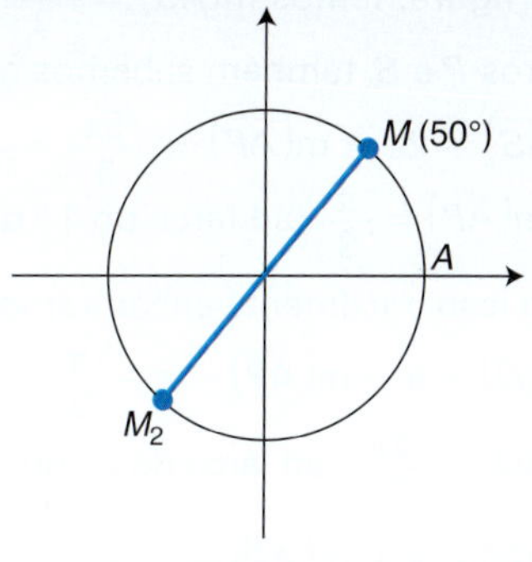


Por exemplo, os arcos $\widehat{AM}$ e $\widehat{AM_2}$ têm extremidades simétricas em relação à origem, os arcos $\widehat{AM}$ e $\widehat{AM_1}$ têm extremidades simétricas em relação ao eixo das ordenadas e os arcos $\widehat{AM}$ e $\widehat{AM_3}$, em relação ao eixo das abscissas.

Desse modo, podemos encontrar as medidas dos arcos associados a esses pontos:

- Em $M$, temos o arco de 50°, que é do 1.º quadrante. Assim, o ponto $M_2$, por ser simétrico a $M$ em relação à origem (ou centro da circunferência), está no 3.º quadrante.
  Note que os ângulos $A\hat{O}M$ e $B\hat{O}M_2$ são opostos pelo vértice, o que acarreta arcos $\widehat{AM}$ e $\widehat{BM_2}$ congruentes. Logo, a medida do arco trigonométrico associado a $M_2$ pode ser obtida por:

  $$m(\widehat{AM_2}) = 180° + 50°, \text{ ou seja, } m(\widehat{AM_2}) = 230°$$

  (que é arco do 3.º quadrante)

- O fato de o ponto $M_1$ ser simétrico a $M$, em relação ao eixo vertical, que está no 1.º quadrante, nos garante que $M_1$ está no 2.º quadrante. Além disso, os ângulos $A\hat{O}M$ e $B\hat{O}M_1$ são congruentes, o que determina arcos $\widehat{AM}$ e $\widehat{BM_1}$ congruentes e, portanto, a medida do arco trigonométrico associado a $M_1$ pode ser obtida por:

  $$m(\widehat{AM_1}) = 180° - 50°, \text{ ou seja, } m(\widehat{AM_2}) = 130°$$

  (que é arco do 2.º quadrante)

  Com raciocínio análogo, no caso de $M_3$, simétrico a $M$ em relação ao eixo horizontal, verificamos que os arcos $\widehat{AM}$ e $\widehat{AM_3}$ são congruentes e, assim, a medida do arco trigonométrico associado a $M_3$ pode ser dada por:

  $$m(\widehat{AM_3}) = 360° - 50° = 310° \text{ (1.ª volta positiva)} \quad \text{ou}$$

  $$m(\widehat{AM_3}) = 0° - 50° = -50° \text{ (1.ª volta negativa)}$$

  Repare que $310° \equiv -50°$ e são arcos do 3.º quadrante.

Pelo fato de $M_1$, $M_2$ e $M_3$ serem simétricos a $M$, podemos verificar que eles são simétricos entre si, ou seja, esses quatro pontos $M$, $M_1$, $M_2$ e $M_3$ são simétricos.

**Observação**

Podemos trabalhar com simetrias também quando os arcos têm suas medidas dadas em radianos.

**Saiba +**

Os arcos que têm extremidades simétricas comumente são chamados de *arcos simétricos*.

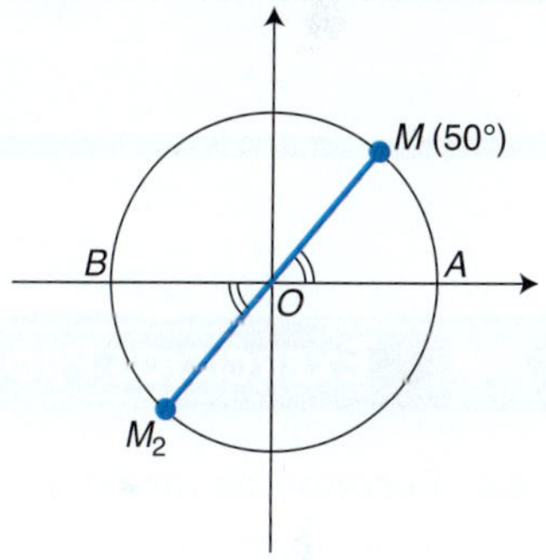


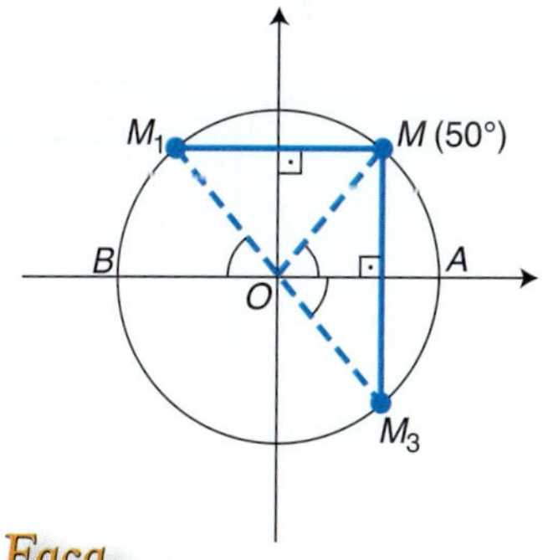


**Faça**

Justifique a congruência dos ângulos $A\hat{O}M$, $B\hat{O}M_1$ e $A\hat{O}M_3$.

## Exercício Resolvido

**ER. 14** Determine as medidas dos arcos associados aos pontos *P*, *Q* e *R*, na 1.ª volta positiva, destacados na figura abaixo.

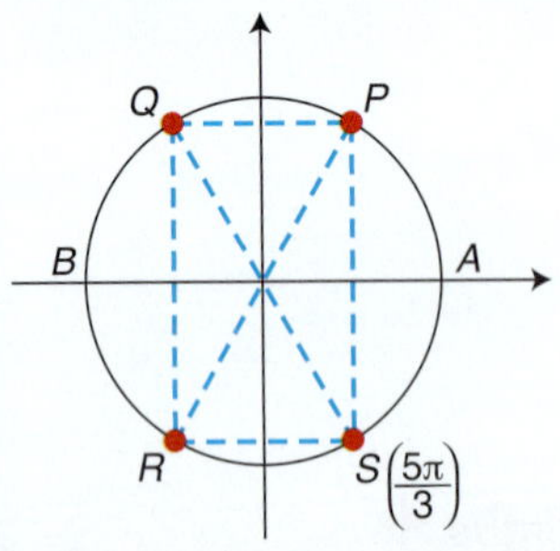


**Resolução:** Pela figura, verificamos que os pontos *P*, *Q*, *R* e *S* são simétricos. Sendo assim, os arcos $\widehat{AP}$, $\widehat{BQ}$, $\widehat{BR}$ e $\widehat{AS}$ são congruentes entre si. Daí, veja como encontrar as medidas dos arcos associados aos pontos *P*, *Q* e *R*, dada a medida do arco de extremidade *S*.

- Pela figura, temos $m(\widehat{AS}) = \frac{5\pi}{3}$ rad. No entanto, pela simetria entre os pontos *P* e *S*, também sabemos que:

  $m(\widehat{AS}) = 2\pi - m(\widehat{AP}) \Rightarrow \frac{5\pi}{3} = \frac{6\pi}{3} - m(\widehat{AP}) \Rightarrow m(\widehat{AP}) = \frac{6\pi}{3} - \frac{5\pi}{3} \Rightarrow$

  $\Rightarrow m(\widehat{AP}) = \frac{\pi}{3}$ rad (arco do 1.º quadrante)

  Com isso, facilmente encontramos:

- $m(\widehat{AQ}) = \pi - m(\widehat{AP}) = \pi - \frac{\pi}{3} = \frac{3\pi}{3} - \frac{\pi}{3} = \frac{2\pi}{3}$

  $m(\widehat{AQ}) = \frac{2\pi}{3}$ rad (arco do 2.º quadrante)

- $m(\widehat{AR}) = \pi + m(\widehat{AP}) =$

  $= \pi + \frac{\pi}{3} = \frac{3\pi}{3} + \frac{\pi}{3} = \frac{4\pi}{3}$

  $m(\widehat{AR}) = \frac{4\pi}{3}$ rad (arco do 3.º quadrante)

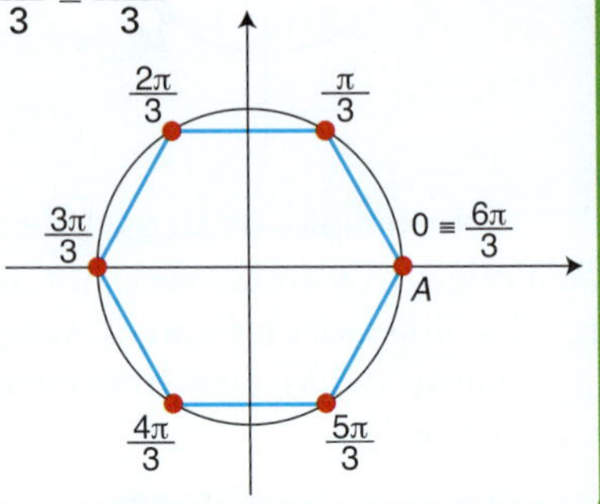


## Exercícios Propostos

**42.** Encontre as medidas dos arcos destacados na 1.ª volta positiva.

a)

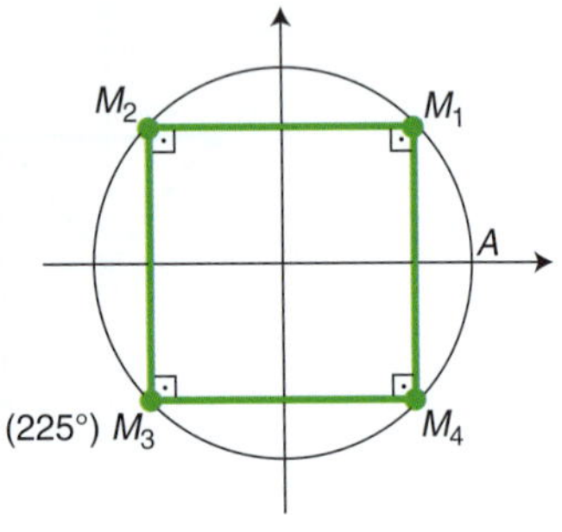


b)

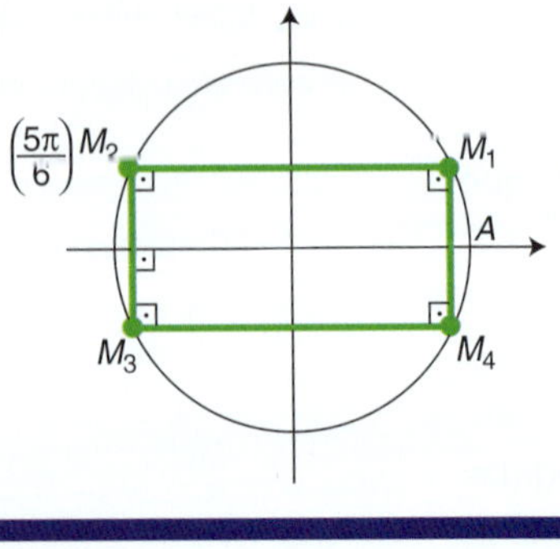


**43.** Na 1.ª volta positiva, determine as medidas dos arcos cujas extremidades são pontos simétricos à extremidade do arco de:

a) 110°

b) $\frac{10\pi}{9}$ rad

c) 320°

d) $\frac{9\pi}{5}$ rad

**44.** Um retângulo *PQRS* tem seus quatro vértices na circunferência trigonométrica, seus lados de maior tamanho são paralelos ao eixo das abscissas e a medida do ângulo maior entre suas diagonais é 120°.

a) Faça uma figura representando a situação e encontre as medidas dos arcos cujas extremidades são os vértices desse retângulo, considerando a 1.ª volta positiva.

b) Qual a área desse retângulo?

**45.** **[JARDINAGEM]** Tamires tem em sua casa um canteiro circular. Ela quer plantar gerânios em volta desse canteiro de modo que as flores fiquem simétricas. Da primeira para a segunda muda, ela vai usar um ângulo central de aproximadamente 40°. Faça um esboço de onde ela deve colocar as outras mudas e verifique de quantas mudas ela vai precisar.

## 3. Razões Trigonométricas na Circunferência

Agora que você já conhece a circunferência trigonométrica e sabe localizar nela os arcos trigonométricos, vamos ver como definimos as razões trigonométricas que você estudou no triângulo retângulo, ampliando para todos os ângulos centrais ou arcos correspondentes da circunferência trigonométrica.

### 3.1 Seno e cosseno de um arco trigonométrico

Para fazer essa ampliação, vamos partir de um triângulo retângulo cujo vértice ($Q$), oposto a um de seus ângulos internos agudos de medida $\alpha$, pertence à circunferência trigonométrica, pois já conhecemos as razões seno e cosseno nesse caso.

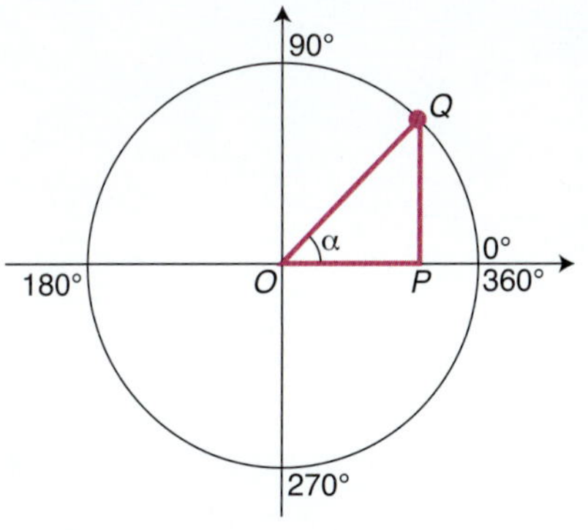


Repare que, com isso, o ângulo de medida $\alpha$ é um ângulo central da circunferência, ou seja, o arco trigonométrico associado ao vértice $Q$ tem medida $\alpha$, com $0° < \alpha < 90°$.

No triângulo $OPQ$ temos $OQ = 1$ (medida do raio da circunferência trigonométrica). Assim, podemos encontrar seno e cosseno do ângulo interno de medida $\alpha$.

- $\text{sen}\ \alpha = \dfrac{PQ}{OQ} \Rightarrow \text{sen}\ \alpha = \dfrac{PQ}{1} \Rightarrow \text{sen}\ \alpha = PQ$
- $\cos \alpha = \dfrac{OP}{OQ} \Rightarrow \cos \alpha = \dfrac{OP}{1} \Rightarrow \cos \alpha = OP$

Veja que podemos obter os valores dessas razões considerando apenas a extremidade $Q$ do arco trigonométrico $\overset{\frown}{AQ}$.

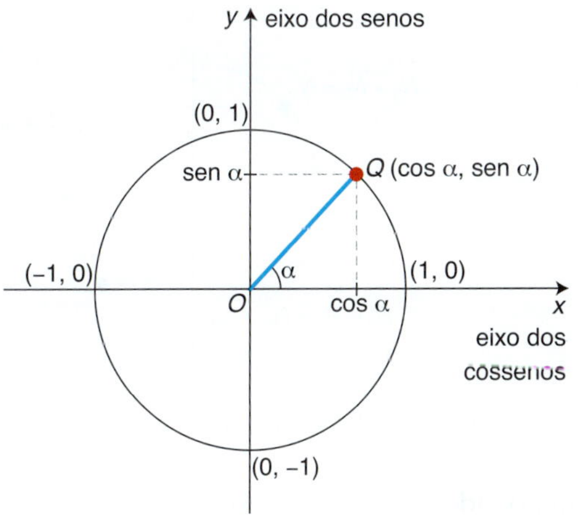


Dessa forma, a abscissa $x_Q$ do ponto $Q$ determina o valor do cosseno e a ordenada $y_Q$ desse ponto nos dá o valor do seno referente ao arco de medida $\alpha$ (correspondente ao ângulo central interno ao triângulo $OPQ$).

Como a todo arco corresponde um ponto na circunferência, podemos estender essa ideia para a medida $\alpha$ de um arco qualquer da circunferência trigonométrica da seguinte forma:

- a abscissa (no eixo $x$) do ponto que é a extremidade do arco de medida $\alpha$ é o cosseno de $\alpha$;
- a ordenada (no eixo $y$) do ponto que é a extremidade do arco de medida $\alpha$ é o seno de $\alpha$.

Assim, dado um arco trigonométrico de medida $\alpha$ de extremidade $Q(x_Q, y_Q)$, temos:

$$\cos \alpha = x_Q \text{ e } \text{sen}\ \alpha = y_Q$$

Observação

Nesse caso, o eixo $x$ é chamado de **eixo dos cossenos** e o eixo $y$, de **eixo dos senos**.

## Variação e sinal do seno e do cosseno de um arco

Considerando a extensão feita para esses conceitos, obtemos as seguintes conclusões:

- O valor do seno e do cosseno da medida de um arco independe se esse arco foi expresso em graus ou radianos, pois as coordenadas da extremidade desse arco são números reais.
- O valor do seno e do cosseno de um arco varia de −1 a 1, pois o raio da circunferência trigonométrica é unitário.

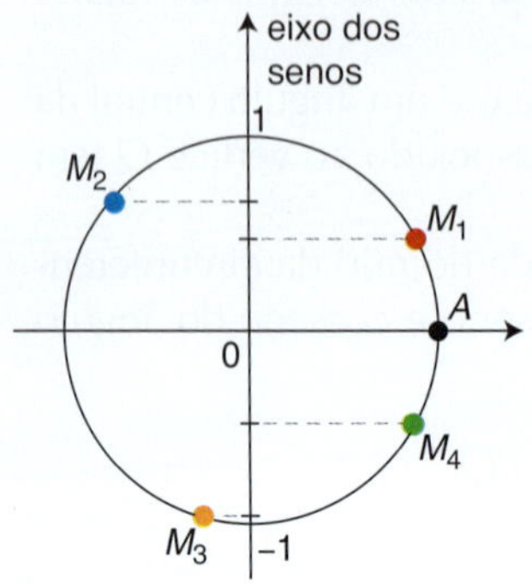


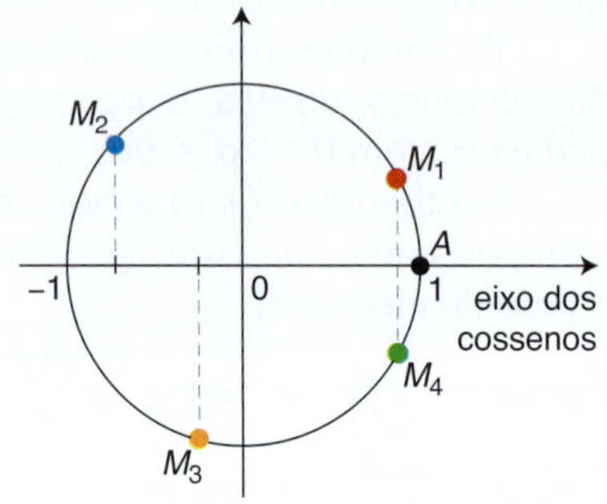


- Arcos côngruos têm mesmo valor para o seno e mesmo valor para o cosseno, já que esses valores dependem apenas da extremidade dos arcos.

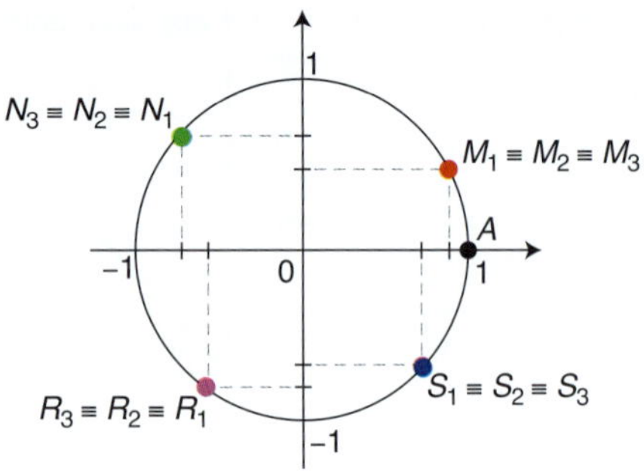


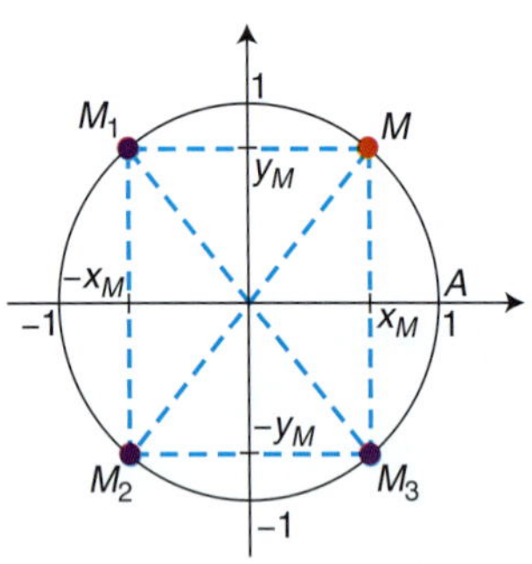


- Arcos de extremidades simétricas têm valores iguais ou opostos para seno e para cosseno.
  Na figura ao lado, $M$, $M_1$, $M_2$ e $M_3$ são pontos simétricos. Note que as abscissas (valor dos cossenos) dos pontos $M_1$, $M_2$ e $M_3$ são iguais $(x_M)$ ou são opostas $(-x_M)$ à abscissa de $M$.
  O mesmo ocorre para as ordenadas (valores dos senos) desses pontos: ou são iguais $(y_M)$ ou são opostas $(-y_M)$ à ordenada de $M$.
- Os arcos de extremidades nos eixos coordenados têm seno e cosseno imediatos. Veja na tabela o que ocorre para arcos da 1.ª volta positiva:

| Arco de extremidade | Cosseno da medida do arco | Seno da medida do arco |
|---|---|---|
| (1, 0) | cos 0° = cos 360° = 1 | sen 0° = sen 360° = 0 |
| (0, 1) | cos 90° = 0 | sen 90° = 1 |
| (−1, 0) | cos 180° = −1 | sen 180° = 0 |
| (0, −1) | cos 270° = 0 | sen 270° = −1 |

- Conhecendo-se o quadrante ao qual o arco pertence, podemos dizer se o seno ou o cosseno desse arco é positivo ou negativo, conforme destacamos nas figuras ao lado.

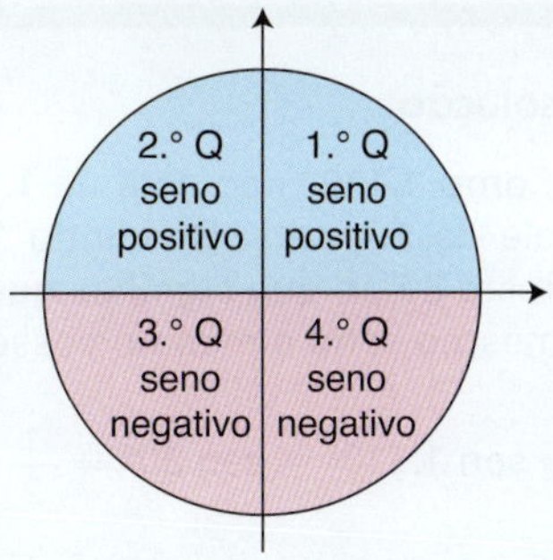


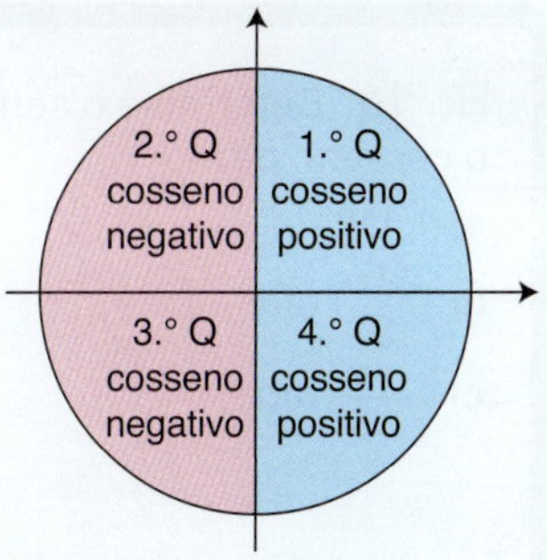


## Exercícios Resolvidos

**ER. 15** Localize na circunferência trigonométrica os arcos notáveis de $\frac{\pi}{6}$, $\frac{\pi}{4}$ e $\frac{\pi}{3}$ (radianos) e seus simétricos e identifique os valores do seno e do cosseno desses arcos.

**Resolução:** Os valores das razões trigonométricas seno e cosseno desses arcos já foram vistos anteriormente (no triângulo retângulo), conforme mostra a tabela ao lado.

**Tabela dos arcos notáveis**

| | $\frac{\pi}{6}$ | $\frac{\pi}{4}$ | $\frac{\pi}{3}$ |
|---|---|---|---|
| **sen** | $\frac{1}{2}$ | $\frac{\sqrt{2}}{2}$ | $\frac{\sqrt{3}}{2}$ |
| **cos** | $\frac{\sqrt{3}}{2}$ | $\frac{\sqrt{2}}{2}$ | $\frac{1}{2}$ |

Também podemos verificar que são simétricos:

- os arcos de medidas $\frac{\pi}{6}$, $\frac{5\pi}{6}$, $\frac{7\pi}{6}$ e $\frac{11\pi}{6}$
- os arcos de medidas $\frac{\pi}{4}$, $\frac{3\pi}{4}$, $\frac{5\pi}{4}$ e $\frac{7\pi}{4}$
- os arcos de medidas $\frac{\pi}{3}$, $\frac{2\pi}{3}$, $\frac{4\pi}{3}$ e $\frac{5\pi}{3}$

Para encontrar o seno e o cosseno de cada um desses arcos, depois de feita sua localização na circunferência trigonométrica, basta projetarmos suas extremidades no eixo das ordenadas, para o seno, e no eixo das abscissas, para o cosseno, encontrando os respectivos valores de suas coordenadas.

Veja como fazemos isso usando eixos auxiliares para destacar os senos e os cossenos:

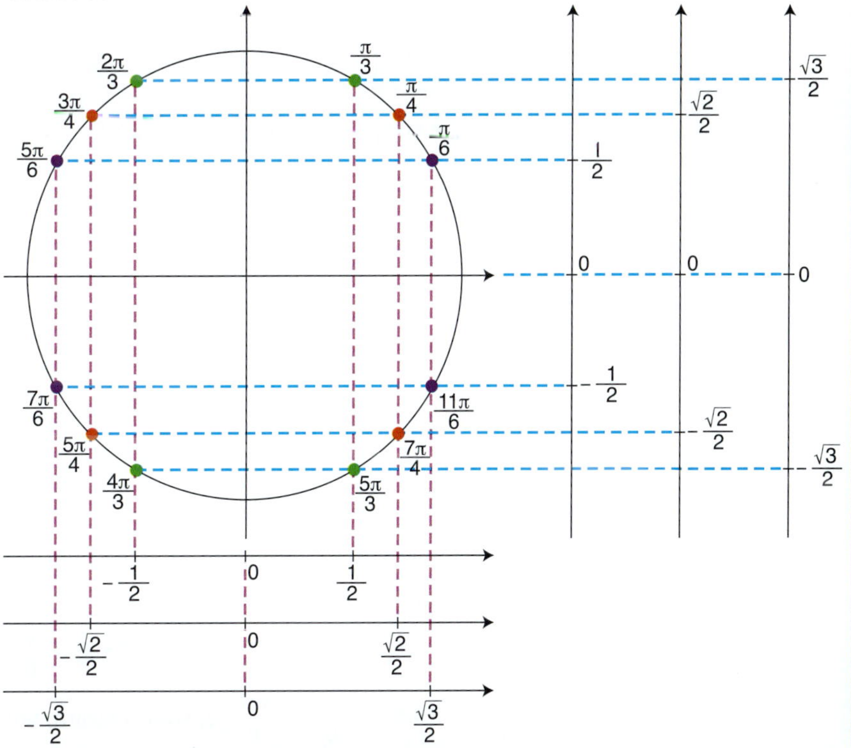

**ER. 16** Determine o seno e o cosseno de:

a) 1.110°

b) $\frac{11\pi}{2}$ rad

c) $-\frac{\pi}{6}$ rad

**Resolução:**

a) Como 1.110° não está na 1.ª volta, vamos encontrar um arco côngruo a ele da 1.ª volta. Dividindo 1.110° por 360°, encontramos quociente 3 e resto 30°, o que significa que $1.110° \equiv 30°$. Dessa forma, esses arcos têm mesmo seno e mesmo cosseno, ou seja:

- $\text{sen } 1.110° = \text{sen } 30° = \frac{1}{2}$
- $\cos 1.110° = \cos 30° = \frac{\sqrt{3}}{2}$

**Recorde**

Da divisão de 1.110° por 360°, temos:
$1.110° = 30° + 3 \cdot 360°$

b) Note que $\frac{11\pi}{2}$ também não é arco da 1.ª volta, pois é maior que $2\pi = \frac{4\pi}{2}$. Assim, devemos verificar quantos múltiplos de $2\pi$ há em $\frac{11\pi}{2}$.

Nesse caso, precisamos expressar o arco dado como adição de duas parcelas de modo que uma delas nos forneça um múltiplo de $2\pi$, isto é:

$$\frac{11\pi}{2} = \frac{8\pi}{2} + \frac{3\pi}{2} = \frac{3\pi}{2} + 2 \cdot \frac{4\pi}{2} = \frac{3\pi}{2} + 2 \cdot 2\pi$$

Então, $\frac{11\pi}{2} \equiv \frac{3\pi}{2}$ e, portanto, temos:

- $\text{sen } \frac{11\pi}{2} = \text{sen } \frac{3\pi}{2} = -1$
- $\cos \frac{11\pi}{2} = \cos \frac{3\pi}{2} = 0$

c) Repare que o arco de $-\frac{\pi}{6}$ está na 1.ª volta negativa e é um arco do 4.° quadrante, em que o seno é negativo e o cosseno é positivo. Como $-\frac{\pi}{6}$ é simétrico a $\frac{\pi}{6}$ em relação ao eixo das abscissas, verificamos que esses dois arcos têm valores iguais para cosseno e valores opostos para seno, ou seja:

- $\text{sen}\left(-\frac{\pi}{6}\right) = -\text{sen } \frac{\pi}{6} = -\frac{1}{2}$
- $\cos\left(-\frac{\pi}{6}\right) = \cos \frac{\pi}{6} = \frac{\sqrt{3}}{2}$

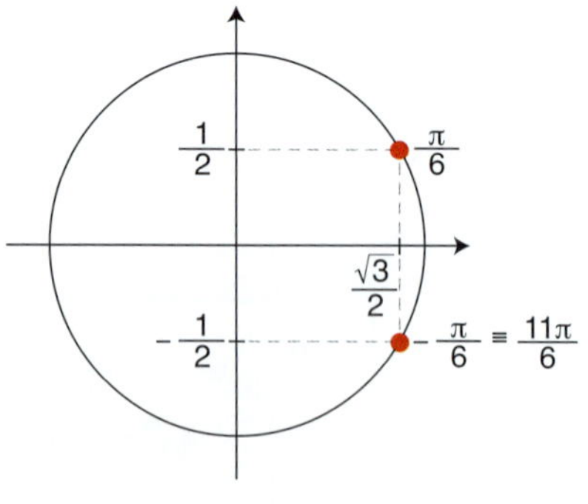


Além disso, para obter o arco côngruo a $-\frac{\pi}{6}$ na 1.ª volta positiva, basta somar uma volta a ele, isto é:

$$-\frac{\pi}{6} + 2\pi = -\frac{\pi}{6} + \frac{12\pi}{6} = \frac{11\pi}{6}$$

Então, $-\frac{\pi}{6} \equiv \frac{11\pi}{6}$ e, sendo assim, têm mesmo seno e mesmo cosseno.

## Exercícios Propostos

**46.** Faça uma tabela com o seno e o cosseno dos arcos simétricos aos arcos notáveis de 30°, 45° e 60°, explicando na circunferência trigonométrica como fez para achar esses valores.

**47.** Usando a circunferência trigonométrica, determine os valores de cos $\alpha$ e sen $\alpha$ quando:

a) $\alpha = 5\pi$ rad

b) $\alpha = \frac{9\pi}{2}$ rad

c) $\alpha = 12\pi$ rad

d) $\alpha = -3\pi$

e) $\alpha = -\frac{7\pi}{3}$ rad

**48.** Considerando as medidas dos arcos em radianos, localize na circunferência trigonométrica sen 1 e cos 1, e verifique qual desses valores é maior.

**49.** Considere dois arcos de medidas $\alpha$ e $\beta$, com $0° < \alpha < \beta < 90°$, e represente-os na circunferência trigonométrica destacando os valores de sen $\alpha$, sen $\beta$, cos $\alpha$ e cos $\beta$.

a) Qual valor é maior: sen $\alpha$ ou sen $\beta$?

b) Qual valor é menor: cos $\alpha$ ou cos $\beta$?

**50.** Simplifique a expressão:

$$E = \frac{\text{sen}\,\frac{\pi}{6} + \cos\frac{\pi}{3}}{\text{sen}^2\,\frac{\pi}{4}}$$

**51.** Verifique se o produto

$$\text{sen } 100° \cdot \cos 100° \cdot \cos 200° \cdot \cos 200°$$

é um número positivo ou negativo.
Explique sua resposta.

**52.** Considerando os arcos medidos em radianos, dê o sinal de:

a) sen 1

b) sen 2

c) sen 3

d) sen 4

e) sen 5

f) sen 6

## Conheça mais...

Como vimos, a circunferência trigonométrica foi um modelo que os matemáticos encontraram para representar arcos correspondentes a ângulos centrais não agudos. Mas isso surgiu há muito tempo...

Um dos problemas com que os matemáticos de antigamente se depararam foi o de encontrar um procedimento que lhes desse, de maneira eficiente, a distância entre dois pontos da superfície terrestre, que pode ser reduzida à distância entre dois pontos de uma circunferência.

Hiparco de Niceia foi um dos estudiosos nessa área. Astrônomo e matemático, ficou conhecido como *pai da Trigonometria*, pois seus trabalhos propiciaram um grande progresso na Astronomia.

Hiparco relacionava ângulos centrais e cordas de uma circunferência, tomada com raio 60 u.c. Relembrando, *corda* é um segmento de reta cujos extremos são pontos de uma circunferência.

Com essas relações, Hiparco construiu uma tabela contendo o valor das respectivas cordas subtendidas por ângulos centrais de 0° a 180°.

Vejamos em que isso consiste para os ângulos centrais de 90° e 60°.

Utilizando os conhecimentos de Geometria Plana, é possível encontrar o comprimento de cada uma dessas cordas:

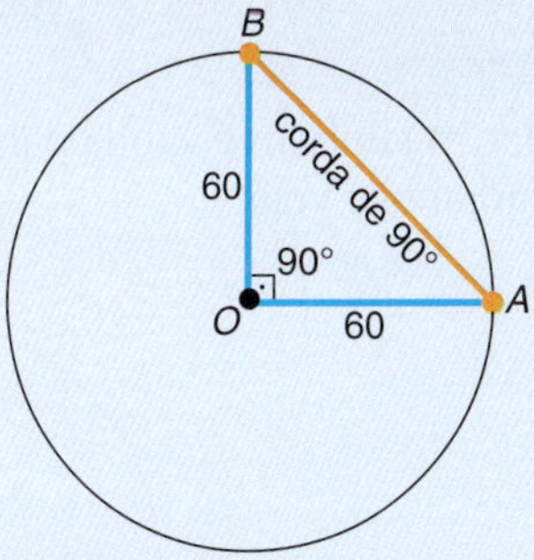

corda de 90° subtendida por um ângulo central de 90°

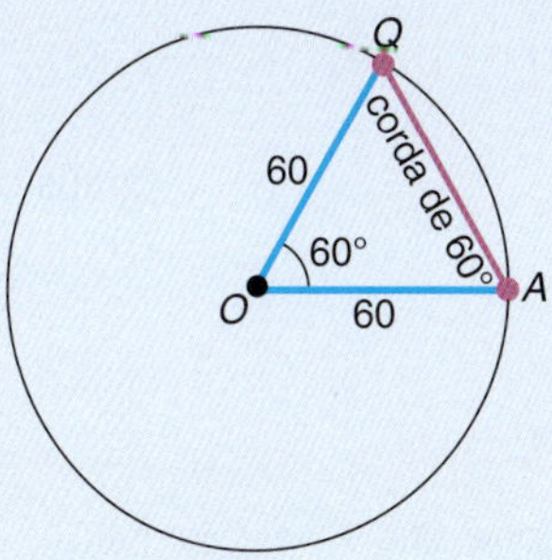

corda de 60° subtendida por um ângulo central de 60°

- Para a corda de 90°, basta aplicar o teorema de Pitágoras no triângulo retângulo *AOB* cuja hipotenusa é a corda de 90° e a medida dos catetos é 60 (igual à do raio). Assim, vem que:

  corda de 90° mede $60\sqrt{2}$ (equivale à medida da diagonal de um quadrado de lado 60)

- Para a corda de 60°, basta verificar que o triângulo *AOQ* é equilátero, pois a corda $\overline{AQ}$ também tem comprimento 60 e, sendo assim, temos que:

  corda de 60° mede 60 (que é a medida do raio da circunferência)

Com as medidas dessas cordas, por meio de arcos complementares e suplementares, calculam-se as medidas de outras, subtendidas por outros ângulos centrais como, por exemplo, a corda de 120°.

Contudo, foram os hindus que deram um passo a mais para se obter a razão trigonométrica seno como a conhecemos hoje. Em vez da corda, eles relacionaram a meia-corda com a metade da medida do ângulo central.

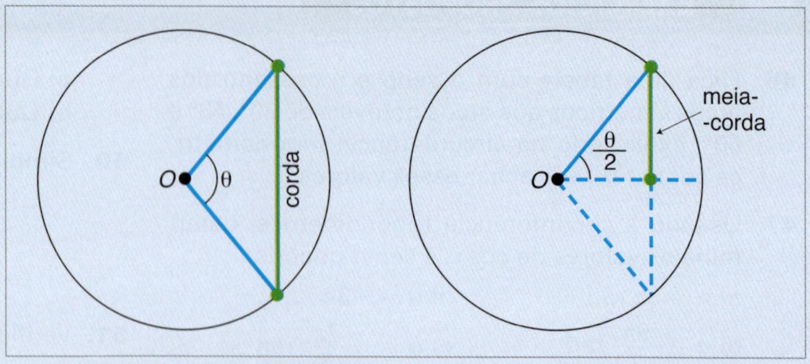


Uma meia-corda (ou semicorda) é o segmento sobre a corda com um extremo na circunferência e o outro no ponto médio da corda. Os hindus chamavam a meia-corda de *jiva*.

Repare que usando a meia-corda os hindus sempre trabalhavam com um triângulo retângulo. Também foram os hindus que, mais tarde, adotaram o raio unitário. E com isso podemos identificar a medida da semicorda (*jiva*) com o seno de $\frac{\theta}{2}$, pois veja que:

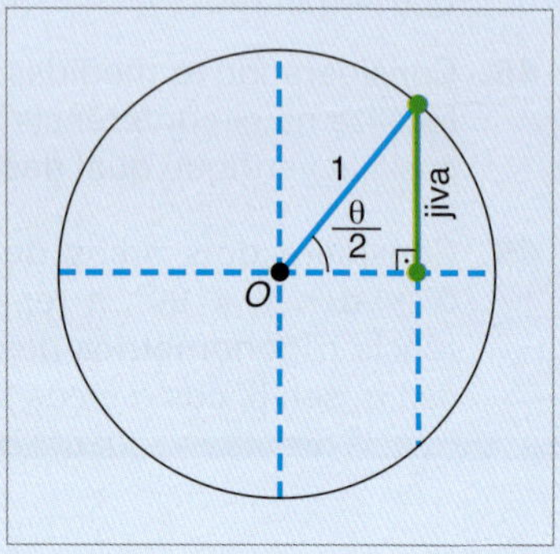


$$\frac{\text{medida do cateto oposto a } \frac{\theta}{2}}{\text{medida da hipotenusa}} = \frac{jiva}{1} = \text{sen}\,\frac{\theta}{2}$$

Você pode se perguntar, então, por que o nome "seno" e não "meia-corda" ou "semicorda".

Acontece que os árabes, povo responsável por trazer a cultura hindu para o Ocidente, frequentemente em sua escrita omitiam as vogais de suas palavras e, sendo assim, escreveram apenas *jb* em vez de *jiba*, tradução árabe de *jiva* (meia--corda). Na tradução de *jiba* para o latim, o *jb* foi interpretado como sendo a palavra árabe *jaib*, cujo significado é baía ou enseada, que em latim fica *sinus*, de onde chegou até nós como seno.

Já a palavra "cosseno" surge como seno do complemento de um ângulo (co-seno), apenas no século XVII.

Agora, se coloque na época de Hiparco e encontre o comprimento da corda de 120°.

## Relação fundamental da trigonometria

Quando estudamos a Trigonometria no triângulo retângulo, mostramos que a relação a seguir é válida para ângulos agudos de medida $\alpha$.

$$\text{sen}^2\,\alpha + \cos^2\alpha = 1$$ **relação fundamental da Trigonometria**

Essa relação também é válida para qualquer arco trigonométrico de medida $\alpha$ (em graus ou em radianos). Veja:

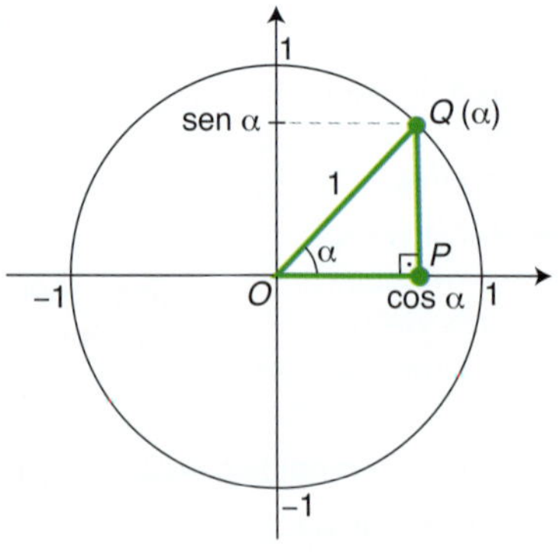


**Faça**

Verifique que a relação fundamental também é válida para os arcos de 0°, 90°, 180° e 270°.

Note que, na circunferência trigonométrica, o triângulo *OPQ* tem hipotenusa medindo $OQ = 1$. Assim, a relação fundamental para um arco de extremidade $Q$ e medida $\alpha$ é obtida aplicando-se o teorema de Pitágoras ao triângulo *OPQ*.

Caso o arco não esteja no 1.º quadrante, a relação continua valendo, pois mesmo que tenhamos valores negativos para sen $\alpha$ ou cos $\alpha$, seus quadrados serão positivos.

## Exercícios Resolvidos

**ER. 17** Se $\cos\alpha = \frac{12}{13}$, com $\frac{3\pi}{2} < \alpha < 2\pi$, determine sen $\alpha$.

**Resolução:** Utilizando a relação fundamental, temos:

$$\text{sen}^2\,\alpha + \cos^2\alpha = 1 \Rightarrow \text{sen}^2\,\alpha + \left(\frac{12}{13}\right)^2 = 1 \Rightarrow \text{sen}^2\,\alpha = 1 - \frac{144}{169} \Rightarrow$$

$$\Rightarrow \text{sen}^2\,\alpha = \frac{169}{169} - \frac{144}{169} \Rightarrow \text{sen}^2\,\alpha = \frac{25}{169} \Rightarrow \text{sen}\,\alpha = \pm\frac{5}{13}$$

Como $\alpha \in 4°$ Q, temos sen $\alpha$ negativo e, portanto, sen $\alpha = -\frac{5}{13}$.

**ER. 18** Determine a medida $\alpha$ de um arco trigonométrico, com $0 \leqslant \alpha < 2\pi$, de modo que se tenha:

sen $\alpha = \sqrt{m-1}$ e

$\cos\alpha = \frac{m+1}{2}$

**Resolução:** Vamos aplicar a relação fundamental para obter uma equação em *m* e, assim, poder encontrar os possíveis valores para sen $\alpha$ e cos $\alpha$.

$$\text{sen}^2\,\alpha + \cos^2\alpha = 1 \Rightarrow \left(\sqrt{m-1}\right)^2 + \left(\frac{m+1}{2}\right)^2 = 1 \Rightarrow$$

$$\Rightarrow m - 1 + \frac{(m+1)^2}{4} = 1 \Rightarrow 4(m-1) + 4\cdot\frac{(m+1)^2}{4} = 4\cdot 1 \Rightarrow$$

$$\Rightarrow 4m - 4 + m^2 + 2m + 1 = 4 \Rightarrow$$

$$\Rightarrow m^2 + 6m - 7 = 0 \Rightarrow$$

$$\Rightarrow (m-1)(m+7) = 0 \Rightarrow$$

$$\Rightarrow m = 1 \text{ ou } m = -7$$

**Recorde**

$(m-1)(m+7) = 0$

$m - 1 = 0$ ou $m + 7 = 0$

$m = 1 \qquad m = -7$

Agora, devemos verificar que valores obtemos para as razões trigonométricas quando substituímos cada valor de *m*.

- Para $m = 1$, temos:

  $\text{sen}\,\alpha = \sqrt{m-1} = \sqrt{1-1} = 0 \qquad \cos\alpha = \frac{m+1}{2} = \frac{1+1}{2} = 1$

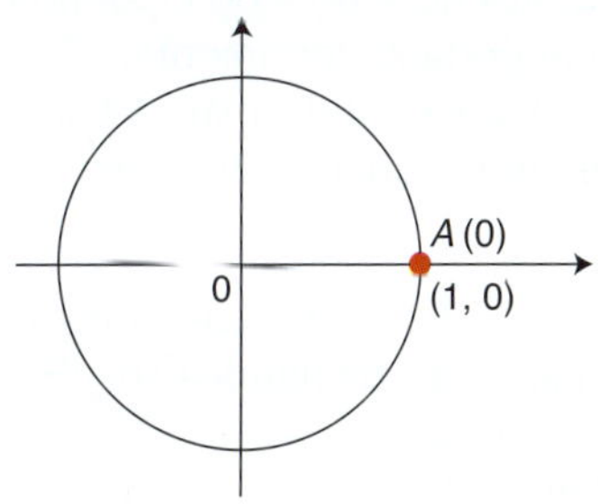


  Assim, para $0 \leqslant \alpha < 2\pi$, temos que o arco que tem seno 0 e cosseno 1 é o de 0 rad e, portanto, $\alpha = 0$ rad.

- Para $m = -7$, temos:

  $\text{sen}\,\alpha = \sqrt{m-1} \notin \mathbb{R}$, pois $m - 1 = -8$

  Logo, não existe $\alpha$ para $m = -7$.

**ER. 19** Obtenha o valor de $[\text{sen}\,\alpha + \text{sen}\,(90° - \alpha)]^2$ sabendo que $\text{sen}\,\alpha \cdot \cos\alpha = \frac{\sqrt{3}}{4}$.

**Recorde**

Razões trigonométricas de arcos complementares:
- sen $\alpha$ = cos $(90° - \alpha)$
- cos $\alpha$ = sen $(90° - \alpha)$

**Resolução:** Como sen $(90° - \alpha)$ = cos $\alpha$, temos:

$$[\text{sen}\,\alpha + \text{sen}\,(90° - \alpha)]^2 = (\text{sen}\,\alpha + \cos\alpha)^2$$

$$[\text{sen}\,\alpha + \text{sen}\,(90° - \alpha)]^2 = \text{sen}^2\alpha + 2\cdot\underbrace{\text{sen}\,\alpha\cdot\cos\alpha}_{\frac{\sqrt{3}}{4}} + \cos^2\alpha$$

$\text{sen}^2\,\alpha + \cos^2\alpha = 1$

Assim, temos:

$$[\text{sen}\,\alpha + \text{sen}\,(90° - \alpha)]^2 = 1 + 2\cdot\frac{\sqrt{3}}{4} = 1 + \frac{\sqrt{3}}{2}$$

## Exercícios Propostos

**53.** Classifique como verdadeira ou falsa cada sentença abaixo.

a) $\text{sen}^2 40° + \cos^2 40° = 1$
b) $\text{sen}^2 20° + \text{sen}^2 70° = 1$
c) $\text{sen}^2 50° + \text{sen}^2 50° = 1$
d) $\text{sen}^2 (x + \pi) + \cos^2 (x + \pi) = 1$
e) $\text{sen}^4 20° + \cos^4 20° = 1$

**54.** Encontre sen α, sabendo que $\cos\alpha = \frac{4}{5}$, com $\frac{3\pi}{2} < \alpha < 2\pi$.

**55.** Determine o valor da expressão

$$E = 4 \cdot \text{sen}^2 \alpha + 3 \cdot \cos^2 \alpha$$

sabendo que $\cos\alpha = \frac{2\sqrt{2}}{3}$.

**56.** Calcule as razões trigonométricas cos α e sen α, com $\pi < \alpha < \frac{3\pi}{2}$, sabendo que:

$$\text{sen}^2 \alpha - \cos^2 \alpha = \frac{7}{25}$$

**57.** Sabendo que $\text{sen}\,\alpha = 2 \cdot \cos\alpha$, com $0 < \alpha < \frac{\pi}{2}$, determine cos α.

**58.** Determine a medida α, em graus, do arco da 1.ª volta negativa tal que:

$$\cos\alpha = \frac{\sqrt{1+m}}{2} \text{ e } \text{sen}\,\alpha = \frac{m-1}{2}$$

**59.** Encontre os possíveis pares (cos α, sen α) sabendo que:

$$4 \cdot \text{sen}\,\alpha = -3 + \cos\alpha$$

**60.** Para uma certa medida α de um arco, tem-se:
$\text{sen}\,\alpha - \cos\alpha = \sqrt{2}$ e $\text{sen}\,\alpha \cdot \cos\alpha = -\frac{1}{2}$

Nessas condições, obtenha o valor de:

$$\text{sen}^4 \alpha + \cos^4 \alpha$$

**61.** Resolva, em ℝ, a equação do 2.º grau:

$$x^2 + 2(\text{sen}\,\alpha)x - \cos^2 \alpha = 0$$

**62.** Considere a PA (sen α, *a*, cos α) e a PG (sen α, *b*, cos α), com *a* e *b* reais positivos. Mostre que:

$$4a^2 = 1 + 2b^2$$

## Redução ao primeiro quadrante

Você já deve ter percebido que precisamos recorrer aos arcos do 1.º quadrante para saber os valores do seno e do cosseno dos arcos de outros quadrantes. Nesse trabalho a simetria é uma importante ferramenta.

Vamos estudar mais detalhadamente esse processo que chamamos de **redução ao primeiro quadrante**, usando os arcos em radianos (o mesmo vale para os arcos medidos em graus).

**Recorde**

Dois ou mais arcos são ditos *simétricos* quando suas extremidades são pontos simétricos em relação à origem ou em relação a um dos eixos coordenados.

Considerando um arco de medida α (em *P*), com $0 < \alpha < \frac{\pi}{2}$, os arcos simétricos a ele, na 1.ª volta, são os de extremidades *R*, *S* e *T*, conforme vemos na figura a seguir.

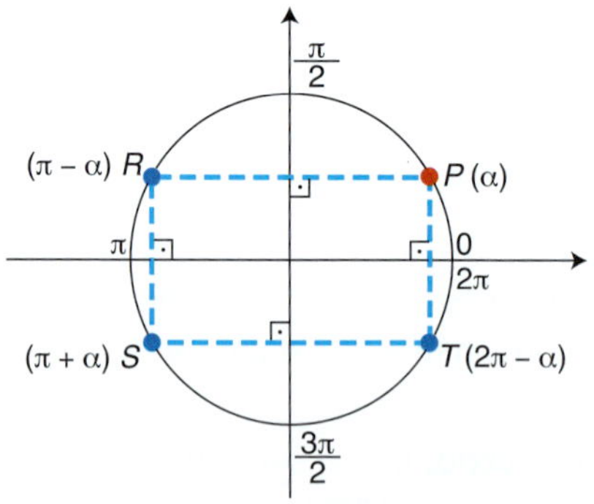


**Atenção!**

As relações de simetria também são válidas caso α não pertença ao 1.º quadrante.

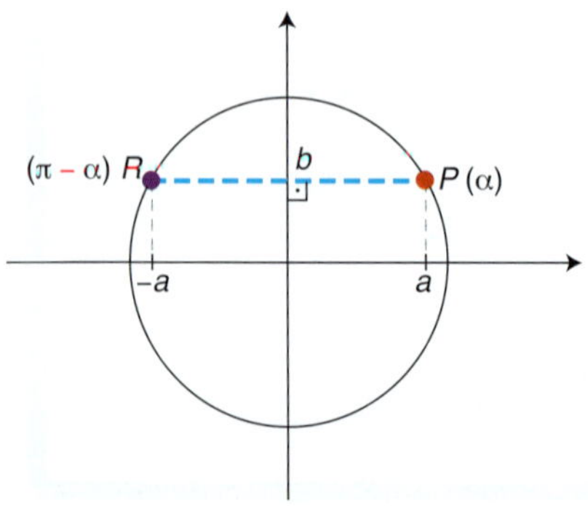


Veja que as extremidades desses quatro arcos são vértices de um retângulo com centro na origem (0, 0). Usando a simetria, vamos determinar as razões trigonométricas seno e cosseno desses arcos, tomando como base os valores dessas razões para o arco do 1.º quadrante (de medida α).

- Para arcos do 2.º quadrante:

Note que os arcos de extremidades *R* (no 2.º Q) e *P* (no 1.º Q) têm simetria em relação ao eixo das ordenadas. Dessa forma, eles têm valores iguais para o seno e valores opostos para o cosseno, ou seja:

$$\cos(\pi - \alpha) = -\cos\alpha \text{ e } \text{sen}(\pi - \alpha) = \text{sen}\,\alpha$$

- Para arcos do 3.º quadrante:

  Agora, a simetria entre as extremidades $S$ (no 3.º Q) e $P$ (no 1.º Q) é em relação à origem do sistema cartesiano. Verifique, nesse caso, que tanto os cossenos quanto os senos desses dois arcos têm valores opostos entre si, isto é:

$$\cos(\pi + \alpha) = -\cos\alpha \text{ e}$$
$$\operatorname{sen}(\pi + \alpha) = -\operatorname{sen}\alpha$$

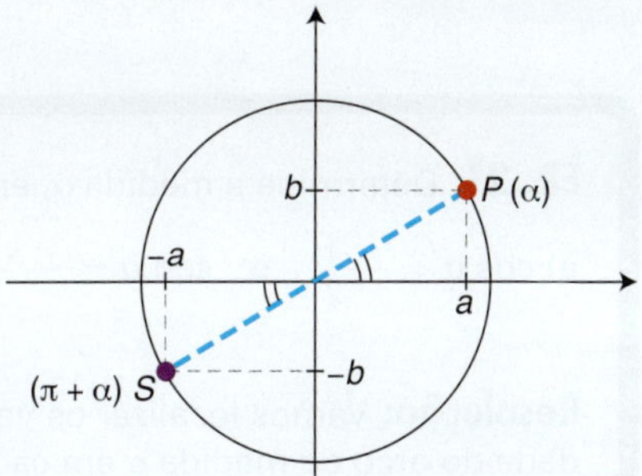


- Para arcos do 4.º quadrante:

  Neste caso, a simetria entre os arcos de extremidades $T$ (no 4.º Q) e $P$ (no 1.º Q) é em relação ao eixo das abscissas. Desse modo, esses arcos têm mesmo valor para os cossenos e valores opostos para os senos. Assim, temos:

$$\cos(2\pi - \alpha) = \cos\alpha \text{ e}$$
$$\operatorname{sen}(2\pi - \alpha) = -\operatorname{sen}\alpha$$

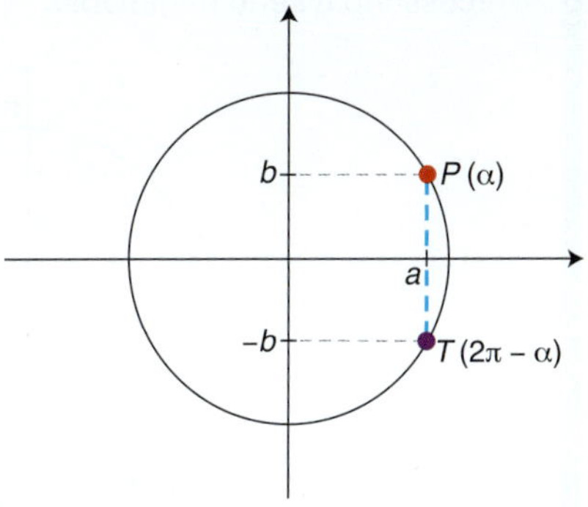


**Observação**

Conhecer essas relações é importante, mas o essencial é você sempre localizar os arcos na circunferência trigonométrica e por meio das simetrias encontrar o arco do 1.º quadrante, que vai ajudá-lo a encontrar os valores do seno e do cosseno de arcos dos demais quadrantes.

Para arcos de mais de uma volta ou arcos negativos, primeiro encontramos o arco da 1.ª volta positiva que é côngruo a eles e depois procedemos da mesma forma. ■

## Exercícios Resolvidos

**ER. 20** Determine:

a) $\cos(-150°)$ e $\operatorname{sen}(-150°)$

b) $\cos(210°)$ e $\operatorname{sen}(210°)$

**Resolução:** Vamos fazer a redução ao primeiro quadrante, localizando os arcos de $-150°$ e $210°$ na circunferência trigonométrica:

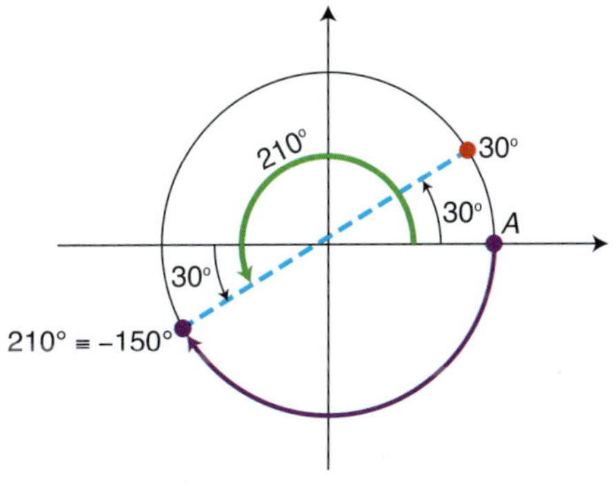


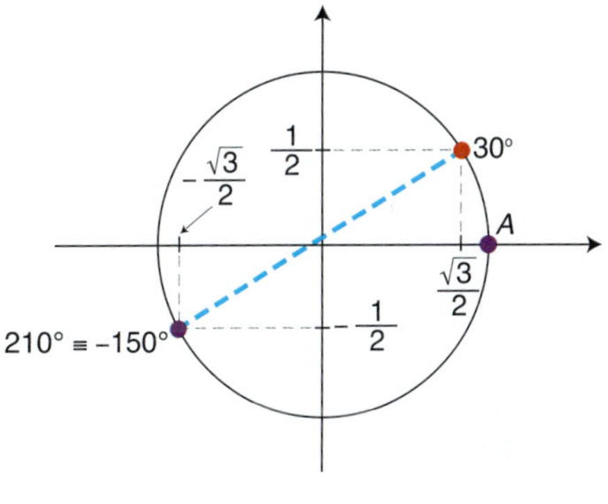


Pela figura da esquerda verificamos que os arcos de $-150°$ e $210°$ (do 3.º Q) são côngruos entre si e que são simétricos a $30°$ (do 1.º Q). Pela figura da direita, determinamos os valores do seno e do cosseno desses arcos.

a) $\cos(-150°) = -\cos 30° = -\dfrac{\sqrt{3}}{2}$

$\operatorname{sen}(-150°) = -\operatorname{sen} 30° = -\dfrac{1}{2}$

b) $\cos(210°) = -\cos 30° = -\dfrac{\sqrt{3}}{2}$

$\operatorname{sen}(210°) = -\operatorname{sen} 30° = -\dfrac{1}{2}$

**ER. 21** Determine a medida $\alpha$, em radianos, de um arco da 1.ª volta positiva que tem:

a) $\cos\alpha = -\frac{1}{2}$ e $\text{sen}\,\alpha = -\frac{\sqrt{3}}{2}$ b) $\cos\alpha = \frac{\sqrt{2}}{2}$ e $\text{sen}\,\alpha = -\frac{\sqrt{2}}{2}$

**Resolução:** Vamos localizar os valores das razões trigonométricas na circunferência para localizar a extremidade do arco de medida $\alpha$ em cada caso.

a) Observe as figuras dadas a seguir. Pela figura da esquerda, vemos que o arco de medida $\alpha$ está no 3.º Q (cosseno e seno negativos).

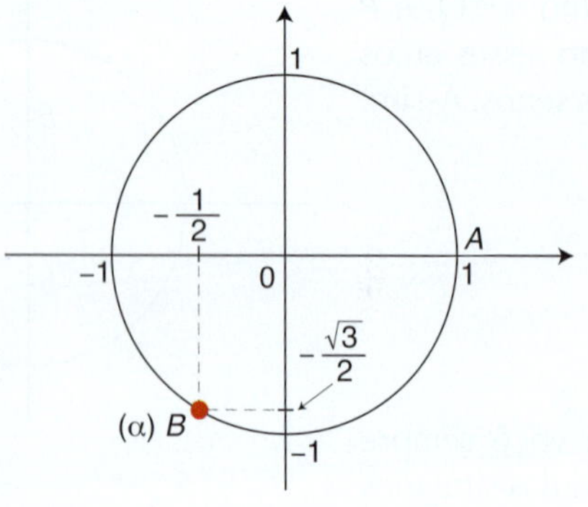


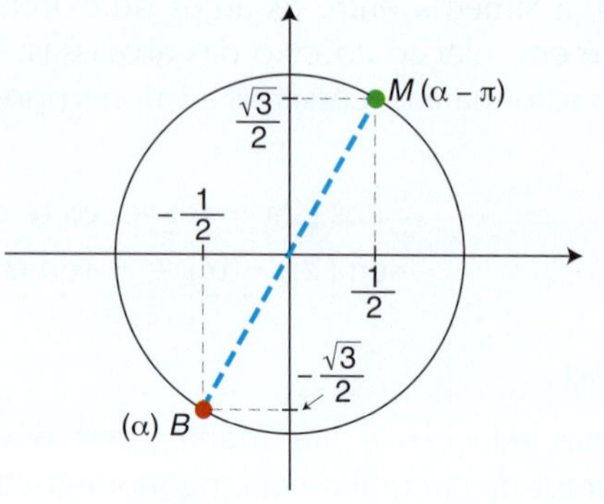


Fazendo a redução ao primeiro quadrante (figura da direita, acima) verificamos que o arco de extremidade *M* do 1.º Q, que é simétrico ao de extremidade *B*, tem medida $\alpha - \pi$, com cosseno e seno opostos aos do arco em *B*, ou seja:

$$\cos(\alpha - \pi) = \frac{1}{2} \text{ e } \text{sen}(\alpha - \pi) = \frac{\sqrt{3}}{2}$$

Daí, na 1.ª volta positiva, sabemos que $\alpha - \pi$ é o arco cujo cosseno é $\frac{1}{2}$ e seno é $\frac{\sqrt{3}}{2}$, o que acarreta $\alpha - \pi = \frac{\pi}{3}$. Sendo assim, temos:

$$\alpha - \pi = \frac{\pi}{3} \Rightarrow \alpha = \frac{\pi}{3} + \pi \Rightarrow \alpha = \frac{\pi}{3} + \frac{3\pi}{3} \Rightarrow \alpha = \frac{4\pi}{3}$$

b) Observe, agora, as figuras a seguir. Note que, pela da esquerda, verificamos que o arco de medida $\alpha$ está no 4.º Q (cosseno positivo e seno negativo).

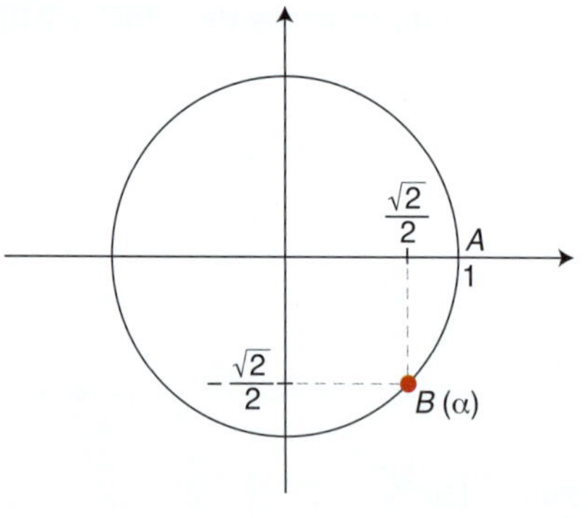


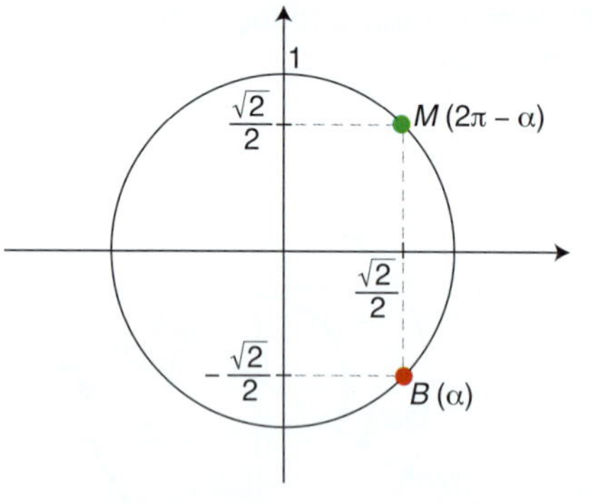


Com a redução ao primeiro quadrante (figura da direita, acima), podemos ver que o arco de extremidade *M* do 1.º Q, simétrico ao de extremidade *B*, tem medida $2\pi - \alpha$, cujo cosseno tem valor igual ao do arco em *B* e seno tem valor oposto, ou seja:

$$\cos(2\pi - \alpha) = \frac{\sqrt{2}}{2} \text{ e } \text{sen}(2\pi - \alpha) = \frac{\sqrt{2}}{2}$$

Daí, na 1.ª volta positiva, sabemos que $2\pi - \alpha$ é o arco cujo cosseno e seno são iguais a $\frac{\sqrt{2}}{2}$, o que acarreta $2\pi - \alpha = \frac{\pi}{4}$. Sendo assim, temos:

$$2\pi - \alpha = \frac{\pi}{4} \Rightarrow 2\pi - \frac{\pi}{4} = \alpha \Rightarrow \frac{8\pi}{4} - \frac{\pi}{4} = \alpha \Rightarrow \alpha = \frac{7\pi}{4}$$

**ER. 22** Simplifique a expressão: $E = \dfrac{\text{sen } 20° + \cos 110° + \text{sen } 45° + \cos 1.020°}{\cos 630° - \text{sen } 210°}$

**Resolução:** Novamente, vamos localizar os arcos na circunferência trigonométrica e fazer a redução ao primeiro quadrante. Antes, porém, vamos encontrar quantas voltas completas tem cada arco com mais de uma volta.

- $1.020° = 300° + 2 \cdot 360°$
  Logo, $1.020° \equiv 300°$.
- $630° = 270° + 1 \cdot 360°$
  Logo, $630° \equiv 270°$.

**Recorde**

- 1.020° dividido por 360° dá quociente 2 e resto 300°.
- Como $2 \cdot 360° = 720°$, temos que 630° contém apenas 1 volta completa.

Além disso, veja como ficam os arcos na circunferência trigonométrica:

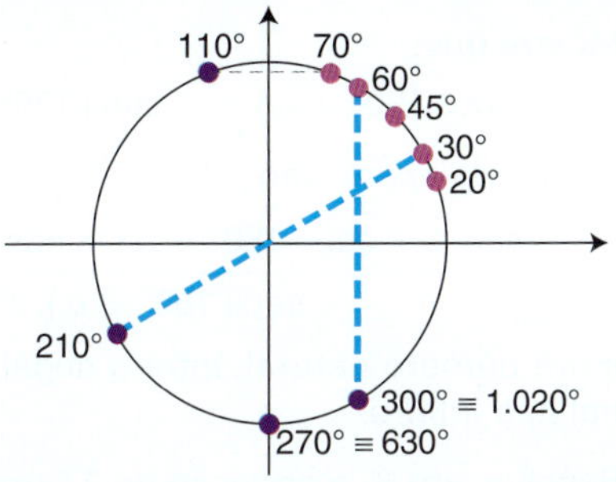


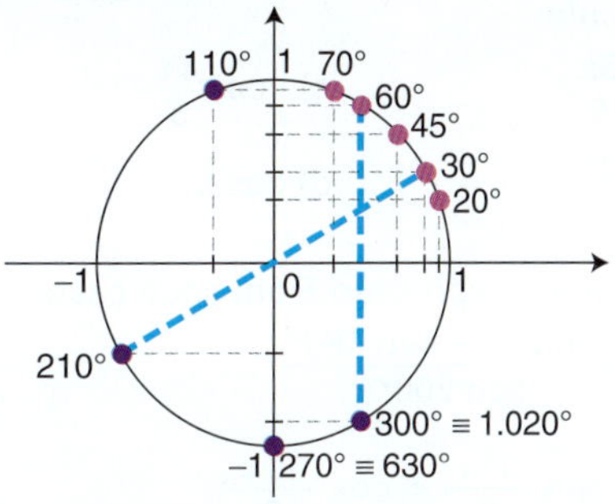


Nessas condições, fazendo a redução ao primeiro quadrante, podemos concluir:

- $\cos 110° = -\cos 70°$
- $\cos 1.020° = \cos 300° = \cos 60°$
- $\text{sen } 210° = -\text{sen } 30°$

Repare que, da circunferência trigonométrica, também sabemos que $\cos 630° = \cos 270° = 0$.

Outra relação que ainda podemos considerar é que os arcos de 20° e 70° são *complementares* (pois somam 90°) e, por isso, $\text{sen } 20° = \cos 70°$.

Daí, podemos calcular o valor da expressão:

$$E = \frac{\text{sen } 20° + \cos 110° + \text{sen } 45° + \cos 1.020°}{\cos 630° - \text{sen } 210°}$$

$$E = \frac{\text{sen } 20° + (-\cos 70°) + \text{sen } 45° + \cos 60°}{\cos 270° - (-\text{sen } 30°)}$$

$$E = \frac{\cos 70° - \cos 70° + \text{sen } 45° + \cos 60°}{0 + \text{sen } 30°}$$

$$E = \frac{0 + \frac{\sqrt{2}}{2} + \frac{1}{2}}{\frac{1}{2}} = \frac{\frac{1 + \sqrt{2}}{2}}{\frac{1}{2}}$$

$$E = 1 + \sqrt{2}$$

**Atenção!**

Sempre que necessitar, construa a tabela do seno e cosseno para os arcos notáveis, conforme mostramos na página 33, usando os arcos em graus ou radianos.

---

**ER. 23** Para quais arcos de medida $\alpha$, com $0 \leq \alpha < 2\pi$, temos $\cos \alpha = -\dfrac{\sqrt{3}}{2}$?

**Resolução:** Veja, na figura ao lado, que os arcos de medida $\alpha$ que têm cosseno $-\dfrac{\sqrt{3}}{2}$ são os de extremidades $M_2$ (do 2.º Q) e $M_3$ (do 3.º Q), que são simétricos ao arco de extremidade $M_1$ (do 1.º Q), cujo cosseno é $\dfrac{\sqrt{3}}{2}$.

Isso nos possibilita concluir que o arco em $M_1$ é o de medida $\dfrac{\pi}{6}$ rad, considerando a 1.ª volta positiva.

Assim, voltando para a circunferência trigonométrica, podemos verificar que:

- $M_2$ corresponde ao arco de $\left(\pi - \dfrac{\pi}{6}\right)$ rad, ou seja, $\dfrac{5\pi}{6}$ rad;
- $M_3$ corresponde ao arco de $\left(\pi + \dfrac{\pi}{6}\right)$ rad, ou seja, $\dfrac{7\pi}{6}$ rad.

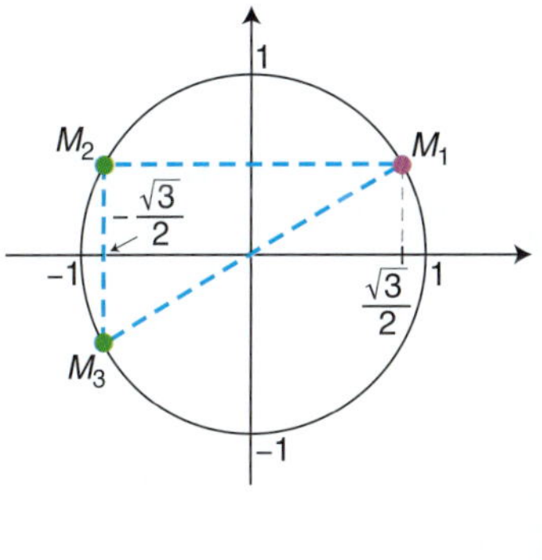


Logo, na 1.ª volta positiva, os arcos com cosseno $-\dfrac{\sqrt{3}}{2}$ são os de $\dfrac{5\pi}{6}$ e $\dfrac{7\pi}{6}$ radianos.

## Exercícios Propostos

**63.** Obtenha cos $\alpha$ e sen $\alpha$ nos seguintes casos:

a) $\alpha = 90°$
b) $\alpha = 135°$
c) $\alpha = 180°$
d) $\alpha = 240°$
e) $\alpha = 330°$
f) $\alpha = 360°$

**64.** Sabendo que os arcos são medidos em radianos, calcule:

a) $\text{sen}\,\dfrac{5\pi}{6}$ c) $\cos\dfrac{4\pi}{3}$

b) $\cos\dfrac{3\pi}{2}$ d) $\cos\pi$

**65.** Simplifique a expressão $E$ em cada caso:

a) $E = \dfrac{\text{sen}\,20° + \text{sen}\,160°}{\text{sen}\,200°}$

b) $E = \dfrac{\text{sen}\,\dfrac{11\pi}{6} + \cos\dfrac{11\pi}{6}}{\text{sen}\,\dfrac{2\pi}{3} + \cos\dfrac{2\pi}{3}}$

c) $E = \log_2\left(\cos^2\dfrac{7\pi}{4}\right) + \log_2\left(\text{sen}^2\,\dfrac{7\pi}{4}\right)$

**66.** Obtenha o valor de $k$, tal que:

$k \cdot \cos\dfrac{3\pi}{4} + \text{sen}\,\dfrac{5\pi}{6} = \cos\dfrac{5\pi}{3} - \sqrt{2}$

**67.** Classifique como verdadeira ou falsa cada uma das afirmações a seguir, justificando sua resposta.

a) $\text{sen}^2\,\dfrac{\pi}{6} + \cos^2\dfrac{5\pi}{6} = 1$

b) $\text{sen}^2\,\dfrac{\pi}{4} + \cos^2\dfrac{3\pi}{4} = 1$

c) $\text{sen}^4\,\dfrac{\pi}{6} + \cos^4\dfrac{5\pi}{6} = 1$

d) $\text{sen}^2\,\dfrac{\pi}{3} + \text{sen}^2\,\dfrac{7\pi}{6} = 1$

**68.** Mostre que:

$$\cos(90° + \alpha) = -\,\text{sen}\,(180° - \alpha)$$

**69.** O valor da expressão

$$E = \frac{\text{sen}\,\alpha + \text{sen}\,(180° - \alpha) + \cos(90° - \alpha)}{\text{sen}\,(180° + \alpha)}$$

é um número natural, inteiro negativo ou racional não inteiro?

**70.** Resolva, em $\mathbb{R}$, a equação do 2.° grau:

$$x^2 - \left(\text{sen}\,\frac{3\pi}{4} + \cos\frac{7\pi}{4}\right)x + \frac{1}{4} = 0$$

**71.** Obtenha os valores de $\alpha$, com $0 \leqslant \alpha < 360°$, tais que:

a) $\text{sen}\,\alpha = -\dfrac{\sqrt{3}}{2}$ c) $\text{sen}\,\alpha = -\dfrac{\sqrt{2}}{2}$

b) $\cos\alpha = \dfrac{\sqrt{2}}{2}$ d) $\cos\alpha = -\dfrac{1}{2}$

## 3.2 TANGENTE DE UM ARCO TRIGONOMÉTRICO

Do mesmo modo que fizemos com as razões trigonométricas seno e cosseno, vamos estender o conceito da razão tangente para qualquer arco trigonométrico de medidas $\alpha$ (em graus ou em radianos).

Antes, porém, vamos rever a definição dada para a razão tangente que você já estudou para ângulos internos agudos de um triângulo retângulo:

$$\text{tg}\,\alpha = \frac{\text{medida do cateto oposto a } \alpha}{\text{medida do cateto adjacente a } \alpha}$$

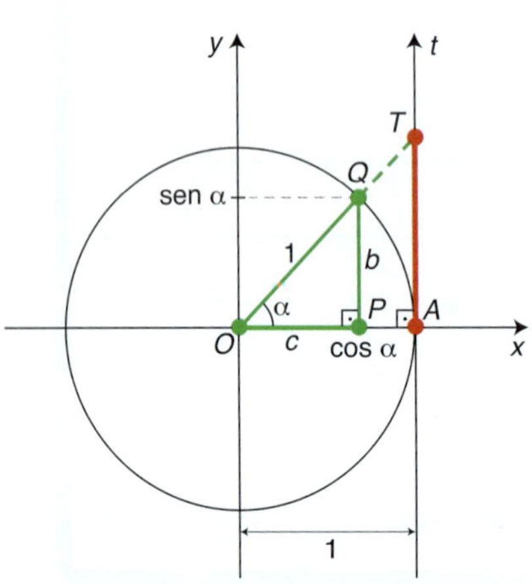


Vejamos também a relação existente entre as três razões — seno, cosseno e tangente — válida nesse contexto, ou seja, para $0° < \alpha < 90°$, temos:

$$\text{tg}\,\alpha = \frac{\text{sen}\,\alpha}{\cos\alpha}$$

**Responda**

Para $0 < \alpha < 90°$, qual é o valor de $\text{tg}\,\alpha \cdot \text{tg}\,(90° - \alpha)$?

Vamos, então, entender o significado geométrico da razão tangente na circunferência trigonométrica (que tem raio unitário). Para isso, traçamos um eixo tangente ($t$) à circunferência trigonométrica na origem dos arcos (ponto $A$) e perpendicular ao eixo $x$. Consideremos ainda o triângulo retângulo $POQ$. Com o prolongamento da hipotenusa, obtemos o ponto $T$ no eixo tangente traçado, determinando o triângulo retângulo $AOT$, conforme figura ao lado.

Note que no triângulo $POQ$ é válida a relação das três razões trigonométricas vista anteriormente, pois:

- $\text{sen}\ \alpha = \dfrac{\text{medida do cateto oposto a } \alpha}{\text{medida da hipotenusa}} = \dfrac{b}{1} = b$
- $\cos \alpha = \dfrac{\text{medida do cateto adjacente a } \alpha}{\text{medida da hipotenusa}} = \dfrac{c}{1} = c$
- $\text{tg}\ \alpha = \dfrac{\text{medida do cateto oposto a } \alpha}{\text{medida do cateto adjacente a } \alpha} = \dfrac{b}{c}$
- $\text{tg}\ \alpha = \dfrac{\text{sen}\ \alpha}{\cos \alpha} = \dfrac{b}{c}$

Além disso, observando novamente a figura, vemos que os *triângulos* $POQ$ e $AOT$ são *semelhantes*, pois têm dois ângulos internos correspondentes congruentes (um ângulo reto e um ângulo comum, de medida $\alpha$). Assim, temos:

$$\frac{AT}{PQ} = \frac{AO}{PO} \Rightarrow \frac{AT}{b} = \frac{1}{c} \Rightarrow AT = \frac{b}{c} \Rightarrow AT = \text{tg}\ \alpha$$

**Recorde**

Em dois triângulos semelhantes, os lados correspondentes são proporcionais.

Ou seja, a tangente do arco de medida $\alpha$ (do 1.º Q) é a medida do segmento $\overline{AT}$, contido no eixo tangente $(t)$ traçado, chamado de **eixo das tangentes**. Veja que o valor encontrado para tg $\alpha$ é a ordenada $(y_T)$ do ponto $T$.

Assim, como fizemos com o seno e o cosseno, podemos estender essa ideia para a medida $\alpha$ de um arco dos demais quadrantes da circunferência trigonométrica, considerando apenas a extremidade $Q$ do arco trigonométrico $\overset{\frown}{AQ}$ e prolongando o segmento $\overline{OQ}$ até o eixo das tangentes para obter o ponto $T$ cuja ordenada $y_T$ determina o valor da tangente desse arco.

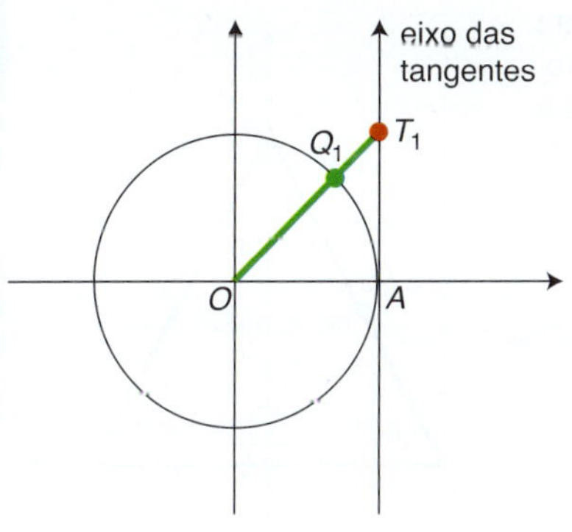


Tangente positiva para arcos do 1.° Q

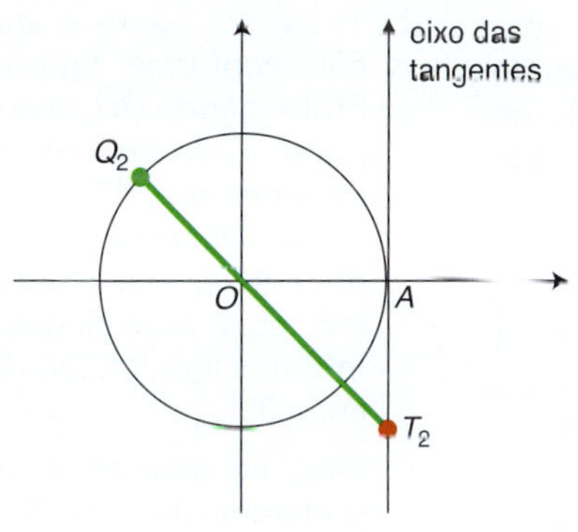


Tangente negativa para arcos do 2.° Q

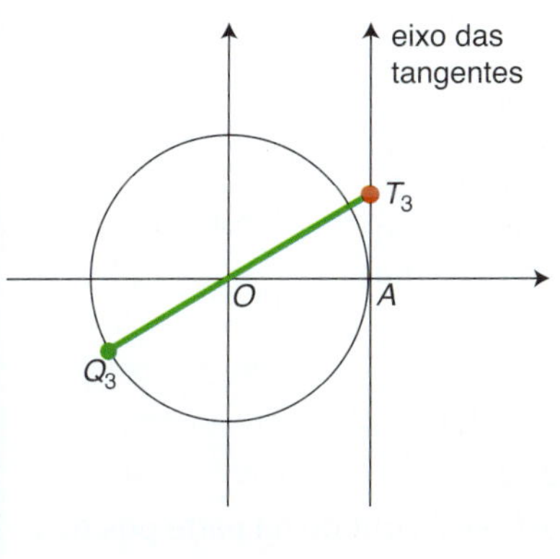


Tangente positiva para arcos do 3.° Q

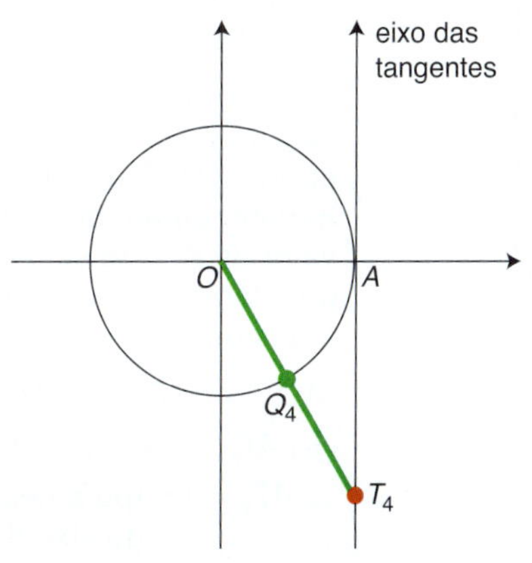


Tangente negativa para arcos do 4.° Q

Observando a figura abaixo, podemos verificar que para os **arcos** de extremidades $A$ — **de 0° ou 0 rad** — e $A'$ — **de 180° ou π rad** — (e todos os côngruos a eles) a **tangente é zero**, pois o segmento $\overline{OA}$ e o prolongamento de $\overline{OA'}$ interceptam o eixo das tangentes no ponto $A$, cuja ordenada nesse eixo é zero.

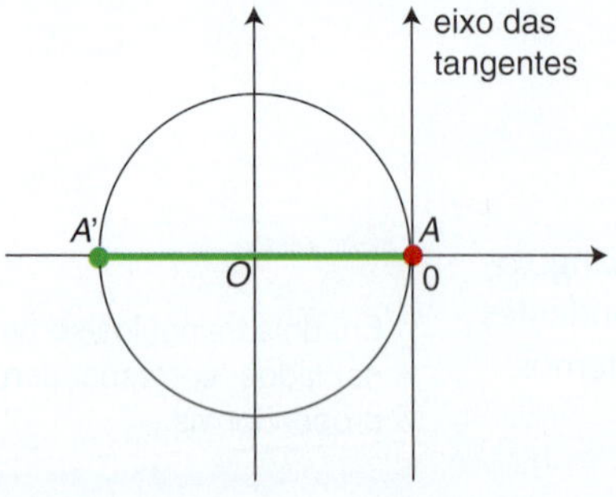


Já para os **arcos** de extremidades $B$ — **de 90° ou $\frac{\pi}{2}$ rad** e $B'$ — **de 270° ou $\frac{3\pi}{2}$ rad** — (e para os côngruos a eles) a **tangente não existe,** pois os segmentos $\overline{OB}$ e $\overline{OB'}$ estão contidos no eixo dos senos, que é paralelo ao eixo das tangentes e, portanto, esses dois eixos não se interceptam.

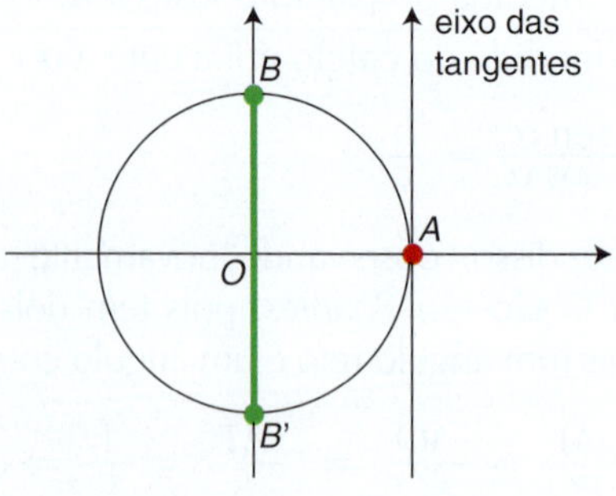


## Exercícios Resolvidos

**ER. 24** Mostre na circunferência trigonométrica que:

a) a tangente de 45° é 1;

b) a tangente de 60° é $\sqrt{3}$.

### Resolução:

a) Tomemos o arco $\widehat{AQ_1}$ de 45°, conforme figura abaixo. Prolongando $\overline{OQ_1}$ encontramos o ponto $T_1$ no eixo das tangentes, de modo que $AT_1$ é a tangente de 45°.

Veja que o triângulo retângulo $AOT_1$ é isósceles, pois o ângulo $A\hat{O}Q_1$ é de 45°. Dessa forma, como $AO = 1$ (medida do raio da circunferência trigonométrica), temos $AT_1 = 1$.

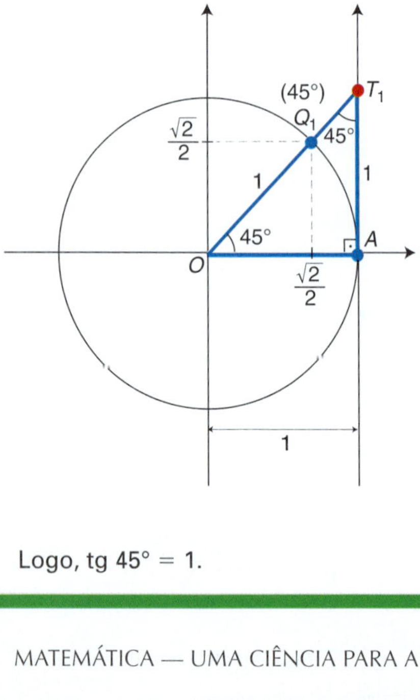


Logo, tg 45° = 1.

b) Tomemos agora o arco $\widehat{AQ_2}$ de 60°, conforme figura ao lado. Prolongando $\overline{OQ_2}$ encontramos o ponto $T_2$ no eixo das tangentes, de modo que $AT_2$ é a tangente de 60°. Observe que o triângulo $AOT_2$ não é isósceles, pois seus ângulos internos agudos são de 60° e 30°.

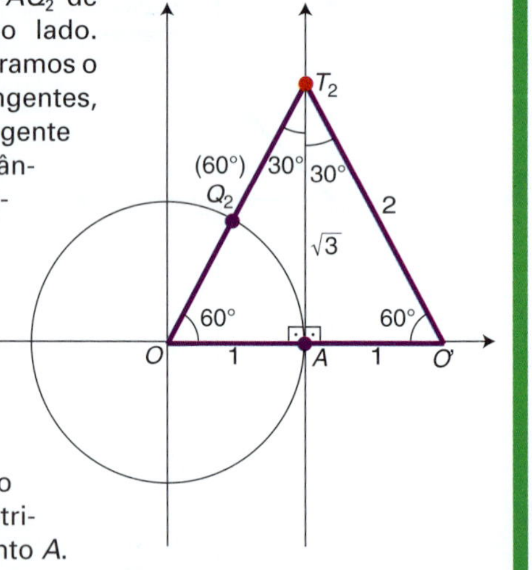


Veja, no entanto, que podemos obter o triângulo equilátero $OT_2O'$, cujos ângulos internos são de 60°, tomando o ponto $O'$ no eixo $x$, simétrico a $O$ em relação ao ponto $A$.

Desse modo, $AO = 1 = AO'$, o que nos dá 2 como medida dos lados do triângulo $OT_2O'$ e, portanto, $OT_2 = T_2O' = 2$. Repare, então, que podemos encontrar o valor de $AT_2$ $(\text{tg } 60°)$ aplicando o teorema de Pitágoras em um dos triângulos retângulos obtidos:

> **Faça**
>
> Mostre que: $\text{tg } 30° = \frac{\sqrt{3}}{3}$

$(AO)^2 + (AT_2)^2 = (OT_2)^2 \Rightarrow 1^2 + (AT_2)^2 = 2^2 \Rightarrow$

$\Rightarrow (AT_2)^2 = 4 - 1 \Rightarrow (AT_2)^2 = 3 \Rightarrow$

$\Rightarrow AT_2 = \sqrt{3}$ (pois, nesse caso, $AT_2$ está contido na parte positiva do eixo das tangentes)

Logo, tg 60° = $\sqrt{3}$.

**ER. 25** Encontre os valores de tg 135° e tg 330°.

**Resolução:** Vamos representar os arcos na circunferência trigonométrica:

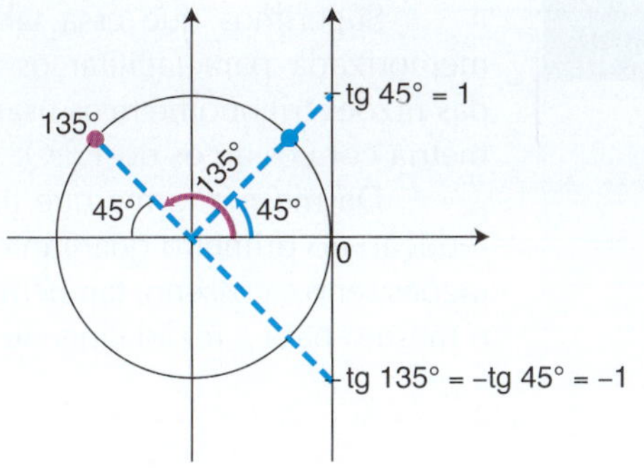


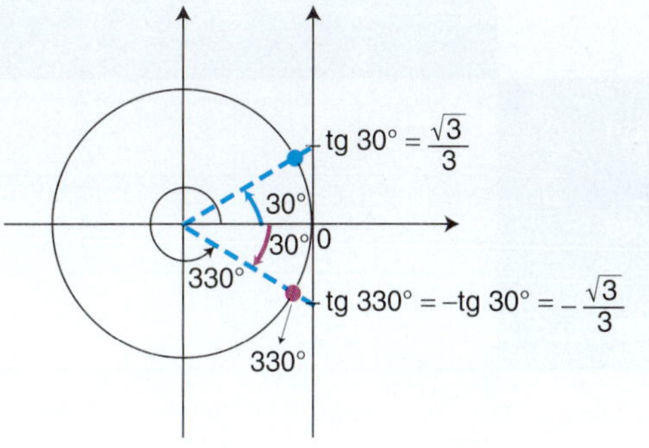


Como 135° é arco do **2.° Q** e simétrico ao de 45° (no 1.° Q), temos:

$$\text{tg } 135° = -\text{ tg } 45° = -1$$

Como 330° é arco do **4.° Q** e simétrico ao de 30° (no 1.° Q), temos:

$$\text{tg } 330° = -\text{ tg } 30° = -\frac{\sqrt{3}}{3}$$

---

**ER. 26** Determine para que valores de $\alpha$ (dado em graus ou radianos) temos: $\text{tg } \alpha = \frac{\text{sen } \alpha}{\cos \alpha}$

**Resolução:** Como já estendemos o seno e o cosseno para qualquer arco da circunferência trigonométrica, podemos fazer a extensão da tangente para os demais arcos trigonométricos usando o fato de que a tangente é uma razão trigonométrica obtida do quociente entre o seno e o cosseno de mesmo arco e, sendo assim, há *restrições* para os valores do denominador desse quociente. Desse modo, tomando $\alpha$ em graus, temos:

$$\text{tg } \alpha = \frac{\text{sen } \alpha}{\cos \alpha} \text{ para } \cos \alpha \neq 0, \text{ com } 0° \leqslant \alpha \leqslant 360°$$

Ou seja, para valores de $\alpha$ em que temos $\cos \alpha = 0$ a tangente não pode ser definida. Assim, podemos concluir que os valores de $\alpha$ (da 1.ª volta positiva) que satisfazem essa relação são aqueles que não anulam o denominador, ou, ainda, aqueles em que temos $\cos \alpha \neq 0$. Daí, podemos concluir que:

$$\text{tg } \alpha = \frac{\text{sen } \alpha}{\cos \alpha} \text{ para } \alpha \neq 90° \text{ e para } \alpha \neq 270°, \text{ com } 0° \leqslant \alpha \leqslant 360°$$

### Observação

Generalizando para um $\alpha$ qualquer da circunferência trigonométrica, podemos dizer que:

- para $\alpha$ em graus: $\text{tg } \alpha = \frac{\text{sen } \alpha}{\cos \alpha}$ para $\alpha \neq 90° + k \cdot 180°$, com $k \in \mathbb{Z}$
- para $\alpha$ em radianos: $\text{tg } \alpha = \frac{\text{sen } \alpha}{\cos \alpha}$ para $\alpha \neq \frac{\pi}{2} + k\pi$, com $k \in \mathbb{Z}$

---

**ER. 27** Obtenha os valores de $\cos \alpha$ e $\text{sen } \alpha$, sabendo que $\text{tg } \alpha = -2$ e $\frac{3\pi}{2} < \alpha < 2\pi$.

**Responda**

Qual é o sinal da tangente de um arco de medida $\alpha$ nos casos a seguir?

a) para $0° < \alpha < 90°$
b) para $90° < \alpha < 180°$
c) para $180° < \alpha < 270°$
d) para $270° < \alpha < 360°$

**Resolução:** Usando a relação $\text{tg } \alpha = \frac{\text{sen } \alpha}{\cos \alpha}$, temos: $\frac{\text{sen } \alpha}{\cos \alpha} = -2 \Rightarrow \text{sen } \alpha = -2 \cdot \cos \alpha$ ①

Substituindo ① na relação fundamental, temos:

$$\text{sen}^2 \alpha + \cos^2 \alpha = 1 \Rightarrow (-2 \cdot \cos \alpha)^2 + \cos^2 \alpha = 1 \Rightarrow 5 \cdot \cos^2 \alpha = 1 \Rightarrow \cos^2 \alpha = \frac{1}{5} \Rightarrow \cos \alpha = \pm\frac{1}{\sqrt{5}}$$

Como $\alpha$ é arco do 4.° Q, pois $\frac{3\pi}{2} < \alpha < 2\pi$, $\cos \alpha$ é positivo e, assim, temos:

$$\cos \alpha = \frac{\sqrt{5}}{5} \text{ (valor já racionalizado)}$$

Voltando para a igualdade ①, obtemos: $\text{sen } \alpha = -2 \cdot \frac{\sqrt{5}}{5} \Rightarrow \text{sen } \alpha = -\frac{2\sqrt{5}}{5}$

Observação

**Tabela dos arcos notáveis (em radianos) incluindo valores da tangente**

| | $\frac{\pi}{6}$ | $\frac{\pi}{4}$ | $\frac{\pi}{3}$ |
|---|---|---|---|
| **sen** | $\frac{1}{2}$ | $\frac{\sqrt{2}}{2}$ | $\frac{\sqrt{3}}{2}$ |
| **cos** | $\frac{\sqrt{3}}{2}$ | $\frac{\sqrt{2}}{2}$ | $\frac{1}{2}$ |
| **tg** | $\frac{\sqrt{3}}{3}$ | 1 | $\sqrt{3}$ |

Sugerimos que essa tabela seja memorizada para facilitar os cálculos das razões trigonométricas usando a simetria com os arcos do 1.° Q.

Da mesma forma que fizemos a redução ao primeiro quadrante para as razões seno e cosseno, também faremos o mesmo para a razão tangente.

## Exercícios Propostos

**72.** Determine os valores das tangentes a seguir.

a) tg 120° c) tg 315°
b) tg 210° d) tg 180°

**73.** Obtenha cos α e sen α, sabendo que:

a) $\text{tg}\ \alpha = -\sqrt{3}$ e $\frac{\pi}{2} < \alpha < \pi$

b) $\text{tg}\ \alpha = 3$ e $\pi < \alpha < \frac{3\pi}{2}$

**74.** Calcule $m$ sabendo que $\text{tg}\ \frac{3\pi}{4}$ é raiz da equação:

$$x^2 - mx - 2 = 0$$

**75.** Mostre que, para $0 < \alpha < \frac{\pi}{2}$, temos:

a) $\text{tg}\ (\pi - \alpha) = -\ \text{tg}\ \alpha$

b) $\text{tg}\ (\pi + \alpha) = \text{tg}\ \alpha$

c) $\text{tg}\ (2\pi - \alpha) = -\ \text{tg}\ \alpha$

d) $\text{tg}\ (-\alpha) = -\ \text{tg}\ \alpha$

**76.** Simplifique a expressão:

$$E = [1 - \text{tg}\ (\pi + \alpha) \cdot \text{tg}\ (\pi - \alpha)] \cdot \cos^2 \alpha$$

**77.** Mostre que:

$$\frac{\text{tg}\ 60° - \text{sen}\ 60°}{2} = \frac{\text{sen}\ 60°}{2}$$

**78.** Calcule a área do triângulo $ABC$ destacado na circunferência trigonométrica a seguir.

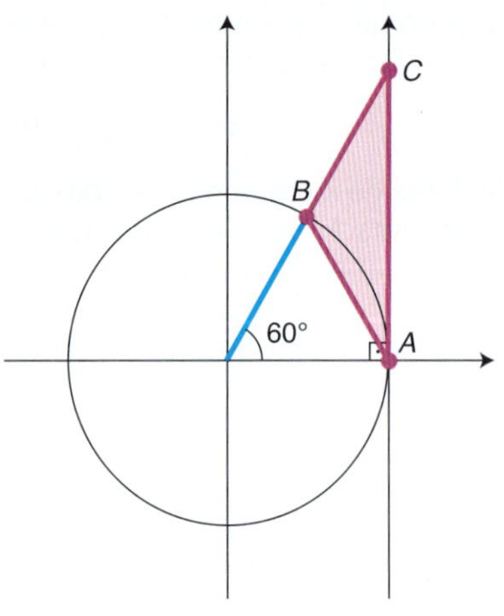


## Variação e sinal da tangente de um arco

Vamos destacar algumas conclusões que podemos obter sobre o valor da tangente para arcos da circunferência trigonométrica:

- O valor da tangente da medida de um arco independe se esse arco foi expresso em graus ou radianos, pois a ordenada que nos dá a tangente é um número real do eixo das tangentes.
- O valor da tangente de um arco pode ser qualquer número real, pois esses valores, obtidos no eixo das tangentes, não estão limitados pelo raio da circunferência trigonométrica.
- Arcos côngruos têm mesmo valor para a tangente, já que por terem mesma extremidade têm o mesmo ponto no eixo das tangentes.
- Arcos de extremidades simétricas têm valores iguais ou opostos para a tangente, ou seja, pela redução ao primeiro quadrante, com $0° < \alpha < 90°$, temos:

I. arcos do 2.º Q, simétricos a $\alpha$, têm tangente oposta à tg $\alpha$

$$\text{tg}\,(180^\circ - \alpha) = -\,\text{tg}\,\alpha$$

II. arcos do 3.º Q, simétricos a $\alpha$, têm tangente igual à tg $\alpha$

$$\text{tg}\,(180^\circ + \alpha) = \text{tg}\,\alpha$$

III. arcos do 4.º Q, simétricos a $\alpha$, têm tangente oposta à tg $\alpha$

$$\text{tg}\,(360^\circ - \alpha) = -\,\text{tg}\,\alpha$$

- Os arcos de extremidades nos eixos coordenados têm tangente imediata, caso exista. Veja na tabela ao lado o que ocorre para arcos da 1.ª volta positiva.
- Conhecendo-se o quadrante ao qual o arco pertence, podemos dizer se a tangente desse arco é positiva ou negativa, conforme destacamos na figura ao lado.

| Arco de extremidade | Tangente da medida do arco |
|---|---|
| (1, 0) | tg 0° = tg 360° = 0 |
| (0, 1) | tg 90° não existe |
| (−1, 0) | tg 180° = 0 |
| (0, −1) | tg 270° não existe |

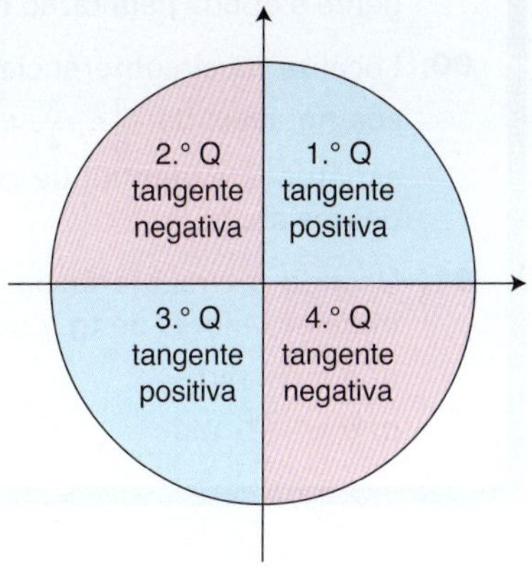


## Exercício Resolvido

**ER. 28** Determine, caso exista, a tangente de:

a) 1.500° b) $\frac{13\pi}{2}$ rad c) $-\frac{\pi}{4}$ rad

**Resolução:**

a) Como 1.500° não está na 1.ª volta, vamos encontrar um arco côngruo a ele da 1.ª volta. Dividindo 1.500° por 360°, encontramos quociente 4 e resto 60°, o que significa que 1.500° ≡ 60°. Dessa forma, esses arcos têm mesma tangente, ou seja:

$$\text{tg}\ 1.500^\circ = \text{tg}\ 60^\circ = \sqrt{3}$$

> **Recorde**
> Da divisão de 1.500° por 360°, temos:
> 1.500° = 60° + 4 · 360°

b) Note que $\frac{13\pi}{2}$ também não é arco da 1.ª volta, pois é maior que $2\pi = \frac{4\pi}{2}$. Assim, devemos verificar quantos múltiplos de $2\pi$ há em $\frac{13\pi}{2}$. Nesse caso, precisamos expressar o arco dado como adição de duas parcelas de modo que uma delas nos forneça um múltiplo de $2\pi$, isto é:

$$\frac{13\pi}{2} = \frac{12\pi}{2} + \frac{\pi}{2} = \frac{\pi}{2} + 3 \cdot \frac{4\pi}{2} = \frac{\pi}{2} + 3 \cdot 2\pi$$

Então, $\frac{13\pi}{2} \equiv \frac{\pi}{2}$ e, portanto, a tangente não existe para esse arco.

c) Repare que o arco de $-\frac{\pi}{4}$ está na 1.ª volta negativa e é um arco do 4.° quadrante, em que a tangente é negativa. Como $-\frac{\pi}{4}$ é simétrico a $\frac{\pi}{4}$ em relação ao eixo das abscissas, verificamos que esses dois arcos têm valores opostos para a tangente, ou seja:

$$\text{tg}\left(-\frac{\pi}{4}\right) = -\,\text{tg}\,\frac{\pi}{4} = -1$$

Além disso, para obter o arco côngruo a $-\frac{\pi}{4}$ na 1.ª volta positiva, basta somar uma volta a ele, isto é:

$$-\frac{\pi}{4} + 2\pi = -\frac{\pi}{4} + \frac{8\pi}{4} = \frac{7\pi}{4}$$

Então, $-\frac{\pi}{4} \equiv \frac{7\pi}{4}$ e, sendo assi-m, têm mesma tangente.

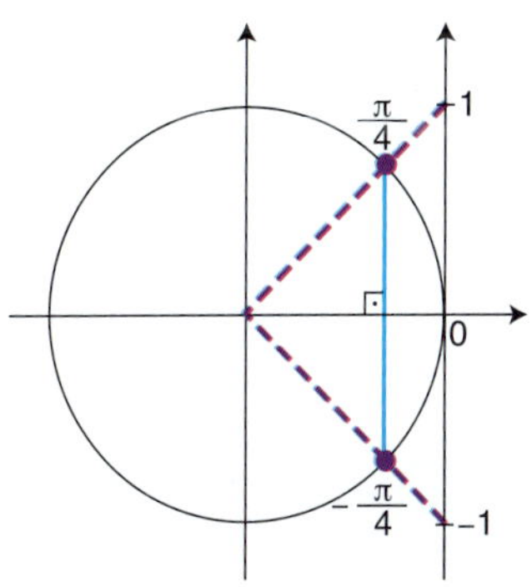

## Exercícios Propostos

**79.** Faça uma tabela com o seno, o cosseno e a tangente dos arcos simétricos aos arcos notáveis de 30°, 45° e 60°. Em seguida, verifique que a tangente é obtida pela razão do seno pelo cosseno.

**80.** Localize na circunferência trigonométrica os arcos notáveis de $\frac{\pi}{6}$, $\frac{\pi}{4}$ e $\frac{\pi}{3}$ (radianos) e seus simétricos e identifique os valores da tangente desses arcos.

**81.** Usando a circunferência trigonométrica, determine os valores de tg $\alpha$ quando:

a) $\alpha = 5\pi$ rad
b) $\alpha = \frac{9\pi}{2}$ rad
c) $\alpha = 12\pi$ rad
d) $\alpha = -3\pi$
e) $\alpha = -\frac{7\pi}{3}$ rad

**82.** Considerando a medida do arco em radianos e usando a circunferência trigonométrica, mostre que tg 1 > 1.

**83.** Considerando os arcos medidos em radianos, dê o sinal de cada tangente. Justifique suas respostas.

a) tg 1
b) tg 2
c) tg 3
d) tg 4
e) tg 5
f) tg 6

## 3.3 OUTRAS RAZÕES TRIGONOMÉTRICAS

Além de seno, cosseno e tangente existem outras razões trigonométricas, dadas a partir dessas três que já estudamos. São elas: *cotangente*, *secante* e *cossecante*.

Vamos defini-las por meio de razões envolvendo cosseno, seno ou tangente e, em seguida, de maneira análoga ao que já fizemos, veremos seu significado geométrico na circunferência trigonométrica.

### Cotangente de um arco trigonométrico

Dado um arco trigonométrico de medida $\alpha$, definimos **cotangente de $\alpha$** como sendo a razão inversa da tangente, ou seja, indicando essa razão por cotg $\alpha$, temos:

$$\text{cotg}\ \alpha = \frac{1}{\text{tg}\ \alpha} \quad \text{ou} \quad \text{cotg}\ \alpha = \frac{\cos\alpha}{\text{sen}\ \alpha}$$

Note que, como visto para a tangente, também há uma condição de existência para a cotangente, ou seja, ela só está definida para os arcos que têm sen $\alpha \neq 0$, o que significa que:

$$\text{cotg}\ \alpha \text{ só existe para } \alpha \neq 0 + k\pi, \text{ com } k \in \mathbb{Z}$$

**Atenção!**

Podemos expressar essa condição também para $\alpha$ dado em graus:

cotg $\alpha$ só existe para $\alpha \neq 0° + k \cdot 180°$ com $k \in \mathbb{Z}$

Vejamos agora o significado geométrico da cotangente de um arco trigonométrico.

Para isso, consideremos um arco $\overset{\frown}{AQ}$ de medida $\alpha$ (em radianos), com $0 < \alpha < \frac{\pi}{2}$, e tracemos um eixo tangente ($c_t$) à circunferência trigonométrica em $B(0, 1)$ e perpendicular ao eixo $y$. Com o prolongamento da hipotenusa do triângulo retângulo $POQ$ até o eixo $c_t$ traçado, determinamos o ponto $C_t$ e o triângulo retângulo $BOC_t$, conforme figura ao lado.

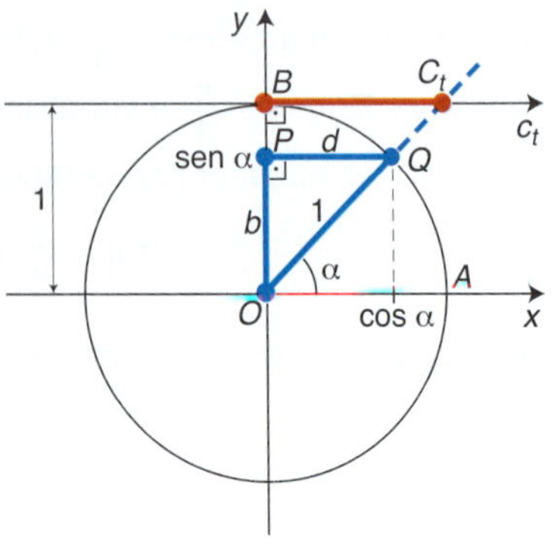


Pela semelhança dos triângulos $POQ$ e $BOC_t$, temos:

$$\frac{BC_t}{PQ} = \frac{BO}{PO} \Rightarrow \frac{BC_t}{d} = \frac{1}{b} \Rightarrow BC_t = \frac{d}{b} \Rightarrow BC_t = \frac{\cos\alpha}{\text{sen}\ \alpha} \Rightarrow BC_t = \text{cotg}\ \alpha$$

Ou seja, a cotangente do arco de medida $\alpha$ (do 1.º Q) é a medida do segmento $\overline{BC_t}$, contido no eixo tangente ($c_t$) traçado, chamado de **eixo das cotangentes**. Veja que o valor encontrado para cotg $\alpha$ é a ordenada do ponto $C_t$.

### Observações

1. Para determinar valores da cotangente de um arco dos demais quadrantes, procedemos de modo análogo ao feito para tangente, usando simetria e redução ao primeiro quadrante.
2. O valor da cotangente da medida de um arco independe se esse arco foi expresso em graus ou radianos, pois a ordenada que nos dá a cotangente é um número real do eixo das cotangentes.
3. Como a cotangente de um arco é o inverso da tangente desse mesmo arco, ela pode assumir qualquer valor real.
4. A cotangente sempre tem o mesmo sinal da tangente.
5. Os arcos de extremidades nos eixos coordenados têm cotangente imediata. Veja na tabela o que ocorre para arcos da 1.ª volta positiva:

| Arco de extremidade | Cotangente da medida do arco |
|---|---|
| (1, 0) | cotg 0° e cotg 360° não existem |
| (0, 1) | cotg 90° = 0 |
| (−1, 0) | cotg 180° não existe |
| (0, −1) | cotg 270° = 0 |

## Exercício Resolvido

**ER. 29** Calcule o valor de cotg 120°.

**Resolução:** Inicialmente, vamos localizar na circunferência trigonométrica o arco de 120° e fazer a redução ao primeiro quadrante:

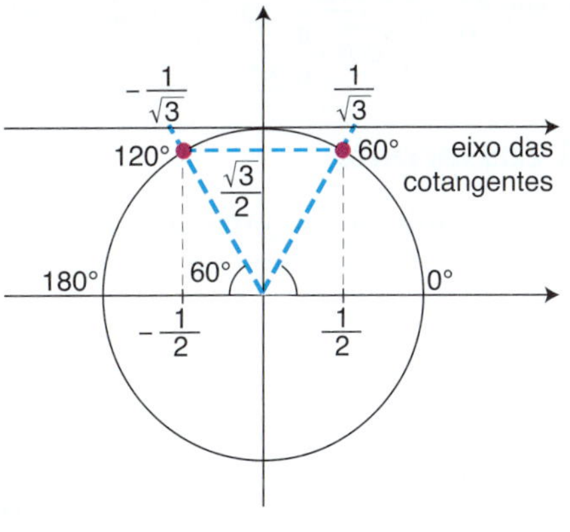


Como a cotangente é a razão inversa da tangente e tg 60° = $\sqrt{3}$, temos que cotg 60° = $\frac{1}{\sqrt{3}}$. Assim, vem:

$$\text{cotg } 120° = -\text{cotg } 60° = -\frac{1}{\sqrt{3}} = -\frac{\sqrt{3}}{3}$$

Repare que também podemos encontrar a cotangente pela razão que envolve seno e cosseno, ou seja:

$$\text{cotg } 120° = \frac{\cos 120°}{\text{sen } 120°} = \frac{-\cos 60°}{\text{sen } 60°} = -\frac{\frac{1}{2}}{\frac{\sqrt{3}}{2}} = -\frac{1}{\sqrt{3}} = -\frac{\sqrt{3}}{3}$$

## Exercícios Propostos

**84.** Determine o valor de:

a) cotg 150°　　b) cotg 240°　　c) cotg 315°　　d) cotg (−270°)

**85.** Sabendo que $\text{cotg}\ \alpha = 2$ e $0 < \alpha < \frac{\pi}{2}$, calcule:

a) sen $\alpha$　　b) cos $\alpha$

**86.** Resolva, em $\mathbb{R}$, a equação do 2.º grau dada abaixo, para $0 < \alpha < \frac{\pi}{2}$.

$$(\text{tg}\ \alpha) \cdot x^2 - 2x + \text{cotg}\ \alpha = 0$$

## Secante e cossecante de um arco trigonométrico

Vejamos ainda mais duas razões trigonométricas que também são definidas com base no cosseno e no seno de um arco.

### A secante

A **secante de um arco** de medida $\alpha$ é a razão recíproca (ou o inverso) de cos $\alpha$, para valores em que cos $\alpha \neq 0$, ou seja:

$$\sec \alpha = \frac{1}{\cos \alpha}$$

Repare que a sec $\alpha$ só existe quando cos $\alpha \neq 0$, o que significa que:

sec $\alpha$ só existe para $\alpha \neq \frac{\pi}{2} + k\pi$, com $k \in \mathbb{Z}$

**Exemplos**

a) $\sec 45° = \frac{1}{\cos 45°} = \frac{2}{\sqrt{2}} = \frac{2\sqrt{2}}{2} = \sqrt{2}$

b) $\sec \frac{\pi}{6} = \frac{1}{\cos \frac{\pi}{6}} = \frac{2}{1} = 2$

### A cossecante

A **cossecante de um arco** de medida $\alpha$ é a razão recíproca (ou o inverso) de sen $\alpha$, para valores em que sen $\alpha \neq 0$, ou seja:

$$\text{cossec}\ \alpha = \frac{1}{\text{sen}\ \alpha}$$

Repare que a cossec $\alpha$ só existe quando sen $\alpha \neq 0$, o que significa que:

cossec $\alpha$ só existe para $\alpha \neq 0 + k\pi$, com $k \in \mathbb{Z}$

**Exemplos**

a) $\text{cossec}\ 30° = \frac{1}{\text{sen}\ 30°} = \frac{2}{1} = 2$

b) $\text{cossec}\ \frac{\pi}{2} = \frac{1}{\text{sen}\ \frac{\pi}{2}} = 1$

## *Interpretação geométrica da secante e da cossecante*

Dado um arco $\widehat{AQ}$ de medida $\alpha$, com $0° < \alpha < 90°$, tracemos a reta tangente à circunferência trigonométrica pelo ponto $Q$, extremidade desse arco. Consideremos também os pontos $S$ e $C_s$ em que essa reta intercepta, respectivamente, os eixos das abscissas e das ordenadas do sistema cartesiano associado à circunferência, conforme figura ao lado.

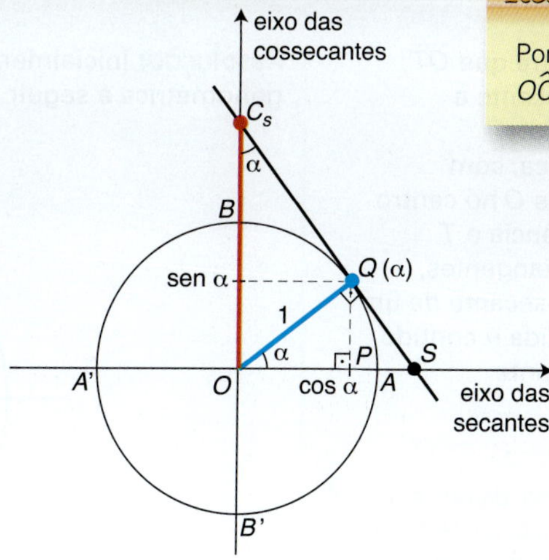


**Responda**

Por que o ângulo $O\hat{C}_sQ$ mede $\alpha$?

- Pela semelhança dos triângulos retângulos $OPQ$ e $OQS$, temos:

$$\frac{OQ}{OP} = \frac{OS}{OQ} \Rightarrow \frac{1}{\cos\alpha} = \frac{OS}{1} \Rightarrow$$

$$\Rightarrow OS = \frac{1}{\cos\alpha} \Rightarrow OS = \sec\alpha$$

- Pela semelhança dos triângulos retângulos $OPQ$ e $C_sQO$, temos:

$$\frac{QO}{QP} = \frac{C_sO}{OQ} \Rightarrow \frac{1}{\text{sen}\,\alpha} = \frac{C_sO}{1} \Rightarrow$$

$$\Rightarrow C_sO = \frac{1}{\text{sen}\,\alpha} \Rightarrow C_sO = \text{cossec}\,\alpha$$

Generalizando, temos:

- para um arco de medida $\alpha$ que não pertence ao eixo das ordenadas, $\sec\alpha$ é a abscissa do ponto $S$ obtido pela intersecção da reta tangente à circunferência pela extremidade desse arco com o eixo das abscissas que, nesse caso, será chamado de **eixo das secantes**;
- para um arco de medida $\alpha$ que não pertence ao eixo das abscissas, $\text{cossec}\,\alpha$ é a ordenada do ponto $C_s$ obtido pela intersecção da reta tangente à circunferência pela extremidade desse arco com o eixo das ordenadas que, nesse caso, é o **eixo das cossecantes**.

Com isso verificamos que:

- A secante não existe para arcos com extremidades nos pontos $B(0, 1)$ e $B'(0, -1)$, pois as retas tangentes à circunferência por esses pontos são paralelas ao eixo das abscissas e, portanto, não o interceptam.
- A cossecante não existe para arcos com extremidades nos pontos $A(1, 0)$ e $A'(-1, 0)$, pois as retas tangentes à circunferência por esses pontos são paralelas ao eixo das ordenadas e, portanto, não o interceptam.
- A secante tem sempre mesmo sinal do cosseno, ou seja, a secante é positiva no 1.º e 4.º Q, e é negativa no 2.º e 3.º Q.
- A cossecante tem sempre mesmo sinal do seno, ou seja, a cossecante é positiva no 1.º e 2.º Q, e é negativa no 3.º e 4.º Q.
- A secante e a cossecante assumem qualquer valor em $]-\infty, -1] \cup [1, +\infty[$ e apenas nesse conjunto. Desse modo, a secante e a cossecante não assumem valor algum do intervalo $]-1, 1[$.

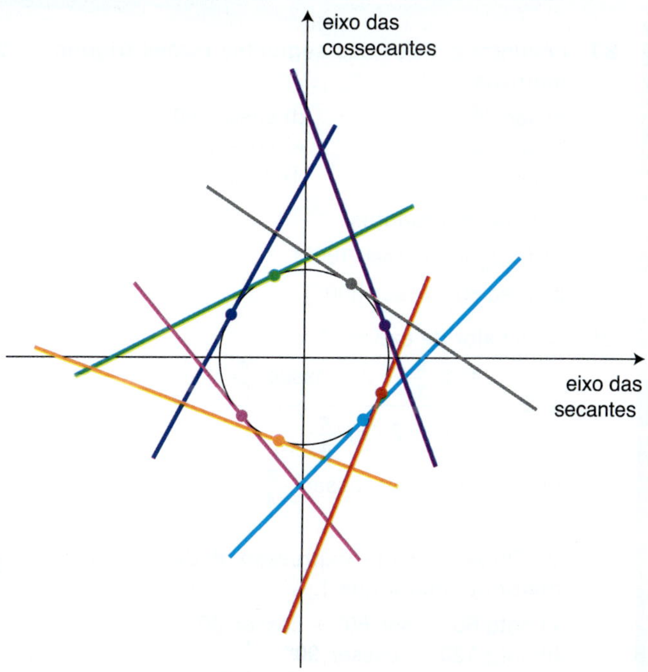

## Exercício Resolvido

**ER. 30** Mostre que $\overline{OT}$, segmento secante à circunferência trigonométrica, com extremidades $O$ no centro da circunferência e $T$ no eixo das tangentes, determina a secante de um arco de medida $\alpha$ contido no 1.º quadrante.

**Saiba +**

Um *segmento* de reta é *secante* a uma circunferência quando tem uma de suas extremidades fora da região circular e esse segmento ou seu prolongamento têm com a circunferência dois pontos em comum.

**Resolução:** Inicialmente, vamos representar a situação na circunferência trigonométrica a seguir.

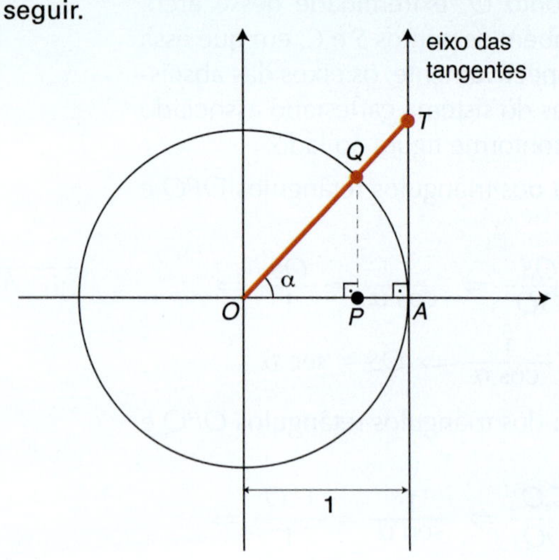


Observando os triângulos $OAT$ e $OPQ$ podemos verificar que eles são semelhantes. Daí, temos:

$$\frac{OT}{OQ} = \frac{OA}{OP}$$

$$\frac{OT}{1} = \frac{1}{\cos\alpha}$$

$$OT = \frac{1}{\cos\alpha}$$

$$OT = \sec\alpha$$

## Exercícios Propostos

**87.** Encontre o valor das seguintes razões trigonométricas:

a) sec 30°
b) sec 60°
c) sec 180°
d) cossec 60°
e) cossec 45°
f) cossec 180°

**88.** Calcule os produtos:

a) $(\text{cotg } 45°) \cdot (\sec 180°)$
b) $(\sec 60°) \cdot (\sec 300°)$

**89.** Dê o valor da expressão:

a) $E = \dfrac{\sec\frac{\pi}{3} + 2 \cdot \text{cossec}\frac{\pi}{6}}{2 \cdot \text{tg}\frac{\pi}{4}}$

b) $E = \sec^2\frac{\pi}{4} + \text{cossec}^2\frac{\pi}{4}$

**90.** Verifique se cada expressão dada a seguir é maior ou menor que 1.

a) cotg 60° + sec 60° + cossec 30°
b) cotg 120° − cossec 90°
c) cossec (−60°) − cossec 330°

**91.** Sabendo que sen $\alpha = \frac{3}{5}$, com $90° < \alpha < 180°$, determine:

a) cos α
b) tg α
c) cotg α
d) sec α
e) cossec α

**92.** Determine cotg α, sec α e cossec α sabendo que:

a) $\cos\alpha = 0{,}8$, com $0 < \alpha < \frac{\pi}{2}$

b) $\text{tg}\,\alpha = 2$, com $0 < \alpha < \frac{\pi}{2}$

c) $\text{tg}\,\alpha = 3$, com $0 < \alpha < \frac{\pi}{2}$

d) $\text{sen}\,\alpha = 0{,}2$, com $\frac{\pi}{2} < \alpha < \pi$

**93.** Mostre que o segmento $\overline{OC_t}$ com extremidades $O$ no centro da circunferência trigonométrica e $C_t$ no eixo das cotangentes determina a cossecante de um arco de medida $\alpha$ contido no 1.º quadrante.

## Mais algumas relações trigonométricas

Da mesma forma que fizemos para encontrar a relação fundamental da Trigonometria, vamos usar figuras para encontrar outras relações entre as demais razões trigonométricas que estudamos.

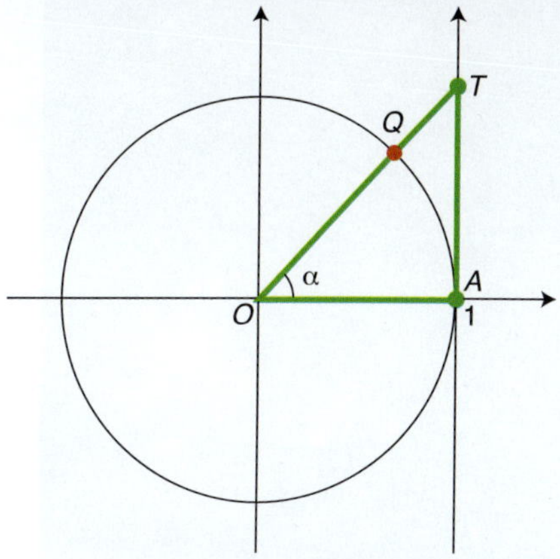


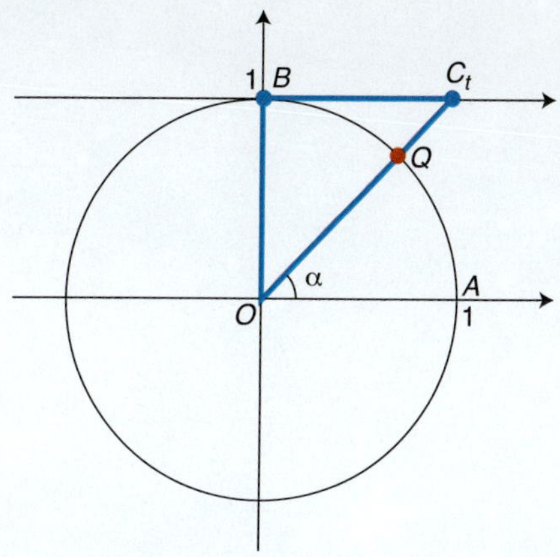


Nas condições apresentadas por essas figuras, podemos identificar que o segmento $\overline{AT}$ determina a tg α, $\overline{OT}$ a sec α, $\overline{BC_t}$ a cotg α e $\overline{OC_t}$ a cossec α. Além disso, temos $OA = OB = 1$.

Então, aplicando o teorema de Pitágoras nos triângulos $OAT$ e $OBC_t$, obtemos duas novas relações importantes:

- $(OA)^2 + (AT)^2 = (OT)^2$

$$1 + \text{tg}^2\,\alpha = \sec^2\,\alpha$$

- $(OB)^2 + (BC_t)^2 = (OC_t)^2$

$$1 + \text{cotg}^2\,\alpha = \text{cossec}^2\,\alpha$$

### Exercício Resolvido

**ER. 31** Mostre algebricamente, para $\alpha \neq 0 + k\frac{\pi}{2}$, com $k \in \mathbb{Z}$, que:

$$1 + \text{tg}^2\,\alpha = \sec^2\,\alpha$$

**Resolução:** Para mostrar uma igualdade, podemos partir de um dos membros e por transformações algébricas válidas chegar ao outro membro. Então:

$$1 + \text{tg}^2\,\alpha = 1 + \frac{\text{sen}^2\,\alpha}{\cos^2\,\alpha} = \frac{\cos^2\,\alpha}{\cos^2\,\alpha} + \frac{\text{sen}^2\,\alpha}{\cos^2\,\alpha} =$$

$$= \frac{\overbrace{\cos^2\,\alpha + \text{sen}^2\,\alpha}^{\text{igual a 1}}}{\cos^2\,\alpha} = \frac{1}{\cos^2\,\alpha} = \sec^2\,\alpha$$

Assim: $1 + \text{tg}^2\,\alpha = \sec^2\,\alpha$

**Faça**

Prove, algebricamente, a relação: $\text{cossec}^2\,\alpha = 1 + \text{cotg}^2\,\alpha$

### Exercícios Propostos

**94.** Determine:

a) $\text{cotg}^2\,\alpha - \text{cossec}^2\,\alpha$

b) $\text{tg}^2\,\alpha + \sec^2\,\alpha$

**95.** Qual é a razão de uma PA de três termos cujo primeiro termo é $\text{tg}^2\,\alpha$ e o último é $\sec^2\,\alpha$?

**96.** Efetue e simplifique as expressões:

$$E_1 = (\text{tg}^2\,\alpha + 1) \cdot (\text{cotg}^2\,\alpha + 1)$$

$$E_2 = \frac{E_1}{(\text{cossec}^2\,\alpha) - 1} \cdot \cos^2\,\alpha$$

$$E_3 = 1 - E_2$$

# Tecnologia & Desenvolvimento

## Trigonometria e Navegação Celestial

Uma vista do céu noturno.
Observatório astronômico Kielder, Inglaterra.

Quem já não ouviu falar na *Estrela Polar*, no hemisfério norte, ou do *Cruzeiro do Sul*, no céu do nosso hemisfério? Essas e outras estrelas do céu noturno têm orientado os navegantes há muito tempo. Você sabia que essa orientação valiosa auxiliou os bravos navegantes portugueses a chegarem ao Brasil? Pois é!

De fato, essa orientação só pode ser obtida (calculada) com uso da Trigonometria e muitos instrumentos foram inventados exatamente para medir "alturas" de corpos celestes (ângulos entre a linha do horizonte e o corpo celeste). O *sextante* é um bom exemplo disso.

Sextante de 1810.
Mais que um instrumento de navegação, o sextante é um símbolo cultuado por navegadores do mundo inteiro.

### Quem sou? Para onde vou?

A utilização da orientação oferecida pelas estrelas para fins de navegação é chamada *navegação celestial* (ou, ainda, *navegação estelar*). Como ciência, a navegação celestial é talvez tão antiga quanto o ser humano e, provavelmente, a primeira manifestação de seu interesse por essa ciência coincidiu com a primeira reflexão dele a seu próprio respeito: — *Quem sou? Para onde vou?*

**Navegar é preciso!**

Mas o que é navegar? Segundo o conceituado livro *A History of Nautical Astronomy* (Uma História da Astronomia Náutica), de Charles H. Cotter, 1968:

"Navegação é a arte e a ciência de conduzir um veículo terrestre, marítimo, aéreo ou espacial segura e diligentemente a um destino específico. No sentido amplo, qualquer um que se defronte com o problema de 'encontrar o caminho' é um navegador".

**Navegação contemporânea**

Assim como acontecia no passado, atualmente a orientação segura oferecida pelas estrelas continua a ser utilizada para fins de navegação, porém, nem todos os veículos utilizam esse tipo de orientação. A navegação atual utiliza, preferencialmente, sistemas que se baseiam no Sistema de Posicionamento Global (GPS). Ainda assim, instrumentos como o sextante, por exemplo, continuam a fazer parte do ferramental básico do navegador. Contudo, na navegação espacial (relativa a foguetes, satélites, sondas e outros veículos espaciais), alguns sistemas de navegação mais sofisticados utilizam as estrelas para orientar-se sobre o posicionamento do veículo (principalmente o posicionamento angular). Como parte fundamental desses sistemas, os *sensores estelares* são equipamentos que colhem imagens do céu de estrelas e, a partir de computações internas, relativas a distâncias e ângulos entre estrelas, conseguem calcular o posicionamento do veículo.

**Sensores estelares e Trigonometria**

Esses equipamentos são compostos atualmente por câmeras digitais que obtêm imagens do céu de estrelas e, a partir do processamento dessas imagens, calculam a posição do veículo. Para tanto, no computador do sensor (ou do veículo espacial) deve haver um *mapa estelar*, isto é, um catálogo onde estão descritas todas as estrelas visíveis pelo sensor (céu completo) e suas posições. Com esses dados, é possível calcular as medidas dos ângulos e as distâncias que estas formam entre si. Essa informação é utilizada para identificar com precisão um determinado conjunto de estrelas. Uma vez identificadas as estrelas do conjunto, sendo a posição delas conhecida (pelo catálogo), a posição do veículo pode, então, ser calculada, conforme nos mostra a figura seguinte.

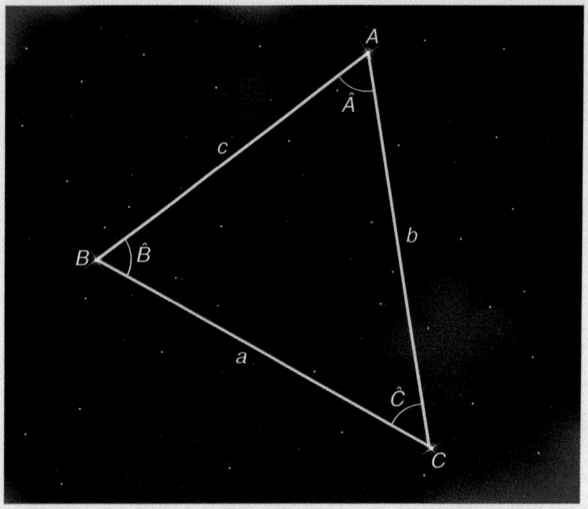


Estrelas *A*, *B* e *C* identificadas pelo equipamento sensor de estrelas a partir do cálculo das distâncias entre elas — *a*, *b*, *c* — e das medidas dos ângulos internos $\hat{A}$, $\hat{B}$ e $\hat{C}$.

Os sensores estelares atingiram um tal grau de sofisticação que, mesmo na condição de conhecimento nulo do posicionamento do veículo (situação conhecida como *lost-in-space*), é possível calcular em segundos a sua posição! Não é incrível?

Pelo que vimos, a humanidade começou sua história de navegação observando as estrelas. Com a ajuda delas os navegadores se lançaram aos oceanos e descobriram novas terras. Mais tarde, quando se sentiram prontos, desbravaram o espaço sideral mais próximo (órbita da Terra, Lua e Sistema Solar). Novamente, as estrelas forneceram uma base segura para sua navegação. Hoje, tendo criado sistemas muito mais sofisticados (com computadores e alta tecnologia), o ser humano continua observando e medindo estrelas. Para onde iremos agora?

# 4. Transformações Trigonométricas

Com as razões trigonométricas estudadas e seus valores para os arcos notáveis (de 30°, 45° e 60°) e seus simétricos podemos ampliar nossos estudos para encontrar os valores de arcos com outras medidas como, por exemplo, um arco de 75°, que pode ser decomposto na soma 30° + 45°.

Assim, nosso intuito é encontrar expressões que relacionem razões trigonométricas de arcos que podem ser representados como a soma de arcos notáveis (ou seus simétricos), cujas razões trigonométricas são conhecidas.

## 4.1 FÓRMULAS DE ADIÇÃO E DE SUBTRAÇÃO DE DOIS ARCOS

Vamos obter as *fórmulas de adição* que exprimem em termos de cos $\alpha$, cos $\beta$, sen $\alpha$ e sen $\beta$ o cosseno, o seno e a tangente da soma $(\alpha + \beta)$. Com essas fórmulas, encontramos as respectivas fórmulas de diferença fazendo $\alpha - \beta = \alpha + (-\beta)$.

### Cosseno da soma de dois arcos

Tomemos um arco *AQ* de medida $\alpha + \beta$ na circunferência trigonométrica, como mostrado a seguir.

**Recorde**

A circunferência trigonométrica tem raio unitário.

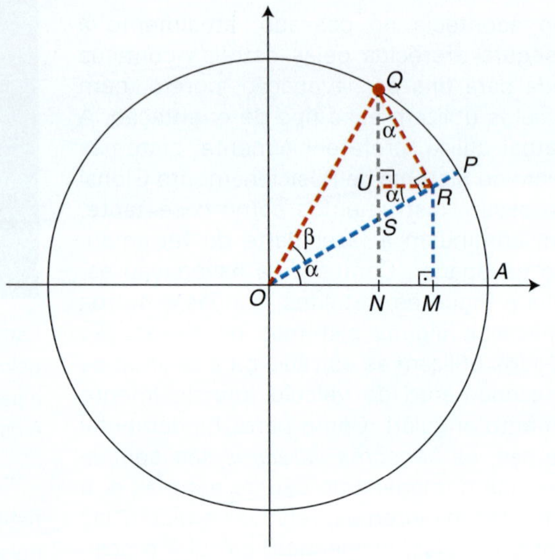


Desse modo, temos que:

$\cos(\alpha + \beta) = x_Q$ (abscissa do ponto *Q*), ou seja, $\cos(\alpha + \beta) = ON$

Pela figura, também verificamos que $ON = OM - NM$.
Além disso, como $NM = UR$, temos: $ON = OM - UR$ ①
Pelo triângulo retângulo *ORQ*, encontramos:

- $\cos\beta = \dfrac{OR}{OQ} = \dfrac{OR}{1} \Rightarrow OR = \cos\beta$

- $\operatorname{sen}\beta = \dfrac{QR}{OQ} = \dfrac{QR}{1} \Rightarrow QR = \operatorname{sen}\beta$

Pelo triângulo retângulo *RUQ*, temos que:

$$\operatorname{sen}\alpha = \frac{UR}{QR} \Rightarrow UR = (\operatorname{sen}\alpha)\cdot QR$$

Como $QR = \operatorname{sen}\beta$, vem: $UR = \operatorname{sen}\alpha \cdot \operatorname{sen}\beta$ ②
Pelo triângulo retângulo *OMR*, ainda temos:

$$\cos\alpha = \frac{OM}{OR} \Rightarrow OM = (\cos\alpha)\cdot OR$$

Como $OR = \cos\beta$, obtemos: $OM = \cos\alpha \cdot \cos\beta$ ③
Então, de ①, ② e ③, temos que:

$$ON = \cos\alpha \cdot \cos\beta - \operatorname{sen}\alpha \cdot \operatorname{sen}\beta$$

Como $\cos(\alpha + \beta) = ON$, podemos concluir que:

$$\cos(\alpha + \beta) = \cos\alpha \cdot \cos\beta - \operatorname{sen}\alpha \cdot \operatorname{sen}\beta$$

**Atenção!**

O ângulo $U\hat{Q}R$ mede $\alpha$.

*Demonstração*

Como $\overline{UR} \parallel \overline{OM}$, temos $N\hat{O}S \cong S\hat{R}U$ (ângulos alternos internos). Daí:

$$m(S\hat{R}U) = \alpha$$

Como *SUR* é um triângulo retângulo, o ângulo $R\hat{S}U$ mede $90° - \alpha$ e, portanto, pelo triângulo retângulo *SRQ*, o ângulo $U\hat{Q}R$ é complementar de $R\hat{S}U$, ou seja:

$$m(U\hat{Q}R) = \alpha$$

**EXEMPLO**

$$\cos 75° = \cos(30° + 45°) = \cos 30° \cdot \cos 45° - \text{sen } 30° \cdot \text{sen } 45°$$

$$\cos 75° = \frac{\sqrt{3}}{2} \cdot \frac{\sqrt{2}}{2} - \frac{1}{2} \cdot \frac{\sqrt{2}}{2} = \frac{\sqrt{6}}{4} - \frac{\sqrt{2}}{4}$$

$$\cos 75° = \frac{\sqrt{6} - \sqrt{2}}{4}$$

**OBSERVAÇÃO**

Essa fórmula também é válida para arcos que não pertencem ao 1.º quadrante.

## Cosseno da diferença de dois arcos

Tomando arcos de medidas $\alpha$ e $(-\beta)$ e aplicando na fórmula do cosseno da soma, temos:

$$\underbrace{\cos[\alpha + (-\beta)]}_{\cos(\alpha - \beta)} = \cos \alpha \cdot \cos(-\beta) - \text{sen } \alpha \cdot \text{sen}(-\beta)$$

$$\cos(\alpha - \beta) = \cos \alpha \cdot \cos(-\beta) - \text{sen } \alpha \cdot \text{sen}(-\beta)$$

Como $\cos(-\beta) = \cos \beta$ e $\text{sen}(-\beta) = -\text{sen } \beta$, vem:

$$\cos(\alpha - \beta) = \cos \alpha \cdot \cos \beta - \text{sen } \alpha \cdot (-\text{sen } \beta)$$

$$\cos(\alpha - \beta) = \cos \alpha \cdot \cos \beta + \text{sen } \alpha \cdot \text{sen } \beta$$

*Recorde*

Observando a figura você pode verificar que:

- $\cos(-\beta) = \cos \beta$
- $\text{sen}(-\beta) = -\text{sen } \beta$

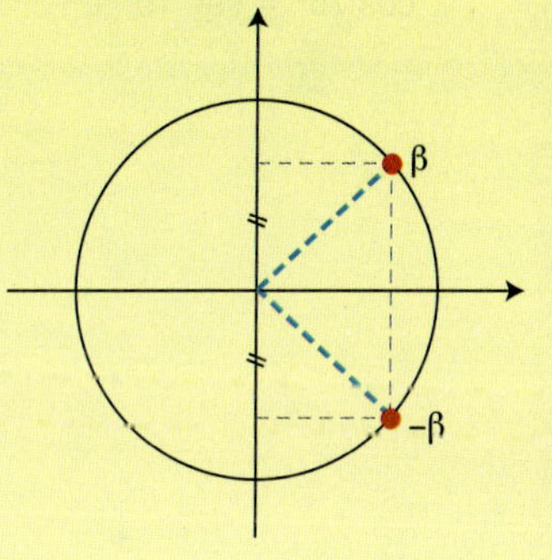


**EXEMPLO**

$$\cos 15° = \cos(60° - 45°) = \cos 60° \cdot \cos 45° + \text{sen } 60° \cdot \text{sen } 45°$$

$$\cos 15° = \frac{1}{2} \cdot \frac{\sqrt{2}}{2} + \frac{\sqrt{3}}{2} \cdot \frac{\sqrt{2}}{2} = \frac{\sqrt{2}}{4} + \frac{\sqrt{6}}{4}$$

$$\cos 15° = \frac{\sqrt{2} + \sqrt{6}}{4}$$

## Seno da soma de dois arcos

Agora, lembrando que $(\alpha + \beta)$ e $[90° - (\alpha - \beta)]$ são medidas de arcos complementares, temos:

$$\text{sen}(\alpha + \beta) = \cos[90° - (\alpha + \beta)] = \cos[(90° - \alpha) - \beta)]$$

Desse modo, podemos usar a fórmula do cosseno da diferença, demonstrada anteriormente:

$$\text{sen}(\alpha + \beta) = \cos(90° - \alpha) \cdot \cos \beta + \text{sen}(90° - \alpha) \cdot \text{sen } \beta$$

$$\text{sen}(\alpha + \beta) = \text{sen } \alpha \cdot \cos \beta + \cos \alpha \cdot \text{sen } \beta$$

$$\text{sen}(\alpha + \beta) = \text{sen } \alpha \cdot \cos \beta + \text{sen } \beta \cdot \cos \alpha$$

**Exemplo**

$$\text{sen } 75° = \text{sen } (30° + 45°) = \text{sen } 30° \cdot \cos 45° + \text{sen } 45° \cdot \cos 30°$$

$$\text{sen } 75° = \frac{1}{2} \cdot \frac{\sqrt{2}}{2} + \frac{\sqrt{2}}{2} \cdot \frac{\sqrt{3}}{2} = \frac{\sqrt{2}}{4} + \frac{\sqrt{6}}{4}$$

$$\text{sen } 75° = \frac{\sqrt{2} + \sqrt{6}}{4}$$

**Observação**

Repare que, como 75° e 15° são medidas de arcos complementares, temos $\cos 15° = \text{sen } 75°$.

## Seno da diferença de dois arcos

Procedendo de forma análoga ao que fizemos com o cosseno da diferença, temos:

$$\text{sen } (\alpha - \beta) = \text{sen } [\alpha + (-\beta)] = \text{sen } \alpha \cdot \cos(-\beta) + \text{sen } (-\beta) \cdot \cos \alpha$$

Como $\cos(-\beta) = \cos \beta$ e $\text{sen } (-\beta) = -\text{sen } \beta$, vem:

$$\text{sen } (\alpha - \beta) = \text{sen } \alpha \cdot \cos \beta + (-\text{sen } \beta) \cdot \cos \alpha$$

$$\text{sen } (\alpha - \beta) = \text{sen } \alpha \cdot \cos \beta - \text{sen } \beta \cdot \cos \alpha$$

**Faça**

Mostre que:

$\cos 75° = \text{sen } 15°$

## Tangente da soma e da diferença de dois arcos

Consideremos, agora, dois arcos de medidas $\alpha$ e $\beta$, tais que:

$$\alpha + \beta \neq 90° + k \cdot 180° \text{ e } \alpha - \beta \neq 90° + k \cdot 180°, \text{ com } k \in \mathbb{Z}$$

Daí, fazendo a razão entre as fórmulas obtidas para seno e cosseno da adição, obtemos:

$$\text{tg } (\alpha + \beta) = \frac{\text{sen } (\alpha + \beta)}{\cos(\alpha + \beta)} = \frac{\text{sen } \alpha \cdot \cos \beta + \text{sen } \beta \cdot \cos \alpha}{\cos \alpha \cdot \cos \beta - \text{sen } \alpha \cdot \text{sen } \beta}$$

$$\text{tg } (\alpha + \beta) = \frac{\dfrac{\text{sen } \alpha \cdot \cos \beta + \text{sen } \beta \cdot \cos \alpha}{\cos \alpha \cdot \cos \beta}}{\dfrac{\cos \alpha \cdot \cos \beta - \text{sen } \alpha \cdot \text{sen } \beta}{\cos \alpha \cdot \cos \beta}}$$

$$\text{tg } (\alpha + \beta) = \frac{\dfrac{\text{sen } \alpha \cdot \cos \beta}{\cos \alpha \cdot \cos \beta} + \dfrac{\text{sen } \beta \cdot \cos \alpha}{\cos \alpha \cdot \cos \beta}}{\dfrac{\cos \alpha \cdot \cos \beta}{\cos \alpha \cdot \cos \beta} - \dfrac{\text{sen } \alpha \cdot \text{sen } \beta}{\cos \alpha \cdot \cos \beta}}$$

$$\text{tg } (\alpha + \beta) = \frac{\text{tg } \alpha + \text{tg } \beta}{1 - \text{tg } \alpha \cdot \text{tg } \beta}$$

**Recorde**

Observando a figura você pode verificar que:

$\text{tg } (-\beta) = -\text{tg } \beta$

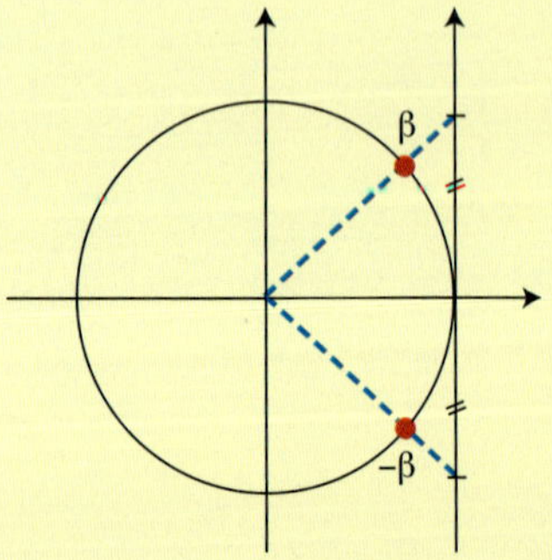


De maneira análoga ao que fizemos para a tangente da soma e usando o fato de que $\text{tg } (\alpha - \beta) = \text{tg } [\alpha + (-\beta)]$ e de que $\text{tg } (-\beta) = -\text{tg } \beta$, podemos obter a seguinte fórmula:

$$\text{tg } (\alpha - \beta) = \frac{\text{tg } \alpha - \text{tg } \beta}{1 + \text{tg } \alpha \cdot \text{tg } \beta}$$

## Exercícios Resolvidos

**ER. 32** Obtenha os valores da tangente, cotangente e secante de 75°.

**Resolução:** Como já vimos, podemos exprimir 75° como a soma 45° + 30°. Assim sendo, temos:

- $\text{tg } 75° = \text{tg }(30° + 45°) = \dfrac{\text{tg } 30° + \text{tg } 45°}{1 - \text{tg } 30° \cdot \text{tg } 45°} = \dfrac{\dfrac{\sqrt{3}}{3} + 1}{1 - \dfrac{\sqrt{3}}{3} \cdot 1}$

$$\text{tg } 75° = \frac{\dfrac{\sqrt{3}}{3} + \dfrac{3}{3}}{\dfrac{3}{3} - \dfrac{\sqrt{3}}{3}} = \frac{\dfrac{\sqrt{3} + 3}{3}}{\dfrac{3 - \sqrt{3}}{3}} = \frac{3 + \sqrt{3}}{3 - \sqrt{3}} = \frac{(3 + \sqrt{3})}{(3 - \sqrt{3})} \cdot \frac{(3 + \sqrt{3})}{(3 + \sqrt{3})}$$

$$\text{tg } 75° = \frac{9 + 6\sqrt{3} + 3}{9 - 3} = \frac{12 + 6\sqrt{3}}{6} = \frac{6(2 + \sqrt{3})}{6}$$

$$\text{tg } 75° = 2 + \sqrt{3}$$

- $\text{cotg } 75° = \dfrac{1}{\text{tg } 75°} = \dfrac{1}{2 + \sqrt{3}} = \dfrac{1 \cdot (2 - \sqrt{3})}{(2 + \sqrt{3}) \cdot (2 - \sqrt{3})} = \dfrac{2 - \sqrt{3}}{4 - 3} = 2 - \sqrt{3}$

- Para o cálculo da sec 75°, vamos utilizar a relação $1 + \text{tg}^2\,\alpha = \sec^2\,\alpha$.

$$\sec^2 75° = 1 + \text{tg}^2\, 75° = 1 + (2 + \sqrt{3})^2 = 1 + (4 + 4\sqrt{3} + 3) = 8 + 4\sqrt{3}$$

Como 75° é arco do 1.º quadrante, tem secante positiva (segue sinal do cosseno) e, assim, vem:

$$\sec^2 75° = 8 + 4\sqrt{3} \Rightarrow \sec 75° = \sqrt{8 + 4\sqrt{3}} \Rightarrow \sec 75° = \sqrt{4 \cdot (2 + \sqrt{3})} \Rightarrow \sec 75° = 2\sqrt{2 + \sqrt{3}}$$

---

**ER. 33** Encontre os valores de θ, em radianos, com $0 < \theta < \pi$, para que se tenha:

$$\cos\left(\frac{\pi}{4} - \theta\right) = \frac{\sqrt{2}}{2} \cdot \text{sen }\theta$$

**Resolução:** Vamos aplicar a fórmula para a expressão do primeiro membro:

$$\cos\left(\frac{\pi}{4} - \theta\right) = \cos\frac{\pi}{4} \cdot \cos\theta + \text{sen }\frac{\pi}{4} \cdot \text{sen }\theta = \frac{\sqrt{2}}{2} \cdot \cos\theta + \frac{\sqrt{2}}{2} \cdot \text{sen }\theta$$

$$\cos\left(\frac{\pi}{4} - \theta\right) = \frac{\sqrt{2}}{2} \cdot (\cos\theta + \text{sen }\theta)$$

Agora, devemos impor a igualdade sugerida:

$$\cos\left(\frac{\pi}{4} - \theta\right) = \frac{\sqrt{2}}{2} \cdot \text{sen }\theta$$

$$\frac{\sqrt{2}}{2} \cdot (\cos\theta + \text{sen }\theta) = \frac{\sqrt{2}}{2} \cdot \text{sen }\theta$$

$$\cos\theta + \text{sen }\theta = \text{sen }\theta$$

$$\cos\theta = 0$$

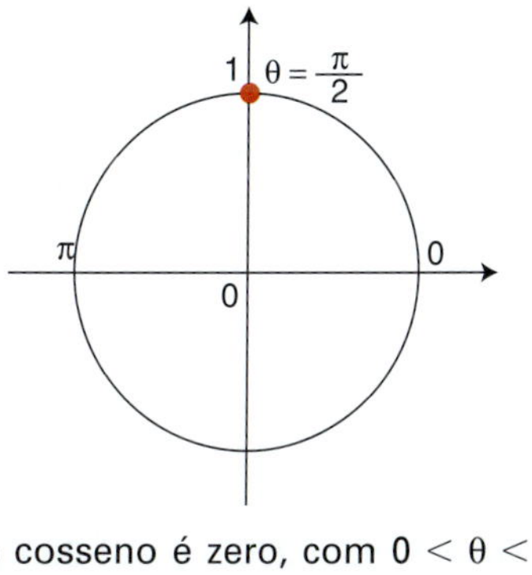


Assim, θ é o arco cujo cosseno é zero, com $0 < \theta < \pi$. Localizando esses possíveis arcos na circunferência trigonométrica, verificamos que $\theta = \dfrac{\pi}{2}$.

**ER. 34** No triângulo retângulo isósceles *ABC* a seguir, determine o valor de sen α.

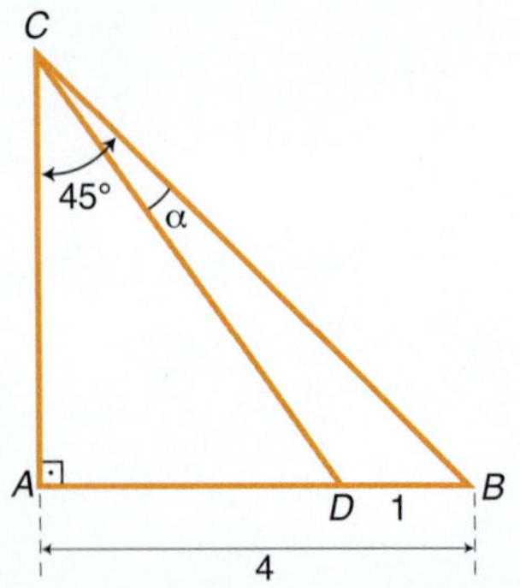


**Resolução:** Observando a figura, vemos que $\alpha = 45° - m(A\hat{C}D)$. Indicando a medida do ângulo $A\hat{C}D$ por β, temos:

$$\text{sen }\alpha = \text{sen }(45° - \beta) = \text{sen }45° \cdot \cos\beta - \text{sen }\beta \cdot \cos 45°$$

Então, primeiro vamos encontrar os valores de cos β e sen β.

Como *ABC* é triângulo isósceles, temos que *AC* = 4. Repare também que o triângulo *DAC* tem catetos medindo 3 e 4, o que nos dá 5 como medida da hipotenusa (ternos pitagóricos 3, 4 e 5).

Daí, vem:

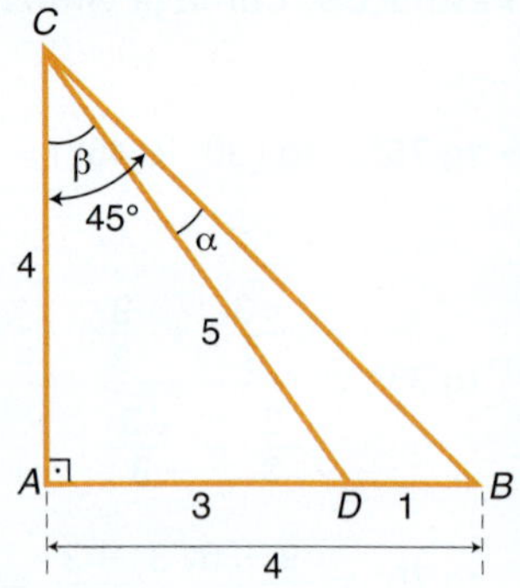


$$\cos\beta = \frac{4}{5} \quad \text{e} \quad \text{sen }\beta = \frac{3}{5}$$

Com isso já podemos obter o valor de sen α, isto é:

$$\text{sen }\alpha = \frac{\sqrt{2}}{2} \cdot \frac{4}{5} - \frac{3}{5} \cdot \frac{\sqrt{2}}{2} \Rightarrow \text{sen }\alpha = \frac{4\sqrt{2}}{10} - \frac{3\sqrt{2}}{10} \Rightarrow \text{sen }\alpha = \frac{\sqrt{2}}{10}$$

**ER. 35** Calcule o valor de cotg (α + β) na figura a seguir.

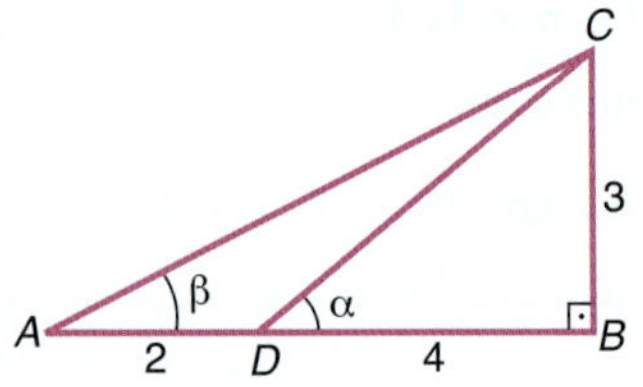


**Resolução:** Como $\text{cotg}(\alpha + \beta) = \dfrac{1}{\text{tg}(\alpha + \beta)}$, vamos primeiro achar o valor da tangente. Dos triângulos *DBC* e *ABC*, temos:

$$\text{tg }\alpha = \frac{3}{4} \quad \text{e} \quad \text{tg }\beta = \frac{3}{6} = \frac{1}{2}$$

Assim, aplicando a fórmula da tangente da soma, encontramos:

$$\text{tg}(\alpha + \beta) = \frac{\text{tg }\alpha + \text{tg }\beta}{1 - \text{tg }\alpha \cdot \text{tg }\beta} = \frac{\frac{3}{4} + \frac{1}{2}}{1 - \frac{3}{4} \cdot \frac{1}{2}} = 2$$

> **Faça**
> Simplifique a expressão fracionária para encontrar o valor 2.

Com isso, podemos encontrar a cotangente da soma:

$$\text{cotg}(\alpha + \beta) = \frac{1}{2}$$

## Exercícios Propostos

**97.** Calcule os valores do seno e do cosseno dos arcos a seguir:

a) 105°
b) 345°

**98.** Sendo $0 < \alpha < 90°$, tal que $\text{sen }\alpha = \frac{3}{5}$ e $\cos\alpha = \frac{4}{5}$, calcule o valor de:

a) $\text{sen}(\alpha + 45°)$
b) $\cos(\alpha - 45°)$
c) $\text{tg}(\alpha - 45°)$
d) $\text{cotg}(\alpha + 45°)$

**99.** Sabendo que $\sec\alpha = 3$, com $270° < \alpha < 360°$, o valor de $\text{sen}(\alpha + 60°)$ é positivo ou negativo? Explique sua resposta.

**100.** Encontre os valores de θ, com $90° < \theta < 270°$, para que se tenha:

$$2 \cdot \cos(\theta + 120°) + \cos\theta = \frac{\sqrt{3}}{2}$$

**101.** Dados *x* e *y* em radianos, com $0 < x < \frac{\pi}{2}$ e $0 < y < \frac{\pi}{2}$, tais que $\text{tg }x = 2$ e $\text{tg}(x - y) = \frac{1}{2}$, calcule cotg *y*.

**102.** Mostre que a expressão *E*, dada a seguir, com $0 < x < \frac{\pi}{2}$ rad, não depende de *x*.

$$E = \left[\text{sen}\left(x - \frac{3\pi}{4}\right) + \cos\left(x - \frac{3\pi}{4}\right)\right] \cdot \sec x$$

**103.** Obtenha o valor de $\sec^2 \alpha$ sabendo que:

$$\text{tg}\,(\alpha + 45°) = 2$$

**104.** Simplifique a expressão:

$$E = \frac{\text{sen}\,(x + 90°) - \cos\,(180° - x) + 3}{4 \cdot \cos^2 x - 9}$$

**105.** Determine o valor de cotg $\alpha$ na figura a seguir.

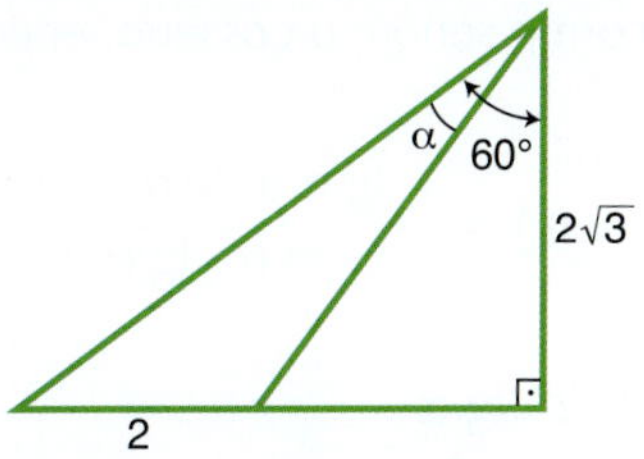


**106.** Sabendo que $a + b = 90°$ e que

$$2 \cdot \text{sen}\, a - 3 \cdot \text{sen}\, b = 0,$$

obtenha:

$$\text{tg}\,(a - b) \text{ e } \text{tg}\,(b - a)$$

**107.** No losango *ABCD* abaixo, encontre o valor da cotangente do ângulo $A\hat{D}C$.

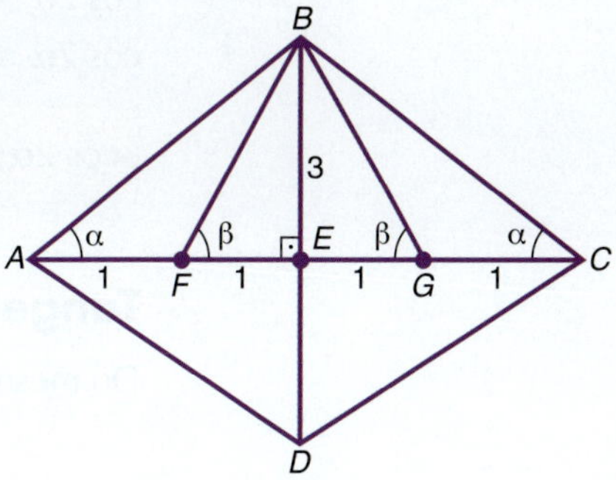


**108.** A partir das fórmulas de transformações trigonométricas estudadas, mostre que:

a) $\cos\,(2\pi - \alpha) = \cos \alpha$

b) $\text{tg}\,(\alpha + \pi) = \text{tg}\,(\alpha - \pi)$, com $0 < \alpha < \frac{\pi}{2}$ rad

**109.** Calcule: $\log_2 |\cos 345° - \text{sen}\, 345°|$

**110.** Determine o valor de

$$(\cos \alpha + \cos \beta)^2 + (\text{sen}\,\alpha - \text{sen}\,\beta)^2$$

para $\alpha + \beta = \frac{\pi}{6}$ rad.

## 4.2 ARCO DUPLO E ARCO METADE

Vamos estabelecer ainda outras fórmulas que nos fornecem modos de encontrar as razões trigonométricas de arcos não notáveis, a partir das fórmulas de adição (ou diferença) de arcos.

### Seno e cosseno do arco duplo

Dado um arco de medida $\alpha$, aplicando a fórmula da soma de dois arcos, podemos encontrar:

- $\text{sen}\, 2\alpha = \text{sen}\,(\alpha + \alpha) = \text{sen}\,\alpha \cdot \cos \alpha + \cos \alpha \cdot \text{sen}\,\alpha$
  ou seja:

$$\text{sen}\, 2\alpha = 2 \cdot \text{sen}\,\alpha \cdot \cos \alpha$$

- $\cos 2\alpha = \cos\,(\alpha + \alpha) = \cos \alpha \cdot \cos \alpha - \text{sen}\,\alpha \cdot \text{sen}\,\alpha$
  ou seja:

$$\cos 2\alpha = \cos^2 \alpha - \text{sen}^2\,\alpha$$

Podemos ainda expressar o cosseno do arco duplo de outras maneiras, usando a relação fundamental:

- $\text{sen}^2\,\alpha + \cos^2 \alpha = 1 \Rightarrow \text{sen}^2\,\alpha = 1 - \cos^2 \alpha$ ①
- $\text{sen}^2\,\alpha + \cos^2 \alpha = 1 \Rightarrow \cos^2 \alpha = 1 - \text{sen}^2\,\alpha$ ②

Usando a relação ①, temos:

$$\cos 2\alpha = \cos^2 \alpha - \text{sen}^2 \alpha$$
$$\cos 2\alpha = \cos^2 \alpha - (1 - \cos^2 \alpha)$$
$$\cos 2\alpha = \cos^2 \alpha - 1 + \cos^2 \alpha$$

$$\boxed{\cos 2\alpha = 2 \cdot \cos^2 \alpha - 1}$$

Usando a relação ②, temos:

$$\cos 2\alpha = \cos^2 \alpha - \text{sen}^2 \alpha$$
$$\cos 2\alpha = 1 - \text{sen}^2 \alpha - \text{sen}^2 \alpha$$

$$\boxed{\cos 2\alpha = 1 - 2 \cdot \text{sen}^2 \alpha}$$

## Tangente do arco duplo

Do mesmo modo que fizemos com o seno e o cosseno, encontramos:

$$\text{tg } 2\alpha = \text{tg } (\alpha + \alpha) = \frac{\text{tg } \alpha + \text{tg } \alpha}{1 - \text{tg } \alpha \cdot \text{tg } \alpha} \Rightarrow$$

$$\Rightarrow \boxed{\text{tg } 2\alpha = \frac{2 \cdot \text{tg } \alpha}{1 - \text{tg}^2 \alpha}}$$

## Arco metade

Com as fórmulas de arco duplo podemos obter também relações para seno, cosseno e tangente da metade de um arco *a*.

Para obter o seno e o cosseno da metade de um arco, vamos substituir $\alpha$ por $\frac{\theta}{2}$ nas expressões que nos dão $\cos 2\alpha$.

- $\cos 2\alpha = 1 - 2 \cdot \text{sen}^2 \alpha$

$$\cos\left(2 \cdot \frac{\theta}{2}\right) = 1 - 2 \cdot \text{sen}^2 \frac{\theta}{2}$$
$$\cos \theta - 1 = -2 \cdot \text{sen}^2 \frac{\theta}{2}$$

$$\boxed{\text{sen}^2 \frac{\theta}{2} = \frac{1 - \cos \theta}{2}}$$

- $\cos 2\alpha = 2 \cdot \cos^2 \alpha - 1$

$$\cos\left(2 \cdot \frac{\theta}{2}\right) = 2 \cdot \cos^2 \frac{\theta}{2} - 1$$
$$\cos \theta + 1 = 2 \cdot \cos^2 \frac{\theta}{2}$$

$$\boxed{\cos^2 \frac{\theta}{2} = \frac{1 + \cos \theta}{2}}$$

Já para obter a tangente da metade de um arco, basta fazer a razão entre as duas fórmulas anteriores, como vemos a seguir.

$$\text{tg}^2 \frac{\theta}{2} = \frac{\text{sen}^2 \frac{\theta}{2}}{\cos^2 \frac{\theta}{2}} = \frac{\frac{1 - \cos \theta}{2}}{\frac{1 + \cos \theta}{2}} \Rightarrow$$

$$\Rightarrow \boxed{\text{tg}^2 \frac{\theta}{2} = \frac{1 - \cos \theta}{1 + \cos \theta}}$$

**Observação**

As fórmulas do arco metade nos dão o quadrado de cada razão trigonométrica. Conhecendo o quadrante ao qual o arco de medida $\theta$ pertence, podemos determinar os valores de $\text{sen } \frac{\theta}{2}$, $\cos \frac{\theta}{2}$ e $\text{tg } \frac{\theta}{2}$, extraindo a raiz quadrada nas respectivas fórmulas e escolhendo o sinal relativo ao quadrante.

## Exercícios Resolvidos

**ER. 36** Sendo $0 < \alpha < \frac{\pi}{2}$, tal que $\text{sen}\,\alpha = \frac{1}{3}$, obtenha os valores de sen 2α, cos 2α e tg 2α.

**Resolução:** Conhecendo o valor de sen α, vamos obter o valor de cos α a partir da relação fundamental:

$$\text{sen}^2\,\alpha + \cos^2\alpha = 1 \Rightarrow \left(\frac{1}{3}\right)^2 + \cos^2\alpha = 1 \Rightarrow \cos^2\alpha = \frac{8}{9} \Rightarrow$$

$$\Rightarrow \cos\alpha = \frac{2\sqrt{2}}{3} \text{ ou } \cos\alpha = -\frac{2\sqrt{2}}{3}\left(\text{não serve, pois } 0 < \alpha < \frac{\pi}{2}\right)$$

Agora, aplicando as fórmulas de arco duplo para o seno e o cosseno, temos:

- $\text{sen}\,2\alpha = 2 \cdot \text{sen}\,\alpha \cdot \cos\alpha = 2 \cdot \frac{1}{3} \cdot \frac{2\sqrt{2}}{3} = \frac{4\sqrt{2}}{9}$
- $\cos 2\alpha = \cos^2\alpha - \text{sen}^2\,\alpha = \frac{8}{9} - \frac{1}{9} = \frac{7}{9}$
- $\text{tg}\,2\alpha = \frac{\text{sen}\,2\alpha}{\cos 2\alpha} = \frac{\frac{4\sqrt{2}}{9}}{\frac{7}{9}} = \frac{4\sqrt{2}}{7}$

**ER. 37** Sabendo que $\text{sen}\,2x = \frac{5}{8}$, com $0 < x < \frac{\pi}{2}$, obtenha o valor de sen *x* + cos *x*.

**Resolução:** O fato de termos

$$\text{sen}\,2x = 2 \cdot \text{sen}\,x \cdot \cos x$$

e a expressão pedida ser sen *x* + cos *x* nos sugere o uso do quadrado perfeito de dois termos. Veja como podemos fazer isso.

> **Recorde**
>
> Produtos notáveis quadrado da soma e da diferença:
>
> $(a + b)^2 = a^2 + 2ab + b^2$
>
> $(a - b)^2 = a^2 - 2ab + b^2$

$$(\text{sen}\,x + \cos x)^2 = \text{sen}^2\,x + 2 \cdot \text{sen}\,x \cdot \cos x + \cos^2 x$$

$$(\text{sen}\,x + \cos x)^2 = \text{sen}^2\,x + \text{sen}\,2x + \cos^2 x$$

$$(\text{sen}\,x + \cos x)^2 = \text{sen}^2\,x + \frac{5}{8} + \cos^2 x$$

$$(\text{sen}\,x + \cos x)^2 = \text{sen}^2\,x + \cos^2 x + \frac{5}{8}$$

$$(\text{sen}\,x + \cos x)^2 = 1 + \frac{5}{8}$$

$$(\text{sen}\,x + \cos x)^2 = \frac{13}{8}$$

$$\text{sen}\,x + \cos x = \pm\sqrt{\frac{13}{8}}$$

Como $x \in$ 1.º quadrante, temos seno e cosseno positivos. Daí, vem:

$$\text{sen}\,x + \cos x = \sqrt{\frac{13}{8}} = \frac{\sqrt{13}}{\sqrt{8}} = \frac{\sqrt{13}}{2\sqrt{2}} = \frac{\sqrt{13} \cdot \sqrt{2}}{2\sqrt{2} \cdot \sqrt{2}} = \frac{\sqrt{26}}{4}$$

**ER. 38** Sabendo que $\text{sen}\,4a = \frac{3}{4}$, calcule o valor da expressão:

$E = 8 \cdot \text{sen}\,a \cdot \cos a \cdot \cos 2a$

**Resolução:**

$$E = 8 \cdot \text{sen}\,a \cdot \cos a \cdot \cos 2a \Rightarrow E = 4 \cdot \overbrace{2 \cdot \text{sen}\,a \cdot \cos a}^{\text{sen}\,2a} \cdot \cos 2a \Rightarrow$$

$$\Rightarrow E = 4 \cdot \text{sen}\,2a \cdot \cos 2a \cdot \Rightarrow E = 2 \cdot \underbrace{2 \cdot \text{sen}\,2a \cdot \cos 2a}_{\text{sen}\,(2 \cdot 2a)} \Rightarrow$$

$$\Rightarrow E = 2 \cdot \text{sen}\,4a \Rightarrow E = 2 \cdot \frac{3}{4} \Rightarrow E = 1{,}5$$

**ER. 39** Considere um triângulo $ABC$ isósceles com lados congruentes medindo 5 cm e base $\overline{BC}$ com 8 cm. Determine o seno e o cosseno de $m(\widehat{A})$.

**Resolução:** No triângulo $ABC$, vamos tomar a altura $\overline{AH}$ relativa à base $\overline{BC}$, conforme mostramos na figura a seguir.

Quando traçamos a altura relativa à base de um triângulo isósceles, esse segmento $\overline{AH}$ também é mediana e bissetriz relativas à esse lado $(\overline{BC})$. Sendo assim, podemos concluir que $HC = HB$ e que os ângulos $B\widehat{A}H$ e $C\widehat{A}H$ são congruentes (de medida $\alpha$).

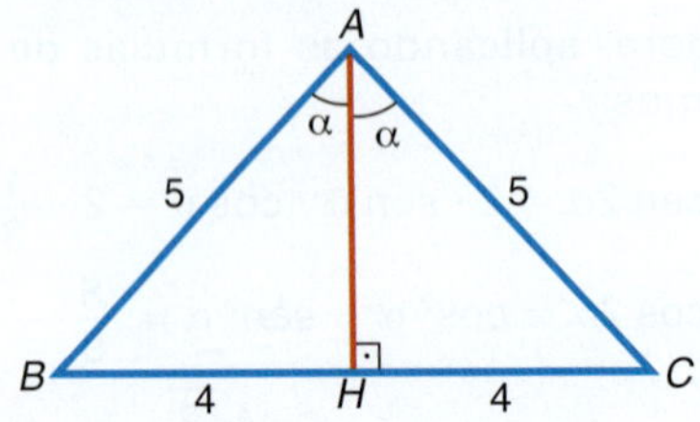


**Recorde**

Dois *triângulos* são *congruentes* quando têm os três ângulos internos congruentes entre si e os lados correspondentes também congruentes entre si.

*Casos de congruência*

LLL (três lados congruentes)

LAL (dois lados e o ângulo entre eles congruentes)

ALA (dois ângulos e o lado adjacente a eles congruentes)

$LAA_o$ (lado, ângulo adjacente e ângulo oposto ao lado congruentes)

Note, então, que os triângulos retângulos $AHB$ e $AHC$ são congruentes, pois $HB = HC = 4$, $AB = AC = 5$ e $AH$ é lado comum (caso LLL).

Daí, podemos concluir que $AH = 3$ (triângulo retângulo de lados 3, 4 e 5).

Desse modo, sen $\alpha = \dfrac{4}{5}$ e cos $\alpha = \dfrac{3}{5}$. Como a medida do ângulo $\widehat{A}$ é $2\alpha$, temos:

$$\text{sen } 2\alpha = 2 \cdot \text{sen } \alpha \cdot \cos \alpha = 2 \cdot \frac{4}{5} \cdot \frac{3}{5} = \frac{24}{25}$$

$$\cos 2\alpha = \cos^2 \alpha - \text{sen}^2 \alpha = \left(\frac{3}{5}\right)^2 - \left(\frac{4}{5}\right)^2 = -\frac{7}{25}$$

**ER. 40** Sendo $0° < \alpha < 90°$, tal que $\cos \alpha = \dfrac{7}{25}$, calcule:

a) sen $\dfrac{\alpha}{2}$

b) cossec $\dfrac{\alpha}{2}$

c) cotg $\dfrac{\alpha}{2}$

**Resolução:** Repare que $\alpha \in 1.°$ quadrante, o que nos garante que $\dfrac{\alpha}{2}$ também está no 1.° quadrante. Sendo assim, as razões trigonométricas seno, cosseno e tangente de $\dfrac{\alpha}{2}$ são todas positivas, o que nos fornece cossecante e cotangente desse arco positivas.

Daí, usando as fórmulas de arco metade e as relações entre essas razões trigonométricas, temos:

- $\text{sen}^2 \dfrac{\alpha}{2} = \dfrac{1 - \cos \alpha}{2} \Rightarrow \text{sen}^2 \dfrac{\alpha}{2} = \dfrac{1 - \frac{7}{25}}{2} \Rightarrow \text{sen}^2 \dfrac{\alpha}{2} = \dfrac{9}{25} \Rightarrow$

  $\Rightarrow \text{sen } \dfrac{\alpha}{2} = \pm\sqrt{\dfrac{9}{25}} \Rightarrow \text{sen } \dfrac{\alpha}{2} = \dfrac{3}{5}$ (pois o seno é positivo)

- $\cos^2 \dfrac{\alpha}{2} = \dfrac{1 + \cos \alpha}{2} = \dfrac{1 + \frac{7}{25}}{2} = \dfrac{16}{25}$

  $\cos \dfrac{\alpha}{2} = \pm\sqrt{\dfrac{16}{25}} \Rightarrow \cos \dfrac{\alpha}{2} = \dfrac{4}{5}$ (pois o cosseno é positivo)

  Daí, podemos encontrar a cossecante:

  $$\text{cossec } \frac{\alpha}{2} = \frac{1}{\cos \frac{\alpha}{2}} = \frac{5}{4}$$

- $\text{cotg } \dfrac{\alpha}{2} = \dfrac{\cos \frac{\alpha}{2}}{\text{sen } \frac{\alpha}{2}} = \dfrac{\frac{4}{5}}{\frac{3}{5}} = \dfrac{4}{3}$

**ER. 41** Qual é o valor de $\text{tg}\,\frac{\pi}{8}$?

**Resolução:** Note que $\frac{\pi}{4} = 2 \cdot \frac{\pi}{8}$ e que $\text{tg}\,\frac{\pi}{4} = 1$. Assim, podemos calcular $\text{tg}\,\frac{\pi}{8}$ a partir da fórmula de arco duplo.

$$\text{tg}\,2 \cdot \frac{\pi}{8} = \frac{2 \cdot \text{tg}\,\frac{\pi}{8}}{1 - \text{tg}^2\,\frac{\pi}{8}} \Rightarrow \text{tg}\,\frac{\pi}{4} = \frac{2 \cdot \text{tg}\,\frac{\pi}{8}}{1 - \text{tg}^2\,\frac{\pi}{8}} \Rightarrow 1 = \frac{2 \cdot \text{tg}\,\frac{\pi}{8}}{1 - \text{tg}^2\,\frac{\pi}{8}}$$

Fazendo $\text{tg}\,\frac{\pi}{8} = t$, temos:

$$1 = \frac{2t}{1 - t^2} \Rightarrow 1 - t^2 = 2t \Rightarrow$$

$$\Rightarrow t^2 + 2t - 1 = 0 \Rightarrow$$

$$\Rightarrow t = -1 + \sqrt{2} \text{ ou } t = -1 - \sqrt{2}$$

Voltando para $\text{tg}\,\frac{\pi}{8}$ e verificando que ela tem valor positivo (pois o arco é do 1.º quadrante), podemos concluir que:

$$\text{tg}\,\frac{\pi}{8} = -1 + \sqrt{2}\text{, ou, ainda,}$$

$$\text{tg}\,\frac{\pi}{8} = \sqrt{2} - 1$$

## Exercícios Propostos

**111.** Sabendo que $\frac{\pi}{2} < \alpha < \pi$ tal que $\text{sen}\,\alpha = \frac{3}{5}$, calcule os valores de:

a) $\text{sen}\,2\alpha$
b) $\cos 2\alpha$
c) $\text{tg}\,2\alpha$

**112.** Encontre o valor de $\text{sen}\,2x$ se:

$$\text{sen}\,x + \cos x = \sqrt{2}$$

**113.** Determine o valor da expressão:

$E = \text{sen}\,15° \cdot \cos 15° \cdot \cos 30° \cdot \cos 60°$

**114.** Mostre que $\cos 3\alpha = 4 \cdot \cos^3 \alpha - 3 \cdot \cos \alpha$.

**115.** Sabendo que $\text{sen}^4\,x + \cos^4 x = \frac{1}{2}$, com $0° \leq x \leq 90°$, obtenha:

a) $\text{tg}^2\,x$
b) $\sec^2 x$

**116.** Mostre que $\text{sen}\,3\alpha = 3 \cdot \text{sen}\,\alpha - 4 \cdot \text{sen}^3\,\alpha$

**117.** Obtenha o valor de $\text{tg}\,\frac{a}{2}$ sabendo que $90° < a < 180°$ e que $\text{tg}\,a = 3$.

**118.** Sendo $\text{sen}\,\alpha - \cos \alpha = t$, expresse

$$|\text{sen}\,2\alpha| \text{ e } |\cos 2\alpha|$$

em função de $t$.

**119.** No triângulo ao lado, obtenha o seno e o cosseno do ângulo de medida $\alpha$.

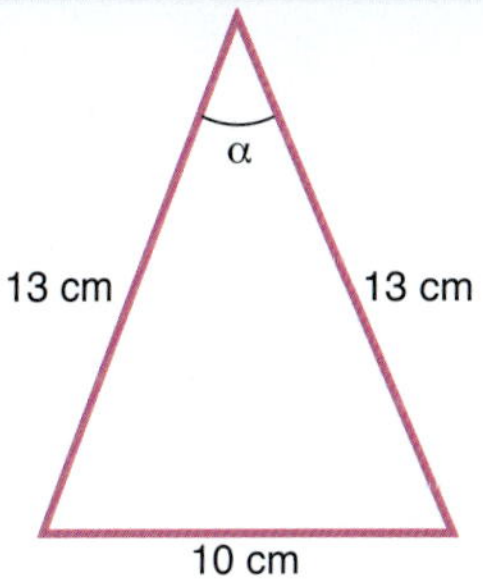


**120.** Sendo $\cos x = t$, com $0° < x < 90°$, dê $\text{tg}\,2x$ em função de $t$.

**121.** Usando as fórmulas do arco metade, com $90° < \theta < 180°$ e $\cos \theta = -\frac{4}{5}$, determine o valor de:

a) $\text{sen}\,\frac{\theta}{2}$ b) $\cos \frac{\theta}{2}$

**122.** Qual é o valor de $\text{tg}\,\frac{\pi}{12}$?

**123.** Mostre que, para $\theta \neq \frac{k\pi}{2}$ e $k$ inteiro, tem-se:

$$\sec \theta = \frac{1 + \text{tg}^2\,\frac{\theta}{2}}{1 - \text{tg}^2\,\frac{\theta}{2}}$$

## 4.3 TRANSFORMAÇÃO EM PRODUTO

Vamos agora obter fórmulas que transformam a soma ou a diferença do seno, cosseno e tangente de dois arcos em um produto. Essas fórmulas são úteis para escrever expressões na forma fatorada, quando necessário.

Para isso, vamos fazer algumas operações algébricas com as fórmulas de adição (ou diferença) de arcos.

Consideremos primeiro as fórmulas do seno:

$$\text{sen}\,(\alpha + \beta) = \text{sen}\,\alpha \cdot \cos\beta + \text{sen}\,\beta \cdot \cos\alpha$$
$$\text{sen}\,(\alpha - \beta) = \text{sen}\,\alpha \cdot \cos\beta - \text{sen}\,\beta \cdot \cos\alpha$$

Somando essas duas igualdades membro a membro, obtemos:

$$\text{sen}\,(\alpha + \beta) + \text{sen}\,(\alpha - \beta) = 2 \cdot \text{sen}\,\alpha \cdot \cos\beta$$

Fazendo $\alpha + \beta = p$ e $\alpha - \beta = q$ e resolvendo o sistema formado por essas duas equações, segue que:

$$\alpha = \frac{p+q}{2} \quad \text{e} \quad \beta = \frac{p-q}{2}$$

Substituindo na igualdade obtida anteriormente, temos:

$$\text{sen}\,p + \text{sen}\,q = 2 \cdot \text{sen}\,\frac{p+q}{2} \cdot \cos\frac{p-q}{2}$$

Agora, obtendo a expressão para $\text{sen}\,(\alpha + \beta) - \text{sen}\,(\alpha - \beta)$, subtraindo, membro a membro, uma igualdade da outra, vem:

$$\text{sen}\,(\alpha + \beta) - \text{sen}\,(\alpha - \beta) = 2 \cdot \text{sen}\,\beta \cdot \cos\alpha$$

Substituindo as expressões obtidas em termos de $p$ e $q$ na igualdade acima, temos:

$$\text{sen}\,p - \text{sen}\,q = 2 \cdot \text{sen}\,\frac{p-q}{2} \cdot \cos\frac{p+q}{2}$$

De modo análogo, podemos encontrar as fórmulas que transformam soma em produto relativas ao cosseno, usando as fórmulas de adição (ou diferença) de dois arcos:

$$\cos\,(\alpha + \beta) = \cos\alpha \cdot \cos\beta - \text{sen}\,\alpha \cdot \text{sen}\,\beta$$
$$\cos\,(\alpha - \beta) = \cos\alpha \cdot \cos\beta + \text{sen}\,\alpha \cdot \text{sen}\,\beta$$

Fazendo a soma dessas duas igualdades, membro a membro:

$$\cos\,(\alpha + \beta) + \cos\,(\alpha - \beta) = 2 \cdot \cos\alpha \cdot \cos\beta$$

E trocando as expressões em termos de $p$ e $q$, obtemos:

$$\cos p + \cos q = 2 \cdot \cos\frac{p+q}{2} \cdot \cos\frac{p-q}{2}$$

Fazendo a subtração dessas duas igualdades, membro a membro:

$$\cos\,(\alpha + \beta) - \cos\,(\alpha - \beta) = 2 \cdot \text{sen}\,\alpha \cdot \text{sen}\,\beta$$

E também trocando as expressões em termos de $p$ e $q$, vem:

$$\cos p - \cos q = -2 \cdot \text{sen}\,\frac{p-q}{2} \cdot \text{sen}\,\frac{p+q}{2}$$

Finalmente, quando temos $\cos p \cdot \cos q \neq 0$, também são válidas para a tangente as seguintes relações:

$$\operatorname{tg} p + \operatorname{tg} q = \frac{\operatorname{sen}(p+q)}{\cos p \cdot \cos q} \quad \text{e} \quad \operatorname{tg} p - \operatorname{tg} q = \frac{\operatorname{sen}(p-q)}{\cos p \cdot \cos q}$$

## Exercícios Resolvidos

**ER. 42** Escreva na forma fatorada cada uma das expressões a seguir.

a) $\operatorname{sen} 50° + \operatorname{sen} 40°$

b) $\cos 50° - \cos 40°$

**Resolução:**

a) $\operatorname{sen} 50° + \operatorname{sen} 40° = 2 \cdot \operatorname{sen} \frac{50° + 40°}{2} \cdot \cos \frac{50° - 40°}{2} =$

$= 2 \cdot \operatorname{sen} 45° \cdot \cos 5°$

$\operatorname{sen} 50° + \operatorname{sen} 40° = 2 \cdot \frac{\sqrt{2}}{2} \cdot \cos 5°$

$\operatorname{sen} 50° + \operatorname{sen} 40° = \sqrt{2} \cdot \cos 5°$

b) $\cos 50° - \cos 40° = -2 \cdot \operatorname{sen} \frac{50° - 40°}{2} \cdot \operatorname{sen} \frac{50° + 40°}{2} =$

$= -2 \cdot \operatorname{sen} 5° \cdot \operatorname{sen} 45°$

$\cos 50° - \cos 40° = -2 \cdot \operatorname{sen} 5° \cdot \frac{\sqrt{2}}{2}$

$\cos 50° - \cos 40° = -\sqrt{2} \cdot \operatorname{sen} 5°$

**Faça**

Exprima na forma fatorada:

a) $\operatorname{tg} 50° + \operatorname{tg} 40°$

b) $\operatorname{tg} 50° - \operatorname{tg} 40°$

**ER. 43** Simplifique a expressão $\frac{1 + \cos 2a}{\operatorname{sen} 2a}$, com $0 < a < 90°$.

**Resolução:** Para que possamos fazer alguma simplificação, é preciso fatorar a expressão do numerador. Mas para isso devemos ter a soma de dois cossenos. Sendo assim, vamos exprimir 1 como $\cos 0°$ e aplicar a fórmula de transformação em produto, como mostramos a seguir.

$$\frac{\cos 0° + \cos 2a}{\operatorname{sen} 2a} = \frac{\cos 2a + \cos 0°}{\operatorname{sen} 2a} = \frac{2 \cdot \cos \frac{2a + 0°}{2} \cdot \cos \frac{2a - 0°}{2}}{2 \cdot \operatorname{sen} a \cdot \cos a}$$

Daí, temos:

$$\frac{1 + \cos 2a}{\operatorname{sen} 2a} = \frac{2 \cdot \cos a \cdot \cos a}{2 \cdot \operatorname{sen} a \cdot \cos a} = \frac{\cos a}{\operatorname{sen} a}$$

$$\frac{1 + \cos 2a}{\operatorname{sen} 2a} = \operatorname{cotg} a$$

**ER. 44** Qual é o maior valor que a expressão $E$, dada a seguir, pode assumir?

$E = \operatorname{sen}(\alpha + 75°) - \operatorname{sen}(\alpha - 15°)$

**Resolução:** Inicialmente, vamos aplicar a fórmula de transformação em produto para simplificar a expressão $E$. Assim, temos:

$$E = 2 \cdot \operatorname{sen} \frac{(\alpha + 75°) - (\alpha - 15°)}{2} \cdot \cos \frac{(\alpha + 75°) + (\alpha - 15°)}{2}$$

$$E = 2 \cdot \operatorname{sen} \frac{\alpha + 75° - \alpha + 15°}{2} \cdot \cos \frac{2\alpha + 60°}{2}$$

$$E = 2 \cdot \operatorname{sen} \frac{90°}{2} \cdot \cos \frac{2(\alpha + 30°)}{2}$$

$$E = 2 \cdot \operatorname{sen} 45° \cdot \cos(\alpha + 30°)$$

$$E = 2 \cdot \frac{\sqrt{2}}{2} \cdot \cos(\alpha + 30°)$$

$$E = \sqrt{2} \cdot \cos(\alpha + 30°)$$

Como desejamos que $E$ assuma valor máximo, devemos impor que $\cos(\alpha + 30°)$ tenha valor máximo, o que ocorre quando $\cos(\alpha + 30°) = 1$ e, portanto, o valor máximo que $E$ assume é $\sqrt{2}$.

**ER. 45** Sendo $x_1$ e $x_2$, com $x_1 > x_2$, as raízes da equação do 2.º grau

$$x^2 - (\text{sen } 15° + \cos 15°)x + \text{sen } 15° \cdot \cos 15° = 0$$

calcule $\log_2 (x_1 - x_2)$.

**Resolução:** Como $x_1$ e $x_2$ são as raízes da equação, podemos usar a relação da soma e do produto dessas raízes com os coeficientes da equação, que são:

- $a = 1$
- $b = -(\text{sen } 15° + \cos 15°)$
- $c = \text{sen } 15° \cdot \cos 15°$

Assim, temos:

- $x_1 + x_2 = -\dfrac{-(\text{sen } 15° + \cos 15°)}{1} = \text{sen } 15° + \cos 15°$
- $x_1 \cdot x_2 = \dfrac{\text{sen } 15° \cdot \cos 15°}{1} = \text{sen } 15° \cdot \cos 15°$

**Recorde**

Se $x_1$ e $x_2$ são as raízes da equação do 2.º grau

$$ax^2 + bx + c = 0$$

valem as seguintes relações entre essas raízes e os coeficientes da equação:

- $x_1 + x_2 = -\dfrac{b}{a}$
- $x_1 \cdot x_2 = \dfrac{c}{a}$

Repare que obtivemos:

$$x_1 + x_2 = \text{sen } 15° + \cos 15° \quad \text{e} \quad x_1 \cdot x_2 = \text{sen } 15° \cdot \cos 15°$$

E com isso podemos concluir que $x_1 = \text{sen } 15°$ e $x_2 = \cos 15°$.

Como 15° e 75° correspondem a arcos complementares, sabemos que $\cos 15° = \text{sen } 75°$. Desse modo, podemos expressar a diferença entre as raízes da seguinte maneira:

$$x_1 - x_2 = \cos 15° - \text{sen } 15° = \text{sen } 75° - \text{sen } 15°$$

Assim, temos:

$$x_1 - x_2 = \text{sen } 75° - \text{sen } 15° = 2 \cdot \text{sen } \frac{75° - 15°}{2} \cdot \cos \frac{75° + 15°}{2}$$

$$x_1 - x_2 = 2 \cdot \text{sen } 30° \cdot \cos 45°$$

$$x_1 - x_2 = 2 \cdot \frac{1}{2} \cdot \frac{\sqrt{2}}{2} = \frac{\sqrt{2}}{2}$$

Agora podemos encontrar o valor do logaritmo:

$$\log_2 (x_1 - x_2) = \log_2 \frac{\sqrt{2}}{2} = \log_2 \left(2^{\frac{1}{2}} \cdot 2^{-1}\right) = \log_2 2^{-\frac{1}{2}} = -\frac{1}{2}$$

## Exercícios Propostos

**124.** Dê a forma fatorada de cada expressão a seguir.

a) $\cos 70° + \cos 20°$

b) $\text{sen } 70° - \text{sen } 20°$

**125.** Transforme em produto cada expressão sendo $x$ a medida, em radianos, de um arco do 2.º quadrante.

a) $\text{sen } 5x + \text{sen } x$

b) $\cos 2x + 1$

c) $\text{sen } x + \cos x$

d) $\cos 3x - \cos x$

e) $\text{tg } 3x + \text{tg } x$

**126.** Sabendo que $x + y = 60°$ e $\cos x + \cos y \neq 0$, simplifique a expressão:

$$y = \frac{\text{sen } x + \text{sen } y}{\cos x + \cos y}$$

**127.** Quais são o menor e o maior valor que a expressão $E$, dada a seguir, pode assumir?

$$E = \cos (x + 40°) - \cos (x - 20°)$$

**128.** Obtenha $x$ na PA $(\text{sen } \alpha, x, \text{sen } \beta)$ sabendo que a sequência dada abaixo é uma PG:

$$\left(\text{sen } \frac{\alpha + \beta}{2}, m, \cos \frac{\alpha - \beta}{2}\right)$$

**129.** Calcule:

$$[\log_2 (\cos 15° - \cos 75°)]^2$$

## Enigmas, Jogos & Brincadeiras

### Sudoku Trigonométrico

Você já conheceu a variação do sudoku no formato retangular (não quadrado). As regras deste jogo são iguais às do sudoku tradicional, porém, alguns números devem ser calculados de acordo com os dados informados.

Em cada retângulo formado por 2 linhas e 3 colunas, devem ser colocados os algarismos de 1 a 6, com um algarismo em cada quadrícula, sem que haja repetição nas linhas e nas colunas do retângulo maior.

Que tal convidar um colega, achar os números dados pelas informações e completar o sudoku trigonométrico?

| O valor de $\frac{2}{\text{sen } 30°}$. | | | | | Oito vezes o produto de sen 15° pelo cos 15°. |
|---|---|---|---|---|---|
| | | A soma de $\text{sen}^2\ \alpha$ com $\cos^2\ \alpha$. | O sêxtuplo de cossec 90°. | | |
| | O dobro do quadrado da tg 60°. | | | O valor de $5 \cdot \lvert \text{sen } 270° \rvert$. | |
| | O valor de $4 \cdot \text{tg } 45°$. | | | O quadrado de cotg 30°. | |
| | | O dobro da sec 60°. | A diferença entre $\sec^2\ \alpha$ e $\text{tg}^2\ \alpha$. | | |
| O antecessor da soma de $\text{tg}^2\ 15°$ com $4 \cdot \text{tg } 60°$. | | | | | A metade do quadrado da soma da cossec 45° com a sec 45°. |

# 5. Resolução de Triângulos Quaisquer

Você já trabalhou com as relações trigonométricas em um triângulo retângulo, agora vamos ampliar esse estudo e conhecer novas relações que são válidas para qualquer triângulo, mesmo que não seja um triângulo retângulo.

## 5.1 Lei dos senos

Considere a seguinte situação.

Marcos deseja descobrir a distância entre as cidades Amorinha e Beterrabas, porém não é possível medir essa distância diretamente, pois não existem estradas que ligam diretamente as duas cidades.

Contudo, ele sabe que a cidade Cenouras está localizada a 40 km de Amorinha e que existem estradas retas que ligam Cenouras às duas cidades, conforme representadas a seguir.

Como Marcos resolverá essa questão?

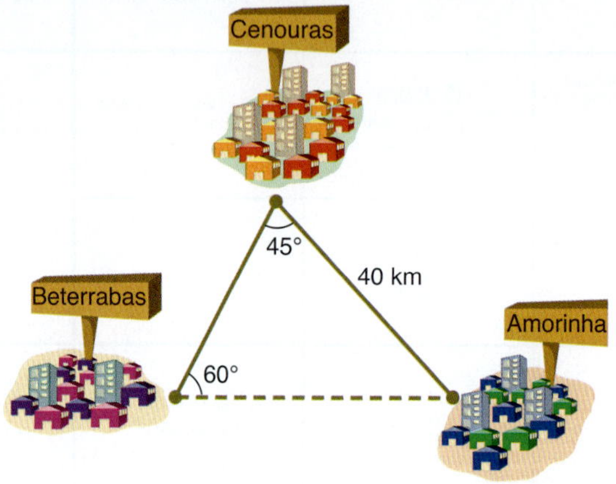


Para resolver problemas desse tipo, vamos estudar o **teorema dos senos**, também conhecido como **lei dos senos**.

**Teorema dos senos**

Para todo triângulo, a razão entre a medida de qualquer um dos lados e o seno do ângulo oposto a esse lado é igual ao dobro da medida do raio da circunferência circunscrita a esse triângulo.

Isso equivale a dizer que as medidas dos lados são proporcionais ao seno dos ângulos opostos a eles.

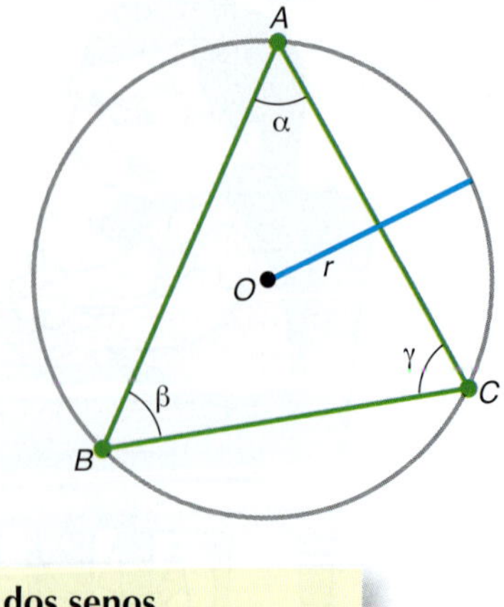


**Lei dos senos**

$$\frac{BC}{\text{sen } \alpha} = \frac{AC}{\text{sen } \beta} = \frac{AB}{\text{sen } \gamma} = 2r$$

*Recorde*

- Dizemos que um *ângulo* é *inscrito* em uma circunferência quando ele tem o vértice na circunferência e os lados secantes a ela.
  A medida de um ângulo inscrito é a metade da medida do arco correspondente a ele na circunferência.
- Dois ângulos inscritos em uma mesma circunferência que correspondem a um mesmo arco têm mesma medida.

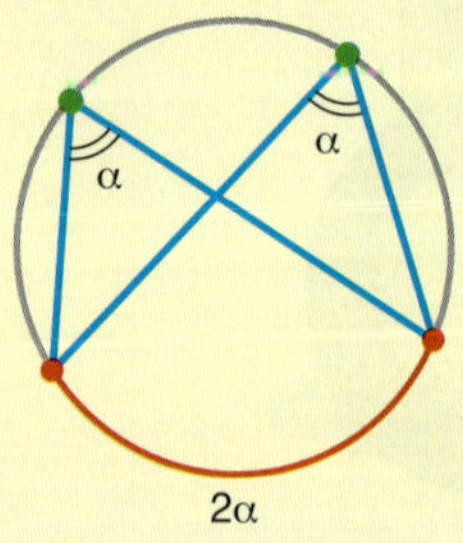

*Demonstração*

Na figura dada, o arco $\widehat{BC}$ é correspondente ao ângulo inscrito $B\hat{A}C$ de medida $\alpha$. Assim, $m(\widehat{BC}) = 2\alpha$.

Tomemos $P$ de modo que $\overline{BP}$ seja diâmetro. Nesse caso, note que $B\hat{P}C$ é o ângulo inscrito correspondente ao arco $\widehat{BC}$. Sendo assim, $B\hat{A}C$ e $B\hat{P}C$ são ângulos inscritos em uma mesma circunferência que compreendem o mesmo arco e, portanto, são congruentes, ou seja, $m(B\hat{P}C) = \alpha$.

Como $\overline{BP}$ é diâmetro, o ângulo $P\hat{C}B$ mede 90°. Assim, o triângulo $PCB$ é retângulo e, sendo assim, temos:

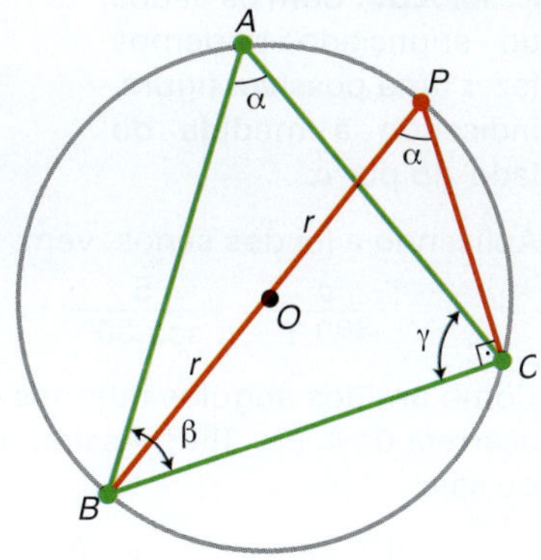


**Responda**

Qual é a medida, em graus, de um ângulo inscrito em uma semicircunferência? Justifique sua resposta.

$$\text{sen}\,\alpha = \frac{BC}{PB} \Rightarrow \text{sen}\,\alpha = \frac{BC}{2r} \Rightarrow \frac{BC}{\text{sen}\,\alpha} = 2r$$

De modo análogo, podemos provar que:

$$\frac{AC}{\text{sen}\,\beta} = 2r \text{ e } \frac{AB}{\text{sen}\,\gamma} = 2r$$

Agora podemos voltar ao problema de Marcos e ajudá-lo a resolver. Indicando por $x$ a distância procurada, temos:

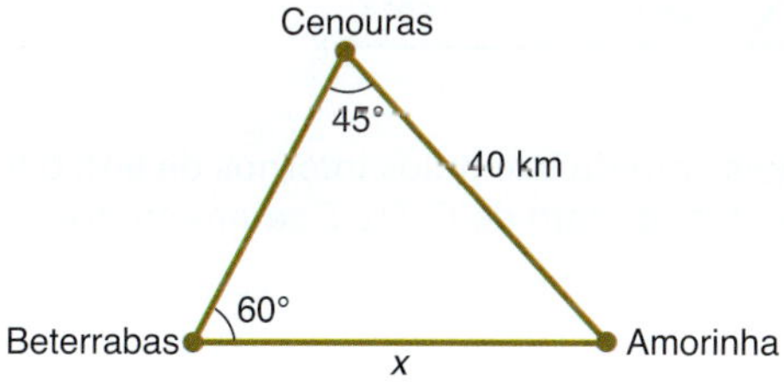


Aplicando a lei dos senos nesse triângulo, vem:

$$\frac{x}{\text{sen}\,45°} = \frac{40}{\text{sen}\,60°} \Rightarrow x = 40 \cdot \frac{\text{sen}\,45°}{\text{sen}\,60°} \Rightarrow x = 40 \cdot \frac{\frac{\sqrt{2}}{2}}{\frac{\sqrt{3}}{2}} \Rightarrow$$

$$\Rightarrow x = 40 \cdot \frac{\sqrt{2}}{\sqrt{3}} \cdot \frac{\sqrt{3}}{\sqrt{3}} \Rightarrow x = \frac{40 \cdot \sqrt{6}}{3} \Rightarrow x \simeq 32{,}66 \text{ km}$$

Logo, a distância entre Amorinha e Beterrabas é de, aproximadamente, 33 km.

## Exercícios Resolvidos

**ER. 46** No triângulo abaixo determine a medida do segmento $\overline{AC}$.

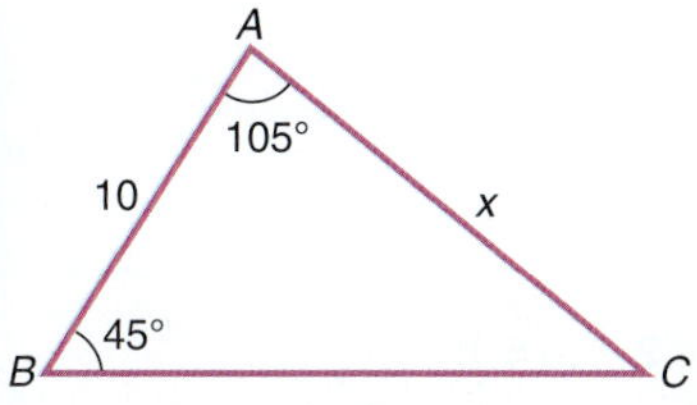


**Resolução:** Lembrando que a soma dos ângulos internos de um triângulo é 180°, vem:

$$105° + 45° + m(A\hat{C}B) = 180° \Rightarrow m(A\hat{C}B) = 30°$$

Assim, do teorema dos senos, temos:

$$\frac{x}{\text{sen}\,45°} = \frac{10}{\text{sen}\,30°} \Rightarrow \frac{x}{\frac{\sqrt{2}}{2}} = \frac{10}{\frac{1}{2}} \Rightarrow x = \frac{10}{\frac{1}{2}} \cdot \frac{\sqrt{2}}{2} \Rightarrow x = 10\sqrt{2}$$

**ER. 47** O que podemos afirmar sobre a medida do lado $\overline{AB}$ de um triângulo $ABC$, sabendo que $BC = 5$ e o ângulo $B\hat{A}C$ mede 30°?

**Resolução:** Com os dados do enunciado podemos fazer uma possível figura, indicando a medida do lado $\overline{AB}$ por $c$:

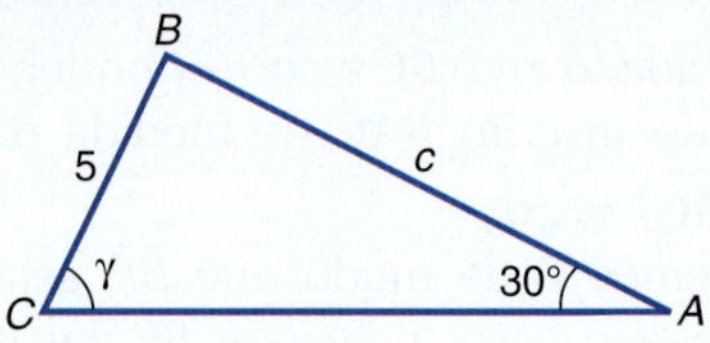


Aplicando a lei dos senos, vem:

$$\frac{c}{\text{sen } \gamma} = \frac{5}{\text{sen } 30°} \Rightarrow c = \frac{5}{0{,}5} \cdot \text{sen } \gamma \Rightarrow c = 10 \cdot \text{sen } \gamma$$

Como um dos ângulos internos é 30°, a soma dos outros dois é 150°, o que acarreta $0° < \gamma < 150°$. Assim, os valores de sen $\gamma$ devem estar entre 0 e 1, ou seja:

$$0 < \text{sen } \gamma < 1 \Rightarrow 10 \cdot 0 < 10 \cdot \text{sen } \gamma < 10 \cdot 1 \Rightarrow 0 < c < 10$$

Logo, podemos afirmar que $0 < AB < 10$.

---

**ER. 48** [ENGENHARIA] Uma estrutura metálica é composta por barras de aço conforme a figura a seguir. Determine a medida da barra que tem comprimento $AB$, sabendo que $C$, $D$ e $E$ estão alinhados.

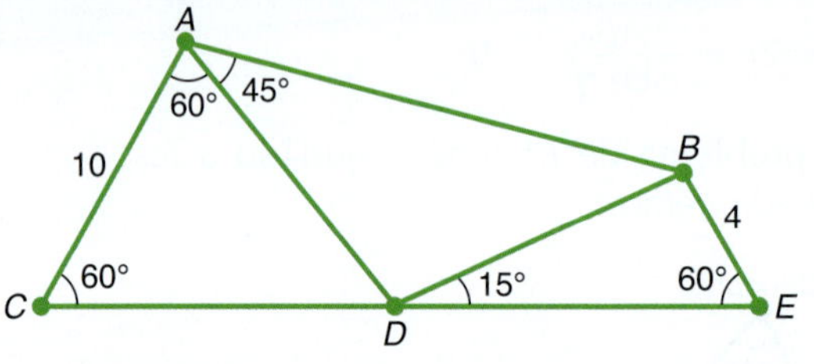


**Resolução:** Note que o triângulo $ACD$ é equilátero, pois com dois ângulos internos de 60°, o terceiro também tem de ser de 60°. Assim, $AD = 10$ e $m(C\hat{D}A) = 60°$. Então, do fato de $C$, $D$ e $E$ serem pontos alinhados, temos que os ângulos $C\hat{D}A$, $A\hat{D}B$ e $B\hat{D}E$ formam um ângulo raso, ou seja:

$$m(C\hat{D}A) + m(A\hat{D}B) + m(B\hat{D}E) = 180°$$
$$60° + m(A\hat{D}B) + 15° = 180°$$
$$m(A\hat{D}B) = 105°$$

Daí, considerando os ângulos internos do triângulo $ADB$, temos:

$$m(A\hat{D}B) + m(D\hat{A}B) + m(A\hat{B}D) = 180°$$
$$105° + 45° + m(A\hat{B}D) = 180°$$
$$m(A\hat{B}D) = 30°$$

Observe o que conseguimos com todas essas informações na figura ao lado.

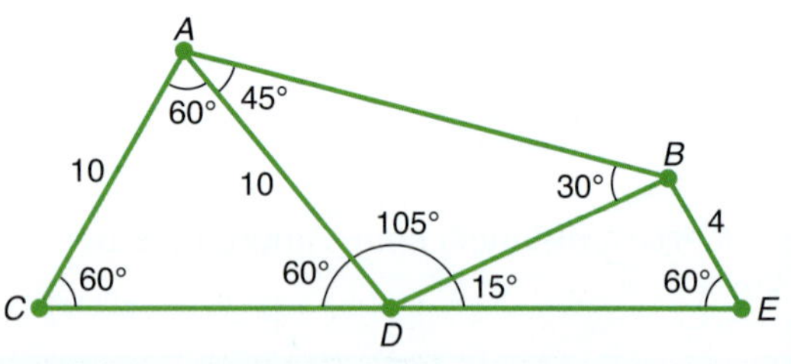


Agora, podemos aplicar a lei dos senos no triângulo $ADB$ e, assim, obter $AB$.

$$\frac{10}{\text{sen } 30°} = \frac{AB}{\text{sen } 105°} \Rightarrow AB = \frac{10}{0{,}5} \cdot \text{sen } 105° \Rightarrow AB = 20 \cdot \text{sen } 105°$$

Como sen 105° = sen (45° + 60°), podemos aplicar a fórmula do seno da soma de dois arcos para encontrar o valor de sen 105°.

$$\text{sen } (45° + 60°) = \text{sen } 45° \cdot \cos 60° + \text{sen } 60° \cdot \cos 45° = \frac{\sqrt{2}}{2} \cdot \frac{1}{2} + \frac{\sqrt{3}}{2} \cdot \frac{\sqrt{2}}{2}$$

$$\text{sen } 105° = \frac{\sqrt{2} + \sqrt{6}}{4}$$

Desse modo, o valor de $AB$ pode ser dado por:

$$AB = 20 \cdot \text{sen } 105° \Rightarrow AB = 20 \cdot \frac{\sqrt{2} + \sqrt{6}}{4} \Rightarrow AB = 5 \cdot \left(\sqrt{2} + \sqrt{6}\right)$$

## Exercícios Propostos

**130.** Obtenha a medida do segmento $\overline{AB}$ na figura a seguir.

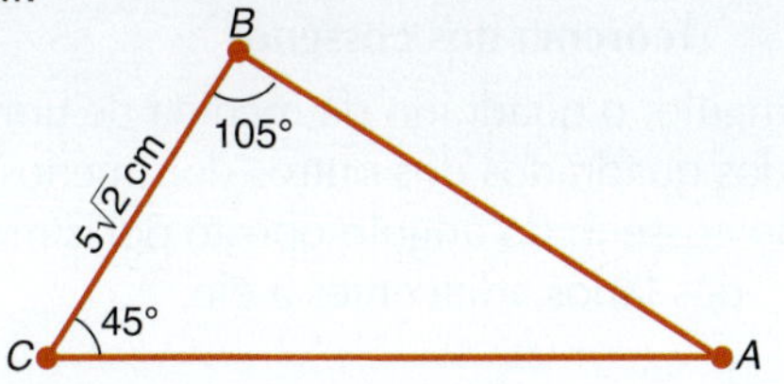


**131.** Determine o raio da circunferência circunscrita ao triângulo dado a seguir.

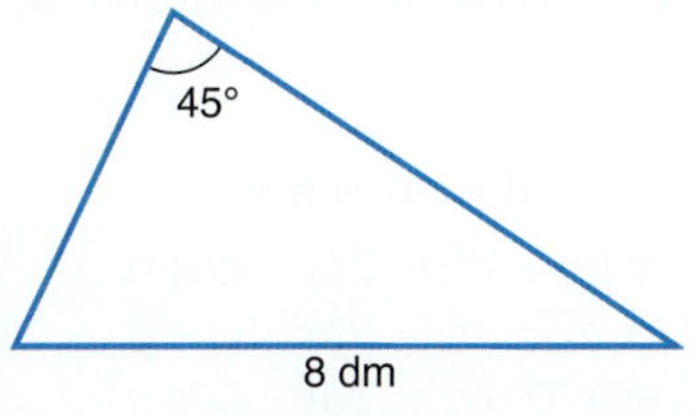


**132.** Calcule a medida da base $\overline{BC}$ de um triângulo *ABC* isósceles inscrito em uma circunferência de raio 8 cm, conforme mostra a figura abaixo.

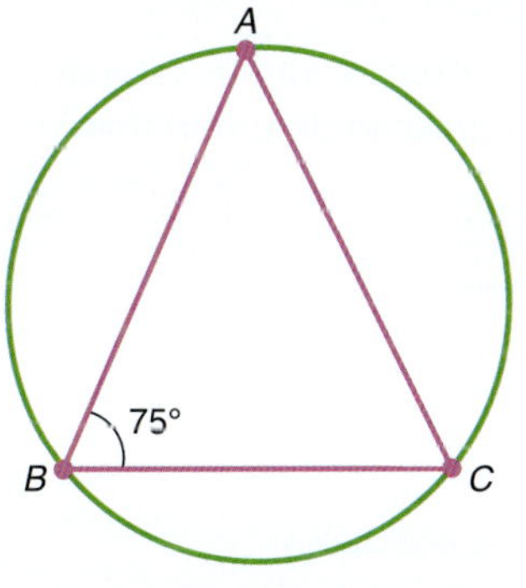


**133.** **[NAVEGAÇÃO]** Um barco navega em linha reta. Estando em *A*, precisa desviar sua trajetória de 30° para, em linha reta, chegar até um farol.

Estando em *B*, o desvio na trajetória deve ser de 75° para chegar ao mesmo farol. Qual é a distância entre o farol e a posição *B*?

(Use $\sqrt{2} = 1{,}4$.)

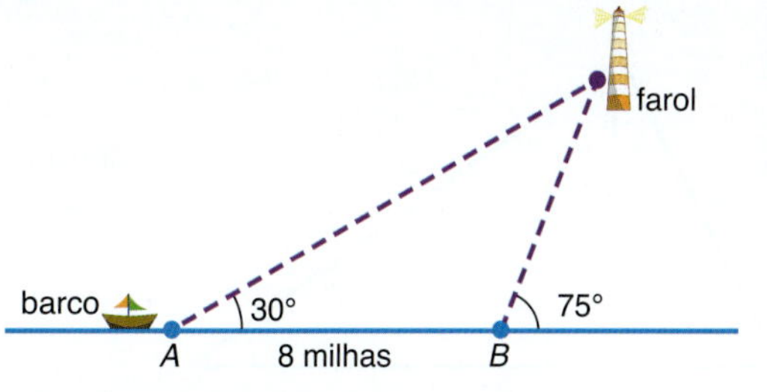


**134.** Determine a que intervalo real *x* deve pertencer para que o triângulo *ABC*, dado a seguir, exista.

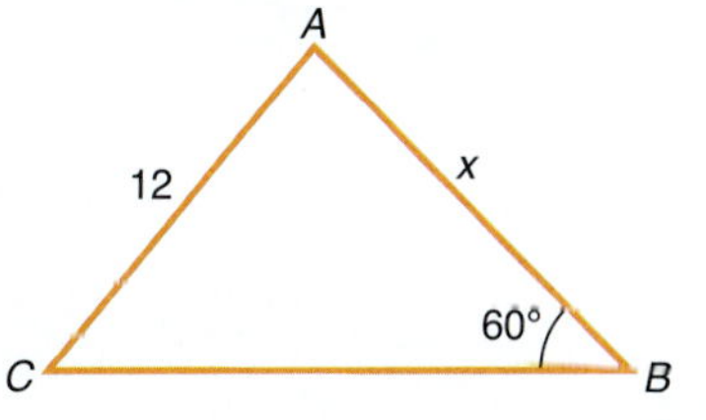


**135.** Considere um triângulo *ABC* em que um dos ângulos internos mede $\alpha$, com $90° < \alpha < 180°$. Sabendo que $AB = 6$, $BC = 6\sqrt{3}$ e que o ângulo $B\hat{C}A$ mede 30°, quanto vale $\alpha$?

## 5.2 LEI DOS COSSENOS

Considere a situação a seguir.

Seis amigos vão fazer uma brincadeira de roda e sentam a 2 metros de cada um de seus dois vizinhos, conforme a figura a seguir. Como se pode encontrar a distância entre Danilo e Beatriz?

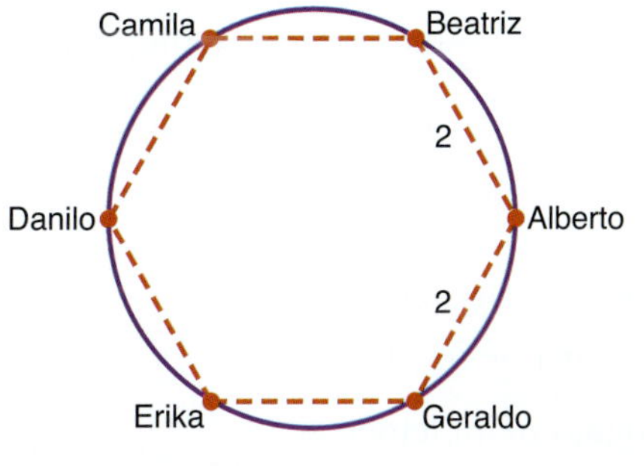


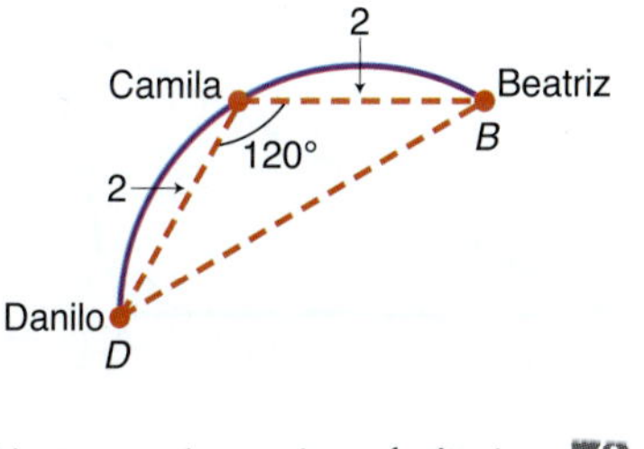


Repare que, para se calcular a distância entre Danilo e Beatriz, precisamos obter a medida do segmento $\overline{DB}$ no triângulo destacado na figura ao lado.

Essa medida pode ser calculada diretamente por uma nova ferramenta que a Trigonometria nos dá: o **teorema dos cossenos**, que também é conhecido como **lei dos cossenos**. Esse é o assunto que veremos agora.

**Teorema dos cossenos**

Em todo triângulo, o quadrado da medida de um lado é igual à soma dos quadrados dos outros dois menos o dobro do produto do cosseno do ângulo oposto pelas medidas dos lados adjacentes a ele.

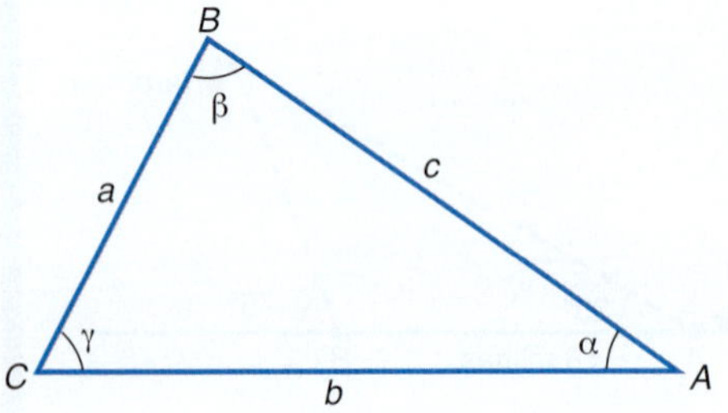


Ou seja, tomando um triângulo $ABC$, é possível estabelecer as seguintes relações entre as medidas de seus lados e as medidas de seus ângulos internos:

**Lei dos cossenos**

$$a^2 = b^2 + c^2 - 2bc \cdot \cos \alpha$$
$$b^2 = a^2 + c^2 - 2ac \cdot \cos \beta$$
$$c^2 = a^2 + b^2 - 2ab \cdot \cos \gamma$$

*Demonstração*

Para provar o teorema dos cossenos, vamos estudar três casos, de acordo com a medida $\alpha$ do ângulo interno de um triângulo.

1.º) Para $0° < \alpha < 90°$

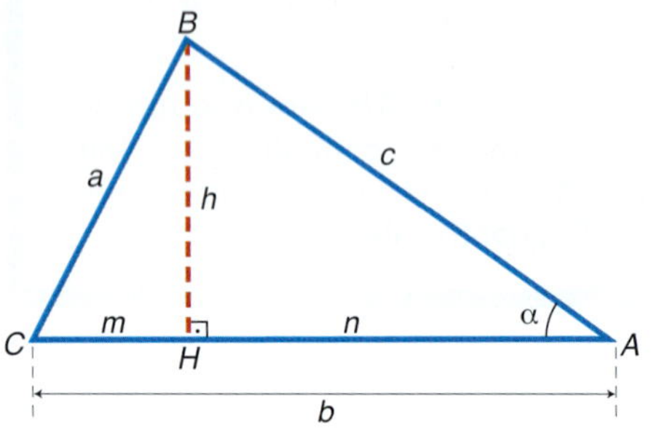


- Do triângulo $CHB$, temos:

  $a^2 = m^2 + h^2$ ①

- Do triângulo $AHB$, temos:

  $c^2 = h^2 + n^2 \Rightarrow h^2 = c^2 - n^2$ ②

  $\cos \alpha = \frac{n}{c} \Rightarrow n = c \cdot \cos \alpha$ ③

  De ① e ②, vem:

$$a^2 = m^2 + (c^2 - n^2) \Rightarrow a^2 = m^2 + c^2 - n^2$$

  Repare que $m = b - n$. Daí, substituindo $m$ por $b - n$ na igualdade obtida acima, temos:

$$a^2 = (b - n)^2 + c^2 - n^2 \Rightarrow a^2 = b^2 - 2bn + n^2 + c^2 - n^2 \Rightarrow$$
$$\Rightarrow a^2 = b^2 + c^2 - 2bn$$

  De ③, temos a expressão de $n$. Assim, obtemos:

$$a^2 = b^2 + c^2 - 2bc \cdot \cos \alpha$$

2.º) Para $90° < \alpha < 180°$

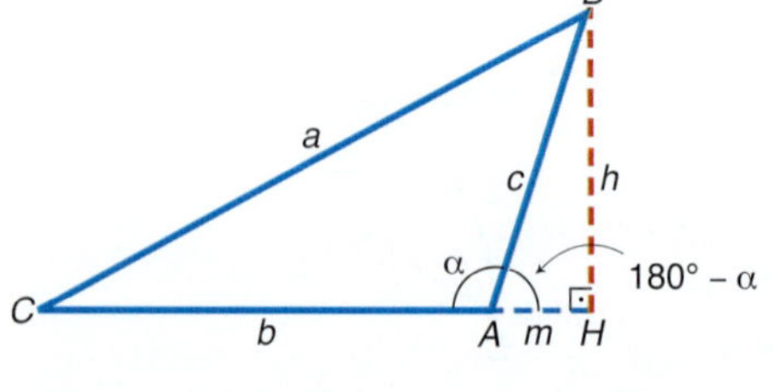


- Do triângulo $CHB$, temos:

  $a^2 = (b + m)^2 + h^2$ ①

- Do triângulo $AHB$, temos:

  $c^2 = h^2 + m^2 \Rightarrow h^2 = c^2 - m^2$ ②

  $\cos(180° - \alpha) = \frac{m}{c}$ ③

Lembramos que $\cos(180° - \alpha) = -\cos\alpha$, fato que podemos verificar na figura ao lado.

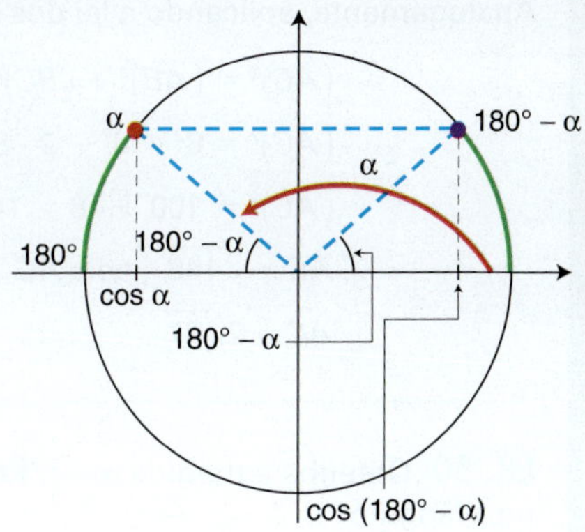


Pela igualdade ③, temos:

$$-\cos\alpha = \frac{m}{c} \Rightarrow m = -c \cdot \cos\alpha \quad ④$$

Assim, de ①, ② e ④, vem:

$$a^2 = (b + m)^2 + h^2$$
$$a^2 = b^2 + 2bm + m^2 + c^2 - m^2$$
$$a^2 = b^2 + c^2 + 2bm$$
$$a^2 = b^2 + c^2 + 2b \cdot (-c \cdot \cos\alpha)$$
$$a^2 = b^2 + c^2 - 2bc \cdot \cos\alpha$$

3.º) Para $\alpha = 90°$

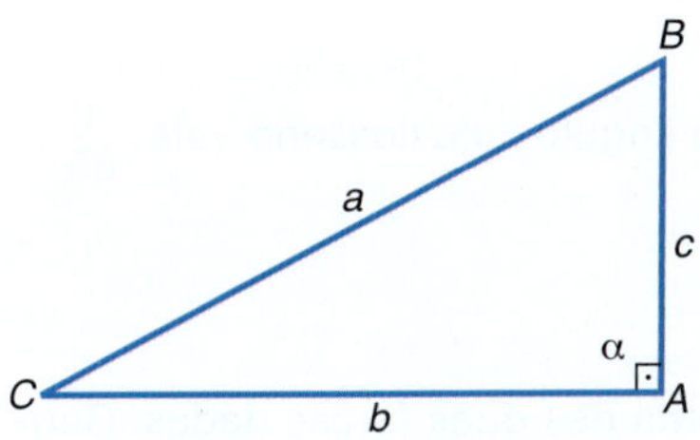


Nesse caso, basta lembrar que $\cos 90° = 0$. Daí, temos:

$$a^2 = b^2 + c^2$$
$$a^2 = b^2 + c^2 - 0$$
$$a^2 = b^2 + c^2 - \cos 90°$$
$$a^2 = b^2 + c^2 - 2bc \cdot \cos 90°$$

Voltando ao problema da distância entre Danilo e Beatriz, vamos aplicar a lei dos cossenos no triângulo destacado abaixo.

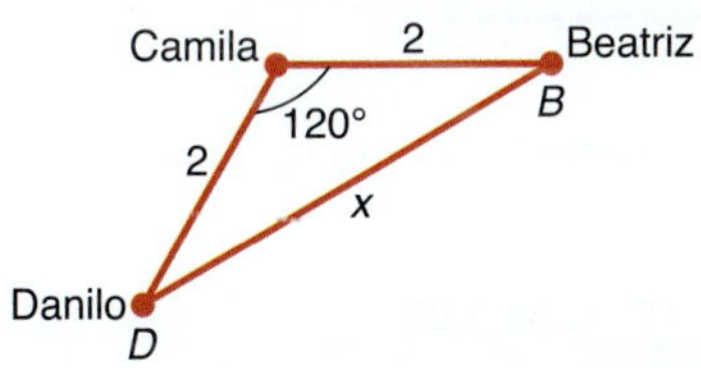


$$(DB)^2 = 2^2 + 2^2 - 2 \cdot 2 \cdot 2 \cdot \cos 120°$$
$$(DB)^2 = 4 + 4 - 8 \cdot (-0{,}5)$$
$$(DB)^2 = 4 + 4 + 4$$
$$DB = \sqrt{12} \text{ (pois } DB > 0)$$
$$DB = 2\sqrt{3} \text{ m}$$

## Exercícios Resolvidos

**ER. 49** Determine as medidas das duas diagonais deste paralelogramo:

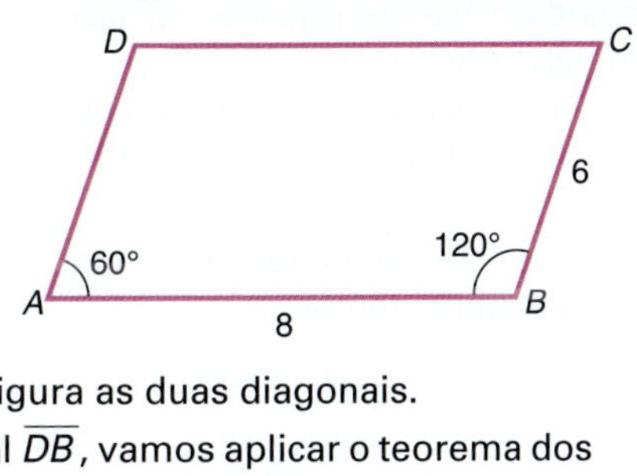


**Resolução:** Vamos representar na figura as duas diagonais.

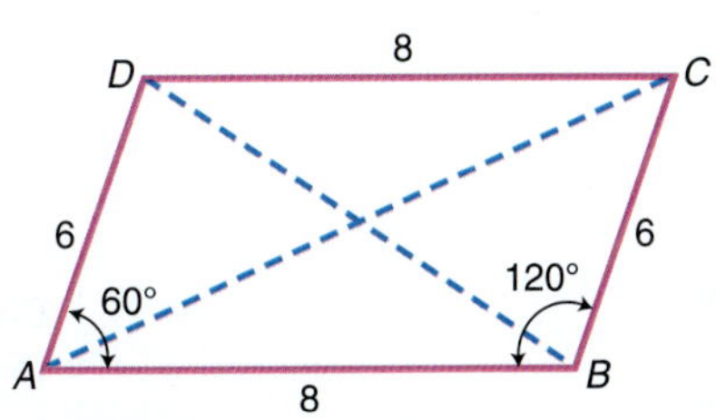


Para encontrar a medida da diagonal $\overline{DB}$, vamos aplicar o teorema dos cossenos no triângulo *ABD*.

$$(BD)^2 = (AB)^2 + (AD)^2 - 2 \cdot AB \cdot AD \cdot \cos 60°$$
$$(BD)^2 = 8^2 + 6^2 - 2 \cdot 8 \cdot 6 \cdot 0{,}5$$
$$(BD)^2 = 100 - 48 = 52$$
$$BD = \sqrt{52} \text{ (pois } BD > 0)$$
$$BD = 2\sqrt{13}$$

Analogamente, aplicando a lei dos cossenos no triângulo $ABC$, vem:

$$(AC)^2 = (AB)^2 + (BC)^2 - 2 \cdot AB \cdot BC \cdot \cos 120°$$
$$(AC)^2 = 8^2 + 6^2 - 2 \cdot 8 \cdot 6 \cdot (-0{,}5)$$
$$(AC)^2 = 100 + 48 = 148$$
$$AC = \sqrt{148} \text{ (pois } AC > 0\text{)}$$
$$AC = 2\sqrt{37}$$

**Recorde**

$\cos 120° = -\cos 60°$
$\cos 120° = -0{,}5$

---

**ER. 50** Obtenha a medida $\alpha$ no triângulo:

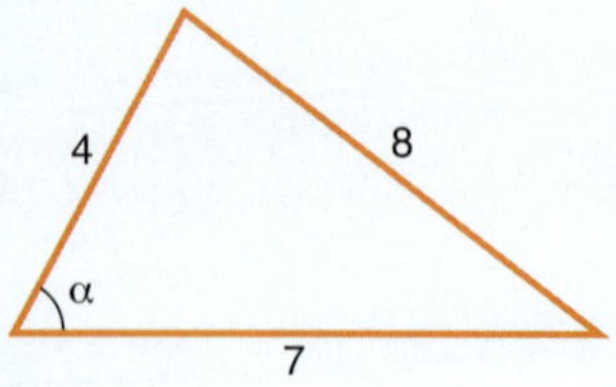


**Resolução:** Aplicando a lei dos cossenos nesse triângulo, temos:

$$8^2 = 7^2 + 4^2 - 2 \cdot 7 \cdot 4 \cdot \cos \alpha$$
$$64 = 65 - 56 \cdot \cos \alpha$$
$$\cos \alpha = \frac{1}{56}$$

Assim, podemos dizer que $\alpha$ é a medida do ângulo cujo cosseno vale $\frac{1}{56}$.

**ER. 51** **[FÍSICA]** Sobre um bloco são aplicadas duas forças de intensidades $\sqrt{2}$ N e 2 N como mostra a figura a seguir. Determine a intensidade da força resultante dessas duas forças.

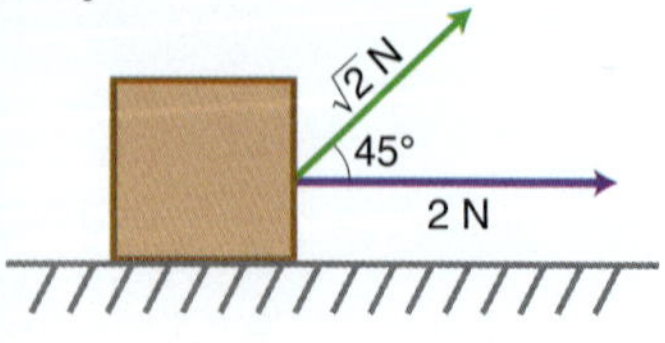


**Resolução:** A força resultante é o vetor soma das duas forças dadas. Geometricamente podemos obter essa resultante da seguinte maneira:

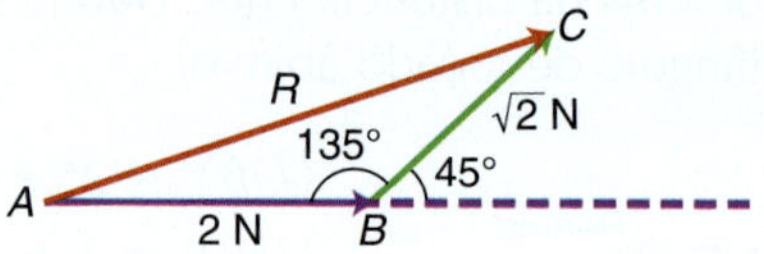


Lembrando que a intensidade da resultante é numericamente igual ao comprimento do segmento $\overline{AC}$, temos:

$$(AC)^2 = 2^2 + (\sqrt{2})^2 - 2 \cdot 2 \cdot \sqrt{2} \cdot \cos 135°$$
$$R^2 = 4 + 2 - 4\sqrt{2} \cdot \left(-\frac{\sqrt{2}}{2}\right) = 10$$
$$R = \sqrt{10} \text{ (pois } AC > 0\text{)}$$

Logo, a intensidade da força resultante é $\sqrt{10}$ N.

**ER. 52** Utilizando o teorema dos cossenos, decida se o triângulo de lados medindo 3, 4 e 6 é acutângulo, retângulo ou obtusângulo.

**Resolução:** Vamos representar um triângulo $ABC$ com os dados do enunciado, destacando o ângulo interno de medida $\alpha$ oposto ao lado maior.

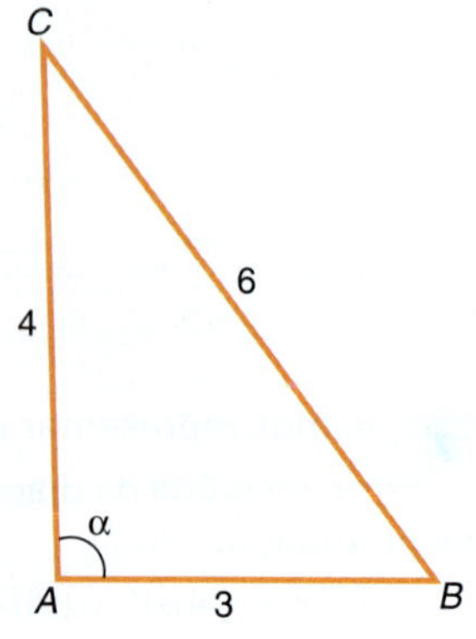


Aplicando o teorema dos cossenos nesse triângulo, temos:

$$6^2 = 3^2 + 4^2 - 2 \cdot 3 \cdot 4 \cdot \cos \alpha \Rightarrow$$
$$\Rightarrow 36 = 25 - 24 \cdot \cos \alpha \Rightarrow$$
$$\Rightarrow 11 = -24 \cdot \cos \alpha \Rightarrow$$
$$\Rightarrow \cos \alpha = -\frac{11}{24}$$

Como $\cos \alpha$ é negativo e $\alpha$ é a medida de um ângulo interno de um triângulo, temos $90° < \alpha < 180°$, ou seja, $\alpha$ é a medida de um ângulo obtuso.

Logo, esse triângulo é obtusângulo.

## Exercícios Propostos

**136.** Determine a medida do segmento $\overline{AC}$ em cada um dos casos.

a)

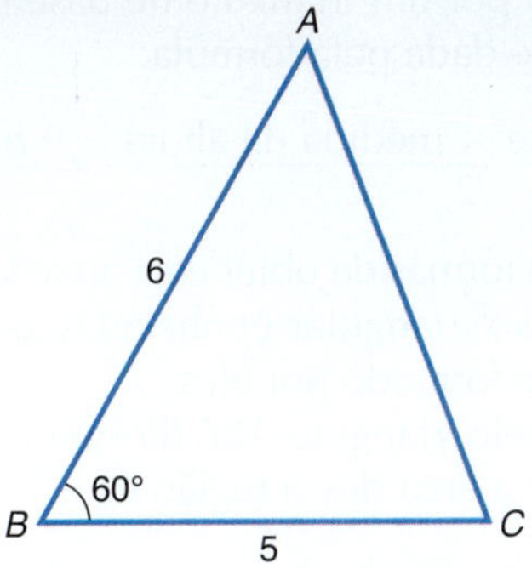


b)

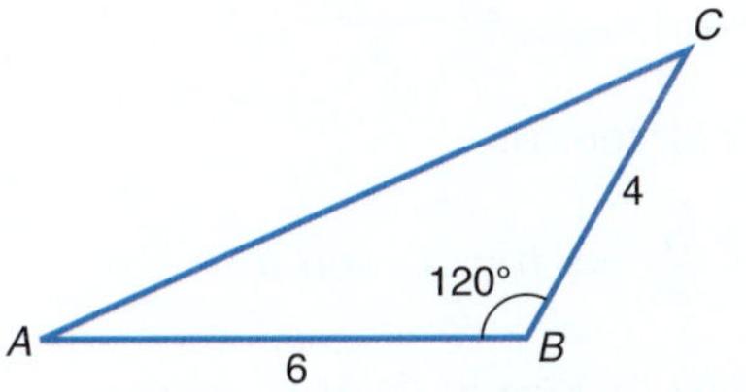


c)

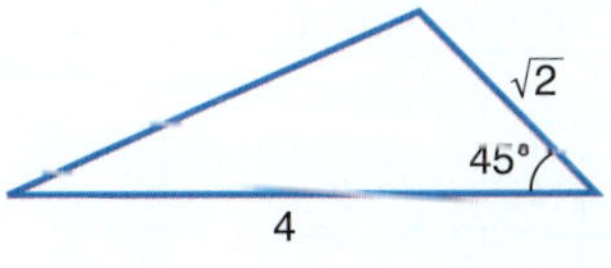


**137.** Obtenha as medidas das diagonais de um paralelogramo *ABCD* cujos lados $\overline{AB}$ e $\overline{BC}$ medem 10 cm e $4\sqrt{2}$ cm, respectivamente, e o ângulo interno $A\hat{B}C$ mede 45°.

**138.** **[MEDIÇÃO]** Um agrimensor deseja encontrar a distância entre dois pontos *A* e *B* que estão em lados opostos em relação a um prédio. O agrimensor está localizado em um ponto *C* que está a 95 m do ponto *A* e 170 m do ponto *B*. Se $\alpha = 60°$, encontre a distância *AB*.

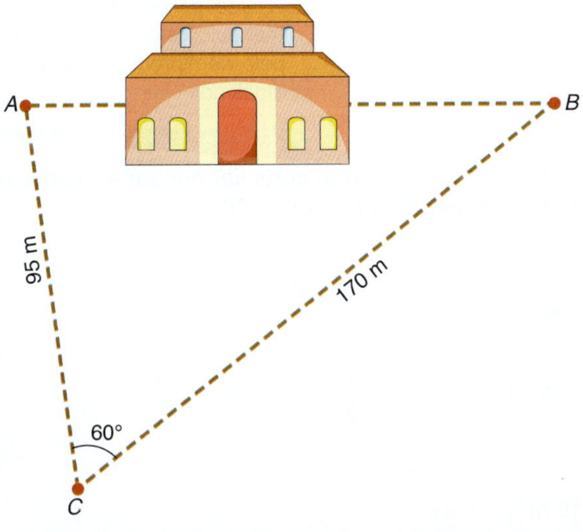


**139.** **[CIDADANIA]** Para atender a legislação do município onde mora, Carlos precisa cercar seu terreno que tem a forma da figura a seguir.

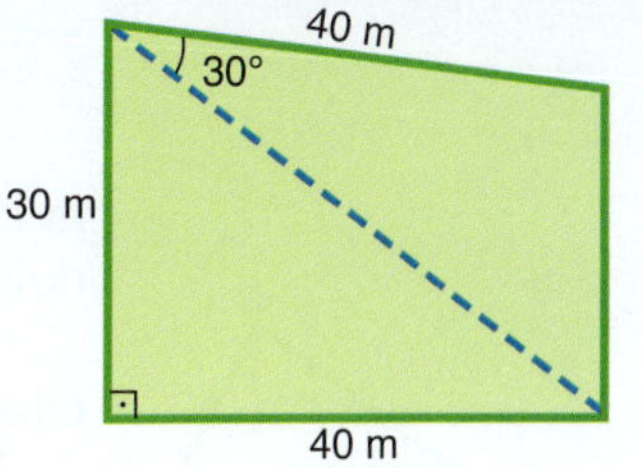


a) Para isso, ele precisa determinar que medida do terreno?

b) Usando $\sqrt{3} = 1,7$, encontre o valor dessa medição.

**140.** **[DIVERSÃO]** André irá fabricar uma pipa no formato de um losango de lado 48 cm. Qual deve ser o tamanho das varetas, sabendo que o menor ângulo interno desse losango é 60°?

**141.** Qual é o cosseno do ângulo oposto ao maior lado do triângulo cujos lados medem 4, 5 e 6 cm?

**142.** Na figura a seguir o ângulo de medida $\alpha$ é agudo, reto ou obtuso?

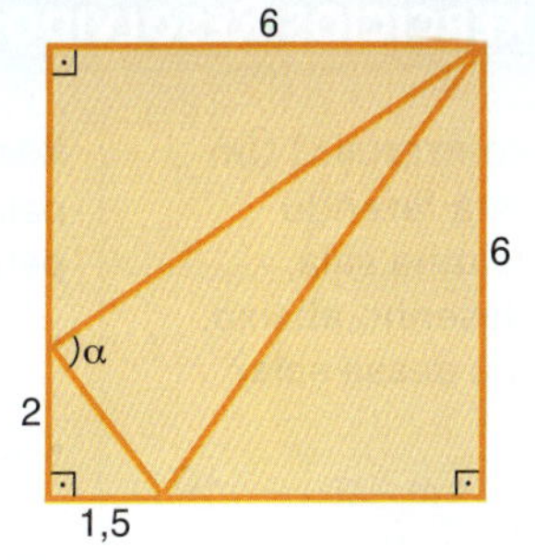


**143.** O maior ângulo interno de um triângulo mede $\alpha$. Sabendo que os lados desse triângulo medem 7, 8 e 9, calcule cos $2\alpha$ e sen $2\alpha$.

**144.** Existe um triângulo com medidas dos lados em PA de razão 3 de modo que o ângulo interno oposto ao lado correspondente ao segundo termo da PA meça 60°? Justifique sua resposta.

## 5.3 ÁREA DE UMA REGIÃO TRIANGULAR E TRIGONOMETRIA

Vamos ver agora como utilizar nossos conhecimentos de Trigonometria para encontrar mais uma maneira de calcular a área de uma região triangular.

Já vimos que a área delimitada por um triângulo de base medindo *b* e altura relativa a essa base medindo *h* é dada pela fórmula:

$$A_{\text{região triangular}} = \frac{\text{medida da base} \times \text{medida da altura}}{2} = \frac{b \cdot h}{2}$$

Você também já estudou outras formas de obter essa área. Vejamos agora como calcular a área de uma região triangular conhecidas as medidas de dois de seus lados e do ângulo interno formado por eles.

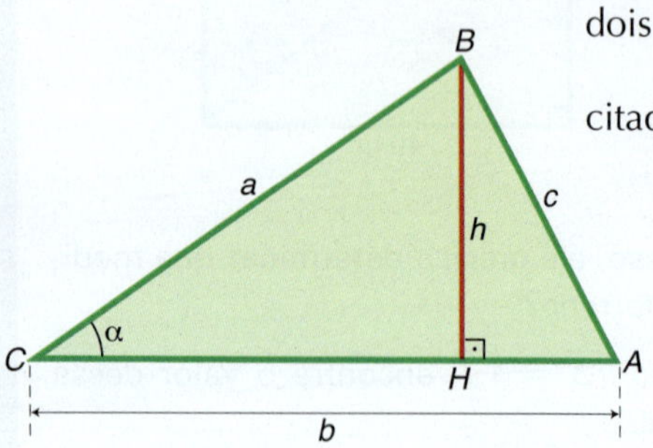


Considere a região delimitada pelo triângulo *ABC* da figura. Pela fórmula citada anteriormente, verificamos que a área dessa região é:

$$A_{\text{região triangular}} = \frac{b \cdot h}{2}$$

No triângulo retângulo *CHB*, temos:

$$\text{sen}\ \alpha = \frac{h}{a} \Rightarrow h = a \cdot \text{sen}\ \alpha$$

Substituindo o valor de *h* na expressão da área, vem:

$$A_{\text{região triangular}} = \frac{b \cdot a \cdot \text{sen}\ \alpha}{2}$$

$$A_{\text{região triangular}} = \frac{1}{2} \cdot a \cdot b \cdot \text{sen}\ \alpha$$

Ou seja, a área de uma região triangular pode ser dada pelo semiproduto das medidas de dois lados pelo seno do ângulo entre eles.

### EXERCÍCIOS RESOLVIDOS

**ER. 53** [ARQUITETURA] Um projetista está fazendo o esboço de uma sala, conforme desenho abaixo. Qual é a área dessa sala?

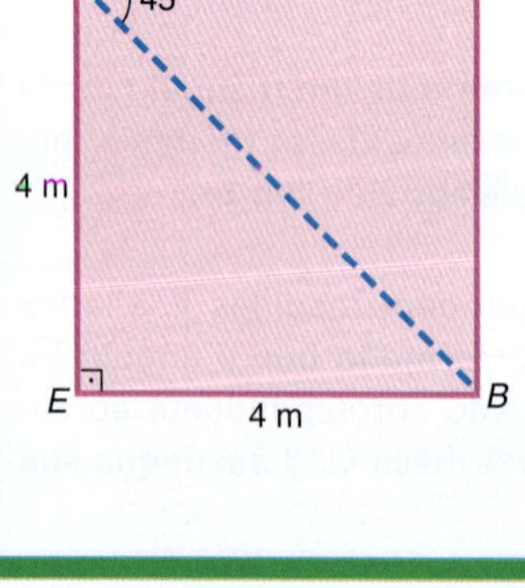


**Resolução:** A área da sala pode ser dada pela soma das áreas das regiões delimitadas pelos triângulos *DEB* e *DBC*.

- $A_{EBD} = \frac{4 \cdot 4}{2} \Rightarrow A_{EBD} = 8\ \text{m}^2$
- $A_{DBC} = \frac{1}{2} \cdot DB \cdot 4 \cdot \text{sen}\ 45°$

**Recorde**

A área delimitada por um triângulo retângulo é dada pelo semiproduto das medidas dos catetos.

Veja, então, que só nos falta a medida *DB*, que pode ser encontrada aplicando o teorema de Pitágoras no triângulo retângulo *DEB*. Daí, temos:

$$(DB)^2 = 4^2 + 4^2 \Rightarrow (DB)^2 = 32 \Rightarrow$$
$$\Rightarrow DB = 4\sqrt{2}\ \ (\text{pois } DB > 0)$$

Assim, a área $A_{DBC}$ vale:

$$A_{DBC} = \frac{1}{2} \cdot DB \cdot 4 \cdot \text{sen}\ 45° = \frac{1}{2} \cdot 4\sqrt{2} \cdot 4 \cdot \frac{\sqrt{2}}{2}$$
$$A_{DBC} = 8\ \text{m}^2$$

Logo, a área da sala é $16\ \text{m}^2\ (8 + 8)$.

**ER. 54** **[EDUCAÇÃO]** Martha está recortando peças para fazer um jogo para trabalhar com seus alunos a noção de área de regiões poligonais planas. Dentre essas peças, algumas representam regiões equivalentes, como as mostradas abaixo, que ela fez usando um quadrado e um triângulo.

Obtenha a medida $\alpha$, sabendo que $\alpha < 90°$.

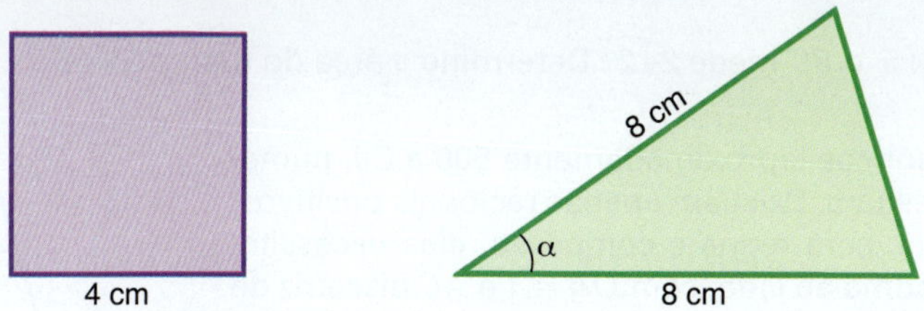


> **Saiba +**
>
> Duas regiões poligonais são *equivalentes* quando têm a mesma área.

**Resolução:** Como o quadrado e o triângulo delimitam regiões poligonais equivalentes, as áreas dessas duas regiões são iguais. Daí, temos:

$$4^2 = \frac{1}{2} \cdot 8 \cdot 8 \cdot \text{sen}\,\alpha \Rightarrow 16 = 32 \cdot \text{sen}\,\alpha \Rightarrow \text{sen}\,\alpha = \frac{1}{2} \Rightarrow \alpha = 30°$$

## Exercícios Propostos

**145.** Determine a área das regiões triangulares a seguir.

a)

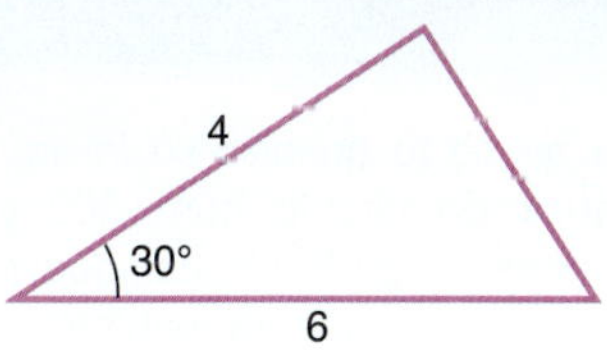


b)

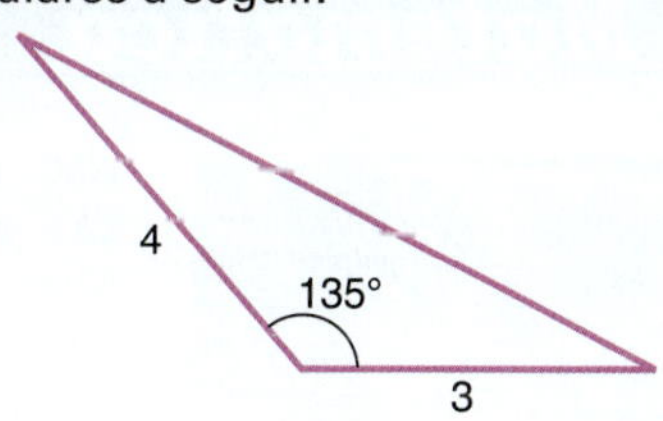


c)

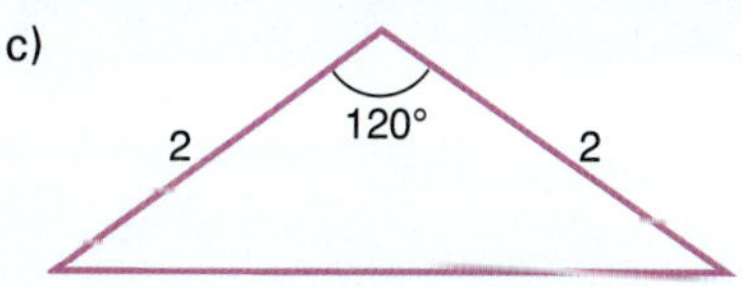


**146.** **[PRODUÇÃO]** Uma chapa de metal foi cortada no formato de um quadrilátero *ABCD* conforme mostra a figura a seguir. Sabendo que $AB = AC = 3\sqrt{2}$ dm e $BD = CD = 3$ dm, determine a área dessa chapa. Use $\sqrt{3} = 1,73$.

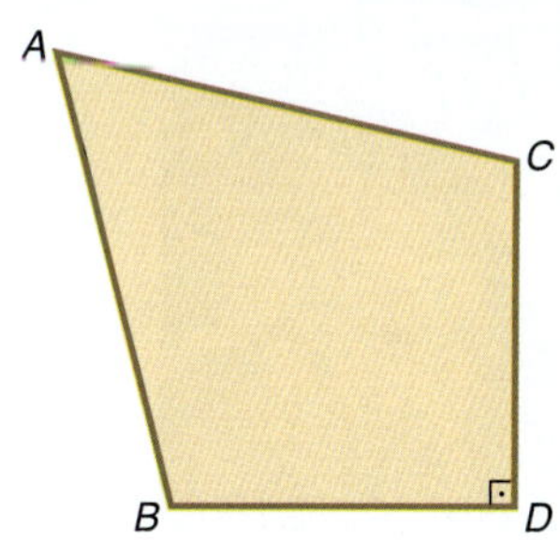


**147.** Sendo $\text{sen}\,\alpha = \frac{1}{3}$, calcule a área da região triangular abaixo.

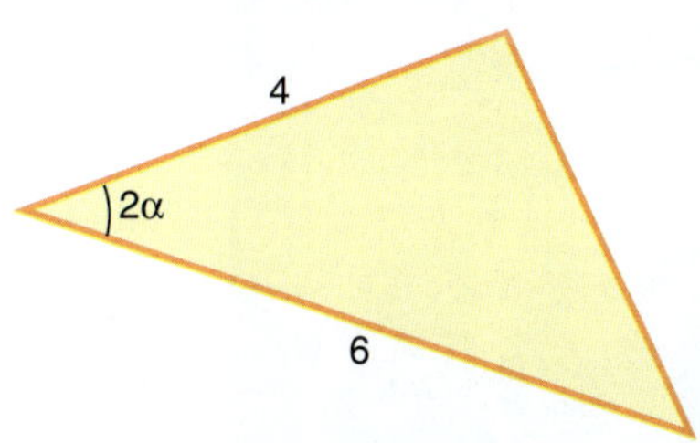


**148.** Considerando todos os triângulos isósceles *ABC*, com $AB = AC = 2\sqrt{2}$ cm e ângulo $B\hat{A}C$ de medida $\alpha$, obtenha *BC* para que a área desse triângulo seja a maior possível.

## Encare Essa!

**1.** Considere a expressão sen $\alpha$ + cos $\alpha$ = $a$. Quais são os valores máximo e mínimo que $a$ pode ter?

**2.** (ITA – SP) Um triângulo acutângulo de vértices $A$, $B$ e $C$ está inscrito em uma circunferência de raio $\frac{5\sqrt{2}}{3}$. Sabe-se que $\overline{AB}$ mede $2\sqrt{5}$ e $\overline{BC}$ mede $2\sqrt{2}$. Determine a área do triângulo $ABC$.

**3.** (UCB – DF – adaptada) Para os pitagóricos (aproximadamente 500 a.C.), números irracionais simplesmente não existiam. Existiam apenas racionais positivos. Na construção do pentágono regular, com régua e compasso, eles necessitavam construir o triângulo isósceles como ao lado, com $OA = 1$ e $\overline{AC}$ bissetriz do ângulo $\hat{A}$.

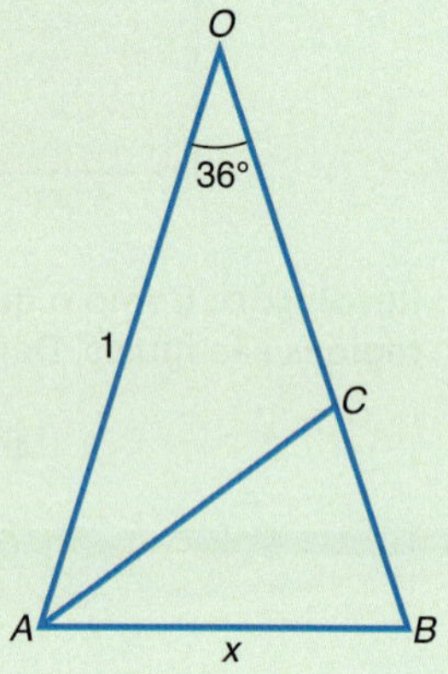


Embora não soubessem, estavam construindo um segmento de medida $x$ irracional desconhecida. Considerando essas informações, julgue os itens a seguir, identificando com V os verdadeiros e com F os falsos.

(1) Os triângulos $AOB$, $ACB$ e $AOC$ são isósceles.
(2) A medida $x$ do segmento construído é uma raiz da equação $x^2 + x - 1 = 0$.
(3) É correto afirmar que $x = 2 \cdot \text{sen } 72°$.
(4) A medida $x$ é raiz da equação $x(2 \cdot \text{sen } 18° + 1) - 1 = 0$.
(5) O valor de $x$ é $\frac{\sqrt{5} - 1}{2}$.

## História & Matemática

Hiparco de Niceia, que também era astrônomo.

Não se sabe ao certo quando se iniciou a utilização sistemática do círculo com 360 graus em Matemática, mas se pode afirmar que tal uso remonta pelo menos à cultura babilônica, quando havia tábuas com registros astronômicos que revelavam semelhanças com cálculos trigonométricos. No século V a.C., havia registros que demonstram a relação entre cordas e arcos de circunferência. Por volta de 260 a.C., Aristarco de Samos já media um ângulo como fração de um quadrante, embora o uso sistemático do círculo com 360 graus se deve em grande parte ao matemático grego Hiparco de Niceia (190-120 a.C.), a quem se credita ainda a primeira tabela de cordas. Posteriormente, Arquimedes de Siracusa (287-212 a.C.) estimou o comprimento da circunferência a partir do conhecimento de seu raio no século III a.C., além de fazer cálculos com cordas estabelecendo importantes fórmulas essenciais para o desenvolvimento da Trigonometria.

Outro importante personagem com contribuição significativa para o desenvolvimento dessa área foi o matemático Menelau de Alexandria (70-130 d.C.), que escreveu diversos livros sobre tabelas de cordas. Mas foi Cláudio Ptolomeu (85-165 d.C.), o mais influente dos astrônomos e geógrafos do seu tempo, quem contribuiu de modo significativo para o desenvolvimento da Trigonometria por um longo período.

O geógrafo egípcio Ptolomeu de Alexandria escreveu *Síntese Matemática*, a obra mais influente e significativa sobre Trigonometria da Antiguidade, que ficou conhecida como *O Almajesto* (de "o maior").

Ptolomeu introduziu métodos trigonométricos baseados no que hoje conhecemos como função seno, dividiu o círculo em 360° e conhecia por meio de cordas o que equivale às relações:

- $\text{sen}^2 x + \cos^2 x = 1$
- $\text{sen}\,(x + y) = \text{sen}\, x \cdot \cos y + \cos x \cdot \text{sen}\, y$
- $\cos\,(x + y) = \cos x \cdot \cos y - \text{sen}\, x \cdot \text{sen}\, y$
- $\dfrac{a}{\text{sen}\,\alpha} = \dfrac{b}{\text{sen}\,\beta} = \dfrac{c}{\text{sen}\,\gamma}$

Além disso, ele desenvolveu um método para obter o seno ou o cosseno de um ângulo — pensando em cordas —, definido como metade do arco de uma corda, em que se conhece o seno e o cosseno.

Muitas de tais ideias foram transmitidas posteriormente para a cultura hindu, onde aparece pela primeira vez o seno de um ângulo. Por exemplo, os matemáticos indianos Aryabhata, por volta do ano 500, e Brahmagupta, em 628, obtiveram tabelas com cordas que equivalem a tabelas de seno, trabalhadas ainda de forma mais detalhada em 1150 por Bhaskara, também indiano, considerado o matemático mais importante do século XII. Os árabes também receberam grande influência do conhecimento grego de Trigonometria, sendo especialmente responsáveis pela transmissão de tal conhecimento para o Renascimento. Nesse período, Johann Müller (1436-1476), conhecido como Regiomontano, contribuiu fortemente para a libertação da Trigonometria da Astronomia, particularmente no seu trabalho *De Triangulis Omnimodis Libri Quinque*. No século XVIII, Leonhard Euler (1707-1783) passou a utilizar de modo sistemático o círculo unitário, introduzindo as notações atuais para os conceitos de seno, cosseno e tangente.

Hoje em dia, a circunferência trigonométrica exerce importante papel não apenas na Matemática e na Astronomia, mas ainda em Física e outras ciências afins.

**Reflexão e ação**

Com base em seus conhecimentos de Trigonometria, vivencie um pouco os resultados encontrados por Ptolomeu, fazendo uso das fórmulas escritas em sua forma atual para encontrar o seno de 15° e cosseno de 15°.

## Atividades de Revisão

**1.** Determine sen $\alpha$, cos $\alpha$ e tg $\alpha$, nos seguintes casos:

a)

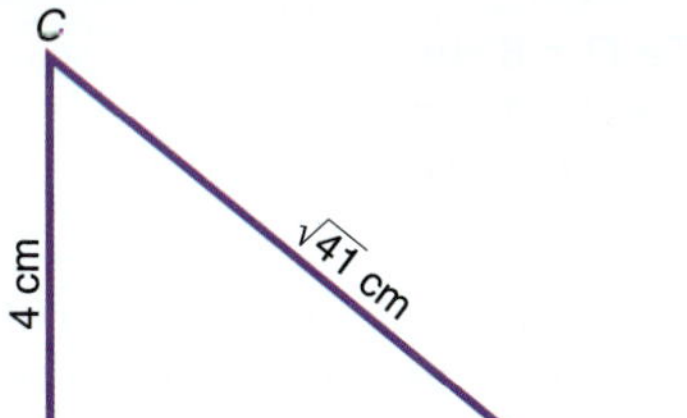


c)

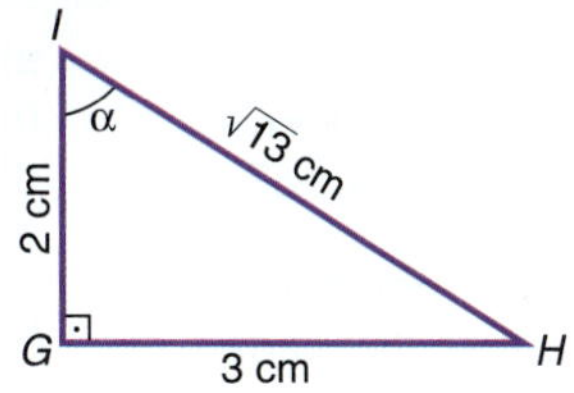


e)

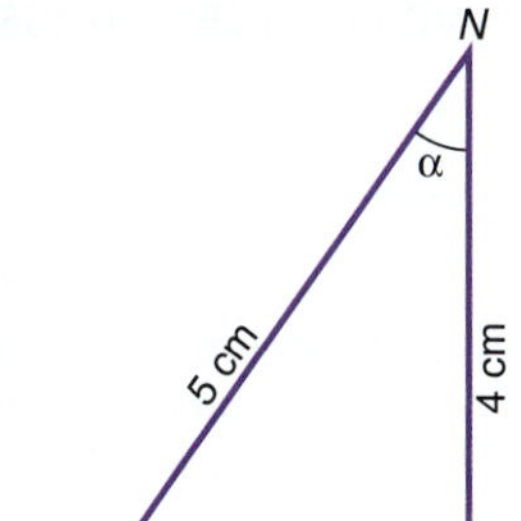


b)

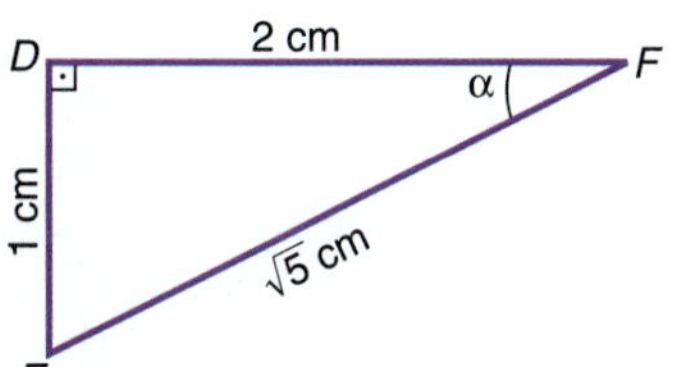


d)

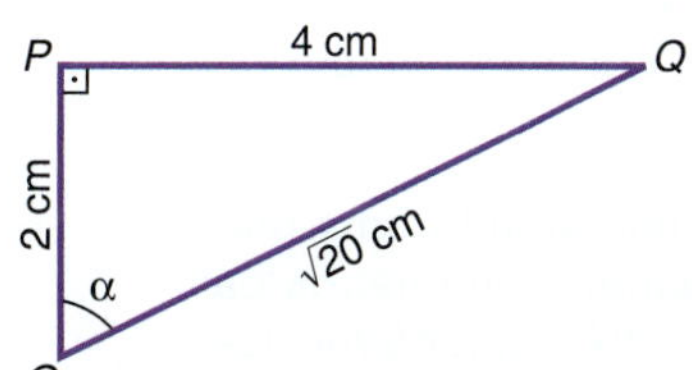

2. Determine as medidas dos catetos de um triângulo retângulo, sabendo que:

a) sen $\alpha = \frac{1}{2}$, cos $\alpha = \frac{\sqrt{3}}{2}$ e medida da hipotenusa = 7 cm

b) sen $\alpha = \frac{\sqrt{2}}{2}$, cos $\alpha = \frac{\sqrt{2}}{2}$ e medida da hipotenusa = 4 cm

3. **[COMUNICAÇÃO]** A medida do ângulo de depressão entre uma boia e a plataforma de uma torre de radar de 25 metros de altura é de 16°. Calcule a distância aproximada da boia até a base da torre.

(Use tg 74° = 3,487.)

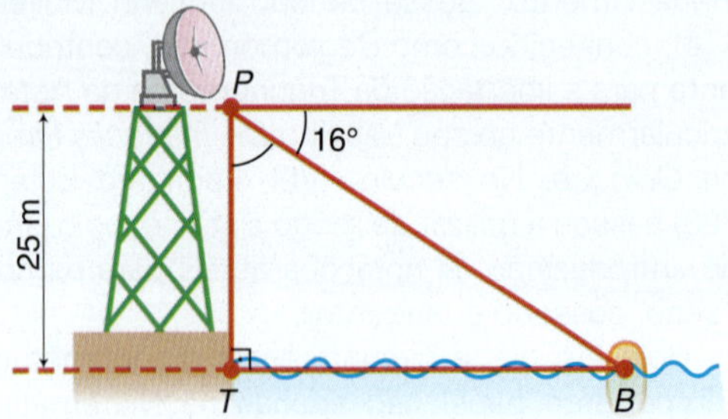


4. **[COTIDIANO]** Um carro desceu 250 metros em um túnel subterrâneo cujo ângulo em relação ao nível do solo é 8°. A quantos metros abaixo da superfície o carro está?

(Dados: sen 8° = 0,139 e cos 8° = 0,990.)

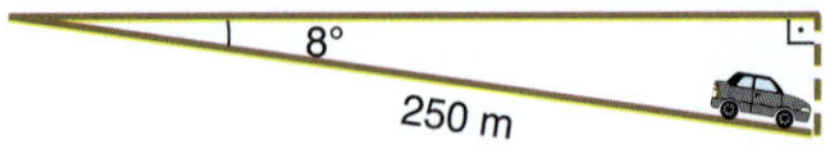


5. **[JARDINAGEM]** Calcule a altura de uma árvore que projeta uma sombra de 9 metros quando os raios do Sol formam um ângulo de 25° com o solo.

(Dado tg 25° = 0,466.)

6. O comprimento de uma circunferência é 25 cm. Qual é a medida aproximada de seu diâmetro?

7. **[DIVERSÃO]** Um carrinho de corrida percorreu 5,652 m em uma pista. Quantas voltas deu cada uma de suas rodas, sabendo que o diâmetro de cada uma mede 2 cm?

8. **[ESPORTE]** O diâmetro de uma praça de formato circular mede 1,5 km. Um ciclista deu 30 voltas nessa praça. Quantos quilômetros ele percorreu?

9. **[COTIDIANO]** Determine quantas voltas um pneu de 60 cm de diâmetro dá em uma viagem de 90 km.

10. **[ARQUITETURA]** Jorge está preparando uma maquete de um gira-gira. Quantos centímetros de fio ele vai usar para fazer as três circunferências da base do gira-gira, sabendo que seus raios medem, respectivamente, 3 cm, 3,5 cm e 4 cm?

11. **[ESPORTE]** Maria precisa cercar três camas elásticas com tela colorida. Sabendo que o diâmetro de cada uma mede 2 m, quantos metros de tela colorida ela vai usar?

12. **[ARQUITETURA]** Carlos está fazendo uma maquete de roda-gigante. A circunferência que ele usou tem comprimento 50,24 cm. Nessa maquete, as cadeiras da roda-gigante distam 4,187 cm umas das outras. Qual é a medida do ângulo central que ele usou?

13. Determine, em cada caso, o comprimento aproximado do arco determinado pelo ângulo central de medida $\alpha$ cuja circunferência tem diâmetro medindo $D$.

a) $\alpha = 27°$ e $D = 8$ cm
b) $\alpha = 93°$ e $D = 14$ cm
c) $\alpha = 130°$ e $D = 60$ cm
d) $\alpha = 250°$ e $D = 80$ cm

14. Calcule a medida do raio de uma circunferência na qual o arco de 15° tem comprimento de 2,4 cm.

15. **[ESPORTE]** Qual é o comprimento de uma pista de corrida de automóveis simétrica representada pelo esquema a seguir? (Use $\sqrt{3} = 1,7$ e $\pi = 3$.)

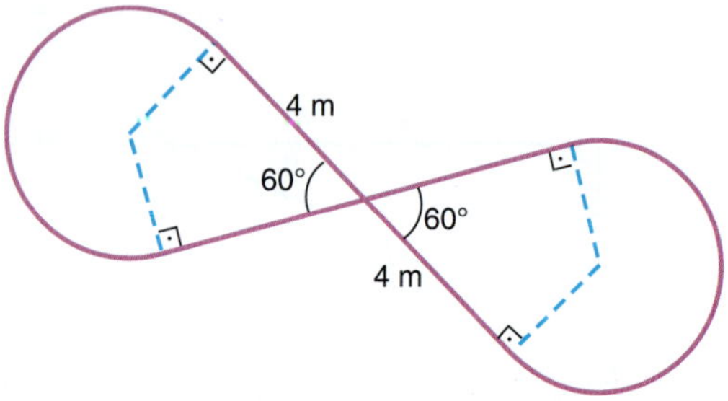

**16.** **[COTIDIANO]** O ponteiro das horas e o dos minutos de um relógio tem 0,5 cm e 1 cm de comprimento, respectivamente. Calcule a distância percorrida pelas extremidades desses ponteiros de 2h até 3h30min.

**17.** Expresse em radianos:

a) 25°　　c) 130°　　e) 76°
b) 84°　　d) 260°　　f) 342°

**18.** Expresse em graus:

a) $\frac{2\pi}{5}$ rad　　c) $\frac{24\pi}{45}$ rad

b) $\frac{67\pi}{180}$ rad　　d) $\frac{5\pi}{9}$ rad

**19.** Identifique em que quadrantes estão os arcos de medida:

a) $\frac{\pi}{3}$ rad　　f) $\frac{5\pi}{3}$ rad

b) $\frac{2\pi}{3}$ rad　　g) 1 rad

c) $\frac{3\pi}{5}$ rad　　h) 2 rad

d) $\frac{4\pi}{9}$ rad　　i) 4 rad

e) $\frac{4\pi}{3}$ rad

**20.** **[DIVERSÃO]** Em um jogo, os participantes — João, Gabriela, Rita e Davi — precisam girar, seguidamente, a flecha de uma cartela no sentido horário para saber em qual cor terão de ficar no tabuleiro do jogo. Gabriela entregou a cartela para João com a flecha no local em que aparece na figura abaixo.

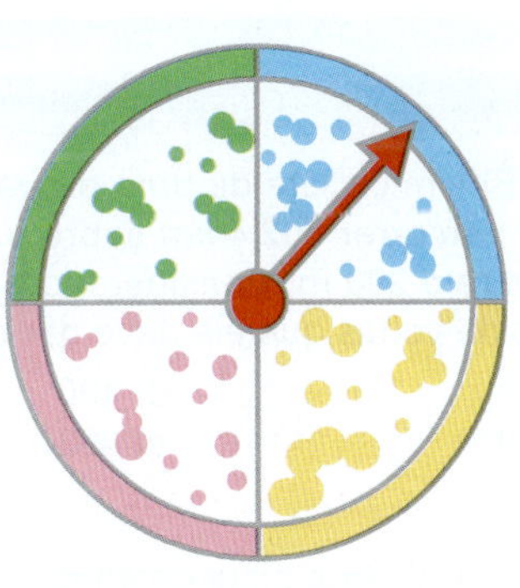

Partindo dessa posição, João gira a flecha, que dá uma volta e meia antes de parar. Depois, foi a vez de Rita e nesse giro a flecha deu um quarto de volta. E por último, no giro de Davi a flecha deu meia volta.

a) Em que cor parou cada um?
b) Associando ao contorno da cartela à circunferência trigonométrica, identifique em que quadrante cada participante ficou.

**21.** **[LAZER]** Carla, Taís e Rodrigo estão em uma roda-gigante nas posições indicadas na figura a seguir. Nessas condições, quanto mede o arco cuja extremidade é representada pela cadeira de Taís?

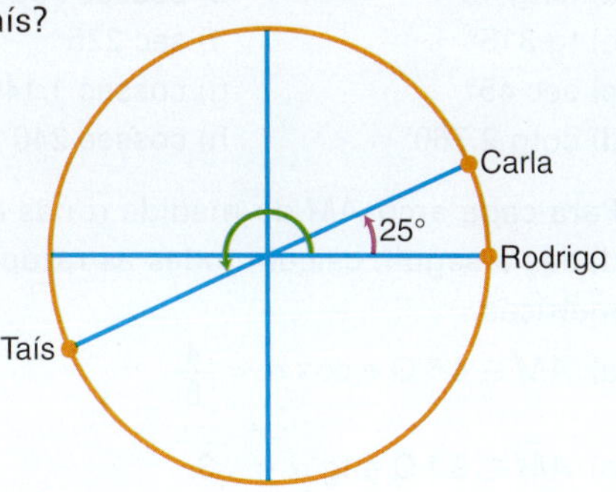


**22.** Faça a redução ao primeiro quadrante dos arcos cujas medidas são dadas a seguir e encontre a expressão geral de todos os arcos côngruos a cada um deles.

a) 1.780°　　c) $\frac{11\pi}{5}$ rad

b) 2.235°　　d) $\frac{16\pi}{7}$ rad

**23.** Para quais arcos de medida $\alpha$, com $0 \leq \alpha < 2\pi$, temos $\text{sen}\,\alpha = \frac{1}{2}$?

**24.** Verifique os sinais de:

a) sen 135°　　c) sen 280°
b) cos 135°　　d) cos 280°

**25.** Calcule o valor de cada expressão:

a) $\text{sen}\,60° + \cos 30° - \text{sen}\,30°$
b) $\text{sen}\,30° \cdot \cos 60° + \text{sen}\,60° \cdot \cos 30°$
c) $\text{sen}\,0° + \cos 180° - \text{sen}\,270°$
d) $\text{sen}\,45° \cdot \cos 60° - \cos 45° \cdot \text{sen}\,60°$

**26.** Classifique cada igualdade como verdadeira ou falsa:

a) $1 - (\text{sen}\,30°)^2 = \cos 60°$
b) $2 \cdot (\cos 60°)^2 - 1 = \cos 30°$
c) $\sqrt{\frac{1 + \cos 180°}{2}} = \cos 90°$
d) $\sqrt{\frac{1 - \cos 90°}{2}} = \text{sen}\,45°$

**27.** Determine $m \in \mathbb{R}$ de modo que se tenha:

a) $\text{sen}\,\alpha = 2m$ e $\cos\alpha = \sqrt{9m + 4,5}$
b) $\text{sen}\,\alpha = \sqrt{2m + 5}$ e $\cos\alpha = \sqrt{3m - \frac{5}{2}}$

**28.** Calcule:

a) $\text{tg}\,45° - \cos 60° + \text{sen}\,45°$
b) $\text{tg}\,180° + \cos 90° - \text{sen}\,90°$

**29.** Verifique os sinais de:

a) tg 135° e cotg 135°　　c) sen 280° e cossec 280°

b) $\text{tg}\,\frac{4\pi}{3}$ e $\text{cotg}\,\frac{4\pi}{3}$　　d) $\cos\frac{11\pi}{6}$ e $\sec\frac{11\pi}{6}$

**30.** Determine:

a) cotg 45°
b) tg 315°
c) sec 45°
d) cotg 2.760°
e) cossec 765°
f) sec 225°
g) cossec 1.140°
h) cossec 240°

**31.** Para cada arco $\widehat{AM}$ de medida $\alpha$ nas condições dadas a seguir, calcule todas as razões trigonométricas.

a) $\widehat{AM} \in$ 4.° Q e $\cos \alpha = \frac{4}{5}$

b) $\widehat{AM} \in$ 3.° Q e $\text{tg}\, \alpha = \sqrt{3}$

**32.** Verifique quais igualdades são verdadeiras e mostre uma possível correção para as igualdades falsas.

a) $1 - 2 \cdot \text{sen}^2 30° = \cos 60°$
b) $1 + \text{tg}^2 60° = \sec 60°$
c) $-1 + \sec 60° = \text{tg}\, 60° - \text{tg}\, 30°$
d) $\sec 30° + \text{cossec}\, 45° - \text{cotg}\, 45° = 2$

**33.** Determine as medidas dos lados desconhecidos:

a)

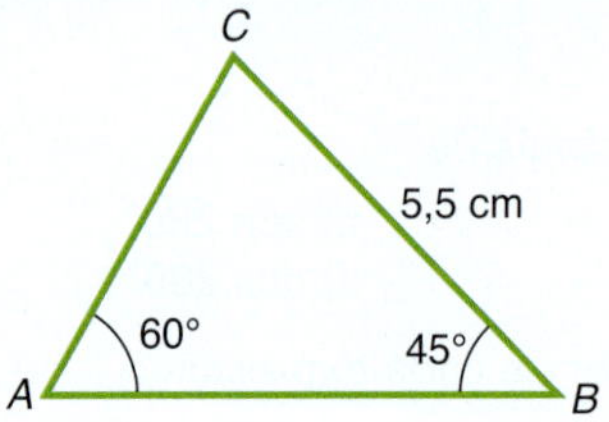


b)

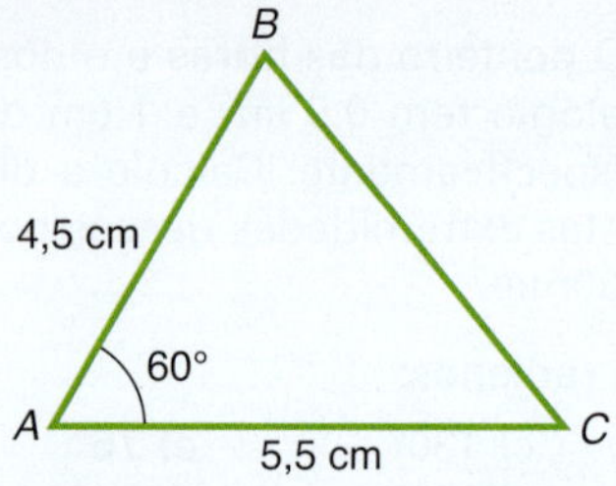


**34.** **[ECOLOGIA]** Um guarda florestal, no ponto de observação *A* ao longo de uma estrada reta, avista indícios de fogo a 35° nordeste. Um outro guarda florestal em um segundo ponto de observação, *B*, distando 12 km a leste do ponto *A*, avista o mesmo ponto de fogo a 52° noroeste. Calcule a distância de cada ponto de observação ao fogo. (Dados: sen 87° = 0,999, sen 55° = 0,819 e sen 38° = 0,616.)

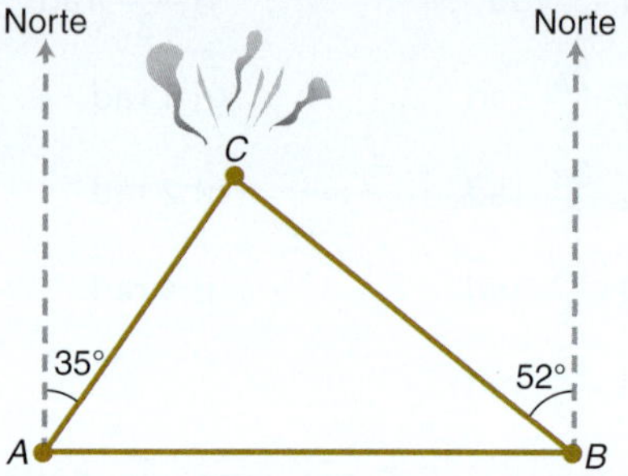


**35.** Dois lados de um triângulo formam um ângulo interno de 45° e têm medidas 7,5 cm e 9,5 cm. Determine a área desse triângulo.

## Questões Propostas de Vestibular

**1.** (UFMG) Esta figura representa o quadrilátero *ABCD*:

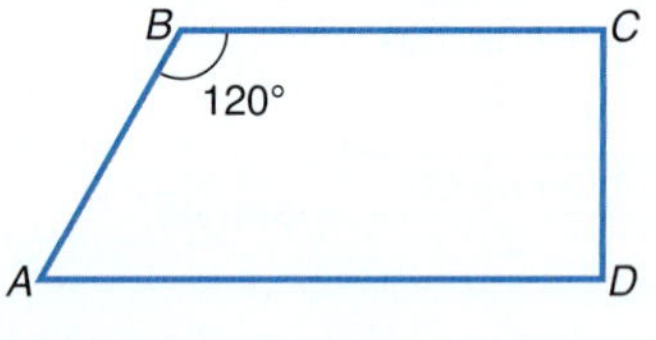


Sabe-se que:

- *AB* = 1 cm e *AD* = 2 cm;
- o ângulo $A\hat{B}C$ mede 120°; e
- o segmento $\overline{CD}$ é perpendicular aos segmentos $\overline{AD}$ e $\overline{BC}$.

Então, é **correto** afirmar que o comprimento do segmento $\overline{BD}$ é:

a) $\sqrt{3}$ cm
b) $\frac{\sqrt{5}}{2}$ cm
c) $\frac{\sqrt{6}}{2}$ cm
d) $\sqrt{2}$ cm

**2.** (UEPB) Um ciclista de uma prova de resistência deve percorrer 502,4 km sobre uma pista circular de raio 200 m. Considerando $\pi = 3{,}14$, o número de voltas que ele deve dar é:

a) 500
b) 350
c) 450
d) 400
e) 300

**3.** (UEM – PR) Uma pista de atletismo tem a forma circular e seu diâmetro mede 80 m. Um atleta treinando nessa pista deseja correr 10 km diariamente. Determine o número mínimo de voltas completas que ele deve dar nessa pista, a cada dia.

**4.** (Unifesp) A figura da página seguinte mostra duas roldanas circulares ligadas por uma correia. A roldana maior, com raio 12 cm, gira fazendo 100 rotações por minuto, e a função da correia é fazer a roldana menor girar. Admita que a correia não escorregue.

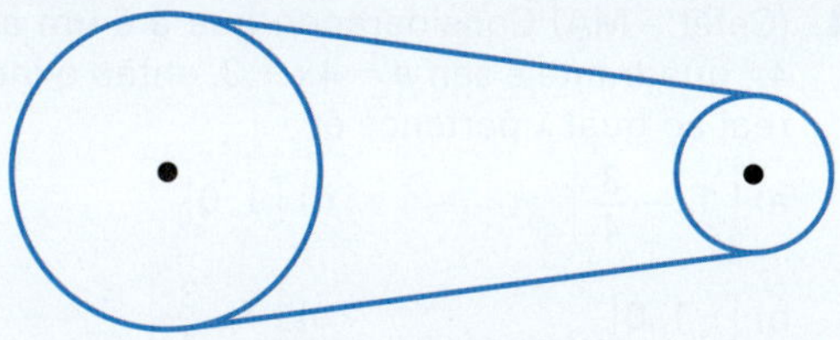

Para que a roldana menor faça 150 rotações por minuto, o seu raio, em centímetros, deve medir:

a) 8
b) 7
c) 6
d) 5
e) 4

**5.** (FGV – SP) Duas rodas-gigantes dispostas uma de frente para a outra, conforme a figura abaixo, têm raios que medem, respectivamente, 20 m e 10 m.

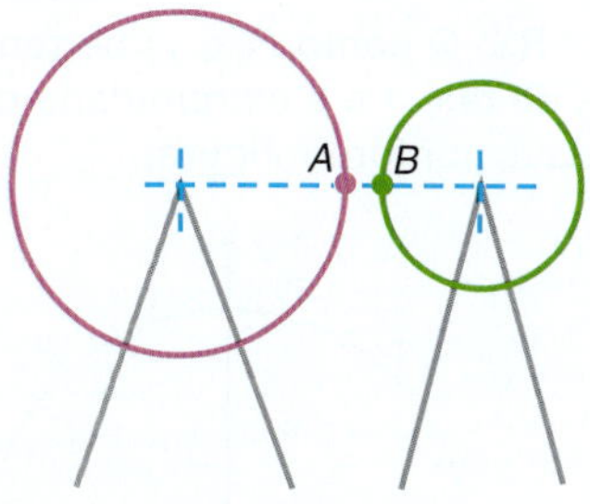


A maior gira 0,2π rotações por minuto (rpm) e a menor, 0,35π rpm. Se as duas começam a se mover no mesmo instante, qual o menor tempo necessário para que os pontos *A* e *B*, mostrados acima, voltem a ficar nessa mesma posição inicial?

**6.** (FEI – SP) Na figura abaixo, $\overline{AB}$ é um diâmetro do círculo.

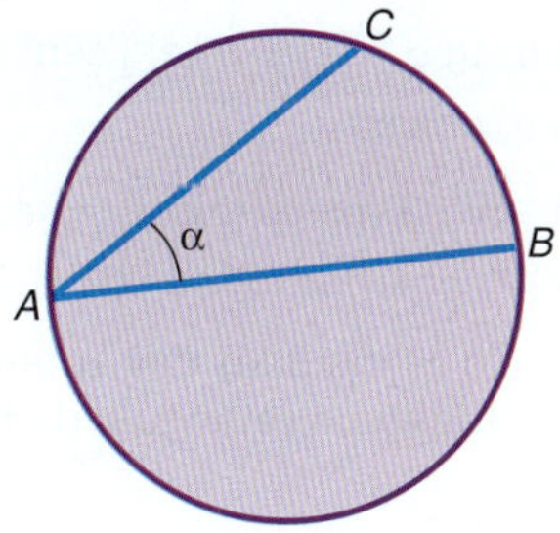


Se o arco $\overset{\frown}{AC}$ corresponde a 120°, o ângulo α mede:

a) 60°
b) 40°
c) 30°
d) 80°
e) 72°

**7.** (UFAL) Em uma circunferência *C*, cujo raio mede 10 cm, é marcado um arco de 18°. Então o comprimento desse arco é:

a) $\frac{\pi}{3}$ cm
b) $\frac{\pi}{2}$ cm
c) π cm
d) 2π cm
e) $\frac{\pi}{6}$ cm

**8.** (UFRGS – RS) Dentre os desenhos abaixo, aquele que representa o ângulo que tem medida mais próxima de 1 radiano é:

a)

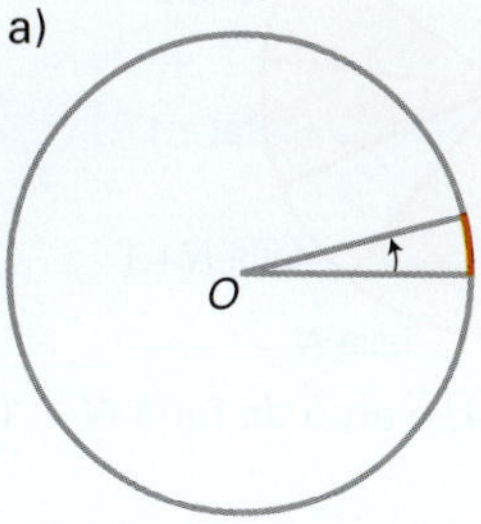


b)

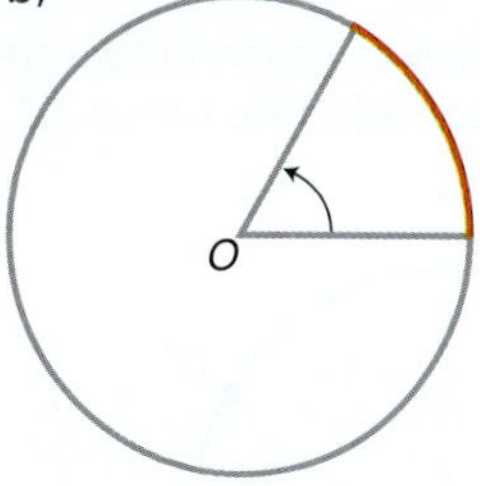


c)

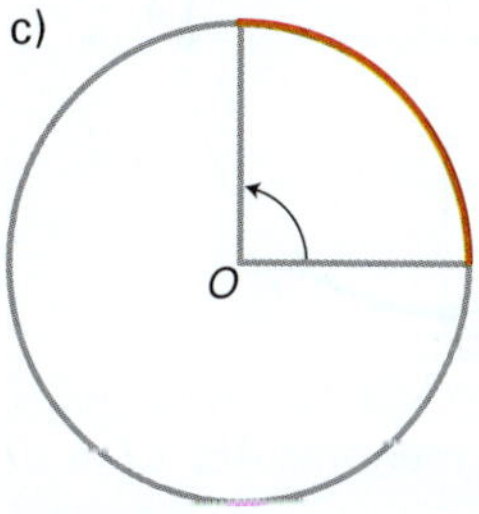


d)

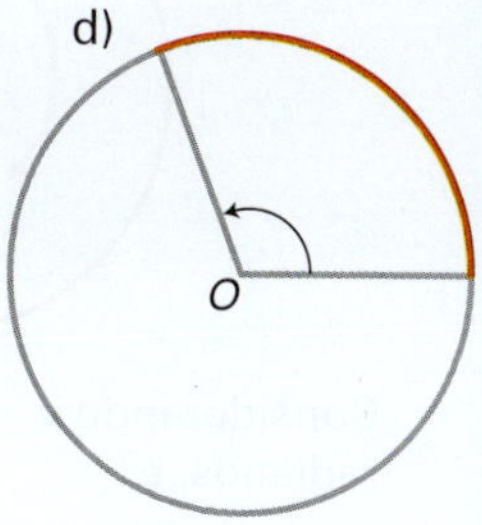


e)

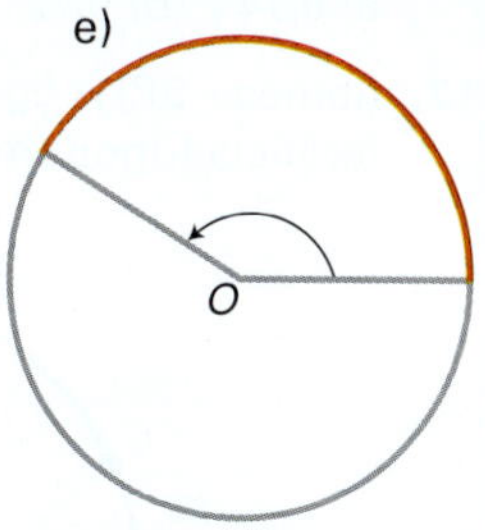


**9.** (UCS – RS) Considere duas circunferências concêntricas, uma de raio 3 cm e outra de raio 6 cm. Sobre a de raio 3 cm, marca-se um arco de 3 cm de comprimento e, sobre a de raio 6 cm, marca-se um arco de 6 cm de comprimento. Em radianos, as medidas dos dois arcos marcados são, respectivamente:

a) 3 e 6
b) 3π e 6π
c) $\frac{\pi}{3}$ e $\frac{\pi}{6}$
d) 1 e 1
e) π e 2π

**10.** (UEFS – BA) Em uma circunferência de centro *O* e raio 6 cm, é marcado um arco $\overset{\frown}{AB}$ cujo ângulo central $A\hat{O}B$ mede 50°. Se, em outra circunferência, de raio 10 cm, é marcado um arco com a mesma medida de $\overset{\frown}{AB}$, o ângulo central correspondente mede, em radianos:

a) $\frac{\pi}{3}$
b) $\frac{3\pi}{10}$
c) $\frac{\pi}{4}$
d) $\frac{2\pi}{9}$
e) $\frac{\pi}{6}$

**11.** (UFSCar – SP) Uma pizza circular será fatiada, a partir do seu centro, em setores circulares. Se o arco de cada setor medir 0,8 radiano, obtém-se um número máximo *N* de fatias idênticas, sobrando, no final, uma fatia menor, que é indicada na figura por fatia *N* + 1.

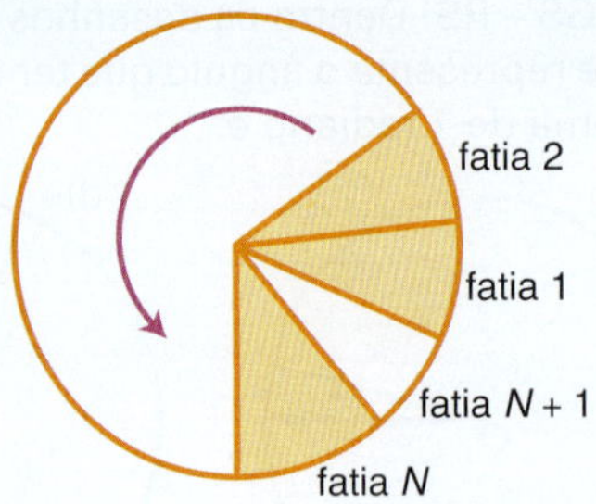


Considerando $\pi = 3{,}14$, o arco da fatia $N + 1$, em radianos, é:

a) 0,74 b) 0,72 c) 0,68 d) 0,56 e) 0,34

**12.** (Ibmec – SP) A figura abaixo representa a circunferência trigonométrica (cujo raio mede 1).

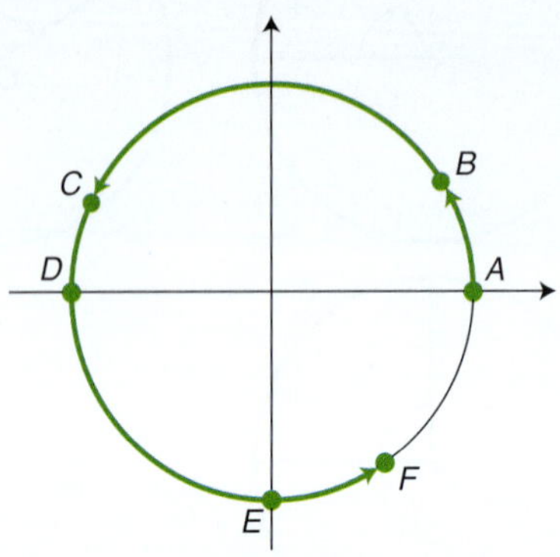


As medidas dos arcos menores $\widehat{AB}$, $\widehat{CD}$ e $\widehat{EF}$ são todas iguais a $\frac{\pi}{6}$. Se $x$, $y$ e $z$ são números positivos e representam, respectivamente, as medidas dos arcos trigonométricos $\widehat{AB}$, $\widehat{AC}$ e $\widehat{AF}$, então

$$\text{sen } x + \text{sen } y + \text{sen } z + \cos x + \cos y + \cos z$$

é igual a:

a) $\frac{3}{2} - \frac{3\sqrt{3}}{2}$

b) $\frac{1}{2} - \frac{3\sqrt{3}}{2}$

c) $\frac{3}{2} - \frac{\sqrt{3}}{2}$

d) $\frac{1}{2} - \frac{\sqrt{3}}{2}$

e) $\frac{3}{4} - \frac{\sqrt{3}}{4}$

**13** (Fatec – SP) Na circunferência trigonométrica ao lado, considere o arco $\widehat{AM}$ de medida $\frac{\pi}{3}$ radianos.

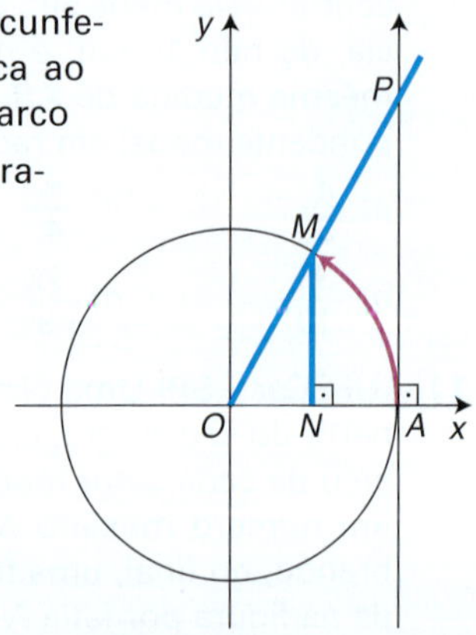


Então:

a) $AP = 1$

b) $MN = \sqrt{3}$

c) $ON = \sqrt{2}$

d) $AN = \frac{1}{3}$

e) $OP = 2$

**14.** (Cefet – MA) Considerando que $a$ é um arco do 4.º quadrante e sen $a = 4x + 3$, então o intervalo real ao qual $x$ pertence é:

a) $\left[1, -\frac{3}{4}\right[$

b) $[-1, 0]$

c) $\left[-1, -\frac{3}{4}\right]$

d) $[1, 0[$

e) $\left[1, \frac{3}{4}\right[$

**15.** (Ibmec – SP – adaptada) Se a sequência $(3, x, \cos\theta)$ é uma progressão aritmética, sendo $x$ número real e $\theta$ em radianos, então:

a) $-1{,}5 \leqslant x \leqslant 0$

b) $-1 \leqslant x \leqslant 1$

c) $0{,}5 \leqslant x \leqslant 1{,}5$

d) $1 \leqslant x \leqslant 2$

e) $2 \leqslant x \leqslant 4$

**16.** (PUC – RS) O ponto $P(x, y)$ pertence à circunferência de raio 1 e é extremidade de um arco de medida $\alpha$, conforme figura.

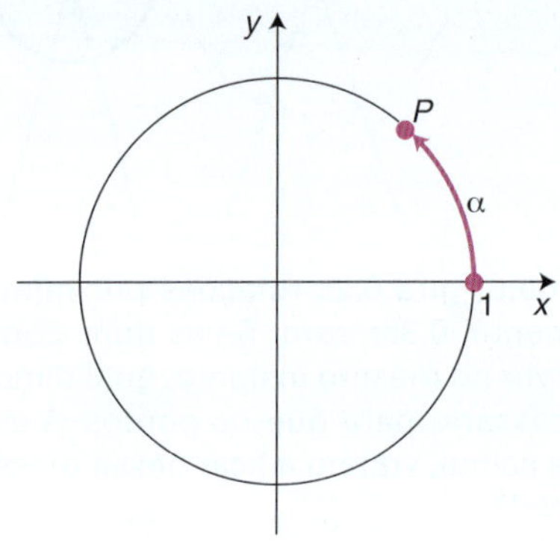


Então o par $(x, y)$ é igual a:

a) $(\text{tg } \alpha, \text{sen } \alpha)$

b) $(\cos \alpha, \text{tg } \alpha)$

c) $(\text{sen } \alpha, \cos \alpha)$

d) $(\cos \alpha, \text{sen } \alpha)$

e) $(\text{sen}^2 \alpha, \cos^2 \alpha)$

**17.** (Fuvest – SP) Sabe-se que $x = 1$ é raiz da equação $(\cos^2 \alpha)x^2 - 4(\cos \alpha)(\text{sen } \beta) + \frac{3}{2} \cdot \text{sen } \beta = 0$ sendo $\alpha$ e $\beta$ as medidas dos ângulos agudos indicados no triângulo retângulo da figura abaixo.

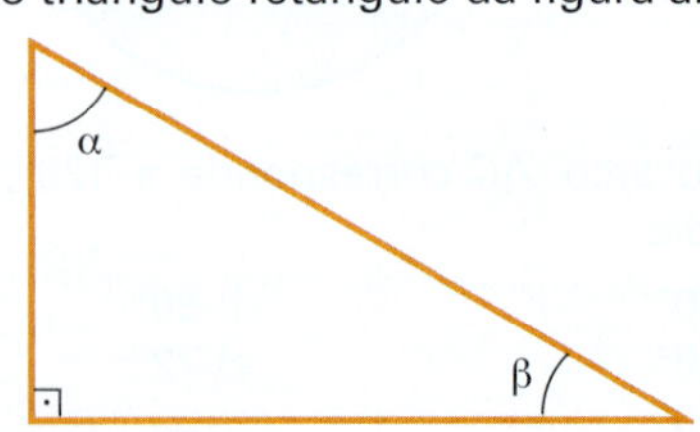


Pode-se então afirmar que as medidas $\alpha$ e $\beta$ são, respectivamente:

a) $\frac{\pi}{8}$ e $\frac{3\pi}{8}$

b) $\frac{\pi}{6}$ e $\frac{\pi}{3}$

c) $\frac{\pi}{4}$ e $\frac{\pi}{4}$

d) $\frac{\pi}{3}$ e $\frac{\pi}{6}$

e) $\frac{3\pi}{8}$ e $\frac{\pi}{8}$

**18.** (Uespi) Se um ângulo de medida $\alpha$ satisfaz a relação sen $\alpha$ − cos $\alpha$ = *c*, qual é o valor de $|\text{sen } \alpha + \cos \alpha|$?

a) $1 - c^2$
b) $\sqrt{1 - c^2}$
c) $\sqrt{2 - c^2}$
d) $2 - c^2$
e) $1 + c$

**19.** (UFC – CE) Considere os números reais:

cos 32°, cos 150°, cos 243° e cos 345°

Se *x* e *y* representam, respectivamente, o maior e o menor desses números, então *x* + *y* é igual a:

a) $\frac{2 + \sqrt{3}}{2}$
b) $\frac{3 + \sqrt{2}}{4}$
c) $\frac{2 - \sqrt{3}}{4}$
d) $\frac{3 - \sqrt{2}}{4}$
e) $\frac{\sqrt{3} - \sqrt{2}}{4}$

**20.** (UEPB) O valor de $\text{tg } \frac{4\pi}{5}$ é igual a:

a) $\text{tg}\left(-\frac{4\pi}{5}\right)$
b) $\text{tg } \frac{6\pi}{5}$
c) $\text{tg } \frac{\pi}{5}$
d) $-\text{tg } \frac{\pi}{5}$
e) $\text{tg}\left(-\frac{9\pi}{5}\right)$

**21.** (ESPM – SP – adaptada) Na circunferência abaixo, de centro *O* e raio de 10 cm, o ângulo $\hat{x}$ é tal que 0° < *x* ≤ 90°.

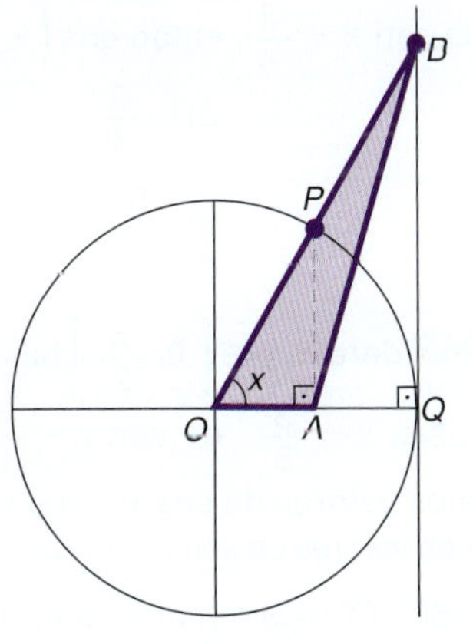


Podemos afirmar que a área do triângulo *OAB*:

a) tem valor máximo próximo de 100 cm$^2$.
b) tem valor máximo igual a 50 cm$^2$.
c) tem valor mínimo para *x* = 45°.
d) tem valor máximo para *x* = 45°.
e) vale 25 cm$^2$ para *x* = 60°.

**22.** (UFC – CE) Calcule o valor numérico da expressão

$$\log\left(\text{tg } \frac{\pi}{5}\right) + \log\left(\text{tg } \frac{3\pi}{10}\right)$$

em que log indica o logaritmo na base 10 e tg indica a tangente do ângulo.

**23.** (Fatec – SP) Em certo país, uma pequena porcentagem da arrecadação das loterias destina-se aos esportes. O gráfico de setores abaixo representa a distribuição dessa verba segundo os dados da tabela seguinte.

| Setor | Destinação | Valor (em reais) |
|---|---|---|
| 1 | Projetos de fomento | 3.240.000,00 |
| 2 | Esporte universitário | 4.590.000,00 |
| 3 | Esporte escolar | 6.750.000,00 |
| 4 | Manutenção do Comitê Olímpico | 9.180.000,00 |
| 5 | Confederações | 30.240.000,00 |
| **Total** | | **54.000.000,00** |

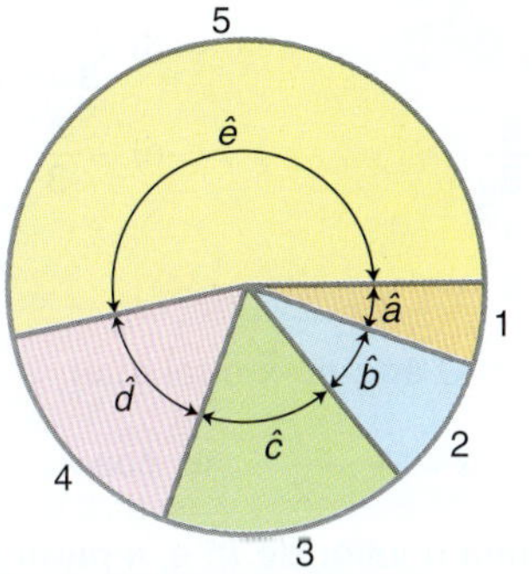


Quanto aos ângulos assinalados no diagrama, é verdade que:

a) $\frac{1}{2} < \text{sen } a < \frac{\sqrt{2}}{2}$
b) $\frac{\sqrt{2}}{2} < \cos b < \frac{\sqrt{3}}{2}$
c) $\frac{\sqrt{3}}{2} < \text{tg } c < 1$
d) $\frac{\sqrt{2}}{2} < \text{sen } d < \frac{\sqrt{3}}{2}$
e) $1 < \text{tg } e < 2$

**24.** (FEI – SP) Se sen $\alpha = \frac{3}{5}$ e $\alpha$ pertence ao segundo quadrante, então o valor de $y = \frac{1 - \cos \alpha}{\text{tg } \alpha}$ é:

a) $-\frac{12}{5}$
b) $\frac{4}{15}$
c) $\frac{12}{5}$
d) $-\frac{4}{15}$
e) $-\frac{5}{3}$

**25.** (Mackenzie – SP) $\text{cotg}\left(\frac{\pi}{3} + \frac{\pi}{6} + \frac{\pi}{12} + ...\right)$ é igual a:

a) $\sqrt{3}$
b) $-\sqrt{3}$
c) $\frac{\sqrt{3}}{3}$
d) $-\frac{\sqrt{3}}{3}$
e) $2 \cdot \frac{\sqrt{3}}{3}$

**26.** (Cefet – AL) Sabendo-se que

$$M = \frac{(\text{tg}^2\, 60°)^n + (\text{cotg}^2\, 30°)^{-n}}{\sec 60°}$$

e $N = \dfrac{(\text{cotg}^2\, 30°)^n - (\text{tg}^2\, 60°)^{-n}}{\text{cossec}\, 30°}$

o valor da expressão

$$E = M^2 - N^2$$

é igual a:

a) −3 b) −2 c) −1 d) 0 e) 1

**27.** (UEPB) Sendo

$$A = \frac{\text{cossec}\, 2.460° \cdot \sec 1.110°}{\text{cotg}\, 2.205°}$$

então o valor de $A$ é igual a:

a) $\frac{4}{3}$
b) $-\frac{8}{3}$
c) $-\frac{1}{3}$
d) $\frac{8}{3}$
e) $-\frac{4}{3}$

**28.** (Udesc) O ângulo $\hat{x}$ é tal que:

$$\text{sen}\, x = +\frac{\sqrt{m}}{2} \quad \text{e} \quad \cos x = +\frac{\sqrt{m-2}}{2}$$

Obtenha o valor de $m$ e, a partir deste, obtenha os valores numéricos de:

tg $x$, sec $x$, cossec $x$ e cotg $x$

**29.** (UERGS – RS) Se $0° < x < 90°$, a expressão equivalente a $(\text{tg}^2\, x + 1) \cdot \cos^2 x$ é:

a) 0
b) $\sec^2 x$
c) $\text{sen}^2\, x$
d) $\text{sen}^2\, x + \cos^2 x$
e) sen $2x$

**30.** (Cefet – MA) O valor de $a$ para que se tenha $\cos x = \dfrac{1}{1+a}$ e $\text{cossec}\, x = \dfrac{1+a}{\sqrt{2+a}}$ é:

a) −1 b) 2 c) −2 d) 1 e) 3

**31.** (UERGS – RS) Considerando-se $x$ um arco qualquer tal que $0 < x < \frac{\pi}{2}$, tem-se como verdadeira a igualdade:

a) $\text{sen}\, x + \cos x = 1$
b) $\text{tg}\, x = \dfrac{\cos x}{\text{sen}\, x}$
c) $\sec x = 1 + \cos x$
d) $\text{sen}^2\, x + \cos^2 x = 1$
e) $\text{sen}^2\, x = 1 + \cos^2 x$

**32.** (UFG – GO) Dois observadores, situados nos pontos $A$ e $B$, a uma distância $d$ um do outro, como mostra a figura a seguir, avistam um mesmo ponto no topo de um prédio de altura $h$, sob um mesmo ângulo θ com a horizontal.

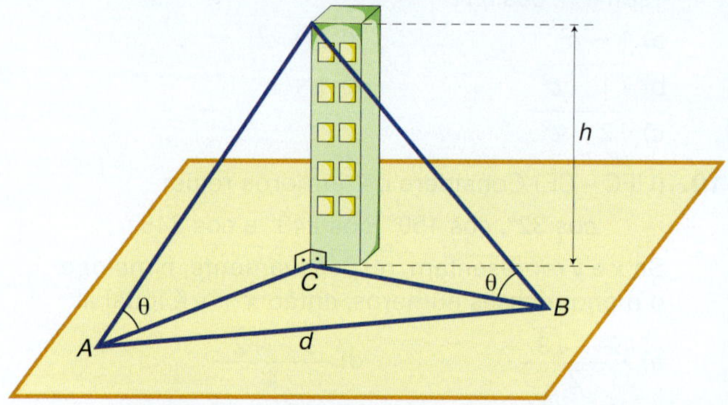


Sabendo que o ângulo $A\hat{B}C$ também mede θ e desconsiderando a altura dos observadores, a altura $h$ do prédio é dada pela expressão:

a) $h = \frac{d}{2} \cdot \text{sen}\, \frac{\theta}{2} \cdot \cos \theta$
b) $h = d \cdot \cos \theta \cdot \text{sen}\, \theta$
c) $h = \frac{d}{2} \cdot \text{tg}\, \theta \cdot \text{sen}\, \theta$
d) $h = \frac{d}{2} \cdot \text{tg}\, \theta \cdot \sec \theta$
e) $h = d \cdot \text{sen}\, \frac{\theta}{2} \cdot \sec \theta$

**33.** (Udesc) Seja $x$ um arco tal que $0 \leqslant x \leqslant \frac{\pi}{2}$. Suponha que $\text{sen}\, x = \frac{3}{4}$, então $\cos\left(x + \frac{\pi}{2}\right)$ é:

a) $\frac{7}{4}$
b) $\frac{\sqrt{7}}{4}$
c) 0
d) $-\frac{3}{4}$
e) $\frac{5}{16}$

**34.** (UFPR) Considere $x, y \in \left[0, \frac{\pi}{2}\right]$ tais que:

$$\text{sen}\, x = \frac{3}{5} \quad \text{e} \quad \text{sen}\, y = \frac{4}{5}$$

a) Calcule os valores de cos $x$ e cos $y$.
b) Calcule os valores de $\text{sen}\,(x + y)$ e $\cos\,(x - y)$.

**35.** (Ibmec – SP) Considere dois ângulos agudos cujas medidas $a$ e $b$, em graus, são tais que:

$$a + b = 90° \text{ e } 4 \cdot (\text{sen}\, a) - 10 \cdot (\text{sen}\, b) = 0$$

Nessas condições, é correto concluir que:

a) tg $a = 1$ e tg $b = 1$
b) tg $a = 4$ e tg $b = \frac{1}{4}$
c) tg $a = \frac{1}{4}$ e tg $b = 4$
d) tg $a = \frac{2}{5}$ e tg $b = \frac{5}{2}$
e) tg $a = \frac{5}{2}$ e tg $b = \frac{2}{5}$

**36.** (Cefet – CE) Sabe-se que um dos ângulos internos de um triângulo mede 120°. Se os outros dois ângulos, de medidas $x$ e $y$, são tais que $\frac{\cos x}{\cos y} = \frac{1 + \sqrt{3}}{2}$, a diferença, em módulo, entre as medidas $x$ e $y$ é:

a) 5°
b) 15°
c) 20°
d) 25°
e) 30°

**37.** (Unirio – RJ) Considerando o corpo humano como uma partícula, o salto em distância por seres humanos pode ser modelado como o movimento de um projétil onde a amplitude $A$ do salto, em metros, é a função da velocidade $v_0$ no início do salto, em metros por segundo, e do ângulo de saída $\theta$ da seguinte forma:

$$A = \frac{v_0^2}{g} \cdot \text{sen } 2\theta$$

A figura a seguir faz uma representação do salto e das variáveis do modelo.

*Fonte:* <http://www.demotou.org/pubs/BrPt02.pdf>.

Considerando $g = 10$ m/s² e sabendo que o atleta realizou um salto com velocidade $v_0 = 10$ m/s e ângulo $\theta$ tal que $\cos\theta = \frac{12}{13}$, determine a amplitude desse salto.

**38.** (Unifor – CE) Sejam $x$ e $y$ números reais tais que $0 < x < \frac{\pi}{2}$ e $0 < y < \frac{\pi}{2}$. Se $\cos x = \frac{3}{4}$ e $\text{sen } y = \frac{1}{4}$, o valor de $\text{sen } 2x + \cos 2y$ é:

a) $1 + \frac{\sqrt{15}}{8}$
b) $\frac{12\sqrt{2} - 1}{16}$
c) $\frac{8 + 3\sqrt{7}}{8}$
d) $\frac{7 + 3\sqrt{7}}{8}$
e) $\frac{59 + 6\sqrt{7}}{16}$

**39.** (UEFS – BA) Sendo $\cos x - \text{sen } x = \frac{2\sqrt{3}}{3}$, com $x \in [0, 2\pi]$, então $\text{sen } 2x$ é igual a:

a) $-\frac{1}{3}$
b) $-\frac{\sqrt{3}}{3}$
c) $\frac{\sqrt{3}}{3}$
d) $\frac{2}{3}$
e) $\frac{\sqrt{3}}{2}$

**40.** (UEPB) Sabendo que $\text{sen } a - \cos a = \frac{2}{5}$, o $\text{sen } 2a$ será igual a:

a) $-\frac{21}{5}$
b) $\frac{21}{50}$
c) $-\frac{21}{50}$
d) $\frac{21}{25}$
e) $\frac{42}{25}$

**41.** (UEG – GO) Sendo $x$ um número real qualquer, a expressão

$$(\text{sen } x + \cos x)^2 - \text{sen } 2x$$

é igual a:

a) 1
b) −2
c) $3\sqrt{2}$
d) $\sqrt{2}$

**42.** (Mackenzie – SP) Se

$(1 - \text{sen } x, 1 - \cos x, 1 + \text{sen } x)$, com $0 < x < \frac{\pi}{2}$,

é uma progressão geométrica, $\cos 2x$ vale:

a) $\frac{1}{2}$
b) $\frac{\sqrt{3}}{2}$
c) $-\frac{1}{2}$
d) $-\frac{\sqrt{3}}{2}$
e) $-\frac{\sqrt{2}}{2}$

**43.** (FGV – SP) O valor de $\cos 72° - \cos^2 36°$ é idêntico ao de:

a) $\cos 36°$
b) $-\cos^2 36°$
c) $\cos^2 36°$
d) $-\text{sen}^2 36°$
e) $\text{sen}^2 36°$

**44.** (Fuvest – SP) A figura representa um quadrado $ABCD$ de lado 1.

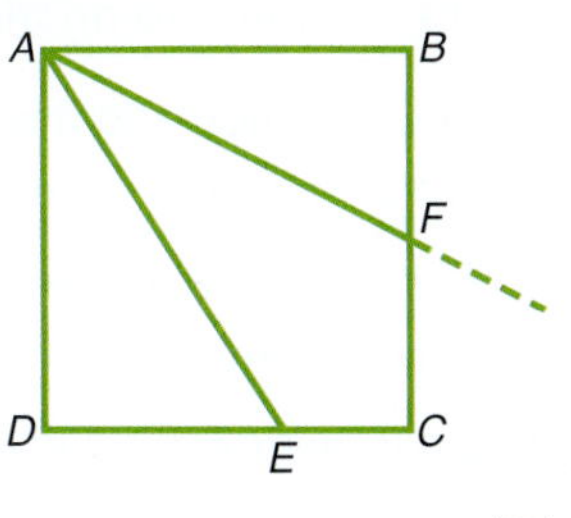


O ponto $F$ está em $\overline{BC}$, $\overline{BF}$ mede $\frac{\sqrt{5}}{4}$, o ponto $E$ está em $\overline{CD}$ e $\overrightarrow{AF}$ é bissetriz do ângulo $B\hat{A}E$. Nessas condições, o segmento $\overline{DE}$ mede:

a) $\frac{3\sqrt{5}}{40}$
b) $\frac{7\sqrt{5}}{40}$
c) $\frac{9\sqrt{5}}{40}$
d) $\frac{11\sqrt{5}}{40}$
e) $\frac{13\sqrt{5}}{40}$

**45.** (UFAM) Considerando as seguintes afirmações:

I. $\cos^2 2x + \text{sen}^2 3x = 1, \forall\, x \in \mathbb{R}$

II. $\text{sen}\, 4x = 4 \cdot \text{sen}\, x \cdot \cos^3 x - 4 \cdot \text{sen}^3 x \cdot \cos x,$ $\forall\, x \in \mathbb{R}$

III. $\cos^2 x = \dfrac{1}{2} + \dfrac{1}{2} \cdot \cos 2x, \forall\, x \in \mathbb{R}$

IV. $\cos(x - y) = \cos x \cdot \cos y + \text{sen}\, x \cdot \text{sen}\, y,$ $\forall\, x, y \in \mathbb{R}$

Podemos garantir que:

a) todas as afirmações são falsas.
b) somente a afirmação II é verdadeira.
c) todas as afirmações são verdadeiras.
d) somente a afirmação III é falsa.
e) somente a afirmação I é falsa.

**46.** (UEPB) Na figura abaixo, os pontos *P*, *Q* e *R* são vértices de um triângulo com dois de seus ângulos internos medindo 60° e 45° respectivamente, e *PR* = 4 cm.

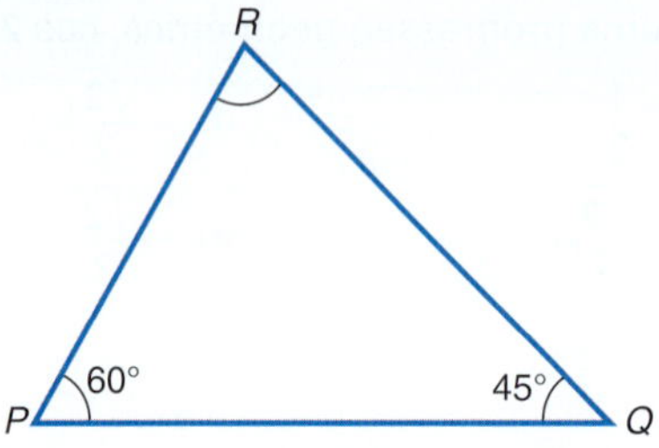


O comprimento do lado $\overline{QR}$ em cm é:

a) $\dfrac{4}{\sqrt{2}}$  c) $2\sqrt{3}$  e) $4\sqrt{3}$

b) $\dfrac{4\sqrt{3}}{2}$  d) $4 \cdot \sqrt{\dfrac{3}{2}}$

**47.** (Fatec – SP) Sejam $\alpha$, $\beta$ e $\gamma$ as medidas dos ângulos internos de um triângulo. Se $\dfrac{\text{sen}\,\alpha}{\text{sen}\,\beta} = \dfrac{3}{5}$, $\dfrac{\text{sen}\,\alpha}{\text{sen}\,\gamma} = 1$ e o perímetro do triângulo é 44, então a medida do maior lado desse triângulo é:

a) 5  b) 10  c) 15  d) 20  e) 25

**48.** (Fuvest – SP) Na figura abaixo, *O* é o centro da circunferência de raio 1, a reta $\overleftrightarrow{AB}$ é secante a ela, o ângulo $\beta$ mede 60° e $\text{sen}\,\alpha = \dfrac{\sqrt{3}}{4}$.

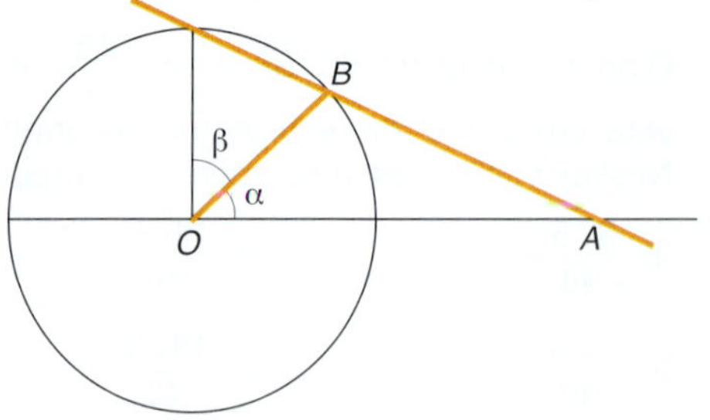


a) Determine $\text{sen}\left[m(O\hat{A}B)\right]$ em função de *AB*.
b) Calcule *AB*.

**49.** (UFMG) Observe esta figura:

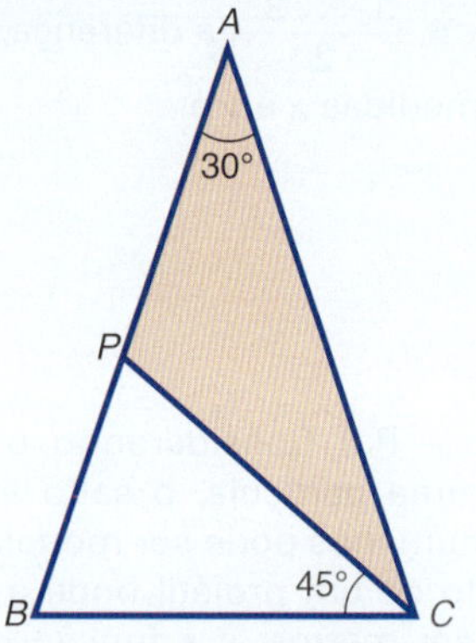


Nessa figura, os comprimentos dos segmentos $\overline{AB}$ e $\overline{AC}$ são iguais. O comprimento do segmento $\overline{BC}$ é 1.

Considerando essas informações:

a) calcule o comprimento do segmento $\overline{CP}$;
b) calcule a área do triângulo *ACP*.

**50.** (Unifor – CE) Um terreno de forma triangular tem frentes de 10 m e 20 m, em ruas que formam, entre si, um ângulo de 120°. A medida do terceiro lado do terreno, em metros, é:

a) $10\sqrt{5}$  d) 26
b) $10\sqrt{6}$  e) $20\sqrt{2}$
c) $10\sqrt{7}$

**51.** (UFPel – RS – adaptada) São cada vez mais frequentes construções de praças cujos brinquedos são montados com materiais rústicos.
A criatividade na montagem de balanços, escorregadores e gangorras de madeira vem proporcionando uma opção de lazer para as crianças.
A figura abaixo mostra um brinquedo simples que proporciona à criançada excelente atividade física.

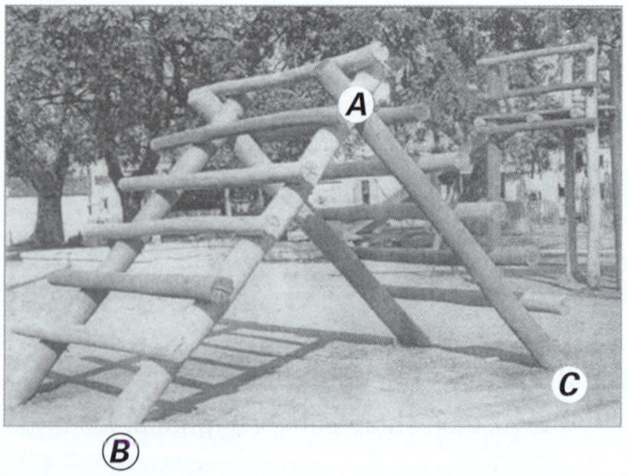


Considerando o texto, as distâncias *AB* e *AC* iguais a 2,0 m, o ângulo $B\hat{A}C$ medindo 75° e seus conhecimentos, determine:

a) a distância de *B* até *C*;
b) a altura do triângulo *ABC* relativa ao lado *BC*.

**52.** (Uespi) Na ilustração a seguir, temos um paralelogramo composto por seis triângulos equiláteros com lados medindo 1. Qual a medida da diagonal do paralelogramo, indicada na figura?

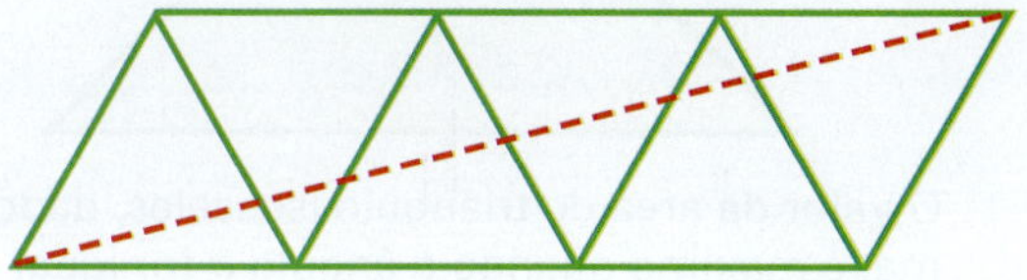

a) $\sqrt{13}$ c) 4 e) 3,4
b) 3,5 d) $2\sqrt{3}$

**53.** (Udesc) De um triângulo *ABC* são conhecidos: $c = (3 + 3\sqrt{3})$ cm, $b = 3\sqrt{6}$ cm e $m(\hat{A}) = 45°$
Ache a medida do outro lado.

**54.** (UFPR) Calcule o seno do maior ângulo de um triângulo cujos lados medem 4, 6 e 8 metros.

a) $\frac{1}{4}$
b) $\frac{1}{2}$
c) $\frac{\sqrt{15}}{4}$
d) $\frac{\sqrt{10}}{4}$
e) $\frac{\sqrt{3}}{2}$

**55.** (Unesp) Paulo e Marta estão brincando de jogar dardos. O alvo é um disco circular de centro *O*. Paulo joga um dardo, que atinge o alvo em um ponto, que vamos denotar por *P*, em seguida, Marta joga outro dardo, que atinge um ponto denotado por *M*, conforme figura.

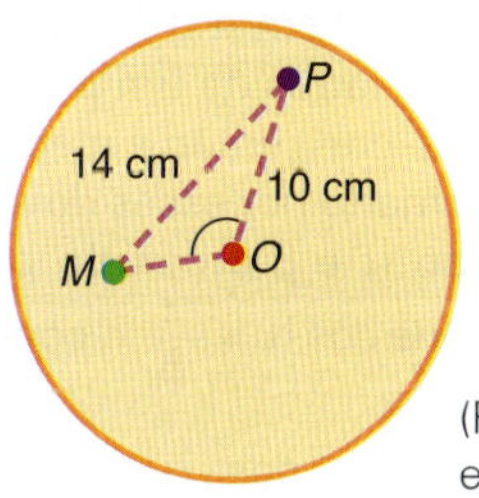


(Figura não está em escala.)

Sabendo-se que a distância do ponto *P* ao centro *O* do alvo é $PO = 10$ cm, que a distância de *P* a *M* é $PM = 14$ cm e que o ângulo $P\hat{O}M$ mede 120°, a distância, em centímetros, do ponto *M* ao centro *O* é:

a) 12 b) 9 c) 8 d) 6 e) 5

**56.** (FGV – SP) Seja *ABCD* um quadrado, e *P* e *Q* pontos médios de $\overline{BC}$ e $\overline{CD}$, respectivamente.

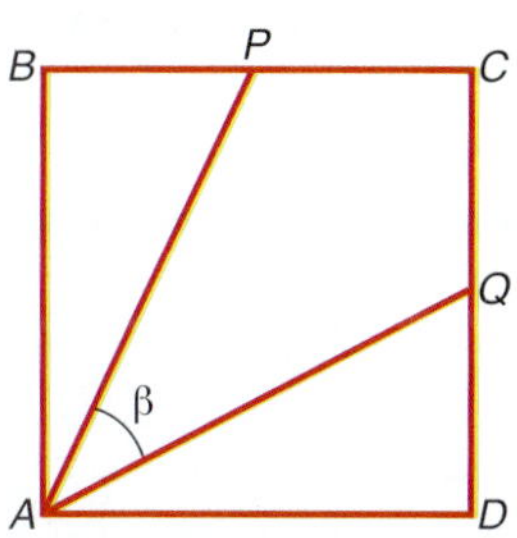


Então, sen β é igual a:

a) $\frac{\sqrt{5}}{5}$
b) $\frac{3}{5}$
c) $\frac{\sqrt{10}}{5}$
d) $\frac{4}{5}$
e) $\frac{5}{6}$

**57.** (UFC – CE – adaptada) Os lados de medidas *a*, *b* e *c* do triângulo *ABC* são opostos aos ângulos internos de medidas α, β e γ, respectivamente, e as medidas α, β e γ, em graus, estão, nessa ordem, em progressão aritmética com razão positiva.

a) Determine a medida β.
b) Sabendo-se que a medida *a* é a metade da medida *c*, determine as medidas α e γ.

**58.** (UFBA) As medidas dos lados de um triângulo *ABC* formam uma progressão aritmética de razão igual a 1. Determine a altura do triângulo *ABC* relativa ao lado $\overline{AB}$, sabendo que:

$$AC < AB < BC \text{ e } \cos m(A\hat{B}C) = \frac{3}{5}$$

**59.** (Unifesp) Em um triângulo com lados de comprimento *a*, *b*, *c*, tem-se:

$$(a + b + c) \cdot (a + b - c) = 3ab$$

A medida do ângulo oposto ao lado de comprimento *c* é:

a) 30°
b) 45°
c) 60°
d) 90°
e) 120°

**60.** (Unicamp – SP) Laura decidiu usar sua bicicleta nova para subir uma rampa. As figuras abaixo ilustram a rampa que terá de ser vencida e a bicicleta de Laura.

a) Suponha que a rampa que Laura deve subir tenha ângulo de inclinação $\alpha$ tal que $\cos \alpha = \sqrt{0,99}$. Suponha, também, que cada pedalada faça a bicicleta percorrer 3,15 m. Calcule a altura *h* (medida com relação ao ponto de partida) que será atingida por Laura após dar 100 pedaladas.

b) O quadro da bicicleta de Laura está destacado na figura acima. Com base nos dados da figura, e sabendo que *a* mede 22 cm, calcule o comprimento *b* da barra que liga o eixo da roda ao eixo dos pedais.

**61.** (Fuvest – SP) Os comprimentos dos lados de um triângulo *ABC* formam uma PA. Sabendo-se também que o perímetro de *ABC* vale 15 e que o ângulo $\hat{A}$ mede 120°, então o produto dos comprimentos dos lados é igual a:

a) 25
b) 45
c) 75
d) 105
e) 125

**62.** (Unicamp – SP) Uma ponte levadiça, com 50 metros de comprimento, estende-se sobre um rio. Para dar passagem a algumas embarcações, pode-se abrir a ponte a partir de seu centro, criando um vão *AB*, conforme mostra a figura abaixo.

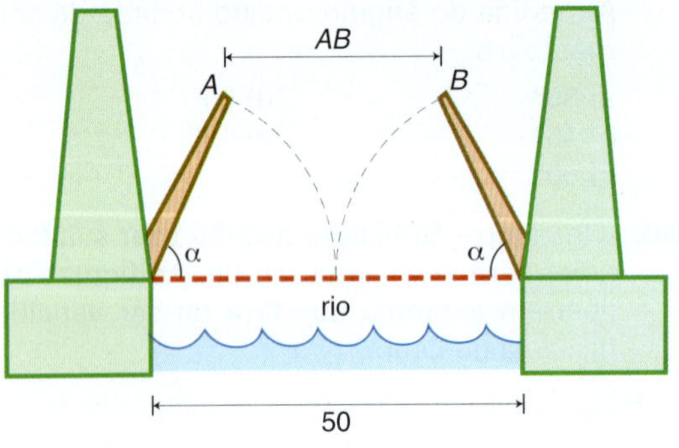


Considerando que os pontos *A* e *B* têm alturas iguais, não importando a posição da ponte, responda às questões abaixo.

a) Se o tempo gasto para girar a ponte em 1° equivale a 30 segundos, qual será o tempo necessário para elevar os pontos *A* e *B* a uma altura de 12,5 m, com relação à posição destes quando a ponte está abaixada?

b) Se $\alpha = 75°$, quanto mede *AB*?

**63.** (Udesc) A área de um triângulo qualquer é igual ao semiproduto das medidas de dois lados quaisquer pelo seno do ângulo formado por eles.

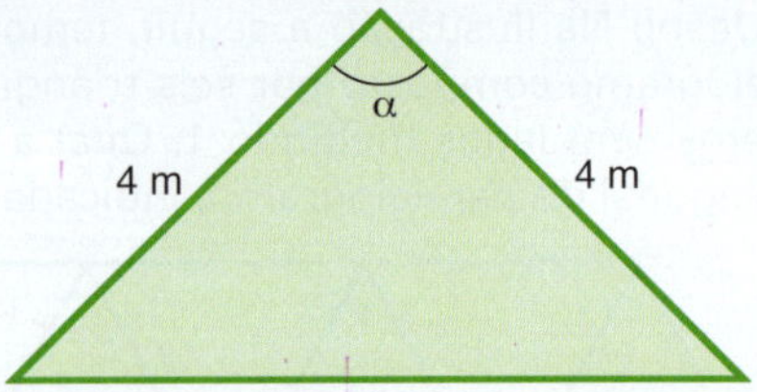


O valor da área do triângulo isósceles, dado acima, é máximo quando o ângulo $\alpha$ for igual a:

a) $\frac{\pi}{2}$
b) $\frac{3\pi}{2}$
c) $\frac{\pi}{4}$
d) $\frac{\pi}{6}$
e) $-\frac{\pi}{2}$

**64.** (FGV – SP) Cada lado congruente de um triângulo isósceles mede 10 cm, e o ângulo agudo definido por esses lados mede $\alpha$ graus.

Se $\text{sen}\ \alpha = 3 \cdot \cos \alpha$, a área desse triângulo, em $\text{cm}^2$, é igual a:

a) $15\sqrt{10}$
b) $12\sqrt{10}$
c) $9\sqrt{10}$
d) $15\sqrt{3}$
e) $12\sqrt{3}$

**65.** (UEM – PR) Identifique o que for **correto**.

(01) Se $\text{sen}\ \alpha = \frac{3}{5}$ e $0 < \alpha < \frac{\pi}{2}$, então:
$$\text{sen}\ 2\alpha = \frac{12}{25}$$

(02) Se $a = 10$ cm e $b = 20$ cm são as medidas de dois lados de um paralelogramo de área $100\sqrt{2}\ \text{cm}^2$, então a medida do menor ângulo formado por esses dois lados é igual a 60°.

(04) Sendo $\alpha$ e $\beta$ arcos do primeiro quadrante tais que $\cos \alpha = \frac{4}{5}$ e $\cos \beta = \frac{1}{\sqrt{10}}$, então:
$$\cos(\alpha + \beta) = -\frac{1}{\sqrt{10}}$$

(08) Um triângulo *ABC* em que os lados $\overline{AB}$ e $\overline{AC}$ medem, respectivamente, 8 cm e 6 cm e o ângulo $B\hat{A}C$ mede 60° tem o lado $\overline{BC}$ medindo $2\sqrt{13}$ cm.

(16) Se *A*, *B* e *C*, nas condições da alternativa anterior, representam cidades em um mapa feito na escala 1 cm : 50.000 cm, então, em linha reta, as cidades *B* e *C* distam mais que 3 km uma da outra.

Dê como resposta a soma dos números associados às proposições corretas.

## Programas de Avaliação Seriada

**1.** (SAS – UEG – GO) Numa antiga máquina de costura, o grande volante com 35 cm de diâmetro, movido por um pedal, está conectado por uma correia a uma roldana-motriz da máquina, de 5 cm de diâmetro. A máquina dá um ponto por cada volta da sua roldana-motriz. Veja a figura.

Essa máquina foi modernizada, trocando-se o grande volante por um motor dotado de uma roldana com 1,25 cm de diâmetro, ligado à mesma roldana-motriz da máquina, por uma correia.

Considerando que, na máquina antiga, o grande volante dá uma volta a cada segundo, a velocidade da roldana do motor para que a máquina com motor dê o mesmo número de pontos por minuto é:

a) 1.200 voltas por minuto
b) 1.680 voltas por minuto
c) 1.720 voltas por minuto
d) 1.920 voltas por minuto

**2.** (PISM – UFJF – MG) Se $y - x = \pi$, pode-se afirmar que:

a) $\text{sen } y - \text{sen } x = 0$
b) $\text{sen}(y - \pi) = 2 \cdot \text{sen } x$
c) $\cos y = -\cos x$
d) $\cos y = \cos^2 x - \text{sen}^2 x$
e) $\cos 2x = -\cos y$

**3.** (PSIU – UFPI) Sejam $\alpha$ e $\beta$ tais que $0 < \alpha < \frac{\pi}{2}$ e $0 < \beta < \frac{\pi}{2}$.

Se $\text{tg } \alpha = \frac{3}{4}$ e $\text{tg } \beta = 2$, então $\log_6 [-4 \cdot \text{sen}(\alpha - \beta) - 2 \cdot \cos(\alpha + \beta)]$ é:

a) $1 + \log_6 4 + \frac{2}{3} \cdot \log_6 5$
b) $1 - \log_6 4 - \frac{3}{2} \cdot \log_6 5$
c) $1 + \log_6 4 - \frac{3}{2} \cdot \log_6 5$
d) $1 - \log_6 4 + \frac{2}{3} \cdot \log_6 5$
e) $1 + \log_6 4 - \frac{2}{3} \cdot \log_6 5$

**4.** (PSS – UFS – SE) Analise as proposições abaixo.

(1) Se $x$ é tal que $\frac{\pi}{2} < x < \pi$ e $\text{sen } x = \frac{2\sqrt{10}}{7}$, então $\text{tg } x = -\frac{2\sqrt{10}}{3}$.

(2) O maior valor da expressão $\frac{1}{2 - \cos x}$ é 2.

(3) O valor de sen 15° é $\frac{\sqrt{2}}{4} \cdot (\sqrt{3} - 1)$.

(4) No triângulo abaixo, $AD = 1$ cm e os ângulos assinalados têm as medidas indicadas. A medida de $\overline{BC}$ é $\frac{\sqrt{2}}{3}$ cm.

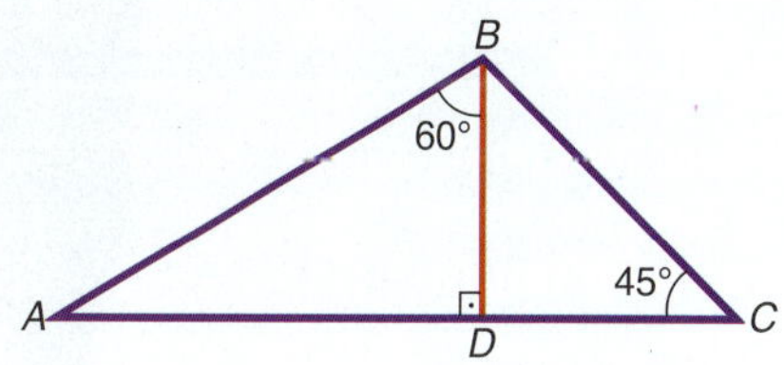


(5) O valor de sen (4.227°) é igual ao valor de − sen 87°.

**5.** (PASES – UFV – MG) Sabendo que sen 30° = 0,5, a soma sen 29° + sen 31° corresponde a:

a) sen 60°
b) sen 69°
c) sen 80°
d) sen 89°

# Capítulo 2

## Objetivos do Capítulo

- Conceituar função periódica e função trigonométrica como um caso particular.
- Estudar as principais características das funções seno, cosseno e tangente e seus gráficos.
- Trabalhar com identidades, equações e inequações trigonométricas, aplicando os conceitos estudados para as funções trigonométricas.
- Explorar aplicações das funções trigonométricas em diferentes contextos.

# Funções Trigonométricas

## O Andar Feminino

Já é bem conhecido o fato de os conceitos fundamentais da Trigonometria terem sido muito importantes para a Astronomia e a Navegação: a relação entre a medida dos lados de um triângulo e a medida do ângulo formado entre eles foi fundamental durante o período das Grandes Navegações.

Mas a aplicação da Trigonometria vai muito além: vários fenômenos biológicos, da Natureza, da área econômica, por exemplo, são periódicos ou, até mesmo, cíclicos. Por um momento, preste atenção em sua respiração. Se não houver nenhuma interferência, um ciclo de inspiração e expiração rítmico estará presente. O mesmo se dá com os batimentos cardíacos, entre tantos outros fenômenos cíclicos ligados à vida. Pois bem, esses fenômenos podem ser modelados (descritos) por meio de funções trigonométricas, tema deste nosso capítulo.

A temperatura corporal, a presença de hormônios na corrente sanguínea, os ciclos de claro e escuro para induzir à floração, as estações do ano, as marés, as ondas sonoras, entre tantos outros fenômenos periódicos, podem ser modelados por meio dessas funções.

Até mesmo o característico andar das mulheres, cheio de balanço e muito diferente do andar masculino, envolve um movimento oscilatório que pode ser descrito pelas funções que estudaremos a seguir.

# 1. Função e Trigonometria

No capítulo 1 deste volume, apresentamos os conceitos básicos da Trigonometria e a ampliação das razões trigonométricas na circunferência. No entanto, muitos fenômenos que ocorrem em nossa volta apresentam características ligadas a essas razões trigonométricas, como por exemplo o fato de haver repetições de valores, como é o caso dos arcos côngruos. Para descrever essas situações matematicamente e, assim, criar modelos que nos auxiliem a estudar esses fenômenos, precisamos de uma ferramenta fundamental para isso: *as funções*. Por isso, vamos dar um tratamento diferente às razões trigonométricas, mudando o enfoque para o desenvolvimento de *funções trigonométricas*, que modelam fenômenos importantes, como veremos mais adiante, e auxiliam na resolução de problemas mais complexos.

PANTHERMEDIA/KEYDISC

Quando uma corda de violão ou de violino vibra, ela emite um som por meio de uma onda sonora, cuja frequência (tom) depende de seu comprimento. Essa onda é descrita por uma função trigonométrica.

PANTHERMEDIA/KEYDISC

## 1.1 FUNÇÕES PERIÓDICAS

Paulo, como bom turista que é, deseja viajar em um fim de semana prolongado para Florianópolis e quer saber que tipo de roupa ele precisa levar. Para isso, fez uma pesquisa e verificou que nos três dias (72 horas) de sua viagem não choveria no local.

Paulo aproveitou sua pesquisa para completar um trabalho que fazia sobre funções. Esboçando o gráfico da temperatura em função do tempo, nesses dias, ele obteve o gráfico ao lado.

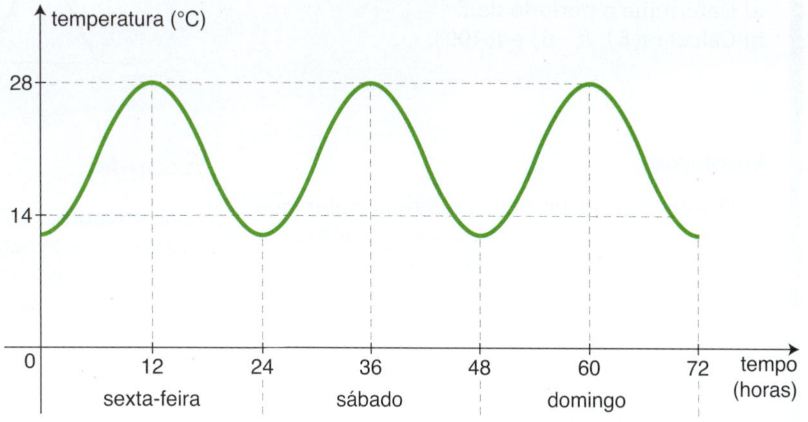


Note que, ao longo do fim de semana, como seria esperado, a temperatura é mais baixa durante a noite e mais alta no meio do dia. Além disso, observe que nos três dias a temperatura ao meio-dia é 28 °C, e existe um *padrão de repetição*, isto é, em intervalos regulares de tempo ela é a mesma.

Funções matemáticas que seguem esse tipo de comportamento são chamadas de **funções periódicas**.

Uma função $f$: $\mathbb{R} \rightarrow \mathbb{R}$ é **periódica** se, e somente se, existe um número real positivo $k$ tal que $f(x) = f(x + k)$ para todo $x \in \mathbb{R}$.

O **período** de uma função periódica $f$ é o **menor valor** de $k$ que satisfaz a igualdade $f(x) = f(x + k)$.

A parte do gráfico de uma função periódica que se repete a cada período será chamada de **trecho-padrão** do gráfico.

Mais adiante, veremos que as *funções trigonométricas*, que iremos estudar, de modo geral possuem essa propriedade, isto é, são periódicas e seu gráfico apresenta um trecho-padrão.

DELFIM MARTINS/PULSAR

## Exercício Resolvido

**ER. 1** Considere a função $f$ periódica, cujo gráfico está representado ao lado.

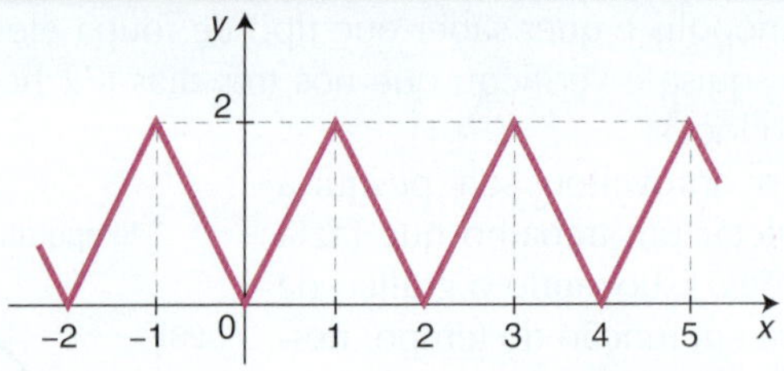

Com base no gráfico, faça o que se pede.

a) Determine o período de $f$.

b) Calcule $f(5)$, $f(-6)$ e $f(100)$.

**Resolução:**

a) Observando o gráfico, podemos notar que ele é composto por triângulos isósceles congruentes de base 2 (e altura 2). Desse modo, cada triângulo é um trecho-padrão do gráfico e vale $f(x) = f(x + 2)$ para todo $x \in \mathbb{R}$.

Logo, o período de $f$ é 2.

> **Recorde**
>
> Dois **triângulos** são **congruentes** quando têm lados correspondentes e os respectivos ângulos internos congruentes entre si. Com isso, todas as demais medidas relativas a esses dois triângulos que sejam correspondentes também são iguais, como é o caso da medida da altura, do perímetro e da área.

b) Como $f$ é uma função periódica com período 2, temos:

$$f(5) = f(3 + 2) = f(3)$$

Pelo gráfico, temos $f(3) = 2$ e, portanto, $f(5) = 2$.

Analogamente, podemos obter:

- $f(-6) = f(-6 + 2) = f(-4) = f(-4 + 2) = f(-2) = 0$
  Logo, $f(-6) = 0$.
- $f(100) = f(98) = f(96) = ... = f(2) = f(0) = 0$
  Logo, $f(100) = 0$.

## Exercícios Propostos

**1.** Dentre os gráficos a seguir, decida em cada caso se pode representar uma função periódica. Em caso afirmativo, dê o período dessa função.

a)

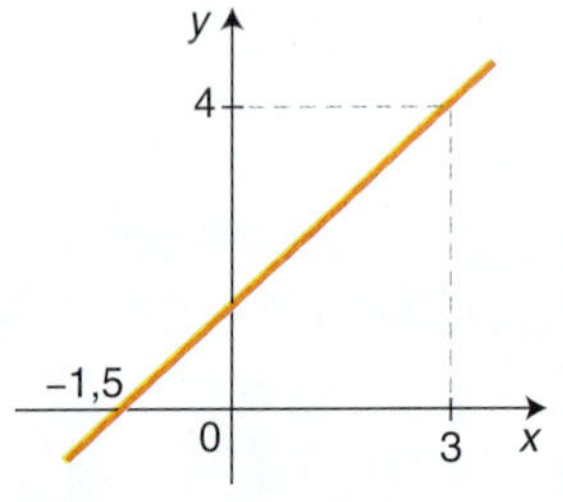

b)

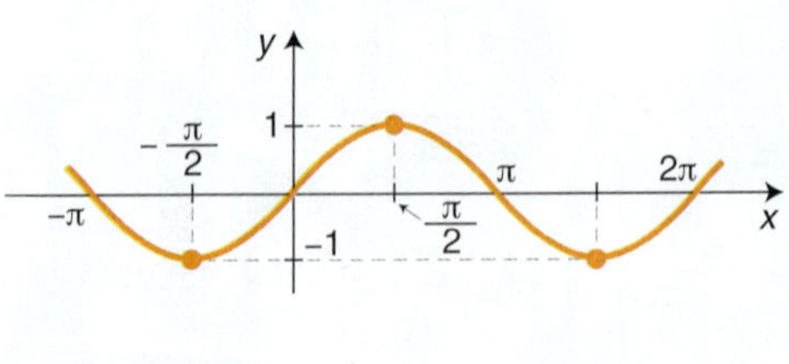

c)

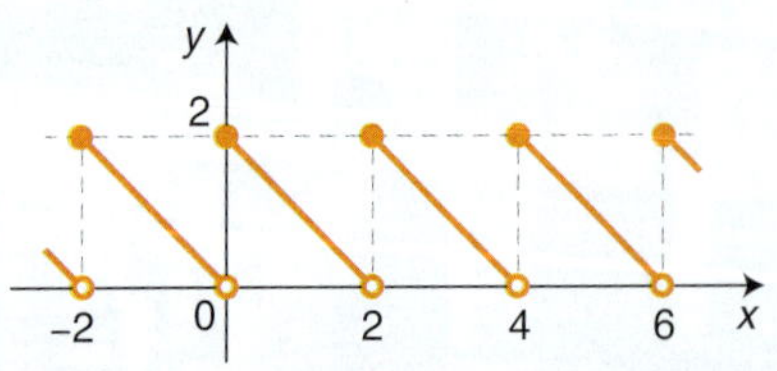

d)

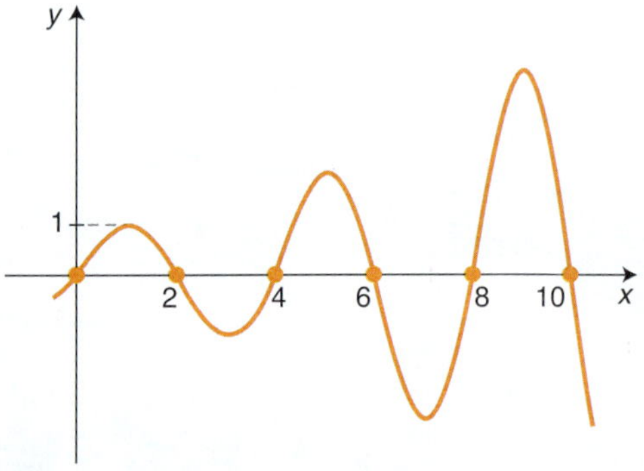

e)

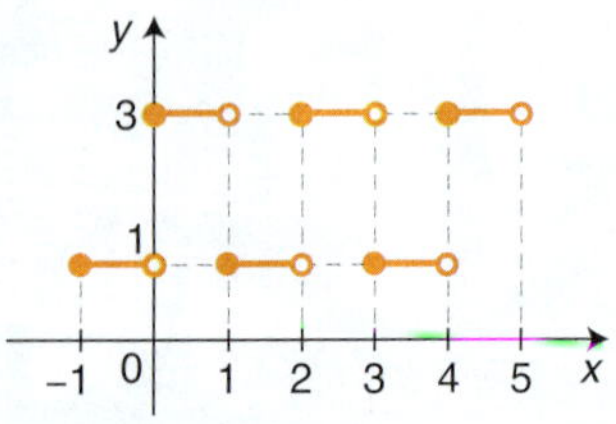

2. Represente graficamente uma função periódica $f$ que tenha as seguintes características:

- $f(0) = 0$
- tem período 3
- assume valores positivos e negativos

3. Considere a função periódica $g$ cujo gráfico está representado ao lado.
Determine o período de $g$ e calcule o valor de $g(2.011)$.

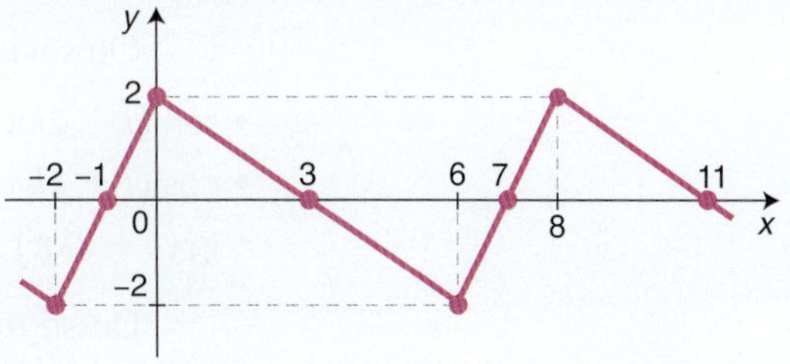


## 1.2 A CIRCUNFERÊNCIA TRIGONOMÉTRICA E O EIXO REAL

Você já sabe que todo ponto da circunferência trigonométrica representa a extremidade de infinitos arcos trigonométricos de medidas diferentes, côngruos entre si.

Dessa forma, partindo dos pontos da circunferência trigonométrica, não é possível definir uma função que faça a associação com as medidas dos arcos representados por esses pontos, pois cada um deles se associaria a mais de um valor, o que contradiz o fato de ser função.

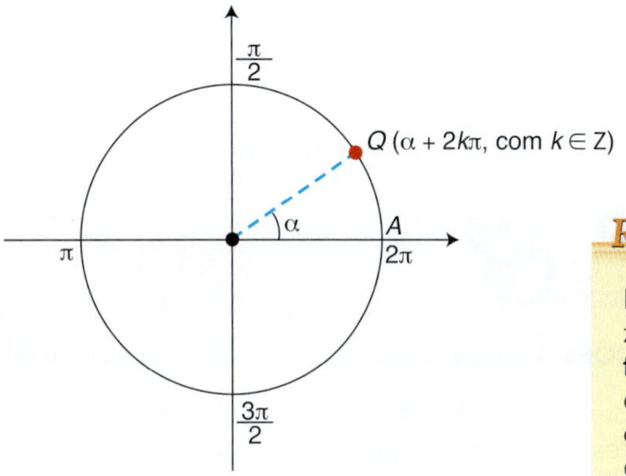


**Recorde**

Dados dois conjuntos não vazios, $A$ e $B$, dizemos que uma **função** de $A$ em $B$ é toda associação que faz corresponder a cada elemento de $A$ um *único* elemento de $B$.

Para que fosse possível descrever as medidas dos arcos por meio de uma função envolvendo as razões trigonométricas, criou-se um novo modelo.

Esse modelo consiste em identificar cada número $t$ do eixo real com um ponto $Q$ da circunferência trigonométrica. Em seguida, toma-se uma razão trigonométrica do arco de extremidade nesse ponto $Q$, cujo comprimento seja $|t|$. Assim, obtemos a seguinte associação: a cada número real $t$ corresponde a razão trigonométrica do arco de medida $t$ rad, desde que ela esteja definida (como o raio é unitário, a medida do arco em radianos, em valor absoluto, é igual ao comprimento do arco).

A função que faz a associação de $\mathbb{R}$ (eixo real) a $\lambda$ (circunferência trigonométrica) é chamada de **função de Euler**, que indicaremos por $E$. Repare que por meio dessa função o número real zero corresponde ao ponto $A(1, 0)$, origem dos arcos.

**Atenção!**

- Para $t > 0$, percorremos a circunferência no sentido anti-horário, a partir da origem $A$ dos arcos.
- Para $t < 0$, o sentido de percurso é o horário, também a partir da origem dos arcos.

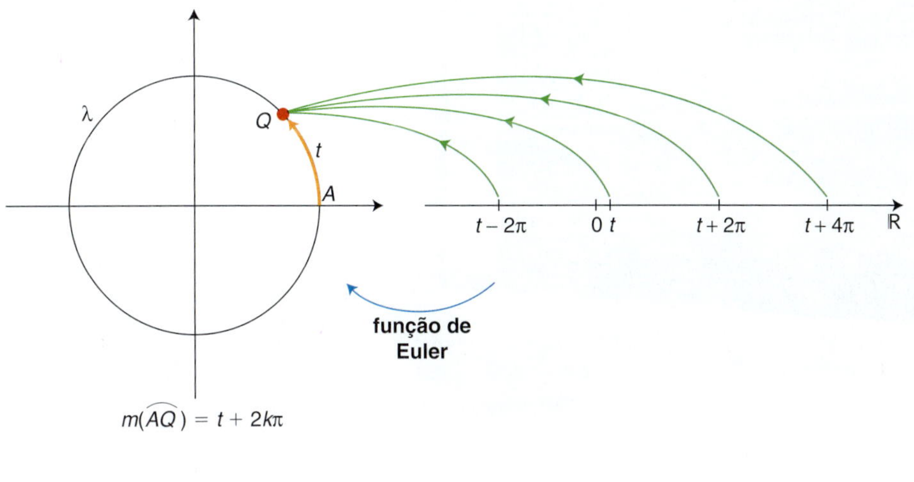

Note, então, que:

$$... = E(t - 2\pi) = E(t) = E(t + 2\pi) = ... = Q(x_Q, y_Q)$$

Ou seja, para $k$ inteiro e $t$ real, temos:

- $\text{sen}\,(t + 2k\pi) = \text{sen}\,t$
- $\cos\,(t + 2k\pi) = \cos\,t$
- $\text{tg}\,(t + 2k\pi) = \text{tg}\,t$, com $t \neq \frac{\pi}{2} + k\pi$

Desse modo, conseguimos dar um novo tratamento às razões trigonometricas: o de *função*.

Funções que apresentam razões trigonométricas de uma variável são chamadas de **funções trigonométricas**.

EXEMPLOS

a) $y = \text{sen}\,2x$

b) $y = \cos\,(-x)$

c) $y = \text{tg}\,\frac{x}{2}$

## Tecnologia & Desenvolvimento

### Funções Trigonométricas e Modelagem Matemática

*Modelagem matemática* é a ciência que cria descrições matemáticas de fenômenos reais cuja ocorrência é regida por leis naturais. São fenômenos como o clima, a propagação de doenças, os movimentos em geral (como aquele que ocorre dentro dos átomos ou mesmo dos veículos e de suas partes, o dos planetas e estrelas etc.). Uma vez estabelecido um modelo, uma investigação exaustiva deste (o que inclui muitas simulações computacionais) costuma resultar na maior compreensão dos detalhes do fenômeno. Com o resultado de tais estudos, criam-se novos equipamentos que permitem a aplicação do conhecimento adquirido. Essas aplicações, aliás, constituem o que chamamos de *tecnologia*.

A TV, o telefone e o micro-ondas são exemplos de tecnologias associadas a esses tipos de estudo. No caso de pesquisas sobre doenças, os resultados podem levar à criação de novos medicamentos e tratamentos mais eficazes.

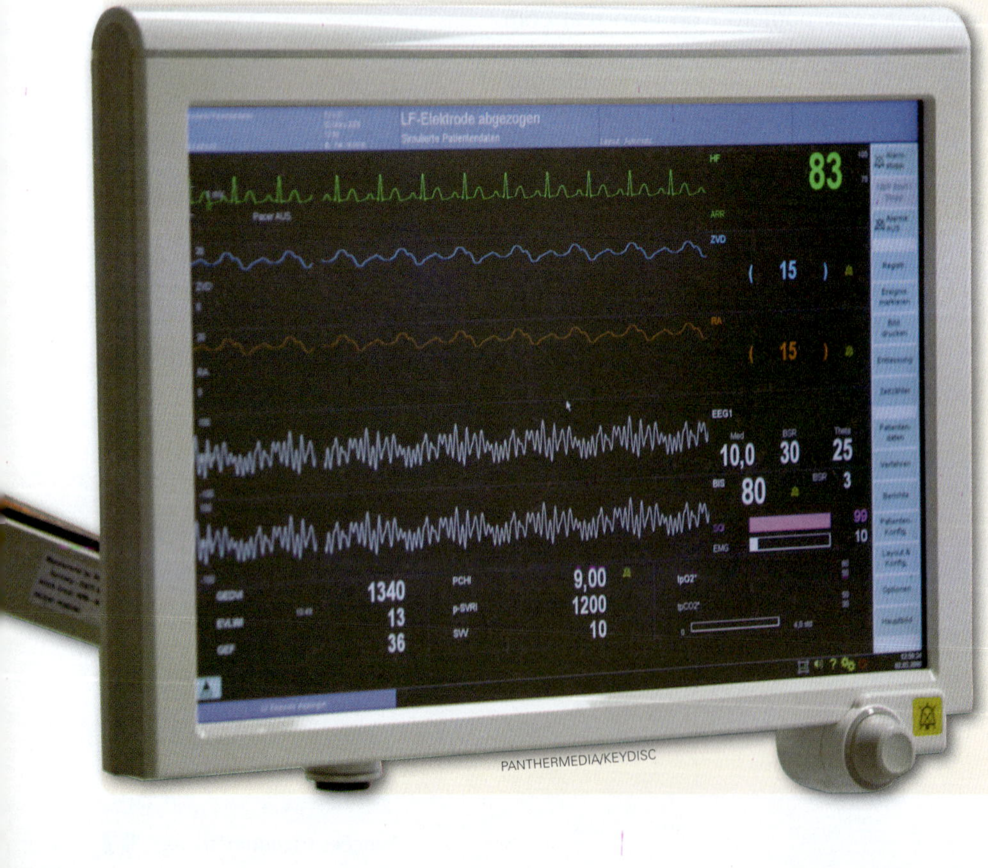


PANTHERMEDIA/KEYDISC

Equipamento para monitoramento de sinais vitais. *Funções periódicas* como essas podem ser modeladas com uso de *funções trigonométricas*.

**Uso de funções trigonométricas em modelagem matemática**

São muitos os fenômenos naturais que podem ser modelados por *funções trigonométricas*. As funções seno e cosseno, por exemplo, são utilizadas para modelar oscilações. Como há oscilações em quase toda a Natureza (desde os átomos até os astros), encontramos senos e cossenos em quase todas as áreas. Vejamos alguns casos.

- **Biologia/Medicina:** o batimento cardíaco, a respiração etc.
- **Engenharias:** movimentos oscilatórios em geral — pêndulos (relógios antigos e atuais também, nos quais a vibração periódica do cristal de quartzo substitui o pêndulo antigo e marca a passagem do tempo), sistemas de amortecimento de veículos automotores etc.
- **Astronomia:** movimentos confinados, como o da Lua em torno da Terra ou da Terra em torno do Sol etc.
- **Física**: movimentos oscilatórios ou circulares em geral, propagação de ondas, óptica, eletricidade etc.
- **Música:** representação e estudo de ondas sonoras e sua propagação, criação de novos sons com uso do computador para composição de músicas eletrônicas.

**Exemplo de aplicação: senos e cossenos na computação gráfica**

Você sabia que a simulação do movimento de rotação de um objeto em uma tela de computador é realizada com o uso das funções trigonométricas seno e cosseno? É assim que são simulados os movimentos que estamos acostumados a ver em jogos e filmes criados em computador.

## 2. Função Seno e seu Gráfico

A **função** trigonométrica **seno** é definida por:

$$f\colon \mathbb{R} \to \mathbb{R} \text{ tal que } f(x) = \text{sen } x$$

A função seno é uma função periódica e como tal seu gráfico se repete a cada período completado. Sendo assim, podemos construir o gráfico para um período e depois repeti-lo.

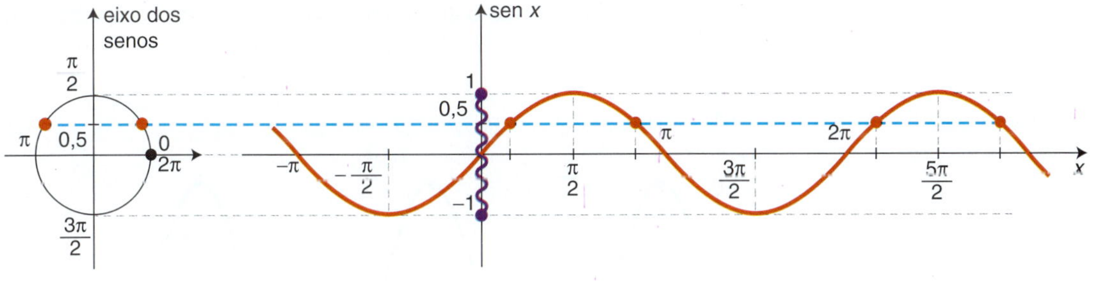


Considerando o gráfico traçado para a função seno, $f(x) = \text{sen } x$, verificamos que:

- o domínio é o conjunto dos números reais

$$D(f) = \mathbb{R}$$

- o conjunto imagem é um intervalo real fechado

$$\text{Im}(f) = [-1, 1]$$

**Recorde**

*Conjunto imagem* de uma função $f$ é aquele formado pelos valores de $y$ para os quais existe um $x$ no domínio de $f$ tal que $y = f(x)$.

**Observação**

É comum nos referirmos às funções trigonométricas pela lei que as definem. Por exemplo, no caso da função seno, que é dada por $f(x) = \text{sen } x$, podemos dizer simplesmente **função sen *x***. Sendo assim, também podemos indicar D(sen $x$) e Im(sen $x$).

## 2.1 ESBOÇO DE GRÁFICOS QUE ENVOLVEM A FUNÇÃO SENO E CONJUNTO IMAGEM

Para esboçar o gráfico da função $f$ dada por $f(x) = 3 + 2 \cdot \text{sen } 2x$, tabelamos alguns valores de modo que o valor do seno a ser calculado seja conhecido (arcos pertencentes aos eixos ou arcos notáveis e seus simétricos).

**Saiba +**

Nas funções trigonométricas, a medida do arco que aparece na respectiva função é chamada de **argumento** da função. Por exemplo, se $f(x) = \text{sen } 2x$, o argumento da função é $2x$.

| $x$ | $2x$ | sen $2x$ | $y = f(x) = 3 + 2 \cdot \text{sen } 2x$ |
|---|---|---|---|
| 0 | 0 | 0 | $y = 3 + 2 \cdot 0 = 3$ |
| $\frac{\pi}{12}$ | $\frac{\pi}{6}$ | 0,5 | $y = 3 + 2 \cdot 0,5 = 4$ |
| $\frac{\pi}{4}$ | $\frac{\pi}{2}$ | 1 | $y = 3 + 2 \cdot 1 = 5$ |
| $\frac{5\pi}{12}$ | $\frac{5\pi}{6}$ | 0,5 | $y = 3 + 2 \cdot 0,5 = 4$ |
| $\frac{\pi}{2}$ | $\pi$ | 0 | $y = 3 + 2 \cdot 0 = 3$ |
| $\frac{7\pi}{12}$ | $\frac{7\pi}{6}$ | −0,5 | $y = 3 + 2 \cdot (-0,5) = 2$ |
| $\frac{3\pi}{4}$ | $\frac{3\pi}{2}$ | −1 | $y = 3 + 2 \cdot (-1) = 1$ |
| $\frac{11\pi}{12}$ | $\frac{11\pi}{6}$ | −0,5 | $y = 3 + 2 \cdot (-0,5) = 2$ |
| $\pi$ | $2\pi$ | 0 | $y = 3 + 2 \cdot 0 = 3$ |
| $\frac{5\pi}{4}$ | $\frac{5\pi}{2}$ | 1 | $y = 3 + 2 \cdot 1 = 5$ |
| $\frac{3\pi}{2}$ | $3\pi$ | 0 | $y = 3 + 2 \cdot 0 = 3$ |

Assim, podemos representar o gráfico de $f(x) = 3 + 2 \cdot \text{sen } 2x$, lembrando que ele apresenta um padrão de repetição a cada período, um trecho-padrão:

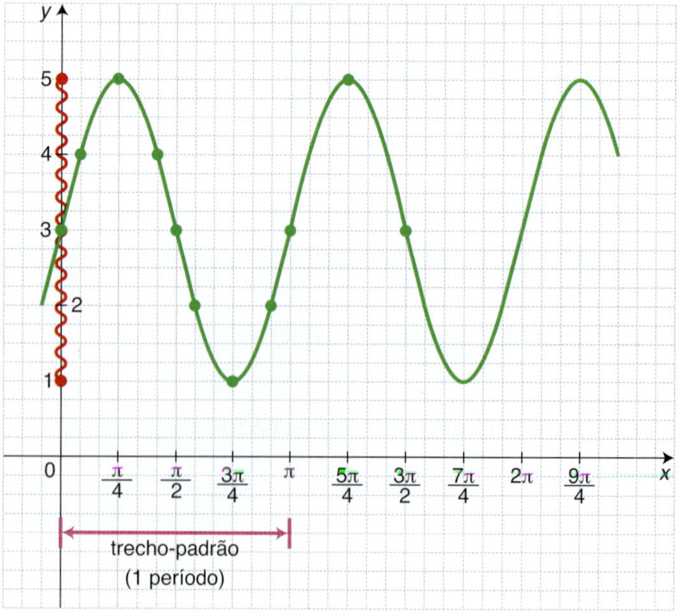


Pelo gráfico, verificamos que o conjunto imagem dessa função é $\text{Im}(f) = [1, 5]$.

## Exercícios Resolvidos

**ER. 2** Determine o conjunto imagem da função dada por $f(x) = 5 + 3 \cdot \text{sen } 2x$.

**Resolução:** Já vimos que o seno de qualquer arco sempre é um número que pertence ao intervalo $[-1, 1]$. Assim:

$$-1 \leq \text{sen } 2x \leq 1$$
$$3 \cdot (-1) \leq 3 \cdot \text{sen } 2x \leq 3 \cdot 1$$
$$-3 \leq 3 \cdot \text{sen } 2x \leq 3$$
$$5 + (-3) \leq 5 + 3 \cdot \text{sen } 2x \leq 5 + 3$$
$$2 \leq 5 + 3 \cdot \text{sen } 2x \leq 8$$
$$2 \leq f(x) \leq 8$$

Logo, $\text{Im}(f) = [2, 8]$.

---

**ER. 3** [CONTABILIDADE] Em uma fábrica de sorvetes de certa cidade, o valor total de vendas, em reais, apurado mensalmente é dado pela função $f$ tal que:

$$f(x) = 200.000 + 20.000 \cdot \text{sen}\left(\frac{\pi}{6}x\right) \text{ com } x \in \{0, 1, 2, ..., 11\}$$

Quando $x = 0$, representa o mês de janeiro; quando $x = 1$, fevereiro; e assim por diante. Nessas condições, faça o que se pede.

a) Esboce o gráfico de $f$.
b) Observando o gráfico, identifique o mês em que o total de vendas foi maior, o mês em que foi menor e quais foram esses faturamentos.

**Resolução:**

a) Vamos fazer uma tabela para os possíveis valores de $x$ e encontrar os respectivos valores de $y$, usando algumas aproximações.

| $x$ | $\frac{\pi}{6} \cdot x$ | $\text{sen}\left(\frac{\pi}{6} \cdot x\right)$ | $f(x) = 200.000 + 20.000 \cdot \text{sen}\left(\frac{\pi}{6} \cdot x\right)$ |
|---|---|---|---|
| 0 | $\frac{\pi}{6} \cdot 0 = 0$ | $\text{sen } 0 = 0$ | $f(0) = 200.000 + 20.000 \cdot 0 = 200.000$ |
| 1 | $\frac{\pi}{6} \cdot 1 = \frac{\pi}{6}$ | $\text{sen } \frac{\pi}{6} = \frac{1}{2} = 0{,}5$ | $f(1) = 200.000 + 20.000 \cdot 0{,}5 = 210.000$ |
| 2 | $\frac{\pi}{6} \cdot 2 = \frac{\pi}{3}$ | $\text{sen } \frac{\pi}{3} = \frac{\sqrt{3}}{2} \simeq 0{,}85$ | $f(2) = 200.000 + 20.000 \cdot 0{,}85 \simeq 217.000$ |
| 3 | $\frac{\pi}{6} \cdot 3 = \frac{\pi}{2}$ | $\text{sen } \frac{\pi}{2} = 1$ | $f(3) = 200.000 + 20.000 \cdot 1 = 220.000$ |
| 4 | $\frac{\pi}{6} \cdot 4 = \frac{2\pi}{3}$ | $\text{sen } \frac{2\pi}{3} = \frac{\sqrt{3}}{2} \simeq 0{,}85$ | $f(4) = 200.000 + 20.000 \cdot 0{,}85 \simeq 217.000$ |
| 5 | $\frac{\pi}{6} \cdot 5 = \frac{5\pi}{6}$ | $\text{sen } \frac{5\pi}{6} = \frac{1}{2} = 0{,}5$ | $f(5) = 200.000 + 20.000 \cdot 0{,}5 = 210.000$ |
| 6 | $\frac{\pi}{6} \cdot 6 = \pi$ | $\text{sen } \pi = 0$ | $f(6) = 200.000 + 20.000 \cdot 0 = 200.000$ |
| 7 | $\frac{\pi}{6} \cdot 7 = \frac{7\pi}{6}$ | $\text{sen } \frac{7\pi}{6} = -\frac{1}{2} = -0{,}5$ | $f(7) = 200.000 + 20.000 \cdot (-0{,}5) = 190.000$ |
| 8 | $\frac{\pi}{6} \cdot 8 = \frac{4\pi}{3}$ | $\text{sen } \frac{2\pi}{3} = -\frac{\sqrt{3}}{2} \simeq -0{,}85$ | $f(8) = 200.000 + 20.000 \cdot (-0{,}85) \simeq 183.000$ |
| 9 | $\frac{\pi}{6} \cdot 9 = \frac{3\pi}{2}$ | $\text{sen } \frac{3\pi}{2} = -1$ | $f(9) = 200.000 + 20.000 \cdot (-1) = 180.000$ |
| 10 | $\frac{\pi}{6} \cdot 10 = \frac{5\pi}{3}$ | $\text{sen } \frac{5\pi}{3} = -\frac{\sqrt{3}}{2} \simeq -0{,}85$ | $f(10) = 200.000 + 20.000 \cdot (-0{,}85) \simeq 183.000$ |
| 11 | $\frac{\pi}{6} \cdot 11 = \frac{11\pi}{6}$ | $\text{sen } \frac{11\pi}{6} = -\frac{1}{2} = -0{,}5$ | $f(11) = 200.000 + 20.000 \cdot (-0{,}5) = 190.000$ |

Assim, com os valores da tabela, fazemos o seguinte gráfico:

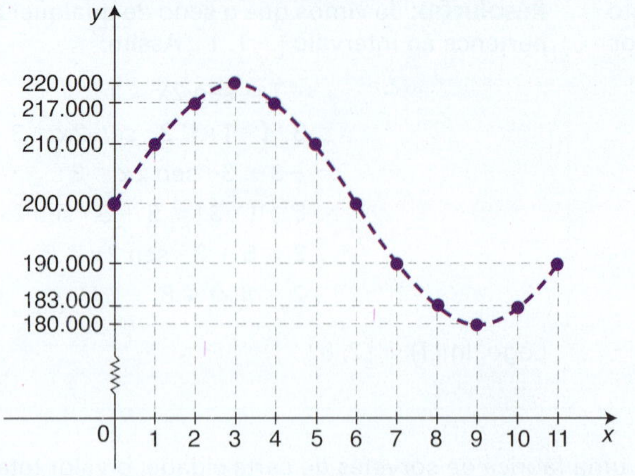


Note que os pontos do gráfico não devem ser unidos, pois os valores do domínio são os inteiros de 0 a 11.

b) Para encontrar os meses de maior e de menor faturamento, devemos procurar o valor máximo e o valor mínimo da função, se existirem.

Observe que o ponto do gráfico de $f$ que possui maior ordenada é $(3, 220.000)$. Como $x = 3$ corresponde ao mês de abril, o maior faturamento ocorreu em abril e foi de R$ 220.000,00.

Analogamente, o ponto de menor ordenada é $(9, 180.000)$, que nos indica que foi em outubro $(x = 9)$ o menor faturamento, cuja quantia foi de R$ 180.000,00.

---

**ER. 4** Esboce os gráficos das funções trigonométricas de domínio real dadas a seguir.

a) $f(x) = 2 \cdot \text{sen}\left(x + \frac{\pi}{4}\right)$

b) $f(x) = \text{sen } 2x$

**Resolução:**

a) Tabelando alguns valores de $x$, temos:

| $x$ | $x + \frac{\pi}{4}$ | $y = f(x) = 2 \cdot \text{sen}\left(x + \frac{\pi}{4}\right)$ |
|---|---|---|
| $-\frac{\pi}{4}$ | $0$ | $y = 2 \cdot \text{sen } 0 = 0$ |
| $-\frac{\pi}{12}$ | $\frac{\pi}{6}$ | $y = 2 \cdot \text{sen } \frac{\pi}{6} = 1$ |
| $\frac{\pi}{4}$ | $\frac{\pi}{2}$ | $y = 2 \cdot \text{sen } \frac{\pi}{2} = 2$ |
| $\frac{7\pi}{12}$ | $\frac{5\pi}{6}$ | $y = 2 \cdot \text{sen } \frac{5\pi}{6} = 1$ |
| $\frac{3\pi}{4}$ | $\pi$ | $y = 2 \cdot \text{sen } \pi = 0$ |
| $\frac{11\pi}{12}$ | $\frac{7\pi}{6}$ | $y = 2 \cdot \text{sen } \frac{7\pi}{6} = -1$ |
| $\frac{5\pi}{4}$ | $\frac{3\pi}{2}$ | $y = 2 \cdot \text{sen } \frac{3\pi}{2} = -2$ |
| $\frac{19\pi}{12}$ | $\frac{11\pi}{6}$ | $y = 2 \cdot \text{sen } \frac{11\pi}{6} = -1$ |
| $\frac{7\pi}{4}$ | $2\pi$ | $y = 2 \cdot \text{sen } 2\pi = 0$ |

Assim, podemos esboçar o seguinte gráfico:

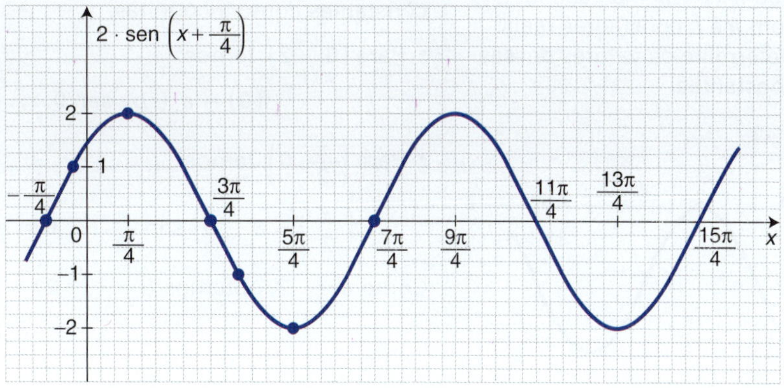


b) Tabelando alguns valores para $f(x) = \text{sen } 2x$, vem:

| $x$ | 0 | $\frac{\pi}{12}$ | $\frac{\pi}{4}$ | $\frac{\pi}{2}$ | $\frac{7\pi}{12}$ | $\frac{3\pi}{4}$ | $\pi$ |
|---|---|---|---|---|---|---|---|
| $2x$ | 0 | $\frac{\pi}{6}$ | $\frac{\pi}{2}$ | $\pi$ | $\frac{7\pi}{6}$ | $\frac{3\pi}{2}$ | $2\pi$ |
| sen $2x$ | 0 | 0,5 | 1 | 0 | −0,5 | −1 | 0 |

Com isso, obtemos o seguinte gráfico:

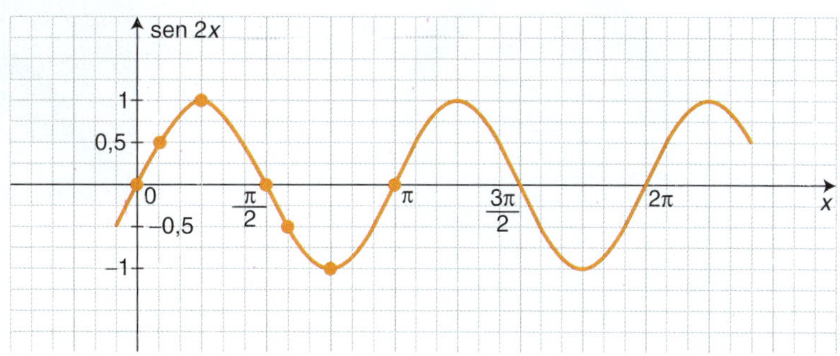


**ER. 5** Considere a função dada por $f(x) = \text{sen } x$, com $x$ real. Para quais valores de $k$ existe $x$ tal que $f(x) = 2k - 1$?

**Resolução:** Para que exista $x$ real tal que $f(x) = 2k - 1$, o número $(2k - 1)$ deve pertencer ao conjunto imagem de $f$, que é $\text{Im}(f) = [-1, 1]$. Assim:

$$-1 \leqslant 2k - 1 \leqslant 1$$
$$-1 + 1 \leqslant 2k - 1 + 1 \leqslant 1 + 1$$
$$0 \leqslant 2k \leqslant 2$$
$$0 : 2 \leqslant 2k : 2 \leqslant 2 : 2$$
$$0 \leqslant k \leqslant 1$$

**ER. 6** O gráfico a seguir representa uma função do tipo $f(x) = a + b \cdot \text{sen } x$, com $a$ e $b$ constantes reais. Determine os valores dessas constantes.

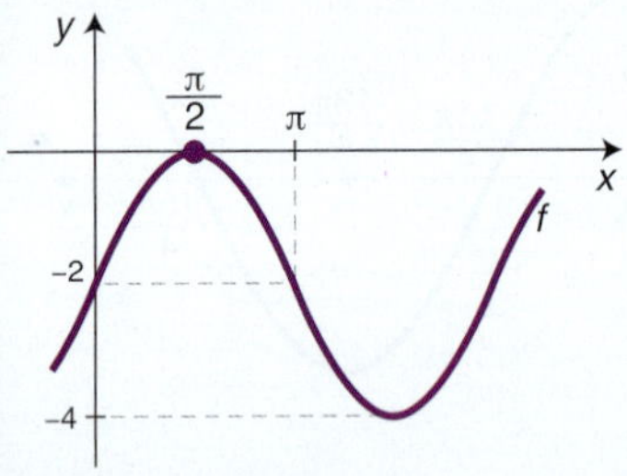


**Resolução:** O gráfico de $f$ passa pelos pontos $(0, -2)$ e $\left(\frac{\pi}{2}, 0\right)$. Assim, vamos substituir esses valores na lei para montar equações com as duas constantes como incógnitas.

- Para $(0, -2)$, temos:

$$f(0) = a + b \cdot \text{sen } 0 \Rightarrow -2 = a + b \cdot 0 \Rightarrow a = -2$$

- Para $\left(\frac{\pi}{2}, 0\right)$, temos:

$$f\left(\frac{\pi}{2}\right) = a + b \cdot \text{sen } \frac{\pi}{2} \Rightarrow 0 = a + b \cdot 1 \Rightarrow a + b = 0 \Rightarrow b = -a$$

Como $a = -2$, obtemos $b = -(-2) = 2$ e, portanto, $a = -2$ e $b = 2$.

## Exercícios Propostos

**4.** **[PESQUISA]** A posição vertical de uma boia esférica em um tanque experimental de ondas é descrita por uma função trigonométrica dada por:

$$h(t) = 2 \cdot \text{sen } \frac{\pi}{3}t$$

em que $h$ é a altura da boia acima da água, em centímetros, e $t$ é o tempo, em segundos, que se passa a partir do momento em que a boia foi colocada no tanque. A que altura $h$ essa boia está após 1 segundo?

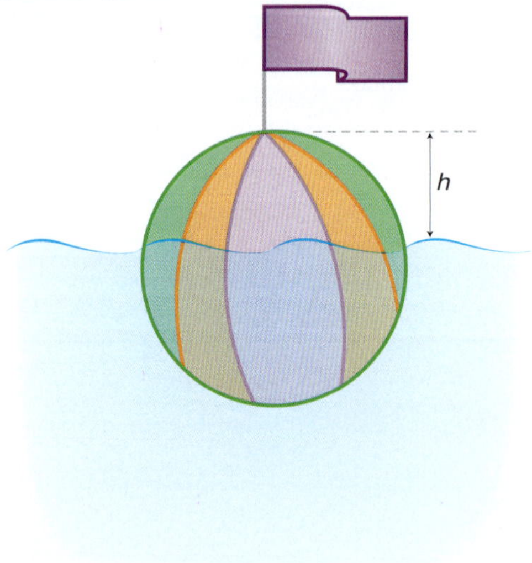


**5.** Esboce o gráfico e determine o conjunto imagem de cada função.

a) $f(x) = \text{sen } x$

b) $f(x) = 2 \cdot \text{sen } x$

c) $f(x) = \text{sen } x + 2$

d) $f(x) = \text{sen } \frac{x}{2}$

**6.** **[FÍSICA]** Em um laboratório, a temperatura, em graus Celsius, de uma sala climatizada é descrita (durante certo tempo) pela função:

$$T(t) = 20 + 0{,}5 \cdot \text{sen } \frac{\pi}{30}t, \text{ com } t \text{ em minutos}$$

Determine a maior e a menor temperatura que essa sala pode ter.

**7.** **[MÚSICA]** Um *som fundamental puro* é emitido por um diapasão e corresponde a uma onda senoidal não perturbada (descrita por uma função seno).

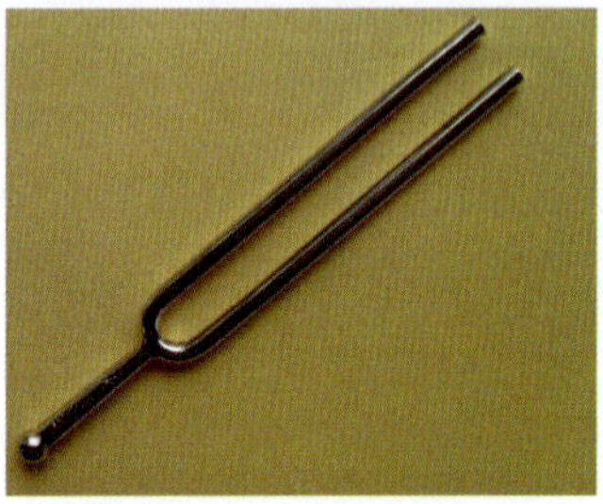

ROBERTO G. FURTADO

Ao bater o diapasão contra uma superfície, suas extremidades vibram gerando um som (uma nota), que é utilizado para afinar instrumentos musicais.

Os sons puros correspondem, graficamente, a funções do tipo:

$k \cdot \text{sen } x,\ k \cdot \text{sen } 2x,\ k \cdot \text{sen } 3x, \dots$ (com $k \neq 0$)

Para visualizar os gráficos dessas funções, basta tocar um diapasão próximo a um microfone ligado a um aparelho que se chama *osciloscópio*.

Esboce, em um mesmo plano cartesiano, os gráficos de

$$f(x) = \text{sen } x,\ g(x) = \text{sen } 2x \text{ e } h(x) = \text{sen } 3x$$

e compare:

a) seus conjuntos imagens;

b) as semelhanças e diferenças dos três gráficos.

**8.** A partir do gráfico de $f(x) = \text{sen } x$, esboce os gráficos de:

$$g(x) = -\text{ sen } x \quad \text{e} \quad h(x) = |\text{sen } x|$$

**9.** Construa, em um mesmo plano cartesiano, os gráficos de

$$f(x) = \text{sen } x,\ g(x) = \text{sen}\left(x + \frac{\pi}{4}\right) \text{ e}$$

$$h(x) = \text{sen}\left(x - \frac{\pi}{4}\right)$$

e, em seguida, descreva uma relação entre esses gráficos.

**10.** As funções $f$, $g$ e $h$ dadas por

$$f(x) = -1 + 2 \cdot \text{sen } x$$
$$g(x) = 1 - 2 \cdot \text{sen } x$$
$$h(x) = 3 \cdot \text{sen } x$$

estão representadas pelos gráficos a seguir. Identifique pela cor qual gráfico corresponde a cada função.

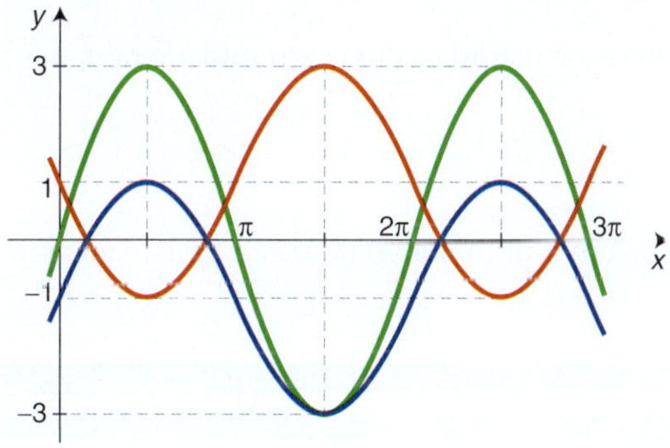


**11.** Obtenha os valores de $a$ e $b$ reais para os quais $f(x) = a + b \cdot \text{sen } x$, sabendo que o gráfico abaixo representa a função $f$.

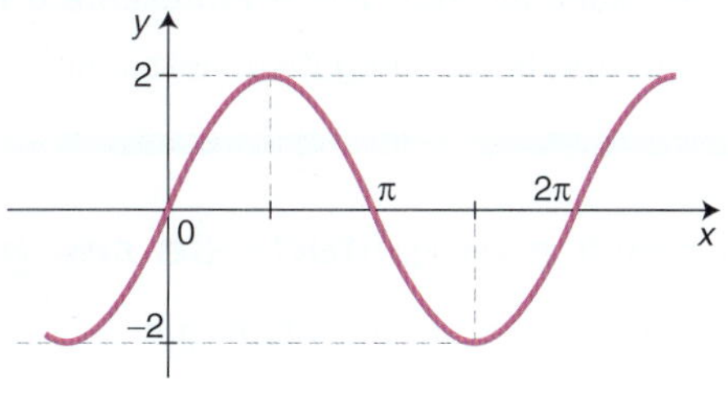


**12.** O gráfico a seguir representa uma função $f$ da forma:

$$f(x) = a - b \cdot \text{sen } x, \text{ com } a \text{ e } b \text{ constantes}$$

Calcule o valor de $a + b$.

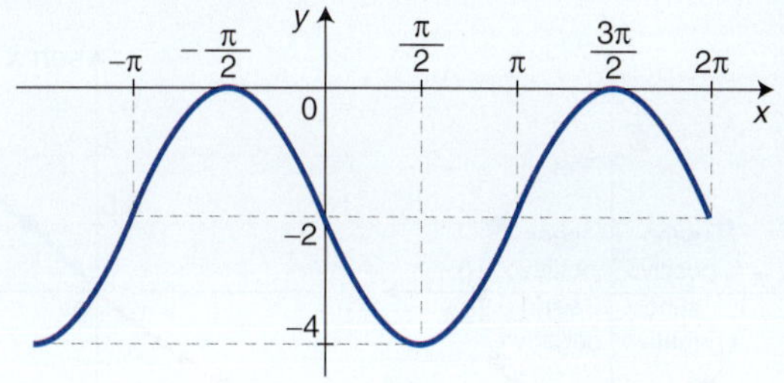


**13.** Considerando $f(x) = \text{sen } x$, para quais valores reais de $k$ podemos ter $f(x) = 2k - 4$?

**14.** Sendo $f(x) = 2 \cdot \text{sen } x$, obtenha o conjunto imagem de $g(x) = [f(x)]^2$.

**15.** Obtenha os valores mínimo e máximo de $f(x) = 3^{2 + \text{sen } x}$.

**16.** Qual é o número de pontos em comum que os gráficos de

$$f(x) = x^2 - 4x + 8 \text{ e } g(x) = \text{sen } x + 1$$

possuem? Justifique sua resposta.

**17.** **[FÍSICA]** A altura, em relação ao solo, de um objeto preso por uma mola, conforme mostra a figura, é dada pela relação

$$h(t) = 4 + 0{,}5 \cdot \text{sen } 2t$$

com $h$ em metros e $t$ em segundos.

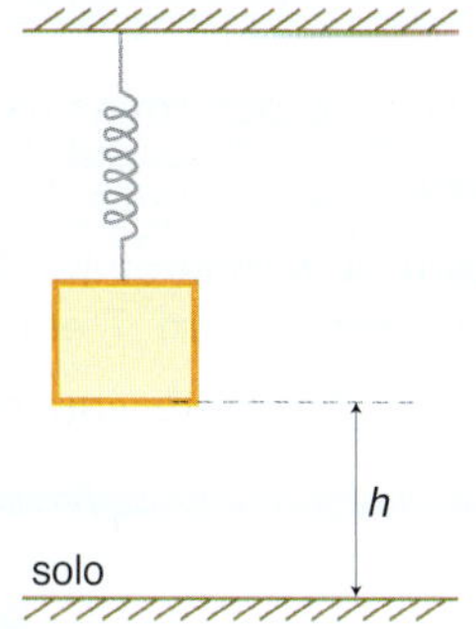


Nessas condições, sempre em relação ao solo, responda:

a) Qual é a altura do objeto no instante inicial $(t = 0 \text{ s})$?

b) Quais são as alturas mínima e máxima que esse objeto atinge?

## 2.2 ESTUDO DA FUNÇÃO SENO

Vamos estudar agora algumas propriedades que a função seno possui. Elas nos ajudam a obter conclusões sobre a função sem a necessidade do esboço de seu gráfico.

## Sinal da função seno

Observe o gráfico da função sen $x$:

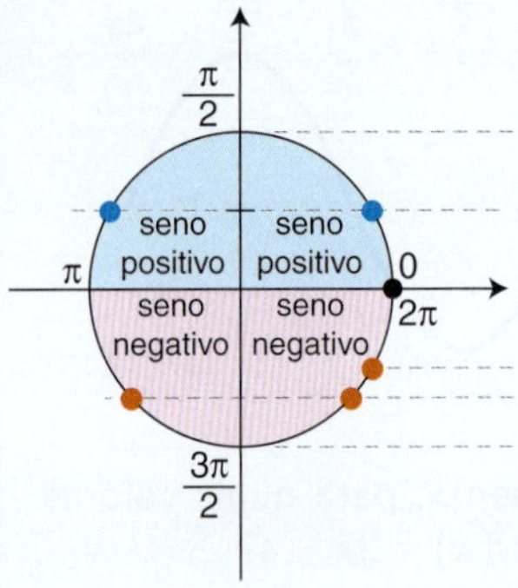


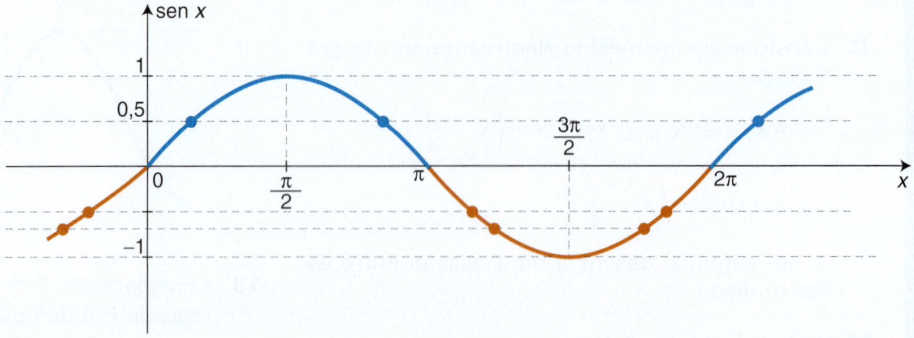


Note que, para $0 \leqslant x \leqslant 2\pi$, temos:

- $\text{sen } x > 0 \Leftrightarrow 0 < x < \pi$
- $\text{sen } x < 0 \Leftrightarrow \pi < x < 2\pi$

Pela associação com os pontos da circunferência trigonométrica, podemos concluir que:

- sen $x$ é positivo para arcos de medida $x$ cuja extremidade pertence ao 1.º ou ao 2.º quadrante;
- sen $x$ é negativo para arcos de medida $x$ cuja extremidade pertence ao 3.º ou ao 4.º quadrante.

**OBSERVAÇÃO**

Para arcos que não pertencem à primeira volta, basta tomar seu arco côngruo correspondente nela.

### EXERCÍCIOS PROPOSTOS

**18.** Para $0 \leqslant x < 4\pi$, determine os intervalos para os quais $f(x) = -\text{ sen } x$ é:

a) positiva

b) negativa

**19.** **[COTIDIANO]** A temperatura de uma certa localidade é descrita ao longo de um dia pela função $T(t) = 5 \cdot \text{sen } t$, com $T$ em graus Celsius e $t$ em horas. Sabendo que $t = 0$ representa 6 horas da manhã e $t = \frac{3\pi}{2}$ representa meia-noite, em que horário a temperatura é negativa, nesse dia?

## Período da função seno e amplitude de seu gráfico

Observando o gráfico da função seno, podemos notar que:

$$\ldots = \text{sen } (x - 2\pi) = \text{sen } x = \text{sen } (x + 2\pi) = \text{sen } (x + 4\pi) = \ldots$$

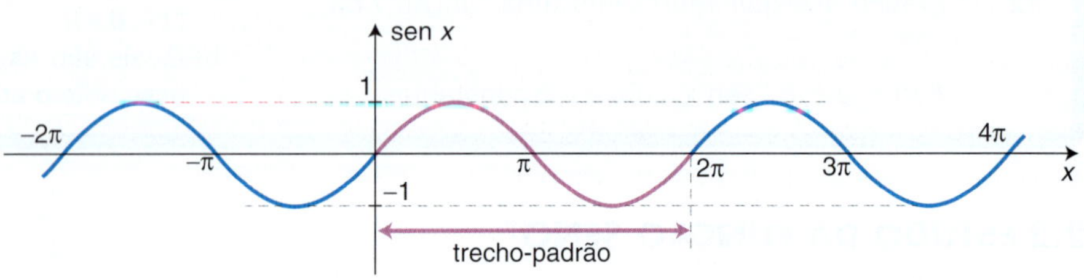


Assim, a função sen $x$ se repete nos intervalos ..., $[-2\pi, 0]$, $[0, 2\pi]$, $[2\pi, 4\pi]$, ..., ou seja, sen $x$ é uma função periódica de **período $2\pi$**.

Outra característica que pode ser destacada no gráfico da função seno é a sua **amplitude** (que indica o quanto o gráfico está "esticado" no eixo das ordenadas), que é dada *pela metade da diferença entre as ordenadas máxima e mínima desse gráfico.*

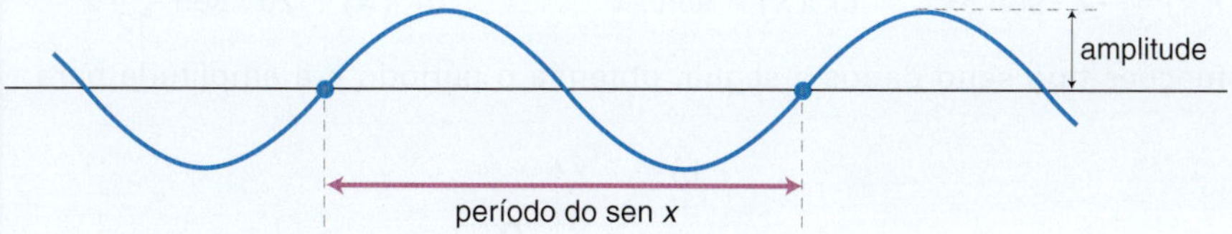


Concluindo:

A função sen $x$ tem período $2\pi$ e seu gráfico tem amplitude 1.

De modo geral:

Para uma função $f: \mathbb{R} \to \mathbb{R}$ tal que $f(x) = a + k \cdot \text{sen } mx$, sendo $a$, $k$ e $m$ constantes reais com $k$ e $m$ não nulas, temos:

- o valor do período é dado por: $\dfrac{2\pi}{|m|}$
- o valor da amplitude é dado por: $|k|$

## Exercícios Resolvidos

**ER. 7** Obtenha o período e a amplitude em cada caso:

a) $g(x) = 2 \cdot \text{sen } 4x$

b) $h(x) = -\text{ sen } \dfrac{x}{2}$

**Resolução:** Vamos comparar as leis das funções $g$ e $h$ com a forma genérica:

$$f(x) = k \cdot \text{sen } mx$$

a) Para $g$, dessa comparação, temos $k = 2$ e $m = 4$. Daí, vem:

$$\text{período: } \frac{2\pi}{|4|} = \frac{\pi}{2} \text{ e amplitude: } |2| = 2$$

b) Já para $h$, obtemos $k = -1$ e $m = \frac{1}{2}$. Então:

$$\text{período: } \frac{2\pi}{\left|\frac{1}{2}\right|} = 4\pi \text{ e amplitude: } |-1| = 1$$

**ER. 8** O gráfico abaixo representa uma função trigonométrica que envolve a função seno. Obtenha o período dessa função e a amplitude de seu gráfico.

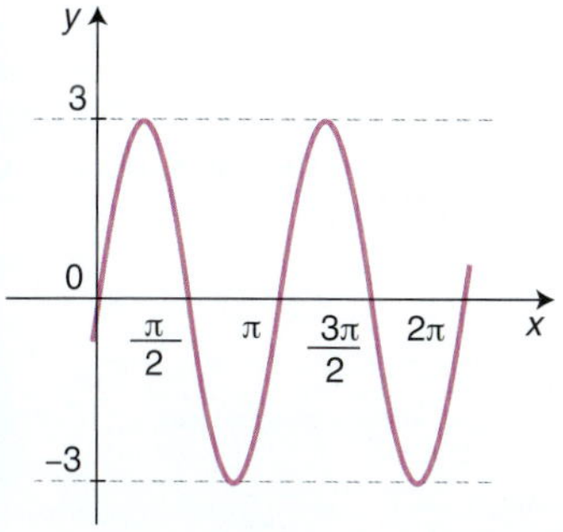


**Resolução:** Observando o gráfico notamos que o trecho-padrão se repete nos intervalos ..., $[0, \pi]$, $[\pi, 2\pi]$, ... Com isso, verificamos que o período da função é $\pi$.

Note também que o valor mínimo é $-3$ e o valor máximo é 3. Logo, a amplitude do gráfico é 3.

# Exercícios Propostos

**20.** Determine o período e a amplitude em cada caso:

a) $f(x) = 3 \cdot \text{sen}\,(-x)$ b) $f(x) = -2 \cdot \text{sen}\,5x$ c) $f(x) = \text{sen}\,\pi x$ d) $f(x) = 20 \cdot \text{sen}\,\frac{\pi}{12}x$

**21.** Observando os gráficos de funções tipo seno dados a seguir, obtenha o período e a amplitude para cada um.

a)

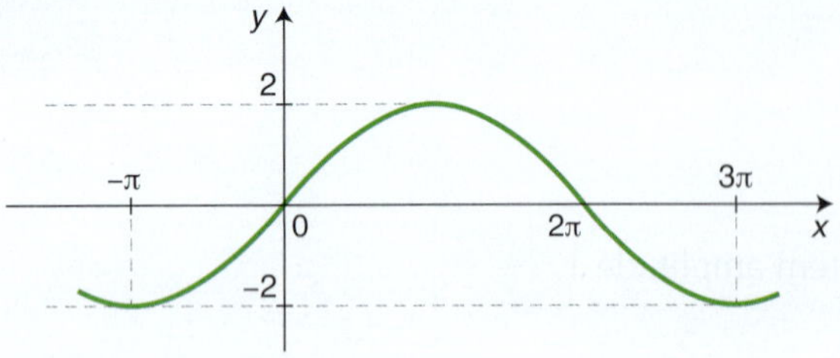


b)

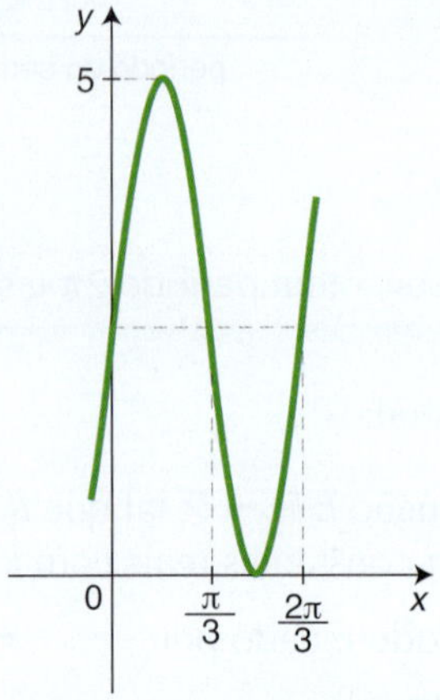


**22.** Obtenha os possíveis valores das constantes $m$ e $k$ na função dada por $f(x) = k \cdot \text{sen}\,mx$, sabendo que o período de $f$ é $\pi$ e a amplitude de seu gráfico é 8.

**23.** **[Negócios]** O faturamento diário, em milhares de reais, de uma empresa, durante um ano, é descrito por:

$$f(x) = 4 + 2 \cdot \text{sen}\,\frac{\pi x}{90}$$

em que $x = 0$ corresponde a 1.º de janeiro.
Nessas condições, responda:

a) Qual é a amplitude desse faturamento?
b) Qual é o faturamento máximo alcançado nesse ano e quantas vezes esse valor é atingido?

## Crescimento e decrescimento da função seno

Vamos analisar o crescimento ou decrescimento da função seno no domínio $[0, 2\pi]$, ou seja, para:

$$f: [0, 2\pi] \to \mathbb{R} \text{ tal que } f(x) = \text{sen}\,x$$

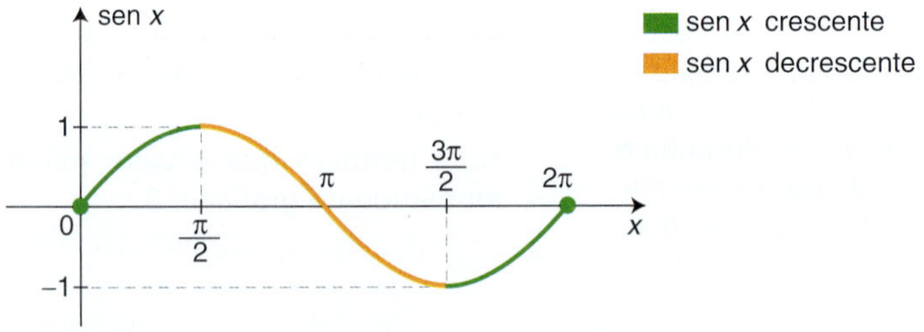


**Recorde**

Para quaisquer $x_1$ e $x_2$ do domínio de uma função $f$, podemos dizer que nos subconjuntos de $D(f)$ em que:

- $x_1 < x_2 \Rightarrow f(x_1) < f(x_2)$, $f$ é *crescente*
- $x_1 < x_2 \Rightarrow f(x_1) > f(x_2)$, $f$ é *decrescente*

Observando o gráfico de $f$, podemos verificar os intervalos de crescimento e de decrescimento da função seno:

- para $0 \leqslant x \leqslant \frac{\pi}{2}$, sen $x$ é crescente;
- para $\frac{\pi}{2} \leqslant x \leqslant \pi$, sen $x$ é decrescente;
- para $\pi \leqslant x \leqslant \frac{3\pi}{2}$, sen $x$ é decrescente;
- para $\frac{3\pi}{2} \leqslant x \leqslant 2\pi$, sen $x$ é crescente.

## Exercício Resolvido

**ER. 9** Determine os intervalos de crescimento e de decrescimento de:

$f: [0, \pi] \rightarrow \mathbb{R}$ tal que $f(x) = \text{sen } 2x$

**Resolução:** Esboçando o gráfico de *f*, temos:

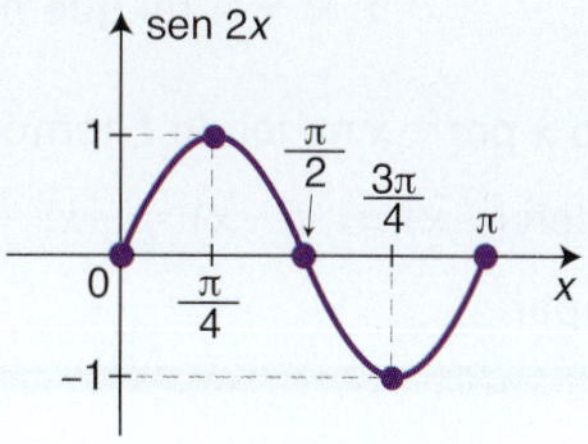


Assim, podemos verificar que sen 2*x* é:

- crescente nos intervalos $\left[0, \frac{\pi}{4}\right]$ e $\left[\frac{3\pi}{4}, \pi\right]$
- decrescente no intervalo $\left[\frac{\pi}{4}, \frac{3\pi}{4}\right]$

## Exercícios Propostos

**24.** Encontre os intervalos de crescimento e de decrescimento de:

a) $f: [0, 4\pi] \rightarrow \mathbb{R}$ tal que $f(x) = \text{sen } \frac{x}{2}$

b) $f: [0, 2\pi] \rightarrow \mathbb{R}$ tal que $f(x) = -\text{ sen } x$

**25.** **[Física]** Em um carro em movimento, a distância, em metros, entre um ponto de um pneu e o chão é dada por:

$$d(t) = 0{,}3 + 0{,}3 \cdot \text{sen } \frac{\pi}{2}t$$

sendo *t* em segundos.

Entre os instantes 0 e 4 segundos, determine:

a) em que intervalos de tempo essa distância está aumentando;

b) em que intervalos de tempo ela está diminuindo.

**26.** **[Música]** A amplitude de uma curva que é gráfico da função seno é a maior distância entre a curva e o eixo *x*. A frequência de uma onda é dada pelo inverso de seu período. O volume de um som depende da amplitude de sua onda e seu tom depende da sua frequência (ou seja, essas duas relações geram funções crescentes).

Considere as funções a seguir que descrevem ondas sonoras:

$f_1(x) = 5 \cdot \text{sen } x$, $f_2(x) = 2 \cdot \text{sen } 4x$, $f_3(x) = \text{sen } 2x$,

$f_4(x) = 2 \cdot \text{sen } 7x$ e $f_5(x) = 3 \cdot \text{sen}\left(\frac{x}{2}\right)$

a) Qual delas corresponde a um som mais alto?

b) Qual delas corresponde a um som mais baixo?

c) Qual delas corresponde a um tom mais alto?

## Paridade da função seno

Observe que o gráfico da função sen *x* é *simétrico em relação à origem* do sistema cartesiano.

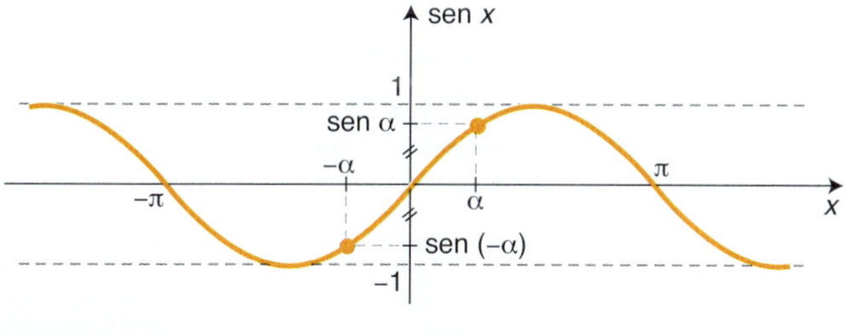


Por isso, temos:

sen $(-x) = -$ sen *x*, para todo *x* do domínio

Logo, **sen *x*** é uma **função ímpar**.

**Recorde**

Uma função *f* é *ímpar* se, para todo *x* de seu domínio, temos:

$f(-x) = -f(x)$

## Exercício Resolvido

**ER. 10** Mostre que a função

$$f: \mathbb{R} \to \mathbb{R} \text{ tal que } f(x) = x^3 + \text{sen } x \text{ é ímpar.}$$

**Resolução:** Substituindo $x$ por $-x$ na lei de $f$, temos:

$$f(-x) = (-x)^3 + \text{sen}(-x) \Rightarrow f(-x) = -x^3 - \text{sen } x \Rightarrow f(-x) = -(x^3 + \text{sen } x) \Rightarrow f(-x) = -f(x)$$

Logo, $f$ é uma função ímpar.

## Exercícios Propostos

**27.** Qual deve ser o valor da constante real $a$ em

$$f(x) = a + \text{sen } x$$

para que $f$ seja uma função ímpar?

**28.** Quais das funções a seguir são ímpares?

a) $f(x) = \text{sen } 2x$
c) $f(x) = \text{sen } x^2$
e) $f(x) = x^2 + \text{sen } x$
b) $f(x) = 3 + \text{sen } x$
d) $f(x) = -x + \text{sen } x$
f) $f(x) = |\text{sen } x|$

# 3. Função Cosseno e seu Gráfico

A **função** trigonométrica **cosseno** é definida por:

$$f: \mathbb{R} \to \mathbb{R} \text{ tal que } f(x) = \cos x$$

A função cosseno também é periódica. Então, de modo análogo ao que fizemos com a função seno, podemos construir o gráfico da função cosseno para um período e depois repeti-lo.

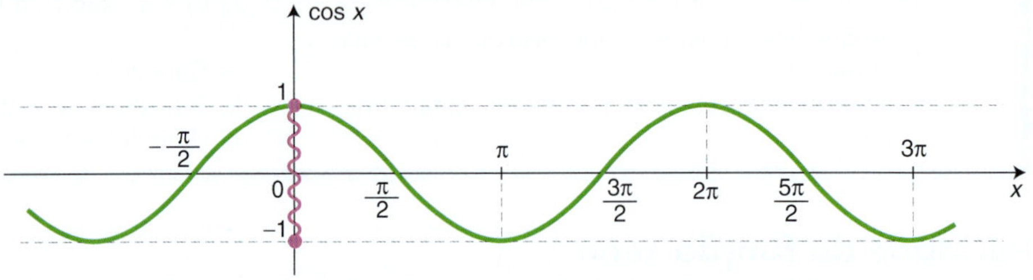


**Atenção!**

Podemos nomear a função cosseno simplesmente por **função cos *x*** e, assim, indicar D(cos $x$) para seu domínio e Im(cos $x$) para seu conjunto imagem.

Considerando o gráfico traçado para a função cosseno, $f(x) = \cos x$, verificamos que:

- o domínio é o conjunto dos números reais
$$D(f) = \mathbb{R}$$
- o conjunto imagem é um intervalo real fechado
$$\text{Im}(f) = [-1, 1]$$

**Observação**

Os gráficos do seno e do cosseno são muitas vezes chamados de *senoide* e *cossenoide*, respectivamente, embora os dois sejam **senoides** (gráficos de funções tipo seno), pois basta fazer um deslocamento, sobre o eixo $x$, do gráfico de cos $x$, de $\frac{\pi}{2}$ unidades para a direita, que recaímos no gráfico de sen $x$.

# Enigmas, Jogos & Brincadeiras

## FAZENDO ONDA!

Três amigas, Pietra, Marília e Glória, inventaram um jogo para estudar as funções trigonométricas. Veja como elas fizeram.

A partir dos gráficos das funções dadas por

$$f(x) = \text{sen } x \quad \text{e} \quad g(x) = \cos x$$

escolheram um conjunto de alterações sobre esses gráficos e escreveram-nas em cartões. Ao sortear um cartão, o jogador da vez deve dizer a lei que descreve a nova função ($h$) obtida pelas alterações indicadas no cartão. Escolhe-se um dos jogadores para anotar a resposta de cada um, em cada rodada. Ao final do total de rodadas combinado, os participantes verificam as respostas. Vence aquele que mais acertos teve.

Vamos mostrar o que ocorreu em uma rodada. Veja os cartões que cada amiga pegou:

| Pietra | Marília | Glória |
|---|---|---|
| Deslocamento do gráfico de $g$ de 1 unidade para cima. | Gráfico similar ao de $f$, mas com período $\pi$. | Deslocamento vertical do gráfico de $g$ de $-3$ unidades. |

Analise a lei que cada uma disse para o respectivo cartão e identifique quem acertou. Explique os erros que foram cometidos e encontre a lei correta, nos casos em que isso for necessário.

- Pietra indicou a lei: $h(x) = -1 + \cos x$
- Glória respondeu assim: $h(x) = -3 + \cos x$
- Marília falou: $h(x) = \text{sen } 2x$

Agora, convide seus amigos, façam seus cartões e brinquem com as funções seno e cosseno!

## 3.1 ESBOÇO DE GRÁFICOS QUE ENVOLVEM A FUNÇÃO COSSENO E CONJUNTO IMAGEM

Para funções nesse caso, precisamos tabelar alguns valores de modo que o valor do cosseno a ser calculado seja conhecido (análogo ao que fizemos para a função seno).

Como exemplo, vamos esboçar o gráfico da função $f$ dada por:

$$f(x) = -1 + \cos x$$

| $x$ | $\cos x$ | $y = f(x) = -1 + \cos x$ |
|---|---|---|
| $-\frac{\pi}{2}$ | 0 | $y = -1 + 0 = -1$ |
| 0 | 1 | $y = -1 + 1 = 0$ |
| $\frac{\pi}{3}$ | 0,5 | $y = -1 + 0,5 = -0,5$ |
| $\frac{\pi}{2}$ | 0 | $y = -1 + 0 = -1$ |
| $\frac{2\pi}{3}$ | −0,5 | $y = -1 - 0,5 = -1,5$ |
| $\pi$ | −1 | $y = -1 - 1 = -2$ |
| $\frac{3\pi}{2}$ | 0 | $y = -1 + 0 = -1$ |
| $2\pi$ | 1 | $y = -1 + 1 = 0$ |
| $\frac{5\pi}{2}$ | 0 | $y = -1 + 0 = -1$ |
| $3\pi$ | −1 | $y = -1 - 1 = -2$ |

Assim, podemos representar o gráfico da função $f(x) = -1 + \cos x$, lembrando que ele apresenta um padrão de repetição a cada período, um trecho-padrão:

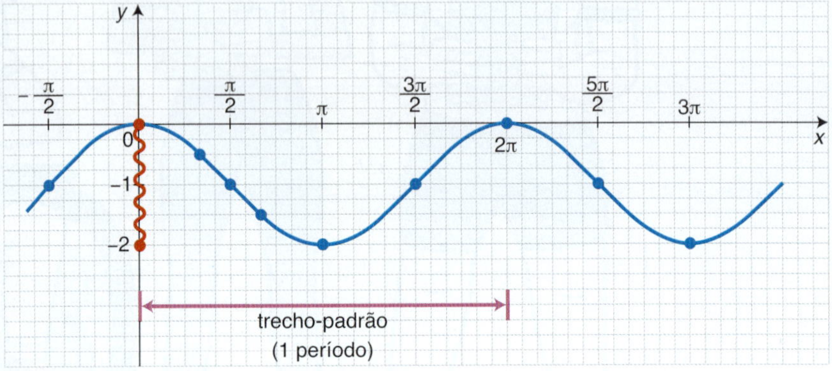


Pelo gráfico, verificamos que o conjunto imagem dessa função é $Im(f) = [-2, 0]$.

## EXERCÍCIOS RESOLVIDOS

**ER. 11** Determine o conjunto imagem de cada função dada a seguir.

a) $f(x) = 2 + 3 \cdot \cos x$

b) $f(x) = \cos^2 x - \operatorname{sen}^2 x$

**Resolução:**

a) Já vimos que o cosseno de qualquer arco sempre é um número que pertence ao intervalo $[-1, 1]$. Assim:

$$-1 \leqslant \cos x \leqslant 1$$
$$3 \cdot (-1) \leqslant 3 \cdot \cos x \leqslant 3 \cdot 1$$
$$-3 \leqslant 3 \cdot \cos x \leqslant 3$$
$$2 + (-3) \leqslant 2 + 3 \cdot \cos x \leqslant 2 + 3$$
$$-1 \leqslant 2 + 3 \cdot \cos x \leqslant 5$$
$$-1 \leqslant f(x) \leqslant 5$$

Logo, $Im(f) = [-1, 5]$.

b) Lembrando que $\cos 2x = \cos^2 x - \operatorname{sen}^2 x$, temos $f(x) = \cos 2x$. Assim, temos:

$$-1 \leqslant \cos 2x \leqslant 1$$

Logo, $Im(f) = [-1, 1]$.

**ER. 12** [GEOGRAFIA]
O número de habitantes, em milhares de indivíduos, de certa população é descrito, aproximadamente, por uma função dada por:

$N(t) = 10 + 1{,}2 \cdot \cos 4\pi t,$

com $t$ em anos.

Determine o número mínimo e máximo de habitantes dessa população.

**Resolução:** Como $-1 \leqslant \cos 4\pi t \leqslant 1$, o valor mínimo de $\cos 4\pi t$ é $-1$ e o valor máximo é 1. Verificamos também que quando $\cos 4\pi t$ assume valor máximo, $N(t)$ também assume seu valor máximo, e o mesmo ocorre para o valor mínimo. Desse modo, para $N$, temos:

- valor mínimo:
  $10 + 1{,}2 \cdot (-1) = 8{,}8$
- valor máximo:
  $10 + 1{,}2 \cdot 1 = 11{,}2$

Logo, o número mínimo de habitantes dessa população é 8.800 indivíduos e o número máximo, 11.200 indivíduos.

**Faça**

Encontre outro modo de resolução para esta questão e descreva-o.

PANTHERMEDIA/KEYDISC

**ER. 13** Esboce o gráfico de $f(x) = \cos 2x$.

**Resolução:** Tabelando alguns valores de $x$, temos:

| $x$ | 0 | $\frac{\pi}{6}$ | $\frac{\pi}{4}$ | $\frac{\pi}{3}$ | $\frac{\pi}{2}$ | $\frac{3\pi}{4}$ | $\pi$ |
|---|---|---|---|---|---|---|---|
| $2x$ | 0 | $\frac{\pi}{3}$ | $\frac{\pi}{2}$ | $\frac{2\pi}{3}$ | $\pi$ | $\frac{3\pi}{2}$ | $2\pi$ |
| $\cos 2x$ | 1 | 0,5 | 0 | $-0{,}5$ | $-1$ | 0 | 1 |

Com isso, obtemos o seguinte gráfico:

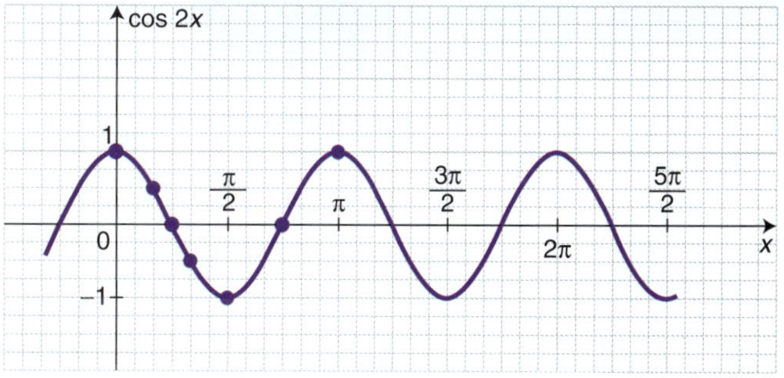


**ER. 14** Considere as funções: $f(x) = x^2 - 2x + 1$ e $g(x) = 1 + \cos x$. Obtenha o maior valor de $f(g(x))$.

**Resolução:** Observe, inicialmente, que $f(x) = (x - 1)^2$. Assim:

$$f(g(x)) = (g(x) - 1)^2$$
$$f(g(x)) = (1 + \cos x - 1)^2$$
$$f(g(x)) = \cos^2 x$$

Como $-1 \leqslant \cos x \leqslant 1$, temos que $0 \leqslant \cos^2 x \leqslant 1$ e, portanto, o maior valor de $f(g(x))$ é 1.

## Exercícios Propostos

**29.** **[Esporte]** A fita que uma ginasta utiliza em seus exercícios sugere uma senoide descrita por uma função dada por:

$$y = 50 + 15 \cdot \cos\left(\pi t + \frac{\pi}{6}\right)$$

em que $y$ é o deslocamento horizontal da onda, medido em centímetros, e $t$ é o tempo, medido em segundos.

Usando $\sqrt{3} = 1{,}73$, determine o deslocamento horizontal da onda feita pela fita da ginasta quando $t = 2$ s.

ROBERT MICHAEL/CORBIS/LATINSTOCK

**30.** Esboce o gráfico e determine o conjunto imagem das seguintes funções:

a) $f(x) = \cos x$

b) $f(x) = 2 \cdot \cos x$

c) $f(x) = \dfrac{\cos x}{2}$

**31.** Construa, em um mesmo plano cartesiano, os gráficos de

$$f(x) = \cos x,\ g(x) = 2 + \cos x \quad \text{e}$$
$$h(x) = -2 + \cos x$$

e, em seguida, descreva uma relação entre esses gráficos.

**32.** A partir do gráfico de $f(x) = \cos x$, explique como é possível obter os gráficos de:

$$g(x) = -\cos x \quad \text{e} \quad h(x) = |\cos x|$$

**33.** **[Geografia]** O índice pluviométrico mensal, em milímetros, de uma certa região, no ano passado, foi aproximado por uma função trigonométrica dada por:

$$I_p(t) = 100 + 20 \cdot \cos \frac{\pi}{6} t$$

em que $t = 0$ representa o mês de janeiro; $t = 1$, fevereiro; e assim por diante.

Adotando $\sqrt{3} = 1{,}7$, esboce o gráfico da função $I_p$, de janeiro até dezembro desse ano.

PANTHERMEDIA/KEYDISC

**34.** Obtenha os valores das constantes reais $a$ e $b$ em

$$f(x) = a + b \cdot \cos x$$

de modo que o gráfico a seguir represente a função $f$.

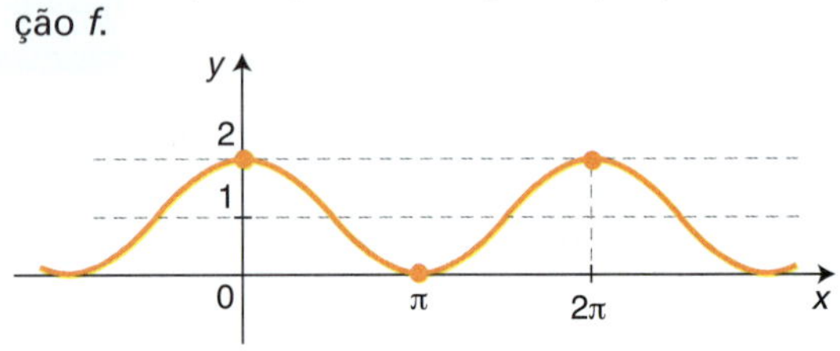


**35.** Encontre o conjunto imagem de:

a) $f(x) = -1 + 3 \cdot \cos x$

b) $f(x) = 3 - \cos x$

**36.** Obtenha os valores reais de $k$ para que se tenha $f(x) = k - 4$ para algum $x$ real, sendo que $f$ é dada por $f(x) = 2 \cdot \cos x + 1$.

**37.** Obtenha os valores mínimo e máximo de:

$$f(x) = 2^{1 + \cos x}$$

**38.** Determine o menor e o maior valor de $f(g(x))$ para:

$$f(x) = 3 \cdot \cos x \quad \text{e} \quad g(x) = 2^x$$

**39.** Para $x \in [-2\pi, 2\pi]$, dê o número de pontos de intersecção dos gráficos das funções sen $x$ e cos $x$.

## 3.2 ESTUDO DA FUNÇÃO COSSENO

Da mesma forma que fizemos com a função seno, vamos estudar algumas propriedades que a função cosseno possui. Essas propriedades nos auxiliam a obter conclusões sobre a função sem a necessidade de construir seu gráfico.

### Sinal da função cosseno

Observe o gráfico da função cos $x$:

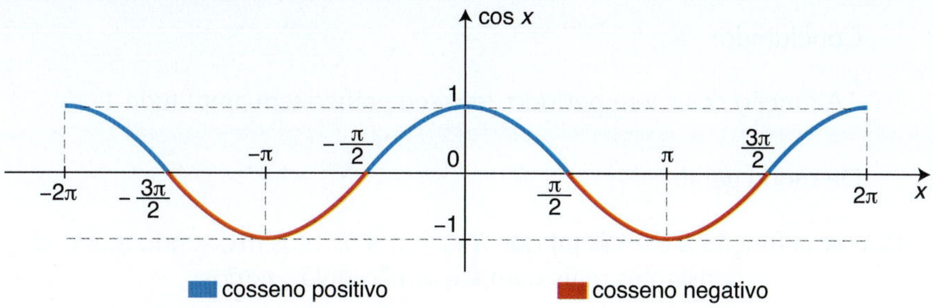


Note que, para $0 \leq x \leq 2\pi$, temos:

- $\cos x > 0 \Leftrightarrow 0 < x < \frac{\pi}{2}$ ou $\frac{3\pi}{2} < x < 2\pi$
- $\cos x < 0 \Leftrightarrow \frac{\pi}{2} < x < \frac{3\pi}{2}$

De maneira análoga ao sen $x$, podemos concluir que:

- cos $x$ é positivo para arcos de medida $x$ cuja extremidade pertence ao 1.º ou ao 4.º quadrante.
- cos $x$ é negativo para arcos de medida $x$ cuja extremidade pertence ao 2.º ou ao 3.º quadrante.

OBSERVAÇÃO

Para arcos que não pertencem à primeira volta, basta tomar seu arco côngruo correspondente nela.

**EXERCÍCIOS PROPOSTOS**

**40.** Para $-2\pi < x < 2\pi$, determine os intervalos para os quais $f(x) = 2 \cdot \cos x$ é negativa.

**41.** Obtenha os possíveis valores da constante real $k$ para que a função $f(x) = (k - 2) \cdot \cos x$ seja positiva.

### Período da função cosseno e amplitude de seu gráfico

Observando o gráfico da função cosseno, podemos notar que:

$$\ldots = \cos(x - 2\pi) = \cos x = \cos(x + 2\pi) = \cos(x + 4\pi) = \ldots$$

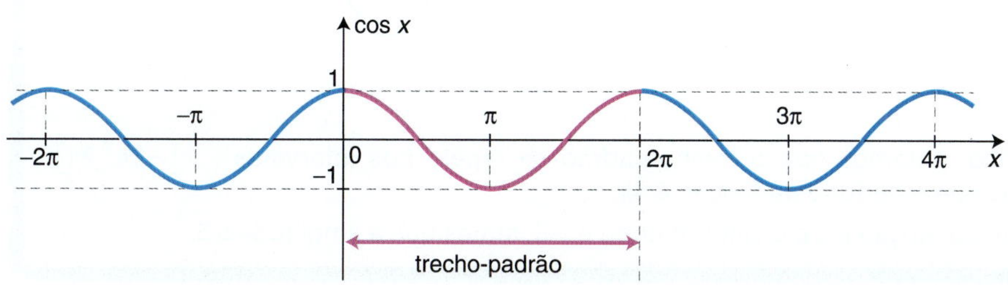

Assim, a função $\cos x$ se repete nos intervalos ..., $[-2\pi, 0]$, $[0, 2\pi]$, $[2\pi, 4\pi]$, ..., ou seja, $\cos x$ é uma função periódica de **período $2\pi$**.

Para o gráfico da função cosseno também podemos estudar sua **amplitude**.

**Recorde**

A amplitude é dada pela *metade da diferença entre as ordenadas máxima e mínima* do gráfico da função.

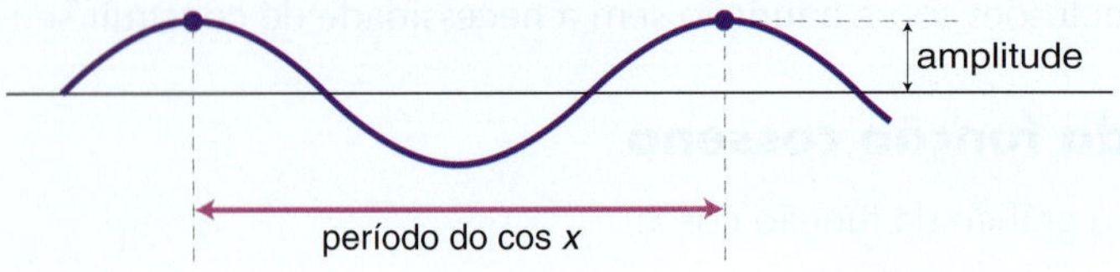


Concluindo:

> A função $\cos x$ tem período $2\pi$ e seu gráfico tem amplitude 1.

De modo geral:

> Para uma função $f: \mathbb{R} \to \mathbb{R}$ tal que $f(x) = a + k \cdot \cos mx$, sendo $a$, $k$ e $m$ constantes reais com $k$ e $m$ não nulas, temos:
>
> - o valor do período é dado por $\dfrac{2\pi}{|m|}$
> - o valor da amplitude é dado por: $|k|$

## EXERCÍCIOS RESOLVIDOS

**ER. 15** Obtenha o período e a amplitude em cada caso:

a) $f(x) = -4 \cdot \cos 2x$

b) $g(x) = 3 \cdot \cos \dfrac{\pi}{2}x$

**Resolução:** Vamos comparar as leis das funções $f$ e $g$ com a forma genérica:

$$y = k \cdot \cos mx$$

a) Para $f$, dessa comparação, temos $k = -4$ e $m = 2$. Daí, vem:

$$\text{período: } \frac{2\pi}{|2|} = \pi \quad \text{e} \quad \text{amplitude: } |-4| = 4$$

b) Já para $g$, obtemos $k = 3$ e $m = \dfrac{\pi}{2}$. Então:

$$\text{período: } \frac{2\pi}{\left|\frac{\pi}{2}\right|} = 4 \quad \text{e} \quad \text{amplitude: } |3| = 3$$

**ER. 16** O gráfico ao lado representa uma função trigonométrica da forma:

$$f(x) = k \cdot \cos mx$$

Obtenha o período dessa função e a amplitude de seu gráfico.

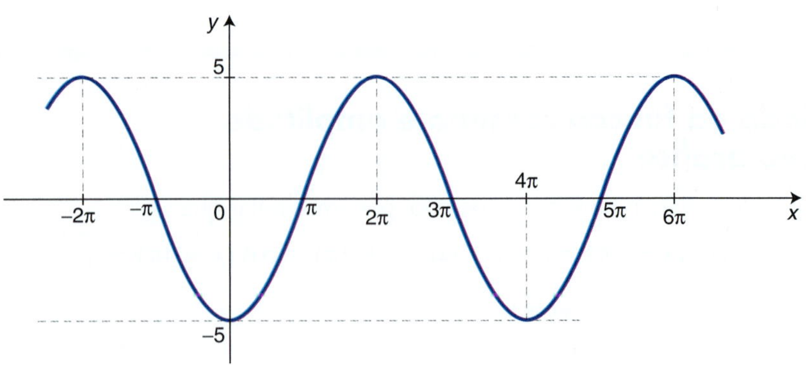


**Resolução:** Observando o gráfico, notamos que o trecho-padrão se repete nos intervalos ..., $[-2\pi, 2\pi]$, $[2\pi, 6\pi]$, ... Com isso, verificamos que o período da função é $4\pi$.

Além disso, como o valor máximo da função é 5 e o valor mínimo é $-5$, temos que a amplitude é 5.

## Exercícios Propostos

**42.** Determine o período e a amplitude em cada caso:

a) $f(x) = 7 \cdot \cos 2x$ b) $f(x) = -1{,}5 \cdot \cos \frac{x}{2}$ c) $f(x) = \sqrt{2} \cdot \cos \frac{\pi x}{6}$

**43.** Observando os gráficos de funções do tipo cosseno dados a seguir, obtenha o período e a amplitude para cada um.

a)

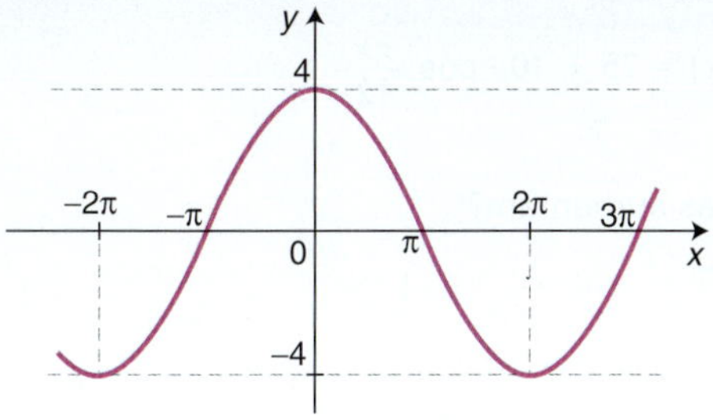


b)

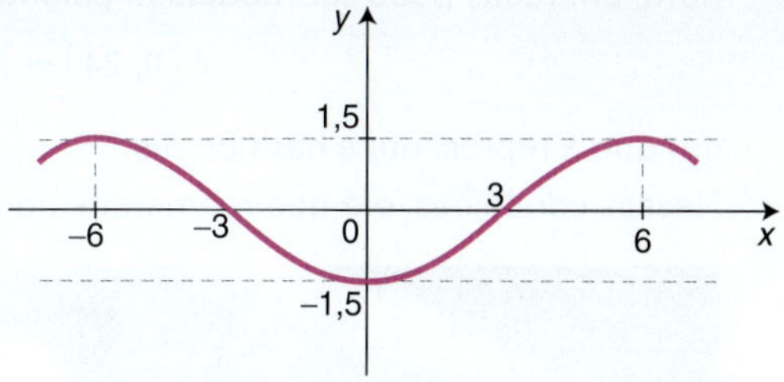


**44.** Determine os possíveis valores das constantes $m$ e $k$ na função dada por $f(x) = k \cdot \cos mx$, sabendo que o período de $f$ é 6 e que a amplitude de seu gráfico é 2,5.

## Crescimento e decrescimento da função cosseno

Vamos analisar o crescimento ou decrescimento da função cosseno no domínio $[0, 2\pi]$, ou seja, para:

$$f: [0, 2\pi] \to \mathbb{R} \text{ tal que } f(x) = \cos x$$

Observando o gráfico de $f$, podemos verificar os intervalos de crescimento e de decrescimento da função cosseno:

- para $0 \leqslant x \leqslant \pi$, $\cos x$ é decrescente;
- para $\pi \leqslant x \leqslant 2\pi$, $\cos x$ é crescente.

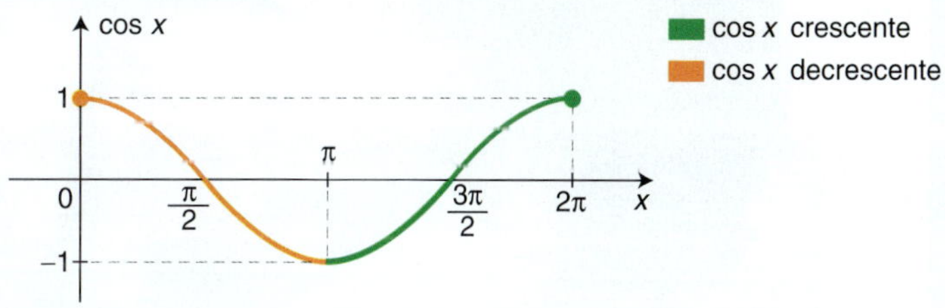


## Exercício Resolvido

**ER. 17** Determine os intervalos de crescimento e de decrescimento de:

$$f: \left[0, \frac{\pi}{2}\right] \to \mathbb{R} \text{ tal que } f(x) = 2 \cdot \cos 4x$$

**Resolução:** Para esboçar o gráfico de $f$, vamos encontrar o período e amplitude, verificando que $m = 4$ e $k = 2$.

$$\text{período: } \frac{2\pi}{|4|} = \frac{\pi}{2} \quad \text{e} \quad \text{amplitude: } |2| = 2$$

Assim, sabemos que o trecho-padrão se repete de $\frac{\pi}{2}$ em $\frac{\pi}{2}$. No entanto, como o domínio é $\left[0, \frac{\pi}{2}\right]$, o gráfico da função $2 \cdot \cos 4x$ é formado por um único trecho-padrão de uma função tipo cosseno. Além disso, temos que para $x = 0$ o valor da função é 2 (pois $\cos 0 = 1$), o que nos dá ordenada máxima 2. Como a amplitude é 2, a ordenada mínima é $-2$. Essas informações nos ajudam a fazer o esboço do gráfico de $f(x) = 2 \cdot \cos 4x$, como vemos ao lado.

Assim, podemos verificar que $f(x) = 2 \cdot \cos 4x$ é:

- decrescente no intervalo $\left[0, \frac{\pi}{4}\right]$
- crescente no intervalo $\left[\frac{\pi}{4}, \frac{\pi}{2}\right]$

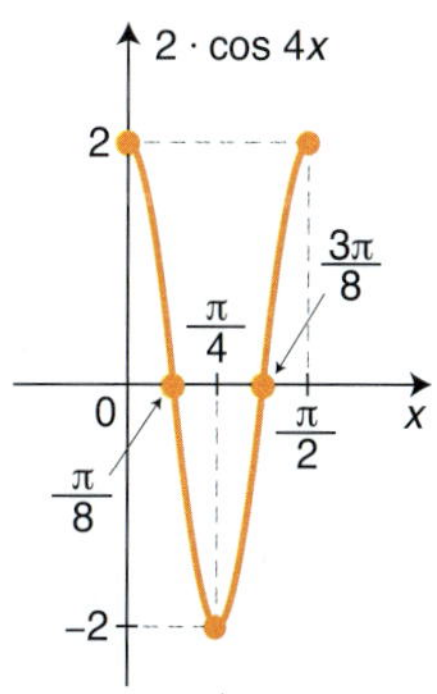


**Responda**

Por que a ordenada mínima vale −2?

## Exercícios Propostos

**45.** Encontre os intervalos de crescimento e de decrescimento de:

a) $f: [0, \pi] \to \mathbb{R}$ tal que $f(x) = \cos 2x$

b) $f: [0, 2\pi] \to \mathbb{R}$ tal que $f(x) = -\cos x$

**46.** **[CONSUMO]** Em uma loja de conveniência, que fica aberta durante 24 horas por dia, a quantia apurada por hora, em reais, pode ser modelada pela função:

$$f: [0, 24] \to \mathbb{R} \text{ tal que } f(x) = 75 + 10 \cdot \cos \frac{\pi x}{12}$$

em que $x$ representa a hora do dia.

Nessas condições, em que momentos do dia as vendas aumentam?

PANTHERMEDIA/KEYDISC

## Paridade da função cosseno

> **Recorde**
>
> Uma função $f$ é *par* se, para todo $x$ de seu domínio, temos:
>
> $f(-x) = f(x)$

Observe que o gráfico da função cos $x$ é *simétrico em relação ao eixo das ordenadas*.

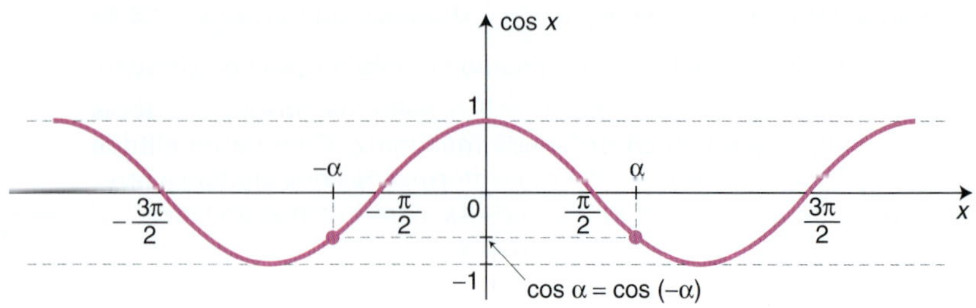


Por isso, temos:

$$\cos(-x) = \cos x, \text{ para todo } x \text{ do domínio}$$

Logo, **cos $x$** é uma **função par**.

## Exercício Resolvido

**ER. 18** Mostre que $f: \mathbb{R} \to \mathbb{R}$ tal que $f(x) = |x| + \cos 2x$ é uma função par.

**Resolução:** Substituindo $x$ por $-x$ na lei de $f$, temos:

$$f(-x) = |-x| + \cos(-2x) \Rightarrow f(-x) = |-1| \cdot |x| + \cos(-2x)$$

Como a função cosseno é par, temos $\cos(-2x) = \cos 2x$. Também temos $|-1| = 1$. Daí, vem:

$$f(-x) = 1 \cdot |x| + \cos 2x \Rightarrow f(-x) = |x| + \cos 2x \Rightarrow f(-x) = f(x)$$

Logo, $f$ é uma função par.

## Exercícios Propostos

**47.** Qual deve ser o valor da constante real $a$ em $f(x) = (a^2 - 1)x + \cos(-x)$ para que $f$ seja uma função par?

**48.** Mostre que $f(x) = \cos \pi x + \text{sen}^2\, x$ é uma função par.

## Conheça mais...

Você já aprendeu a fazer o gráfico das funções seno e cosseno tabelando alguns valores ou a partir de um gráfico já conhecido. Agora, escolhendo uma família de funções tipo seno ou tipo cosseno, vamos estudar algumas características mais detalhadamente.

Vamos verificar o que acontece com o gráfico de funções tipo seno da família $f(x) = a + \text{sen}\, x$, com $a$ real. Para isso, vamos observar o gráfico da função $h$ dado a seguir, sendo $h(x) = \text{sen}\, x$.

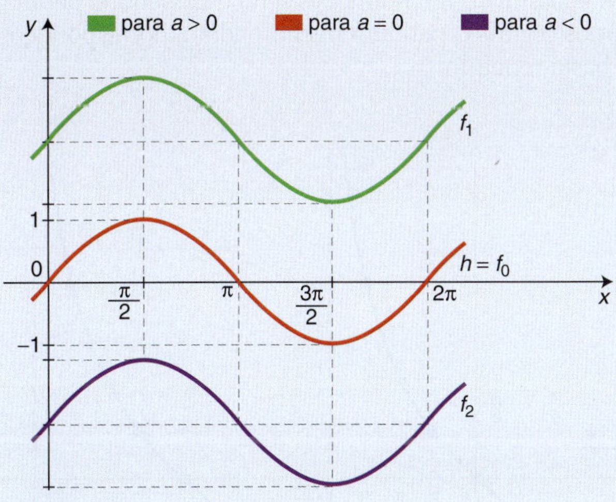


Somando uma constante $a$ real à lei de $h$, obtemos uma família de funções do tipo $f = a + h$ tal que $f(x) = a + \text{sen}\, x$. Nesse caso, os gráficos das novas funções, $f_0, f_1, f_2$ etc., são obtidos a partir de um deslocamento vertical do gráfico de $h$ de uma distância de $|a|$ unidades. Esse deslocamento é para cima se $a$ é positivo e é para baixo se $a$ é negativo.

Repare que as funções dessa família têm mesmo período $(2\pi)$ e seus gráficos têm a mesma amplitude $(1)$.

Quando multiplicamos a lei da função $h$ $(\text{sen}\, x)$ por uma constante real $k$ não nula, temos mais uma nova família de funções do tipo $g = k \cdot h$ tal que $g(x) = k \cdot \text{sen}\, x$

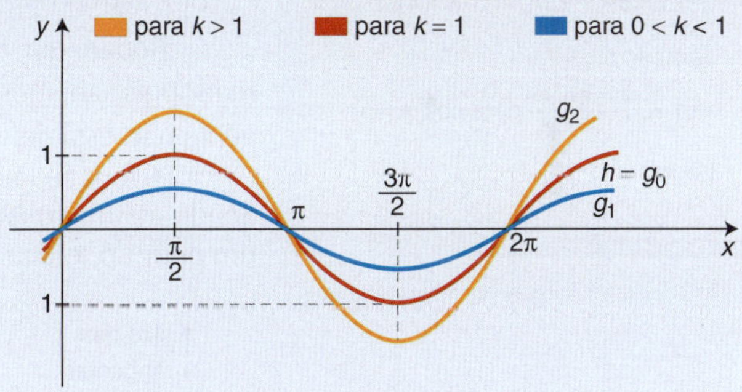


Repare que os gráficos das funções dessa família, $g_0$, $g_1$, $g_2$ etc., são *senoides* (curvas tipo seno) que interceptam o eixo $x$ nos mesmos pontos (todas as funções têm mesmo *zeros*) e ainda têm mesmo período, mas com maior ou menor amplitude de acordo com o valor de $k$.

Quando $k$ é negativo, as curvas senoides geradas são simétricas aos gráficos de $g_0$, $g_1$, $g_2$ etc. em relação ao eixo $x$ (têm ordenadas opostas a cada uma dessas curvas, respectivamente).

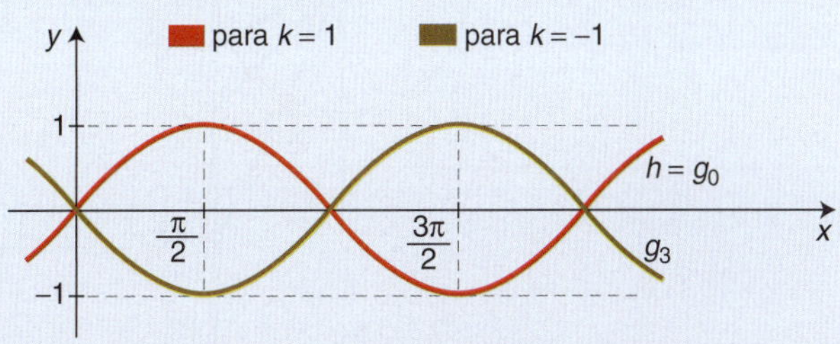

Podemos ainda interferir na variável $x$ da função $h(x) = \text{sen } x$, obtendo outra família de senoides dadas pela função $p$ tal que $p(x) = \text{sen } mx$, com $m$ sendo uma constante real não nula.

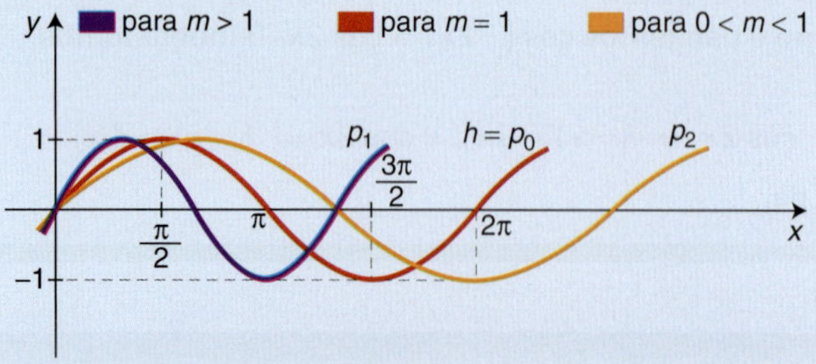


Repare que, agora, as funções não têm mais o mesmo período, apesar de terem a mesma amplitude (1). O valor do período das funções dessa família é dado por $\frac{2\pi}{|m|}$ e aumenta ou diminui de acordo com o valor de $m$.

Observe ainda que se $m$ é negativo, temos funções do tipo $\text{sen}\left(-|m| \cdot x\right)$. Como a função seno é ímpar, acarreta que $\text{sen}\left(-|m| \cdot x\right) = -\text{sen}\left(|m| \cdot x\right)$, ou seja, os gráficos das funções dessa família, para $m < 0$, são simétricos aos gráficos de $p_0$, $p_1$, $p_2$ etc. em relação ao eixo $x$.

Podemos ainda somar uma constante real $d$ na variável $x$ em $h(x) = \text{sen } x$. A nova família de senoides obtida é da forma $q(x) = \text{sen}(x + d)$.

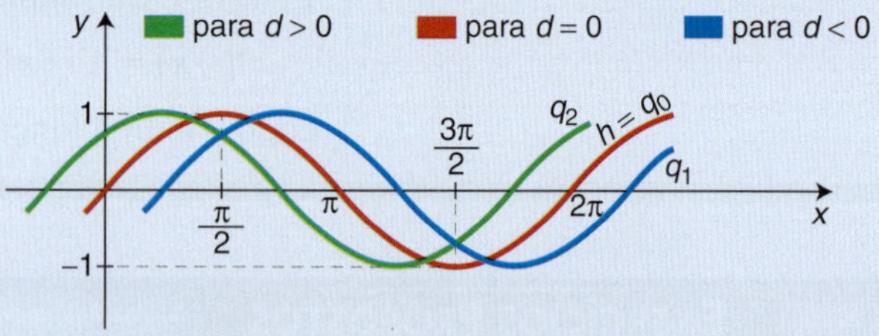


Nesse caso, a senoide fica deslocada de $|d|$ unidades para a direita, se $d < 0$, ou para a esquerda, se $d > 0$, mantendo o período e a amplitude.

Uma consequência importante é a de que, como $\cos x = \text{sen}\left(\frac{\pi}{2} - x\right)$, podemos exprimir qualquer função cosseno como uma função seno. Assim, o gráfico de uma função do tipo cosseno também é uma senoide.

# 4. Função Tangente e seu Gráfico

A **função** trigonométrica **tangente** é definida por:

$$f: \left\{x \in \mathbb{R} \mid x \neq \frac{\pi}{2} + k\pi, \text{ com } k \in \mathbb{Z}\right\} \to \mathbb{R} \text{ tal que } f(x) = \text{tg } x$$

Repare que o domínio da função tangente não é o conjunto dos números reais, pois sabemos que para arcos de medida $x = \frac{\pi}{2} + k\pi$, com $k \in \mathbb{Z}$, a tangente não está definida.

A função tangente, assim como as funções seno e cosseno, é periódica. Sendo assim, construímos o gráfico para um trecho-padrão, correspondente a um período, e depois basta repeti-lo.

**Recorde**

Temos:

$$\text{tg } x = \frac{\text{sen } x}{\cos x} \text{ para } \cos x \neq 0$$

Logo:

$$x \neq \frac{\pi}{2} + k\pi, \text{ com } k \in \mathbb{Z}$$

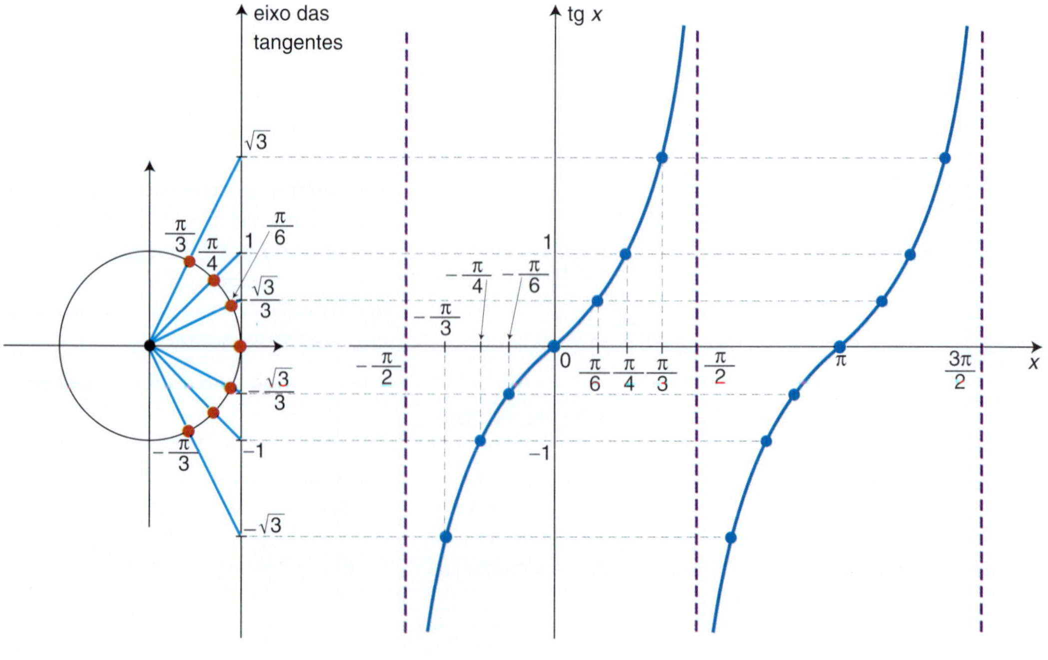

Com as considerações feitas e o gráfico traçado, para a função tangente, $f(x) = \text{tg } x$, verificamos que:

- o domínio é um subconjunto de $\mathbb{R}$

$$D(f) = \left\{x \in \mathbb{R} \mid x \neq \frac{\pi}{2} + k\pi, \text{ com } k \in \mathbb{Z}\right\}$$

- o conjunto imagem é o conjunto dos reais

$$\text{Im}(f) = \mathbb{R}$$

Já vimos que a função tangente **não está definida** nos pontos de abscissas:

$$\ldots, -\frac{3\pi}{2}, -\frac{\pi}{2}, \frac{\pi}{2}, \frac{3\pi}{2}, \ldots$$

As retas verticais (perpendiculares ao eixo $x$) que passam por esses pontos não interceptam o gráfico da função tangente. Repare que, quando $x$ tende a uma dessas abscissas, o valor da função tende ao infinito positivo ou ao infinito negativo. Essas retas são denominadas **assíntotas** do gráfico da função, que nesse caso são verticais.

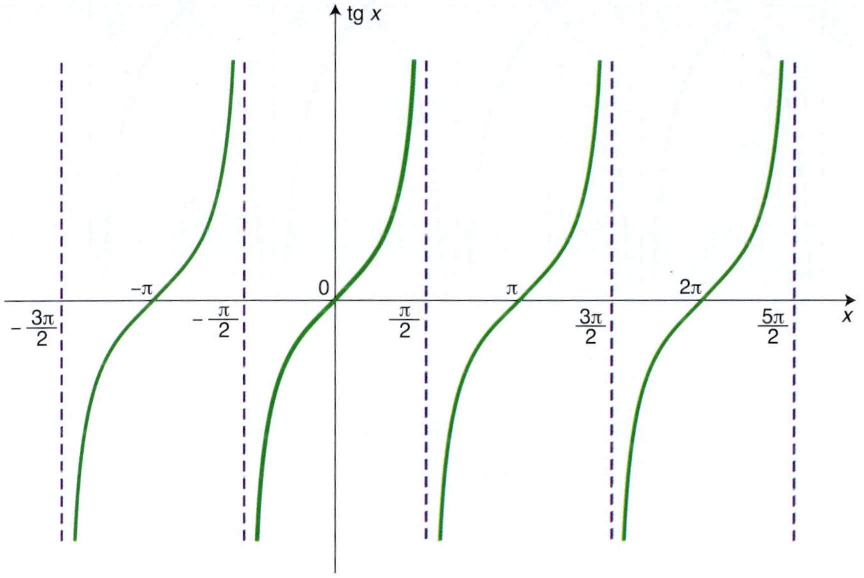


OBSERVAÇÃO

Também podemos nos referir à função tangente como **função tg *x*** e, assim, indicar D(tg $x$) e Im(tg $x$).

## 4.1 ESBOÇO DE GRÁFICOS QUE ENVOLVEM A FUNÇÃO TANGENTE E CONJUNTO IMAGEM

Para esboçar o gráfico de funções que envolvam a função tangente, também podemos tabelar valores de modo que o valor da tangente a ser calculado exista e seja conhecido (análogo ao que fizemos para as funções seno e cosseno). No entanto, para muitas dessas funções, podemos construir seus gráficos a partir do gráfico da função tg $x$, já visto anteriormente. Por exemplo, vamos esboçar o gráfico da função $f$ dada por:

$$f(x) = 1 - \text{tg } x$$

Inicialmente, vamos verificar o domínio de $f$. Como a variável $x$ aparece só na tangente, a única restrição para $f(x) = 1 - \text{tg } x$ é a existência da tangente, ou seja, $x \neq \frac{\pi}{2} + k\pi$, com $k \in \mathbb{Z}$ e $x \in \mathbb{R}$.

Então, partindo do gráfico de tg $x$, vamos encontrar o de $-$ tg $x$ (que nos dá ordenadas opostas às de tg $x$) e, por fim, deslocando o gráfico de $-$ tg $x$ de 1 unidade para cima sobre o eixo $y$, obtemos o gráfico de $1 - \text{tg } x$.

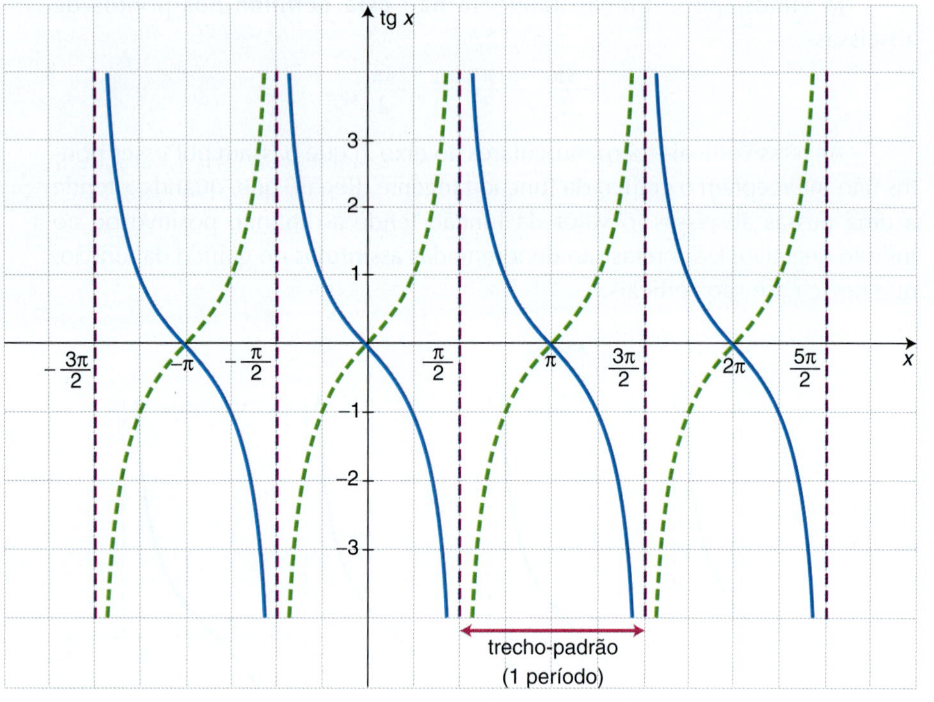


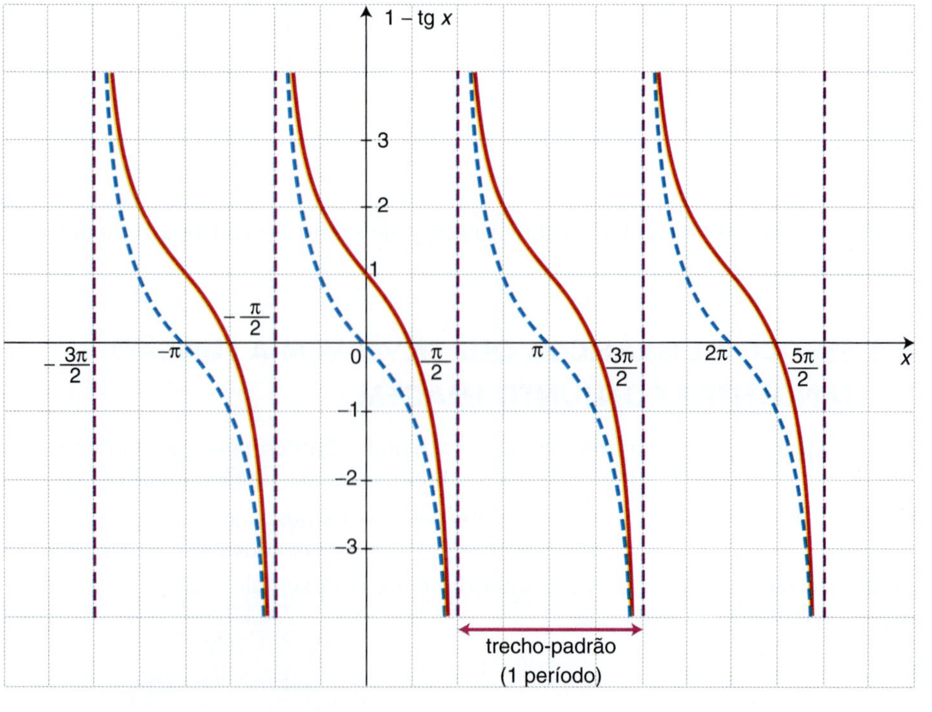

## Exercícios Resolvidos

**ER. 19** Obtenha o domínio, esboce o gráfico e determine o conjunto imagem de $f(x) = \text{tg}\,\frac{x}{2}$.

**Resolução:** Inicialmente, para $k \in \mathbb{Z}$, observe que devemos ter:

$$\frac{x}{2} \neq \frac{\pi}{2} + k\pi \Rightarrow 2 \cdot \frac{x}{2} \neq 2 \cdot \left(\frac{\pi}{2} + k\pi\right) \Rightarrow x \neq \pi + 2k\pi$$

Assim, concluímos que:

$$D(f) = \{x \in \mathbb{R} \mid x \neq \pi + 2k\pi, \text{ com } k \in \mathbb{Z}\}$$

Para esboçar o gráfico de $f$, vamos tabelar alguns valores de $x$ respeitando o domínio da função:

| $x \neq \pi + 2k\pi$, com $k \in \mathbb{Z}$ | | |
|---|---|---|
| $x$ | $\frac{x}{2}$ | $y = f(x) = \text{tg}\,\frac{x}{2}$ |
| $-\pi$ | $-\frac{\pi}{2}$ | **não existe** |
| $-\frac{2\pi}{3}$ | $-\frac{\pi}{3}$ | $-\sqrt{3}$ |
| $-\frac{\pi}{2}$ | $-\frac{\pi}{4}$ | $-1$ |
| $-\frac{\pi}{3}$ | $-\frac{\pi}{6}$ | $-\frac{\sqrt{3}}{3}$ |
| 0 | 0 | 0 |
| $\frac{\pi}{3}$ | $\frac{\pi}{6}$ | $\frac{\sqrt{3}}{3}$ |
| $\frac{\pi}{2}$ | $\frac{\pi}{4}$ | 1 |
| $\frac{2\pi}{3}$ | $\frac{\pi}{3}$ | $\sqrt{3}$ |
| $\pi$ | $\frac{\pi}{2}$ | **não existe** |

Assim, podemos esboçar o gráfico de $f(x) = \text{tg}\,\frac{x}{2}$:

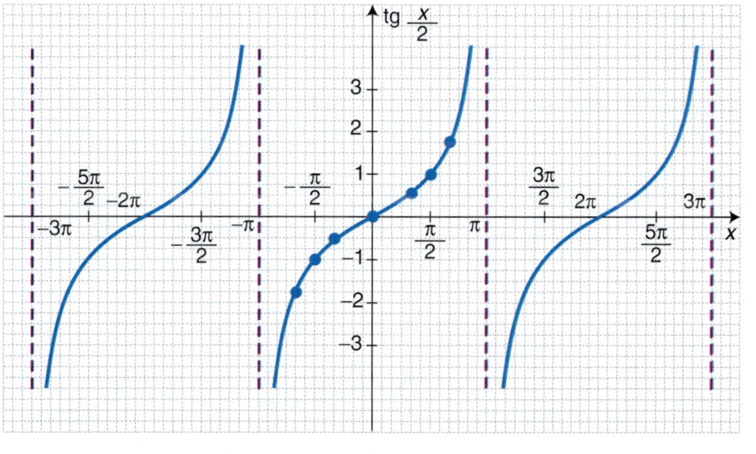


Pelo gráfico, verificamos que o conjunto imagem dessa função é $\text{Im}(f) = \mathbb{R}$.

**ER. 20** Calcule o valor das constantes reais $a$ e $b$ em $f(x) = a + b \cdot \text{tg } x$, sabendo que seu gráfico é o que segue:

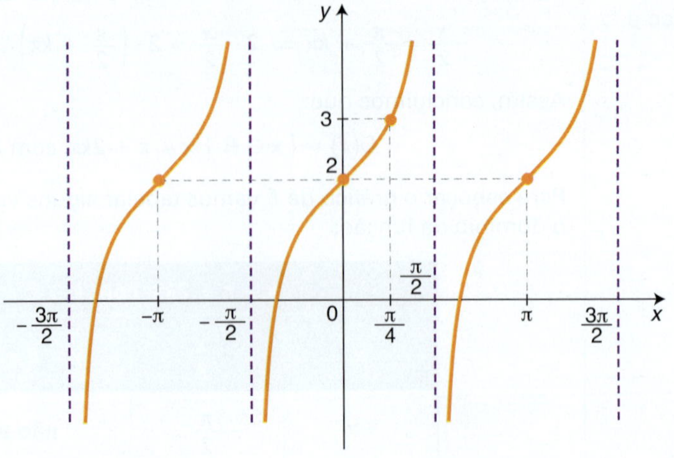

**Resolução:** Como os pontos $(0, 2)$ e $\left(\frac{\pi}{4}, 3\right)$ pertencem ao gráfico de $f$, temos:

- $f(0) = 2 \Rightarrow a + b \cdot \text{tg } 0 = 2 \Rightarrow a + b \cdot 0 = 2 \Rightarrow a = 2$
- $f\left(\frac{\pi}{4}\right) = 3 \Rightarrow a + b \cdot \text{tg } \frac{\pi}{4} = 3 \Rightarrow a + b \cdot 1 = 3 \Rightarrow a + b = 3 \Rightarrow b = 3 - a$

Como $a = 2$, obtemos $b = 1$.

## Exercícios Propostos

**49.** Esboce o gráfico das funções dadas por:

a) $f(x) = |\text{tg } x|$ b) $f(x) = \text{tg } 2x$ c) $f(x) = \text{tg}\left(x + \frac{\pi}{2}\right)$ d) $f(x) = -1 - \text{tg } x$

**50.** Explique como é possível obter o gráfico de $g(x) = 2 + \text{tg } x$ e $h(x) = -1 + \text{tg } x$ a partir do gráfico de $f(x) = \text{tg } x$.

**51.** A partir dos gráficos de $f(x) = x$ e $g(x) = -\text{tg } x$ determine, para $0 \leqslant x < 2\pi$, quantos valores de $x$ existem de modo que se tenha $f(x) = g(x)$.

**52.** Determine os valores das constantes reais $a$ e $b$ em $f(x) = a + b \cdot \text{tg } x$ cujo gráfico está representado a seguir.

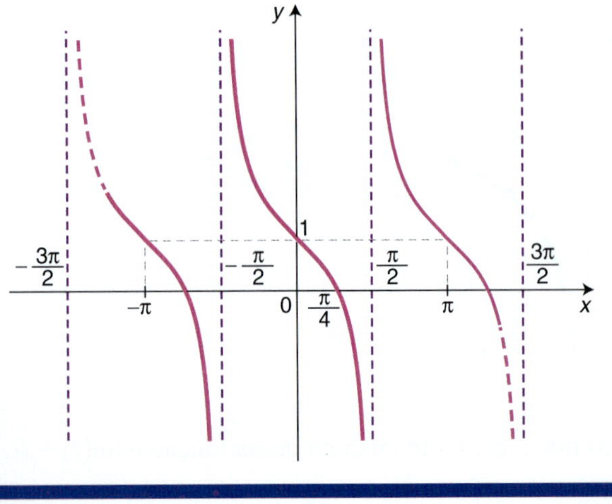

**53.** Resolva a equação $x^2 + ax + b = 0$, com $a$ e $b$ constantes reais, sabendo que o gráfico de $f(x) = a + b \cdot \text{tg } x$ é:

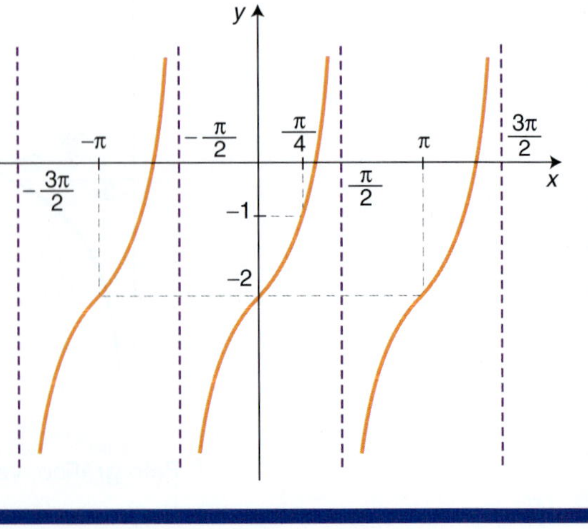

## 4.2 ESTUDO DA FUNÇÃO TANGENTE

Vejamos, agora, algumas propriedades relativas à função tangente, para conhecer outras características dessa função.

### Sinal da função tangente

Vejamos novamente o gráfico da função tangente:

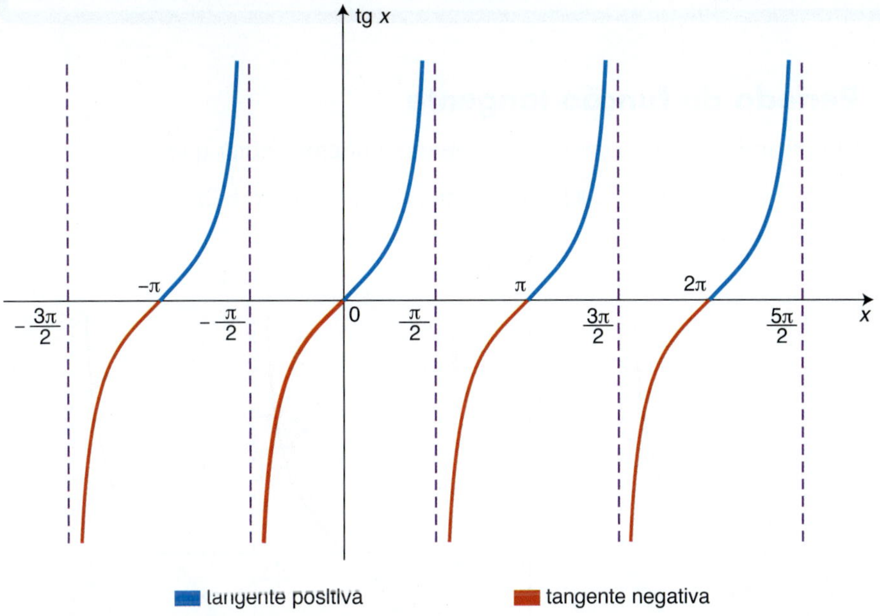


Analisando o gráfico, podemos notar que, no intervalo $[0, 2\pi]$, temos:

- $\text{tg } x > 0 \Leftrightarrow 0 < x < \frac{\pi}{2}$ ou $\pi < x < \frac{3\pi}{2}$
- $\text{tg } x < 0 \Leftrightarrow \frac{\pi}{2} < x < \pi$ ou $\frac{3\pi}{2} < x < 2\pi$

Pela associação com os pontos da circunferência trigonométrica, podemos concluir que:

- tg $x$ é positiva para arcos de medida $x$ cuja extremidade pertence ao 1.º ou ao 3.º quadrante;
- tg $x$ é negativa para arcos de medida $x$ cuja extremidade pertence ao 2.º ou ao 4.º quadrante.

**OBSERVAÇÃO**

Para arcos que não pertencem à primeira volta, basta tomar seu arco côngruo correspondente nela.

**EXERCÍCIO RESOLVIDO**

**ER. 21** Para quais valores de $x$ da primeira volta a função $f(x) = -\text{ tg } x$ é negativa?

**Resolução:** Como a função tg $x$ assume valores positivos, na primeira volta, para $0 < x < \frac{\pi}{2}$ ou $\pi < x < \frac{3\pi}{2}$, podemos afirmar que $f$ assume valores negativos para $0 < x < \frac{\pi}{2}$ ou para $\pi < x < \frac{3\pi}{2}$.

**Recorde**

Se um número real $a$ é positivo, então seu oposto $-a$ é negativo.

## Exercícios Propostos

**54.** Obtenha os valores reais de $k$ para que

$$f(x) = (k - 2) \cdot \text{tg } x$$

seja positiva em $\frac{\pi}{2} < x < \pi$.

**55.** Esboce o gráfico de $f(x) = -1 + \text{tg } x$ e determine, em $[0, 2\pi]$, os intervalos para os quais $f$ é negativa.

## Período da função tangente

Observando o gráfico da função tangente, podemos notar que:

$$\ldots = \text{tg } (x - \pi) = \text{tg } x = \text{tg } (x + \pi) = \text{tg } (x + 2\pi) = \ldots$$

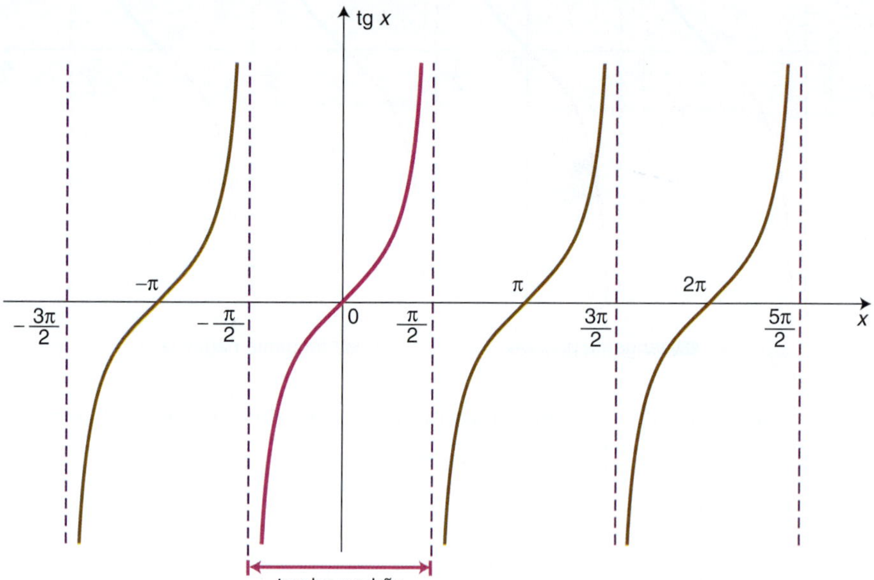


**Atenção!**

Repare que:

- $-\frac{\pi}{2} + \pi = \frac{\pi}{2}$
- $\frac{\pi}{2} + \pi = \frac{3\pi}{2}$
- $\frac{3\pi}{2} + \pi = \frac{5\pi}{2}$

Assim, a função tg $x$ se repete nos intervalos

$$\ldots, \left]-\frac{\pi}{2}, \frac{\pi}{2}\right[, \left]\frac{\pi}{2}, \frac{3\pi}{2}\right[, \left]\frac{3\pi}{2}, \frac{5\pi}{2}\right[, \ldots$$

ou seja, tg $x$ é uma função periódica de **período** $\pi$.

De modo geral:

> Para uma função do tipo $f(x) = a + k \cdot \text{tg } mx$, sendo $a$, $k$ e $m$ constantes reais com $k$ e $m$ não nulas, temos que o valor de seu período é dado por:
>
> $$\frac{\pi}{|m|}$$

### Observações

1. Como o conjunto imagem de funções do tipo $f(x) = a + k \cdot \text{tg } mx$ é o conjunto dos números reais, essas funções não têm valor máximo nem valor mínimo, e também não se define amplitude para elas.
2. Quando somamos uma constante real ao argumento de uma função trigonométrica, o período não se altera.

## Exercício Resolvido

**ER. 22** Obtenha o período de cada uma das funções dadas a seguir.

a) $f(x) = 5 \cdot \text{tg}\,(-x)$

b) $f(x) = \dfrac{2 \cdot \text{tg}\,x}{1 - \text{tg}^2\,x}$

**Resolução:**

a) Como $m = -1$, temos:

$$\text{período} = \frac{\pi}{|-1|} = \pi$$

b) Como $\dfrac{2 \cdot \text{tg}\,x}{1 - \text{tg}^2\,x} = \text{tg}\,2x$, podemos expressar a lei de $f$ por $f(x) = \text{tg}\,2x$.

Daí, $m = 2$ e, assim, obtemos:

$$\text{período} = \frac{\pi}{|2|} = \frac{\pi}{2}$$

## Exercícios Propostos

**56.** Determine o período de:

a) $f(x) = 3 + \text{tg}\,\dfrac{x}{2}$

b) $f(x) = 17 \cdot \text{tg}\,4x$

**57.** Para que valores da constante real $m$ a função dada por $f(x) = \text{tg}\,mx$ possui período 4?

## Crescimento e decrescimento da função tangente

Vamos analisar o crescimento ou decrescimento da função tangente no domínio $D \subset [0, 2\pi]$, ou seja, para:

$$f\colon D \to \mathbb{R} \text{ tal que } f(x) = \text{tg}\,x$$

Observando o gráfico de $f$, mostrado ao lado, verificamos os intervalos de crescimento e de decrescimento da função tangente:

- para $0 \leq x < \dfrac{\pi}{2}$, tg $x$ é crescente;
- para $\dfrac{\pi}{2} < x < \dfrac{3\pi}{2}$, tg $x$ é crescente;
- para $\dfrac{3\pi}{2} < x \leq 2\pi$, tg $x$ é crescente.

Repare que, apesar de em cada intervalo a função tangente ser crescente, **não se pode afirmar** que tg $x$ é uma função crescente (em todo seu domínio), pois, por exemplo, temos:

$$\frac{\pi}{4} < \frac{3\pi}{4}, \text{ mas tg}\,\frac{\pi}{4} > \text{tg}\,\frac{3\pi}{4} \text{ (pois } 1 > -1\text{)}$$

o que contraria a definição de função crescente.

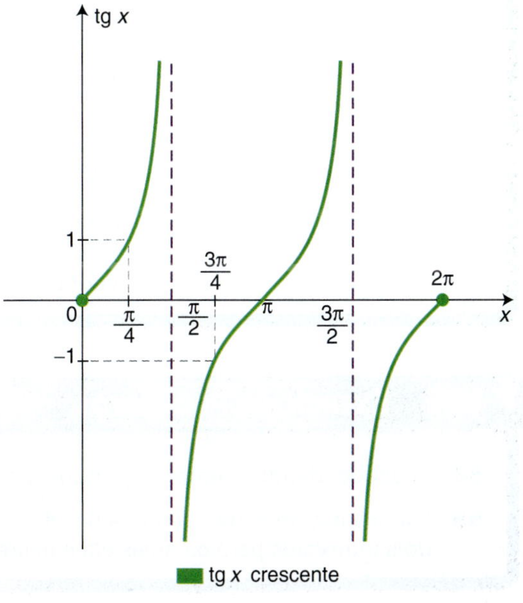

## Exercício Resolvido

**ER. 23** A partir do gráfico da função $f: D \to \mathbb{R}$ tal que $f(x) = \text{tg } 2x$, determine, em $\left[-\frac{\pi}{4}, \pi\right[$, os intervalos de crescimento e de decrescimento dessa função.

**Resolução:** Vamos, inicialmente, determinar o domínio D da função $f$ no universo real:

- $\text{tg } 2x = \dfrac{\text{sen } 2x}{\cos 2x}$ está definida $\Leftrightarrow \cos 2x \neq 0$
- $\cos 2x \neq 0 \Leftrightarrow 2x \neq \frac{\pi}{2} + k\pi$, com $k \in \mathbb{Z}$
- Para $k \in \mathbb{Z}$, vem:

$$\frac{1}{2} \cdot 2x \neq \frac{1}{2} \cdot \left(\frac{\pi}{2} + k\pi\right) \Rightarrow x \neq \frac{\pi}{4} + k \cdot \frac{\pi}{2}$$

Daí, podemos concluir que o domínio de $f$ é:

$$D = \left\{x \in \mathbb{R} \mid x \neq \frac{\pi}{4} + k \cdot \frac{\pi}{2}, \text{ com } k \in \mathbb{Z}\right\}$$

Além disso, já vimos que o período de tg $2x$ é $\frac{\pi}{2}$, o que nos auxiliará a fazer o esboço de seu gráfico. Agora, vamos tabelar alguns valores:

| $x$ | $-\frac{\pi}{6}$ | $-\frac{\pi}{8}$ | $-\frac{\pi}{12}$ | 0 | $\frac{\pi}{12}$ | $\frac{\pi}{8}$ | $\frac{\pi}{6}$ |
|---|---|---|---|---|---|---|---|
| $2x$ | $-\frac{\pi}{3}$ | $-\frac{\pi}{4}$ | $-\frac{\pi}{6}$ | 0 | $\frac{\pi}{6}$ | $\frac{\pi}{4}$ | $\frac{\pi}{3}$ |
| tg $2x$ | $-\sqrt{3}$ | $-1$ | $-\frac{\sqrt{3}}{3}$ | 0 | $\frac{\sqrt{3}}{3}$ | 1 | $\sqrt{3}$ |

Esboçando o gráfico de $f$, temos:

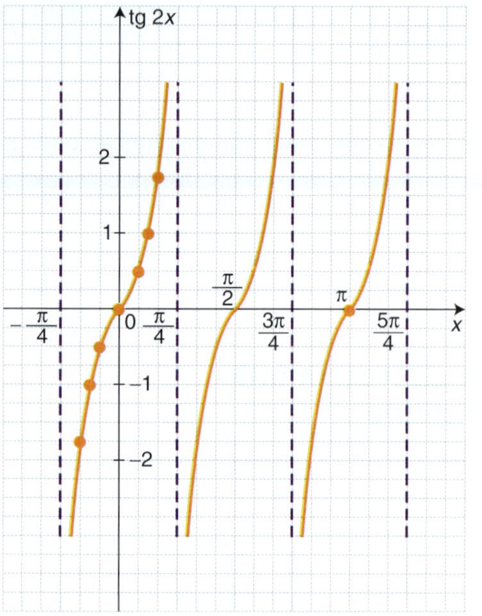


Assim, podemos verificar que no intervalo $\left[-\frac{\pi}{4}, \pi\right[$, a função tg $2x$ é crescente nos intervalos $\left]-\frac{\pi}{4}, \frac{\pi}{4}\right[$, $\left]\frac{\pi}{4}, \frac{3\pi}{4}\right[$ e $\left]\frac{3\pi}{4}, \pi\right[$.

Verificamos também que não existem intervalos de decrescimento.

## Exercícios Propostos

**58.** Explique, dando exemplos, por que a função − tg $x$ não é crescente (em todo o seu domínio).

**59.** Esboce o gráfico de $f$ definida por $f(x) = |\text{tg } x|$ e dê dois intervalos para os quais $f$ é crescente e outros dois intervalos para os quais ela é decrescente.

### Paridade da função tangente

Observe, ao lado, que o gráfico da função tg $x$ é *simétrico em relação à origem* do sistema cartesiano.

Por isso, temos:

$$\text{tg}\,(-x) = -\,\text{tg}\,x$$

para todo $x$ do domínio.

Logo, **tg $x$** é uma **função ímpar**.

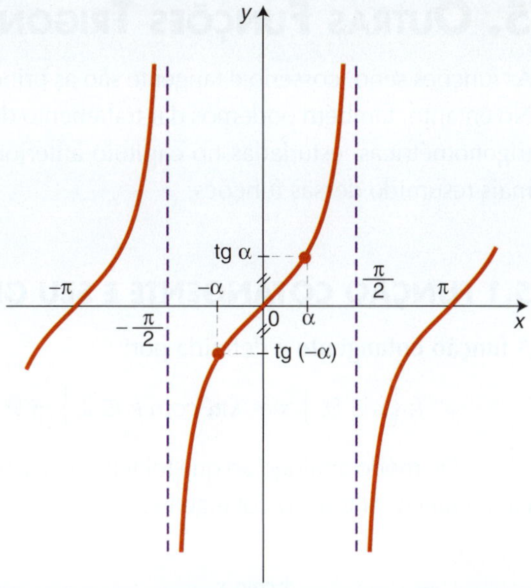


## Exercício Resolvido

**ER. 24** Verifique se a função $f(x) = -\,\text{tg}\,x$ é ímpar.

**Resolução:** Substituindo $x$ por $-x$ na lei de $f$, temos:

$$f(-x) = -\,\text{tg}\,(-x) \Rightarrow f(-x) = -\frac{\overbrace{\text{sen}\,(-x)}^{\text{função ímpar}}}{\underbrace{\cos\,(-x)}_{\text{função par}}} \Rightarrow f(-x) = -\frac{(-\,\text{sen}\,x)}{\cos x} \Rightarrow$$

$$\Rightarrow f(-x) = \frac{\text{sen}\,x}{\cos x} \Rightarrow f(-x) = \text{tg}\,x \Rightarrow f(-x) = -f(x)$$

Logo, $f(-x) = -\,\text{tg}\,x$ é uma função ímpar.

## Exercícios Propostos

**60.** Mostre que $f(x) = x + \text{tg}^3\,x$ é uma função ímpar.

**61.** Observe os esboços de trechos dos gráficos de $f(x) = x$ e $g(x) = \text{tg}\,x$.

Determine o número de pontos de intersecção dos gráficos de $f$ e $g$ no intervalo $[-2\pi, 2\pi]$.

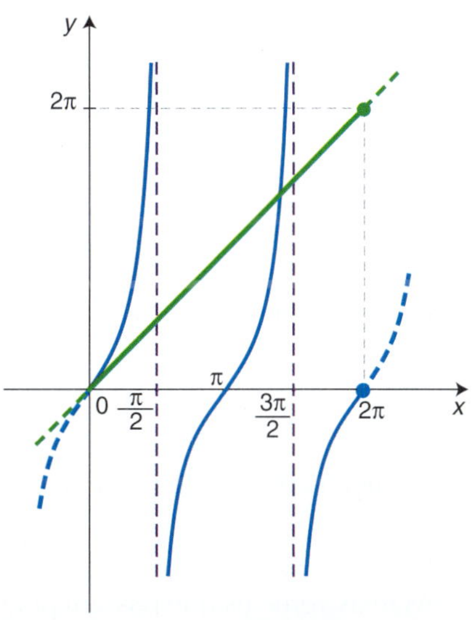

# 5. Outras Funções Trigonométricas

As funções seno, cosseno e tangente são as principais funções trigonométricas. No entanto, também podemos dar tratamento de função para as demais razões trigonométricas, estudadas no capítulo anterior. Vamos apresentar um estudo mais resumido dessas funções.

## 5.1 FUNÇÃO COTANGENTE E SEU GRÁFICO

A **função cotangente** é definida por:

$$f: \{x \in \mathbb{R} \mid x \neq k\pi, \text{ com } k \in \mathbb{Z}\} \to \mathbb{R} \text{ tal que } f(x) = \text{cotg } x$$

**Recorde**

$\text{cotg } x = \dfrac{\cos x}{\text{sen } x}$ só está definida quando $\text{sen } x \neq 0$.

De modo análogo ao que foi feito para a função tangente, podemos esboçar o gráfico da função cotangente:

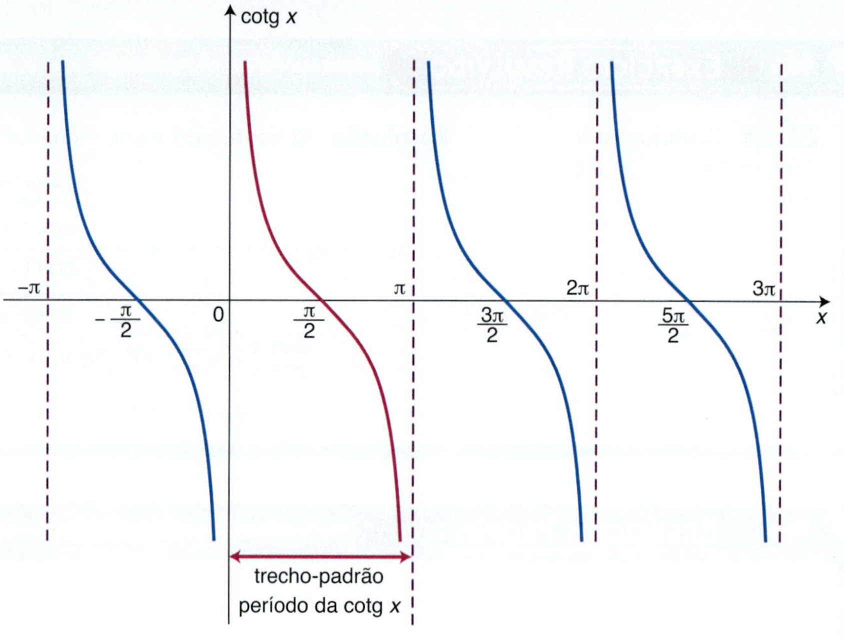


Observando o gráfico, para a função cotg $x$, verificamos que:

- o domínio é um subconjunto de $\mathbb{R}$

$$D(f) = \{x \in \mathbb{R} \mid x \neq k\pi, k \in \mathbb{Z}\}$$

- o conjunto imagem é o conjunto dos reais

$$\text{Im}(f) = \mathbb{R}$$

- o período é $\pi$

**Observações**

1. A função cotangente não está definida para:

$$\ldots, -\pi, 0, \pi, 2\pi, 3\pi, \ldots$$

As retas verticais que passam por essas abscissas são as assíntotas do gráfico da função cotangente.

2. Para uma função do tipo $f(x) = a + k \cdot \text{cotg } mx$, sendo $a$, $k$ e $m$ constantes reais com $k$ e $m$ não nulas, o valor de seu período é dado por:

$$\frac{\pi}{|m|}$$

3. De maneira análoga ao que foi feito para a função tangente, podemos determinar o sinal, a paridade e os intervalos de crescimento (ou decrescimento) de funções do tipo cotangente. ■

## Exercícios Resolvidos

**ER. 25** Esboce o gráfico da função $g(x) = 2 + \text{cotg } x$ e, em $]0, 2\pi[$, determine os intervalos de crescimento e de decrescimento dessa função.

**Resolução:** Como a variável $x$ aparece apenas na cotangente, o domínio de $g$ segue o da função cotg $x$, ou seja:

$$D(g) = \{x \in \mathbb{R} \mid x \neq k\pi, k \in \mathbb{Z}\}$$

Note ainda que podemos obter o gráfico de $g$ por meio de um deslocamento vertical do gráfico da função cotg $x$ de 2 unidades para cima. Logo, podemos traçar o gráfico de $g$:

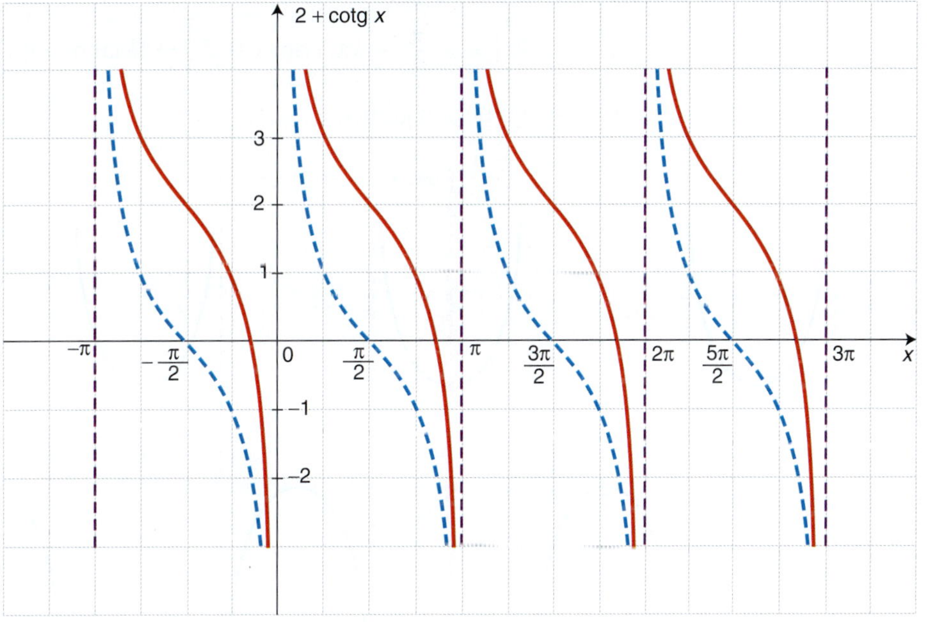


Observando o gráfico, podemos concluir que $g$ não possui intervalos de crescimento e que, em $]0, 2\pi[$, $g$ é decrescente nos intervalos $]0, \pi[$ e $]\pi, 2\pi[$.

---

**ER. 26** Mostre que a função cotangente, $f(x) = \text{cotg } x$, é uma função ímpar.

**Resolução:** Substituindo $x$ por $-x$ na lei de $f$, temos:

$$f(-x) = \text{cotg}(-x) \Rightarrow f(-x) = \frac{\overbrace{\cos(-x)}^{\text{função par}}}{\underbrace{\text{sen}(-x)}_{\text{função ímpar}}} \Rightarrow f(-x) = \frac{\cos x}{(-\text{sen } x)} \Rightarrow$$

$$\Rightarrow f(-x) = -\frac{\cos x}{\text{sen } x} \Rightarrow f(-x) = -\text{cotg } x \Rightarrow f(-x) = -f(x)$$

Logo, cotg $x$ é uma função ímpar.

## Exercícios Propostos

**62.** Explique como podemos esboçar o gráfico de cada função dada abaixo.

a) $f(x) = -1 + \text{cotg } x$ b) $f(x) = -\text{cotg } x$ c) $f(x) = |\text{cotg } x|$

**63.** Dê o domínio e, a partir do esboço do gráfico, obtenha o conjunto imagem de:

$$f(x) = \text{tg } x \cdot \text{cotg } x$$

**64.** Verifique se $f(x) = \text{cotg } x + \text{tg } x$ é uma função par, ímpar ou nenhuma delas. Justifique sua resposta.

**65.** Determine o período de:

a) $f(x) = \text{cotg } 2x$ b) $g(x) = \text{tg}\left(\frac{\pi}{2} - x\right)$

## 5.2 FUNÇÕES SECANTE E COSSECANTE

Agora, vamos estudar o comportamento das funções secante e cossecante.

### Função secante e seu gráfico

Já vimos que $\sec x = \frac{1}{\cos x}$. Assim, a **função secante** é definida por:

$$f: \left\{x \in \mathbb{R} \mid x \neq \frac{\pi}{2} + k\pi, \text{ com } k \in \mathbb{Z}\right\} \to \mathbb{R} \text{ tal que } f(x) = \sec x$$

E o esboço de seu gráfico é:

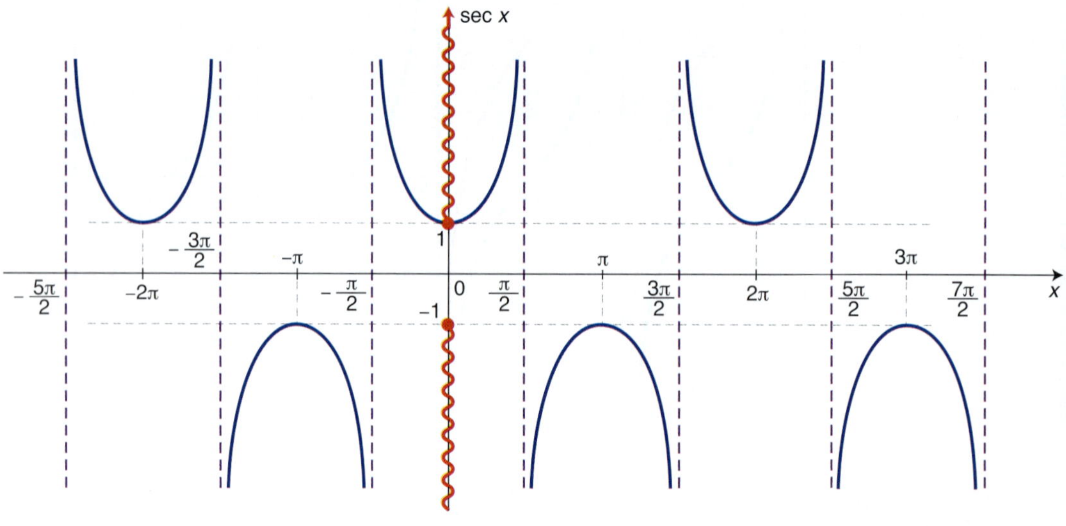


Observando o gráfico, para a função sec *x*, verificamos que:

- o domínio é um subconjunto de $\mathbb{R}$

$$D(f) = \left\{x \in \mathbb{R} \mid x \neq \frac{\pi}{2} + k\pi, \text{ com } k \in \mathbb{Z}\right\}$$

- o conjunto imagem é dado pela união de dois intervalos reais

$$Im(f) = ]-\infty, -1] \cup [1, +\infty[$$

**Responda**

Qual é o período da função secante?

**Observação**

Como $|\cos x|$ é sempre um número real não negativo menor ou igual a 1, temos que $|\sec x|$ é sempre maior ou igual a 1, já que $\sec x = \frac{1}{\cos x}$.

## Função cossecante e seu gráfico

Já vimos que $\text{cossec } x = \frac{1}{\text{sen } x}$. Assim, a **função cossecante** é definida por:

$$f: \{x \in \mathbb{R} \mid x \neq k\pi, \text{ com } k \in \mathbb{Z}\} \rightarrow \mathbb{R} \text{ tal que } f(x) = \text{cossec } x$$

E o esboço de seu gráfico é:

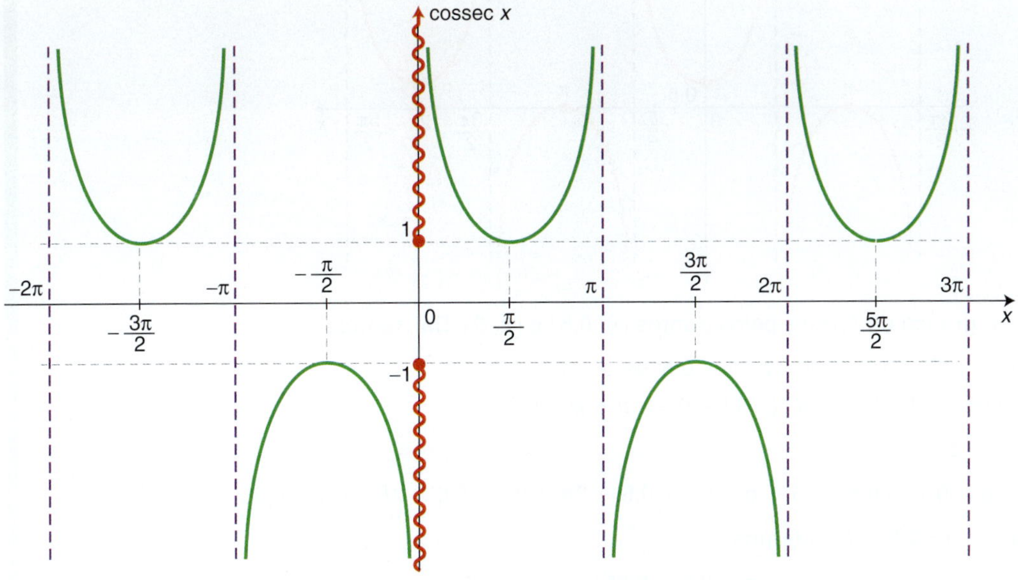


Observando o gráfico, para a função cossec *x*, verificamos que:

- o domínio é um subconjunto de $\mathbb{R}$

$$D(f) = \{x \in \mathbb{R} \mid x \neq k\pi, \text{ com } k \in \mathbb{Z}\}$$

- o conjunto imagem é dado pela união de dois intervalos reais

$$\text{Im}(f) = ]-\infty, -1] \cup [1, +\infty[$$

**Responda**

Qual é o período da função cossecante?

**Observação**

Como $|\text{sen } x|$ é sempre um número real não negativo menor ou igual a 1, temos que $|\text{cossec } x|$ é sempre maior ou igual a 1, já que $\text{cossec } x = \frac{1}{\text{sen } x}$.

### Exercícios Resolvidos

**ER. 27** Determine o conjunto imagem de:
$f(x) = 2 + 3 \cdot \sec x$

**Resolução:** Já vimos que $\sec x \leqslant -1$ ou $\sec x \geqslant 1$. Daí, trabalhando com essas duas desigualdades, obtemos:

- $\sec x \leqslant -1$
  $3 \cdot \sec x \leqslant 3 \cdot (-1)$
  $3 \cdot \sec x \leqslant -3$
  $2 + 3 \cdot \sec x \leqslant 2 + (-3)$
  $2 + 3 \cdot \sec x \leqslant -1$
  $f(x) \leqslant -1$

- $\sec x \geqslant 1$
  $3 \cdot \sec x \geqslant 3 \cdot 1$
  $3 \cdot \sec x \geqslant 3$
  $2 + 3 \cdot \sec x \geqslant 2 + 3$
  $2 + 3 \cdot \sec x \geqslant 5$
  $f(x) \geqslant 5$

Daí, temos $f(x) \leqslant -1$ ou $f(x) \geqslant 5$ e, portanto, o conjunto imagem de *f* é dado por:

$$\text{Im}(f) = ]-\infty, -1] \cup [5, +\infty[$$

**ER. 28** Se $f(x) = a + b \cdot \sec x$, com $a$ e $b$ constantes reais, define a função cujo gráfico está representado a seguir, calcule os valores de $a$ e $b$.

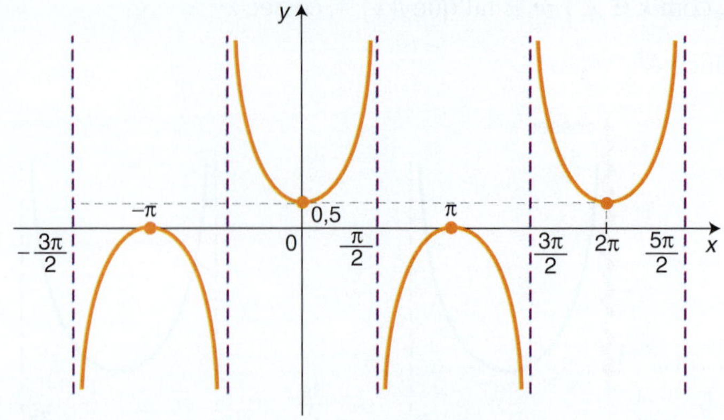

**Resolução:** Note que o gráfico de $f$ passa pelos pontos $(0; 0,5)$ e $(\pi, 0)$. Daí, temos:

- $f(0) = 0,5 \Rightarrow a + b \cdot \sec 0 = 0,5 \Rightarrow a + b \cdot 1 = 0,5 \Rightarrow a = 0,5 - b$
- $f(\pi) = 0 \Rightarrow a + b \cdot \sec \pi = 0 \Rightarrow a + b \cdot (-1) = 0 \Rightarrow a - b = 0$

Substituindo $a$ por $0,5 - b$, vem:

$$a - b = 0 \Rightarrow (0,5 - b) - b = 0 \Rightarrow 0,5 - 2b = 0 \Rightarrow 0,5 = 2b \Rightarrow b = 0,25$$

Voltando para a equação $a = 0,5 - b$, obtemos:

$$a = 0,5 - 0,25 = 0,25$$

## Exercícios Propostos

**66.** Ao analisarmos os gráficos das funções sec $x$ e cossec $x$, é possível notar que eles não interceptam o eixo das abscissas. Explique o significado algébrico desse fato.

**67.** Obtenha o conjunto imagem de:

a) $f(x) = -1 + 2 \cdot \sec x$

b) $f(x) = 4 + 3 \cdot \text{cossec } x$

**68.** Mostre que:

a) a função secante é uma função par;

b) a função cossecante é uma função ímpar.

**69.** Para as funções

$$f(x) = \sec x \quad \text{e} \quad g(x) = \text{cossec } x$$

em $[-\pi, \pi]$, dê os intervalos de crescimento e de decrescimento.

**70.** O gráfico a seguir representa uma função do tipo

$$f(x) = a + b \cdot \text{cossec } x$$

Calcule o valor das constantes reais $a$ e $b$.

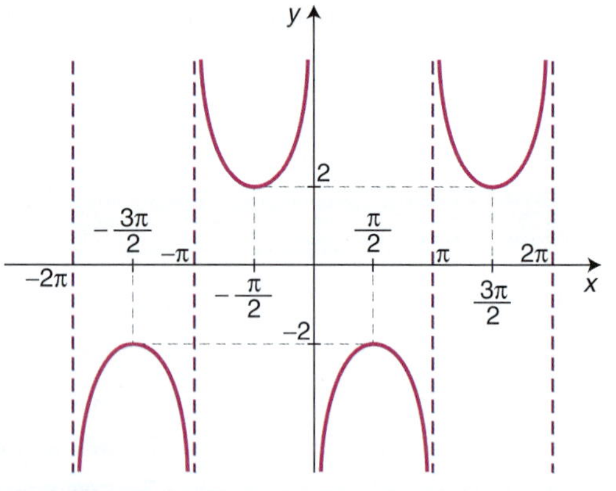

**Recorde**

- Uma função $f$ é *invertível* se, e somente se, ela é bijetora, ou seja, ela é injetora e sobrejetora.
- Função injetora é aquela em que quaisquer dois elementos distintos do domínio têm sempre imagens distintas.
- Função sobrejetora é aquela em que $\text{Im}(f) = \text{CD}(f)$.

## 5.3 FUNÇÕES TRIGONOMÉTRICAS INVERSAS

As funções seno e cosseno em geral não são funções invertíveis, porém quando fazemos certas restrições em seus domínios e contradomínios podemos definir a inversa dessas funções. Vejamos como isso pode ser feito.

## Função arco-seno

A função inversa de sen $x$ é denominada **função arco-seno**. Para definir essa função, precisamos restringir o domínio e o contradomínio da função seno para que ela seja bijetora. Veja como podemos fazer isso, tomando um trecho do gráfico da função seno de modo que ela seja bijetora:

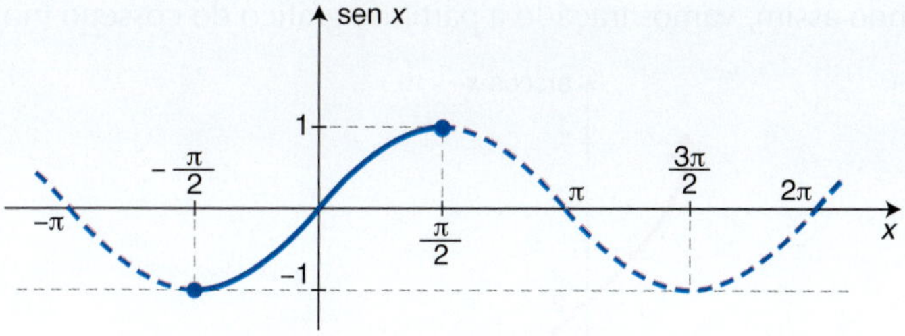

Daí, então, podemos definir a seguinte função tipo seno, que é bijetora:

$$g: \left[-\frac{\pi}{2}, \frac{\pi}{2}\right] \to [-1, 1] \text{ tal que } g(x) = \text{sen } x$$

**Faça**

Verifique o fato de $g$ ser bijetora graficamente.

Assim, podemos definir a função arco-seno, inversa de $g$, da seguinte maneira:

$$g^{-1}: [-1, 1] \to \left[-\frac{\pi}{2}, \frac{\pi}{2}\right] \text{ tal que}$$

$g^{-1}(x)$ é o arco cujo seno é $x$, ou seja, $g^{-1}(x) = \text{arcsen } x$

Um fato a ser destacado é a relação entre o gráfico da função seno restrita ao domínio $\left[-\frac{\pi}{2}, \frac{\pi}{2}\right]$ e o gráfico da função arco-seno, sua inversa.

Como são funções inversas entre si, de nossos estudos sobre funções no primeiro ano sabemos que seus gráficos são *simétricos* em relação à reta suporte das bissetrizes dos quadrantes ímpares. Assim, o gráfico da função arco-seno pode ser obtido a partir do gráfico da função seno (no domínio restrito), como é mostrado ao lado.

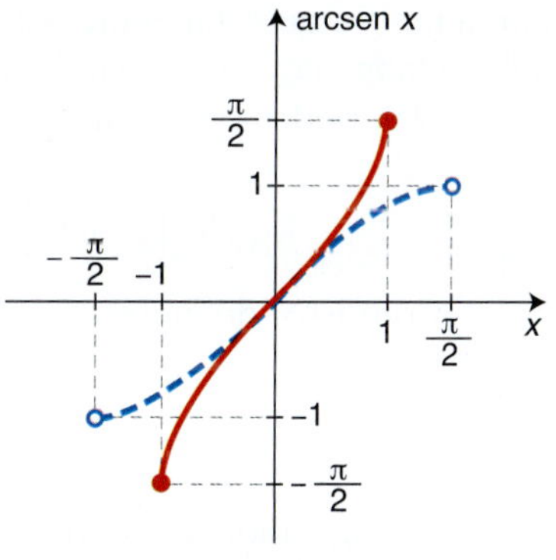

**Recorde**

*Bissetriz* é uma semirreta que divide um ângulo em dois outros ângulos congruentes.

*Reta suporte* de uma bissetriz é a reta que contém essa bissetriz.

## Função arco-cosseno

De modo análogo ao que fizemos com as funções seno e arco-seno, vamos considerar uma restrição do domínio da função cosseno para o qual ela é bijetora e definir a sua inversa, a **função arco-cosseno**. Para isso, vamos tomar um trecho do gráfico da função cosseno onde ela é bijetora:

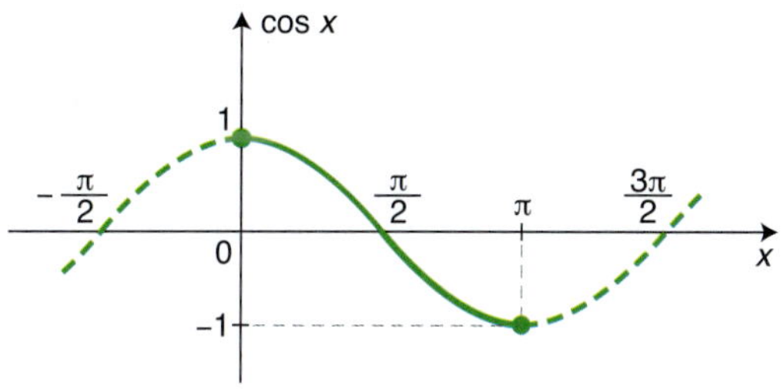

Daí, podemos definir a seguinte função tipo cosseno, que é bijetora:

$$g: [0, \pi] \to [-1, 1] \text{ tal que } g(x) = \cos x$$

Definimos, então, a função arco-cosseno, inversa de $g$, da seguinte maneira:

$$g^{-1}: [-1, 1] \rightarrow [0, \pi] \text{ tal que } g^{-1}(x) = \text{arccos } x$$

em que arccos $x$ indica o arco cujo cosseno é $x$.

O gráfico da função arco-cosseno também é *simétrico* ao gráfico da função cosseno em relação à reta suporte das bissetrizes dos quadrantes ímpares. Sendo assim, vamos traçá-lo a partir do gráfico do cosseno (no domínio restrito):

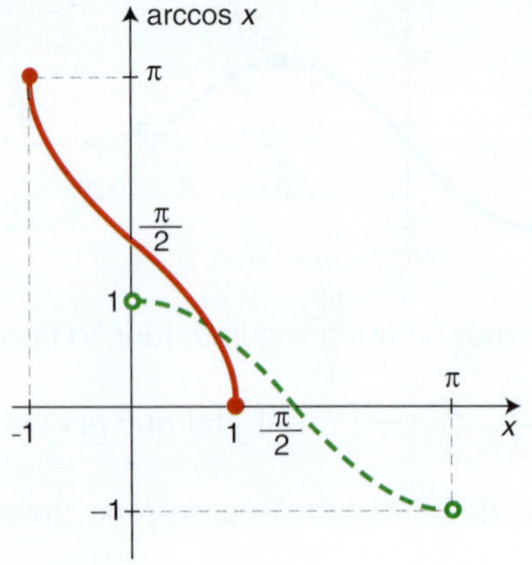


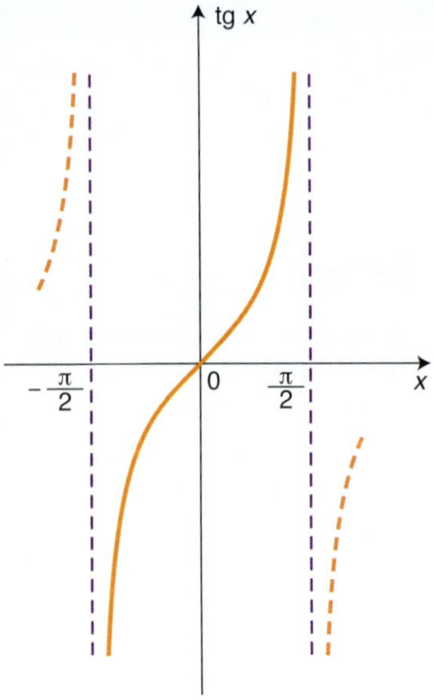


## Função arco-tangente

Assim como fizemos nas funções arco-seno e arco-cosseno, vamos considerar uma restrição do domínio da função tangente para o qual ela é bijetora e definir a função **arco-tangente**, sua inversa. Podemos verificar isso no gráfico da função tangente, dado ao lado, que mostra um trecho onde ela é bijetora.

Daí, podemos definir a seguinte função tipo tangente, que é bijetora:

$$g: \left]-\frac{\pi}{2}, \frac{\pi}{2}\right[ \rightarrow \mathbb{R} \text{ tal que } g(x) = \text{tg } x$$

Com isso, definimos a função arco-tangente, inversa de $g$, da seguinte maneira:

$$g^{-1}: \mathbb{R} \rightarrow \left]-\frac{\pi}{2}, \frac{\pi}{2}\right[ \text{ tal que } g^{-1}(x) = \text{arctg } x$$

em que arctg $x$ indica o arco cuja tangente é $x$.

O gráfico da função arco-tangente é *simétrico* ao de $g$ em relação à reta suporte das bissetrizes dos quadrantes ímpares. Sendo assim, obtemos o gráfico da função arco-tangente por meio do gráfico da tangente (no domínio restrito):

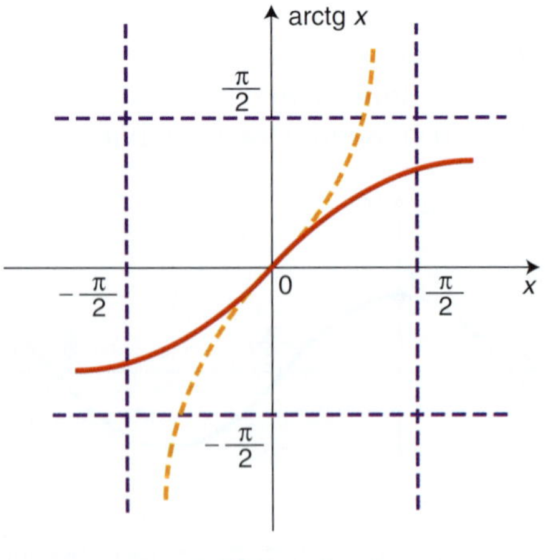


Repare que para o arco-tangente as assíntotas são retas horizontais (perpendiculares ao eixo das ordenadas).

## Exercícios Resolvidos

**ER. 29** Determine:

a) arcsen 0,5

b) $\text{arcsen}\left(-\frac{\sqrt{3}}{2}\right)$

c) arccos 0,5

**Resolução:**

a) Primeiro vamos relembrar que o contradomínio da função arcsen é o intervalo $\left[-\frac{\pi}{2}, \frac{\pi}{2}\right]$. Assim, qualquer valor que busquemos do arco-seno, precisamos fazê-lo nesse intervalo.

Além disso, arcsen 0,5 indica o arco cujo seno é 0,5. Daí, se arcsen 0,5 = $x$, devemos encontrar $x \in \left[-\frac{\pi}{2}, \frac{\pi}{2}\right]$ tal que sen $x$ = 0,5.

Verifiquemos na circunferência trigonométrica os possíveis valores de $x$.

Assim, no intervalo $\left[-\frac{\pi}{2}, \frac{\pi}{2}\right]$, o arco cujo seno é 0,5 é $\frac{\pi}{6}$ e, portanto:

$$\text{arcsen } 0{,}5 = \frac{\pi}{6}$$

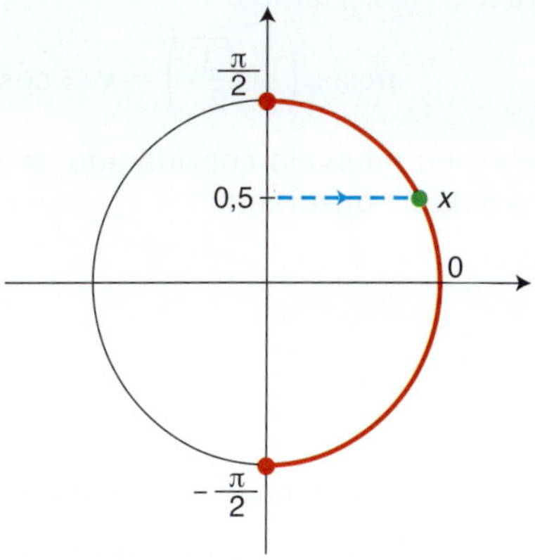


b) Neste caso, $\text{arcsen}\left(-\frac{\sqrt{3}}{2}\right)$ indica o arco cujo seno vale $-\frac{\sqrt{3}}{2}$, ou seja, devemos encontrar $x \in \left[-\frac{\pi}{2}, \frac{\pi}{2}\right]$ tal que sen $x = -\frac{\sqrt{3}}{2}$.

Observando a circunferência trigonométrica, dada ao lado, verificamos que $x = -\frac{\pi}{3}$ e, portanto:

$$\text{arcsen}\left(-\frac{\sqrt{3}}{2}\right) = -\frac{\pi}{3}$$

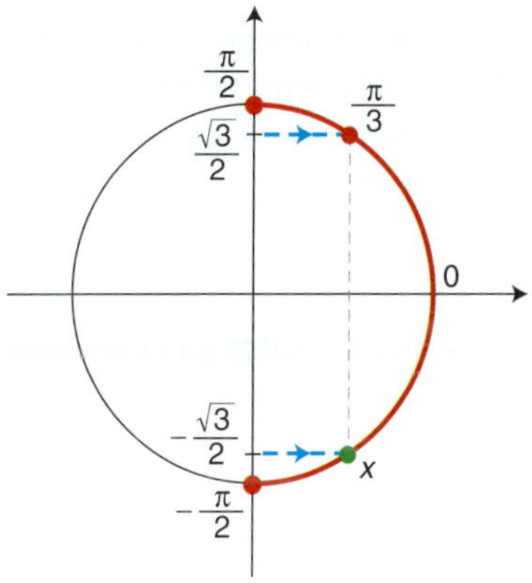


c) Agora, a função envolvida é o arco-cosseno, que tem contradomínio $[0, \pi]$. Assim, para arccos 0,5, devemos encontrar $x \in [0, \pi]$ tal que cos $x$ = 0,5.

Pela circunferência trigonométrica, vemos que o arco cujo cosseno é 0,5 é $\frac{\pi}{3}$, ou seja:

$$\text{arccos } 0{,}5 = \frac{\pi}{3}$$

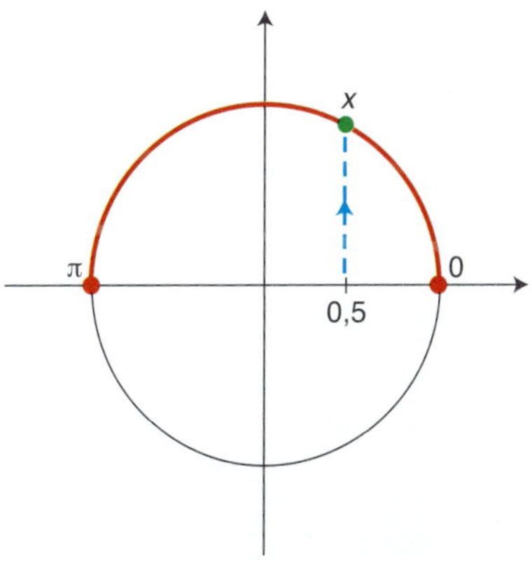

**ER. 30** Verifique a que quadrante pertence o arco cujo:

a) $\arccos\left(-\dfrac{\sqrt{3}}{2}\right)$ b) arctg $(-1)$

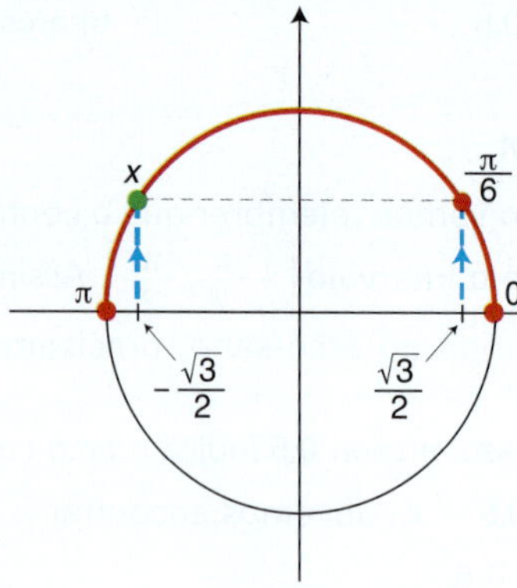

**Resolução:**

a) Para $x \in [0, \pi]$, temos:

$$\arccos\left(-\frac{\sqrt{3}}{2}\right) = x \Leftrightarrow \cos x = -\frac{\sqrt{3}}{2}$$

Assim, no intervalo considerado, $x = \dfrac{5\pi}{6}$ e, portanto, o arco é do 2.º quadrante.

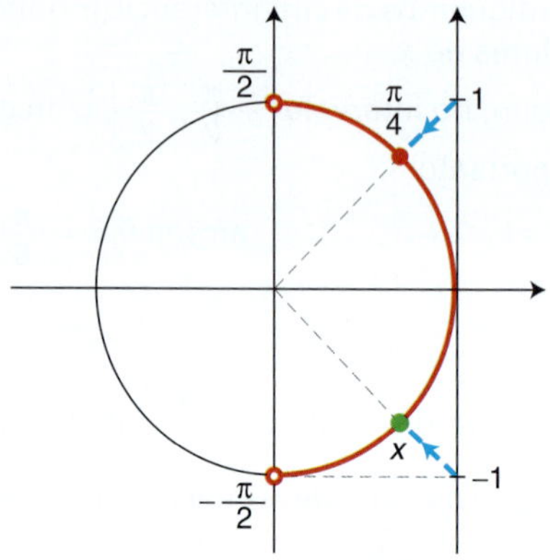

b) No caso do arco-tangente, o contradomínio é o intervalo $\left]-\dfrac{\pi}{2}, \dfrac{\pi}{2}\right[$. Assim, para arctg $(-1)$, devemos encontrar $x \in \left]-\dfrac{\pi}{2}, \dfrac{\pi}{2}\right[$ tal que tg $x = -1$.

Verifiquemos os possíveis valores de $x$ consultando a circunferência trigonométrica.

O arco cuja tangente é $-1$ é $-\dfrac{\pi}{4}$ e, assim, temos um arco do 4.º quadrante.

**ER. 31** Determine o valor da expressão $E$ dada abaixo:

$$E = \text{sen}\left(\text{arcsen}\,\frac{4}{5} + \arccos\frac{5}{13}\right)$$

**Resolução:** Sendo $x = \text{arcsen}\,\dfrac{4}{5}$ e $y = \arccos\dfrac{5}{13}$, temos que sen $x = \dfrac{4}{5}$ e cos $y = \dfrac{5}{13}$. Com isso, aplicando a fórmula do seno da soma de dois arcos, a expressão $E$ pode ser escrita do seguinte modo:

$$E = \text{sen}\,(x + y) = \text{sen}\,x \cdot \cos y + \text{sen}\,y \cdot \cos x$$

Para obter os valores do seno e do cosseno que faltam, vamos utilizar a relação fundamental:

$$\text{sen}^2 x + \cos^2 x = 1 \Rightarrow \left(\frac{4}{5}\right)^2 + \cos^2 x = 1 \Rightarrow \cos^2 x = \frac{25}{25} - \frac{16}{25} \Rightarrow \cos^2 x = \frac{9}{25} \Rightarrow \cos x = \pm\frac{3}{5}$$

Como $x$ indica um arco-seno, devemos ter $x \in \left[-\dfrac{\pi}{2}, \dfrac{\pi}{2}\right]$, intervalo em que o cosseno é positivo, o que nos dá $\cos x = \dfrac{3}{5}$.

De maneira análoga, obtemos sen $y = \pm\dfrac{12}{13}$.

Como $y$ indica um arco-cosseno, devemos ter $y \in [0, \pi]$, intervalo em que o seno é positivo, o que nos dá sen $y = \dfrac{12}{13}$.

Com isso, podemos determinar o valor da expressão:

$$E = \text{sen}\,x \cdot \cos y + \text{sen}\,y \cdot \cos x$$

$$E = \frac{4}{5} \cdot \frac{5}{13} + \frac{12}{13} \cdot \frac{3}{5}$$

$$E = \frac{56}{65}$$

**Faça**

Mostre que: sen $y = \pm\dfrac{12}{13}$

## Exercícios Propostos

**71.** Calcule o valor do arco-seno e do arco-cosseno de:

a) $\frac{\sqrt{2}}{2}$ b) 0 c) $-0,5$ d) 1

**72.** Determine o arco-tangente de:

a) 0 b) $\sqrt{3}$ c) $-\frac{\sqrt{3}}{3}$

**73.** Encontre o valor da expressão:

$$E = (\text{arcsen } 0,5)^{-2} \cdot (\text{arccos } 0)^2$$

**74.** Obtenha o valor de $m$ para o qual se tem:

$$\text{tg}\,(2 \cdot \text{arcsen } 0,5) = m\sqrt{3}$$

**75.** Calcule o valor de $\cos\left(\text{arcsen } \frac{3}{5} + \text{arcsen } 1\right)$.

**76.** Resolva, em $\mathbb{R}$, a equação do 2.º grau em $x$ dada a seguir:

$$x^2 + [\text{arccos}\,(-1)]x + \pi - 1 = 0$$

**77.** Obtenha o valor de $x$ para que a sequência

$$(\text{arccos } 1, x, \text{arcsen } 1)$$

seja uma PA.

## Conheça mais...

As funções trigonométricas estão envolvidas na descrição de diversas curvas (que podem ou não representar funções). Dentre elas, algumas ficaram famosas pela sua aparência ou utilidade na modelagem de movimentos. Vejamos alguns exemplos.

- A *lemniscata de Bernoulli*, descrita pela primeira vez pelo matemático suíço Jacob Bernoulli, em 1694, ao estudar propriedades geométricas de figuras no plano. Essa curva pode ser descrita pela relação $r^2 = a^2 \cdot \cos 2\varphi$.

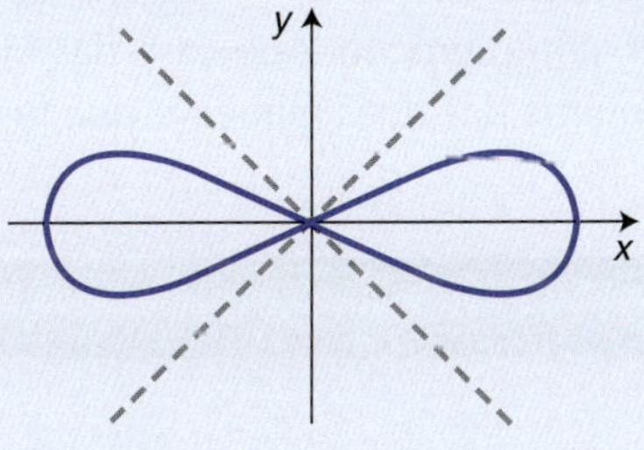


A curva lemniscata, que também é a representação matemática do infinito, simboliza o movimento contínuo e dinâmico do Universo (o equilíbrio perfeito das leis que o regem).

Jacob Bernoulli (1654-1705), matemático suíço.

- O *trifoglio* (trevo de três folhas), que pode ser descrito pela relação $r = a \cdot \text{sen } 3\varphi$, com $a > 0$.

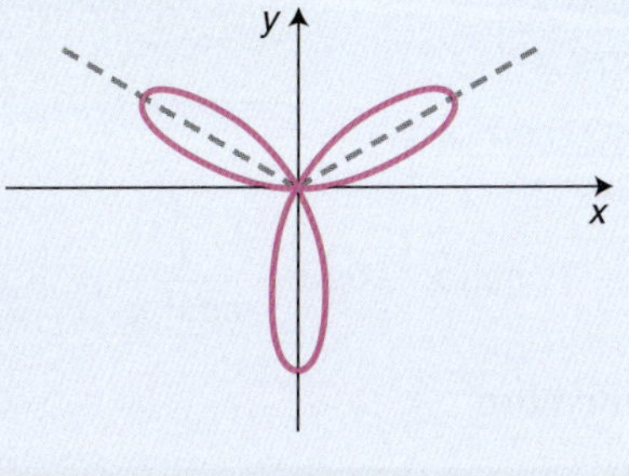


- O *quadrifoglio* (trevo de quatro folhas), que pode ser descrito pela relação $r = a \cdot |\text{sen } 2\varphi|$, com $a > 0$.

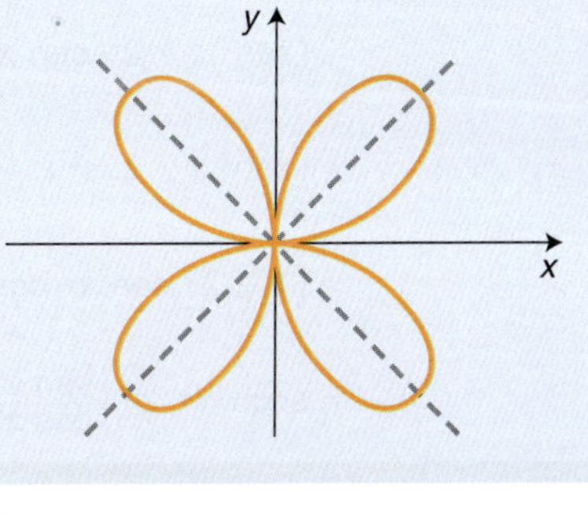

# 6. Identidades, Equações e Inequações Trigonométricas

Vamos usar as propriedades das funções trigonométricas para provar identidades e também resolver equações e inequações trigonométricas.

## 6.1 IDENTIDADES TRIGONOMÉTRICAS

Uma **identidade** é uma igualdade que permanece sempre verdadeira, independentemente dos valores atribuídos às variáveis que nela apareçam, respeitadas as restrições existentes.

Quando uma identidade contém funções trigonométricas é denominada **identidade trigonométrica**.

Você já trabalhou com algumas dessas identidades trigonométricas como, por exemplo, a relação fundamental da Trigonometria:

$$\text{sen}^2 x + \cos^2 x = 1$$

Para mostrar que uma igualdade entre duas expressões é uma identidade, podemos usar duas maneiras:

- partimos de um dos membros da igualdade, aplicamos propriedades algébricas e trigonométricas já estudadas de modo a obter a expressão contida no outro membro dessa igualdade;
- trabalhamos com as expressões de cada membro da igualdade separadamente e mostramos que chegam a um mesmo resultado (ou expressão).

Para fazer essas transformações, também podemos usar identidades já conhecidas como, por exemplo, $1 + \text{tg}^2 x = \sec^2 x$.

Vejamos, a seguir, como proceder no caso das identidades trigonométricas, aplicando uma das duas maneiras que foram descritas.

### Exercícios Resolvidos

**ER. 32** Prove a identidade trigonométrica dada abaixo:

$$(\text{sen}\ x + \cos x)^2 \cdot (1 + \text{tg}^2 x) = 2 \cdot \text{tg}\ x + \sec^2 x$$

**Resolução:** Vamos provar essa identidade trigonométrica partindo de um dos membros e aplicando as propriedades possíveis para se chegar à expressão do outro membro.

$$1.^\circ \text{ membro} = (\text{sen}\ x + \cos x)^2 \cdot (1 + \text{tg}^2 x) =$$

$$= (\text{sen}^2 x + 2 \cdot \text{sen}\ x \cdot \cos x + \cos^2 x) \cdot \left(1 + \frac{\text{sen}^2 x}{\cos^2 x}\right) =$$

$$= (\text{sen}^2 x + \cos^2 x + 2 \cdot \text{sen}\ x \cdot \cos x) \cdot \left(\frac{\cos^2 x + \text{sen}^2 x}{\cos^2 x}\right) =$$

$$= (1 + 2 \cdot \text{sen}\ x \cdot \cos x) \cdot \left(\frac{1}{\cos^2 x}\right) = \frac{1}{\cos^2 x} + 2 \cdot \text{sen}\ x \cdot \cos x \cdot \frac{1}{\cos^2 x} =$$

$$= \sec^2 x + 2 \cdot \frac{\text{sen}\ x}{\cos x} = \sec^2 x + 2 \cdot \text{tg}\ x = 2.^\circ \text{ membro}$$

**Faça**

- Justifique cada passagem da demonstração apresentada.
- Mostre essa identidade usando a outra maneira.

**ER. 33** Verifique se as expressões

$$\frac{\text{tg}^2 x}{\sec^2 x} + \frac{\text{cotg}^2 x}{\text{cossec}^2 x} \quad \text{e} \quad \cos 2x + 2 \cdot (\text{cossec } x)^{-2}$$

podem formar uma identidade trigonométrica.

**Resolução:** Para que essas duas expressões produzam uma identidade, devemos verificar se a igualdade entre elas é sempre verdadeira, independentemente do valor atribuído à variável *x*.

Uma das maneiras de se provar uma identidade é trabalhando separadamente com os dois membros e mostrando que ambos são iguais a uma terceira expressão. Aqui vamos usar esse processo:

- 1.º membro $= \frac{\text{tg}^2 x}{\sec^2 x} + \frac{\text{cotg}^2 x}{\text{cossec}^2 x} = \frac{\text{sen}^2 x}{\cos^2 x} \cdot \frac{\cos^2 x}{1} + \frac{\cos^2 x}{\text{sen}^2 x} \cdot \frac{\text{sen}^2 x}{1} = \text{sen}^2 x + \cos^2 x = 1$
- 2.º membro $= \cos 2x + 2 \cdot (\text{cossec } x)^{-2} = (\cos^2 x - \text{sen}^2 x) + 2 \cdot \left(\frac{1}{\text{sen } x}\right)^{-2} = \cos^2 x - \text{sen}^2 x + 2 \cdot \left(\frac{\text{sen } x}{1}\right)^2 =$

$= \cos^2 x - \text{sen}^2 x + 2 \cdot \text{sen}^2 x = \cos^2 x + \text{sen}^2 x = 1$

Como as expressões dos dois membros são iguais a uma terceira expressão (no caso, iguais a 1), podemos concluir que a igualdade

$$\frac{\text{tg}^2 x}{\sec^2 x} + \frac{\text{cotg}^2 x}{\text{cossec}^2 x} = \cos 2x + 2 \cdot (\text{cossec } x)^{-2}$$

é uma identidade trigonométrica.

## Exercícios Propostos

**78.** Verifique, em cada caso, se a igualdade é uma identidade trigonométrica.

a) $\sec^2 x - \text{tg}^2 x = \text{sen}^2 x + \cos^2 x$

b) $\text{sen}^4 x + \cos^4 x = 1$

c) $\text{sen } 2x = (\text{sen } x + \cos x)^2$

d) $\sec x = 1 + \text{tg } x$

e) $\sec x \cdot \text{cossec } x = 2 \cdot \text{cossec } 2x$

**79.** Prove as identidades dadas a seguir.

a) $\frac{(\text{sen } x + \cos x)^2 - 1}{\text{sen } x \cdot \cos x} = 2$

b) $\text{tg } x + \text{cotg } x = \sec x \cdot \text{cossec } x$

c) $\text{sen}^2 x + \cos^2 x = \frac{\text{sen } x \cdot \cos x}{\text{cotg } x} + \frac{\text{sen } x \cdot \cos x}{\text{tg } x}$

d) $\frac{2}{\sec x + \text{cossec } x} = \frac{\text{sen } 2x}{\text{sen } x + \cos x}$

e) $\text{sen } 3x + \text{sen}^3 x = \frac{3 \cdot \text{sen } x}{\sec^2 x}$

**80.** Mostre que o valor da expressão $\frac{\text{sen } 3x}{4 \cdot \text{sen } x} + \frac{\cos 3x}{4 \cdot \cos x}$ assume os mesmos valores que $1 - 2 \cdot \text{sen}^2 x$, para *x* real tal que $x \neq \frac{k\pi}{2}$ com $k \in \mathbb{Z}$.

## 6.2 EQUAÇÕES TRIGONOMÉTRICAS

Toda equação em que existe incógnita em uma razão trigonométrica é denominada **equação trigonométrica**.

### Exemplos

a) $\text{sen } x = \frac{\sqrt{3}}{2}$ b) $\cos 2x = \frac{1}{4}$ c) $\text{tg}^2 x + \text{tg } x = 0$ d) $\sec\left(x + \frac{\pi}{4}\right) = 0$

Como vimos acima, existem diversos tipos de equação trigonométrica. Para cada tipo há uma estratégia diferente de resolução, em que aplicamos a definição das razões trigonométricas e as características das funções relativas a elas, bem como as propriedades estudadas para as funções trigonométricas.

## Exercícios Resolvidos

**ER. 34** Para cada uma das equações a seguir, dê o conjunto solução no universo $[0, 2\pi]$ e, em seguida, em $\mathbb{R}$.

a) $\text{sen}\ x = \frac{\sqrt{3}}{2}$

b) $\cos x = -\frac{1}{2}$

**Resolução:** Esse tipo de equação trigonométrica é o mais simples. Devemos localizar na circunferência trigonométrica os possíveis arcos que nos fornecem o valor indicado da respectiva razão trigonométrica e, assim, determinar os valores de $x$ que satisfazem a equação no universo $(U)$ considerado.

a) $\text{sen}\ x = \frac{\sqrt{3}}{2}$

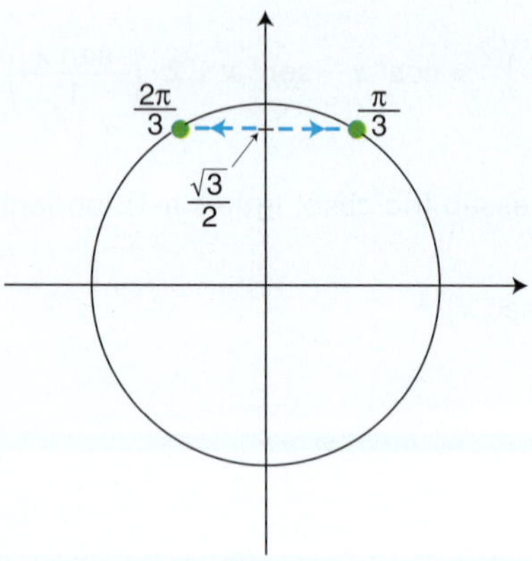


Observando a circunferência trigonométrica, verificamos que os arcos para os quais a função seno assume o valor $\frac{\sqrt{3}}{2}$ na primeira volta são $\frac{\pi}{3}$ e $\frac{2\pi}{3}$, o que nos dá $x = \frac{\pi}{3}$ ou $x = \frac{2\pi}{3}$.

Logo, em $[0, 2\pi]$, o conjunto solução dessa equação é:

$$S = \left\{\frac{\pi}{3}, \frac{2\pi}{3}\right\}$$

Para obter o conjunto solução de $\text{sen}\ x = \frac{\sqrt{3}}{2}$ em $U = \mathbb{R}$, basta tomar todos os arcos côngruos dos valores obtidos para $x$ na primeira volta, ou seja:

$$x = \frac{\pi}{3} + 2k\pi \text{ ou } x = \frac{2\pi}{3} + 2k\pi, \text{ com } k \in \mathbb{Z}$$

Logo, em $\mathbb{R}$, o conjunto solução dessa equação é:

$$S_{\text{real}} = \left\{x \in \mathbb{R} \mid x = \frac{\pi}{3} + 2k\pi \text{ ou } x = \frac{2\pi}{3} + 2k\pi, \text{ com } k \in \mathbb{Z}\right\}$$

b) $\cos x = -\frac{1}{2}$

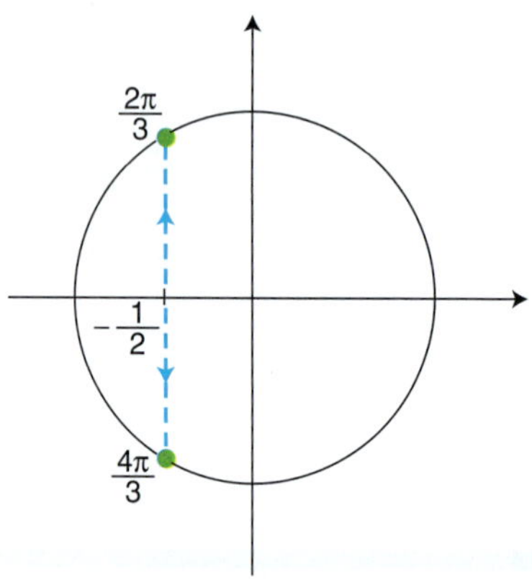


Vamos proceder de modo análogo ao que fizemos no item anterior.

Observando a circunferência trigonométrica, verificamos que, na primeira volta, temos:

$$x = \frac{2\pi}{3} \text{ ou } x = \frac{4\pi}{3}$$

Logo, em $[0, 2\pi]$, o conjunto solução dessa equação é:

$$S = \left\{\frac{2\pi}{3}, \frac{4\pi}{3}\right\}$$

E, em $\mathbb{R}$, o conjunto solução dessa equação é dado por:

$$S_{\text{real}} = \left\{x \in \mathbb{R} \mid x = \frac{2\pi}{3} + 2k\pi \text{ ou } x = \frac{4\pi}{3} + 2k\pi, \text{ com } k \in \mathbb{Z}\right\}$$

**ER. 35** Resolva, nos universos $[0, 2\pi]$ e $\mathbb{R}$, a equação:

$$\text{tg } x = \text{tg } \frac{3\pi}{4}$$

**Resolução:** Uma maneira de resolver essa equação é encontrando o valor de $\text{tg } \frac{3\pi}{4}$ e, assim, recair em uma equação do tipo do exercício anterior.

No entanto, como a função tangente é periódica, sabemos que seu valor se repete a cada período. Então, utilizando essa informação, e com o auxílio da circunferência trigonométrica, podemos apresentar outro modo de resolução.

**Atenção!**

Esse procedimento é válido para qualquer uma das funções trigonométricas.

Como o período da função tg $x$ é $\pi$, temos:

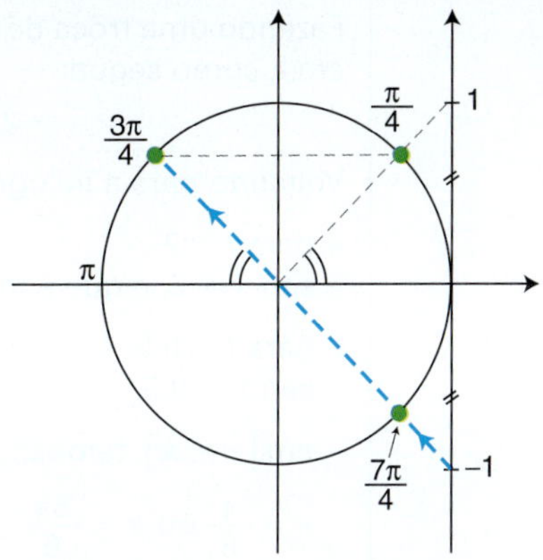


Daí, podemos concluir que se $\text{tg } x = \text{tg } \frac{3\pi}{4}$, devemos ter:

$$x = \frac{3\pi}{4} + k\pi, \text{ com } k \in \mathbb{Z}$$

Desse modo, para $U = [0, 2\pi]$, temos que o conjunto solução da equação é:

$$S = \left\{\frac{3\pi}{4}, \frac{7\pi}{4}\right\}$$

E, para $U = \mathbb{R}$, o conjunto solução dessa equação é dado por:

$$S_{\text{real}} = \left\{x \in \mathbb{R} \mid x = \frac{3\pi}{4} + k\pi, \text{ com } k \in \mathbb{Z}\right\}$$

**ER. 36** Encontre uma equação trigonométrica que possua como soluções os valores de $x$ representados na circunferência trigonométrica:

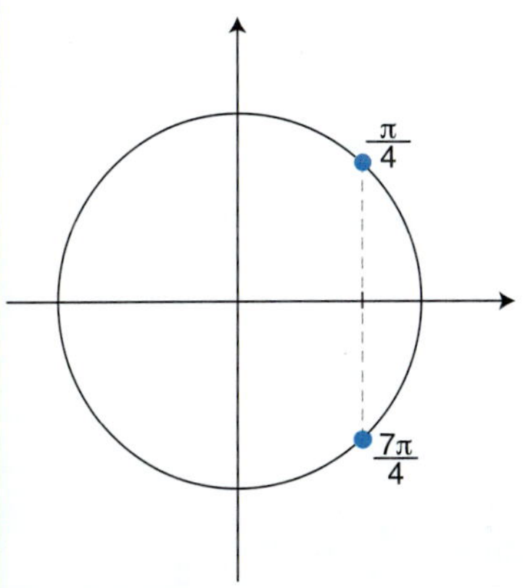


**Resolução:** As soluções da equação procurada devem ser $\frac{\pi}{4}$ e $\frac{7\pi}{4}$. Observando a figura, verificamos uma propriedade dos arcos que têm essas medidas: *eles têm valores iguais para o cosseno.* Isso nos sugere a seguinte equação:

$$\cos x = \frac{\sqrt{2}}{2}, \text{ no universo } [0, 2\pi]$$

É fácil verificar que, na primeira volta, os valores de $x$ que satisfazem essa equação são $x = \frac{\pi}{4}$ ou $x = \frac{7\pi}{4}$.

**ER. 37** Determine, em $[-\pi, \pi]$ e em $[\pi, 2\pi]$, o conjunto solução da equação:

$2 \cdot \cos^2 x + 5 \cdot \text{sen}\, x - 4 = 0$

**Resolução:** Agora, temos uma equação trigonométrica que não é direta. Precisamos prepará-la para torná-la mais simples.

Inicialmente, aplicando as relações já conhecidas, vamos apresentar a equação com apenas um tipo de função trigonométrica (ou só cosseno ou só seno).

Da relação fundamental temos $\cos^2 x = 1 - \text{sen}^2\, x$. Substituindo na equação, vem:

$$2 \cdot (1 - \text{sen}^2\, x) + 5 \cdot \text{sen}\, x - 4 = 0 \Rightarrow 2 - 2 \cdot \text{sen}^2\, x + 5 \cdot \text{sen}\, x - 4 = 0 \Rightarrow$$
$$\Rightarrow -2 \cdot \text{sen}^2\, x + 5 \cdot \text{sen}\, x - 2 = 0$$

Fazendo uma troca de variável, $\text{sen}\, x = t$, obtemos uma equação do 2.º grau em $t$, como segue:

$$-2t^2 + 5t - 2 = 0 \Rightarrow t = 0{,}5 \text{ ou } t = 2$$

Voltando para a incógnita $x$, temos:

- para $t = 2$
  $\text{sen}\, x = 2$, o que é impossível, pois $-1 \leqslant \text{sen}\, x \leqslant 1$
- para $t = 0{,}5$
  $\text{sen}\, x = 0{,}5$

  em $[-\pi, \pi]$, temos:

  $x = \frac{\pi}{6}$ ou $x = \frac{5\pi}{6}$

  em $[\pi, 2\pi]$, não existe $x$ que satisfaça a equação

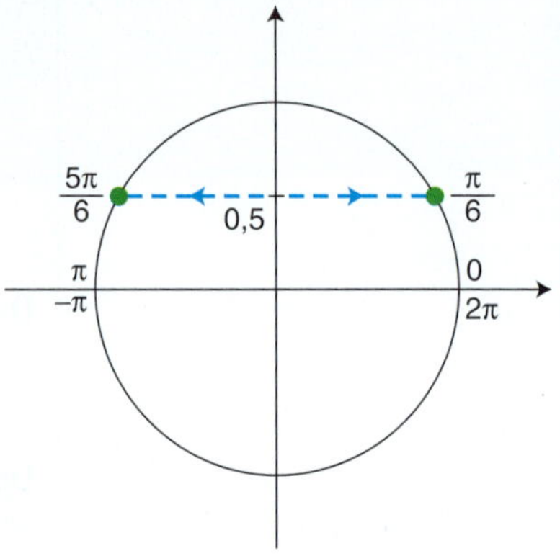


Logo, $S = \left\{x \in \mathbb{R} \mid x = \frac{\pi}{6} \text{ ou } x = \frac{5\pi}{6}\right\}$.

**ER. 38** No intervalo $[0, 4\pi]$, encontre os valores de $x$ que satisfazem a igualdade $\text{tg}^2\, x - 3 = 0$.

**Resolução:** Podemos resolver a equação trigonométrica da forma que faríamos com uma equação do 2.º grau incompleta:

$$\text{tg}^2\, x - 3 = 0 \Rightarrow \text{tg}^2\, x = 3 \Rightarrow \text{tg}\, x = \pm\sqrt{3}$$

Localizando os arcos cuja tangente tem esses valores na circunferência trigonométrica, temos a figura ao lado.

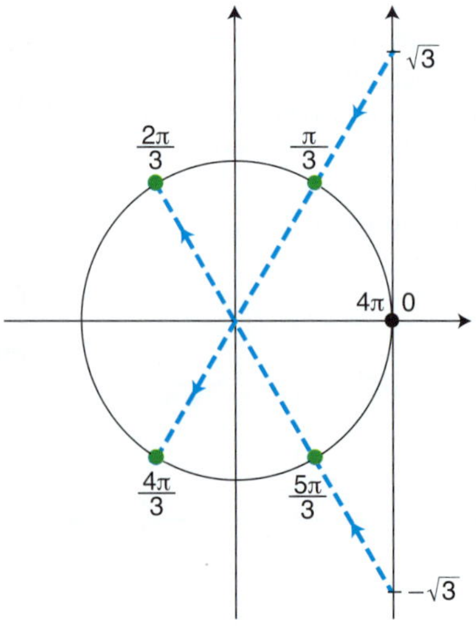


Assim, em $\mathbb{R}$, as soluções da equação são:

$$x = \frac{\pi}{3} + k\pi \quad \text{ou}$$
$$x = \frac{2\pi}{3} + k\pi, \text{ com } k \in \mathbb{Z}$$

Como o universo dado é $[0, 4\pi]$, vamos atribuir valores para $k$ e encontrar todos os valores de $x$ pertencentes a esse intervalo.

- para $k = 0$, temos:

$$x = \frac{\pi}{3} \text{ ou } x = \frac{2\pi}{3}$$

- para $k = 1$, temos:

$$x = \frac{\pi}{3} + \pi \text{ ou } x = \frac{2\pi}{3} + \pi, \text{ o que nos dá } x = \frac{4\pi}{3} \text{ ou } x = \frac{5\pi}{3}$$

• para $k = 2$, temos:

$$x = \frac{\pi}{3} + \pi \text{ ou } x = \frac{2\pi}{3} + \pi\text{, o que nos dá } x = \frac{7\pi}{3} \text{ ou } x = \frac{8\pi}{3}$$

• para $k = 3$, temos:

$$x = \frac{\pi}{3} + 3\pi \text{ ou } x = \frac{2\pi}{3} + 3\pi\text{, o que nos dá } x = \frac{10\pi}{3} \text{ ou } x = \frac{11\pi}{3}$$

Como $4\pi = \frac{12\pi}{3}$, valor que não satisfaz a equação dada, já temos todos os valores que $x$ pode assumir em $[0, 4\pi]$:

$$S = \left\{\frac{\pi}{3}, \frac{2\pi}{3}, \frac{4\pi}{3}, \frac{5\pi}{3}, \frac{7\pi}{3}, \frac{8\pi}{3}, \frac{10\pi}{3}, \frac{11\pi}{3}\right\}$$

**ER. 39** Resolva, em $\mathbb{R}$, a equação:

$\log_{0,5}(\text{sen } 2x) = 1$

**Resolução:** Aplicando a definição de logaritmo, temos:

$$\log_{0,5}(\text{sen } 2x) = 1 \Leftrightarrow (0,5)^1 = \text{sen } 2x$$

Assim, obtemos a seguinte equação trigonométrica:

$$\text{sen } 2x = 0,5$$

Já vimos que, para arcos da primeira volta, o seno é 0,5 quando o arco mede $\frac{\pi}{6}$ rad ou $\frac{5\pi}{6}$ rad. Sendo assim, em $\mathbb{R}$, para $k \in \mathbb{Z}$, temos:

• $2x = \frac{\pi}{6} + 2k\pi \Rightarrow \frac{1}{2} \cdot 2x = \frac{1}{2} \cdot \left(\frac{\pi}{6} + 2k\pi\right) \Rightarrow x = \frac{\pi}{12} + k\pi$

ou

• $2x = \frac{5\pi}{6} + 2k\pi \Rightarrow \frac{1}{2} \cdot 2x = \frac{1}{2} \cdot \left(\frac{5\pi}{6} + 2k\pi\right) \Rightarrow x = \frac{5\pi}{12} + k\pi$

Logo, em $\mathbb{R}$, temos:

$$x = \frac{\pi}{12} + k\pi \text{ ou } x = \frac{5\pi}{12} + k\pi\text{, com } k \in \mathbb{Z}$$

**ER. 40** Construa, em um mesmo plano cartesiano, os gráficos das funções $f$ e $g$ tais que:

$f(x) = -\text{sen } x$ e

$g(x) = \frac{\sqrt{3}}{2}$

e explique como, a partir desses gráficos, podemos obter as soluções da equação:

$-\text{sen } x = \frac{\sqrt{3}}{2}$

**Resolução:** Por terem ordenadas opostas, o gráfico de $-$ sen $x$ é simétrico ao gráfico de sen $x$ em relação ao eixo das abscissas.

Como $g$ é uma função constante, seu gráfico é uma reta paralela ao eixo $x$, passando pelo ponto $\left(0, \frac{\sqrt{3}}{2}\right)$.

Assim, podemos traçar esses dois gráficos:

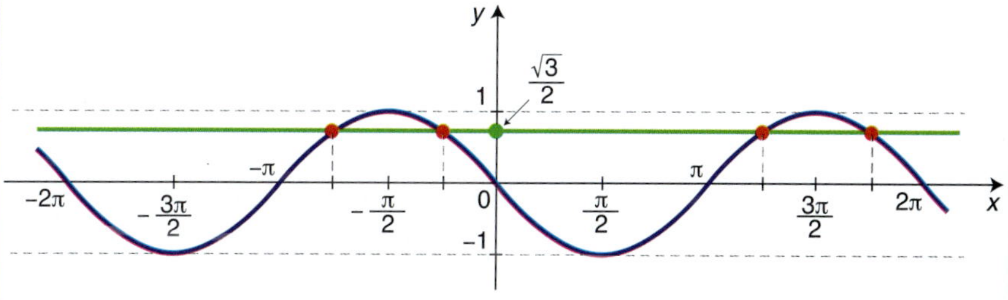


Observe que os pontos em que esses dois gráficos se encontram são aqueles cujas abscissas satisfazem a equação $f(x) = g(x)$, ou seja, para resolver a equação $-\text{sen } x = \frac{\sqrt{3}}{2}$, basta encontrar as abscissas desses pontos de intersecção.

**Faça**

Resolva a equação dada com o auxílio da circunferência trigonométrica.

**ER. 41** Considere a função:

$f: \mathbb{R} \to \mathbb{R}$ tal que

$$f(x) = \text{sen } x - \cos x$$

Faça o que se pede.

a) Resolva, em $\mathbb{R}$, a equação $\text{sen } x - \cos x = 1$.

b) Para quais valores reais de $m$ a equação $\text{sen } x - \cos x = m$ possui solução real?

**Resolução:**

a) $\text{sen } x - \cos x = 1$

Vamos aplicar propriedades algébricas e relações trigonométricas já estudadas para obter essa equação com uma única razão trigonométrica. Veja como podemos fazer isso:

$$\text{sen } x - \cos x = 1$$

$$\frac{\sqrt{2}}{2} \cdot (\text{sen } x - \cos x) = \frac{\sqrt{2}}{2} \cdot 1$$

$$\frac{\sqrt{2}}{2} \cdot \text{sen } x - \frac{\sqrt{2}}{2} \cdot \cos x = \frac{\sqrt{2}}{2}$$

$$\cos \frac{\pi}{4} \cdot \text{sen } x - \text{sen } \frac{\pi}{4} \cdot \cos x = \frac{\sqrt{2}}{2}$$

$$\text{sen } x \cdot \cos \frac{\pi}{4} - \cos x \cdot \text{sen } \frac{\pi}{4} = \frac{\sqrt{2}}{2}$$

$$\text{sen}\left(x - \frac{\pi}{4}\right) = \frac{\sqrt{2}}{2}$$

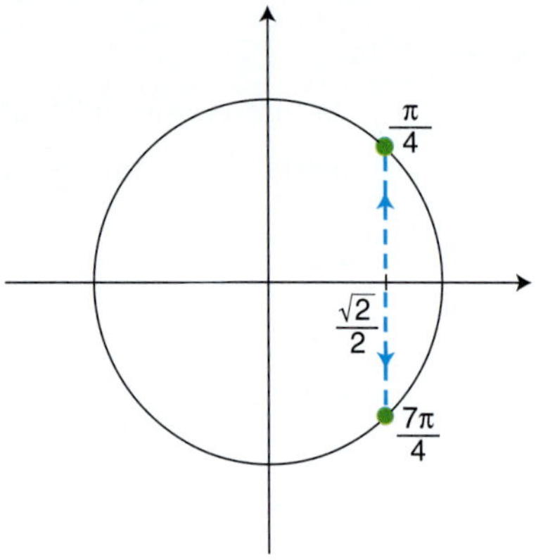


Observando a circunferência trigonométrica, para $k \in \mathbb{Z}$, temos:

- $x - \frac{\pi}{4} = \frac{\pi}{4} + 2k\pi \Rightarrow x = \frac{\pi}{2} + 2k\pi$

ou

- $x - \frac{\pi}{4} = \frac{7\pi}{4} + 2k\pi \Rightarrow x = 2k\pi$

Logo, em $\mathbb{R}$, temos as seguintes soluções:

$$x = \frac{\pi}{2} + 2k\pi \text{ ou } x = 2k\pi, \text{ com } k \in \mathbb{Z}$$

b) Procedendo de modo análogo ao item **a**, obtemos:

$$\text{sen}\left(x - \frac{\pi}{4}\right) = \frac{\sqrt{2}}{2} \cdot m$$

Observe que temos $-1 \leqslant \text{sen}\left(x - \frac{\pi}{4}\right) \leqslant 1$, para qualquer $x$ real. Daí, vem:

$$-1 \leqslant \frac{\sqrt{2}}{2} \cdot m \leqslant 1$$

$$\frac{2}{\sqrt{2}} \cdot (-1) \leqslant \frac{2}{\sqrt{2}} \cdot \frac{\sqrt{2}}{2} \cdot m \leqslant \frac{2}{\sqrt{2}} \cdot 1$$

$$-\frac{2}{\sqrt{2}} \leqslant m \leqslant \frac{2}{\sqrt{2}}$$

$$-\sqrt{2} \leqslant m \leqslant \sqrt{2}$$

**Recorde**

Racionalizando a expressão $\frac{2}{\sqrt{2}}$, temos:

$$\frac{2}{\sqrt{2}} \cdot \frac{\sqrt{2}}{\sqrt{2}} = \frac{2\sqrt{2}}{2} = \sqrt{2}$$

**ER. 42** Dê o conjunto solução, em $\mathbb{R}$, da equação:

$$\text{sen } 5x + \text{sen } x = 0$$

**Resolução:** Mais uma vez vamos fazer transformações algébricas e trigonométricas na equação para que ela fique com uma única razão trigonométrica, inspirados pela fórmula:

$$\text{sen } p + \text{sen } q = 2 \cdot \text{sen } \frac{p+q}{2} \cdot \cos \frac{p-q}{2}$$

Daí, vem:

$$\text{sen } 5x + \text{sen } x = 0$$

$$2 \cdot \text{sen } \frac{5x+x}{2} \cdot \cos \frac{5x-x}{2} = 0$$

$$2 \cdot \text{sen } 3x \cdot \cos 2x = 0$$

$$\text{sen } 3x = 0 \text{ ou } \cos 2x = 0$$

- Para $\text{sen } 3x = 0$, com $k \in \mathbb{Z}$, temos:

  $3x = 0 + k\pi \Rightarrow x = \frac{k\pi}{3}$

- Para $\cos 2x = 0$, com $k \in \mathbb{Z}$, temos:

  $2x = \frac{\pi}{2} + k\pi \Rightarrow x = \frac{\pi}{4} + \frac{k\pi}{2}$

**Faça**

Verifique na circunferência trigonométrica que na primeira volta obtemos:

- $\text{sen } 3x = 0$
  $3x = 0$ ou $3x = \pi$
- $\cos 2x = 0$
  $2x = \frac{\pi}{2}$ ou $2x = \frac{3\pi}{2}$

Logo, em $\mathbb{R}$, o conjunto solução da equação dada é:

$$S_{\text{real}} = \left\{ x \in \mathbb{R} \mid x = \frac{k\pi}{3} \text{ ou } \frac{\pi}{4} + \frac{k\pi}{2}, \text{com } k \in \mathbb{Z} \right\}$$

## Exercícios Propostos

**81.** Determine, em $[0, 2\pi]$, o conjunto solução de cada uma das equações:

a) $\text{sen } x = 0{,}5$

b) $\cos x = \cos \frac{\pi}{4}$

c) $\text{sen } x = 0$

d) $\cos x = -1$

e) $\text{sen } x = -\frac{\sqrt{2}}{2}$

f) $\cos x = -\cos \frac{\pi}{3}$

**82.** Resolva, em $\mathbb{R}$, cada uma das equações a seguir.

a) $\text{sen } x = -0{,}5$

b) $\cos x = 0{,}5$

c) $\cos x = 0$

d) $\cos x = \text{sen } \frac{5\pi}{4}$

e) $\text{sen } x = \cos \frac{7\pi}{4}$

f) $\cos x = -\frac{\sqrt{3}}{2}$

**83.** Localize os arcos cujas medidas são dadas a seguir na circunferência trigonométrica e encontre uma equação trigonométrica que tenha como solução esses valores.

a) $\frac{\pi}{3}$ e $\frac{5\pi}{3}$

b) $0$ e $\pi$

c) $\frac{4\pi}{3}$ e $\frac{5\pi}{3}$

d) $\frac{\pi}{2}$ e $\frac{3\pi}{2}$

**84.** Explique por que a equação $\text{sen } x = 2$ não tem solução e a equação $\text{sen } x = \frac{\pi}{4}$ tem.

**85.** Resolva cada uma das equações no universo indicado.

a) $\text{sen } x = 0{,}25$, sendo $U = \left]-\frac{\pi}{2}, \frac{\pi}{2}\right[$

b) $\cos x = \frac{1}{3}$, sendo $U = ]0, \pi[$

c) $\text{sen } x = -\frac{1}{4}$, sendo $U = \left]-\frac{\pi}{2}, \frac{\pi}{2}\right[$

d) $\cos x = -0{,}8$, sendo $U = ]0, \pi[$

e) $\cos x = \text{tg } \frac{\pi}{3}$, sendo $U = ]0, \pi[$

**86.** Obtenha as soluções da equação $\text{sen}^2 x = 0{,}25$ que pertencem ao intervalo $[0, 2\pi[$.

**87.** Resolva, em $[0, \pi]$, a equação

$$\text{sen}^2 x - \text{sen } x = 0.$$

**88.** Dê o número de soluções da equação

$$2 \cdot \cos^2 x - \cos x - 1 = 0$$

que pertencem à primeira volta da circunferência trigonométrica.

**89.** Dê o conjunto solução, em $[0, 2\pi]$, da equação:

$$\text{sen}^4 x + \cos^4 x = 1$$

**90.** Construa, em um mesmo plano cartesiano, os gráficos das funções

$f(x) = \text{sen } x$ e $g(x) = \cos x$, no domínio $[0, 2\pi]$

Observando esses gráficos, faça o que se pede.

a) Identifique os pontos de intersecção desses dois gráficos.

b) Resolva, em $[0, 2\pi]$, a equação $f(x) = g(x)$.

c) Qual é a relação entre os pontos de intersecção dos gráficos de $f$ e $g$ e as soluções da equação $f(x) = g(x)$?

**91.** Resolva, em $[0, 2\pi]$, as seguintes equações:

a) $\text{tg } x = 1$

b) $\text{tg } x = -\frac{\sqrt{3}}{3}$

c) $\text{tg } x = \sqrt{3}$

d) $\text{tg } x = 0$

**92.** No intervalo $[0, 2\pi]$, determine quais valores de $x$ satisfazem a equação:

$$\text{tg}^2\, x + \text{tg } x = 0$$

**93.** Calcule a soma das soluções da equação $\sec x = 2$ que pertencem à primeira volta da circunferência trigonométrica.

**94.** Determine o conjunto solução da equação

$$\sec^2 x - \text{tg}^2\, x = \sqrt{3} \cdot \text{tg } x$$

no intervalo $[0, 2\pi[$.

**95.** Quantas soluções da equação $\cos^2 x = 0{,}75$ pertencem ao intervalo $[-4\pi, 4\pi]$?

**96.** Calcule a soma das soluções reais da equação

$$2 \cdot \cos^2 x + \text{sen } x - 1 = 0$$

que pertencem ao intervalo $[-\pi, \pi]$.

**97.** Quantas soluções das equações a seguir pertencem à primeira volta da circunferência trigonométrica?

a) $\text{sen } 2x = 1$

b) $\cos 3x = 0{,}5$

c) $\cos(-x) = 0$

d) $\text{tg } 2x = -1$

e) $\sec 3x = 2$

f) $\text{cossec } 4x = \frac{2}{\sqrt{3}}$

**98.** Determine, no intervalo dado abaixo, quantos valores inteiros de $x$ satisfazem a equação $\text{sen } \pi x = 0$.

a) em $\mathbb{R}$

b) em $[0, 5[$

**99.** Resolva, em $\mathbb{R}$, cada uma das equações e, em seguida, diga quantas soluções pertencem à primeira volta da circunferência trigonométrica.

a) $\text{sen}\left(x + \frac{\pi}{4}\right) = -\frac{\sqrt{2}}{2}$

b) $\text{sen}\left(2x - \frac{\pi}{3}\right) = 1$

c) $\cos\left(x + \frac{\pi}{3}\right) = \frac{\sqrt{3}}{2}$

d) $\cos\left(3x + \frac{\pi}{4}\right) = 0$

e) $\text{tg}\left(x + \frac{\pi}{6}\right) = \frac{\sqrt{3}}{3}$

**100.** Em um mesmo plano cartesiano, esboce os gráficos de

$f(x) = \cos x$ e $g(x) = |x|$

Com base nesses gráficos, determine o número de soluções reais que a equação $\cos x = |x|$ possui.

**101.** Encontre, se existir, a maior solução negativa da equação:

$$\cos^2 x - \text{sen}^2\, x = 0{,}5$$

**102.** Determine, em $\mathbb{R}$, o conjunto solução da equação $\text{sen } x + \cos x = 1$.

**103.** Para quais valores reais de $m$ a equação

$$\text{sen } x + \sqrt{3} \cdot \cos x = m$$

possui solução?

**104.** Resolva, em $[0, 2\pi]$, a equação:

$$\text{sen } x + \text{sen } 2x + \text{sen } 3x = 0$$

## 6.3 INEQUAÇÕES TRIGONOMÉTRICAS

Toda inequação que apresenta a incógnita em uma razão trigonométrica é chamada de **inequação trigonométrica**.

**EXEMPLOS**

a) $\text{sen } x > \frac{\sqrt{2}}{2}$ b) $\cos^2 x \leq \frac{1}{4}$ c) $\text{tg } x < 0$ d) $1 + \sec 2x < x$

Como você vê, existem diversos tipos de inequação trigonométrica. Assim como fizemos nas equações trigonométricas, para resolver inequações trigonométricas vamos usar as propriedades das funções trigonométricas estudadas anteriormente.

## Exercícios Resolvidos

**ER. 43** Determine o conjunto solução de cada uma das inequações trigonométricas a seguir nos universos $[0, 2\pi]$ e $\mathbb{R}$.

a) $\text{sen } x \geqslant \frac{\sqrt{2}}{2}$ b) $\cos x \geqslant -\frac{1}{2}$ c) $\text{tg } x < \frac{\sqrt{3}}{3}$

**Resolução:** Esse tipo de inequação trigonométrica é o mais simples. Aqui, a circunferência trigonométrica também pode nos auxiliar. Vamos, então, localizar nela os arcos que satisfazem cada inequação no universo $(U)$ considerado.

a) $\text{sen } x \geqslant \frac{\sqrt{2}}{2}$

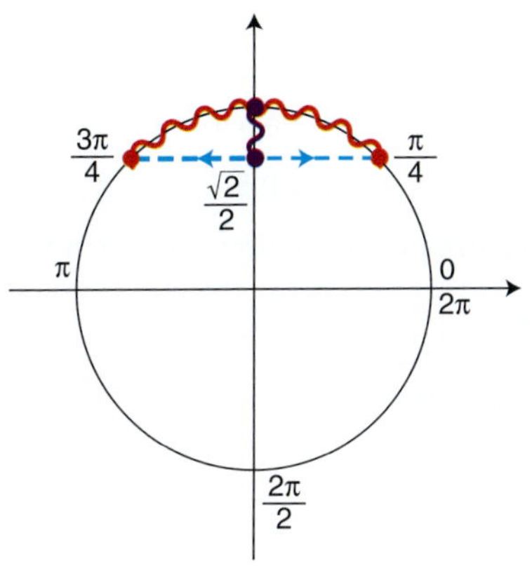


Observando a circunferência trigonométrica, verificamos que os arcos para os quais a função seno assume valores maiores que ou iguais a $\frac{\sqrt{2}}{2}$ na primeira volta são todos os valores do intervalo real $\left[\frac{\pi}{4}, \frac{3\pi}{4}\right]$, o que nos dá:

$$\frac{\pi}{4} \leqslant x \leqslant \frac{3\pi}{4}$$

Logo, em $[0, 2\pi]$, o conjunto solução dessa inequação é:

$$S = \left\{x \in \mathbb{R} \mid \frac{\pi}{4} \leqslant x \leqslant \frac{3\pi}{4}\right\}$$

Para obter o conjunto solução em $\mathbb{R}$, basta tomar todos os arcos côngruos dos valores obtidos para $x$ na primeira volta, ou seja:

$$S_{real} = \left\{x \in \mathbb{R} \mid \frac{\pi}{4} + 2k\pi \leqslant x \leqslant \frac{3\pi}{4} + 2k\pi, \text{ com } k \in \mathbb{Z}\right\}$$

b) $\cos x \geqslant -\frac{1}{2}$

Vamos proceder de modo análogo ao que fizemos no item anterior.

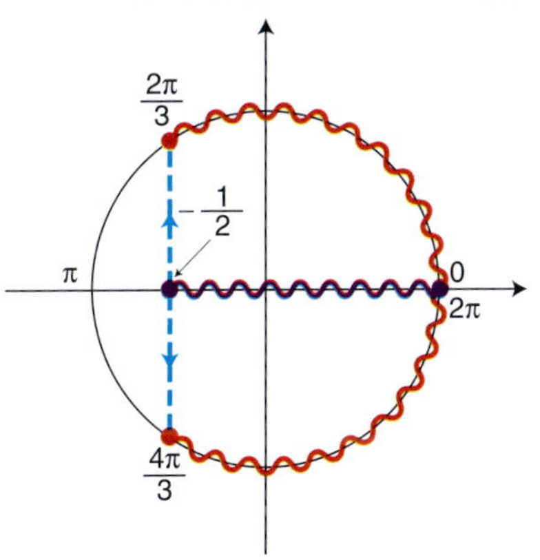


Observando a circunferência trigonométrica, verificamos que, na primeira volta, temos:

$$0 \leqslant x \leqslant \frac{2\pi}{3} \text{ ou } \frac{4\pi}{3} \leqslant x \leqslant 2\pi$$

Repare que, embora na circunferência esses valores formem um único arco, não podemos descrevê-lo por um único intervalo no caso da primeira volta, pois estamos tomando valores de 0 até $2\pi$.

Logo, em $[0, 2\pi]$, o conjunto solução dessa inequação é:

$$S = \left\{x \in \mathbb{R} \mid 0 \leqslant x \leqslant \frac{2\pi}{3} \text{ ou } \frac{4\pi}{3} \leqslant x < 2\pi\right\}$$

No entanto, se o universo considerado é $\mathbb{R}$, podemos descrever essas soluções considerando um único intervalo, tomando as medidas dos arcos convenientes para isso.

Daí, $-\frac{2\pi}{3} \equiv \frac{4\pi}{3}$. Logo, em $\mathbb{R}$, o conjunto solução dessa inequação pode ser descrito assim:

$$S_{real} = \left\{x \in \mathbb{R} \mid -\frac{2\pi}{3} + 2k\pi \leqslant x \leqslant \frac{2\pi}{3} + 2k\pi, \text{ com } k \in \mathbb{Z}\right\}$$

c) $\text{tg } x < \frac{\sqrt{3}}{3}$

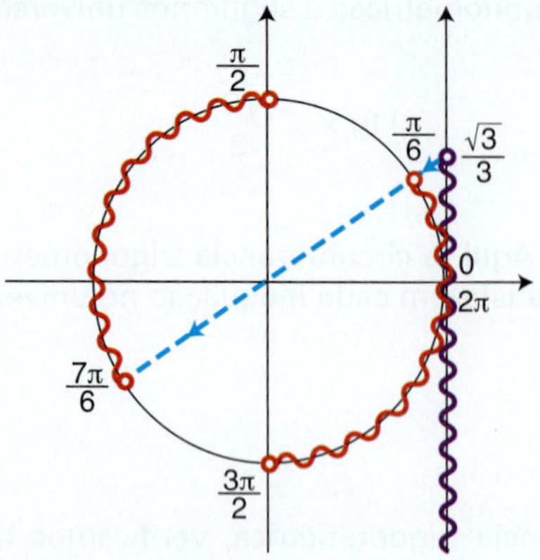


Observando a circunferência trigonométrica, verificamos que:

- em $[0, 2\pi]$, o conjunto solução dessa inequação é:

$$S = \left\{x \in \mathbb{R} \mid 0 \leq x < \frac{\pi}{6} \text{ ou } \frac{\pi}{2} < x < \frac{7\pi}{6} \text{ ou } \frac{3\pi}{2} < x \leq 2\pi\right\}$$

- em $\mathbb{R}$, como $-\frac{\pi}{2} \equiv \frac{3\pi}{2}$, obtemos o seguinte conjunto solução:

$$S_{\text{real}} = \left\{x \in \mathbb{R} \mid -\frac{\pi}{2} + 2k\pi < x < \frac{\pi}{6} + 2k\pi \text{ ou } \frac{\pi}{2} + 2k\pi < x < \frac{7\pi}{6} + 2k\pi, \text{ com } k \in \mathbb{Z}\right\}$$

**ER. 44** Resolva no universo $[0, 2\pi]$:

$$|\cos x| \leq 0{,}5$$

**Resolução:** Primeiro, vamos aplicar as propriedades para a inequação modular:

$$|\cos x| \leq 0{,}5 \Rightarrow -0{,}5 \leq \cos x \leq 0{,}5$$

Agora, vamos localizar os possíveis valores de $x$ na circunferência trigonométrica:

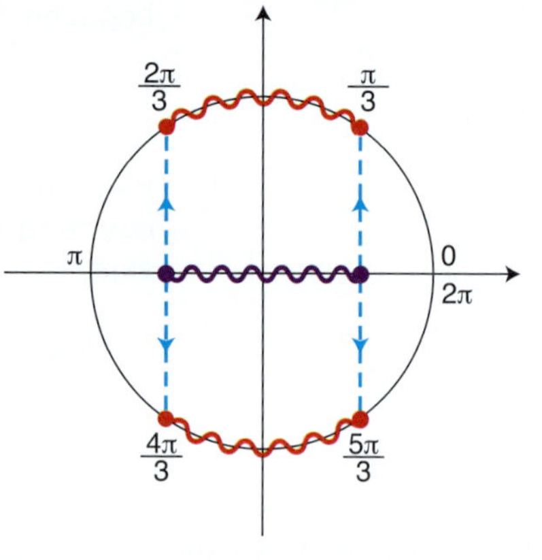


Pela figura, podemos concluir que, em $[0, 2\pi]$, o conjunto solução dessa inequação é:

$$S = \left\{x \in \mathbb{R} \mid \frac{\pi}{3} \leq x \leq \frac{2\pi}{3} \text{ ou } \frac{4\pi}{3} \leq x \leq \frac{5\pi}{3}\right\}$$

**ER. 45** Determine os valores reais de $x$ que satisfazem cada uma das inequações a seguir.

a) $\cos\left(2x + \frac{\pi}{4}\right) < -\frac{\sqrt{2}}{2}$

b) $\text{sen}^2 x - \text{sen } x < 0$

**Resolução:**

a) $\cos\left(2x + \frac{\pi}{4}\right) < -\frac{\sqrt{2}}{2}$

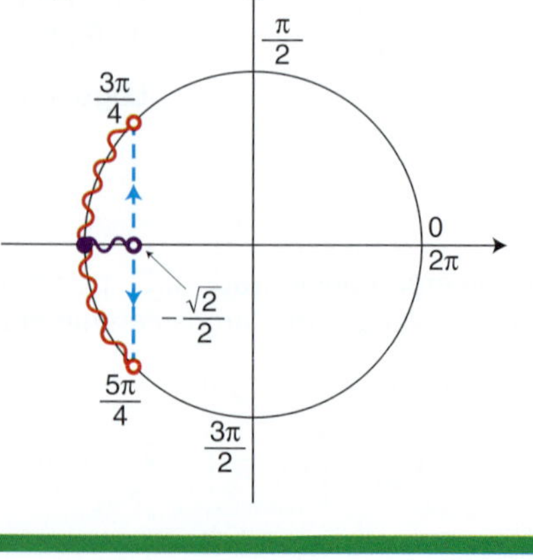

Observando a circunferência trigonométrica vemos que, na primeira volta, temos:

$$\frac{3\pi}{4} < 2x + \frac{\pi}{4} < \frac{5\pi}{4}$$

$$\frac{3\pi}{4} - \frac{\pi}{4} < 2x + \frac{\pi}{4} - \frac{\pi}{4} < \frac{5\pi}{4} - \frac{\pi}{4}$$

$$\frac{\pi}{2} < 2x < \pi$$

$$\frac{1}{2} \cdot \frac{\pi}{2} < \frac{1}{2} \cdot 2x < \frac{1}{2} \cdot \pi$$

$$\frac{\pi}{4} < x < \frac{\pi}{2}$$

Como desejamos todos os valores reais que satisfazem a equação, tomamos todos os arcos côngruos dos valores obtidos para $x$ na primeira volta, ou seja:

$$\frac{\pi}{4} + k\pi < x < \frac{\pi}{2} + k\pi, \text{ com } k \in \mathbb{Z}$$

b) $\text{sen}^2 x - \text{sen } x < 0$

Fazendo uma troca de variável, $\text{sen } x = t$, obtemos a seguinte inequação do 2.º grau:

$$t^2 - t < 0$$

Para resolvê-la, vamos tomar $f(t) = t^2 - t$, estudar o sinal de $f$ e encontrar os valores de $t$, em $\mathbb{R}$, para os quais $f$ é negativa.

Zeros da função:

$t^2 - t = 0$

$t(t - 1) = 0$

$t = 0$ ou $t = 1$

Esboço do gráfico:

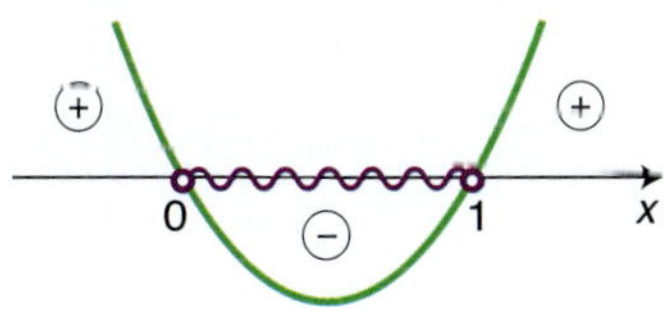


Daí, podemos concluir que $f$ é negativa para $0 < t < 1$.

Voltando para a incógnita $x$, temos:

$$0 < \text{sen } x < 1$$

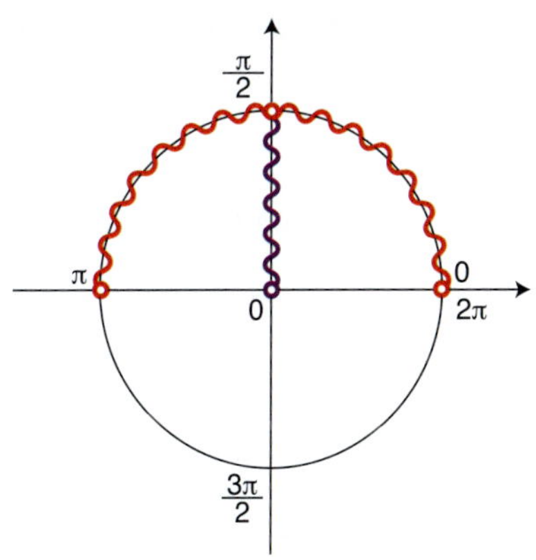


Observando a circunferência trigonométrica, verificamos que:

$$2k\pi < x < \pi + 2k\pi \text{ e } x \neq \frac{\pi}{2} + 2k\pi, \text{ com } k \in \mathbb{Z}$$

**ER. 46** Resolva, em $[0, 2\pi]$, o sistema de inequações trigonométricas:

$$\begin{cases} \text{sen } x \geq \dfrac{1}{2} \\ \cos x > -\dfrac{\sqrt{3}}{2} \end{cases}$$

**Resolução:**

① $\text{sen } x \geq \dfrac{1}{2}$, sendo $U = [0, 2\pi]$

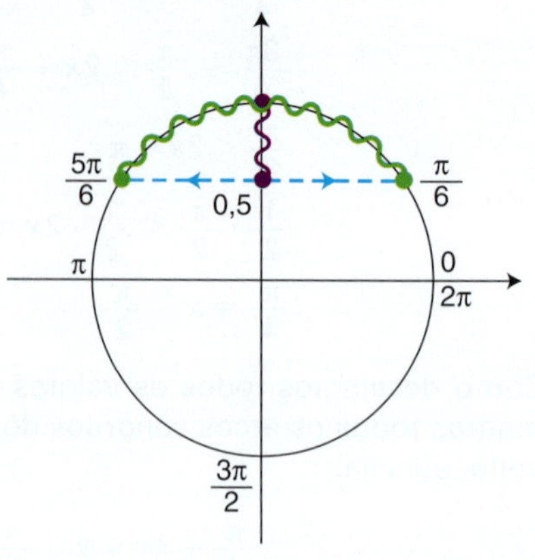


**Recorde**

Para resolver um sistema de inequações, trabalhamos com cada uma delas e depois fazemos a intersecção das soluções parciais obtidas, referentes a cada inequação.

Observando a circunferência trigonométrica, temos:

$$\frac{\pi}{6} \leq x \leq \frac{5\pi}{6}$$

② $\cos x > -\dfrac{\sqrt{3}}{2}$, sendo $U = [0, 2\pi]$

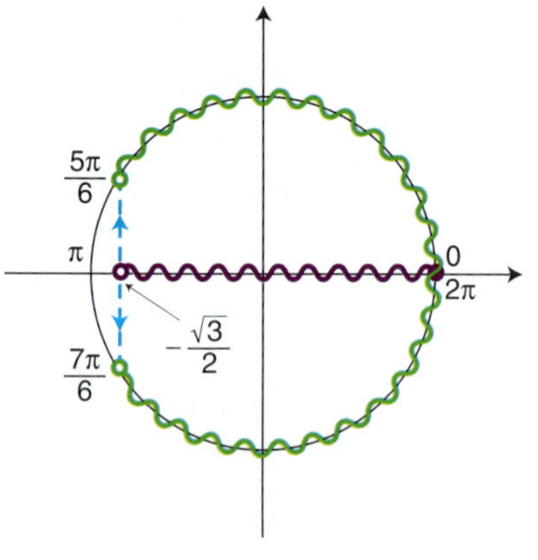


Observando a circunferência trigonométrica, temos:

$$0 \leq x < \frac{5\pi}{6} \text{ ou } \frac{7\pi}{6} < x \leq 2\pi$$

Fazendo a intersecção das soluções parciais obtidas em ① e ②, vem:

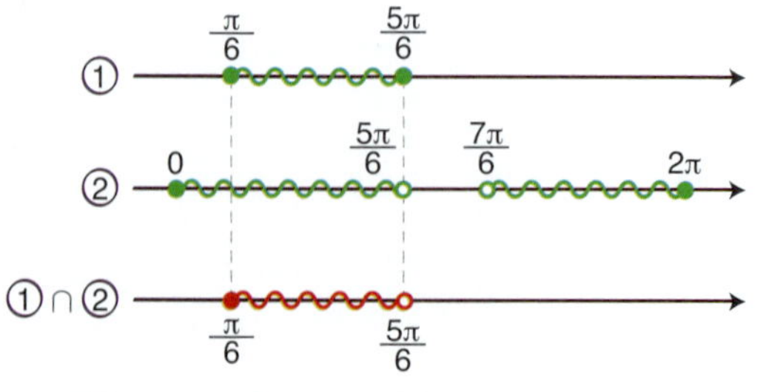


Logo, $\dfrac{\pi}{6} \leq x < \dfrac{5\pi}{6}$.

## Exercícios Propostos

**105.** Determine, em $[0, 2\pi]$, o conjunto solução de cada uma das inequações:

a) $\text{sen } x \geq 0{,}5$

b) $\cos x < \frac{\sqrt{2}}{2}$

c) $\text{sen } x < \frac{\sqrt{3}}{2}$

d) $\cos x \leq -0{,}5$

e) $\cos x > \frac{\sqrt{3}}{2}$

**106.** Resolva, em $\mathbb{R}$, as seguintes inequações:

a) $\cos x \leq 0{,}5$

b) $\text{sen } x > \frac{\sqrt{2}}{2}$

c) $\cos x > -\frac{\sqrt{3}}{2}$

d) $\text{sen } x \geq 0$

**107.** Considere a função:

$$f: [0, 2\pi] \to \mathbb{R} \text{ tal que } f(x) = \text{tg } x$$

a) Represente na circunferência trigonométrica os valores de $x$ tais que $f(x) > 1$.

b) Construindo em um mesmo plano cartesiano os gráficos de $f$ e $g$, sendo $g$ dada por $g(x) = 1$, explique como os valores de $x$ obtidos na circunferência trigonométrica (no item anterior) podem ser encontrados por meio dos gráficos traçados.

**108.** Dadas as funções:

$f(x) = \text{sen } x$

$g(x) = |x|$

$h: [0, 2\pi] \to \mathbb{R}$ tal que $h(x) = g(f(x))$

a) Resolva, em $[0, 2\pi]$, a inequação $h(x) > \frac{\sqrt{2}}{2}$.

b) Por meio do gráfico de $h$, identifique os valores de $x$ obtidos no item anterior.

**109.** Determine o domínio de:

$$f(x) = \sqrt{1 + 2 \cdot \text{sen } x}$$

**110.** Para arcos da primeira volta, resolva a inequação:

$$2 \cdot \cos^2 x - \cos x - 1 > 0$$

**111.** No intervalo $[0, 2\pi]$ obtenha os valores de $x$ para os quais se tenha:

$$\text{sen } x \cdot \cos x \geq 0{,}25$$

**112.** Resolva, em $[0, 2\pi]$, o sistema:

$$\begin{cases} \text{sen } x > \frac{\sqrt{3}}{2} \\ \cos x \leq 0 \end{cases}$$

# 7. Aplicações das Funções Trigonométricas

Agora que você já trabalhou com conteúdos relacionados às funções trigonométricas, vamos apresentar diferentes situações para você aplicar esses conceitos e modelar usando essas funções.

## Matemática, Ciência & Vida

O fluxo de ar através da traqueia é uma função periódica do tempo, e se dá em ambos os sentidos, isto é, para dentro (na inspiração) e para fora (na expiração) dos pulmões. Esse fluxo pode ser descrito pela função trigonométrica $F$ dada por:

$$F(t) = A \cdot \text{sen } \omega t$$

onde $A$ é o fluxo máximo durante a inspiração ou expiração e $\omega$ é o período respiratório, isto é:

$$\omega = \frac{2\pi}{T}$$

sendo $T$ o tempo que o indivíduo leva para perfazer um ciclo respiratório completo.

É claro que $T$ varia um pouco de um indivíduo para outro e, mesmo que se trate de uma mesma pessoa, ainda assim pode variar dependendo de ela estar em repouso, realizando exercícios físicos pesados, sob uma forte emoção etc. Contudo, vamos supor aqui que $T$ seja constante.

Como sabemos, a diferença entre a pressão pulmonar e a do ar ambiental constitui o principal fator para a ocorrência da respiração. Nesse contexto, exerce papel importante a pressão interpleural, a qual vamos designar simplesmente por $P$ — ou seja, a pressão existente na caixa torácica, produzida pelo diafragma e músculos intercostais, que também varia em função do tempo.

Por meio de cálculos mais elaborados, pode-se determinar que o comportamento da pressão interpleural varia em função do tempo conforme mostra o gráfico abaixo.

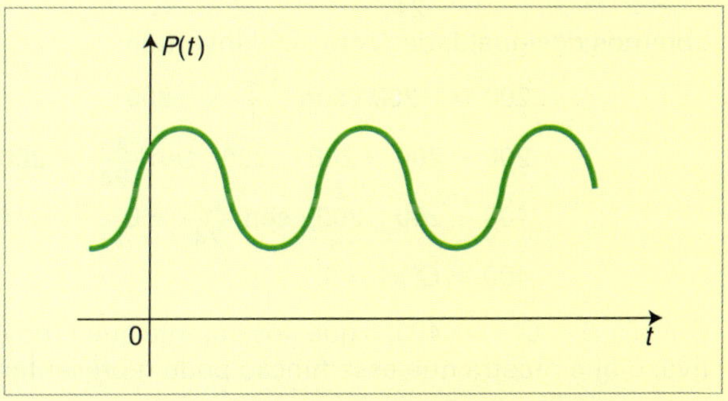


*Adaptado de:* AGUIAR, A. F. A.; XAVIER, A. F. S.; RODRIGUES, J. E. M. *Cálculo para Ciências Médicas e Biológicas*. São Paulo: HARBRA, 1988. p. 102-103.

## Exercícios Resolvidos

**ER. 47** **[Física]** No estudo da Ondulatória, uma onda sonora pode ser descrita de forma simplificada por uma função trigonométrica do tipo:

$$y = k \cdot \text{sen } mx$$

em que $k$ e $m$ são constantes características da onda.

Supondo $x$ dado em segundos, obtenha os possíveis valores da constante $m$ quando um diapasão gera uma onda sonora que se repete 2.500 vezes em 5 segundos.

**Saiba +**

A *Ondulatória* é o ramo da Física que estuda os fenômenos que se apresentam em forma de ondas.

**Resolução:** Como a onda se repete 2.500 vezes em 5 segundos, cada repetição ocorre a cada 0,002 segundo. Esse tempo corresponde ao período da função.

Sabemos que, para uma função do tipo $y = k \cdot \text{sen } mx$, o valor do período é dado por $\frac{2\pi}{|m|}$. Daí, temos:

$$\frac{2\pi}{|m|} = 0{,}002 \Rightarrow 2\pi = 0{,}002 \cdot |m| \Rightarrow \frac{2\pi}{0{,}002} = |m| \Rightarrow m = 1.000\pi \text{ ou } m = -1.000\pi$$

**ER. 48** **[Economia]** Em certo país, o milho é um dos principais alimentos da população. Como a quantidade de milho disponível para venda varia de acordo com a safra, seu preço sofre grandes alterações ao longo do ano. Nesse país a função que descreve essa quantidade, em toneladas, é dada por:

$$f(x) = 1.000 + 200 \cdot \text{sen } \frac{\pi x}{24}$$

Para evitar essa oscilação de preços, o governo decidiu criar um estoque regulador para que a quantidade de milho disponível para venda permaneça constante em 1.200 toneladas por mês, evitando, assim, grandes variações nos preços desse produto. Encontre uma função que descreva a quantidade de milho no estoque regulador.

PANTHERMEDIA/KEYDISC

**Resolução:** Para que o governo do país mantenha a quantidade disponível para venda constante em 1.200 toneladas, ele disponibiliza para venda uma quantidade $Q$ de toneladas, de modo que se tenha:

$$Q(x) = 1.200 - f(x)$$

Vamos, então, determinar a expressão de $Q(x)$:

$$Q(x) = 1.200 - \left(1.000 + 200 \cdot \text{sen } \frac{\pi x}{24}\right)$$

$$Q(x) = 1.200 - 1.000 - 200 \cdot \text{sen } \frac{\pi x}{24}$$

$$Q(x) = 200 - 200 \cdot \text{sen } \frac{\pi x}{24}$$

Note que $-1 \leqslant \text{sen } \frac{\pi x}{24} \leqslant 1$. Multiplicando essas desigualdades por $-200$, obtemos desigualdades com sinal invertido:

$$200 \geqslant -200 \cdot \text{sen } \frac{\pi x}{24} \geqslant -200$$

$$200 + 200 \geqslant 200 - 200 \cdot \text{sen } \frac{\pi x}{24} \geqslant 200 - 200$$

$$400 \geqslant 200 - 200 \cdot \text{sen } \frac{\pi x}{24} \geqslant 0$$

$$400 \geqslant Q(x) \geqslant 0$$

Ou seja, $0 \leqslant Q(x) \leqslant 400$, o que nos garante que $Q$ deve ser sempre não negativa, o que mostra que essa função pode representar o estoque regulador.

Logo, uma função que descreve adequadamente esse estoque é dada por:

$$Q(x) = 200 - 200 \cdot \text{sen } \frac{\pi x}{24}$$

## Exercícios Propostos

**113.** **[Música]** Ao vibrar, a corda de um instrumento não produz só o *som fundamental*, mas também toda uma série de harmônicos.

Chamam-se *harmônicos* de um determinado som aqueles cujas frequências são múltiplos desse som. Por exemplo, se considerarmos como som fundamental o dó (261 hertz), seus harmônicos terão as seguintes frequências:

$$522, 783, 1044, 1305, \ldots \text{ (em hertz)}$$

O som, acompanhado de seus harmônicos, corresponde a uma *onda perturbada*.

A função que descreve um som composto é do tipo:

$$a_1 \cdot \text{sen } x + a_2 \cdot \text{sen } 2x + a_3 \cdot \text{sen } 3x + \ldots$$

Verifique se as seguintes funções correspondem a um som puro ou composto.

a) sen $5x$
b) $3 \cdot$ sen $x + 5 \cdot$ sen $2x$
c) sen $5x +$ sen $7x$
d) sen $50x$

*Sugestão:* Veja o exercício proposto 7.

**114.** **[Física]** Quando a luz passa de um meio $A$ para um meio $B$, ela muda de direção. Esse fato é chamado de *refração da luz*.

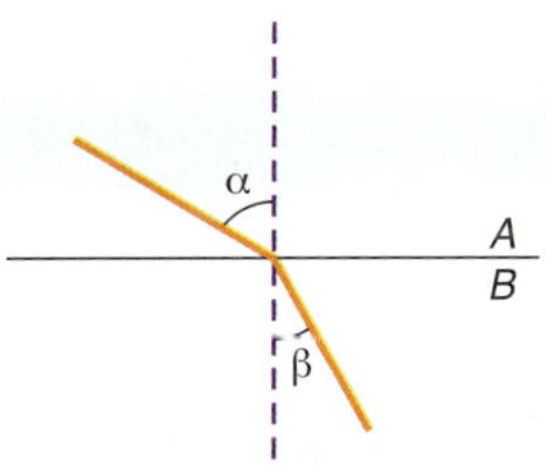


Para esse fenômeno, estuda-se na Física a **lei de Snell,** que diz:

Se $\alpha$ é a medida do ângulo de incidência e $\beta$ a do ângulo de refração, temos:

$$\frac{\text{sen } \alpha}{\text{sen } \beta} = c$$

em que $c$ é o *índice de refração.*

Sabendo que em dada situação temos $\alpha = \frac{\pi}{3}$ e $\beta = \frac{\pi}{6}$, determine o índice de refração.

**115.** **[Medicina]** Uma pessoa dormindo normalmente mantém um ritmo regular de respiração e, consequentemente, a quantidade de ar em seu pulmão pode ser descrita por uma função da forma:

$$V(t) = a + b \cdot \text{sen } kt$$

sendo $t$ o tempo, em segundos, e $V$ o volume de ar, em litros.

Sabendo que o tempo entre duas inspirações consecutivas é de aproximadamente 3 segundos e que, para essa pessoa, os volumes mínimo e máximo de ar no pulmão são, respectivamente, 4 e 5 litros, determine os valores das constantes reais positivas $a$, $b$ e $k$.

**116.** **[Física]** O fenômeno das marés que existem nos oceanos depende de diversos fatores distintos, formando uma combinação especial. Dentre eles, o principal é a força de atração gravitacional que existe entre a Terra e a Lua. Certamente, em regiões diferentes do nosso planeta, as marés podem ser descritas de forma aproximada por funções diferentes.

Em certa localidade, durante 48 horas, a maré foi descrita por uma função dada por

$$f(t) = k \cdot \text{sen } mt$$

sendo $k$ e $m$ constantes reais positivas. Sabendo que o ciclo da maré se repete a cada 24 horas, e que na maré alta o nível da água sobe até 2 metros acima do nível normal — $f(t) = 0$ —, responda:

a) Quanto a água desceu até seu nível mais baixo, em relação ao nível normal, na maré baixa?
b) Em que horário do dia ocorre a maré alta? E a maré baixa?
c) Durante quantas horas, nesses dois dias, a maré esteve mais do que 1 metro acima do seu nível normal?

PANTHERMEDIA/KEYDISC

**117.** **[NAVEGAÇÃO]** Durante uma tempestade um barco à deriva flutua no mar. As ondas passam pelo barco provocando o movimento de sobe e desce, conforme o seguinte esquema:

Esse movimento pode ser modelado por uma função tipo seno da forma

$$f(x) = k \cdot \text{sen } mx$$

sendo $k$ e $m$ constantes positivas.

Sabendo que o tempo que o barco demora para ir do ponto mais alto ao ponto mais baixo é de 4 segundos e que a distância entre a maior e a menor altura que o barco atinge é de 3 metros, encontre a lei de uma função que pode descrever esse movimento.

**118.** **[DIVERSÃO]** O parque RADICAL inaugurou uma nova atração: duas montanhas russas que ficam próximas, em trilhos paralelos, em que os carrinhos partem no mesmo instante e na mesma direção, de modo que as pessoas têm a sensação de que vão colidir quando estão à mesma altura do chão. As alturas, em metros, em função do tempo, em segundos, são dadas pelas funções:

$$f(x) = 10 + 5 \cdot \text{sen } \frac{\pi x}{15} \text{ e}$$

$$g(x) = 10 + 10 \cdot \cos \frac{\pi x}{30}$$

Sabendo que uma volta completa demora 120 segundos, quantas vezes durante esse passeio as pessoas terão a sensação da colisão?

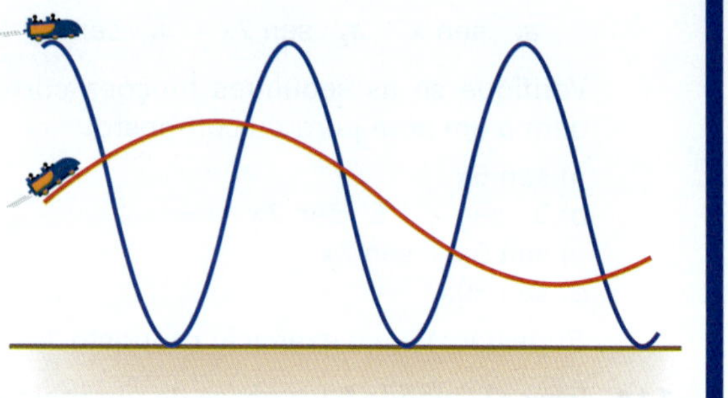

## Encare Essa!

**1.** (Unifesp) Sabe-se que, se $b > 1$, o valor máximo da expressão $y - y^b$, para $y$ no conjunto $\mathbb{R}$ dos números reais, ocorre quando:

$$y = \left(\frac{1}{b}\right)^{\frac{1}{b-1}}$$

O valor máximo que a função $f(x) = \text{sen } x \cdot \text{sen } 2x$ assume, para $x$ variando em $\mathbb{R}$, é:

a) $\frac{\sqrt{3}}{3}$

b) $\frac{2\sqrt{3}}{3}$

c) $\frac{3}{4}$

d) $\frac{4\sqrt{3}}{9}$

e) 1

**2.** (ITA – SP) O conjunto imagem e o período de

$$f(x) = 2 \cdot \text{sen}^2(3x) + \text{sen}(6x) - 1$$

são, respectivamente:

a) $[-3, 3]$ e $2\pi$

b) $[-2, 2]$ e $\frac{2\pi}{3}$

c) $[-\sqrt{2}, \sqrt{2}]$ e $\frac{\pi}{3}$

d) $[-1, 3]$ e $\frac{\pi}{3}$

e) $[-1, 3]$ e $\frac{2\pi}{3}$

**3.** Sendo $a$ e $b$ constantes reais positivas, determine os valores mínimo e máximo que a função $f(x) = a \cdot \cos x + b \cdot \text{sen } x$ assume.

**4.** (ITA – SP) A soma de todas as soluções distintas da equação

$$\cos 3x + 2 \cdot \cos 6x + \cos 9x = 0$$

que estão no intervalo $0 \leqslant x \leqslant \frac{\pi}{2}$ é igual a:

a) $2\pi$

b) $\frac{23}{12}\pi$

c) $\frac{9}{6}\pi$

d) $\frac{7}{6}\pi$

e) $\frac{13}{12}\pi$

## História & Matemática

Já vimos que a Trigonometria existe há milhares de anos e esteve presente em praticamente todas as grandes civilizações. Os egípcios e babilônios, assim como outras culturas pré-helênicas, conheciam, por exemplo, resultados envolvendo razões dos lados de triângulos semelhantes. Com os gregos, há um desenvolvimento da Trigonometria, em geral no contexto de uso da corda. Muitas das identidades e dos teoremas trigonométricos hoje conhecidos eram também conhecidos pelos matemáticos helênicos, mas em geral apresentados em forma geométrica, como ocorre no caso dos trabalhos de Euclides e de Arquimedes.

Dentro desse contexto, o surgimento das *funções trigonométicas* está relacionado à possibilidade de utilizar a Matemática à serviço da Astronomia. Problemas envolvendo a circunferência trigonométrica, tais como o cálculo do comprimento de um arco de circunferência determinado por um ângulo dado, envolviam funções trigonométricas.

Na cultura indu, a Trigonometria recebeu grandes contribuições. A primeira aparição do seno de um ângulo ocorreu nessa cultura por volta do ano 500 em uma obra do matemático e astrônomo Aryabhata (476-550), quem primeiro definiu o seno como a relação moderna entre a metade da medida de um ângulo e a metade da medida de uma corda. Muitas das tabelas para cálculos de metades de cordas usadas por Aryabhata também foram utilizadas, posteriormente, por Brahmagupta (598-670).

Posteriormente, Bhaskara (1114-1185) criou um método de construção de tabelas de senos de qualquer ângulo. Os árabes também tiveram grande contribuição para a Trigonometria, trabalhando com senos e cossenos.

O matemático inglês Edmund Gunter (1581-1626) foi o primeiro a utilizar a abreviação *sin* para o seno em 1624, sugerindo a notação *co-sinus* para o cosseno, bem como a terminologia cotangente, sendo que a terminologia tangente havia sido utilizada pela primeira vez por Thomas Fincke em 1583. Já o primeiro uso de *sin* em um livro ocorreu em 1634 com o matemático francês Pierre Hérigone (1580-1643) em um período em que Cavalieri (1598-1647) usava *Si* e Oughtred (1574-1660) utilizava a notação *S*. Abreviações como *tan* e *cot* para tangente e cotagente tiveram um desenvolvimento similar ao de *sin* e *cos* para seno e cosseno, respectivamente.

O matemático francês François Viète promoveu um maior desenvolvimento das funções seno e cosseno chegando a várias relações trigonométricas.

O termo "trigonometria" apareceu pela primeira vez em 1595 como título do livro *Trigonometria* do matemático polonês Bartholomeo Pitiscus (1561-1613).

Atualmente, as funções trigonométricas possuem grande utilidade em Matemática com aplicações em diferentes áreas, tais como Astronomia, Eletricidade, Acústica, Engenharia e diversas situações da ciência, cujas teorias fazem uso de funções periódicas.

### Reflexão e ação

Considere agora o seguinte problema: possivelmente, a ideia fundamental do conceito de tangente surgiu com a necessidade do cálculo de alturas de objetos bem maiores, tais como pirâmides, a partir do conhecimento dos comprimentos de suas sombras. Imagine agora uma pirâmide que possui em determinada hora do dia uma sombra de 30 m, quando uma estaca de 2 m produz uma sombra de 3 m. Estime o valor da altura da pirâmide fazendo uso do conceito de tangente.

PANTHERMEDIA/KEYDISC

PANTHERMEDIA/KEYDISC

Os sons de um órgão são produzidos a partir do acionamento de suas teclas. Conforme as diferentes teclas são pressionadas, o ar é direcionado aos diferentes tubos e sua passagem por eles produz as notas desejadas.

## Atividades de Revisão

1. Considere a função dada por $f(x) = \text{sen } x$ e determine:

a) $f\left(\frac{13\pi}{4}\right)$

b) $f\left(\frac{7\pi}{3}\right)$

c) $f\left(\frac{13\pi}{6}\right)$

d) $f\left(-\frac{\pi}{4}\right)$

e) $f\left(-\frac{19\pi}{3}\right)$

2. **[Música]** O gráfico mostra as ondas sonoras produzidas por um diapasão que está sendo exibido como uma curva senoidal em um osciloscópio.

Determine a função que deu origem a esse gráfico.

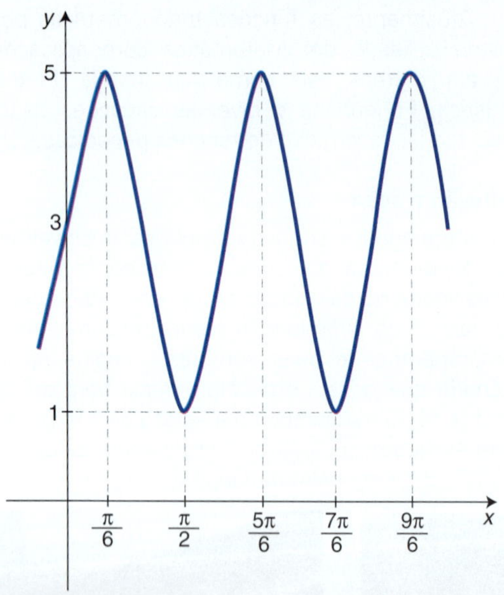

PANTHERMEDIA/KEYDISC

3. Considere a função dada por $f(x) = \text{sen } x$, com $x$ real. Determine para quais valores de $k$ existe $x$ tal que:

a) $f(x) = \frac{3 - k}{5}$

b) $f(x) = 3k + 9$

c) $f(x) = \frac{6 + 3k}{7}$

4. Determine o conjunto imagem de cada uma das funções dadas abaixo.

a) $f(x) = 5 + \frac{1}{3} \cdot \text{sen } x$

b) $f(x) = 4 - 7 \cdot \text{sen } x$

c) $f(x) = 3 + \frac{1}{7} \cdot \cos x$

d) $f(x) = 5 + \frac{2}{3} \cdot \cos x$

5. **[Lazer]** Um rapaz é colocado em um brinquedo em que ele se prende pela cintura a uma estrutura fixada em dois elásticos largos e fortes. O rapaz é puxado para baixo e seu movimento de "sobe e desce" é descrito pela função dada por:

$$h(t) = 2 \cdot \text{sen}\left(t + \frac{\pi}{6}\right)$$

em que $t$ é o tempo medido em segundos e $h$ é a altura, em metros, do local em que o rapaz está a partir da posição inicial. Qual é a altura máxima que pode ser atingida?

6. **[Biologia]** O volume $V$ de ar no pulmão, em centímetros cúbicos, de certo atleta é modelado pela função:

$$V(t) = 400 \cdot \text{sen } 60\pi t + 900$$

em que $t$ é o tempo decorrido, em minutos.
Qual é o volume máximo e o volume mínimo de ar no pulmão desse atleta?

7. Determine os valores da função $g$ dada por $g(x) = \cos x$ para:

a) $x = \frac{19\pi}{3}$

b) $x = \frac{25\pi}{6}$

c) $x = \frac{17\pi}{4}$

d) $x = -\frac{13\pi}{6}$

e) $x = -\frac{9\pi}{4}$

8. Esboce os gráficos de $f$ e $g$ em um mesmo plano cartesiano e determine o conjunto imagem de cada função nos seguintes casos:

a) $f(x) = 3 + \text{sen } x$ e $g(x) = -3 + \text{sen } x$

b) $f(x) = \cos x$ e $g(x) = \cos 2x$

c) $f(x) = \cos x$ e $g(x) = 3 \cdot \cos x$

**9.** Considere a função dada por $g(x) = \cos x$, com $x$ real. Determine para quais valores de $m$ existe $x$ tal que:

a) $g(x) = \dfrac{5 - 2m}{9}$

b) $g(x) = \dfrac{5 + 3m}{7}$

c) $g(x) = 3 + 5m$

**10.** Sendo $f(x) = \cos x$, para quais valores reais de $k$ podemos ter

$$[f(x)]^2 = 2k - 1$$

para algum valor real de $k$?

**11.** **[BIOLOGIA]** A velocidade $v$ do sangue na válvula do coração de um pequeno animal é modelada em função do tempo por:

$$v(t) = 4 + \cos 6\pi t$$

em que $v$ é dado em cm/s e $t$ em segundos. Quais são as velocidades máxima e mínima do sangue nessa válvula?

**12.** Determine o período das seguintes funções:

a) $f(x) = \text{sen}\ 5x$

b) $f(x) = 3 \cdot \cos 2x$

**13.** Obtenha o conjunto imagem de:

$$f(x) = 4 \cdot \text{sen}\ x \cdot \cos x \cdot \cos 2x$$

**14.** Considere a função dada por $f(x) = \text{tg}\ x$ e determine:

a) $f\left(\dfrac{\pi}{6}\right)$

b) $f\left(\dfrac{\pi}{3}\right)$

c) $f\left(\dfrac{7\pi}{3}\right)$

d) $f\left(\dfrac{3\pi}{4}\right)$

**15.** Esboce o gráfico, com dois períodos, de $f(x) = \text{tg} - 2x$.

**16.** Determine o período de $f$ tal que:

a) $f(x) = \text{tg}\ 3x$

b) $f(x) = \text{tg}\ \dfrac{5}{3}x$

c) $f(x) = \text{tg}\left(3x + \dfrac{\pi}{6}\right)$

**17.** Determine os valores da função $g$, dada por $g(x) = \text{cotg}\ x$, para:

a) $x = \dfrac{\pi}{6}$

b) $x = \dfrac{\pi}{4}$

c) $x = -\dfrac{2\pi}{3}$

d) $x = \dfrac{7\pi}{3}$

**18.** Determine o domínio das funções:

a) $f(x) = \text{cotg}\left(x + \dfrac{\pi}{3}\right)$

b) $g(x) = \text{cotg}\left(2x + \dfrac{\pi}{4}\right)$

c) $h(x) = \text{cotg}\left(x + \dfrac{\pi}{6}\right)$

**19.** Sendo $f(x) = \sec x$, determine:

a) $f\left(\dfrac{\pi}{6}\right)$

b) $f\left(\dfrac{\pi}{3}\right)$

c) $f\left(\dfrac{7\pi}{3}\right)$

d) $f\left(-\dfrac{9\pi}{4}\right)$

**20.** Para $f(x) = \text{cossec}\ x$, determine o valor da função $f$ para:

a) $x = \dfrac{\pi}{6}$

b) $x = \dfrac{\pi}{4}$

c) $x = -\dfrac{19\pi}{3}$

d) $x = \dfrac{7\pi}{3}$

**21.** Verifique quais das funções dadas a seguir são pares, ímpares ou nem pares nem ímpares.

a) $f(x) = \text{sen}\ 2x$

b) $g(x) = x + \text{sen}\ x$

c) $h(x) = \dfrac{\cos x}{x}$

d) $p(x) = -1 + \sec^2 x$

e) $q(x) = x + \text{cossec}\ x$

f) $r(x) = \text{sen}\ x \cdot \text{cotg}\ x$

**22.** Encontre o domínio de:

a) $f(x) = \text{cossec}\left(x - \dfrac{\pi}{4}\right)$

b) $g(x) = \sec\left(2x + \dfrac{\pi}{6}\right)$

**23.** Prove as seguintes identidades:

a) $\cos^2 x - \text{sen}^2 x = -1 + 2 \cdot \cos^2 x$

b) $(1 - \text{sen}\ x)(1 + \text{sen}\ x) = \cos^2 x$

c) $\dfrac{\text{tg}\ x}{\sec x} = \text{sen}\ x$

d) $1 + \text{tg}^2 x = \sec^2 x$

e) $\sec^2 x - \text{tg}^2 x = 1$

f) $\dfrac{1 + \cos x \cdot \text{tg}\ x \cdot \text{cossec}\ x}{\text{cossec}\ x} = 2 \cdot \text{sen}\ x$

**24.** Resolva a equação $\cos x = -\dfrac{\sqrt{3}}{2}$ no universo $U = \left[\dfrac{\pi}{2}, \pi\right]$.

**25.** **[QUÍMICA]** Em uma nascente, o pH da água varia entre 7,2 e 7,8. A função que fornece o pH da água em função do dia da medição é definida por:

$$y = 0{,}3 \cdot \text{sen}\,\frac{\pi}{2}(x - 14) + 7{,}5$$

em que $y$ é o valor do pH e $x$ é o dia da medição, que é feita diariamente.

Calcule o pH da água dessa nascente medido no dia 13.

**26.** Determine os valores reais de $x$ que satisfazem a equação:

$$\cos\left(2x - \frac{\pi}{6}\right) = \frac{\sqrt{2}}{2}$$

**27.** Resolva cada equação no universo considerado.

a) $\text{sen}\,3x = \frac{\sqrt{2}}{2}$, sendo $U = \mathbb{R}$

b) $\text{tg}\,3x = \sqrt{3}$, sendo $U = [0, 2\pi]$

c) $\text{sen}^2\,x + 2 \cdot \cos x = -2$, sendo $U = \mathbb{R}$

**28.** Dê o menor valor real positivo de $x$ tal que:

$$\sec 5x = 2$$

**29.** Resolva, em $[0, 2\pi]$, a inequação:

$$3 \cdot \text{tg}\,x > \sqrt{3}$$

**30.** Determine o conjunto solução, em $[0, 2\pi]$, da inequação:

$$2 \cdot \cos x \leq \sqrt{2}$$

**31.** **[PESQUISA]** Cientistas usam a função $h$, com $D(h) = [0, 5]$, dada por

$$h(t) = 1 + \text{sen}\,\frac{\pi}{10}t$$

para descrever a altura das ondas do oceano, em que $h$ é a altura, em metros, e $t$ é o tempo decorrido, em segundos.

a) Qual é a altura máxima das ondas?

b) Em quanto tempo as ondas alcançarão 1,5 metro?

**32.** **[BIOLOGIA]** A respiração involuntária, sem esforço, de certa pessoa é descrita pela lei:

$$V(t) = 2{,}3 + 0{,}4 \cdot \cos\frac{2\pi}{3}t$$

em que o volume pulmonar $V$ é dado em litros e o tempo $t$, em segundos.

a) Determine o volume de ar inspirado (ou seja, a amplitude).

b) Qual é o período de um ciclo completo de inspiração/expiração dessa pessoa?

c) Em 2 minutos, quantas vezes essa pessoa respira (ciclo inspiração/expiração)?

**33.** **[FÍSICA]** Uma luz incide em um diamante cujo índice de refração é $c = 2{,}42$. Dado que $\alpha$ é a medida do ângulo de incidência e $\beta$, a medida do ângulo de refração, determine sen $\beta$ nos seguintes casos:

a) $\alpha = \frac{\pi}{4}$ rad

b) $\alpha = 75°$

*Sugestão:* Use a lei de Snell que aparece no exercício proposto 114 e as aproximações $\sqrt{2} = 1{,}41$ e $\sqrt{3} = 1{,}73$.

**34.** **[COMÉRCIO]** O número $(y)$ de aparelhos de CD para carros vendidos pela rede de lojas CDZÃO no ano passado é uma função do mês $(t)$ do ano cuja lei é:

$$y = 5{,}7 + 2{,}7 \cdot \text{sen}\,\frac{\pi}{6}(t - 5)$$

em que $y$ é dado em milhares de unidades.

a) Calcule quantos desses aparelhos foram vendidos no mês de junho.

b) Em que mês foram vendidos 8.400 aparelhos, ou seja, 8,4 milhares de unidades?

**35.** **[AGRICULTURA]** O preço de venda de vários produtos é periódico. Em determinada região, o preço de venda do café é descrito pela lei:

$$y = 190 + 50 \cdot \text{sen}\,\frac{\pi}{4}x$$

em que $y$ é o preço médio da saca de café, em reais, e $x$ o mês do ano.

a) Qual é o preço máximo alcançado pela saca de café e em que mês ele ocorreu?

b) Qual é o preço mínimo alcançado pela saca de café e em que mês ele ocorreu?

PANTHERMEDIA/KEYDISC

## Questões Propostas de Vestibular

**1.** (PUC – RS) A representação gráfica da função $f$ dada por

$$f(x) = 2 \cdot \text{sen}\left(x + \frac{\pi}{2}\right) - 2 \text{ é:}$$

a)

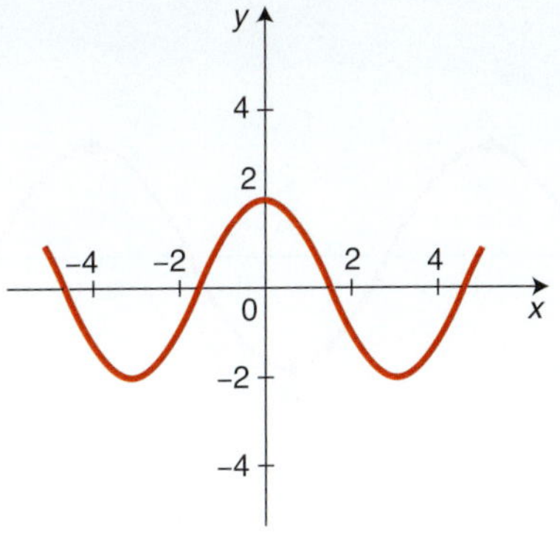

b)

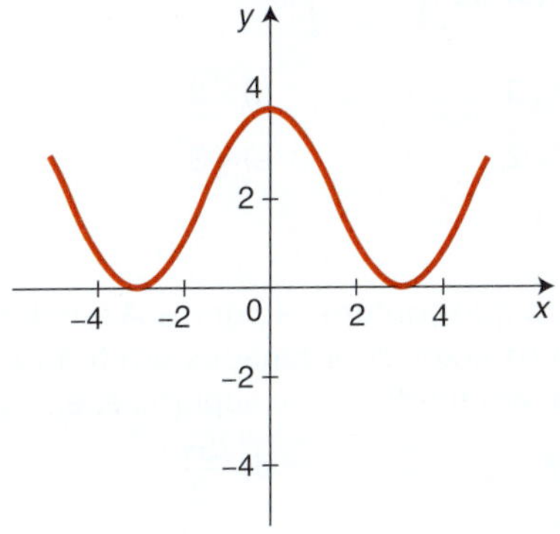

c)

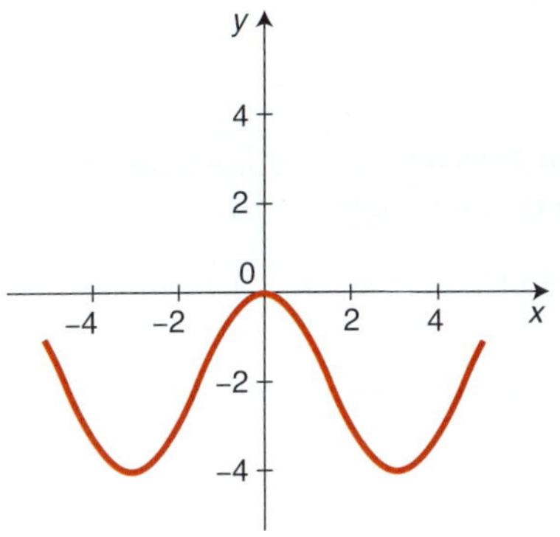

d)

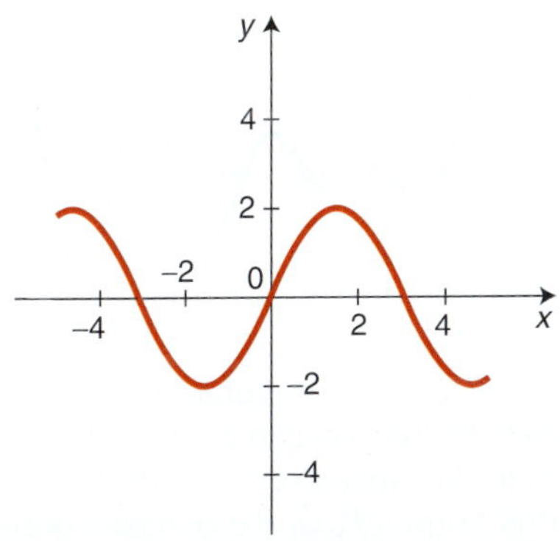

e)

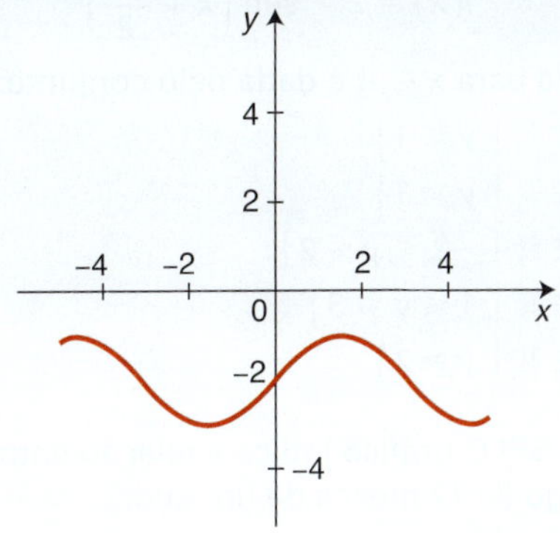

**2.** (UEPB) Obtemos o maior valor da expressão $[6 + \text{sen}(-x)]$, com $0 \leqslant x \leqslant 2\pi$, se $x$ for igual a:

a) $\frac{3\pi}{2}$

b) $\frac{\pi}{2}$

c) $\frac{\pi}{6}$

d) $\frac{2\pi}{3}$

e) $\frac{\pi}{4}$

**3.** (UERJ) Uma população $P$ de animais varia, aproximadamente, segundo a equação abaixo.

$$P = 800 - 100 \cdot \text{sen}\,\frac{(t+3)\pi}{6}$$

Considere que $t$ é o tempo medido em meses e que 1.º de janeiro corresponde a $t = 0$.

Determine, no período de 1.º de janeiro a 1.º de dezembro de um mesmo ano, os meses nos quais a população de animais atinge:

a) um total de 750;

b) seu número mínimo.

**4.** (Unesp) A relação $y = A + 0{,}6 \cdot \text{sen}\,[\omega(t - 7)]$ exprime a profundidade $y$ do mar, em metros, em uma doca, às $t$ horas do dia, $0 \leqslant t \leqslant 24$, na qual o argumento é expresso em radianos.

a) Dado que na maré alta a profundidade do mar na doca é 3,6 m, obtenha o valor de $A$.

b) Considerando que o período das marés é de 12 horas, obtenha o valor de $\omega$.

**5.** (Unesp) Podemos supor que um atleta, enquanto corre, balança cada um de seus braços ritmicamente (para frente e para trás) segundo a equação

$$y = f(t) = \frac{\pi}{9} \cdot \text{sen}\left[\frac{8\pi}{3}\left(t - \frac{3}{4}\right)\right]$$

onde $y$ é a medida do ângulo compreendido entre a posição do braço e o eixo vertical

$$\left(-\frac{\pi}{9} \leqslant y \leqslant \frac{\pi}{9}\right)$$

e $t$ é o tempo medido em segundos, $t \geqslant 0$. Com base nessa equação, determine quantas oscilações completas (para frente e para trás) o atleta faz com o braço em 6 segundos.

6. (UERGS – RS) O conjunto imagem da função

$$f(x) = 2 + \text{sen}\left(x + \frac{\pi}{2}\right)$$

definida para $x \in \mathbb{R}$ é dada pelo conjunto:

a) $\{y \in \mathbb{R} \mid y \leq 1\}$
b) $\{y \in \mathbb{R} \mid y \geq 1\}$
c) $\{y \in \mathbb{R} \mid -2 \leq y \leq 2\}$
d) $\{y \in \mathbb{R} \mid 1 \leq y \leq 3\}$
e) $\{y \in \mathbb{R} \mid y \geq 2\}$

7. (FGV – SP) O gráfico indica a relação entre $y$ e $x$, ao longo de 12 meses de um ano:

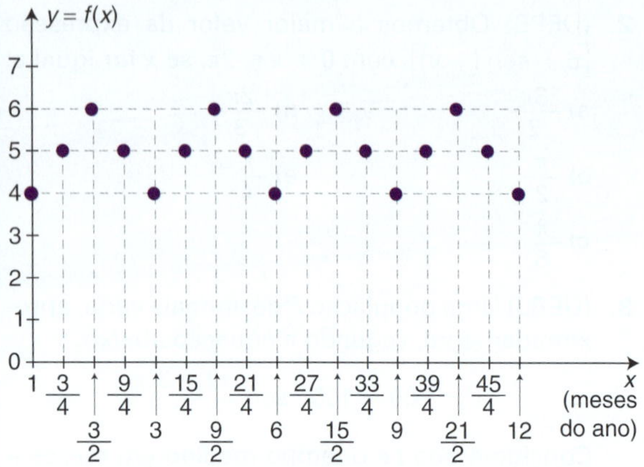


a) Admita que a função

$$f(x) = 5 + \text{sen}\left(\frac{2\pi}{3}x - \frac{\pi}{2}\right)$$

modele a relação de dependência entre $y$ e $x$ indicada com os pontos do gráfico. Determine, através dessa função, o valor de $f(x)$ ao final do primeiro quarto do mês de abril.

b) Determine possíveis valores dos parâmetros reais $a$, $b$ e $c$ de forma que a representação gráfica da função $g(x) = a + b \cdot \cos\,(c \cdot x)$ passe por todos os pontos indicados.

8. (UERJ) O preço dos produtos agrícolas oscila de acordo com a safra de cada um: mais baixo no período da colheita, mais alto na entressafra. Suponha que o preço aproximado $P$, em reais, do quilograma de tomates seja dado pela função $P(t) = 0{,}8 \cdot \text{sen}\left[\frac{2\pi}{360}(t - 101)\right] + 2{,}7$, na qual $t$ é o número de dias contados de 1.º de janeiro até 31 de dezembro de um determinado ano. Para esse período de tempo, calcule:

a) o maior e o menor preço do quilograma de tomates;
b) os valores de $t$ para os quais o preço $P$ é igual a R$ 3,10.

9. (PUC – SP) Na figura abaixo tem-se o gráfico de uma função $f$, de $\mathbb{R}$ em $\mathbb{R}$, definida por $f(x) = k \cdot \text{sen}\; mx$, em que $k$ e $m$ são constantes reais, e cujo período é $\frac{8\pi}{3}$.

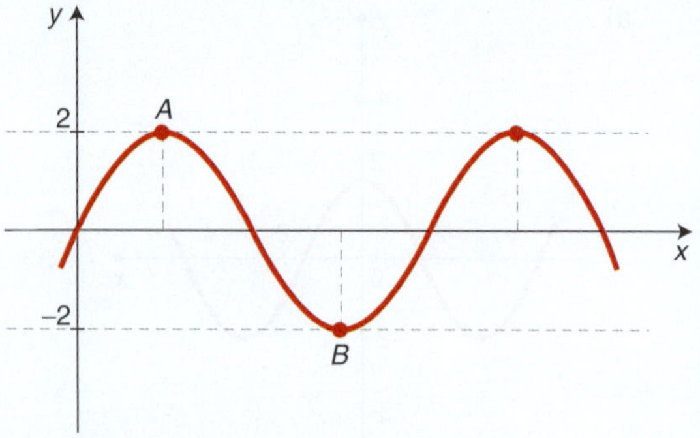


I. O valor de $f\left(\frac{29\pi}{3}\right)$ é:

a) $-\sqrt{3}$
b) $-\sqrt{2}$
c) $-1$
d) $\sqrt{2}$
e) $\sqrt{3}$

II. A reta que contém os pontos $A$ e $B$ determina com os eixos coordenados um triângulo cuja área, em unidades de superfície, é:

a) $2\pi$
b) $\frac{13\pi}{6}$
c) $\frac{7\pi}{3}$
d) $\frac{5\pi}{2}$
e) $\frac{8\pi}{3}$

10. (Unesp) Considere a representação gráfica da função definida por:

$$f(x) = \left(-1 + \sqrt{x - 1}\right) \cdot \text{sen}\left(\frac{3\pi x}{2}\right)$$

**Gráfico da função $f(x)$** (sem escala)

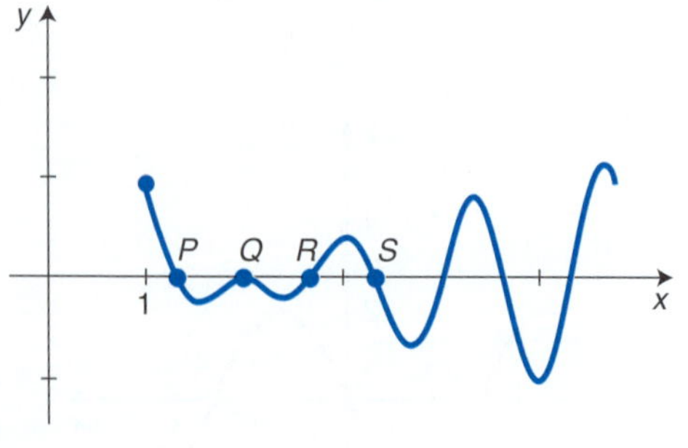


Os pontos $P$, $Q$, $R$ e $S$ denotam os quatro primeiros pontos de intersecção do gráfico da função $f$ com o eixo das abscissas. Determine as coordenadas dos pontos $P$, $Q$, $R$ e $S$, nessa ordem.

**11.** (Unirio – RJ) Um afinador de piano produz uma onda musical cuja variação de pressão pode ser modelada pela função $P = a \cdot \text{sen}\ 2\pi ft$, onde $a$ e $f$ são constantes não nulas que representam, respectivamente, a amplitude e a frequência da onda sonora e $t$ é o tempo. A figura abaixo representa a variação de pressão da onda sonora produzida durante a afinação de um piano.

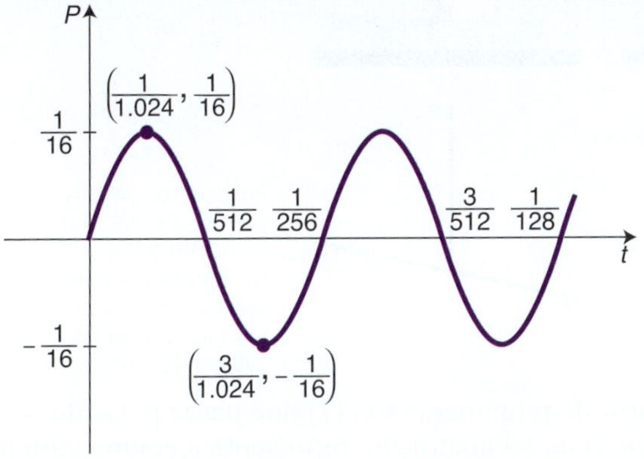


O produto da amplitude da onda pela frequência dessa onda é igual a:

a) 4
b) 16
c) 32
d) 64
e) 128

**12.** (FGV – SP) A previsão de vendas mensais de uma empresa para 2011, em toneladas de um produto, é dada por:

$$f(x) = 100 + 0{,}5x + 3 \cdot \text{sen}\ \frac{\pi x}{6}$$

em que $x = 1$ corresponde a janeiro de 2011, $x = 2$ corresponde a fevereiro de 2011 e assim por diante.

A previsão de vendas (em toneladas) para o primeiro trimestre de 2011 é:

a) 308,55
b) 309,05
c) 309,55
d) 310,05
e) 310,55

Use a aproximação decimal $\sqrt{3} = 1{,}7$.

**13.** (UEFS – BA) O conjunto imagem da função real $f(x) = |-3 + \cos 2x| + 1$ é:

a) $[1, 2]$
b) $[2, 3]$
c) $[2, 4]$
d) $[3, 4]$
e) $[3, 5]$

**14.** (UFAL) Considere a função $f(x) = \text{sen}\ x \cdot \cos x$. Então, o valor máximo que essa função pode assumir é:

a) $\frac{1}{2}$
b) $\frac{3}{2}$
c) $\frac{1}{4}$
d) $-\frac{1}{2}$
e) $\frac{5}{4}$

**15.** (UCS – RS) Em certa região a temperatura média mensal varia periodicamente entre a média mínima de 14 °C e a máxima de 38 °C.

Das fórmulas a seguir, qual é a que descreve melhor a relação entre a temperatura média mensal $(T)$ nessa região e o tempo $(t)$, em meses decorridos desde o início de cada ano?

a) $T(t) = 26 + 12 \cdot \cos \frac{\pi}{6}t$
b) $T(t) = 14 \cdot \cos \frac{\pi}{6}t$
c) $T(t) = 12 - 26 \cdot \cos \frac{\pi}{6}t$
d) $T(t) = 12 + 26 \cdot \cos \frac{\pi}{6}t$
e) $T(t) = 38 + \cos \frac{\pi}{6}t$

**16.** (UFPE) Admita que a pressão arterial $P(t)$ de uma pessoa no instante $t$, medido em segundos, seja dada por:

$$P(t) = 96 + 18 \cdot \cos(2\pi t), \text{ com } t \geq 0$$

Considerando esses dados, analise a veracidade das seguintes afirmações.

(1) O valor máximo da pressão arterial da pessoa é 114.

(2) O valor mínimo da pressão arterial da pessoa é 78.

(3) A pressão arterial da pessoa se repete a cada segundo, ou seja, $P(t + 1) = P(t)$, para todo $t \geq 0$.

(4) Quando $t = \frac{1}{3}$ de segundo, temos:
$$P\left(\frac{1}{3}\right) = 105$$

(5) O gráfico de $P(t)$ para $0 \leq t \leq 4$ é:

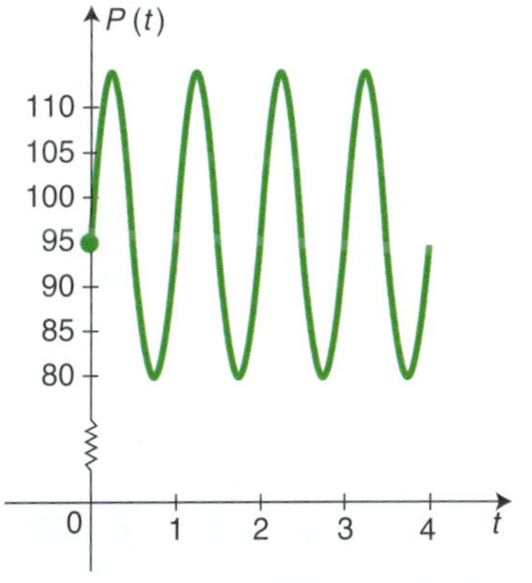

**17.** (UFMT) As figuras abaixo, com seus respectivos esquemas, ilustram três das posições assumidas pelo gingar feminino, mostrando que o balançar da pélvis feminina obedece a um ciclo oscilatório.

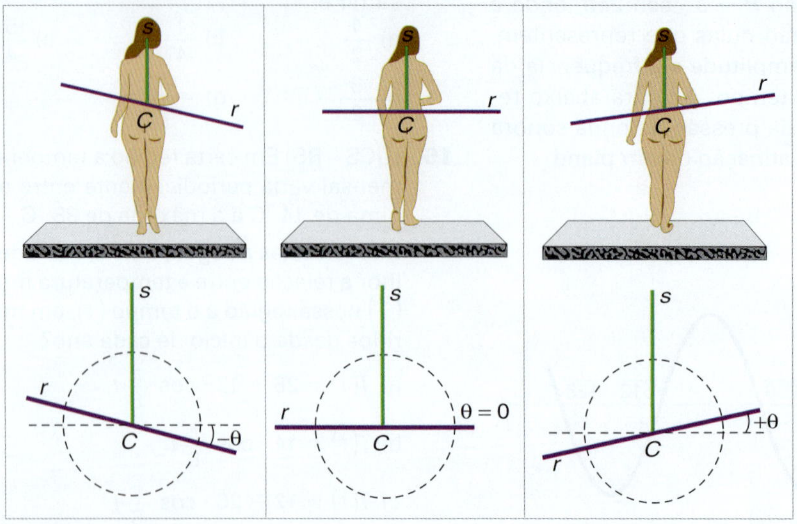


*Adaptado de:* AGUIAR, A. F. A.; XAVIER, A. F. S.; RODRIGUES, J. E. M. *Cálculo para Ciências Médicas e Biológicas.* São Paulo: HARBRA, 1988. p. 100-102.

Tal movimento oscilatório pode ser observado a partir da reta imaginária $(r)$ que passa pelas duas cristas ilíacas perpendiculares à semirreta imaginária $(s)$ que, na ilustração, representa a coluna vertebral. Quando a mulher se desloca no seu andar, a reta $(r)$ oscila em torno do centro $C$ para cima e para baixo, acompanhando o ritmo da pélvis, conforme mostram as figuras com os respectivos esquemas.

Admitindo que o movimento se completa a cada 1,5 segundo e que a função

$$\theta(t) = \frac{\pi}{10} \cdot \cos \frac{4\pi}{3} t$$

representa a variação da medida do ângulo $\theta$ em função do tempo $t$, identifique o esboço do gráfico dessa função no intervalo $[0; 1,5]$.

a)

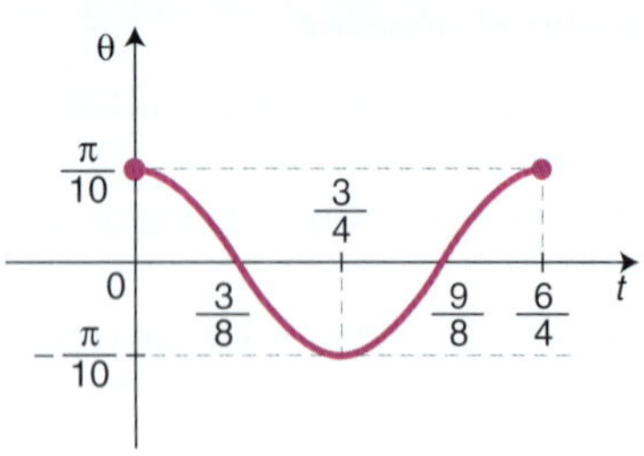

b)

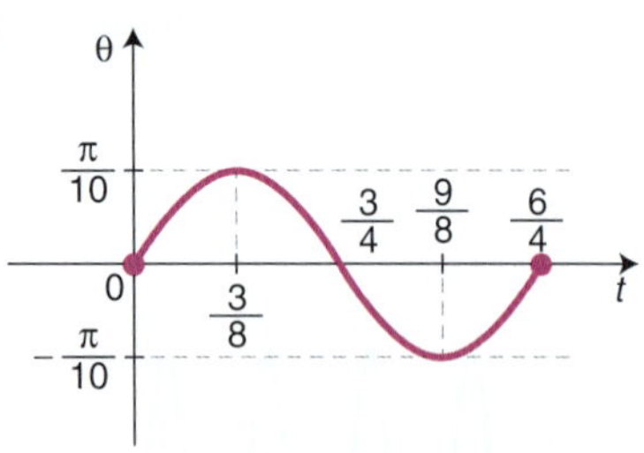

c)

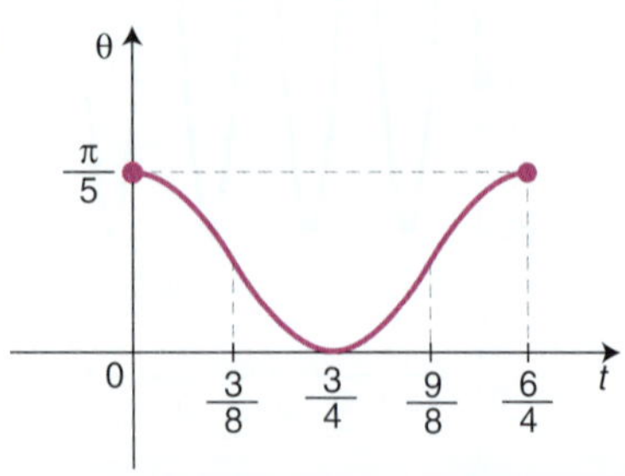

d)

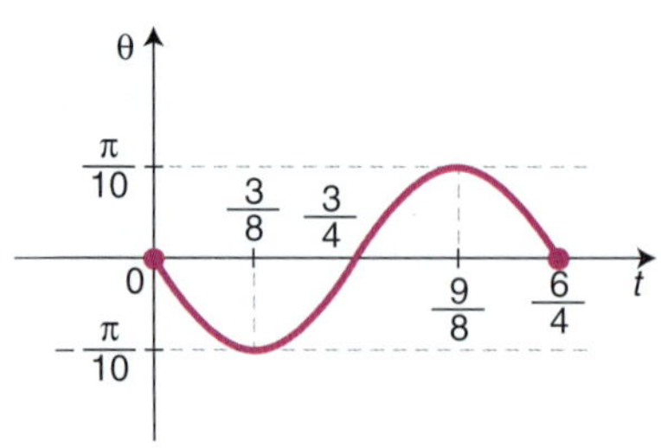

e)

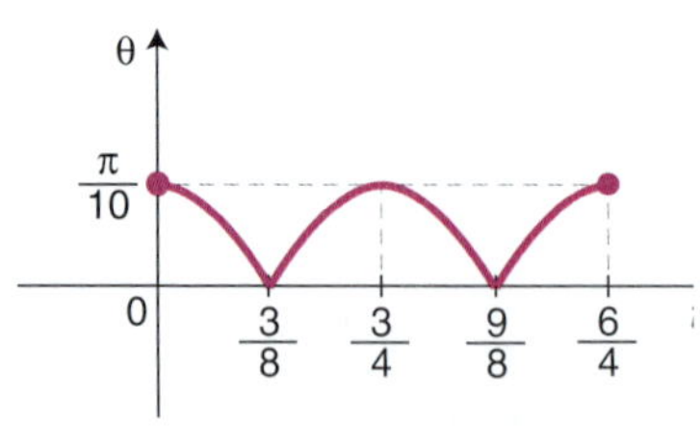

**18.** (Ibmec – SP) Considere o conjunto:

$$A = \{0, 1, \sqrt{2}, \pi, 4\}$$

Uma expressão que define uma função de $A$ em $A$ é:

a) $(x^2 - 2) \cdot \cos x \cdot \text{sen}\, \pi x$
b) $(x^2 - 4) \cdot \text{sen}\, x \cdot \cos \pi x$
c) $(x^2 - 2) \cdot \text{sen}\, x \cdot \cos \pi x$
d) $(x^2 - 4) \cdot \cos x \cdot \text{sen}\, \pi x$
e) $(x^2 - 2) \cdot \text{sen}\, x \cdot \text{sen}\, \pi x$

**19.** (Unesp) Há famílias que sobrevivem trabalhando na coleta de material para reciclagem, principalmente em cidades turísticas. Numa tal cidade, uma família trabalha diariamente na coleta de latas de alumínio. A quantidade (em quilogramas) que essa família coleta por dia varia, aumentando em finais de semana e feriados. Um matemático observou a quantidade de alumínio coletada por essa família durante dez dias consecutivos e modelou essa situação através da seguinte função:

$$f(x) = 10 + (x + 1) \cdot \cos\left(\frac{\pi}{3}x - \frac{2\pi}{3}\right)$$

onde $f(x)$ indica a quantidade de alumínio, em quilogramas, coletada pela família no dia $x$, com $1 \leqslant x \leqslant 10$, $x$ inteiro positivo. Sabendo que $f(x)$, nesse período, atingiu seu valor máximo em um dos valores de $x$ no qual a função $\cos\left(\frac{\pi}{3}x - \frac{2\pi}{3}\right)$ atinge seu máximo, determine o valor de $x$ para o qual a quantidade coletada nesse período foi máxima e quantos quilogramas de alumínio foram coletados pela família nesse dia.

**20.** (Mackenzie – SP) A figura mostra os esboços dos gráficos das funções:

$$f(x) = \text{sen}\, \frac{x}{k} \quad \text{e} \quad g(x) = \cos mx$$

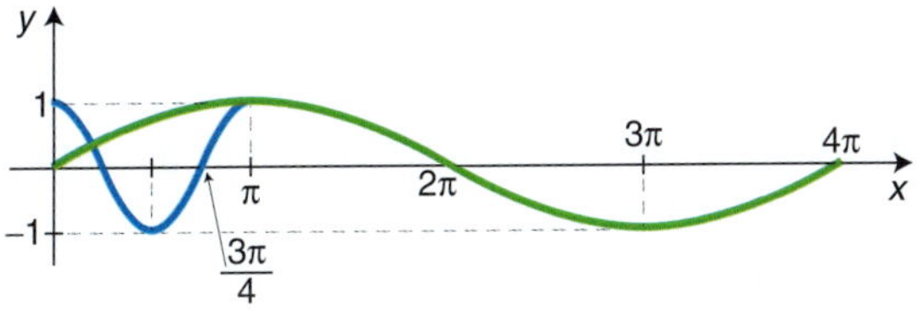


Então:

a) $m = 2k$
b) $|m| = k$
c) $|m| = \frac{1}{3}k$
d) $m = \sqrt{k}$
e) $m = -\frac{1}{2}k$

**21.** (PUC – RS) Em uma animação, um mosquitinho aparece voando, e sua trajetória é representada em um plano onde está localizado um referencial cartesiano. A curva que fornece o trajeto tem equação $y = 3 \cdot \cos(bx + c)$. O período é $6\pi$, o movimento parte da origem e desenvolve-se no sentido positivo do eixo das abscissas. Nessas condições, podemos afirmar que o produto $3 \cdot b \cdot c$ é:

a) $18\pi$
b) $9\pi$
c) $\pi$
d) $\frac{\pi^2}{2}$
e) $\frac{\pi}{2}$

**22.** (UFC – CE) Considere as funções $f: \mathbb{R} \to \mathbb{R}$ e $g: \mathbb{R} \to \mathbb{R}$ definidas, respectivamente, por:

$$f(x) = x^2 + 1 \quad \text{e} \quad g(x) = \cos x - \text{sen}\, x$$

a) Explicite a função composta $h(x) = f(g(x))$.
b) Determine o valor máximo da função composta $h(x) = f(g(x))$.

**23.** (Udesc) Dadas as funções trigonométricas definidas por

$$f(x) = \frac{1}{2} \cdot \cos x + \frac{\sqrt{3}}{2} \cdot \text{sen}\, x,$$

$$g(x) = \cos\left(x - \frac{\pi}{3}\right) \text{ e } h(x) = \cos \cdot \left(x + \frac{\pi}{3}\right)$$

é verdadeiro afirmar que:

a) $f(x) = g(x) + h(x)$
b) $f(x) = h(x)$
c) $g(x) = h\left(x + \frac{\pi}{3}\right)$
d) $h(x) = g\left(x - \frac{\pi}{3}\right)$
e) $f(x) = g(x)$

**24.** (UFRGS – RS) Dentre os gráficos abaixo, o que pode representar a função $y = (\cos x)^2 + (\text{sen}\, x)^2$ é:

a)

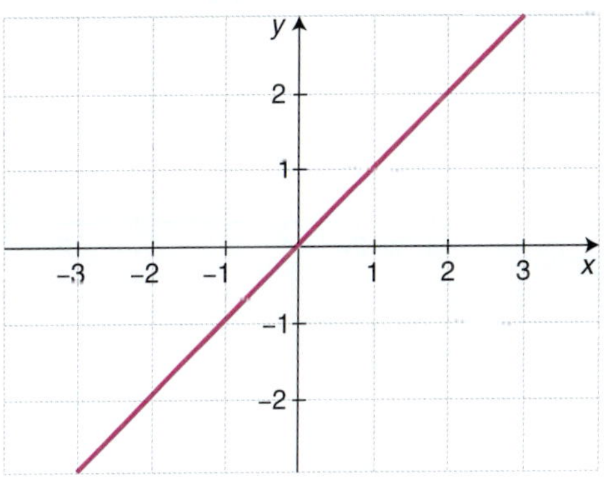


b)

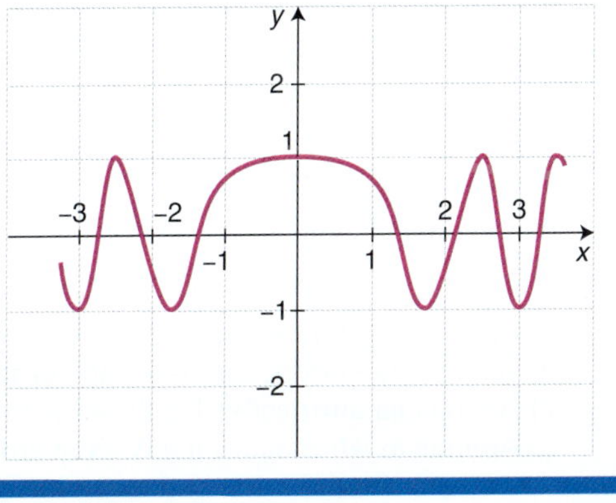

c)

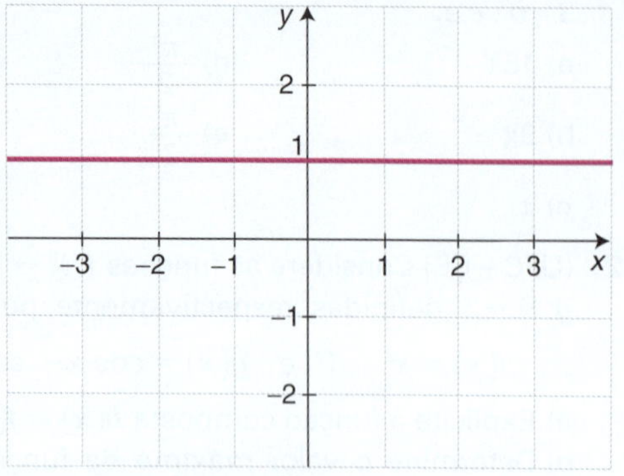


d)

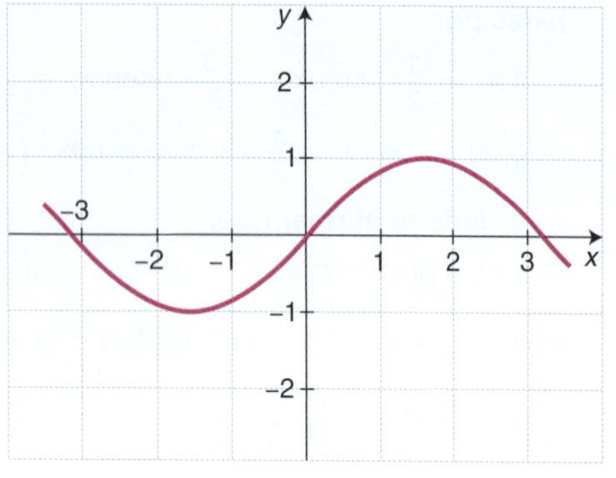


e)

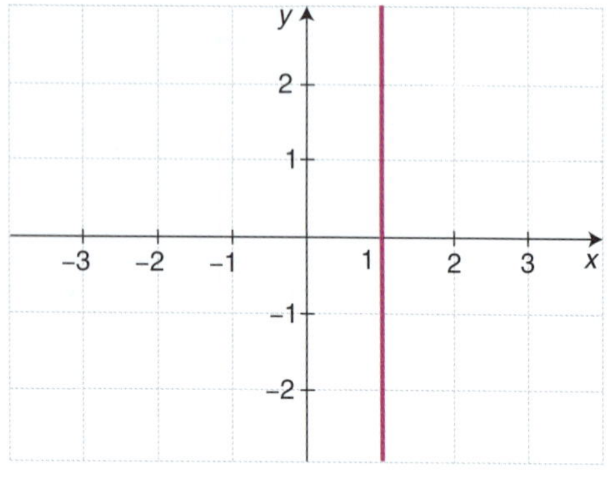


**25.** (UEG – GO) Considere $x$ a medida de um ângulo do primeiro quadrante da circunferência trigonométrica e julgue as afirmações abaixo.

I. $\cos(-x) = -\cos x$

II. $\cos\left(\frac{\pi}{2} - x\right) = \text{sen } x$

III. $\cos(\pi - x) + \cos x = 0$

IV. $\cos 2x = 2 \cdot \cos x$

Identifique a alternativa CORRETA.

a) Apenas as afirmações I e II são verdadeiras.
b) Apenas as afirmações I e III são verdadeiras.
c) Apenas as afirmações II e III são verdadeiras.
d) Apenas as afirmações II e IV são verdadeiras.

**26.** (Fatec – SP) Se $f$ é uma função real definida por

$$f(x) = \frac{2 \cdot \text{tg } x}{1 + \text{tg}^2 x}$$

então $f(x)$ é igual a:

a) cossec $2x$
b) sec $2x$
c) tg $2x$
d) cos $2x$
e) sen $2x$

**27.** (ITA – SP) Sendo $\left[-\frac{\pi}{2}, \frac{\pi}{2}\right]$ o contradomínio da função arco-seno e $[0, \pi]$ o contradomínio da função arco-cosseno, identifique o valor de $\cos\left(\text{arcsen } \frac{3}{5} + \text{arccos } \frac{4}{5}\right)$.

a) $\frac{1}{\sqrt{12}}$
b) $\frac{7}{25}$
c) $\frac{4}{15}$
d) $\frac{1}{\sqrt{15}}$
e) $\frac{1}{2\sqrt{5}}$

**28.** (FGV – SP) Sendo $p = \frac{1}{2}$ e $(p + 1) \cdot (q + 1) = 2$, então a medida de arctg $p$ + arctg $q$, em radianos, é:

a) $\frac{\pi}{2}$
b) $\frac{\pi}{3}$
c) $\frac{\pi}{4}$
d) $\frac{\pi}{5}$
e) $\frac{\pi}{6}$

**29.** (UERGS – RS) A igualdade sen $x$ − cos $x$ = 1 é verdadeira se:

a) $x = 2\pi$
b) $x = \frac{3\pi}{2}$
c) $x = \frac{2\pi}{3}$
d) $x = \frac{\pi}{2}$
e) $x = \frac{\pi}{4}$

**30.** (Udesc) Identifique a identidade trigonométrica verdadeira.

a) $\text{tg}^2 x + \text{sen}^2 x = \sec^2 x - \cos x$
b) $\text{tg}^2 x + \text{sen}^2 x = \sec^2 x + \cos^2 x$
c) $\text{tg}^2 x + \text{sen}^2 x = -\sec^2 x + \cos^2 x$
d) $\text{tg}^2 x + \text{sen}^2 x = \sec x - \cos^2 x$
e) $\text{tg}^2 x + \text{sen}^2 x = \sec^2 x - \cos^2 x$

**31.** (UFSC) Identifique a(s) proposição(ões) CORRETA(S).

(01) Considere um quadrado circunscrito a uma circunferência e um triângulo equilátero inscrito na mesma circunferência. Se o lado do triângulo equilátero mede $6\sqrt{3}$ cm, então o lado do quadrado mede 12 cm.

(02) Sabendo que tg $x = 5$ e que $\pi < x < \frac{3\pi}{2}$, então $\cos x = \frac{\sqrt{26}}{26}$.

(04) Se os lados de um triângulo retângulo estão em progressão aritmética, então o valor numérico do cosseno do maior ângulo agudo é $\frac{3}{5}$.

(08) Para todo $x$ real, $x \neq \frac{\pi}{2} + 2k\pi$, onde $k$ é um número inteiro qualquer, vale:

$$\frac{1 - tg^2 x}{1 + tg^2 x} = sen^2 x - cos^2 x$$

(16) No intervalo $[0, 2\pi]$ o número de soluções da equação $\cos 2x = 0$ é 2.

Dê como resposta a soma dos números associados às proposições corretas.

**32.** (PUC – RS) O conjunto solução da equação $sen\ x - \cos x = 0$ em $[0, 2\pi]$ é:

a) $\{\ \}$

b) $\{0\}$

c) $\left\{-\frac{\pi}{4}, \frac{\pi}{4}\right\}$

d) $\left\{\frac{\pi}{4}, \frac{3\pi}{4}\right\}$

e) $\left\{\frac{\pi}{4}, \frac{5\pi}{4}\right\}$

**33.** (UFSCar – SP) O conjunto da equação

$$sen\left(\frac{8\pi}{9} + \frac{8\pi}{27} + \frac{8\pi}{81} + ...\right) = \cos x$$

com $x \in [0, 2\pi[$ é:

a) $\left\{\frac{2\pi}{3}, \frac{4\pi}{3}\right\}$

b) $\left\{\frac{5\pi}{6}, \frac{7\pi}{6}\right\}$

c) $\left\{\frac{3\pi}{4}, \frac{5\pi}{4}\right\}$

d) $\left\{\frac{\pi}{6}, \frac{11\pi}{6}\right\}$

e) $\left\{\frac{\pi}{3}, \frac{5\pi}{3}\right\}$

**34.** (UFAM) A solução da equação trigonométrica

$$2 \cdot \cos x - 5 \cdot \sec x = 9$$

é igual a:

a) $S = \left\{x = k\pi \pm \frac{\pi}{4}, \text{com } k \text{ inteiro}\right\}$

b) $S = \left\{x = k\pi \pm \frac{\pi}{6}, \text{com } k \text{ inteiro}\right\}$

c) $S = \left\{x = 2k\pi \pm \frac{2\pi}{3}, \text{com } k \text{ inteiro}\right\}$

d) $S = \left\{x = 2k\pi \pm \frac{\pi}{4}, \text{com } k \text{ inteiro}\right\}$

e) $S = \left\{x = 2k\pi \pm \frac{\pi}{6}, \text{com } k \text{ inteiro}\right\}$

**35.** (Unesp) A figura representa parte dos gráficos $f(x) = 1 + sen\ 2x$ e $g(x) = 1 + \cos x$.

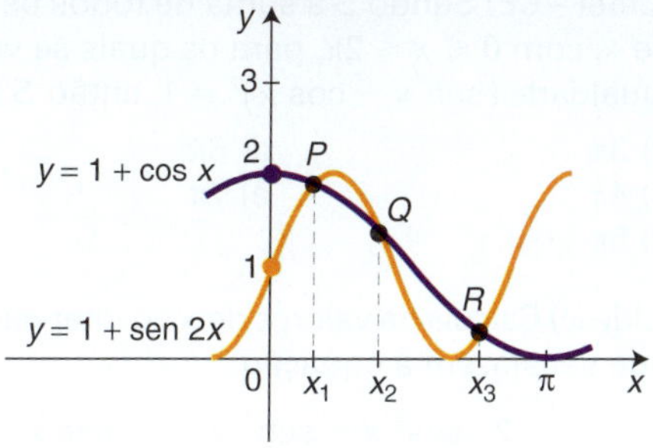


Se $x_1$, $x_2$ e $x_3$ são, respectivamente, as abscissas dos pontos $P$, $Q$ e $R$ de intersecção dos gráficos das funções $f$ e $g$ no intervalo $[0, \pi]$, a soma $x_1 + x_2 + x_3$ é:

a) $\frac{2\pi}{3}$

b) $\frac{4\pi}{3}$

c) $\frac{3\pi}{2}$

d) $\frac{5\pi}{6}$

e) $\frac{7\pi}{12}$

**36.** (Unifor – CE) Seja $S$ o conjunto de todos os valores positivos de $\frac{\theta}{3}$ que são menores que 360°. Se $sen\ \theta = \frac{\sqrt{3}}{2}$, então o número de elementos de $S$ é:

a) 2
b) 4
c) 6
d) 8
e) 10

**37.** (UFBA) Dadas as funções reais

$$f(x) = \begin{cases} sen\ x, \text{ se } 0 \leq x < \frac{\pi}{2} \\ 1 + \cos x, \text{ se } \frac{\pi}{2} \leq x \leq \pi \end{cases}$$

e

$$g(x) = \begin{cases} f\left(x + \frac{\pi}{2}\right), \text{ se } -\frac{\pi}{2} \leq x < 0 \\ 1 + f\left(x + \frac{\pi}{2}\right), \text{ se } 0 \leq x \leq \frac{\pi}{2} \end{cases}$$

determine $x$, pertencente ao intervalo $\left[0, \frac{\pi}{2}\right[$, tal que:

$$[f(x)]^2 + g(x) - \frac{7}{4} = 0$$

**38.** (Unifesp) Considere a função

$$y = f(x) = 1 + \text{sen}\left(2\pi x - \frac{\pi}{2}\right)$$

definida para todo $x$ real.

a) Dê o período e o conjunto imagem da função $f$.

b) Obtenha todos os valores de $x$ no intervalo $[0, 1]$, tais que $y = 1$.

**39.** (Cefet – CE) Sendo $S$ a soma de todos os valores de $x$, com $0 \leqslant x \leqslant 2\pi$, para os quais se verifica a igualdade $(\text{sen } x + \cos x)^2 = 1$, então $S$ vale:

a) $3\pi$
b) $4\pi$
c) $5\pi$
d) $6\pi$
e) $7\pi$

**40.** (Udesc) Calcule os valores de $x$ no intervalo $[0, 2\pi[$ que satisfazem a equação:

$$2 \cdot \cos^3 x - \text{sen}^2 x = 2 \cdot \cos x$$

**41.** (FGV – SP) O número de soluções da equação $1 + \text{sen } x - 2 \cdot |\cos 2x| = 0$, com $0 \leqslant x < 2\pi$, é:

a) 8
b) 7
c) 6
d) 5
e) 4

**42.** (UFMS – adaptada) Identifique a(s) alternativa(s) correta(s).

(01) $\text{sen } 300° > 0$

(02) $\text{sen}^2 70° + \text{sen}^2 160° = 1$

(04) Os possíveis valores reais de $m$ para que se possa ter

$$\cos x = \frac{5 - m}{3}$$

são tais que $2 \leqslant m \leqslant 8$.

(08) Se a figura a seguir representa o gráfico, no sistema cartesiano $xOy$, da função

$$f: [0, 2\pi] \to \mathbb{R}$$

definida por $f(x) = a \cdot \cos bx$, então $a = 3$ e $b = 6$.

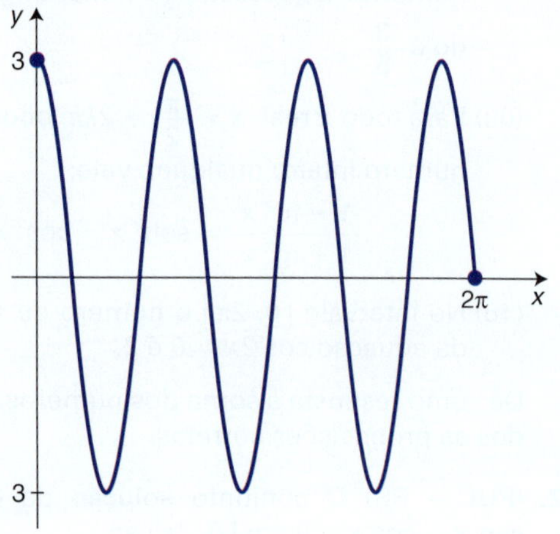


(16) No intervalo $\{x \in \mathbb{R} \mid 0 \leqslant x \leqslant 2\pi\}$, a equação $\cos^2 x = \frac{1}{2} \cdot |\cos x|$ tem 6 raízes.

Dê como resposta a soma dos números associados às proposições corretas.

**43.** (Udesc) A soma de todas as soluções da equação

$$\log(\cos x) + \log(\text{sen } x) = \frac{1}{2} \cdot \log 3 - 2 \cdot \log 2$$

que pertencem ao intervalo $\left]0, \frac{\pi}{2}\right[$ é igual a:

a) $\frac{\pi}{3}$
b) $\frac{\pi}{6}$
c) $\frac{\pi}{2}$
d) $\pi$
e) $\frac{2\pi}{3}$

**44.** (Ibmec – SP) Na figura ao lado, estão representadas partes dos gráficos das funções $f(x) = \text{sen } x$ e $g(x) = \cos x$.

A partir dos gráficos, é correto concluir que a menor solução positiva da equação

$$\cos(2 \cdot \text{sen } x) = \frac{\sqrt{2}}{2}$$

vale aproximadamente:

a) 0,2
b) 0,3
c) 0,4
d) 0,5
e) 0,6

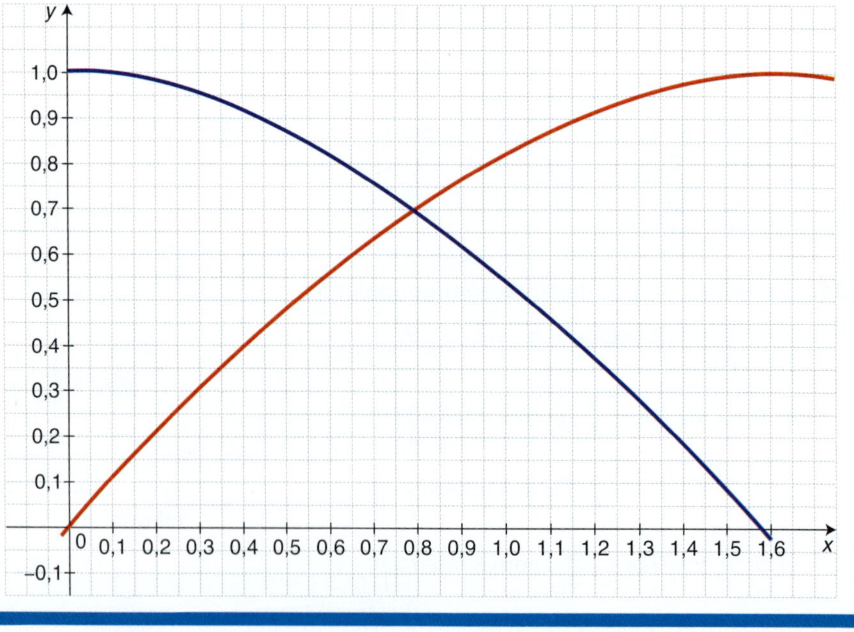

**45.** (UEG – GO) Sobre a função real

$$f(x) = (\cos a) \cdot x^2 + x + \text{sen } a$$

na qual $a$ é um número fixo real pertencente ao intervalo fechado $[0, 2\pi]$ é CORRETO afirmar:

a) Se $\frac{\pi}{2} < a < \pi$, então a função $f$ admite um valor mínimo.

b) O produto dos zeros da função $f$ é igual à secante de $a$.

c) A função $f$ é crescente para $x > 0$.

d) Se $a = \frac{\pi}{12}$, então a função $f$ tem um único zero real.

**46.** (FGV – SP) A soma das raízes da equação:

$$\text{sen}^2\, x - \text{sen}\,(-x) = 0$$

no intervalo $[0, 2\pi]$ é:

a) $\frac{7\pi}{2}$

b) $\frac{9\pi}{2}$

c) $\frac{5\pi}{2}$

d) $3\pi$

e) $\frac{3\pi}{2}$

**47.** (UFRGS – RS) O conjunto das soluções da equação $\text{sen}\left(\frac{\pi}{2} \cdot \log x\right) = 0$ é:

a) $\{1, 10, 10^2, 10^3, 10^4, ...\}$

b) $\{..., 10^{-3}, 10^{-2}, 10^{-1}, 1, 10, 10^2, 10^3, 10^4, ...\}$

c) $\{..., 10^{-6}, 10^{-4}, 10^{-2}, 1, 10^2, 10^4, 10^6, ...\}$

d) $\{..., -10^{-6}, -10^{-4}, -10^{-2}, 1, 10^2, 10^4, 10^6, ...\}$

e) $\{..., -10^3, -10^2, -10, 1, 10, 10^2, 10^3, 10^4, ...\}$

**48.** (Fuvest – SP) Um arco $x$ está no terceiro quadrante da circunferência trigonométrica e verifica a equação:

$$5 \cdot \cos 2x + 3 \cdot \text{sen } x = 4$$

Determine os valores de sen $x$ e cos $x$.

**49.** (UEM – PR) Sobre trigonometria, identifique o que for correto.

(01) $1 - \cos x = 2 \cdot \text{sen}^2 \frac{x}{2}$

(02) A função $f$ definida por

$$f(x) = \cos(-x)$$

é ímpar.

(04) O período da função $f$, definida por:

$f(x) = \text{sen } 2x$, é $4\pi$

(08) O conjunto imagem da função $f$ definida por $f(x) = \text{cotg } x$ é $\mathbb{R} - \{0\}$.

(16) Considerando que $\cos x = \frac{1}{2}$, então:

$$x = \frac{\pi}{3} + 2k\pi, \text{ com } x \in \mathbb{Z}$$

(32) Em um triângulo $ABC$, onde a medida do lado $\overline{AB}$ é 4, a medida do lado $\overline{BC}$ é 5 e a medida do ângulo $\hat{A}$ é 120°, a medida do lado $\overline{AC}$ é $(\sqrt{13} - 2)$.

Dê como resposta a soma dos números associados às proposições corretas.

**50.** (ITA – SP) Seja $f: \mathbb{R} \to \mathbb{R}$ definida por

$$f(x) = \sqrt{77} \cdot \text{sen } 5\left(x + \frac{\pi}{6}\right)$$

e seja $B$ o conjunto dado por $B = \{x \in \mathbb{R} \mid f(x) = 0\}$. Se $m$ é o maior elemento de $B \cap \left]-\infty, 0\right[$ e $n$ é o menor elemento de $B \cap \left]0, +\infty\right[$, então $m + n$ é igual a:

a) $\frac{2\pi}{15}$

b) $\frac{\pi}{15}$

c) $-\frac{\pi}{30}$

d) $-\frac{\pi}{15}$

e) $-\frac{2\pi}{15}$

**51.** (Fuvest – SP) A medida $x$, em radianos, de um ângulo satisfaz $\frac{\pi}{2} < x < \pi$ e verifica a equação:

$$\text{sen } x + \text{sen } 2x + \text{sen } 3x = 0$$

Assim:

a) determine $x$

b) calcule $\cos x + \cos 2x + \cos 3x$

**52.** (Mackenzie – SP) A soma de todas as soluções da equação $\text{tg } a + \text{cotg } a = 2$, com $0 \leqslant a \leqslant 2\pi$, é:

a) $\frac{5\pi}{4}$

b) $\frac{2\pi}{3}$

c) $\frac{3\pi}{2}$

d) $\frac{7\pi}{4}$

e) $\frac{7\pi}{3}$

**53.** (Ibmec – SP) Dado $x \in [-\pi, \pi]$, sejam:

$$g(x) = 3 + \cos 4x \quad \text{e} \quad h(x) = 2 - \text{sen } x$$

a) Resolva a equação-produto:

$$[g(x) - 4] \cdot [h(x) - 1] = 0$$

b) Determine os valores de $x$ para os quais a função $f(x) = \frac{g(x)}{h(x)}$ assume seu valor máximo.

**54.** (PUC – RS) O conjunto solução da equação $\text{tg } x = \sec x$ em $[0, 2\pi]$ é:

a) $\mathbb{R}$

b) $\left\{\frac{\pi}{2}\right\}$

c) $\left\{-\frac{\pi}{2}, \frac{\pi}{2}\right\}$

d) $\left\{x \in \mathbb{R} \mid x = \frac{\pi}{2} + k\pi, \text{ com } k \in \mathbb{Z}\right\}$

e) $\{\ \}$

**55.** (FEI – SP) Se $0 < x < \frac{\pi}{2}$ e:

$$3 \cdot \text{cossec}^2 x - 4 \cdot \text{cotg } x = 3$$

Então:

a) $\text{sen } x = \frac{3}{5}$

b) $\text{sen } x = -\frac{3}{5}$

c) $\text{sen } x = \frac{4}{5}$

d) $\text{sen } x = \frac{3}{4}$

e) $\text{sen } x = \frac{1}{4}$

**56.** (Fuvest – SP) Seja $x$ no intervalo $\left]0, \frac{\pi}{2}\right[$ satisfazendo a equação:

$$\text{tg } x + \frac{2}{\sqrt{5}} \cdot \sec x = \frac{3}{2}$$

Assim, calcule o valor de:

a) $\sec x$

b) $\text{sen}\left(x + \frac{\pi}{4}\right)$

**57.** (Unirio – RJ) Se $\log_3 x$ denota o logaritmo de $x$ na base 3 e $x \in \left]0, \frac{\pi}{2}\right[$, resolva a equação:

$$\log_3 \text{sen } x + \log_3 \cos x = \log_3 \text{tg } x - \log_3 2$$

**58.** (UEM – PR) Se $x \in \mathbb{R}$, com $0 \leqslant x < 2\pi$, satisfaz a equação

$$\text{sen}^2\left(\frac{\pi}{2} + x\right) = 1 + \text{sen } x$$

então é **correto** afirmar que:

(01) A equação admite apenas três soluções distintas.

(02) A soma das soluções da equação é igual a $2\pi$.

(04) $\text{sen } x \leqslant 0$ para toda solução $x$ da equação.

(08) $\cos x \geqslant 0$ para toda solução $x$ da equação.

(16) As soluções da equação são menores que $\pi$.

Dê como resposta a soma dos números associados às proposições corretas.

**59.** (UEM – PR – adaptada) Identifique a(s) alternativa(s) **correta(s)**.

(01) $(\text{sen } 2x)(\text{sen } x) + 2 \cdot \cos^3 x = 2 \cdot \cos x$ para todo número real $x$.

(02) O único valor de $x \in \left[0, \frac{\pi}{2}\right[$ tal que

$$\text{tg}^2 x = \text{tg } x \text{ é } x = \frac{\pi}{4}.$$

(04) Não existe valor real para $x$ tal que:

$$2 \cdot \cos^2 x + 7 \cdot \cos x = -6$$

(08) A função $f$ definida por $f(x) = \text{sen}(4x - \pi)$, em que $\frac{\pi}{4} < x < \frac{\pi}{2}$, é injetora.

(16) Se, em um triângulo retângulo, o cateto oposto e o cateto adjacente ao ângulo $\theta$ medem, respectivamente, $\sqrt{40}$ cm e 10 cm, então $\cos\theta > \frac{5}{6}$.

Dê como resposta a soma dos números associados às proposições corretas.

**60.** (UFBA) Dadas as funções

$$f(x) = \text{sen } 2x \quad \text{e} \quad g(x) = \text{sen } x$$

determine para quais valores de $x$, com $x \in [0, 2\pi]$, temos:

$$f(x) \geqslant g(x)$$

**61.** (Udesc) A solução da inequação $\text{sen } x > \frac{1}{2}$ no intervalo $0 \leqslant x \leqslant \pi$ é:

a) $S = \left\{x \in \mathbb{R} \mid \frac{\pi}{6} \leqslant x \leqslant \frac{5\pi}{6} \text{ ou } \frac{7\pi}{6} < x < \frac{11\pi}{6}\right\}$

b) $S = \left\{x \in \mathbb{R} \mid \frac{\pi}{6} < x < \frac{5\pi}{6}\right\}$

c) $S = \left\{x \in \mathbb{R} \mid \frac{\pi}{6} < x < \frac{5\pi}{6} \text{ ou } \frac{7\pi}{6} < x < \frac{11\pi}{6}\right\}$

d) $S = \left\{x \in \mathbb{R} \mid \frac{\pi}{6} \leqslant x \leqslant \frac{5\pi}{6} \text{ ou } \frac{7\pi}{6} \leqslant x \leqslant \frac{11\pi}{6}\right\}$

e) $S = \left\{x \in \mathbb{R} \mid \frac{\pi}{6} \leqslant x \leqslant \frac{5\pi}{6}\right\}$

## Programas de Avaliação Seriada

**1.** (PAIES – UFU – MG) Submetida a aquecimentos e resfriamentos sucessivos, a temperatura $T$ de um corpo em graus Celsius oscilou com o passar do tempo segundo a função

$$T(t) = 5 - 10 \cdot \text{sen}\,\frac{\pi t}{2}$$

em que $t$ é medido em horas, com $0 \leq t \leq 4$.

Considerando as informações apresentadas, classifique as sentenças abaixo como (V) verdadeira, (F) falsa ou (SO) sem opção.

(1) A temperatura máxima atingida pelo corpo foi 15 °C.

(2) Aos 20 minutos a temperatura do corpo era 0 °C e encontrava-se em elevação.

(3) Após 1 h 40 min a temperatura do corpo era 0 °C e encontrava-se em elevação.

(4) O intervalo de tempo transcorrido entre os dois instantes em que o corpo atingiu a temperatura de 10 °C foi de 1 hora.

**2.** (PAS – UnB – DF – adaptada) Considere que um trecho do rio Paraíba do Sul tenha suas margens representadas no plano cartesiano $xOy$ pelos gráficos das funções $y = f(x) = \text{sen}\,\frac{\pi x}{10}$ e $y = g(x) = 4 + \text{sen}\,\frac{\pi x}{10}$, em que $0 \leq x \leq 10$ e a unidade dos eixos $x$ e $y$ é o metro. O rio tem uma profundidade máxima de 3 m, perpendicular ao plano que contém as margens do rio. Se for efetuado um corte perpendicular ao leito do rio, será possível observar uma semicircunferência com raio de 2 m no plano formado pelo corte, após 1 m de profundidade. A figura a seguir mostra o rio e o corte que contém a semicircunferência.

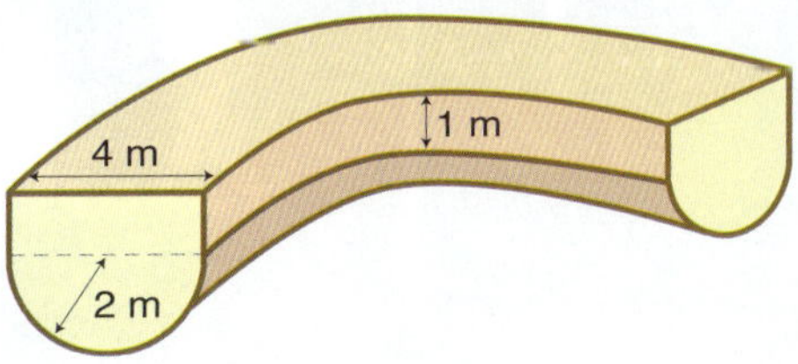


Considerando as informações anteriores, julgue os itens a seguir.

(1) Considerando que as funções $f$ e $g$ estejam definidas em $\mathbb{R}$, conclui-se que o período dessas funções é igual a $20\pi$.

(2) A equação $g(x) = 3$ possui pelo menos uma raiz no intervalo $0 \leq x \leq 10$.

**3.** (PSS – UFS – SE) Use as informações da figura para analisar a veracidade das afirmações abaixo.

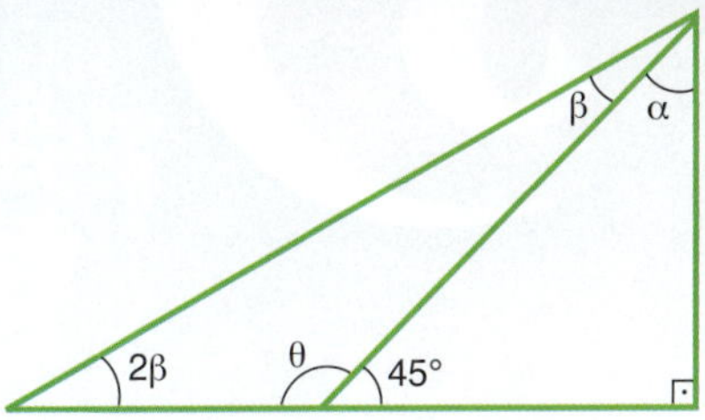


(1) $\text{tg}\, 7\theta = \frac{\sqrt{2}}{2}$

(2) $\cos(\alpha + \beta) = \frac{1}{2}$

(3) $\frac{\sec \alpha + \text{cossec}\, 2\beta}{\cos \theta} = -2(1 + \sqrt{2})$

(4) O valor máximo da função $f$, definida por $f(x) = 2 + \text{sen}\,\alpha \cdot \text{sen}\,x$, é 3.

(5) O conjunto solução da equação

$$\text{sen}\,5x = \cos 2\beta$$

no intervalo $[0, \pi]$ é:

$$\left\{\frac{\pi}{15}, \frac{2\pi}{15}, \frac{7\pi}{15}, \frac{8\pi}{15}, \frac{13\pi}{15}, \frac{14\pi}{15}\right\}$$

**4.** (PASES – UFV – MG) Resolva a equação trigonométrica:

$$(\text{sen}\,x + \cos x) \cdot (\sec x + \text{cossec}\,x) = 4$$

**5.** (SAS – UEG – GO) Seja a função real:

$$f(x) = x + \cos 2\pi x$$

A soma $f(1) + f(2) + f(3) + ... + f(n)$ para $n$ inteiro positivo é:

a) $\frac{n^2 + 3n}{2}$

b) $\frac{n^2 + 3n + 2}{2}$

c) $\frac{2n^2 + n + 2}{2}$

d) $\frac{n^2 + n}{2}$

# Capítulo 3

## Objetivos do Capítulo

- Definir matriz e suas principais representações.
- Apresentar as principais matrizes e suas propriedades.
- Trabalhar com operações entre matrizes.
- Estudar aplicações de matrizes em diferentes contextos.
- Conceituar o determinante de uma matriz.
- Lidar com os principais métodos de cálculo de um determinante.
- Explorar as principais propriedades dos determinantes.

# Matrizes e Determinantes

## *Matrix*

Com o avanço da computação, atualmente o mundo virtual já é uma realidade! De jogos eletrônicos a ambientes de treinamento, essa tecnologia veio para ficar.

Também na ficção esse tema tem sido largamente explorado, como nos filmes da série *MATRIX*, em que os seres humanos, em um futuro imaginário, não vivem suas vidas reais, mas sim uma vida simulada, programada por supercomputadores, máquinas "pensantes" que dominam a Terra.

A linguagem que esses computadores usam para criar essa "realidade" é a linguagem das máquinas, em que grandes quantidades de *zeros* e *uns* são dispostos em formatos retangulares, criando programas que descrevem todos os aspectos da vida dos seres humanos, simulando o que seria considerada uma vida normal em seus mínimos detalhes.

Esses quadros retangulares numéricos, lembrando tabelas, são o que chamamos de *matrizes*, tema central deste nosso capítulo.

PANTHERMEDIA/KEYDISC

## 1. O Conceito de Matriz

Acompanhe a situação ao lado.

Foi organizado um campeonato esportivo na escola, em que cada classe do segundo ano do Ensino Médio participaria com uma única equipe representante.

Ao final do campeonato, Carol e Luiz, ajudando o professor de Educação Física, organizaram uma relação com todos os resultados dos jogos.

Carol adorou a ideia e juntos montaram a tabela seguinte, que apresenta o total de pontos por modalidade, considerando que para cada vitória se receba 1 ponto, para cada derrota, –1 ponto e que não haja possibilidade de empate. Assim, ficou fácil saber a classificação e o time vencedor, aquele com maior número de pontos no total.

| Turma \ Modalidade | Futebol | Basquete | Vôlei |
|---|---|---|---|
| 2A | 0 | 0 | 0 |
| 2B | 2 | –2 | 2 |
| 2C | –2 | 2 | –2 |

As tabelas podem organizar as informações ou os dados de modo lógico e simples.

Tabelas com números podem ser apresentadas de outra forma que facilite sua manipulação. Esse é o caso das *matrizes*, como veremos a seguir.

No exemplo do campeonato esportivo, veja como podemos representar por meio de uma matriz os números da tabela montada por Carol e Luiz:

$$\begin{pmatrix} 0 & 0 & 0 \\ 2 & -2 & 2 \\ -2 & 2 & -2 \end{pmatrix}$$

**Matriz** é uma tabela com números arrumados em *m* linhas e *n* colunas, sendo *m* e *n* números naturais não nulos.

Os números que formam a matriz são os *elementos* dessa matriz, que no nosso caso serão números reais.

O número de linhas e o de colunas de uma matriz determinam o *tipo* da matriz. Por exemplo, se uma matriz tem 3 linhas e 2 colunas, dizemos que ela é do tipo 3 × 2 (lê-se: 3 por 2).

OBSERVAÇÃO

Uma matriz composta de elementos que podem ser representados por números reais é chamada de **matriz real**.

## 1.1 REPRESENTAÇÕES DE UMA MATRIZ

Uma matriz pode ser indicada com parênteses, com colchetes ou com duplos traços.

EXEMPLOS

a) $\begin{pmatrix} 3 & 3 \\ 2 & -2 \end{pmatrix}$ matriz do tipo 2 × 2

b) $\begin{bmatrix} -1 & 0 & 7 \\ \sqrt{2} & \frac{2}{3} & 2 \end{bmatrix}$ matriz do tipo 2 × 3

c) $\begin{Vmatrix} 4 & 1 \\ 1 & 3 \\ 2 & 3 \end{Vmatrix}$ matriz do tipo 3 × 2

d) $\begin{pmatrix} -1 & \sqrt{5} & 2 \end{pmatrix}$ matriz do tipo 1 × 3

OBSERVAÇÃO

Em nosso estudo, vamos dar preferência para a notação com parênteses.

### Representação genérica de uma matriz

Dada uma matriz $A$ do tipo $m \times n$, sabemos que ela tem $m$ linhas e $n$ colunas. Por isso, ela tem $(m \cdot n)$ elementos. Cada elemento da matriz $A$ é representado, genericamente, por $a_{ij}$, indicando sua posição na matriz, sempre linha $(i)$ e coluna $(j)$, nessa ordem. Assim, podemos denotar uma matriz $A$ de duas formas, como segue.

Em geral, denotamos uma matriz $A$ com $m$ linhas e $n$ colunas por:

$$\mathbf{A_{m \times n}} \quad \text{ou} \quad \mathbf{A = (a_{ij})_{m \times n}}$$

EXEMPLOS

a) As matrizes $A_{1 \times 3}$, $B_{2 \times 3}$ e $C_{3 \times 3}$ são, respectivamente, do tipo 1 × 3 (uma linha e três colunas), 2 × 3 (duas linhas e três colunas) e 3 × 3 (três linhas e três colunas).

b) Explicitando seus elementos, podemos indicar as matrizes $A_{1\times 3}$, $B_{2\times 3}$ e $C_{3\times 3}$, genericamente, assim:

$$A_{1\times 3} = \begin{pmatrix} a_{11} & a_{12} & a_{13} \end{pmatrix},\ B_{2\times 3} = \begin{pmatrix} b_{11} & b_{12} & b_{13} \\ b_{21} & b_{22} & b_{23} \end{pmatrix} \text{ e } C_{3\times 3} = \begin{pmatrix} c_{11} & c_{12} & c_{13} \\ c_{21} & c_{22} & c_{23} \\ c_{31} & c_{32} & c_{33} \end{pmatrix}$$

Vamos destacar alguns desses elementos:

- o elemento $a_{11}$ (lê-se: *a* um um) está na 1.ª linha e na 1.ª coluna da matriz *A*;
- o elemento $b_{21}$ (lê-se: *b* dois um) está na 2.ª linha e na 1.ª coluna da matriz *B*;
- o elemento $c_{22}$ (lê-se: *c* dois dois) está na 2.ª linha e na 2.ª coluna da matriz *C*.

c) $H = (h_{ij})_{3\times 4}$ indica que a matriz *H* é composta dos elementos $h_{ij}$, em que a linha *i* pode variar de 1 até 3 e a coluna *j*, de 1 até 4. Nesse caso, *H* é uma matriz tipo $3 \times 4$ (lê-se: três por quatro), ou seja, com 3 linhas e 4 colunas.

## Exercícios Resolvidos

**ER. 1** Determine as seguintes matrizes:

a) $A = (a_{ij})_{2\times 2}$ tal que $a_{ij} = i - j$

b) $B = (b_{ij})_{3\times 2}$ tal que

$$b_{ij} = \begin{cases} i, \text{ se } i < j \\ 0, \text{ se } i \geq j \end{cases}$$

**Resolução:**

a) Como *A* é do tipo $2 \times 2$, temos *i* e *j* variando de 1 a 2, ou seja, genericamente a matriz *A* é dada por:

$$A = \begin{pmatrix} a_{11} & a_{12} \\ a_{21} & a_{22} \end{pmatrix}$$

Então, vamos calcular os elementos de *A* usando a condição $a_{ij} = i - j$ dada e os valores de variação para *i* e *j*.

- $a_{11} = 1 - 1 = 0$
- $a_{12} = 1 - 2 = -1$
- $a_{21} = 2 - 1 = 1$
- $a_{22} = 2 - 2 = 0$

Portanto: $A = \begin{pmatrix} 0 & -1 \\ 1 & 0 \end{pmatrix}$

b) Para a matriz *B* temos *i* variando de 1 a 3, e *j* de 1 a 2. Sabendo que

$$b_{ij} = \begin{cases} i, \text{ se } i < j \\ 0, \text{ se } i \geq j \end{cases},\ \text{a matriz } B = \begin{pmatrix} b_{11} & b_{12} \\ b_{21} & b_{22} \\ b_{31} & b_{32} \end{pmatrix} \text{ é tal que:}$$

- $b_{11} = 0$, pois $1 \geq 1$, no caso é igual
- $b_{12} = 1$, pois $1 < 2$
- $b_{21} = 0$
- $b_{22} = 0$
- $b_{31} = 0$
- $b_{32} = 0$

Portanto: $B = \begin{pmatrix} 0 & 1 \\ 0 & 0 \\ 0 & 0 \end{pmatrix}$

**ER. 2** Dada a matriz $A = (a_{ij})_{3\times 4}$, em que $a_{ij} = 2i + j$, determine o produto de todos os elementos da 2.ª linha.

**Resolução:** Vamos encontrar os elementos da 2.ª linha $(a_{21}, a_{22}, a_{23} \text{ e } a_{24})$ da matriz *A*:

- $a_{21} = 2 \cdot 2 + 1 = 5$
- $a_{22} = 2 \cdot 2 + 2 = 6$
- $a_{23} = 2 \cdot 2 + 3 = 7$
- $a_{24} = 2 \cdot 2 + 4 = 8$

Então, o produto desses quatro elementos é:

$$a_{21} \cdot a_{22} \cdot a_{23} \cdot a_{24} = 5 \cdot 6 \cdot 7 \cdot 8 = 1.680$$

## Exercícios Propostos

1. Determine as matrizes definidas abaixo.
   a) $A = (a_{ij})_{2 \times 3}$, tal que $a_{ij} = i^j$
   b) $B = (b_{ij})_{3 \times 2}$, tal que $b_{ij} = (-1)^{i+j}$

2. Quantos elementos são nulos em cada matriz?
   a) matriz $A = (a_{ij})_{3 \times 3}$, tal que:
   $$a_{ij} = \begin{cases} 1, \text{ se } i = j \\ 0, \text{ se } i \neq j \end{cases}$$
   b) matriz $B$ do tipo $2 \times 2$ tal que:
   $$b_{ij} = \text{sen}\left(\frac{\pi}{2} \cdot i\right) + \cos(\pi \cdot j)$$

3. Dada a matriz $B = \begin{pmatrix} 2 & 0 & 1 \\ 0 & 1 & -1 \\ 0 & 0 & 2 \end{pmatrix}$, determine:
   $$2 \cdot b_{11} + 3 \cdot b_{22} + b_{32}$$

4. Uma matriz $C$ do tipo $3 \times 3$ é tal que:
   $$c_{ij} = \begin{cases} 2^{i+j}, \text{ se } i \text{ é par} \\ 3^{j-i}, \text{ se } i \text{ é ímpar} \end{cases}$$
   Identifique os elementos dessa matriz que têm valor menor que 1.

## Enigmas, Jogos & Brincadeiras

### Procurando Caminhos

Reúna-se com um colega e descubram o enigma de Grafos!

Para analisar um mapa e conhecer os caminhos de uma região com 8 cidades, dentre elas as cidades MAT e TRIX, o matemático Grafos resolveu montar uma matriz em que o elemento $a_{ij}$ é 1 caso exista uma estrada que ligue a cidade $i$ à cidade $j$ e 0 (zero) caso contrário.

Dessa forma, Grafos associou um número a cada cidade (de 1 a 8), sendo 1 para a cidade MAT e 8 para TRIX.

Com base nessas informações e na "matriz de caminhos" que Grafos montou (dada a seguir), descubra uma maneira de se chegar à cidade TRIX partindo de MAT. Por exemplo, se o elemento $a_{18}$ fosse 1, haveria uma estrada que liga as cidades 1 e 8, e assim já teríamos descoberto uma maneira de ir de MAT à TRIX.

Observe também que, como partimos de MAT (cidade 1), devemos olhar para a primeira linha, que corresponde às saídas dessa cidade (posições $a_{1j}$).

Essa maneira que você encontrou é o caminho que passa pelo menor número de cidades? Por quê?

$$\begin{pmatrix} 1 & 0 & 1 & 0 & 0 & 0 & 1 & 0 \\ 0 & 1 & 1 & 1 & 0 & 0 & 0 & 0 \\ 1 & 1 & 1 & 0 & 0 & 0 & 0 & 0 \\ 0 & 1 & 0 & 1 & 0 & 0 & 1 & 0 \\ 0 & 0 & 0 & 0 & 1 & 0 & 0 & 0 \\ 0 & 0 & 0 & 0 & 0 & 1 & 1 & 1 \\ 1 & 0 & 0 & 1 & 0 & 1 & 1 & 0 \\ 0 & 0 & 0 & 0 & 0 & 1 & 0 & 1 \end{pmatrix}$$

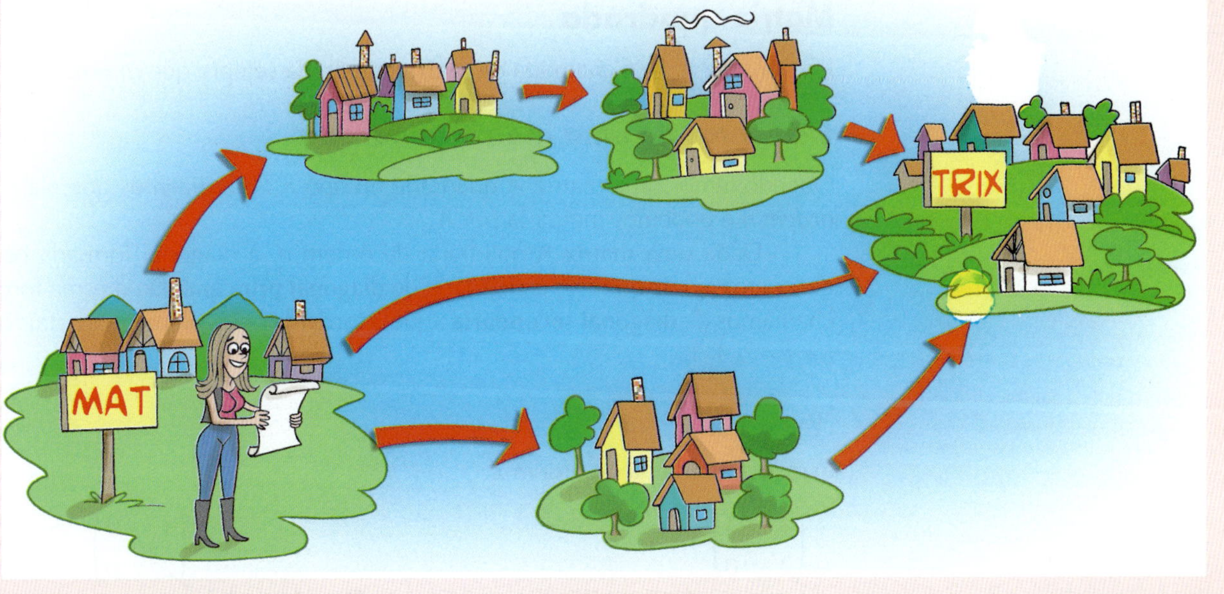

## 1.2 MATRIZES ESPECIAIS

Algumas matrizes recebem nomes especiais de acordo com certas características que elas apresentam.

**Responda**

Existe alguma matriz que seja matriz linha e matriz coluna simultaneamente? Justifique.

### Matriz linha e matriz coluna

Considere uma matriz $A$ do tipo $m \times n$:

- quando $m = 1$, a matriz é chamada de **matriz linha**;
- quando $n = 1$, a matriz é chamada de **matriz coluna**.

**EXEMPLOS**

Das matrizes abaixo, $A$ e $B$ são matrizes linhas e $C$ e $D$ são matrizes colunas.

$$A = \begin{pmatrix} \frac{1}{2} & 0 & 3 \end{pmatrix} \quad B = \begin{pmatrix} 4 & -1 & 8 & 1 \end{pmatrix} \quad C = \begin{pmatrix} 7 \\ 4 \\ 0 \\ 5 \end{pmatrix} \quad D = \begin{pmatrix} \sqrt{2} \\ 2 \end{pmatrix}$$

### Matriz nula

Quando uma matriz tem todos os seus elementos iguais a zero (todos nulos), ela é chamada de **matriz nula**. Vamos indicá-la por $O_{m \times n}$.

**EXEMPLOS**

a) $O_{2 \times 2} = \begin{pmatrix} 0 & 0 \\ 0 & 0 \end{pmatrix}$ b) $O_{3 \times 2} = \begin{pmatrix} 0 & 0 \\ 0 & 0 \\ 0 & 0 \end{pmatrix}$ c) $O_{1 \times 5} = \begin{pmatrix} 0 & 0 & 0 & 0 & 0 \end{pmatrix}$

**Saiba +**

O símbolo $\forall$ significa "qualquer que seja".

**OBSERVAÇÃO**

Se $A = (a_{ij})_{m \times n}$ é matriz nula, temos que:

$$a_{ij} = 0, \forall\, i \text{ e } \forall\, j$$

### Matriz quadrada

Uma matriz $A_{m \times n}$ é chamada de **matriz quadrada** sempre que $m = n$.

#### *Elementos de uma matriz quadrada*

Quando temos uma matriz $A$ quadrada do tipo $n \times n$, dizemos que ela é de ***ordem n*** e podemos indicá-la por $\mathbf{A_n}$.

Dada uma matriz $A$ quadrada de ordem $n$, a diagonal formada pelos elementos $a_{ij}$ tais que $i = j$ é chamada de **diagonal principal**. Da mesma forma, chamamos de **diagonal secundária** aquela formada pelos elementos $a_{ij}$ tais que $i + j = n + 1$.

**EXEMPLOS**

a) matriz quadrada de ordem 2

$$\begin{pmatrix} 1 & -4 \\ 2 & 0 \end{pmatrix}$$

diagonal principal

$$\begin{pmatrix} 1 & -4 \\ 2 & 0 \end{pmatrix}$$

diagonal secundária

b) matriz quadrada de ordem 3

$$\begin{pmatrix} 2 & 1 & 3 \\ -3 & 0 & 0 \\ 5 & 1 & 2 \end{pmatrix} \qquad \begin{pmatrix} 2 & 1 & 3 \\ -3 & 0 & 0 \\ 5 & 1 & 2 \end{pmatrix}$$

diagonal principal — diagonal secundária

## *Matriz diagonal*

Uma matriz quadrada é chamada de **matriz diagonal** quando todos os elementos *acima* **e** *abaixo* da diagonal principal são nulos, ou seja, em uma matriz diagonal $A$ temos $a_{ij} = 0$ para $i \neq j$.

**Atenção!**

A matriz formada por uma única linha e uma única coluna é considerada uma matriz diagonal.

**Exemplos**

$$\begin{pmatrix} 2 & 0 & 0 & 0 \\ 0 & 6 & 0 & 0 \\ 0 & 0 & -3 & 0 \\ 0 & 0 & 0 & 4 \end{pmatrix} \qquad \begin{pmatrix} 1 & 0 \\ 0 & -1 \end{pmatrix} \qquad \begin{pmatrix} 3 & 0 & 0 \\ 0 & -1 & 0 \\ 0 & 0 & 2 \end{pmatrix}$$

## *Matriz identidade*

Uma matriz quadrada de ordem $n$ é chamada de **matriz identidade** quando ela tem todos os elementos da diagonal principal iguais a 1 e os demais elementos todos iguais a zero.

Denotando a matriz identidade de ordem $n$ por $I_n$, podemos defini-la assim:

$$I_n = (a_{ij})_n \text{ tal que } \begin{cases} a_{ij} = 1, \text{ se } i = j \\ a_{ij} = 0, \text{ se } i \neq j \end{cases}$$

**Exemplos**

a) $I_4 = \begin{pmatrix} 1 & 0 & 0 & 0 \\ 0 & 1 & 0 & 0 \\ 0 & 0 & 1 & 0 \\ 0 & 0 & 0 & 1 \end{pmatrix}$ b) $I_1 = (1)$ c) $I_3 = \begin{pmatrix} 1 & 0 & 0 \\ 0 & 1 & 0 \\ 0 & 0 & 1 \end{pmatrix}$

**Responda**

Como é a matriz identidade de ordem 7?

## *Matriz triangular*

Uma matriz quadrada é chamada de **matriz triangular** quando todos os elementos *acima* (**ou** *abaixo*) da diagonal principal são nulos, ou seja, em uma matriz triangular $A$ temos $a_{ij} = 0$ para $i < j$ (ou $a_{ij} = 0$ para $i > j$).

**Atenção!**

Note que as duas condições dadas podem ocorrer simultaneamente, ou seja, uma matriz triangular pode ter todos os elementos *acima* e *abaixo* da diagonal principal iguais a zero.

**Exemplos**

a) *matriz triangular inferior*

$$\begin{pmatrix} 8 & 0 \\ 3 & -1 \end{pmatrix}$$ elementos localizados acima da diagonal principal são nulos

b) *matriz triangular superior*

$$\begin{pmatrix} 1 & 9 & -1 \\ 0 & 2 & 3 \\ 0 & 0 & 5 \end{pmatrix}$$ elementos localizados abaixo da diagonal principal são nulos

**Faça**

Dê um exemplo de uma matriz que seja triangular inferior e superior simultaneamente.

## Exercícios Propostos

**5.** Determine os valores reais de *a* para que todos os elementos da matriz *A* dada abaixo sejam iguais a zero. Que matriz obtemos quando substituímos os valores de *a* encontrados?

$$A = \begin{pmatrix} a^2 - 9 & a^2 - 4a + 3 \\ 0 & 0 \end{pmatrix}$$

**6.** Classifique as afirmações como verdadeiras ou falsas.

a) Toda matriz quadrada é triangular.
b) A matriz identidade é um caso particular de matriz triangular.
c) Existe matriz identidade que seja matriz nula.
d) Uma matriz linha pode ser quadrada.
e) Toda matriz identidade é matriz triangular e matriz diagonal.
f) Toda matriz diagonal é triangular.
g) Existe matriz diagonal que é triangular.

**7.** Reescreva (no caderno) cada afirmação abaixo completando-a de modo a deixá-la verdadeira:

a) ______ matriz nula que não é quadrada.
b) Toda matriz triangular é uma matriz ______ .
c) Uma matriz coluna pode ser ______ .

**8.** Dê um exemplo para cada item, quando existir.

a) Uma matriz quadrada que não é triangular.
b) Uma matriz de 1 linha que seja quadrada.
c) Uma matriz diagonal que não é matriz identidade.
d) Uma matriz diagonal que não seja triangular.

**9.** Determine os valores de *x*, *y* e *z* para que a matriz *A* seja triangular, em cada caso.

a) $A = \begin{pmatrix} 1 & 0 & x^2 - x \\ 2 & 3 & x^2 - 3x + 2 \\ 3 & 4 & 5 \end{pmatrix}$

b) $A = \begin{pmatrix} 2 & 3 & 4 \\ 5 - x & 3 & 1 \\ 7 - y & x + y + z & 3 \end{pmatrix}$

## Enigmas, Jogos & Brincadeiras

### Jogo "A Procura de Matrizes"

Convide três colegas e mãos à obra!

Reproduzam as cartelas abaixo, todas do mesmo tamanho.

| matriz linha | matriz triangular | matriz quadrada | matriz diagonal | matriz coluna |
|---|---|---|---|---|

Depois, coloquem as cartelas embaralhadas e com a face escrita escondida sobre a carteira. Cada um escolhe uma cartela por vez e fala para os colegas

**um exemplo** e **um contraexemplo**

da matriz solicitada (outra pessoa anota).

> **Saiba +**
> **Contraexemplo** é um exemplo que contradiz o conceito dado.

Assim que todos derem uma resposta, o grupo faz o levantamento dos acertos. Só fica na próxima rodada aqueles que derem as duas respostas corretas. E assim por diante, até que só fique uma pessoa: a vencedora.

- Caso todos errem na primeira rodada, faz-se uma nova rodada inicial.
- Caso haja empate, faz-se uma nova rodada, só que cada pessoa tira duas fichas e juntam-se as características.

## Matriz transposta

Considere uma matriz $A$ do tipo $m \times n$. Uma matriz obtida a partir de $A$ trocando-se as linhas por colunas é chamada **matriz transposta** de $A$ e é indicada por $A^t$.

Note que, se $A = (a_{ij})_{m \times n}$ é do tipo $m \times n$, a matriz $A^t$ é do tipo $n \times m$ e é definida por $A^t = (a_{ji})_{n \times m}$.

**EXEMPLOS**

a) $A = \begin{pmatrix} 4 & 5 & 6 \\ 1 & 2 & 3 \\ -3 & 0 & 1 \end{pmatrix}$ e $A^t = \begin{pmatrix} 4 & 1 & -3 \\ 5 & 2 & 0 \\ 6 & 3 & 1 \end{pmatrix}$

b) $C = \begin{pmatrix} -5 \\ 3 \end{pmatrix}$ e $C^t = \begin{pmatrix} -5 & 3 \end{pmatrix}$

### Propriedade imediata de matriz transposta

Dada uma matriz $A_{m \times n}$ qualquer, temos que: $(A^t)^t = A$

**Faça**

Mostre que se $B = (A^t)^t$, então $B = A$.

## EXERCÍCIO RESOLVIDO

**ER. 3** Considerando as matrizes

$$A = \begin{pmatrix} 1 & 2 & 3 \\ 4 & 5 & 6 \end{pmatrix},\quad B = \begin{pmatrix} 1 & 0 & 0 \\ 0 & 2 & 0 \\ 0 & 0 & 3 \end{pmatrix} \quad \text{e} \quad C = \begin{pmatrix} 1 & -1 & 2 \\ 0 & 1 & 3 \\ 2 & 6 & 4 \\ 3 & 4 & 5 \end{pmatrix}$$

determine:

a) a transposta da transposta de $A$;

b) o número de elementos da transposta de $B$;

c) o elemento da segunda linha e terceira coluna da transposta de $C$.

**Resolução:**

a) A transposta da transposta de $A$ é a matriz $(A^t)^t$, que já vimos que é a própria matriz $A$. Daí, vem:

$$(A^t)^t = A = \begin{pmatrix} 1 & 2 & 3 \\ 4 & 5 & 6 \end{pmatrix}$$

b) Também já vimos que se $B$ é do tipo $m \times n$, a sua transposta $(B^t)$ é do tipo $n \times m$ e, nesse caso, $B^t$ tem $(n \cdot m)$ elementos. Como a matriz $B$ dada é quadrada de ordem 3, sua transposta $B^t$ também é quadrada de mesma ordem 3. Assim, $B^t$ tem 9 elementos.

c) Como para achar a matriz transposta devemos trocar linhas por colunas, o elemento de $C^t$ que está na segunda linha e terceira coluna é o elemento de $C$ que está na terceira linha e segunda coluna, ou seja, é 6.

## EXERCÍCIOS PROPOSTOS

**10.** Considere as matrizes $A$ e $B$ definidas por:

$A = (a_{ij})_{2 \times 2}$ tal que $a_{ij} = i + 2j$

$B = (b_{ij})_{1 \times 3}$ tal que $b_{ij} = i - j$

a) Determine as matrizes $A$ e $B$.

b) Classifique as matrizes $A$ e $B$ de acordo com as características que elas apresentam.

c) Encontre as matrizes transpostas de $A$ e de $B$ e também faça a classificação.

**11.** Classifique como verdadeira ou falsa cada afirmação:

a) Uma matriz diagonal é igual à sua transposta.

b) Uma matriz triangular não pode ser igual à sua transposta.

c) A transposta de uma matriz triangular superior é uma matriz triangular inferior.

d) A transposta de $M_{4 \times 3}$ pode ser a matriz:

$$\begin{pmatrix} 1 & 2 & -1 \\ 3 & 4 & 1 \\ 4 & 5 & 3 \\ 1 & -1 & 0 \end{pmatrix}$$

e) A transposta de uma matriz linha sempre é uma matriz coluna.

JOEL SILVA/FOLHA PRESS

Da corrida de São Silvestre, em São Paulo, SP, podem participar no máximo 20 mil inscritos.

## 2. Igualdade de Matrizes

Agora que você já lidou um pouco com matrizes, vamos ampliar nosso estudo sobre elas. Para isso, acompanhe a situação a seguir.

Takashi e Sueli são dois amigos que estão se preparando para a corrida de São Silvestre, que ocorre todo final de ano nas ruas da cidade de São Paulo. Eles organizaram suas atividades em dois turnos: de manhã e à tarde.

Takashi montou seu plano de atividades semanais e registrou em duas matrizes: $T_{\text{musculação}}$ é a matriz que indica as horas dedicadas à musculação e $T_{\text{corrida}}$ é a matriz com as horas de corrida. Em cada matriz as linhas representam os dias da semana e as colunas, os períodos matutino (M) e vespertino (V).

$$T_{\text{musculação}} = \begin{array}{c} \begin{matrix} \text{M} & \text{V} \end{matrix} \\ \begin{pmatrix} 1 & 2 \\ 1 & 1 \\ 0 & 1 \\ 1 & 2 \\ 2 & 2 \end{pmatrix} \end{array} \begin{matrix} \text{segunda} \\ \text{terça} \\ \text{quarta} \\ \text{quinta} \\ \text{sexta} \end{matrix} \qquad T_{\text{corrida}} = \begin{array}{c} \begin{matrix} \text{M} & \text{V} \end{matrix} \\ \begin{pmatrix} 2 & 1 \\ 2 & 1 \\ 1 & 4 \\ 2 & 2 \\ 2 & 3 \end{pmatrix} \end{array} \begin{matrix} \text{segunda} \\ \text{terça} \\ \text{quarta} \\ \text{quinta} \\ \text{sexta} \end{matrix}$$

Sueli também registrou seu plano de treino, da mesma forma que Takashi. Veja como ficaram as indicações de Sueli registradas nas matrizes $S_{\text{musculação}}$ e $S_{\text{corrida}}$:

$$S_{\text{musculação}} = \begin{array}{c} \begin{matrix} \text{M} & \text{V} \end{matrix} \\ \begin{pmatrix} 1 & 0 \\ 0 & 1 \\ 0 & 0 \\ 2 & 0 \\ 2 & 0 \end{pmatrix} \end{array} \begin{matrix} \text{segunda} \\ \text{terça} \\ \text{quarta} \\ \text{quinta} \\ \text{sexta} \end{matrix} \qquad S_{\text{corrida}} = \begin{array}{c} \begin{matrix} \text{M} & \text{V} \end{matrix} \\ \begin{pmatrix} 2 & 1 \\ 2 & 1 \\ 1 & 4 \\ 2 & 2 \\ 2 & 3 \end{pmatrix} \end{array} \begin{matrix} \text{segunda} \\ \text{terça} \\ \text{quarta} \\ \text{quinta} \\ \text{sexta} \end{matrix}$$

Observando o programa semanal de atividades de Takashi e de Sueli, podemos perceber que os dois pretendem dedicar o mesmo tempo para corrida durante a semana, nos mesmos dias e nos mesmos períodos. Já para musculação, notamos que Takashi dedica muito mais horas do que Sueli.

Dessa forma, podemos dizer que $T_{\text{corrida}}$ é idêntica a $S_{\text{corrida}}$, pois todos os elementos de mesma posição são iguais, e $T_{\text{musculação}}$ é diferente de $S_{\text{musculação}}$, pois apresentam pelo menos um par de elementos correspondentes (de mesma posição) diferentes. Ou seja, temos:

$$T_{\text{corrida}} = S_{\text{corrida}} \quad \text{e} \quad T_{\text{musculação}} \neq S_{\text{musculação}}$$

> Para que duas matrizes sejam iguais, é preciso que elas sejam de mesmo tipo ($m \times n$) e que seus elementos correspondentes sejam iguais, ou seja, dadas as matrizes $A = (a_{ij})_{m \times n}$ e $B = (b_{ij})_{m \times n}$, temos:
>
> $$A = B \Leftrightarrow a_{ij} = b_{ij},\ \forall\, i \text{ e } \forall\, j$$

## Exercícios Resolvidos

**ER. 4** Determine os valores de $x$ e $y$, tais que:

$$\begin{pmatrix} x+2 & 4 \\ 3 & y+3 \end{pmatrix} = \begin{pmatrix} 4 & 4 \\ 3 & 2y \end{pmatrix}$$

**Resolução:** Já que as duas matrizes são quadradas de ordem 2, para que elas sejam iguais basta impor que os elementos correspondentes (de mesma posição) sejam iguais, isto é, devemos ter:

$$\begin{cases} x + 2 = 4 \\ 4 = 4 \text{ (verdadeira para quaisquer } x \text{ e } y) \\ 3 = 3 \text{ (verdadeira para quaisquer } x \text{ e } y) \\ y + 3 = 2y \end{cases}$$

Daí, ficamos com:

- $x + 2 = 4 \Rightarrow x = 2$
- $y + 3 = 2y \Rightarrow 3 = 2y - y \Rightarrow 3 = y$

Portanto, as matrizes são iguais para $x = 2$ e $y = 3$.

**ER. 5** Obtenha os valores de $a$, $b$ e $c$ sabendo que a matriz $A = \begin{pmatrix} 2 & a & 1 \\ b & c & 0 \end{pmatrix}$ é a transposta da matriz $B = \begin{pmatrix} 2 & -1 \\ 5 & 4 \\ 1 & 0 \end{pmatrix}$.

**Resolução:** Como $A = B^t$, fazendo a comparação dos elementos correspondentes, temos:

$$\begin{pmatrix} 2 & a & 1 \\ b & c & 0 \end{pmatrix} = \begin{pmatrix} 2 & 5 & 1 \\ -1 & 4 & 0 \end{pmatrix} \Rightarrow a = 5, b = -1 \text{ e } c = 4$$

## Exercícios Propostos

**12.** Determine $x$ e $y$ tais que:

a) $\begin{pmatrix} x & 2 \\ 3 & 5 \end{pmatrix} = \begin{pmatrix} -1 & 2 \\ 3 & y \end{pmatrix}$

b) $\begin{pmatrix} x+3y & 3 \\ 6 & x+y \end{pmatrix} = \begin{pmatrix} 11 & 3 \\ 6 & 5 \end{pmatrix}$

c) $(0 \quad x \quad 3) = (1 \quad -1 \quad y)$

d) $\begin{pmatrix} 2 & x^2 - 3x + 2 \\ xy & x^2 - 1 \end{pmatrix} = \begin{pmatrix} 2 & 0 \\ 1 & 3 \end{pmatrix}$

**13.** Se $\begin{pmatrix} x^2 & 3 \\ 1 & 7 \end{pmatrix} = \begin{pmatrix} 49 & x-4 \\ 1 & 7 \end{pmatrix}$, calcule $x$.

**14.** Calcule o valor de $a$ para que se tenha:

$$\begin{pmatrix} 3^a & 1 \\ 2 & 5 \end{pmatrix} = \begin{pmatrix} 81 & 1 \\ 2 & 5 \end{pmatrix}$$

**15.** Obtenha a transposta da matriz identidade $I_3$ e compare com a própria matriz $I_3$. O que você observa? Registre esse fato por meio de uma sentença matemática. Você pode generalizar essa conclusão para uma matriz identidade qualquer de ordem $n$? Por quê?

**16.** Para quais valores de $x$ a matriz $\begin{pmatrix} 1 & k \\ \log x & 2 \end{pmatrix}$ é igual à transposta da matriz $\begin{pmatrix} 1 & 2 \\ k & 2 \end{pmatrix}$?

**17.** Dizemos que uma **matriz** $(A)$ **é simétrica** se, e somente se, ela é igual à sua transposta $(A^t = A)$.

a) De que tipo deve ser uma matriz simétrica?

b) Dê um exemplo de matriz simétrica.

c) Determine $x$, $y$ e $z$ para que a matriz $A$ dada abaixo seja simétrica.

$$A = \begin{pmatrix} 1 & x & y^2 \\ x^2 & 2 & 3z+2 \\ 4y-3 & z & 3 \end{pmatrix}$$

d) Quantas soluções $(x, y, z)$ distintas você encontrou no item anterior?

PANTHERMEDIA/KEYDISC

# 3. Operações com Matrizes

Muitas vezes necessitamos manipular os dados de uma tabela ou matriz, efetuando, por exemplo, adições.

Você pode verificar esse fato revendo o exemplo de Sueli e Takashi, que estavam se preparando para a corrida de São Silvestre. Por exemplo, poderíamos fazer os seguintes questionamentos:

- Quantas horas de atividades cada um pratica por dia?
- Quantas horas de musculação Takashi pratica a mais que Sueli?

O que você faria para obter as respostas?

O tema que vamos apresentar na continuidade de nosso trabalho com matrizes vai ajudá-lo a responder essas e outras questões que envolvem fazer operações entre matrizes.

## 3.1 Adição de matrizes

Acompanhe esta nova situação.

Ana e Beatriz são duas costureiras que trabalham o mesmo período por dia fazendo calças e vestidos para vender. Veja nas tabelas a seguir as produções mensais de cada uma delas no último semestre.

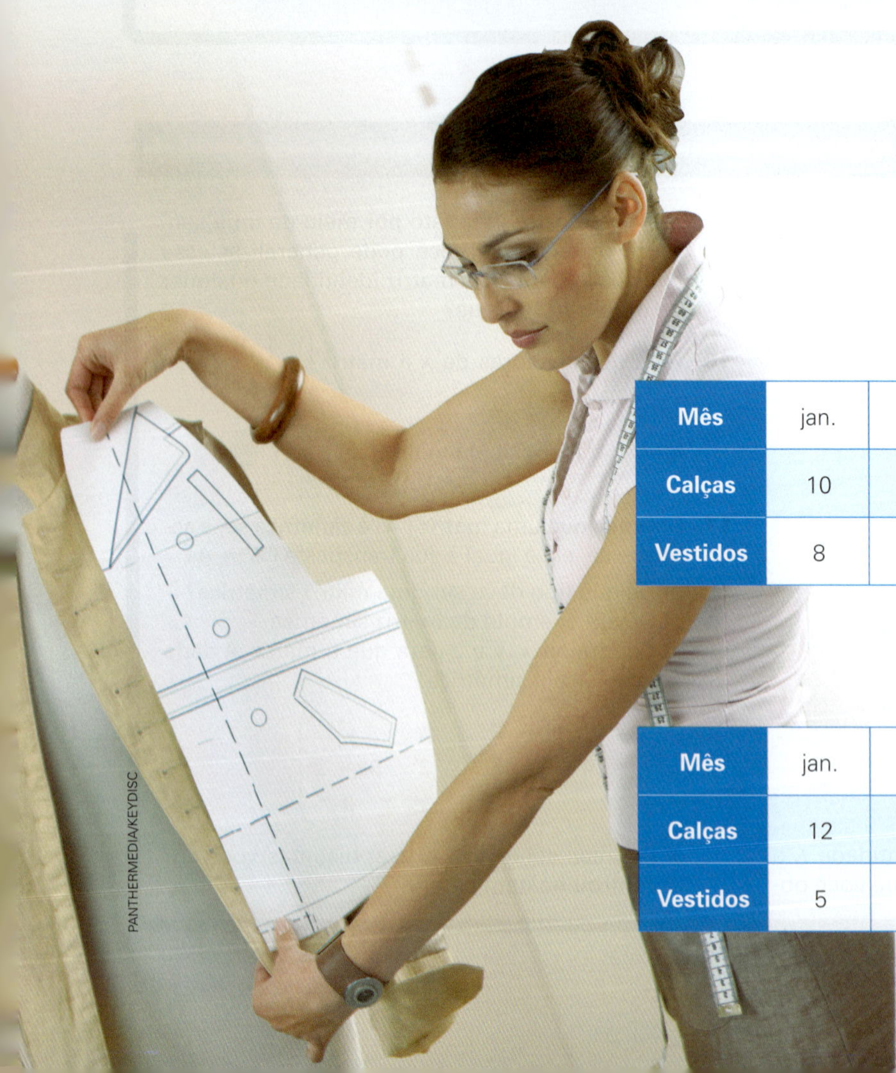

PANTHERMEDIA/KEYDISC

**Produção da Ana**

| Mês | jan. | fev. | mar. | abr. | maio | jun. |
|---|---|---|---|---|---|---|
| Calças | 10 | 12 | 13 | 18 | 13 | 15 |
| Vestidos | 8 | 5 | 9 | 8 | 7 | 8 |

**Produção da Beatriz**

| Mês | jan. | fev. | mar. | abr. | maio | jun. |
|---|---|---|---|---|---|---|
| Calças | 12 | 13 | 13 | 19 | 15 | 16 |
| Vestidos | 5 | 3 | 6 | 7 | 5 | 4 |

Podemos usar duas matrizes para registrar a produção de cada uma nesse período, sendo $A$ a matriz associada à produção de Ana e $B$, à de Beatriz, como mostramos abaixo.

$$\begin{array}{cccccc} \text{jan.} & \text{fev.} & \text{mar.} & \text{abr.} & \text{maio} & \text{jun.} \end{array}$$

$$A = \begin{pmatrix} 10 & 12 & 13 & 18 & 13 & 15 \\ 8 & 5 & 9 & 8 & 7 & 8 \end{pmatrix} \begin{matrix} \text{calças} \\ \text{vestidos} \end{matrix}$$

e

$$\begin{array}{cccccc} \text{jan.} & \text{fev.} & \text{mar.} & \text{abr.} & \text{maio} & \text{jun.} \end{array}$$

$$B = \begin{pmatrix} 12 & 13 & 13 & 19 & 15 & 16 \\ 5 & 3 & 6 & 7 & 5 & 4 \end{pmatrix} \begin{matrix} \text{calças} \\ \text{vestidos} \end{matrix}$$

Uma confecção quer contratar as duas costureiras e precisa saber qual é a produção das duas juntas, para fazer a projeção da produção para o próximo semestre. Veja que, para obter isso, precisamos encontrar uma matriz $C$ que indique a produção das duas juntas, ou seja, que seja a soma das produções de Ana e de Beatriz. Isso equivale a somar a quantidade de roupas produzidas pelas duas juntas, mês a mês, como é mostrado a seguir.

$$C = A + B = \begin{pmatrix} 10+12 & 12+13 & 13+13 & 18+19 & 13+15 & 15+16 \\ 8+5 & 5+3 & 9+6 & 8+7 & 7+5 & 8+4 \end{pmatrix}$$

Assim, obtemos a matriz $C$ da produção total, mês a mês:

$$\begin{array}{cccccc} \text{jan.} & \text{fev.} & \text{mar.} & \text{abr.} & \text{maio} & \text{jun.} \end{array}$$

$$C = \begin{pmatrix} 22 & 25 & 26 & 37 & 28 & 31 \\ 13 & 8 & 15 & 15 & 12 & 12 \end{pmatrix} \begin{matrix} \text{calças} \\ \text{vestidos} \end{matrix}$$

Observe ainda que isso só é possível fazer com matrizes de mesmo tipo e a matriz soma ($C$) também é de mesmo tipo que $A$ e $B$.

Dadas duas matrizes $A$ e $B$ de mesmo tipo $m \times n$, o resultado da **adição** dessas duas matrizes é a **matriz soma** $C = A + B$, também do tipo $m \times n$, em que cada elemento é obtido pela soma dos elementos correspondentes de $A$ e $B$, ou seja, se $A = (a_{ij})_{m \times n}$ e $B = (b_{ij})_{m \times n}$, temos:

$c_{ij} = a_{ij} + b_{ij}$, $\forall\, i$ e $\forall\, j$ tais que $1 \leqslant i \leqslant m$ e $1 \leqslant j \leqslant n$

## Exemplos

a) $\begin{pmatrix} 0 & 1 & 0{,}5 \\ -3 & 4 & 2 \end{pmatrix} + \begin{pmatrix} 5 & -3 & 2 \\ 0{,}5 & -4 & 0 \end{pmatrix} = \begin{pmatrix} 5 & -2 & 2{,}5 \\ -2{,}5 & 0 & 2 \end{pmatrix}$

b) $\begin{pmatrix} -1 & 0 \\ -2 & 5 \end{pmatrix} + \begin{pmatrix} 1 & 0 \\ 2 & -5 \end{pmatrix} = \begin{pmatrix} 0 & 0 \\ 0 & 0 \end{pmatrix}$

## Propriedades da adição de matrizes

As propriedades estudadas para a adição de números reais também são válidas para a adição de matrizes.

Sendo $A$, $B$ e $C$ matrizes quaisquer de mesmo tipo $m \times n$, valem as seguintes propriedades para a adição:

> **Atenção!**
>
> A matriz $O_{m \times n}$ é a matriz nula de mesmo tipo que as demais matrizes.

- *propriedade comutativa:* $A + B = B + A$
- *propriedade associativa:* $(A + B) + C = A + (B + C)$
- *existência do elemento neutro:* $A + O_{m \times n} = O_{m \times n} + A = A$
- *existência do elemento oposto:* $A + (-A) = (-A) + A = O_{m \times n}$ sendo a matriz $-A$ definida por $-A = (-a_{ij})_{m \times n}$ tal que $a_{ij} \in A$

OBSERVAÇÕES

1. A matriz nula é o elemento neutro da adição de matrizes.
2. A matriz $-A$ é chamada de **matriz oposta** de $A$.
3. A oposta da oposta de uma matriz $A$ é a própria matriz $A$, ou seja:

$$-(-A) = A$$

## EXERCÍCIOS RESOLVIDOS

**ER. 6** Sabendo que uma matriz é *simétrica* quando ela é igual à sua transposta, obtenha os valores de $x$ e de $y$ para que a matriz $S$ dada abaixo seja simétrica com elementos da diagonal principal iguais entre si.

$$S = \begin{pmatrix} 5 & x+y \\ x-y & x+2y \end{pmatrix} + \begin{pmatrix} 3 & 5 \\ 1 & 7 \end{pmatrix}$$

**Resolução:** Primeiramente, vamos exprimir a matriz $S$ por meio de uma única matriz, ou seja, efetuaremos a adição indicada:

$$S = \begin{pmatrix} 8 & x+y+5 \\ x-y+1 & x+2y+7 \end{pmatrix}$$

Para que a matriz obtida seja simétrica, devemos ter $S = S^t$. Como $S$ é uma matriz quadrada de ordem 2, a matriz $S^t$ apenas inverterá a ordem dos elementos da diagonal secundária, já que o fato de $S$ ser quadrada garante que sua transposta mantém os elementos da diagonal principal.
Assim, para termos $S = S^t$, basta fazer:

$$x - y + 1 = x + y + 5 \Rightarrow 1 - 5 = y + y \Rightarrow 2y = -4 \Rightarrow y = -2$$

Como os elementos da diagonal principal também devem ser iguais, ainda devemos impor:

$$8 = x + 2y + 7$$

Substituindo o valor obtido para $y$ nessa equação, temos:

$$8 = x + 2y + 7 \Rightarrow 8 = x + 2 \cdot (-2) + 7 \Rightarrow x + 3 = 8 \Rightarrow x = 5$$

Logo, para que as condições dadas sejam satisfeitas, devemos ter $x = 5$ e $y = -2$.

---

**ER. 7** Obtenha a matriz que somada com a matriz $M$ dada abaixo resulta na matriz nula.

$$M = \begin{pmatrix} 0{,}5 & -2 & 7 \\ 2 & 0 & -1 \end{pmatrix}$$

**Resolução:** Indicando a matriz procurada por $A$, podemos traduzir por meio de uma sentença matemática a condição dada:

$$M + A = \text{matriz nula}$$

Como a adição de matrizes é comutativa, concluímos que a matriz $A$ só pode ser a matriz oposta de $M$, ou seja, $A = -M$. Para obtê-la, basta tomar a matriz formada pelos opostos dos elementos da matriz $M$. Daí, temos:

$$A = -M = \begin{pmatrix} -0{,}5 & 2 & -7 \\ -2 & 0 & 1 \end{pmatrix}$$

## EXERCÍCIOS PROPOSTOS

**18.** Dadas as matrizes

$$A = \begin{pmatrix} 2 & 1 \\ 4 & 2 \end{pmatrix},\ B = \begin{pmatrix} 0 & -1 \\ 3 & 4 \end{pmatrix},$$

$$C = \begin{pmatrix} 1 & 2 \\ 0 & -1 \\ 1 & 1 \end{pmatrix} \text{ e } D = \begin{pmatrix} -1 & 2 \\ 5 & 3 \\ -1 & 4 \end{pmatrix}$$

determine:

a) $A + B$
b) $A + C$
c) $C + D$

**19.** Considere a matriz $C = (c_{ij})_{3 \times 3}$ tal que $c_{ij} = i + j$. Determine o elemento da 3.ª linha e 1.ª coluna da matriz $(C + C^t)$.

**20.** **[CONTABILIDADE]** Os estoques de duas lojas de roupas de um mesmo grupo são dados pelas tabelas abaixo.

| Loja 1 | | | |
|---|---|---|---|
| Estoque | P | M | G |
| Calças | 2 | 3 | 4 |
| Camisas | 0 | 5 | 8 |

| Loja 2 | | | |
|---|---|---|---|
| Estoque | P | M | G |
| Calças | 5 | 1 | 2 |
| Camisas | 2 | 3 | 4 |

PANTHERMEDIA/KEYDISC

Para que o estoque seja considerado baixo, a soma de peças nas duas lojas deve ser menor que 8.

a) Represente por meio de matrizes $(L_1, L_2$ e $E)$ a quantidade de peças da loja 1, da loja 2 e do estoque das duas lojas juntas.
b) Quais peças estão com estoque baixo?

**21.** **[ESPORTE]** Observe o resultado de uma partida de futebol entre os times Esmaga Sapo e Brejinho:

**1.º tempo**

| | gols | faltas |
|---|---|---|
| Esmaga sapo | 2 | 12 |
| Brejinho | 0 | 7 |

**2.º tempo**

| | gols | faltas |
|---|---|---|
| Esmaga sapo | 1 | 15 |
| Brejinho | 3 | 11 |

a) Represente por uma única matriz a quantidade de gols marcados e a quantidade de faltas cometidas nesse jogo relativas à cada time.
b) Que time cometeu mais faltas? Quantas foram?
c) Qual time marcou mais gols nessa partida e quantos gols foram?

**22.** Determine os valores das incógnitas para que a igualdade seja verdadeira.

$$\begin{pmatrix} x - 1 & y \\ x + y & z + t \end{pmatrix} + \begin{pmatrix} 1 & x \\ z & x + y \end{pmatrix} = \begin{pmatrix} 2 & 3 \\ 3 & 2 \end{pmatrix}$$

**23.** Na adição indicada abaixo, quais valores de $x$ tornam a soma uma matriz diagonal?

$$\begin{pmatrix} 1 & 0 & 1 \\ 0 & 2 & \log_2(x - 2) \\ 1 & x^2 & 3 \end{pmatrix} + \begin{pmatrix} 1 & 0 & -1 \\ 0 & 2 & 0 \\ -1 & -9 & -3 \end{pmatrix}$$

**24.** Efetue a adição das matrizes $A = (a_{ij})_{2 \times 2}$ e $B = (b_{ij})_{2 \times 2}$ tais que $a_{ij} = i \cdot j$ e $b_{ij} = i - j$.

**25.** Determine a matriz oposta de $A = (a_{ij})_{2 \times 3}$ tal que:

$$a_{ij} = \begin{cases} i \cdot j, \text{ para } i \leq j \\ j^i, \text{ para } i > j \end{cases}$$

**26.** Uma matriz $A = (a_{ij})_{m \times m}$ é denominada **antissimétrica** se, e somente se, $A^t = -A$.

a) De que tipo deve ser uma matriz antissimétrica?
b) Verifique se a matriz $M$ dada abaixo é antissimétrica. Justifique.

$$M = \begin{pmatrix} 1 & 2 & 3 \\ -2 & 0 & -4 \\ -3 & 4 & -1 \end{pmatrix}$$

c) Obtenha $x$, $y$ e $z$ para que a matriz $N$ dada abaixo seja antissimétrica.

$$N = \begin{pmatrix} 1 & x - 1 & 3 \\ 2 & 5 & y - 7 \\ x + y + z & 4 & 2 \end{pmatrix}$$

d) Como são os elementos da diagonal principal de uma matriz antissimétrica?

## 3.2 SUBTRAÇÃO DE MATRIZES

Com base na adição, podemos definir outra operação entre duas matrizes: a *subtração*.

> Dadas duas matrizes $A$ e $B$ de mesmo tipo $m \times n$, obtemos a **matriz diferença** $C = A - B$ somando a matriz $A$ com a oposta de $B$, ou seja:
>
> $$A - B = A + (-B)$$

### Exemplos

a) Sendo $A = \begin{pmatrix} 1 & 2 \\ 3 & 1 \end{pmatrix}$ e $B = \begin{pmatrix} 0 & -2 \\ 1 & 3 \end{pmatrix}$, temos:

$$A - B = A + (-B) = \begin{pmatrix} 1 & 2 \\ 3 & 1 \end{pmatrix} + \begin{pmatrix} 0 & 2 \\ -1 & -3 \end{pmatrix} = \begin{pmatrix} 1 & 4 \\ 2 & -2 \end{pmatrix}$$

b) $\begin{pmatrix} 4 & 2 \\ 5 & 3 \\ 7 & -1 \end{pmatrix} - \begin{pmatrix} -4 & 0{,}5 \\ 2 & 5 \\ 0 & -2 \end{pmatrix} = \begin{pmatrix} 4+4 & 2-0{,}5 \\ 5-2 & 3-5 \\ 7-0 & -1+2 \end{pmatrix} = \begin{pmatrix} 8 & 1{,}5 \\ 3 & -2 \\ 7 & 1 \end{pmatrix}$

## Exercícios Propostos

**27.** Considere as matrizes:

$$A = \begin{pmatrix} 1 & 2 \\ -1 & 4 \end{pmatrix} \text{ e } B = \begin{pmatrix} 0 & -2 \\ 5 & 6 \end{pmatrix}$$

Obtenha:

a) $A + B$ b) $A - B$ c) $B + B$ d) $B - B$

**28.** Determine a matriz $A_{2 \times 2}$ de modo que $A + \begin{pmatrix} 2 & 3 \\ 4 & 5 \end{pmatrix}$ seja a matriz oposta de $\begin{pmatrix} 7 & 8 \\ 9 & 10 \end{pmatrix}$.

**29.** **[comércio]** As quantidades de bananas e de abacaxis disponíveis para a venda após $t$ horas no mercado central de uma pequena cidade, a partir do horário de abertura $(t = 0)$, são dadas pela tabela:

| Frutas | Vendas |
|---|---|
| bananas | $10.000 \cdot 2^{-t}$ |
| abacaxis | $729 \cdot 3^{-t}$ |

PANTHERMEDIA/KEYDISC

Sabendo que no domingo esse mercado funciona durante 4 horas, faça o que se pede.

a) Represente, de hora em hora, por meio de matrizes colunas as quantidades de bananas e de abacaxis disponíveis para a venda nesse mercado, durante todo o período de certo domingo.

b) Calcule a quantidade vendida de cada fruta nesse domingo e expresse esse fato usando uma matriz.

c) De que tipo é a matriz obtida no item anterior?

**30.** Encontre os valores de $x$ e $y$ para que a igualdade seja verdadeira:

$$\begin{pmatrix} x+y & -2 \\ 3 & 4 \end{pmatrix} - \begin{pmatrix} 2 & x-y \\ 3 & 4 \end{pmatrix} = \begin{pmatrix} 0 & 0 \\ 0 & 0 \end{pmatrix}$$

**31.** Determine as matrizes $A - B$, $B - A$ e $(A - B) + (B - A)$ tais que:

$$A = (a_{ij})_{3 \times 2}, \text{ com } a_{ij} = 2i + j, \text{ e } B = (b_{ij})_{3 \times 2}, \text{ com } b_{ij} = i - j$$

## 3.3 MULTIPLICAÇÃO DE UM NÚMERO REAL POR UMA MATRIZ

Agora, acompanhe a situação a seguir.

Um mercadinho tem os preços (em reais) de seus produtos organizados em matrizes: nas linhas estão listados os produtos por códigos de estoque e nas colunas o volume da embalagem. O preço indicado por zero significa que não há produto com aquela especificação. Veja, por exemplo, a indicação dos refrigerantes e sucos:

$$A = \begin{pmatrix} 0{,}60 & 0{,}95 & 1{,}45 \\ 0{,}55 & 1{,}00 & 1{,}55 \\ 0{,}65 & 1{,}15 & 1{,}75 \\ 0{,}55 & 0{,}80 & 0 \\ 0{,}70 & 0{,}80 & 0 \\ 0{,}60 & 0{,}75 & 0 \end{pmatrix}$$

(colunas: 300 mL, 600 mL, 2 L; linhas: refrigerante X, refrigerante Y, refrigerante Z, suco M, suco N, suco P)

Os códigos de barras são muito utilizados para que os caixas possam "ler" as especificações do produto e seus preços.

Após um período de 18 meses sem aumento nos preços, o dono do mercadinho percebeu que os refrigerantes e sucos estavam muito defasados e ele poderia ter prejuízo com a venda desses produtos. Sendo assim, ele resolveu dobrar o preço desses itens, indicando a nova matriz como $A_1$.

$$A_1 = \begin{pmatrix} 1{,}20 & 1{,}90 & 2{,}90 \\ 1{,}10 & 2{,}00 & 3{,}10 \\ 1{,}30 & 2{,}30 & 3{,}50 \\ 1{,}10 & 1{,}60 & 0 \\ 1{,}40 & 1{,}60 & 0 \\ 1{,}20 & 1{,}50 & 0 \end{pmatrix}$$

(colunas: 300 mL, 600 mL, 2 L; linhas: refrigerante X, refrigerante Y, refrigerante Z, suco M, suco N, suco P)

Repare que a matriz $A_1$ dos novos preços tem o valor de cada elemento correspondente aos de $A$ dobrado, ou seja, essa nova matriz pode ser indicada assim:

$$A_1 = 2 \cdot A \text{ ou, ainda, por } A_1 = 2A$$

> Dados um número real $k$ e uma matriz $A$ do tipo $m \times n$,
> o **produto desse número real $k$ por essa matriz $A$**
> é outra matriz, $B = kA$, de mesmo tipo $m \times n$,
> cujos elementos são obtidos multiplicando-se cada elemento de $A$
> pelo número real $k$, ou seja, se $A = (a_{ij})_{m \times n}$ e $k \in \mathbb{R}$, temos:
> $b_{ij} = k \cdot a_{ij}$, $\forall\, i$ e $\forall\, j$

**EXEMPLOS**

a) $3 \cdot \begin{pmatrix} 0 & -2 & 5 \\ \frac{1}{3} & 0 & \sqrt{2} \end{pmatrix} = \begin{pmatrix} 3 \cdot 0 & 3 \cdot (-2) & 3 \cdot 5 \\ 3 \cdot \frac{1}{3} & 3 \cdot 0 & 3 \cdot \sqrt{2} \end{pmatrix} = \begin{pmatrix} 0 & -6 & 15 \\ 1 & 0 & 3\sqrt{2} \end{pmatrix}$

b) $-2 \cdot \begin{pmatrix} 1 & 10 \\ 17 & -3 \end{pmatrix} = \begin{pmatrix} -2 & -20 \\ -34 & 6 \end{pmatrix}$

c) $\frac{1}{2} \cdot (4 \quad -1 \quad 2) = \left(2 \quad -\frac{1}{2} \quad 1\right)$

**Observação**

Define-se apenas a multiplicação de um número real por uma matriz. Por isso, **não tem sentido** em se falar na divisão de uma matriz por um número real nem em usar a indicação $\frac{M}{2}$, em que $M$ é uma matriz. A única indicação possível é $\frac{1}{2} \cdot M$, que significa a multiplicação do número real meio pela matriz $M$.

## Propriedades da multiplicação de um número real por uma matriz

Sendo $\alpha$ e $\beta$ números reais quaisquer e $A$ e $B$ matrizes quaisquer de mesmo tipo $m \times n$, valem as seguintes propriedades:

- $\alpha \cdot (\beta \cdot A) = (\alpha \cdot \beta) \cdot A$
- $\alpha \cdot (A + B) = \alpha \cdot A + \alpha \cdot B$
- $(\alpha + \beta) \cdot A = \alpha \cdot A + \beta \cdot A$
- $1 \cdot A = A$

**Faça**

Escolha uma dessas propriedades e prove sua validade.

### Exercícios Resolvidos

**ER. 8** Determine as matrizes $5A$ e $(2A + 3B)$, sendo:

$$A = \begin{pmatrix} 1 & 0 & -1 \\ 2 & 3 & 0 \end{pmatrix} \quad \text{e} \quad B = \begin{pmatrix} 0 & 1 & 2 \\ 2 & 1 & 3 \end{pmatrix}$$

**Resolução:**

- $5A = 5 \cdot \begin{pmatrix} 1 & 0 & -1 \\ 2 & 3 & 0 \end{pmatrix} = \begin{pmatrix} 5 \cdot 1 & 5 \cdot 0 & 5 \cdot (-1) \\ 5 \cdot 2 & 5 \cdot 3 & 5 \cdot 0 \end{pmatrix} = \begin{pmatrix} 5 & 0 & -5 \\ 10 & 15 & 0 \end{pmatrix}$

- $2A + 3B = 2 \cdot \begin{pmatrix} 1 & 0 & -1 \\ 2 & 3 & 0 \end{pmatrix} + 3 \cdot \begin{pmatrix} 0 & 1 & 2 \\ 2 & 1 & 3 \end{pmatrix} = \begin{pmatrix} 2 & 0 & -2 \\ 4 & 6 & 0 \end{pmatrix} + \begin{pmatrix} 0 & 3 & 6 \\ 6 & 3 & 9 \end{pmatrix}$

  $2A + 3B = \begin{pmatrix} 2 & 3 & 4 \\ 10 & 9 & 9 \end{pmatrix}$

**Responda**

O que significa a matriz $-5A$?

**ER. 9** Efetue da maneira mais simples a expressão dada abaixo:

$$\frac{1}{5} \cdot \left[ 5 \cdot \begin{pmatrix} 2.010 \\ -0{,}77 \\ 11 \end{pmatrix} + 5 \cdot \begin{pmatrix} 1.020 \\ 0{,}77 \\ -7 \end{pmatrix} \right]$$

**Resolução:** Uma forma de simplificar os cálculos é aplicar todas as propriedades possíveis ligadas à multiplicação de um número real por uma matriz. Para facilitar, vamos indicar a expressão dada por $E$. Daí, temos:

$$E = \frac{1}{5} \cdot \left\{ 5 \cdot \left[ \begin{pmatrix} 2.010 \\ -0{,}77 \\ 11 \end{pmatrix} + \begin{pmatrix} 1.020 \\ 0{,}77 \\ -7 \end{pmatrix} \right] \right\} \Rightarrow E = \frac{1}{5} \cdot 5 \cdot \left[ \begin{pmatrix} 2.010 \\ -0{,}77 \\ 11 \end{pmatrix} + \begin{pmatrix} 1.020 \\ 0{,}77 \\ -7 \end{pmatrix} \right] \Rightarrow E = \begin{pmatrix} 3.030 \\ 0 \\ 4 \end{pmatrix}$$

## Exercícios Propostos

**32.** Dadas as matrizes $A = \begin{pmatrix} 1 & 2 \\ 3 & 4 \end{pmatrix}$ e $B = \begin{pmatrix} 1 & -3 \\ 4 & 2 \end{pmatrix}$, determine:

a) $0{,}5 \cdot A$

b) $A + 2B$

**33.** Obtenha os números reais $\alpha$ e $\beta$ tais que

$$\alpha \cdot \begin{pmatrix} 1 & 2 \\ 0 & 1 \end{pmatrix} + \beta \cdot \begin{pmatrix} 1 & 3 \\ 5 & 7 \end{pmatrix} = \begin{pmatrix} 3 & 7 \\ 5 & 9 \end{pmatrix}$$

**34.** Determine a oposta da matriz $(5A - I_2)$ tal que:

$$A = (a_{ij})_{2 \times 2}, \text{ com } a_{ij} = i + 2j$$

## Matemática, Ciência & Vida

Na Física, você já estudou grandezas vetoriais e viu que simbolizamos essas grandezas por **vetores**. Quando estudamos um movimento ou uma situação de aplicação de forças, algumas vezes precisamos decompor os vetores envolvidos em componentes, que também são vetores com outras direções, cuja soma é o vetor original. Quando esses vetores estão no plano, as componentes geralmente usadas são a vertical e a horizontal.

Essa forma de decomposição nos permite estudar, por exemplo, o que ocorre com a trajetória de uma bola de basquete com relação à altura e distância, separadamente, a partir do arremesso pelo jogador até a cesta ou que forças se anulam no caso de um corpo sendo empurrado em uma rampa.

Ao representarmos um vetor em um plano cartesiano, fazendo coincidir sua *origem* com a origem do sistema de coordenadas $(0, 0)$, a sua *extremidade* determina um ponto no plano. Nesse caso, dizemos que as coordenadas desse ponto representam o vetor, como vemos, por exemplo, na figura $\vec{v}$ abaixo, em que o vetor $\vec{v}$ pode ser dado pelo par $(a, b)$, coordenadas do ponto $P$. Nessa mesma figura vemos a decomposição do vetor nas suas componentes vertical e horizontal, os vetores $\vec{v}_y$ e $\vec{v}_x$, respectivamente.

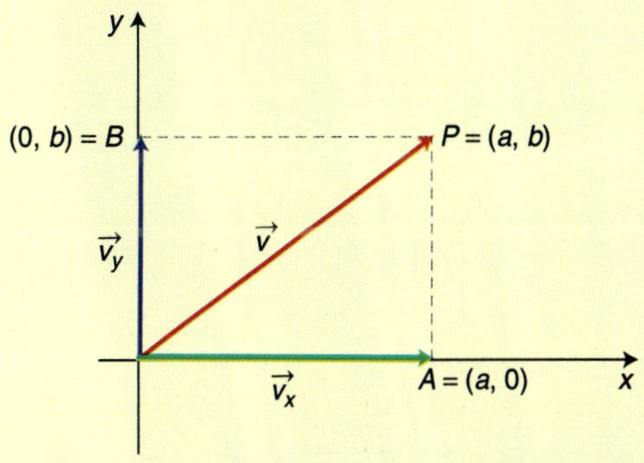

Essa associação de vetores com pontos no plano cartesiano nos permite fazer outra associação: exprimir as coordenadas (do vetor) por meio de matrizes colunas (ou matrizes linhas). Com isso, obtemos facilmente o vetor $\vec{v}$, soma dos vetores $\vec{v}_x$ e $\vec{v}_y$, pela soma das respectivas matrizes que os representam:

$$\vec{v} = \begin{pmatrix} a \\ b \end{pmatrix} \quad \vec{v}_x = \begin{pmatrix} a \\ 0 \end{pmatrix} \quad \vec{v}_y = \begin{pmatrix} 0 \\ b \end{pmatrix}$$

$$\begin{pmatrix} a \\ 0 \end{pmatrix} + \begin{pmatrix} 0 \\ b \end{pmatrix} = \begin{pmatrix} a \\ b \end{pmatrix}$$

Podemos, ainda, representar o vetor $\vec{v}$ assim:

$$\begin{pmatrix} a \\ b \end{pmatrix} = a \cdot \begin{pmatrix} 1 \\ 0 \end{pmatrix} + b \cdot \begin{pmatrix} 0 \\ 1 \end{pmatrix}$$

Os vetores dados por $\begin{pmatrix} 1 \\ 0 \end{pmatrix}$ e $\begin{pmatrix} 0 \\ 1 \end{pmatrix}$, que têm direção horizontal e vertical, respectivamente, têm módulo igual a 1.

Se considerarmos o vetor no espaço tridimensional (3 dimensões), precisaremos de três coordenadas cartesianas para representá-lo, por exemplo:

$$\vec{u} = \begin{pmatrix} a \\ b \\ c \end{pmatrix}$$

A associação de vetores a matrizes é uma ferramenta fundamental para a Física e outras ciências, pois as operações com vetores se reduzem a operações entre matrizes, que são bem mais simples.

PANTHERMEDIA/KEYDISC

## 3.4 MULTIPLICAÇÃO DE MATRIZES

Acompanhe a situação a seguir.

Uma papelaria oferece três marcas de cadernos: Ecopapel, Papelflex e Papeluxo.

Para controlar os pedidos, o dono da papelaria organizou tabelas. Uma (tabela *Q*) mostra a quantidade de material que deve ser encomendado aos seus fornecedores, de modo que cada linha corresponde a um tipo (número de folhas) e cada coluna corresponde a uma marca diferente, como é mostrado abaixo.

**Tabela *Q* das quantidades**

| Marca / Tipo | Ecopapel | Papelflex | Papeluxo |
|---|---|---|---|
| Caderno de 50 folhas | 10 | 15 | 5 |
| Caderno de 100 folhas | 20 | 8 | 15 |
| Caderno de 200 folhas | 9 | 5 | 13 |

Para avaliar o custo desse pedido, o encarregado pega a tabela (*P*) de preços (em reais) de cada tipo de caderno, sabendo que o preço independe da marca. Nela, cada linha corresponde a um fornecedor e cada coluna a um tamanho. Veja essa tabela a seguir.

**Tabela *P* dos preços unitários**

| Tipo / Cotação | Caderno de 50 folhas | Caderno de 100 folhas | Caderno de 200 folhas |
|---|---|---|---|
| Fornecedor 1 | 1,00 | 1,50 | 3,00 |
| Fornecedor 2 | 0,90 | 1,70 | 2,80 |

O encarregado precisa avaliar o custo de cada fornecedor, segundo a marca de caderno, para decidir com qual deles fará a compra. Para isso, primeiro ele irá calcular, para cada marca e fornecedor, o produto do preço (*linha*) pelo número de unidades (*coluna*) de cada tipo de caderno a ser comprado. Em seguida, ele deverá somar esses produtos:

- Fornecedor 1
  Ecopapel: $1{,}00 \cdot 10 + 1{,}50 \cdot 20 + 3{,}00 \cdot 9 = 67{,}00$
  Papelflex: $1{,}00 \cdot 15 + 1{,}50 \cdot 8 + 3{,}00 \cdot 5 = 42{,}00$
  Papeluxo: $1{,}00 \cdot 5 + 1{,}50 \cdot 15 + 3{,}00 \cdot 13 = 66{,}50$
- Fornecedor 2
  Ecopapel: $0{,}90 \cdot 10 + 1{,}70 \cdot 20 + 2{,}80 \cdot 9 = 68{,}20$
  Papelflex: $0{,}90 \cdot 15 + 1{,}70 \cdot 8 + 2{,}80 \cdot 5 = 41{,}10$
  Papeluxo $0{,}90 \cdot 5 + 1{,}70 \cdot 15 + 2{,}80 \cdot 13 = 66{,}40$

Com essas informações, o dono da papelaria poderá montar uma terceira tabela (*T*) que contém os preços totais da compra de cada marca de caderno por fornecedor, conforme mostrado a seguir.

**Tabela *T* dos preços totais**

| Cotação \ Marca | Ecopapel | Papelflex | Papeluxo |
|---|---|---|---|
| Fornecedor 1 | 67,00 | 42,00 | 66,50 |
| Fornecedor 2 | 68,20 | 41,10 | 66,40 |

Fazendo o total geral do pedido, o orçamento do fornecedor 1 resulta em R$ 175,50 e o do fornecedor 2 fica em R$ 175,70, que traz uma pequena desvantagem (20 centavos maior).

Podemos mostrar essa situação usando matrizes para representar as tabelas:

$$P = \begin{pmatrix} 1{,}00 & 1{,}50 & 3{,}00 \\ 0{,}90 & 1{,}70 & 2{,}80 \end{pmatrix} \quad Q = \begin{pmatrix} 10 & 15 & 5 \\ 20 & 8 & 15 \\ 9 & 5 & 13 \end{pmatrix} \quad \text{e} \quad T = \begin{pmatrix} 67{,}00 & 42{,}00 & 66{,}50 \\ 68{,}20 & 41{,}10 & 66{,}40 \end{pmatrix}$$

tipo $2 \times 3$ tipo $3 \times 3$ tipo $2 \times 3$

Observe o esquema que mostra a obtenção da matriz *T*:

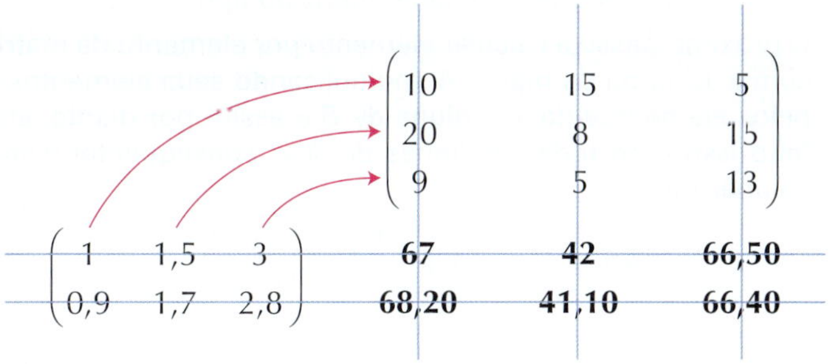


A matriz produto *T* é o resultado da multiplicação das matrizes *P* e *Q*, e é dada por:

$$T = P \times Q$$

$$T = \begin{pmatrix} 1 \cdot 10 + 1{,}5 \cdot 20 + 3 \cdot 9 & 1 \cdot 15 + 1{,}5 \cdot 8 + 3 \cdot 5 & 1 \cdot 5 + 1{,}5 \cdot 15 + 3 \cdot 13 \\ 0{,}9 \cdot 10 + 1{,}7 \cdot 20 + 2{,}8 \cdot 9 & 0{,}9 \cdot 15 + 1{,}7 \cdot 8 + 2{,}8 \cdot 5 & 0{,}9 \cdot 5 + 1{,}7 \cdot 15 + 2{,}8 \cdot 13 \end{pmatrix}$$

$$T = P \times Q = \begin{pmatrix} 67{,}00 & 42{,}00 & 66{,}50 \\ 68{,}20 & 41{,}10 & 66{,}40 \end{pmatrix}$$

Dadas as matrizes $A = (a_{ij})_{m \times n}$ e $B = (b_{ij})_{n \times p}$, a **multiplicação** das matrizes $A$ e $B$ é a **matriz produto** $C = AB$ do tipo $m \times p$, em que o elemento $c_{ij}$ é obtido multiplicando-se ordenadamente os elementos da linha $i$ da matriz $A$ pelos elementos da coluna $j$ da matriz $B$, e adicionando-se os produtos encontrados.

*Atenção!*

A multiplicação entre duas matrizes $A$ e $B$ pode ser indicada por $A \times B$, $A \cdot B$ ou $AB$.

Note que a multiplicação entre as matrizes $A$ e $B$ *só é definida* para o caso em que o **número de colunas da matriz *A* é igual ao número de linhas da matriz *B*** (condição de existência do produto $AB$), e a matriz produto $C$ tem o número de linhas da matriz $A$ e o número de colunas da matriz $B$.

$$A_{m \times n} \times B_{n \times p} = C_{m \times p}$$

**Exemplo**

Se $A_{2 \times 3} = \begin{pmatrix} 1 & 2 & 3 \\ 0 & 1 & -1 \end{pmatrix}$ e $B_{3 \times 1} = \begin{pmatrix} 4 \\ -2 \\ 3 \end{pmatrix}$, o produto $A_{2 \times 3} \times B_{3 \times 1} = C_{2 \times 1}$ é dado por:

$$C = AB = \begin{pmatrix} 1 & 2 & 3 \\ 0 & 1 & -1 \end{pmatrix} \cdot \begin{pmatrix} 4 \\ -2 \\ 3 \end{pmatrix} = \begin{pmatrix} 1 \cdot 4 + 2 \cdot (-2) + 3 \cdot 3 \\ 0 \cdot 4 + 1 \cdot (-2) + (-1) \cdot 3 \end{pmatrix}$$

$$C_{2 \times 1} = \begin{pmatrix} 9 \\ -5 \end{pmatrix}$$

## Exercícios Resolvidos

**ER. 10** Calcule o produto $AB = C$, sendo:

$A = \begin{pmatrix} 1 & 2 \\ 0 & -2 \end{pmatrix}$ e $B = \begin{pmatrix} 1 \\ -1 \end{pmatrix}$

**Resolução:** O primeiro passo a ser feito é verificar a condição de existência do produto $AB$. Para isso, basta observar o tipo de cada matriz e verificar se o número de colunas da primeira matriz $(A)$ do produto é igual ao número de linhas da segunda matriz $(B)$ do produto.

Como as matrizes dadas são tais que $A$ é do tipo $2 \times 2$ e $B$ do tipo $2 \times 1$, o produto $AB$ é possível e é uma matriz do tipo $2 \times 1$.

O próximo passo é calcular elemento por elemento da matriz $C$, começando com a 1.ª linha da matriz $A$, multiplicando seus elementos ordenadamente pelos elementos da 1.ª coluna de $B$ e assim por diante, até que tenhamos feito isso com todas as linhas de $A$ e, consequentemente, com todas as colunas de $B$.

$$C = AB = \begin{pmatrix} 1 & 2 \\ 0 & -2 \end{pmatrix} \cdot \begin{pmatrix} 1 \\ -1 \end{pmatrix} = \begin{pmatrix} 1 \cdot 1 + 2 \cdot (-1) \\ 0 \cdot 1 + (-2) \cdot (-1) \end{pmatrix} = \begin{pmatrix} -1 \\ 2 \end{pmatrix}$$

**ER. 11** Sabendo que a matriz $F$ é o produto das matrizes $B$ e $A$, nessa ordem, determine os elementos $f_{11}$, $f_{23}$ e $f_{41}$ da matriz $F$, sendo:

$A = (a_{ij})_{4 \times 3}$ tal que $a_{ij} = i$ e
$B = (b_{ij})_{3 \times 4}$ tal que $b_{ij} = -j$

**Resolução:** Primeiramente, verificamos se o produto $BA$ é possível:

$$B_{3 \times 4} \times A_{4 \times 3} = F_{3 \times 3}$$

Além disso, percebemos que o último elemento da matriz $F$ é $f_{33}$, já que ela tem de ser do tipo $3 \times 3$. Assim, já podemos dizer que $f_{41}$ não existe nessa matriz.

Agora, para obtermos os elementos $f_{11}$ e $f_{23}$, basta fazer a soma dos produtos ordenados das respectivas linhas e colunas que nos fornecem esses elementos.

**Responda**

Que particularidade pode ser observada na matriz $F$ definida nesta questão?

- $f_{11}$ é obtido multiplicando-se, ordenadamente, os elementos da 1.ª linha de $B_{3 \times 4}$ $(b_{11}, b_{12}, b_{13}$ e $b_{14})$ com os elementos da 1.ª coluna de $A_{4 \times 3}$ $(a_{11}, a_{21}, a_{31}$ e $a_{41})$ e fazendo a soma desses produtos, ou seja:

$$f_{11} = b_{11} \cdot a_{12} + b_{12} \cdot a_{21} + b_{13} \cdot a_{31} + b_{14} \cdot a_{41}$$

$$f_{11} = -1 \cdot 1 + (-2) \cdot 2 + (-3) \cdot 3 + (-4) \cdot 4$$

$$f_{11} = -1 - 4 - 9 - 16$$

$$f_{11} = -30$$

- $f_{23}$ é obtido multiplicando-se, ordenadamente, os elementos da 2.ª linha de $B_{3 \times 4}$ $(b_{21}, b_{22}, b_{23}$ e $b_{24})$ com os elementos da 3.ª coluna de $A_{4 \times 3}$ $(a_{13}, a_{23}, a_{33}$ e $a_{43})$ e fazendo a soma desses produtos, ou seja:

$$f_{23} = b_{21} \cdot a_{13} + b_{22} \cdot a_{23} + b_{23} \cdot a_{33} + b_{24} \cdot a_{43}$$

$$f_{23} = -1 \cdot 1 + (-2) \cdot 2 + (-3) \cdot 3 + (-4) \cdot 4$$

$$f_{23} = f_{11} = -30$$

**ER. 12** Considerando as matrizes $A$, $B$ e $C$ abaixo

$$A = \begin{pmatrix} 1 & 2 \\ 2 & 4 \end{pmatrix}, B = \begin{pmatrix} 2 & -1 \\ 1 & 0 \end{pmatrix} \text{ e}$$

$$C = \begin{pmatrix} 2 & -1 \\ 4 & -2 \\ 2 & -1 \end{pmatrix}$$

calcule $AB$, $BA$, $BC$, $CA$ e verifique se $AB = BA$.

**Resolução:** Vamos, inicialmente, verificar a existência de todas as multiplicações solicitadas.

Como $A$ e $B$ são matrizes quadradas de mesma ordem (2), os produtos $AB$ e $BA$ estão definidos e também são matrizes quadradas de ordem 2.

Já para o caso do produto $BC$, note que a matriz $B$ é do tipo $2 \times 2$ e a matriz $C$ é do tipo $3 \times 2$, o que acarreta a impossibilidade do produto $BC$, pois o número de colunas de $B$ é diferente do número de linhas de $C$.

E, por fim, temos que o produto $CA$ é possível, pois o número de colunas de $C$ é igual ao número de linhas de $A$:

$$C_{3 \times 2} \times A_{2 \times 2}$$

Agora, vamos efetuar os produtos, como já fizemos anteriormente.

- $$AB = \begin{pmatrix} 1 & 2 \\ 2 & 4 \end{pmatrix} \cdot \begin{pmatrix} 2 & -1 \\ 1 & 0 \end{pmatrix} = \begin{pmatrix} 1 \cdot 2 + 2 \cdot 1 & 1 \cdot (-1) + 2 \cdot 0 \\ 2 \cdot 2 + 4 \cdot 1 & 2 \cdot (-1) + 4 \cdot 0 \end{pmatrix} = \begin{pmatrix} 4 & -1 \\ 8 & -2 \end{pmatrix}$$

- $$BA = \begin{pmatrix} 2 & -1 \\ 1 & 0 \end{pmatrix} \cdot \begin{pmatrix} 1 & 2 \\ 2 & 4 \end{pmatrix} = \begin{pmatrix} 2 - 2 & 4 - 4 \\ 1 + 0 & 2 + 0 \end{pmatrix} = \begin{pmatrix} 0 & 0 \\ 1 & 2 \end{pmatrix}$$

Comparando os resultados obtidos, verificamos que, nesse caso, $AB \neq BA$.

- $$CA = \begin{pmatrix} 2 & -1 \\ 4 & -2 \\ 2 & -1 \end{pmatrix} \cdot \begin{pmatrix} 1 & 2 \\ 2 & 4 \end{pmatrix} = \begin{pmatrix} 2 - 2 & 4 - 4 \\ 4 - 4 & 8 - 8 \\ 2 - 2 & 4 - 4 \end{pmatrix} = \begin{pmatrix} 0 & 0 \\ 0 & 0 \\ 0 & 0 \end{pmatrix}$$

**Atenção!**

O fato de existirem situações em que $AB \neq BA$ já garante que a multiplicação de matrizes não é comutativa.

### Observação

Para a multiplicação de matrizes não valem duas importantes propriedades que se verificam para a multiplicação de números reais:

- o produto de matrizes *não é comutativo*, em geral, $AB \neq BA$;
- para o produto de matrizes *não vale a lei do anulamento do produto*, ou seja, um produto $AB$ de duas matrizes pode resultar na matriz nula sem que uma delas seja matriz nula.

**Recorde**

O produto de dois números reais quaisquer é zero se, e somente se, um deles é zero (*lei do anulamento do produto*).

**ER. 13** Determine os valores de $x$ e $y$ para que o produto entre as matrizes

$$A = \begin{pmatrix} 1 & x \\ 0 & 0 \end{pmatrix} \text{ e } B = \begin{pmatrix} y & 2 \\ 0 & 1 \end{pmatrix},$$

nessa ordem, seja a matriz nula de ordem 2.

**Resolução:** Como as duas matrizes são quadradas de ordem 2, o produto $AB$ é possível e é dado por:

$$AB = \begin{pmatrix} 1 & x \\ 0 & 0 \end{pmatrix} \cdot \begin{pmatrix} y & 2 \\ 0 & 1 \end{pmatrix} = \begin{pmatrix} y+0 & 2+x \\ 0+0 & 0+0 \end{pmatrix} = \begin{pmatrix} y & 2+x \\ 0 & 0 \end{pmatrix}$$

Como desejamos que esse produto seja a matriz nula de ordem 2, devemos fazer:

$$AB = \begin{pmatrix} y & 2+x \\ 0 & 0 \end{pmatrix} = \begin{pmatrix} 0 & 0 \\ 0 & 0 \end{pmatrix} \Rightarrow \begin{cases} y = 0 \\ 2 + x = 0 \Rightarrow x = -2 \end{cases}$$

Logo, $x = -2$ e $y = 0$.

**ER. 14** Dada a matriz

$$A = \begin{pmatrix} 1 & 0 & 2 \\ -1 & 2 & 3 \end{pmatrix},$$

calcule $I_2 \cdot A$.

**Resolução:**

$$I_2 \cdot A = \begin{pmatrix} 1 & 0 \\ 0 & 1 \end{pmatrix} \cdot \begin{pmatrix} 1 & 0 & 2 \\ -1 & 2 & 3 \end{pmatrix} = \begin{pmatrix} 1 & 0 & 2 \\ -1 & 2 & 3 \end{pmatrix} = A$$

**Faça**

Verifique se nesse caso temos:

$A \cdot I_2 = A$

## Exercícios Propostos

**35.** Dadas as matrizes $A = \begin{pmatrix} 1 \\ 2 \end{pmatrix}$ e $B = \begin{pmatrix} 1 & 1 \end{pmatrix}$, obtenha $AB$ e $BA$, se existirem.

**36.** Sendo $I_2$ a matriz identidade de ordem 2, obtenha $A \cdot I_2$ e $I_2 \cdot A$, nos seguintes casos:

a) $A = \begin{pmatrix} 2 & 2 \\ 3 & 5 \end{pmatrix}$

b) $A = \begin{pmatrix} 2 & 1 & 3 \\ 4 & 5 & 6 \end{pmatrix}$

c) $A = \begin{pmatrix} 2 & 4 \\ 1 & 5 \\ 3 & 6 \end{pmatrix}$

**37.** Determine os valores de $n$, $p$ e $q$ para que a matriz $C$ seja o produto $AB$, tal que:

$$A_{2 \times n} \times B_{3 \times p} = C_{q \times 5}$$

**38.** Determine o elemento indicado em cada caso:

a) $c_{23}$ de $C = A_{2 \times 1} \times B_{1 \times 3}$, sendo $a_{ij} = i + j$ e $b_{ij} = i - j$

b) $c_{13}$ e $c_{63}$ de $C = A_{5 \times 6} \times B_{6 \times 3}$, sendo $a_{ij} = 2^i$ e $b_{ij} = 2^{-j}$

**39.** Considere as matrizes $A$ e $B$ dadas abaixo e determine, se existirem, os produtos $A \cdot B$, $B \cdot A$, $A \cdot A$, $B \cdot B$ e $(A \cdot A) \cdot B$.

$$A = \begin{pmatrix} 1 & 0 \\ 2 & 1 \end{pmatrix} \text{ e } B = \begin{pmatrix} 1 & 2 & 3 \\ 0 & -1 & 2 \end{pmatrix}$$

**40.** Determine as matrizes $A$, diagonais, tais que:

$$A \cdot A = \begin{pmatrix} 4 & 0 \\ 0 & 4 \end{pmatrix}$$

## Propriedades da multiplicação de matrizes

Veja agora que propriedades são válidas para a multiplicação de matrizes.

Sendo $A$, $B$ e $C$ matrizes com as quais podemos efetuar as multiplicações envolvidas, valem as seguintes propriedades para a multiplicação:

- *propriedade associativa*: $(A \cdot B) \cdot C = A \cdot (B \cdot C)$
- *propriedade distributiva à esquerda em relação à adição*: $(A + B) \cdot C = A \cdot C + B \cdot C$
- *propriedade distributiva à direita em relação à adição*: $A \cdot (B + C) = A \cdot B + B \cdot C$

**Atenção!**

Como $A - B = A + (-B)$, as propriedades distributivas da multiplicação também são válidas em relação à subtração.

**Observações**

1. Se a matriz $A$ é quadrada de ordem $n$, temos:

$$A_n \cdot I_n = I_n \cdot A_n = A_n$$

em que $I_n$ é a matriz identidade de mesma ordem que a matriz $A$.

2. Para o produto de matrizes *não vale fazer cancelamentos*, ou seja, se $AB = AC$, não podemos concluir que $B = C$.

## Exercício Resolvido

**ER. 15** Dada a matriz $A = \begin{pmatrix} 1 & 2 \\ 2 & 4 \end{pmatrix}$, determine os produtos:

a) $A \cdot A$

b) $A \cdot A \cdot A$

**Atenção!**

Costuma-se indicar os produtos de uma matriz por ela mesma, caso existam, com a notação de potência. Assim:

$A^2 = A \cdot A$

$A^3 = A \cdot A \cdot A$

e assim por diante.

**Resolução:** Como a matriz $A$ é quadrada, os produtos $A \cdot A$ e $A \cdot A \cdot A$ são sempre possíveis. Veja como:

- $A_{2 \times 2} \times A_{2 \times 2} = A^2_{2 \times 2}$
- $A_{2 \times 2} \times A_{2 \times 2} \times A_{2 \times 2} = (A_{2 \times 2} \times A_{2 \times 2}) \times A_{2 \times 2} = A^2_{2 \times 2} \times A_{2 \times 2} = A^3_{2 \times 2}$

Agora, vamos calcular o produto em cada item.

a) $A \cdot A = \begin{pmatrix} 1 & 2 \\ 2 & 4 \end{pmatrix} \cdot \begin{pmatrix} 1 & 2 \\ 2 & 4 \end{pmatrix} = \begin{pmatrix} 1+4 & 2+8 \\ 2+8 & 4+16 \end{pmatrix} = \begin{pmatrix} 5 & 10 \\ 10 & 20 \end{pmatrix} = A^2$

b) $A \cdot A \cdot A = A^2 \cdot A = \begin{pmatrix} 5 & 10 \\ 10 & 20 \end{pmatrix} \cdot \begin{pmatrix} 1 & 2 \\ 2 & 4 \end{pmatrix} = \begin{pmatrix} 5+20 & 10+40 \\ 10+40 & 20+80 \end{pmatrix}$

$A \cdot A \cdot A = \begin{pmatrix} 25 & 50 \\ 50 & 100 \end{pmatrix} = A^3$

Repare que, nesse caso, as matrizes $A^2$ e $A^3$ mantêm as mesmas características da matriz $A$ (além do mesmo tipo):

- os elementos da diagonal secundária são todos iguais;
- os elementos da diagonal principal são tais que o elemento da última posição é o quádruplo do elemento da primeira posição.

## Exercícios Propostos

**41.** Determine $A \cdot B \cdot C$, $(A + B) \cdot C$ e $(A + B)^2$, sendo:

$$A = \begin{pmatrix} 1 & 2 \\ 3 & 4 \end{pmatrix},\ B = \begin{pmatrix} 0 & -1 \\ 2 & 1 \end{pmatrix} \text{ e } C = \begin{pmatrix} 0 & -1 \\ 2 & 2 \end{pmatrix}$$

**42.** Observe a sequência de matrizes abaixo.

$$(M, M^2, M^3, M^4, M^5)$$

$M = \begin{pmatrix} 1 & 0 \\ 2 & 1 \end{pmatrix}$, $M^3 = \begin{pmatrix} 1 & 0 \\ 6 & 1 \end{pmatrix}$, $M^5 = \begin{pmatrix} 1 & 0 \\ 10 & 1 \end{pmatrix}$

a) Encontre as matrizes que faltam nessa sequência.

b) Mantendo o mesmo padrão, determine $M^{100}$ e $M^n$, para qualquer $n$ natural não nulo.

**43.** Dada a matriz $A = \begin{pmatrix} 1 & 1 \\ 0 & 1 \end{pmatrix}$, calcule:

a) $A \cdot I_2$ b) $A^2$ c) $A^3$ d) $A^n$

**44.** Determine $(I_2)^n$, sendo $I_2$ a matriz identidade de ordem 2.

**45.** Determine os valores de $x$ e $y$ para que o produto $AB$ seja igual à $BA$, dadas as matrizes:

$$A = \begin{pmatrix} x & 1 \\ 8 & 0 \end{pmatrix} \text{ e } B = \begin{pmatrix} 5 & 0 \\ y & 5 \end{pmatrix}$$

**46.** Verifique em cada caso se a igualdade dada abaixo é verdadeira:

$$(A + B)^2 = A^2 + 2AB + B^2$$

a) $A = \begin{pmatrix} 1 & 2 \\ 3 & 4 \end{pmatrix}$, $B = \begin{pmatrix} 0 & -1 \\ 2 & 1 \end{pmatrix}$

b) $A = \begin{pmatrix} 1 & 0 \\ 0 & 2 \end{pmatrix}$, $B = \begin{pmatrix} -4 & 0 \\ 0 & 2 \end{pmatrix}$

**47.** Obtenha a matriz $A(A - I_2)$, sendo $A = \begin{pmatrix} 1 & 2 \\ 2 & 1 \end{pmatrix}$.

**48.** Considerando $A$ e $B$ matrizes quadradas de mesma ordem $n$, encontre a expressão que resulta de cada produto:

a) $(A + B)^2$

b) $(A + B)(A - B)$

c) $(A - I_n)(A + I_n)$

**49.** Sendo $A = (a_{ij})_{2 \times 2}$, com $a_{ij} = i^j$, e $B = (b_{ij})_{2 \times 2}$, com $b_{ij} = j^i$, calcule $(A + B)^2$.

**Recorde**

Dada uma matriz do tipo $m \times n$, a sua transposta é a matriz que obtemos quando trocamos as linhas pelas colunas da matriz dada, e que será do tipo $n \times m$.

**Faça**

Crie exemplos que verifiquem essas propriedades.

## 3.5 PROPRIEDADES QUE ENVOLVEM MATRIZ TRANSPOSTA

Você já viu o que é e como obter a transposta de uma matriz. Vejamos agora algumas propriedades de matrizes que envolvem matriz transposta e as operações estudadas.

Dadas as matrizes $A$, $B$ e o número real $\alpha$, e considerando que as operações envolvidas são possíveis, são válidas as seguintes propriedades:

- $(\alpha \cdot A)^t = \alpha \cdot A^t$
- $(A + B)^t = A^t + B^t$
- $(A \cdot B)^t = B^t \cdot A^t$

## Exercício Resolvido

**ER. 16** Determine a expressão $E = (A \cdot B)^t$ em função apenas da matriz $A$ e em função apenas da matriz $B$, considerando as matrizes dadas a seguir.

$$A = \begin{pmatrix} \text{sen } 30° & \text{tg } 45° \\ \sec 60° & \text{cotg } 45° \\ \text{sen}^4\, 270° & \cos 45° \end{pmatrix}$$

e

$$B = \begin{pmatrix} 0{,}25 & (-1)^2 & 2^{-1} \\ 0{,}5 & \frac{3}{6} & \frac{1}{2\sqrt{2}} \end{pmatrix}$$

**Resolução:** Inicialmente, vamos encontrar os valores reais dos elementos da matriz $A$:

- $\text{sen } 30° = \cos 60° = \frac{1}{2}$
- $\sec 60° = \frac{1}{\cos 60°} = \frac{1}{\frac{1}{2}} = 1 \cdot \frac{2}{1} = 2$
- $\text{sen}^4\, 270° = (\text{sen } 270°)^4 = (-1)^4 = 1$
- $\text{tg } 45° = \text{cotg } 45° = 1$
- $\cos 45° = \frac{\sqrt{2}}{2}$

**Recorde**

Sabemos que:

$$\text{tg } 45° = \frac{\text{sen } 45°}{\cos 45°} = \frac{\frac{\sqrt{2}}{2}}{\frac{\sqrt{2}}{2}}$$

Então, tg 45° = 1

Da mesma forma, vem:

$$\text{cotg } 45° = \frac{\cos 45°}{\text{sen } 45°} = 1$$

Assim, a matriz é: $A = \begin{pmatrix} \frac{1}{2} & 1 \\ 2 & 1 \\ 1 & \frac{\sqrt{2}}{2} \end{pmatrix}$

Vamos escrever a matriz $B$ da seguinte maneira:

$$B = \begin{pmatrix} 0{,}25 & (-1)^2 & 2^{-1} \\ 0{,}5 & \frac{3}{6} & \frac{1}{2\sqrt{2}} \end{pmatrix} = \begin{pmatrix} 0{,}25 & 1 & 2^{-1} \\ 0{,}5 & \frac{1}{2} & \frac{1}{2\sqrt{2}} \end{pmatrix}$$

Como a expressão $E$ é dada em função das matrizes $A$ e $B$, e queremos apenas em função de $A$, precisamos encontrar, se possível, um modo de expressar $B$ em função de $A$. Observando as duas matrizes, verificamos que todos os elementos tanto de $A$ quanto de $B$ podem ser expressos como potência de base 2, o que pode nos mostrar uma ligação entre essas matrizes. Daí, vem:

- $A = \begin{pmatrix} 2^{-1} & 2^{0} \\ 2^{1} & 2^{0} \\ 2^{0} & 2^{-0,5} \end{pmatrix} = 2 \cdot \begin{pmatrix} 2^{-2} & 2^{-1} \\ 2^{0} & 2^{-1} \\ 2^{-1} & 2^{-1,5} \end{pmatrix}$
- $B = \begin{pmatrix} 2^{-2} & 2^{0} & 2^{-1} \\ 2^{-1} & 2^{-1} & 2^{-1,5} \end{pmatrix}$

**Recorde**

- $\frac{\sqrt{2}}{2} = 2^{0,5} \cdot 2^{-1} = 2^{-0,5}$
- $\frac{1}{2\sqrt{2}} = 2^{-1} \cdot 2^{-0,5} = 2^{-1,5}$

Com isso é possível verificar que:

- $2B^t = A \Rightarrow \frac{1}{2} \cdot 2B^t = \frac{1}{2} \cdot A \Rightarrow \left(\frac{1}{2} \cdot 2\right) \cdot B^t = \frac{1}{2} A \Rightarrow$

  $\Rightarrow 1 \cdot B^t = \frac{1}{2} A \Rightarrow B^t = \frac{1}{2} A$
- $2B^t = A \Rightarrow (2B)^t = A$

E, assim, podemos ter a expressão $E$ em função apenas de $A$ e em função apenas da $B$. Veja como:

- $E = (A \cdot B)^t = B^t \cdot A^t \Rightarrow E = \frac{1}{2} A \cdot A^t$
- $E = B^t \cdot A^t \Rightarrow E = B^t \cdot [(2B)^t]^t \Rightarrow E = B^t \cdot 2B$

## Exercícios Propostos

**50.** Sendo $A = \begin{pmatrix} 1 & 3 \\ 0 & 1 \end{pmatrix}$ e $B = \begin{pmatrix} 2 & -1 \\ 1 & 1 \end{pmatrix}$, determine $(A + B)^t$, $(AB)^t$ e $B^t \cdot A^t$.

**51.** Classifique como verdadeira ou falsa cada afirmação a seguir.

a) Os produtos de $A \cdot A^t$ e $A^t \cdot A$ existem, qualquer que seja $A$.
b) Se existem os produtos $A^t \cdot B^t$ e $B^t \cdot A^t$, então necessariamente eles são iguais.
c) Se $A^t \cdot B$ resulta na matriz nula, então $A$ ou $B$ é matriz nula.
d) Se $A^t = A$, é possível também ocorrer $A^t = -A$.

**52.** Sendo $A = (a_{ij})_{2 \times 2}$, com $a_{ij} = i + 2j$, e $B = (b_{ij})_{2 \times 2}$, com $b_{ij} = i \cdot j$, determine $A^t \cdot B^t$ e $(AB)^t$.

## 3.6 MATRIZ INVERSA

Ao se estudar matrizes, buscou-se criar uma estrutura similar à dos números reais: conhecemos as características desse novo grupo, operamos com seus entes — as matrizes — e vimos algumas propriedades válidas para essas operações. Também observamos que a matriz identidade tem um papel especial na multiplicação de matrizes. Ampliando esses conhecimentos, vamos ver agora as condições necessárias para que uma matriz possua *inversa*. Nesse contexto, a matriz identidade tem papel fundamental.

Dada uma matriz $A$ quadrada de ordem $n$, dizemos que $A$ é **invertível** quando existe uma matriz $B$, de mesma ordem, que satisfaz às duas condições:

$$A \cdot B = I_n \quad \text{e} \quad B \cdot A = I_n$$

em que $I_n$ é a matriz identidade. Nesse caso, denotamos a matriz $B$ por $A^{-1}$.

Se não existir essa matriz $B$, dizemos que $A$ é uma matriz **não invertível** ou **singular**.

$A^{-1}$ é chamada de **matriz inversa** de $A$ (matriz quadrada) se, e somente se, ocorrerem as duas condições simultaneamente:

$$A \cdot A^{-1} = I_n \quad \text{e} \quad A^{-1} \cdot A = I_n$$

## *Propriedade imediata de matriz inversa*

Considere $A$ uma matriz invertível. Se $A^{-1}$ é a matriz inversa de $A$, então, do mesmo modo, $A$ é a matriz inversa de $A^{-1}$, ou seja:

$$(A^{-1})^{-1} = A$$

**Faça**

Mostre que se $B = (A^{-1})^{-1}$, então $B = A$.

Por isso, podemos dizer que $A$ e $A^{-1}$ são matrizes inversas entre si (uma da outra).

## Exercícios Resolvidos

**ER. 17** Verifique se a matriz $A = \begin{pmatrix} 1 & 0 \\ 2 & 1 \end{pmatrix}$ é invertível, determinando a matriz inversa, caso ela exista.

**Responda**

Existe a inversa de uma matriz nula de ordem 2? Por quê?

**Resolução:** Para que a matriz $A$ seja invertível, primeiro verificamos se ela é uma matriz quadrada de ordem $n$ e, em caso afirmativo, procuramos uma matriz $B$, também quadrada, de modo que se tenha:

$$\text{①}\ A \cdot B = I_n \quad \text{e} \quad \text{②}\ B \cdot A = I_n$$

Se existir essa matriz $B$, a matriz $A$ é invertível e $B = A^{-1}$ é a matriz inversa de $A$.

Assim, como a matriz $A$ é quadrada de ordem 2, basta procurar a matriz $B$, que também deve ser quadrada de ordem 2. Para isso, vamos representar $B$ do seguinte modo:

$$B = \begin{pmatrix} x & y \\ z & w \end{pmatrix}$$

Em seguida, devemos impor as duas condições e verificar se elas podem ser satisfeitas:

$$\text{①}\ A \cdot B = I_2 \Rightarrow \begin{pmatrix} 1 & 0 \\ 2 & 1 \end{pmatrix} \cdot \begin{pmatrix} x & y \\ z & w \end{pmatrix} = \begin{pmatrix} 1 & 0 \\ 0 & 1 \end{pmatrix} \Rightarrow$$

$$\Rightarrow \begin{pmatrix} x & y \\ 2x + z & 2y + w \end{pmatrix} = \begin{pmatrix} 1 & 0 \\ 0 & 1 \end{pmatrix} \Rightarrow \begin{cases} x = 1 \\ y = 0 \\ 2x + z = 0 \\ 2y + w = 1 \end{cases}$$

Substituindo os valores encontrados para $x$ e $y$, temos:

- $2x + z = 0$ e $x = 1 \Rightarrow 2 + z = 0 \Rightarrow z = -2$
- $2y + w = 1$ e $y = 0 \Rightarrow w = 1$

Com isso, encontramos a matriz $B$, que é dada por: $B = \begin{pmatrix} 1 & 0 \\ -2 & 1 \end{pmatrix}$

② Agora, verificamos se a matriz $B$ encontrada satisfaz a igualdade $B \cdot A = I_2$, ou seja:

$$B \cdot A = \begin{pmatrix} 1 & 0 \\ -2 & 1 \end{pmatrix} \cdot \begin{pmatrix} 1 & 0 \\ 2 & 1 \end{pmatrix} = \begin{pmatrix} 1 + 0 & 0 + 0 \\ -2 + 2 & 0 + 1 \end{pmatrix} = \begin{pmatrix} 1 & 0 \\ 0 & 1 \end{pmatrix} = I_2$$

De ① e ②, constatamos que $A$ é invertível e que sua inversa é a matriz $B$ encontrada, isto é:

$$A^{-1} = \begin{pmatrix} 1 & 0 \\ -2 & 1 \end{pmatrix}$$

**ER. 18** Determine, caso exista, a matriz inversa de:

$$A = \begin{pmatrix} 1 & 1 \\ 2 & 2 \end{pmatrix}$$

**Resolução:** Do mesmo modo que procedemos na questão anterior, verificamos que *A* é uma matriz quadrada de ordem 2 e, portanto, caso exista, a inversa de *A* também será de ordem 2. Assim, indicando genericamente a "candidata" (*B*) à matriz inversa, vamos verificar as condições exigidas.

$$① \underbrace{\begin{pmatrix} 1 & 1 \\ 2 & 2 \end{pmatrix}}_{A} \cdot \underbrace{\begin{pmatrix} a & b \\ c & d \end{pmatrix}}_{B} = \underbrace{\begin{pmatrix} 1 & 0 \\ 0 & 1 \end{pmatrix}}_{I_2} \Rightarrow \begin{pmatrix} a+c & b+d \\ 2a+2c & 2b+2d \end{pmatrix} = \begin{pmatrix} 1 & 0 \\ 0 & 1 \end{pmatrix}$$

Comparando os elementos correspondentes das duas matrizes, obtemos os seguintes sistemas de duas equações:

$$\begin{cases} a + c = 1 \\ 2a + 2c = 0 \end{cases} \quad \text{e} \quad \begin{cases} b + d = 0 \\ 2b + 2d = 1 \end{cases}$$

Observe que um dos sistemas é formado pelas equações:

$$(1.^a)\ a + c = 1 \quad \text{e} \quad 2a + 2c = 0\ (2.^a)$$

que devem ser satisfeitas simultaneamente.

No entanto, verificamos que se $a + c = 1$, segue que $2a + 2c = 2$. Mas a 2.ª equação desse sistema é $2a + 2c = 0$, o que mostra que esse *sistema* é *impossível* e, portanto, *não existe* tal matriz *B* que satisfaça a condição $A \cdot B = I_2$.

Logo, *A não é* invertível (ou seja, não existe a matriz inversa de *A*).

Veja que nem é necessário verificar a condição ② $B \cdot A = I_2$, pois, para que uma matriz *A* não seja invertível, basta que uma das condições exigidas não seja válida.

**Saiba +**

Um **sistema** de equações é **impossível** quando não se consegue uma solução que satisfaça todas as equações simultaneamente.

## Exercícios Propostos

**53.** Considere as matrizes:

$$M = \begin{pmatrix} 3 & 2 \\ 2 & 3 \end{pmatrix} \text{ e } N = \begin{pmatrix} 0,6 & -0,4 \\ -0,4 & 0,6 \end{pmatrix}$$

Verifique que os produtos $M \cdot N$ e $N \cdot M$ existem. O que podemos afirmar sobre eles?

**54.** Obtenha a matriz inversa em cada caso, quando existir.

a) $M = \begin{pmatrix} 0 & 1 \\ 3 & 0 \end{pmatrix}$ b) $N = \begin{pmatrix} 2 & 1 \\ 0 & 0,5 \end{pmatrix}$ c) $L = \begin{pmatrix} -1 & 1 & 0 \\ 0 & 2 & -1 \end{pmatrix}$ d) $H = \begin{pmatrix} 2 & 1 \\ 0 & 0 \end{pmatrix}$

**55.** Verifique se as matrizes *A* e *B* dadas a seguir são inversas uma da outra.

a) $A = \begin{pmatrix} 2 & 1 \\ 5 & 3 \end{pmatrix}$ e $B = \begin{pmatrix} 3 & -1 \\ -5 & 2 \end{pmatrix}$

b) $A = \begin{pmatrix} 1 & 3 \\ 2 & 6 \end{pmatrix}$ e $B = \begin{pmatrix} 1 & 0 \\ 0 & 1 \end{pmatrix}$

c) $A = \begin{pmatrix} 1 & 0 & 0 \\ 0 & 2 & 0 \\ 0 & 0 & 3 \end{pmatrix}$ e $B = \begin{pmatrix} 1 & 0 & 0 \\ 0 & \frac{1}{2} & 0 \\ 0 & 0 & \frac{1}{3} \end{pmatrix}$

**56.** Dadas as matrizes $H = \begin{pmatrix} 1 & 0 & -1 \\ 2 & 3 & 1 \\ 0 & 0 & 3 \end{pmatrix}$ e $E = \begin{pmatrix} 2 & 3 \\ 6 & 9 \end{pmatrix}$ determine, quando existir:

a) a matriz inversa de *H* e de *E*;

b) a inversa da inversa da matriz *H*;

c) a transposta da inversa da matriz *H*;

d) a inversa da transposta da matriz *E*.

57. Considere as matrizes $A = \begin{pmatrix} 1 & x \\ 2 & 3 \end{pmatrix}$ e $B = \begin{pmatrix} 3 & y \\ -2 & 1 \end{pmatrix}$. Obtenha $x$ e $y$ para que $A$ e $B$ sejam matrizes inversas uma da outra.

58. Sendo $A = \begin{pmatrix} 1 & 2 \\ 3 & 4 \end{pmatrix}$ e $B = \begin{pmatrix} 1 & 0 \\ 1 & 2 \end{pmatrix}$, determine $A^{-1}$, $B^{-1}$, $B^{-1} \cdot A^{-1}$ e $(AB)^{-1}$.

Comparando as matrizes obtidas, o que pode ser observado?

59. Encontre $(A^t)^{-1}$, inversa da transposta, e $(A^{-1})^t$, transposta da inversa, sabendo que a matriz $A$ é:

$$A = \begin{pmatrix} 1 & 1 \\ 2 & 3 \end{pmatrix}$$

60. Determine a matriz inversa de:

a) $I_1$ b) $I_2$ c) $I_3$ d) $I_{10}$ e) $I_n$

# 4. Equações Matriciais e Aplicações de Matrizes

Já vimos alguns exemplos em que aplicamos matrizes no cotidiano. Mas um de seus usos mais frequentes é no meio tecnológico, simplificando e esquematizando problemas. Um exemplo desse uso são os *softwares* de planilhas eletrônicas.

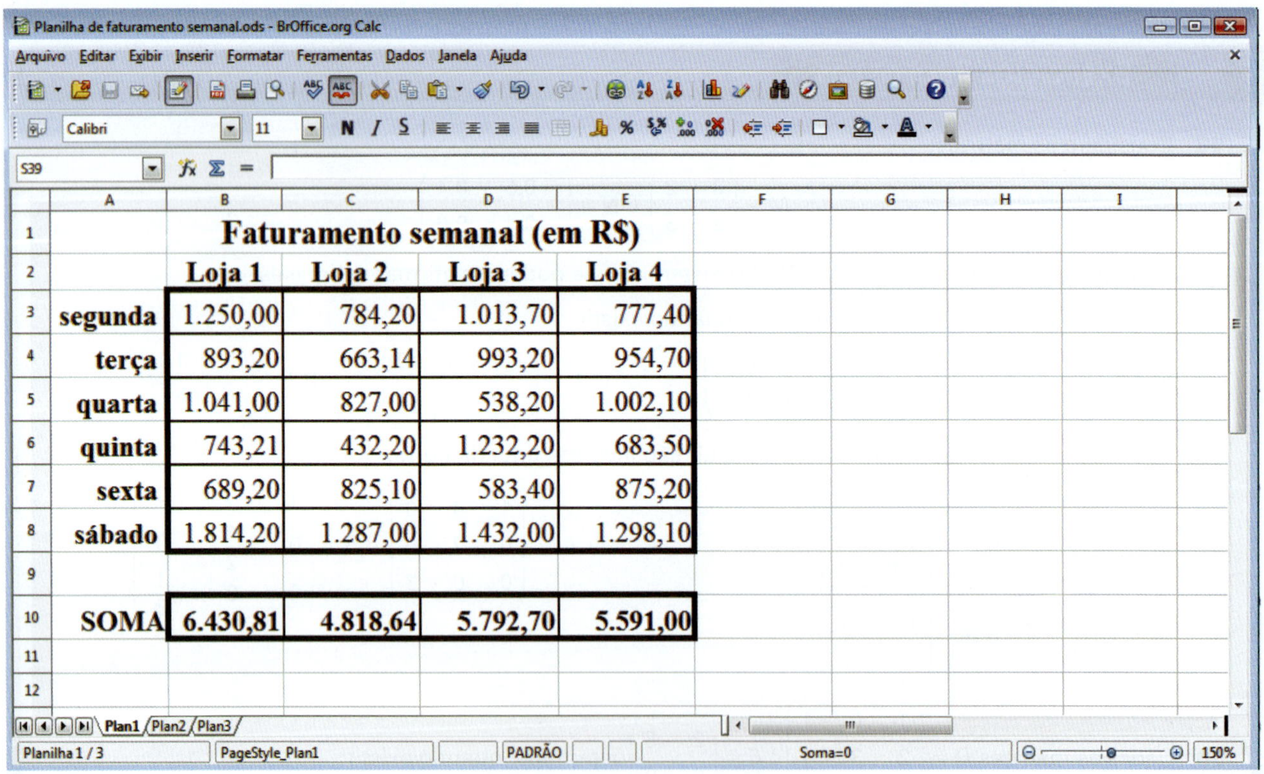


| | Faturamento semanal (em R$) | | | |
|---|---|---|---|---|
| | Loja 1 | Loja 2 | Loja 3 | Loja 4 |
| segunda | 1.250,00 | 784,20 | 1.013,70 | 777,40 |
| terça | 893,20 | 663,14 | 993,20 | 954,70 |
| quarta | 1.041,00 | 827,00 | 538,20 | 1.002,10 |
| quinta | 743,21 | 432,20 | 1.232,20 | 683,50 |
| sexta | 689,20 | 825,10 | 583,40 | 875,20 |
| sábado | 1.814,20 | 1.287,00 | 1.432,00 | 1.298,10 |
| SOMA | 6.430,81 | 4.818,64 | 5.792,70 | 5.591,00 |

Há situações em que precisamos buscar matrizes desconhecidas que satisfaçam determinada condição, tratando-as como incógnitas. Por isso, vamos estudar um pouco de equações ligadas às matrizes.

## 4.1 EQUAÇÕES ENVOLVENDO MATRIZES

Uma **equação matricial** é aquela em que as incógnitas são *matrizes*.

### Exemplos

a) $\begin{pmatrix} 0 & 5 \\ -1 & 1 \end{pmatrix} + X = \begin{pmatrix} 0 & 0 \\ 0 & 0 \end{pmatrix}$

Note que $X$ tem de ser uma matriz quadrada de ordem 2 para que a operação seja possível.

b) $\begin{pmatrix} 0 \\ -1 \\ 0 \end{pmatrix} \cdot Y = \begin{pmatrix} 0 & 0 \\ 1 & 4 \\ 0 & 0 \end{pmatrix}$

Veja que aqui também podemos determinar o tipo da matriz $Y$, incógnita da equação.

| 1.ª matriz do produto | matriz $Y$ | matriz resultante |
|---|---|---|
| tipo $3 \times 1$ | tipo $m \times n$ | tipo $3 \times 2$ |

valores iguais (1 e $m$)
valores iguais ($n$ e 2)
valores iguais (3 e 3)

Vejamos, agora, como resolver algumas equações matriciais.

### Exercícios Resolvidos

**ER. 19** Dadas as matrizes

$$A = \begin{pmatrix} 1 & -2 \\ 0 & 3 \\ 0{,}5 & -1 \end{pmatrix},$$

$$B = \begin{pmatrix} 4 & 0 \\ -2 & 3 \\ 5 & 7 \end{pmatrix} \text{ e}$$

$$C = \begin{pmatrix} 0 & 1 \\ 1 & 0 \\ 0 & -1 \end{pmatrix}$$

obtenha a matriz $X$ que satisfaz cada equação:

a) $X - B = A$
b) $2A - X - C = B$

**Resolução:** Note que nas duas situações a matriz $X$ deve ser do mesmo tipo que as matrizes $A$ e $B$ (pois as operações entre as matrizes são adições ou subtrações), ou seja, $X$ deve ser do tipo $2 \times 3$.

Para determinar a matriz $X$, aplicamos as propriedades de igualdade e as propriedades válidas para matrizes.

a) $X - B = A$

$X - B + B = A + B$ (propriedade da igualdade)

$X + \underbrace{(-B + B)}_{\text{matriz nula}} = A + B$ (elemento oposto e elemento neutro da adição)

$X = A + B$

$$X = \begin{pmatrix} 1 & -2 \\ 0 & 3 \\ 0{,}5 & -1 \end{pmatrix} + \begin{pmatrix} 4 & 0 \\ -2 & 3 \\ 5 & 7 \end{pmatrix} = \begin{pmatrix} 5 & -2 \\ -2 & 6 \\ 5{,}5 & 6 \end{pmatrix}$$

**Atenção!**

Precisamos tomar cuidado ao resolver as equações matriciais, pois nem tudo que vale para os números reais é válido para matrizes, principalmente quando existem multiplicações envolvidas.

b) $2A - X - C = B$ (faremos algumas passagens diretas)

$-X - C = B - 2A$
$-X = B - 2A + C$ ($-X$ é a oposta de $X$)
$-(-X) = -(B - 2A + C)$
$X = -(B - 2A + C)$

Então, basta efetuar $B - 2A + C$ e tomar a sua oposta, o que equivale a fazer $-B + 2A - C$:

$$X = -\begin{pmatrix} 4 & 0 \\ -2 & 3 \\ 5 & 7 \end{pmatrix} + 2 \cdot \begin{pmatrix} 1 & -2 \\ 0 & 3 \\ 0{,}5 & -1 \end{pmatrix} - \begin{pmatrix} 0 & 1 \\ 1 & 0 \\ 0 & -1 \end{pmatrix}$$

$$X = \begin{pmatrix} -4 & 0 \\ 2 & -3 \\ -5 & -7 \end{pmatrix} + \begin{pmatrix} 2 & -4 \\ 0 & 6 \\ 1 & -2 \end{pmatrix} - \begin{pmatrix} 0 & 1 \\ 1 & 0 \\ 0 & -1 \end{pmatrix}$$

$$X = \begin{pmatrix} -4 + 2 - 0 & 0 - 4 - 1 \\ 2 + 0 - 1 & -3 + 6 - 0 \\ -5 + 1 - 0 & -7 - 2 - (-1) \end{pmatrix}$$

$$X = \begin{pmatrix} -2 & -5 \\ 1 & 3 \\ -4 & -8 \end{pmatrix}$$

**ER. 20** Determine a matriz $X$ tal que:

$$\begin{pmatrix} 1 & 0 \\ -1 & 2 \end{pmatrix} \cdot X = \begin{pmatrix} 2 & 3 \\ 6 & 7 \end{pmatrix}$$

**Resolução:** Note que a matriz $X$ deve ser quadrada de ordem 2. Podemos primeiro efetuar o produto indicado e depois fazer a comparação dos elementos correspondentes na igualdade de matrizes.

$$\begin{pmatrix} 1 & 0 \\ -1 & 2 \end{pmatrix} \cdot \underbrace{\begin{pmatrix} a & b \\ c & d \end{pmatrix}}_{\text{matriz } X} = \begin{pmatrix} 2 & 3 \\ 6 & 7 \end{pmatrix}$$

$$\begin{pmatrix} a & b \\ -a + 2c & -b + 2d \end{pmatrix} = \begin{pmatrix} 2 & 3 \\ 6 & 7 \end{pmatrix}$$

Daí, obtemos o seguinte sistema:

$$\begin{cases} a = 2 \\ b = 3 \\ -a + 2c = 6 \\ -b + 2d = 7 \end{cases} \Rightarrow \begin{cases} -2 + 2c = 6 \Rightarrow 2c = 8 \Rightarrow c = 4 \\ -3 + 2d = 7 \Rightarrow 2d = 10 \Rightarrow d = 5 \end{cases}$$

Portanto: $X = \begin{pmatrix} 2 & 3 \\ 4 & 5 \end{pmatrix}$

**ER. 21** Determine a expressão mais simples que fornece a matriz $X$ tal que $BX - A = B$, considerando que as matrizes $A$ e $B$ são matrizes quadradas de ordem $n$ invertíveis.

**Resolução:**

$BX - A = B$

$BX - A + A = B + A$ (propriedade da igualdade)

$BX + \underbrace{(-A + A)}_{\text{matriz nula}} = B + A$ (elemento oposto e elemento neutro da adição)

$B \cdot X = B + A$

$B^{-1} \cdot (B \cdot X) = B^{-1} \cdot (B + A)$ (propriedade da igualdade e existência da inversa)

$\underbrace{(B^{-1} \cdot B)}_{\text{matriz identidade}} \cdot X = (B^{-1} \cdot B) + (B^{-1} \cdot A)$ (propriedade associativa da multiplicação)

$I_n \cdot X = I_n + B^{-1} \cdot A$ (multiplicação com matriz identidade)

$X = I_n + B^{-1} \cdot A$

**ER. 22** Determine as matrizes $X$ e $Y$ que satisfazem o *sistema de equações matriciais.*

$$\begin{cases} A + 2X = -Y - B \\ -X \cdot I_2 + 2Y = C \end{cases}$$

em que as matrizes $A$, $B$, $C$ e $I_2$ são

$$A = \begin{pmatrix} 0 & 0 \\ 1 & 2 \end{pmatrix},\ B = \begin{pmatrix} 1 & 2 \\ 0 & 0 \end{pmatrix}$$

$C$ é a matriz nula de ordem 2 e $I_2$ é a matriz identidade de ordem 2.

**Resolução:** Primeiro trabalhamos com as equações, usando as propriedades estudadas, para depois substituir as matrizes e efetuar as operações.

$$\begin{cases} A + 2X = -Y - B \\ -X \cdot I_2 + 2Y = C \end{cases} \Rightarrow \begin{cases} 2X + Y = -B - A \\ -X + 2Y = C \quad \times 2 \end{cases} \Rightarrow$$

$$\Rightarrow \begin{cases} 2X + Y = -B - A \\ -2X + 4Y = 2C \end{cases}$$
$$5Y = -B - A + 2C$$

Dessa forma, encontramos a expressão da matriz $Y$, o que nos possibilita, em seguida, achar a expressão da matriz $X$.

- $5Y = -B - A + 2C$

$$\frac{1}{5} \cdot (5Y) = \frac{1}{5} \cdot (-B - A + 2C)$$
$$\left(\frac{1}{5} \cdot 5\right) \cdot Y = \frac{1}{5} \cdot (-B - A + 2C)$$
$$Y = \frac{1}{5} \cdot (-B - A + 2C)$$

- $A + 2X = -Y - B$

$$2X = -Y - B - A$$
$$\frac{1}{2} \cdot 2X = \frac{1}{2} \cdot (-Y - B - A)$$
$$X = -\frac{1}{2}Y - \frac{1}{2}B - \frac{1}{2}A$$
$$X = -\frac{1}{2} \cdot \underbrace{\frac{1}{5}(-B - A + 2C)}_{\text{expressão de } Y} - \frac{1}{2}B - \frac{1}{2}A$$
$$X = \frac{1}{10}B + \frac{1}{10}A - \frac{1}{5}C - \frac{1}{2}B - \frac{1}{2}A$$
$$X = 0{,}1B + 0{,}1A - 0{,}2C - 0{,}5B - 0{,}5A$$
$$X = -0{,}4B - 0{,}4A - 0{,}2C$$

Agora, substituindo as matrizes $A$, $B$ e $C$ nas expressões de $X$ e de $Y$, vem:

- Em $Y = \frac{1}{5} \cdot (-B - A + 2C)$, fica mais fácil encontrar primeiro a matriz resultante da expressão $-B - A + 2C$.

$$-B - A + 2C = \begin{pmatrix} -1 & -2 \\ 0 & 0 \end{pmatrix} - \begin{pmatrix} 0 & 0 \\ 1 & 2 \end{pmatrix} + \begin{pmatrix} 0 & 0 \\ 0 & 0 \end{pmatrix} = \begin{pmatrix} -1 & -2 \\ -1 & -2 \end{pmatrix}$$

Agora, já podemos obter a matriz $Y$:

$$Y = 0{,}2 \cdot \begin{pmatrix} -1 & -2 \\ -1 & -2 \end{pmatrix} \Rightarrow Y = \begin{pmatrix} -0{,}2 & -0{,}4 \\ -0{,}2 & -0{,}4 \end{pmatrix}$$

- Em $X = -0{,}4B - 0{,}4A - 0{,}2C$, vamos substituir as matrizes diretamente nessa expressão e já obter a matriz $X$:

$$X = -0{,}4 \cdot \begin{pmatrix} 1 & 2 \\ 0 & 0 \end{pmatrix} - 0{,}4 \cdot \begin{pmatrix} 0 & 0 \\ 1 & 2 \end{pmatrix} - 0{,}2 \cdot \begin{pmatrix} 0 & 0 \\ 0 & 0 \end{pmatrix}$$
$$X = \begin{pmatrix} -0{,}4 & -0{,}8 \\ 0 & 0 \end{pmatrix} - \begin{pmatrix} 0 & 0 \\ 0{,}4 & 0{,}8 \end{pmatrix}$$
$$X = \begin{pmatrix} -0{,}4 & -0{,}8 \\ -0{,}4 & -0{,}8 \end{pmatrix}$$

**Atenção!**

A distribuição do número real em

$$\frac{1}{5} \cdot (-B - A + 2C)$$

antes da troca pelas matrizes só vale a pena se facilitar o cálculo.

**Saiba +**

Um **sistema de equações matriciais** é aquele em que todas as equações envolvidas têm matrizes nas incógnitas.

**Faça**

Verifique a solução encontrada para o sistema dado nesta questão.

## Exercícios Propostos

**61.** Dadas as matrizes

$$A = \begin{pmatrix} 1 & 2 \\ 4 & 1 \\ -1 & -2 \end{pmatrix} \text{ e } B = \begin{pmatrix} 5 & 8 \\ 7 & -2 \\ 4 & 3 \end{pmatrix}$$

obtenha $X$ em cada caso:

a) $X - B = A$
b) $X + A = 2B$
c) $X^t = A^t - B^t$

**62.** Encontre as matrizes invertíveis da forma $M = \begin{pmatrix} a & 0 \\ 0 & a \end{pmatrix}$ tais que $M^2 = M$.

**63.** Determine a matriz $B$ tal que:

$$\begin{pmatrix} 1 & 0 \\ 2 & 1 \end{pmatrix} \cdot B = \begin{pmatrix} 1 & 0 \\ 0 & 1 \end{pmatrix}$$

**64.** Encontre $X$ tal que $AX = B$, sendo:

$$A = \begin{pmatrix} 1 & 2 \\ 2 & 5 \end{pmatrix} \text{ e } B = \begin{pmatrix} 8 \\ 19 \end{pmatrix}$$

**65.** Resolva as equações matriciais abaixo.

a) $\begin{pmatrix} 1 & 2 \\ 1 & 3 \\ 2 & 1 \end{pmatrix} \cdot X = \begin{pmatrix} 5 & 1 \\ 7 & 2 \\ 4 & -1 \end{pmatrix}$

b) $Y \cdot \begin{pmatrix} 2 & 1 \\ 3 & 0 \end{pmatrix} = \begin{pmatrix} 2 & 1 \\ 7 & 2 \end{pmatrix}$

**66.** Determine os valores de $x$ e $y$ na equação:

$$\begin{pmatrix} 2 & 0 \\ 0 & 3 \end{pmatrix} \cdot \begin{pmatrix} x \\ y \end{pmatrix} = \begin{pmatrix} x + y + 2 \\ x - y + 3 \end{pmatrix}$$

**67.** Considerando as matrizes

$$A = \begin{pmatrix} 1 & -2 & 3 \\ 0 & 1 & 4 \end{pmatrix} \text{ e } B = \begin{pmatrix} 2 & 2 & 6 \\ -3 & 5 & -1 \end{pmatrix}$$

obtenha as matrizes $X + Y$, $X$ e $Y$ tais que:

$$\begin{cases} 2X + Y = A \\ X + 2Y = B \end{cases}$$

## 4.2 APLICAÇÕES GERAIS DE MATRIZES

Agora que já trabalhamos com os principais conceitos de matrizes e suas operações, acompanhe mais algumas situações que envolvem matrizes.

## Exercícios Resolvidos

**ER. 23** **[CONTABILIDADE]** O preço de custo de dois tipos de televisores são dados conforme tabela ao lado.

O estoque de uma loja que só vende esses dois tipos de aparelhos é de 100 televisores, sendo que o número de aparelhos de cor prata é 4 vezes o número de aparelhos de cor preta.

Com base na tabela e nas informações, faça o que se pede.

| | Preço de custo em reais | |
|---|---|---|
| Modelo \ Cor | Preta | Prata |
| I | 1.000 | 1.100 |
| II | 1.200 | 1.300 |

a) Represente por meio de uma matriz o custo desses tipos de televisores.
b) Usando uma única matriz coluna, represente o número de televisores de cor preta e de cor prata, nessa ordem, que existem nesse estoque.
c) Calcule o produto entre as matrizes obtidas nos itens **a** e **b**, nessa ordem. Explique o significado da matriz obtida.

**Resolução:**

a) Observando a tabela, podemos montar a matriz $P_{custo}$, que indica o preço de custo (em reais) por cor e modelo:

$$P_{custo} = \begin{pmatrix} 1.000 & 1.100 \\ 1.200 & 1.300 \end{pmatrix} \begin{matrix} \text{modelo I} \\ \text{modelo II} \end{matrix}$$

(colunas: preta, prata)

b) Indicando por $x$ o número de televisores de cor preta, podemos dizer que o número de televisores de cor prata é $4x$, já que este é o quádruplo. Assim, o total de aparelhos do estoque, que é 100, pode ser dado por:

$$x + 4x = 100 \Rightarrow x = 20$$

Desse modo, temos 20 televisores de cor preta e, consequentemente, 80 de cor prata no estoque. Daí, podemos montar a seguinte matriz coluna:

$$E_{cor} = \overset{\text{estoque}}{\begin{pmatrix} 20 \\ 80 \end{pmatrix}} \begin{matrix} \text{preta} \\ \text{prata} \end{matrix}$$

c) Agora, podemos determinar o produto das duas matrizes encontradas antes, verificando primeiro se esse produto é possível:

$$\underset{\text{tipo } 2 \times 2}{P_{custo}} \quad \times \quad \underset{\text{tipo } 2 \times 1}{E_{cor}} \quad = \quad \underset{\text{tipo } m \times n}{T}$$

Daí, temos que a matriz produto $T$ é do tipo $2 \times 1$, ou seja, ela também é uma matriz coluna. Para obtê-la, vamos efetuar a seguinte multiplicação:

$$T = \begin{pmatrix} 1.000 & 1.100 \\ 1.200 & 1.300 \end{pmatrix} \cdot \begin{pmatrix} 20 \\ 80 \end{pmatrix} = \begin{pmatrix} 1.000 \cdot 20 + 1.100 \cdot 80 \\ 1.200 \cdot 20 + 1.300 \cdot 80 \end{pmatrix}$$

$$T = \begin{pmatrix} 108.000 \\ 128.000 \end{pmatrix}$$

Note que a matriz $T$ nos fornece o valor total, em reais, por modelo correspondente a esse estoque, isto é, no estoque há 108.000 reais em televisores do modelo I e 128.000 reais em televisores do modelo II.

---

**ER. 24** **[TRABALHO]** O gerente de uma empresa está contratando um supervisor, e em uma etapa desse processo seletivo cada candidato precisa resolver a questão a seguir.

Certa marca de macarrão está criando dois novos tipos: macarrão porca e macarrão prego. O preço, em reais, e a massa, em kg, do pacote de cada novo tipo são dados pela ao lado.

| Macarrão \ Pacote | Preço (R$) | Massa (kg) |
|---|---|---|
| Porca | 5,00 | 0,6 |
| Prego | 6,00 | 0,7 |

Encontre o preço total e a massa total na compra de 10 pacotes de macarrão porca e 20 pacotes de macarrão prego usando matrizes.

Apenas um dos candidatos acertou a questão. Mostre uma maneira como ele pode ter resolvido essa questão.

**Resolução:** Primeiramente, vamos associar uma matriz $(M)$ à tabela dada:

$$M = \begin{pmatrix} \overset{\text{preço}}{5} & \overset{\text{massa}}{0,6} \\ 6 & 0,7 \end{pmatrix} \begin{matrix} \text{macarrão porca} \\ \text{macarrão prego} \end{matrix}$$

Obter o preço total dessa compra corresponde a multiplicar a quantidade vendida de cada tipo de macarrão pelo seu preço e, em seguida, somar as duas quantias obtidas. O mesmo deve ser feito para obter a massa total. Repare que esse procedimento corresponde a um produto de matrizes, em que a primeira matriz é a que tem as quantidades compradas de cada tipo de macarrão e a segunda é a matriz $M$ obtida acima, pois ela contém os preços e massas relativas a cada tipo de macarrão. Assim, a matriz produto $P$ pode ser dada por:

$$P = \begin{pmatrix} 10 & 20 \end{pmatrix} \cdot \begin{pmatrix} 5 & 0,6 \\ 6 & 0,7 \end{pmatrix}$$

$$P = \begin{pmatrix} \underbrace{10 \cdot 5 + 20 \cdot 6}_{\text{preço total}} & \underbrace{10 \cdot 0,6 + 20 \cdot 0,7}_{\text{massa total}} \end{pmatrix}$$

$$P = \begin{pmatrix} 170 & 20 \end{pmatrix}$$

**Atenção!**

Repare que, agora, a matriz que indica as quantidades é uma matriz linha.

Logo, o preço total dessa compra é 170 reais e a massa total é 20 kg, de acordo com a matriz $P$.

## Exercícios Propostos

**68.** **[DIVERSÃO]** Em uma festa da vila onde moram, André, Bruno e Caio ficaram de levar os salgadinhos, conforme mostra a matriz:

$$\begin{matrix} \text{André} & \text{Bruno} & \text{Caio} & \\ \end{matrix}$$
$$\begin{pmatrix} 20 & 15 & 15 \\ 30 & 0 & 20 \\ 10 & 30 & 10 \end{pmatrix} \begin{matrix} \text{coxinhas} \\ \text{empadinhas} \\ \text{pastéis} \end{matrix}$$

a) Sabendo que cada coxinha custa 1 real, cada empadinha 80 centavos e cada pastel 90 centavos, determine o produto de matrizes que fornece a quantia, em reais, que cada rapaz vai gastar em salgadinhos.

b) Que quantia cada um gastou?

**69.** **[CONTABILIDADE]** Para fazer o balanço de final de ano, uma empresa fez um levantamento de seus produtos em estoque nas suas duas filiais, conforme mostram as matrizes a seguir.

$$\begin{matrix} A & B & C \end{matrix}$$
$$\begin{pmatrix} 20 & 18 & 21 \\ 45 & 40 & 42 \\ 1.000 & 1.500 & 2.000 \end{pmatrix} \begin{matrix} \text{massa (em kg)} \\ \text{volume (em dm}^3\text{)} \\ \text{valor (em reais)} \end{matrix}$$

$$\begin{matrix} \text{filial I} & \text{filial II} \end{matrix}$$
$$\begin{pmatrix} 5 & 2 \\ 3 & 1 \\ 4 & 7 \end{pmatrix} \begin{matrix} \text{unidades do produto } A \\ \text{unidades do produto } B \\ \text{unidades do produto } C \end{matrix}$$

a) Em reais, qual o valor total dos produtos existentes na filial II?

b) Em quilogramas, qual a massa total dos produtos existentes na filial I?

c) Determine os totais gerais (das duas filiais juntas) da massa, do volume e do valor referentes a esses produtos.

**70.** **[LAZER]** Em uma gincana de três etapas, as equipes participantes recebem de 0 a 5 pontos ao terminar a tarefa de cada etapa. Para obter a pontuação final de cada equipe, ainda são considerados os pesos de cada etapa: 10 para a 1.ª, 10 para a 2.ª e 20 para a 3.ª. A matriz *G* abaixo mostra os pontos que as equipes conseguiram em cada etapa:

$$\begin{matrix} & \text{ETAPAS} & \\ 1.^a & 2.^a & 3.^a \end{matrix}$$
$$\begin{pmatrix} 5 & 2 & 4 \\ 4 & 3 & 5 \\ 1 & 4 & 3 \end{pmatrix} \begin{matrix} \text{equipe } A \\ \text{equipe } B \\ \text{equipe } C \end{matrix}$$

a) Quem foi a equipe vencedora?

b) Qual é a diferença da pontuação final entre o primeiro e o último colocado?

## Tecnologia & Desenvolvimento

PANTHERMEDIA/KEYDISC

### Você Sabia que as Imagens Digitais São Conjuntos de Pontos Dispostos em Matrizes?

Computador, TV, DVD, celular etc. Todos esses equipamentos utilizam tecnologia para gravar, processar, receber e enviar mensagens digitais. Mas o que são essas imagens tão comuns no seu dia a dia? A resposta é simples: são *conjuntos de pontos dispostos em tabelas*, como se fossem **matrizes**.

Para podermos entender as imagens em nossos aparelhos eletrônicos como conjuntos de pontos em matrizes, que são processados e apresentados por esses equipamentos, precisamos entender primeiro o que são as imagens.

Segundo o dicionário, *imagem* é a representação visual de um objeto. Vejamos o que isso quer dizer.

### A imagem em preto e branco (P & B)

Imagine que você queira criar uma imagem da letra **H**. Tomando um quadriculado como o que vemos a seguir, você poderia preencher alguns quadradinhos com cor preta, obtendo a figura que segue (e está à direita). Pronto! Está criada uma representação visual da letra **H**, isto é, uma *imagem* do **H**.

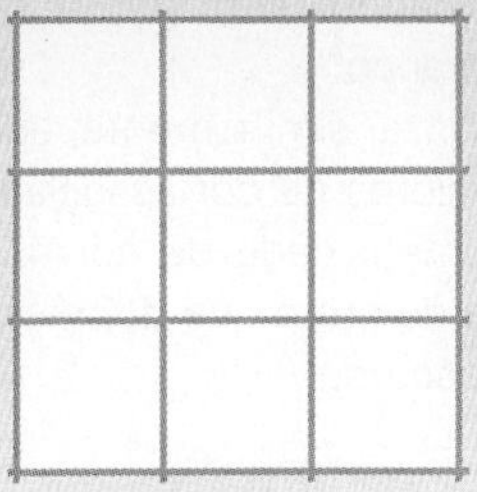

Quadriculado original (todo branco).

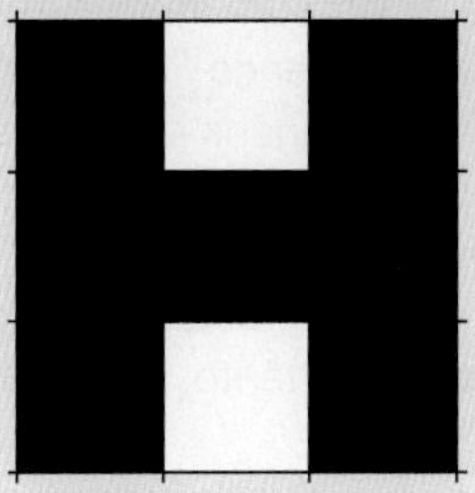

Quadriculado com a letra **H** nele representada.

É claro que com um quadriculado tão pequeno quanto o mostrado anteriormente (3 × 3 quadradinhos), imagens mais complexas não poderão ser representadas, como mostram as duas representações da letra **A** dadas abaixo:

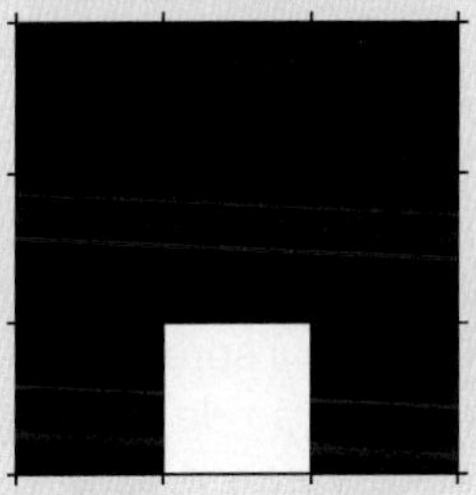

Representação da letra **A** em um quadriculado 3 × 3.

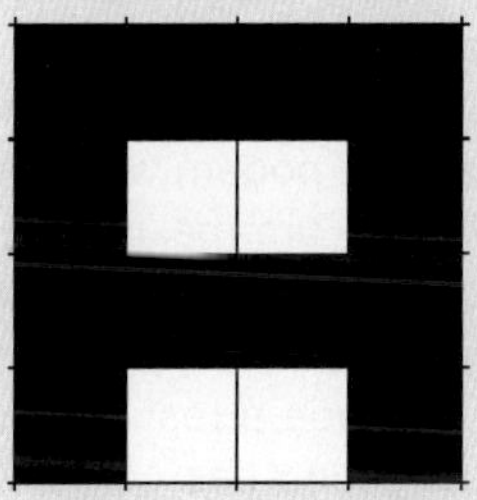

Representação da letra **A** em um quadriculado 4 × 4.

Veja que para obter uma representação melhor da letra **A** foi necessário aumentar o número de quadrados do quadriculado.

Veja também a figura abaixo, na qual o fundo quadriculado foi removido.

Representação da letra **A** em quadriculado 137 × 130.

Para imagens mais complexas, quadriculados maiores são necessários.

No caso de uma imagem digital, cada posição ou quadradinho é chamado de *pixel* ("picture element" ou elemento de imagem).

### Imagem em tons de cinza

Se você não gostou da imagem em P & B, pode usar diferentes tons de cinza para pintar cada quadradinho. Os tons ou níveis de cinza são diferentes tonalidades de cor entre o branco e o preto. Isso melhora muito a qualidade da imagem, como vemos na figura a seguir.

CREATIVE COMMONS

Imagem em tons de cinza.

A imagem foi criada com pontos pretos, cinza (em várias tonalidades) e brancos. Ela é construída linha por linha (180 linhas por 216 colunas) com pontos posicionados lado a lado. Cada ponto da imagem é um *pixel.*

Uma vez que já entendemos como são produzidas as imagens em P & B e em tons de cinza, poderemos entender como são produzidas as imagens coloridas.

### Imagem colorida

Estudos de Física já mostraram que a luz branca pode ser decomposta, por um prisma, por exemplo, nas cores do arco-íris.

GUSTOIMAGENS/SPL/LATINSTOCK

Imagem em que se vê a separação da luz branca em suas componentes coloridas.

Utilizando esse raciocínio, pode-se entender porque a combinação de duas ou mais cores diferentes produz outras cores. A combinação do amarelo com o vermelho, por exemplo, produz o laranja. A imagem colorida é produzida dessa maneira.

### Imagens digitais

O processo descrito até então pode ser utilizado para criar imagens de qualquer tipo, no computador e em todos os equipamentos digitais. Contudo, as imagens são instruções interpretadas pelo aparelho e exibidas na sua *matriz de apresentação de imagens*, a tela de vídeo. Uma imagem em P & B, por exemplo, é um mapa de pontos com coordenadas $(i, j)$ de linha-coluna, onde a cada ponto é associado um valor, o zero indicando "sem cor" = preto, o 1 indicando "com cor" = branco.

As imagens em níveis de cinza, similarmente, apresentam a mesma matriz com valores de cor associados intermediários entre 0 e 1. A intensidade de cor 0,25, por exemplo, está mais próxima do preto que do branco; trata-se, portanto, de um cinza escuro.

### Imagens digitais em cores

Os monitores coloridos são capazes de reproduzir fielmente um número inimaginável de cores (32 milhões de cores!). Mas como isso é possível?

A tela de um computador é uma matriz de milhares × milhares de *pixels*, na qual cada *pixel* tem 3 centros de cor que o capacitam para combinar 3 cores distintas.

No sistema de cores **RGB**, por exemplo, cada *pixel* de uma imagem combina intensidades distintas das cores vermelho, verde e azul (do inglês: *Red, Green, Blue*). As intensidades correspondem a quantidades de cada cor e podem variar entre um mínimo (0, 0, 0), para o preto, e um máximo (1, 1, 1), para o branco. Assim, uma imagem colorida digital no padrão RGB nada mais é que uma matriz em que cada *pixel* $(i, j)$ apresenta uma cor final que é resultado da combinação de diferentes intensidades das cores vermelho, verde e azul. Essa matriz de pontos constitui um mapa interpretado pelo computador, *pixel* a *pixel*, linha por linha, reproduzindo na tela de vídeo a imagem.

## 5. O Conceito de Determinante

*Recorde*

Uma matriz é quadrada quando tem o número de linhas igual ao número de colunas.

Agora que você conheceu as *matrizes*, já lidou com suas operações e propriedades, vamos ampliar um pouco mais esse tema, nos restringindo ao grupo mais importante delas: as *matrizes quadradas*.

As matrizes quadradas têm características importantes, como, por exemplo, serem invertíveis ou não. O *determinante* de uma matriz quadrada é *um número que se associa a ela* e que é obtido a partir de todos os elementos dessa matriz, seguindo determinadas regras de cálculo. Por meio desse número podemos obter informações sobre as características da matriz quadrada de forma mais rápida, por exemplo, saber se ela tem inversa.

**Determinante** de uma matriz quadrada é *um número* associado a essa matriz por meio de regras específicas.

Hoje, os determinantes são utilizados em setores variados; contudo, sua principal aplicação continua sendo como *instrumento* ou *ferramenta* da Matemática (e ciências afins) para investigação da qualidade da informação contida em uma matriz.

Cada matriz quadrada tem um único determinante associado a ela. Dada uma matriz quadrada $A = (a_{ij})_n$, indicamos o determinante de $A$ por **det *A*** ou pelos elementos da matriz dispostos entre duas barras:

$$\det A = |(a_{ij})_{n \times n}|$$

**EXEMPLO**

Dada a matriz quadrada $A = \begin{pmatrix} 0 & 1 \\ 1 & 0 \end{pmatrix}$, podemos indicar o determinante associado a essa matriz de duas formas:

$$\det A \text{ ou } \begin{vmatrix} 0 & 1 \\ 1 & 0 \end{vmatrix}$$

A seguir, vamos estudar os principais métodos de cálculo para se obter o determinante de uma matriz quadrada.

**Saiba +**

Podemos nos referir ao determinante de uma matriz de ordem *n* dizendo apenas determinante da enésima ordem. Por exemplo, determinante de 2.ª ordem é aquele obtido de uma matriz quadrada de ordem 2.

## 5.1 MATRIZES QUADRADAS DE ORDEM 1, DE ORDEM 2 E DE ORDEM 3

Os respectivos determinantes das matrizes de ordens 1, 2 e 3, por serem as matrizes quadradas mais simples, são os de mais fácil obtenção.

### Determinante de uma matriz quadrada de ordem 1

As matrizes quadradas de ordem 1 são aquelas formadas por um único elemento, como, por exemplo, $A = (a_{11})$. Nesse caso, o determinante de matrizes desse tipo é o número $\mathbf{a_{11}}$, que indica esse único elemento da matriz.

**EXEMPLOS**

a) A matriz quadrada $M = (12)$ tem determinante 12, ou seja:

$$\det A = |12| = 12$$

b) O determinante da matriz $(-1)$ é:

$$|-1| = -1$$

c) O valor do determinante $D$ tal que $D = \left|-\frac{3}{4}\right|$ é $-\frac{3}{4}$.

**Atenção!**

Embora utilizemos as barras para a notação de determinante, elas não indicam módulo.

### Determinante de uma matriz quadrada de ordem 2

Para matrizes quadradas de ordem 2, como $A = \begin{pmatrix} a_{11} & a_{12} \\ a_{21} & a_{22} \end{pmatrix}$, o determinante é dado pela *diferença entre o produto dos elementos da diagonal principal e o produto dos elementos da diagonal secundária*, ou seja:

$$\det A = \begin{vmatrix} a_{11} & a_{12} \\ a_{21} & a_{22} \end{vmatrix} = a_{11} \cdot a_{22} - a_{12} \cdot a_{21}$$

**Faça**

Explique o que é diagonal principal e diagonal secundária de uma matriz quadrada de ordem *n*.

**Recorde**

Relação fundamental da Trigonometria:

$\text{sen}^2 x + \cos^2 x = 1$

### Exemplos

a) $\begin{vmatrix} -1 & 2 \\ 3 & 18 \end{vmatrix} = (-1 \cdot 18) - (2 \cdot 3) = -18 - 6 = -24$

$2 \cdot 3$ $\quad -1 \cdot 18$

b) $\begin{vmatrix} \sqrt{2} & -2 \\ 3 & -5 \end{vmatrix} = \sqrt{2} \cdot (-5) - (-2) \cdot 3 = -5\sqrt{2} + 6$

$-6$ $\quad -5\sqrt{2}$

c) Sendo $A = \begin{pmatrix} \text{sen } 30° & \cos 30° \\ -\cos 30° & \text{sen } 30° \end{pmatrix}$, temos:

$$\det A = \begin{vmatrix} \text{sen } 30° & \cos 30° \\ -\cos 30° & \text{sen } 30° \end{vmatrix} = \text{sen}^2\, 30° - \left(-\cos^2 30°\right)$$

$$\det A = \text{sen}^2\, 30° + \cos^2 30°$$

$$\det A = 1$$

## Exercício Resolvido

**ER. 25** Determine o valor real de *x* para que a igualdade seja verdadeira:

$$\begin{vmatrix} x & 1 \\ 2 & x - 3 \end{vmatrix} = -2$$

**Resolução:** Inicialmente, encontramos a expressão do determinante:

$$\begin{vmatrix} x & 1 \\ 2 & x - 3 \end{vmatrix} = x \cdot (x - 3) - 1 \cdot 2 = x^2 - 3x - 2$$

Desse modo, a igualdade inicial fica:

$$x^2 - 3x - 2 = -2 \Rightarrow x^2 - 3x = 0 \Rightarrow x \cdot (x - 3) = 0 \Rightarrow x = 0 \text{ ou } x = 3$$

Logo, a igualdade é verdadeira para $x = 0$ ou $x = 3$.

## Exercícios Propostos

**71.** Calcule os determinantes das matrizes abaixo.

a) $A = \begin{pmatrix} 1 & 2 \\ 3 & 4 \end{pmatrix}$

b) $H = \begin{pmatrix} 1 & 3 \\ 0 & 2 \end{pmatrix}$

c) $M = \begin{pmatrix} a & b \\ \frac{1}{b} & \frac{1}{a} \end{pmatrix}$

d) $T = \begin{pmatrix} \sqrt{3} & 2 \\ 1 & \sqrt{3} \end{pmatrix}$

**72.** Resolva as seguintes equações em $\mathbb{R}$:

a) $\begin{vmatrix} x & 2 \\ 2 & x \end{vmatrix} = 0$

b) $\begin{vmatrix} 2^x & 2 \\ 1 & 1 \end{vmatrix} = 30$

**73.** Sabendo que $a = \dfrac{\sqrt{5} - 1}{2}$ e $b = \dfrac{\sqrt{5} + 1}{2}$, obtenha o determinante da seguinte matriz:

$$A = \begin{pmatrix} a & b \\ b & a \end{pmatrix}$$

**74.** Resolva, em $\mathbb{R}$, a seguinte inequação:

$$\begin{vmatrix} x & x - 1 \\ 2 & 1 \end{vmatrix} > 3$$

**75.** Sabendo que $\begin{vmatrix} a & b \\ c & d \end{vmatrix} = 1$, encontre o valor de

$$\begin{vmatrix} 2a & 2b \\ 2c & 2d \end{vmatrix}$$

**76.** Calcule o valor da expressão *E* abaixo:

$$E = (-1)^3 \cdot 2 \cdot \begin{vmatrix} \text{sen } 15° & -\cos 15° \\ -\cos 15° & \text{sen } 15° \end{vmatrix}$$

## Enigmas, Jogos & Brincadeiras

### Jogo do Maior ou Menor

Este jogo envolve de três a cinco participantes.

*Material*

- um dado (com faces numeradas de 1 a 6)
- uma moeda (cara ou coroa)
- um marcador de tempo (cronômetro, ampulheta ou relógio)
- folha de papel e lápis

*Regras*

- São quatro rodadas. Escolhe-se em cada uma quem vai marcar o tempo, quem joga o dado e quem joga a moeda.
- Com o dado, sorteam-se quatro números por rodada, que devem ser registrados na folha de papel de modo visível a todos os participantes.
- Com a moeda, se determina o que vai valer: **maior valor**, no caso de cara, ou **menor valor**, no caso de coroa.
- Cada participante deve montar um determinante de 2.ª ordem com os quatro números sorteados no dado de modo a obter o maior (ou menor) valor que consiga achar (conforme a moeda tenha determinado). Para isso, os jogadores terão 30 segundos. Cada um escreve o seu determinante no papel, calcula-o mentalmente e registra a resposta obtida.
- Ao final do tempo, verificam-se as respostas e o jogador que obteve, corretamente, o determinante de maior valor (ou menor, conforme o caso) recebe 10 pontos.
- As demais rodadas seguem de modo análogo. Ao final da quarta rodada, somam-se os pontos. O vencedor é aquele que conseguiu a pontuação maior. Caso haja empate, faz-se uma nova rodada apenas com os jogadores que ficaram empatados.

## Determinante de uma matriz quadrada de ordem 3

O determinante de uma matriz quadrada $A$ de ordem 3 é dado por:

$$\begin{vmatrix} a_{11} & a_{12} & a_{13} \\ a_{21} & a_{22} & a_{23} \\ a_{31} & a_{32} & a_{33} \end{vmatrix} = a_{11} \cdot a_{22} \cdot a_{33} + a_{21} \cdot a_{32} \cdot a_{13} + a_{12} \cdot a_{23} \cdot a_{31} - a_{13} \cdot a_{22} \cdot a_{31} - a_{12} \cdot a_{21} \cdot a_{33} - a_{23} \cdot a_{32} \cdot a_{11}$$

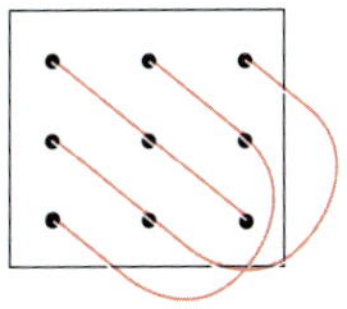

**produtos que devem ser somados**

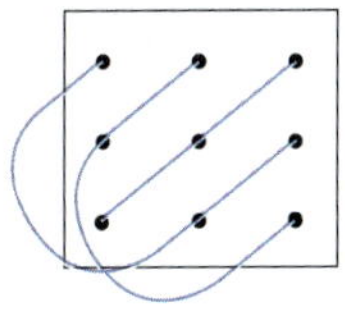

**produtos que devem ser subtraídos**

Esse processo é conhecido como **regra de Sarrus**.

Como exemplo, vamos calcular o determinante da matriz $A$ dada abaixo:

$$A = \begin{pmatrix} 1 & 2 & 3 \\ 0 & 0 & 1 \\ 7 & 7 & 4 \end{pmatrix}$$

Para destacar os elementos a serem multiplicados, podemos usar esquemas, como o que segue.

- Repetimos as duas primeiras colunas do lado direito do determinante.
- Em seguida, obtemos o produto dos elementos da diagonal principal e os das paralelas a essa diagonal, conforme indicam as setas vermelhas. Esses produtos serão somados.
- Fazemos o mesmo com os elementos da diagonal secundária e com os das paralelas a ela, conforme indicam as setas azuis. Esses produtos serão subtraídos daqueles obtidos pela diagonal principal e suas paralelas.

Veja como:

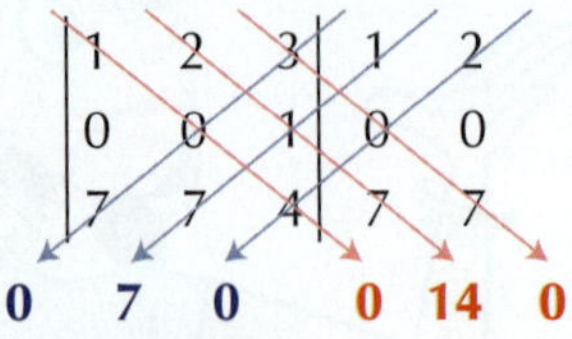


$$\begin{vmatrix} 1 & 2 & 3 \\ 0 & 0 & 1 \\ 7 & 7 & 4 \end{vmatrix} = 0 + 14 + 0 - 0 - 7 - 0 = 7$$

## Exercícios Resolvidos

**ER. 26** Encontre o determinante das seguintes matrizes:

a) $B = \begin{pmatrix} -2 & -2 \\ -3 & -3 \end{pmatrix}$

b) $P = \begin{pmatrix} -1 & -2 & -3 \\ -3 & -2 & -1 \\ 5 & -7 & 4 \end{pmatrix}$

**Resolução:**

a) $\det B = \begin{vmatrix} -2 & -2 \\ -3 & -3 \end{vmatrix} = 6 - 6 = 0$

b)

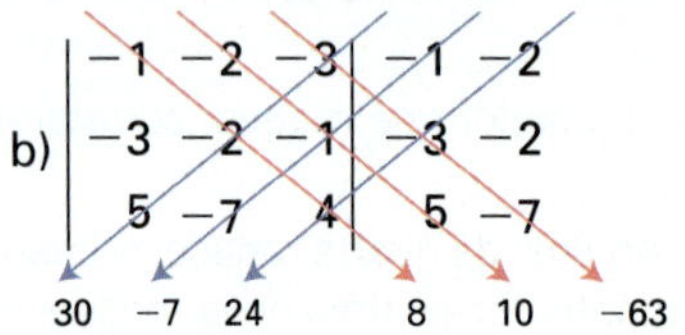


**Atenção!**

Cuidado com os sinais na multiplicação.

$$\det P = \begin{vmatrix} -1 & -2 & -3 \\ -3 & -2 & -1 \\ 5 & -7 & 4 \end{vmatrix} = 8 + 10 - 63 - 30 - (-7) - 24 = -92$$

**ER. 27** Verifique se o determinante da matriz dada a seguir é um número primo. Justifique sua resposta.

$$M = \begin{pmatrix} 1 & 0 & -1 \\ 2 & -1 & 0 \\ -3 & 0 & 1 \end{pmatrix}$$

**Resolução:** Inicialmente, vamos encontrar o valor do determinante da matriz *M*. Para isso, vamos usar outro tipo de esquema:

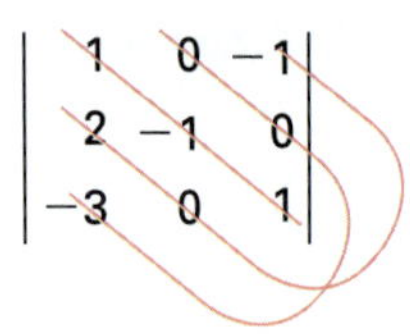


**produtos que devem ser somados**

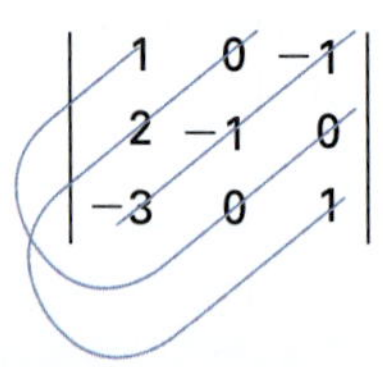


**produtos que devem ser subtraídos**

$$\det M = \begin{vmatrix} 1 & 0 & -1 \\ 2 & -1 & 0 \\ -3 & 0 & 1 \end{vmatrix} = -1 + 0 + 0 - (-3) - 0 - 0$$

$$\det M = -1 + 3 = \mathbf{2}$$

Logo, o determinante da matriz *M* é o número primo 2, pois esse número só tem dois divisores naturais: ele mesmo e o 1.

**ER. 28** Encontre os valores reais de $y$ para que $\det A = 12$, sendo:

$$A = \begin{pmatrix} -1 & 2y & 5 \\ y & -2 & 0 \\ 1 & 3 & 1 \end{pmatrix}$$

**Resolução:** Vamos obter o determinante de $A$ em função de $y$:

$$\left|\begin{matrix} -1 & 2y & 5 \\ y & -2 & 0 \\ 1 & 3 & 1 \end{matrix}\right| \begin{matrix} -1 & 2y \\ y & -2 \\ 1 & 3 \end{matrix}$$

$$-10 \quad 0 \quad 2y^2 \qquad 2 \quad 0 \quad 15y$$

$\det A = 2 + 15y - (-10) - 2y^2 = -2y^2 + 15y + 12$

Como $\det A = 12$, temos:

$$-2y^2 + 15y + 12 = 12 \Rightarrow y = 0 \text{ ou } y = 7{,}5$$

**Recorde**

$-2y^2 + 15y + 12 = 12$

$-2y^2 + 15y = 0$

$y(-2y + 15) = 0$

$y = 0$ ou $-2y + 15 = 0$

$15 = 2y$

$y = 7{,}5$

## Exercícios Propostos

**77.** Obtenha os determinantes das matrizes abaixo:

a) $N = \begin{pmatrix} 1 & 2 & 0 \\ 0 & 1 & 3 \\ 0 & 2 & 1 \end{pmatrix}$

b) $B = \begin{pmatrix} 1 & 0 & 0 \\ 0 & 1 & 0 \\ 0 & 0 & 1 \end{pmatrix}$

c) $C = \begin{pmatrix} 5 & 2 & -1 \\ 1 & 2 & 4 \\ -1 & 1 & 2 \end{pmatrix}$

d) $H = \begin{pmatrix} 2 & 3 & 1 \\ 0 & 0 & 0 \\ 5 & 1 & 2 \end{pmatrix}$

**78.** Determine o maior divisor primo de:

$$\begin{vmatrix} 0 & 8 & -5 \\ 4 & -2 & 5 \\ -2 & 7 & -2 \end{vmatrix}$$

**79.** Obtenha o valor de $a$ para o qual se tenha:

$$\begin{vmatrix} 1 & 7 & 7 \\ -2 & 16 & -4a \\ 0 & 1 & 1 \end{vmatrix} = 0$$

**80.** *Traço* de uma matriz é a soma dos elementos da diagonal principal.

Obtenha $x$ para que o traço da matriz $A$, a seguir, seja igual ao determinante de sua matriz transposta.

$$A = \begin{pmatrix} 0 & 2 & 1 \\ 2 & 1 & 1 \\ 4 & 0 & x \end{pmatrix}$$

**81.** Resolva, em $\mathbb{R}$:

a) $\begin{vmatrix} 1 & 0 & 3 \\ -1 & \log_3 x & 0 \\ 0 & 1 & 1 \end{vmatrix} = 0$

b) $\begin{vmatrix} x & 2 & 0 \\ 0 & x & 1 \\ -2 & 0 & 1 \end{vmatrix} > 0$

**82.** Quantos elementos tem o conjunto solução da equação dada abaixo, no universo $\mathbb{R}$?

$$\begin{vmatrix} x & 1 & 2 \\ 0 & x-2 & 0 \\ 0 & 0 & x-3 \end{vmatrix} = 0$$

**83.** Obtenha a soma de todos os valores de $x$ tais que:

$$\begin{vmatrix} x & 2 & -3 \\ -1 & 1 & x \\ 1 & 2 & 2 \end{vmatrix} = \begin{vmatrix} -x & 2 \\ 1 & x-2 \end{vmatrix}$$

**84.** Mostre que o valor de $x$ que satisfaz a equação seguinte é um número natural:

$$\begin{vmatrix} 2^x & 0 & 2 \\ -4 & 1 & 0 \\ 0 & 2 & 0{,}5 \end{vmatrix} = 0$$

**85.** Encontre o determinante das matrizes indicadas abaixo.

a) matriz nula de ordem 3;

b) matriz identidade de ordem 2.

## 5.2 DETERMINANTE DE UMA MATRIZ QUADRADA DE ORDEM *n* MAIOR QUE 3

O determinante de matrizes quadradas de ordem maior que 3 não são diretos. Para determiná-los, vamos estudar mais alguns conceitos.

### Cofator de uma matriz quadrada

Considere uma matriz quadrada $A$ de ordem $n$, com $n \geq 2$, e um elemento $a_{ij}$ dessa matriz.

> O **cofator** do elemento $a_{ij}$ da matriz $A$ é o número $\boldsymbol{A_{ij}}$ obtido pelo produto $\boldsymbol{(-1)^{i+j} \cdot D_{ij}}$, em que $D_{ij}$ é o determinante da matriz que se obtém quando retiramos a linha $i$ e a coluna $j$ da matriz $A$ dada.

Como exemplo, vamos achar os cofatores dos elementos $a_{21}$ e $a_{44}$ da matriz $A$ dada abaixo.

$$A = \begin{pmatrix} 2 & 0 & 2 & 0 \\ 5 & 6 & 0 & 1 \\ 1 & 0 & -3 & 0 \\ 0 & -1 & 0 & 4 \end{pmatrix}$$

**Responda**

*A* é uma matriz quadrada de que ordem?

- Cofator do elemento $a_{21}$:

$$\begin{pmatrix} 2 & 0 & 2 & 0 \\ \boxed{5} & 6 & 0 & 1 \\ 1 & 0 & -3 & 0 \\ 0 & -1 & 0 & 4 \end{pmatrix} \Rightarrow A_{21} = (-1)^{2+1} \cdot \begin{vmatrix} 0 & 2 & 0 \\ 0 & -3 & 0 \\ -1 & 0 & 4 \end{vmatrix}$$

Calculando o determinante obtido, encontramos zero como seu valor.

$$\left|\begin{matrix} 0 & 2 & 0 \\ 0 & -3 & 0 \\ -1 & 0 & 4 \end{matrix}\right| \begin{matrix} 0 & 2 \\ 0 & -3 \\ -1 & 0 \end{matrix}$$

$$0 \quad 0 \quad 0 \qquad 0 \quad 0 \quad 0$$

Assim, temos:

$$A_{21} = (-1) \cdot 0 = 0$$

- Cofator do elemento $a_{44}$:

$$\begin{pmatrix} 2 & 0 & 2 & 0 \\ 5 & 6 & 0 & 1 \\ 1 & 0 & -3 & 0 \\ 0 & -1 & 0 & \boxed{4} \end{pmatrix} \Rightarrow A_{44} = (-1)^{4+4} \cdot \begin{vmatrix} 2 & 0 & 2 \\ 5 & 6 & 0 \\ 1 & 0 & -3 \end{vmatrix}$$

Calculando o determinante obtido, encontramos $-48$ como seu valor.

$$\left|\begin{matrix} 2 & 0 & 2 \\ 5 & 6 & 0 \\ 1 & 0 & -3 \end{matrix}\right| \begin{matrix} 2 & 0 \\ 5 & 6 \\ 1 & 0 \end{matrix}$$

$$12 \quad 0 \quad 0 \qquad -36 \quad 0 \quad 0$$

Assim, temos:

$$A_{44} = 1 \cdot (-48) = -48$$

## Teorema de Laplace

> Sendo $A$ uma matriz quadrada de ordem $n$, com $n \geqslant 2$, o determinante dessa matriz (det $A$) é obtido pela *soma dos produtos dos elementos de uma única fila* (linha ou coluna) *pelos seus respectivos cofatores*.

CREATIVE COMMONS

Pierre Simon Laplace (1749-1827).

Como exemplo vamos tomar a matriz $A$, dada anteriormente, e encontrar det $A$ aplicando o teorema de Laplace. Para isso, vamos escolher a quarta coluna ($a_{14} = 0$, $a_{24} = 1$, $a_{34} = 0$ e $a_{44} = 4$) de $A$ e achar os cofatores dos elementos dessa coluna, ou seja:

$$\det A = a_{14} \cdot A_{14} + a_{24} \cdot A_{24} + a_{34} \cdot A_{34} + a_{44} \cdot A_{44}$$
$$\det A = 0 \cdot A_{14} + 1 \cdot A_{24} + 0 \cdot A_{34} + 4 \cdot A_{44}$$

Agora falta calcular os cofatores $A_{ij}$, para então obter det $A$. Repare que não há necessidade de se calcular os cofatores dos elementos $a_{ij}$ que são iguais a zero, pois o produto também será zero e não alterará a soma. Dessa forma, precisamos achar apenas $A_{24}$ e $A_{44}$. No entanto, já sabemos que $A_{44} = -48$ (já calculado). Assim, falta obter apenas $A_{24}$, como mostrado a seguir.

Cofator do elemento $a_{24}$:

$$\begin{pmatrix} 2 & 0 & 2 & 0 \\ 5 & 6 & 0 & 1 \\ 1 & 0 & -3 & 0 \\ 0 & -1 & 0 & 4 \end{pmatrix} \Rightarrow A_{24} = (-1)^{2+4} \cdot \begin{vmatrix} 2 & 0 & 2 \\ 1 & 0 & -3 \\ 0 & -1 & 0 \end{vmatrix}$$

Calculando o determinante obtido, encontramos −8 como seu valor.

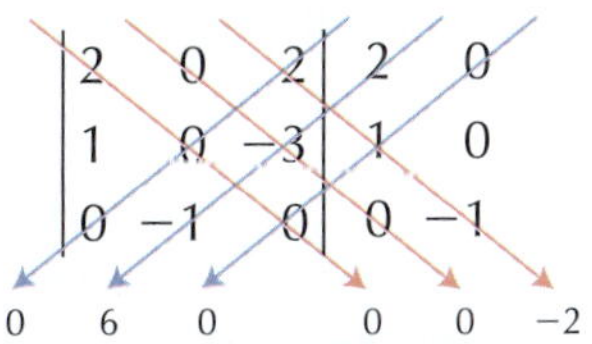

Assim, temos:

$$A_{24} = 1 \cdot (-8) = -8$$

Dessa forma, já podemos calcular o determinante da matriz $A$:

$$\det A = 1 \cdot A_{24} + 4 \cdot A_{44}$$
$$\det A = 1 \cdot (-8) + 4 \cdot (-48)$$
$$\det A = -200$$

### Observações

1. O teorema de Laplace pode ser aplicado a qualquer matriz quadrada de ordem $n$, com $n \geqslant 2$. No entanto, para matrizes de ordem menor que 4, os processos já estudados são mais simples.
2. No cálculo do determinante de uma matriz pelo teorema de Laplace, pode-se usar qualquer linha ou quaquer coluna (filas) que o resultado sempre é o mesmo. No entanto, o cálculo ficará mais simples se escolhermos a fila com maior quantidade de zeros.

**Faça**

Mostre, a partir do teorema de Laplace, que se todos os elementos de uma fila (linha ou coluna) de uma matriz quadrada são nulos, então seu determinante é zero.

## Exercício Resolvido

**ER. 29** Calcule o determinante das matrizes a seguir.

a) $A = \begin{pmatrix} 1 & -2 & 2 & 0 \\ 0 & 3 & 0 & 5 \\ 0 & 0 & 0 & -4 \\ 3 & 0 & 2 & 5 \end{pmatrix}$

b) $B = \begin{pmatrix} 1 & -2 & 0 & 1 & 1 \\ 0 & 1 & 0 & 0 & 2 \\ 0 & -1 & 0 & 0 & -3 \\ 0 & 0 & 0 & 0 & 4 \\ 1 & 1 & 2 & 0 & 1 \end{pmatrix}$

**Resolução:** Já que todas as matrizes são de ordem maior do que 3, vamos aplicar o teorema de Laplace para achar o determinante de todas elas.

a) Na matriz $A$, a fila com mais zeros é a terceira linha. Assim, temos:

$\det A = a_{31} \cdot A_{31} + a_{32} \cdot A_{32} + a_{33} \cdot A_{33} + a_{34} \cdot A_{34}$
$\det A = 0 \cdot A_{31} + 0 \cdot A_{32} + 0 \cdot A_{33} + (-4) \cdot A_{34}$
$\det A = -4 \cdot (-1)^{3+4} \cdot D_{34}$

$$\det A = 4 \cdot \begin{vmatrix} 1 & -2 & 2 \\ 0 & 3 & 0 \\ 3 & 0 & 2 \end{vmatrix} \qquad \begin{pmatrix} 1 & -2 & 2 & 0 \\ 0 & 3 & 0 & 5 \\ 0 & 0 & 0 & -4 \\ 3 & 0 & 2 & 5 \end{pmatrix}$$

Agora já podemos aplicar a regra de Sarrus, pois o determinante obtido é de 3.ª ordem.

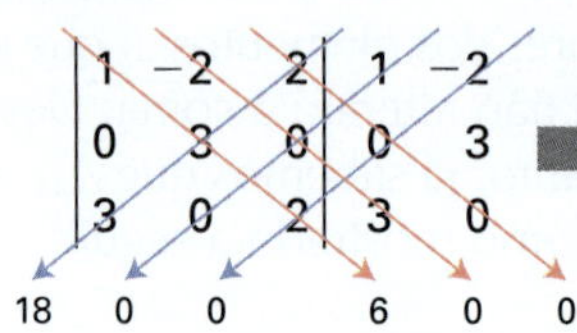


$$\begin{vmatrix} 1 & -2 & 2 \\ 0 & 3 & 0 \\ 3 & 0 & 2 \end{vmatrix} = 6 - 18 = -12$$

Então, temos:

$$\det A = 4 \cdot (-12) = -48$$

b) Para a matriz $B$, vamos aplicar o teorema de Laplace tomando a quarta coluna:

$\det B = b_{14} \cdot B_{14} + b_{24} \cdot B_{24} + b_{34} \cdot B_{34} + b_{44} \cdot B_{44} + b_{54} \cdot B_{54}$

$\det B = 1 \cdot B_{14} + 0 \cdot B_{24} + 0 \cdot B_{34} + 0 \cdot B_{44} + 0 \cdot B_{54}$

$$\det B = B_{14} = (-1)^{1+4} \cdot \begin{vmatrix} 0 & 1 & 0 & 2 \\ 0 & -1 & 0 & -3 \\ 0 & 0 & 0 & 4 \\ 1 & 1 & 2 & 1 \end{vmatrix}$$

Note que recaímos em um determinante de 4.ª ordem. Então, aplicamos novamente o teorema de Laplace, escolhendo a terceira linha. Agora, os cofatores são referentes a elementos da matriz associada a esse determinante de 4.ª ordem.

$$\begin{pmatrix} 0 & 1 & 0 & 2 \\ 0 & -1 & 0 & -3 \\ 0 & 0 & 0 & 4 \\ 1 & 1 & 2 & 1 \end{pmatrix}$$

$$\det B = (-1)^{1+4} \cdot 4 \cdot (-1)^{3+4} \cdot \begin{vmatrix} 0 & 1 & 0 \\ 0 & -1 & 0 \\ 1 & 1 & 2 \end{vmatrix}$$

$\det B = -1 \cdot 4 \cdot (-1) \cdot 0$
$\det B = 0$

**Atenção!**

Neste item, os $B_{ij}$ indicam os cofatores dos elementos $b_{ij}$ da matriz $B$.

**Faça**

Explique um procedimento para se calcular o determinante de 3.ª ordem obtido nesta questão.

## Exercícios Propostos

**86.** Determine os cofatores dos elementos $a_{23}$ e $a_{32}$ da seguinte matriz:

$$A = \begin{pmatrix} 1 & 2 & 0 & 1 \\ -1 & 0 & 2 & 3 \\ 0 & 1 & -5 & 4 \\ 0 & 1 & 3 & 0 \end{pmatrix}$$

**87.** Calcule os determinantes dados abaixo.

a) $\begin{vmatrix} 2 & 3 & 4 & 5 \\ 0 & 2 & 0 & 1 \\ 0 & 0 & 1 & 2 \\ 0 & 1 & 2 & 3 \end{vmatrix}$

b) $\begin{vmatrix} 1 & 2 & 3 & 0 \\ 1 & 2 & -1 & 5 \\ 2 & 0 & 2 & -1 \\ 1 & 2 & -1 & 0 \end{vmatrix}$

**88.** Determine o conjunto solução de cada equação, no universo $\mathbb{R}$:

a) $\begin{vmatrix} 2 & 1 & 2 & 1 \\ x & 0 & -2 & 2 \\ 5 & 1 & 0 & x \\ 7 & 2 & 2 & 4 \end{vmatrix} = 0$

b) $\begin{vmatrix} x & 1 & 2 & 3 \\ 0 & x-2 & 4 & 5 \\ 0 & 0 & 2^x-8 & 6 \\ 0 & 0 & 0 & x+2 \end{vmatrix} = 0$

**89.** Obtenha o maior valor que a função real de variável real *f*, dada abaixo, pode assumir.

$$f(x) = \begin{vmatrix} x & 0 & 0 & 0 \\ 1 & x-2 & 0 & 0 \\ 8 & \pi & 1 & 0 \\ 3 & 2 & 9 & -2 \end{vmatrix}$$

## Tecnologia & Desenvolvimento

### Determinantes e Investigação Matemática

Dada uma matriz de ordem *n* (matriz quadrada), já sabemos como calcular o seu determinante. Contudo, qual o significado disso?

Já estudamos as matrizes e sabemos que a forma matricial é utilizada para representar os mais variados tipos de informação.

Os estudos sobre determinantes tiveram origem em meados do século XVII e estavam ligados principalmente à resolução de sistemas de equações lineares (assunto que será estudado no próximo capítulo) e à representação simplificada de expressões matemáticas mais complexas.

EMBRAER

Avião brasileiro em ação no monitoramento da Amazônia. O projeto de um avião utiliza os determinantes como ferramenta de investigação

### Determinante: *uma ferramenta matemática*

Como já falamos, o determinante é uma das muitas ferramentas matemáticas disponíveis. Com seu uso é possível conhecer melhor uma matriz (quadrada) e saber, por exemplo, se um sistema de equações tem uma única solução ou não (e, em caso positivo, encontrá-la) ou se em uma matriz há alguma linha ou coluna repetida ou dependente de outra linha ou coluna (nesse caso, essa linha dependente não contém informação nova, mas a repetição de informação antiga).

### Um exemplo: *investigando sistemas de equações lineares*

No próximo capítulo, estudaremos os sistemas de equações lineares, tema sobre o qual você já tem algum conhecimento. Um dos itens importantes do trabalho com sistemas é saber se eles têm solução ou não. Nessa investigação, matrizes e determinantes têm papel fundamental.

### Uma aplicação: *o estudo de sistemas dinâmicos*

Na Física e na Matemática, um *sistema dinâmico* é um sistema (conjunto de elementos interconectados, de modo a formar um todo organizado) que evolui no tempo e muda de estado segundo uma regra que liga o estado presente aos estados passados. Tais sistemas são objeto de estudo de várias áreas, como Engenharia, Biologia, Medicina, Informática, Administração etc.

São exemplos de sistemas dinâmicos o movimento de espaçonaves ao redor da Terra e no Sistema Solar, o movimento de planetas e estrelas, o movimento das moléculas em um gás, as variações climáticas, o crescimento populacional etc.

No estudo desses sistemas, a formulação dos problemas utiliza muitas vezes equações na forma matricial e, assim sendo, os determinantes são usados, mais uma vez, como ferramentas de investigação. Desse modo, pode-se conhecer melhor o sistema em estudo (seu equilíbrio ou sua estabilidade, por exemplo) e elaborar previsões sobre seu comportamento em diversas situações, detectando problemas que possam surgir antes que eles realmente ocorram, corrigindo-os e conferindo a estes maior desempenho, segurança e conforto. Esse é o caso do projeto dos sistemas dinâmicos presentes em aviões, automóveis e motocicletas, entre outros. É claro que a tecnologia computacional disponível atualmente dá suporte para o estudo de sistemas dinâmicos cada vez mais sofisticados e, sem ela, muito do conforto que temos hoje não seria possível.

São muitos os sistemas dinâmicos presentes em uma motocicleta moderna (sistema de frenagem, amortecimento etc.).

## 6. Propriedades e Teoremas Importantes sobre Determinantes

Quando temos matrizes de ordem maior do que 4, o cálculo do determinante pode ficar muito trabalhoso. Veremos a seguir que, de acordo com as características que uma matriz quadrada apresenta, o método de cálculo de seu determinante pode ser simplificado por meio de certas propriedades.

## 6.1 PRINCIPAIS PROPRIEDADES DE DETERMINANTES

Todas as propriedades que vamos enunciar podem ser demonstradas. Em nosso estudo, vamos apresentar apenas algumas dessas demonstrações, já que não é nossa intenção esgotar o assunto nem aprofundá-lo mais do que o necessário para um curso de Ensino Médio.

### 1.ª propriedade: fila nula

Se uma matriz quadrada apresenta uma fila com todos os elementos iguais a zero (fila nula), o seu determinante é igual a zero.

*Recorde*

Quando nos referimos a uma fila da matriz, queremos dizer linha ou coluna.

*Demonstração*

Esse resultado é consequência imediata do teorema de Laplace, visto anteriormente. Basta calcular o determinante dessa matriz aplicando o referido teorema e escolhendo a linha ou coluna que for nula.

**EXEMPLOS**

a) A matriz $B = \begin{pmatrix} -2 & 0 \\ -3 & 0 \end{pmatrix}$ tem a segunda coluna nula e, portanto, det $B = 0$.

b) Como $P = \begin{pmatrix} 0 & 0 & 0 \\ 3 & -2 & -1 \\ 5 & -7 & 4 \end{pmatrix}$ tem a primeira linha nula, seu determinante é zero, isto é, det $P = 0$.

### 2.ª propriedade: filas paralelas iguais ou proporcionais

Se os elementos de duas filas paralelas de uma matriz quadrada são iguais ou proporcionais, o determinante dessa matriz é igual a zero.

*Atenção!*

Dizemos que duas filas paralelas são proporcionais quando uma delas é a outra multiplicada por um número não nulo.

**EXEMPLOS**

a) A matriz $M = \begin{pmatrix} 4 & 0 & 4 & -2 \\ 1 & -1 & 1 & 0 \\ 3 & 0 & 3 & 1 \\ 0 & 7 & 0 & -1 \end{pmatrix}$ tem determinante igual a zero, pois tem a primeira e a terceira colunas iguais.

b) O determinante da matriz $B = \begin{pmatrix} 1 & -2 & 0 & 1 & 1 \\ 0 & 1 & 0 & 0 & 2 \\ 0 & -1 & 0 & 0 & -2 \\ 0 & 0 & 0 & 0 & 4 \\ 1 & 1 & 2 & 0 & 1 \end{pmatrix}$ é igual a zero, pois a segunda e terceira linha são proporcionais (a terceira linha é a segunda linha multiplicada por $-1$).

## EXERCÍCIOS PROPOSTOS

**90.** Obtenha o valor de cada um dos determinantes, justificando o procedimento utilizado.

a) $\begin{vmatrix} 1 & 2 & 3 \\ 0 & 0 & 0 \\ 4 & 5 & 6 \end{vmatrix}$ b) $\begin{vmatrix} 1 & 0 & 3 \\ 0 & 0 & 1 \\ 2 & 5 & -6 \end{vmatrix}$ c) $\begin{vmatrix} 1 & 3 & 5 \\ 1 & 3 & 5 \\ 2 & 3 & \pi \end{vmatrix}$ d) $\begin{vmatrix} 1 & -1 & 1 & 3 \\ 3 & 4 & 3 & 5 \\ 0 & -1 & 0 & 2 \\ 5 & 1 & 5 & 7 \end{vmatrix}$

**91.** Encontre o valor da soma dada abaixo, explicando o procedimento utilizado, sendo *a*, *b*, *c*, *d*, *e*, *f* constantes reais.

$$\begin{vmatrix} 0 & a & b \\ c & 0 & d \\ e & f & 0 \end{vmatrix} + \begin{vmatrix} a & b & c \\ d & e & f \\ 3a & 3b & 3c \end{vmatrix} + \begin{vmatrix} a & b & 5a \\ c & d & 5c \\ e & f & 5e \end{vmatrix}$$

**92.** Qual dos seguintes determinantes tem maior valor?

$$\begin{vmatrix} 0 & 1 & 2 & 3 \\ -1 & 2 & 1 & 6 \\ 0 & -1 & 0 & -3 \\ 5 & 5 & 0 & 15 \end{vmatrix} \quad \text{ou} \quad \begin{vmatrix} 1 & 2 & -\sqrt[3]{-27} & 5 & \text{sen } 30° \\ 0 & 1 & 4 & -5 & -100 \\ 8 & \pi & 7 & -5 & \log 5 \\ 7 & \mathbf{e} & 1 & 5 & -\log 5 \\ -\log 10 & -2 & -3 & -5 & -\cos 60° \end{vmatrix}$$

## 3.ª propriedade: troca de filas paralelas

Quando trocamos de posição duas linhas ou duas colunas (filas paralelas) de uma matriz quadrada, o determinante da nova matriz obtida é o oposto do determinante da matriz anterior.

## EXERCÍCIO RESOLVIDO

**ER. 30** Calcule o determinante das matrizes

$$A = \begin{pmatrix} 1 & 0 & 0 \\ 3 & -2 & -1 \\ 5 & -7 & 4 \end{pmatrix} \text{ e}$$

$$B = \begin{pmatrix} 5 & -7 & 4 \\ 3 & -2 & -1 \\ 1 & 0 & 0 \end{pmatrix}$$

e verifique a validade da 3.ª propriedade.

**Resolução:** Note que a matriz *B* é igual à matriz que se obtém quando trocamos a primeira com a terceira linha da matriz *A*. Desse modo, vamos achar os determinantes de *A* e de *B* e comparar seus valores, para verificar a propriedade sobre *troca de filas paralelas*.

Já que as matrizes têm ordem 3, podemos usar a regra de Sarrus:

- $\det A = \begin{vmatrix} 1 & 0 & 0 \\ 3 & -2 & -1 \\ 5 & -7 & 4 \end{vmatrix} = -8 + 0 + 0 - 0 - 7 - 0 = -15$

- $\det B = \begin{vmatrix} 5 & -7 & 4 \\ 3 & -2 & -1 \\ 1 & 0 & 0 \end{vmatrix} = 0 + 7 + 0 - (-8) - 0 - 0 = 15$

Veja que, de fato, $\det B = -\det A$.

## 4.ª propriedade: determinante da matriz transposta

O determinante de uma matriz quadrada *A* é igual ao determinante de sua matriz transposta $A^t$, ou seja:

$$\det A = \det A^t$$

**Recorde**

A transposta de uma matriz *A* é a matriz que se obtém trocando as linhas pelas colunas de *A*.

## Exercício Resolvido

**ER. 31** Determine o valor de $\det A^t \cdot \det A$ nos casos a seguir.

a) $A = \begin{pmatrix} 3 & 15 & 4 \\ 3 & 15 & -1 \\ 3 & 15 & 0 \end{pmatrix}$

b) $A^t = \begin{pmatrix} -2 & 1 \\ -3 & -5 \end{pmatrix}$

c) $A = \begin{pmatrix} 4 & 0 & 4 & 0 \\ 1 & -1 & 1 & 0 \\ 3 & 0 & -3 & 1 \\ 0 & 0 & 0 & -1 \end{pmatrix}$

**Resolução:**

a) Observe que a segunda coluna da matriz $A$ é a primeira multiplicada por 5. Com isso, essas duas colunas são proporcionais, o que acarreta $\det A = 0$. Assim, temos:

$$\det A^t \cdot \det A = \det A^t \cdot 0 = 0$$

b) Já que temos a matriz transposta $A^t$, comecemos calculando seu determinante:

$$\det A^t = 10 - (-3) = 13$$

Sendo assim, a propriedade do determinante da matriz transposta nos possibilita achar $\det A$ diretamente, ou seja, $\det A = \det A^t$. Daí:

$$\det A^t \cdot \det A = 13 \cdot 13 = 169$$

c) Como a matriz $A$ é de ordem 4, vamos aplicar o teorema de Laplace para achar seu determinante, escolhendo a fila com mais zeros, que é a segunda coluna. Assim, temos:

$$\det A = a_{12} \cdot A_{12} + a_{22} \cdot A_{22} + a_{32} \cdot A_{32} + a_{42} \cdot A_{42}$$

$$\det A = -1 \cdot A_{22}$$

$$\det A = -1 \cdot (-1)^{2+2} \cdot \underbrace{\begin{vmatrix} 4 & 4 & 0 \\ 3 & -3 & 1 \\ 0 & 0 & -1 \end{vmatrix}}_{\text{valor: } 24}$$

$$\det A = -1 \cdot 1 \cdot 24 = -24$$

Como $\det A = \det A^t$, vem:

$$\det A^t \cdot \det A = -24 \cdot (-24) = 576$$

**Responda**

Como você pode resolver o determinante de 3.ª ordem obtido neste item?

## 5.ª propriedade: determinante de uma matriz triangular

O determinante de uma matriz triangular é dado pelo produto dos elementos da diagonal principal da matriz.

**Recorde**

Uma matriz triangular é aquela em que todos os elementos acima (ou abaixo) da diagonal principal são nulos.

### Exemplos

a) O determinante da matriz triangular $A = \begin{pmatrix} 3 & 15 & 4 \\ 0 & 15 & -1 \\ 0 & 0 & 1 \end{pmatrix}$ é:

$$\det A = 3 \cdot 15 \cdot 1 = 45$$

b) A matriz $M = \begin{pmatrix} -1 & 0 & 0 & 0 \\ 0 & 1 & 0 & 0 \\ 1 & 0 & 1 & 0 \\ 1 & 1 & 1 & 0 \end{pmatrix}$ também é triangular. Daí:

$$\det M = -1 \cdot 1 \cdot 1 \cdot 0 = 0$$

Também poderíamos ter concluído esse resultado observando que $M$ tem uma fila nula.

## Exercícios Resolvidos

**ER. 32** Mostre que o determinante da matriz identidade (de qualquer ordem) é sempre igual a 1.

**Resolução:** Note que, independentemente de sua ordem, a matriz identidade ($I$) é também uma matriz triangular; sendo assim, o seu determinante é o produto dos elementos de sua diagonal principal, que são todos iguais a 1.

Portanto, det $I = 1$, qualquer que seja a ordem de $I$.

Vejamos alguns casos:

- $I = (1) \Rightarrow \det I = 1$
- $I = \begin{pmatrix} 1 & 0 \\ 0 & 1 \end{pmatrix} \Rightarrow \det I = 1 \cdot 1 = 1$
- $I = \begin{pmatrix} 1 & 0 & \dots & 0 \\ 0 & 1 & \dots & 0 \\ \vdots & \vdots & \ddots & \vdots \\ 0 & 0 & \dots & 1 \end{pmatrix} \Rightarrow \det I = 1 \cdot 1 \cdot \dots \cdot 1 = 1$

**ER. 33** Considere o conjunto $M_3$ de todas as matrizes reais quadradas de ordem 3 e as operações já definidas para as matrizes. Tomemos a função $f$ definida de $M_3$ em $M_3$ de modo que $f(A) = 2A, \forall A \in M_3$.

Encontre o determinante da matriz transposta de $f(M)$ sendo $M$ a seguinte matriz quadrada de ordem 3:

$$M = \begin{pmatrix} 3 & 0 & 0 \\ 1 & 2 & 0 \\ 0 & 5 & 4 \end{pmatrix}$$

**Resolução:** Repare que $M$ é uma matriz quadrada de ordem 3. Assim, existe a imagem de $M$ pela $f$ e essa imagem, denotada por $f(M)$, também é uma matriz quadrada de ordem 3 dada por $f(M) = 2M$.

Indicando a matriz transposta de $f(M)$ por det $[f(M)]^t$, temos:

$$\det [f(M)]^t = \det (2M)^t = \det (2 \cdot M^t)$$

Então, vamos encontrar a matriz $2 \cdot M^t$ e achar seu determinante:

> **Recorde**
>
> Propriedade:
>
> $(\alpha A)^t = \alpha A^t$
>
> sendo $\alpha$ real e $A$ uma matriz.

- $M^t = \begin{pmatrix} 3 & 1 & 0 \\ 0 & 2 & 5 \\ 0 & 0 & 4 \end{pmatrix}$ e $2 \cdot M^t = \begin{pmatrix} 6 & 2 & 0 \\ 0 & 4 & 10 \\ 0 & 0 & 8 \end{pmatrix}$

  Note que são matrizes triangulares.

- $\det (2 \cdot M^t) = 6 \cdot 4 \cdot 8 = 192$

  Repare que $\det (2 \cdot M^t) \neq 2 \cdot \det (M^t)$, pois:

  $$2 \cdot \det (M^t) = 2 \cdot (3 \cdot 2 \cdot 4) = 48$$

  Logo, o determinante da transposta de $f(M)$ é 192.

> **Faça**
>
> Resolva esta questão usando a propriedade do determinante da matriz transposta.

**ER. 34** Considerando as matrizes

$$A = \begin{pmatrix} 1 & 0 & 0 \\ 0 & 1 & 0 \end{pmatrix} \text{ e } B = A^t,$$

calcule, quando existir, det $A$, det $B$, det $AB$ e det $BA$.

**Resolução:** Note que a matriz $A$ tem três linhas e duas colunas, ou seja, ela não é uma matriz quadrada. Sendo assim, não existe det $A$ e, consequentemente, também não existe det $A^t$. Assim, det $B$ não existe.

Dessa forma, precisamos encontrar, se existir, os produtos $AB$ e $BA$ para obter os respectivos determinantes:

- $AB = \begin{pmatrix} 1 & 0 & 0 \\ 0 & 1 & 0 \end{pmatrix} \cdot \begin{pmatrix} 1 & 0 \\ 0 & 1 \\ 0 & 0 \end{pmatrix} = \begin{pmatrix} 1 & 0 \\ 0 & 1 \end{pmatrix}$

- $BA = \begin{pmatrix} 1 & 0 \\ 0 & 1 \\ 0 & 0 \end{pmatrix} \cdot \begin{pmatrix} 1 & 0 & 0 \\ 0 & 1 & 0 \end{pmatrix} = \begin{pmatrix} 1 & 0 & 0 \\ 0 & 1 & 0 \\ 0 & 0 & 0 \end{pmatrix}$

**Faça**

Dê um exemplo de duas matrizes ($A$ e $B$) tais que exista det $A$ mas não exista det $B$ nem det $AB$.

Repare que as matrizes $AB$ e $BA$ são quadradas. Por isso, é possível achar o determinante de cada uma. Observando também que essas duas matrizes são triangulares, podemos aplicar a 5.ª propriedade:

$$\det(AB) = 1 \cdot 1 = 1 \quad \text{e} \quad \det(BA) = 1 \cdot 1 \cdot 0 = 0$$

Veja que, embora não existam det $A$ e det $B$, os determinantes dos produtos $AB$ e $BA$ existem, mas são distintos, isto é, det $AB \neq$ det $BA$.

## Exercícios Propostos

**93.** Calcule o determinante das seguintes matrizes:

a) $\begin{pmatrix} 1 & 15 & -12 \\ 0 & 2 & 8 \\ 0 & 0 & 7 \end{pmatrix}$ c) $\begin{pmatrix} -1 & 0 & 0 \\ 0 & -1 & 0 \\ 0 & 0 & -1 \end{pmatrix}$

b) $\begin{pmatrix} 15 & 1 & -12 \\ 2 & 0 & 8 \\ 0 & 0 & 7 \end{pmatrix}$ d) $\begin{pmatrix} 0 & 0 & 8 \\ 1 & 34 & 67 \\ 0 & 5 & 29 \end{pmatrix}$

**94.** Sendo $A = \begin{pmatrix} a & 2 \\ 5 & -1 \end{pmatrix}$ tal que det $A = 5$, calcule:

a) $\begin{vmatrix} a & 5 \\ 2 & -1 \end{vmatrix}$ b) $\begin{vmatrix} 5 & a \\ -1 & 2 \end{vmatrix}$

**95.** Calcule:

$$\begin{vmatrix} a & e & c \\ ka & 2b & d \\ ka & ke & kc \end{vmatrix} \cdot \begin{vmatrix} a & ka & ka \\ e & 2b & ke \\ c & d & kc \end{vmatrix}$$

**96.** Quantas soluções inteiras e negativas encontramos no universo real em cada caso? Justifique sua resposta.

a) $\begin{vmatrix} x-1 & 0 & 0 & 0 \\ 1 & x+1 & 0 & 0 \\ 2 & 3 & x-2 & 0 \\ 4 & 5 & 6 & x-3 \end{vmatrix} = 0$

b) $\begin{vmatrix} x-3 & 2 & 1 \\ 0 & 3 & x-2 \\ 0 & 5 & 0 \end{vmatrix} \leqslant 0$

**97.** Dadas as matrizes

$$A = \begin{pmatrix} x-3 & 2 & 1 \\ 0 & 3 & x-2 \\ 0 & 5 & 0 \end{pmatrix} \text{ e } B = \begin{pmatrix} x-4 & 1 \\ 0 & x \end{pmatrix}$$

resolva em $\mathbb{R}$ a seguinte inequação:

$$\frac{\det A}{\det B} \leqslant 0$$

## 6.ª propriedade: multiplicação dos elementos de uma fila por um número real

Quando multiplicamos cada elemento de uma única fila (linha ou coluna) de uma matriz quadrada por um mesmo número real $k$, o determinante da matriz obtida fica multiplicado por esse mesmo número $k$.

**Exemplo**

Veja que a matriz $M = \begin{pmatrix} 3 & 4 \\ 5 & 10 \end{pmatrix}$ pode ser obtida da matriz $N = \begin{pmatrix} 3 & 4 \\ 1 & 2 \end{pmatrix}$ multiplicando-se os elementos da última linha de $N$ por 5:

$$\begin{pmatrix} 3 & 4 \\ 5 & 10 \end{pmatrix}$$

$5 \cdot 1$ $5 \cdot 2$

Comparando os determinantes dessas duas matrizes, temos:

- det $N = 6 - 4 = 2$ e det $M = 30 - 20 = 10 = 5 \cdot 2$
- det $M = \mathbf{5} \cdot$ det $N$

**Faça**

Mostre que essa propriedade é válida para o caso de uma matriz qualquer de ordem $n$.

### *Consequência da 6.ª propriedade*

Podemos colocar em evidência um fator comum de uma fila no cálculo de um determinante. Por exemplo:

$$D = \begin{vmatrix} \mathbf{3} & 15 & 0 \\ \mathbf{12} & 15 & 1 \\ \mathbf{-9} & 0 & 1 \end{vmatrix} = 3 \cdot \begin{vmatrix} \mathbf{1} & 15 & 0 \\ \mathbf{4} & 15 & 1 \\ \mathbf{-3} & 0 & 1 \end{vmatrix} = 3 \cdot 15 \cdot \begin{vmatrix} 1 & \mathbf{1} & 0 \\ 4 & \mathbf{1} & 1 \\ -3 & \mathbf{0} & 1 \end{vmatrix}$$

$$D = 45 \cdot \underbrace{\begin{vmatrix} 1 & 1 & 0 \\ 4 & 1 & 1 \\ -3 & 0 & 1 \end{vmatrix}}_{\text{valor: } -6} = 45 \cdot (-6) = -270$$

## Exercício Resolvido

**ER. 35** Calcule a expressão $E = (\det A + \det B)^2$, indicando quais propriedades foram utilizadas, sendo:

$$A = \begin{pmatrix} -550 & 1.001 \\ -121 & 220 \end{pmatrix} \text{ e}$$

$$B^t = \begin{pmatrix} 4 & 0 & 4 & -2 \\ 1 & -1 & 1 & -0,5 \\ 1 & 0 & 3 & -0,5 \\ 2 & 1 & 0 & -1 \end{pmatrix}$$

**Resolução:**

- Cálculo de det $A$

$$\det A = \begin{vmatrix} -550 & 1.001 \\ -121 & 220 \end{vmatrix}$$ (vamos colocar em evidência o fator comum da 1.ª coluna e da 2.ª linha)

$$\det A = (-11) \cdot 11 \cdot \begin{vmatrix} 50 & 1.001 \\ 1 & 20 \end{vmatrix}$$

$$\det A = -121 \cdot (1.000 - 1.001) = 121$$

- Cálculo de det $B$

$\det B = \det B^t$ (determinante da matriz transposta)

$$\det B = \begin{vmatrix} 4 & 0 & 4 & -2 \\ 1 & -1 & 1 & -0,5 \\ 1 & 0 & 3 & -0,5 \\ 2 & 1 & 0 & -1 \end{vmatrix}$$ (vamos colocar em evidência o fator comum da 1.ª e 4.ª colunas)

$$\det B = 2 \cdot (-1) \cdot \begin{vmatrix} 2 & 0 & 4 & 2 \\ 0,5 & -1 & 1 & 0,5 \\ 0,5 & 0 & 3 & 0,5 \\ 1 & 1 & 0 & 1 \end{vmatrix}$$ (filas iguais: 1.ª e 4.ª colunas)

$$\det B = 2 \cdot (-1) \cdot 0 = 0$$

- Cálculo da expressão

$$E = (\det A + \det B)^2 = (\det A)^2 + 2 \cdot \det A \cdot \det B + (\det B)^2$$

$$E = (121)^2 + 0 + 0$$

$$E = 14.641$$

**Atenção!**

O produto notável pode ser aplicado porque temos o quadrado da soma de dois números reais dados pelos dois determinantes.

## 7.ª propriedade: determinante do produto de um número real por uma matriz

Quando multiplicamos um número real $k$ por uma matriz quadrada de ordem $n$, o determinante da matriz obtida fica multiplicado por $k^n$, ou seja:

$$\det (kA_n) = k^n \cdot \det A_n$$

*Demonstração*

Considere uma matriz quadrada $A$ de ordem $n$ e a matriz $kA_n$ para $k$ real:

$$A_n = \begin{pmatrix} a_{11} & a_{12} & \cdots & a_{1n} \\ a_{21} & a_{22} & \cdots & a_{2n} \\ \vdots & \vdots & \vdots & \vdots \\ a_{n1} & a_{n2} & \cdots & a_{nn} \end{pmatrix} \quad \text{e} \quad kA_n = \begin{pmatrix} ka_{11} & ka_{12} & \cdots & ka_{1n} \\ ka_{21} & ka_{22} & \cdots & ka_{2n} \\ \vdots & \vdots & \vdots & \vdots \\ ka_{n1} & ka_{n2} & \cdots & ka_{nn} \end{pmatrix}$$

Pela 6.ª propriedade, no cálculo de um determinante, podemos colocar em evidência o fator comum de uma fila. Daí, considerando o fator $k$ comum em cada linha, vem:

$$\det(kA_n) = \begin{vmatrix} ka_{11} & ka_{12} & \cdots & ka_{1n} \\ ka_{21} & ka_{22} & \cdots & ka_{2n} \\ \vdots & \vdots & \vdots & \vdots \\ ka_{n1} & ka_{n2} & \cdots & ka_{nn} \end{vmatrix}$$

$$\det(kA_n) = \underbrace{k \cdot k \cdot \ldots \cdot k}_{n \text{ fatores}} \cdot \underbrace{\begin{vmatrix} a_{11} & a_{12} & \cdots & a_{1n} \\ a_{21} & a_{22} & \cdots & a_{2n} \\ \vdots & \vdots & \vdots & \vdots \\ a_{n1} & a_{n2} & \cdots & a_{nn} \end{vmatrix}}_{\det A_n}$$

$$\det(kA_n) = k^n \cdot \det A_n$$

## Exemplos

a) Para $B = \begin{pmatrix} -3 & -9 & 0 \\ 0 & 12 & 6 \\ -9 & 3 & -3 \end{pmatrix}$, verificamos:

$$B = 3 \cdot \begin{pmatrix} -1 & -3 & 0 \\ 0 & 4 & 2 \\ -3 & 1 & -1 \end{pmatrix}$$

Então, para encontrar det $B$, fazemos:

$$\det B = \begin{vmatrix} -3 & -9 & 0 \\ 0 & 12 & 6 \\ -9 & 3 & -3 \end{vmatrix} = 3^3 \cdot \begin{vmatrix} -1 & -3 & 0 \\ 0 & 4 & 2 \\ -3 & 1 & -1 \end{vmatrix}$$

$$\det B = 3^3 \cdot 2 \cdot \underbrace{\begin{vmatrix} -1 & -3 & 0 \\ 0 & 2 & 1 \\ -3 & 1 & -1 \end{vmatrix}}_{\text{valor: } 12}$$

$$\det B = 3^3 \cdot 2 \cdot 12 = 648$$

b) Dada $A = \begin{pmatrix} 40 & 400 & 80 \\ 20 & 200 & 640 \\ 0 & 300 & 240 \end{pmatrix}$, temos:

$$\det A = \begin{vmatrix} 40 & 400 & 80 \\ 20 & 200 & 640 \\ 0 & 300 & 240 \end{vmatrix} = 20^3 \cdot \begin{vmatrix} 2 & 20 & 4 \\ 1 & 10 & 32 \\ 0 & 15 & 12 \end{vmatrix}$$

$$\det A = 20^3 \cdot 5 \cdot 4 \cdot \begin{vmatrix} 2 & 4 & 1 \\ 1 & 2 & 8 \\ 0 & 3 & 3 \end{vmatrix}$$

$$\det A = 20^3 \cdot 5 \cdot 4 \cdot 3 \cdot \underbrace{\begin{vmatrix} 2 & 4 & 1 \\ 1 & 2 & 8 \\ 0 & 1 & 1 \end{vmatrix}}_{\text{valor: } -15}$$

**Responda**

Como você pode resolver o determinante de 3.ª ordem obtido aqui?

$$\det A = 20^3 \cdot 5 \cdot 4 \cdot 3 \cdot (-15) = -7.200.000$$

## EXERCÍCIOS PROPOSTOS

**98.** Calcule o determinante da matriz

$J = \begin{pmatrix} 121 & 11 & -44 \\ 0 & 110 & -88 \\ 0 & 0 & -11 \end{pmatrix}$ usando as propriedades

estudadas e identificando-as.

**99.** Sendo $\begin{vmatrix} a & b & c \\ d & e & f \\ g & h & m \end{vmatrix} = 2$, calcule:

a) $\begin{vmatrix} 2a & -b & 3c \\ 2d & -e & 3f \\ 2g & -h & 3m \end{vmatrix}$

b) $\begin{vmatrix} 4a & 2b & 2c \\ 2d & e & f \\ 2g & h & m \end{vmatrix}$

c) $\begin{vmatrix} ma & mb & mc \\ md & me & mf \\ mg & mh & m^2 \end{vmatrix}$

**100.** Sendo a matriz

$$A = \begin{pmatrix} 1 & 2 \\ 3 & 9 \end{pmatrix}$$

encontre o determinante para cada item abaixo.

a) det $A$ b) det $(5A)$ c) det $(0,5A)$

**101.** A matriz $B$ é quadrada de ordem 2. Sabe-se que det $B = 5$. Obtenha os valores reais de $k$ para que det $(k \cdot B^t) = 100$.

Carl Gustavo Jakob Jacobi (1804-1851).

## 6.2 TEOREMAS SOBRE DETERMINANTES

Além do teorema de Laplace, já visto, vamos apresentar outros dois teoremas importantes sobre determinantes: *teorema de Jacobi* e *de Binet*.

**Saiba +**

**Teorema** é uma afirmação com resultados de grande importância matemática sobre um grupo de elementos, validada por uma demonstração por meio de um processo lógico.

## Teorema de Jacobi

> Quando substituímos uma linha (ou coluna) de uma matriz quadrada pela soma dessa linha (ou coluna) com outra linha (ou coluna) multiplicada por um número real não nulo, obtemos uma nova matriz que tem determinante igual ao da matriz quadrada inicial.

Vejamos no exemplo abaixo uma verificação do teorema de Jacobi.

Dada a matriz $A = \begin{pmatrix} 1 & 1 \\ -3 & 2 \end{pmatrix}$, vamos multiplicar os elementos da 1.ª linha por 3 e somar esses valores na 2.ª linha:

$$A = \begin{pmatrix} 1 & 1 \\ -3 & 2 \end{pmatrix} \xrightarrow{\text{2.ª linha} + 3 \times \text{1.ª linha}} A_1 = \begin{pmatrix} 1 & 1 \\ 0 & 5 \end{pmatrix}$$

Agora, façamos o cálculo do determinante de $A$ e de $A_1$:

- $\det A = \begin{vmatrix} 1 & 1 \\ -3 & 2 \end{vmatrix} = 2 - (-3) = 5$

- $\det A_1 = \begin{vmatrix} 1 & 1 \\ 0 & 5 \end{vmatrix} = 1 \cdot 5 = 5$

Note que $A_1$ é a matriz que se obtém depois de feita a substituição da 2.ª linha de $A$ pelas transformações já citadas e que $\det A = \det A_1$, conforme afirma o teorema de Jacobi.

**Observação**

Aplicando o teorema de Jacobi, podemos conseguir matrizes com maior número de zeros em suas filas e, assim, simplificar o cálculo do determinante, como ocorreu no exemplo visto acima, em que se conseguiu uma matriz triangular.

### Exercício Resolvido

**ER. 36** Calcule o determinante da matriz

$$T = \begin{pmatrix} 1 & 2 & 3 \\ 2 & 5 & -1 \\ -1 & 2 & 3 \end{pmatrix}$$

utilizando o teorema de Jacobi.

**Resolução:** Pelo teorema de Jacobi, vamos provocar o aparecimento de zeros, produzindo uma nova matriz cujo determinante é igual ao da matriz $T$, só que mais fácil de se calcular.

$$T = \begin{pmatrix} 1 & 2 & 3 \\ 2 & 5 & -1 \\ -1 & 2 & 3 \end{pmatrix} \xrightarrow[\text{e 3.ª linha} + \text{1.ª linha}]{\text{2.ª linha} - 2 \times \text{1.ª linha}} T_1 = \begin{pmatrix} 1 & 2 & 3 \\ 0 & 1 & -7 \\ 0 & 4 & 6 \end{pmatrix}$$

$$T_1 = \begin{pmatrix} 1 & 2 & 3 \\ 0 & 1 & -7 \\ 0 & 4 & 6 \end{pmatrix} \xrightarrow{\text{3.ª linha} - 4 \times \text{2.ª linha}} T_2 = \begin{pmatrix} 1 & 2 & 3 \\ 0 & 1 & -7 \\ 0 & 0 & 34 \end{pmatrix}$$

Pelo teorema de Jacobi, temos que $\det T = \det T_1 = \det T_2$, ou seja:

$$\det T = \begin{vmatrix} 1 & 2 & 3 \\ 0 & 1 & -7 \\ 0 & 0 & 34 \end{vmatrix} = 1 \cdot 1 \cdot 34 = 34$$

CREATIVE COMMONS

Jacques Philippe Marie Binet (1786-1856).

## Teorema de Binet

> O determinante do produto de duas matrizes quadradas de mesma ordem é igual ao produto dos determinantes de cada uma dessas matrizes, isto é, se $A$ e $B$ são matrizes de ordem $n$, então:
>
> $$\det AB = \det A \cdot \det B$$

**Observação**

Já vimos que $\det AB$ (ou $\det BA$) pode existir sem que $\det A$ ou $\det B$ existam. Por isso, a igualdade

$$\det AB = \det A \cdot \det B$$

é verdadeira apenas quando $A$ e $B$ são matrizes quadradas de mesma ordem. ■

**Responda**

Podemos afirmar que se existe $\det AB$ então existe $\det BA$?

## Exercícios Resolvidos

**ER. 37** Calcule de duas maneiras diferentes o determinante do produto das matrizes $A$ e $B$ dadas abaixo.

$$A = \begin{pmatrix} -1 & 0 \\ -3 & 2 \end{pmatrix} \text{ e}$$

$$B = \begin{pmatrix} 0 & 1 \\ -3 & 1 \end{pmatrix}$$

**Resolução:**

*1.º modo:* Obter o produto $AB$ e depois calcular o determinante.

- $AB = \begin{pmatrix} -1 & 0 \\ -3 & 2 \end{pmatrix} \cdot \begin{pmatrix} 0 & 1 \\ -3 & 1 \end{pmatrix} = \begin{pmatrix} 0+0 & -1+0 \\ 0-6 & -3+2 \end{pmatrix} = \begin{pmatrix} 0 & -1 \\ -6 & -1 \end{pmatrix}$
- $\det AB = \begin{vmatrix} 0 & -1 \\ -6 & -1 \end{vmatrix} = -6$

*2.º modo:* Aplicando o teorema de Binet.

- $\det A = \begin{vmatrix} -1 & 0 \\ -3 & 2 \end{vmatrix} = -2$
- $\det B = \begin{vmatrix} 0 & 1 \\ -3 & 1 \end{vmatrix} = -(-3) = 3$
- $\det AB = \det A \cdot \det B = -2 \cdot 3 = -6$

Note que o resultado obtido foi o mesmo nos dois modos.

**ER. 38** Determine o valor de $\det (AB)^t$ para quaisquer matrizes $A$ e $B$ quadradas de mesma ordem.

**Resolução:** Já vimos que $\det A = \det A^t$ para qualquer matriz $A$ quadrada (4.ª propriedade). Assim, $\det (AB)^t = \det AB$. Daí, aplicando o teorema de Binet, obtemos o determinante:

$$\det (AB)^t = \det AB = \det A \cdot \det B$$

**Atenção!**

Para o produto de matrizes não vale a propriedade comutativa, mas para determinantes, que são números reais, o produto é comutativo.

## Exercícios Propostos

**102.** Calcule o determinante da seguinte matriz:

$$A = \begin{pmatrix} 2 & 3 & 0 & 4 \\ 0 & 5 & -1 & 6 \\ 1 & 0 & -2 & 3 \\ -3 & 2 & 0 & -5 \end{pmatrix}$$

**103.** Qual valor dado abaixo é maior?

$$\begin{vmatrix} 1 & 1 & 1 & 1 \\ 2 & 2 & 2 & 3 \\ 3 & 3 & 5 & 3 \\ 5 & 5 & 6 & 7 \end{vmatrix} \text{ ou } \begin{vmatrix} 1 & 1 & 1 & 1 & 1 \\ 1 & 2 & 2 & 2 & 2 \\ 1 & 2 & 3 & 3 & 3 \\ 1 & 2 & 3 & 4 & 4 \\ 1 & 2 & 3 & 4 & 5 \end{vmatrix}$$

**104.** Faça o que se pede.

a) Calcule: $\begin{vmatrix} 1 & 2 & 3 & 2 \\ 1 & 4 & 5 & 8 \\ 7 & 8 & 13 & 11 \\ 2 & 6 & 8 & 10 \end{vmatrix}$

b) Usando o teorema de Jacobi, mostre que:

$$\begin{vmatrix} a & b & c & d \\ e & f & g & h \\ p & q & r & s \\ ma + ne & mb + nf & mc + ng & md + nh \end{vmatrix} = 0$$

**105.** Encontre o conjunto solução, em $\mathbb{R}$, das seguintes equações:

a) $\begin{vmatrix} x & -1 & 2 & 3 \\ x & x-2 & 6 & 2 \\ x & -1 & x & 4 \\ 2x & -2 & 4 & x-9 \end{vmatrix} = 0$

b) $\begin{vmatrix} x+1 & 4 & 1 & 1 \\ 2 & 2 & 2 & 2 \\ 1 & 1 & 1 & 0 \\ x & x & 0 & 4 \end{vmatrix} = \begin{vmatrix} x & x \\ 0 & 3-x \end{vmatrix}$

c) $\begin{vmatrix} x & x & x & x \\ 1 & x & x & x \\ 1 & 1 & x & x \\ 1 & 1 & 1 & x \end{vmatrix} - \begin{vmatrix} x & x \\ 1 & x \end{vmatrix} = 0$

**106.** Sendo $A = \begin{pmatrix} 2 & 3 \\ 4 & 1 \end{pmatrix}$ e $B = \begin{pmatrix} 3 & 1 \\ 2 & 4 \end{pmatrix}$, calcule det $AB$.

**107.** Dadas as matrizes $A$ e $B$ quadradas tais que det $A = 5$ e det $B = 2$, obtenha os valores reais de $x$ que satisfazem a equação:

$$x^2 - (\det A^t + \det B^t) \cdot x + \det AB = 0$$

**108.** Dada uma matriz de ordem 2, tal que $A^2 - 3A$ = matriz nula (de ordem 2), calcule det $A$.

**109.** Sendo $A$, $B$ e $C$ matrizes de ordem 2 tais que det $A = 1$, det $B = 2$ e $C = 3 \cdot B^t$, calcule det $AC$.

## Conheça mais...

Já vimos que existem matrizes que devido a suas características específicas recebem denominações particulares. É o caso das *matrizes de Vandermonde*.

Essas matrizes são formadas a partir de sequências numéricas. Dessa forma, uma **matriz de Vandermonde** é uma matriz quadrada que tem todas as colunas formadas por elementos em progressão geométrica com primeiro termo igual a 1.

Devido ao fato de cada PG ter o 1.º termo 1, as matrizes de Vandermonde sempre têm a 1.ª linha formada só com números 1.

Vejamos um exemplo de matriz de Vandermonde:

$$A = \begin{pmatrix} 1 & 1 & 1 & 1 \\ 2 & 3 & -2 & \sqrt{2} \\ 4 & 9 & 4 & 2 \\ 8 & 27 & -8 & 2\sqrt{2} \end{pmatrix}$$

Repare que a matriz $A$ tem todos os elementos da 1.ª linha iguais a 1 e que cada coluna é uma PG de primeiro termo 1:

- na 1.ª coluna, temos a sequência $(1, 2, 4, 8)$, uma PG de razão 2;
- na 2.ª coluna, temos a sequência $(1, 3, 9, 27)$, uma PG de razão 3;
- na 3.ª coluna, aparece a sequência $(1, -2, 4, -8)$, uma PG de razão $-2$;
- e finalmente, na 4.ª coluna, vem a sequência $\left(1, \sqrt{2}, 2, 2\sqrt{2}\right)$, uma PG de razão $\sqrt{2}$.

Pode-se demonstrar que o determinante de uma matriz de Vandermonde é obtido fazendo apenas a *multiplicação de todas as diferenças possíveis entre dois elementos da 2.ª linha* dessa matriz, de modo que, dentre eles, o minuendo seja sempre o elemento que está à direita.

Como exemplo, vamos achar o determinante da matriz $A$ dada anteriormente:

$$\det A = (3-2)\cdot(-2-2)\cdot\left(\sqrt{2}-2\right)\cdot(-2-3)\cdot\left(\sqrt{2}-3\right)\cdot\left[\sqrt{2}-(-2)\right]$$
$$\det A = 1\cdot(-4)\cdot\left(\sqrt{2}-2\right)\cdot(-5)\cdot\left(\sqrt{2}-3\right)\cdot\left(\sqrt{2}+2\right)$$
$$\det A = 20\cdot(2-4)\cdot\left(\sqrt{2}-3\right)$$
$$\det A = 40\left(3-\sqrt{2}\right)$$

Agora que você já conhece as matrizes de Vandermonde, você pode identificá-las e, até mesmo, inventar exemplos. Assim, encontre uma matriz ($B$) de Vandermonde, quadrada de ordem 5, tal que os elementos de sua 1.ª coluna formem uma PG de razão 1, os de sua 2.ª coluna estejam em PG de razão 2, os da 3.ª coluna em PG de razão 3 e assim sucessivamente. Em seguida, calcule o determinante da matriz que você formou.

## 6.3 DETERMINANTES E MATRIZ INVERSA

Vamos estabelecer uma relação entre determinantes e a inversa de uma matriz.

### Condição para que uma matriz seja invertível

Como consequência do teorema de Binet, encontramos uma condição para que uma matriz seja invertível.

Suponhamos que a matriz quadrada $A$ de ordem $n$ tenha inversa $A^{-1}$. Assim, pela definição, sabemos que $A \cdot A^{-1} = I_n$, sendo $I_n$ a matriz identidade de ordem $n$. Dessa forma, vem:

$$\det\left(A \cdot A^{-1}\right) = \det I_n$$

Já vimos que $\det I_n = 1$, qualquer que seja $n$, o que acarreta:

$$\det\left(A \cdot A^{-1}\right) = 1$$

Aplicando o teorema de Binet, temos:

$$\det\left(A \cdot A^{-1}\right) = 1 \Rightarrow \det A \cdot \det A^{-1} = 1 \Rightarrow \det A \neq 0 \text{ e } \det A^{-1} \neq 0$$

**Recorde**

Pela definição, uma matriz quadrada de ordem $n$ é invertível quando existe uma matriz $A^{-1}$ tal que:

$$A \cdot A^{-1} = I_n$$
e
$$A^{-1} \cdot A = I_n$$

Por outro lado, se $\det A = 0$, não existiria matriz cujo determinante multiplicado por $\det A$ desse 1, o que acarretaria a não existência da matriz inversa de $A$.

Portanto, podemos dizer que:

> Uma matriz quadrada $A$ é **invertível** se, e somente se, $\mathbf{\det A \neq 0}$.

### *Determinante da matriz inversa*

Da igualdade $\det A \cdot \det A^{-1} = 1$, concluída anteriormente, além de que nenhum dos dois determinantes pode ser zero, podemos concluir ainda que o determinante da matriz inversa $A^{-1}$ é o *inverso* do determinante da matriz invertível $A$, ou seja:

$$\det A^{-1} = \frac{1}{\det A}$$

## Exercícios Resolvidos

**ER. 39** Verifique se a matriz $M$ é invertível e, em caso afirmativo, calcule o determinante de $M^{-1}$.

a) $M = \begin{pmatrix} -2 & -1 \\ -3 & 1 \end{pmatrix}$

b) $M = \begin{pmatrix} 0 & 0 & 0 \\ 3 & -2 & -1 \\ 5 & -7 & 4 \end{pmatrix}$

**Resolução:**

a) $\det M = -2 - 3 = -5 \Rightarrow \det M \neq 0$

Logo, a matriz $M$ é invertível e, assim, temos:

$$\det M^{-1} = \frac{1}{\det M} = \frac{1}{-5} = -0{,}2$$

b) Como $M$ tem a primeira linha nula, $\det M = 0$. Portanto, $M$ não é invertível.

**ER. 40** Determine $x \in \mathbb{R}$ para que $A = \begin{pmatrix} x & 3 \\ -1 & x-4 \end{pmatrix}$ seja invertível.

**Resolução:** Para que $A$ seja invertível, devemos ter $\det A \neq 0$. Daí:

$$\begin{vmatrix} x & 3 \\ -1 & x-4 \end{vmatrix} \neq 0 \Rightarrow x(x-4) - (-3) \neq 0 \Rightarrow x^2 - 4x + 3 \neq 0$$

Resolvendo a equação $x^2 - 4x + 3 = 0$, obtemos as raízes 1 e 3. Dessa forma, para que $A$ seja invertível, devemos ter $x \neq 1$ e $x \neq 3$.

## Exercícios Propostos

**110.** Calcule o determinante da matriz inversa da matriz $A$ dada abaixo.

$$A = \begin{pmatrix} 1 & 2 & 3 \\ 4 & 1 & 7 \\ 1 & -1 & 0 \end{pmatrix}$$

**111.** Uma matriz $A$ quadrada de ordem 4 tem determinante igual a 2. Obtenha $\det\left(2 \cdot A^{-1}\right)$.

**112.** Encontre $x$ real para que a matriz $H$, em cada caso, seja invertível.

a) $H = \begin{pmatrix} 1 & 2 \\ 3 & x \end{pmatrix}$

b) $H = \begin{pmatrix} 1 & 2 & 1 \\ x+5 & x-1 & 3 \\ -7 & 1-x & x-5 \end{pmatrix}$

**113.** Considere $A$, $B$ e $C$ matrizes de ordem 3 invertíveis tais que $A^t \cdot B = C$, $A = 2B$, $\det C^{-1} = 32$ e $\det B > 0$. Calcule o determinante de $A$.

## Determinação da matriz inversa

Vejamos agora como o cálculo de determinantes pode nos auxiliar a encontrar a matriz inversa, quando ela existe, de maneira mais simples do que pela definição.

Para isso, vamos conhecer mais alguns conceitos sobre matrizes. A partir dos cofatores de uma matriz quadrada $A$, vamos montar a *matriz dos cofatores* e a *matriz adjunta* de $A$.

### *Matriz dos cofatores*

Considere uma matriz quadrada $A$ de ordem $n$. A **matriz dos cofatores** de $A$ é a matriz que se obtém quando trocamos cada elemento $a_{ij}$ de $A$ pelo seu respectivo cofator $A_{ij}$. Indicaremos matriz dos cofatores de $A$ por **cof A**.

Como exemplo, vamos encontrar a matriz dos cofatores de $A$, sendo:

$$A = \begin{pmatrix} -2 & -1 \\ -3 & 1 \end{pmatrix}$$

Primeiramente, vamos encontrar todos os cofatores dos elementos de $A$.

> **Recorde**
>
> $D_{ij}$ é o determinante da matriz que se obtém quando retiramos a linha $i$ e a coluna $j$ da matriz $A$ dada.

- $A_{11} = (-1)^{1+1} \cdot D_{11} = (-1)^2 \cdot 1 = 1$
- $A_{12} = (-1)^{1+2} \cdot D_{12} = (-1)^3 \cdot (-3) = 3$
- $A_{21} = (-1)^{2+1} \cdot D_{21} = (-1)^3 \cdot (-1) = 1$
- $A_{22} = (-1)^{2+2} \cdot D_{22} = (-1)^4 \cdot (-2) = -2$

Assim, a matriz dos cofatores de $A$ é dada por:

$$\text{cof } A = \begin{pmatrix} A_{11} & A_{12} \\ A_{21} & A_{22} \end{pmatrix} = \begin{pmatrix} 1 & 3 \\ 1 & -2 \end{pmatrix}$$

### *Matriz adjunta*

Dada uma matriz quadrada $A$ de ordem $n$, denomina-se **matriz adjunta** de $A$ à matriz transposta da matriz dos cofatores de $A$. Indicaremos por **adj A.** Assim, temos:

$$\text{adj } A = (\text{cof } A)^t$$

Retomando o exemplo anterior, a matriz adjunta de $A = \begin{pmatrix} -2 & -1 \\ -3 & 1 \end{pmatrix}$ é a transposta da matriz cof $A = \begin{pmatrix} 1 & 3 \\ 1 & -2 \end{pmatrix}$, ou seja:

$$\text{adj } A = (\text{cof } A)^t = \begin{pmatrix} 1 & 1 \\ 3 & -2 \end{pmatrix}$$

### *Cálculo da matriz inversa*

Se $A$ é uma matriz invertível, podemos encontrar a matriz inversa $A^{-1}$ do seguinte modo:

$$A^{-1} = \frac{1}{\det A} \cdot \text{adj } A$$

## Exercício Resolvido

**ER. 41** Determine, se existir, a matriz inversa da matriz $A$ dada abaixo.

$$A = \begin{pmatrix} 1 & 2 & 3 \\ 0 & 1 & 1 \\ 2 & 2 & 0 \end{pmatrix}$$

**Resolução:** Em primeiro lugar, devemos verificar se a matriz $A$ é invertível. Para isso, basta calcular seu determinante e verificar se ele é não nulo.

$$\det A = \begin{vmatrix} 1 & 2 & 3 \\ 0 & 1 & 1 \\ 2 & 2 & 0 \end{vmatrix} = 0 + 0 + 4 - 6 - 0 - 2 = -4 \neq 0$$

Assim, a matriz $A$ é invertível.

Vamos, então, obter os cofatores dos elementos de $A$:

- $A_{11} = (-1)^{1+1} \cdot \begin{vmatrix} 1 & 1 \\ 2 & 0 \end{vmatrix} = 1 \cdot (0 - 2) = -2$
- $A_{12} = (-1)^{1+2} \cdot \begin{vmatrix} 0 & 1 \\ 2 & 0 \end{vmatrix} = -1 \cdot (0 - 2) = -1 \cdot (-2) = 2$
- $A_{13} = (-1)^{1+3} \cdot \begin{vmatrix} 0 & 1 \\ 2 & 2 \end{vmatrix} = 1 \cdot (0 - 2) = -2$
- $A_{21} = (-1)^{2+1} \cdot \begin{vmatrix} 2 & 3 \\ 2 & 0 \end{vmatrix} = -1 \cdot (0 - 6) = -1 \cdot (-6) = 6$
- $A_{22} = (-1)^{2+2} \cdot \begin{vmatrix} 1 & 3 \\ 2 & 0 \end{vmatrix} = 1 \cdot (0 - 6) = -6$
- $A_{23} = (-1)^{2+3} \cdot \begin{vmatrix} 1 & 2 \\ 2 & 2 \end{vmatrix} = -1 \cdot (2 - 4) = -1 \cdot (-2) = 2$
- $A_{31} = (-1)^{3+1} \cdot \begin{vmatrix} 2 & 3 \\ 1 & 1 \end{vmatrix} = 1 \cdot (2 - 3) = -1$
- $A_{32} = (-1)^{3+2} \cdot \begin{vmatrix} 1 & 3 \\ 0 & 1 \end{vmatrix} = -1 \cdot (1 - 0) = -1 \cdot 1 = -1$
- $A_{33} = (-1)^{3+3} \cdot \begin{vmatrix} 1 & 2 \\ 0 & 1 \end{vmatrix} = 1 \cdot (1 - 0) = 1$

Agora podemos montar as matrizes dos cofatores e adjunta de $A$:

$$\text{cof } A = \begin{pmatrix} -2 & 2 & -2 \\ 6 & -6 & 2 \\ -1 & -1 & 1 \end{pmatrix} \text{ e adj } A = (\text{cof } A)^t = \begin{pmatrix} -2 & 6 & -1 \\ 2 & -6 & -1 \\ -2 & 2 & 1 \end{pmatrix}$$

E, por fim, determinar a inversa $A^{-1}$ de $A$:

$$A^{-1} = \frac{1}{\det A} \cdot \text{adj } A = \frac{1}{-4} \cdot \begin{pmatrix} -2 & 6 & -1 \\ 2 & -6 & -1 \\ -2 & 2 & 1 \end{pmatrix}$$

$$A^{-1} = -\frac{1}{4} \cdot \begin{pmatrix} -2 & 6 & -1 \\ 2 & -6 & -1 \\ -2 & 2 & 1 \end{pmatrix}$$

$$A^{-1} = \begin{pmatrix} 0{,}5 & -1{,}5 & 0{,}25 \\ -0{,}5 & 1{,}5 & 0{,}25 \\ 0{,}5 & -0{,}5 & -0{,}25 \end{pmatrix}$$

## Exercícios Propostos

**114.** Considere as matrizes:

$$A = \begin{pmatrix} 1 & 3 \\ 2 & 7 \end{pmatrix} \text{ e } B = \begin{pmatrix} 1 & 2 & 0 \\ 0 & 4 & 1 \\ 0 & 2 & 1 \end{pmatrix}$$

a) Determine todos os cofatores de $A$ e de $B$ e monte as matrizes cof $A$ e cof $B$.

b) Determine as matrizes adjuntas de $A$ e de $B$.

**115.** Obtenha $x$ para que o determinante da matriz adjunta de $T$ seja igual a 2, sendo:

$$T = \begin{pmatrix} x & 2 \\ 0{,}5 & 1 \end{pmatrix}$$

**116.** Mostre que o determinante da matriz adjunta de uma matriz quadrada de ordem 2 é igual ao determinante dessa matriz quadrada.

**117.** Determine a matriz inversa em cada caso:

a) $A = \begin{pmatrix} 1 & 3 \\ 2 & 7 \end{pmatrix}$

b) $B = \begin{pmatrix} 1 & 2 & 0 \\ 0 & 4 & 1 \\ 0 & 2 & 1 \end{pmatrix}$

## Encare Essa!

**1.** (FGV – SP) Na matriz indicada abaixo, a soma dos elementos de uma linha qualquer é igual à soma dos elementos de uma coluna qualquer.

$$\begin{pmatrix} 4 & 9 & 2 \\ 8 & 1 & 6 \\ 3 & 5 & 7 \end{pmatrix}$$

O menor número de elementos dessa matriz que devem ser modificados para que todas as seis somas (somas dos elementos das três linhas e das três colunas) sejam diferentes umas das outras é:

a) 0
b) 2
c) 3
d) 4
e) 5

**2.** Explique em que condições a igualdade

$$(A + B)^2 = A^2 + 2AB + B^2$$

é verdadeira. Mostre esse fato indicando que propriedades de matrizes estão sendo utilizadas em cada passagem.

**3.** (ITA – SP) Uma matriz real quadrada $A$ é ortogonal se $A$ é inversível e $A^{-1} = A^t$. Determine todas as matrizes $2 \times 2$ que são simétricas e ortogonais, expressando-as, quando for o caso, em termos de seus elementos que estão fora da diagonal principal.

**4.** (ITA – SP) Sejam $A$ e $C$ matrizes $n \times n$ inversíveis tais que $\det\left(I + C^{-1} \cdot A\right) = \frac{1}{3}$ e $\det A = 5$. Sabendo-se que $B = 3 \cdot \left(A^{-1} + C^{-1}\right)^t$, então o determinante de $B$ é igual:

a) $3^n$

b) $2 \cdot \frac{3^n}{5^2}$

c) $\frac{1}{5}$

d) $\frac{3^{n-1}}{5}$

e) $5 \cdot 3^{n-1}$

## História & Matemática

Diversos resultados de *teoria de matrizes elementares* e *determinantes* apareceram muito antes de tais conceitos serem objeto de investigação matemática. A origem das ideias de matrizes e determinantes está relacionada à solução de sistemas de equações lineares e remonta ao século II d.C., com sinais desses conceitos já ocorrendo no século IV a.C. Entretanto, foi somente no final do século XVII que tais ideias reapareceram e se desenvolveram rumo a uma teoria sistematizada.

Na Antiguidade, as civilizações babilônica e chinesa se depararam com situações modeláveis por ideias estruturalmente próximas aos conceitos atuais de matrizes e determinantes a partir de sistemas de equações lineares. Os babilônios teorizaram problemas cujas resoluções levavam ao que hoje se chama sistemas de equações lineares usando estratégias de resolução de matrizes, preservadas em tabletas de argila, ao passo que os chineses, entre 300 e 200 a.C., chegaram ainda mais perto do conceito de matrizes. Estes últimos, no livro chamado *Os Nove Capítulos da Arte Matemática*, escrito por volta de 100 a.C. durante a dinastia Han, apresentaram o primeiro exemplo conhecido de métodos matriciais. Nessa obra, que possui na tradição oriental importância equivalente a *Os Elementos*, de Euclides, na cultura ocidental, arrumam-se os coeficientes do sistema de equações em colunas, que são somadas e subtraídas convenientemente para se chegar à solução. Esse método é semelhante àquele usado atualmente.

No século XVI, há resultados importantes rumo a uma teoria sistematizada de matrizes e determinantes, como, por exemplo, nos trabalhos de Girolamo Cardano (1501-1576). Na obra *Ars Magna* (*A Grande Arte*), de 1545, esse matemático italiano apresenta uma regra para resolver sistemas de duas equações lineares que, excluindo-se o último passo, é estruturalmente similar ao que se faz hoje com uso de determinantes. Embora Cardano não tenha chegado à definição de determinante, seu método leva implicitamente a tal definição.

A atual teoria dos determinantes foi desenvolvida por Leibniz no final do século XVII, juntamente com Gauss e Jordan. Os estudiosos de Matemática Cauchy, Cramer e Lagrange também dedicaram aos determinantes uma parte de seus trabalhos. O termo *determinante* é criação de Jacobi, mas há registros de que uma década antes de Leibniz, e de forma independente, o japonês Seki Kowa desenvolveu o assunto.

**Reflexão e ação**

O termo *matriz*, usado atualmente, só surgiu em 1850, dado pelo matemático James Joseph Sylvester (1814-1897). No entanto, pesquisadores em História da Matemática consideram que foram os chineses — povo que se interessava muito por diagramas — os primeiros que se preocuparam em organizar números em linhas e colunas, sob forma de "quadrados mágicos", que podem ser considerados como os primeiros exemplos de matrizes de que temos notícia.

Chamamos de **quadrado mágico** a um arranjo de números dispostos em formato de um quadrado de tal modo que a soma dos elementos de cada linha, de cada coluna e de cada diagonal é sempre o mesmo número (*constante mágica*). De acordo com o "tamanho do quadrado" (número de linhas e de colunas), denominamos sua ordem, como no caso de matrizes quadradas. Como exemplo, apresentamos na página seguinte um famoso quadrado mágico de ordem 4, que aparece na gravura *Melancolia*, de 1514, feita pelo pintor alemão Albrecht Dürer.

CARLA C. GONZAGA

Fachada da Basílica da Sagrada Família, na cidade de Barcelona, Espanha.

CREATIVE COMMONS

Repare que tanto o quadrado que aparece na fachada da Basílica quanto o que se vê acima, do pintor alemão, têm 4 linhas por 4 colunas (4 × 4). Por isso, são chamados de quadrados de *ordem 4*. Mas você pode perceber que o de Dürer é um quadrado mágico mais perfeito, pois apresenta, sem nenhuma repetição, todos os números naturais de 1 a 16.

a) Encontre a constante mágica do quadrado mágico que aparece na obra *Melancolia*.

b) Represente esse quadrado mágico na forma de matriz e determine o seu traço. O que você pode observar sobre esse valor? Isso vale sempre?

c) Qual é a constante mágica do quadrado mágico que aparece na fachada da Basílica, em Barcelona (que se vê na foto da página anterior)?

d) O quadrado mágico de ordem 3 mais antigo, segundo uma lenda chinesa, teve seus caracteres trazidos no casco de uma tartaruga e era chamado Lo-Shu. Veja, a seguir, na figura da esquerda, a configuração desse quadrado, usando a notação numérica atual.
Outro quadrado mágico, encontrado no século XI, aparece pintado no assoalho de um dos templos da cidade de Khajuraho, na Índia (figura da direita). Esse quadrado tem uma estreita ligação com o quadrado Lo-Shu.

Lo-Shu

| 4 | 9 | 2 |
|---|---|---|
| 3 | 5 | 7 |
| 8 | 1 | 6 |

| 23 | 28 | 21 |
|---|---|---|
| 22 | 24 | 26 |
| 27 | 20 | 25 |

I. Que ligação é essa?

II. Represente esses dois quadrados na forma de matrizes. Em seguida, usando operações com matrizes, descubra uma expressão matricial, envolvendo essas duas matrizes, que mostre a ligação citada entre elas.

## Atividades de Revisão

**1.** Classifique as matrizes abaixo como linha, coluna, quadrada, identidade, triangular ou diagonal.

a) $A = \begin{pmatrix} 2 & 1 & -2 \\ 0 & 0 & 2 \\ 0 & 0 & 1 \end{pmatrix}$

b) $M = \begin{pmatrix} 0 & 4 & 1 & 5 \\ 3 & 0 & 2 & 7 \\ 0 & 0 & 0 & 1 \end{pmatrix}$

c) $H = \begin{pmatrix} 7 & 3 & -2 & 8 \end{pmatrix}$

d) $E = \begin{pmatrix} 1 & 0 \\ 0 & 1 \end{pmatrix}$

**2.** Dadas $A = (a_{ij})_{3 \times 3}$ e $B = (b_{ij})_{3 \times 3}$ tais que

$$a_{ij} = \begin{cases} 1, \text{ se } i + j = 4 \\ 0, \text{ se } i + j \neq 4 \end{cases} \text{ e } b_{ij} = \begin{cases} 1, \text{ se } i \neq j \\ 0, \text{ se } i = j \end{cases}$$

calcule $A + B^t$.

**3.** Obtenha os valores reais de $x$, $y$ e $z$ tais que:

$$\begin{pmatrix} x - y & 0 \\ x & z \end{pmatrix} + \begin{pmatrix} z - 4 & 0 \\ y - z & 0 \end{pmatrix} = \begin{pmatrix} 0 & 0 \\ 0 & x \end{pmatrix}$$

**4.** Determine os valores reais de $x$, $y$ e $t$ de modo que se tenha $A^t = -A$ para a seguinte matriz:

$$A = \begin{pmatrix} x & 1 & -2 \\ y & 0 & 2 \\ t & -2 & 0 \end{pmatrix}$$

**5.** Dadas as matrizes

$$A = \begin{pmatrix} 1 & 2 \\ 3 & 4 \end{pmatrix} \text{ e } B = \begin{pmatrix} 1 & 1 \\ 7 & 8 \end{pmatrix}$$

obtenha $M$ tal que:

$$M \cdot A = 2B$$

**6.** Considere a matriz $A = (a_{ij})_{2 \times 3}$ tal que $a_{ij} = i^2 - j^2$ e determine:

a) $A$
b) $A^t$
c) $A \cdot A^t$
d) $A^t \cdot A$

**7.** Obtenha o elemento $c_{33}$ da matriz $C = A^t \cdot B$ tal que $A = (a_{ij})_{4 \times 3}$, com $a_{ij} = j^i$, e $B = (b_{ij})_{4 \times 3}$, com $b_{ij} = i + j$.

**8.** Sendo $A = \begin{pmatrix} 2 & a \\ b & 2 \end{pmatrix}$ e $A^2 = \begin{pmatrix} 7 & 4 \\ 12 & 7 \end{pmatrix}$, calcule o valor de $a + b$.

**9.** Obtenha os possíveis valores reais de $a$ e $b$ tais que:

$$A^t = \begin{pmatrix} b & a \\ 0 & -b \end{pmatrix} \text{ e } A^2 = \begin{pmatrix} 8 & 0 \\ 0 & 8 \end{pmatrix}$$

**10.** Sendo $A = \begin{pmatrix} -1 & 0 \\ 0 & 1 \end{pmatrix}$, calcule $A^2$, $A^3$, $A^4$, $A^5$ e $A^{2.010}$.

**11.** Sendo $A = \begin{pmatrix} 1 & 0 & 0 \\ 0 & 2 & 0 \\ 0 & 0 & 3 \end{pmatrix}$, calcule $A^6$.

**12.** Obtenha a matriz inversa, quando existir, nos casos abaixo.

a) $A = \begin{pmatrix} 3 & 5 \\ 1 & 2 \end{pmatrix}$

b) $B = \begin{pmatrix} 1 & 3 \\ 2 & 6 \end{pmatrix}$

c) $C = \begin{pmatrix} 1 & -4 & -1 \\ 2 & 3 & 1 \\ 0 & 2 & 1 \end{pmatrix}$

**13.** Dê o valor de $a$ na matriz $\begin{pmatrix} 1 & 1 \\ 0 & a \end{pmatrix}$ para que essa matriz seja a inversa da matriz $T$ dada abaixo:

$$T = \begin{pmatrix} 1 & -\frac{1}{3} \\ 0 & \frac{1}{3} \end{pmatrix}$$

**14.** Encontre a matriz $A$ que satisfaz a igualdade:

$$\begin{pmatrix} 1 & 2 \\ 3 & 4 \end{pmatrix} \cdot A = \begin{pmatrix} 2 & 4 \\ 6 & 8 \end{pmatrix}$$

**15.** Resolva a equação matricial e encontre a matriz $X$.

$$\begin{pmatrix} 2 & 3 \\ 4 & 1 \end{pmatrix} \cdot X + 2 \cdot \begin{pmatrix} -1 \\ 2 \end{pmatrix} = \begin{pmatrix} 9 \\ 10 \end{pmatrix}$$

**16.** **[ESPORTE]** Em um campeonato juvenil de salto em distância, pontos são distribuídos para cada atleta em cada rodada.

Antônio, Beto e Carlos, disputando essa competição, tiveram os seguintes desempenhos:

| Atletas \ Rodadas | 1.ª | 2.ª | 3.ª |
|---|---|---|---|
| Antônio | 2 | 1 | 3 |
| Beto | 4 | 0 | 2 |
| Carlos | 5 | 2 | 1 |

a) Represente por meio de uma matriz as informações da tabela.
b) O que indicam as linhas da matriz que você obteve? E as colunas?
c) Para finalizar a pontuação de cada atleta, consideram-se pesos diferentes para as rodadas: a 1.ª vale peso 1, a 2.ª vale 0,8 e a 3.ª, 0,9. Usando matrizes, explique como se pode obter a pontuação total de cada um desses três atletas.
d) Dos três, quem obteve melhor classificação?

**17.** **[LOGÍSTICA]** Uma empresa de entregas compõe o preço de cobrança pelo transporte considerando uma taxa pela distância e um valor obtido pelas especificações da mercadoria, sendo que para cada quilograma são cobrados 2 reais e para cada metro cúbico são cobrados 110 reais.

A tabela a seguir apresenta as especificações de três produtos de uma mesma fábrica. Além da taxa pela distância (frete), qual será o preço cobrado pela empresa de entregas?

| Especificação \ Produto | A | B | C |
|---|---|---|---|
| Massa (kg) | 200 | 80 | 150 |
| Volume (m³) | 3 | 1 | 2 |

**18.** Considerando as matrizes

$$A = \begin{pmatrix} 1 & \log_2 4 \\ \log_3 3 & 4 \end{pmatrix} \text{ e } B = \begin{pmatrix} -2 & \log 1 \\ \log_2 16 & \log 0{,}001 \end{pmatrix}$$

calcule $\log_3 [\det (A - B)]$.

**19.** Simplifique a expressão a seguir, para $a \neq b$:

$$\begin{vmatrix} a & b \\ b & a \end{vmatrix} : \begin{vmatrix} a & b \\ 1 & 1 \end{vmatrix}$$

**20.** Considere uma função $f$ definida por:

$$f(x) = \begin{vmatrix} x & 2 \\ -1 & x-3 \end{vmatrix}$$

a) Determine o domínio da função $f$.
b) Essa função admite um valor máximo? E um valor mínimo? Justifique.

**21.** Determine $m$ para que a equação a seguir tenha duas raízes reais e iguais.

$$\begin{vmatrix} x & x+m \\ 1 & x+m \end{vmatrix} = 0$$

**22.** Sendo $A$ uma matriz quadrada tal que $\det A = 3$, calcule $\det(-A)$ quando:
a) $A$ tem ordem 2
b) $A$ tem ordem 3
c) $A$ tem ordem 4
d) $A$ tem ordem 5

**23.** Mostre que a matriz $A = \begin{pmatrix} \alpha & 1 \\ \alpha - 1 & \alpha + 1 \end{pmatrix}$ é invertível para qualquer valor de $\alpha$ real.

**24.** Obtenha o determinante da matriz $A$ abaixo, sabendo que $a + b = 2$ e $a - b = \pi$.

$$A = \begin{pmatrix} a & b \\ b & a \end{pmatrix}$$

**25.** Resolva, em $\mathbb{R}$, a equação:

$$\begin{vmatrix} 1 & x & 3 \\ x & 4 & 6 \\ x & 1 & 2 \end{vmatrix} = 0$$

**26.** Sendo $A$ e $B$ matrizes quadradas de ordem 3, tais que $B = 2A$ e $\det A = 2$, calcule $\det(A^t + B^t)$.

**27.** Ache o valor do determinante de cada matriz abaixo.

a) $A = \begin{pmatrix} 1 & 2 & 3 & 4 & 5 & 6 \\ 7 & 8 & 9 & 10 & 11 & 12 \\ 13 & 14 & 15 & 16 & 17 & 18 \\ 19 & 20 & 21 & 22 & 23 & 24 \\ 25 & 26 & 27 & 28 & 29 & 30 \\ 31 & 32 & 33 & 34 & 35 & 36 \end{pmatrix}$

b) $B = \begin{pmatrix} 107 & 100 & 93 & 86 \\ 79 & 72 & 65 & 58 \\ 51 & 44 & 37 & 30 \\ 23 & 16 & 9 & 2 \end{pmatrix}$

c) $A^t$

d) $2B$

**28.** Dada uma matriz $A$ quadrada de ordem 3, encontre uma expressão para $\det(A^t + A)$ em cada caso a seguir.
a) $A$ é antissimétrica, ou seja, $A^t = -A$
b) $A$ é simétrica, ou seja, $A^t = A$

**29.** Dadas as matrizes

$$A = \begin{pmatrix} 0 & 1 \\ 1 & 0 \end{pmatrix} \text{ e } B = \begin{pmatrix} 3 & 4 \\ 6 & 5 \end{pmatrix}$$

calcule:
a) $A \cdot B^t$
b) $A^{-1}$
c) $\det 3B$

**30.** A matriz $M$ quadrada de ordem 3 e invertível é tal que $M^2 = 3M$. Calcule $\det M$.

**31.** Resolva, em $\mathbb{R}$, a equação $\det A = 0$, sendo:

$$A = \begin{pmatrix} x & x & x & x \\ 1 & x & x & x \\ 1 & 1 & x & x \\ 1 & 1 & 1 & x \end{pmatrix}$$

**32.** Calcule cada um dos determinantes:

a) $\begin{vmatrix} 1 & 3 & -1 & 2 \\ 0 & 1 & 4 & 3 \\ 2 & 1 & 3 & 4 \\ 1 & -1 & 2 & -3 \end{vmatrix}$

b) $\begin{vmatrix} 2 & 3 & 1 & 4 \\ 0 & 0 & 2 & 5 \\ 1 & 3 & 4 & 8 \\ -1 & 2 & 3 & -1 \end{vmatrix}$

**33.** Obtenha os valores reais de $x$ para os quais a matriz $A$ dada abaixo é invertível.

$$A = \begin{pmatrix} x & 2 & 3 \\ 0 & x & 1 \\ -2 & 3 & 1 \end{pmatrix}$$

**34.** Considere $A$ uma matriz quadrada de ordem 4 tal que $A^2 + 2A$ resulta na matriz nula. Calcule o determinante da transposta de $A$, sabendo que $A$ é invertível.

**35.** Sendo $a = \dfrac{\mathbf{e}^x + \mathbf{e}^{-x}}{2}$ e $b = \dfrac{\mathbf{e}^x - \mathbf{e}^{-x}}{2}$, em que **e** é a base do logaritmo natural, calcule o determinante da matriz $A$ tal que:

$$A = \begin{pmatrix} a & b \\ b & a \end{pmatrix}$$

## Questões Propostas de Vestibular

**1.** (Udesc – adaptada) A soma dos elementos da diagonal principal com os elementos da diagonal secundária da matriz transposta da matriz

$$A_{2\times 2} = \begin{cases} a_{ij} = i^2 + 1, \text{ se } i = j \\ a_{ij} = 2i + j, \text{ se } i \neq j \end{cases} \text{ é:}$$

a) 17 b) 15 c) 16 d) 12 e) 18

**2.** (UFPel – RS) O iogurte é um alimento derivado do leite, tendo assumido várias cores nas prateleiras dos supermercados, dependendo do elemento a ele incorporado. A oferta de marcas, cores, sabores e consistência é grande. Os iogurtes fornecem proteínas, vitaminas A, D e E, cálcio e fósforo. Alguns recebem ferro e fibras e o mais importante é que dificilmente ultrapassam 5% de gordura, fator muito observado pelos usuários, principalmente os que cultuam as formas de um corpo ideal, baseado nas proporções divulgadas pela mídia, e também os que seguem prescrição médica.

*Adaptado de:* <http://saude.abril.com.br/livre/especiais/especialgordura/1209pop2.html>. *Acesso em:* 29 set. 2004.

GRASIELE L. FAVATTO CORTEZ

Os teores de magnésio e sódio, presentes em 100 mL de iogurte feito com leite integral ou leite desnatado, estão representados pelas variáveis $x$, $y$, $z$, $t$ na matriz

$$M = \begin{pmatrix} x & y \\ z & t \end{pmatrix} \begin{matrix} \text{magnésio (mg)} \\ \text{sódio (mg)} \end{matrix}$$

(colunas: com leite desnatado; com leite integral)

$$\text{sendo } M = (a_{ij})_{2\times 2} = \begin{cases} 5i + j^3, \text{ se } i < j \\ 2 \cdot 10^{i-1} + 10j^2, \text{ se } i = j \\ 3i^4 + 2j, \text{ se } i > j \end{cases}$$

Com base no texto e em seus conhecimentos, determine:

a) a quantidade de magnésio encontrada em 100 mL de leite desnatado e a quantidade de sódio encontrada em 100 mL de leite integral;

b) a matriz representada pela soma de $3M$ com $\frac{2}{3} \cdot (-M)$.

**3.** (UFAM) Para qual valor positivo de $x$ a matriz real $A = \begin{pmatrix} e^{x^3 + 2x} & x^2 + 1 \\ 5 & \log_4 (x^2 + 6) \end{pmatrix}$ é simétrica?

a) $-5$
b) 9
c) 1
d) 4
e) 2

**4.** (UFG – GO) Para transmitir dados via satélite, dentre outros processos da área de telecomunicações, utiliza-se atualmente o Código de Hamming.

NASA

Ele pode garantir que, por meio de um canal de comunicação, uma mensagem chegue ao seu destinatário sem erros, sem ruídos, ou com possibilidade de correção.

Ao transmitir uma mensagem, usa-se um Código de Hamming de redundância $r = n - k$, sendo $k$ um parâmetro. Para detectar um erro na transmissão, efetua-se a operação matricial $H \cdot V^t$, na qual $H$ é uma matriz de ordem $r \times n$, o comprimento do código é $n = 2^r - 1$ e, nesse caso, $V^t$ é uma matriz coluna, transposta da matriz $V$, que representa a mensagem enviada. A transmissão será bem-sucedida se essa multiplicação resultar em uma matriz nula.

Com base nessas informações, um código de redundância $r = 3$ pode detectar erros de transmissão de mensagens cuja matriz $V$ é, necessariamente, uma matriz:

a) linha, do tipo $1 \times 7$.
b) coluna, do tipo $3 \times 1$.
c) linha, do tipo $1 \times 3$.
d) identidade, do tipo $3 \times 3$.
e) nula, do tipo $3 \times 7$.

5. (Unesp) Uma fábrica produz dois tipos de peças, $P1$ e $P2$. Essas peças são vendidas a duas empresas, $E1$ e $E2$. O lucro obtido pela fábrica com a venda de cada peça $P1$ é R$ 3,00 e de cada peça $P2$ é R$ 2,00. A matriz abaixo fornece a quantidade de peças $P1$ e $P2$ vendidas a cada uma das empresas $E1$ e $E2$ no mês de novembro.

$$\begin{array}{c} \\ E1 \\ E2 \end{array}\begin{array}{c} \begin{array}{cc} P1 & P2 \end{array} \\ \begin{pmatrix} 20 & 8 \\ 15 & 12 \end{pmatrix} \end{array}$$

A matriz $\begin{pmatrix} x \\ y \end{pmatrix}$, onde $x$ e $y$ representam os lucros, em reais, obtidos pela fábrica, no referido mês, com a venda das peças às empresas $E1$ e $E2$, respectivamente, é:

a) $\begin{pmatrix} 35 \\ 20 \end{pmatrix}$

b) $\begin{pmatrix} 90 \\ 48 \end{pmatrix}$

c) $\begin{pmatrix} 76 \\ 69 \end{pmatrix}$

d) $\begin{pmatrix} 84 \\ 61 \end{pmatrix}$

e) $\begin{pmatrix} 28 \\ 27 \end{pmatrix}$

PANTHERMEDIA/KEYDISC

6. (PUC – RS) Sendo $A = \begin{pmatrix} 1 & 2 & 3 \\ -3 & -2 & -1 \\ -1 & 3 & -2 \end{pmatrix}$,

$B = \begin{pmatrix} 0 & 0 & 1 \\ 2 & 0 & -1 \\ 6 & 5 & 2 \end{pmatrix}$ e $C = A \cdot B$, o elemento $c_{33}$ da matriz $C$ é:

a) 9
b) 0
c) −4
d) −8
e) −12

7. (UEG – GO) Duas matrizes $A$ e $B$ são comutativas em relação à operação multiplicação de matrizes se $A \cdot B = B \cdot A$. Dada a matriz $B = \begin{pmatrix} 1 & 0 \\ 2 & -1 \end{pmatrix}$, para que uma matriz não nula $A = \begin{pmatrix} a & b \\ c & d \end{pmatrix}$ comute com a matriz $B$, seus elementos devem satisfazer a relação:

a) $a = c + d$ e $b = 0$
b) $c = a + d$ e $b = c$
c) $a = c + d$ e $b = 1$
d) $c = a + d$ e $d = c$

8. (Mackenzie – SP) Considere a matriz $A = (2 \;\; -1)$ e uma matriz $B = (b_{ij})$. Se $A \cdot B \cdot A = A$, então, é correto afirmar que, na matriz $B$:

a) $b_{21} = 2b_{11}$
b) $b_{21} = -1 + 2b_{11}$
c) $b_{12} = 1 + 2b_{11}$
d) $b_{11} = 1 + 2b_{12}$
e) $b_{21} = b_{11}$

9. (UFPE) Considerando as matrizes $A = \begin{pmatrix} 0 & -1 \\ 1 & 0 \end{pmatrix}$, $B = \begin{pmatrix} 0 & 1 \\ -1 & -1 \end{pmatrix}$ e $I = \begin{pmatrix} 1 & 0 \\ 0 & 1 \end{pmatrix}$, analise as afirmações seguintes:

(1) $A^4 = I$
(2) $B^3 = I$
(3) $AB = \begin{pmatrix} 1 & 1 \\ 0 & 1 \end{pmatrix}$
(4) $(AB)^{12} = I$
(5) $AB = BA$

10. (UECE) Se as matrizes

$$M = \begin{pmatrix} x & y \\ -y & x \end{pmatrix} \quad \text{e} \quad N = \begin{pmatrix} 1 & 2 \\ 2 & 1 \end{pmatrix}$$

são tais que $M \cdot N = N \cdot M$, então, sobre os números reais $x$ e $y$, é possível afirmar, corretamente, que:

a) $x$ é um número qualquer e $y$ pode assumir somente um valor.
b) $y$ é um número qualquer e $x$ pode assumir somente um valor.
c) $x$ e $y$ podem ser quaisquer números reais.
d) $x$ pode assumir somente um valor, o mesmo acontecendo com $y$.

11. (FGV – SP) Sendo $A = \begin{pmatrix} 1 & 1 \\ 0 & 1 \end{pmatrix}$ e $B = \begin{pmatrix} 170 \\ 10 \end{pmatrix}$, a matriz $X = \begin{pmatrix} x \\ y \end{pmatrix}$ na equação $A^{16} \cdot X = B$ será:

a) $\begin{pmatrix} 5 \\ 5 \end{pmatrix}$

b) $\begin{pmatrix} 0 \\ 10 \end{pmatrix}$

c) $\begin{pmatrix} 10 \\ 5 \end{pmatrix}$

d) $\begin{pmatrix} 10 \\ 10 \end{pmatrix}$

e) $\begin{pmatrix} 5 \\ 10 \end{pmatrix}$

12. (Unirio – RJ) Ao resolver a equação matricial $AX = \begin{pmatrix} 0 & 1 \\ 1 & 0 \end{pmatrix}$, onde $A$ é uma matriz $2 \times 2$, um aluno distraiu-se e trocou todos os sinais da primeira linha da matriz $A$, obtendo a resposta errada $X = \begin{pmatrix} -\frac{1}{5} & -\frac{4}{5} \\ \frac{2}{5} & \frac{3}{5} \end{pmatrix}$. Determine a matriz $A$.

**13.** (UERJ) Observe parte da tabela do quadro de medalhas dos Jogos Pan-Americanos do Rio de Janeiro em 2007:

| País | Medalhas | | | |
|---|---|---|---|---|
| | Tipos | | | Total |
| | 1-ouro | 2-prata | 3-bronze | |
| 1. EUA | 97 | 88 | 52 | 237 |
| 2. Cuba | 59 | 35 | 41 | 135 |
| 3. Brasil | 54 | 40 | 67 | 161 |

Com base na tabela, é possível formar a matriz quadrada $A$ cujos elementos $a_{ij}$ representam o número de medalhas do tipo $j$ que o país $i$ ganhou, sendo $i$ e $j$ pertencentes ao conjunto $\{1, 2, 3\}$.

Para fazer uma outra classificação desses países, são atribuídos às medalhas os seguintes valores:

- ouro: 3 pontos
- prata: 2 pontos
- bronze: 1 ponto

Esses valores compõem a matriz $V = \begin{pmatrix} 3 \\ 2 \\ 1 \end{pmatrix}$.

Determine, a partir do cálculo do produto $AV$, o número de pontos totais obtidos pelos três países separadamente.

**14.** (UFMG) Milho, soja e feijão foram plantados nas regiões $P$ e $Q$, com ajuda dos fertilizantes $X$, $Y$ e $Z$. A matriz $A$ indica a área plantada de cada cultura, em hectares, por região:

$$A = \begin{pmatrix} 50 & 20 & 20 \\ 40 & 10 & 30 \end{pmatrix} \begin{matrix} \leftarrow P \\ \leftarrow Q \end{matrix}$$

(colunas: milho, soja, feijão)

A matriz $B$ indica a massa usada de cada fertilizante, em kg, por hectare, em cada cultura:

$$B = \begin{pmatrix} 10 & 20 & 15 \\ 15 & 20 & 20 \\ 30 & 20 & 30 \end{pmatrix} \begin{matrix} \leftarrow \text{milho} \\ \leftarrow \text{soja} \\ \leftarrow \text{feijão} \end{matrix}$$

(colunas: $X$, $Y$, $Z$)

a) Calcule a matriz $C = AB$.

b) Explique o significado de $c_{23}$, o elemento da segunda linha e terceira coluna da matriz $C$.

**15.** (UFC – CE) A matriz quadrada $A$ de ordem 3 é tal que:

$$A^2 = \begin{pmatrix} 2 & 1 & 1 \\ 1 & 2 & 1 \\ 1 & 1 & 2 \end{pmatrix}$$

a) Calcule $A^2 - 3 \cdot I$, em que $I$ é a matriz identidade de ordem 3.

b) Sabendo-se que $A$ cumpre a propriedade $A^3 - 3 \cdot A = 2 \cdot I$, determine a matriz inversa de $A$.

**16.** (UFSCar – SP) Admita que a matriz cuja inversa seja formada apenas por elementos inteiros pares receba o nome de EVEN. Seja $M$ uma matriz $2 \times 2$, com elementos reais, tal que:

$$M = \begin{pmatrix} 2 & 3x \\ x+1 & x \end{pmatrix}$$

Admita que $M$ seja EVEN, e que sua inversa tenha o elemento da primeira linha e primeira coluna igual a 2.

a) Determine o valor de $x$ nas condições dadas.

b) Determine a inversa de $M$ nas condições dadas.

**17.** (Fuvest – SP) Uma matriz real $A$ é ortogonal se $AA^t = I$, onde $I$ indica a matriz identidade e $A^t$ indica a transposta de $A$. Se $A = \begin{pmatrix} \frac{1}{2} & x \\ y & z \end{pmatrix}$ é ortogonal, então $x^2 + y^2$ é igual a:

a) $\frac{1}{4}$

b) $\frac{\sqrt{3}}{4}$

c) $\frac{1}{2}$

d) $\frac{\sqrt{3}}{2}$

e) $\frac{3}{2}$

**18.** (UFS – SE) Os valores reais de $x$ que tornam o determinante $\begin{vmatrix} x & 1 & 1 \\ 3 & x & 1 \\ x & -2 & 4 \end{vmatrix}$ igual a zero são:

a) $-3$ e $-2$

b) $-3$ e 2

c) $-2$ e 3

d) $-1$ e 2

e) 2 e 3

**19.** (UFOP – MG) Considere as matrizes

$$A = \begin{pmatrix} x & 4 \\ -3 & x+7 \end{pmatrix} \text{ e } B = \begin{pmatrix} 4x & -3 \\ 2 & 3 \end{pmatrix}$$

e responda às questões abaixo.

a) Para que valores reais de $x$ tem-se $\det A > 0$ e $\det B > 1$?

b) Dentre os valores de $x$ encontrados no item anterior, quais satisfazem a desigualdade $\log_{\det B} \det A \geq 1$?

**20.** (PUC-Camp – SP) Considerando-se que

$f(p) = 12p - p^2$ e $g(p) = p^3 - 24p^2 + 144p$,

o valor do determinante da matriz

$$M = \begin{pmatrix} f(2) & f(1) & f(0) \\ g(2) & g(1) & g(0) \\ 1 & 1 & 1 \end{pmatrix}$$

é igual a:

a) 4.620
b) 2.420
c) 2.200
d) 400
e) 220

**21.** (UECE) Se $x$ e $y$ são dois ângulos cuja soma é $\frac{\pi}{3}$, então o determinante da matriz

$$\begin{pmatrix} \text{sen } x & \cos x & 0 \\ \cos y & \text{sen } y & 0 \\ 0 & 0 & -1 \end{pmatrix}$$

é igual a:

a) $\frac{1}{2}$
b) $\frac{\sqrt{3}}{2}$
c) $\frac{\sqrt{3}}{3}$
d) $\frac{1}{4}$

**22.** (Udesc) Os valores de $x$ que satisfazem a inequação

$$\det \begin{pmatrix} \log_2(x-2) & 2 & \log_{\frac{1}{2}}(x-3) \\ 1 & 1 & 1 \\ 1 & 0 & 1 \end{pmatrix} \leqslant 1 \text{ são:}$$

a) $\{x \in \mathbb{R} \mid x > 3\}$
b) $\{x \in \mathbb{R} \mid 1 \leqslant x \leqslant 4\}$
c) $\{x \in \mathbb{R} \mid 3 < x \leqslant 4\}$
d) $\{x \in \mathbb{R} \mid x < 3 \text{ ou } x > 4\}$
e) $\{x \in \mathbb{R} \mid x < 1 \text{ ou } x > 4\}$

**23.** (UEG – GO) Sendo $x$ e $y$, respectivamente, os determinantes das matrizes

$$\begin{pmatrix} a & b \\ c & d \end{pmatrix} \text{ e } \begin{pmatrix} -4a & -4c \\ 5b & 5d \end{pmatrix},$$

é verdade que $\frac{y}{x}$ é igual a:

a) $\frac{1}{20}$
b) $-\frac{1}{20}$
c) 20
d) $-20$
e) $\frac{3}{20}$

**24.** (ESPM – SP) Considerando-se $\log 2 = 0,3$, o valor do determinante a seguir é igual a:

$$\begin{vmatrix} 1 & 1 & 1 \\ \log 4 & \log 16 & \log 400 \\ (\log 2)^2 & (\log 4)^2 & (\log 20)^2 \end{vmatrix}$$

a) 0,36
b) 0
c) 3
d) 0,74
e) 0,42

**25.** (PUC – RS) Sendo

$$A = \begin{pmatrix} a & b & c \\ 1 & 2 & 3 \\ m & t & k \end{pmatrix}, B = \begin{pmatrix} m & t & k \\ 1 & 2 & 3 \\ a & b & c \end{pmatrix}$$

e $\det A = 4$, o determinante de $B$ é igual a:

a) $-\frac{1}{4}$ b) $\frac{1}{4}$ c) $\frac{3}{4}$ d) 4 e) $-4$

**26.** (UEPB) Seja a matriz $A = \begin{pmatrix} x & 1 & 0 & 0 \\ 0 & x & 1 & 0 \\ 0 & 0 & x & k \\ 0 & 0 & 1 & x \end{pmatrix}$ e a função $f: \mathbb{R} \to \mathbb{R}$ definida por $f(x) = \frac{1}{3} \cdot \det A$.

Se $f(3) = 3$, o valor de $k$ é:

a) $-3$
b) 8
c) 9
d) 4
e) 2

**27.** (Unifesp) Se $|A|$ denota o determinante da matriz $A$, e se

$$A = \begin{pmatrix} |A| & 1 \\ 2 & |A| \end{pmatrix}$$

então:

a) $A = \begin{pmatrix} 0 & 1 \\ 2 & 0 \end{pmatrix}$

b) $A = \begin{pmatrix} 2 & 1 \\ 2 & 2 \end{pmatrix}$, se $|A| < 0$

c) $A = \begin{pmatrix} -1 & 1 \\ 2 & -1 \end{pmatrix}$, se $|A| > 0$

d) $A = \begin{pmatrix} 2 & 1 \\ 2 & 2 \end{pmatrix}$ ou $A = \begin{pmatrix} -1 & 1 \\ 2 & -1 \end{pmatrix}$

e) $A = \begin{pmatrix} -2 & 1 \\ 2 & -2 \end{pmatrix}$ ou $A = \begin{pmatrix} 1 & 1 \\ 2 & 1 \end{pmatrix}$

**28.** (Mackenzie – SP) Dadas as matrizes $A = (a_{ij})_{3 \times 3}$ tal que $\begin{cases} a_{ij} = 10, \text{ se } i = j \\ a_{ij} = 0, \text{ se } i \neq j \end{cases}$ e $B = (b_{ij})_{3 \times 3}$ tal que $\begin{cases} b_{ij} = 3, \text{ se } i = j \\ b_{ij} = 0, \text{ se } i \neq j \end{cases}$, o valor de det $AB$ é:

a) $27 \times 10^3$
b) $9 \times 10^3$
c) $27 \times 10^2$
d) $3^2 \times 10^2$
e) $27 \times 10^4$

**29.** (PUC – SP) Seja a matriz

$$A = \begin{pmatrix} 1 & a & 5 \\ a & b & c \\ c & 12 & x+5 \end{pmatrix}$$

em que $a$, $b$, $c$ são constantes reais positivas e $x$ é uma variável real. Considerando que, ordenadamente, as sequências de termos das duas primeiras linhas de $A$ constituem progressões aritméticas, enquanto as sequências de termos das duas primeiras colunas constituem progressões geométricas, então, se det $A = 18$, o valor de $\log_8 x$ é:

a) 3
b) $\frac{3}{2}$
c) 1
d) $\frac{2}{3}$
e) $\frac{1}{3}$

**30.** (UFPel – RS) Sendo os números reais $a$ e $b$ tais que $a > b$, $a + b = 100$ e $\log(a^2 - b^2) = 3{,}6$, se a matriz $M = (m_{ij})_{2 \times 2}$ é definida por

$$m_{ij} = \begin{cases} \log(a - b)^{2i-j}, \text{ se } i = j, \\ 0, \text{ se } i \neq j \end{cases}$$

então é correto afirmar que det $M^2$ vale:

a) $4 \cdot (1{,}6)^4$
b) $(1{,}6)^4$
c) $1{,}6 \cdot (3{,}2)^2$
d) $2 \cdot (1{,}6)^2$
e) $\left(\frac{3{,}6}{100}\right)^6$

**31.** (UFSCar – SP) Seja $A = (a_{ij})$ uma matriz quadrada de ordem 3 tal que $a_{ij} = \begin{cases} p, \text{ se } i = j \\ 2p, \text{ se } i \neq j \end{cases}$ com $p$ inteiro positivo. Em tais condições, é correto afirmar que, necessariamente, det $A$ é múltiplo de:

a) 2
b) 3
c) 5
d) 7
e) 11

**32.** (UFAM) Seja $A$ uma matriz real de ordem 5. Se det $A = \frac{1}{16}$, então det $2A$ é:

a) $\frac{1}{4}$
b) 2
c) 6
d) 8
e) $\frac{1}{8}$

**33.** (UFMT) Seja $A$ uma matriz quadrada, de ordem $n$, que satisfaz a equação matricial $A^3 = 3A$. Sabendo-se que o determinante de $A$ é um número inteiro positivo, o valor de $n$, necessariamente, é:

a) múltiplo de 3.
b) ímpar.
c) par.
d) primo.
e) múltiplo de 5.

**34.** (Unesp) Seja $A$ uma matriz. Se $A^3 = \begin{pmatrix} 1 & 0 & 0 \\ 0 & 6 & 14 \\ 0 & 14 & 34 \end{pmatrix}$, o determinante de $A$ é:

a) 8 b) $2\sqrt{2}$ c) 2 d) $\sqrt[3]{2}$ e) 1

**35.** (FGV – SP) As matrizes $A = (a_{ij})_{4 \times 4}$ e $B = (b_{ij})_{4 \times 4}$ são tais que $2a_{ij} = 3b_{ij}$.

Se o determinante da matriz $A$ é igual a $\frac{3}{4}$, então o determinante da matriz $B$ é igual a:

a) 0
b) $\frac{4}{27}$
c) $\frac{9}{8}$
d) 2
e) $\frac{243}{64}$

**36.** (UFSC) Considere as matrizes $A = \begin{pmatrix} 0 & x & 1 \\ y & -1 & 0 \\ 1 & z & 0 \end{pmatrix}$,

$B = \begin{pmatrix} -1 & 1 \\ y & 0 \\ 1 & x \end{pmatrix}$ e $C = \begin{pmatrix} 7 & 2 \\ -6 & 3 \\ 2 & z \end{pmatrix}$, onde $x$, $y$ e $z$ variam no conjunto dos números reais.

Identifique a(s) proposição(ões) CORRETA(S).

(01) Para $z = 0$ existe uma matriz $X$, cuja soma dos elementos é 7, tal que:

$$C \cdot X = \begin{pmatrix} 64 \\ -69 \\ 20 \end{pmatrix}$$

(02) Se $A \cdot B = C$, então $x + y + z = 5$.

(04) A matriz transposta de $B$ é:

$$B^t = \begin{pmatrix} 1 & y & -1 \\ x & 0 & 1 \end{pmatrix}$$

(08) A matriz $A$ admite inversa se, e somente se, $yz \neq -1$.

Dê como resposta a soma dos números associados às proposições corretas.

**37.** (UFBA) Considere as matrizes $A = \begin{pmatrix} x & y \\ z & w \end{pmatrix}$ de elementos reais não negativos, $B = \begin{pmatrix} 1 & 1 \\ 0 & 0 \end{pmatrix}$ e $C = \begin{pmatrix} 16 & 7 \\ 0 & 9 \end{pmatrix}$.

Sabendo que $A$ comuta com $B$ e que $A^2 = C$, calcule o determinante da matriz $X = 12A^{-1} + A^t$.

**38.** (Unirio – RJ) Determine todos os valores de $x \in [0, 2\pi[$ que tornam a matriz

$$A = \begin{pmatrix} 1 & \text{sen}^2 x & \cos^2 x \\ 2 & 1 & 1 \\ \sqrt{2} & \sqrt{3} & \sqrt{5} \end{pmatrix}$$

uma matriz não invertível.

**39.** (Ibmec – SP) A respeito das matrizes $A = \begin{pmatrix} 3 & 1 \\ 6 & 2 \end{pmatrix}$ e $B = \begin{pmatrix} 0 & 1 \\ 1 & 0 \end{pmatrix}$ são feitas três afirmações:

I. O determinante da matriz $A^n$ é igual a zero, para todo $n$ inteiro positivo.

II. Existe uma matriz quadrada $C$, de ordem 2, tal que $AC = B$.

III. O determinante da matriz $B^{2n}$ é igual a 1, para todo $n$ inteiro positivo.

É correto concluir que:

a) nenhuma das três afirmações é verdadeira.
b) apenas as afirmações I e II são verdadeiras.
c) apenas as afirmações I e III são verdadeiras.
d) apenas as afirmações II e III são verdadeiras.
e) as três afirmações são verdadeiras.

**40.** (Unifor – CE) Seja $A$ uma matriz $2 \times 2$ tal que $3 \cdot A = A^2$. Se $A$ é inversível, então o determinante de $A$ é igual a:

a) 12 b) 9 c) 6 d) 3 e) $\frac{1}{3}$

**41.** (Udesc) Dada a matriz $A = \begin{pmatrix} 1 & 2 \\ 1 & -1 \end{pmatrix}$, seja a matriz $B$ tal que $A^{-1} \cdot B \cdot A = D$ onde $D = \begin{pmatrix} 2 & 1 \\ -1 & 2 \end{pmatrix}$, então o determinante de $B$ é igual a:

a) 3 b) $-5$ c) 2 d) 5 e) $-3$

**42.** (UFPR) Dados os números $a$, $b$ e $c$ diferentes de zero e a matriz quadrada de ordem 2

$$M = \begin{pmatrix} a & b \\ 0 & c \end{pmatrix}$$

considere as afirmativas abaixo a respeito de $M$:

1. A matriz $M$ é invertível.
2. Denotando a matriz transposta de $M$ por $M^t$, teremos $\det(M \cdot M^t) > 0$.
3. Quando $a = 1$ e $c = -1$, tem-se $M^2 = I$, sendo $I$ a matriz identidade de ordem 2.

Identifique a alternativa correta:

a) Somente a afirmativa 2 é verdadeira.
b) Somente a afirmativa 3 é verdadeira.
c) Somente as afirmativas 1 e 2 são verdadeiras.
d) Somente as afirmativas 2 e 3 são verdadeiras.
e) As afirmativas 1, 2 e 3 são verdadeiras.

**43.** (UFES) Se $A = \begin{pmatrix} 0 & 1 & 0 \\ 1 & 0 & 0 \\ 0 & 0 & 1 \end{pmatrix}$ e $B = \begin{pmatrix} 1 & 0 & 0 \\ 0 & 1 & 0 \\ k & 0 & 1 \end{pmatrix}$, com $k \notin \{-1, 0, 1\}$, então o determinante da matriz $BAB^{-1}$ é:

a) $-1$
b) 0
c) 1
d) $k$
e) $\frac{1}{k}$

**44.** (UFBA) Os estoques de gasolina, álcool e diesel de três postos de combustíveis são dados, em milhares de litros, na tabela a seguir, sendo $c$ e $k$ números reais não negativos.

| | Gasolina | Álcool | Diesel |
|---|---|---|---|
| **Posto 1** | 2 | 1 | 1 |
| **Posto 2** | 1 | 4 | $k$ |
| **Posto 3** | $c$ | $k$ | 1 |

Seja $M$ a matriz formada pelos estoques de cada combustível em cada posto, na mesma disposição da tabela dada. Sabe-se que o preço por litro de cada combustível é o mesmo nos três postos. Com base nessas informações, é correto afirmar:

(01) Se $c = 1$, então a matriz $M^2$ é simétrica.

(02) Se $c = 1$, então a matriz $M$ é inversível, para todo $k \in [0, +\infty[$.

(04) Se $c = 3$, então existe $k \in [0, +\infty[$ para o qual o determinante da matriz $M$ é nulo.

(08) Conhecendo-se os preços por litro de álcool e de diesel e sabendo-se que o primeiro é maior que o segundo, então existe $k \in [0, +\infty[$ tal que a soma dos valores dos estoques desses dois combustíveis, no Posto 2, é igual à mesma soma no Posto 3.

(16) Assumindo-se que $c = 3$, $k = 0$ e que as somas dos valores dos estoques dos Postos 1, 2 e 3 são, respectivamente, R$ 8.800,00, R$ 10.800,00 e R$ 9.600,00, então a soma dos preços, por litro, de cada combustível é igual a R$ 6,00.

Dê como resposta a soma dos números associados às proposições corretas.

**45.** (UFU – MG) Sejam $A$ e $P$ matrizes quadradas de ordem 3, com $P$ inversível, e $B = PAP^{-1}$. Identifique a ÚNICA alternativa INCORRETA:

a) $B^{10} = P \cdot A^{10} \cdot P^{-1}$
b) Se $\det A = 2$, então, $\det(-3B) = -6$.
c) Se $A$ não é inversível, então $\det B = 0$.
d) $A = P^{-1} \cdot B \cdot P$

## Programas de Avaliação Seriada

**1.** (PASES – UFV – MG) Considere as seguintes afirmativas:

I. $\text{sen}\,(1) \cdot \text{sen}\,(5) > 0$

II. Os elementos do conjunto $\left\{x \in \mathbb{R} \mid \frac{4}{3} \leq x < 3\right\}$ são as únicas soluções da inequação:

$$\left|\frac{2x - 1}{3 - x}\right| \geq 1$$

III. Se $x$ é um número real satisfazendo a igualdade matricial

$$2 \cdot \begin{pmatrix} x^2 + 1 & -(2x^2 + x) \\ 3 & -\frac{x}{2} \end{pmatrix} = \begin{pmatrix} 10 & x^3 + x^2 + 4x \\ 6 & -x \end{pmatrix}$$, então $x$ é negativo.

Atribuindo V para as afirmações verdadeiras e F para as falsas, identifique a sequência CORRETA:

a) V, V, F
b) V, F, F
c) F, V, V
d) F, F, V

**2.** (PSS – UFPB) Na confecção de três modelos de camisas ($A$, $B$ e $C$), são usados dois tipos de botão: grandes (G) e pequenos (P). O número de botões, por modelo, está indicado na tabela a seguir.

| | Modelo | | |
|---|---|---|---|
| **Botão** | ***A*** | ***B*** | ***C*** |
| **P** | 3 | 1 | 5 |
| **G** | 6 | 5 | 5 |

O número de cada modelo de camisas confeccionadas, nos meses de julho e agosto, está indicado na tabela a seguir.

| | Meses | |
|---|---|---|
| **Camisas** | **Julho** | **Agosto** |
| ***A*** | 100 | 50 |
| ***B*** | 50 | 100 |
| ***C*** | 50 | 50 |

De acordo com esses dados, o número total de botões usados na confecção dessas camisas, nesses dois meses, foi:

a) 3.250
b) 5.000
c) 2.850
d) 4.200
e) 2.550

**3.** (PSIU – Uespi) Sejam $a$, $b$ e $c$ números reais não nulos e

$$A = \begin{pmatrix} 1 & 1 & 1 \\ \frac{1}{a} & \frac{1}{b} & \frac{1}{c} \\ bc & ac & ab \end{pmatrix}$$

Então, $\mathbf{e}^{\det A}$ é igual a:

a) $\mathbf{e}^2$ b) $\frac{1}{\mathbf{e}}$ c) 1 d) $\frac{1}{\mathbf{e}^2}$ e) $\mathbf{e}$

**4.** (PASES – UFV – MG) A figura abaixo mostra um triângulo isósceles de vértices $V_1$, $V_2$ e $V_3$. Os lados congruentes medem 5 cm e a base, 6 cm.

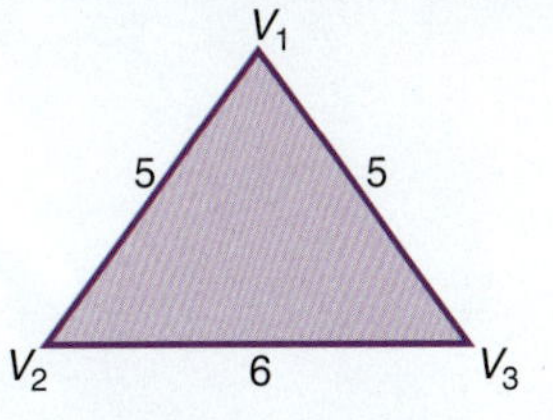


Calcule:

a) a área do triângulo;
b) o determinante da matriz de ordem 3, $A = (a_{ij})$, onde $a_{ij}$ é a distância do vértice $V_i$ ao vértice $V_j$.

**5.** (PSS – UFS – SE) Analise as afirmações seguintes:

(1) Se na matriz $\begin{pmatrix} 1 & 7 & 13 & \dots \\ 2 & 8 & 14 & \dots \\ 3 & 9 & 15 & \dots \\ 4 & 10 & 16 & \dots \end{pmatrix}$ os elementos de cada linha formam uma progressão aritmética infinita, então o número 447 é o elemento da 3.ª linha e 75.ª coluna.

(2) Se $A = \begin{pmatrix} 1 & 2 \\ 3 & 4 \end{pmatrix}$ e $B = \begin{pmatrix} 2 & 1 \\ 1 & 2 \end{pmatrix}$, a equação $\det(A - xB) = 0$, em que $x \in \mathbb{R}$, admite duas raízes racionais.

(3) Se $A^{-1}$ é a matriz inversa de $A = \begin{pmatrix} -1 & 0 \\ 1 & 2 \end{pmatrix}$, então $\det(A + A^{-1}) = -\frac{13}{2}$.

(4) Se $A^t$ é a matriz transposta de

$$A = \begin{pmatrix} 2x & 1 & x \\ x & -3 & 1 \\ 1 & 0 & 2 \end{pmatrix}$$, com $x \neq 0$ e $\det A^t = 12$, então $x = 1$.

(5) Se $A = \begin{pmatrix} 1 & x \\ y & 1 \end{pmatrix}$ é tal que $A^2 = \begin{pmatrix} -10 & -2 \\ 22 & -10 \end{pmatrix}$, então $x + y = 10$.

# Capítulo 4

## Objetivos do Capítulo

- Conceituar equações lineares e identificar algumas de suas soluções.
- Conceituar sistemas lineares, identificar soluções e, a partir delas, classificá-los.
- Estudar várias técnicas de resolução de sistemas lineares.
- Explorar diferentes contextos que podem ser modelados por sistemas lineares.

# Sistemas Lineares

## Como Pudemos Viver sem Eles!?!?!

Robustos, muito diferentes dos pequeninos e multifuncionais aparelhos que hoje tiram fotos, acessam a Internet e, até mesmo, são usados para ligações telefônicas, os primeiros celulares surgiram no Japão em 1978.

No Brasil, a telefonia móvel foi implantada primeiro no Rio de Janeiro (em 1989), seguido por Brasília (1990) e São Paulo (1993). Em pouquíssimo tempo, essa "febre" da telefonia móvel se expandiu no Brasil ao incrível número de cerca de 200 milhões de linhas (celulares + modens 3G) em 2010.

Segundo o relatório de 2010 da ITU — International Telecommunication Union (União Internacional de Telecomunicação), enquanto a telefonia fixa aumentou em 2009 à taxa de 17,8 aparelhos por 100 habitantes, a telefonia móvel cresceu à razão de 67 aparelhos por 100 habitantes. Com esse rápido crescimento, estima-se que passaremos dos 5 bilhões e 200 milhões de aparelhos no mundo em 2010 para cerca de 8,5 bilhões em 2018!!!

Você deve estar se perguntando o que esse assunto tem a ver com o tema deste nosso capítulo. Tudo a ver. Para que se possa estimar a expectativa de expansão — e prever suas consequências, as medidas que deverão ser tomadas para atender à demanda etc. — de uma tecnologia como a telefonia móvel, ou mesmo de Internet e TV a cabo, por exemplo, uma das ferramentas são os sistemas lineares, que estudaremos a seguir.

# 1. Conceito de Equação Linear e de Sistema Linear

Acompanhe a situação a seguir.

Juliana gastou exatamente R$ 15,00 na compra de lanches e sucos em promoção em uma lanchonete. Sabendo que cada lanche custa R$ 1,50 e que cada copo de suco custa R$ 1,00, quantos lanches e copos de suco ela comprou?

Para responder a essa pergunta, indiquemos por $x$ o número de lanches comprados e por $y$ o número de copos de suco.

PANTHERMEDIA/KEYDISC

Nessas condições, as quantidades de lanches e de copos de suco são dadas pela equação:

$$1{,}5x + y = 15$$

Observe que não existe uma única resposta para essa situação. Vejamos as possibilidades.

- 10 lanches e 0 copos de suco: $1{,}5 \cdot 10 + 1 \cdot 0 = 15$
- 8 lanches e 3 copos de suco: $1{,}5 \cdot 8 + 1 \cdot 3 = 15$
- 6 lanches e 6 copos de suco: $1{,}5 \cdot 6 + 1 \cdot 6 = 15$
- 4 lanches e 9 copos de suco: $1{,}5 \cdot 4 + 1 \cdot 9 = 15$
- 2 lanches e 12 copos de suco: $1{,}5 \cdot 2 + 1 \cdot 12 = 15$
- 0 lanches e 15 copos de suco: $1{,}5 \cdot 0 + 1 \cdot 15 = 15$

**Atenção!**

Veja que, nesse caso, não podemos ter uma quantidade ímpar de lanches, pois acarretaria um número não inteiro de copos de suco, o que não é possível.

Vamos estudar como resolver problemas, como o de Juliana, que podem ser modelados por meio de equações com as características similares à que descreve a situação anterior.

## 1.1 EQUAÇÃO LINEAR

Veja os exemplos de algumas equações com as quais você já lidou.

a) equação trigonométrica: $\cos x = 0{,}5$

b) equação exponencial: $2^{3x} = 8$

c) equação logarítmica: $\log x = 5$

d) equação do 2.º grau: $x^2 - 6x + 5 = 0$

Note que em todas elas há apenas uma incógnita. Um outro tipo de equação é aquela do caso de Juliana: $1{,}5x + y = 15$, que tem duas incógnitas.

Observe também que nessa equação, diferentemente das outras, cada parcela do primeiro membro é composta por uma constante multiplicada por uma incógnita cujo expoente é sempre 1. Esse é um exemplo de *equação linear*.

De modo geral, temos:

> Toda equação que pode ser escrita com um membro tendo uma soma de parcelas formadas por uma constante multiplicada por uma incógnita elevada a 1 e o outro membro da igualdade tendo uma constante é chamada de **equação linear**.

Assim, sendo $x_1, x_2, x_3, ..., x_n$ incógnitas e $a_1, a_2, a_3, ..., a_n$ e $b$ constantes, toda equação linear pode ser escrita na forma:

$$a_1x_1 + a_2x_2 + a_3x_3 + ... + a_nx_n = b$$

As constantes $a_1, a_2, a_3, ..., a_n$ são os *coeficientes* das incógnitas $x_1, x_2, x_3, ..., x_n$, respectivamente, e $b$ é o *termo independente*.

### EXEMPLOS

a) $3x + 4y - 5z = 7$
é uma equação linear nas incógnitas $x$, $y$ e $z$

b) $2x + z = 5$
é uma equação linear nas incógnitas $x$ e $z$

c) $2x = 9z$
é uma equação linear nas incógnitas $x$ e $z$

d) $x_1 + 2x_2 - 4x_3 + ... + x_n = 0$
é uma equação linear nas incógnitas $x_1, x_2, x_3, ...$ e $x_n$

**Atenção!**

Note que $2x = 5$ também é uma equação linear, pois podemos considerá-la uma soma de uma única parcela ou, ainda, uma soma que tem os demais coeficientes iguais a zero. Por exemplo:

$$2x + 0y + 0z = 5$$

### EXERCÍCIO RESOLVIDO

**ER. 1** Para as equações a seguir, identifique aquelas que são equações lineares e explique o porquê de as outras não serem, considerando as incógnitas $x$, $y$, $z$, $t$ e $w$.

a) $x + \pi y = 5$
b) $x + y + xy = 0$
c) $x^3 + 5y = 1$
d) $3y + \cos x = 7$
e) $x + y + z + t + w = 10$
f) $\text{tg } 45° \cdot x + y = 9$

**Resolução:** São equações lineares apenas as equações (a), (e) e (f), pois satisfazem a definição.

Agora, vamos considerar as demais:

- Como na equação (b) as incógnitas $x$ e $y$ estão multiplicadas uma pela outra, essa equação não é linear.
- Na equação (c), o expoente da incógnita $x$ é 3 e, consequentemente, essa equação não é linear.
- Na equação (d) uma das incógnitas aparece em uma função trigonométrica ($\cos x$) e, por isso, essa equação não é linear.

**Recorde**

Os coeficientes $\pi$ e tg 45° são constantes reais.

## EXERCÍCIOS PROPOSTOS

1. Utilizando as incógnitas $x$, $y$, $z$ e $t$, faça o que se pede:
   a) Dê dois exemplos de equações lineares que contenham pelo menos duas dessas quatro incógnitas.
   b) Dê dois exemplos de equações não lineares que contenham pelo menos duas dessas quatro incógnitas.

2. Classifique cada uma das equações a seguir como equação linear ou não linear.
   a) $x + \frac{y}{3} = 9$
   b) $x + \sqrt{2} \cdot t = 0$
   c) $x + \sqrt{2x} = 0$
   d) $x^2 + 3y = 7$
   e) $x + \pi y + 4z + t - 7w = 10$

3. **[DIVERSÃO]** Silvana recebeu um prêmio de R$ 40,00 que pode ser usado apenas nos jogos eletrônicos de certo parque. Nesse local, existem três categorias de atrações cujos preços, por rodada, são R$ 2,00 (tipo 1), R$ 3,00 (tipo 2) e R$ 5,00 (tipo 3). Encontre uma equação linear que descreva como Silvana pode gastar a quantia do prêmio jogando $x$ rodadas na atração do tipo 1, $y$ rodadas na do tipo 2 e $z$ rodadas na do tipo 3.

PANTHERMEDIA/KEYDISC

**Recorde**

Em uma equação com incógnitas $x$ e $y$, quando escrevemos o par ordenado $(a, b)$ estamos indicando que devemos substituir $x$ por $a$ (primeira coordenada) e $y$ por $b$ (segunda coordenada).

## Solução de uma equação linear

Considere novamente a equação linear que descreve as possibilidades que Juliana tem para comprar lanches e copos de suco:

$$1{,}5x + y = 15$$

Já vimos que uma das maneiras que Juliana tem para comprar é 8 lanches e 3 copos de suco, pois nesse caso ela gasta R$ 12,00 com lanches $(1{,}5 \cdot 8 = 12)$ e R$ 3,00 com suco $(3 \cdot 1 = 3)$.

Uma forma de comprovar isso é substituindo $x$ por 8 e $y$ por 3 na equação e verificar se a igualdade obtida é verdadeira ou falsa. Veja como fica:

$$1{,}5 \cdot 8 + 3 = 15$$

Note que a sentença obtida é verdadeira $(12 + 3 = 15)$. Por isso, podemos dizer que o par ordenado $(8, 3)$ satisfaz essa equação, ou seja, $(8, 3)$ é *uma solução* da equação $1{,}5x + y = 15$.

Por outro lado, não é possível comprar 9 lanches e um copo de suco com os R$ 15,00, pois substituindo $x$ por 9 e $y$ por 1 na equação, temos:

$$1{,}5 \cdot 9 + 1 = 15 \text{ (falso)}$$

O fato de a sentença ser falsa $(13{,}5 + 1 = 14{,}5)$ nos garante que o par ordenado $(9, 1)$ *não satisfaz* a equação e, portanto, $(9, 1)$ *não é uma solução* da equação.

De modo geral, temos:

> Em uma equação linear $a_1x_1 + a_2x_2 + a_3x_3 + \ldots + a_n x_n = b$, com incógnitas $x_1, x_2, x_3, \ldots$ e $x_n$, a ênupla ordenada $(\alpha_1, \alpha_2, \alpha_3, \ldots, \alpha_n)$ é solução dessa equação se, e somente se, a sentença
> $$a_1\alpha_1 + a_2\alpha_2 + a_3\alpha_3 + \ldots + a_n\alpha_n = b$$
> é verdadeira.

**Faça**

Dê dois ternos ordenados que sejam solução da equação $x + y + z = 1$.

## Exercícios Resolvidos

**ER. 2** Verifique, em cada caso, se o terno ordenado é ou não solução da equação $x - 2y + z = 6$.

a) $(1, -1, 1)$

b) $(0,4; 1; 7,6)$

c) $(k, -k, 6 - 3k)$, com $k \in \mathbb{R}$

**Resolução:** Para verificar se um terno ordenado é solução de uma equação linear, basta substituir as incógnitas da equação pelo valor da coordenada correspondente e verificar se obtemos uma sentença verdadeira ou falsa.

Como, na equação, a incógnita $x$ aparece primeiro, $y$ aparece em segundo e $z$ em terceiro lugar, a primeira coordenada representa $x$, a segunda $y$ e a terceira $z$.

a) Para $(1, -1, 1)$, temos:

$$1 - 2 \cdot (-1) + 1 = 1 + 2 + 1 = 4$$

Assim, $1 - 2 \cdot (-1) + 1 = 6$ é uma igualdade falsa. Logo, $(1, -1, 1)$ não é solução da equação.

b) Para $(0,4; 1; 7,6)$, temos:

$$0,4 - 2 \cdot (1) + 7,6 = 0,4 - 2 + 7,6 = 6$$

Como a igualdade $0,4 - 2 \cdot (1) + 7,6 = 6$ é verdadeira, o terno $(0,4; 1; 7,6)$ é solução da equação.

c) Para $(k, -k, 6 - 3k)$, com $k \in \mathbb{R}$, temos:

$$k - 2 \cdot (-k) + 6 - 3k = 3k + 6 - 3k = 6$$

Veja que a sentença $k - 2 \cdot (-k) + 6 - 3k = 6$ nos dá a igualdade $6 = 6$, que é verdadeira independentemente do valor de $k$. Portanto, o terno $(k, -k, 6 - 3k)$, com $k \in \mathbb{R}$, é solução da equação.

**ER. 3** Obtenha o valor de $k$ sabendo que a quádrupla ordenada $(1, 2, k, -1)$ é solução da equação $2x + y + 4z - 5t = 10$.

**Resolução:** Vamos substituir na equação, no lugar da incógnita correspondente, as coordenadas indicadas pela quádrupla $(1, 2, k, -1)$. Assim, temos:

$$2 \cdot 1 + 2 + 4 \cdot k - 5 \cdot (-1) = 10 \Rightarrow$$
$$\Rightarrow 2 + 2 + 4k + 5 = 10 \Rightarrow$$
$$\Rightarrow 9 + 4k = 10 \Rightarrow 4k = 1 \Rightarrow k = 0,25$$

Logo, para que $(1, 2, k, -1)$ seja solução da equação, devemos ter $k = 0,25$.

## Exercícios Propostos

**4.** Verifique, em cada caso, se a ênupla ordenada é solução da equação linear correspondente. Justifique sua resposta.

a) $(2, 3)$ de $x - 4y = -10$

b) $(1, k, k + 1)$, com $k \in \mathbb{R}$, de $x + y - z = 0$

c) $(1, m, m + 3, 0)$, com $m \in \mathbb{R}$, de $x + 3y - 3z + t = 2$

d) $(a + b, a - b, 2b - 1)$, com $a, b \in \mathbb{R}$, de $x - y - z = 1$

**5.** Para qual valor real de $k$ o terno ordenado $(k + 3, 5 - 2k, 3)$ é solução da equação linear $-2x + 3y + z = 28$?

**6.** Calcule a soma e o produto dos valores de $k$ para os quais o par ordenado $(k^2, 3k)$ é solução da equação linear $x + 2y = -5$.

**7.** Obtenha o valor da constante $m$ para o qual a quádrupla $(2, 0, -1, 3)$ é solução da equação $mx + 2y - 3z + t = 12$.

## Representação geométrica de uma equação linear

**Saiba +**

Toda função afim é representada por uma reta (ou parte dela) no plano cartesiano. Contudo, nem toda reta do plano é representação de uma função afim. Veja, por exemplo, que uma reta perpendicular ao eixo das abscissas não representa uma função.

Vejamos como representar geometricamente uma equação linear com duas incógnitas.

Para isso, vamos analisar o que ocorre com a equação $2x - y = -1$. Note que, isolando $y$ na equação, obtemos $y = 2x + 1$, que é a lei de uma função afim, cujo gráfico é uma reta (ou parte dela). Assim, podemos concluir que a representação geométrica no plano cartesiano da equação linear $2x - y = -1$ são os pontos da reta de equação $y = 2x + 1$ cujas coordenadas são soluções da equação linear dada. Também já vimos que, nesse caso, para obter essa reta, basta tabelar dois valores para $x$ encontrar o $y$ correspondente. Veja a seguir o gráfico que representa geometricamente essa equação linear.

| Equação linear $2x - y = -1$ | | |
|---|---|---|
| $x$ | $y = 2x + 1$ | Pontos $(x, y)$ |
| $-0,5$ | $y = 2 \cdot (-0,5) + 1 = 0$ | $(-0,5; 0)$ |
| $0$ | $y = 2 \cdot 0 + 1 = 1$ | $(0, 1)$ |

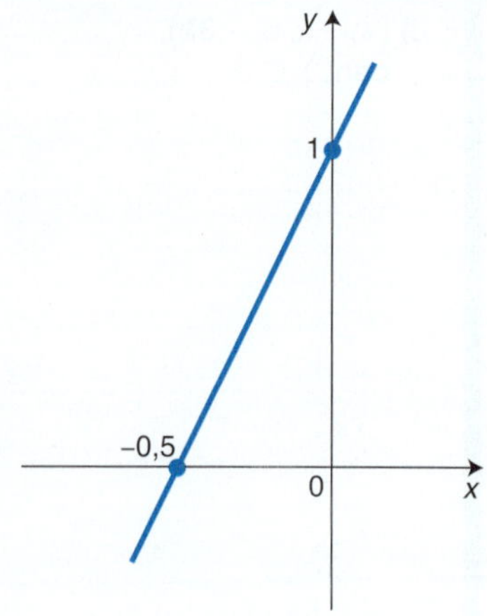


**EXERCÍCIO RESOLVIDO**

**ER. 4** Em cada caso, determine uma equação linear que pode ser representada pela reta.

a)

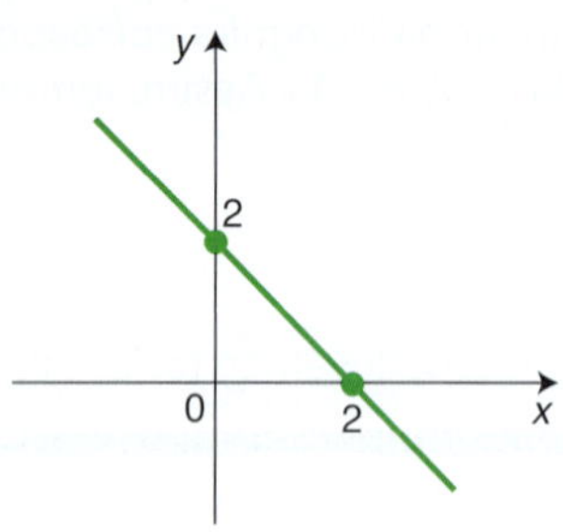


b)

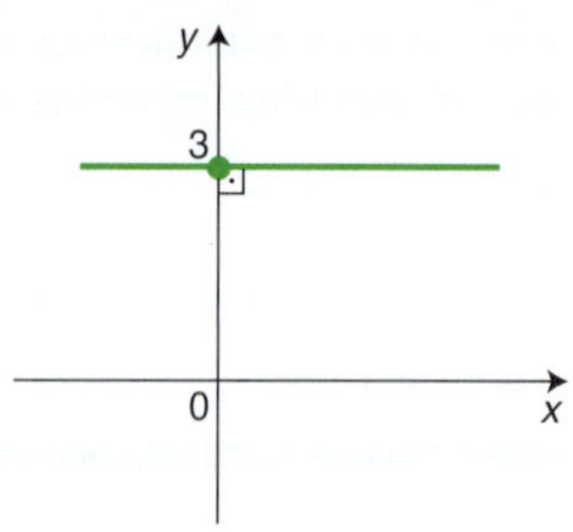


c)

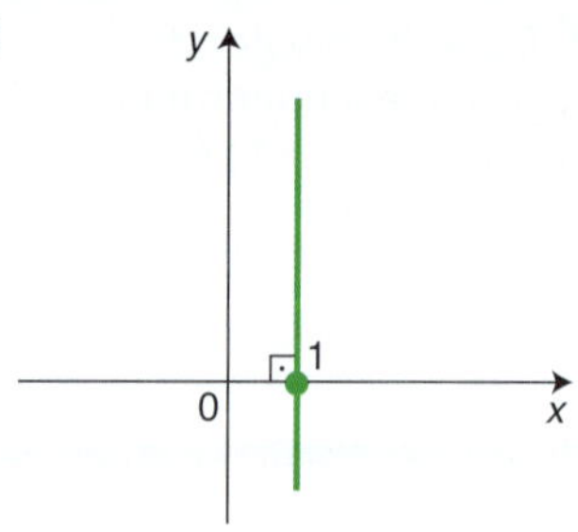


**Resolução:** Dada a representação geométrica (a reta), para encontrar uma equação linear que corresponda a ela, precisamos encontrar a equação da reta dada.

a) Como temos uma reta oblíqua em relação ao eixo $x$, a equação dessa reta é da forma $y = ax + b$, com $a$ e $b$ constantes.

Pelo gráfico, vemos que os pontos $(0, 2)$ e $(2, 0)$ pertencem a essa reta. Assim, temos:

- $2 = a \cdot 0 + b \Rightarrow b = 2$
- $0 = a \cdot 2 + 2 \Rightarrow a = -1$

Desse modo, a reta tem equação $y = -x + 2$, ou seja, ela representa a equação linear $x + y = 2$.

b) Agora a reta é paralela ao eixo das abscissas, isto é, ela é o gráfico de uma função constante dada por $y = 3$ (todos os pontos dessa reta têm ordenada igual a 3). Logo, uma equação linear representada por ela é $0x + y = 3$ ou, simplesmente, $y = 3$.

c) Repare que, neste caso, como a reta é paralela ao eixo das ordenadas, ela não pode ser o gráfico de uma função. Porém, todos os seus pontos têm abscissa igual a 1 e, assim, uma equação que representa essa reta é $x = 1$. Logo, uma equação linear que é representada por essa reta é $x + 0y = 1$ ou, simplesmente, $x = 1$.

**Faça**

Explique por que a representação geométrica da equação $x + 0y = 2$ é uma reta perpendicular ao eixo das abscissas.

## Observações

1. Note que sempre falamos "uma" equação e não "a" equação, pois existem infinitas equações que são representadas por uma mesma reta, basta que elas tenham as mesmas soluções.

   Por exemplo:

   - a reta que representa a equação $x + y = 2$ é a mesma que representa as equações lineares $2x + 2y = 4$, $3x + 3y = 6$ etc.
   - a reta que representa a equação $y = 3$ é a mesma que representa as equações lineares $2y = 6$, $2y = -3$ etc.
   - a reta que representa a equação $x = 1$ é a mesma que representa as equações lineares $2x = 2$, $4x = 4$ etc.

2. Equações que possuem as mesmas soluções são chamadas de **equações equivalentes**.

## Exercícios Propostos

**8.** Represente no plano cartesiano as soluções das equações a seguir

a) $2x + 3y = 6$ b) $3x - y = 0$ c) $3y = 4$

**9.** Determine uma equação linear que seja representada pelas retas a seguir.

a) 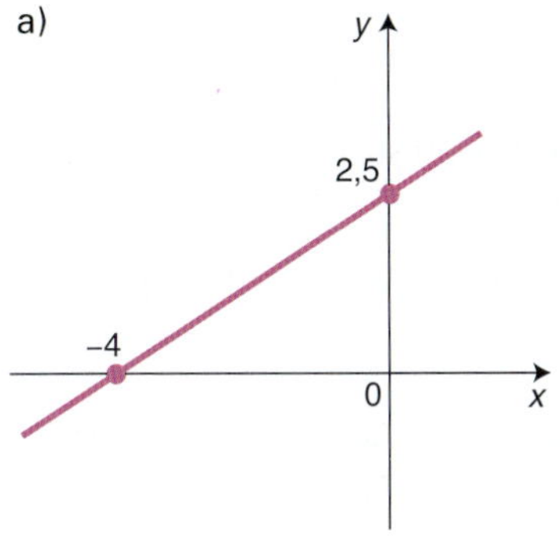


b) 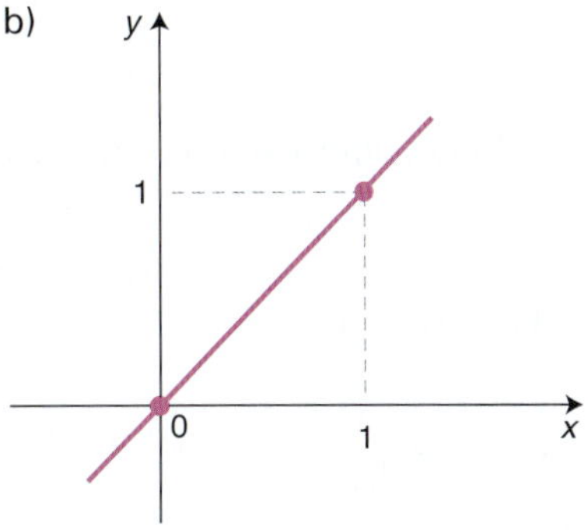


c) 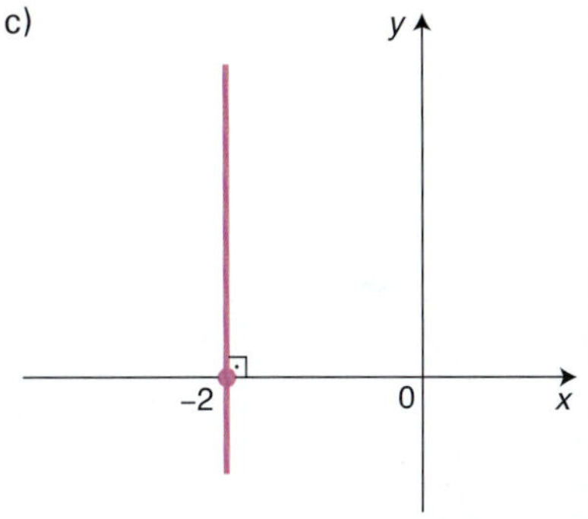


PANTHERMEDIA/KEYDISC

## 1.2 Sistema de equações lineares

Considere a situação a seguir.

Em um estacionamento estão 22 veículos entre carros e motos. Sabendo que o total de pneus que correspondem a eles é 64, quantos carros e quantas motos estão nesse estacionamento?

Vamos fazer um resumo dos dados que temos:

- número de carros: $x$
- número de motos: $y$
- total de veículos estacionados: 22

Assim, podemos expressar essa situação por meio da equação linear:

$$x + y = 22$$

Como cada carro tem 4 pneus e cada moto tem 2, e existem 64 pneus ao todo, esse fato pode ser expresso por outra equação linear:

$$4x + 2y = 64$$

**Faça**

Obtenha os valores de $x$ e $y$ que satisfazem o sistema montado ao lado.

Repare que a situação descrita exige que as duas condições (dadas pelas equações) sejam satisfeitas simultaneamente. Isso nos permite montar *um sistema de equações simultâneas* e como essas equações são lineares o *sistema* também é dito linear.

$$\begin{cases} x + y = 22 \\ 4x + 2y = 64 \end{cases}$$

De modo geral:

> Um sistema composto apenas de equações lineares é chamado de **sistema de equações lineares** ou, simplesmente, de **sistema linear**.

Genericamente, podemos representar um sistema linear com $m$ equações e $n$ incógnitas, em que as incógnitas são $x_1, x_2, x_3, \dots, x_n$, da seguinte maneira:

$$\begin{cases} a_{11}x_1 + a_{12}x_2 + a_{13}x_3 + \dots + a_{1n}x_n = b_1 \\ a_{21}x_1 + a_{22}x_2 + a_{23}x_3 + \dots + a_{2n}x_n = b_2 \\ \vdots \quad\quad \vdots \quad\quad \vdots \quad\quad\quad \vdots \quad\quad \vdots \\ a_{m1}x_1 + a_{m2}x_2 + a_{m3}x_3 + \dots + a_{mn}x_n = b_n \end{cases}$$

Veja outros exemplos de sistemas lineares:

a) $\begin{cases} x + y + z = 3 \\ x - y + 2z = 4 \\ 3x - 2y + 4z = 6 \end{cases}$ (sistema com 3 equações e 3 incógnitas: $x$, $y$ e $z$)

b) $\begin{cases} x + 2y + 3z = 3 \\ y + z = 4 \end{cases}$ (sistema com 2 equações e 3 incógnitas: $x$, $y$ e $z$)

c) $\begin{cases} m + n = 1 \\ m - n = 2 \\ 2m + n = 4 \end{cases}$ (sistema com 3 equações e 2 incógnitas: $m$ e $n$)

d) $\begin{cases} a = 1 \\ b = 3 \\ c = 4 \\ a + b + c + d = 5 \end{cases}$ (sistema com 4 equações e 4 incógnitas: $a$, $b$, $c$ e $d$)

**Responda**

Qual é o tipo de cada um dos sistemas do exemplo anterior?

Dizemos que um sistema linear com $m$ equações e $n$ incógnitas é do tipo $m \times n$ (lê-se "$m$ por $n$").

## Exercícios Propostos

**10.** Nos casos a seguir, em que letras sempre representam incógnitas, diga quantas equações e quantas incógnitas tem cada sistema linear:

a) $\begin{cases} x + 4y - 2z = 5 \\ -y + 4z = 10 \\ x - 2t = 1 \\ x + y + z + t = 0 \end{cases}$

b) $\begin{cases} x + 2y + 3z = 3 \\ x + y + z = 4 \end{cases}$

c) $\begin{cases} a + b = 1 \\ b + c = 2 \\ c + d = 4 \end{cases}$

d) $\begin{cases} m + n + p + q = 10 \\ m = 2 \end{cases}$

e) $\begin{cases} x + y = 1 \\ 2x + y = 2 \\ 4x - y = 4 \end{cases}$

**11.** **[consumo]** Uma pessoa pode gastar R$ 400,00 comprando 10 peças de roupa entre calças, camisas e saias. Cada camisa custa R$ 30,00, cada calça, R$ 50,00 e cada saia, R$ 40,00.

Represente na forma de um sistema linear com duas equações e três incógnitas a situação que foi descrita.

# Tecnologia & Desenvolvimento

## Sistemas Lineares: Ferramenta para Modelagem

A Ciência estuda a Natureza para compreendê-la em todos os seus detalhes.

Como resultado desse estudo, é possível fazer previsões meteorológicas (chegada de frentes frias, tempestades, furacões etc.), compreender e controlar doenças, criar vacinas e remédios mais eficazes, inventar máquinas que voam e exploram o espaço, produzir e utilizar energia, entre tantas outras aplicações que caracterizam o nosso tempo e a nossa sociedade.

PANTHERMEDIA/KEYDISC

Entender os fenômenos da Natureza sempre foi uma busca constante do ser humano.

PANTHERMEDIA/KEYDISC

Por meio de investigação científica muitas vacinas puderam ser desenvolvidas, auxiliando no controle ou até mesmo na erradicação de doenças.

NASA

Decolagem do ônibus espacial. Na busca por conhecer o Universo, a tecnologia trouxe inúmeros avanços, como o desenvolvimento de espaçonaves que podem ser reutilizadas, melhoria nas comunicações ou até mesmo o aprimoramento de combustíveis.

*Fonte:* Agência Espacial Americana (NASA).

Para obter tais resultados, os cientistas utilizam a Matemática como principal ferramenta de investigação. Assim, os fenômenos naturais que se deseja compreender são observados minuciosamente e, depois, descritos em forma de equações matemáticas. *Modelo matemático* é o nome que se dá às equações que descrevem determinado fenômeno.

Vejamos um exemplo de descrição matemática de um determinado fenômeno.

Você sabe fazer café?

Receita da mamãe:
(ingredientes)

"Com 1 copo de água
e 2 colheres de sopa de pó de café
faz-se café para 4 pessoas
(4 cafezinhos)."

A informação acima pode ser expressa em termos de uma equação matemática. Indicando por $x$ a quantidade de copos de água e por $y$ o número de colheres de sopa de pó de café, poderemos escrever:

$$1x + 2y = 4 \quad \text{ou} \quad x + 2y = 4$$

(equação que representa a receita de café)

Criamos, assim, um modelo matemático para o cafezinho da mamãe. Com ele podemos saber antecipadamente, por exemplo, de quanta água e de quanto pó de café precisaremos para receber um determinado número de visitantes que chegará em nossa casa.

Não pense você que é fácil obter um bom modelo matemático para representar um fenômeno físico, principalmente se ele for mais complexo. De fato, a Matemática tem uma área especial dentro dela que se dedica exclusivamente à descrição de fenômenos por meio de equações matemáticas (muitas delas *equações lineares*) que é chamada de *Modelagem matemática*.

Note que a "produção de cafezinhos" que descrevemos utiliza uma só equação. Contudo, situações mais complexas normalmente requerem um número maior de equações para que sejam perfeitamente descritas. Quando a descrição matemática de um fenômeno envolve mais de uma equação, temos um sistema de equações, em particular, temos os sistemas lineares.

Suponha, por exemplo, que uma pessoa necessite consumir em uma única refeição os seguintes nutrientes:

vitamina C: 100 mg, cálcio: 300 mg
e magnésio: 200 mg

Para satisfazer essa necessidade, há três ingredientes que possuem quantidades diferentes desses nutrientes por unidade (um deles pode ser uma determinada fruta, por exemplo), como mostra a tabela abaixo.

| | Ingrediente | | | |
|---|---|---|---|---|
| **Nutriente** | **1** | **2** | **3** | **Total de Nutrientes (mg)** |
| Vitamina C | 10 | 20 | 20 | 100 |
| Cálcio | 50 | 40 | 10 | 300 |
| Magnésio | 30 | 10 | 40 | 200 |

Relação de miligramas de nutriente por unidades de ingrediente.
*Fonte:* <http://www.ee.pucrs.br>. *Acesso em:* 23 ago. 2010.

De posse dessas informações, como compor a refeição de maneira a atender as necessidades da pessoa, isto é, como identificar quantas unidades de cada ingrediente ela deverá consumir em sua refeição?

Para resolver essa questão, podemos modelar a situação com um sistema linear 3 × 3. Ele ficará assim:

$$\begin{cases} 10x + 20y + 20z = 100 \\ 50x + 40y + 10z = 300 \\ 30x + 10y + 40z = 200 \end{cases}$$

sendo $x$ a quantidade de ingredientes do tipo 1 (em unidades), $y$ a do tipo 2 e $z$ a do tipo 3. Resolvendo o sistema acima, encontramos a quantidade de cada ingrediente para compor a refeição, que em valores aproximados são:

$x = 4{,}5$ unidades do ingrediente 1
$y = 1{,}5$ unidade do ingrediente 2
$z = 1{,}2$ unidade do ingrediente 3

Além de Nutrição, muitas outras áreas utilizam sistemas lineares para representação e solução de problemas. Como exemplos, temos o projeto de estruturas (Engenharias e Ciências), produção de ligas metálicas (Metalurgia), medicamentos (Medicina e Farmácia) e eletricidade (Física e Engenharia), entre outros.

## Solução de um sistema linear

Considere cada uma das equações lineares que compõem o sistema linear:

$$\begin{cases} x + y = 6 \\ x - y = 1 \end{cases}$$

Repare que para a equação $x + y = 6$, os pares ordenados

$$(0, 6), (1, 5), (2{,}5; 3{,}5), (3, 3), (3{,}5; 2{,}5), (6, 0) \text{ e } (8, -2)$$

são algumas das soluções dessa equação, pois todos eles a satisfazem.

Analogamente, seguem alguns pares ordenados que são soluções da equação $x - y = 1$:

$$(0, -1), (1, 0), (2{,}5; 1{,}5), (3, 2), (3{,}5; 2{,}5), (6, 5)$$

Note que tanto para a primeira equação quanto para a segunda existem infinitos pares ordenados que são soluções de uma dessas equações. Contudo, pode-se verificar que apenas o par $(3{,}5;\ 2{,}5)$ é simultaneamente solução das duas equações do sistema, ou seja, o par ordenado $(3{,}5;\ 2{,}5)$ é *solução* do sistema linear.

Em geral:

> Dizemos que uma ênupla ordenada
> $$(\alpha_1, \alpha_2, \alpha_3, \ldots, \alpha_n)$$
> é **solução** de um sistema linear de $n$ incógnitas quando ela satisfaz simultaneamente todas as equações desse sistema.

**Exemplos**

a) O par ordenado $(-1, 0)$ é solução do sistema:

$$\begin{cases} x + 2y = -1 \\ 0{,}5x - y = -0{,}5 \end{cases}$$

b) A quádrupla ordenada $(8, 4, 2, 1)$ é solução do sistema:

$$\begin{cases} x = 2y \\ y = 2t \\ t = 2z \\ z = 1 \end{cases}$$

**Observações**

1. O conjunto formado por todas as soluções de um sistema linear é chamado de **conjunto solução** desse sistema.
2. Dois ou mais sistemas que possuem o mesmo conjunto solução são denominados **sistemas equivalentes**.

## Exercícios Resolvidos

**ER. 5** Obtenha os valores reais das constantes $k$ e $m$ para que o par ordenado $(1, 2)$ seja solução do sistema linear:

$$\begin{cases} (k+2)x + y = 5 \\ (k+1)x - my = 4 \end{cases}$$

**Resolução:** Para que o par ordenado $(1, 2)$ seja solução do sistema, ele deve satisfazer cada uma das equações que o compõem. Assim, devemos ter:

$$(k+2)\cdot 1 + 2 = 5 \quad \text{e} \quad (k+1)\cdot 1 - m\cdot 2 = 4$$

Resolvendo a primeira equação, obtemos:

$$(k+2)\cdot 1 + 2 = 5 \Rightarrow k + 2 + 2 = 5 \Rightarrow k = 1$$

Substituindo o valor de $k$ na segunda equação, temos:

$$(1+1)\cdot 1 - m\cdot 2 = 4 \Rightarrow 2 - 2m = 4 \Rightarrow 2 - 4 = 2m \Rightarrow m = -1$$

Logo, $k = 1$ e $m = -1$.

**ER. 6** Verifique se $(2, 1, -3)$ é solução do sistema:

$$\begin{cases} x + y + z = 0 \\ x + 2y + 2z = -2 \end{cases}$$

**Resolução:** Para que o terno $(2, 1, -3)$ seja solução do sistema, ele deve satisfazer todas as equações que o compõem. Vamos verificar se isso ocorre.

- Para a primeira equação:

$$2 + 1 + (-3) = 3 - 3 = 0$$

- Para a segunda equação:

$$2 + 2\cdot 1 + 2\cdot(-3) = 2 + 2 - 6 = -2$$

Assim, podemos perceber que $(2, 1, -3)$ é solução do sistema.

**ER. 7** Mostre que $(5, -4, 2)$ é solução do sistema:

$$\begin{cases} x + y + z = 3 \\ 2x + 3y + z = 0 \\ 3x + 4y + 2z = 3 \\ x + 2y = -3 \end{cases}$$

**Resolução:** Substituindo as coordenadas do terno $(5, -4, 2)$ em cada equação, vem:

- $5 - 4 + 2 = 7 - 4 = 3$ (satisfaz a primeira equação)
- $2\cdot 5 + 3\cdot(-4) + 2 = 10 - 12 + 2 = 0$ (satisfaz a segunda equação)
- $3\cdot 5 + 4\cdot(-4) + 2\cdot 2 = 15 - 16 + 4 = 3$ (satisfaz a terceira equação)
- $5 + 2\cdot(-4) = 5 - 8 = -3$ (satisfaz a quarta equação)

Logo, $(5, -4, 2)$ é solução desse sistema.

## Exercícios Propostos

**12.** Faça o que se pede, considerando o sistema:

$$\begin{cases} x + 2y = 9 \\ 2x + y = 9 \end{cases}$$

a) Encontre duas soluções para cada uma das equações que compõem o sistema.

b) Mostre que o par ordenado $(3, 3)$ é solução do sistema.

**13.** Determine para quais valores da constante $m$ o par ordenado $(2, 4)$ é solução do seguinte sistema:

$$\begin{cases} (m^2 - 1)x + y = 4 \\ x - my = 6 \end{cases}$$

**14.** Determine os valores de $a$ e $b$ de modo que os sistemas seguintes sejam equivalentes.

$$\text{(I)} \begin{cases} x + 2y + 3z = 1 \\ y - z = 2 \\ z = 3 \end{cases} \qquad \text{(II)} \begin{cases} ax + 3y + 2z = 3 \\ x + by + 4z = 4 \\ x + y + 4z = -1 \end{cases}$$

**15.** Verifique, em cada caso, se a ênupla é solução do sistema linear. Justifique suas respostas.

a) o terno $(2, -5, 1)$ de

$$\begin{cases} x + y + z = -2 \\ 2x + y + 3z = 2 \\ 3x + 2y + 4z = 1 \end{cases}$$

b) a quádrupla $(2, -1, 0, 3)$ de

$$\begin{cases} x + y + z + t = 4 \\ -x + 2y + 5z - t = -7 \end{cases}$$

## Interpretação geométrica de um sistema linear

Vamos usar a representação geométrica de equações lineares para interpretar geometricamente um sistema linear. Neste momento, trabalharemos com sistemas de equações lineares com duas incógnitas.

Já vimos que uma equação linear com duas incógnitas é representada, no plano cartesiano, por uma reta. Seguindo essa ideia, um sistema linear de equações com duas incógnitas pode ser interpretado como um conjunto de retas (duas, três etc., conforme o número de equações que o compõem), cada uma delas representando uma das equações.

Vejamos, por exemplo, como fazer isso para o sistema:

$$\begin{cases} x + y = 5 \\ x - 2y = 2 \end{cases}$$

Isolando $y$ na equação $x + y = 5$, verificamos que a reta que a representa tem equação $y = -x + 5$. Analogamente, isolando $y$ em $x - 2y = 2$, destacamos a equação $y = 0{,}5x - 1$ da reta que a representa. Desse modo, representando essas retas em um mesmo plano cartesiano, temos:

**Recorde**

Para obter cada reta, basta encontrar dois pontos dela, tabelando dois valores para $x$ e calculando o respectivo valor de $y$ por meio da equação.

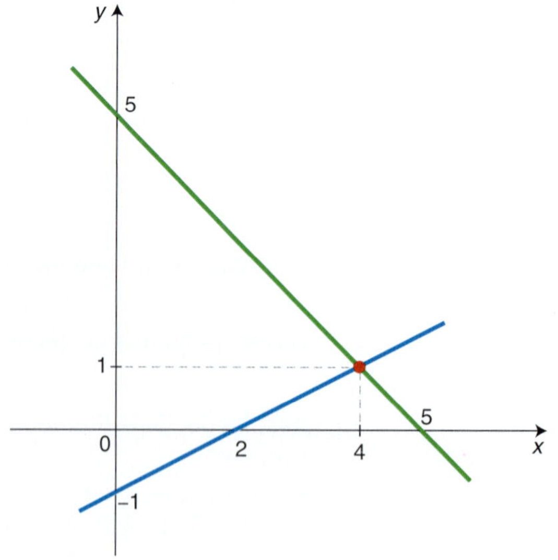


Observe que o ponto $(4, 1)$, destacado na figura, é comum às duas retas. Consequentemente, o par ordenado $(4, 1)$ é solução do sistema formado pelas equações que essas retas representam.

## Exercício Resolvido

**ER. 8** Encontre um sistema linear com duas equações e duas incógnitas que pode ser representado pelas retas *r* e *s* dadas no gráfico abaixo.

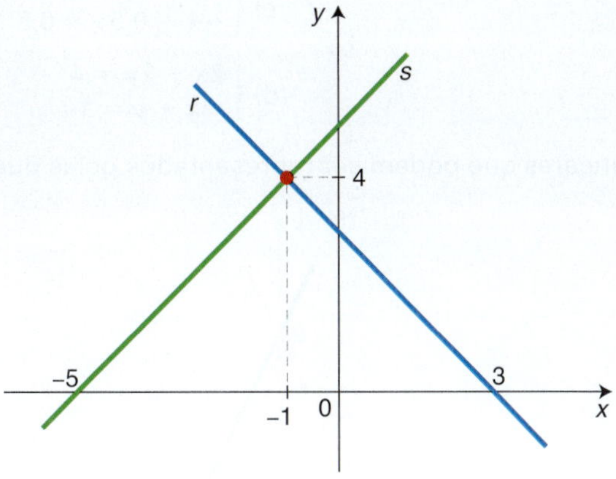


**Resolução:** Como as retas *r* e *s* são oblíquas, elas podem representar funções da forma $y = ax + b$, com *a* e *b* constantes.

- Pelo gráfico, verificamos que a reta *r* contém os pontos $(-1, 4)$ e $(3, 0)$. Assim, temos:

$$① \; 4 = a \cdot (-1) + b \Rightarrow -a + b = 4 \Rightarrow b = a + 4$$
$$② \; 0 = a \cdot 3 + b \Rightarrow 3a + b = 0$$

Substituindo ① em ②, vem:

$$3a + (a + 4) = 0 \Rightarrow 3a + a + 4 = 0 \Rightarrow 4a = -4 \Rightarrow a = -1$$

Substituindo *a* por $-1$ em ①, obtemos:

$$b = -1 + 4 \Rightarrow b = 3$$

Assim, a lei da função cujo gráfico é a reta *r* é $y = -x + 3$, ou seja, uma equação linear representada pela reta *r* é $x + y = 3$.

- Pelo gráfico, também vemos que a reta *s* contém os pontos $(-1, 4)$ e $(-5, 0)$ e sua equação é do tipo $y = cx + d$. Desse modo, temos:

$$① \; 4 = c \cdot (-1) + d \Rightarrow -c + d - 4$$
$$② \; 0 = c \cdot (-5) + d \Rightarrow -5c + d = 0 \Rightarrow d = 5c$$

Substituindo ② em ①, vem:

$$-c + (5c) = 4 \Rightarrow -c + 5c = 4 \Rightarrow 4c = 4 \Rightarrow c = 1$$

Substituindo *c* por 1 em ②, obtemos:

$$d = 5 \cdot 1 \Rightarrow d = 5$$

Assim, a equação da reta *s* é $y = x + 5$ ou $x - y = -5$ (no formato usual de uma equação linear).
Portanto, um sistema linear que pode ser representado por essas retas é:

$$\begin{cases} x + y = 3 \\ x - y = -5 \end{cases}$$

### Observações

1. Note que o único ponto de intersecção das retas *r* e *s* é o ponto $(-1, 4)$. Consequentemente, o único par ordenado que satisfaz as duas equações é $(-1, 4)$. Assim, o conjunto solução desse sistema é $S = \{(-1, 4)\}$.
2. Existem outros sistemas lineares que podem ser representados por essas duas retas tais como:

$$\begin{cases} 2x + 2y = 6 \\ 0{,}5x - 0{,}5y = -2{,}5 \end{cases} \quad \text{e} \quad \begin{cases} -x - y = -3 \\ -x + y = 5 \end{cases}$$

Esses são exemplos de *sistemas equivalentes* ao sistema dado.

## Exercícios Propostos

**16.** Represente no plano cartesiano cada um dos sistemas lineares a seguir.

a) $\begin{cases} x + y = 2 \\ x - y = 1 \end{cases}$

b) $\begin{cases} x = -2 \\ y = 3 \end{cases}$

c) $\begin{cases} 2x - y = -1 \\ -x + 0{,}5y = 0{,}5 \end{cases}$

d) $\begin{cases} 2x + 2y = 4 \\ -x - y = 1 \end{cases}$

**17.** Determine dois sistemas lineares que podem ser representados pelas duas retas dadas a seguir.

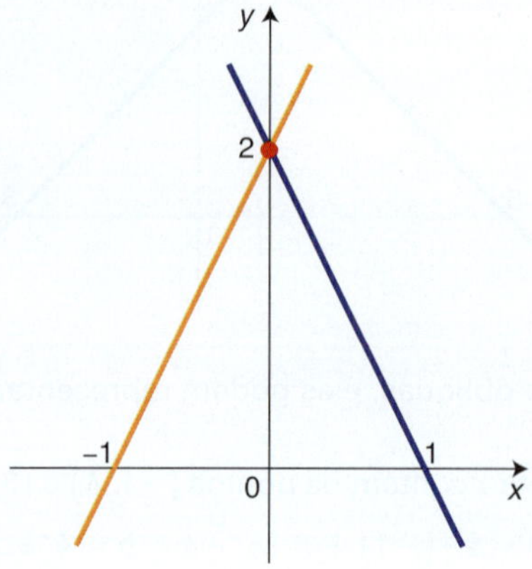


**18.** Considere os sistemas abaixo:

$$\begin{cases} 2x + y = 3 \\ 3x - y = 2 \end{cases} \quad \text{e} \quad \begin{cases} x + y = 2 \\ x + 2y = 3 \end{cases}$$

a) A partir das representações geométricas desses sistemas, descubra o conjunto solução de cada um deles.

b) Esses sistemas são equivalentes? Justifique sua resposta.

c) Dois sistemas equivalentes sempre são representados geometricamente pelas mesmas retas? Justifique sua resposta.

# 2. Sistemas Lineares com Duas Equações e Duas Incógnitas

Em seus estudos, você já se deparou com situações modeladas por sistemas lineares $2 \times 2$. Agora, vamos retomar e ampliar esse tema.

## 2.1 Resolução de sistemas lineares $2 \times 2$

Já vimos que resolver um sistema $2 \times 2$ é obter todos os pares ordenados que satisfazem as duas equações simultaneamente.

Vamos rever dois métodos para resolver um sistema com duas equações e duas incógnitas.

### Método da adição

Um *método algébrico* de resolução de sistemas lineares é o **método da adição**, que consiste em multiplicar membro a membro as equações por constantes de modo que, quando somadas membro a membro, pelo menos uma das incógnitas seja eliminada.

Acompanhe os exercícios resolvidos a seguir para ver como podemos fazer isso.

## EXERCÍCIOS RESOLVIDOS

**ER. 9** Determine o conjunto solução de cada um dos sistemas a seguir pelo método da adição e interprete geometricamente o seu significado.

a) $\begin{cases} 2x + 3y = 1 \\ -3x - 2y = 0 \end{cases}$

b) $\begin{cases} x - 2y = 2 \\ -2x + 4y = 1 \end{cases}$

**Resolução:**

a) $\begin{cases} 2x + 3y = 1 & \times 2 \\ -3x - 2y = 0 & \times 3 \end{cases} \Rightarrow \begin{cases} 4x + 6y = 2 \\ -9x - 6y = 0 \end{cases} +$

$-5x \quad = 2 \Rightarrow x = -0{,}4$

Substituindo $x$ por $-0{,}4$ em $2x + 3y = 1$, temos:

$2 \cdot (-0{,}4) + 3y = 1 \Rightarrow$

$\Rightarrow -0{,}8 + 3y = 1 \Rightarrow 3y = 1{,}8 \Rightarrow y = 0{,}6$

Logo, o conjunto solução desse sistema é $S = \{(-0{,}4; 0{,}6)\}$.

Repare que, geometricamente, esse sistema pode ser representado pelas retas $r$ e $s$ abaixo, que por terem um único ponto em comum são retas concorrentes.

**Atenção!**

Depois de encontrada uma das incógnitas, podemos substituir o valor obtido em qualquer uma das equações.

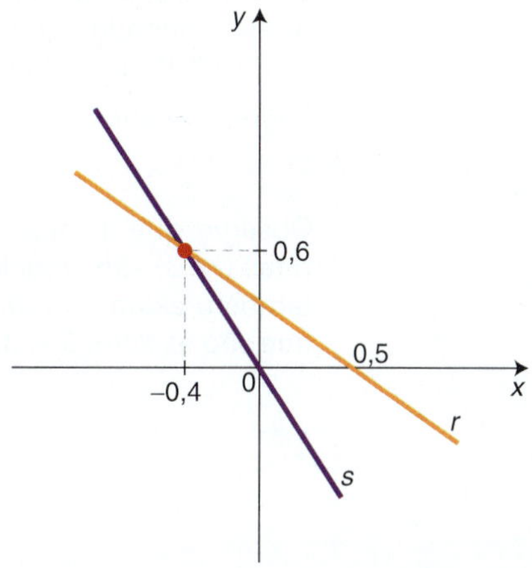


Note que o par ordenado $(-0{,}4; 0{,}6)$, que é solução do sistema, nos dá as coordenadas do único ponto de intersecção entre as retas.

b) $\begin{cases} x - 2y = 2 & \times 2 \\ -2x + 4y = 1 \end{cases} \Rightarrow \begin{cases} 2x - 4y = 4 \\ -2x + 4y = 1 \end{cases} +$

$0 = 5$

Note que a *igualdade* obtida é *sempre falsa* independentemente dos valores das incógnitas. Isso significa que não existe par ordenado que satisfaça as duas equações do sistema simultaneamente e, assim, o conjunto solução é o conjunto vazio, ou seja, $S = \emptyset$.

A representação geométrica, nesse caso, nos dá duas retas ($r$ e $s$) que não têm ponto em comum, ou seja, duas retas paralelas, o que confirma a não existência de um par ordenado que seja solução do sistema.

**Recorde**

Existem duas maneiras de se indicar o conjunto vazio:

$\emptyset$ ou $\{\ \}$

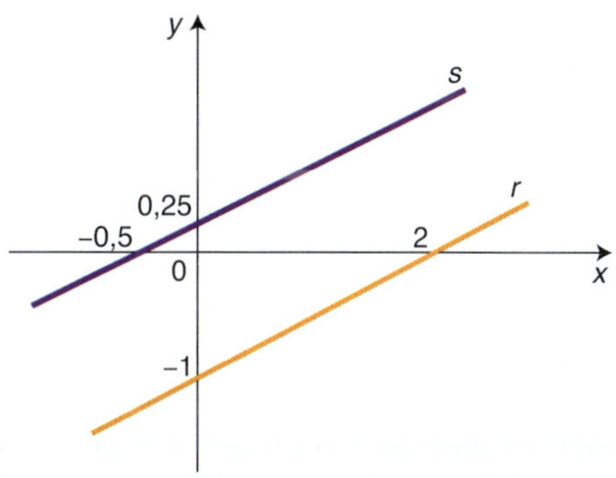

**ER. 10** Resolva o sistema a seguir pelo método da adição e faça a sua representação geométrica.

$$\begin{cases} x + y = 2 \\ 2x + 2y = 4 \end{cases}$$

**Resolução:** Vamos preparar o sistema para aplicar o método da adição:

$$\begin{cases} x + y = 2 & \times(-2) \\ 2x + 2y = 4 \end{cases} \Rightarrow \begin{cases} -2x - 2y = -4 \\ 2x + 2y = 4 \end{cases} +$$

$$0x + 0y = 0 \Rightarrow 0 = 0$$

Note que a *igualdade* obtida é *sempre verdadeira* independentemente dos valores das incógnitas. No entanto, não se consegue um valor determinado para as incógnitas. Nesse caso, fazemos $x = k$, com $k$ real, e encontramos o $y$ correspondente, também em função de $k$, substituindo em uma das equações.

Observe também que a segunda equação é obtida a partir da primeira multiplicando-se esta por 2, membro a membro. Ou seja, essas duas equações correspondem a uma mesma reta.

Assim, escolhendo a equação $x + y = 2$, temos:

$$k + y = 2 \Rightarrow y = 2 - k$$

Dessa forma, qualquer par ordenado da forma $(k, 2 - k)$, com $k$ real, satisfaz o sistema e, como existem infinitos valores reais, também existem infinitos pares ordenados que são soluções do sistema, como, por exemplo, $(0, 2)$, $(1, 1)$, $(2, 0)$, $(3, -1)$ etc.

Logo, o conjunto solução desse sistema é dado por:

$$S = \{(k, 2 - k) \mid k \in \mathbb{R}\}$$

Observe que ao fazer a interpretação geométrica desse sistema, as duas retas ($r$ e $s$) são coincidentes, isto é, todos os pontos que pertencem a uma também estão na outra. Esses pontos correspondem aos pares ordenados que são as soluções do sistema.

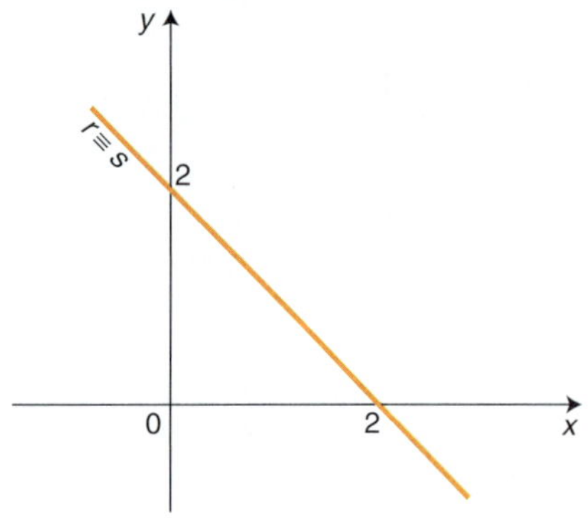


## Exercícios Propostos

**19.** Determine o conjunto solução de cada sistema linear usando o método da adição e diga se esses sistemas podem ser representados por um par de retas paralelas, coincidentes ou concorrentes.

a) $\begin{cases} 2x + y = -7 \\ x + 2y = 4 \end{cases}$

b) $\begin{cases} 2x - 2y = 6 \\ -3x + 3y = -9 \end{cases}$

c) $\begin{cases} x - y = 2 \\ 2x - 2y = 2 \end{cases}$

**20.** Identifique cada sistema de acordo com o critério a seguir.

I. Sistemas cujo conjunto solução é vazio.

II. Sistemas cujo conjunto solução tem apenas um elemento.

III. Sistemas cujo conjunto solução é infinito.

a) $\begin{cases} x = 2 \\ 4y = 1 \end{cases}$

b) $\begin{cases} 3x + 2y = 2 \\ -2x + y = 7 \end{cases}$

c) $\begin{cases} 2x - 4y = 2 \\ -x + 2y = 1 \end{cases}$

d) $\begin{cases} 3x - 2y = 9 \\ 1{,}5x - y = 8 \end{cases}$

## Método da substituição

Outro *método algébrico* de resolução de um sistema linear é o **método da substituição**, em que isolamos uma das incógnitas em uma das equações e substituímos a expressão encontrada na outra, obtendo uma equação com apenas uma incógnita e que pode ser encontrada. Depois disso é possível encontrar o valor da outra incógnita.

Veja no exercício resolvido a seguir como podemos fazer isso.

### EXERCÍCIO RESOLVIDO

**ER. 11** Resolva, pelo método da substituição, os seguintes sistemas:

a) $\begin{cases} 5x + 2y = 9 \\ 5x - 3y = -1 \end{cases}$

b) $\begin{cases} x + 3y = 7 \\ -3x + 5y = 7 \end{cases}$

**Resolução:**

a) Vamos escolher a primeira equação e isolar nela a incógnita $y$.

$$5x + 2y = 9 \Rightarrow 2y = 9 - 5x \Rightarrow \boxed{y = 4{,}5 - 2{,}5x}$$

Substituindo a expressão obtida para $y$ na segunda equação, temos:

$$5x - 3 \cdot (4{,}5 - 2{,}5x) = -1 \Rightarrow 5x - 13{,}5 + 7{,}5x = -1 \Rightarrow$$
$$\Rightarrow 12{,}5x = 12{,}5 \Rightarrow x = 1$$

Substituindo $x$ por 1 na expressão de $y$, obtemos:

$$y = 4{,}5 - 2{,}5 \cdot 1 \Rightarrow y = 2$$

Logo, $x = 1$ e $y = 2$.

b) Observe que nesse caso é mais fácil isolar a incógnita $x$ na primeira equação:

$$x + 3y = 7 \Rightarrow \boxed{x = 7 - 3y}$$

Substituindo na segunda equação, temos:

$$-3 \cdot (7 - 3y) + 5y = 7 \Rightarrow -21 + 9y + 5y = 7 \Rightarrow 14y = 28 \Rightarrow y = 2$$

Voltando para a expressão de $y$ encontramos $x$:

$$x = 7 - 3 \cdot 2 \Rightarrow x = 1$$

Portanto, o par $(1, 2)$ é a solução desse sistema.

### EXERCÍCIOS PROPOSTOS

**21.** Usando o método da substituição, resolva cada um dos sistemas a seguir. Depois, resolva esses sistemas pelo método da adição e diga, em sua opinião, qual foi o método mais fácil em cada caso.

a) $\begin{cases} 3x + y = 6 \\ x + 3y = 2 \end{cases}$

b) $\begin{cases} 2x - 5y = -7 \\ -4x + 7y = 5 \end{cases}$

**22.** Determine o conjunto solução dos sistemas usando o método que você achar mais conveniente, justificando o porquê de sua escolha.

a) $\begin{cases} x - y = 3 \\ x + y = 7 \end{cases}$

b) $\begin{cases} x - 2y = 5 \\ 2x - 3y = 8 \end{cases}$

## 2.2 CLASSIFICAÇÃO DE UM SISTEMA LINEAR 2 × 2

Do que já foi exposto, você viu que o conjunto solução de um sistema linear pode ter um ou nenhum elemento ou, ainda, ser um conjunto infinito.

Vamos estabelecer uma *classificação* para sistemas lineares de acordo com o *número de soluções* que ele possui.

Um sistema linear com duas equações e duas incógnitas é:

- **possível e determinado** quando tem uma única solução;
- **possível e indeterminado** quando tem infinitas soluções;
- **impossível** quando não tem solução alguma.

Acompanhe o exercício resolvido a seguir e veja como fazemos a classificação de alguns sistemas lineares com duas equações e duas incógnitas.

## Exercício Resolvido

**ER. 12** Classifique cada sistema linear quanto ao número de soluções.

a) $\begin{cases} x - 2y = 0 \\ x + y = 3 \end{cases}$

b) $\begin{cases} x - y = 3 \\ 3x - 3y = 9 \end{cases}$

c) $\begin{cases} 2x + y = 3 \\ x + 0{,}5y = 1 \end{cases}$

**Faça**

Represente geometricamente os sistemas dos itens **a** e **b** desta questão.

**Resolução:**

a) Vamos resolver o sistema algebricamente pelo método da adição. Veja que para isso basta multiplicar membro a membro a primeira equação por $-1$.

$$\begin{cases} x - 2y = 0 & \times(-1) \\ x + y = 3 \end{cases} \Rightarrow \begin{cases} -x + 2y = 0 \\ x + y = 3 \end{cases} +$$
$$3y = 3 \Rightarrow y = 1$$

Substituindo $y$ por 1 em $x - 2y = 0$, temos:

$$x - 2 \cdot 1 = 0 \Rightarrow x = 2$$

Então, $(2, 1)$ é o único par ordenado que satisfaz esse sistema e, portanto, o sistema é *possível e determinado*.

b) Vamos, agora, usar o método da substituição, isolando a incógnita $x$ na primeira equação:

$$x - y = 3 \Rightarrow x = 3 + y$$

Substituindo a expressão obtida na segunda equação, temos:

$$3 \cdot (3 + y) - 3y = 9 \Rightarrow 9 + 3y - 3y = 9 \Rightarrow 9 = 9 \text{ (verdadeira)}$$

Note que, independentemente do valor de $y$, a igualdade obtida é sempre verdadeira. Então, fazendo $y = k$, para $k$ real, obtemos $x = 3 + k$. Sendo assim, verificamos que todos os pares ordenados da forma $(3 + k, k)$ satisfazem esse sistema, ou seja, para cada valor real de $k$ temos uma solução diferente. Assim, o sistema possui infinitas soluções e, portanto, é *possível e indeterminado*.

c) Também podemos fazer a representação geométrica do sistema para observar graficamente suas soluções e, então, classificá-lo. Para isso, basta encontrar dois pontos de cada reta que representa as equações do sistema e traçar todas as retas em um mesmo plano cartesiano.

| Equação $2x + y = 3$ | |
|---|---|
| $x$ | $y$ |
| 1,5 | 0 |
| 0 | 3 |

| Equação $x + 0{,}5y = 1$ | |
|---|---|
| $x$ | $y$ |
| 1 | 0 |
| 0 | 2 |

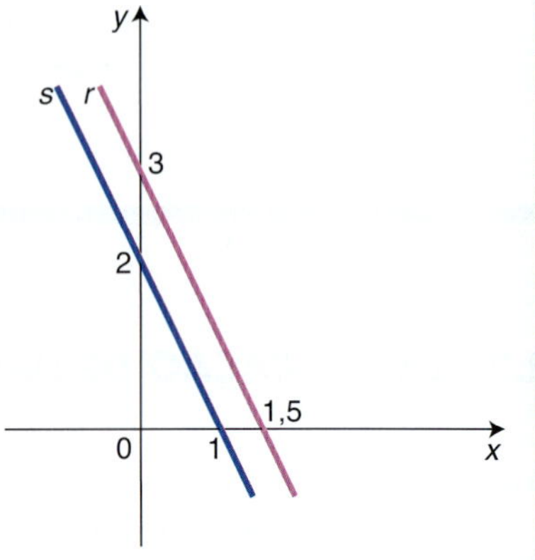


Repare que as retas não têm pontos em comum, o que significa que não há par ordenado que satisfaça as duas equações lineares simultaneamente e, portanto, o sistema é *impossível*.

## Exercícios Propostos

**23.** Em cada um dos casos a seguir, classifique o sistema como possível e determinado (SPD), possível e indeterminado (SPI) ou impossível (SI).

a) $\begin{cases} 2x - 3y = 0 \\ x + y = 5 \end{cases}$ b) $\begin{cases} x + y = 4 \\ 5x + 5y = 20 \end{cases}$ c) $\begin{cases} 3x - y = 2 \\ 6x - 2y = 2 \end{cases}$

**24.** Classifique cada afirmação abaixo como verdadeira ou falsa e dê um exemplo contrário (contraexemplo) quando a afirmação for falsa.

a) Um sistema linear $2 \times 2$ possível e determinado pode ser representado por duas retas coincidentes.
b) Um sistema linear $2 \times 2$ possível e indeterminado pode ser representado por duas retas coincidentes.
c) Duas retas paralelas representam um sistema linear $2 \times 2$ impossível.
d) Duas retas concorrentes representam um sistema linear $2 \times 2$ possível e indeterminado.
e) Um par de retas concorrentes representa um sistema linear $2 \times 2$ possível e determinado.

**25.** **[COTIDIANO]** Dalia e Dalva estavam conversando sobre o valor de certas camisetas e saias.

Sabendo que todas as camisetas têm preços iguais entre si e que todas as saias também têm preços iguais entre si, analise cada afirmativa:

I. Dalia diz: 2 camisetas mais 3 saias custam 100 reais.
II. Dalva questiona: Mas com essas informações não consigo dizer o valor de cada peça.
III. Dalia diz: 6 saias mais 4 camisetas custam 220 reais.
IV. Dalva conclui: Sua informação está errada, não é possível isso acontecer.

De acordo com as informações anteriores, faça o que se pede.

a) Encontre um sistema com duas equações e duas incógnitas que represente a situação descrita por Dalia.
b) Com base na classificação de sistemas estudada, que tipo de sistema é o que você escreveu?
c) Decida se Dalva está correta em sua última afirmação, explicando seu raciocínio.

**26.** Analise o par de retas em cada caso. Em seguida, classifique um sistema que elas podem representar e determine seu conjunto solução. Justifique sua resposta.

a)

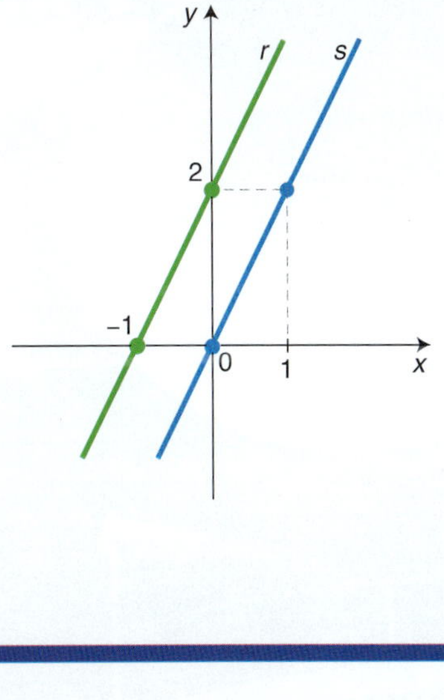


b)

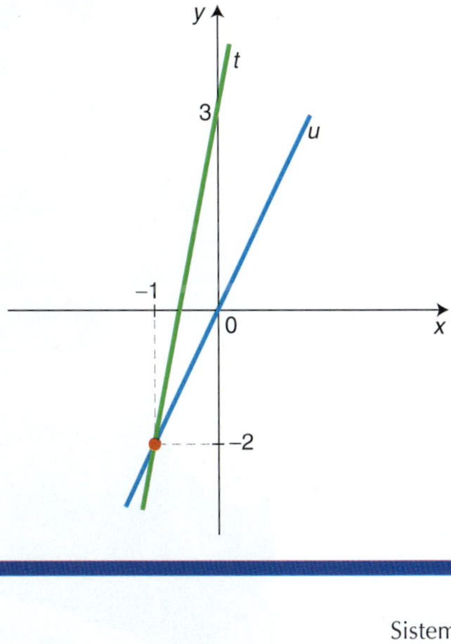

## Matemática, Ciência & Vida

A expansão da telefonia móvel deve levar em conta não só o número de celulares previstos, mas também o aumento de usuários de banda larga 3G. Esses dois produtos não aumentam igualmente, ou seja, se o número de celulares aumenta $x$% no período de um ano, o mesmo não acontece com a banda larga 3G, cujo aumento — no Brasil — é menor do que esse porcentual.

Tanto os órgãos governamentais quanto as empresas privadas algumas vezes anunciam o total de equipamentos como total de clientes. Contudo, existem pessoas que possuem mais de um telefone e ainda têm *modem*. Com o auxílio das *equações lineares* — e a resolução do *sistema linear* que formam — pode-se determinar quantos celulares e quantos *modem* existem de fato. Com isso é possível dimensionar adequadamente qual deverá ser a malha de telefonia móvel para atender à demanda, os custos envolvidos e a infraestrutura necessária, entre outros itens.

Assim, por exemplo, se em uma cidade certa empresa anuncia que hoje existem 280.000 dispositivos de telefonia móvel e supondo que para cada 9 telefones existe um *modem*, podemos determinar quantos equipamentos de cada tipo existem. Veja como.

Indiquemos por $x$ o número de telefones celulares e por $y$ o número de *modem* 3G.

Como existem 280.000 dispositivos, temos:

$$x + y = 280.000 \text{ (equação linear)}$$

Além disso, sabemos que a razão entre o número de *modem* e o de telefones celulares é de 1 para 9, ou seja:

$$\frac{1}{9} = \frac{y}{x} \Rightarrow x = 9y \text{ (equação linear)}$$

Assim, temos o seguinte sistema linear:

$$\begin{cases} x + y = 280.000 \\ x = 9y \end{cases}$$

Resolvendo esse sistema, encontramos $x = 252.000$ e $y = 28.000$.

Dessa forma, existem, na realidade, 252.000 telefones celulares e 28.000 *modem*.

As antenas de telefonia celular recebem os sinais dos satélites e os retransmitem para as unidades móveis.

## 3. Sistemas lineares com *m* equações e *n* incógnitas

Já vimos um caso particular de sistema linear, o de tipo $2 \times 2$. Agora, ampliando nossos estudos, vamos trabalhar com sistemas lineares gerais, com $m$ equações e $n$ incógnitas (com $m, n \in \mathbb{N}^*$).

Inicialmente, vamos ver como podemos representar sistemas lineares *por meio de matrizes* e, assim, poder estender a classificação de sistemas que fizemos para outros tipos de sistemas lineares.

### 3.1 MATRIZES ASSOCIADAS A UM SISTEMA LINEAR

Considere o sistema: $\begin{cases} 3x + 2y - z = 0 \\ x - 3y + 4z = -7 \end{cases}$

Esse sistema tem **2** equações com **3** incógnitas $(2 \times 3)$. Podemos apresentar os *coeficientes das incógnitas* desse sistema por meio de uma matriz do tipo $2 \times 3$, na qual a primeira linha é formada pelos coeficientes das incógnitas da primeira equação, ordenadamente — o elemento localizado na primeira linha e primeira coluna corresponde ao coeficiente da primeira incógnita $(x)$, o da primeira linha e segunda coluna ao coeficiente da segunda incógnita $(y)$ e assim por diante. Analogamente, a segunda linha da matriz é formada pelos coeficientes das incógnitas da segunda equação (seguindo a mesma ordenação).

Assim, a matriz obtida dessa forma é a seguinte:

$$\begin{pmatrix} 3 & 2 & -1 \\ 1 & -3 & 4 \end{pmatrix}$$

Dado um sistema linear com $m$ equações e $n$ incógnitas, a matriz $m \times n$ que pode ser formada pelos coeficientes das incógnitas de cada equação (ordenadamente) é chamada de **matriz incompleta** associada ao sistema.

Considere agora a matriz incompleta associada ao sistema dado anteriormente.

Vamos montar uma nova matriz a partir dela, acrescentando uma coluna após a última e colocando nessa coluna os termos independentes das incógnitas, que estão no segundo membro das equações.

No nosso exemplo, essa nova matriz fica assim:

$$\left(\begin{array}{ccc|c} 3 & 2 & -1 & 0 \\ 1 & -3 & 4 & -7 \end{array}\right)$$

Em um sistema com $m$ equações e $n$ incógnitas, a matriz $m \times (n + 1)$ formada pelos coeficientes das incógnitas e dos termos independentes de cada equação (ordenadamente) é chamada de **matriz completa** associada ao sistema.

**Observação**

Quando o sistema linear tem o número de equações igual ao número de incógnitas, a matriz incompleta é uma matriz quadrada e, nesse caso, o *sistema* também é dito *quadrado*. ■

## Exercício Resolvido

**ER. 13** Para que valores das constantes reais $k$, $a$ e $b$ o terno ordenado $(-2, 3, 1)$ é solução do sistema cuja matriz completa associada é:

$$\begin{pmatrix} k & 2 & 1 & 1 \\ 3 & a & -1 & 0 \\ 0{,}5 & 4 & b & -2 \end{pmatrix}$$

**Resolução:** A partir da matriz completa associada ao sistema, podemos escrever o seguinte sistema nas incógnitas $x$, $y$ e $z$, nessa ordem:

$$\begin{cases} kx + 2y + z = 1 \\ 3x + ay - z = 0 \\ 0{,}5x + 4y + bz = -2 \end{cases}$$

Como o terno $(-2, 3, 1)$ deve ser solução desse sistema, suas coordenadas devem satisfazer as três equações simultaneamente:

$$\begin{cases} k \cdot (-2) + 2 \cdot 3 + 1 = 1 \\ 3 \cdot (-2) + a \cdot 3 - 1 = 0 \\ 0{,}5 \cdot (-2) + 4 \cdot 3 + b \cdot 1 = -2 \end{cases}$$

Dessa forma, podemos encontrar o valor de cada constante:

- $-2k + 6 + 1 = 1 \Rightarrow -2k = -6 \Rightarrow k = 3$
- $-6 + 3a - 1 = 0 \Rightarrow 3a = 7 \Rightarrow a = \dfrac{7}{3}$
- $-1 + 12 + b = -2 \Rightarrow b = -2 - 11 \Rightarrow b = -13$

## Exercícios Propostos

**27.** Determine as matrizes incompleta e completa associadas a cada um dos sistemas abaixo.

a) $\begin{cases} x + 2y + 4z = 8 \\ x + 3y + 9z = 27 \\ x + 4y + 16z = 64 \end{cases}$

b) $\begin{cases} x - 4y + 2z + t = 1 \\ -z + t = 2 \end{cases}$

c) $\begin{cases} x + 2y = 1 \\ 3x + 4y = 3 \\ 7x + 4y = 7 \end{cases}$

**28.** Explique por que um sistema linear em que a matriz completa associada é quadrada tem mais equações que incógnitas.

**29.** Obtenha o valor de $k$ de modo que o par ordenado $(1, 2)$ seja solução do sistema cuja matriz completa associada é:

$$\begin{pmatrix} 1 & k & k+3 \\ k-3 & -1 & k^2 - k - 5 \end{pmatrix}$$

**30.** Mostre que o par ordenado $(\alpha, 1 - \alpha)$ é solução do sistema linear cuja matriz completa associada é

$$\begin{pmatrix} m & m & m \\ 1 & 1 & 1 \end{pmatrix}$$

qualquer que seja o valor da constante $m$ real.

## 3.2 REPRESENTAÇÃO MATRICIAL DE UM SISTEMA LINEAR

Acompanhe a situação a seguir.

Em uma loja são vendidas três marcas de televisores: Chuvisco, Sem Sinal e Fantasma.

Ao fazer uma promoção, o gerente da loja decidiu que todos os televisores de mesmo tamanho teriam o mesmo preço.

A tabela a seguir nos mostra o número de aparelhos vendidos por marca e tamanho nessa promoção.

| | 32 polegadas | 37 polegadas | 42 polegadas |
|---|---|---|---|
| **Chuvisco** | 10 | 8 | 4 |
| **Sem Sinal** | 7 | 5 | 3 |
| **Fantasma** | 9 | 6 | 2 |

Sabendo que o total em vendas da marca Chuvisco foi R$ 30.000,00, da marca Sem Sinal foi R$ 20.500,00 e da Fantasma, R$ 22.000,00, vamos encontrar o preço promocional cobrado por TV de acordo com o seu tamanho.

Para isso, indiquemos por $x$, $y$ e $z$ os preços, em reais, dos televisores de 32, 37 e 42 polegadas, respectivamente. Daí, consultando a tabela, temos:

- marca Chuvisco: $10x + 8y + 4z = 30.000$
- marca Sem Sinal: $7x + 5y + 3z = 20.500$
- marca Fantasma: $9x + 6y + 2z = 22.000$

Assim, podemos calcular os valores de $x$, $y$ e $z$ resolvendo o sistema linear.

$$\begin{cases} 10x + 8y + 4z = 30.000 \\ 7x + 5y + 3z = 20.500 \\ 9x + 6y + 2z = 22.000 \end{cases}$$

**Faça**

Resolva o sistema e comprove que o terno (1.000, 1.500, 2.000) é solução dele.

Resolvendo esse sistema, obtemos os seguintes preços por tamanho de TV:

- 32 polegadas: R$ 1.000,00
- 37 polegadas: R$ 1.500,00
- 42 polegadas: R$ 2.000,00

Observe que esse sistema pode ser representado por meio da seguinte *equação matricial*:

$$\begin{pmatrix} 10 & 8 & 4 \\ 7 & 5 & 3 \\ 9 & 6 & 2 \end{pmatrix} \times \begin{pmatrix} x \\ y \\ z \end{pmatrix} = \begin{pmatrix} 30.000 \\ 20.500 \\ 22.000 \end{pmatrix}$$

De modo geral, todo sistema linear pode ser representado por meio de uma equação matricial da forma $AX = B$, em que $A$ é a matriz incompleta associada ao sistema, $X$ é uma matriz coluna formada pelas incógnitas e $B$ é uma matriz coluna formada pelos termos independentes de cada equação.

Nessas condições, quando o sistema tem solução, os valores das incógnitas, ordenadamente, podem ser representados por uma matriz coluna.

### Observação

Considere um sistema linear quadrado descrito pela equação matricial $AX = B$. Caso a matriz $A$ seja invertível, a solução do sistema é dada pela matriz $X$ obtida da seguinte forma:

$$X = A^{-1} \cdot B$$

## Exercício Resolvido

**ER. 14** **[NEGÓCIOS]** O encarregado de compras de uma loja faz um pedido de dois modelos de geladeiras para a fábrica. A tabela ao lado mostra o preço, em reais, e a massa, em quilogramas, dos dois modelos.

Sabendo que o valor total do pedido foi R$ 5.000,00 e a massa total, 590 kg, escreva a forma matricial do sistema linear cujas incógnitas são o número de geladeiras de cada modelo no pedido.

| | Modelo *A* | Modelo *B* |
|---|---|---|
| **Preço** | 600 | 500 |
| **Massa** | 70 | 60 |

**Resolução:** Sendo $x$ o número de geladeiras do modelo $A$ e $y$ o do modelo $B$, a matriz $\begin{pmatrix} 600 & 500 \\ 70 & 60 \end{pmatrix}$ é a matriz incompleta associada ao sistema descrito.

Logo, podemos representar esse sistema pela seguinte equação matricial:

$$\begin{pmatrix} 600 & 500 \\ 70 & 60 \end{pmatrix} \times \begin{pmatrix} x \\ y \end{pmatrix} = \begin{pmatrix} 5.000 \\ 590 \end{pmatrix}$$

*Responda*

Como fica esse sistema na sua forma usual, dado por equações lineares?

## Exercícios Propostos

**31.** Comprove, usando multiplicação de matrizes, que o par ordenado $(2, -1)$ é solução do sistema cuja forma matricial é:

$$\begin{pmatrix} 2 & -1 \\ 1 & 2 \end{pmatrix} \times \begin{pmatrix} x \\ y \end{pmatrix} = \begin{pmatrix} 5 \\ 0 \end{pmatrix}$$

**32.** Dê a forma matricial do sistema nas incógnitas $x$, $y$ e $z$, cuja matriz completa associada a ele é:

$$\begin{pmatrix} 2 & 1 & 3 & 0 \\ 4 & -2 & 3 & 1 \end{pmatrix}$$

**33.** **[COTIDIANO]** Ao organizar as gavetas de seu quarto, Roberto percebeu que caso guarde 5 pares de meias em cada gaveta sobra um par sem gaveta, e caso guarde 9 pares em cada gaveta sobram 3 gavetas vazias.

a) Encontre um sistema linear em que $x$ representa o número de pares de meias de Roberto e $y$ o número de gavetas de seu quarto.

b) Represente esse sistema matricialmente.

c) Verifique que o par (36, 7) é solução desse sistema, dê seu significado relativo à situação e expresse essa solução na forma matricial.

### 3.3 CLASSIFICAÇÃO DE UM SISTEMA LINEAR $m \times n$

Da mesma forma que fizemos com sistemas com duas equações e duas incógnitas, podemos classificar um sistema com $m$ equações e $n$ incógnitas quanto ao número de soluções.

Um sistema linear pode ser:

- **sistema possível e determinado**, quando tem uma única solução;
- **sistema possível e indeterminado**, quando tem infinitas soluções;
- **sistema impossível**, quando não possui solução alguma.

### Observação

Dado um sistema linear com $m$ equações e $n$ incógnitas, se existir mais de uma ênupla que o satisfaz, o sistema obrigatoriamente admite infinitas soluções. Ou seja, um sistema linear *possível* ou tem uma única solução ou tem infinitas soluções.

## Exercícios Resolvidos

**ER. 15** Classifique cada um dos seguintes sistemas:

a) $\begin{cases} x + y + z = 9 \\ y + z = 7 \\ z = 4 \end{cases}$

b) $\begin{cases} x + y + z = 0 \\ y + z = 0 \end{cases}$

**Resolução:**

a) Uma forma de classificar o sistema é encontrar os ternos que satisfazem suas equações. Nesse caso, vamos fazer isso algebricamente, usando os métodos já vistos para um sistema $2 \times 2$.

Observe que, da terceira equação, $z = 4$. Substituindo o valor de $z$ na segunda equação, temos:

$$y + 4 = 7 \Rightarrow y = 3$$

Substituindo os valores de $y$ e $z$ na primeira equação, vem:

$$x + 3 + 4 = 9 \Rightarrow x = 2$$

> **Recorde**
>
> As soluções de um sistema de três equações e três incógnitas é todo terno ordenado que satisfaz as três equações que o compõem simultaneamente.

Assim, apenas o terno $(2, 3, 4)$ satisfaz simultaneamente as três equações e, portanto, o sistema é *possível e determinado.*

b) Do fato de um sistema possível ter apenas duas possibilidades de solução, ou tem uma só ou tem infinitas, para concluir que um sistema é possível e indeterminado, basta exibir duas soluções diferentes.

Note que os termos independentes (2.º membro) nas duas equações é zero, o que acarreta que uma solução é o terno $(0, 0, 0)$. Além disso, nesse caso, é bem fácil visualizar que o terno $(0, 1, -1)$ também é solução.

Portanto, do que já foi exposto, podemos concluir que esse sistema é *possível e indeterminado.*

**ER. 16** Verifique algebricamente se o sistema a seguir é possível.

$$\begin{cases} x + 2y = 3 \\ x - y = 0 \\ x + 3y = 2 \end{cases}$$

**Resolução:** Note que o sistema tem *três equações e duas incógnitas.*
Já vimos que se o sistema tem duas incógnitas, bastam duas equações para encontrar sua solução. No entanto, se há mais equações, o par ordenado encontrado por meio das duas equações consideradas deve satisfazer também todas as demais equações do sistema.
Assim, escolhemos duas das três equações, resolvemos o sistema formado e verificamos se o par encontrado satisfaz a outra equação. Para isso, vamos tomar as duas primeiras equações e usar o método da adição:

$$\begin{cases} x + 2y = 3 \\ x - y = 0 \quad \times(-1) \end{cases} \Rightarrow \begin{cases} x + 2y = 3 \\ -x + y = 0 \end{cases} + \qquad 3y = 3 \Rightarrow y = 1$$

Substituindo $y$ por 1 em $x - y = 0$, obtemos $x = 1$ e, portanto, o par $(1, 1)$ satisfaz as duas primeiras equações do sistema dado. Para finalizar, vamos verificar se esse par ordenado satisfaz também a terceira equação, $x + 3y = 2$:

$$1 + 3 \cdot 1 = 2 \Rightarrow 4 = 2 \text{ (falsa)}$$

Como a igualdade obtida é falsa, $(1, 1)$ não é solução da equação $x + 3y = 2$, ou seja, $(1, 1)$ não satisfaz simultaneamente as três equações lineares que compõem esse sistema e, portanto, o sistema *não é possível* (ou seja, é *impossível*).

**ER. 17** Classifique os sistemas a seguir, usando a representação geométrica de cada um deles.

a) $\begin{cases} -x - 2y = -3 \\ x - y = 0 \\ 2x + y = 0 \end{cases}$

b) $\begin{cases} 3x - 2y = 1 \\ x + y = 2 \\ x - 2y = -1 \end{cases}$

**Resolução:** Já sabemos que uma equação linear com duas incógnitas pode ser representada por uma reta. Assim, como cada sistema é formado por três equações lineares com duas incógnitas, sua representação geométrica é o conjunto das três retas correspondentes às equações que o compõem. Então, vamos traçar em um mesmo plano cartesiano as três retas relativas a cada sistema e, assim, classificá-los observando as características dessas retas.

a)

| Equação $-x - 2y = -3$ | |
|---|---|
| $x$ | $y$ |
| $-1$ | 2 |
| 1 | 1 |

| Equação $x - y = 0$ | |
|---|---|
| $x$ | $y$ |
| 0 | 0 |
| 1 | 1 |

| Equação $2x + y = 0$ | |
|---|---|
| $x$ | $y$ |
| 0 | 0 |
| $-1$ | 2 |

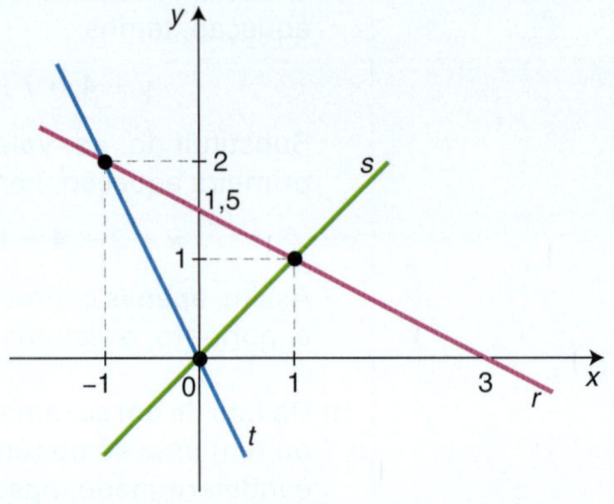


Observando a figura, verificamos que não há ponto de intersecção das três retas (simultaneamente), ou seja, o sistema que elas representam é *impossível*.

b)

| Equação $3x - 2y = 1$ | |
|---|---|
| $x$ | $y$ |
| 0 | $-0,5$ |
| **1** | **1** |

| Equação $x + y = 2$ | |
|---|---|
| $x$ | $y$ |
| **1** | **1** |
| 2 | 0 |

| Equação $x - 2y = -1$ | |
|---|---|
| $x$ | $y$ |
| $-1$ | 0 |
| **1** | **1** |

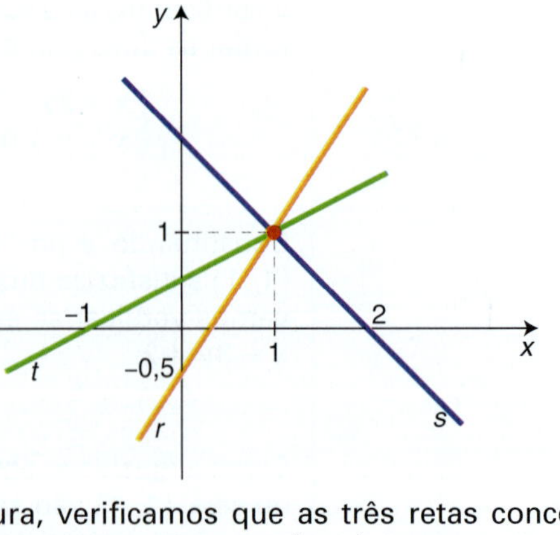


Observando a figura, verificamos que as três retas concorrem em um mesmo e único ponto de coordenadas $(1, 1)$. Logo, o sistema é *possível e determinado*.

## Exercícios Propostos

**34.** Dê um exemplo de um sistema com três incógnitas que seja:

a) possível e determinado;
b) possível e indeterminado;
c) impossível.

**35.** Classifique o sistema que cada grupo de retas pode representar e justifique sua resposta.

a)

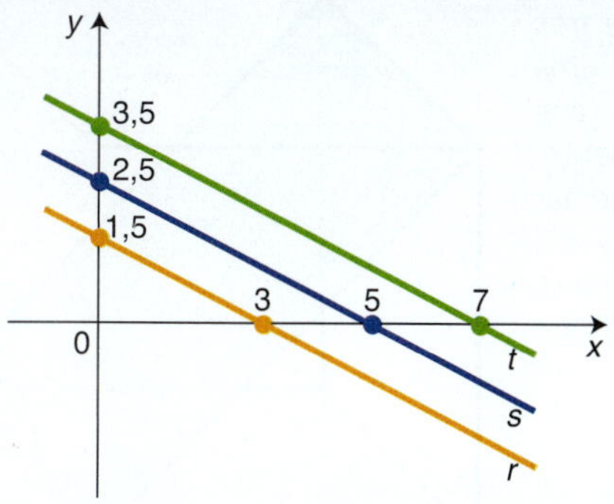


b)

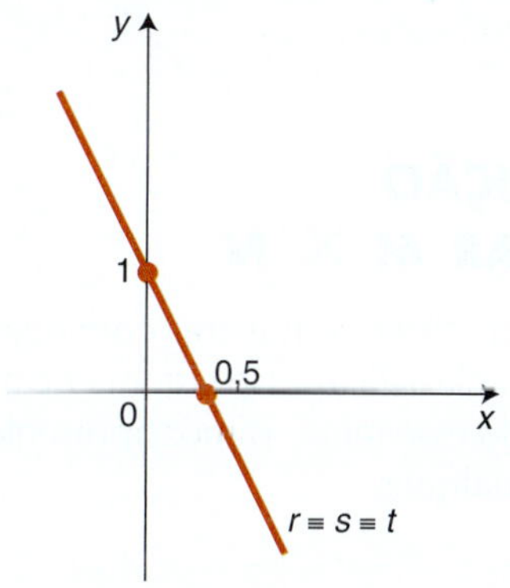


**36.** Mostre que o terno ordenado $(18 - 7a, a, 5a - 11)$ é solução do sistema

$$\begin{cases} x + 2y + z = 7 \\ 3x + y + 4z = 10 \\ -x + 3y - 2z = 4 \end{cases}$$

para qualquer $a$ real e conclua que esse sistema é possível e indeterminado.

**37.** Classifique os sistemas lineares pelo processo indicado, conforme mostrado abaixo.

I. Resolvendo pelo método da adição.
II. Resolvendo pelo método da substituição.
III. Resolvendo por qualquer processo algébrico.
IV. Usando a representação geométrica.

a) $\begin{cases} 3x + 6y = 9 \\ 2x + 4y = 10 \\ x + 2y = 7 \end{cases}$ pelo modo I

b) $\begin{cases} 4x + 2y = 2 \\ 2x + y = 1 \\ 6x + 3y = 3 \end{cases}$ pelo modo II

c) $\begin{cases} x + y + z = 0 \\ -x - y + 2z = 0 \\ x + y - 3z = 0 \end{cases}$ pelo modo III

d) $\begin{cases} y = 2 - x \\ x - y = -2 \\ -x - y = -2 \end{cases}$ pelo modo IV

e) $\begin{cases} x + y + z = 0 \\ -x - y + 2z = 0 \\ x + y - 3z = 0 \end{cases}$ pelo modo III

## Conheça mais...

Você já viu que podemos interpretar geometricamente um sistema linear e trabalhou com representações geométricas de sistemas 2 × 2. Vejamos, agora, o *significado geométrico* de um sistema linear 3 × 3.

Também já sabemos que um sistema linear com três equações e três incógnitas ($x$, $y$ e $z$) tem como solução ternos ordenados $(x, y, z)$.

De modo análogo aos pares ordenados, que representam pontos de um plano, cada solução $(x, y, z)$ de um sistema 3 × 3 pode ser vista como um ponto $P$ do espaço tridimensional, determinado pelas suas coordenadas cartesianas $P(x, y, z)$.

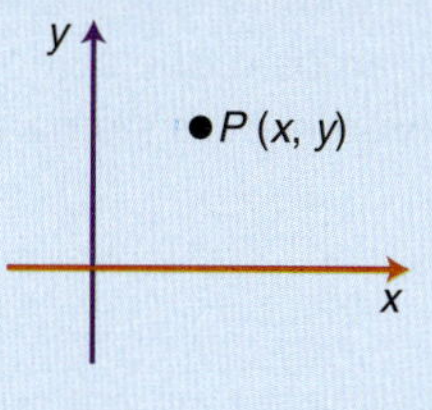


Sistemas de coordenadas cartesianas no plano

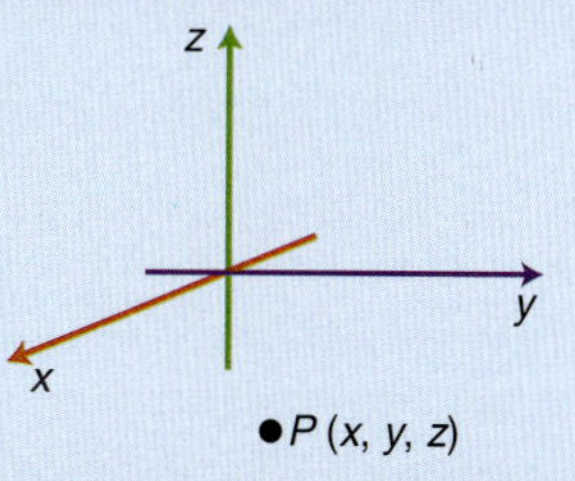


Sistemas de coordenadas cartesianas no espaço

A partir dessa ideia, é possível afirmar que equações lineares com três incógnitas são representadas por *planos* no espaço e, consequentemente, podemos dizer que um sistema linear 3 × 3 é representado por meio de três planos no espaço.

As coordenadas dos pontos comuns a esses três planos determinam os ternos que são soluções do sistema.

Vejamos, a seguir, algumas possibilidades de representação geométrica de sistemas lineares com três equações e três incógnitas.

- A ilustração sugere *três planos com um único ponto em comum* ($Q$), que podem representar um sistema linear $3 \times 3$ *possível e determinado*, cuja solução são as coordenadas ($x$, $y$, $z$) do ponto $Q$.

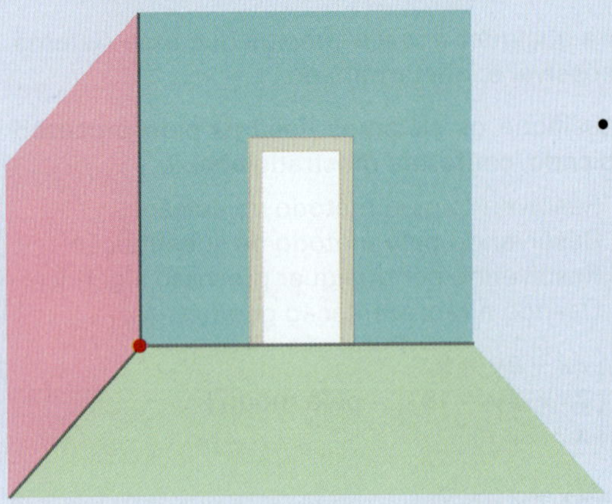

- A ilustração sugere *três planos que não têm pontos em comum* aos três simultaneamente, que podem representar um sistema linear $3 \times 3$ *impossível*.

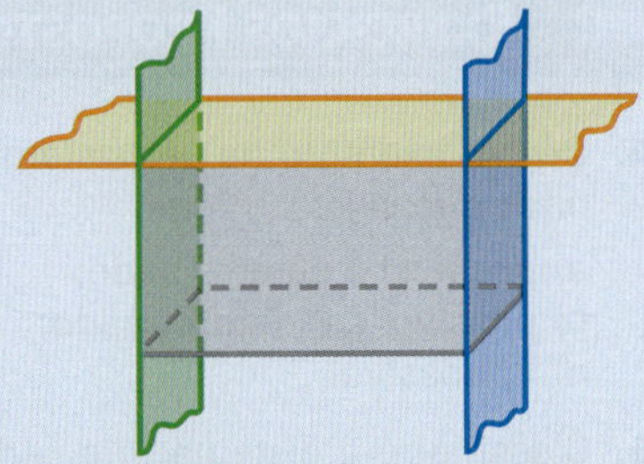

- A ilustração sugere *três planos que têm uma reta em comum* aos três simultaneamente, que podem representar um sistema linear $3 \times 3$ *possível e indeterminado*, já que uma reta tem infinitos pontos.

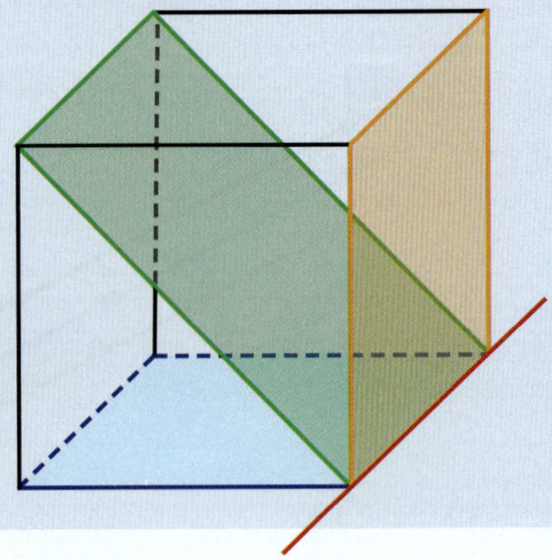

## 4. Métodos de Resolução de um Sistema Linear $m \times n$

Já vimos alguns métodos de resolução de sistemas lineares com duas equações e duas incógnitas, que nos possibilitam classificar esse sistema de acordo com seu conjunto solução. Agora, ampliando esse tema, vamos apresentar métodos de resolução para um sistema linear qualquer.

### 4.1 Método do escalonamento

O **método de escalonamento** nos permite resolver e classificar um sistema linear com qualquer número de equações e de incógnitas. Para entendê-lo, vamos conhecer alguns conceitos que serão usados nele.

### Sistema escalonado

Vejamos o que se entende por um sistema linear escalonado. Como exemplo, considere o sistema a seguir.

$$\begin{cases} x + 2y - z = 2 \\ 0x + 2y + z = 7 \\ 0x + 0y + z = 3 \end{cases}$$

Note que os coeficientes da incógnita $x$ na segunda e na terceira equação são nulos e, além disso, o coeficiente de $y$ na terceira equação também é zero e o de $z$ não é. Repare também que quando o sistema tem essa forma permite mais facilmente determinar seu conjunto solução.

Um sistema linear se diz **escalonado** ou está na **forma escalonada** quando o número de coeficientes nulos aumenta, ordenadamente, da primeira para a última equação, tendo *pelo menos* um dos coeficientes não nulo em cada equação.

## Exemplos

Os sistemas lineares abaixo estão na forma escalonada:

a) $\begin{cases} x + y + z + t = 4 \\ \quad y + z + t = 3 \\ \qquad\quad t = 2 \end{cases}$

c) $\begin{cases} x - y + z - t + w = 5 \\ \qquad\qquad\quad w = 1 \end{cases}$

b) $\begin{cases} x - 8y + 4z = -1 \\ \quad y + 2z = 3 \end{cases}$

O *método do escalonamento* foi uma grande contribuição de Gauss para a resolução de sistemas lineares. Conhecido como *método de eliminação de Gauss*, consiste em transformar o sistema original em um sistema triangular por meio de operações elementares. Hoje em dia esse é o método mais utilizado para se resolver sistemas de equações lineares.

Um dos matemáticos mais notáveis da história, o alemão Carl Friedrich Gauss (1777-1855) ficou conhecido como "príncipe dos matemáticos".

CREATIVE COMMONS

## Exercício Resolvido

**ER. 18** Verifique se os sistemas abaixo estão na forma escalonada e justifique.

a) $\begin{cases} x + 2y + 3z = 3 \\ x - z = 2 \\ 2x = 7 \end{cases}$

b) $\begin{cases} x + y + z - 2t = 0 \\ -z + t = 1 \\ t = 0 \end{cases}$

c) $\begin{cases} 4y + z = 3 \\ x + 2y + z = -2 \\ x + 3z = 1 \end{cases}$

**Resolução:**

a) No formato dado, aparentemente, o sistema não está escalonado. No entanto, quando reorganizamos as incógnitas do sistema (como mostrado a seguir), podemos verificar que o número de coeficientes nulos aumenta, ordenadamente, de equação para equação:

$$\begin{cases} 2y + 3z + x = 3 \\ \qquad -z + x = 2 \\ \qquad\qquad 2x = 7 \end{cases}$$

Esse sistema está na forma escalonada.

**Atenção!**

O sistema dado tem como solução o terno $(x, y, z)$. Já o sistema reorganizado tem como solução o terno $(y, x, z)$.

b) Observe que o número de coeficientes nulos aumenta a cada equação:

$$\begin{cases} x + y + z - 2t = 0 \\ -z + t = 1 \\ t = 0 \end{cases} \quad \text{ou ainda} \quad \begin{cases} x + y + z - 2t = 0 \\ \qquad -z + t = 1 \\ \qquad\qquad t = 0 \end{cases}$$

Logo, o sistema está na forma escalonada.

c) Note que não há como reorganizar o sistema de modo que ele fique na forma escalonada:

$$\begin{cases} 4y + z = 3 \\ x + 2y + z = -2 \\ x + 3z = 1 \end{cases} \Rightarrow \begin{cases} \qquad 4y + z = 3 \\ x + 2y + z = -2 \\ \qquad x + 3z = 1 \end{cases}$$

Portanto, esse sistema não está na forma escalonada.

### Observação

A matriz incompleta de um sistema quadrado escalonado é uma matriz triangular. Por exemplo, veja o sistema abaixo e a matriz incompleta associada a ele.

$$\begin{cases} x + 9y - z = 0 \\ \quad 2y + 3z = 0 \\ \qquad\quad 5z = 1 \end{cases} \qquad \begin{pmatrix} 1 & 9 & -1 \\ 0 & 2 & 3 \\ 0 & 0 & 5 \end{pmatrix}$$

sistema escalonado — matriz triangular

## Exercícios Propostos

**38.** Identifique os sistemas escalonados:

a) $\begin{cases} x - 3y = -2 \\ 2x + y = 5 \\ y + 3z = 8 \end{cases}$ b) $\begin{cases} x + y + z + t = 5 \\ y = 7 \end{cases}$ c) $\begin{cases} x + y = 7 \\ 2x + y = 10 \\ y = 0 \end{cases}$ d) $\begin{cases} x + 5y + 3z = 5 \\ y + 7x = 6 \\ 4x = 3 \end{cases}$

**39.** Determine o conjunto solução de cada um dos sistemas abaixo.

a) $\begin{cases} x + y + z + t = 4 \\ y + z + t = 3 \\ z + t = 2 \\ t = 1 \end{cases}$ b) $\begin{cases} x + y + z = 4 \\ x + 2y = 3 \end{cases}$ c) $\begin{cases} 3x + y - z = 6 \\ 3x + y = 4 \end{cases}$

## Como escalonar um sistema

Para escalonar um sistema linear, vamos utilizar três propriedades importantes, que seguem.

- Quando multiplicamos uma equação membro a membro, obtemos uma equação equivalente, isto é, com o mesmo conjunto solução.
- Quando uma ênupla ordenada é solução de duas equações simultaneamente, ela é solução da equação que se obtém quando somamos membro a membro essas duas equações.
- Quando permutamos duas ou mais equações de um sistema entre si, obtemos um sistema equivalente.

Vejamos um exemplo, considerando o sistema:

$$\begin{cases} x + y - 2z = 5 \\ 2x - y - z = 4 \\ -x + 2y + 3z = 5 \end{cases}$$

Nosso intuito é conseguir aumentar os coeficientes nulos, ordenadamente, da primeira para a última equação. Assim, primeiro vamos obter coeficiente zero para a incógnita $x$ na segunda equação e, depois, na terceira.

Para isso, de acordo com as propriedades enunciadas anteriormente, vamos multiplicar a primeira equação por $-2$ e somar com a segunda para "eliminar" $x$ da segunda equação. Na sequência, somamos a primeira com a terceira para "eliminar" $x$ da terceira equação. Veja como fica pelo seguinte esquema:

**Saiba +**

O símbolo ~ aqui significa "é equivalente a".

$$\begin{cases} x + y - 2z = 5 \quad \times(-2) \\ 2x - y - z = 4 \quad \leftarrow + \\ -x + 2y + 3z = 5 \quad \leftarrow + \end{cases} \sim \begin{cases} x + y - 2z = 5 \\ -3y + 3z = -6 \\ 3y + z = 10 \end{cases}$$

Agora, para "eliminar" a incógnita $y$ na terceira equação, basta somar a segunda com a terceira.

$$\begin{cases} x + y - 2z = 5 \\ -3y + 3z = -6 \\ 3y + z = 10 \quad \leftarrow + \end{cases} \sim \begin{cases} x + y - 2z = 5 \\ -3y + 3z = -6 \\ 4z = 4 \end{cases}$$

sistema escalonado

### Observação

Todo sistema linear escalonado que tem:

- o número de equações maior ou igual ao número de incógnitas é possível determinado;
- o número de equações menor que o número de incógnitas é possível e indeterminado.

## Resolução de sistemas por escalonamento

Acompanhe os exercícios resolvidos a seguir e veja como procedemos para resolver sistemas lineares pelo método do escalonamento.

### Exercícios Resolvidos

**ER. 19** Usando o método do escalonamento, classifique e determine o conjunto solução de cada um dos sistemas abaixo.

a) $\begin{cases} x - 2y + z = 0 \\ 2x - y + z = 2 \\ x - 11y + 4z = -6 \end{cases}$  b) $\begin{cases} x + y + z = 7 \\ x - 2y + 3z = 3 \\ -x + 5y - 5z = 0 \end{cases}$

> **Atenção!**
> Se o número de equações é igual ao número de incógnitas, fica fácil verificar se o sistema é possível e determinado quando ele está escalonado.

**Resolução:** O procedimento consiste em escalonar o sistema e, assim, mais facilmente obter as soluções.

a) $\begin{cases} x - 2y + z = 0 \\ 2x - y + z = 2 \\ x - 11y + 4z = -6 \end{cases} \sim \begin{cases} x - 2y + z = 0 \\ 3y - z = 2 \\ -9y + 3z = -6 \end{cases} \sim \begin{cases} x - 2y + z = 0 \\ 3y - z = 2 \\ 0 = 0 \end{cases} \sim \begin{cases} x - 2y + z = 0 \\ 3y - z = 2 \end{cases}$

Note que obtemos um sistema escalonado que tem mais incógnitas que equações, pois a última equação tornou-se uma igualdade numérica verdadeira. Nesse caso, o sistema é possível e indeterminado.

Para obter o terno genérico que satisfaz esse sistema, tomamos a última equação (com menos incógnitas) e isolamos uma incógnita em função das outras. Ou seja, em $3y - z = 2$, vamos isolar $z$:

$$3y - z = 2 \Rightarrow 3y - 2 = z \Rightarrow \boxed{z = 3y - 2}$$

Em seguida, substituímos a expressão ou valores encontrados nas demais equações. Assim, em $x - 2y + z = 0$, vem:

$$x - 2y + 3y - 2 = 0 \Rightarrow x + y - 2 = 0 \Rightarrow \boxed{x = 2 - y}$$

Daí, todo terno da forma $(y + 2, y, 3y - 2)$, com $y \in \mathbb{R}$, satisfaz esse sistema e, portanto, seu conjunto solução é:

$$S = \{(2 - y, y, 3y - 2), \text{ com } y \text{ real}\}$$

> **Atenção!**
> No caso de sistemas indeterminados, costuma-se também escolher uma letra para representar a incógnita não determinada e montar a ênupla ordenada usando essa letra.
> Na situação do item **a**, por exemplo, podemos fazer $y = \alpha$ e obter o terno $(2 - \alpha, \alpha, 3\alpha - 2)$, com $\alpha$ real.

b) $\begin{cases} x + y + z = 7 \\ x - 2y + 3z = 3 \\ -x + 5y - 5z = 0 \end{cases} \sim \begin{cases} x + y + z = 7 \\ -3y + 2z = -4 \\ 6y - 4z = 7 \end{cases} \sim \begin{cases} x + y + z = 7 \\ -3y + 2z = -4 \\ 0 = -1 \end{cases}$

Repare que, ao procurar escalonar o sistema, a última equação tornou-se uma igualdade falsa, consequentemente, o sistema não admite solução alguma, ou seja, é um sistema impossível. Logo, $S = \emptyset$.

---

**ER. 20** Escalone o sistema dado abaixo e determine o seu conjunto solução.

$$\begin{cases} x + y + 2z = 0 \\ 2x + 3y + 0{,}5z = -1 \end{cases}$$

**Resolução:** Como o sistema já tem menos equações do que incógnitas, podemos dizer que ou ele é possível e indeterminado ou é impossível. Para decidir isso vamos escaloná-lo.

$$\begin{cases} x + y + 2z = 0 \\ 2x + 3y + 0{,}5z = -1 \end{cases} \sim \begin{cases} x + y + 2z = 0 \\ y - 3{,}5z = -1 \end{cases}$$

Pelo sistema escalonado, podemos verificar que se trata de um sistema possível e indeterminado. Assim:

- $y - 3{,}5z = -1 \Rightarrow y = -1 + 3{,}5z$
- $x + y + 2z = 0 \Rightarrow x - 1 + 3{,}5z + 2z = 0 \Rightarrow x = 1 - 5{,}5z$
- $z$ é qualquer real

Portanto, $S = \{(1 - 5{,}5z; -1 + 3{,}5z; z), \text{ com } z \text{ real}\}$.

**ER. 21** Resolva o sistema:

$$\begin{cases} x + y + z + 2t = 4 \\ x + y + 2z + t = 3 \\ x + 2y + z + t = 2 \\ 2x + y + z + t = 1 \end{cases}$$

**Resolução:**

$$\begin{cases} x + y + z + 2t = 4 \quad \times(-1) \times(-2) \\ x + y + 2z + t = 3 \\ x + 2y + z + t = 2 \\ 2x + y + z + t = 1 \end{cases} \sim \begin{cases} x + y + z + 2t = 4 \\ z - t = -1 \\ y - t = -2 \\ -y - z - 3t = -7 \end{cases}$$

Permutando a segunda com a quarta equação, vem:

$$\begin{cases} x + y + z + 2t = 4 \\ -y - z - 3t = -7 \\ y - t = -2 \\ z - t = -1 \end{cases} \sim \begin{cases} x + y + z + 2t = 4 \\ -y - z - 3t = -7 \\ -z - 4t = -9 \\ z - t = -1 \end{cases} \sim \begin{cases} x + y + z + 2t = 4 \\ -y - z - 3t = -7 \\ -z - 4t = -9 \\ -5t = -10 \end{cases}$$

Observando o sistema escalonado, verificamos que é possível encontrar o valor de $t$ e, assim, o valor de todas as demais incógnitas. Logo, o sistema é possível e determinado.

De $-5t = -10$, temos $t = 2$ e, com isso, obtemos $z = 1$, $y = 0$ e $x = -1$. Logo, a única quádrupla que satisfaz o sistema é $(-1, 0, 1, 2)$.

**Recorde**

- $-z - 4 \cdot 2 = -9$
  $z = 1$
- $-y - 1 - 6 = -7$
  $y = 0$
- $x + 0 + 1 + 4 = 4$
  $x = -1$

OBSERVAÇÃO

Em algumas situações podemos resolver um sistema de outra forma. Note que existe um *padrão* nos coeficientes das incógnitas do sistema. Vamos numerar cada equação:

$$\begin{cases} x + y + z + 2t = 4 \ (1) \\ x + y + 2z + t = 3 \ (2) \\ x + 2y + z + t = 2 \ (3) \\ 2x + y + z + t = 1 \ (4) \end{cases}$$

Somando as quatro equações obtemos:

$$5x + 5y + 5z + 5t = 10 \Rightarrow x + y + z + t = 2 \ (5)$$

Em seguida, fazemos as subtrações indicadas, membro a membro.

- (1) − (5), que nos dá: $t = 2$
- (2) − (5), que nos dá: $z = 1$
- (3) − (5), que nos dá: $y = 0$
- (4) − (5), que nos dá: $x = -1$

## EXERCÍCIOS PROPOSTOS

**40.** Usando a técnica do escalonamento, classifique e determine o conjunto solução de cada um dos sistemas a seguir.

a) $\begin{cases} x + y - 2z = -3 \\ 2x - y + z = 3 \\ 3x + y + z = 8 \end{cases}$

b) $\begin{cases} 2x - y + 3z = 0 \\ x - 2y + z = 3 \\ 3x + 5z = -3 \end{cases}$

c) $\begin{cases} x + z = 4 \\ y - z = 7 \\ 3x - 2y + 5z = 5 \end{cases}$

**41.** Calcule a soma das coordenadas da quádrupla que é solução do seguinte sistema:

$$\begin{cases} x + y + z = 12 \\ x + y + t = 13 \\ x + z + t = 14 \\ y + z + t = 15 \end{cases}$$

**42.** Resolva a equação $at^2 + bt + c = 0$, sabendo que o terno ordenado $(a, b, c)$ é solução do sistema:

$$\begin{cases} x + y + z = 0 \\ x + y - z = -10 \\ x - y + z = 12 \end{cases}$$

**43.** Mostre que todos os ternos ordenados que são uma PA de razão 1 são também soluções do sistema:

$$\begin{cases} x + y + z = 0 \\ 2x - y - z = -1 \\ -3x - 2y + 5z = 8 \end{cases}$$

**44.** Resolva os sistemas:

a) $\begin{cases} x + y + z = 3 \\ x + 2y - 2z = 2 \end{cases}$

b) $\begin{cases} x + y + z = 5 \\ x + y + 2z = 2 \end{cases}$

c) $\begin{cases} x + y = 2 \\ 2x + 2y = 4 \\ 3x + 3y = 6 \end{cases}$

**45.** Obtenha o conjunto solução do sistema

$$\begin{cases} a^4x + by = 3 \\ bx + a^2y = b + 2 \end{cases}$$

sabendo que o par ordenado $(a, b)$ é solução de:

$$\begin{cases} x + 3y = 2 \\ -x + y = 2 \end{cases}$$

**46.** **[DIVERSÃO]** Marcelo e Caio gostam muito de desafios e vivem propondo-os um para o outro. Veja o que Marcelo propôs dessa vez:

Se escolhermos quatro números e somá-los três a três, os resultados obtidos serão 6, 7, 8 e 9. Qual é a soma dos quatro números?

De imediato Caio falou que essa soma pode ser determinada resolvendo um sistema linear e que o resultado é um número par com dois algarismos.

Nessas condições, decida se Caio está certo e justifique. Em seguida, resolva o desafio.

**47.** Mostre que o sistema abaixo não admite solução alguma:

$$\begin{cases} x + 2y + 3z = 6 \\ 2x + 4y + 6z = 13 \end{cases}$$

**48.** Determine o par ordenado que é solução do sistema

$$\begin{cases} ax + y = 1 \\ x + ay = -1 \end{cases}$$

em função da constante real $a$, sabendo que $a \neq 1$ e $a \neq -1$.

## 4.2 REGRA DE CRAMER

A **regra de Cramer** é um método de resolução que permite obter o conjunto solução de um sistema linear possível e determinado, em que o número de equações é igual ao número de incógnitas, usando determinantes.

Antes de aplicar esse método, vejamos um importante teorema que nos possibilita verificar se um sistema quadrado é possível e determinado mesmo sem resolvê-lo.

Um sistema linear quadrado é possível e determinado se, e somente se, o *determinante* da matriz incompleta associada ao sistema é *não nulo*.

**Recorde**

A matriz incompleta associada a um sistema é aquela formada pelos coeficientes das incógnitas.

**Exemplo**

O sistema $\begin{cases} x + y + z = 3 \\ x - y + z = 1 \\ 2x + 2y - z = 0 \end{cases}$ é possível e determinado, pois:

$$\begin{vmatrix} 1 & 1 & 1 \\ 1 & -1 & 1 \\ 2 & 2 & -1 \end{vmatrix} = 6$$

**Faça**

Encontre o valor desse determinante, mostrando o procedimento que você utilizou.

Vejamos como fazer para aplicar a regra de Cramer. Para facilitar, examinemos um sistema $2 \times 2$,

$$\begin{cases} a_1x + b_1y = k_1 \\ a_2x + b_2y = k_2 \end{cases}$$

Vamos "eliminar" a incógnita $x$ no sistema:

$$\begin{cases} a_1x + b_1y = k_1 & \times(-a_2) \\ a_2x + b_2y = k_2 & \times(a_1) \end{cases} \Rightarrow \begin{cases} -a_1a_2x - b_1a_2y = -k_1a_2 \\ a_1a_2x + b_2a_1y = k_2a_1 \end{cases} +$$

$$(b_2a_1 - b_1a_2)y = k_2a_1 - k_1a_2$$

Veja que para $b_2a_1 - b_1a_2 \neq 0$, temos:

$$y = \frac{k_2a_1 - k_1a_2}{b_2a_1 - b_1a_2}$$

Agora, retomamos o sistema dado e vamos "eliminar" a incógnita $y$:

$$\begin{cases} a_1x + b_1y = k_1 & \times(b_2) \\ a_2x + b_2y = k_2 & \times(-b_1) \end{cases} \Rightarrow \begin{cases} a_1b_2x + b_1b_2y = k_1b_2 \\ -a_2b_1x - b_2b_1y = -k_2b_1 \end{cases} +$$

$$(b_2a_1 - b_1a_2)x = k_1b_2 - k_2b_1$$

Da mesma forma, para $b_2a_1 - b_1a_2 \neq 0$, vem:

$$x = \frac{k_1b_2 - k_2b_1}{b_2a_1 - b_1a_2}$$

Note que tanto na expressão encontrada para $x$ quanto na encontrada para $y$ o denominador é $b_2a_1 - b_1a_2$, que é justamente a expressão do determinante $D$ da matriz formada pelos coeficientes de $x$ e de $y$ (matriz incompleta) no sistema:

$$D = \begin{vmatrix} a_1 & b_1 \\ a_2 & b_2 \end{vmatrix} = b_2a_1 - b_1a_2$$

**Recorde**

Na forma usual de um sistema linear, o segundo membro de cada equação que o compõe é uma constante, que é chamada de *termo independente* das incógnitas.

Isso sugere que existe um padrão para escrever essas soluções. Repare que substituindo na matriz incompleta a coluna dos coeficientes de $x$ pelas respectivas constantes do segundo membro, obtemos uma nova matriz cujo determinante $D_x$ é a expressão do numerador da fração algébrica que nos dá o valor de $x$:

$$D_x = \begin{vmatrix} k_1 & b_1 \\ k_2 & b_2 \end{vmatrix} = k_1b_2 - k_2b_1$$

Fazendo o mesmo com os coeficientes de $y$, obtemos uma terceira matriz cujo determinante $D_y$ é a expressão do numerador da fração algébrica que nos dá o valor de $y$:

$$D_y = \begin{vmatrix} a_1 & k_1 \\ a_2 & k_2 \end{vmatrix} = k_2a_1 - k_1a_2$$

Nessas condições, os valores de $x$ e de $y$ podem ser expressos como *razões entre dois determinantes* da seguinte maneira:

$$x = \frac{D_x}{D} \text{ e } y = \frac{D_y}{D}$$

Gabriel Cramer (1704-1752).

Esse padrão observado, conhecido como *regra de Cramer*, pode ser generalizado para um sistema com $n$ equações e $n$ incógnitas, sendo $n > 2$ e os determinantes utilizados de ordem $n$.

### Observações

1. Com o que foi exposto, verificamos que um sistema é possível e determinado apenas quando $D \neq 0$, caso em que podemos usar a regra de Cramer.
2. É possível concluir também que, se $D = 0$ e $D_x \neq 0$ ou $D_y \neq 0$, o sistema é impossível. No entanto, se **todos** esses determinantes forem **nulos**
$$(D = 0,\ D_x = 0 \text{ e } D_y = 0)$$
**nada podemos concluir**.
3. A regra de Cramer é um método importante para a resolução de sistemas lineares quadrados possíveis e determinados. ■

## Exercícios Resolvidos

**ER. 22** Resolva o sistema a seguir usando a regra de Cramer.

$$\begin{cases} 2x + 3y + 4z = 2 \\ 3x - y + 2z = 4 \\ 4x + 2y + 5z = -1 \end{cases}$$

**Resolução:** Vamos calcular inicialmente os determinantes $D$, $D_x$, $D_y$ e $D_z$.

- $D = \begin{vmatrix} 2 & 3 & 4 \\ 3 & -1 & 2 \\ 4 & 2 & 5 \end{vmatrix} = -10 + 24 + 24 + 16 - 8 - 45 = 1$

Note que $D \neq 0$, o que nos garante que o sistema é possível e determinado.

- $D_x = \begin{vmatrix} 2 & 3 & 4 \\ 4 & -1 & 2 \\ -1 & 2 & 5 \end{vmatrix} = -10 - 6 + 32 - 4 - 8 - 60 = -56$

- $D_y = \begin{vmatrix} 2 & 2 & 4 \\ 3 & 4 & 2 \\ 4 & -1 & 5 \end{vmatrix} = 40 + 16 - 12 - 64 + 4 - 30 = -46$

- $D_z = \begin{vmatrix} 2 & 3 & 2 \\ 3 & -1 & 4 \\ 4 & 2 & -1 \end{vmatrix} = 2 + 48 + 12 + 8 - 16 + 9 = 63$

Assim, temos:

$$x = \frac{D_x}{D} = \frac{-56}{1},\ y = \frac{D_y}{D} = \frac{-46}{1} \quad \text{e} \quad z = \frac{D_z}{D} = \frac{63}{1}$$

Logo, $x = -56$, $y = -46$ e $z = 63$.

**ER. 23** Determine o conjunto solução do sistema:

$$\begin{cases} x + 2y + 3z = 1 \\ 2x + 4y + 6z = 2 \\ 3x + 6y + 9z = 5 \end{cases}$$

**Resolução:** Verifiquemos o que ocorre neste caso se quisermos usar a regra de Cramer.

- $D = \begin{vmatrix} 1 & 2 & 3 \\ 2 & 4 & 6 \\ 3 & 6 & 9 \end{vmatrix} = 0$

Como $D = 0$, a regra de Cramer pode não ser aplicável.

- $D_x = \begin{vmatrix} 1 & 2 & 3 \\ 2 & 4 & 6 \\ 5 & 6 & 9 \end{vmatrix} = 0$ • $D_y = \begin{vmatrix} 1 & 1 & 3 \\ 2 & 2 & 6 \\ 3 & 5 & 9 \end{vmatrix} = 0$ • $D_z = \begin{vmatrix} 1 & 2 & 1 \\ 2 & 4 & 2 \\ 3 & 6 & 5 \end{vmatrix} = 0$

**Responda**

Sem efetuar o cálculo, o que garante que todos os determinantes são nulos?

Como todos os determinantes são simultaneamente nulos, nada podemos concluir e precisamos usar outro método. Então, vamos escalonar o sistema:

$$\begin{cases} x + 2y + 3z = 1 \\ 2x + 4y + 6z = 2 \\ 3x + 6y + 9z = 5 \end{cases} \xrightarrow{L_2 + (-2)L_1,\; L_3 + (-3)L_1} \sim \begin{cases} x + 2y + 3z = 1 \\ 0 = 0 \\ 0 = 2 \end{cases}$$

Observe que obtivemos duas igualdades numéricas, só que uma delas é falsa, o que nos garante que o sistema é impossível e, portanto, $S = \varnothing$.

---

**ER. 24** Determine o valor real de $a$ para que o sistema a seguir seja impossível.

$$\begin{cases} ax + y = 1 \\ x + ay = -1 \end{cases}$$

**Resolução:** Uma forma de resolver é analisar o que acontece com os determinantes $D$, $D_x$ e $D_y$. Sabemos que, se $D = 0$ e $D_x \neq 0$ ou $D_y \neq 0$, o sistema é impossível. Sendo assim, vamos impor essas condições:

$$D = \underbrace{\begin{vmatrix} a & 1 \\ 1 & a \end{vmatrix}}_{a^2 - 1} = 0 \Rightarrow a^2 - 1 = 0 \Rightarrow a^2 = 1 \Rightarrow a = -1 \text{ ou } a = 1$$

Já que as únicas possibilidades de termos $D = 0$ é para $a = -1$ ou $a = 1$, vamos ver o que ocorre com os demais determinantes para cada um desses valores de $a$.

① Para $a = -1$, temos:

- $D_x = \begin{vmatrix} 1 & 1 \\ -1 & -1 \end{vmatrix} = -1 - (-1) = -1 + 1 = 0$ • $D_y = \begin{vmatrix} -1 & 1 \\ 1 & -1 \end{vmatrix} = 1 - 1 = 0$

Como os três determinantes são nulos, nada podemos concluir. Então, vamos substituir $a$ por $-1$ no sistema e verificar o que ocorre:

$$\begin{cases} -x + y = 1 \\ x - y = -1 \end{cases} \Rightarrow \begin{cases} x - y = -1 \\ x - y = -1 \end{cases}$$

Veja que na verdade temos apenas uma equação (com duas incógnitas) e por isso todos os ternos que são solução dessa equação são também solução do sistema. Isso significa que o sistema admite infinitas soluções e, assim, o sistema é possível e indeterminado, isto é, não é um sistema impossível.

② Para $a = 1$, temos:

$$D_x = \begin{vmatrix} 1 & 1 \\ -1 & 1 \end{vmatrix} = 1 - (-1) = 1 + 1 = 2$$

Como já conseguimos $D = 0$ e $D_x \neq 0$, isso basta para concluir que o sistema é impossível.

Logo, o sistema dado é impossível para $a = 1$.

## Exercícios Propostos

**49.** Usando a regra de Cramer, quando possível, determine o conjunto solução de cada um dos sistemas abaixo.

a) $\begin{cases} 3x - 4y = 3 \\ -4x + 5y = 2 \end{cases}$

b) $\begin{cases} x + y + z = 3 \\ x + 2y + 3z = 6 \\ 2x + 3y + 5z = 10 \end{cases}$

**50.** Para quais valores da constante real $a$ o sistema abaixo admite solução única?

a) $\begin{cases} ax + y = 1 \\ 4x + ay = 4 \end{cases}$

b) $\begin{cases} (a + 1)x + ay = 3 \\ 3x + ay = \pi \end{cases}$

**51.** Para que valores reais de $k$ no sistema dado abaixo obtemos valores negativos para a incógnita $x$?

$$\begin{cases} 2x + ky = 1 \\ kx + 2y = 1 \end{cases}$$

**52.** Mostre que o sistema

$$\begin{cases} (\cos \alpha)x - (\text{sen } \alpha)y = 2 \\ (\text{sen } \alpha)x + (\cos \alpha)y = 3 \end{cases}$$

admite solução única para qualquer valor real de $\alpha$.

**53.** Encontre o maior valor de $x$ que satisfaz o sistema, sendo $m$ uma constante real não nula.

$$\begin{cases} mx - y = 0 \\ 6x + (m - 4)y = 3 \end{cases}$$

## Conheça mais...

(...) a resolução de um sistema de $n$ equações lineares com $n$ incógnitas pode tornar-se, para valores grandes de $n$, extremamente mais laboriosa pela regra de Cramer do que pelo método do escalonamento.

Para estabelecer um confronto entre os dois métodos, imaginemos um computador capaz de efetuar um milhão de multiplicações ou divisões por segundo.

Usando o método do escalonamento, esse computador resolveria um sistema $10 \times 10$ em 0,8 milésimo de segundo; pela regra de Cramer ele levaria 1 minuto e 8 segundos.

Vejamos um sistema $15 \times 15$. Por escalonamento, o computador o resolveria em 2,5 milésimos de segundo. Pela regra de Cramer, ele levaria 1 ano, 1 mês e 16 dias.

Consideremos agora um sistema de 20 equações com 20 incógnitas. Nosso computador o resolveria por escalonamento em 6 milésimos de segundo. Pela regra de Cramer, ele levaria 2 milhões, 751 mil e 140 anos para resolvê-lo!

Isso mostra claramente como a regra de Cramer é inadequada para sistemas de grande porte. Para encerrar as comparações, observemos que, no computador que estamos considerando, um sistema de mil equações com mil incógnitas seria resolvido em 11 minutos pelo método do escalonamento. O tempo necessário para resolvê-lo pela regra de Cramer é simplesmente inimaginável.

*Fonte:* Elon Lages Lima (IMPA, RJ) in *Revista do Professor de Matemática*. n. 23. Sociedade Brasileira de Matemática, São Paulo.

## 5. Aplicações de Sistemas Lineares

Agora que você já trabalhou um pouco com sistemas lineares, viu formas de representá-lo e métodos de resolvê-lo, vamos apresentar mais situações que envolvem esse tema em diferentes contextos para você aplicar e ampliar os conceitos estudados.

## Exercícios Resolvidos

**ER. 25** **[PRODUÇÃO]** O dono de uma indústria sabe que o custo para produzir uma unidade do produto *A*, duas do *B* e três do *C* é 17 reais. Já na produção de três unidades do produto *A*, duas do *B* e uma do *C* o custo é de 15 reais. Nessas condições, determine o custo para se produzir uma unidade de cada produto.

**Resolução:** Vamos indicar o custo de produção de uma unidade de *A* por $x$, de *B* por $y$ e de *C* por $z$. Com isso, podemos montar o seguinte sistema:

$$\begin{cases} x + 2y + 3z = 17 \\ 3x + 2y + z = 15 \end{cases}$$

Somando as equações, obtemos uma outra equivalente. Assim:

$$4x + 4y + 4z = 32 \Rightarrow x + y + z = 8$$

Logo, o custo de produção de uma unidade de cada produto é 8 reais.

---

**ER. 26** **[CONSUMO]** André quer comprar um aparelho de som que custa à vista R$ 320,00. Ele decidiu pagar em dinheiro. Para isso, ele deseja utilizar apenas notas de 10, de 20 ou de 50 reais.

a) De quantas maneiras ele pode fazer isso usando exatamente 20 notas?
b) Quais são essas maneiras?

**Resolução:**

a) Sendo $x$ o número de notas usadas de 10 reais, $y$ o de 20 reais e $z$ o de 50 reais, vamos representar matematicamente o que ocorreu na situação descrita.

- Foram usadas 20 notas no total. Daí:

$$x + y + z = 20$$

- O valor pago é 320 reais e usam-se apenas notas de 10, 20 e 50 reais. Desse modo, temos:

$$10x + 20y + 50z = 320$$

Nessas condições, montamos o sistema a seguir, que resolveremos pelo método do escalonamento:

$$\begin{cases} x + y + z = 20 \\ 10x + 20y + 50z = 320 : 10 \end{cases} \sim \begin{cases} x + y + z = 20 \quad \times(-1) \\ x + 2y + 5z = 32 \quad (+) \end{cases} \sim \begin{cases} x + y + z = 20 \\ \quad\; y + 4z = 12 \end{cases} \text{(sistema escalonado)}$$

Note que o sistema escalonado tem o número de equações menor que o de incógnitas, o que nos mostra que, se o sistema for possível, ele será indeterminado. Desse modo, temos:

- $y + 4z = 12 \Rightarrow \boxed{y = 12 - 4z}$
- $x + y + z = 20 \Rightarrow x + 12 - 4z + z = 20 \Rightarrow x = 20 - 12 + 3z \Rightarrow \boxed{x = 8 + 3z}$
- $z$ é qualquer real que satisfaça as condições da situação

Lembrando que $x$, $y$ e $z$ representam quantidades de notas, seus valores são obrigatoriamente números naturais. Analisemos, então, os *ternos de números naturais* da forma $(8 + 3z, 12 - 4z, z)$ que podemos obter com $z \in \mathbb{N}$.

| $z$ | $(8 + 3z, 12 - 4z, z)$ |
|---|---|
| 0 | $(8, 12, 0)$ |
| 1 | $(11, 8, 1)$ |
| 2 | $(14, 4, 2)$ |
| 3 | $(17, 0, 3)$ |
| 4 | $(20, -4, 4)$ não serve porque $-4$ não é natural |

Pela tabela podemos verificar que $z$ só pode assumir os valores 0, 1, 2 ou 3, o que nos dá 4 maneiras diferentes de André fazer o pagamento nas condições descritas.

b) Como $x$ é o número de notas usadas de 10 reais, $y$ o de 20 reais e $z$ o de 50 reais, vamos explicitar todas as maneiras de se obter 320 reais com exatamente 20 notas dentre as citadas:

- 8 notas de 10 reais e 12 de 20
- 11 notas de 10 reais, 8 de 20 e 1 de 50
- 14 notas de 10 reais, 4 de 20 e 2 de 50
- 17 notas de 10 reais e 3 de 50

**Responda**

O que aconteceria se André precisasse usar obrigatoriamente os três tipos de notas (de 10, 20 e 50 reais)?

## Matemática, Ciência & Vida

Algumas substâncias, quando colocadas em contato, podem reagir formando novos compostos. Mas, como você viu em seus estudos de Química, essas reações não se dão de forma aleatória — os componentes reagem *segundo determinadas proporções*. Por exemplo, para formar uma molécula de água $(H_2O)$, a partir de oxigênio $(O_2)$ e hidrogênio $(H_2)$, precisamos de quantidades determinadas dos reagentes:

$$O_2 + 2\,H_2 \rightarrow 2\,H_2O$$

Esse balanceamento entre as quantidades de reagentes e de produto formado é conhecido como *cálculo estequiométrico*, importante conceito utilizado em diferentes indústrias. Por exemplo, a indústria de fertilizantes utiliza ácido sulfúrico $(H_2SO_4)$, que muitas vezes é obtido da pirita $(FeS_2)$, também conhecida como "ouro dos tolos". Para essa transformação são necessários oxigênio e água. A partir de um *sistema linear* consegue-se chegar ao resultado de que com quatro moléculas de pirita formam-se dezesseis moléculas de ácido sulfúrico:

$$4\,FeS_2 + 11\,O_2 \rightarrow 2\,Fe_2O_3 + 8\,SO_2$$
$$1\,SO_2 + O_2 \rightarrow 2\,SO_3$$
$$SO_3 + H_2O \rightarrow H_2SO_4$$

Para se determinar as quantidades, considere

- $x$: de $FeS_2$,
- $y$: de $SO_2$ e
- $z$: de $SO_3$ ou $H_2SO_4$

Daí, podemos usar o seguinte sistema:

$$\begin{cases} \dfrac{x}{4} = \dfrac{y}{8} \\ \dfrac{y}{1} = \dfrac{z}{2} \end{cases} \sim \begin{cases} 2x - y = 0 \\ 2y - z = 0 \end{cases}$$

Veja que obtemos um *sistema linear possível e indeterminado*.

Qualquer terno ordenado $(x, y, z)$ da forma $(x, 2x, 4x)$, com $x \geqslant 0$, é solução desse sistema.

Note que o terno $(0, 0, 0)$ é uma solução que indica que na realidade não houve reação.

Por sua cor parecida com a do ouro e por ser confundida com o precioso metal, a pirita é um mineral conhecido como "ouro dos tolos".

GRASIELE L. FAVATTO CORTEZ

## Exercícios Propostos

**54.** **[PRODUÇÃO]** Na fábrica de doces Quero-mais são feitos bolos e tortas. Em cada bolo são usados 3 xícaras de farinha e 6 ovos, e em cada torta usam-se 2 xícaras de farinha e 7 ovos. O doceiro-chefe sabe que 1 kg de farinha rende cerca de 6 xícaras. Uma encomenda especifica que ele deve fazer bolos e tortas dispondo de 10 kg de farinha e 13 dúzias de ovos de modo que não sobre farinha nem ovos. Quantos bolos e quantas tortas ele vai fabricar?

**55.** **[*MARKETING*]** Uma loja lança a seguinte promoção:

calça + camisa = 90 reais
calça + sapato = 120 reais
camisa + sapato = 80 reais

Para pagamento à vista, o cliente ainda tem 10% de desconto sobre o valor total da compra. Mário aproveita a promoção e compra uma calça, uma camisa e um par de sapatos pagando à vista. Quanto ele obteve de desconto?

**56.** **[GEOGRAFIA]** O total de habitantes de três cidades de uma mesma região é: 20.000 pessoas na cidade *A*, 30.000 na cidade *B* e 40.000 na cidade *C*. Depois que *x* pessoas se mudaram de *A* para *B*, *y* pessoas de *A* para *C*, *x* pessoas de *C* para *A* e *z* pessoas de *B* para *C*, a cidade *A* ficou com 19.000 habitantes, *B* ficou com 31.000 e *C* com 40.000. Determine a quantidade de pessoas que se mudou de uma cidade para outra, sabendo que o número de pessoas que se deslocou de *A* para *B* foi o triplo do número daquelas que foram de *B* para *C*.

**57.** **[EDUCAÇÃO]** Para mostrar uma aplicação de sistemas lineares, em uma aula de Geometria, a professora Ana Olívia pediu aos alunos que construíssem um triângulo *ABC* cujas medidas de seus ângulos internos seguem as seguintes condições:

- $m(\hat{A}) = 4 \cdot m(\hat{B})$
- $m(\hat{C}) = 30° + m(\hat{B})$

Determine a medida dos três ângulos do triângulo a ser construído.

**58.** **[LAZER]** Em um parque de diversões, crianças pagam R$ 2,50 para passear no trem-fantasma e adultos pagam R$ 4,00. Em certo dia, 382 pessoas foram no trem fantasma e a respectiva arrecadação foi de R$ 1.150,00.

a) Quantas crianças fizeram o passeio nesse dia?
b) Quantos foram os adultos?

**59.** **[ESPORTE]** A prefeitura de uma cidade promove miniolimpíadas todo ano em que não há os Jogos Olímpicos oficiais. No último ano em que houve esse evento, foram disputadas 20 modalidades esportivas diferentes e em cada uma delas foi distribuída uma medalha de ouro, uma de prata e uma de bronze. A tabela a seguir mostra as conquistas das três equipes que disputaram os jogos. Determine quantas medalhas de cada tipo cada equipe recebeu.

| | Número de medalhas | | |
|---|---|---|---|
| Equipe | Ouro | Prata | Bronze |
| *A* | $2x$ | $z$ | $y$ |
| *B* | $y$ | $x$ | $1{,}5z$ |
| *C* | $z$ | $4y$ | $1{,}5x$ |

PANTHERMEDIA/KEYDISC

**60.** **[COTIDIANO]** Para comprar um iogurte de R$ 2,40, Carol vai usar só as moedas de seu cofrinho, que contém apenas moedas de 5, 10 e 50 centavos. De quantos modos diferentes ela pode fazer isso usando exatamente 20 moedas e pelo menos uma moeda de cada tipo?

**61.** **[INCLUSÃO SOCIAL]** A lei número 8213/91 estipula que toda empresa com mais de 1.800 funcionários deve reservar 5% de suas vagas para empregar pessoas com deficiência.
A empresa SERVEBEM, entre seus 2.000 funcionários, tem o dobro do que determina a lei de pessoas com deficiência. Em seu quadro de colaboradores ela tem deficientes visuais, cadeirantes e portadores da síndrome de Down. O gerente de Recursos Humanos da empresa, preenchendo um relatório para o IBGE (Instituto Brasileiro de Geografia e Estatística), constatou que o número de portadores da síndrome de Down é o triplo do número de pessoas com deficiência visual e o número de cadeirantes é o dobro do número de pessoas com deficiência visual. Quantos funcionários dessa empresa são cadeirantes?

IMAGE SOURCE/LATINSTOCK

## 6. Discussão de um Sistema Linear

**Discutir** um sistema linear é dizer quantas soluções ele tem avaliando os valores de coeficientes desconhecidos desse sistema, chamados de **parâmetros**.

Como exemplo, considere o seguinte sistema linear:

$$\begin{cases} x + my = 2 \\ x + y = n \end{cases}$$

Note que não temos o valor dos coeficientes $m$ e $n$, contudo podemos escalonar esse sistema, considerando-os constantes conhecidas.

> **Saiba +**
> Nesse caso, $m$ e $n$ são os parâmetros.

$$\begin{cases} x + my = 2 \quad \times(-1) \\ x + \phantom{m}y = n \quad + \end{cases} \sim \begin{cases} x + \phantom{(1-)}my = 2 \\ (1 - m)y = n - 2 \end{cases}$$

Analisando a segunda equação do sistema equivalente e escalonado obtido, vamos ver o que ocorre com o sistema de acordo com os valores atribuídos para os parâmetros.

- Para $m \neq 1$
  Nesse caso, $1 - m \neq 0$. Assim, é possível encontrar o valor das incógnitas para qualquer valor real de $n$, ou seja:

$$y = \frac{n - 2}{1 - m} \quad \text{e} \quad x = \frac{2 - mn}{1 - m}$$

> **Faça**
> Mostre como obter os valores dessas incógnitas.

Logo, para $m \neq 1$ e $n$ sendo qualquer real, o sistema admite uma única solução, caso em que o sistema é possível e determinado.

- Para $m = 1$

Note que, se $m = 1$, a segunda equação fica $0y = n - 2$ e, assim, obtemos uma igualdade numérica ($0 = n - 2$) que será falsa ou verdadeira dependendo do valor de $n$.

① Para $n \neq 2$

Nesse caso, a igualdade fica falsa, pois temos $n - 2 \neq 0$. Portanto, o sistema não tem solução, isto é, o sistema é impossível.

② Para $n = 2$

Se $n = 2$, a sentença fica $0 = 0$ e, portanto, temos uma igualdade verdadeira independentemente dos valores das incógnitas. Logo, o sistema tem infinitas soluções, caso em que o sistema é possível e indeterminado.

Assim, podemos concluir que, para $m \neq 1$ e $n$ qualquer, o sistema tem uma única solução, para $m = 1$ e $n \neq 2$ o sistema não tem solução, e para $m = 1$ e $n = 2$ o sistema tem infinitas soluções.

### Observação

Para discutir sistemas lineares quadrados (número de equações igual ao de incógnitas) podemos ainda utilizar outra técnica, com uso de determinantes, que veremos nos exercícios resolvidos a seguir.

## Exercícios Resolvidos

**ER. 27** Discuta o sistema a seguir usando determinantes.

$$\begin{cases} x + my = 2 \\ x + y = n \end{cases}$$

**Resolução:** Sabemos que um sistema linear quadrado é possível e determinado se, e somente se, o determinante da matriz incompleta associada a ele é diferente de zero. Então, vamos impor essa condição para o nosso caso:

$$\begin{vmatrix} 1 & m \\ 1 & 1 \end{vmatrix} \neq 0 \Rightarrow 1 - m \neq 0 \Rightarrow m \neq 1$$

Observe que o determinante não depende de $n$.

Logo, para $m \neq 1$ e $n$ real qualquer, o sistema é possível e determinado, isto é, tem uma única solução.

Agora, se $m = 1$, o determinante é zero e, assim, precisamos usar outro método para saber o que ocorre. Para isso, vamos substituir nas equações do sistema $m$ por 1, escalonar o sistema obtido e avaliar o valor de $n$.

$$\begin{cases} x + y = 2 \quad \times(-1) \\ x + y = n \quad + \end{cases} \sim \begin{cases} x + y = 2 \\ 0 = n - 2 \end{cases}$$

E, a partir da sentença $0 = n - 2$, podemos terminar a discussão:

- para $m = 1$ e $n = 2$, temos um sistema com infinitas soluções (sistema indeterminado)
- para $m = 1$ e $n \neq 2$, temos um sistema sem solução (sistema impossível)

---

**ER. 28** Para que valores reais de $m$ e $n$ o sistema a seguir é possível?

$$\begin{cases} x + y + mz = 1 \\ x + 2y - z = n \\ 2x + 3y - mz = 2 \end{cases}$$

**Resolução:** Para responder a essa questão, basta discutir o sistema em função dos parâmetros $m$ e $n$.

Como temos um sistema quadrado $3 \times 3$, vamos primeiro calcular o determinante da matriz incompleta associada a ele.

$$\begin{vmatrix} 1 & 1 & m \\ 1 & 2 & -1 \\ 2 & 3 & -m \end{vmatrix} = -2m - 2 + 3m - 4m + 3 + m = -2m + 1$$

**Atenção!**

Se o sistema quadrado tiver um número muito maior do que três equações, sugerimos usar direto o escalonamento, pois o cálculo do determinante pode ser trabalhoso.

O sistema é possível e determinado se esse determinante for não nulo, independentemente do valor de $n$, ou seja:

$$-2m + 1 \neq 0 \Rightarrow 1 \neq 2m \Rightarrow m \neq \frac{1}{2}$$

Vejamos o que ocorre se $m = \frac{1}{2}$:

$$\begin{cases} x + y + \frac{1}{2}z = 1 \\ x + 2y - z = n \\ 2x + 3y - \frac{1}{2}z = 2 \end{cases} \sim \begin{cases} x + y + \frac{1}{2}z = 1 \\ y - \frac{3}{2}z = n - 1 \\ y - \frac{3}{2}z = 0 \end{cases} \sim \begin{cases} x + y + \frac{1}{2}z = 1 \\ y - \frac{3}{2}z = n - 1 \\ 0 = 1 - n \end{cases}$$

- Se $n = 1$, obtemos a igualdade $0 = 0$, que é verdadeira e, consequentemente, o sistema escalonado fica assim:

$$\begin{cases} x + y + \frac{1}{2}z = 1 \\ y - \frac{3}{2}z = 0 \end{cases}$$

Como o número de equações no sistema escalonado é menor que o de incógnitas, o sistema é possível e indeterminado.

- Se $n \neq 1$, a igualdade obtida é falsa, pois $1 - n \neq 0$, o que significa que o sistema é impossível.

Concluindo, temos que o sistema é possível para $m \neq \frac{1}{2}$ e $n$ qualquer ou para $m = \frac{1}{2}$ e $n = 1$.

---

**ER. 29** Para os sistemas abaixo, explique por que não podemos fazer a discussão por meio de determinantes. Em seguida, discuta cada um deles.

a) $\begin{cases} x + y = 3 \\ x + 3y = 5 \\ mx + 2y = 8 \end{cases}$

b) $\begin{cases} x - y + 2z = 3 \\ 2x - 2y + 4z = n \end{cases}$

**Resolução:** Os sistemas dados não são quadrados, o que significa que as matrizes incompletas associadas a eles também não são quadradas e, portanto, não se define determinante para essas matrizes. Logo, não podemos usar determinantes na discussão de sistemas não quadrados.

Vamos, então, usar diretamente o método do escalonamento.

a) $\begin{cases} x + y = 3 \\ x + 3y = 5 \\ mx + 2y = 8 \end{cases} \sim \begin{cases} x + y = 3 \\ -2x = -4 \\ (m-2)x = 2 \end{cases} \sim \begin{cases} x + y = 3 \\ x = 2 \\ (m-2)x = 2 \end{cases} \sim \begin{cases} x + y = 3 \\ x = 2 \\ 0 = -2m + 6 \end{cases}$

Analisando a última equação, temos:

- Para $m = 3$, a igualdade $0 = -2m + 6$ é verdadeira.
  Assim, temos o seguinte sistema escalonado:

  $$\begin{cases} x + y = 3 \\ x = 2 \end{cases}$$

  que tem o número de equações igual ao número de incógnitas e, portanto, tem uma única solução, o par $(2, 1)$. Sendo assim, o sistema é possível e determinado.

**Faça**

Discuta esse sistema usando outro procedimento.

- Para $m \neq 3$, a igualdade obtida é falsa, pois $-2m + 6 \neq 0$ e, portanto, o sistema não tem solução, ou seja, é impossível.

b) $\begin{cases} x - y + 2z = 3 \\ 2x - 2y + 4z = n \end{cases}$ (× (−2), +) $\sim \begin{cases} x - y + 2z = 3 \\ 0 = n - 6 \end{cases}$

Vamos, então, analisar o que ocorre com a igualdade $0 = n - 6$ de acordo com o valor de $n$:

- Para $n = 6$, a igualdade obtida é $0 = 0$, que é verdadeira independentemente dos valores das incógnitas. Com isso, o sistema se reduz a uma única equação linear

$$\{x - y + 2z = 3$$

que tem infinitas soluções e, portanto, o sistema é possível e indeterminado.

- Para $n \neq 6$, a igualdade obtida é falsa, pois $n - 6 \neq 0$ e, consequentemente, o sistema não tem solução, ou seja, é impossível.

## Exercícios Propostos

**62.** Discuta os sistemas a seguir em função dos parâmetros $a$ e $b$ reais, usando determinantes.

a) $\begin{cases} ax + 6y = 3 \\ x + 3y = 2 \end{cases}$

b) $\begin{cases} ax + y = 1 \\ x + ay = a^2 \end{cases}$

c) $\begin{cases} ax - y = 1 \\ x - ay = b \end{cases}$

d) $\begin{cases} x - y + z = 0 \\ x + ay + z = 1 \\ x + 2y + az = 2 \end{cases}$

**63.** Para quais valores reais de $a$ o sistema abaixo admite solução única?

$$\begin{cases} x + y + z + t = 4 \\ x + ay + z + t = 4 \\ x + 3y + 2z + 2t = -9 \\ 4x + 3y + 5z + 5t = 8 \end{cases}$$

**64.** Mostre que o sistema

$$\begin{cases} 2x - 3y = k \\ 4x - 6y = k^2 + 4 \end{cases}$$

é impossível para qualquer valor da constante real $k$.

**65.** Discuta cada um dos sistemas dados a seguir. Que método não pode ser utilizado para isso? Por quê?

a) $\begin{cases} x + y + 2x = 3 \\ -x - y - 2z = a \end{cases}$

b) $\begin{cases} x + 2y + 3z = 1 \\ x + ay + 3z = 1 \end{cases}$

c) $\begin{cases} 2x + y = 4 \\ 3x + 2y = 7 \\ 5x + ay = 3 \end{cases}$

**66.** Encontre a relação entre os valores das constantes reais $m$ e $n$ para os quais o sistema abaixo admite solução única. Interprete geometricamente esse fato.

$$\begin{cases} x + y = 1 \\ x - y = 5 \\ 3x + my = n \end{cases}$$

# 7. Sistemas Homogêneos

Você já trabalhou com muitos tipos de sistemas e vários procedimentos de resolução. Agora, estudaremos um caso particular de sistemas lineares: aqueles em que *todos os termos independentes são nulos*. Esse tipo de sistema tem características especiais como veremos a seguir.

Um sistema linear em que toda equação linear que o compõe tem termo independente das incógnitas nulo é denominado **sistema homogêneo**.

### Exemplos

a) $\begin{cases} 3x + y + 2z = 0 \\ x - y - 4z = 0 \\ 2x + y - z = 0 \end{cases}$ é um sistema homogêneo quadrado.

b) $\begin{cases} x + 2y + 3z = 0 \\ x - 5y + 4z = 0 \end{cases}$ é um sistema homogêneo não quadrado.

c) $\begin{cases} 3x = y \\ y = 0 \end{cases}$ é um sistema homogêneo, pois podemos escrevê-lo assim

$\begin{cases} 3x - y = 0 \\ \quad\;\; y = 0 \end{cases}$ e, nesse caso, já está na forma escalonada.

É fácil constatar que todo sistema homogêneo sempre admite a solução em que todas as incógnitas são nulas, ou seja:

> Todo sistema linear homogêneo com *n* incógnitas sempre admite a ênupla (0, 0, 0, ..., 0) como solução, que é denominada **solução trivial**, **nula** ou **imprópria** desse sistema.

Consequentemente, *todo sistema homogêneo é possível*, podendo ser determinado — quando admite apenas essa solução trivial — ou indeterminado — quando admite, além da solução trivial, soluções em que pelo menos uma incógnita assume valor diferente de zero.

As soluções do sistema que são distintas da trivial são chamadas de **soluções próprias** ou **não triviais**.

### Observação

Todos os métodos de resolução de sistemas lineares estudados são válidos para os sistemas lineares homogêneos.

## Exercícios Resolvidos

**ER. 30** Resolva os sistemas homogêneos a seguir.

a) $\begin{cases} x + 2y + 2z = 0 \\ x - 3y + 4z = 0 \\ 2x + 3y + z = 0 \end{cases}$

b) $\begin{cases} x + y + z = 0 \\ 2x - y + 2z = 0 \\ 5x + y + 5z = 0 \end{cases}$

**Resolução:**

a) $\begin{cases} x + 2y + 2z = 0 \\ x - 3y + 4z = 0 \\ 2x + 3y + z = 0 \end{cases}$ (primeira equação $\times(-1)$ + segunda; primeira equação $\times(-2)$ + terceira) $\sim \begin{cases} x + 2y + 2z = 0 \\ -5y + 2z = 0 \\ -y - 3z = 0 \end{cases}$

Vamos permutar a segunda equação com a terceira:

$\begin{cases} x + 2y + 2z = 0 \\ -y - 3z = 0 \\ -5y + 2z = 0 \end{cases}$ (segunda equação $\times(-5)$ + terceira) $\sim \begin{cases} x + 2y + 2z = 0 \\ -y - 3z = 0 \\ 17z = 0 \end{cases}$

Como o sistema escalonado tem o número de equações igual ao de incógnitas, ele é possível e determinado e, portanto, admite uma única solução, que é a solução trivial.

Logo, $z = 0$, $y = 0$ e $x = 0$.

b) $\begin{cases} x + y + z = 0 \\ 2x - y + 2z = 0 \\ 5x + y + 5z = 0 \end{cases}$ (primeira equação $\times(-2)$ + segunda; primeira equação $\times(-5)$ + terceira) $\sim \begin{cases} x + y + z = 0 \\ -3y = 0 \\ -4y = 0 \end{cases}$

Observe que já podemos afirmar que $y = 0$; porém, vamos continuar o escalonamento.

$\begin{cases} x + y + z = 0 \\ -3y = 0 \\ -4y = 0 \end{cases}$ (segunda equação $\times\left(-\frac{4}{3}\right)$ + terceira) $\sim \begin{cases} x + y + z = 0 \\ -3y = 0 \end{cases}$

Por ser homogêneo, já sabemos que o sistema é possível, mas o fato de o sistema escalonado ter o número de equações menor que o de incógnitas nos garante que o sistema é indeterminado, ou seja, há soluções distintas da trivial.

Como $y = 0$, a primeira equação fica $x + z = 0$, o que nos dá $z = -x$ e, assim, podemos dizer que todos os ternos da forma $(x, 0, -x)$, com $x$ real, são soluções desse sistema.

**Responda**

Em $x + z = 0$, poderíamos ter isolado a incógnita $x$. De que forma seriam, então, os ternos que são soluções desse sistema?

**ER. 31** Discuta o sistema a seguir segundo o parâmetro real $m$.

$$\begin{cases} x + y + 2z = 0 \\ mx - y - mz = 0 \\ 3x + y + z = 0 \end{cases}$$

**Resolução:** Como o sistema é homogêneo, já podemos afirmar que ele sempre tem solução, pelo menos a trivial, ou seja, esse sistema é possível independentemente do valor de $m$.

Além disso, o sistema é *homogêneo e quadrado*. Daí, usando determinantes, podemos verificar as duas únicas possibilidades que temos da seguinte maneira:

- Quando o determinante da matriz incompleta associada a esse sistema é diferente de zero, o sistema admite somente a solução trivial (caso em que o sistema é possível e determinado)
- Quando esse determinante é igual a zero, o sistema admite infinitas soluções (incluindo a trivial), ou seja, há soluções próprias (caso em que o sistema é possível e indeterminado).

Vamos fazer a discussão do sistema homogêneo dado usando essas ideias relacionadas ao determinante da matriz incompleta. Daí, vem:

$$\begin{vmatrix} 1 & 1 & 2 \\ m & -1 & -m \\ 3 & 1 & 1 \end{vmatrix} = -1 - 3m + 2m + 6 + m - m = 5 - m$$

De acordo com o que vimos, basta verificar o que ocorre com a expressão $5 - m$ (valor do determinante) quando variamos o valor de $m$:

- Para $m \neq 5$, temos $5 - m \neq 0$ e, assim, o determinante é diferente de zero, o que nos garante que o sistema admite apenas a solução trivial $(0, 0, 0)$.
- Para $m = 5$, temos $5 - m = 0$ e, assim, o determinante é zero, o que nos garante que o sistema admite outras soluções além da trivial, ou seja, o sistema tem infinitas soluções.

**ER. 32** Mostre que o sistema dado a seguir, nas incógnitas $a$, $b$ e $c$, não admite solução.

$$\begin{cases} \dfrac{1}{a} + \dfrac{1}{b} + \dfrac{1}{c} = 0 \\ \dfrac{1}{a} + \dfrac{1}{b} - \dfrac{1}{c} = 0 \\ \dfrac{1}{a} - \dfrac{1}{b} - \dfrac{2}{c} = 0 \end{cases}$$

**Resolução:** Note que o sistema *não é linear* nas incógnitas $a$, $b$ e $c$. Porém, fazendo $x = \frac{1}{a}$, $y = \frac{1}{b}$ e $z = \frac{1}{c}$ temos o seguinte sistema linear:

$$\begin{cases} x + y + z = 0 \\ x + y - z = 0 \\ x - y - 2z = 0 \end{cases}$$

Repare também que o sistema linear obtido, nas incógnitas $x$, $y$ e $z$, é quadrado $3 \times 3$ e homogêneo. Assim, para verificar quantas soluções esse sistema tem, vamos calcular o determinante da matriz incompleta associada a ele:

$$\begin{vmatrix} 1 & 1 & 1 \\ 1 & -1 & -1 \\ 1 & -1 & -2 \end{vmatrix} = 2 - 1 - 1 + 1 - 1 + 2 = 2$$

Como esse determinante é diferente de zero $(2 \neq 0)$, a única solução que satisfaz o sistema linear nas incógnitas $x$, $y$ e $z$ é a trivial, ou seja, o terno $(0, 0, 0)$.

Como $x = 0$, $y = 0$ e $z = 0$, voltamos para a relação com as incógnitas $a$, $b$ e $c$, obtendo:

$$\frac{1}{a} = 0, \frac{1}{b} = 0 \text{ e } \frac{1}{c} = 0$$

Veja que não existem valores reais de $a$, $b$ e $c$ que satisfaçam as condições acima. Portanto, o sistema dado nas incógnitas $a$, $b$ e $c$ não tem solução.

## Enigmas, Jogos & Brincadeiras

### Dominó dos Sistemas

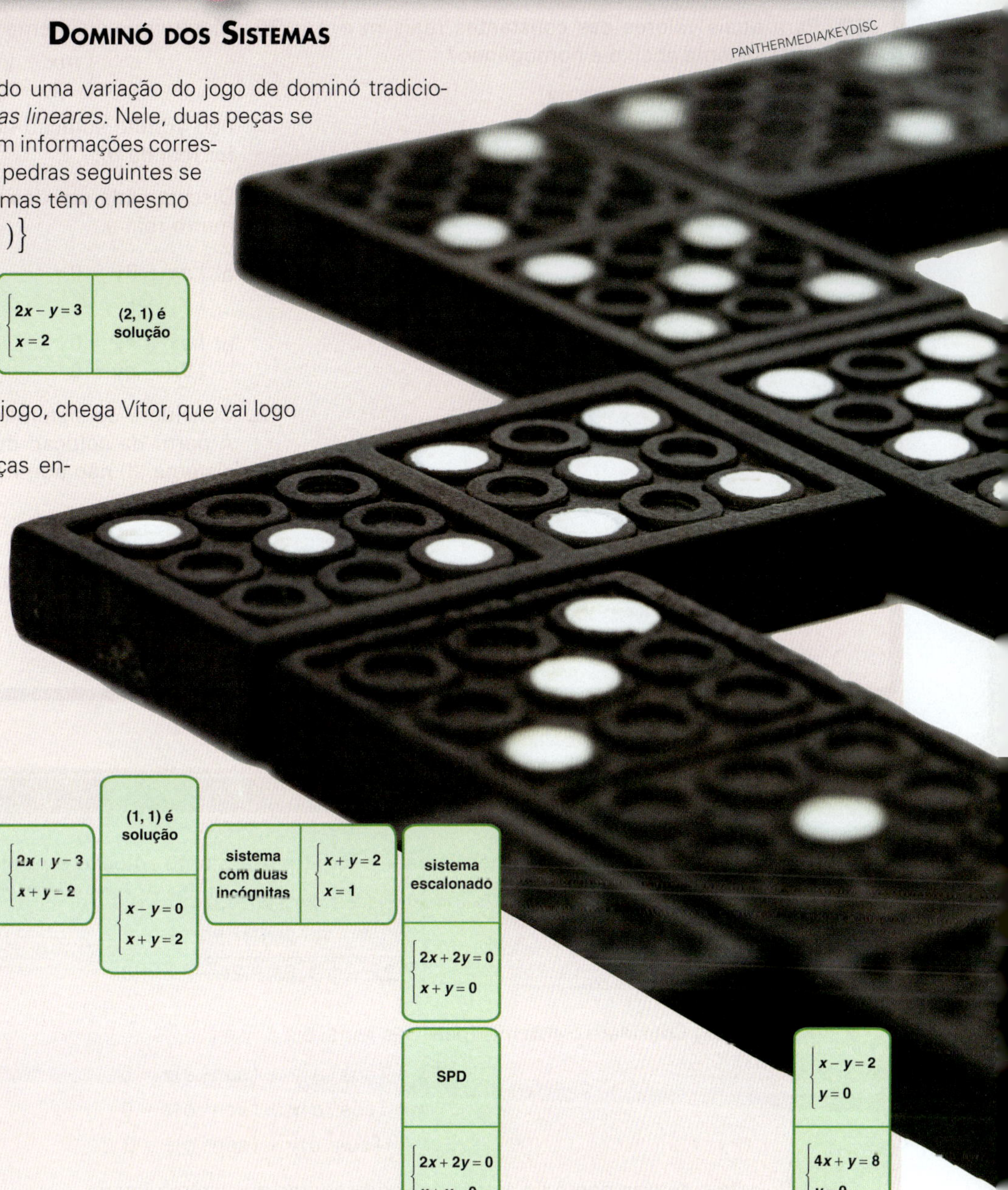
PANTHERMEDIA/KEYDISC

Pedro e Letícia estão jogando uma variação do jogo de dominó tradicional: um *dominó com sistemas lineares*. Nele, duas peças se "encaixam" quando possuem informações correspondentes. Por exemplo, as pedras seguintes se encaixam, pois os dois sistemas têm o mesmo conjunto solução $S = \{(2, 1)\}$

- SI | $\begin{cases} x + y = 3 \\ x - y = 1 \end{cases}$
- $\begin{cases} 2x - y = 3 \\ x = 2 \end{cases}$ | (2, 1) é solução

Em certo momento do jogo, chega Vítor, que vai logo falando:

— Puxa, gente, há peças encaixadas erradas!

Observe a representação a seguir desse momento do jogo e encontre todas as peças com encaixe errado, isto é, aquelas que contém informações que não se correspondem.

- (0, 0) é solução | $\begin{cases} x + 2y = 0 \\ x = 0 \end{cases}$
- sistema homogêneo | $\begin{cases} 2x + y = 3 \\ x + y = 2 \end{cases}$
- (1, 1) é solução | $\begin{cases} x - y = 0 \\ x + y = 2 \end{cases}$
- sistema com duas incógnitas | $\begin{cases} x + y = 2 \\ x = 1 \end{cases}$
- sistema escalonado | $\begin{cases} 2x + 2y = 0 \\ x + y = 0 \end{cases}$
- SPD | $\begin{cases} 2x + 2y = 0 \\ x + y = 0 \end{cases}$
- $\begin{cases} x + y = 1 \\ x - y = -1 \end{cases}$ | (0, 1) é solução
- $\begin{cases} x + y = 2 \\ x - y = 1 \end{cases}$ | SPD
- SI | $\begin{cases} x + y = 3 \\ x - y = 1 \end{cases}$
- (1, 2) é solução | $\begin{cases} x - y = 1 \\ y = 1 \end{cases}$
- sistema escalonado | $\begin{cases} x + y = 2 \\ x + y = 0 \end{cases}$
- SI | $\begin{cases} 2x - 2y = 4 \\ x - y = 2 \end{cases}$
- (0, 0) é solução | $\begin{cases} x + y = 0 \\ x = 0 \end{cases}$
- $\begin{cases} x + y = 1 \\ 2x + 2y = 3 \end{cases}$ | $\begin{cases} x + y = 2 \\ x - y = 2 \end{cases}$
- $\begin{cases} 2x - y = 4 \\ x = 2 \end{cases}$ | (2, 0) é solução
- $\begin{cases} x - y = 2 \\ y = 0 \end{cases}$ | $\begin{cases} 4x + y = 8 \\ y = 0 \end{cases}$

## Exercícios Propostos

**67.** Para quais valores das constantes reais $m$ e $n$ cada sistema abaixo é homogêneo?

a) $\begin{cases} 2x + 3y + 4z = m^2 - 4 \\ x - y - z = m^2 + 5m + 6 \\ 3x + 2y + 5z = n - 2 \end{cases}$

b) $\begin{cases} mx + ny - z = 0 \\ x - y - z = 0 \\ x + 2y + 3z = 0 \end{cases}$

**68.** Determine quantas e quais são as soluções do seguinte sistema:

$$\begin{cases} x + 3y + 4z = 0 \\ -x + 2y + z = 0 \\ 2x + 2y + 3z = 0 \end{cases}$$

**69.** Obtenha o valor da constante real $k$ para que o sistema dado a seguir admita soluções próprias.

$$\begin{cases} kx + ky + 2z = 0 \\ kx - y + z = 0 \\ x + 2y - z = 0 \end{cases}$$

**70.** Mostre que o sistema

$$\begin{cases} mx + y = 0 \\ -4x + (m - 1)y = 0 \end{cases}$$

não admite solução não nula para qualquer valor real de $m$.

**71.** Discuta cada um dos sistemas segundo o parâmetro real $a$.

a) $\begin{cases} ax + 3y = 0 \\ x + 3y = 0 \end{cases}$

b) $\begin{cases} ax + 4y = 0 \\ 9x + ay = 0 \end{cases}$

c) $\begin{cases} x - y + z = 0 \\ x + ay + z = 0 \\ x + 2y + az = 0 \end{cases}$

**72.** Considere os sistemas (I) e (II), dados a seguir. A partir da solução do sistema (I), prove que o sistema (II) não admite solução.

$$\text{(I)} \begin{cases} x + 2y + 3z = 0 \\ x + 2y - 3z = 0 \\ x + y + 2z = 0 \end{cases} \quad \text{e} \quad \text{(II)} \begin{cases} \dfrac{1}{a} + \dfrac{2}{b} + \dfrac{3}{c} = 0 \\ \dfrac{1}{a} + \dfrac{2}{b} - \dfrac{3}{c} = 0 \\ \dfrac{1}{a} + \dfrac{1}{b} + \dfrac{2}{c} = 0 \end{cases}$$

## Encare Essa!

**1.** (ITA – SP) Sendo $x$, $y$, $z$ e $w$ números reais, encontre o conjunto solução do sistema:

$$\begin{cases} \log\left[(x + 2y)(w - 3z)^{-1}\right] = 0 \\ 2^{x + 3z} - 8 \cdot 2^{y - 3z + w} = 0 \\ \sqrt[3]{2x + y + 6z - 2w} - 2 = 0 \end{cases}$$

**2.** (Fuvest – SP) Considere o sistema linear nas variáveis $x$, $y$ e $z$:

$$\begin{cases} x + (\cos^2 a)y + (\text{sen}^2\, a)z = 0 \\ x + (\cos^2 b)y + (\text{sen}^2\, b)z = 0 \\ \quad\;\; (\cos^2 c)y + (\text{sen}^2\, c)z = 0 \end{cases}$$

a) Calcule o determinante da matriz dos coeficientes do sistema linear.
b) Para que valores de $a$, $b$ e $c$ o sistema linear admite soluções não triviais?
c) Calcule as soluções do sistema quando $\text{sen}^2\, a = 1$ e $\cos^2 c = \dfrac{1}{5}$.

## História & Matemática

Importante tema na Álgebra Linear, *sistema linear* ou *sistema de equações lineares* consiste em um conjunto de equações lineares nas mesmas variáveis (as incógnitas) e possui grande importância para a Matemática na atualidade. Diversos procedimentos relacionados à solução de sistemas de equações lineares remontam à Antiguidade, quando se utilizou o método de resolução por eliminação, que consistia em anular coeficientes por meio de operações elementares, levando ao isolamento de cada variável. Por exemplo, no capítulo VIII do texto chinês *Os Nove Capítulos da Arte Matemática* compilado provavelmente entre 100 a.C. e 50 d.C., são apresentados 18 problemas que caem em sistemas de equações lineares, cujo processo de resolução é semelhante à resolução de sistemas por matrizes. No Ocidente, o início da sistematização dos procedimentos para resolução de sistemas de equações lineares começa a ocorrer a partir do Renascimento.

Nessa longa história, tal período foi significativo para o desenvolvimento de sistemas lineares, particularmente com a obra *Ars Magna* (1545) do matemático italiano Girolamo Cardano (1501-1576), que apresentou uma regra para a solução de sistemas de duas equações lineares. Denominada *regula de modo*, tal regra era, estruturalmente falando, bastante semelhante à regra de Cramer para sistemas de duas equações lineares, porém sem utilizar a definição de determinante como se conhece atualmente. De qualquer modo, problemas que resultavam em sistemas de equações lineares motivaram o estudo de matrizes e determinantes, que por sua vez também aceleraram o desenvolvimento de sistemas de equações lineares, de modo que tais conceitos possuem uma história entrelaçada.

No século XVII, o matemático alemão Gottfried Wilhelm von Leibniz (1646-1716) demonstrou resultados em sistemas lineares envolvendo a ideia de determinante incluindo o que é essencialmente a regra de Cramer. O estudo de sistemas de coeficientes de equações levou Leibniz a estudar determinantes, o que levanta a conjectura de que resultados de teoria de matrizes surgiram antes de matrizes serem objetos de investigação matemática.

A demonstração da conhecida regra de Cramer para resolver sistemas de equações por meio de determinantes ocorreu na verdade com o matemático escocês Colin Maclaurin (1698-1746) na sua obra *Tratado de Álgebra*, escrita em 1730 e publicada em 1748. Entretanto, Maclaurin provou a regra de Cramer para sistemas $2 \times 2$ e $3 \times 3$ e explicou como os sistemas $4 \times 4$ deviam funcionar. A prova geral foi dada pelo matemático suiço Gabriel Cramer (1704-1752) no artigo *Introdução à Análise de Curvas Algébricas*, publicado em 1750. Posteriormente, começaram a surgir trabalhos regulares fazendo uso de determinantes em sistemas lineares e também como objeto independente de investigação matemática. O assunto recebeu grande desenvolvimento em meados do século XIX, quando muitas noções e métodos de períodos anteriores foram abstraídos e generalizados no contexto do início da álgebra abstrata.

**Reflexão e ação**

Considere agora o seguinte problema apresentado no capítulo VIII do texto chinês *Os Nove Capítulos da Arte Matemática*, na nossa linguagem atual:

Cinco vacas e 2 ovelhas custam 10 liang de prata, 2 vacas e 5 ovelhas custam 8 liang de prata. Diga qual é o preço, respectivamente, de uma vaca e de uma ovelha. Resolva-o pelo método de resolução por eliminação. Para vivenciar um pouco do que se fazia na época, use apenas números naturais e dê os preços na forma de fração própria ou número misto (destacando uma parcela inteira e outra em forma de fração, se houver).

## Atividades de Revisão

1. Das equações abaixo, indique quais delas são equações lineares.

a) $x + 3y = 7$

b) $3x + \sqrt{2y} = 1$

c) $\frac{x}{2} + 3y = -5$

d) $3x + y\sqrt{3} = 18$

e) $2x + 3xy = 5$

2. Determine uma equação linear que pode ser representada pela reta abaixo.

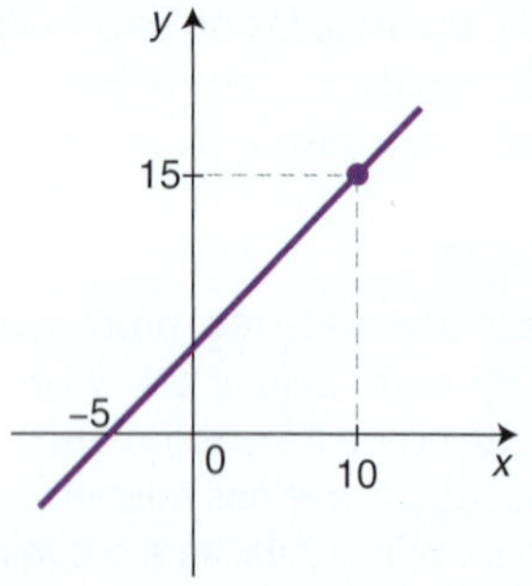


3. Um número é o quádruplo de outro e a soma dos dois é 155. Quais são esses números?

4. **[AGRONOMIA]** Rômulo e André compraram duas chácaras vizinhas que somam 216 hectares. A chácara de Rômulo é 54 hectares maior que a de André. Quantos hectares tem cada chácara?

5. **[AGRIMENSURA]** Um lote retangular tem perímetro igual a 190 metros. Sabendo que seu comprimento é quatro vezes a sua largura, determine as dimensões desse lote.

6. **[NEGÓCIOS]** Os grupos Lalá e PegLeve resolveram unir-se para ser uma companhia maior, assim ficaram com 186 lojas em 23 cidades. Antes da união, o grupo PegLeve tinha o triplo do número de lojas do grupo Lalá mais duas lojas. Quantas lojas tinham cada grupo?

7. **[LAZER]** Gláucia viajou com seus pais para Gramado. Eles ficaram em um hotel que tem 90 apartamentos de três tipos: triplo, duplo e individual. Gláucia, que é muito observadora, notou que o número de apartamentos individuais é igual à soma do número dos apartamentos triplos e duplos. Ela constatou também que o número de apartamentos duplos é o dobro do número de apartamentos triplos.

Especifique quantos apartamentos de cada tipo existem nesse hotel.

A cidade de Gramado é um importante polo turístico do Estado do Rio Grande do Sul.

CARLA CASTIGLIA GONZAGA

8. **[TRABALHO]** Para uma vaga de gerente de um hotel, os candidatos fizeram uma prova da qual constava a seguinte questão:

Em um hotel, sabe-se que o valor da diária de um apartamento duplo é 1,5 vez o valor da diária de um apartamento individual e 30 reais a menos do que o valor da diária de um apartamento triplo. Além disso, somando os valores das diárias de cada um desses tipos de apartamento, obtemos 398 reais. Qual é o valor de cada uma dessas diárias?

9. Considere o seguinte sistema:

$$\begin{cases} x + y = 34{,}5 \\ ax + 2y = 7{,}5 \end{cases}$$

Determine o valor de $a \in \mathbb{R}$ de modo que esse sistema seja:

a) possível e determinado;

b) impossível.

10. **[MEDIÇÃO]** Observe o desenho a seguir, que representa um depósito de material de construção. Determine as medidas $x$, $y$ e $z$ dos ângulos destacados no telhado, sabendo que $y = 2x$ e $z = 9x$.

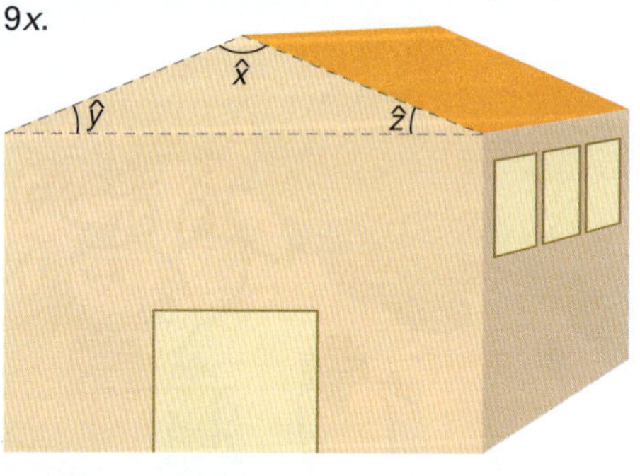


11. **[NEGÓCIOS]** Na lanchonete COME-MAIS são vendidos copos de suco de laranja pequenos, médios e grandes.

O copo pequeno é vendido a R$ 3,00, o médio a R$ 3,50 e o grande a R$ 4,00. Em uma tarde de verão, são vendidos 700 copos de suco de laranja. Sabe-se que nessa venda o número de copos médios é igual à soma dos números de copos pequenos e grandes. A receita referente a essa venda é de R$ 2.525,00. Quantos copos de suco de laranja de cada tamanho há nessa venda?

**12.** Considere o sistema a seguir e verifique se os ternos (0, 0, 0) e (1, 1, 1) são soluções desse sistema.

$$\begin{cases} x + 2y - 3z = 0 \\ x - y + 2z = 2 \\ 5x + y - 2z = 4 \end{cases}$$

**13.** Resolva e classifique os seguintes sistemas:

a) $\begin{cases} 7x - 3y - 5z = 14 \\ y + 2z = 2 \\ x - 3z = 6 \end{cases}$

b) $\begin{cases} x + y + z = 4 \\ x - 2y - z = 1 \\ 2x - 4y - 2z = -1 \end{cases}$

c) $\begin{cases} x + y + z + t = 2 \\ 2x + 2y + 4z + t = 1 \\ -x + y + z + t = 6 \\ y + z + t = 4 \end{cases}$

d) $\begin{cases} x + y - z + t = 0 \\ x - 2y - 2z - t = -5 \\ x - 3y - z + t = 4 \\ 2x - y - z + 3t = 7 \end{cases}$

**14.** A soma de três números é 103. O terceiro é o dobro do primeiro menos 10 e a soma dos dois primeiros é igual a 59. Determine os três números.

**15.** **[NUTRIÇÃO]** Se uma pessoa come 1 ovo, 1 pedaço de pizza e 1 pedaço de bolo, ela consome 302 mg de colesterol. Se ela come 2 pedaços de pizza e 3 pedaços de bolo, a pessoa consome 75 mg de colesterol e se come 1 ovo, 3 pedaços de pizza e 2 pedaços de bolo, o consumo de colesterol é de 339 mg. Quantos miligramas de colesterol existe em cada um dos três alimentos citados?

**16.** **[INCLUSÃO SOCIAL]** Uma empresa, em cumprimento com a lei número 8.213/91 sobre oportunidades de emprego para deficientes, contratou 12 funcionários. Dentre eles, há pessoas com deficiência visual, deficiência auditiva e cadeirantes. O número de cadeirantes é igual ao dobro do número de pessoas com deficiência visual e o número de pessoas com deficiência auditiva somado ao de pessoas com deficiência visual é igual ao número de cadeirantes. Quantos funcionários portadores de deficiência visual foram contratados?

**17.** **[SOCIEDADE]** Telma e Cláudio são filhos de Marcos. A idade de Telma é igual à idade de Cláudio mais 12. A idade de Marcos é igual ao triplo da idade de Cláudio. A soma das idades dos dois filhos e do pai é igual a 97 anos. Qual é a idade de cada um?

**18.** **[SAÚDE]** Cecília precisa consumir vitaminas e fez uma pesquisa com os três tipos de alimento que mais gosta. Assim, ela descobriu que em 1 grama:

- do **alimento I** há 1 unidade de vitamina A, 3 unidades de vitamina B e 2 unidades de vitamina C;
- do **alimento II** há 1 unidade de vitamina A, 1 unidade de vitamina B e não há vitamina C;
- do **alimento III** há 1 unidade de vitamina A, 2 unidades de vitamina B e 3 unidades de vitamina C.

Se Cecília deve consumir por dia 14 unidades de vitamina A, 25 de vitamina B e 21 de vitamina C, quantos gramas de cada tipo desses alimentos ela precisa comer?

**19.** Determine o valor real de *a* para que o seguinte sistema seja possível e indeterminado:

$$\begin{cases} x + 2y - 3z = 4 \\ 2x - y + z = 2 \\ -x + ay - 11z = 8 \end{cases}$$

**20.** Os sistemas (I) e (II), dados a seguir, têm o mesmo conjunto solução.

(I) $\begin{cases} 2x - 3y + z + t = 0 \\ -x + 2y + z - t = 3 \\ 2z + 3t = -1 \\ -2t = 2 \end{cases}$

(II) $\begin{cases} x + y + az + t = 5 \\ bx - 3y + z - t = 2 \\ 2y - 2z + ct = -1 \\ y + dz - 2t = 8 \end{cases}$

a) O que podemos dizer sobre esses dois sistemas?

b) Nessas condições, encontre os valores reais de *a*, *b*, *c* e *d*.

**21.** Determine os coeficientes desconhecidos de modo que os dois sistemas em cada caso sejam equivalentes.

a) $\begin{cases} x + 4y = 3 \\ x - 10y = -4 \end{cases}$ e $\begin{cases} ax + y = 7 \\ x - by = 4 \end{cases}$

b) $\begin{cases} x + y + z = 1 \\ 2x - 3y + z = -16 \\ x + 2y - z = 20 \end{cases}$ e $\begin{cases} x + by + z = -9 \\ ax + y - 2z = 25 \\ -x + cy + z = 5 \end{cases}$

**22.** Resolva e classifique os seguintes sistemas homogêneos:

a) $\begin{cases} x + y + z = 0 \\ 2x - y + z = 0 \\ 3x + z = 0 \end{cases}$

b) $\begin{cases} 2x + y + z = 0 \\ -x + 3y - z = 0 \\ x + 5y + 2z = 0 \end{cases}$

c) $\begin{cases} x + y + z + t = 0 \\ x + 2y + 2z + 2t = 0 \\ 2x + 3y + 3z + 3t = 0 \\ x + y - z - t = 0 \end{cases}$

## Questões Propostas de Vestibular

**1.** (PUC – RS) Contando com uma roda de alimentos, é possível a elaboração de dietas com as mais variadas finalidades, pois as funções e fontes de cada nutriente são visualizadas através da classificação apresentada no gráfico.

Uma dieta elaborada requer 154 unidades de **gordura**, 148 unidades de **proteínas** e 253 unidades de **carboidratos** para a refeição principal e são três os alimentos com os quais pode-se montar essa refeição, conforme o quadro a seguir.

**Quadro de unidades de nutrientes dos alimentos, por porção**

| Alimento | Gordura | Proteína | Carboidrato |
|---|---|---|---|
| I | 5 | 3 | 4 |
| II | 3 | 7 | 5 |
| III | 4 | 2 | 9 |

Considere *x*, *y* e *z* o número de porções que a pessoa consome dos alimentos I, II e III, respectivamente, em sua refeição principal. O sistema linear em *x*, *y* e *z*, cuja solução diz quantas porções de cada alimento devem ser consumidas pela pessoa para atender à dieta, considerando apenas a refeição principal, é:

a) $\begin{cases} 5x + 3y + 4z = 154 \\ 3x + 7y + 2z = 148 \\ 4x + 5y + 9z = 253 \end{cases}$

b) $\begin{cases} 5x + 3y + 4z = 154 \\ 3x + 7y + 5z = 148 \\ 4x + 2y + 9z = 253 \end{cases}$

c) $\begin{cases} 5x + 3y + 4z = 0 \\ 3x + 7y + 2z = 0 \\ 4x + 5y + 9z = 0 \end{cases}$

d) $\begin{cases} 5x + 3y + 4z = 0 \\ 3x + 7y + 5z = 0 \\ 4x + 2y + 9z = 0 \end{cases}$

e) $\begin{cases} 5x + 3y + 4z = 148 \\ 3x + 7y + 5z = 253 \\ 4x + 2y + 9z = 154 \end{cases}$

**2.** (UFPE) João e Maria possuem, juntos, R$ 510,00. Se, simultaneamente, João presenteia Maria com $\frac{1}{8}$ do que ele possui, e Maria presenteia João com $\frac{1}{6}$ do que ela possui, então, os dois ficarão com quantias iguais. Em quantos reais a quantia que Maria possuía inicialmente excede a que João possuía?

**3.** (UERGS – RS) A solução do sistema

$$\begin{cases} \frac{1}{10}x - 2y = \frac{1}{3} \\ \frac{9}{10}x + 3y = \frac{2}{3} \end{cases}$$

apresenta para *x* e *y* valores tais que:

a) $x + y = -1$

b) $x + y = 0$

c) $x - y = 0$

d) $x = 2y$

e) $x + y = 1$

**4.** (Ibmec – SP) No campeonato brasileiro de futebol, cada equipe realiza 38 jogos, recebendo, em cada partida, 3 pontos em caso de vitória, 1 ponto em caso de empate e nenhum ponto em caso de derrota. Considere que uma equipe participante do campeonato já tenha realizado $J$ jogos ($0 \leq J \leq 38$), tendo acumulado um total de $P$ pontos. Se o número de jogos que essa equipe empatou é igual ao número de partidas em que foi derrotada, então ela já venceu:

a) $\frac{2P - J}{5}$ jogos

b) $\frac{3P - J}{4}$ jogos

c) $\frac{P + 3J}{4}$ jogos

d) $\frac{3P - 2J}{3}$ jogos

e) $\frac{P + J}{3}$ jogos

**5.** (UCB – DF) Carla e Adriana foram fazer compras em uma loja em que dois itens do vestuário estavam em promoção: calças e blusas. Todos os modelos e tamanhos de cada um desses itens estavam com o mesmo preço. Ao final das compras, verificou-se que:

- Carla gastou R$ 30,00 ao comprar uma calça e uma blusa;
- Adriana gastou R$ 60,00 ao comprar uma calça e quatro blusas.

Com base nessas informações, julgue os itens a seguir, identificando com V os verdadeiros e com F os falsos.

(0) Cada blusa custou R$ 20,00.
(1) Cada calça custou mais que R$ 12,00.
(2) Adriana gastou 50% a mais que Carla.
(3) O preço de uma blusa é a metade do preço de uma calça.
(4) Se Carla tivesse comprado duas calças e duas blusas, teria gastado R$ 60,00.

**6.** (Udesc) Se $(x, y, z)$ é a solução do sistema linear

$$\begin{cases} 2x + y + z = 15 \\ x - y + 3z = 2 \\ 2y + z = 3 \end{cases},$$

analise as seguintes afirmativas:

I. O produto $xyz$ é um número real positivo.
II. O resultado de $x^2 + y^2 + z^2$ é um número par.
III. O resultado de $\frac{1}{x} + \frac{1}{y} + \frac{1}{z}$ é um número menor que $-1$.
IV. A soma $x + y + z$ é um número primo.

Identifique a alternativa **correta**.

a) Apenas duas afirmativas são verdadeiras.
b) Apenas uma afirmativa é verdadeira.
c) Todas as afirmativas são falsas.
d) Apenas três afirmativas são verdadeiras.
e) Todas as afirmativas são verdadeiras.

**7.** (UFAM) Dado o sistema

$$\begin{cases} x + y + z = 0 \\ x + y + z + t = 6 \\ x + y + t = 3 \\ x + z + t = 6 \end{cases}$$

os valores de $x$, $y$, $z$ e $t$, nessa ordem, que satisfazem o sistema:

a) formam uma PA decrescente.
b) formam uma PG crescente.
c) formam uma PG decrescente.
d) formam uma PA crescente.
e) formam uma PA constante.

**8.** (UEPB) Resolvendo o sistema

$$\begin{cases} \frac{1}{a} - \frac{1}{b} = \frac{1}{15} \\ \frac{3}{a} + \frac{3}{b} = 1 \end{cases}$$

onde $a \neq 0$ e $b \neq 0$, o quociente de $b$ por $a$ é igual a:

a) 2 b) $\frac{3}{2}$ c) $\frac{5}{3}$ d) 3 e) $\frac{2}{3}$

**9.** (UFG – GO) Para se produzir 40 toneladas de concreto gasta-se o total de R$ 2.040,00 com areia, brita e cimento. Sabe-se que 15% da massa final do concreto é constituída de água e que o custo, por tonelada, de areia é R$ 60,00, de brita é R$ 30,00 e de cimento é R$ 150,00. Qual é a razão entre as quantidades, em toneladas, de cimento e brita utilizadas na produção desse concreto?

a) $\frac{1}{2}$ b) $\frac{1}{3}$ c) $\frac{1}{5}$ d) $\frac{2}{3}$ e) $\frac{2}{5}$

**10.** (UFC – CE) Uma fábrica de confecções produziu, sob encomenda, 70 peças de roupas entre camisas, batas e calças, sendo a quantidade de camisas igual ao dobro da quantidade de calças. Se o número de bolso em cada camisa, bata e calça é dois, três e quatro, respectivamente, e o número total de bolsos nas peças é 200, então podemos afirmar que a quantidade de batas é:

a) 36
b) 38
c) 40
d) 42
e) 44

**11.** (UFRJ) A Polícia Federal interceptou duas malas abarrotadas de dinheiro, contendo um total de R$ 3.000.000,00, somente em notas de 100 e de 50 reais. A quantidade de cédulas de 100 da mala preta era igual à quantidade de cédulas de 50 da mala marrom, e vice-versa.

a) Calcule o número total de cédulas encontradas.
b) Após a perícia, um policial encheu a mala preta com notas de 100 reais e pôs as cédulas restantes na mala marrom, de tal modo que as duas malas ficaram com quantias iguais.

Quantas notas foram colocadas na mala marrom?

**12.** (UFMG – adaptada) Suponha que, em uma região do centro de uma cidade, com ruas de mão única, as médias de veículos que, por minuto, entram ou saem dos cruzamentos são mostradas neste diagrama:

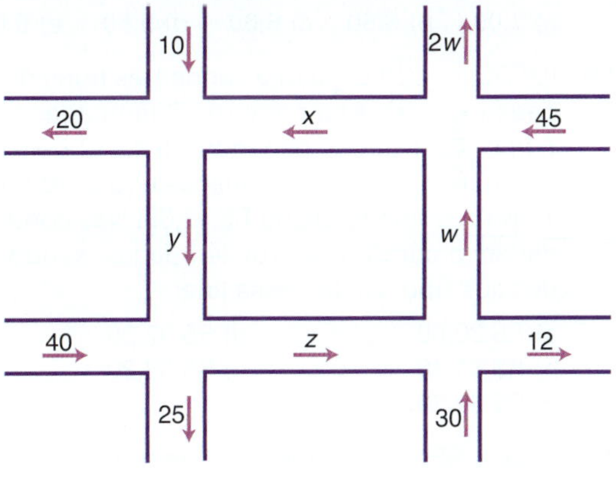


Sejam $x$, $y$, $z$ e $w$ as médias de veículos que, por minuto, entram ou saem de cada um dos quatro cruzamentos, mostrados nesse diagrama. Calcule os valores de $x$, $y$, $z$ e $w$.

**13.** (UFC – CE) Um triângulo com vértices $A$, $B$ e $C$ tem comprimentos de lados $AB = 8$, $BC = 11$ e $CA = 15$ (em unidades de comprimento). Para cada vértice, traça-se uma circunferência com centro no vértice, de modo que as três circunferências traçadas são tangentes entre si (como na figura). Calcule as medidas dos raios das circunferências.

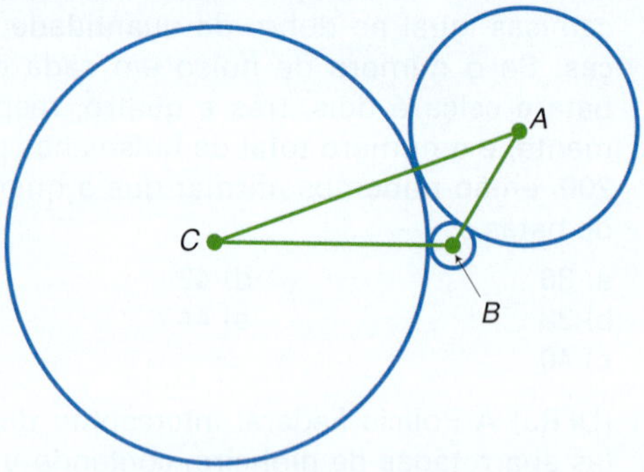


**14.** (UEG – GO) Maria Helena comprou, no primeiro domingo de junho, cinco quilogramas de carne e dois pacotes de carvão, pagando R$ 34,60. No domingo seguinte, ela retornou ao açougue e comprou apenas 3,5 quilogramas de carne e um pacote de carvão, pagando R$ 23,10. Se os preços não sofreram alterações no período em que Maria Helena fez as compras, o preço do quilograma da carne que ela comprou foi de:

a) R$ 5,40
b) R$ 5,80
c) R$ 6,00
d) R$ 6,10

**15.** (Unifesp) Em uma lanchonete, o custo de 3 sanduíches, 7 refrigerantes e uma torta de maçã é R$ 22,50. Com 4 sanduíches, 10 refrigerantes e uma torta de maçã, o custo vai para R$ 30,50. O custo de um sanduíche, um refrigerante e uma torta de maçã, em reais, é:

a) 7,00 b) 6,50 c) 6,00 d) 5,50 e) 5,00

**16.** (UFSCar – SP) Uma loja vende três tipos de lâmpada ($x$, $y$, $z$). Ana comprou 3 lâmpadas tipo $x$, 7 tipo $y$ e 1 tipo $z$, pagando R$ 42,10 pela compra. Beto comprou 4 lâmpadas tipo $x$, 10 tipo $y$ e 1 tipo $z$, o que totalizou R$ 47,30. Nas condições dadas, a compra de três lâmpadas, sendo uma de cada tipo, custa nessa loja:

a) R$ 30,50
b) R$ 31,40
c) R$ 31,70
d) R$ 32,30
e) R$ 33,20

**17.** (PUC – SP) Para dar R$ 1,80 de troco a um cliente, o caixa de um supermercado pretende usar exatamente 20 moedas. Se ele dispõe apenas de moedas de 5 centavos, 10 centavos e 25 centavos, de quantos modos distintos ele pode compor tal quantia?

a) 3 b) 4 c) 5 d) 6 e) 7

**18.** (Fuvest – SP) João entrou na lanchonete BOG e pediu 3 hambúrgueres, 1 suco de laranja e 2 cocadas, gastanto R$ 21,50. Na mesa ao lado, algumas pessoas pediram 8 hambúrgueres, 3 sucos de laranja e 5 cocadas, gastando R$ 57,00. Sabendo-se que o preço de um hambúrguer, mais o de um suco de laranja, mais o de uma cocada totaliza R$ 10,00, calcule o preço de cada um desses itens.

**19.** (Unicamp – SP) Pedro precisa comprar $x$ borrachas, $y$ lápis e $z$ canetas. Após fazer um levantamento em duas papelarias, Pedro descobriu que a papelaria *A* cobra R$ 23,00 pelo conjunto de borrachas, lápis e canetas, enquanto a papelaria *B* cobra R$ 25,00 pelo mesmo material. Em seu levantamento, Pedro descobriu que a papelaria *A* cobra R$ 1,00 pela borracha, R$ 2,00 pelo lápis e R$ 3,00 pela caneta e que a papelaria *B* cobra R$ 1,00 pela borracha, R$ 1,00 pelo lápis e R$ 4,00 pela caneta.

a) Forneça o número de lápis e de borrachas que Pedro precisa comprar em função do número de canetas que ele pretende adquirir.
b) Levando em conta que $x \geqslant 1$, $y \geqslant 1$ e $z \geqslant 1$, e que essas três variáveis são inteiras, determine todas as possíveis quantidades de lápis, borrachas e canetas que Pedro deseja comprar.

**20.** (UERJ) Observe a equação química que representa a fermentação do açúcar:

$$x\, C_6H_{12}O_6 \rightarrow y\, CO_2 + z\, C_2H_5OH$$

Uma das formas de equilibrar essa equação é igualar, em seus dois membros, as quantidades de átomos de cada elemento químico. Esse processo dá origem ao seguinte sistema linear:

$$\begin{cases} 6x = y + 2z \\ 12x = 6z \\ 6x = 2y + z \end{cases}$$

Determine o conjunto solução do sistema e calcule os menores valores inteiros positivos de $x$, $y$ e $z$ que formam uma das soluções desse sistema.

**21.** (UnB – DF) A deficiência visual pode ser herdada ou adquirida. Uma das causas dessa deficiência é a degeneração senil de mácula. Estudos comprovam que há redução do risco de desenvolver a doença em indivíduos submetidos à suplementação alimentar composta de vitaminas C e E, betacaroteno e zinco.

A tabela I a seguir mostra as doses diárias de vitaminas C e E, betacaroteno e zinco recomendadas para a redução desse risco. A tabela II mostra as quantidades de vitamina C, betacaroteno e zinco presentes em 100 g de cada um dos alimentos listados.

**Tabela I**

| Vitamina C | Vitamina E | Betacaroteno | Zinco |
|---|---|---|---|
| 60 mg | 30 UI* | 900 μg | 8 mg |

*unidade de padrão internacional.

**Tabela II**

| Alimento | Vitamina C | Betacaroteno | Zinco |
|---|---|---|---|
| brócolis | 75 mg | 1,028 μg | 0 |
| tomate | 19 mg | — | 0 |
| cenoura | 8 mg | 740 μg | 0,30 mg |
| arroz | — | — | 0,50 mg |
| carne bovina | — | — | 5,50 mg |

Considerando que $v$, $w$, $x$, $y$ e $z$ são, respectivamente, as quantidades, em porções de 100 gramas, de brócolis, de tomate, de cenoura, de arroz e de carne bovina ingeridas diariamente por uma pessoa, julgue os itens seguintes.

(1) Considere que 1 L de suco homogêneo feito de tomate e água foi produzido com 400 g de tomate. Nessa situação, um copo de 300 mL desse suco é suficiente para suprir a necessidade diária de vitamina C recomendada para um adulto.

(2) As quantidades diárias, em porções de 100 g, de brócolis, de tomate e de cenoura, $v$, $w$, e $x$, respectivamente, que um adulto deve ingerir para atender exatamente às necessidades diárias de vitamina C e de betacaroteno constituem uma solução do seguinte sistema:

$$\begin{cases} 75v + 19w + 8x = 60 \\ 257v + 185x = 225 \end{cases}$$

(3) As necessidades diárias de zinco e de betacaroteno requeridas por um adulto são atendidas ingerindo-se um alimento composto de 100 g de arroz, 100 g de carne bovina, 50 g de brócolis e 50 g de cenoura.

(4) O sistema de equações lineares que permite determinar as quantidades diárias, em porções de 100 g, dos alimentos contidos na tabela II para atender às necessidades diárias de um adulto em vitamina C, betacaroteno e zinco tem solução única se $y = 1$ e $v = \frac{1}{2}$.

**22.** (UFRGS – RS) O conjunto das soluções da equação

$$\begin{pmatrix} -2 & 1 & 0 \\ -1 & 0 & 1 \\ 1 & 0 & 1 \end{pmatrix} \times \begin{pmatrix} x \\ y \\ z \end{pmatrix} = \begin{pmatrix} -1 \\ 0 \\ 0 \end{pmatrix}$$

é o conjunto dos ternos da forma:

a) $(x, 2x - 1, x)$
b) $(x, 2x + 1, x)$
c) $(x, 2x - 1, -2x)$
d) $(x, 2x + 1, -x)$
e) $(x, 2x + 1, -2x)$

**23.** (UFT – TO) Considere o seguinte sistema de equações no conjunto dos números reais $(\mathbb{R})$, nas variáveis $x$, $y$ e $z$, no qual $k$ é um parâmetro:

$$\begin{cases} (k-2)x + y + (k-2)z = 4 \\ x + (k-2)y + z = -7 \\ x + y + (k-2)z = 10 \end{cases}$$

O conjunto que representa os valores de $k$ para os quais o sistema possui uma única solução é dado por:

a) $\mathbb{R} - \{1, 3\}$
b) $\mathbb{R} - \{-1, 1\}$
c) $\{1, 3\}$
d) $\{-1, 1\}$

**24.** (UEM – PR) Considere o seguinte sistema de equações lineares de incógnitas reais $x$ e $y$ em que $k$, $m$ e $n$ são constantes reais:

$$\begin{cases} 6x + ky = 15 \\ mx + y = -3 \\ 2x + y = n \end{cases}$$

Com respeito ao sistema, identifique a(s) alternativa(s) **correta(s)**.

(01) Se $n = 5$, o sistema pode ter infinitas soluções.
(02) Se $m = 2$, o sistema não possui solução.
(04) Se $n = -3$, $m = 2$ e $k \neq 3$, o sistema possui uma única solução.
(08) O sistema dado não é homogêneo.
(16) O par ordenado $(0, 0)$ é solução do sistema para convenientes valores de $k$, $m$ e $n$.

Dê como resposta a soma dos números associados às proposições corretas.

**25.** (UFBA) Com base nos conhecimentos sobre matrizes, determinantes e sistemas lineares, é correto afirmar:

(01) Se duas matrizes quadradas de mesma ordem, $A$ e $B$, são simétricas, então a matriz $(A + B)$ também é simétrica.

(02) Se a matriz $\begin{pmatrix} x & 2 \\ 1 & x \end{pmatrix}$ é inversível, então $x$ é um número racional.

(04) Se $x$ é um número real não nulo e

$$\begin{vmatrix} x & x \\ x^{-1} & 1 \end{vmatrix} = a, \text{ então:}$$

$$\begin{vmatrix} x^2 & -x^2 & 1 \\ 0 & 1 & 3 \\ 1 & -x^{-1} & x \end{vmatrix} = a^3$$

(08) Se o sistema linear $\begin{cases} x - y = b \\ 2x + ay = 3 \end{cases}$ é impossível, então $b - a \neq \frac{7}{2}$.

(16) O sistema linear $\begin{cases} (a + 1)x - (a - 1)y = b \\ (a - 1)x + (a + 1)y = c \end{cases}$ é possível e determinado, quaisquer que sejam os valores reais de $a$, $b$ e $c$.

(32) Existe um número real $a$, não nulo, tal que o sistema linear homogêneo $\begin{cases} x + ay + z = 0 \\ 2x - ay - 3z = 0 \end{cases}$ admite uma única solução.

Dê como resposta a soma dos números associados às proposições corretas.

**26.** (Fuvest – SP) Considere o sistema de equações nas incógnitas $x$ e $y$, dado por:

$$\begin{cases} 4x + 2m^2y = 0 \\ 2mx + (2m - 1)y = 0 \end{cases}$$

Desse modo:

a) Resolva o sistema para $m = 1$.

b) Determine todos os valores de $m$ para os quais o sistema possui infinitas soluções.

c) Determine todos os valores de $m$ para os quais o sistema admite uma solução da forma $(x, y) = (\alpha, 1)$, sendo $\alpha$ um número irracional.

**27.** (UFBA) Considerando-se a matriz

$M = k \cdot \begin{pmatrix} 0 & -1 \\ 1 & 0 \end{pmatrix}$, sendo $k$ um número real, é correto afirmar:

(01) $M$ é uma matriz simétrica, para qualquer $k$.

(02) $M$ é uma matriz inversível se, e somente se, $k \neq 0$ e, nesse caso, $M^{-1} = \frac{1}{k} \cdot \begin{pmatrix} 0 & 1 \\ -1 & 0 \end{pmatrix}$.

(04) Para algum valor de $k$, $M$ é a matriz identidade de ordem 2.

(08) Identificando-se um ponto genérico $(x, y)$ do plano cartesiano com a matriz linha $(x \quad y)$ de ordem $1 \times 2$, se $k = 1$ e $(x, y) \neq (0, 0)$, então os pontos identificados por $(0 \quad 0)$, $(x \quad y)$ e $(x \quad y) \cdot M$ são vértices de um triângulo retângulo isósceles.

(16) Dados dois números reais $a$ e $b$, se $k \neq 0$, então o sistema de equações $M \cdot \begin{pmatrix} x \\ y \end{pmatrix} = \begin{pmatrix} a \\ b \end{pmatrix}$ tem uma única solução $x = \frac{b}{k}$, $y = -\frac{a}{k}$.

Dê como resposta a soma dos números associados às proposições corretas.

## Programas de Avaliação Seriada

**1.** (PISM – UFJF – MG) Joaquim, ao resolver o sistema

$$\begin{cases} 2x + 3y + z = 9 \\ x - 2y - 3z = 1 \\ x - 9y - 10z = -6 \end{cases}$$

optou por escalonamento e obteve:

$$\begin{pmatrix} 1 & -2 & -3 & 1 \\ 0 & 1 & 1 & 1 \\ 0 & 0 & 0 & 1 \end{pmatrix}$$

É **CORRETO** afirmar que a solução de Joaquim está:

a) correta e o sistema não admite solução.

b) correta e o sistema tem solução única.

c) correta e o sistema tem infinitas soluções.

d) errada, embora o sistema tenha solução única.

e) errada, embora o sistema tenha infinitas soluções.

**2.** (PASES – UFV – MG) A soma de todos os valores de $\alpha$ para os quais o sistema

$$\begin{cases} y = (\alpha^3 - \alpha)x + 9 \\ y = (\alpha - \alpha^2)x + 7 \end{cases}$$

não tem solução é:

a) 4 b) 2 c) −3 d) −1 e) −2

**3.** (PAS – UnB – DF) A tabela abaixo mostra o tempo, em horas, gasto por uma família, com o uso de ferro elétrico, forno de micro-ondas, máquina de lavar roupas, e o consumo total de energia elétrica, em kWh, desses três aparelhos durante 3 meses consecutivos.

| | Ferro elétrico (h) | Forno de micro-ondas (h) | Máquina de lavar roupa (h) | Total (kWh) |
|---|---|---|---|---|
| Abril | 8 | 5 | 10 | 18 |
| Maio | 4 | 10 | 15 | 17 |
| Junho | 2 | 0 | 10 | 5 |

Suponha que, em 1 hora, o ferro elétrico, o forno de micro-ondas e a máquina de lavar roupa gastem $x$, $y$ e $z$ kWh de energia elétrica, respectivamente. Considere a matriz $A$, cujo elemento $A_{ij}$

corresponde ao número de horas no mês $i$ que o aparelho $j$ ficou ligado, em que $i = 1$ corresponde ao mês de abril, $i = 2$, ao mês de maio e $i = 3$, ao mês de junho; $j = 1$ corresponde ao ferro elétrico, $j = 2$, ao forno de micro-ondas e $j = 3$, à máquina de lavar roupa. Considere, ainda, as matrizes $X$ e $B$ apresentadas a seguir:

$$X = \begin{pmatrix} x \\ y \\ z \end{pmatrix} \text{ e } B = \begin{pmatrix} 18 \\ 17 \\ 5 \end{pmatrix}$$

Considerando essas informações, julgue os itens a seguir.

(1) O consumo horário de energia elétrica, em kWh, de cada um dos aparelhos citados acima pode ser obtido resolvendo-se a equação matricial $AX = B$.

(2) O ferro elétrico consome 1,6 kWh em 1 hora.

(3) O sistema de equações lineares homogêneo cuja matriz dos coeficientes é a matriz $A$ possui solução $\begin{pmatrix} x_0 \\ y_0 \\ z_0 \end{pmatrix}$ em que $x_0 \neq 0$.

**4.** (PSS – UFS – SE) Um torneio de futebol foi disputado por duas escolas. A seguir, são dadas uma tabela, que apresenta os resultados de todas as partidas disputadas por 3 equipes de uma das escolas, e a matriz $A$ associada a essa tabela.

| | Número de vitórias | Número de empates | Número de derrotas |
|---|---|---|---|
| **Equipe *R*** | 2 | 2 | 2 |
| **Equipe *S*** | 3 | 1 | 2 |
| **Equipe *T*** | 3 | 0 | 3 |

$$A = \begin{pmatrix} 2 & 2 & 2 \\ 3 & 1 & 2 \\ 3 & 0 & 3 \end{pmatrix}$$

Com base nas informações dadas, analise as afirmações seguintes:

(1) Se, pelo regulamento, a cada vitória são atribuídos 3 pontos ao time vencedor, em caso de empate cada time recebe 2 pontos e o time que for derrotado perde 1 ponto, então se $B = \begin{pmatrix} 3 \\ 2 \\ -1 \end{pmatrix}$, cada linha da matriz produto $A \cdot B$ apresenta o total de pontos obtidos por uma das equipes $R$, $S$ ou $T$.

(2) O determinante da matriz transposta de $A$ é igual a 6.

(3) Supondo que na matriz $B = \begin{pmatrix} x \\ y \\ z \end{pmatrix}$ os valores de $x$, $y$ e $z$ correspondem aos respectivos pontos atribuídos nos casos de vitória, empate e derrota, então, se $A \cdot B = \begin{pmatrix} 4 \\ 8 \\ 6 \end{pmatrix}$, o número de pontos atribuídos a uma equipe pela vitória é 4.

(4) A matriz $A^2$ é igual a $\begin{pmatrix} 4 & 4 & 4 \\ 9 & 1 & 4 \\ 9 & 0 & 9 \end{pmatrix}$.

(5) O elemento que pertence à 2.ª linha e à 1.ª coluna da matriz inversa de $A$ é $\frac{1}{3}$.

# Capítulo 5

## Objetivos do Capítulo

- Conceituar área de uma região plana.
- Retomar as principais unidades de medidas de áreas padronizadas e aplicá-las em situações variadas.
- Calcular áreas de regiões poligonais e de regiões circulares.
- Explorar situações que envolvem cálculo de áreas.

# Áreas de Figuras Planas

## Mais do que 11 Jogadores em Campo

Era época da Copa do Mundo e um tremendo muro estava à nossa frente! Não, não se tratava da seleção da Croácia, nossos primeiros adversários, mas sim do muro de nosso terreno que seria decorado. As opções eram cobri-lo de faixas verdes e amarelas, compradas a metros, ou uma enorme bandeira brasileira, além de um conjunto de painéis com os nossos jogadores de todas as Copas.

Deixamos de lado as faixas e optamos por algo que mostrasse mais da nossa emoção. E foi aí que enfrentamos a primeira dificuldade: para imprimir a bandeira, era necessário saber sua área (tema deste nosso capítulo), pois o trabalho seria encomendado em centímetros quadrados. O outro desafio era calcular as áreas dos painéis com a foto dos jogadores de todas as seleções, pois algumas imagens eram quadradas, outras retangulares – e havia até uma muito antiga, da Copa de 1962, em formato oval, com a foto de Garrincha, reconhecido por seus dribles incríveis e suas pernas tortas.

O muro era apenas um pretexto para expressarmos toda a nossa brasilidade! Isso porque para nós, brasileiros, diferentemente de muitos outros países, quando a seleção entra em campo não se trata de 11 jogadores que invadem o gramado – não, para nós, é o B-R-A-S-I-L que entra em campo! É todo um país correndo atrás de uma bola (um objetivo), driblando os adversários (as dificuldades), trombando e caindo contra alguns deles, levantando e dando a volta por cima. Esses somos nós!

# 1. Áreas no Cotidiano

Frequentemente estamos em contato com informações sobre a área de um imóvel ou de um local, como as que vemos a seguir.

A região que hoje corresponde à **Amazônia Legal** ocupa uma área territorial de aproximadamente 5.217.423 km² (cerca de 61% do território brasileiro) e corresponde à superfície ocupada pelos estados da Região Norte (Acre, Amazonas, Roraima, Amapá, Pará, Tocantins e Rondônia) mais o Estado do Mato Grosso e parte do Estado do Maranhão.

*Disponível em:* <http://infoener.iee.usp.br>. *Acesso em:* 22 mar. 2010.

MAURICIO SIMONETTI/PULSAR

Entre os números que aí aparecem, alguns indicam *medida da superfície* ocupada por um local, isto é, indicam a *área* do local, como 5.217.423 km², 120 m² ou 600 m².

A preocupação em determinar a medida de superfícies é muito antiga e parece ter surgido quando o ser humano sentiu necessidade de controlar as terras que possuía.

Hoje, mais do que nunca, essa preocupação é ainda mais forte. Os exemplos seguintes nos mostram a importância de conhecermos bem essa grandeza:

- o orçamento do trabalho de um azulejista depende da área do piso ou da parede que ele vai recobrir;
- o Imposto Predial e Territorial Urbano (IPTU), a que todo cidadão com imóvel próprio está sujeito, depende basicamente da área ocupada pelo imóvel.

Afinal, que *grandeza* é a *área* de uma superfície?

**Recorde**

**Grandeza** é uma característica de um objeto (ou fenômeno) que pode ser medida ou contada.

Estação Butantã, do metrô da cidade de São Paulo, em obras. A quantidade de casas de um bairro que devem ser desapropriadas para a construção de uma linha de metrô depende da área que tal construção vai ocupar.

## 1.1 O CONCEITO DE MEDIDA DE ÁREA

Sempre que medimos uma grandeza, devemos compará-la com outra de mesma espécie, que é tomada como unidade de medida e, em seguida, verificamos quantas vezes essa unidade "cabe" na grandeza que se quer medir.

Com a área de uma superfície acontece o mesmo: para medir a superfície abaixo com a unidade **u**, comparamos as duas.

> **Recorde**
>
> Para determinar um comprimento em centímetros, devemos compará-lo com o comprimento de 1 cm.

superfície — unidade de medida (**u**) — área = 6 u

5 cm

1 cm

## EXERCÍCIO RESOLVIDO

**ER. 1** Observe as seguintes figuras planas e, em seguida, classifique a afirmação de cada item como verdadeira ou falsa.

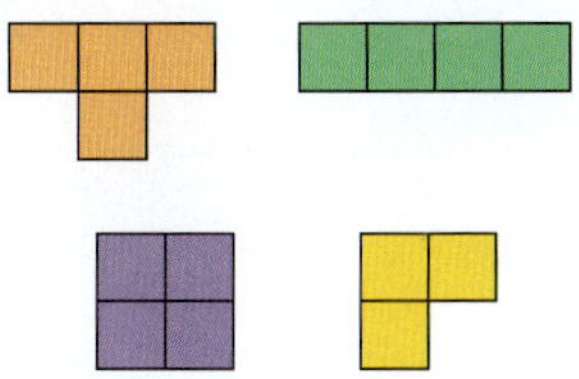

Duas figuras planas de:

a) mesma área têm necessariamente mesmo perímetro.

b) mesmo perímetro têm necessariamente mesma área.

c) mesma área podem ter mesmo perímetro.

d) mesmo perímetro podem ter ou não mesma área.

**Resolução:** Observe que cada figura apresentada é uma região plana delimitada por um polígono. Por isso, dizemos que o comprimento do contorno dessas figuras é o seu perímetro.

Vamos indicar, então, a área e o perímetro dessas figuras usando como unidades de medida, respectivamente, a área (unitária) do quadradinho que as compõe e o comprimento (unitário) do lado desse quadradinho. Assim:

> **Saiba +**
>
> - **Figura plana** é aquela que tem todos os seus pontos em um mesmo plano.
> - **Polígono** é uma linha fechada formada apenas por segmentos de reta que não se cruzam fora de seus extremos.
> - **Perímetro** de um polígono é a soma das medidas de seus lados.

| **Figura** | 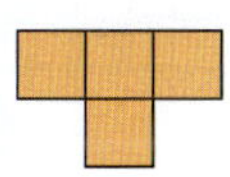 |  | 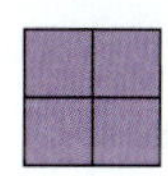 |  |
|---|---|---|---|---|
| **Área** | 4 u.a. | 4 u.a. | 4 u.a. | 3 u.a. |
| **Perímetro** | 10 u.c. | 10 u.c. | 8 u.c. | 8 u.c. |

Analisando cada afirmação e os dados da tabela, podemos afirmar que:

- a afirmação (a) é falsa, pois as figuras verde e roxa têm mesma área e perímetros diferentes;
- a afirmação (b) é falsa, pois as figuras roxa e amarela têm mesmo perímetro e áreas diferentes;
- a afirmação (c) é verdadeira, pois as figuras laranja e verde têm mesma área e mesmo perímetro;
- a afirmação (d) é verdadeira, basta observar os pares de figuras laranja e verde, que têm mesmo perímetro e mesma área, e roxa e amarela, com mesmo perímetro e áreas distintas.

**OBSERVAÇÃO**

Figuras que têm mesma área são chamadas de **figuras equivalentes**.

Observe novamente as figuras da tabela anterior. Repare que as figuras laranja, verde e roxa são equivalentes, enquanto, por exemplo, as figuras verde e amarela não são.

## Exercícios Propostos

**1.** Observe as figuras vermelhas:

(I) (II) (III)

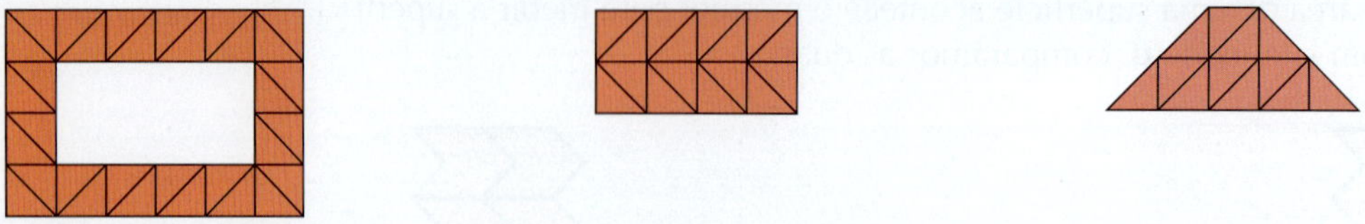

a) Tomando  como unidade **u** de medida de área, determine a área de cada uma dessas figuras.

b) Faça uma previsão: caso a unidade de medida utilizada para medir a área de cada uma dessas figuras seja , o número que expressa cada área será maior, menor ou igual aos que você obteve no item anterior? Justifique sua resposta.

**2.** **[diversão]** As três figuras azuis a seguir são formadas por peças idênticas de um quebra-cabeça. Quais delas têm mesma área?

(I) (II) (III)

**3.** A figura (II) é uma ampliação da figura (I).

(I) (II)

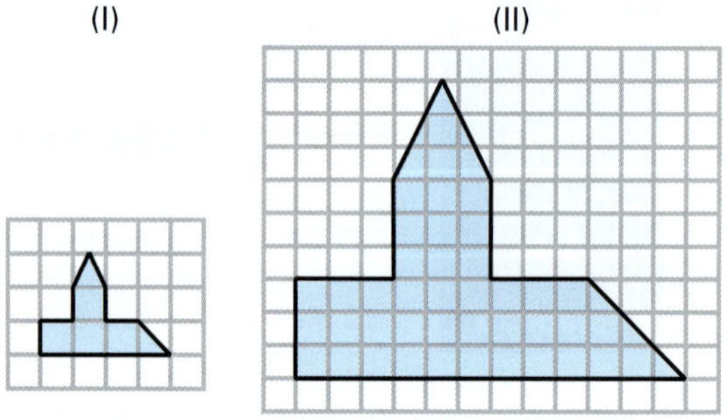

a) Se a medida de um lado da figura (I) é $\ell$, quanto mede o lado correspondente na figura (II)?

b) Tomando o interior do menor quadradinho dessas malhas como unidade (u) de medida de área, determine a área de cada figura.

c) Qual é o fator de ampliação dos lados da figura (I) para a (II)?

d) E qual é o fator de ampliação da área da figura (I) para a (II)?

### 1.2 UNIDADES CONVENCIONAIS DE MEDIDA DE ÁREA

Uma região quadrada, cujo lado é considerado uma unidade de medida de comprimento, é comumente escolhida como unidade de medida de área.

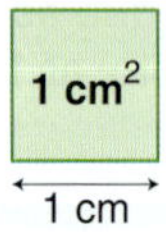


Assim, o interior de um quadrado de 1 cm de lado representa uma unidade de área denominada **centímetro quadrado** e é denotada por **1 cm²**.

No entanto, se o lado da região quadrada for de 1 dm, sua área representará 1 dm², como mostra a região quadrada verde a seguir.

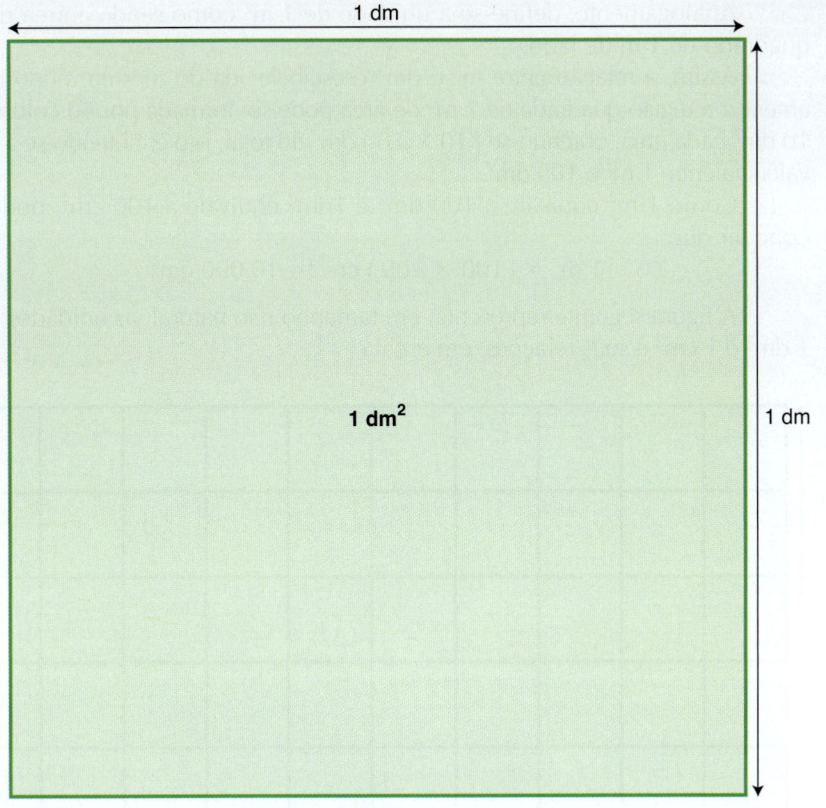


Como 1 dm equivale a 10 cm, podemos verificar que em 1 dm² podem ser formadas 10 colunas com 10 cm² em cada uma delas, o que permite concluir que 1 dm² equivale a (10 × 10) cm² ou seja, 100 cm².

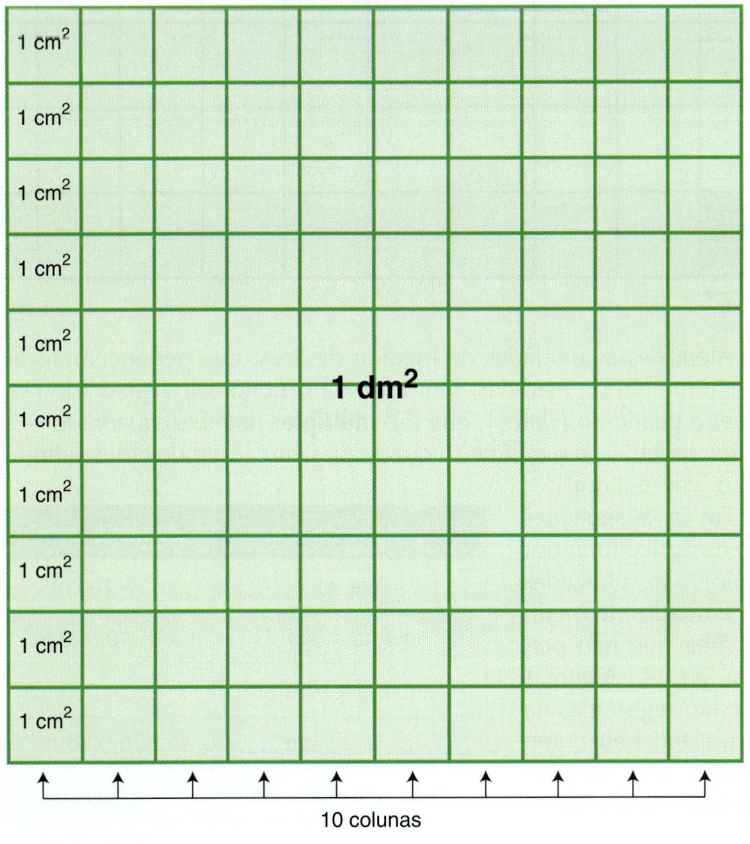

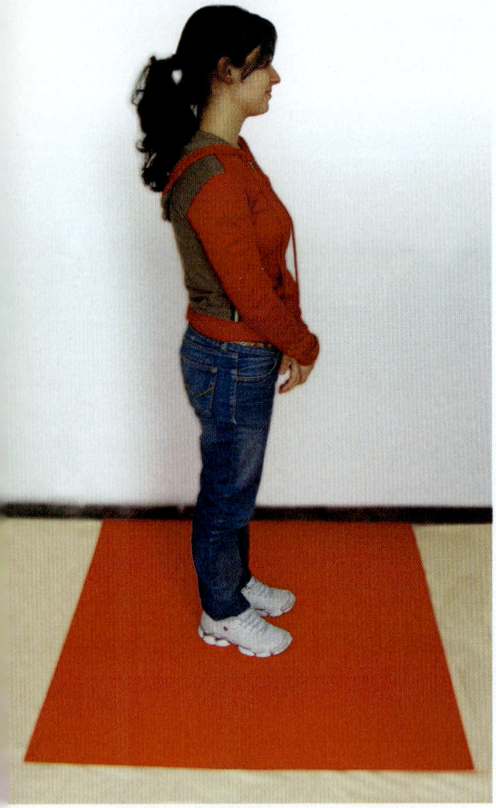
GRASIELE L. F. CORTEZ

Analogamente, define-se a unidade de 1 $m^2$ como sendo a área de um quadrado de 1 m de lado.

Assim, a relação entre $m^2$ e $dm^2$ é estabelecida do mesmo modo que a anterior: a região quadrada de 1 $m^2$ de área pode ser formada por 10 colunas de 10 $dm^2$ cada uma, obtendo-se $(10 \times 10)$ $dm^2$ no total, isto é, obtendo-se a equivalência entre 1 $m^2$ e 100 $dm^2$.

Como 1 $m^2$ equivale a 100 $dm^2$ e 1$dm^2$ equivale a 100 $cm^2$, podemos concluir que:

$$1 \text{ m}^2 = (100 \times 100) \text{ cm}^2 = 10.000 \text{ cm}^2$$

A figura seguinte representa, em tamanho não natural, as unidades 1 $m^2$, 1 $dm^2$ e 1 $cm^2$ e suas relações, em escala.

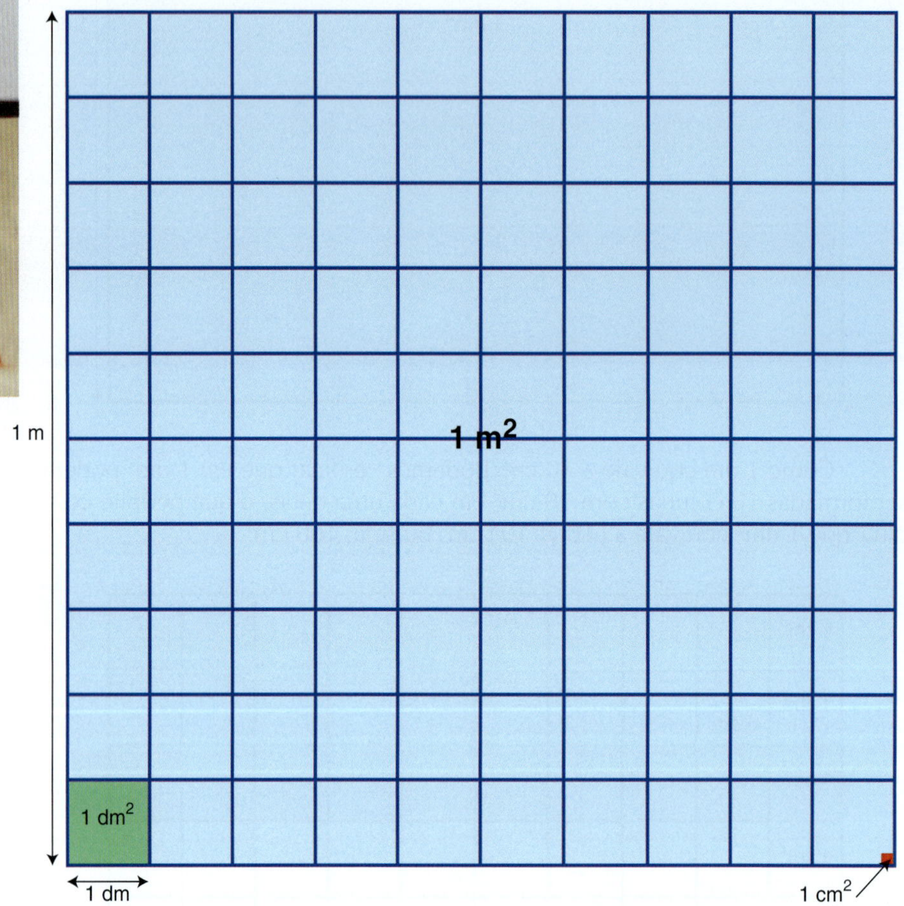


Além dessas unidades de medida de área, que pertencem ao Sistema Internacional (SI) de medidas, temos ainda o quilômetro quadrado $(km^2)$, o decâmetro quadrado $(dam^2)$, que são **múltiplos** do metro quadrado — *unidade fundamental* —, e o milímetro quadrado $(mm^2)$, um dos seus **submúltiplos** (como o $cm^2$ e o $dm^2$).

Em várias situações (como na agricultura, por exemplo) são utilizadas outras unidades de medida de área que não pertencem ao SI. Algumas delas estão registradas na tabela ao lado, bem como a relação que mantêm com o metro quadrado.

| Unidade de área | Relação com o $m^2$ |
|---|---|
| are (a) | 100 $m^2$ |
| hectare (ha) | 10.000 $m^2$ |
| alqueire (paulista) | 24.200 $m^2$ |
| pé quadrado | 0,0929 $m^2$ |
| polegada quadrada | 0,000645 $m^2$ |

## Exercício Resolvido

**ER. 2** [PRODUÇÃO] Uma fábrica produz anualmente 5,76 km$^2$ de certo tipo de tapete de borracha. Para isso, são usadas 10 máquinas de corte especial, todas iguais. Devido a um problema em uma das máquinas, que ficou parada durante um mês, a empresa teve uma queda em sua produção de R$ 960.000,00 relativa aos tapetes não produzidos. Sabendo que o valor de venda é cobrado proporcionalmente à área, calcule o preço de custo do metro quadrado de um tapete dessa fábrica.

**Resolução:** Como, anualmente, 10 máquinas produzem 5,76 km$^2$ de tapetes, cada máquina produz 0,576 km$^2$ de tapetes por ano.

Sabemos que 1 km corresponde a 1.000 m, o que nos dá a seguinte correspondência:

$$1 \text{ km}^2 = (1.000 \times 1.000) \text{ m}^2 = 1.000.000 \text{ m}^2$$

Assim, podemos encontrar quantos metros quadrados de tapetes cada máquina produz anualmente, ou seja:

$$0{,}576 \text{ km}^2 = (0{,}576 \times 1.000.000) \text{ m}^2 = 576.000 \text{ m}^2$$

Agora, vamos determinar o quanto deixou de ser produzido pelo fato de uma máquina ter ficado parada 1 mês, ou seja, quantos metros quadrados equivalem a um doze avos da produção de uma máquina:

$$\frac{1}{12} \text{ de } 576.000 \text{ m}^2 = \left(\frac{1}{12} \times 576.000\right) \text{ m}^2 = 48.000 \text{ m}^2$$

**Recorde**

Para facilitar os cálculos, use a simplificação na multiplicação com fração:

$$\frac{1}{12} \times 576.000 = \frac{1}{12} \times 24 \times 24 \times 1.000 =$$
$$= 2 \times 24 \times 1.000 = 48.000$$

Com isso, sabemos que houve uma queda de receita de 960.000 reais relativos aos tapetes não produzidos, que correspondem aos 48.000 m$^2$. Assim, o preço de custo do metro quadrado é dado por:

$$\text{preço por m}^2 = \frac{960.000}{48.000} \text{ reais} = 20 \text{ reais}$$

Logo, o preço de custo do metro quadrado de um tapete é 20 reais.

## Exercícios Propostos

**4.** [ESPORTE] O fundo de uma piscina olímpica de 25 metros por 50 metros será revestido com um tipo especial de azulejo, que diminui a ondulação na água durante as competições de natação. Cada peça tem o formato de um quadrado de lado 20 cm.

a) Quantas peças são necessárias para recobrir completamente o fundo da piscina (despreze a espessura do rejunte)?

b) Para esse serviço foi contratado um profissional altamente especializado, que assenta 500 azulejos por dia, trabalhando todos os dias da semana. Nessas condições, em quantos meses, aproximadamente, o revestimento estará completado?

**5.** [NEGÓCIOS] O dono da fazenda PRODUTIVA se orgulha ao afirmar que respeita o meio ambiente preservando a mata nativa da região, que corresponde a 40% da área da fazenda. Sabendo que a fazenda tem 25 alqueires paulistas, quantos hectares são preservados?

GRASIELE L. F. CORTEZ

## Matemática, Ciência & Vida

PANTHERMEDIA/KEYDISC

Sem dúvida, o fígado é o nosso maior órgão interno. Porém, o maior órgão de nosso corpo é *externo* a ele — trata-se da nossa pele.

Além de atuar no controle de temperatura e conter receptores tácteis (de calor, frio, pressão, dor, toque), a pele é a primeira grande barreira de defesa de nosso organismo contra infecções.

Em um indivíduo adulto, a pele tem **uma área de**, aproximadamente, **2 m²** e corresponde a 16% da massa corporal.

O câncer de pele é o de maior incidência no Brasil; por isso, o uso de filtros solares adequados tornou-se indispensável.

# 2. Área de Superfícies Delimitadas por Polígonos

Ao longo de seus estudos, você já viu e trabalhou com áreas de *regiões poligonais*. Agora, vamos rever e ampliar esse tema. Frequentemente, vamos nos referir a área de uma região poligonal como, simplesmente, área do polígono que a delimita.

## 2.1. Área de uma superfície retangular

Uma vez escolhida uma unidade de medida de área — **$u^2$** — representada por uma região quadrada unitária (cujo lado mede 1 u), é possível encontrar a área de um retângulo, colocando um certo número dessa unidade formando colunas de modo a cobrirmos totalmente a região retangular que desejamos medir. Acompanhe a sequência de figuras abaixo.

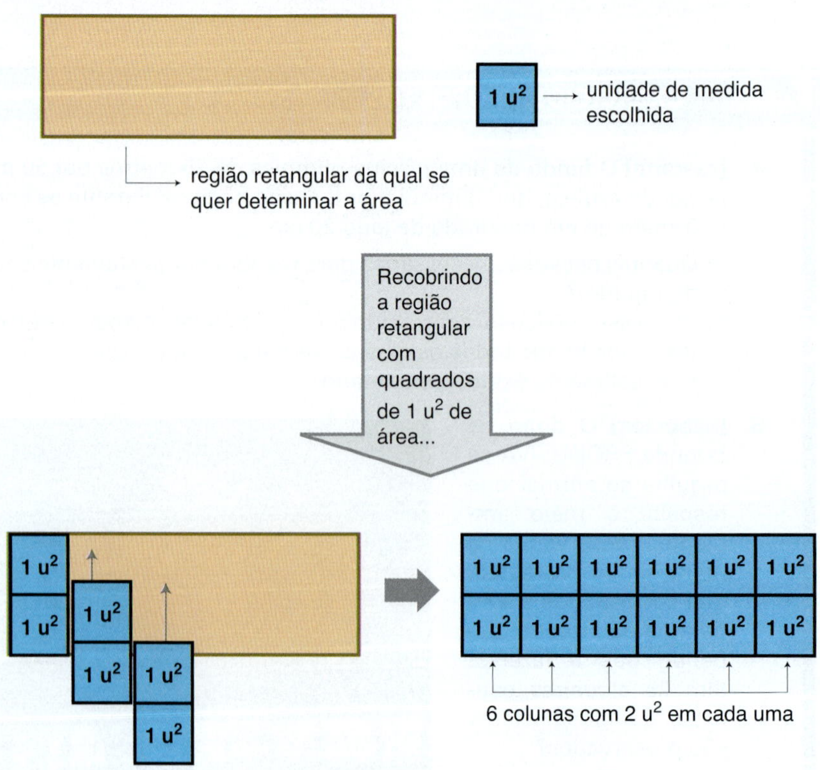


**área da região retangular = $6 \times 2\ u^2 = 12\ u^2$**

O fato de o lado da unidade de área caber 6 vezes exatamente ao longo do comprimento da região retangular dada, significa que esse comprimento é de 6 u. O mesmo se pode concluir sobre sua largura, que é de 2 u, já que o lado da unidade de área cabe exatamente 2 vezes na largura da região dada. Esse fato nos permite concluir que se a região retangular tem 6 u de comprimento por 2 u de largura, basta multiplicar 6 por 2 para obter o número que identifica sua área em unidades $u^2$.

Mesmo quando o lado do quadrado, que representa a unidade de medida, não cabe um número inteiro de vezes no comprimento ou na largura da região retangular, é possível demonstrar que essa área pode ser determinada pelo produto de suas dimensões (expressas em uma mesma unidade).

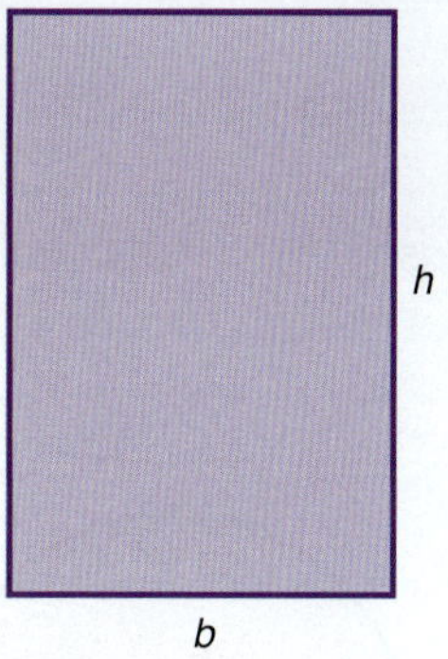


Considere, então, as dimensões da *região retangular* ao lado, expressas por:

$b \to$ medida da base (ou comprimento)
$h \to$ medida da altura (ou largura)

em uma mesma unidade.

Portanto, a área dessa região é dada por:

$$A_{\text{superfície retangular}} = b \cdot h$$

## Caso particular: área de uma superfície quadrada

No caso em que a *região* retangular é *quadrada*, seu comprimento e largura são iguais a $\ell$ e, portanto, podemos registrar a área como:

$$A_{\text{superfície quadrada}} = \ell^2$$

## Exercícios Resolvidos

**ER. 3** **[TRABALHO]** Um portal de 3,8 m de altura por 4,5 m de comprimento tem uma entrada centralizada de 2 m de largura por 2,5 m de altura, como mostra a figura abaixo:

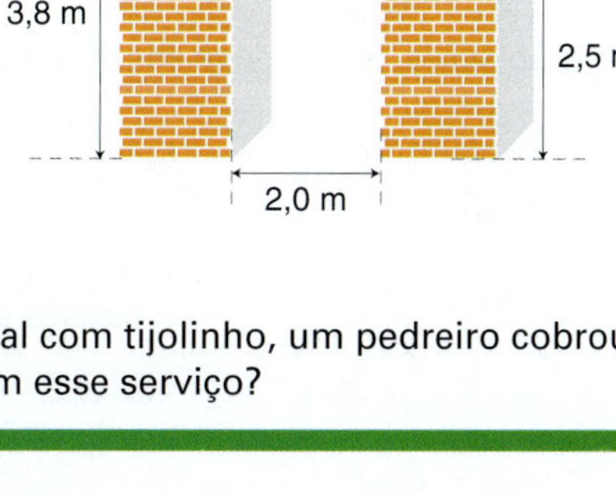


Para revestir a fachada desse portal com tijolinho, um pedreiro cobrou, pela mão de obra, R$ 50,00 o metro quadrado. Quanto ele recebeu com esse serviço?

**Resolução:** Podemos pensar nessa questão levando em conta a composição de regiões retangulares que formam a fachada do portal, como mostra a figura seguinte, em que as medidas estão expressas em metros.

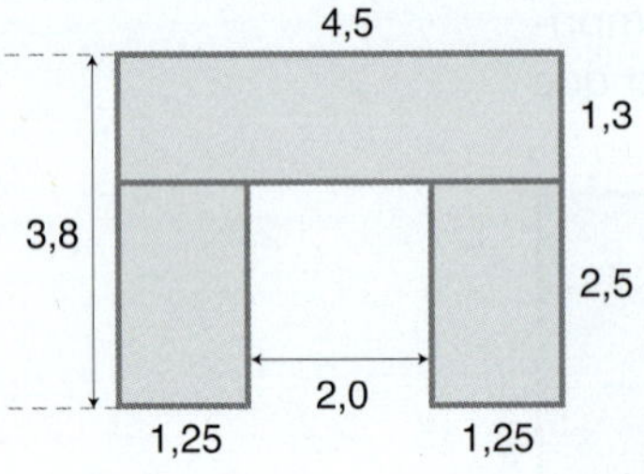


Logo, a área $(A)$ da fachada que deve ser revestida de tijolinho é igual à soma das áreas das três regiões retangulares representadas na figura anterior, isto é:

$$A = 4,5 \cdot 1,3 + 2,5 \cdot 1,25 + 2,5 \cdot 1,25 \Rightarrow A = 12,1 \text{ m}^2$$

Como o pedreiro cobra R$ 50,00 o metro quadrado, temos:

$$\text{valor da mão de obra} = 12,1 \cdot 50 = 605$$

Logo, o valor recebido foi R$ 605,00.

---

**ER. 4** [DECORAÇÃO]

O tampo de uma mesa redonda de raio 1 m vai ser decorado com um mosaico quadrado. Para isso, foi feito um molde, conforme mostra a figura ao lado. Determine a área da região quadrada onde se vai aplicar o mosaico.

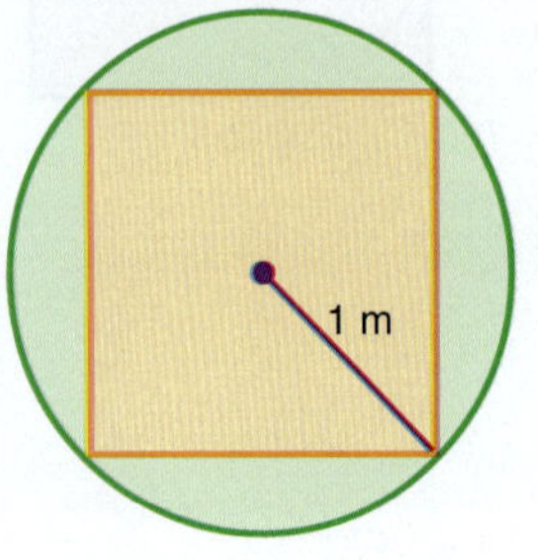


**Saiba +**

- **Circunferência** é uma linha formada pelos pontos de um plano que estão a uma mesma distância (dada) de um ponto fixado nesse plano. Esse ponto fixado é o *centro* da circunferência; o segmento de reta que tem como extremos o centro e um ponto qualquer da circunferência é o seu *raio* e o segmento de reta que contém dois raios é o seu *diâmetro*.
- **Círculo** é a figura plana que é formada por uma circunferência e seu interior.

**Resolução:** Observe o molde e repare que a região quadrada está inscrita na circunferência do tampo da mesa, isto é, o quadrado que delimita essa região quadrada tem todos os seus vértices nessa circunferência. Desse modo, o diâmetro do tampo da mesa é a diagonal desse quadrado.

Como o raio do tampo circular mede 1 m, seu diâmetro mede 2 m $(D = 2r)$ e, assim, a diagonal do quadrado mede 2 m.

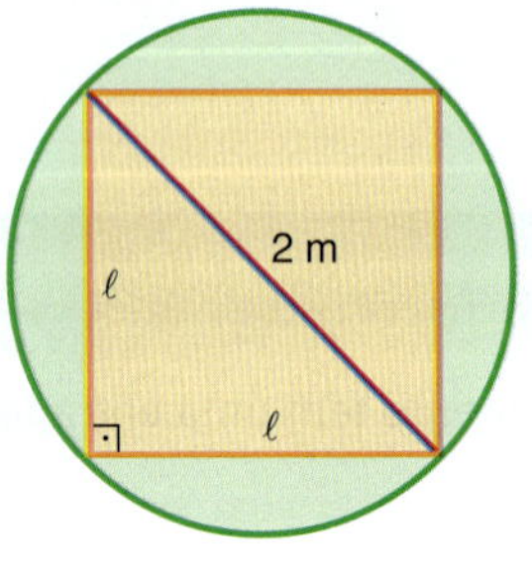


**Recorde**

- **Triângulo retângulo** é aquele que tem um ângulo interno reto; o lado oposto ao ângulo reto é a *hipotenusa* e os outros são os *catetos*.
- **Triângulo isósceles** é aquele que tem dois lados de mesma medida.

Temos, então, um triângulo retângulo isósceles cuja hipotenusa mede 2 m e catetos medem $\ell$. Assim, pelo teorema de Pitágoras, vem:

$$2^2 = \ell^2 + \ell^2 \Rightarrow 4 = 2\ell^2 \Rightarrow \frac{4}{2} = \frac{2\ell^2}{2} \Rightarrow \ell^2 = 2 \Rightarrow$$

$$\Rightarrow \ell = \sqrt{2} \text{ ou } \ell = -\sqrt{2} \text{ (não serve, pois } \ell \text{ deve ser maior do que 0 por ser um comprimento)}$$

Daí, podemos encontrar a área do quadrado procurada:

$$A_{\text{quadrado}} = \ell^2 = \left(\sqrt{2}\right)^2 \Rightarrow A_{\text{quadrado}} = 2 \text{ m}^2$$

**Faça**

Explique com suas palavras o que é *diagonal* de um polígono. Dê exemplos usando um triângulo, um quadrilátero e um pentágono.

## EXERCÍCIOS PROPOSTOS

**6.** **[ENGENHARIA]** A cozinha retangular de dona Renata era muito pequena, com o comprimento sendo o dobro da largura. Ela resolveu fazer uma reforma aumentando o comprimento e a largura em 1 m cada. Depois disso, a cozinha ficou com área de 6 $m^2$. Quais as dimensões da cozinha de dona Renata antes da reforma?

**7.** Considere a figura verde desenhada na malha quadriculada:

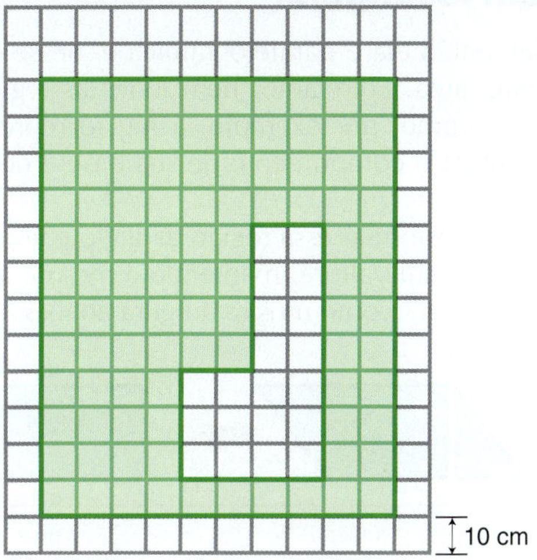


Determine:

a) o perímetro do retângulo que a delimita, em metros;

b) a área da figura verde, em $dm^2$;

c) quantos metros quadrados a área dessa figura é menor do que a área do retângulo que a contorna.

**8.** **[ENGENHARIA]** Rogério está projetando sua casa. Começou fazendo a planta, conforme mostra a figura a seguir. Ele deseja que a casa ocupe 50% da área do terreno que comprou. Quantos $m^2$ tem esse terreno?

**9.** **[EDUCAÇÃO]** Na aula de Artes, o professor pediu aos alunos que inventassem tabuleiros para jogos usando polígonos diferentes e os desenhassem em uma malha quadriculada.

PANTHERMEDIA/KEYDISC

Veja abaixo o tabuleiro criado por Ana e Joel.

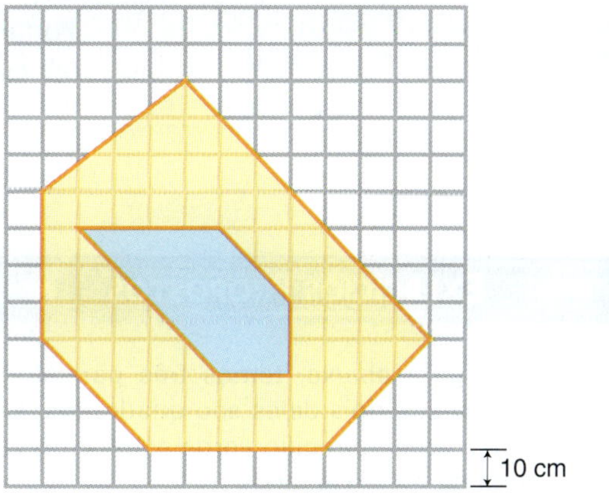


a) Determine a área, em $m^2$, da parte amarela desse tabuleiro.

b) Que polígonos Ana e Joel utilizaram para confeccionar esse tabuleiro?

c) Para delimitar a região azul do tabuleiro, Ana deu a ideia de colar um barbante bem fino e colorido em seu contorno. Quantos centímetros de barbante eles vão usar para isso? O que esse comprimento significa?

d) Para achar a área da parte azul, Ana e Joel usaram procedimentos diferentes. Descreva duas possibilidades de se fazer esse cálculo.

## 2.2 ÁREA DE UMA SUPERFÍCIE PARALELOGRÂMICA

*Regiões paralelogrâmicas* podem apresentar formas diferentes, embora mantendo os lados opostos paralelos e congruentes, que é a característica fundamental dos paralelogramos.

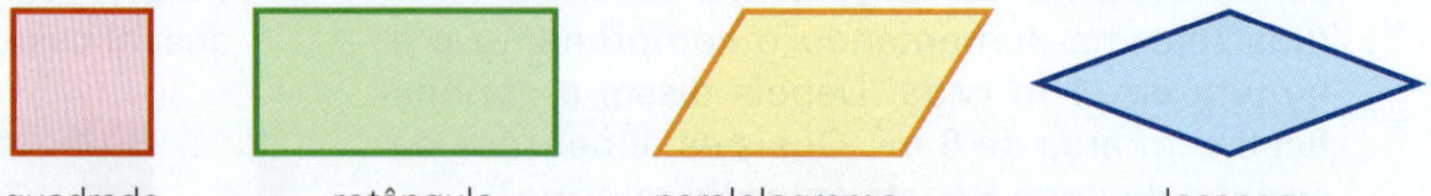


### Área de uma superfície paralelogrâmica não retangular nem losangular

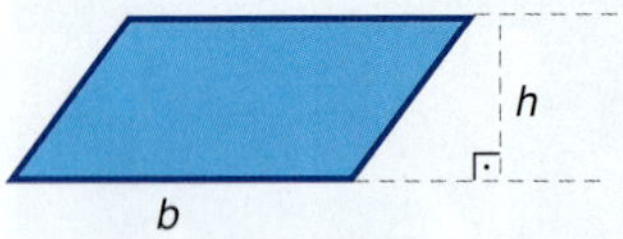


Se uma região é retangular, então ela é paralelogrâmica e, nesse caso, já sabemos como determinar sua área. Entretanto, nem todas as regiões paralelogrâmicas são retangulares, como, por exemplo, a região representada ao lado, em que $b$ e $h$ representam o comprimento de sua base e de sua altura, respectivamente.

Nesse caso, é possível transformar essa região paralelogrâmica em outra retangular, de mesma base e mesma altura, mantendo a mesma área (já que são formadas pelas mesmas partes), como mostra a figura abaixo:

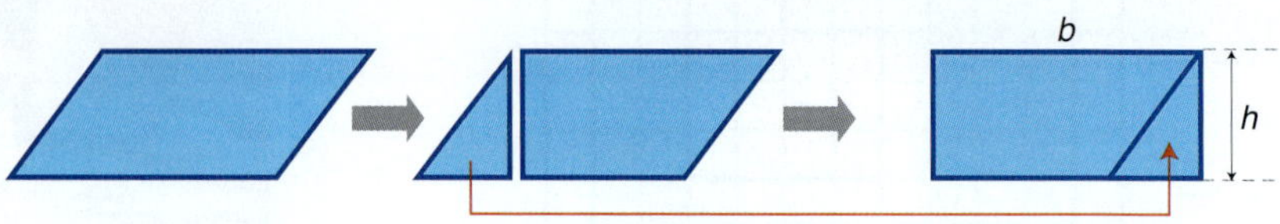


Veja que a área da região retangular (II) obtida é $A_{\text{retângulo}} = b \cdot h$, o que acarreta que a área do paralelogramo da figura inicial (I) também é $A_{\text{paralelogramo}} = b \cdot h$.

Portanto, a área de uma região delimitada por um paralelogramo de base com comprimento $b$ e altura medindo $h$ é dada por:

$$A_{\text{superfície paralelôgramica}} = b \cdot h$$

## EXERCÍCIOS PROPOSTOS

**10.** Na figura abaixo, temos três paralelogramos, sendo que dois deles são quadrados. Sabendo que a área da região verde é 150 cm², calcule a área da região amarela.

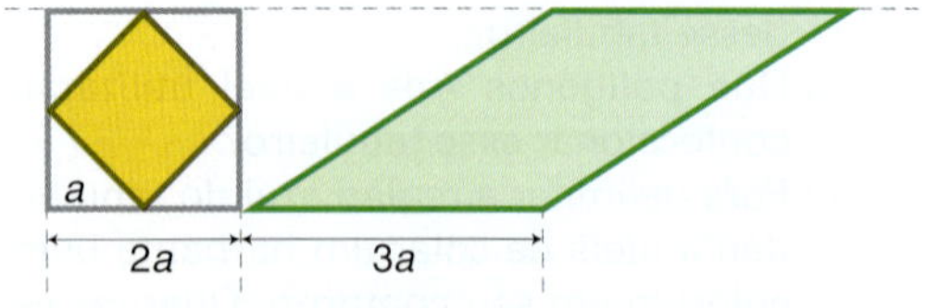


**11.** **[PRODUÇÃO]** Uma peça no formato de um paralelogramo é feita a partir de uma chapa de aço conforme mostra a figura a seguir.

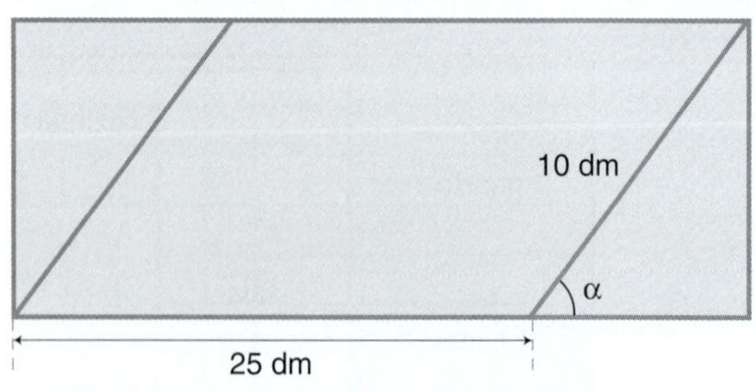


Os retalhos que sobram da chapa são vendidos para reciclagem por R$ 20,00 e o preço do metro quadrado da peça pronta é R$ 50,00.

a) Qual é o valor de cada peça?

b) Em um lote de 100 peças, qual a arrecadação total?

Use tg $\alpha = 0{,}75$.

## 2.3 ÁREA DE UMA SUPERFÍCIE LOSANGULAR

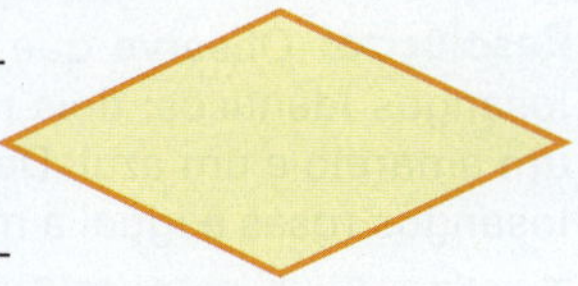

No caso em que todos os lados da região paralelogrâmica têm mesmo comprimento, temos uma *região losangular*, como mostra a figura ao lado.

Chamando de $d$ e $D$ os comprimentos das diagonais do losango que delimita a região, veja como podemos decompor esse losango por meio de suas diagonais, obtendo quatro triângulos retângulos congruentes, e compor um retângulo com as partes obtidas.

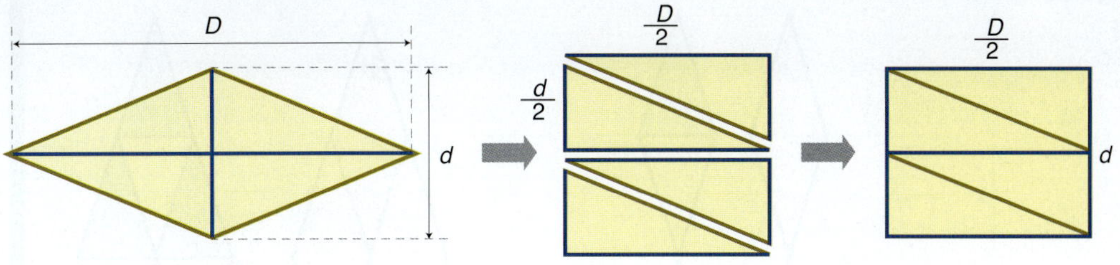


> **Saiba +**
>
> **Polígonos congruentes** são aqueles que têm os ângulos internos correspondentes congruentes entre si e os lados correspondentes congruentes. Dois polígonos congruentes são *figuras idênticas* e *equivalentes*, ou seja, têm mesma área.

Repare que a área do retângulo obtido é $A_{\text{retângulo}} = d \cdot \dfrac{D}{2}$. Como a área do losango é igual à área do retângulo obtido, já que são formados pelas mesmas partes, concluímos que a área da região losangular é:

$$A_{\text{superfície losangular}} = \frac{D \cdot d}{2}$$

## EXERCÍCIOS RESOLVIDOS

**ER. 5** [CIDADANIA]

A bandeira nacional é um dos simbolos nacionais de nosso país. Se em uma bandeira brasileira o comprimento for de 1 m, sua largura deverá ser de 0,70 m e a distância de cada vértice da região losangular amarela ao lado do retângulo será de 0,085 m.

Determine:

a) a medida de cada diagonal da região losangular amarela;

b) a área da região verde nessa bandeira.

> **Saiba +**
>
> A confecção da bandeira nacional brasileira segue regras bem definidas e dimensões específicas. Por exemplo, a razão entre a largura e o comprimento do retângulo deve sempre estar na escala 7 para 10.
>
> *Fonte:* INMETRO

**Resolução:**

a) Medida da diagonal maior: $D = 1 - 2 \cdot 0{,}085 \Rightarrow D = 0{,}83$ m
Medida da diagonal menor: $d = 0{,}7 - 2 \cdot 0{,}085 \Rightarrow d = 0{,}53$ m

b) Observando a bandeira, podemos notar a seguinte relação:

área da região verde = área do retângulo – área do losango

Indicando a área da região verde nessa bandeira por $A_{\text{verde}}$, a área da região retangular por $A_{\text{retângulo}}$ e a área da região losangular amarela por $A_{\text{losango}}$, temos:

$$A_{\text{verde}} = A_{\text{retângulo}} - A_{\text{losango}}$$

$$A_{\text{verde}} = 1 \cdot 0{,}7 - \frac{0{,}83 \cdot 0{,}53}{2} = 0{,}7 - 0{,}21995$$

$$A_{\text{verde}} = 0{,}48005 \text{ m}^2$$

**ER. 6** [ARTE] Na classe de Germano e Gina, a professora pediu para os alunos criarem mosaicos sobre uma região losangular recortada de uma cartolina rosa.
O mosaico abaixo é o que Gina fez, usando triângulos isósceles congruentes. Qual é a área da região losangular recortada?

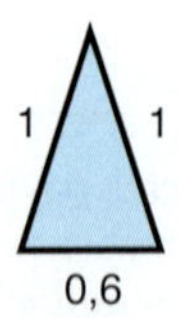


**Saiba +**

O *triângulo equilátero* é um caso particular de triângulo isósceles, pois ele tem os três lados de mesma medida.

**Resolução:** Observe que o mosaico de Gina pode ser decomposto em 4 losangos idênticos: dois rosas e dois formados pelos triângulos isósceles, um amarelo e um azul. Dessa forma, a medida $d$ da diagonal menor desses losangos rosas é igual à medida da base dos triângulos, que é 0,6 dm.

Também podemos verificar que a medida $D$ da diagonal maior de um desses losangos rosas é o dobro da medida da altura de um desses triângulos isósceles.

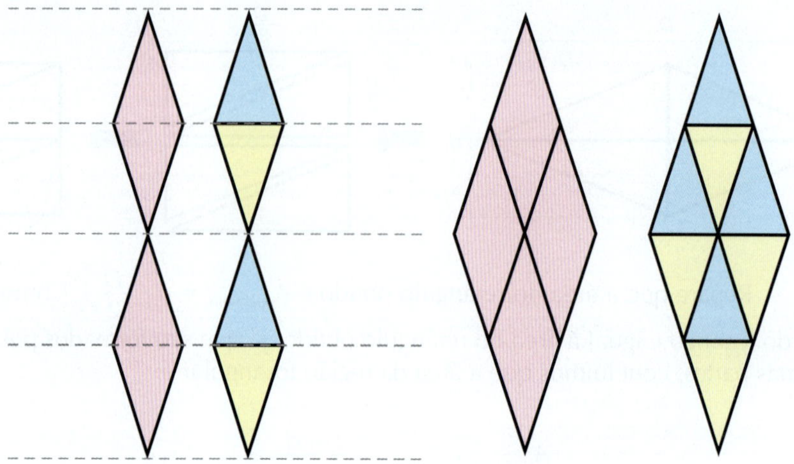

Assim, basta encontrar a medida da altura de um dos triângulos que será possível determinar a área dos 4 losangos e, portanto, a área da região losangular recortada. Lembremos também que *em um triângulo isósceles toda altura é mediana*. Assim, podemos destacar os seguintes triângulos (apresentados em tamanho maior):

**Faça**

Pesquise o que são altura e mediana de um triângulo.

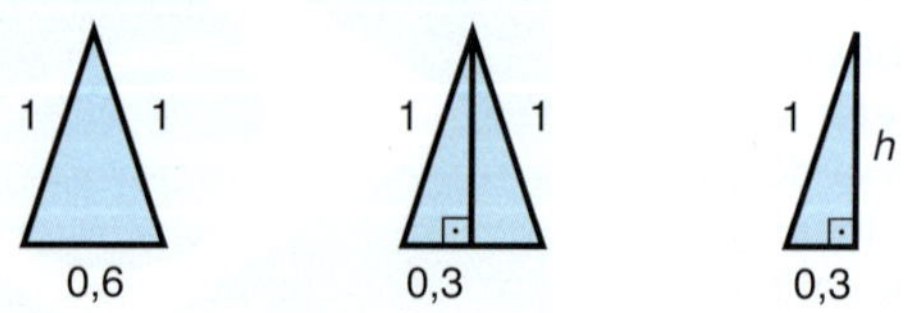


Aplicando o teorema de Pitágoras ao triângulo retângulo, temos:

$$1^2 = h^2 + (0{,}3)^2 \Rightarrow 1 = h^2 + (0{,}3)^2 \Rightarrow$$
$$\Rightarrow 1 - 0{,}09 = h^2 \Rightarrow h^2 = 0{,}91 \Rightarrow$$
$$\Rightarrow h \simeq 0{,}95$$

**Atenção!**

Usamos uma calculadora para achar o valor aproximado de $h$.

Assim, as medidas $d$ e $D$ das diagonais de um desses losangos rosas são $d = 0{,}6$ dm e $D = 2h \simeq 1{,}9$ dm. Daí, a área da região losangular recortada é dada por:

$$A_{\text{losango grande}} = 4 \cdot A_{\text{losango rosa}} = \frac{D \cdot d}{2}$$
$$A_{\text{losango grande}} \simeq 4 \cdot \frac{1{,}9 \cdot 0{,}6}{2}$$
$$A_{\text{losango grande}} \simeq 4 \cdot 1{,}9 \cdot 0{,}3$$
$$A_{\text{losango grande}} \simeq 2{,}28$$

Logo, a área aproximada da região losangular recortada é 2,28 dm$^2$.

## Exercícios Propostos

**12.** Calcule a área das regiões delimitadas por losangos:

a)

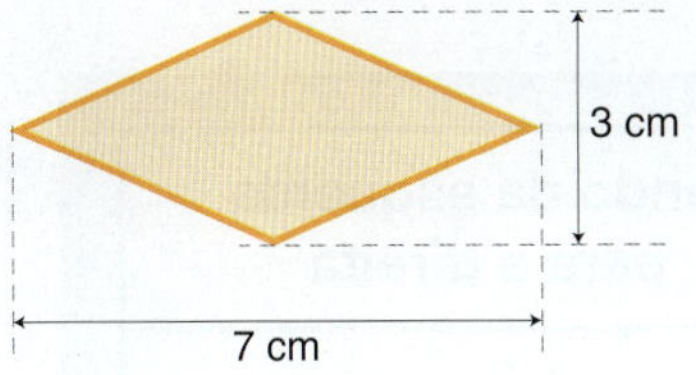


b)

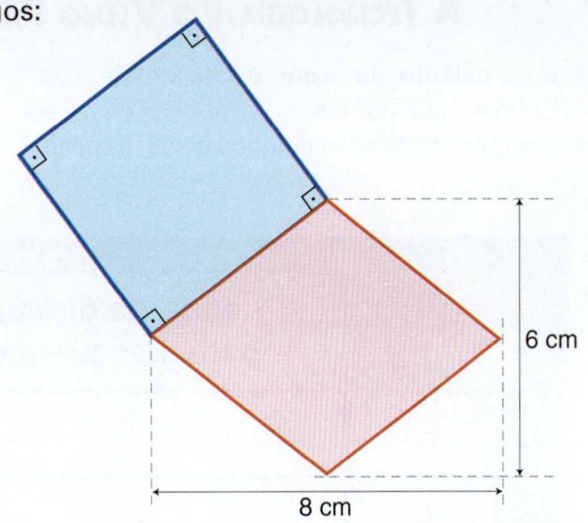


**13.** **[Arte]** Germano, que é irmão gêmeo de Gina, também apresentou seu mosaico. Veja abaixo como ele fez e compare com o de Gina, revendo o ER. 6.

Sabendo que os triângulos que Germano usou são todos triângulos retângulos de catetos 3 dm e 4 dm, faça o que se pede.

a) Comparando os dois mosaicos, o de Gina com o de Germano, identifique as semelhanças e diferenças entre eles.

b) Qual é a área da região losangular recortada por Germano?

c) Explique um procedimento para achar a área da parte da região losangular recortada que não está recoberta por triângulos sem calcular a área de cada triângulo.

**14.** **[Agrimensura]** Um engenheiro agrônomo está avaliando um terreno com o intuito de usar 30% de sua área para reflorestamento.

PANTHERMEDIA/KEYDISC

Sabendo que o terreno tem o formato de um losango cujos lados medem 100 m e sua diagonal maior mede 160 m, quantos hectares serão usados nesse reflorestamento?

**15.** Mostre que a área de um quadrado de lado $\ell$ pode ser obtida como a área de um losango.

# Tecnologia & Desenvolvimento

## A Tecnologia e o Velho Problema de Cálculo de Áreas

A necessidade do **cálculo de áreas** existe desde a Antiguidade. No Egito Antigo, por exemplo, apenas os sacerdotes e a nobreza tinham acesso a estudos de Matemática, que era considerada sagrada. O faraó confiava aos seus sacerdotes as tarefas ligadas aos cálculos e a solução de problemas em que a Matemática precisava ser utilizada.

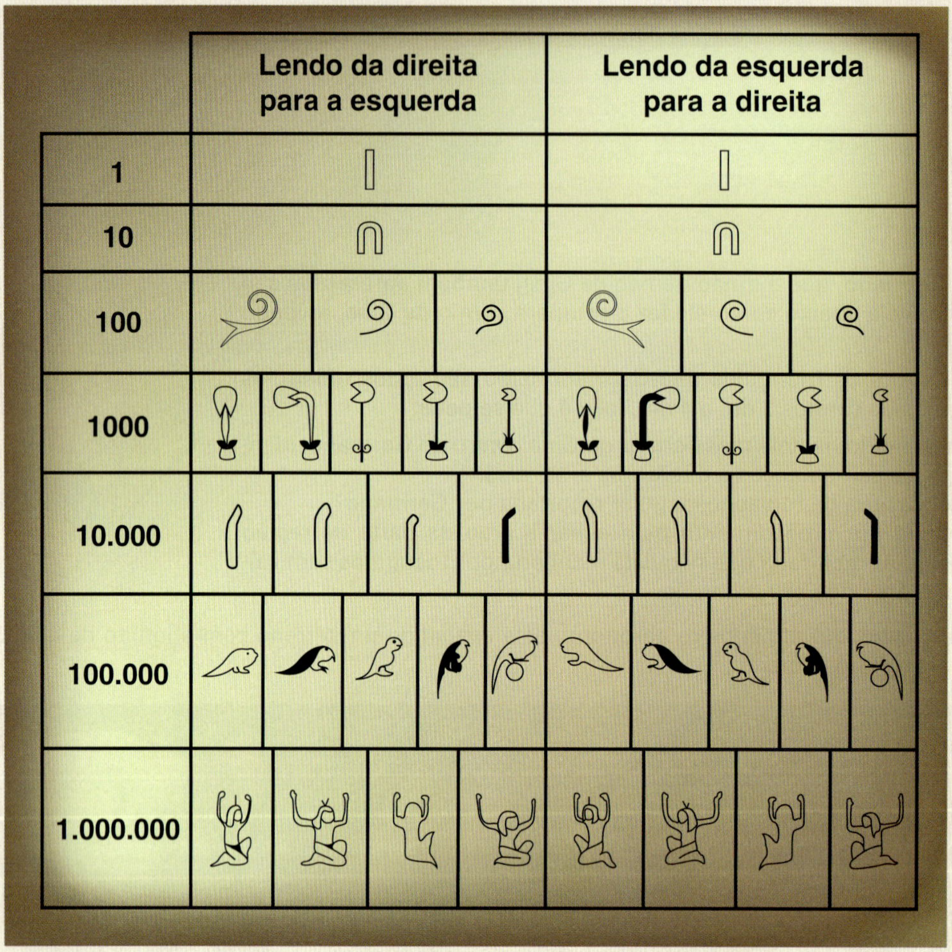


Observatório Nacional. Ministério da Ciência e Tecnologia.

Sistema de numeração utilizado no Egito Antigo.

Dentro desse quadro, imagine a seguinte situação:

Certa vez, um agricultor egípcio percebeu que sua área de cultivo às margens do rio Nilo estava diminuindo com o passar do tempo, enquanto, curiosamente, a área de plantio de seu vizinho ia aumentando. Desconfiando de alguma tramoia, levou ao faraó o problema. Este, por sua vez, destacou um sacerdote para resolver a questão. O sacerdote refletiu sobre o problema e considerou que para resolver a questão precisaria *medir a área* de plantio do agricultor e de seu vizinho para verificar se esta realmente havia diminuído, enquanto a outra havia aumentado. Ao chegar à região, no entanto, percebeu que os terrenos em questão eram irregulares e não se pareciam nada com os quadrados, retângulos, círculos e triângulos cujas áreas ele sabia calcular bem. Perplexo, passou a refletir sobre o que deveria fazer para obter a área daqueles terrenos irregulares.

Sua solução foi genial. Ele resolveu dividir o terreno maior em figuras menores. A estas figuras menores ele foi ajustando pequenos quadrados, retângulos, triângulos, semicírculos etc. Se uma figura menor não se ajustava bem a um quadrado ou triângulo, por exemplo, ele a dividia novamente, até que o ajuste fosse possível. Ao final de todas as subdivisões, ele calculou a área de cada uma dessas figuras menores e, somando as áreas delas todas, chegou ao resultado da área total do terreno. Com esse dado, ele pôde documentar a área naquele momento e, ao comparar essa área com a mesma medida tomada no passado, ele pôde afirmar se havia ocorrido realmente alguma alteração na área de cultivo.

### Tecnologia atual e cálculo de áreas de figuras irregulares

Hoje em dia, a mesma técnica é ainda utilizada, porém com alguma sofisticação adicional. De fato, a Matemática dispõe de uma ferramenta que permite o cálculo exato ou aproximado (com muita precisão) da área de qualquer superfície. Trata-se do *cálculo integral* e de uma de suas variações, o *cálculo numérico*. Embora esses temas sejam tratados no Ensino Superior, é possível ver que a ideia é a mesma: a superfície irregular é subdividida em $n$ figuras regulares, como retângulos e trapézios. Depois, toma-se o número $n$ bem grande e faz-se com que ele tenda a infinito (essa é uma técnica matemática utilizada atualmente, conhecida por *limites*, assunto que veremos no terceiro ano de nosso curso). Isso feito, procede-se ao cálculo de cada uma das $n$ áreas menores e à soma de todas estas, o que conclui o cálculo da área em questão. Atualmente, computadores e programas específicos são utilizados para efetuar esses cálculos e, mesmo para os casos mais difíceis, os cálculos podem ser realizados e a precisão obtida é tão grande quanto se queira, o que significa que o erro cometido no cálculo é muito, muito pequeno.

### Cálculo de áreas a partir de imagens de satélite

Imagens de sensoriamento remoto são fotografias de porções de terreno sobre a superfície terrestre feitas a partir de satélites artificiais em órbita da Terra.

O cálculo de áreas de cultivo, safras, cobertura vegetal, desmatamento etc. constitui uma das aplicações dessas imagens. Tudo começa com uma imagem de determinada região ou terreno. Na imagem, os terrenos são divididos ou pelas diferentes plantações que agregam ou pelos seus limites legais (estes são projetados na imagem por *software* específico que faz uso do sistema de coordenadas geográficas: latitude e longitude). Uma vez divididos os terrenos, seleciona-se um deles, normalmente um polígono irregular, e (via *software*) ajusta-se a esses pequenos quadrados e triângulos. A área total do terreno é então calculada pela soma das áreas das figuras menores (também via *software*). Finalmente, o mesmo processo é repetido para toda a região de interesse.

Assim, as áreas da região são calculadas e, de posse desses valores, pode-se, pela análise da imagem, estimar a safra futura (no caso de plantações — soja, por exemplo), a cobertura vegetal (e variações nesta, para fins de análise de desmatamento) etc.

Mas não é só no campo que o cálculo de áreas realizado com uso de tanta tecnologia é útil. Na cidade, com o uso de imagens de satélite é possível, por exemplo, monitorar a expansão urbana (aumento das áreas povoadas de uma cidade) ou calcular e controlar a relação entre área construída e área verde, assunto de grande importância em termos da qualidade de vida local, dentre outras aplicações.

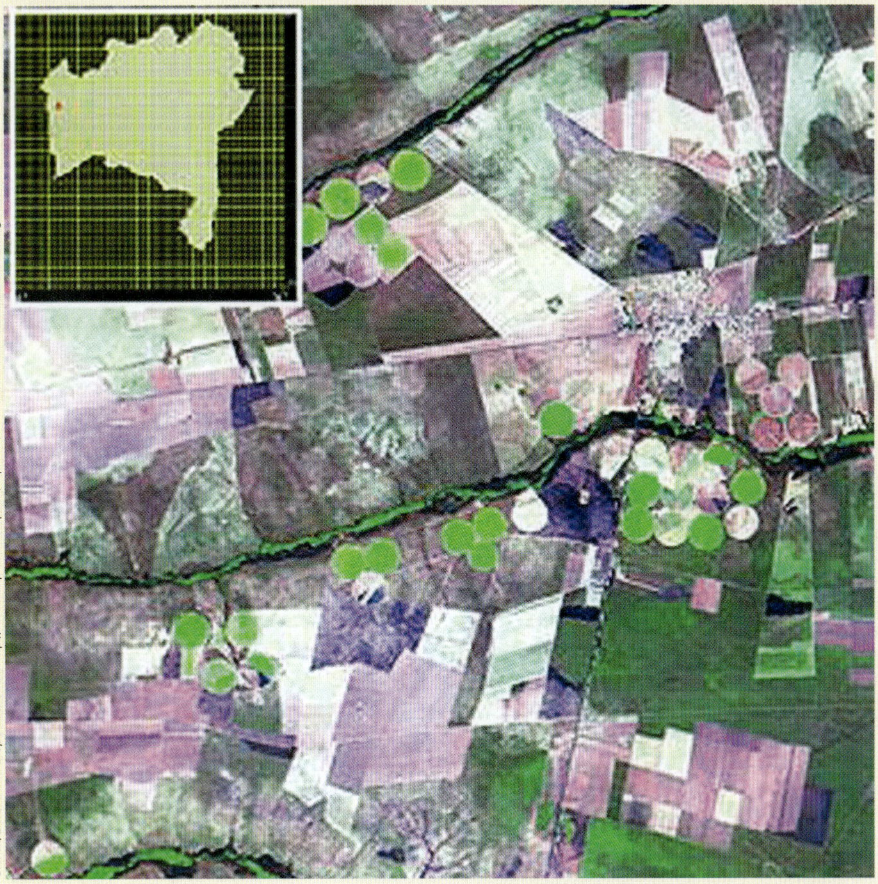

CNPM/EMBRAPA. *Disponível em: <http://www.cnpm.embrapa.br/reporter/i-el 2001-1 html>. Acesso em: 20 ago. 2010.*

Imagem de satélite do oeste da Bahia que foi utilizada para calcular a retirada de vegetação nativa e as queimadas.

**Recorde**

**Altura** de um triângulo é o segmento que tem um extremo em um vértice e o outro no lado oposto (ou no seu prolongamento) sendo perpendicular a esse lado.

## 2.4 ÁREA DE UMA SUPERFÍCIE TRIANGULAR

Você já viu que dado um triângulo qualquer sempre podemos identificar um dos lados como sua base e encontrar a altura relativa a esse lado, como, por exemplo, mostram as figuras a seguir.

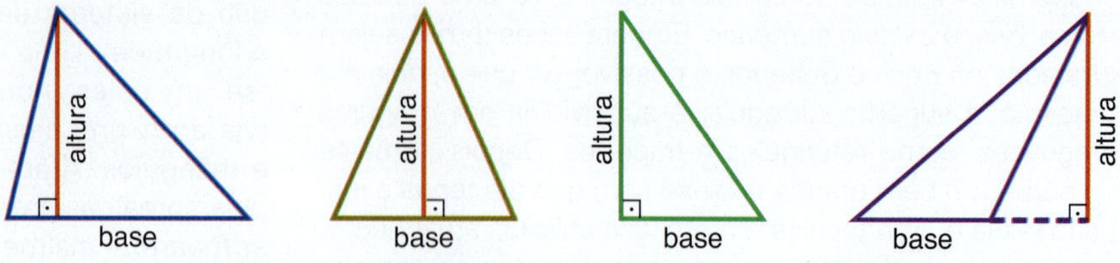


Para obter a área de uma região triangular cuja base mede $b$ e altura mede $h$, vamos compor um paralelogramo com duas regiões congruentes a essa.

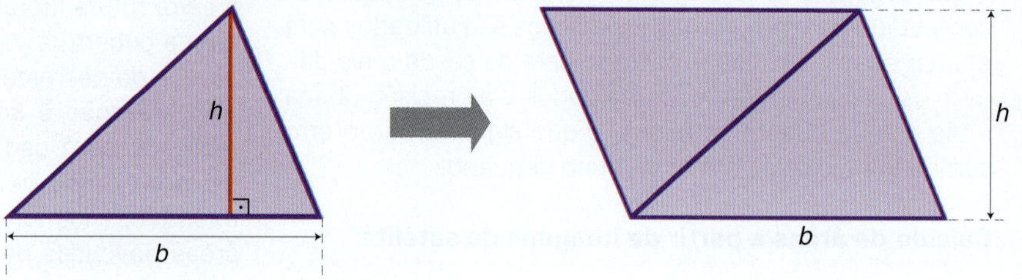


A região paralelogrâmica obtida tem mesma altura do triângulo dado e mesma base. Assim, temos:

$$A_{\text{superfície paralelogrâmica}} = 2 \cdot A_{\text{superfície triangular}}$$
$$b \cdot h = 2 \cdot A_{\text{superfície triangular}}$$

$$A_{\text{superfície triangular}} = \frac{b \cdot h}{2}$$

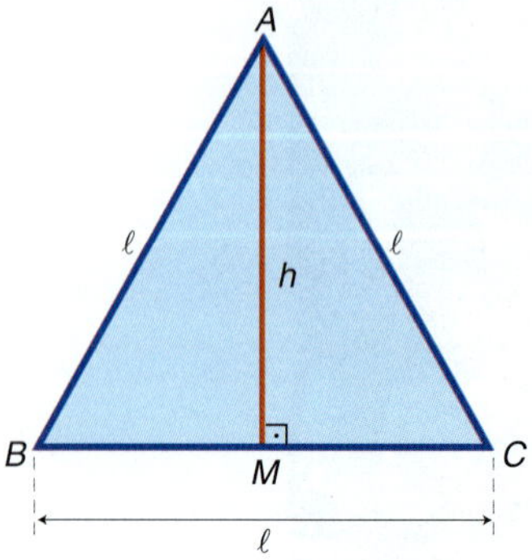


### Caso particular: área delimitada por um triângulo equilátero

Veja como podemos obter a expressão que permite determinar a área de uma superfície limitada por um triângulo equilátero sabendo que seu lado tem medida $\ell$. Para isso, tomemos um triângulo equilátero $ABC$.

Note que $\overline{AM}$ é a altura desse triângulo relativa ao lado $\overline{BC}$, pois $\overline{BC}$ é perpendicular a $\overline{AM}$. Como o triângulo é equilátero, também é isósceles e, portanto, $\overline{AM}$ é mediana e $M$ é ponto médio do lado $\overline{BC}$.

Assim, $BM = \frac{\ell}{2}$ e $ABM$ é um triângulo retângulo (em $M$). Daí, pelo teorema de Pitágoras, temos:

$$\ell^2 = h^2 + \left(\frac{\ell}{2}\right)^2 \Rightarrow \ell^2 - \frac{\ell^2}{4} = h^2 \Rightarrow h^2 = \frac{3\ell^2}{4} \Rightarrow$$

$$\Rightarrow h = \frac{\ell\sqrt{3}}{2} \quad (\text{pois } h \text{ é um comprimento e, assim, } h > 0)$$

**Recorde**

**Mediana** de um triângulo é o segmento de reta que tem como extremos um vértice e o ponto médio do lado oposto a ele.

Desse modo, a área de uma região delimitada por um triângulo equilátero de lado medindo $\ell$ pode ser dada por:

$$A_{\text{triângulo equilátero}} = \frac{\ell \cdot \frac{\ell\sqrt{3}}{2}}{2} = \frac{\ell^2 \cdot \sqrt{3}}{2} \cdot \frac{1}{2}$$

$$A_{\text{triângulo equilátero}} = \frac{\ell^2 \cdot \sqrt{3}}{4}$$

## Exercícios Resolvidos

**ER. 7** No triângulo $PQR$ a seguir, o ângulo $\hat{Q}$ é reto, $m(\hat{R}) = 60°$ e $PQ = 15$ cm. Determine a área delimitada por esse triângulo.

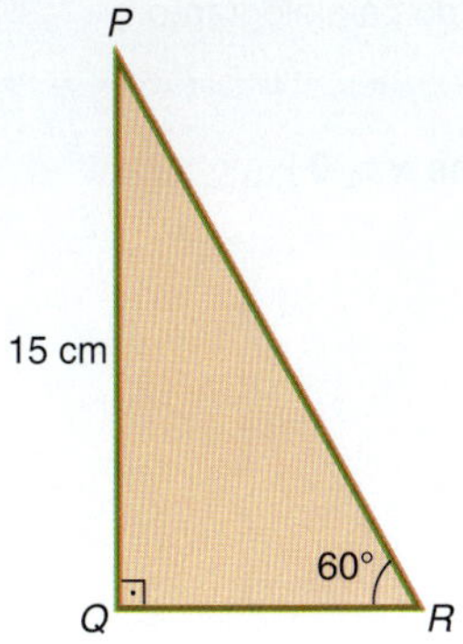


**Resolução:** Como $\hat{Q}$ é reto, $PQR$ é um triângulo retângulo e, assim, $\overline{PQ}$ é a altura relativa ao lado $\overline{QR}$, que podemos considerar como base. Então, para determinar a área, precisamos encontrar a medida de $\overline{QR}$.

Repare que um dos ângulos agudos desse triângulo é 60°, $\overline{QR}$ é o cateto adjacente a esse ângulo e o lado de medida conhecida é o cateto oposto. Daí, com a razão trigonométrica tangente, podemos encontrar a medida da base procurada:

$$\text{tg}\,\alpha = \frac{\text{medida do cateto oposto a }\alpha}{\text{medida do cateto adjacente}}$$

$$\text{tg}\,60° = \frac{15}{QR}$$

$$\sqrt{3} = \frac{15}{QR}$$

$$QR = \frac{15}{\sqrt{3}} = \frac{15 \cdot \sqrt{3}}{\sqrt{3} \cdot \sqrt{3}}$$

$$QR = 5\sqrt{3}\ \text{cm}$$

> **Recorde**
>
> $\cos 60° = \dfrac{1}{2}$
>
> $\text{sen}\,60° = \dfrac{\sqrt{3}}{2}$
>
> $\text{tg}\,60° = \dfrac{\text{sen}\,60°}{\cos 60°}$

Agora, basta achar a área de um triângulo de base $5\sqrt{3}$ cm e altura 15 cm, ou seja:

$$A_{PQR} = \frac{5\sqrt{3} \cdot 15}{2} \Rightarrow A_{PQR} = \frac{75\sqrt{3}}{2}\ \text{cm}^2$$

---

**ER. 8** Um losango foi inscrito em um paralelogramo conforme mostra a figura a seguir. Determine a área da região destacada em azul.

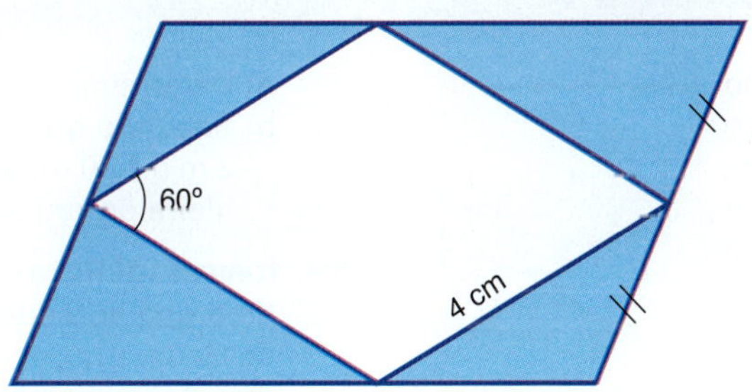


**Resolução:** Repare que a área da região em azul pode ser obtida pela diferença entre a área do paralelogramo e a área do losango. Então, precisamos determinar as medidas dos elementos desses quadriláteros que nos possibilitam achar suas áreas. Para isso, vamos relembrar algumas propriedades de quadriláteros que utilizaremos:

- A soma das medidas dos ângulos internos de um quadrilátero é 360°.
- Lados opostos, assim como ângulos opostos, em um paralelogramo são congruentes entre si.
- Em um paralelogramo, as diagonais se cruzam em seu ponto médio.
- As diagonais de um losango são perpendiculares entre si e estão contidas nas bissetrizes dos ângulos internos desse losango.

Então, vamos refazer ao lado a figura com as indicações do que já sabemos (considerando também as propriedades).

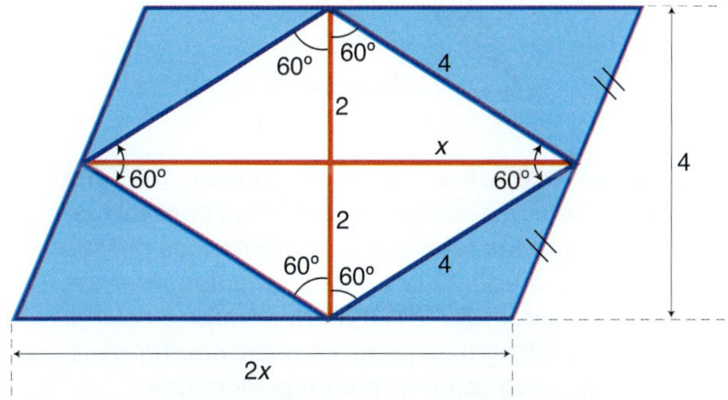


Veja que a diagonal menor do losango o decompõe em dois triângulos equiláteros (pois eles têm todos os ângulos internos de 60°), que são congruentes entre si. Dois lados desses triângulos são lados do losango, que medem 4 cm. Assim, o terceiro lado dos triângulos equiláteros, que é a diagonal menor, também mede 4 cm e, portanto, a altura do paralelogramo mede 4 cm.

Como a área do losango pode ser determinada pela soma das áreas dos dois triângulos equiláteros, falta achar apenas a medida da base do paralelogramo para que possamos determinar a área da região em azul.

A diagonal maior do losango e a base do paralelogramo são segmentos paralelos e, portanto, essa diagonal decompõe o paralelogramo em dois outros paralelogramos congruentes entre si. Assim, a base do paralelogramo tem medida igual à medida da diagonal maior do losango, que é o dobro da medida da altura do triângulo equilátero, ou seja, é $2x$.

**Faça**

Considerando a figura desta resolução, mostre que a diagonal maior do losango é paralela à base do paralelogramo.

Para achar o valor de $x$, vamos aplicar o teorema de Pitágoras em um dos triângulos retângulos:

$$4^2 = x^2 + 2^2 \Rightarrow x^2 = 16 - 4 \Rightarrow x^2 = 12 = 3 \cdot 2^2 \Rightarrow x = 2\sqrt{3} \text{ cm} \ (\text{pois } x > 0)$$

Assim, $2x = 4\sqrt{3}$ cm e, agora, basta fazer o cálculo das áreas:

$$A_{\text{região azul}} = A_{\text{paralelogramo}} - A_{\text{losango}}$$

$$A_{\text{região azul}} = A_{\text{paralelogramo}} - 2 \cdot A_{\text{triângulo equilátero}}$$

$$A_{\text{região azul}} = 4\sqrt{3} \cdot 4 - 2 \cdot \frac{4^2 \cdot \sqrt{3}}{4}$$

$$A_{\text{região azul}} = 4\sqrt{3} \cdot 4 - 2 \cdot \frac{4^2 \cdot \sqrt{3}}{4}$$

$$A_{\text{região azul}} = 16\sqrt{3} - 8\sqrt{3}$$

$$A_{\text{região azul}} = 8\sqrt{3} \text{ cm}^2$$

## Exercícios Propostos

**16.** No interior de um quadrado foi demarcada uma região limitada por um triângulo isósceles de modo que a área da região quadrada é o quíntuplo da área dessa região triangular. Encontre a medida dos lados congruentes desse triângulo.

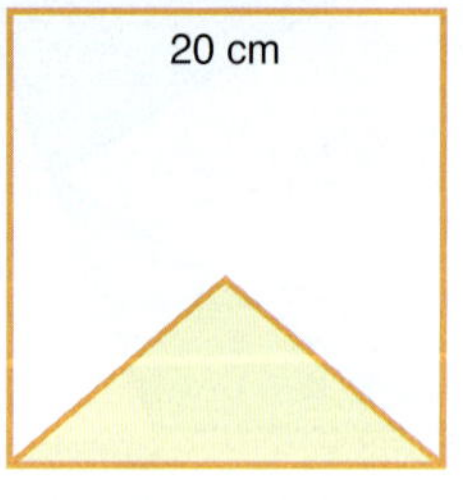


**17.** Calcule a área destacada em vermelho que está dentro do triângulo equilátero $ABC$, sabendo que $a = 7$ cm e $b = 4\sqrt{7}$ cm.

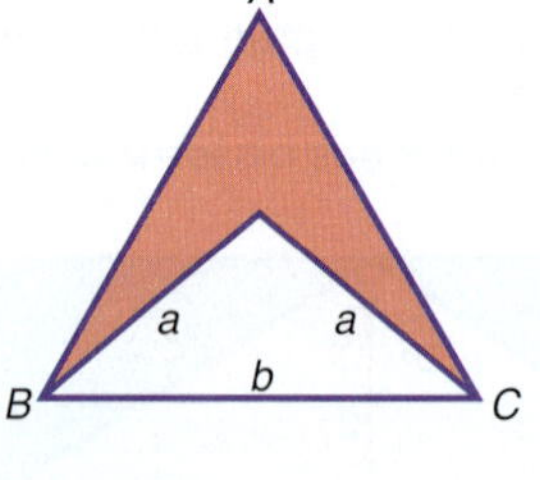


**18.** **[Artesanato]** Uma colcha retangular foi feita usando retalhos idênticos e coloridos com formato de triângulos retângulos. A hipotenusa desses triângulos mede 20 cm e seus ângulos internos agudos medem 30° e 60°. Para montar a colcha, os retalhos foram justapostos pelas hipotenusas, de modo a formarem retângulos idênticos.

a) Determine a área de cada retalho.

b) Sabendo que as dimensões dessa colcha são 2 m e 1,70 m, quantos retalhos há na primeira fileira de seu comprimento?

**19.** **[Diversão]** Rosa gosta muito de desenhar. Usando o que aprendeu durante a semana nas aulas de Geometria, ela fez um desafio para seu irmão Alberto, que está no Ensino Médio. Compôs um painel com três polígonos equivalentes entre si — um triângulo equilátero e dois retângulos, sendo um deles quadrado — e pediu que Alberto encontrasse as medidas desconhecidas que ela indicou. Depois, ele deve responder: qual desses polígonos tem maior área?

Alberto acertou tudo! Quais foram as suas respostas?

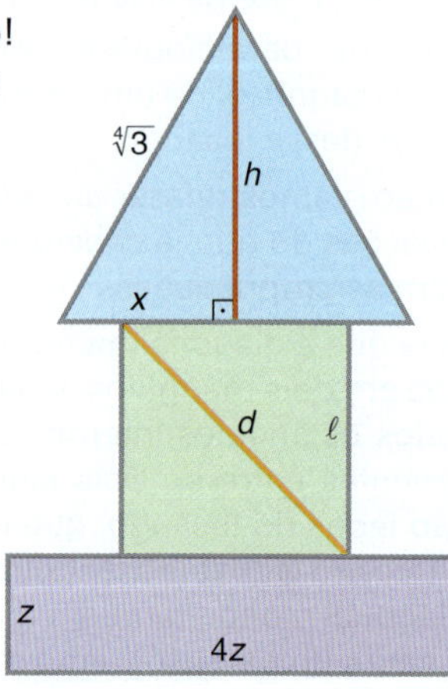

## Outras expressões para a área de uma superfície triangular

Ao longo de seus estudos de Geometria, você conheceu outras maneiras de se obter a área delimitada por um triângulo. Vamos revê-las.

### *Área de um triângulo conhecidas as medidas de seus lados*

Esta relação é conhecida como *fórmula de Heron*:

$$A_{\text{triângulo}} = \sqrt{p(p-a)(p-b)(p-c)}$$

Veja que ela depende apenas das *medidas dos três lados* do triângulo, indicadas por $a$, $b$ e $c$. Com essas medidas podemos obter o perímetro do triângulo e, com isso, determinamos seu *semiperímetro* ($p$) dado por:

$$p = \frac{a+b+c}{2}$$

Essa fórmula se torna mais útil quando temos um triângulo não equilátero no qual conhecemos as medidas de seus lados e não a de sua altura.

**Saiba +**

Heron de Alexandria (65-125) foi um matemático grego.

### *Área de um triângulo conhecidas as medidas de dois lados e do ângulo formado por eles*

Na Trigonometria, já vimos que, conhecidas as medidas $a$ e $b$ de dois lados de um triângulo e a medida $\alpha$ do ângulo interno formado por esses lados, é possível obter a área da região delimitada por esse triângulo do seguinte modo:

$$A_{\text{triângulo}} = \frac{a \cdot b \cdot \text{sen}\ \alpha}{2}$$

## Exercícios Propostos

**20.** Um triângulo escaleno tem lados que medem 6 cm, 8 cm e 10 cm.

a) Explique um procedimento para achar a medida de uma altura desse triângulo.

b) Calcule a área desse triângulo usando base e altura. Depois, verifique a validade da fórmula de Heron para esse triângulo.

**21.** Determine a área delimitada por um triângulo que tem lados de 10 cm e 20 cm e o ângulo formado por eles mede 30°.

**22.** Calcule a área da região destacada em rosa na figura abaixo.

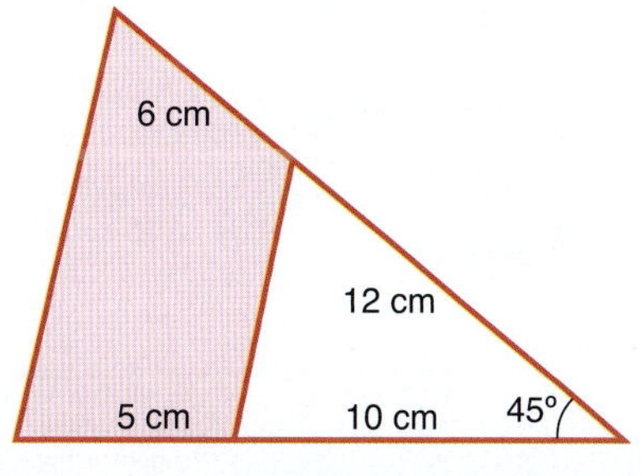

## 2.5 ÁREA DE UMA SUPERFÍCIE TRAPEZOIDAL

*Recorde*

**Trapézio** é um quadrilátero que tem *apenas* um par de lados paralelos, que são suas bases.

Uma superfície plana cujo contorno é um trapézio é uma *superfície trapezoidal.*

De modo análogo aos anteriores, podemos recorrer à decomposição de figuras para determinar a área de uma superfície trapezoidal, compondo uma superfície retangular equivalente da qual já sabemos determinar a área.

Consideremos, então, uma superfície trapezoidal de bases com medidas $b$ e $B$ e altura $h$, como mostra a figura abaixo.

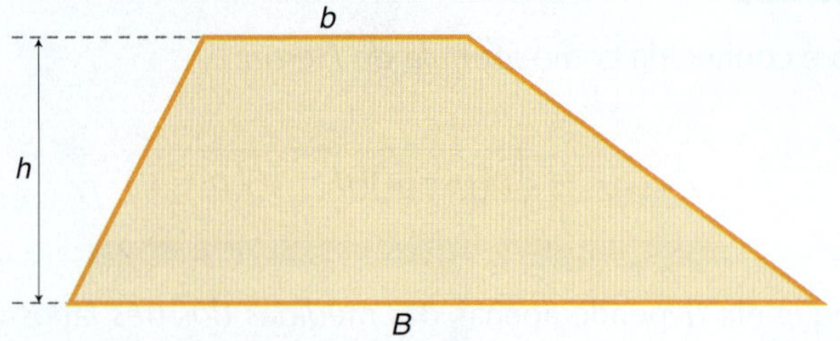


Com essa superfície trapezoidal é possível compor uma nova superfície retangular de base medindo $B$ e altura medindo $h$, como mostra a figura a seguir, de modo que as regiões triangulares justapostas ao trapézio tenham um ângulo interno reto, um cateto medindo $h$ e o outro medindo, respectivamente, $x$ e $y$.

*Atenção!*

Repare que:

$$B = x + b + y$$

Daí, podemos concluir:

$$B - b = x + y$$

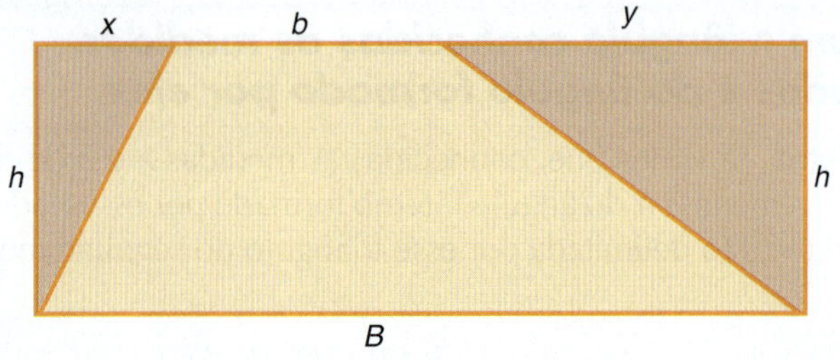


Desse modo, temos:

- área da região retangular formada: $A_{\text{superfície retangular}} = B \cdot h$
- área da região I (triângulo retângulo da esquerda): $A_{\text{I}} = \dfrac{x \cdot h}{2}$
- área da região II (triângulo retângulo da direita): $A_{\text{II}} = \dfrac{y \cdot h}{2}$

Daí, podemos obter a área da região trapezoidal da seguinte maneira:

$$A_{\text{superfície trapezoidal}} = A_{\text{superfície retangular}} - \left(A_{\text{I}} + A_{\text{II}}\right)$$

$$A_{\text{superfície trapezoidal}} = B \cdot h - \left(\frac{x \cdot h}{2} + \frac{y \cdot h}{2}\right) = B \cdot h - \frac{h}{2} \cdot (x + y)$$

$$A_{\text{superfície trapezoidal}} = B \cdot h - \frac{h}{2} \cdot (B - b) = B \cdot h - \frac{h}{2} \cdot B + \frac{h}{2} \cdot b$$

$$A_{\text{superfície trapezoidal}} = h \cdot \left(B - \frac{B}{2} + \frac{b}{2}\right) = \left(\frac{B}{2} + \frac{b}{2}\right) \cdot h$$

$$A_{\text{superfície trapezoidal}} = \frac{(B + b) \cdot h}{2}$$

## EXERCÍCIOS RESOLVIDOS

**ER. 9** A base menor de uma superfície trapezoidal tem medida igual a sua altura de 4 cm. Os lados não paralelos dessa superfície medem 5 cm cada um.

Determine a área dessa superfície.

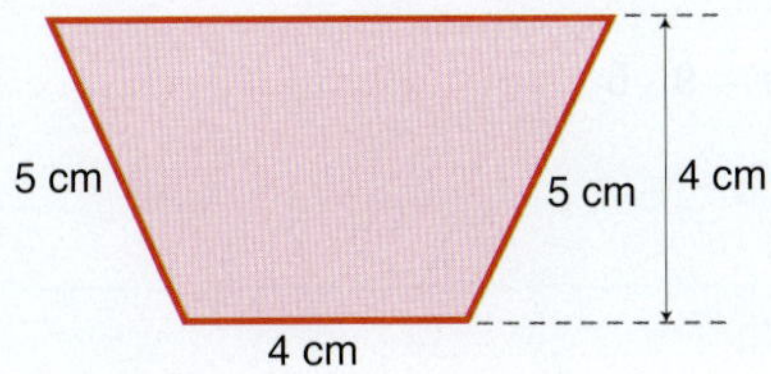


**Recorde**

- **Trapézio isósceles** é aquele que tem os lados não paralelos congruentes.
- **Trapézio retângulo** é aquele que tem dois ângulos internos retos (de 90°).
- **Trapézio escaleno** é aquele que não é trapézio isósceles.

**Resolução:** Vamos identificar os vértices do trapézio que delimita essa superfície e demarcar dois segmentos de reta perpendiculares à base maior, que decompõem a superfície trapezoidal em um retângulo e dois triângulos retângulos.

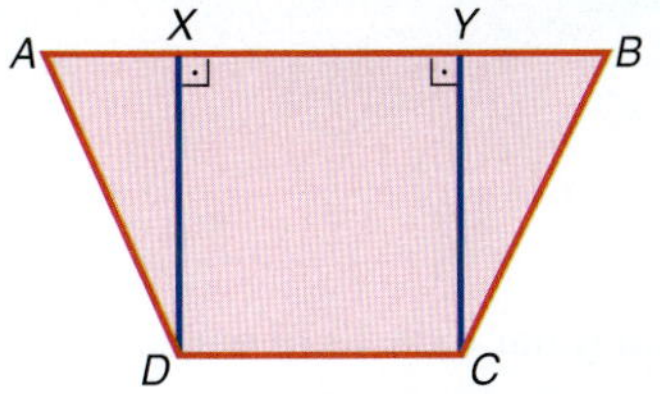


Como $AD = BC$, o trapézio $ABCD$ é isósceles e os segmentos $\overline{XD}$ e $\overline{YC}$ perpendiculares à base maior têm a mesma medida da altura desse trapézio. Então, os triângulos retângulos $AXD$ e $BYC$ são congruentes.

Como $XD = YC = 4$ cm e $AD = BC = 5$ cm, pelo teorema de Pitágoras podemos concluir que:

- $(AD)^2 = (AX)^2 + (XD)^2 \Rightarrow (AX)^2 = 5^2 - 4^2 = 9$
- $(BC)^2 = (BY)^2 + (YC)^2 \Rightarrow (BY)^2 = 5^2 - 4^2 = 9$
- $(AX)^2 = (YB)^2 = 9 \Rightarrow AX = YB = 3$ cm

Com isso, provamos que a região retangular $XYCD$ é quadrada e, portanto, a medida da base menor é $DC = XY = 4$ cm. Assim, a medida da base maior é:

$$AB = 3\text{ m} + 4\text{ m} + 3\text{ m} = 10\text{ m}$$

Agora, já podemos determinar a área dessa superfície trapezoidal:

$$A_{\text{superfície trapezoidal}} = \frac{(B + b) \cdot h}{2}$$

$$A_{\text{superfície trapezoidal}} = \frac{(AB + DC) \cdot XD}{2} = \frac{(10 + 4) \cdot 4}{2}$$

$$A_{\text{superfície trapezoidal}} = 28\text{ cm}^2$$

---

**ER. 10** Uma região é delimitada por um trapézio $ABCD$ cuja base menor é $\overline{AB}$ e sua altura é 5 cm. $M$ e $N$ são os pontos médios, respectivamente, dos lados não paralelos $\overline{AD}$ e $\overline{BC}$. Calcule a área dessa região trapezoidal, sabendo que $MN = 9$ cm.

**Resolução:** Inicialmente, vamos representar a região trapezoidal por um desenho:

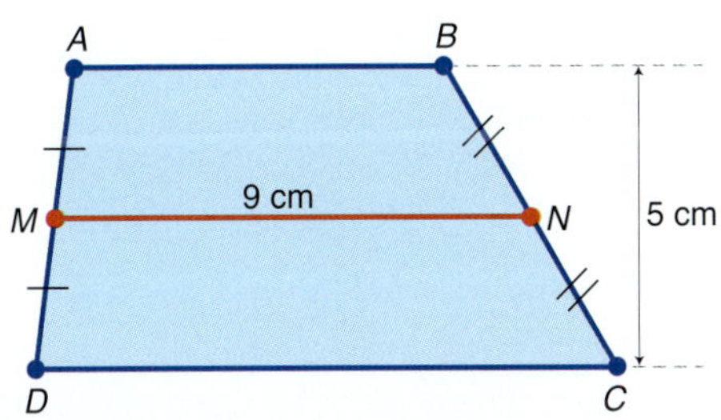


O segmento $\overline{MN}$ assim obtido (com extremos nos pontos médios dos lados não paralelos) é chamado de **base média** do trapézio. Então, podemos usar a seguinte propriedade:

*A base média de um trapézio é paralela às suas bases e tem medida igual à média aritmética das medidas dessas bases.*

Desse modo, a medida $MN$ da base média é dada por:

$$MN = \frac{B + b}{2}$$

Repare que temos a medida $MN = 9$ cm e a altura do trapézio $(h = 5 \text{ cm})$. Assim, podemos obter a área da região trapezoidal, mesmo sem ter as medidas de suas bases:

$$A_{\text{região trapezoidal}} = \frac{(B + b) \cdot h}{2} = (MN) \cdot h = 9 \cdot 5$$

$$A_{\text{região trapezoidal}} = 45 \text{ cm}^2$$

---

**ER. 11** **[LAZER]** O patamar superior de uma pista de *skate* é quadrado com $4 \text{ m}^2$ de área e se encontra a 5 m de altura, paralelo ao solo.

**Responda**

Por que os triângulos $ABC$ e $PQR$ são congruentes?

O comprimento de cada rampa lateral retangular é de 13 m e elas são igualmente inclinadas em relação ao solo. Quanto mede a área de cada parede lateral de sustentação dessa pista?

**Resolução:** Considere a figura a seguir.

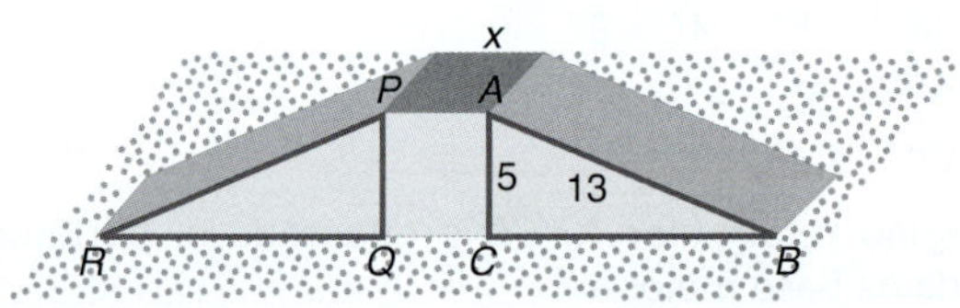


Note que essa parede lateral é delimitada por um trapézio de bases $\overline{PA}$ e $\overline{RB}$ e altura 5 m. Assim, precisamos encontrar as medidas das bases para obter a área desejada.

Como $PACQ$ é um retângulo, $PA = QC = x$ (medida da base menor). Repare também que a medida da base maior é dada por:

$$RB = RQ + QC + CB$$

Assim, precisamos descobrir as medidas que faltam.

O triângulo $ABC$ é retângulo em $C$, um de seus catetos mede 5 m (altura máxima da rampa) e o outro mede 13 m (comprimento de uma rampa lateral). Assim, pelo teorema de Pitágoras, temos:

$$5^2 + (BC)^2 = 13^2 \Rightarrow BC = \sqrt{169 - 25} = \sqrt{144} \text{ (pois } BC > 0) \Rightarrow BC = 12 \text{ m}$$

Como os triângulos $ABC$ e $PQR$ são congruentes, temos $QR = 12$ m.

Se a área do patamar é $4 \text{ m}^2$ e ele é quadrado, podemos encontrar a medida de seu lado:

$$A_{\text{patamar}} = x^2 = 4 \Rightarrow x = 2 \text{ m (pois } x > 0)$$

Como $QC = PA = x$, temos $PA = QC = 2$ m. Assim, a medida da base maior é:

$$RB = RQ + QC + CB = 12 + 2 + 12 \Rightarrow RB = 26 \text{ m}$$

Daí, a área do patamar $PABR$ (parede lateral da rampa) é:

$$A_{\text{patamar}} = \frac{(PA + RB) \cdot AC}{2} = \frac{(2 + 26) \cdot 5}{2}$$

$$A_{\text{patamar}} = 70 \text{ m}^2$$

## Exercícios Propostos

**23.** **[Engenharia]** Uma fábrica faz revestimentos. Para isso, usa chapas de cobre retangulares, todas de mesmo tamanho. Determine as dimensões de uma chapa sabendo que a parte que será utilizada é a maior região trapezoidal isósceles possível de altura 1,5 m e área 2,25 $m^2$, e que no comprimento da chapa há duas sobras de 0,5 m.

**24.** Determine a área da região delimitada pelo trapézio abaixo.

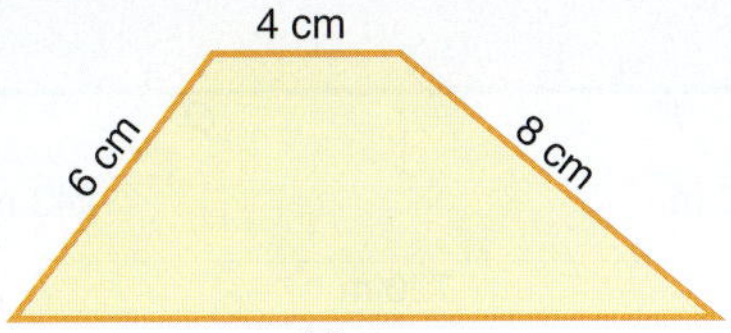


**25.** **[Paisagismo]** Um edifício resolveu mudar a decoração de seus jardins. A empresa contratada cobrou R$ 15,00 por $m^2$, incluindo plantas ornamentais para um canteiro central com formato de um trapézio isósceles cujo perímetro é 18 m. O responsável pelas medições percebeu que a base menor desse canteiro mede metade da medida dos lados não paralelos e que uma base é 6 m maior que a outra. Quanto esse condomínio pagou para refazer esse canteiro central?

CLAUDIO KANAGUSKO

**26.** **[Agrimensura]** Dona Márcia tem um terreno em forma de trapézio retângulo. Ela deseja repartir esse terreno para suas duas filhas de modo que recebam a mesma área, conforme mostra a figura a seguir. Quantos metros quadrados cada filha receberá?

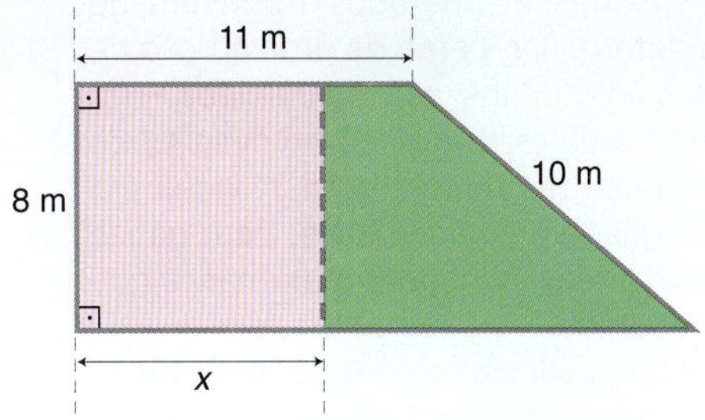


**27.** **[Arquitetura]** Pedro fez um desenho para mostrar como quer construir uma casa de 26 $m^2$ em seu terreno retangular. A parte do terreno não ocupada pela casa vai ser toda gramada e ela ocupa o dobro da área da casa.

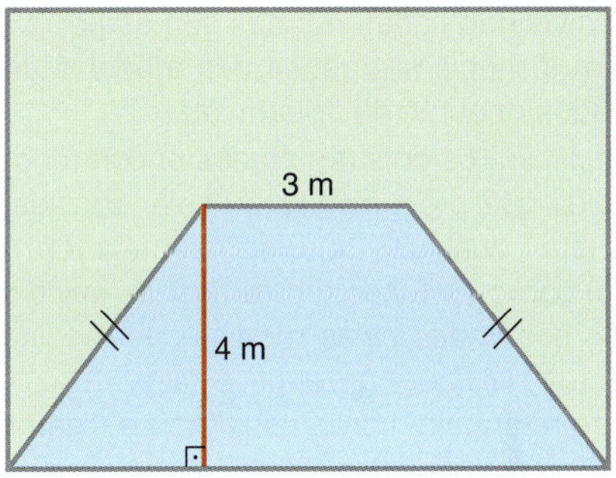


a) Sabendo que o metro quadrado de grama colocada é R$ 6,00, quanto Pedro gastará para fazer o gramado?

b) Quais as medidas desse terreno?

PANTHERMEDIA/KEYDISC

**28.** **[Educação]** Para uma atividade em sala de aula, uma professora tem de moldar, usando um fio de arame, 8 trapézios retângulos congruentes, sendo que cada trapézio delimita uma área de 60 $cm^2$, tem base maior de 14 cm e altura de 6 cm. Quantos metros de arame essa professora usará?

## Conheça mais...

### VOCÊ SABE O QUE É FAZER A "CUBAÇÃO DA TERRA"?

Nas diversas organizações sociais no mundo, principalmente nas comunidades que ficam isoladas, é comum o desenvolvimento de métodos inusitados para resolver os problemas matemáticos que se apresentam.

Um desses métodos foi inventado para determinar a área de uma porção de terra cujos limites são conhecidos — a "cubação da terra" —, como descrevem representantes dessas comunidades em sua linguagem característica, bem pouco semelhante à linguagem matemática que conhecemos.

O procedimento consiste em relacionar o perímetro do terreno com sua área e pode ser descrito do seguinte modo:

- percorrendo as divisas do terreno (que, em geral, são quatro), eles medem os lados do "quadrilátero" formado. Para isso, usam uma corda, que eles designam por "soga", e obtêm os comprimentos dos quatro lados, em metros;
- somam, dois a dois, os comprimentos dos lados opostos, dividindo cada uma das somas por 2, ou seja, calculam a média aritmética das medidas de cada dupla de lados opostos do "quadrilátero";
- multiplicam os dois resultados encontrados, obtendo a medida que procuravam, ou seja, consideram o "quadrilátero" qualquer (que representa a forma de seu terreno) como se fosse um retângulo, cujas medidas dos lados são dadas pelas médias das medidas dos lados opostos da figura anterior, e fazem o cálculo da área desse retângulo, como usualmente fazemos.

O valor obtido pelo processo de "cubação da terra" se aproxima do valor real da área quanto mais próximo de uma região retangular for o formato do terreno, ou seja, a "cubação da terra" *sempre produz resultado igual* (para um terreno retangular) *ou superior* (se o terreno tiver a forma de qualquer outro quadrilátero) ao obtido pelo procedimento tradicional.

Você pode estar se perguntando: como, nessas comunidades, se faz o cálculo quando a superfície a ser medida tem formato triangular (ou seja, quando há apenas três divisas no terreno)?

A descrição que fazem do novo procedimento é a seguinte:

- "pegam uma das divisas e tocam um zero", ou seja, consideram que estão diante de um quadrilátero, em que um dos lados tem medida zero;
- aplicam o mesmo processo anterior.

Agora que vimos o procedimento, vamos fazer um exemplo para aplicação do método, calculando a área de um terreno representado pela região delimitada pelo quadrilátero *ABCD* a seguir.

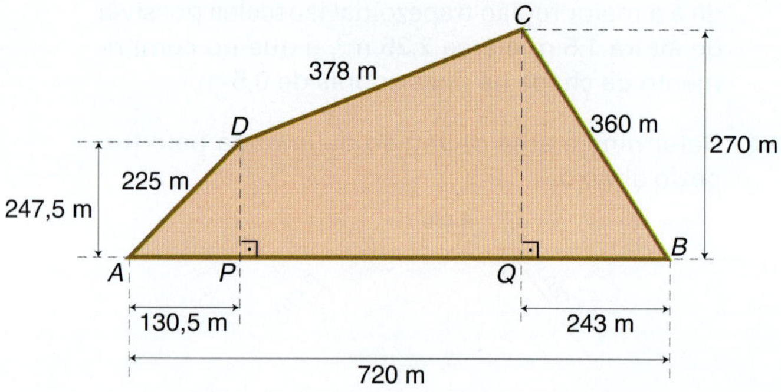


I. Pelo processo de "cubação da terra"

Primeiro, vamos determinar a média aritmética de cada par de lados opostos do quadrilátero:

$$\frac{720 + 378}{2} = 549$$

e

$$\frac{225 + 360}{2} = 292{,}5$$

Depois, efetuamos o produto dos valores obtidos e encontramos a área (aproximada) do terreno:

$$A_{terreno} = 549 \times 292{,}5 \Rightarrow A_{terreno} = 160.582{,}5 \text{ m}^2$$

II. Usando as fórmulas estudadas

Considerando a decomposição do quadrilátero nos triângulos *ADP* e *BCQ* e no trapézio *DCQP*, vamos calcular a área de cada região poligonal, separadamente:

- $A_{ADP} = \dfrac{130{,}5 \times 247{,}5}{2} = 16.149{,}375$
- $A_{BCQ} = \dfrac{243 \times 270}{2} = 32.805$
- $A_{DCQP} = \dfrac{(270 + 247{,}5) \cdot 346{,}5}{2} = 89.656{,}875$

Assim, a área do terreno delimitado pelo quadrilátero inicial é dada pela soma das áreas das regiões poligonais que o formam:

$$A_{terreno} = 16.149{,}375 + 32.805 + 89.656{,}875$$
$$A_{terreno} = 138.611{,}25 \text{ m}^2$$

Comparando os dois resultados, observamos que, realmente, o processo de "cubação da terra" nos fornece um valor maior do que o da área do terreno (obtida pelo processo tradicional), já que esse terreno não é retangular.

## 3. Área de Superfícies Poligonais Regulares

Uma superfície poligonal (convexa ou não) sempre pode ser decomposta em superfícies triangulares sem pontos internos comuns.

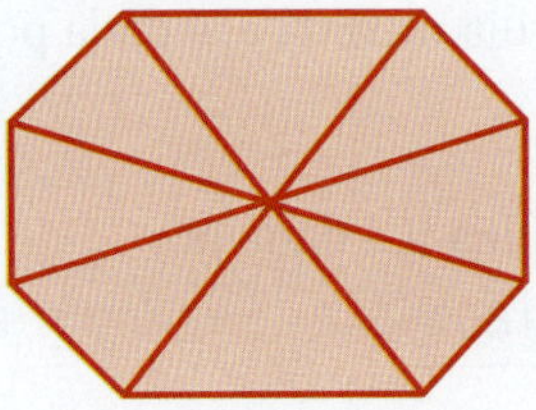

superfície poligonal convexa

superfície poligonal não convexa

No caso de uma superfície poligonal regular, ela pode ser inscrita em uma circunferência e, nesse caso, ela é decomposta em regiões triangulares isósceles, sem pontos internos comuns, com um de seus vértices no centro da circunferência. Consequentemente, o raio da circunferência tem medida igual à medida dos lados congruentes de cada região triangular obtida.

**Recorde**

- **Polígono regular** é aquele que tem todos os lados congruentes entre si e todos os ângulos internos congruentes entre si.
- Uma **superfície poligonal** é **regular** se o polígono que a contorna é regular.

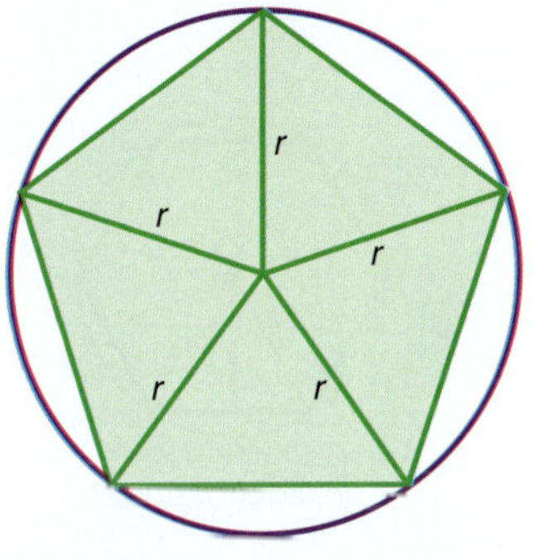


superfície delimitada por um pentágono regular

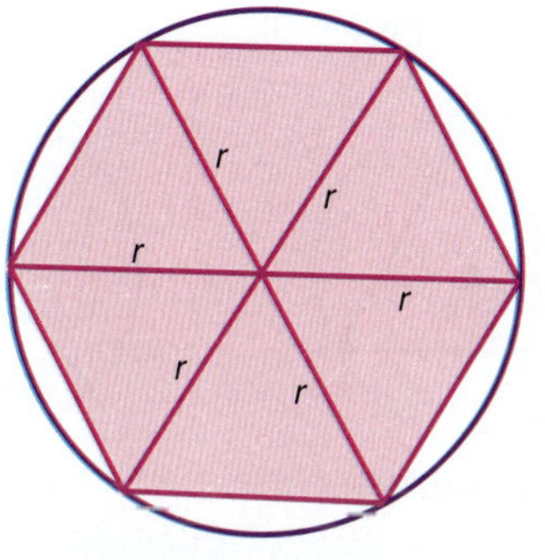


superfície delimitada por um hexágono regular

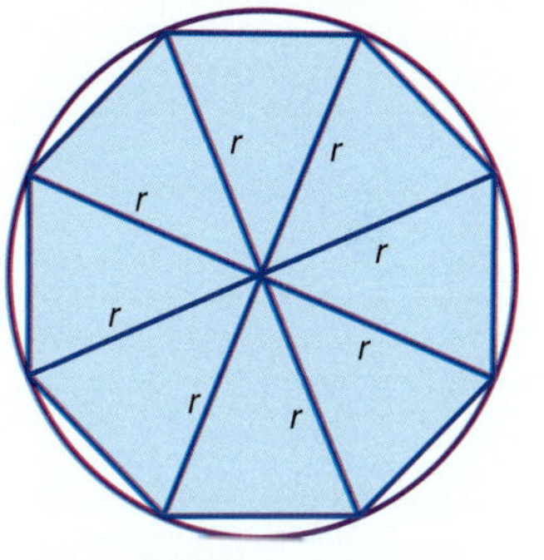


superfície delimitada por um octógono regular

### 3.1 O polígono regular e seus elementos

Consideremos uma superfície poligonal regular com $n$ lados de medida $\ell_n$ cada um conforme mostra a figura:

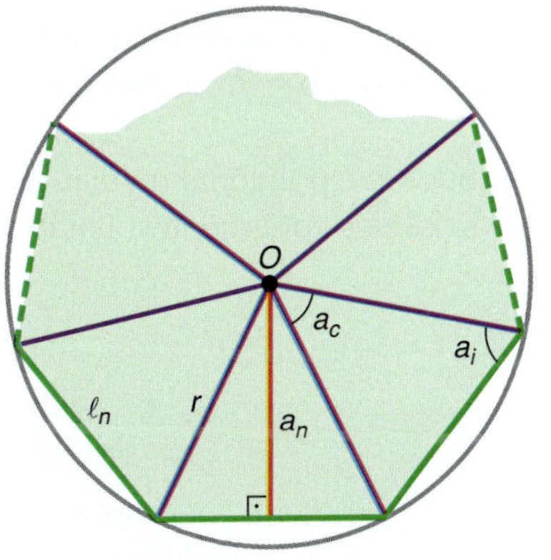


Vamos relembrar alguns elementos importantes de um polígono regular (com $n$ lados) que aparecem destacados nessa figura:

- **centro** é o ponto de intersecção de todas as bissetrizes dos ângulos internos do polígono;

**Atenção!**

O centro do polígono regular coincide com o centro comum das circunferências *circunscrita* (aquela que contém todos os vértices do polígono) e *inscrita* (aquela que tangencia todos os lados do polígono).

> **Faça**
>
> Mostre que no caso de um hexágono regular a medida de cada lado é igual à medida do raio da circunferência circunscrita a ele.

- **raio** do polígono é o raio da circunferência circunscrita a ele;
- **apótema** é o segmento de reta perpendicular a um dos lados do polígono com um extremo no ponto médio desse lado e o outro no centro do polígono;
- **ângulo central** é o ângulo que tem o vértice no centro do polígono e seus lados contêm vértices consecutivos desse polígono, cuja medida $a_c$ é dada por:

$$a_c = \frac{360°}{n}$$

- **ângulos internos** congruentes entre si, cuja medida $a_i$ é dada por:

$$a_i = \frac{(n-2) \cdot 180°}{n}$$

Observando a figura, podemos ver o centro $O$ do polígono, o raio da circunferência circunscrita de medida $r$, o apótema de medida $a_n$ e lados do polígono regular de medida $\ell_n$.

**Observação**

Podemos relacionar as medidas do lado e do apótema com a medida do raio do polígono regular. Veja essas relações para o quadrado, o hexágono regular e o triângulo equilátero:

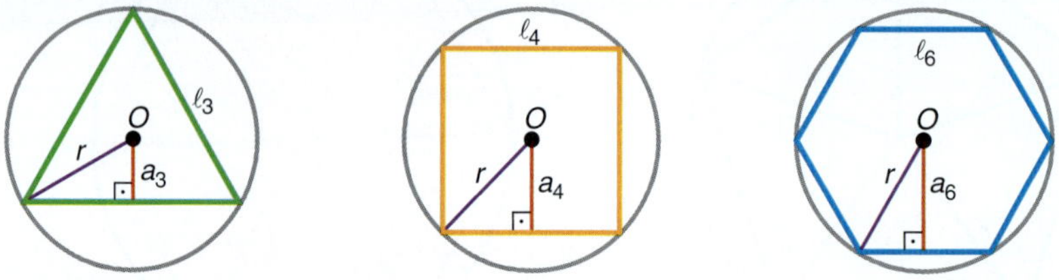


triângulo equilátero

- $\ell_3 = r\sqrt{3}$
- $a_3 = \dfrac{r}{2}$

quadrado

- $\ell_4 = r\sqrt{2}$
- $a_4 = \dfrac{r\sqrt{2}}{2}$

hexágono regular

- $\ell_6 = r$
- $a_6 = \dfrac{r\sqrt{3}}{2}$

## O cálculo da área delimitada por um polígono regular

Se o polígono regular tem $n$ lados, todos de medida $\ell$, o perímetro da superfície poligonal delimitada por ele é $2p = n \cdot \ell$. Indiquemos a medida do apótema desse polígono por $a$.

Já vimos que uma superfície poligonal regular de $n$ lados é composta de $n$ superfícies triangulares isósceles congruentes. Então, podemos concluir que sua área é dada por:

$$A_{\text{superfície poligonal regular}} = n \cdot A_{\text{triângulo isósceles}}$$

$$A_{\text{superfície poligonal regular}} = n \cdot \frac{\ell \cdot a}{2} = \frac{n \cdot \ell}{2} \cdot a$$

Chamando de $p$ o semiperímetro (perímetro $= 2p$) dessa superfície e levando em conta as relações obtidas, concluímos que a área dessa superfície poligonal regular é obtida pelo produto de seu semiperímetro pela medida de seu apótema.

$$A_{\text{superfície poligonal regular}} = p \cdot a$$

## Exercícios Resolvidos

**ER. 12** Determine a área de uma superfície pentagonal regular que tem 10 cm de lado.

Use sen 54° = 0,81 e cos 54° = 0,59.

**Resolução:** Precisamos do semiperímetro e da medida do apótema do pentágono que contorna essa superfície. Vamos representar a situação, inscrevendo a superfície pentagonal em uma circunferência:

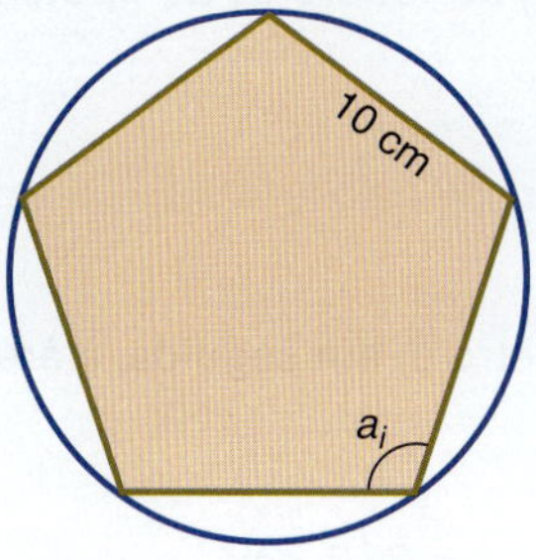


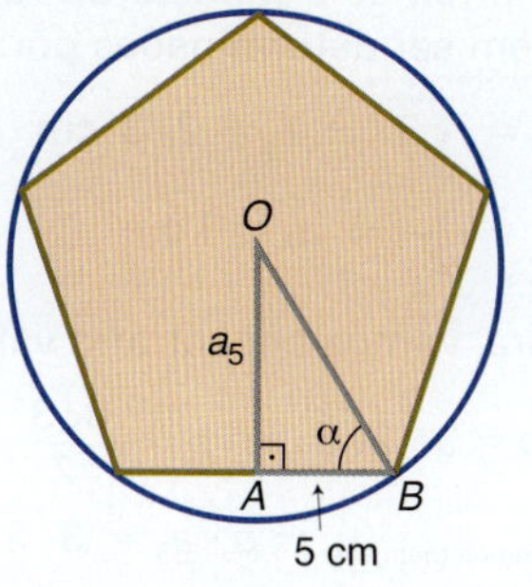


Podemos encontrar a medida $a_i$ de cada ângulo interno desse pentágono:

$$a_i = \frac{(5-2)\cdot 180°}{5} = 108°$$

Repare que o centro $O$ desse polígono determina o raio $\overline{OB}$ que divide ao meio o ângulo interno $\hat{B}$ que mede 108°, ou seja, $\alpha = 54°$.

O segmento $\overline{OA}$ é apótema, que é perpendicular ao lado em seu ponto médio, que é o ponto $A$. Desse modo, temos $AB = 5$ cm e o triângulo $OAB$ é retângulo em $A$. Daí, vem:

$$\text{tg } 54° = \frac{\text{sen } 54°}{\cos 54°} \Rightarrow \frac{a_5}{5} = \frac{0{,}81}{0{,}59} \Rightarrow \frac{a_5}{5} = 1{,}37 \Rightarrow$$

$$\Rightarrow a_5 = 5 \cdot 1{,}37 \Rightarrow a_5 = 6{,}85 \text{ cm}$$

Por outro lado, o perímetro $2p$ desse pentágono é dado por:

$$2p = 5 \cdot (10 \text{ cm}) = 50 \text{ cm} \Rightarrow p = (50 \text{ cm}) : 2 = 25 \text{ cm}$$

Ou seja, o apótema mede 6,85 cm e o semiperímetro é 25 cm. Assim, podemos concluir que a área dessa região é:

$$A_{\text{região poligonal}} = 25 \cdot 6{,}85 \Rightarrow A_{\text{região poligonal}} = 171{,}25 \text{ cm}^2$$

**ER. 13** Quantos lados tem uma superfície poligonal regular, sabendo que sua área é 125 m$^2$, seu lado mede 2 m e seu apótema, 5 m?

**Resolução:** Indiquemos por $n$ o número de lados dessa superfície poligonal regular. Daí, temos:

- medida do apótema: $a = 5$ m
- medida do lado: $\ell = 2$ m
- área: $A = 125$ m$^2$

Com isso, podemos encontrar o número de lados da superfície poligonal regular do seguinte modo:

$$A = p \cdot a = \frac{n \cdot \ell}{2} \cdot a \Rightarrow 125 = \frac{n \cdot 2}{2} \cdot 5 \Rightarrow 5n = 125 \Rightarrow n = 25 \text{ lados}$$

**ER. 14** [*DESIGN*] O logotipo de uma empresa foi feito usando uma circunferência e um triângulo equilátero, conforme mostra a figura ao lado.

Dada apenas a medida 2 cm do raio da circunferência circunscrita à região triangular desse logotipo, encontre a área da região triangular.

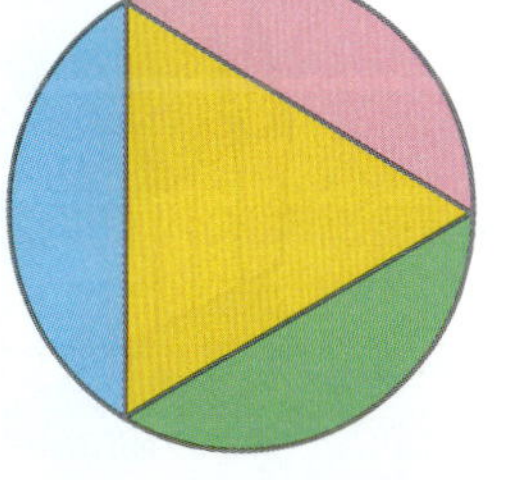

**Resolução:** O triângulo equilátero é um polígono regular. Dessa forma, para obter a área da região delimitada por ele, basta encontrar a medida $a_3$ de seu apótema e o valor $p$ de seu semiperímetro, ou seja, precisamos da medida $\ell_3$ de seus lados. Veja esses elementos na figura do logotipo.

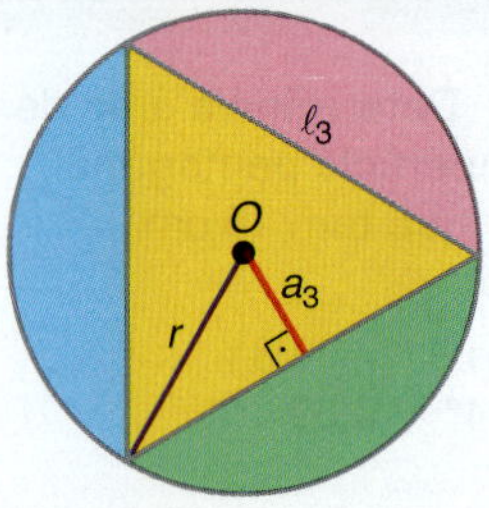


Como temos a medida do raio, as medidas $\ell_3$ do lado e $a_3$ do apótema podem ser determinadas por:

- $\ell_3 = r\sqrt{3} \Rightarrow \ell_3 = 2\sqrt{3}$ cm
- $a_3 = \dfrac{r}{2} \Rightarrow a_3 = 1$ cm

Agora, vamos encontrar o valor do semiperímetro e, em seguida, a área:

- $2p = 3 \cdot 2\sqrt{3} \Rightarrow p = \dfrac{6\sqrt{3}}{2} \Rightarrow p = 3\sqrt{3}$ cm
- $A_{\text{região triangular}} = p \cdot a_3 = 3\sqrt{3} \cdot 1 \Rightarrow A_{\text{região triangular}} = 3\sqrt{3}$ cm$^2$

**Responda**

Existe outra maneira de achar a área dessa região triangular? Justifique sua resposta.

## Exercícios Propostos

**29.** Calcule a medida do apótema de um quadrado que delimita uma área de 64 cm$^2$.

**30.** **[ARTESANATO]** Roseli confeccionou uma caixa para sua mãe guardar o material de costura. A caixa tem 10 cm de altura e cada lado de sua tampa tem 12 cm de comprimento. Roseli vai revestir a tampa da caixa (parte externa e interna) e as laterais externas de papel colorido autoadesivo. Quantos metros quadrados, aproximadamente, ela usará desse papel?

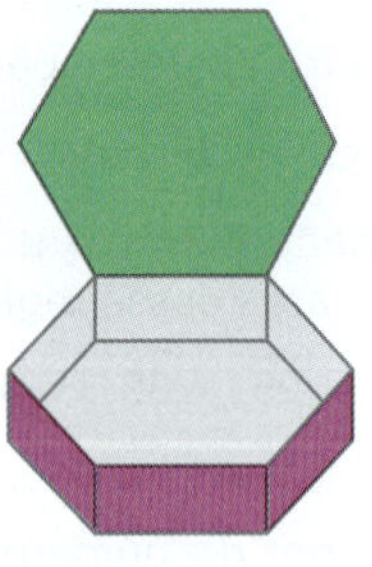

**31.** **[LAZER]** Levi é marceneiro e nas horas vagas gosta de fazer brinquedos para seus netos. No momento, ele está construindo peças para formar um zoológico. Veja o cercado que ele fez para os camelos:

Levi sempre que pode procura incentivar os estudos dos netos. Por isso, ele dá os seguintes desafios para Jorge, o único neto que estuda no Ensino Médio: eu usei um polígono regular no contorno da região onde estão os camelos. Sabendo que cada lado do polígono mede 10 cm, você pode dizer que a área dessa região é maior que 1 dm$^2$? e que 0,5 m$^2$? Por quê?

**32.** Calcule a razão entre as áreas de um hexágono regular e de um quadrado, nessa ordem, cujos perímetros são iguais a 12 cm.

**33.** Um hexágono e um quadrado foram inscritos na mesma circunferência conforme mostra a figura abaixo.

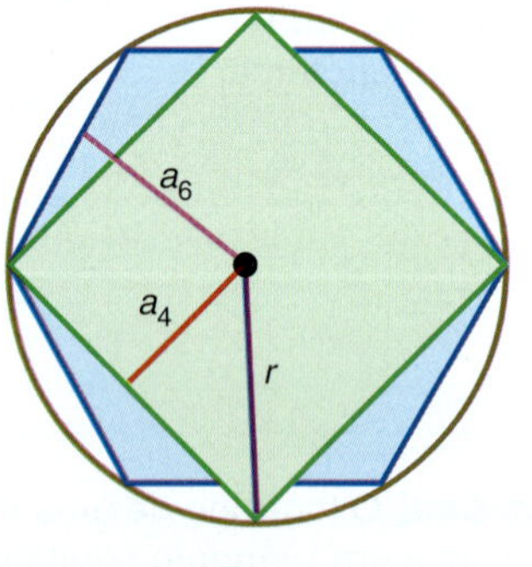


a) Mostre que as medidas $(a_4$ e $a_6)$ dos apótemas desses polígonos regulares podem ser dadas em função da medida do raio da circunferência.

b) Considerando $r = 6$ cm, que porcentual da área da região hexagonal (em azul) não está sobreposta pela região quadrada (em verde)?

# 4. Área de Superfícies Circulares

Figuras circulares são muito comuns no nosso cotidiano. O *círculo e suas partes* nos acompanham no dia a dia: na culinária (pizza), na arquitetura (vitrais, mosaicos de pisos), no lazer (CD), nas compras (moedas), na escola (transferidor); enfim, em todo lugar.

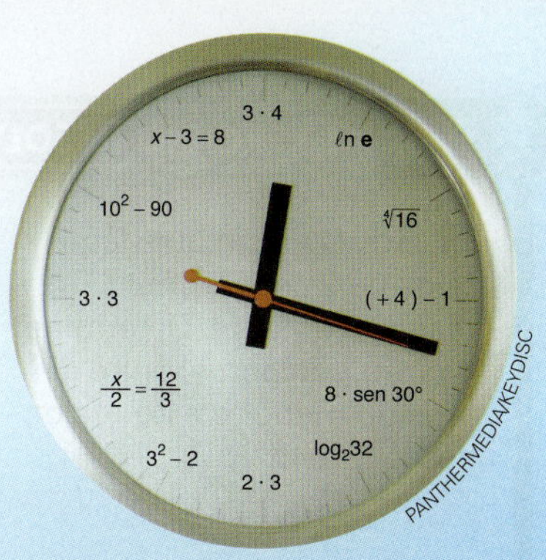


*Visor circular* de relógio estilizado

*Coroas circulares*

Nos CDs originais (à esquerda), a cor do lado de leitura quase sempre é prateada e, em poucos casos, dourada. Nos CDs piratas, esse lado é roxo ou azulado.

Mosaico *circular*

Moeda comemorativa.
*Círculos*

Pedaços de pizza.
*Setores circulares*

## 4.1 ÁREA DO CÍRCULO E DE SUAS PARTES

Todas as circunferências a seguir têm mesmo raio e em cada uma delas está inscrita uma região poligonal regular com um certo número de lados e seu apótema.

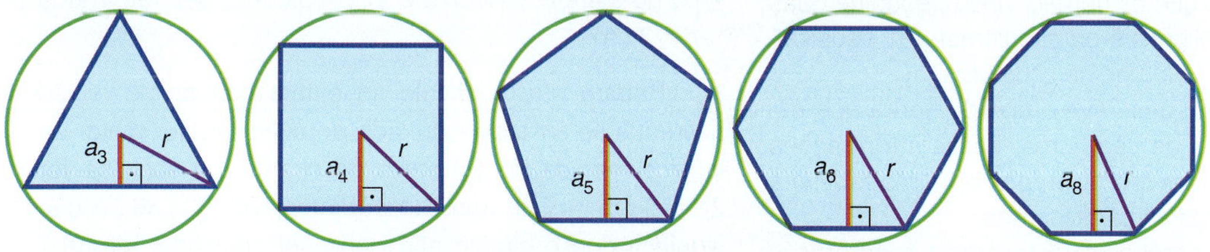


A área $A_n$ de cada uma dessas regiões poligonais regulares é dada pelo produto de seu semiperímetro $p$ e da medida $a_n$ de seu apótema, isto é:

$$A_n = p \cdot a_n$$

### O cálculo da área de um círculo

Observando as regiões poligonais regulares dadas anteriormente, repare que à medida que o número de lados da superfície poligonal aumenta, seu semiperímetro se aproxima do comprimento da circunferência e seu apótema se aproxima do raio dessa circunferência. Isso significa que o número $p$ se aproxima de $\pi r$ e o número $a_n$ se aproxima de $r$. Nesse caso, o produto $p \cdot a_n$ se aproxima de $\pi r \cdot r$ e, assim, a área $A_n$ da superfície poligonal se aproxima de $\pi r^2$.

Desse modo, quando o número de lados da região poligonal aumenta, sua área se aproxima da *área do círculo* limitado por essa circunferência, o que nos permite concluir que a área do círculo de raio $r$ é dada por:

$$A_{\text{círculo}} = \pi r^2$$

**Recorde**

O *comprimento* de uma circunferência de raio $r$ é dado pelo produto $2\pi r$. Assim, a metade desse comprimento é dado por $\pi r$.

## Exercício Resolvido

**ER. 15** Dois círculos têm raios de 2 cm e 3 cm, respectivamente. Determine a razão porcentual entre a área do menor e a do maior, nessa ordem.

**Resolução:** Inicialmente, vamos encontrar a área de cada círculo:

- $A_{\text{círculo menor}} = (\pi \cdot 2^2)\ \text{cm}^2 \Rightarrow A_{\text{círculo menor}} = 4\pi\ \text{cm}^2$
- $A_{\text{círculo maior}} = (\pi \cdot 3^2)\ \text{cm}^2 \Rightarrow A_{\text{círculo maior}} = 9\pi\ \text{cm}^2$

Assim, para achar a razão porcentual entre a área menor e a área maior, basta determinar a razão entre essas duas grandezas e expressar o número obtido na forma porcentual:

$$\frac{A_{\text{círculo menor}}}{A_{\text{círculo maior}}} = \frac{4\pi}{9\pi} = \frac{4}{9} = 0{,}444... \simeq 44{,}4\%$$

Essa razão indica que a área do círculo menor é, aproximadamente, 44,4% da área do círculo maior.

## Enigmas, Jogos & Brincadeiras

### Jogo do "Quem Cabe em Quem"

Este jogo envolve pelo menos três participantes.

*Material*

Cada participante deve ter:
lápis, borracha, papel, régua e calculadora

*Regras*

- Cada jogador, sem que os demais vejam, escolhe duas figuras (regiões poligonais ou circulares), faz seus desenhos e determina a área de cada uma.
- Depois, um por vez, descreve o tipo de figura que escolheu e diz a área de cada uma. Essas informações devem ser registradas (por exemplo, em uma tabela) e ficar à vista de todos os participantes.
- A descrição deve conter as características geométricas e as dimensões necessárias para que seja possível, a partir do valor da área, a construção das figuras, que não devem ser mostradas.
- Os jogadores devem desenhar cada par de figuras (colocando embaixo o nome da pessoa que as criou). Em seguida, ainda para cada par de figuras fornecidas, precisam decidir se uma delas pode ser colocada "dentro" da outra (nesse caso, dizer qual) ou se nenhuma das duas "cabe" uma na outra.
- Deve-se ter uma rodada para as respostas de cada par de figuras criadas.
- O vencedor é aquele que escolher duas figuras que ninguém consiga dar a resposta correta, e caso isso não ocorra, vence quem conseguiu o maior número de respostas erradas. Se houver empate, faz-se outra rodada em que só os jogadores que empataram criam o par de figuras, e todos os participantes respondem.

*Analisando um exemplo*

Vamos supor que os dados fornecidos sejam estes:
um quadrado de área 32 cm$^2$ e um círculo de área $9\pi$ cm$^2$

Com isso, pode-se concluir que:

- como a área do quadrado é $\ell^2 = 32$ cm$^2$, seu lado mede $\ell = \sqrt{32}$ cm;
- como a área do círculo é $\pi r^2 = 9\pi$ cm$^2$, seu raio mede $r = 3$ cm.

Repare que o círculo só estará contido na região quadrada se a medida do lado do quadrado for maior ou igual à medida do diâmetro do círculo, ou seja, se for $2r = 6$ cm $= \sqrt{36}$ cm. No entanto, $\sqrt{32} < \sqrt{36}$, o que significa que o círculo não pode ser colocado "dentro" do quadrado.

Por outro lado, para que o quadrado esteja contido no círculo, a medida da diagonal do quadrado precisa ser menor ou igual à medida do diâmetro do círculo. Mas sabemos que a medida da diagonal do quadrado é dada por $d = \ell\sqrt{2}$, isto é, $d = \sqrt{64}$ cm $= 8$ cm e $8 > 6$.

Assim, nesse caso, nem o círculo "cabe" no quadrado nem o quadrado "cabe" no círculo.

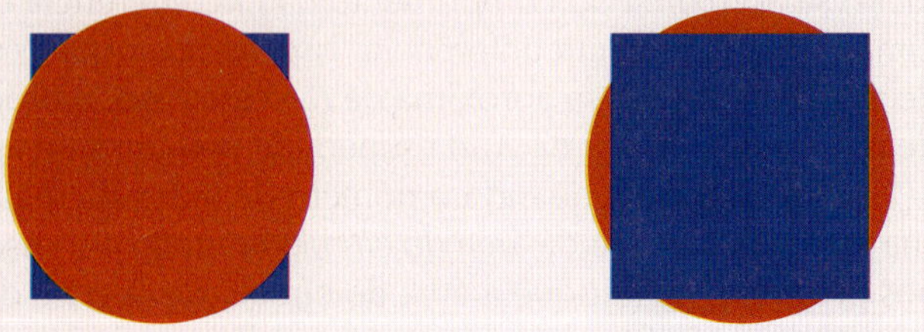

Agora é a sua vez, bom divertimento!

## O cálculo da área de uma coroa circular

Tomemos dois círculos de raios de medidas diferentes, por exemplo, de 2 cm e 3 cm. Repare que, sobrepondo o círculo menor ao maior, fazendo seus centros coincidirem, obtemos uma região limitada pelas duas circunferências desses círculos. Essa região é denominada **coroa circular**.

> **Saiba +**
>
> Círculos que têm seus centros coincidentes são chamados de **círculos concêntricos**.

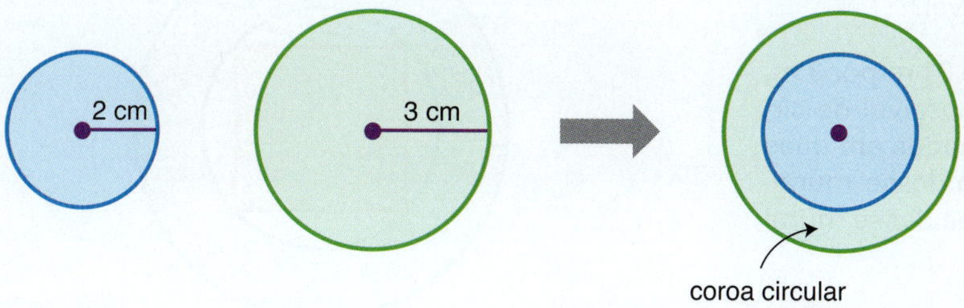


Note que, para obter a área da coroa circular, basta fazer a diferença entre a área do círculo de maior raio e a área do círculo de menor raio. Considerando nosso exemplo, temos:

$$A_{\text{coroa circular}} = A_{\text{círculo maior}} - A_{\text{círculo menor}}$$

$$A_{\text{coroa circular}} = 9\pi \text{ cm}^2 - 4\pi \text{ cm}^2 = 5\pi \text{ cm}^2$$

> **Atenção!**
>
> Repare que, nesse caso, a área da coroa circular é maior do que a metade da área do círculo maior. Então, a área do círculo menor tem de ser menos de 50% da área do círculo maior, resultado que foi obtido no ER. 15.

Vamos generalizar esse resultado para dois círculos de raios de medidas $r$ e $R$ (com $r < R$). Na figura abaixo, a parte em laranja é a coroa circular determinada por esses dois círculos.

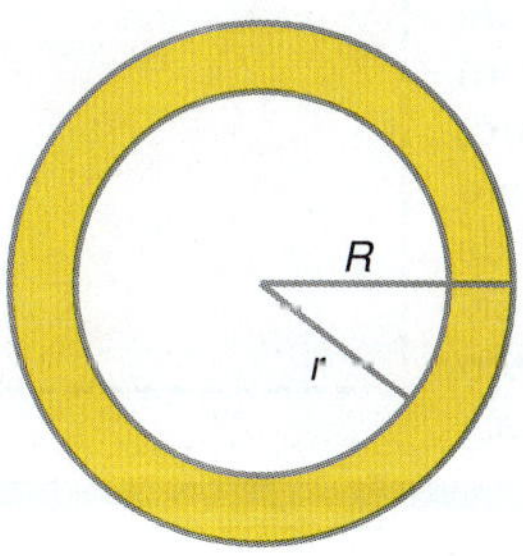


$$A_{\text{coroa circular}} = A_{\text{círculo maior}} - A_{\text{círculo menor}}$$

$$A_{\text{coroa circular}} = \pi \cdot R^2 - \pi \cdot r^2$$

$$A_{\text{coroa circular}} = \pi(R^2 - r^2)$$

### Exercício Resolvido

**ER. 16** O raio de uma circunferência é o triplo do raio de outra circunferência, concêntrica com a primeira. Determine as medidas desses raios, sabendo que a área da coroa circular limitada por essas circunferências é $32\pi$ m².

**Resolução:** Sejam $R$ e $r$ as medidas dos raios das circunferências maior e menor, respectivamente, que limitam a coroa circular. Como $R = 3r$ e a área da coroa circular é $32\pi$ m², temos:

$$A_{\text{coroa circular}} = 32\pi \Rightarrow \pi(9r^2 - r^2) = 32\pi \Rightarrow$$

$$\Rightarrow 8r^2 = 32 \Rightarrow r^2 = 4 \Rightarrow r = \pm\sqrt{4} \Rightarrow$$

$$\Rightarrow r = 2 \text{ m (pois valor negativo não serve para medida de comprimento)}$$

Da relação das medidas dos dois raios, podemos obter a medida do raio maior:

$$R = 3r = 3 \cdot 2 = 6 \Rightarrow R = 6 \text{ m}$$

Logo, $R = 6$ m e $r = 2$ m.

## Exercícios Propostos

**34.** **[Engenharia]** Uma empreiteira foi contratada para construir um ginásio de esportes redondo em um terreno quadrado com 2.500 $m^2$ de área. Qual é a área ocupada por esse ginásio, sabendo que ela deve ser a maior possível?

**35.** **[Arte]** Em um mural retangular de 21 m por 3 m, Ana vai dispor o maior número possível de círculos vermelhos, idênticos e alinhados em duas fileiras, cobrindo toda a extensão desse mural. Quantos metros quadrados da área desse mural Ana vai usar para isso?

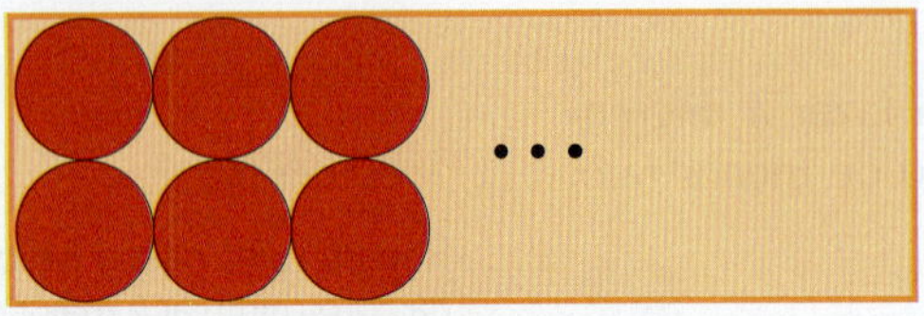

**36.** O número $d$ de diagonais de um polígono convexo de $n$ lados é dado pela relação:

$$d = \frac{n(n-3)}{2}$$

Um polígono regular que tem 20 diagonais está inscrito em um círculo de $144\pi$ $cm^2$ de área.

a) Que polígono é esse?

b) Qual é a área desse polígono?

**37.** Um quadrado de lados medindo 5 cm está inscrito na circunferência menor que determina uma coroa circular. A razão entre a área dessa coroa circular e a área do quadrado é $\pi$. Calcule as medidas $R$ e $r$ (aproximadas) dos raios das circunferências que determinam a coroa circular.

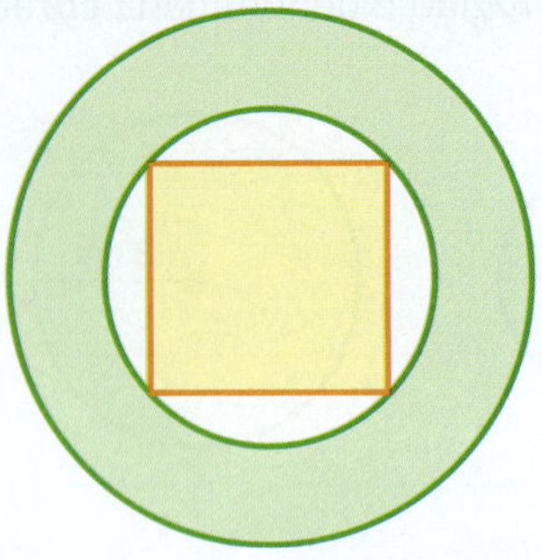

**38.** Dois semicírculos de raios $r$ = 10 cm foram desenhados sobre uma região quadrada conforme mostra a figura ao lado. Calcule a área da região comum desses dois semicírculos.

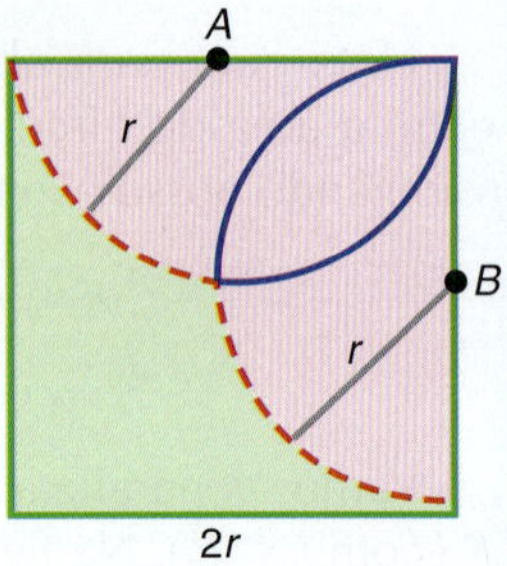


**39.** **[Decoração]** Uma peça decorativa será feita a partir de uma chapa de madeira quadrada com lado medindo 1 metro, cortada em um formato que lembra pétalas de uma flor, conforme mostra a figura ao lado. Determine a área dessa peça.

## O cálculo da área de um setor circular

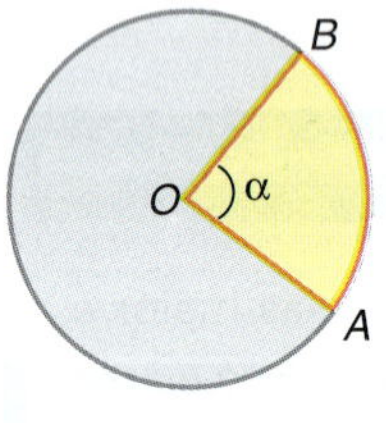


Um **setor circular** é a superfície plana limitada pelos lados de um ângulo central de um círculo e o arco de circunferência determinado por esses lados. Na figura ao lado, está representado, em amarelo, o setor circular caracterizado pelo ângulo α.

Para determinar a área do setor circular, consideremos um círculo de centro $O$ e raio $r$, e nele destaquemos um setor circular determinado por um ângulo central de medida α radianos. A área desse setor é proporcional à medida do ângulo central que o determina.

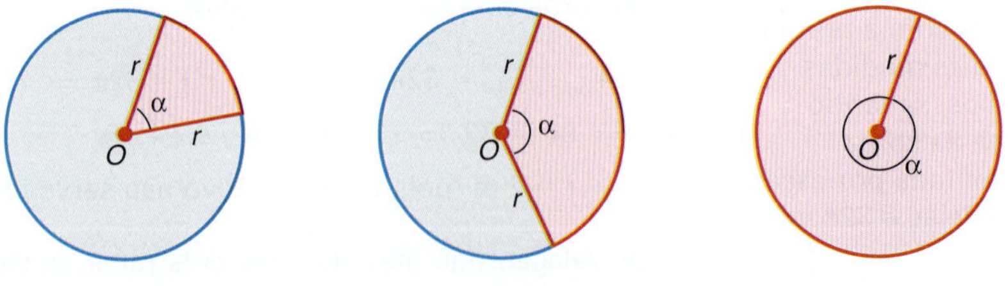


Assim, como o ângulo central que determina o círculo é o de medida $2\pi$ radianos (uma volta completa), temos:

$$\frac{A_{\text{setor circular}}}{A_{\text{círculo}}} = \frac{\alpha}{2\pi} \Rightarrow \frac{A_{\text{setor circular}}}{\pi \cdot r^2} = \frac{\alpha}{2\pi} \Rightarrow \boxed{A_{\text{setor circular}} = \frac{\alpha \cdot r^2}{2} \text{ (com } \alpha \text{ em radianos)}}$$

Observação

Se $\alpha$ for medido em graus, temos:

$$\frac{A_{\text{setor circular}}}{A_{\text{círculo}}} = \frac{\alpha}{360°} \Rightarrow \frac{A_{\text{setor circular}}}{\pi \cdot r^2} = \frac{\alpha}{360°} \Rightarrow A_{\text{setor circular}} = \frac{\alpha \cdot \pi \cdot r^2}{360°} \text{ (com } \alpha \text{ em graus)}$$

O comprimento $\ell$ do arco determinado pelo setor circular sobre a circunferência que limita o círculo também é diretamente proporcional à medida $\alpha$ do ângulo central que caracteriza o setor, e como essa medida é diretamente proporcional à área do setor, podemos concluir que:

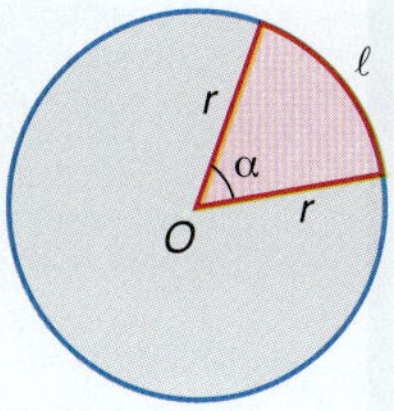


*A área do setor circular é diretamente proporcional ao comprimento do arco desse setor.*

Sendo assim, também podemos encontrar a área de um setor circular usando o comprimento $\ell$ do arco que esse setor determina no círculo:

$$\frac{A_{\text{setor circular}}}{A_{\text{círculo}}} = \frac{\text{comprimento do arco determinado pelo setor}}{\text{comprimento da circunferência do círculo}}$$

$$\frac{A_{\text{setor circular}}}{\pi r^2} = \frac{\ell}{2\pi r}$$

$$A_{\text{setor circular}} = \frac{\ell \cdot r}{2}$$

## Exercício Resolvido

**ER. 17** O ângulo central que define o setor circular verde é de $\frac{\pi}{4}$ rad e o raio do círculo no qual ele está incluído mede 1 m.
Determine a área do setor verde e do setor cinza.

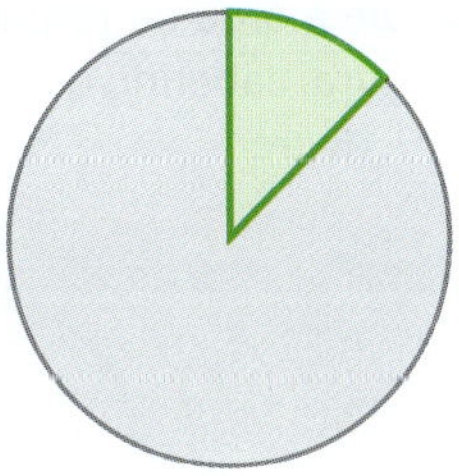

**Atenção!**

Repare que o setor cinza junto com o setor verde completam o círculo.

**Resolução:** Como $A_{\text{setor circular}} = \frac{\alpha \cdot r^2}{2}$ e $\alpha = \frac{\pi}{4}$ rad em um círculo de raio 1 m, temos:

$$A_{\text{setor verde}} = \frac{\frac{\pi}{4} \cdot 1^2}{2} \Rightarrow A_{\text{setor verde}} = \frac{\pi}{4} \cdot \frac{1}{2} \Rightarrow A_{\text{setor verde}} = \frac{\pi}{8} \text{ m}^2 \quad (1)$$

Por outro lado, pela figura, verificamos que:

$$A_{\text{setor cinza}} = A_{\text{círculo}} - A_{\text{setor verde}} \quad (2)$$

De (1) e (2), podemos concluir que:

$$A_{\text{setor cinza}} = \pi \cdot 1^2 - \frac{\pi}{8} = \frac{7\pi}{8}$$

$$A_{\text{setor cinza}} = \frac{7\pi}{8} \text{ m}^2 \simeq 2{,}75 \text{ m}^2$$

## Exercícios Propostos

**40.** Dados três círculos idênticos de raio 5 cm, dispostos como na figura abaixo, calcule a área da região destacada em vermelho.

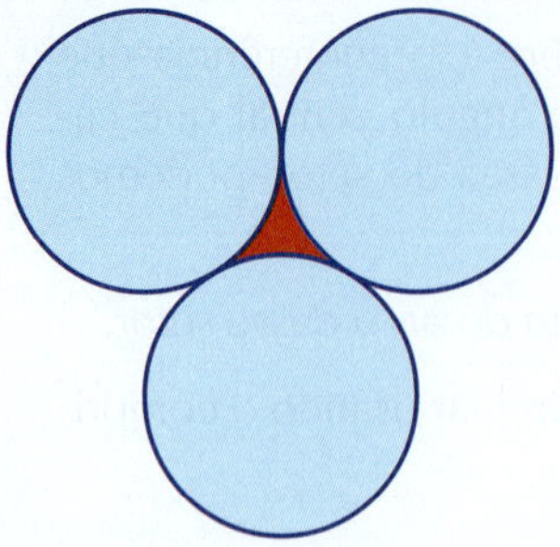

**41.** [CULINÁRIA] O dono de uma pizzaria passou para o pizzaiolo o pedido de uma pizza (redonda) que pudesse ser dividida em 10 pedaços — e não em 8 como são as pizzas convencionais —, mas que cada pedaço desta mantivesse a mesma área de pizza que havia no pedaço da convencional. Qual deve ser o diâmetro dessa pizza maior, sabendo que a pizza convencional (de 8 pedaços) tem um diâmetro de 40 cm?

**42.** Calcule a área da parte da figura que está destacada em vermelho, sendo $r = 10$ dm a medida do raio do círculo.

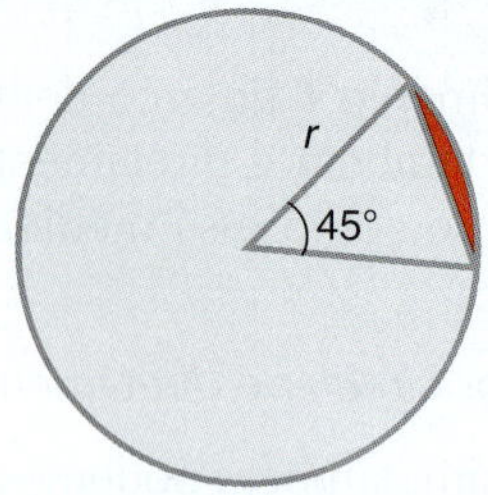


**43.** Na figura abaixo, temos um círculo de raio $r = 2$ cm sobrepondo-se a uma região losangular de lados medindo 4 cm. Encontre a área da parte dessa região que ficou fora da sobreposição do círculo.

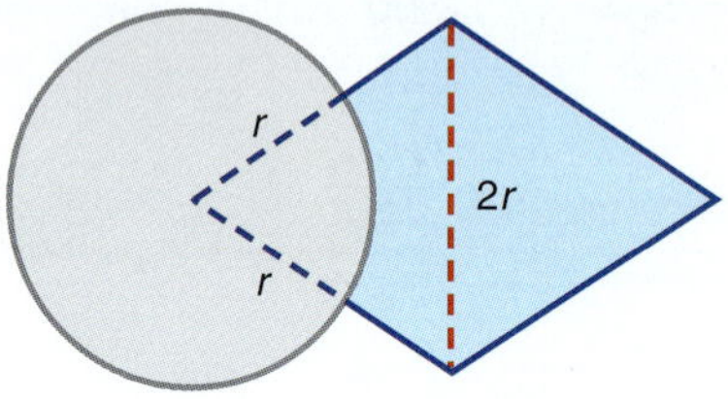


## Encare Essa!

**1.** (OBM) Um arquiteto apresenta ao seu cliente cinco plantas diferentes para o projeto de ajardinamento de um terreno retangular, onde as linhas cheias representam a cerca que deve ser construída para proteger as flores. As regiões claras são todas retangulares e o tipo de cerca é o mesmo em todos os casos. Em qual dos projetos o custo da construção da cerca será maior?

a) 

b) 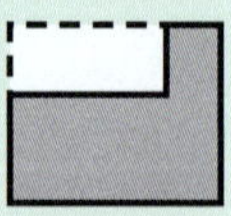

c) 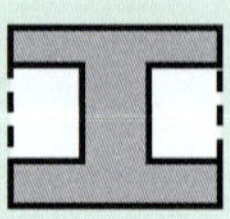

d) 

e) 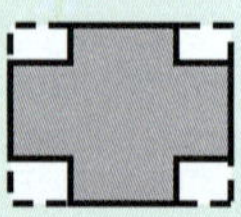

**2.** Calcule a área da região destacada em vermelho na figura, sabendo que os raios medem $R = 20$ cm e $r = 16$ cm.

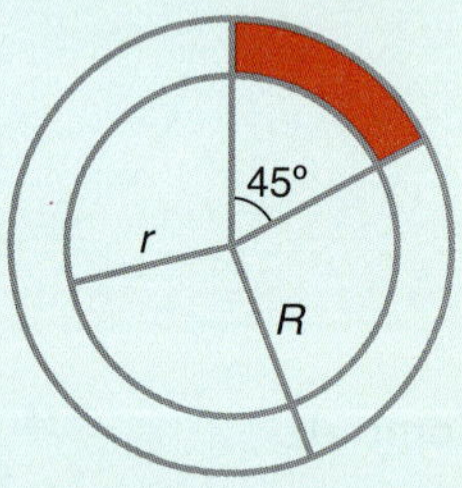


**3.** (UnB – DF – adaptada) Os motores mais utilizados em veículos automotores são os de combustão interna, tal como o motor de Wankel, ilustrado abaixo.

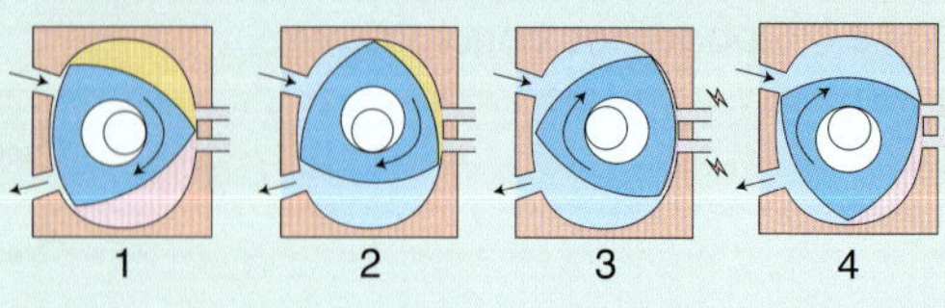

Nesses motores, uma mistura de gás inflamável e oxigênio explode. A energia liberada nessa explosão é utilizada para movimentar um êmbolo. Um problema de engenharia mecânica é aumentar a eficiência desses motores, minimizando o consumo de energia e a poluição.

No caso do motor de Wankel, o êmbolo é uma peça formada por arcos de círculos congruentes que conectam os vértices de um triângulo equilátero, como ilustrado na Figura I a seguir. A Figura II mostra a união dos arcos congruentes $\overset{\frown}{ST}$, $\overset{\frown}{UV}$ e $\overset{\frown}{WX}$ com os arcos congruentes $\overset{\frown}{TU}$, $\overset{\frown}{VW}$ e $\overset{\frown}{XS}$. Nessa figura, $A$, $B$ e $C$ são os vértices de um triângulo equilátero; os pontos $T$, $B$, $C$ e $W$ estão sobre uma mesma reta; os pontos $X$, $A$, $B$ e $U$ estão sobre uma mesma reta; os pontos $S$, $A$, $C$ e $V$ estão sobre uma mesma reta e $AS = AX = BT = BU = CW = CV$.

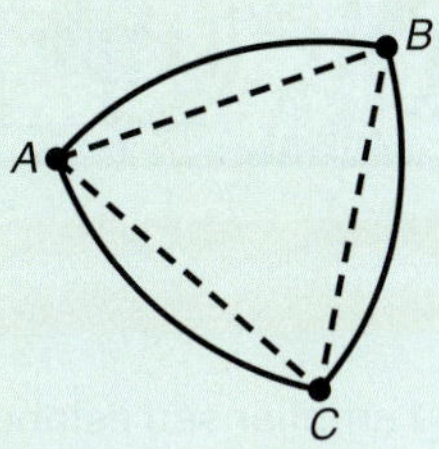


**Figura I**

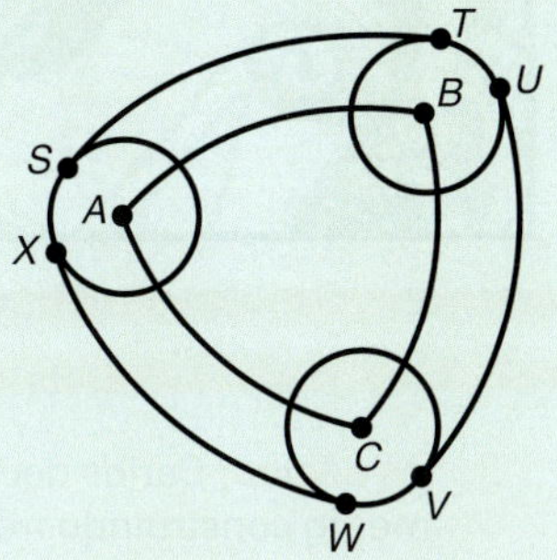


**Figura II**

Considere que $g$ e $h$ são duas retas paralelas que tangenciam dois arcos externos da Figura II. Em face dessas considerações e das informações acima, julgue os itens que se seguem.

(1) Os triângulos $ABC$ e $CWV$ são semelhantes.

(2) Se $AB = R$ e $AX = r$, então a área da Figura II é igual a:

$$\frac{3}{4}\pi\left(R^2 + r^2\right) + \sqrt{3}\left(R - r\right)^2$$

(3) Os triângulos $AUV$, $BXW$ e $CST$ são equiláteros.

**4.** (OBM) Na figura, todas as circunferências menores têm o mesmo raio $r$ e os centros das circunferências que tocam a circunferência maior são vértices de um quadrado.

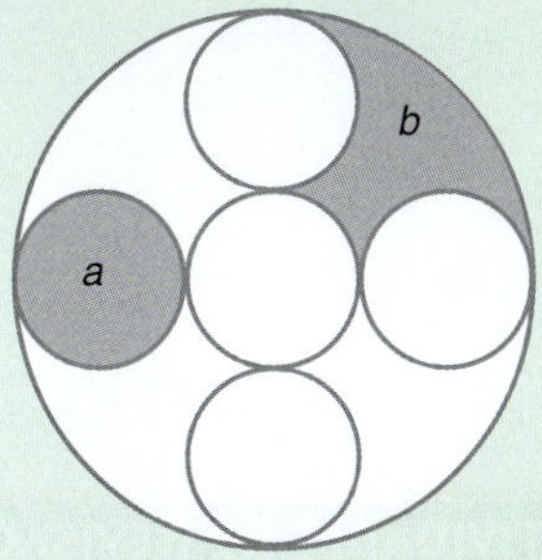


Sejam $a$ e $b$ as áreas cinzas indicadas na figura.

Então, a razão $\frac{a}{b}$ é igual a:

a) $\frac{1}{2}$ b) $\frac{2}{3}$ c) 1 d) $\frac{3}{2}$ e) 2

## História & Matemática

Quando e por que a humanidade começou a se preocupar com medidas de superfícies?

A maioria dos problemas que levaram ao desenvolvimento de conceitos matemáticos relativos a medidas de superfícies devem ter sido questões práticas da vida na Terra: no momento em que o espaço tornou-se escasso, ou as aglomerações humanas concentraram-se no entorno de riquezas naturais diferenciadas, como margens de rios, certamente os problemas exigiram a intervenção do Estado, em um momento da evolução da civilização em que o investimento das energias humanas era voltado ao legado das gerações seguintes. Imaginem a megamáquina que deve ter sido posta em movimento para permitir a drenagem de um pântano ou a sistematização de uma várzea — diques, canais, vertedouros; quantas décadas tomavam, das sociedades que precederam os motores, certas escavações de canais, às vezes através de rocha pura.

Os arqueólogos, com suas descobertas, nos permitem reconstituir alguns dos usos e costumes dos povos que nos antecederam, confirmando ou não nossas hipóteses. Muito material arqueológico tem sido desenterrado, desde a metade do século XIX, e alguns deles trazem informações de natureza matemática. Hoje se sabe que a geometria babilônica, por exemplo, está intimamente relacionada com questões de mensuração de terras e há registros de que, por volta de 2000 a.C., os babilônios já estavam familiarizados com regras gerais para calcular a área de um retângulo, de um triângulo retângulo, de um triângulo isósceles e de um trapézio retângulo. Alguns achados arqueológicos, relativos ao período entre 1650 a.C. e 1850 a.C., mostram que nessa época os egípcios já haviam descoberto a solução para a determinação da área de um círculo, bem como sabiam que a área de um triângulo qualquer é a metade do produto das medidas de sua base pela altura relativa a ela.

No Brasil atual, pesquisadores em Etnomatemática fizeram uma descoberta muito interessante: constataram que há comunidades agrícolas do sul utilizando, nas medições de seus lotes de terra, um método que coincide com aquele usado no Egito Antigo! Esse método, descrito por representantes dessas comunidades, é chamado de "cubação da terra" e foi apresentado anteriormente, na seção *Conheça mais...*

**Reflexão e ação**

Ao longo da História, muitos se preocuparam com o cálculo de áreas e uma variedade de ferramentas matemáticas foram desenvolvidas para se obter a maior precisão possível. Em nosso estudo, você viu um pouco desse cenário e trabalhou com algumas fórmulas hoje tão consagradas. Uma delas até leva o nome de um matemático — fórmula de Heron. Pois é, Heron de Alexandria (65-125) foi um dos que se dedicou a esse tema.

Pesquise e descubra um pouco mais sobre esse matemático grego.

Heron de Alexandria.



## Atividades de Revisão

1. **[ENGENHARIA]** A planta de uma casa está representada em uma malha quadriculada. Considere que cada centímetro representa 2 m.

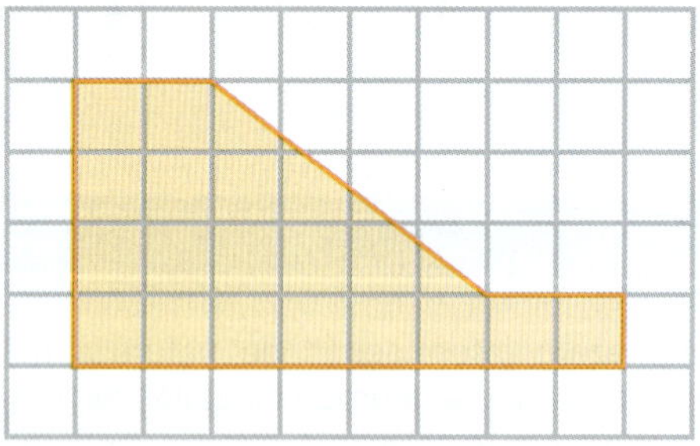

a) Quantos metros tem o contorno dessa casa?
b) Determine a área que essa casa ocupa.

2. Na malha quadriculada abaixo, você vê a ampliação de uma região poligonal:

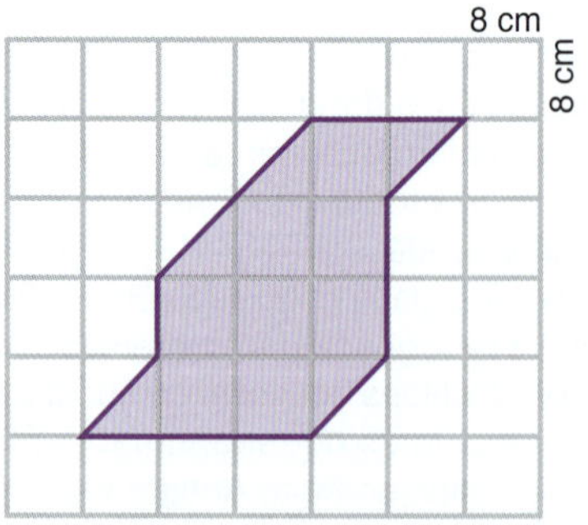


Calcule a área da figura original, sabendo que essa área é um quarto da área da figura ampliada.

3. **[NEGÓCIOS]** Carlos decidiu ampliar seu estabelecimento construindo três novas salas como mostra a figura a seguir. Com isso, sua propriedade passou a ter 76 m$^2$. Qual é a área da loja inicial?

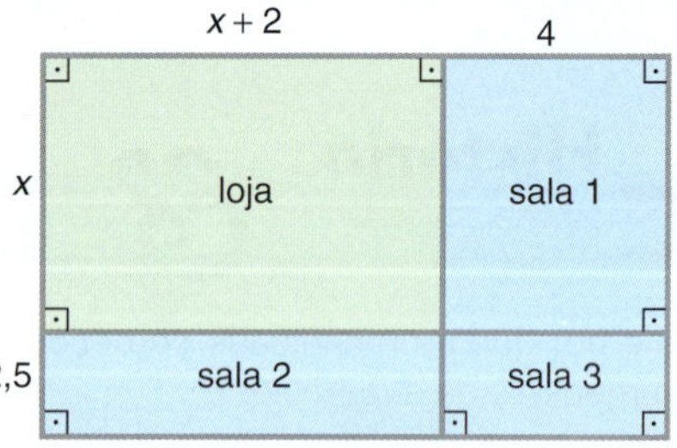


4. **[AGRIMENSURA]** Em um terreno de formato retangular, de medidas 10 m por 30 m, foi construída uma casa que ocupa 80% desse terreno, sendo que na parte restante foi feito um jardim. Qual é a área ocupada pelo jardim?

5. **[DECORAÇÃO]** Em uma parede retangular de dimensões 3,5 m por 4,2 m, João deve pintar uma região delimitada pelo maior losango possível.

Para isso, ele vai usar uma tinta especial, que é vendida em latas cujo rendimento é de 5 m$^2$ por lata. Sabendo que cada lata custa 8 reais, qual é o gasto com tinta, em reais, para pintar essa região losangular?

6. **[AGRIMENSURA]** Thiago tem um terreno na forma de um losango cujo perímetro mede 40 m e a diagonal menor, 12 m. Ele contratou uma

pessoa para adubar a terra de toda a área do terreno. O orçamento foi de R$ 10.000,00 por hectare, incluindo mão de obra e adubo. Quanto Thiago pagou por esse serviço?

**7.** Calcule a área, em $cm^2$, de um triângulo retângulo em que a medida de um cateto é o dobro da medida do outro e cuja hipotenusa mede $\sqrt{5}$ m.

**8.** Dois lados de um triângulo medem $a$ e $b$, respectivamente, e formam um ângulo de medida $\alpha$. Sabendo que esse triângulo tem a maior área possível, determine a medida do terceiro lado.

**9.** **[DIVERSÃO]** Em uma festa junina foram fabricadas bandeirinhas de dois tipos, conforme as figuras seguintes:

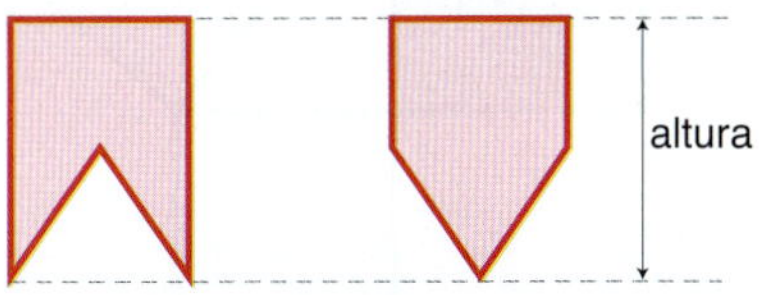


Para economizar papel, elas são cortadas a partir de uma folha retangular dobrada ao meio, que depois é cortada no formato de um trapézio:

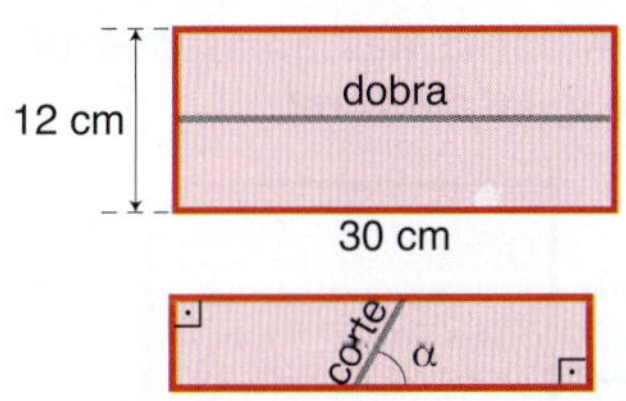


Sabendo que a inclinação do corte é um ângulo de medida $\alpha$ tal que tg $\alpha = 2$, e que as bandeirinhas têm mesma área, calcule a altura dessas bandeirinhas.

**10.** Calcule a área de uma região delimitada por um hexágono regular cujo lado mede 4 cm.

**11.** A figura circular a seguir é de origem chinesa e remete à ideia de equilíbrio. Sabendo que essa figura é simétrica, encontre a área da região verde.

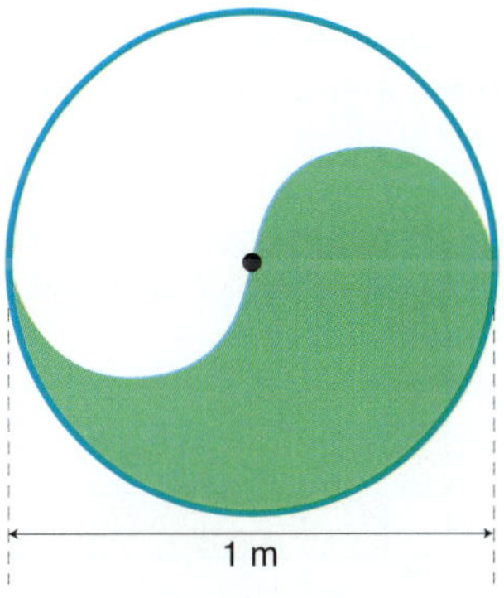


**12.** **[COTIDIANO]** Uma caixa de pizza tem o formato de um octógono regular com lados de 8 cm. Determine a área do fundo dessa caixa e o raio da maior pizza circular que pode ser colocada nela. (Use tg 22,5° = 0,41.)

GRASIELE L. F. CORTEZ

**13.** O quadrado da figura a seguir delimita uma área de 16 $cm^2$. Calcule a área da região laranja delimitada por um lado do quadrado e por dois arcos de circunferência com centros nos vértices relativos a esse lado.

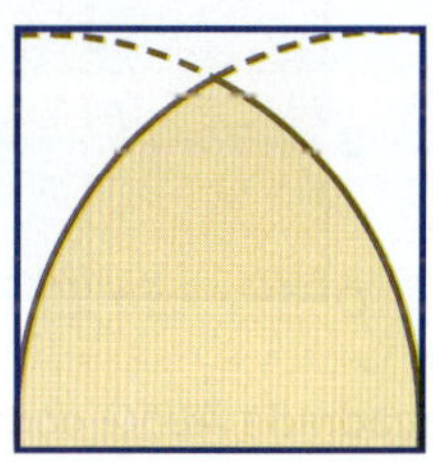

**14.** **[DESIGN]** O tampo de uma mesa é formado por uma região retangular e dois semicírculos, conforme mostra a figura a seguir. Calcule, em metros quadrados, a área da superfície do tampo da mesa.

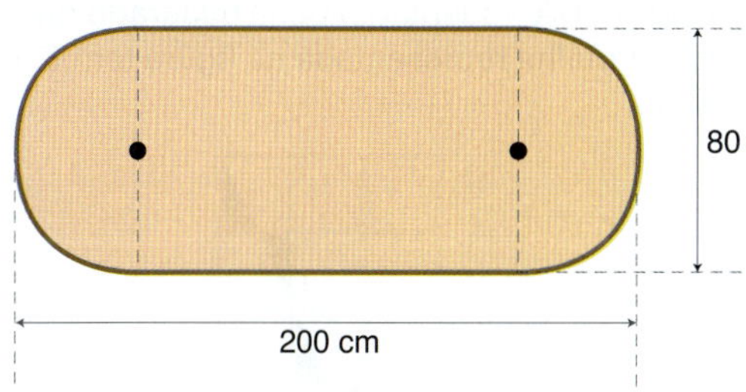


**15.** Calcule a área de uma coroa circular cuja área é igual à área delimitada pela circunferência menor que a determina, sabendo que o raio de sua circunferência maior mede 40 cm.

## Questões Propostas de Vestibular

**1.** (UERJ) Um tabuleiro retangular com pregos dispostos em linhas e colunas igualmente espaçadas foi usado em uma aula sobre área de polígonos. A figura abaixo representa o tabuleiro com um elástico fixado em quatro pregos indicados pelos pontos *A*, *B*, *C* e *D*.

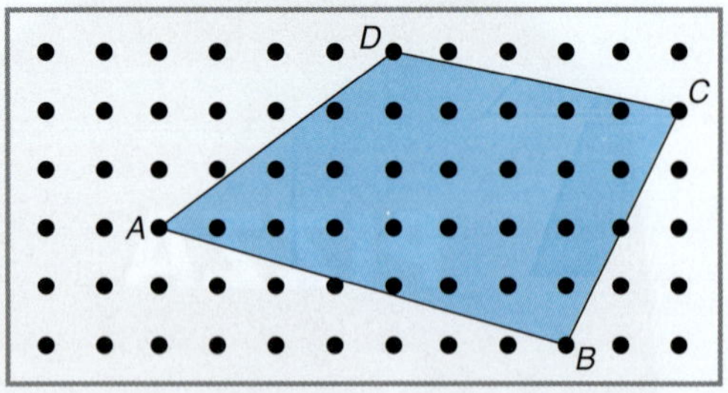


Considere **u** a unidade de área equivalente ao menor quadrado que pode ser construído com vértices em quatro pregos do tabuleiro. Calcule, em **u**, a área do quadrilátero *ABCD* formado pelo elástico.

**2.** (UCB – DF) A figura a seguir representa um lote *OABC* em forma de quadrado, cuja área mede 169 m², no qual se deseja construir dois espaços para treinamento de ginástica.

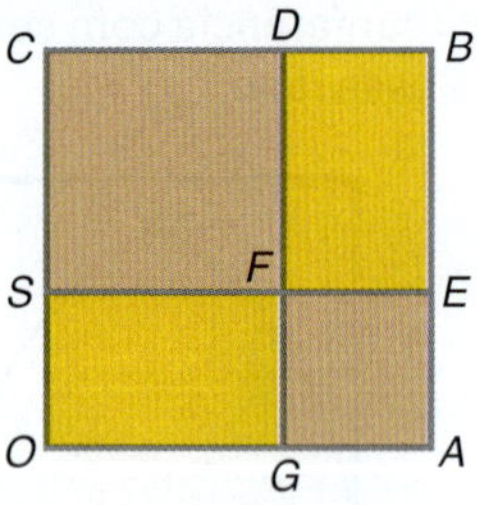


Na parte quadrada *AEFG*, com área de 25 m², serão instaladas barras paralelas, enquanto na outra, *SFDC*, serão instaladas barras assimétricas. De acordo com as informações, determine, em metros quadrados, a área da região destinada às barras assimétricas, desprezando, se houver, a parte decimal do resultado final.

**3.** (UEFS – BA – adaptada) Cada quadrado que compõe a malha representada na figura tem 5 u.a. de área:

Pode-se afirmar que a área da região em verde mede, em u.a.:

a) $37 \cdot 10^{-3}$
b) $75 \cdot 10^{-2}$
c) $35 \cdot 10^{-2}$
d) $37 \cdot 10^{-1}$
e) $75 \cdot 10^{-1}$

**4.** (UNEB – BA) Na figura, a soma das áreas dos três quadrados é 34 u.a.

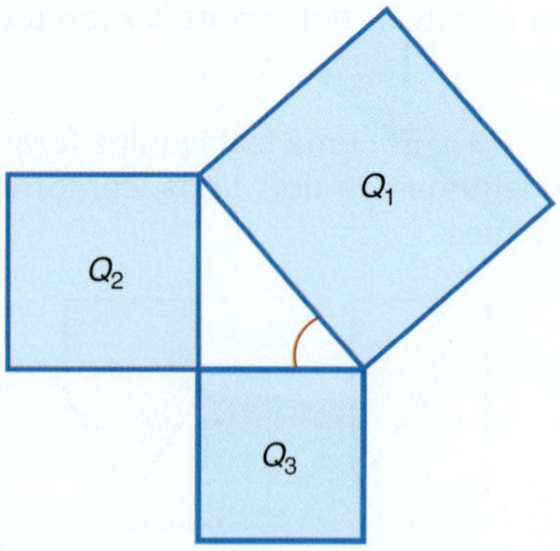


A área do quadrado maior é igual a:

a) 13 b) 14 c) 17 d) 18 e) 20

**5.** (UFPR) A soma das áreas dos três quadrados abaixo é igual a 83 cm².

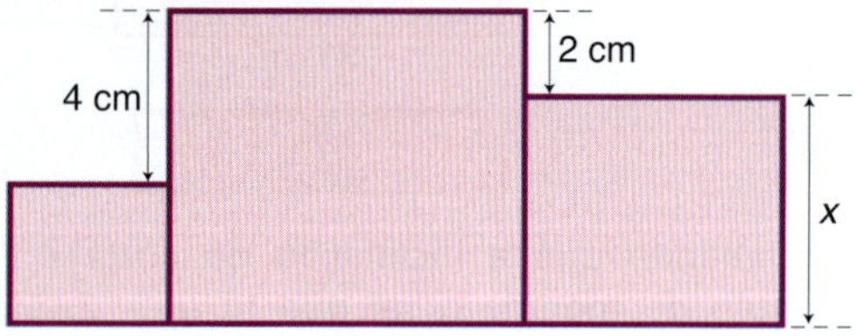


Qual é a área do quadrado maior?

a) 36 cm²
b) 20 cm²
c) 49 cm²
d) 42 cm²
e) 64 cm²

**6.** (UFSC) Tem-se uma folha de cartolina com forma retangular cujos lados medem 56 cm e 32 cm e deseja-se cortar as quinas, conforme ilustração a seguir. Quanto deve medir *x*, em centímetros, para que a área da região amarela seja a maior possível?

**7.** (UECE) Um retângulo $X$, cuja área é 60,80 m², é semelhante a um outro retângulo $Y$, cujo perímetro é $\frac{1}{4}$ do perímetro de $X$. Nessas condições, a área do retângulo $Y$ é:

a) 30,40 m²
b) 15,20 m²
c) 7,60 m²
d) 3,80 m²

**8.** (UFAL) Dois lados consecutivos de um paralelogramo medem 3 cm e 6 cm e formam um ângulo de 45°. A área desse paralelogramo vale:

a) $6\sqrt{2}$ cm²
b) $8\sqrt{2}$ cm²
c) $18\sqrt{2}$ cm²
d) $9\sqrt{2}$ cm²
e) $7\sqrt{2}$ cm²

**9.** (UEPB) Se em um painel retangular foi afixado um cartaz de formato triangular, como mostra a figura, a área $S$ ocupada pelo cartaz é igual a:

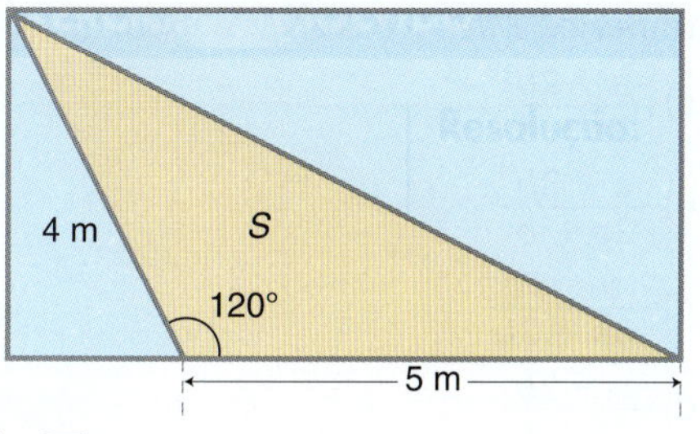


a) $\frac{5}{2}\sqrt{3}$ m²
b) 10 m²
c) 5 m²
d) $10\sqrt{3}$ m²
c) $5\sqrt{3}$ m²

**10.** (UFG – GO) A figura abaixo representa uma pipa simétrica em relação ao segmento $\overline{AB}$, onde $\overline{AB}$ mede 80 cm.

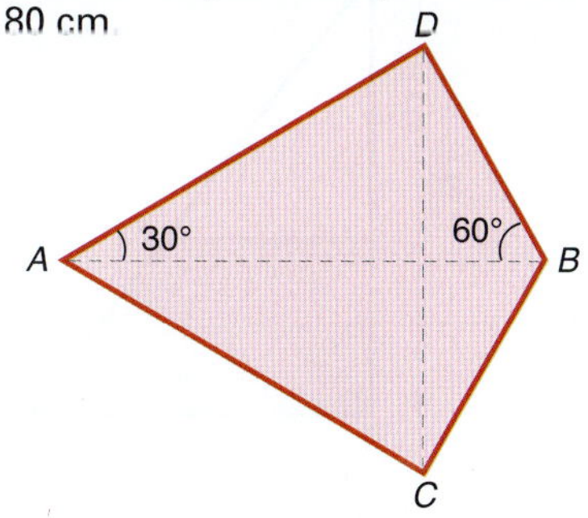


Então, a área da pipa, em m², é de:

a) $0,8\sqrt{3}$
b) $0,16\sqrt{3}$
c) $0,32\sqrt{3}$
d) $1,6\sqrt{3}$
e) $3,2\sqrt{3}$

**11.** (Uespi) Na ilustração abaixo, $ABCD$ é um paralelogramo.

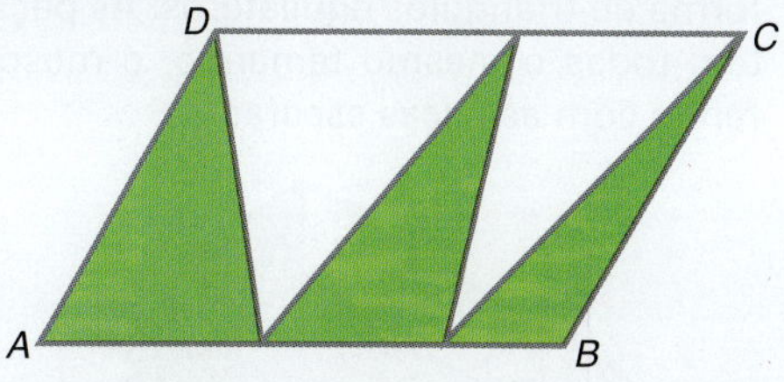


Qual percentual da área de $ABCD$ representa a área da região colorida?

a) 45%
b) 46%
c) 47%
d) 49%
e) 50%

**12.** (UFS – SE) Um trapézio isósceles tem área que mede 28 cm² e base maior medindo 10 cm.

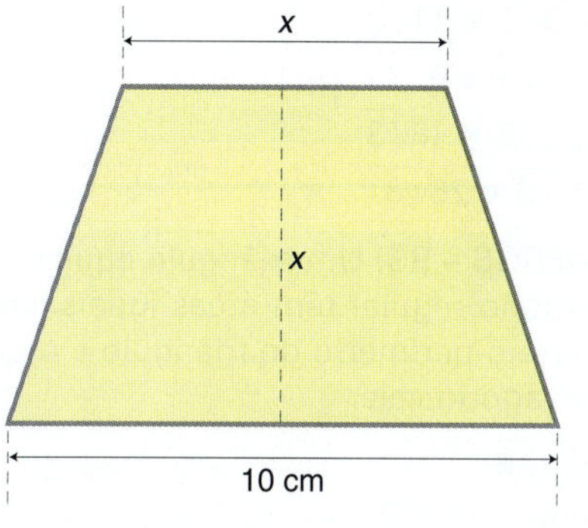


Se a altura e a base menor do trapézio têm a mesma medida, qual o perímetro do trapézio?

a) 23 cm
b) 24 cm
c) 25 cm
d) 26 cm
e) 27 cm

**13.** (UFRPE) Um terreno plano tem formato composto de dois triângulos retângulos, $ABC$ e $BDC$, como ilustrado a seguir.

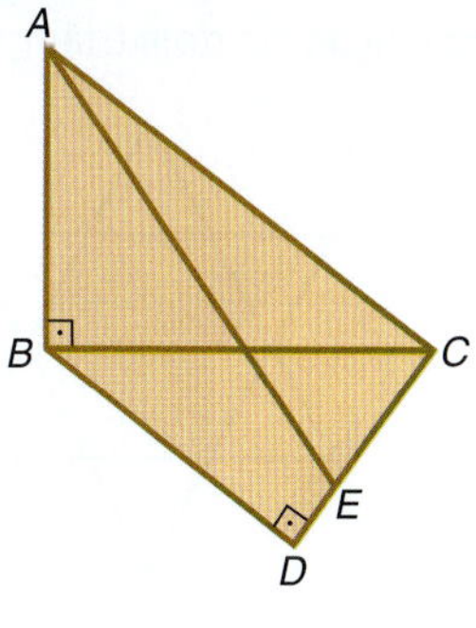


O segmento $\overline{AE}$ divide $ABDC$ em duas regiões de mesma área. Se $\overline{AB}$ mede 6 km, $\overline{BC}$ mede 8 km, $\overline{BD}$ mede 6,4 km e os ângulos $A\hat{B}C$ e $B\hat{D}C$ são retos, quanto mede $\overline{CE}$?

a) 3,936 km
b) 3,934 km
c) 3,932 km
d) 3,930 km
e) 3,928 km

**14.** (Ibmec – SP) Júlia construiu um losango, mostrado na figura abaixo, usando 16 peças com a forma de triângulos equiláteros. As peças claras têm todas o mesmo tamanho, o mesmo ocorrendo com as peças escuras.

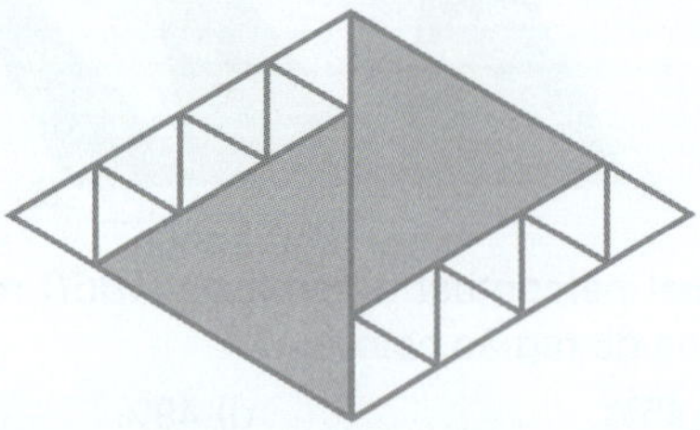

Se a área do losango montado por Júlia é $64\sqrt{3}$, então as áreas de uma peça clara e de uma peça escura valem, respectivamente:

a) $3\sqrt{3}$ e $9\sqrt{3}$
b) $3\sqrt{3}$ e $11\sqrt{3}$
c) $2\sqrt{3}$ e $6\sqrt{3}$
d) $2\sqrt{3}$ e $18\sqrt{3}$
e) $\sqrt{3}$ e $25\sqrt{3}$

**15.** (UFRGS – RS) Um triângulo equilátero e um hexágono regular têm áreas iguais. Logo, a razão entre o perímetro do triângulo e o perímetro do hexágono vale:

a) $2\sqrt{6}$
b) 6
c) $\frac{\sqrt{6}}{2}$
d) $\frac{\sqrt{6}}{4}$
e) $\frac{\sqrt{6}}{6}$

**16.** (Unifesp) O hexágono cujo interior aparece destacado em azul na figura é regular e origina-se da sobreposição de dois triângulos equiláteros.

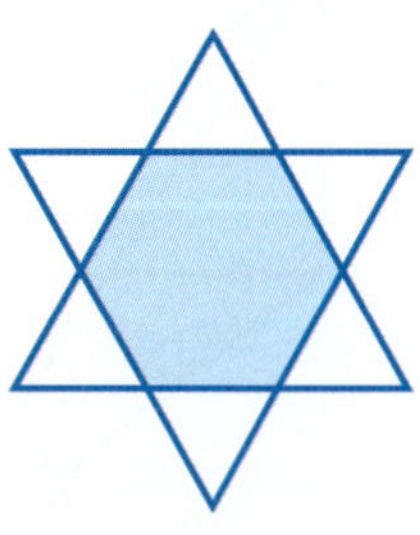

Se $k$ é a área do hexágono, a soma das áreas desses dois triângulos é igual a:

a) $k$
b) $2k$
c) $3k$
d) $4k$
e) $5k$

**17.** (UFBA) Considere o trapézio $ABCD$ em que a altura e a base menor $\overline{CD}$ medem $b$ e seja $P$ o ponto de intersecção dos prolongamentos dos lados não paralelos $\overline{AD}$ e $\overline{BC}$.

Sendo $h$ a medida da altura do triângulo $DCP$, relativa à base $\overline{CD}$, e $\frac{b}{h} = \frac{2}{3}$, determine a razão entre as áreas do triângulo $ABP$ e do trapézio $ABCD$.

**18.** (UFG – GO) No trapézio $ABCD$ abaixo, o segmento $\overline{AB}$ mede $a$, o segmento $\overline{DC}$ mede $b$, $M$ é o ponto médio de $\overline{AD}$ e $N$ é o ponto médio de $\overline{BC}$.

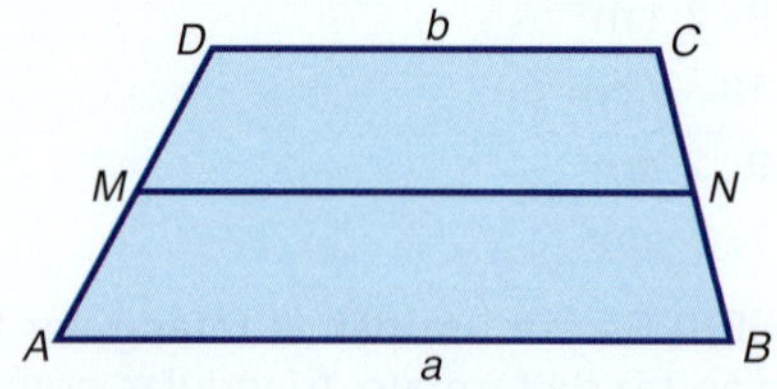


Nessas condições, a razão entre as áreas dos trapézios $MNCD$ e $ABNM$ é igual a:

a) $\frac{a + 2b}{3a + b}$
b) $\frac{a + 3b}{2a + b}$
c) $\frac{a + 3b}{3a + 3b}$
d) $\frac{a + 2b}{2a + b}$
e) $\frac{3a + 2b}{2a + 3b}$

**19.** (Unesp) A figura representa um triângulo retângulo de vértices $A$, $B$ e $C$, onde o segmento de reta $\overline{DE}$ é paralelo ao lado $\overline{AB}$ do triângulo.

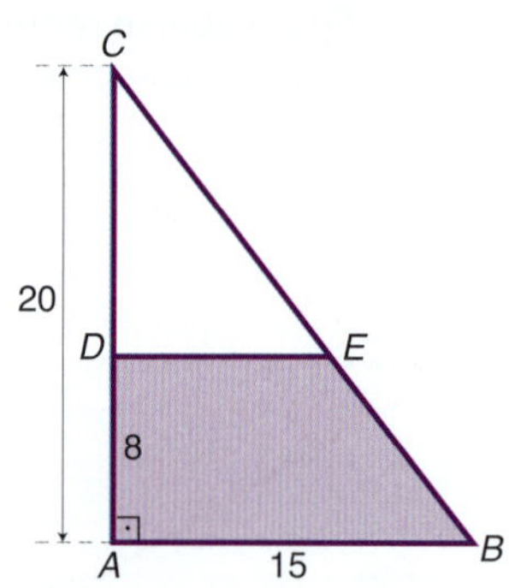


Se $AB = 15$ cm, $AC = 20$ cm e $AD = 8$ cm, a área do trapézio $ABED$, em cm$^2$, é:

a) 84
b) 96
c) 120
d) 150
e) 192

**20.** (UFMT) Na figura abaixo, o triângulo *ABC* é equilátero de lado $\ell$.

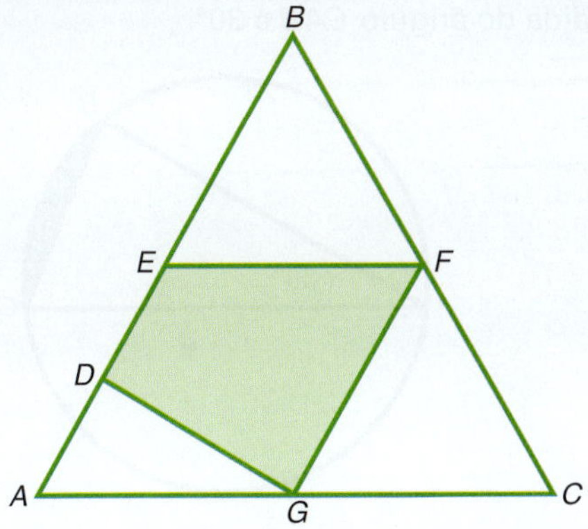


Sendo *E*, *F* e *G* os pontos médios dos lados desse triângulo e *D* o ponto médio do segmento $\overline{AE}$, pode-se afirmar que a área do polígono *DEFG* é:

a) $\dfrac{3\sqrt{3} \cdot \ell^2}{32}$

b) $\dfrac{\sqrt{3} \cdot \ell^2}{16}$

c) $\dfrac{3\sqrt{2} \cdot \ell^2}{25}$

d) $\dfrac{\sqrt{2} \cdot \ell^2}{18}$

e) $\dfrac{2\sqrt{3} \cdot \ell^2}{9}$

**21.** (UEG – GO) Na venda de uma chácara com formato e dimensões dados na figura abaixo, o corretor recebeu uma comissão de cinco por cento sobre o preço de venda.

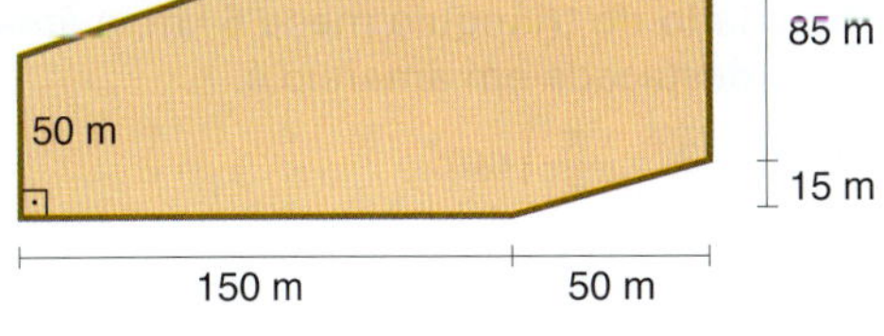


Como o preço de venda do metro quadrado foi de 12 reais, o corretor recebeu de comissão:

a) R$ 11.040,00
b) R$ 10.205,00
c) R$ 10.095,00
d) R$ 8.785,00

**22.** (Fuvest – SP) A figura representa sete hexágonos regulares de lado 1 e um hexágono maior, cujos vértices coincidem com os centros de seis dos hexágonos menores.

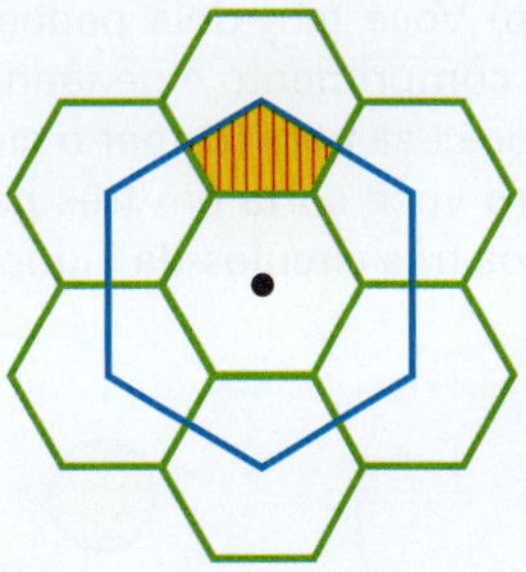

Então, a área do pentágono hachurado é igual a:

a) $3\sqrt{3}$

b) $2\sqrt{3}$

c) $\dfrac{3\sqrt{3}}{2}$

d) $\sqrt{3}$

e) $\dfrac{\sqrt{3}}{2}$

**23.** (UFMG) Por razões antropológicas desconhecidas, certa comunidade utilizava uma unidade de área singular, que consistia em um círculo, cujo raio media 1 cm, e a que se dava o nome de anelar. Adotando-se essa unidade, é CORRETO afirmar que a área de um quadrado, cujo lado mede 1 cm, é:

a) $\dfrac{1}{\pi}$ anelar

b) $\dfrac{1}{2\pi}$ anelar

c) 1 anelar

d) $\pi$ anelares

**24.** (UFJF – MG) Na figura abaixo, encontram-se representados o gráfico da função $f\colon ]0, +\infty[ \to \mathbb{R}$, definida por $f(x) = \log_2 x$, e o polígono *ABCD*. Os pontos *A*, *C* e *D* estão sobre o gráfico de *f*. Os pontos *A* e *B* estão sobre o eixo das abscissas. O ponto *C* tem ordenada 2, o ponto *D* tem abscissa 2 e $\overline{BC}$ é perpendicular ao eixo das abscissas.

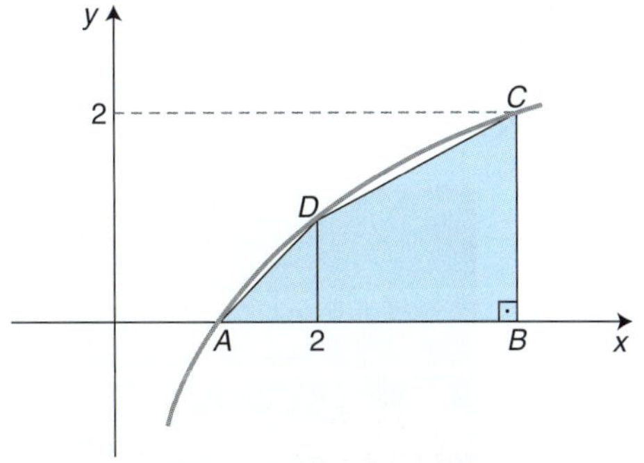


Sabendo que os eixos estão graduados em centímetros, a área do polígono *ABCD* é:

a) 2,5 cm²
b) 3 cm²
c) 3,5 cm²
d) 4 cm²
e) 4,5 cm²

**25.** (Unifesp) Você tem dois pedaços de arame de mesmo comprimento e pequena espessura. Um deles você usa para formar o círculo da Figura I, e o outro você corta em três partes iguais para formar os três círculos da Figura II.

**Figura I** **Figura II**

Se $S$ é a área do círculo maior e $s$ é a área de um dos círculos menores, a relação entre $S$ e $s$ é dada por:

a) $S = 3s$
b) $S = 4s$
c) $S = 6s$
d) $S = 8s$
e) $S = 9s$

**26.** (UFC – CE – adaptada) Um triângulo equilátero e um quadrado têm o mesmo perímetro, cujo valor é igual ao comprimento de uma circunferência. Se $A_T$, $A_Q$ e $A_C$ denotam, respectivamente, as áreas do triângulo, do quadrado e do círculo delimitado por essa circunferência, podemos afirmar que:

a) $A_T > A_Q > A_C$
b) $A_C > A_Q > A_T$
c) $A_Q > A_T > A_C$
d) $A_Q > A_C > A_T$
e) $A_C > A_T > A_Q$

**27.** (UFRJ) Um disco se desloca no interior de um quadrado, sempre tangenciando pelo menos um dos seus lados. Uma volta completa do disco ao longo dos quatro lados divide o interior do quadrado em duas regiões: a região $A$ dos pontos que foram encobertos pela passagem do disco e a região $B$ dos pontos que não foram encobertos. O raio do disco mede 2 cm e o lado do quadrado mede 10 cm. Determine a área da região $B$.

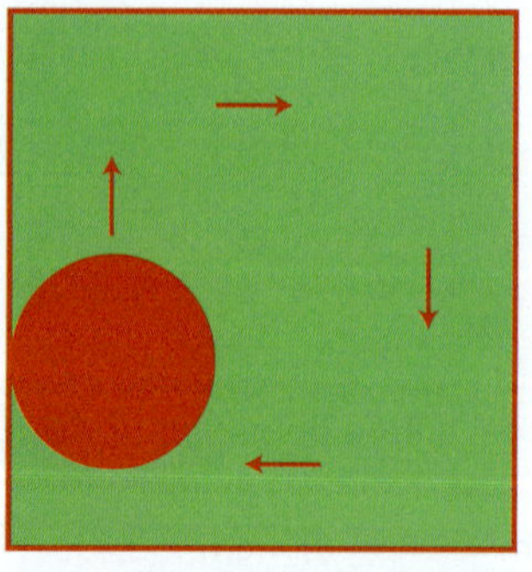

**28.** (UFOP – MG) O triângulo $ABC$ da figura abaixo está inscrito numa circunferência de raio $\sqrt{3}$ cm. O lado $\overline{AB}$ é diâmetro da circunferência e a medida do ângulo $C\hat{A}B$ é 30°.

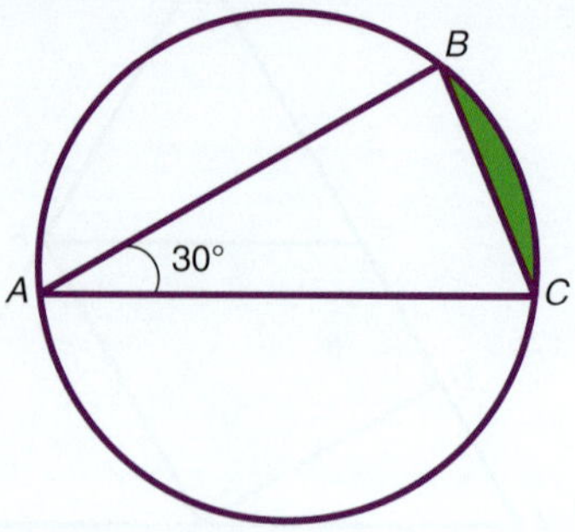


A área da região em verde, em cm², é:

a) $\frac{\pi}{2} - \frac{3\sqrt{3}}{4}$

b) $\frac{3}{2}\pi - \frac{\sqrt{3}}{2}$

c) $\frac{3}{2}\pi - \frac{\sqrt{3}}{4}$

d) $\frac{\pi}{2} - \frac{3\sqrt{3}}{2}$

**29.** (Udesc) Uma circunferência intercepta um triângulo equilátero nos pontos médios de dois de seus lados, conforme mostra a figura abaixo, sendo que um dos vértices do triângulo é o centro da circunferência.

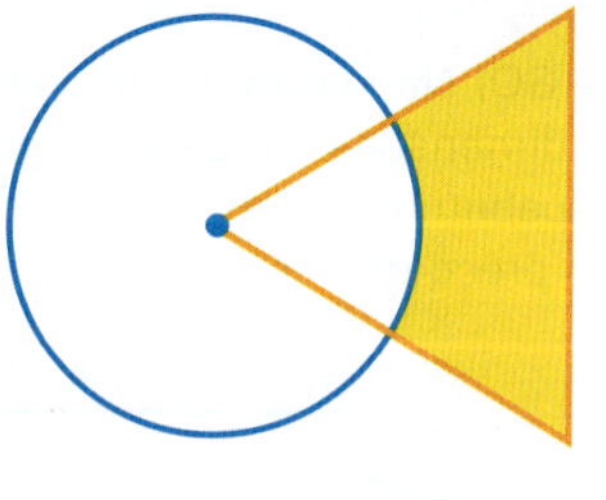

Se o lado do triângulo mede 6 cm, a área da região destacada em amarelo é:

a) $9\left(2\sqrt{3} - \frac{\pi}{6}\right)$ cm²

b) $9\left(\sqrt{3} - \frac{\pi}{18}\right)$ cm²

c) $9(\sqrt{3} - \pi)$ cm²

d) $9\left(\sqrt{3} - \frac{\pi}{3}\right)$ cm²

e) $9\left(\sqrt{3} - \frac{\pi}{6}\right)$ cm²

**30.** (UFES) Para irrigar uma região retangular $R$ de dimensões $\ell \times 3\ell$, um irrigador giratório é acoplado a uma bomba hidráulica por meio de um tubo condutor de água. A bomba é instalada em um ponto $B$.

Quando o irrigador é colocado no ponto *C*, a uma distância $\frac{3\ell}{2}$ do ponto *B*, ele irriga um círculo de centro *C* e raio $2\ell$ (veja figura).

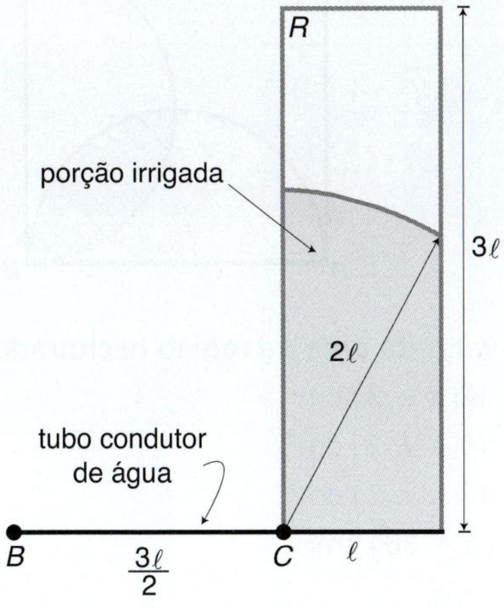


a) Calcule a área da porção irrigada de *R* quando o irrigador está no ponto *C*.
b) Admitindo que o raio da região irrigada seja inversamente proporcional à distância do irrigador até a bomba, calcule a medida do raio da região irrigada quando o irrigador é colocado no centro da região retangular *R*.

**31.** (UFRGS – RS) Na figura abaixo, *C* é o centro do círculo, *A* é um ponto do círculo e *ABCD* é um retângulo com lados medindo 3 e 4.

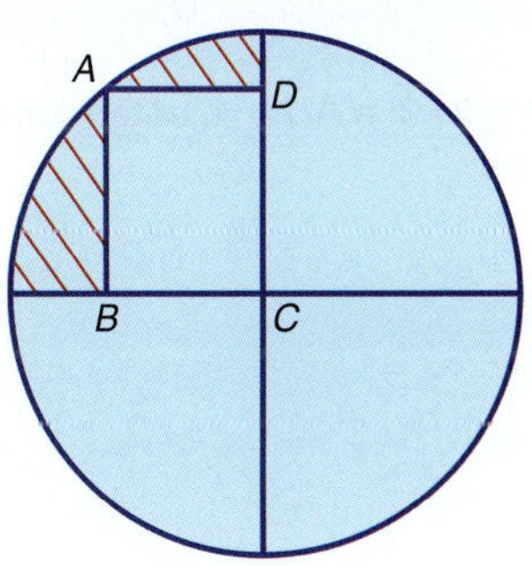


Entre as alternativas, a que apresenta a melhor aproximação para a área da região hachurada é:

a) 7,5
b) 7,6
c) 7,7
d) 7,8
e) 7,9

**32.** (UFSCar – SP) Na figura indicada, $0 < \alpha < \frac{\pi}{2}$, *C* é o centro do círculo, $\overline{AB}$ tangencia o círculo no ponto *A*, os pontos *B*, *C* e *D* estão alinhados, assim como os pontos *A*, *C* e *E*.

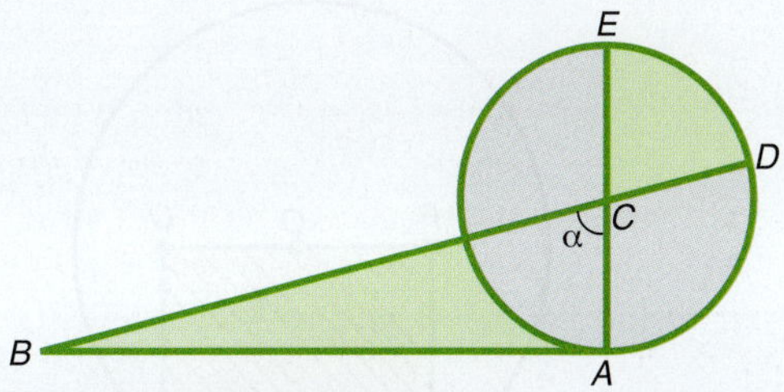


Uma condição necessária e suficiente para que as duas áreas destacadas em verde na figura sejam iguais é:

a) $\text{tg}\ \alpha = \alpha$
b) $\text{tg}\ \alpha = 2\alpha$
c) $\text{tg}\ \alpha = 4\alpha$
d) $\text{tg}\ 2\alpha = \alpha$
e) $\text{tg}\ \frac{\alpha}{2} = \alpha$

**33.** (Unesp) Uma foto de satélite de uma região da floresta amazônica (Foto 1) mostrava uma área desmatada na forma de um círculo. Outra foto da mesma região, tirada após algum tempo (Foto 2), mostrou que a área desmatada havia aumentado.

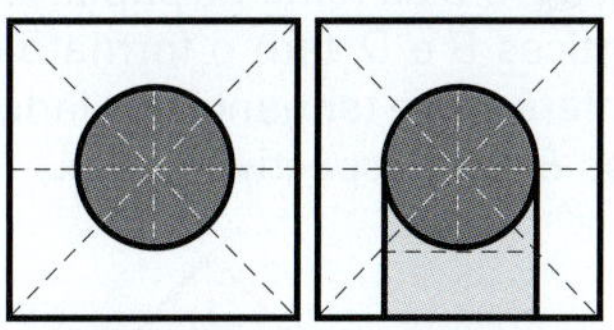

Foto 1 Foto 2

área desmatada inicial

nova área desmatada

Suponha que as fotos, tiradas ortogonalmente ao centro da região e a partir de uma mesma posição, sejam quadrados de lado $\ell$, que o centro do círculo e do quadrado coincidam e que o raio do círculo seja $\frac{\ell}{4}$. Usando a aproximação $\pi = 3$, a porcentagem de aumento da área desmatada, da Foto 1 para a Foto 2, é aproximadamente:

a) 16,7
b) 33,3
c) 66,7
d) 75,3
e) 83,3

**34.** (Fuvest – SP) Na figura, estão representadas a circunferência *C*, de centro *O* e raio 2, e os pontos *A*, *B*, *P* e *Q*, de tal modo que:

I. O ponto *O* pertence ao segmento $\overline{PQ}$.
II. $OP = 1$, $OQ = \sqrt{2}$
III. *A* e *B* são pontos da circunferência, $\overline{AP} \perp \overline{PQ}$ e $\overline{BQ} \perp \overline{PQ}$.

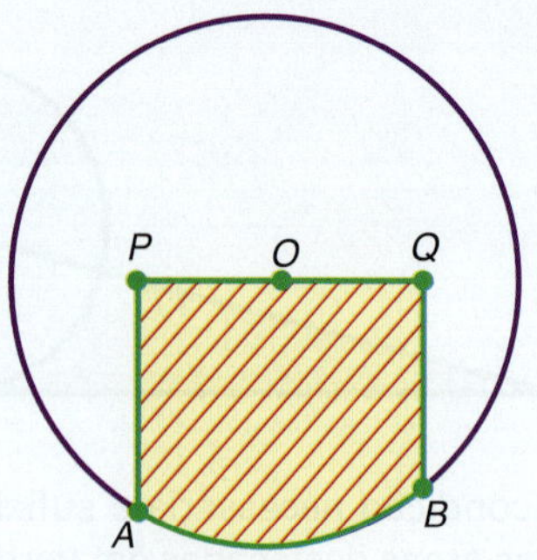


Assim sendo, determine:

a) a área do triângulo $APO$;

b) os comprimentos dos arcos determinados por $A$ e $B$ em $C$;

c) a área da região hachurada.

**35.** (Unicamp – SP – adaptada) O papagaio (também conhecido como pipa, pandorga ou arraia) é um brinquedo muito comum no Brasil. A figura abaixo mostra as dimensões de um papagaio simples, confeccionado com uma folha de papel que tem o formato do quadrilátero $ABCD$, duas varetas de bambu (indicadas em cinza) e um pedaço de linha. Uma das varetas é reta e liga os vértices $A$ e $C$ da folha de papel. A outra, que liga os vértices $B$ e $D$, tem o formato de um arco de circunferência e tangencia os lados $\overline{AB}$ e $\overline{AD}$ nos pontos $B$ e $D$, respectivamente.

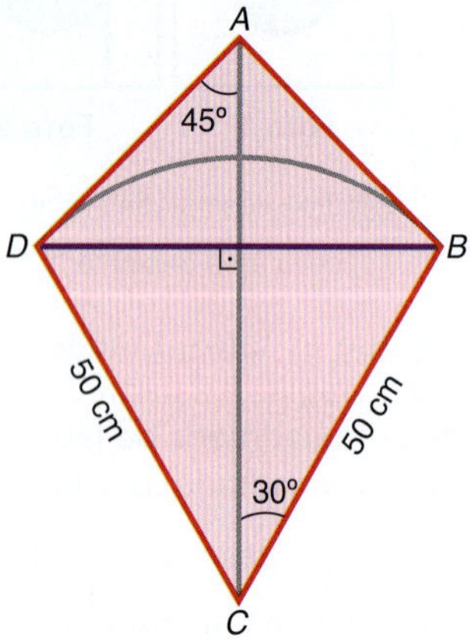


a) Calcule a área do quadrilátero de papel que forma o papagaio.

b) Calcule o comprimento da vareta de bambu que liga os pontos $B$ e $D$.

**36.** (UFT – TO) Considere o quadrado $ABCD$ de lado 12 cm e as semicircunfrências de arcos $\overset{\frown}{AB}$ e $\overset{\frown}{BC}$, conforme figura abaixo.

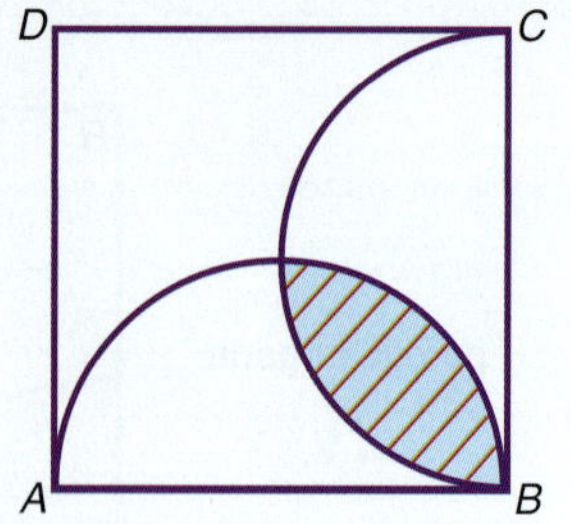


O valor da área da região hachurada é:

a) $12(\pi - 3)$ cm$^2$

b) $10(\pi + 2)$ cm$^2$

c) $18(\pi - 2)$ cm$^2$

d) $(\pi + 36)$ cm$^2$

**37.** (Fuvest – SP) Na figura, $OAB$ é um setor circular com centro em $O$, $BCD$ é um retângulo e o segmento $\overline{CD}$ é tangente em $X$ ao arco de extremos $A$ e $B$ do setor circular.

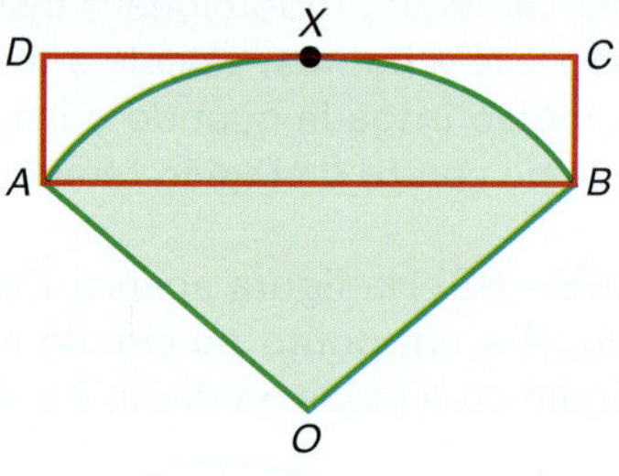


Se $AB = 2\sqrt{3}$ e $AD = 1$, então a área do setor $OAB$ é igual a:

a) $\frac{\pi}{3}$

b) $\frac{2\pi}{3}$

c) $\frac{4\pi}{3}$

d) $\frac{5\pi}{3}$

e) $\frac{7\pi}{3}$

## PROGRAMAS DE AVALIAÇÃO SERIADA

**1.** (PAS – UnB – DF) No quadriculado abaixo, o lado de cada quadrinho corresponde ao tamanho real de 10 km.

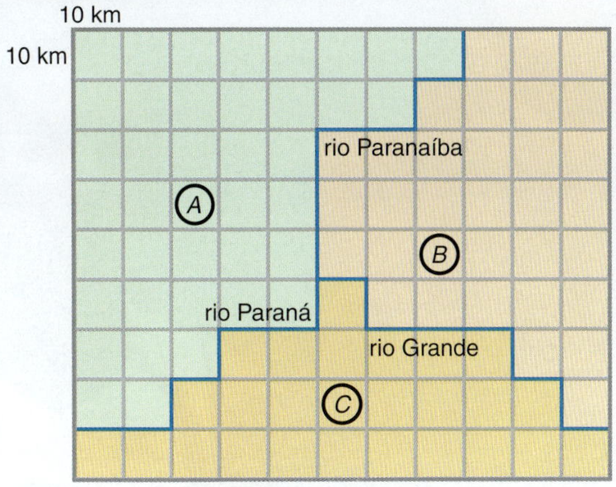


A figura acima representa uma versão esquemática da região em que ocorre o encontro dos rios Paraná, Paranaíba e Grande. As regiões *A*, *B* e *C* estão destacadas, pois apresentam diferentes produtividades — a produtividade anual de uma região é dada pelo quociente entre a produção anual de grãos da região, em toneladas, e a área da região, em $km^2$. Considere que a produtividade anual da região *A* é 40% superior à da região *B*, que, por sua vez, apresenta produtividade anual 25% superior à da região *C*.

Com base nessas informações, julgue os itens seguintes:

(1) A área da região *A* é igual a 4.000 $km^2$.
(2) Supondo-se que a produção anual de grãos da região *B* seja igual a 825.000 toneladas, conclui-se que a produtividade anual dessa região é igual a 250 toneladas/$km^2$.
(3) Considerando-se *T* como o valor da produtividade anual da região *C*, em toneladas de grãos por quilômetro quadrado, então, a produção anual da região *A*, em toneladas, é igual a $1{,}75aT$, em que *a* é a área da região *A*, em $km^2$.

**2.** (PISM – UFJF – MG) Um triângulo ABC tem os lados medindo $AB = 12$ cm, $AC = 16$ cm e $BC = 20$ cm. Sejam *D* um ponto pertencente ao lado $\overline{AB}$ e *E* um ponto pertencente ao lado $\overline{AC}$, formando um novo triângulo *ADE*. O segmento $\overline{DE}$ é paralelo ao lado $\overline{BC}$ do triângulo *ABC* e é tal que $DE = 5$ cm.

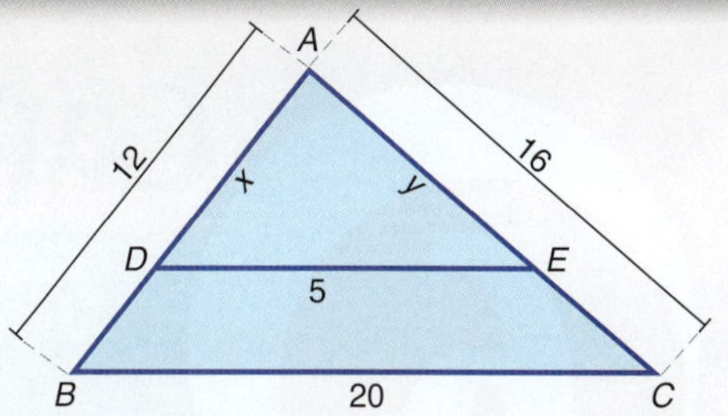


a) Qual é a área, em $cm^2$, do triângulo *ABC*?
b) Determine, em cm, os comprimentos $AD = x$ e $AE = y$.
c) Encontre a razão entre a área do triângulo *ADE* e a área do triângulo *ABC*.

**3.** (PAIES – UFU – MG) Na figura abaixo, *ABCD* é um quadrado de lado 4 cm e *ABE* e *BDF* são triângulos equiláteros.

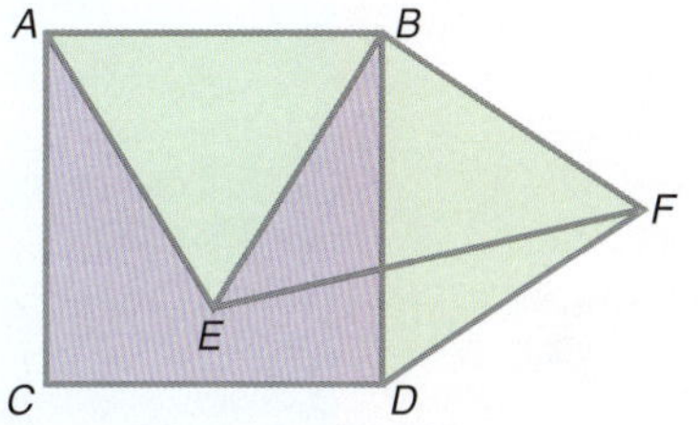


Decida se cada uma das afirmativas abaixo é verdadeira (V) ou falsa (F).

(1) O ângulo $E\hat{B}D$ mede 30°.
(2) A distância de *E* ao segmento $\overline{AB}$ é $\frac{3}{2}\sqrt{3}$ cm.
(3) O triângulo *EBF* é equilátero.
(4) A área do triângulo *EBF* é 8 $cm^2$.

**4.** (PASES – UFV – MG) O prefeito de uma cidade está construindo uma praça em um terreno de formato quadrangular, cujo lado mede 20 m, com quatro canteiros circulares em seu interior, todos de mesma área. Cada um desses canteiros é tangente a um dos lados do quadrado, no ponto médio, e tangencia outros dois canteiros, conforme indicado na figura ao lado.

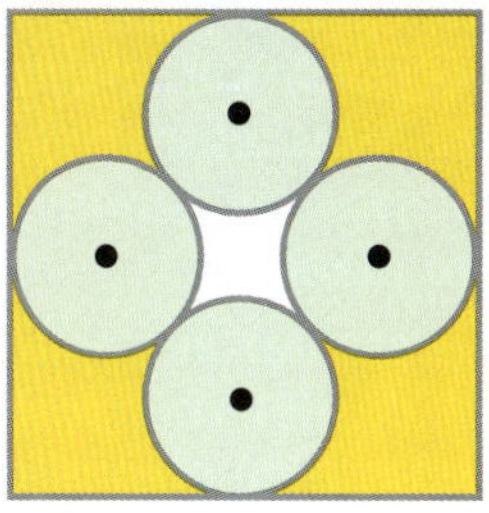

Com base no enunciado acima, determine:

a) a área de um dos canteiros;
b) a área da região destacada em amarelo na figura.

$\left(\text{Use } \sqrt{2} = 1{,}4.\right)$

# Capítulo 6

## Objetivos do Capítulo

- Tratar os elementos da Geometria no espaço do ponto de vista das relações de posição.
- Trabalhar com as relações entre pontos e reta, pontos e plano; entre retas, entre retas e planos; e também entre planos.
- Apresentar as condições de determinação de retas e de planos, e suas posições relativas.
- Explorar as principais relações envolvendo paralelismo e perpendicularismo.
- Calcular distâncias entre pontos, retas e planos no espaço.
- Ampliar a noção de ângulo para o espaço.

# Introdução à Geometria Espacial

## Deveria Ter Explorado mais a Paralela!

O jogo estava de dar palpitação: era a final do campeonato mundial de vôlei e o Brasil enfrentava a Rússia. Ambas as seleções vinham de campanhas vitoriosas, sem nenhuma derrota.

Quem conhece um pouco de vôlei sabe que existem alguns “fundamentos” — modos de jogar essenciais para qualquer equipe que se preze, como recepção (defesa), “paralela” (projetar a bola paralelamente às laterais da quadra), saque e bloqueio, por exemplo —, e essas seleções eram boas em todos eles.

A quadra, local em que se joga, também tem características bem-definidas: as linhas paralelas à rede indicam a zona de ataque, de defesa e, naturalmente, o comprimento da quadra. Perpendicular à rede, e de cada lado dela, temos as linhas que determinam os limites laterais da quadra. E era dentro dessa arena que as duas equipes de “feras” iriam se defrontar.

Cortadas, bolas lançadas na diagonal, com força, sem força, com jeito, sem jeito, bloqueio! Se a recepção brasileira estava bem, o bloqueio das russas também estava. Ponto para as russas, ponto para as brasileiras.

Nossas jogadoras deram o máximo, mas o jogo foi 3 x 2 e ficamos em segundo lugar. Tudo bem que, na recepção, nossa pequenina Fabi, de 1,69 m, dava conta das bolas lançadas por Gamova, atleta russa de 2,02 m de altura e que, no ataque, parecia “voar”, chegando a atingir a marca de 3,21 m... Dizem que algumas jogadas foram duvidosas, mas isso não se pode afirmar.

Ainda acho que deveríamos ter explorado mais as paralelas!

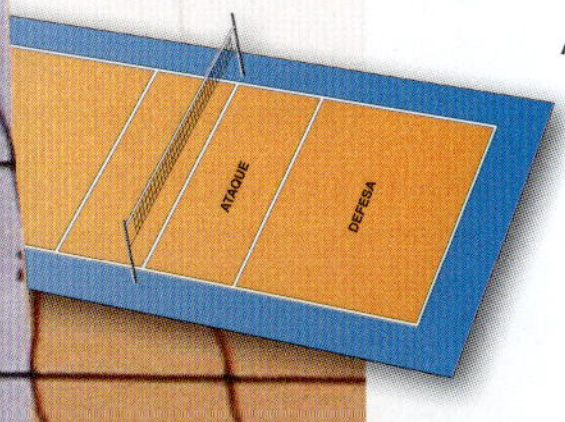

# 1. Ponto, Reta e Plano: Representações e Relações

Em Matemática, elementos intuitivos que são pontos de partida para uma teoria são chamados de **conceitos primitivos**, pois apesar de não poderem ser definidos, são facilmente entendidos como verdadeiros.

Você já viu em seus estudos de Geometria Plana que os *conceitos* (ou *entes*) *primitivos* são *ponto*, *reta* e *plano*.

- **Ponto**: nomeado, geralmente, por letras maiúsculas do nosso alfabeto como $A, B, C, \ldots$
- **Reta**: nomeada, geralmente, por letras minúsculas do nosso alfabeto como $r, s, t, \ldots$
- **Plano**: nomeado, geralmente, por letras gregas minúsculas como $\alpha, \beta, \gamma, \ldots$

Você já lidou com esses três entes. Relembre a seguir um exemplo de como podemos simbolizá-los graficamente:

**Recorde**

Observando a figura, vemos que os pontos $A$ e $H$ pertencem ao plano $\beta$, mas não à reta $s$, que está contida nesse plano.

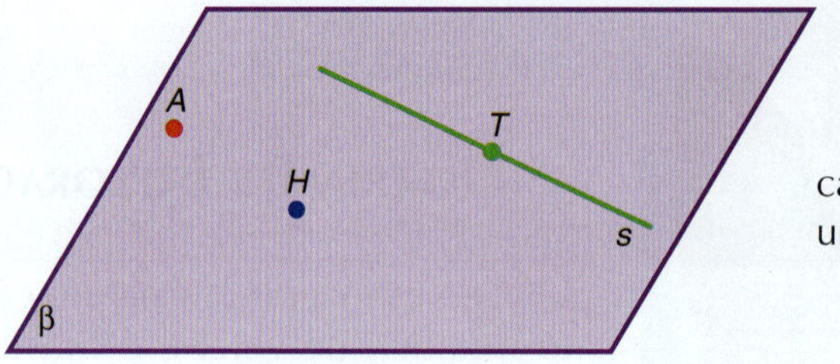


Na figura temos destacados três pontos ($A$, $H$, $T$), uma reta ($s$) e um plano ($\beta$).

## 1.1 A relação de pertinência, a colinearidade e a coplanariedade

Podemos associar a noção de conjunto aos entes geométricos, sendo assim podemos entender a reta e o plano como conjuntos de infinitos pontos.

### Relações de pertinência e de inclusão

Quando nos deparamos com um novo grupo de elementos, depois de reconhecer suas principais características, o próximo passo é compreender como eles se relacionam. Isso é o que faremos a seguir: estudar as relações existentes entre ponto, reta e plano.

#### *Relação entre ponto e reta*

Dados um ponto $Q$ e uma reta $r$ quaisquer, uma das duas relações é válida:

- ou o ponto $Q$ *pertence* a $r$ (simbolicamente: $Q \in r$);
- ou o ponto $Q$ *não pertence* a $r$ (simbolicamente: $Q \notin r$).

**Atenção!**

Também é comum nos referirmos à relação entre ponto e reta das seguintes maneiras:

- o ponto está (ou não) na reta;
- a reta passa (ou não) pelo ponto.

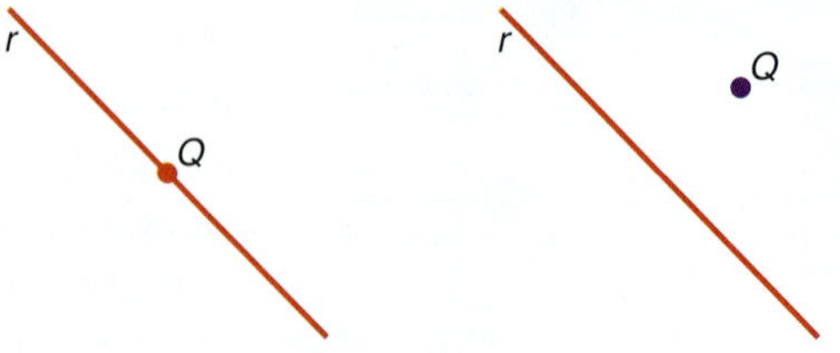


O ponto $Q$ pertence à reta $r$. O ponto $Q$ não pertence à reta $r$.

Dizemos que três ou mais **pontos** são **colineares** quando existe uma reta à qual esses três pontos pertencem.

EXEMPLOS

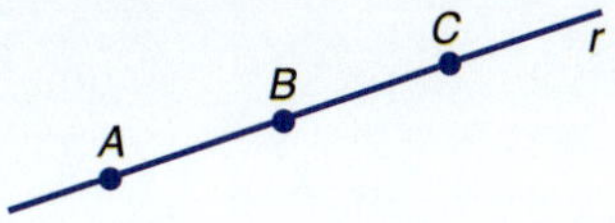


Os pontos *A*, *B* e *C* são colineares, pois existe a reta *r* que passa por esses três pontos. Por isso, também dizemos que eles são alinhados.

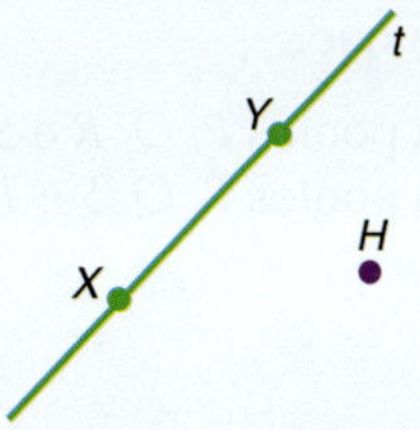


Os pontos *X*, *Y* e *H* não são colineares, pois não existe uma reta que passe por esses três pontos.

OBSERVAÇÃO

Dois pontos são sempre colineares (ou alinhados), pois sempre há uma reta que passa por eles.

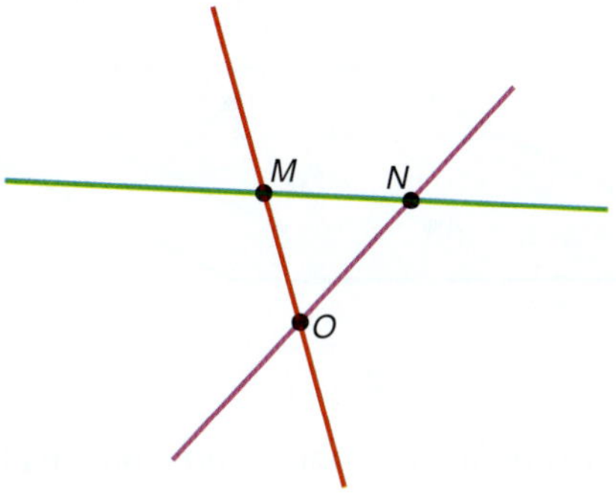


### *Relação entre ponto e plano*

Analogamente ao que fizemos com ponto e reta, podemos relacionar ponto e plano.

Dados um ponto *Q* e um plano β quaisquer, uma das duas relações é válida:

- ou o ponto *Q pertence* a β (simbolicamente: $Q \in \beta$);
- ou o ponto *Q não pertence* a β (simbolicamente: $Q \notin \beta$).

**Atenção!**

Aqui também podemos nos referir à relação entre ponto e plano da seguinte maneira: o ponto está (ou não) no plano.

O ponto *Q* pertence ao plano β.

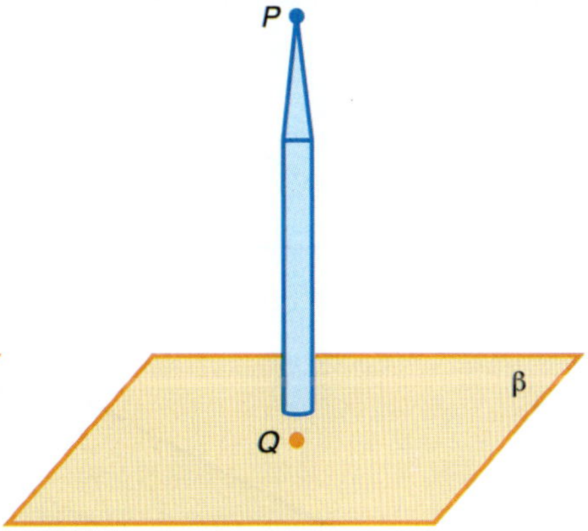


O ponto *P* não pertence ao plano β.

Dizemos que três ou mais **pontos** são **coplanares** quando existe um plano ao qual esses três pontos pertencem.

### Exemplos

Veja que:

- os pontos $P$, $Q$, $R$ e $S$ são coplanares;
- os pontos $P$, $Q$, $S$ e $T$ não são coplanares.

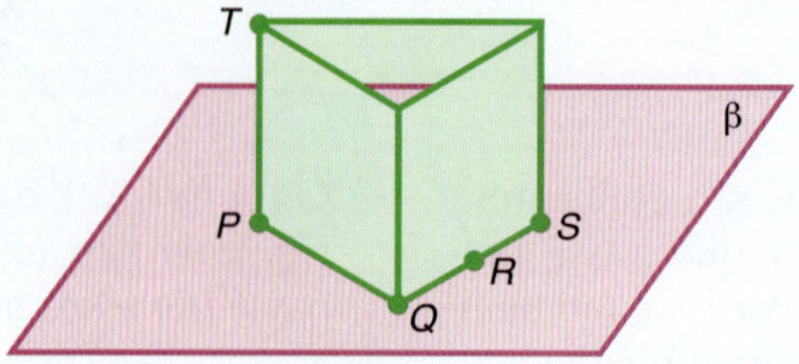


Nesta outra figura podemos verificar que:

- os pontos $A$, $B$, $C$ e $M$ são coplanares, pois pertencem ao plano azul;
- os pontos $K$, $B$ e $C$ também são coplanares, pois existe o plano verde ao qual eles pertencem;
- os pontos $A$, $B$ e $K$ são coplanares, pois pertencem ao plano rosa.

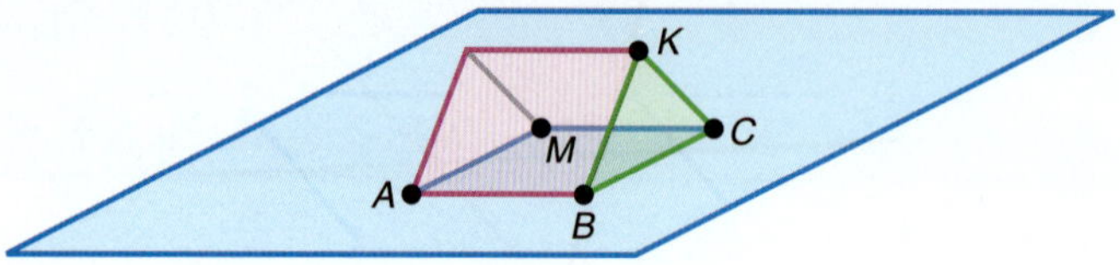


### Observação

Três pontos são sempre coplanares, pois sempre há um plano ao qual esses três pontos pertencem.

## ***Relação entre reta e plano***

> **Recorde**
>
> *Relação de inclusão*
>
> Dados dois conjuntos, $\mathcal{P}_1$ e $\mathcal{P}_2$, se todos os elementos de $\mathcal{P}_1$ são também elementos de $\mathcal{P}_2$, dizemos que $\mathcal{P}_1$ *está contido* em $\mathcal{P}_2$, ou ainda que $\mathcal{P}_2$ *contém* $\mathcal{P}_1$.

Quando relacionamos ponto e reta ou ponto e plano, a relação existente é de *pertinência*, pois o ponto é um elemento e a reta ou o plano são conjuntos de pontos. Já no caso de reta e plano, a relação é de *inclusão*, pois se trata de dois conjuntos.

Dados uma reta $t$ e um plano $\beta$ quaisquer, uma das duas relações é válida:

- ou $t$ *está contida* em $\beta$ (simbolicamente: $t \subset \beta$);
- ou $t$ *não está contida* em $\beta$ (simbolicamente: $t \not\subset \beta$).

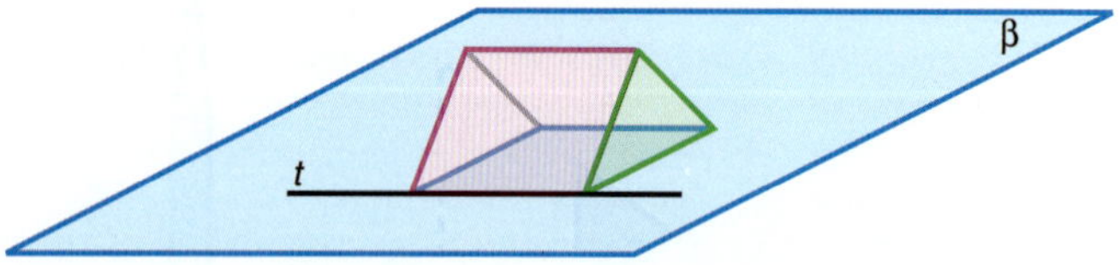


A reta $t$ está contida no plano $\beta$.

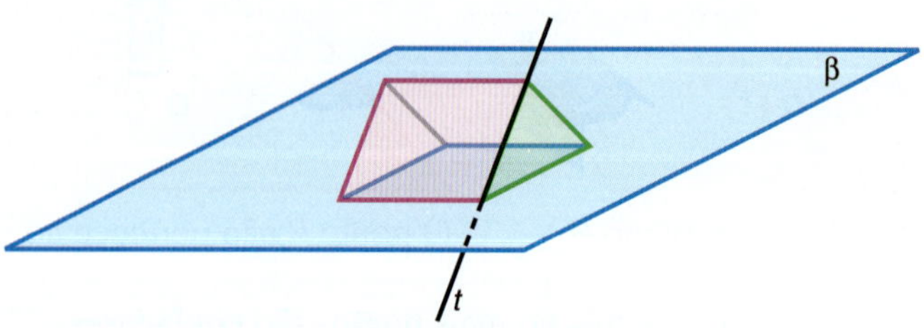


A reta $t$ não está contida no plano $\beta$.

### OBSERVAÇÃO

Para relacionar uma reta *t* e um plano β também podemos usar as notações:

$\beta \supset t$ (lê-se: o plano β contém a reta *t*) ou

$\beta \not\supset t$ (lê-se: o plano β não contém a reta *t*)

> Dizemos que duas **retas** são **coplanares** quando existe um plano que as contém.

### EXEMPLOS

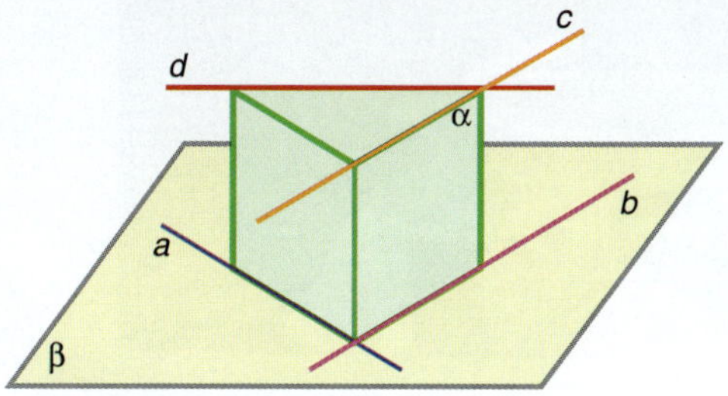


Observando a figura, podemos constatar que:

- *a* e *b* são retas coplanares, pois estão contidas no plano β;
- *a* e *d* não são retas coplanares, pois não existe plano que as contenha simultaneamente;
- *b* e *c* são retas coplanares, pois o plano α contém essas duas retas.

## EXERCÍCIOS PROPOSTOS

**1.** Na figura abaixo, os pontos *A*, *B* e *C* são colineares? E os pontos *A*, *C* e *E*?

Justifique sua resposta.

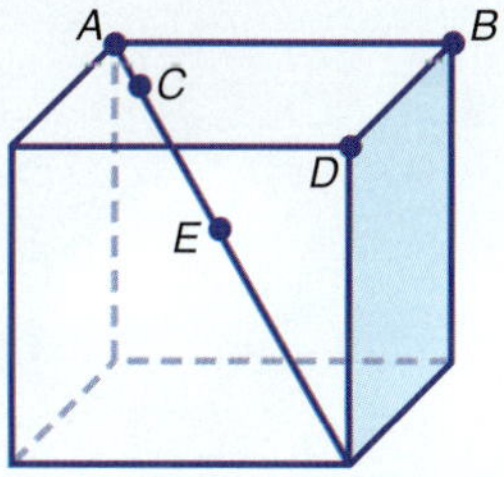


**2.** Observe a figura abaixo, em que o sólido cinza está apoiado sobre o plano α.

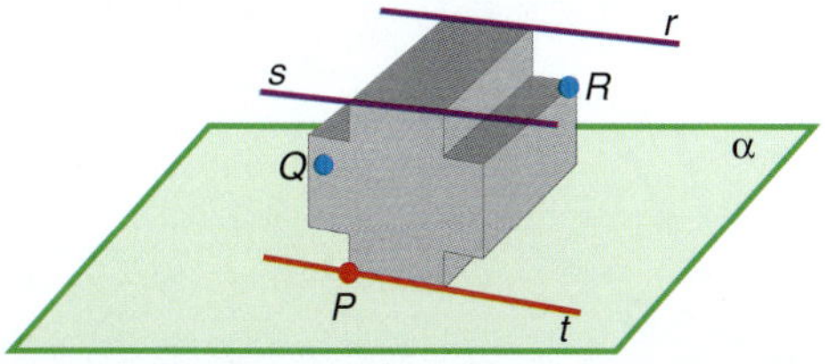


Desse modo, classifique como verdadeira ou falsa cada afirmação:

a) $P \in \alpha$

b) $Q \in \alpha$

c) $R \notin \alpha$

d) $P \in t$

e) $P \notin s$

**3.** Abaixo, você vê a representação de uma figura não plana denominada *octaedro*, onde foram ressaltados alguns de seus pontos.

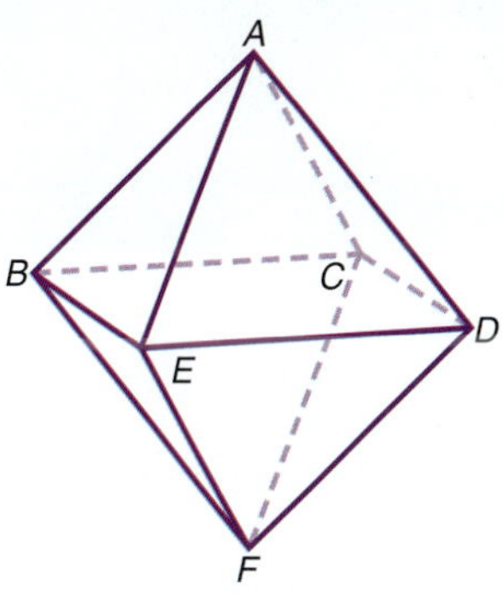


Os pontos *A*, *C*, *D* e *F* são coplanares? E os pontos *B*, *C*, *D* e *E*?

## Tecnologia & Desenvolvimento

### Espaço Real e Realidade Virtual

REUTERS/REUTERS/LATINSTOCK

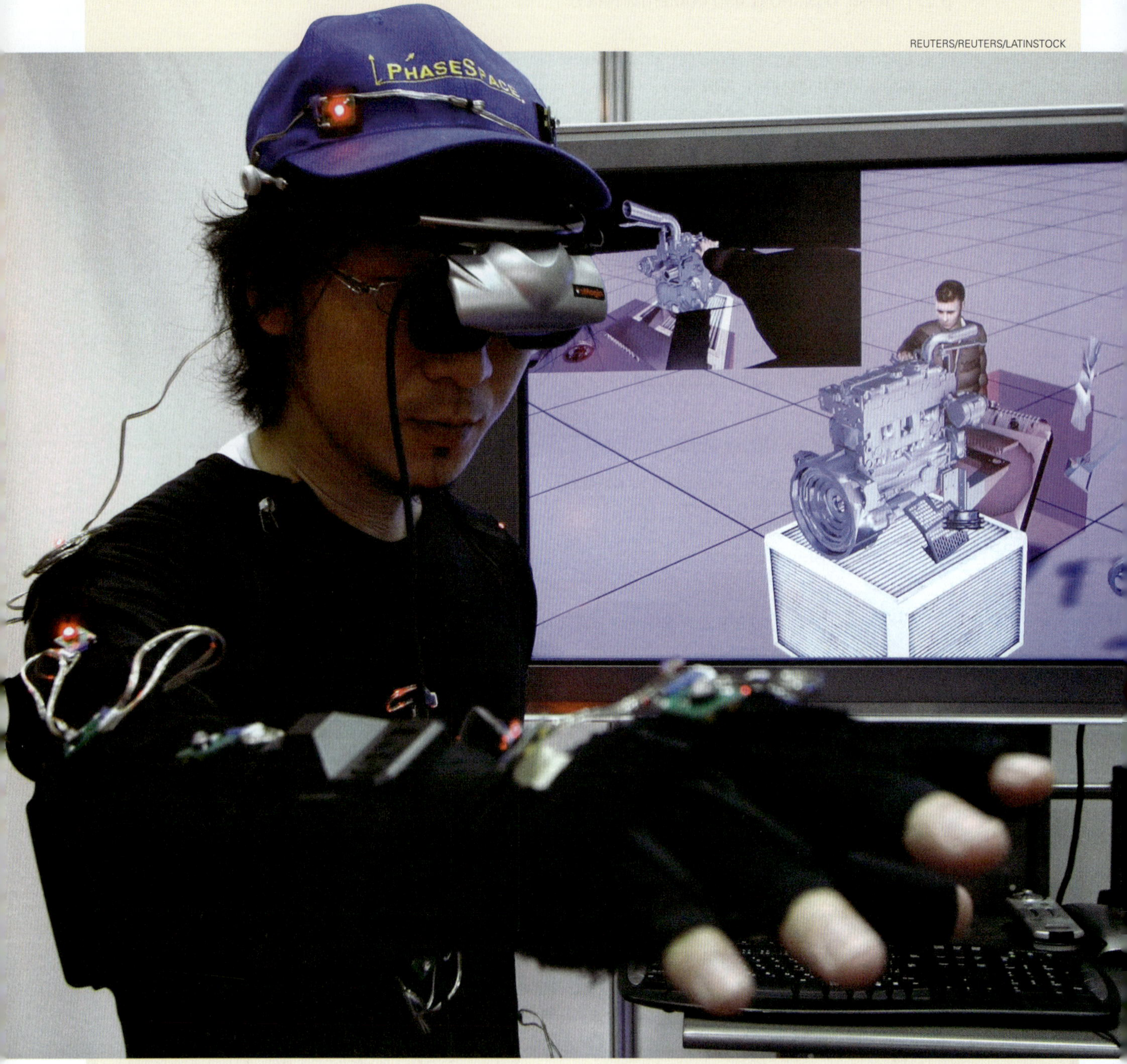


Você já reparou que quase tudo o que vemos no mundo real e, principalmente, aquilo que não existe na realidade, pode ser representado no mundo virtual? Mas o que é isso que chamamos de *mundo virtual*, *realidade virtual* etc.?

Um mundo virtual é um conjunto de cenários criados em computador (pode ser 2D ou 3D) para o desenvolvimento de alguma ação ou filme. Pode ser simples, como um escritório (*office*) com pastas e arquivos, calculadora, bloco de notas, lixeira, tudo o que uma pessoa precisa para interagir e desenvolver seu trabalho. Ou algo mais complexo, como os mundos virtuais sofisticados que compõem os jogos computacionais modernos ou filmes (completos, com muitos cenários e personagens diferentes).

DREAMWORKS

Cartaz publicitário do filme Shrek.

Os filmes da série Shrek, com seus múltiplos ambientes, criaturas e personagens virtuais, é um bom exemplo disso.

**Como são criados os mundos virtuais**

Objetos reais (e até pessoas/personagens) podem ser criados matematicamente a partir da combinação de elementos geométricos mais simples, como retas, planos, cubos e esfera. Um plano, por exemplo, pode ser utilizado para representar uma superfície.

Figuras geométricas planas simples, como quadrados, triângulos e círculos, geram figuras tridimensionais como cubos, pirâmides e esferas, por exemplo. Dispostas sobre uma superfície, em combinações diversas, essas figuras podem representar prédios e casas virtuais.

A isso, juntam-se figuras circulares representando estradas, rios, rodas etc. Assim, em maior ou menor tempo, dependendo da qualidade desejada, obtém-se um ambiente virtual.

**Realidade virtual**

Como vimos, a criação de um mundo virtual envolve a criação de um modelo matemático das coisas ou objetos que desejamos que ele contenha. Esses modelos são apresentados na tela de um computador e seus movimentos são controlados por funções matemáticas. Quando colocamos vários objetos juntos em um ambiente virtual e interagimos com eles (permitindo também que eles interajam entre si), sendo que essa interação se dá de acordo com leis naturais conhecidas (normalmente são as mesmas que regem o movimento/comportamento dos objetos simulados), estamos simulando uma realidade. Essa realidade simulada, criada em ambiente computacional para que as pessoas interajam com ela, é o que chamamos *realidade virtual*. Em uma boa simulação, a sensação de realidade é impressionante.

Atualmente, a realidade virtual está tão avançada que torna possível o treinamento de médicos, mergulhadores, aeronautas e astronautas em ambientes virtuais. Além do treinamento, os jogos são outra área de grande fascínio da realidade virtual. Nesse setor, a ciência e a tecnologia andam juntas e já dispõem de equipamentos e acessórios tão sofisticados que permitem ativar os cinco sentidos de uma pessoa, proporcionando experiências tão realistas que podem até mesmo ser consideradas perigosas.

## 2. Postulados e Teoremas

Do mesmo modo que ocorre com os conceitos primitivos, certas afirmações, de fácil entendimento, são assumidas como verdadeiras e não têm demonstração. Essas afirmações são chamadas de **postulados** ou **axiomas**.

A partir dos conceitos primitivos e dos postulados, podemos demonstrar que outras afirmações (proposições) são verdadeiras. A cada uma dessas proposições damos o nome de **teorema**.

### 2.1 POSTULADOS DA EXISTÊNCIA

Alguns postulados garantem a existência de infinitos pontos na reta, no plano e mesmo fora deles.

#### Pontos na reta e fora dela

Em uma reta, bem como fora dela, existem infinitos pontos.

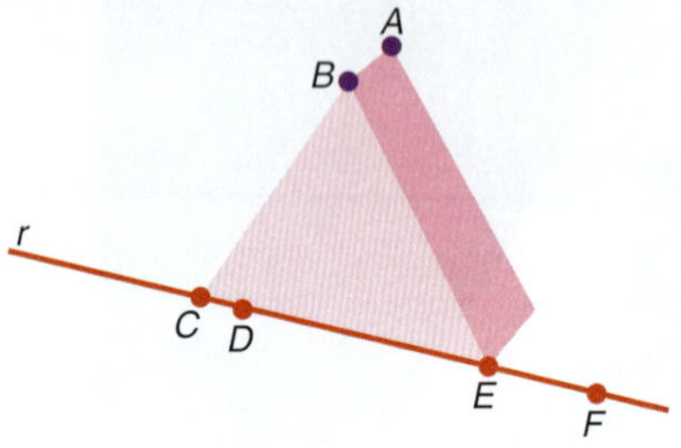


Com esse postulado podemos garantir que mesmo que em uma reta $r$ sejam identificados alguns pontos como $C$, $D$, $E$ e $F$ na figura ao lado, sempre é possível identificar um outro ponto $X$ pertencente a essa reta, diferente dos anteriores, e repetir esse processo indefinidamente.

O mesmo acontece fora da reta: além dos pontos $A$ e $B$ que não pertencem a $r$ (da figura ao lado), é possível identificar um outro ponto $Y$ fora de $r$ e repetir esse processo indefinidamente.

#### Pontos no plano e fora dele

Em um plano, bem como fora dele, existem infinitos pontos.

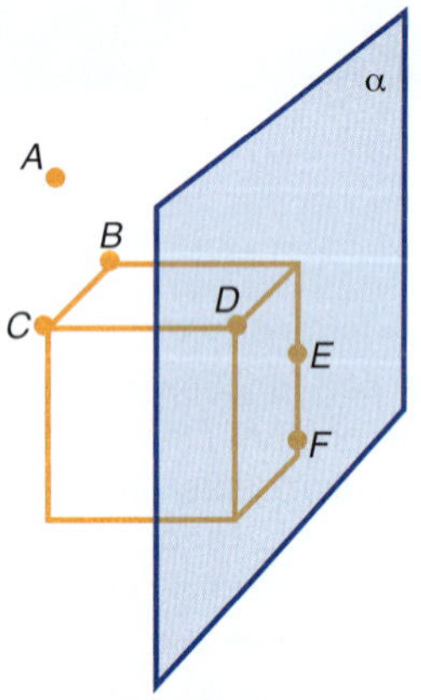


Esse postulado garante que mesmo que em um plano $\alpha$ sejam identificados alguns pontos como $D$, $E$ e $F$ da figura ao lado, sempre é possível identificar um outro ponto $X$ pertencente a esse plano, diferente dos anteriores, e repetir esse processo indefinidamente.

O mesmo acontece fora do plano: além dos pontos $A$, $B$ e $C$ (da figura ao lado), que não pertencem a $\alpha$, é possível identificar um outro ponto $Y$ fora de $\alpha$ e repetir esse processo indefinidamente.

### Exercício Proposto

**4.** Reproduza a figura abaixo em uma folha de papel e, em seguida, marque nela:

a) um ponto $Q$, tal que $Q \in r$

b) um ponto $R$, tal que $R \notin r$

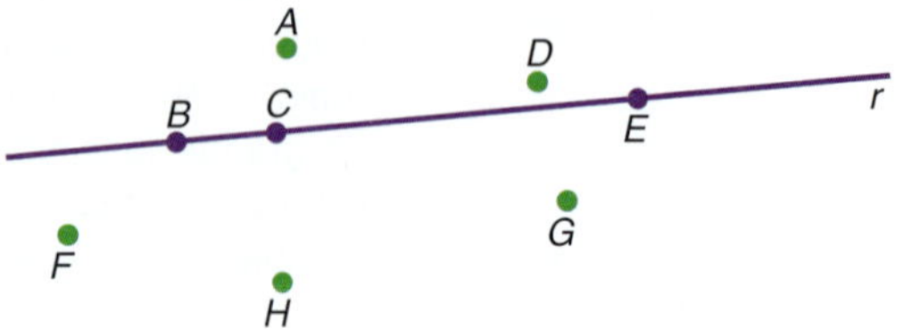


Depois, reúna-se com alguns colegas e comparem a solução encontrada por todos. O que vocês observam?

## 2.2 POSTULADOS DA DETERMINAÇÃO

Temos ainda os postulados, que nos permitem determinar a partir de alguns pontos uma reta ou um plano.

### Determinação da reta

> Dois pontos distintos determinam uma reta.

Com esse postulado podemos garantir que se dois pontos *A* e *B* são distintos, por eles passa uma única reta que, nesse caso, pode ser nomeada por esses dois pontos da seguinte maneira: $\overleftrightarrow{AB}$.

Por meio desse postulado podemos concluir que dois pontos sempre são colineares.

**Atenção!**

*Determinar* uma figura é mostrar que ela *existe* e é *única*.

### Determinação do plano

> Três pontos não colineares determinam um plano.

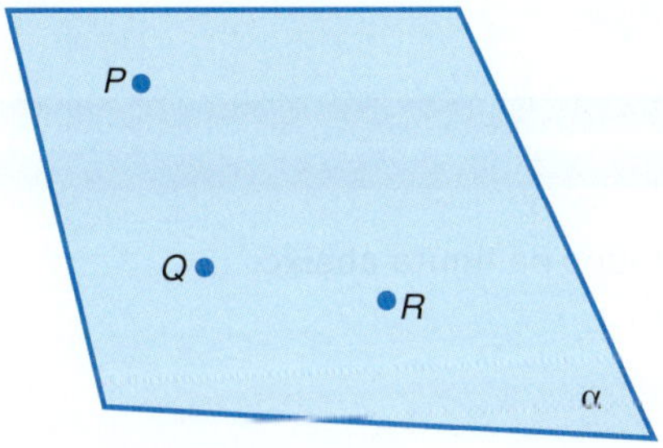


**Faça**

Verifique que quaisquer dois ou três pontos sempre são coplanares.

Com esse postulado podemos garantir que se três pontos *P*, *Q* e *R* (como na figura acima) não são colineares, por eles passa um único plano α, que, por isso, pode ser representado por pl(*PQR*).

## EXERCÍCIOS PROPOSTOS

**5.** Em cada quadro seguinte, quantas retas é possível traçar passando por dois dos pontos dados?

a) 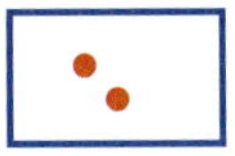

b) 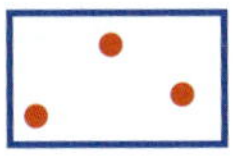

c) 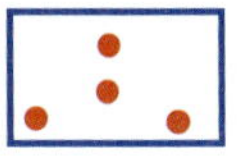

**6.** De acordo com a figura ao lado, verifique se as afirmações a seguir são verdadeiras ou falsas.

a) Os pontos *A*, *B* e *C* determinam o plano β.

b) O plano α é determinado pelos pontos *D*, *E* e *H*.

c) Os pontos *A*, *B* e *C* determinam o plano *CDA*.

d) Os pontos *D*, *C* e *F* não determinam um plano.

e) Os pontos *A*, *M* e *G* determinam um plano.

f) Existe um plano que passa pelos pontos *A*, *M* e *G*.

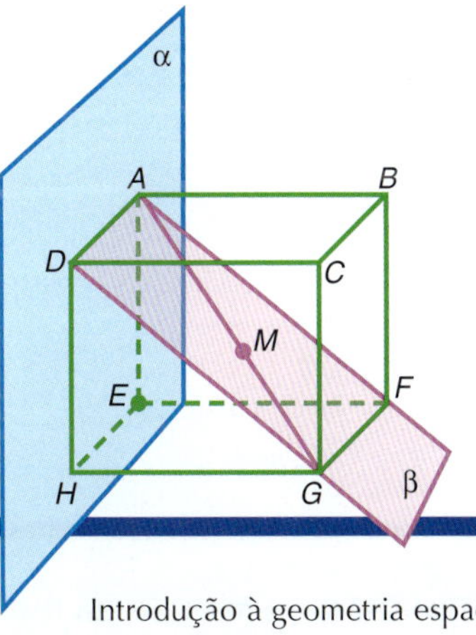

## 2.3 POSTULADO DA INCLUSÃO

> Se dois pontos distintos pertencem a uma reta, então essa reta está contida no plano ao qual esses pontos pertencem.

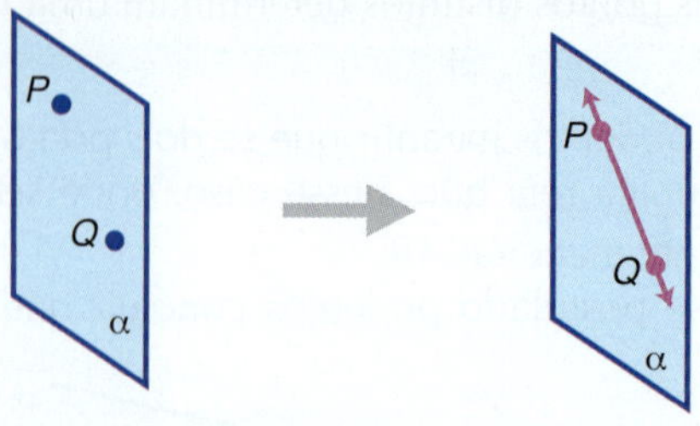


Simbolicamente, temos:

$$\text{se } P \neq Q,\ P \in \alpha \text{ e } Q \in \alpha, \text{ então } \overleftrightarrow{PQ} \subset \alpha$$

OBSERVAÇÃO

Dizer que uma reta $r$ está contida em um plano $\alpha$ (simbolicamente: $r \subset \alpha$) significa que *todos* os pontos dessa reta pertencem a esse plano.

### EXERCÍCIO PROPOSTO

**7.** Observe os planos, as retas e os pontos representados na figura abaixo.

a) A reta *s* está contida no plano α? E no plano β? Justifique sua resposta.

b) A reta *r* está contida no plano α? E no plano β? Justifique sua resposta.

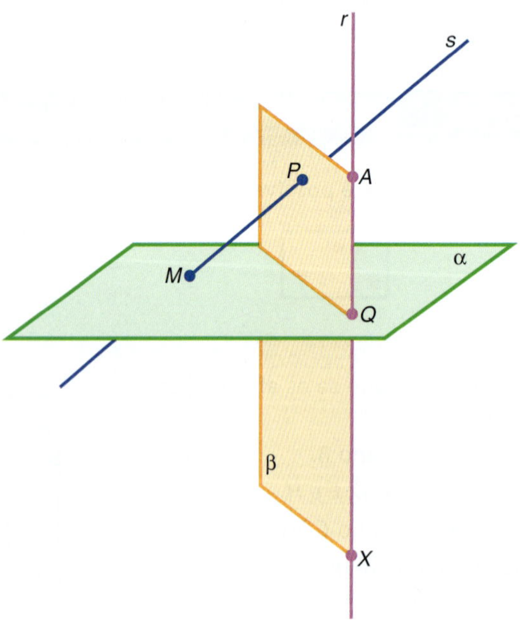

## 2.4 POSTULADOS DA SEPARAÇÃO

A partir de uma reta e de um plano podemos dividir planos e o espaço, respectivamente.

### Separação do plano

Uma reta $r$ contida em um plano $\alpha$ separa-o em duas regiões. Cada uma dessas regiões, juntamente com $r$, é denominada **semiplano** de origem $r$.

Semiplanos opostos $\alpha_1$ e $\alpha_2$ de origem $r$

$\alpha_1 \cap \alpha_2 = r$

### Separação do espaço

Um plano $\alpha$ do espaço $\mathscr{E}$ separa-o em duas regiões. Cada uma dessas regiões, juntamente com o plano $\alpha$, é denominada semiespaço de origem $\alpha$.

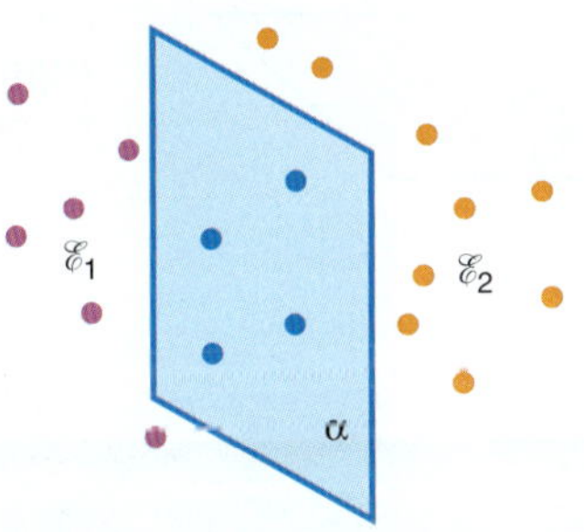


Semiespaços opostos $\mathscr{E}_1$ e $\mathscr{E}_2$ de origem $\alpha$

$\mathscr{E}_1 \cap \mathscr{E}_2 = \alpha$

**Faça**

O *postulado da separação da reta* diz: um ponto de uma reta divide-a em duas semirretas opostas que só têm esse ponto comum, denominado *origem*.
Represente essa situação com um desenho e identifique os elementos envolvidos.

## EXERCÍCIOS PROPOSTOS

**8.** Os pontos destacados na figura abaixo pertencem ao plano $\alpha$.

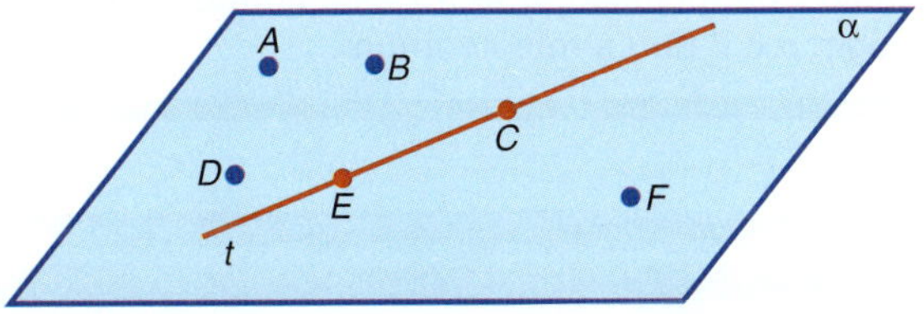


a) A reta $t$ está contida em $\alpha$? Justifique.
b) Identifique dois pontos de $\alpha$ que estão em semiplanos opostos em relação à reta $t$.
c) Quais desses pontos destacados na figura pertencem simultaneamente aos dois semiplanos de $\alpha$ determinados por $t$? Justifique.

**9.** Considere os pontos nomeados na figura abaixo.

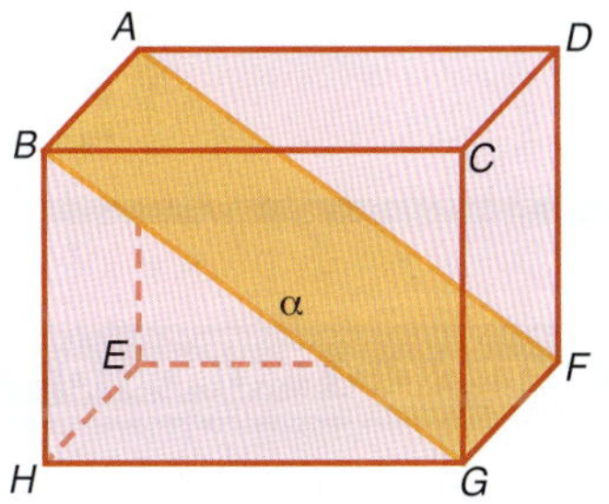


a) Quais deles estão em semiespaços opostos em relação ao plano $\alpha$?
b) E quais pontos diferentes de $A$, de $B$ e de $C$ estão em um mesmo semiespaço em relação ao plano $ABC$?

## 2.5 POSTULADO DA INTERSECÇÃO DE PLANOS

> Se dois planos têm um ponto comum,
> então eles têm pelo menos um outro ponto comum.

**Recorde**

Intersecção de dois conjuntos é uma operação que permite encontrar um terceiro conjunto formado pelos elementos comuns aos dois primeiros.

Esse postulado garante que, sejam os dois planos coincidentes ou não, basta que eles tenham um ponto *A* comum para concluirmos que eles têm outro ponto *B* comum, além do primeiro.

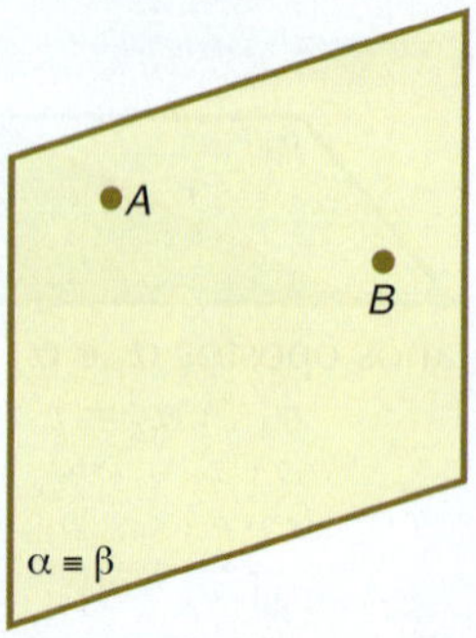


Caso em que os planos α e β são coincidentes, isto é, eles têm todos os pontos em comum.

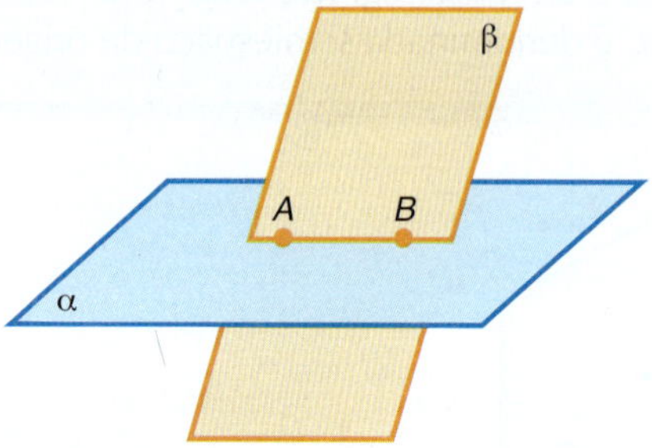


Aqui os planos α e β não são coincidentes.

### EXERCÍCIO RESOLVIDO

**ER. 1** Mostre que a afirmação seguinte é verdadeira:

Se dois planos distintos têm um ponto comum, então eles têm uma reta comum.

**Resolução:** Consideremos os planos α e β e o ponto *P* tais que:

$$\alpha \neq \beta,\ P \in \alpha \text{ e } P \in \beta \quad ①$$

Pelo postulado da intersecção de planos, além de *P*, os planos α e β possuem um outro ponto comum. Seja *Q* esse ponto. Logo:

$$Q \in \alpha \text{ e } Q \in \beta \quad ②$$

Pelo postulado da determinação da reta, os pontos *P* e *Q*, que são distintos, determinam uma reta *r*.

De ①, ② e pelo postulado da inclusão, a reta *r* está contida no plano α e também no plano β. Logo, α e β têm a reta *r* comum.

### EXERCÍCIO PROPOSTO

**10.** Classifique como verdadeira ou falsa cada uma das afirmações abaixo.

a) Se dois planos possuem uma reta em comum, então eles são coincidentes.

b) Se dois planos são coincidentes, então eles possuem uma reta em comum.

c) Se dois planos são coincidentes, então eles possuem apenas uma reta em comum.

d) Se dois planos são não coincidentes, então eles não possuem pontos em comum.

e) Dois planos não coincidentes podem ter pontos em comum.

# 3. Posições Relativas entre Retas no Espaço

Observe a representação de uma pequena saleta. Nela foram ressaltadas as retas *r*, *s*, *t* e *u*.

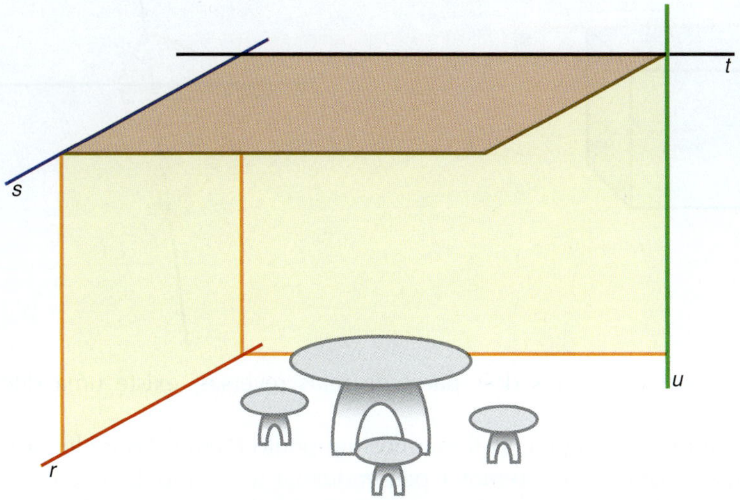


As retas *r* e *s* estão contidas no plano da parede lateral e *não têm ponto em comum* e, por isso, são denominadas **retas paralelas**.

As retas *s* e *t* estão contidas no plano do teto e *têm um único ponto em comum* e, por isso, são denominadas **retas concorrentes**.

As retas *s* e *u não têm ponto em comum* e *não estão contidas em um mesmo plano* e, por isso, são denominadas **retas reversas**.

**Responda**

Como são chamadas duas retas que têm todos os pontos em comum?

**Exemplos**

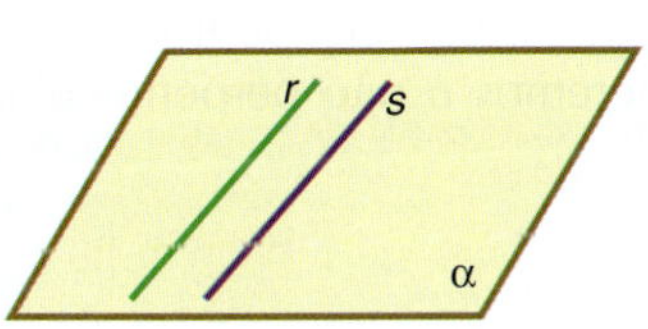


*r* é paralela a *s*, pois:
$r \in \alpha$, $s \in \alpha$ e $r \cap s = \emptyset$

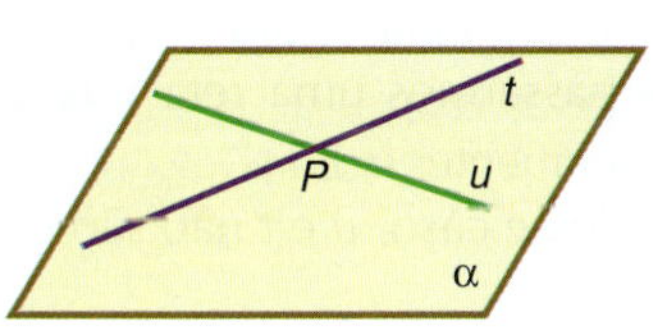


*t* é concorrente com *u*, pois:
$t \in \alpha$, $u \in \alpha$ e $t \cap u = \{P\}$

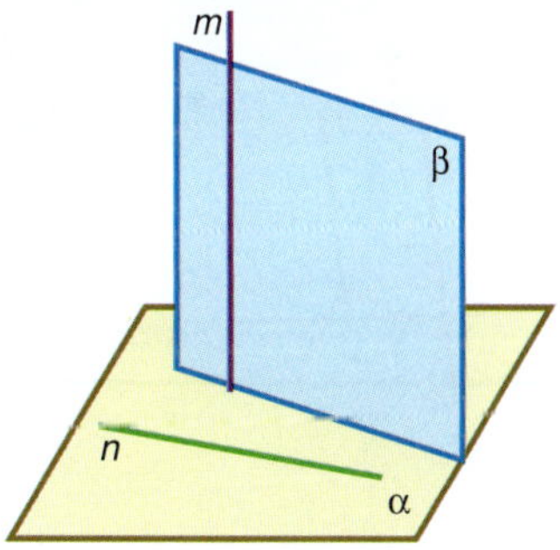


*m* e *n* são reversas, pois $m \cap n = \emptyset$ e não existe plano que contenha *m* e *n* simultaneamente

Assim, podemos dizer que:

Duas retas *r* e *s* do espaço podem ser:

- coplanares
  - com apenas um ponto em comum: *r* e *s* são **concorrentes** ($r \times s$)
  - com nenhum ponto em comum: *r* e *s* são **paralelas** ($r \mathbin{//} s$)
  - com todos os pontos em comum: *r* e *s* são **coincidentes** ($r \equiv s$)
- não coplanares: *r* e *s* são **reversas**

## 3.1 RETAS ORTOGONAIS

Nas figuras abaixo, podemos observar dois pares de retas reversas: *r* e *s*, *t* e *u*.

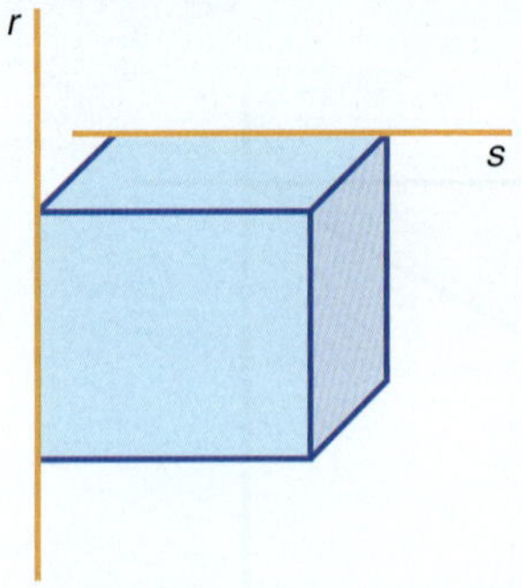


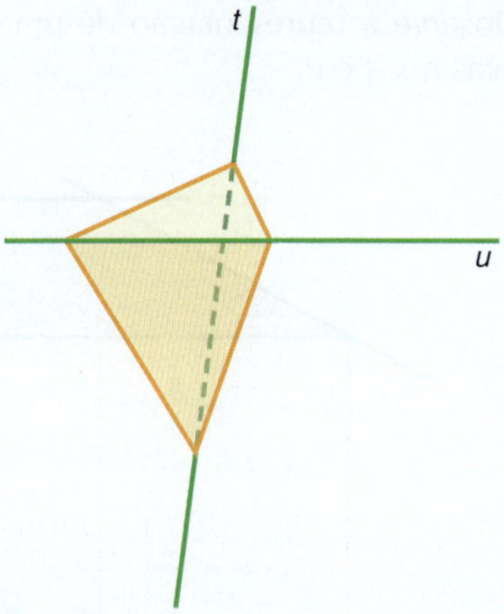


Apesar de termos dois pares de retas reversas, existe uma diferença entre eles.

Na primeira figura, se tomarmos um ponto *P* em *r* e por ele passarmos uma reta *x* paralela a *s*, temos *r* perpendicular a *x* (simbolicamente: $r \perp x$). Nesse caso, dizemos que *r* e *s* são **retas ortogonais**.

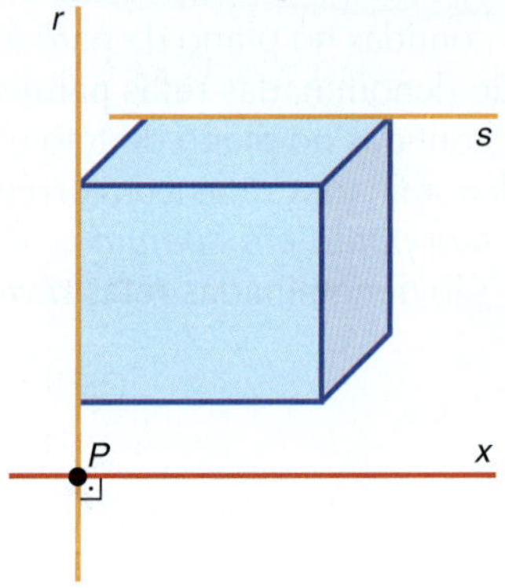


**Recorde**

Duas retas concorrentes são *perpendiculares* quando elas formam entre si quatro ângulos retos.

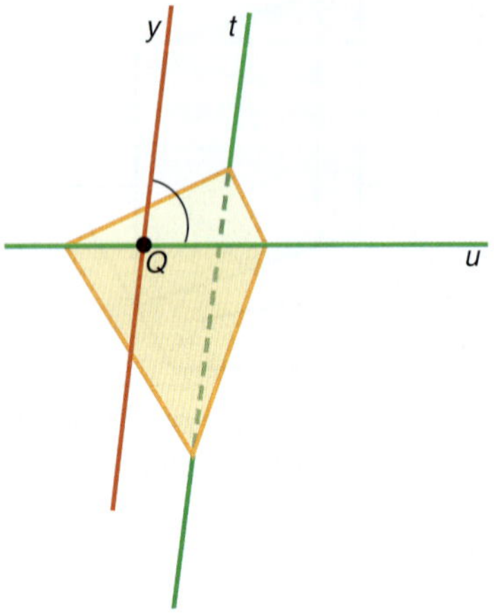


Na segunda figura (veja ao lado), se tomarmos um ponto *Q* em *u* e por ele passarmos uma reta *y* paralela a *t*, teremos *u* não perpendicular a *t* (simbolicamente: $u \not\perp t$).

Nesse caso, *u* e *t* não são ortogonais.

**OBSERVAÇÃO**

Duas retas perpendiculares sempre são ortogonais, mas nem todos os pares de retas ortogonais são perpendiculares.

## 3.2 O QUINTO POSTULADO DE EUCLIDES

> Dados uma reta e um ponto não pertencente a ela,
> existe uma única reta paralela à reta dada que passa por esse ponto.

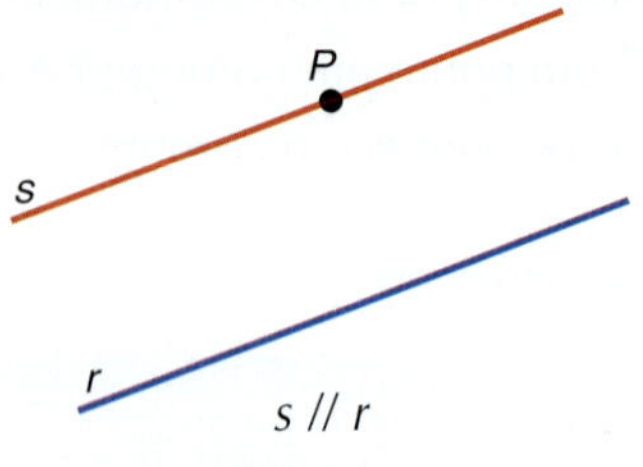

## Conheça mais...

O postulado que enunciamos anteriormente é o mais célebre de todos os postulados enunciados por Euclides, que em sua obra, *Os Elementos*, foi o 5.º a ser listado e, por isso, é conhecido como "o quinto postulado de Euclides". A teoria construída admitindo-se esse postulado é chamada de *geometria euclidiana*.

Esse postulado foi objeto de muita discussão entre os matemáticos que, durante vários séculos, tentaram demonstrá-lo a partir dos outros postulados enunciados por Euclides, pois acreditavam que se tratasse de um teorema.

Foi somente no século XIX que alguns matemáticos conseguiram demonstrar que o quinto postulado de Euclides se trata realmente de um postulado independente dos outros e necessário na construção da geometria euclidiana.

Eles conseguiram tal feito considerando inicialmente que o postulado de Euclides não era verdadeiro, substituindo-o por outros que deram origem a outras geometrias conhecidas como *geometrias não euclidianas*.

## Exercícios Propostos

**11.** Na figura abaixo, a região azul é quadrada.

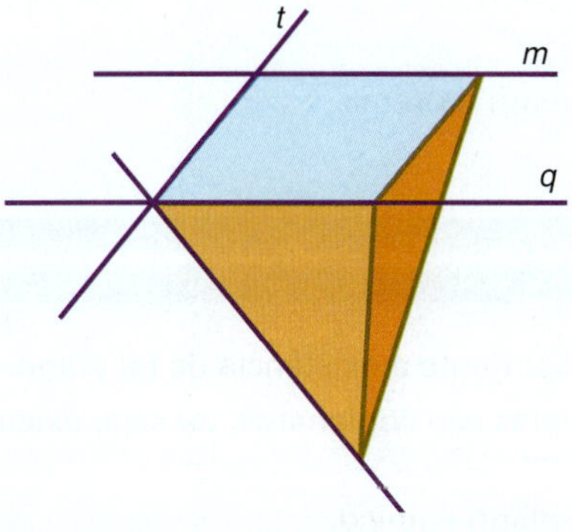


Identifique dentre as retas destacadas nessa figura:

a) quais são paralelas;

b) quais são concorrentes;

c) quais são reversas;

d) quais são ortogonais.

**12.** Pelo ponto $X$ da figura abaixo passa somente uma reta paralela à reta $\overleftrightarrow{SQ}$.

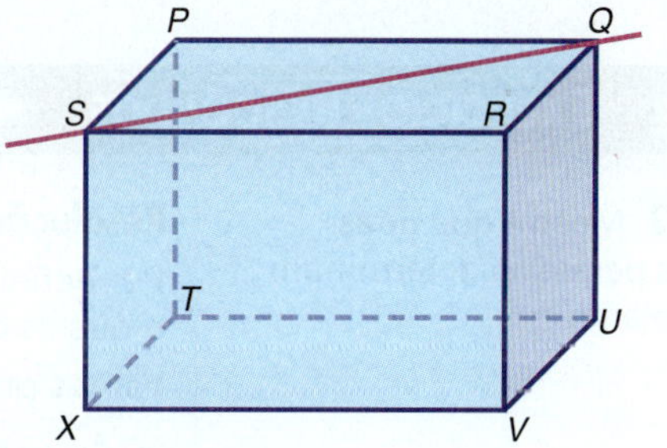


a) Que reta é essa?

b) Identifique as retas ortogonais à reta $\overleftrightarrow{SQ}$.

## 3.3 DETERMINAÇÃO DE UM PLANO

Um primeiro modo de determinarmos um plano, isto é, mostrar que existe um plano e que ele é único, é considerarmos três pontos não colineares, como garante o postulado da determinação do plano anteriormente enunciado.

Existe um único plano $\alpha$ que passa pelos pontos $P$, $Q$ e $R$, que não são colineares, como foi representado na figura abaixo.

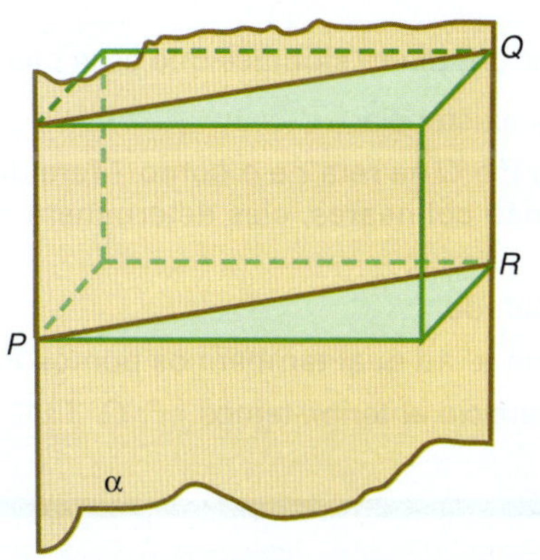

Além desse modo, é possível determinar um plano de outras maneiras.

| Uma reta e um ponto fora dela determinam um plano. | Duas retas concorrentes determinam um plano. | Duas retas paralelas determinam um plano. |
|---|---|---|
| 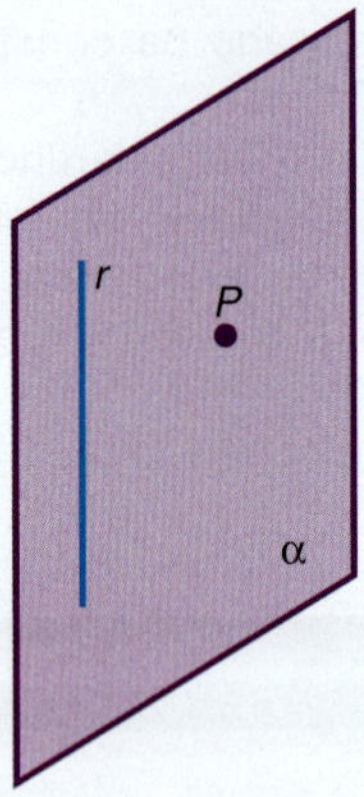  | 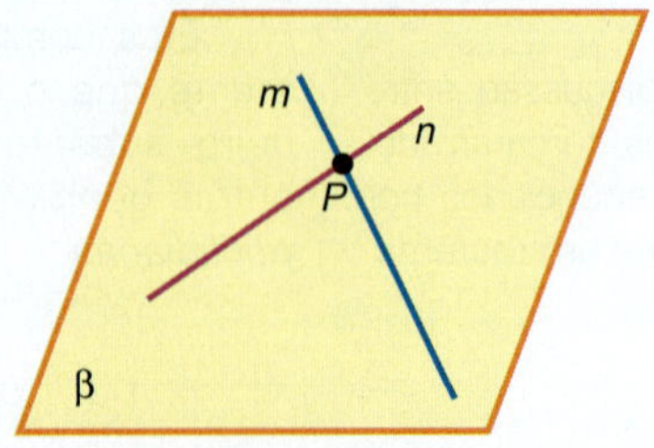  | 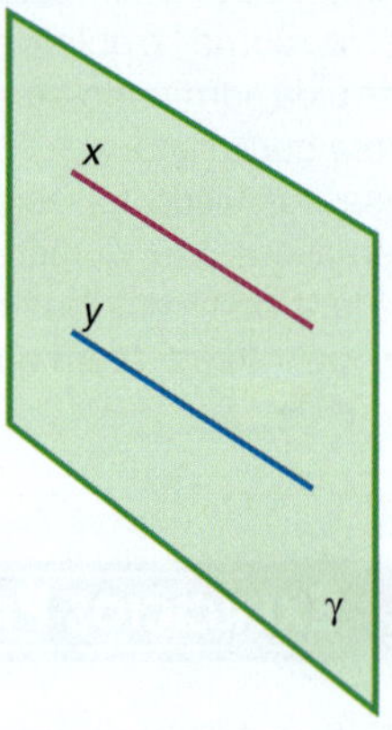  |

**Observação**

Cada uma dessas afirmações é um teorema.

## Exercícios Resolvidos

**ER. 2** Mostre que duas retas paralelas determinam um plano.

**Resolução:** Vamos provar inicialmente a existência de tal plano.

Por definição, duas retas paralelas são coplanares, ou seja, existe um plano $\alpha$ que as contém.

Vamos provar agora que esse plano é único.

① Considere três pontos distintos $P$, $Q$ e $R$ tais que $P \in r$, $Q \in r$ e $R \in s$, com $r \,//\, s$, isto é:

$$r \cap s = \emptyset$$

② Vamos considerar que exista outro plano $\alpha'$ que contenha $r$ e $s$.

③ Como $P$, $Q$ e $R$ são não colineares, eles determinam um único plano ao qual eles pertencem.

De ① e ②, vem:

$$\{P, Q, R\} \subset \alpha \quad \text{e} \quad \{P, Q, R\} \subset \alpha'$$

Assim, de ③, temos:

$$\alpha \equiv \alpha'$$

Logo, esse plano é único.

**ER. 3** Mostre que uma reta e um ponto fora dela determinam um plano.

**Resolução:** Determinar um plano significa que esse plano *existe* e é *único*.

- Vamos demonstrar a existência.
  Considere os pontos $P$ e $Q$ na reta $r$ e o ponto $T$ fora da reta $r$.
  Como $P$, $Q$ e $T$ são não colineares, eles determinam um plano $\alpha$ ao qual eles pertencem.
- Vamos provar a unicidade.
  Considere outro plano $\alpha'$ ao qual também os pontos $P$, $Q$ e $T$ pertencem.
  Anologamente ao exercício anterior, temos $\{P, Q, T\} \subset \alpha$ e $\{P, Q, T\} \subset \alpha'$.
  Logo, $\alpha \equiv \alpha'$.

## Exercícios Propostos

**13.** Considere as seguintes informações:

- duas retas *r* e *s* são reversas;
- existe uma reta *t* tal que $t \cap r = \{R\}$ e $t \cap s = \{S\}$;
- o plano $\alpha$ é determinado por *r* e *S*;
- o plano $\beta$ é determinado por *s* e *R*.

Identifique, dentre as afirmações abaixo, aquelas que são verdadeiras, tendo em vista as informações descritas acima.

a) $\alpha \cap \beta \supset r$
b) $\alpha \cap \beta \supset s$
c) $\alpha \cap \beta = t$
d) $\alpha \cap \beta = \varnothing$
e) $\alpha \cap \beta = \{R\}$

**14.** Utilize os postulados enunciados anteriormente e mostre que duas retas concorrentes determinam um plano.

**15.** Classifique cada afirmação seguinte como verdadeira ou falsa.

a) Três pontos distintos sempre determinam um plano.
b) Por um ponto passam infinitos planos.
c) Um plano é determinado por duas retas reversas.
d) Duas retas distintas podem determinar um plano.
e) Três retas distintas concorrentes duas a duas determinam três planos distintos.
f) Três retas paralelas entre si que não são coplanares determinam três planos distintos.

## Matemática, Ciência & Vida

Cinema é considerada a sétima arte (as outras seis são dança, pintura, escultura, música, teatro e literatura), mas é — antes de tudo — entretenimento: aventura, ação, romance, cenas que nos tiram da realidade e nos transportam ao mundo da tela.

Se os efeitos especiais desafiam os limites da imaginação, algumas cenas combinam atributos reais e criatividade, tornando-se inesquecíveis. Em mais de um filme, os "sistemas de proteção" aos cofres mostram feixes de *laser* em *retas paralelas* ou *reversas* protegendo os corredores que levam aos bens valiosos. Emitidos incessantemente e de forma aleatória, ora para uma direção, ora para outra, em diferentes planos, esses feixes disparariam um alarme caso fossem interrompidos.

No Brasil, já é bastante comum os sistemas de proteção utilizarem feixes de raios de infravermelho, que também disparam um alarme sonoro em caso de interrupção.

Cena do filme *Armadilha*, em que a personagem principal, interpretada pela atriz Catherine Zeta-Jones, treina para ultrapassar uma rede de feixes de *laser*.

CORBIS SYGMA/CORBIS (DC)/LATINSTOCK

## 4. Posições Relativas entre Reta e Plano

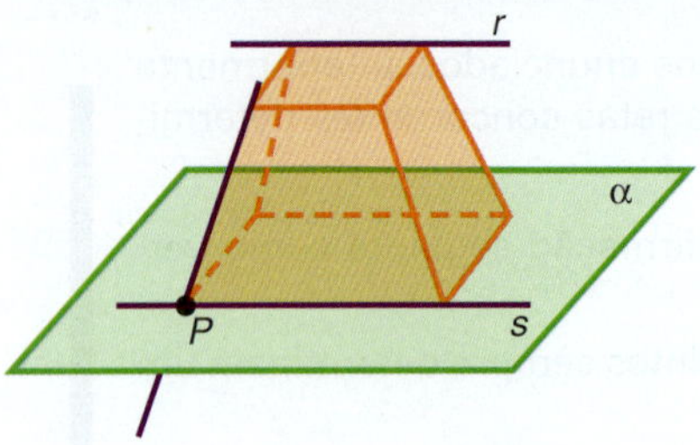


Observando as retas destacadas na figura ao lado, percebe-se que:

- a reta $r$ e o plano $\alpha$ não têm ponto em comum; por isso, $r$ é **paralela** ao plano $\alpha$;
- a reta $t$ encontra o plano $\alpha$ em um único ponto ($P$); nesse caso, $t$ é **secante** ao plano $\alpha$;
- a reta $s$ **está contida** no plano $\alpha$, ou seja, todos os pontos de $s$ pertencem ao plano $\alpha$.

Em resumo:

> Dados uma reta e um plano, a reta pode ou não estar *contida* nesse plano. No caso de a reta não estar contida no plano, ela pode ser *paralela* ou *secante* a esse plano.

**Recorde**

O símbolo $\Rightarrow$ significa "implica".

Simbolicamente, podemos escrever:

- $r \cap \alpha = \varnothing \Rightarrow r$ é paralela a $\alpha$
- $r \cap \alpha = \{P\} \Rightarrow r$ é secante a $\alpha$
- $r \cap \alpha = r \Rightarrow r \subset \alpha$

### Exercício Resolvido

**ER. 4** Mostre que se uma reta $r$ é secante a um plano $\alpha$ no ponto $P$, então $r$ é concorrente ou reversa às retas contidas em $\alpha$.

**Resolução:** Como $r \cap \alpha = \{P\}$, as retas de $\alpha$ que passam por $P$ são concorrentes com $r$ nesse ponto.

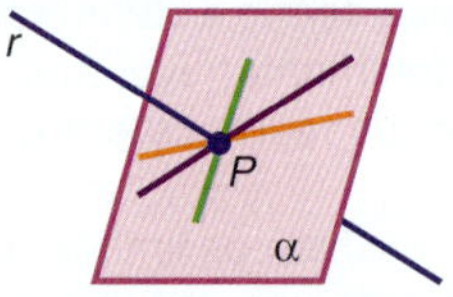


Por outro lado, as retas de $\alpha$ que não passam por $P$ não têm ponto em comum com $r$ e não estão em um mesmo plano com $r$. Logo, são reversas a $r$.

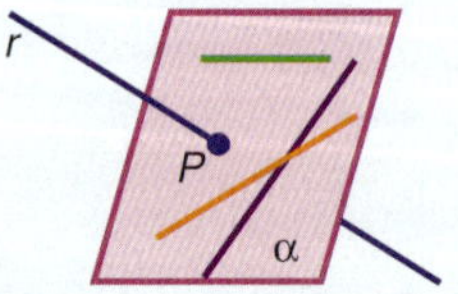


### Exercício Proposto

**16.** Determine as posições relativas entre as retas e os planos, de acordo com a figura ao lado.

a) $r$ e $\alpha$
b) $r$ e $\beta$
c) $s$ e $\alpha$
d) $s$ e $\beta$
e) $t$ e $\alpha$
f) $t$ e $\beta$

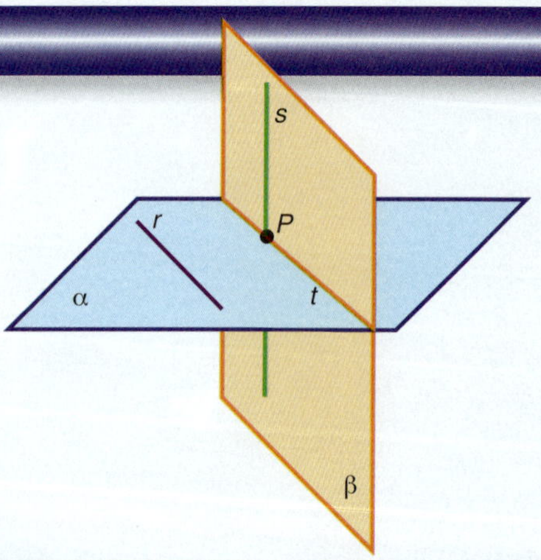

## 4.1 PARALELISMO ENTRE RETA E PLANO

Uma reta é **paralela** a um plano quando ela não tem ponto em comum com esse plano, como é o caso da reta *r* e do plano *ABC* em cada figura abaixo.

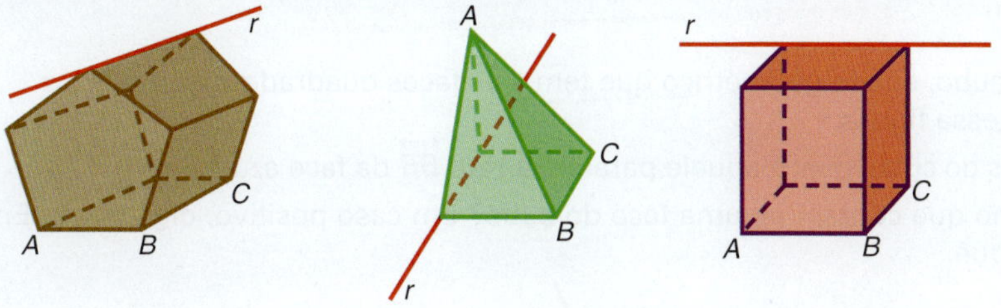


O paralelismo entre reta e plano é caracterizado por algumas propriedades. Vejamos algumas delas.

- Se uma reta *r* é paralela a um plano α, então *r* é paralela ou reversa às retas contidas em α.
- Se uma reta *r* não está contida em um plano α e *r* é paralela a uma reta *s* contida em α, então *r* é paralela ao plano α.

**Recorde**

Duas retas paralelas ou duas retas reversas não têm pontos em comum entre si.

### EXERCÍCIO RESOLVIDO

**ER. 5** Mostre que se uma reta *r* é paralela a um plano α, então *r* é paralela ou reversa às retas contidas em α.

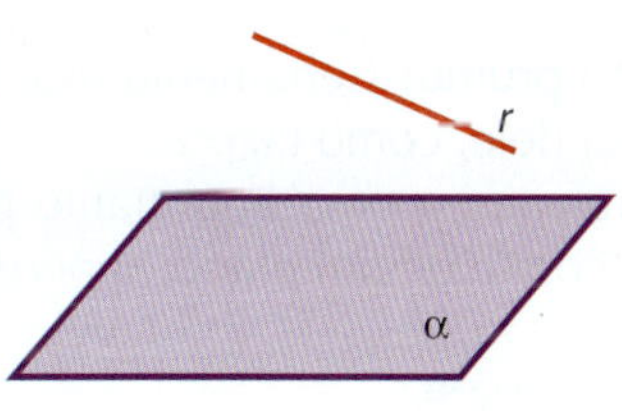


**Resolução:** De fato, se *r* é paralela ao plano α, então *r* e α não têm ponto em comum.

Consideremos uma reta *s* contida em α e um ponto *P* de *s*. Nesse caso, já vimos que a reta *r* e o ponto *P* determinam um plano (β).

Temos, então, duas possibilidades para a reta *s*:

- ou *s* está contida em β

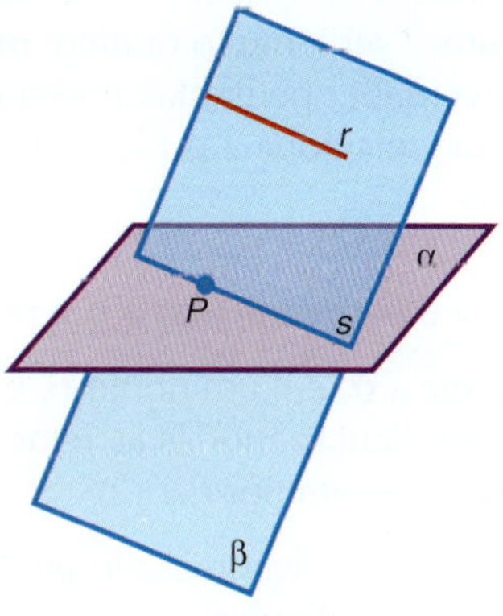


Nesse caso, *r* e *s* são coplanares e não têm pontos em comum.

Logo, *r* e *s* são paralelas.

- ou *s* não está contida em β

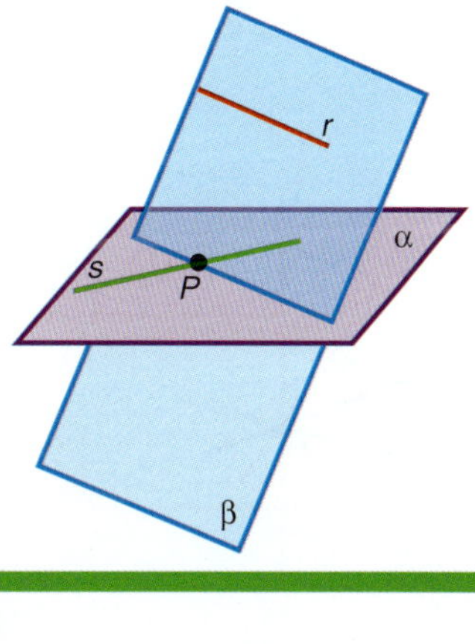


Nesse caso, *r* e *s* não são coplanares.

Portanto, *r* e *s* são reversas.

## EXERCÍCIOS PROPOSTOS

**17.** Faça um desenho que represente a afirmação abaixo e, em seguida, demonstre que ela é verdadeira.
Se uma reta *r* não está contida em um plano $\alpha$ e *r* é paralela a uma reta *s* contida em $\alpha$, então *r* é paralela ao plano $\alpha$.

**18.** A figura a seguir representa um cubo, sólido geométrico que tem seis faces quadradas.
Agora, responda de acordo com essa figura:

a) Dos planos que contêm as faces do cubo, qual é aquele paralelo à reta $\overleftrightarrow{BR}$ da face azul?

b) A reta $\overleftrightarrow{BR}$ é secante a um plano que contém alguma face do cubo? Em caso positivo, diga quais. Em caso negativo, explique o porquê.

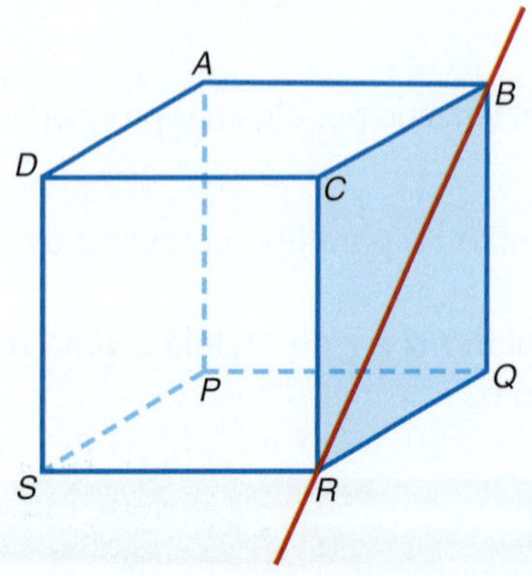

## 4.2 PERPENDICULARISMO ENTRE RETA E PLANO

Como verificar se o mastro da bandeira está no prumo? Certamente usar um "fio de prumo" seria muito prático; mas, na falta dele, como fazer?

Na verdade, perguntas como essas se referem a uma importante propriedade que relaciona a posição de uma reta com a de um plano: o *perpendicularismo*.

Uma reta *r* é **perpendicular** a um plano $\alpha$ se:

- *r* é secante a $\alpha$, em um ponto *P*, e
- *r* é perpendicular a todas as retas contidas em $\alpha$ que passam por *P*.

O ponto *P* é denominado **pé da perpendicular** *r* em $\alpha$.

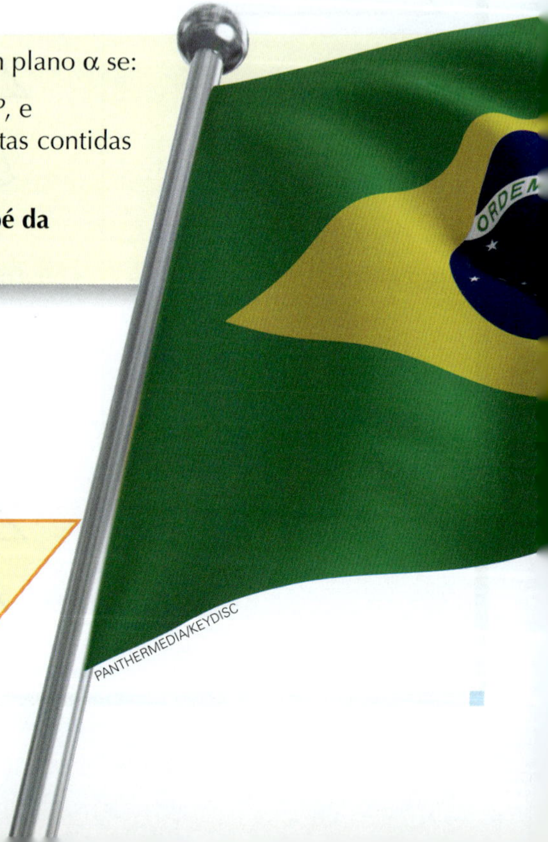


**Saiba +**

O *prumo* é um instrumento formado por uma linha e um pequeno peso amarrado a ela, que serve para determinar um alinhamento com o centro da Terra. Desse instrumento, originou-se a expressão "colocar no prumo" como a ação de deixar um objeto em posição vertical em relação a um plano horizontal.

**EXEMPLO**

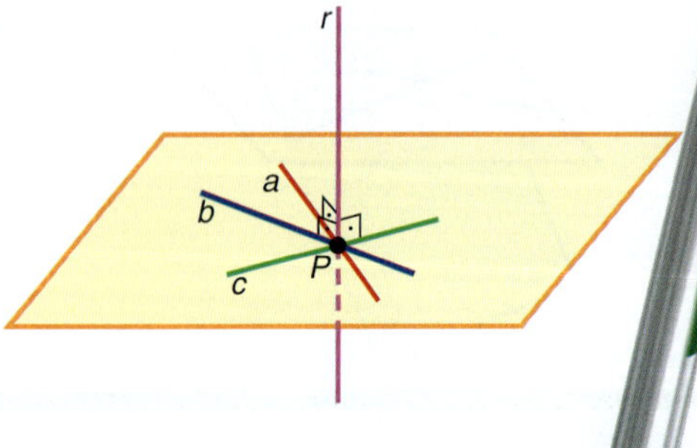

## Observação

Você já viu que duas retas são perpendiculares entre si se são concorrentes e formam quatro ângulos retos.

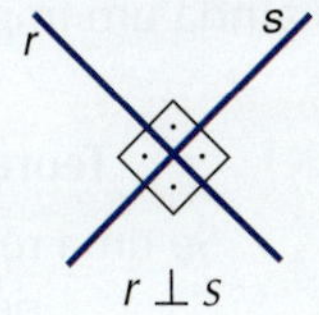


$r \perp s$

Para verificar se uma reta *r* é perpendicular a um plano α em um ponto *P*, utilizando a definição, temos de verificar se *r* é perpendicular a todas as retas de α que passam por *P*. Evidentemente fazer essa verificação com cada uma das infinitas retas em questão é impossível.

Entretanto, uma importante propriedade de reta perpendicular a um plano pode abreviar essa verificação.

É possível mostrar que basta que uma reta *r* seja perpendicular a duas retas concorrentes e distintas de um plano α, no ponto comum a elas, para concluirmos que *r* é perpendicular a α.

Na figura ao lado, vemos uma verificação experimental do perpendicularismo do mastro ao plano do chão, com base na propriedade que enunciamos a seguir, e que é um *teorema*:

> Se uma reta *r* é perpendicular a duas retas concorrentes, *t* e *v*, no ponto de intersecção delas, então *r* é perpendicular ao plano α determinado por *t* e *v*.

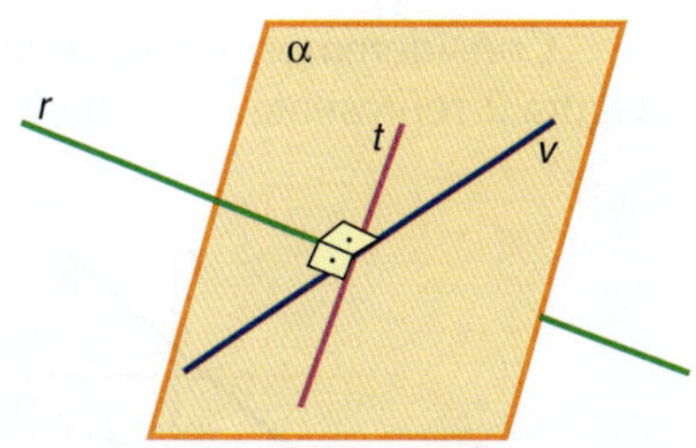


Além dessa propriedade descrita pelo teorema anterior e que, portanto, pode ser demonstrada, o perpendicularismo entre reta e plano apresenta outras propriedades, mencionadas a seguir.

- Por um ponto de uma reta existe um e somente um plano perpendicular a essa reta.

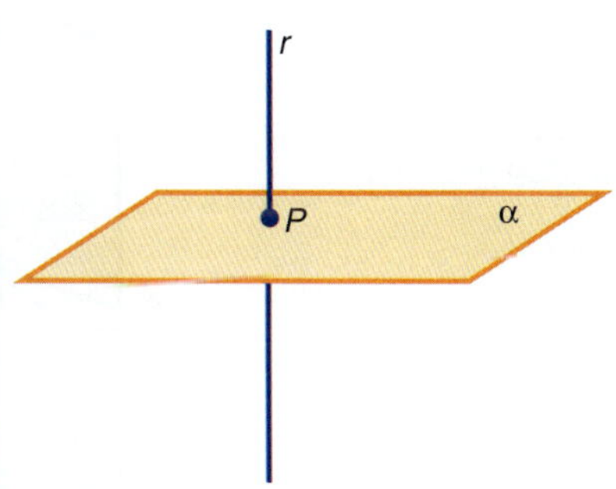


- Se uma reta é perpendicular a um plano, então qualquer reta paralela a essa reta também é perpendicular a esse plano.

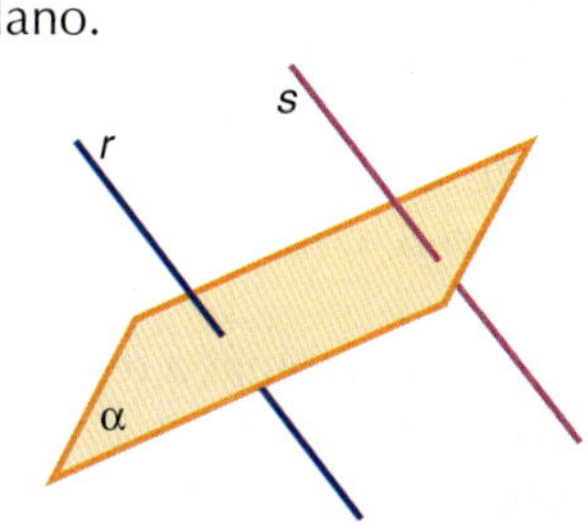

Temos ainda um importante teorema:

**Teorema das três perpendiculares**

Se uma reta $r$ é perpendicular a um plano $\alpha$ pelo ponto $A$ (com $A \in \alpha$), $s$ é uma reta contida em $\alpha$ que não passa por $A$, e $t$ é uma reta que passa por $A$ e é perpendicular a $s$ em $B$, então toda reta $x$ que passa por $B$ e é concorrente com $r$ é perpendicular à $s$.

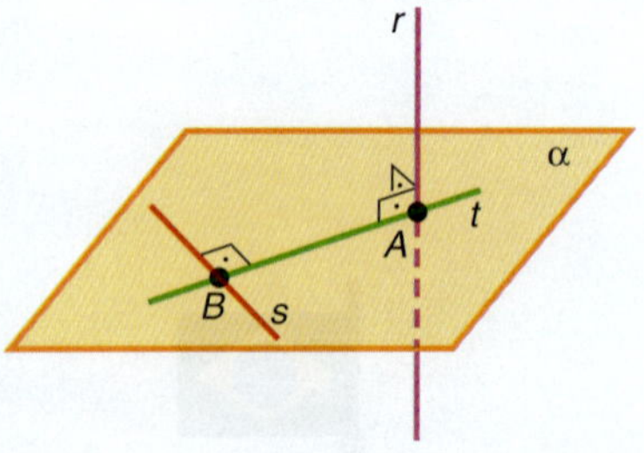

**Figura 1**

*Demonstração*

Para entender melhor a situação, observe a Figura 1. Nela, verificamos que:

- $r$ é perpendicular a $\alpha$ por $A$;
- $s$ está contida em $\alpha$ e $A \notin s$;
- $t$ passa por $A$ e $t \perp s$ em $B$.

Essas são as hipóteses do teorema.

Consideremos, então, a reta $x$ que passa por $B$ e é concorrente com $r$. A Figura 2 representa o resultado do teorema.

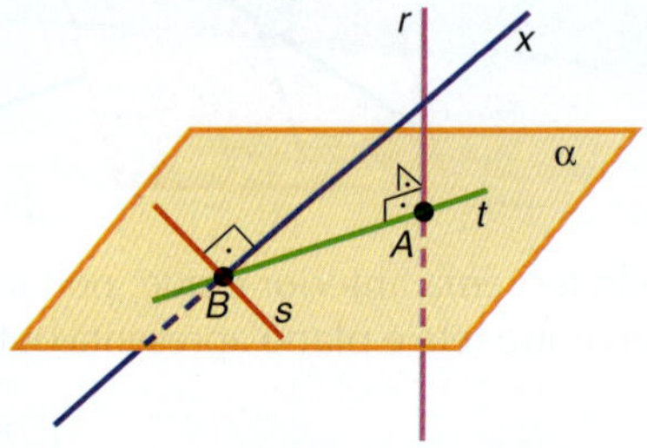

**Figura 2**

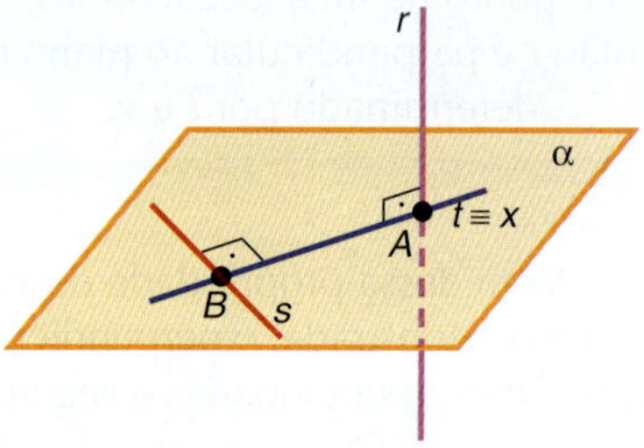

**Figura 3**

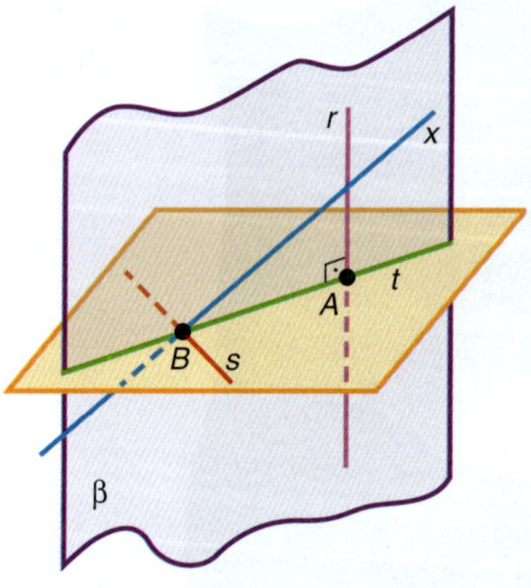

**Figura 4**

Vamos, agora, à demonstração mesmo!

- Caso $x$ e $t$ sejam coincidentes, o resultado é imediato, pois $s \perp t$ conforme mostra a Figura 3.
- Caso $x$ e $t$ não sejam coincidentes, considere o ponto $C$ da intersecção entre $x$ e $r$, isto é, $x \cap r = \{C\}$. A reta $x$ e o ponto $A$ (como $A \notin x$) determinam um plano $\beta$, conforme Figura 4.

Basta tornar a reta $\overleftrightarrow{BC} \equiv x$. Como $s$ é perpendicular a $\beta$ em $B$, com $x \subset \beta$ e $B \in x$, temos que $s \perp x$ , pois $x$ é perpendicular a todas as retas contidas em $\beta$ que passam por $B$.

## Exercício Resolvido

**ER. 6** Mostre que se duas retas $r$ e $s$, distintas, são perpendiculares a um mesmo plano $\alpha$, então $r$ e $s$ são paralelas.

**Resolução:** Sejam: $r \perp \alpha$, $s \perp \alpha$, $r \cap \alpha = \{A\}$ e $s \cap \alpha = \{B\}$

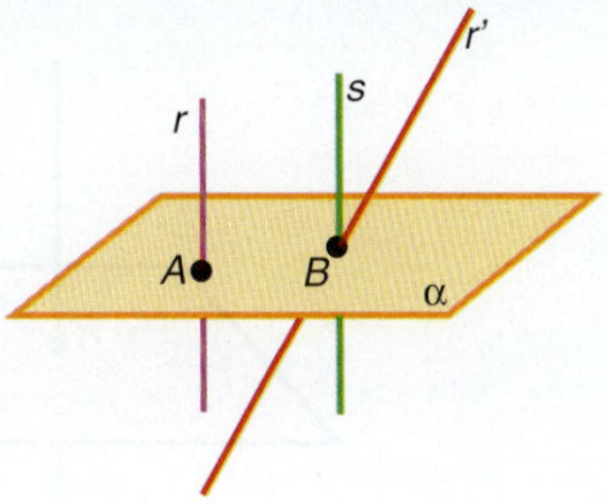


Suponhamos que $s$ e $r$ não sejam paralelas. Então, existe uma reta $r' \neq s$ tal que $r' \parallel r$ e $r' \perp \alpha$, que passa por $B$. Logo, $r' \cap s = \{B\}$, ou seja, $r'$ e $s$ são concorrentes.

Portanto, $s$ e $r'$ determinam um plano $\delta$.

A intersecção de $\delta$ e $\alpha$ é uma reta $t$. Como $B \in t$, em $\delta$ temos duas retas $s$ e $r'$, distintas, ambas perpendiculares a $t$, em $B$, o que é um absurdo.

Logo, $r' \equiv s$ e, portanto, $s \parallel r$.

## Exercícios Propostos

**19.** Classifique cada uma das afirmações seguintes como verdadeira ou falsa. Justifique o fato de a afirmação ser falsa.

a) Por um ponto fora de uma reta passa um e somente um plano perpendicular a essa reta.

b) Duas retas distintas e perpendiculares a um mesmo plano são paralelas.

c) Se uma reta $r$ é perpendicular a um plano $\alpha$ e outra reta $s$ não é perpendicular a $\alpha$, então $r$ e $s$ são reversas.

**20.** Considere um segmento $\overline{AB}$ de 20 cm e um ponto $P$ de modo que $A$, $B$ e $P$ determinem um plano. Tome um ponto $Q$ de modo que $\overline{PQ}$ seja perpendicular ao plano definido por $A$, $B$ e $P$. Tome ainda outro ponto, $R$, tal que $R \in \overline{AB}$ e $\overline{PR}$ é perpendicular a $\overline{AB}$. Sabendo que $PR = 3$ cm e $PQ = 4$ cm, determine a área do triângulo $ABQ$.

## Projeção ortogonal

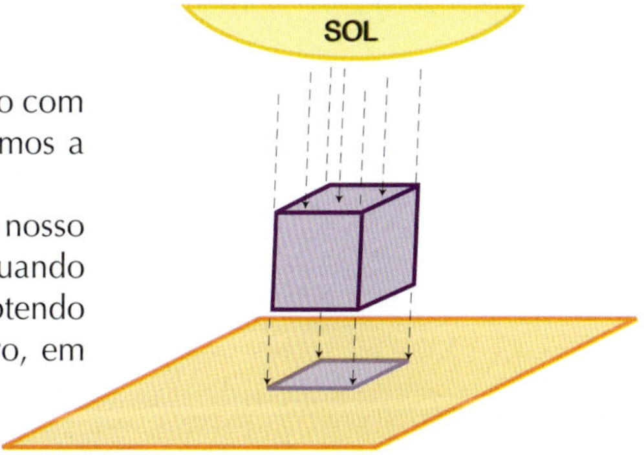


Meio-dia, Sol "a pino", raios perpendiculares ao solo e a sombra do cubo com a mesma forma e tamanho de uma de suas faces. Nesse caso, chamamos a sombra do cubo de **projeção ortogonal** do cubo sobre o plano do solo.

Muitas vezes nos deparamos com situações desse tipo não só em nosso dia a dia, mas também em outras áreas do conhecimento humano. Quando o arquiteto faz a planta baixa de uma casa, de certa maneira ele está obtendo sua projeção ortogonal no plano onde ela vai ser construída e, é claro, em tamanho menor.

Mas, afinal, o que é projeção ortogonal?

Dados um ponto $P$ e uma reta $r$, a **projeção ortogonal de $P$ sobre $r$** é um ponto $P'$, pé da perpendicular à reta $r$ que passa por $P$.

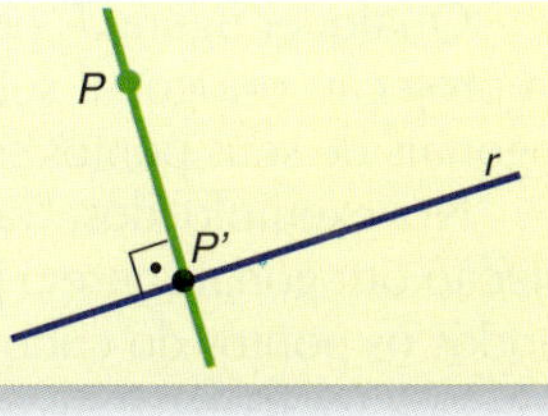

Consideremos agora uma reta $r$, perpendicular a um plano $\alpha$ em $P'$, e um ponto $P$ de $r$. Temos, então, dois casos possíveis para essa situação, como mostram as figuras seguintes.

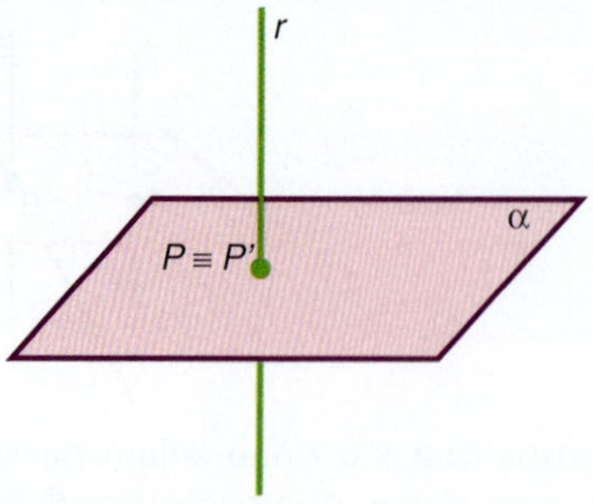


O ponto $P$ coincide com $P'$, isto é, o ponto $P$ está em $\alpha$.

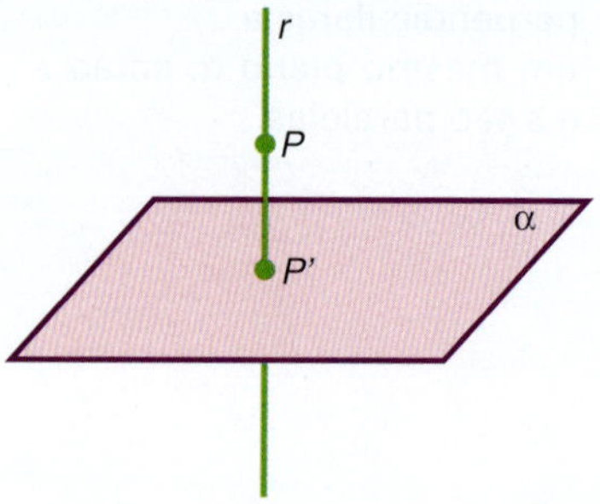


O ponto $P$ é distinto de $P'$, isto é, o ponto $P$ não está em $\alpha$.

Em qualquer um desses casos, $P'$ é a projeção ortogonal de $P$ em $\alpha$.

Dados um ponto $P$ e um plano $\alpha$,
a **projeção ortogonal de $P$ sobre** $\alpha$ é o ponto $P'$,
pé da reta perpendicular a $\alpha$ que passa por $P$.

Também é possível projetar ortogonalmente uma reta sobre um plano, obtendo a projeção ortogonal de todos os pontos da reta sobre esse plano.

É possível abreviar esse procedimento obtendo a projeção ortogonal de dois pontos distintos da tal reta, já que eles determinam uma única reta e, assim, as projeções desses pontos também são dois pontos distintos e desse modo determinam a reta que é a projeção ortogonal da reta dada.

Dados uma reta $r$ e um plano $\alpha$, a projeção ortogonal de $r$ sobre $\alpha$ é uma reta $r'$, constituída de todas as projeções ortogonais dos pontos de $r$ sobre $\alpha$.

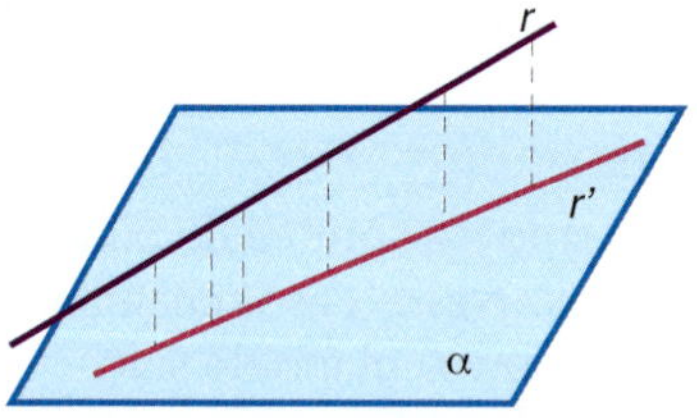


Se $r \not\perp \alpha$, a projeção ortogonal de $r$ sobre $\alpha$ é *uma reta* $r'$.

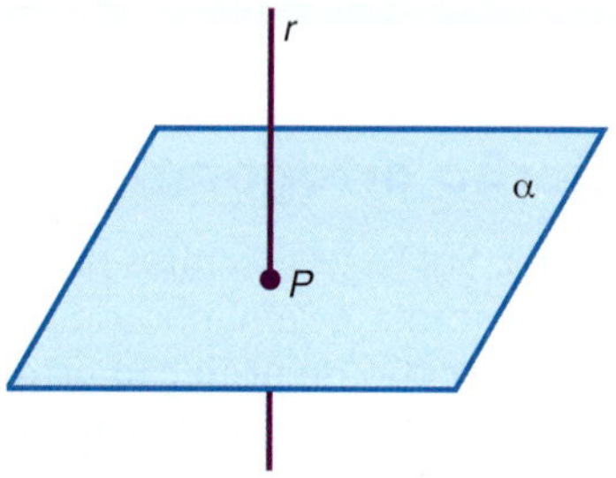


Se $r \perp \alpha$, a projeção ortogonal de $r$ sobre $\alpha$ é *um ponto* $P$, o pé da perpendicular $r$ sobre $\alpha$.

**Atenção!**

Para a sombra formada pelos "raios" do Sol ser a projeção ortogonal, esses "raios" devem formar um ângulo de 90° com o solo, e isso nem sempre acontece. Vai depender do horário, dia do ano e da latitude da região.

Qualquer figura $\mathscr{F}$, por ser um conjunto com pelo menos um ponto, tem para projeção ortogonal sobre um plano $\alpha$ o conjunto de todas as projeções ortogonais de seus pontos sobre $\alpha$.

No exemplo dos "raios" sobre o cubo, a sombra desse cubo é sua projeção ortogonal sobre o plano do solo, formada pelas projeções ortogonais de todos os pontos do cubo sobre o plano do solo.

Observe a figura ao lado e verifique que, no instante em que a foto foi tirada, sua sombra era a projeção ortogonal desse objeto sobre o plano do solo.

PANTHERMEDIA/KEYDISC

## Exercício Resolvido

**ER. 7** Classifique a afirmação abaixo como verdadeira ou falsa e justifique sua resposta.

Se uma reta $r$ é paralela a um plano $\alpha$, então toda reta $s$ perpendicular a $r$ é perpendicular a $\alpha$.

**Resolução:** Essa afirmação é falsa, pois existe um ponto $P$ de $\alpha$ que não é projeção ortogonal de qualquer ponto de $r$ sobre $\alpha$, tal que por ele passa uma única reta $s$ perpendicular a $r$ e não perpendicular a $\alpha$.

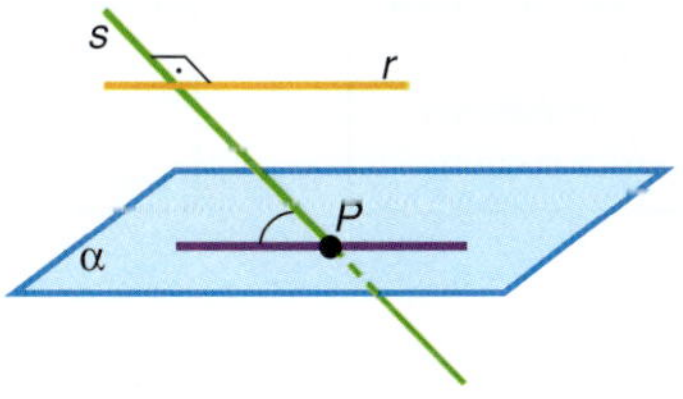


## Exercícios Propostos

**21.** A figura ao lado representa um cubo projetado ortogonalmente sobre um plano $\alpha$. A figura $XYZT$ é uma região quadrada como qualquer face desse cubo.

a) Qual é a projeção ortogonal da face $ABCD$ sobre $\alpha$?
b) Qual é a projeção ortogonal da face $CBFG$ sobre $\alpha$?
c) Quantos pontos do cubo têm $X$ como projeção ortogonal sobre $\alpha$?
d) Um dos vértices do cubo não está visível na figura. Qual é sua projeção ortogonal sobre $\alpha$?

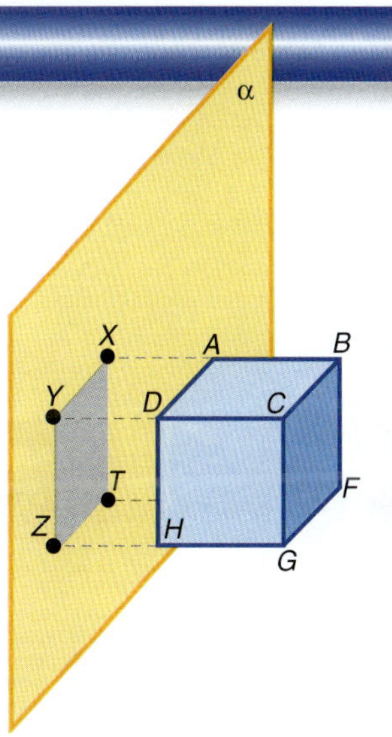


**22.** A projeção ortogonal de um triângulo sobre um plano $\alpha$ pode ser um segmento de reta? Justifique.

**23.** As projeções ortogonais de duas retas $r$ e $s$, sobre um plano $\alpha$, são duas retas concorrentes $r'$ e $s'$. É possível concluir que $r$ e $s$ são concorrentes? Justifique.

**24.** As projeções ortogonais de duas retas ortogonais entre si sobre um plano paralelo a ambas são retas paralelas? Por quê?

## Enigmas, Jogos & Brincadeiras

### Jogo da Memória Geométrico

Convide alguns colegas e confeccionem os cartões dados a seguir. Esses cartões devem ser misturados e arrumados sobre uma mesa, deixando a face que contém as informações virada para baixo.

Dois cartões formam um par quando os significados do que aparece escrito nas faces escondidas se complementam.

A cada rodada, cada jogador, na sua vez, escolhe um cartão e o desvira; em seguida, desvira um outro cartão, procurando o par do primeiro. Caso eles formem um par, o jogador retira os dois cartões da mesa e joga novamente. Caso contrário, devolve os cartões para o mesmo lugar, virados pára baixo, e passa a vez para o próximo participante.

Vence o jogo aquele que conseguir mais pares.

Inventem outros pares de cartões e boa diversão!

| | | |
|---|---|---|
| retas reversas | planos coincidentes | planos secantes |
| retas perpendiculares | retas paralelas | planos paralelos |
| Retas que não estão contidas em um mesmo plano. | Planos que possuem duas retas distintas comuns. | Retas coplanares que formam um ângulo reto. |
| Planos que possuem apenas uma reta comum. | Planos que não possuem pontos comuns. | Retas coplanares que não possuem ponto comum. |

## 4.3 DISTÂNCIAS

A noção de distância está presente em nossa vida desde que começamos a conviver no espaço onde nos movimentamos e onde nos relacionamos com vários objetos.

### Distância entre dois pontos

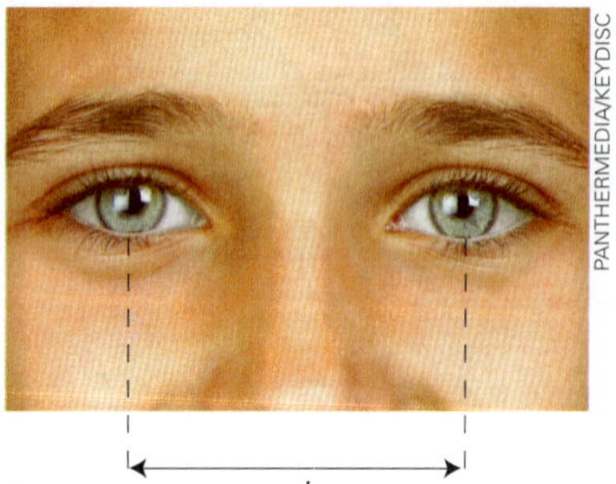

distância interpupilar

Quando vamos aviar a receita de óculos, o ótico mede a distância interpupilar, para melhor adequar as lentes.

Nesse caso, as pupilas funcionam como dois pontos e a distância interpupilar é a distância entre esses dois pontos.

> A **distância de um ponto $A$ a um ponto $B$** é o comprimento do segmento de reta de extremidades $A$ e $B$.

Vamos indicar a distância de $A$ a $B$ por $AB$ (ou $BA$).

**Exemplo**

A distância entre os pontos $A$ e $B$ dados abaixo é a medida (comprimento) do segmento $\overline{AB}$ obtido.

## Distância entre ponto e reta

Em variadas situações do cotidiano, além de conhecer a distância entre dois pontos, é preciso conhecer, também, a distância de um ponto a uma reta.

Veja, por exemplo, uma situação em que desejamos instalar adequadamente um aparelho.

Para que uma barra fixa seja eficiente, como na figura abaixo, a distância $d$, entre a ponta do pé do garoto e a barra, deve ser menor do que a distância $h$, entre o ponto em que a barra é colocada no poste de madeira e o ponto em que esse poste é fincado no solo.

> A **distância de um ponto *A* a uma reta *r*** é o comprimento do segmento cujas extremidades são o ponto $A$ e o ponto $A'$, que é o pé da perpendicular a $r$ que passa por $A$.

Dessa forma, podemos indicar a distância de $A$ a $r$ por $d_{A,\,r} = AA'$.

**Exemplo**

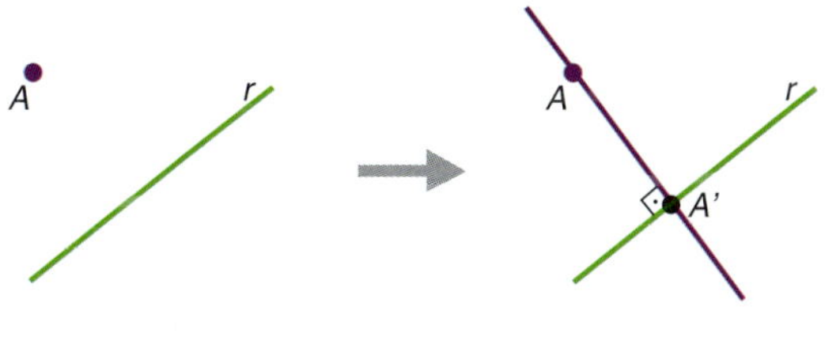


**Observação**

Note que o ponto $A'$ é a projeção ortogonal do ponto $A$ sobre a reta $r$.

## Distância entre ponto e plano

Muitas situações envolvem o conceito de distância de um ponto a um plano que, por sua vez, envolve o conceito de reta perpendicular a um plano.

> A **distância de um ponto *A* a um plano** $\alpha$ é o comprimento do segmento cujas extremidades são o ponto *A* e o ponto *A'*, projeção ortogonal de *A* sobre $\alpha$.

Indicamos por $d_{A,\,\alpha} = AA'$ a distância de *A* ao plano $\alpha$.

PANTHERMEDIA/KEYDISC

A distância entre ponto e plano é usada para calcular a altura do salto de paraquedas.

**EXEMPLO**

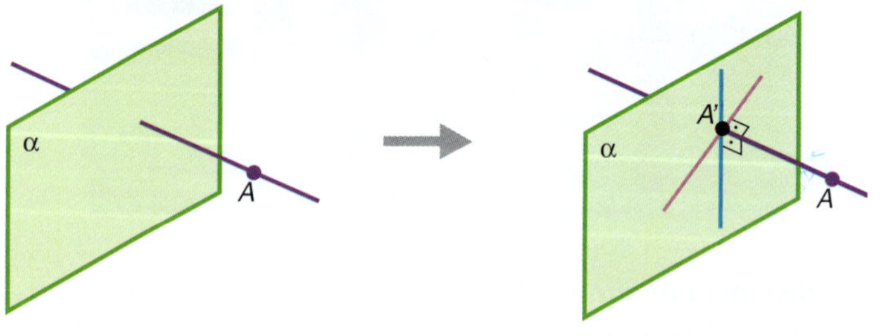


## EXERCÍCIOS PROPOSTOS

**25.** Responda e justifique.

a) Qual é a distância de um ponto a uma reta quando o ponto pertence à reta considerada?

b) Qual é a distância de um ponto a um plano quando o ponto pertence a esse plano?

c) Todas as faces de um cubo são quadradas e todos os lados desses quadrados são as arestas do cubo, que têm mesma medida. Qual é a distância de uma aresta desse cubo até a face oposta?

**26.** **[ARQUITETURA]** Em um obelisco, em homenagem ao futebol, com exceção da haste que sustenta a bola e está fincada no chão, no centro de um círculo de raio com 2,4 m, todos os demais cabos medem 2,6 m. A que distância do chão está o ponto de apoio da bola sobre os cabos?

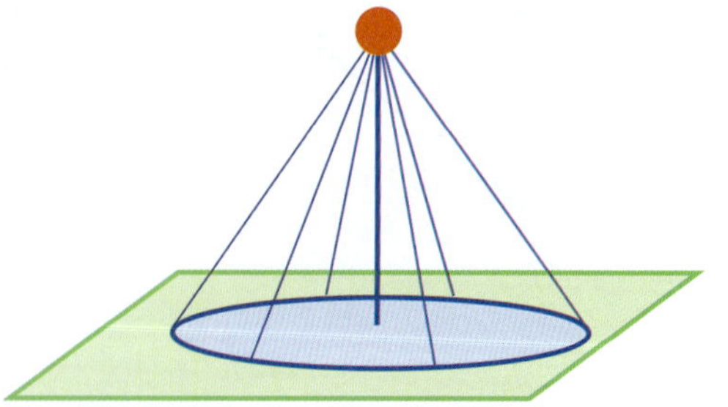

## Distância entre duas retas

Como vimos, a distância de um ponto a outro ponto ou a uma reta ou, ainda, a um plano sempre é definida, não importando a posição do ponto em relação ao outro ponto ou à reta ou ao plano.

O mesmo não acontece quando queremos definir a distância entre duas retas no espaço, que só tem sentido quando essas retas não são concorrentes.

- A **distância entre duas retas paralelas** ou **coincidentes** é a distância de um ponto de uma delas à outra.
- A **distância entre duas retas reversas** é a distância entre os pontos *A* e *B*, pés da perpendicular comum a essas duas retas.

**Exemplos**

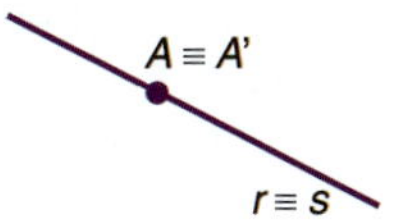


A distância entre *r* e *s* é nula.

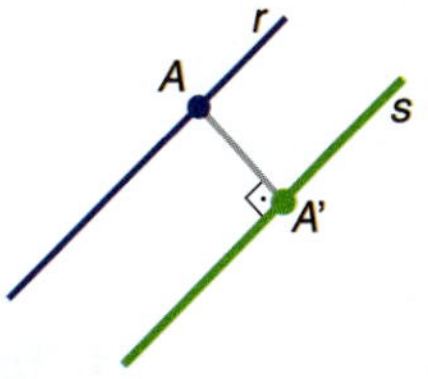


A distância entre as retas paralelas *r* e *s* é *AA'*, não nula.

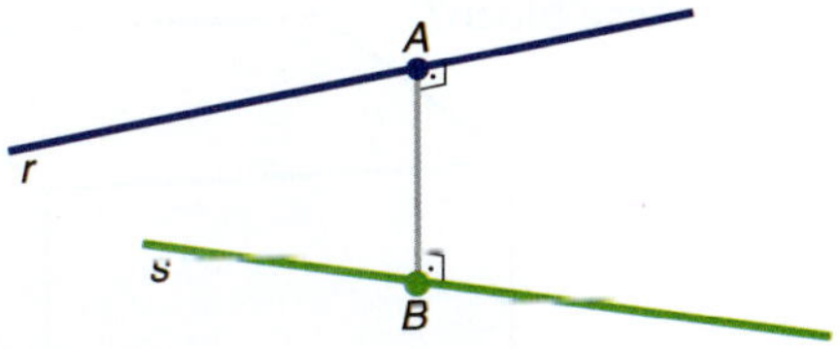


*AB* é a distância entre as retas reversas *r* e *s*, que é não nula.

**Faça**

Explique quem é *A'* no caso em que as retas são coincidentes e quando as retas são paralelas.

## Distância entre reta e plano

O conceito de distância de uma reta a um plano também só tem sentido quando a reta está contida no plano ou é paralela a ele.

Se uma reta *r* está contida em um plano $\alpha$ ou é paralela a ele, a **distância entre a reta *r* e o plano** $\alpha$ é a distância de um ponto *A* dessa reta *r* ao plano $\alpha$.

**Exemplos**

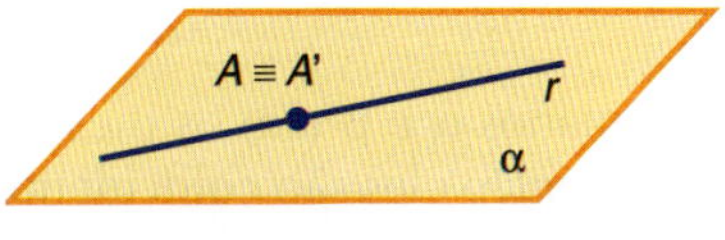


No caso em que $r \subset \alpha$, a distância de *r* a $\alpha$ é nula, pois $AA' = 0$.

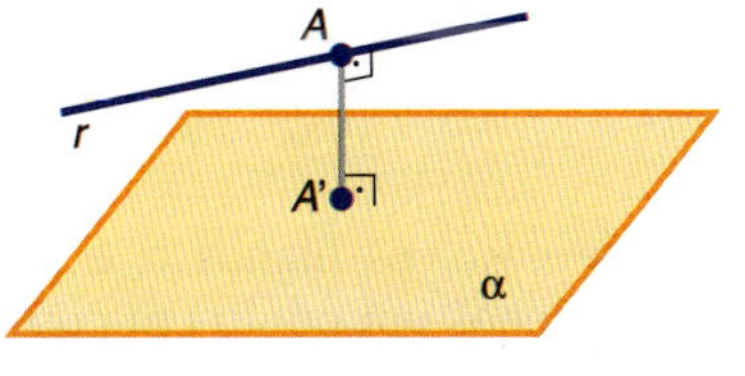


No caso em que $r \mathbin{//} \alpha$, a distância de *r* a $\alpha$ não é nula, pois $AA' \neq 0$.

## Exercícios Propostos

**27.** Identifique as afirmações verdadeiras e as falsas.

a) A distância entre duas retas paralelas é a distância entre um ponto qualquer de uma delas a um ponto qualquer da outra.

b) Se as distâncias dos pontos $A$ e $B$ a um plano $\alpha$ são, respectivamente, 5 cm e 8 cm, então a reta $\overleftrightarrow{AB}$ é paralela a $\alpha$.

c) Se a distância entre os pontos $A$ e $B$ é 10 cm, então existem duas retas, $r$ e $s$, cuja distância entre elas é 10 cm de modo que os pontos $A$ e $B$ pertencem, respectivamente, a essas retas.

d) Dadas duas retas, $r$ e $s$, se a distância entre elas é nula, então essas retas são coincidentes.

e) Um ponto $P$ dista 4 cm de uma reta $r$ e 6 cm de outra reta $s$. Logo, $r$ e $s$ podem ser concorrentes, paralelas ou reversas.

**28.** **[COTIDIANO]** As dimensões de uma sala estão representadas na figura abaixo.

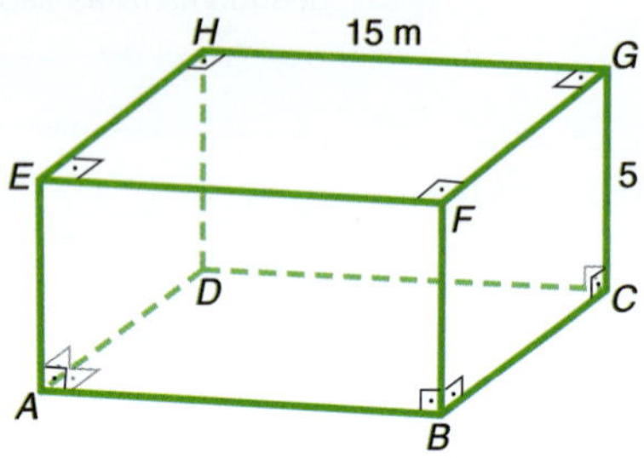


O que significa, nessa situação, a distância entre as retas $\overleftrightarrow{EG}$ e $\overleftrightarrow{BD}$? Calcule essa distância.

**29.** **[EDUCAÇÃO]** João Pedro quer ser arquiteto. Ele está prestando vestibular. Uma das questões da prova discursiva foi a seguinte:

> Considere duas retas reversas, $r$ e $s$, cuja distância entra elas é 4 cm. Tome os pontos $B \in r$, $A \in s$, tais que $AB = 4$ cm, e $C \in s$, tal que $AC = 3$ cm. Desse modo, responda:
>
> a) Quanto mede o segmento de reta $\overline{BC}$?
>
> b) Que figura geométrica plana pode ser formada com os pontos $A$, $B$ e $C$? Descreva todas as informações que podem ser concluídas para essa figura.

João Pedro acertou as respostas, mas se esqueceu de justificá-las. Quais foram as respostas de João Pedro? Justifique essas respostas.

**30.** Uma reta $r$ é paralela a um plano $\alpha$. Considere o ponto $A$ em $r$ e os pontos $B$ e $C$ pertencentes à projeção ortogonal de $r$ em $\alpha$. Sabendo que $AB = 6$ cm, $AC = 8$ cm e $BC = 10$ cm e representando a situação por uma figura, determine a distância entre $r$ e $\alpha$.

**31.** **[DESIGN]** Ana faz projetos para fábricas de tijolos. Um deles refere-se a um bloco, conforme mostra a figura abaixo, cujas medidas fornecidas pelo fabricante são $BC = 5$ cm, $AD = 8{,}5$ cm e $AB = 7{,}5$ cm. Que espessura Ana encontrou para esse bloco?

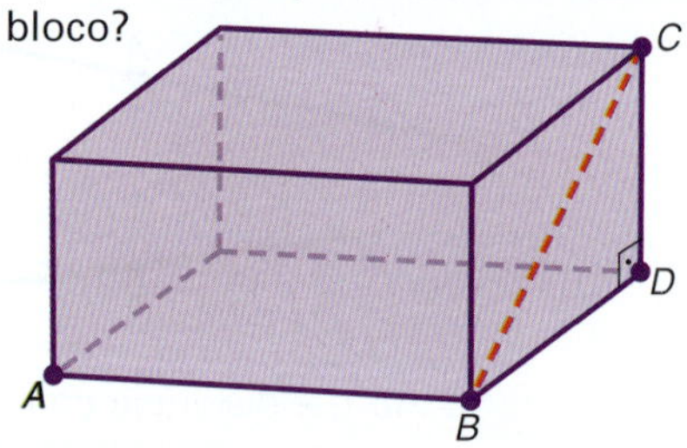


## 5. Posições Relativas entre Dois Planos

No quadro seguinte, observe os dois planos distintos que foram ressaltados em cada figura.

| | | |
|---|---|---|
| 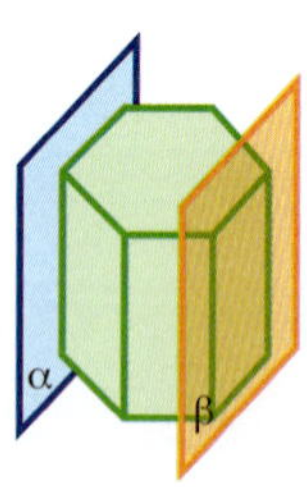  | 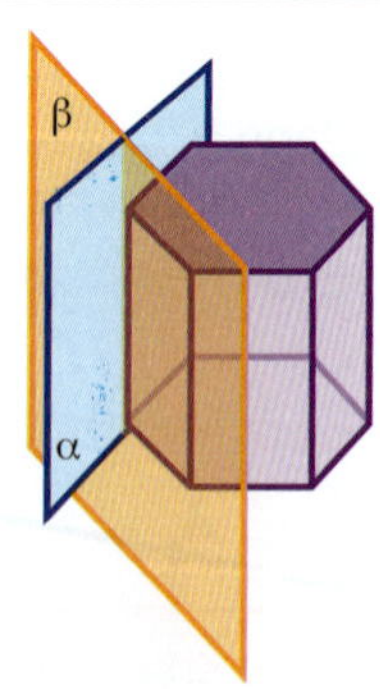  | 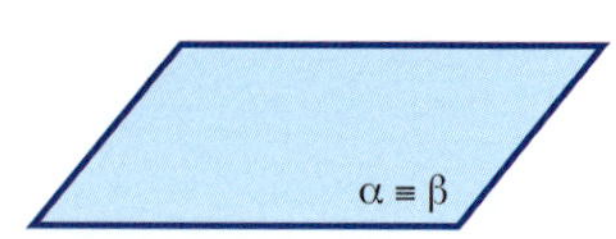  |
| Nesse caso, os planos $\alpha$ e $\beta$ não têm pontos em comum, ou seja, $\alpha \cap \beta = \emptyset$. Por isso, dizemos que eles são planos **paralelos** ($\alpha // \beta$). | Nesse caso, os planos $\alpha$ e $\beta$ têm pelo menos um ponto em comum. Por isso, dizemos que eles são **secantes** ou **concorrentes** ($\alpha \times \beta$). | Se os planos $\alpha$ e $\beta$ têm os mesmos pontos, então eles são **coincidentes** ($\alpha \equiv \beta$). |

## Exercícios Propostos

**32.** Mostre que, se dois planos distintos são secantes, então eles têm uma reta em comum.

**33.** Observe a figura abaixo.

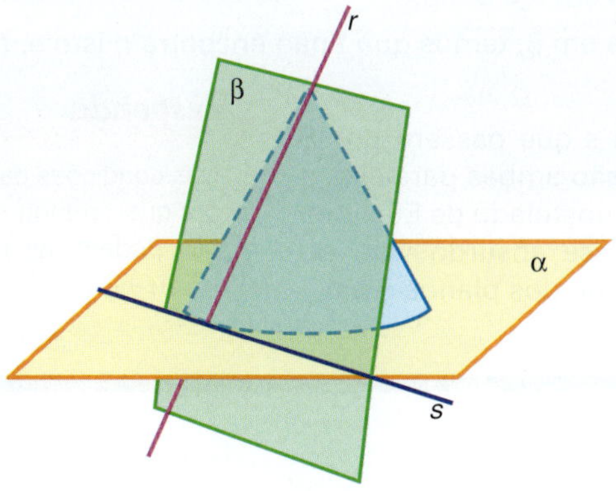


a) Qual é a posição relativa dos planos α e β?
b) As retas *r* e *s* estão contidas em α ou em β?

**34.** Na figura abaixo, foram representados um cubo, alguns planos e retas.

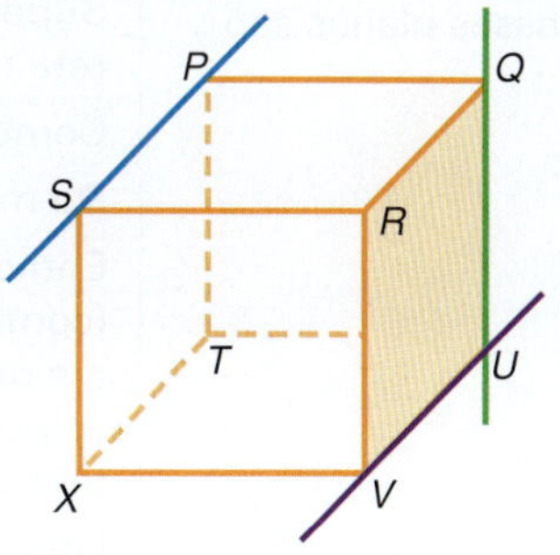


Identifique retas e planos que satisfazem cada item:

a) duas retas não paralelas contidas em planos paralelos;
b) duas retas paralelas contidas em planos não paralelos.

## 5.1 PARALELISMO ENTRE PLANOS

Já vimos que dois planos α e β são paralelos quando não existem pontos em comum entre eles. Agora, seguem algumas propriedades válidas para planos paralelos.

- Se uma reta *r* é perpendicular a dois planos distintos α e β, então esses planos são paralelos.
- Se uma reta é perpendicular a um plano, então qualquer plano paralelo ao primeiro é perpendicular a essa reta.

Acompanhe os exercícios resolvidos a seguir, que mostram outras propriedades do paralelismo entre planos.

## Exercícios Resolvidos

**ER. 8** Demonstre o teorema:

Se dois planos são paralelos, então qualquer reta contida em um deles é paralela ao outro.

**Resolução:** Se dois planos α e β são paralelos, então $\alpha \cap \beta = \emptyset$.

Tome uma reta qualquer contida em α. Desse modo, todos os pontos dessa reta pertencem a α. Como $\alpha \cap \beta = \emptyset$, nenhum ponto dessa reta pertence a β. Portanto, qualquer dessas retas são paralelas a β.

**Atenção!**

Já que tomamos uma reta *qualquer* contida em α, podemos dizer que a conclusão obtida vale para todas as retas desse tipo.

**ER. 9** Mostre que, se um plano γ intercepta dois planos paralelos α e β, então as intersecções são duas retas paralelas.

**Saiba +**

Na demonstração de uma proposição ou de um teorema, *hipótese* são os dados pressupostos conhecidos, que são fornecidos no enunciado do teorema, e *tese* é a conclusão que se deseja provar.

**Resolução:** Por *hipótese*, temos:

$$\alpha \,//\, \beta \ (\text{ou seja, } \alpha \cap \beta = \emptyset),\ \gamma \cap \alpha = r \text{ e } \gamma \cap \beta = s$$

Queremos demonstrar que $r \,//\, s$ (nossa *tese*).

Suponhamos que as retas *r* e *s* não sejam paralelas. Repare também que *r* e *s* são coplanares, pois estão contidas em γ. Então, existe um ponto *P* tal que $r \cap s = \{P\}$.

Como *P* está em *r*, que está contida em α, temos $P \in \alpha$.

Como *P* está em *s*, que está contida em β, temos $P \in \beta$.

Assim, temos $P \in \alpha \cap \beta$, o que é absurdo, pois $\alpha \,//\, \beta$, por hipótese. Esse absurdo veio de termos negado o paralelismo das retas *r* e *s*. Logo, $r \,//\, s$.

**ER. 10** Mostre que, se um plano $(\alpha)$ contém duas retas concorrentes $(r \text{ e } s)$ que são paralelas a outro plano $(\beta)$, então esses planos são paralelos.

**Resolução:** Por *hipótese*, temos:

$$r \subset \alpha \text{ e } s \subset \alpha,\ r \cap s = \{P\},\ r \,//\, \beta \text{ e } s \,//\, \beta$$

Queremos demonstrar que $\alpha \,//\, \beta$ (nossa *tese*).

Suponhamos que os planos $\alpha$ e $\beta$ não sejam paralelos. Então, $\alpha$ e $\beta$ têm uma reta $t$ comum, isto é, $t$ está em $\alpha$ e em $\beta$.

Como $r \,//\, \beta$ e $t$ está contida em $\beta$, temos que $t$ não encontra $r$, isto é, $t \,//\, r$.

Do mesmo modo, $t \,//\, s$.

Então, temos as retas $r$ e $s$ que passam por $P$ (com $P \notin t$, já que $t \,//\, r$) e são ambas paralelas a $t$, o que contraria o quinto postulado de Euclides e, portanto, é absurdo. Esse absurdo veio de termos negado o paralelismo dos planos $\alpha$ e $\beta$.

Logo, $\alpha \,//\, \beta$.

**Responda**

Nas condições dadas, por que $r$ e $t$ (ou $s$ e $t$) não podem ser retas reversas?

## Exercícios Propostos

**35.** Faça um desenho que represente cada afirmação seguinte:

a) Se dois planos $\alpha$ e $\beta$ são paralelos, então todo plano $\gamma$ que intercepta $\alpha$ e $\beta$ produz nessas intersecções duas retas paralelas.

b) Se um plano contém duas retas concorrentes, que são paralelas a outro plano, então esses dois planos são paralelos.

**36.** Classifique como verdadeira ou falsa cada uma das afirmações abaixo.

a) Se dois planos possuem um ponto em comum, então eles possuem uma reta em comum.

b) Se dois planos são paralelos entre si, então toda reta paralela a um deles também é paralela ao outro.

c) Se uma reta é perpendicular a um plano $\alpha$, então ela também é perpendicular a outro plano paralelo a $\alpha$.

d) Todas as retas distintas perpendiculares a um plano são paralelas entre si.

e) Todas as retas distintas paralelas a um plano são coplanares.

f) Todas as retas distintas paralelas a um plano são reversas.

**37.** Mostre que, se dois planos distintos são paralelos e um terceiro plano é secante a um deles, então esse terceiro plano também é secante ao outro.

## Distância entre planos

Os pequenos cantos de uma casa que muitas vezes são aproveitados para usos diversos nem sempre têm o teto e o chão a uma distância constante.

PANTHERMEDIA/KEYDISC

Na sala, qualquer ponto do teto está sempre a uma mesma distância do piso.

ANA OLÍVIA JUSTO

No vão da escada, os pontos do piso não estão a igual distância da rampa sob os degraus da escada.

Assim, considerar a distância entre dois planos só tem sentido se eles forem paralelos ou coincidentes.

> A **distância entre dois planos paralelos** ou **coincidentes** é a distância de um ponto de um deles ao outro plano.

**EXEMPLO**

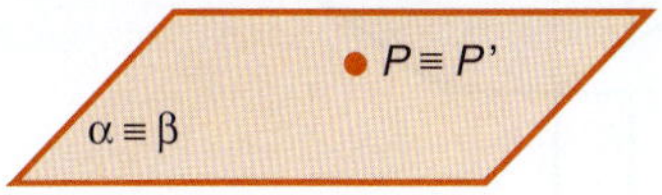


Nesse caso, a distância entre α e β é nula, isto é, $PP' = 0$.

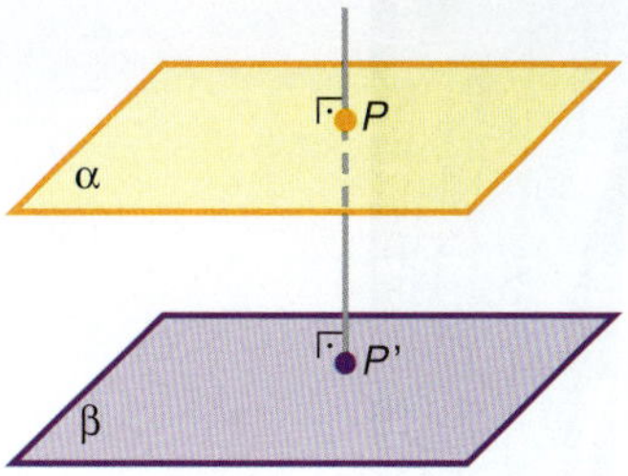


Nesse caso, a distância entre α e β é não nula, isto é, $d_{\alpha, \beta} = PP' \neq 0$.

**Responda**

O que é o ponto $P'$?

## 5.2 PERPENDICULARISMO ENTRE PLANOS

Examinemos mais uma vez a sala e o vão da escada.

PANTHERMEDIA/KEYDISC

A parede da janela é perpendicular ao piso.

ANA OLÍVIA JUSTO

No vão da escada, o piso não é perpendicular à rampa, mas é perpendicular à parede do fundo.

> Dois **planos**, α e β, são **perpendiculares entre si** somente se um deles contém uma reta *r* perpendicular ao outro.

**EXEMPLO**

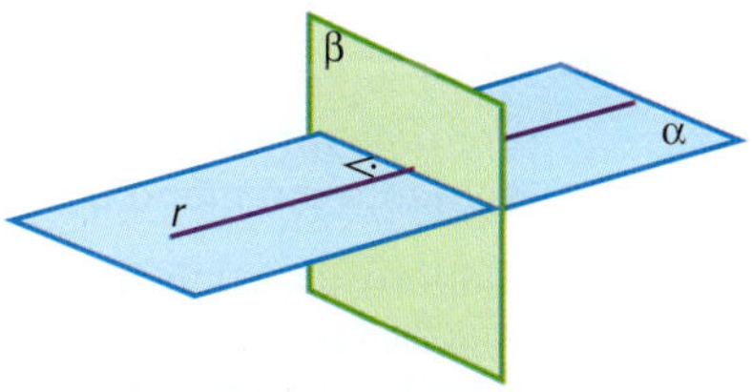


Os planos α e β são perpendiculares ($\alpha \perp \beta$).

Conhecer as propriedades sobre perpendicularismo de planos é essencial na construção civil.

## Algumas propriedades do perpendicularismo entre planos

Algumas propriedades relativas a perpendicularismo entre planos são bastante intuitivas.

- Se uma reta $r$ é perpendicular a um plano $\alpha$, então qualquer plano que contenha $r$ é perpendicular a $\alpha$.

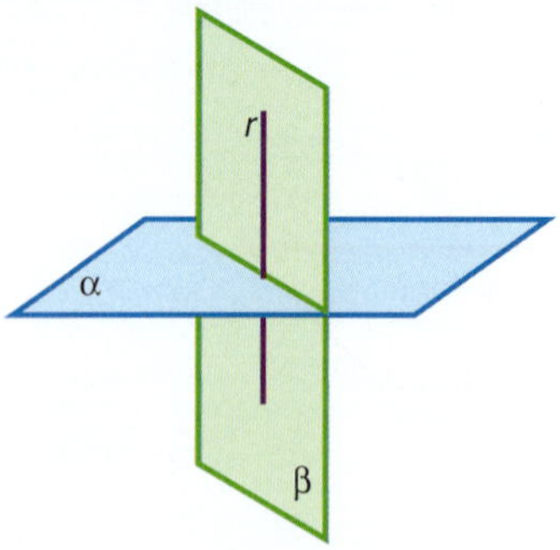


- Se uma reta $r$ e um plano $\alpha$ são ambos perpendiculares a um plano $\beta$, então a reta $r$ está contida no plano $\alpha$ ou é paralela ao plano $\alpha$.

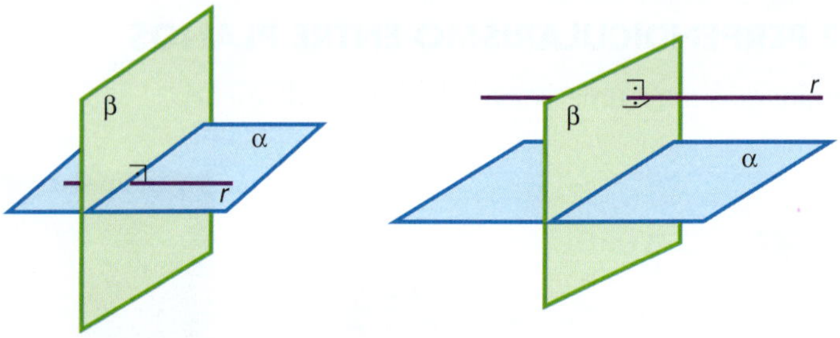


- Se dois planos, $\alpha$ e $\beta$, se interceptam em uma reta $r$ e se um plano $\gamma$ é perpendicular a $\alpha$ e a $\beta$, então $\gamma$ é perpendicular à reta $r$.

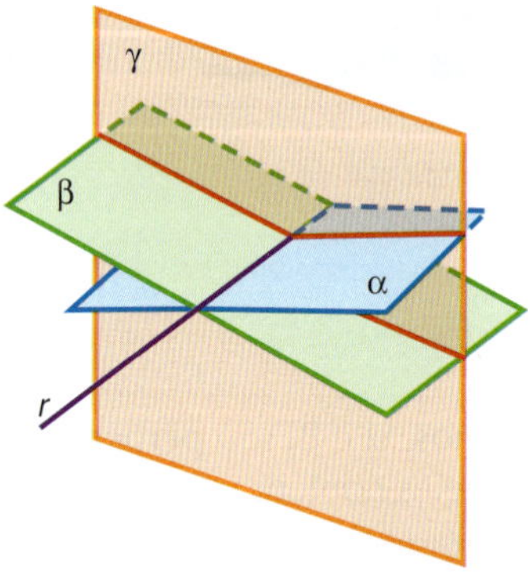


### Exercícios Propostos

**38.** Se dois planos são perpendiculares entre si, qualquer reta de um deles é perpendicular ao outro? Justifique sua resposta.

**39.** Represente por meio de uma figura a situação descrita pela afirmação registrada simbolicamente por:

$$\alpha \perp \beta,\ \alpha \cap \beta = s,\ r \subset \alpha \text{ e } r \perp s \Rightarrow r \perp \beta$$

**40.** Mostre que a afirmação seguinte é **falsa**:

Por uma reta $r$ não contida em um plano $\alpha$ passa somente um plano $\beta$ perpendicular ao plano $\alpha$.

**41.** Elabore uma afirmação verdadeira e uma afirmação falsa com base nas propriedades do perpendicularismo entre planos e nos conceitos estudados anteriormente.

## 6. Ângulos

Observe a cadeira mostrada ao lado.

Qual é o ângulo mais conveniente para fixar cada pé no assento desse tipo de cadeira para mantê-la estável e em uma posição conveniente para o corpo humano?

### 6.1 Ângulo entre reta e plano

Assim como os ângulos determinados por duas semirretas de mesma origem, os ângulos entre reta e plano têm grande importância, não só na Matemática, mas em muitas outras áreas das atividades e do conhecimento humano, como na Engenharia, na Medicina e na Arte.

> Dada uma reta *r* secante a um plano $\alpha$, o **ângulo entre *r* e** $\alpha$ é o ângulo agudo $\theta$ que *r* forma com sua projeção ortogonal *r'* sobre $\alpha$.

**Exemplo**

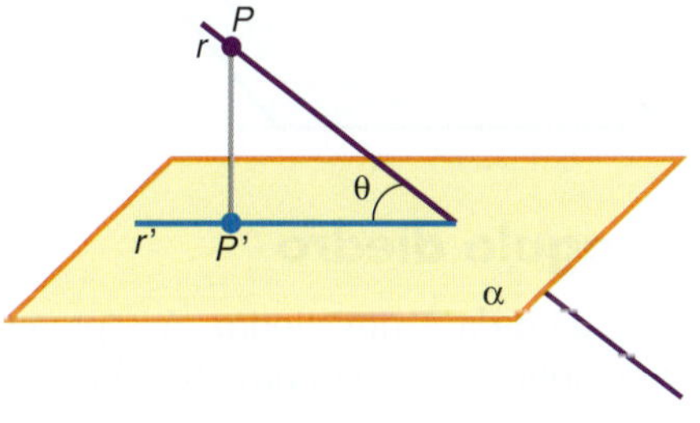


**Faça**

Desenhe um exemplo em que a reta *r* é perpendicular ao plano $\alpha$ e destaque o ângulo entre a reta e o plano, nesse caso.

**Observação**

Caso a reta *r* seja perpendicular ao plano $\alpha$, o ângulo entre *r* e $\alpha$ é reto.

**Exercício Proposto**

**42.** Reproduza o cubo mostrado abaixo em uma folha.

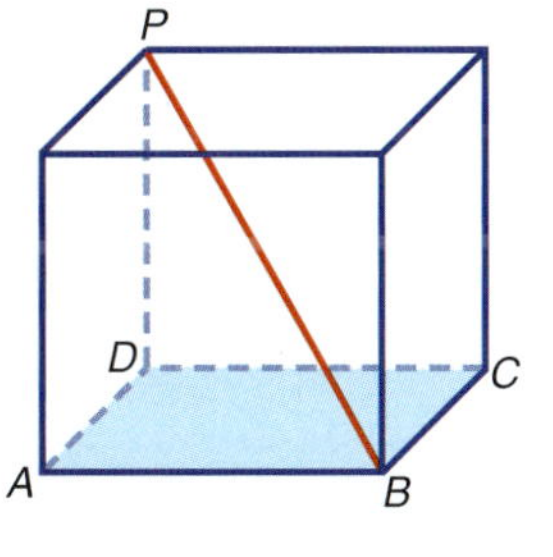


a) Desenhe a projeção ortogonal da diagonal $\overline{PB}$ no plano *ABC*.

b) Marque o ângulo que a reta que contém a diagonal $\overline{PB}$ forma com o plano *ABC*.

## 6.2 ÂNGULO ENTRE DOIS PLANOS

Também os ângulos entre planos têm sido de interesse para as pessoas desde a construção das primeiras máquinas, como o plano inclinado que permite amenizar o esforço para elevar um objeto a uma certa altura.

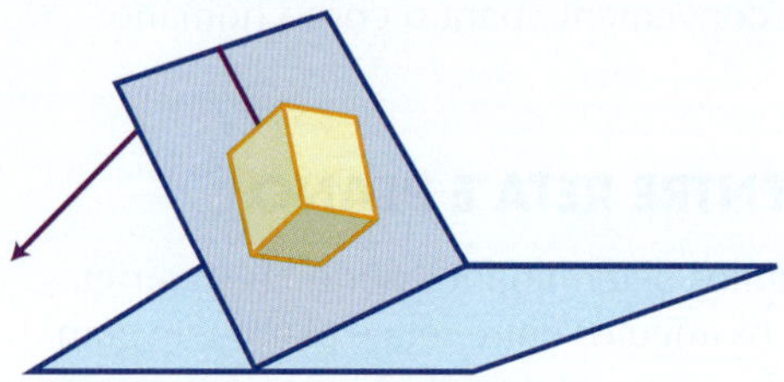

**Ângulo diedro**, **ângulo diédrico** ou simplesmente **diedro** é a reunião de dois semiplanos $\alpha_1$ e $\beta_1$ não coplanares e de mesma origem $r$.

Os semiplanos $\alpha_1$ e $\beta_1$ são as **faces** do diedro e a origem comum $r$ é sua **aresta**.

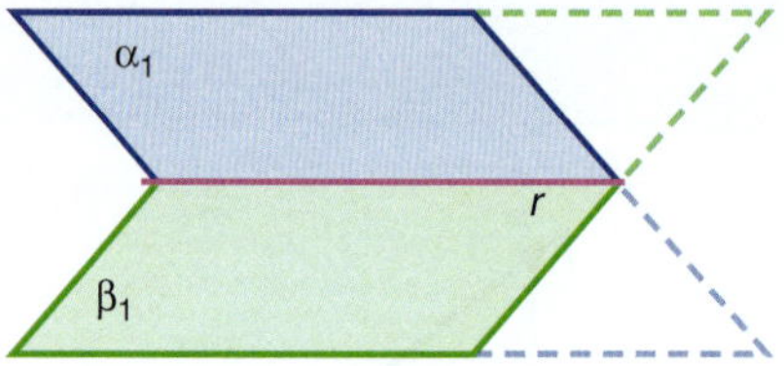


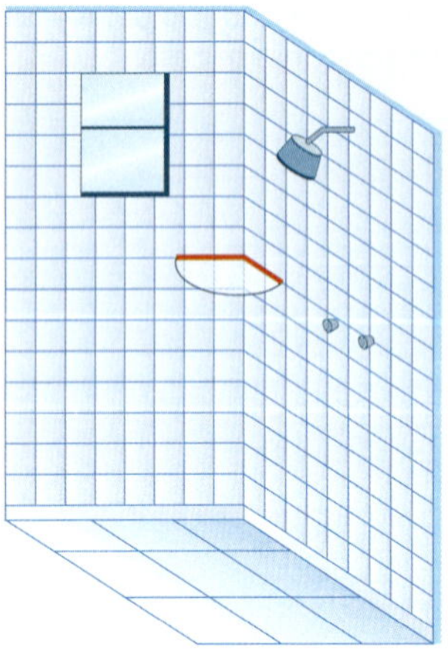

### Medida de um ângulo diedro

É possível associar uma medida a um diedro. As "prateleiras de canto", tão comuns nos boxes de banheiro, nos dão uma boa ideia do processo para encontrar a medida de um diedro.

Um plano $\gamma$ perpendicular à aresta $r$ de um diedro corta as faces $\alpha_1$ e $\beta_1$ desse diedro em duas semirretas $\overrightarrow{PR}$ e $\overrightarrow{PS}$, de mesma origem $P$, que definem um ângulo agudo, cuja medida é a **medida do diedro**.

**EXEMPLO**

A medida do ângulo $S\hat{P}R$ é a medida do ângulo entre $\alpha_1$ e $\beta_1$.

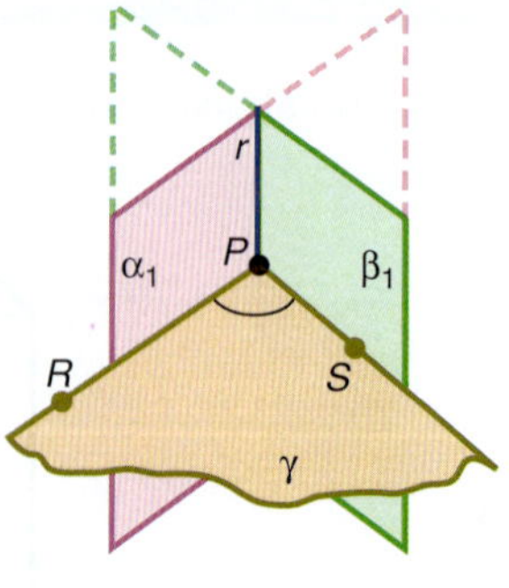


**Faça**

Desenhe um ângulo diédrico de 30°. Descreva os procedimentos que você utilizou.

**OBSERVAÇÃO**

Dois planos são perpendiculares quando todos os seus diedros são retos.

## Exercícios Propostos

**43.** Represente, caso seja possível, três planos que sejam perpendiculares dois a dois.

**44.** **[Engenharia]** Para reformar um barracão, um empreiteiro de obras teve de fazer várias medições. Muitas delas envolviam medidas de ângulos, como é o caso da medida $\alpha$ do ângulo destacado no telhado desse barracão, representado pela figura abaixo. Determine o valor de $\alpha$.

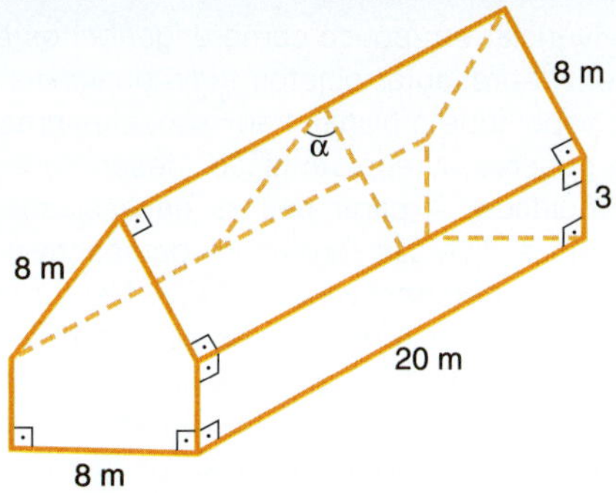


**45.** **[Artes]** Gabriel percebeu que as páginas de um livro podem formar diedros, conforme mostra a figura abaixo. Nesse caso, as páginas representam os planos.

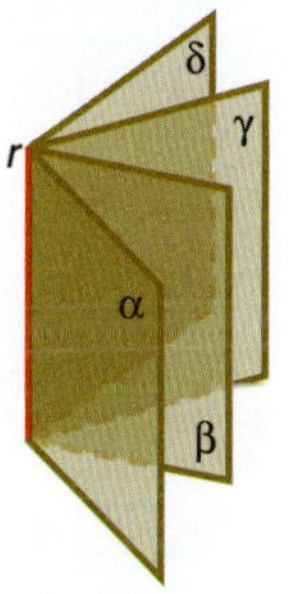


Aproveitando seus estudos em Geometria de posição, Gabriel teve a ideia de usar um de seus livros, com folhas especiais e firmes, para explicar a noção de diedro na Feira de Variedades de sua escola. Para isso, ele marcou algumas páginas com letras gregas e mostrava a medida de cada diedro formado:

— $\alpha$ e $\gamma$ formam um diedro de 40°, $\beta$ e $\delta$ um diedro de 80° e $\alpha$ e $\delta$ um de 90°. Sabendo disso, vocês podem me dizer a medida do diedro formado por $\alpha$ e $\beta$?

E daí, Gabriel, todo prosa, respondia explicando todas as justificativas. Qual deve ter sido a resposta de Gabriel?

**46.** Determine a medida do diedro formado pelos dois planos abaixo ($\alpha$ e $\beta$), supondo *PRQS* um quadrilátero plano.

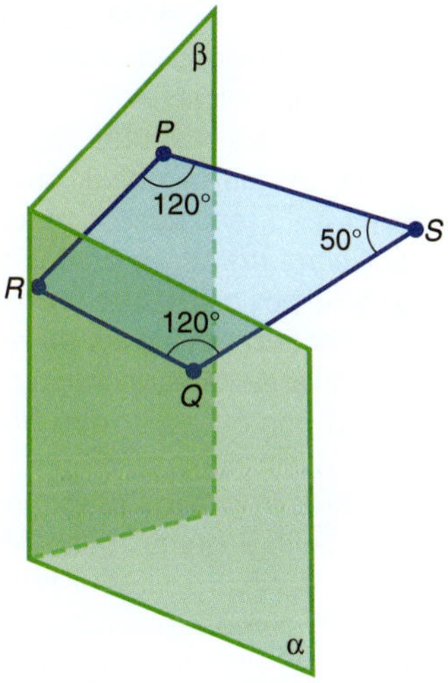


## Encare Essa!

**1.** **[Medição]** Do alto de um poste foram esticados três cabos de aço até o chão, de modo que os pontos em que eles são fixados ficam alinhados. A figura a seguir representa a situação.

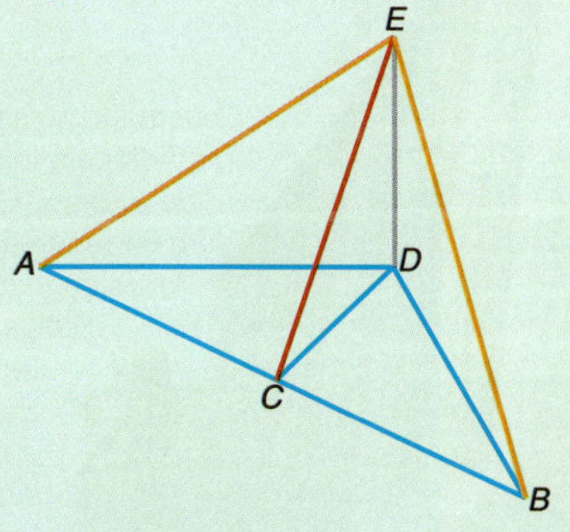


Sabendo que *C* é o ponto médio de $\overline{AB}$, $AD = BD$, $\overline{CD}$ é perpendicular a $\overline{AB}$, $BE = 17$ m e $AB = 16$ m, calcule o comprimento do cabo *CE*.

**2.** (Unesp) Consideremos $\alpha$ e $\beta$ dois planos não paralelos distintos. Prove que para todo ponto $P \in \alpha$ e $P \notin (\alpha \cap \beta)$ existe em $\alpha$ uma única reta paralela a $\beta$.

**3.** (Fuvest – SP) Dada uma circunferência de diâmetro $\overline{AB}$, levanta-se por *A* um segmento $\overline{AD}$ perpendicular ao plano da circunferência e une-se *D* a um ponto *C* qualquer da circunferência, *C* distinto de *B*.

a) Prove que as retas $\overleftrightarrow{BC}$ e $\overleftrightarrow{DC}$ são perpendiculares.

b) Sabendo que $AB = AD = 8$ e que *C* é o ponto médio do arco $\widehat{AB}$, determine a medida do ângulo $C\hat{D}B$.

# História & Matemática

Você já viu que a *Geometria de posição* trata de conceitos fundamentais da Geometria Espacial tais como posição de pontos e retas no espaço e no plano, posições relativas entre retas e planos, posição e ângulo de uma reta concorrente com um plano, distância de um ponto a um plano, ângulos formados entre retas e planos, sendo assim essencial para a compreensão não somente das geometrias plana e espacial, mas ainda de outros ramos da Matemática relacionados. A necessidade de se estabelecer essa área da Matemática surgiu possivelmente com observações simples tais como a percepção de ruas paralelas ou perpendiculares, de caminhos ou de distâncias entre cidades ou entre objetos de modo geral etc.

Já na Antiguidade, muitos geômetras consideraram questões de posições relativas e relações espaciais envolvendo figuras e formas geométricas. Uma primeira teorização da Geometria de posição ocorreu provavelmente com os pitagóricos, no século VI a.C., para fins de organizar a prática que vinha ocorrendo até então tanto na cultura grega como em civilizações pré-helênicas importantes como a egípcia e a babilônica.

Posteriormente, tais estudos foram mais bem-teorizados no livro *Os Elementos* do matemático grego Euclides (325-265 a.C.), em que se apresenta uma *sistematização da Geometria* desde o século VI a.C. Nessa obra, a Geometria de posição ocorre mais especificamente no livro I, que contém definições de retas paralelas e de retas perpendiculares, descreve como traçar, a partir de uma reta e um ponto dados, outra reta paralela ou perpendicular à reta inicial passando por esse ponto, explorando ainda outros conceitos dessa importante área. Depois, ainda na cultura grega, questões relacionadas a círculos inscritos e circunscritos a polígonos ganham maior ênfase, assim como problemas envolvendo intersecções entre retas tangentes a figuras geométricas. A partir da Idade Média tardia e do Renascimento, questionamentos mais complexos e sofisticados envolvendo objetos geométricos tais como retas, planos e esferas começaram a emergir, tais como a pergunta sobre o máximo número de esferas simultaneamente tangenciando uma esfera dada de mesmo raio.

Os conhecimentos de Geometria de posição são de significativa importância para a Matemática, bem como para outras áreas tais como a Arquitetura, em que pontos, retas e planos desempenham importante função tanto na realização de um projeto como em sua execução.

**Reflexão e ação**

Vamos vivenciar um pouco como engenheiros e arquitetos podem representar objetos tridimensionais em uma folha de papel (que é plana). Para isso, eles precisam dar a quem observa a representação (desenho) e a noção de profundidade. A partir dessas necessidades, foram desenvolvidas diversas formas de perspectivas. Dentre elas, temos a *perspectiva isométrica*. Nela, representamos os objetos por meio de três eixos formando entre si ângulos medindo 120°. Esses eixos representam três retas perpendiculares duas a duas. Todas as linhas paralelas aos eixos nela terão mesma medida (ou proporcional) à do objeto tridimensional de origem.

A figura a seguir ilustra uma perspectiva isométrica de um dado.

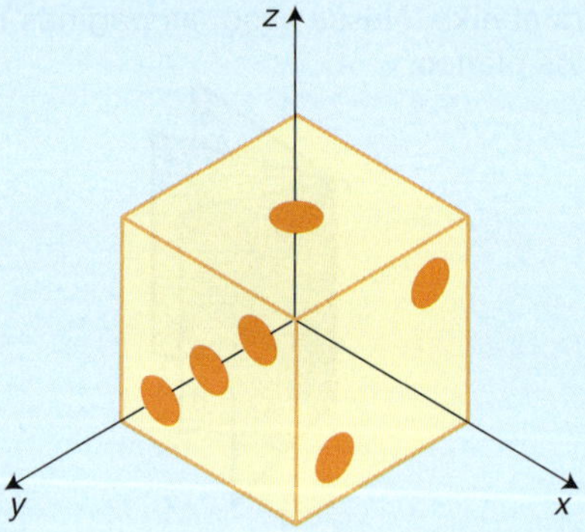


*Disponível em:* <http://www2.ucg.br/design/da2/perspectiva.pdf>.

Represente uma borracha utilizando a perspectiva isométrica e compare sua representação com a do dado. Quais semelhanças e quais diferenças você encontra?

Construído no século V a.C., na Acrópole (parte mais alta de Atenas), Grécia, o Partenon é o templo mais conhecido da Grécia Antiga. Tente identificar nele retas e planos e suas posições relativas.

## Atividades de Revisão

1. Observe a figura abaixo e classifique como verdadeira ou falsa cada uma das afirmações a seguir.

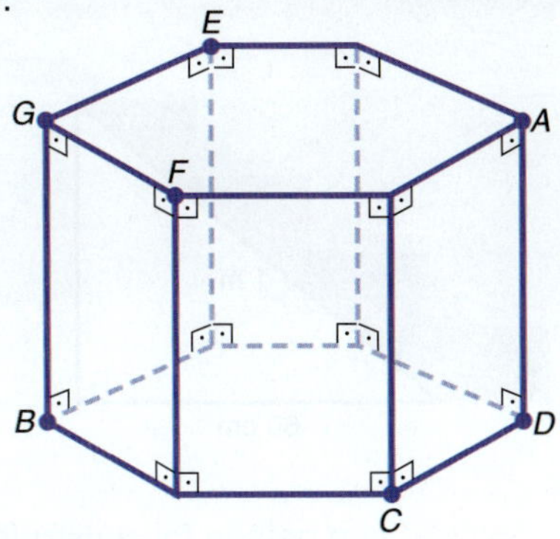


a) O ponto *G* pertence ao plano determinado por *A*, *E* e *F*.
b) O ponto *G* não pertence ao plano determinado por *B*, *C* e *F*.
c) Os pontos *B*, *C* e *F* são colineares.
d) Os pontos *B*, *C* e *F* são coplanares.
e) Os planos determinados por *E*, *G* e *F* e por *A*, *C* e *D* não possuem pontos em comum.
f) Os pontos *E*, *F*, *C* e *D* são coplanares.

2. Classifique como verdadeira ou falsa cada uma das afirmações a seguir:

a) Se dois planos têm um ponto em comum, então eles têm uma reta em comum.
b) Se dois planos têm três pontos não colineares em comum, então eles têm todos os seus pontos em comum.
c) Se dois planos têm um ponto em comum, então eles têm uma única reta em comum.
d) Uma reta que contém dois pontos em semiespaços opostos em relação a um plano não intercepta esse plano.

3. A figura abaixo representa uma pirâmide em que *ABCD* é um quadrado.

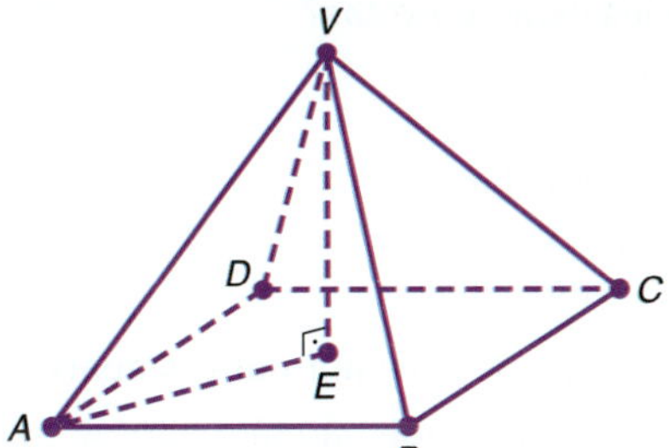


Usando apenas as retas que passam por cada par de pontos destacados na figura, identifique:

a) todos os pares de retas paralelas;
b) todos os pares de retas perpendiculares;
c) todos os pares de retas ortogonais.

4. Mostre que duas retas perpendiculares determinam um único plano.

5. Considere uma reta *r* perpendicular a um plano $\alpha$ e decida se cada uma das afirmações abaixo é verdadeira ou falsa.

a) Existe uma reta *s*, com $s \subset \alpha$, perpendicular a *r*.
b) Existem infinitas retas em $\alpha$ perpendiculares a *r*.
c) Todas as retas em $\alpha$ são perpendiculares a *r*.
d) Todas as retas em $\alpha$ são perpendiculares ou ortogonais a *r*.

6. Utilizando como modelo um cubo, represente as seguintes situações:

a) Duas retas paralelas entre si e perpendiculares a um plano.
b) Duas retas perpendiculares entre si e paralelas a um plano.
c) Duas retas concorrentes não perpendiculares e paralelas a um plano.

7. Responda e justifique:

A projeção ortogonal de uma circunferência sobre um plano pode ser um segmento?

8. Considere dois planos $\alpha$ e $\beta$ com apenas uma reta em comum e não perpendiculares. Considere ainda um quadrado contido apenas em $\alpha$, com um lado paralelo à reta comum de $\alpha$ e $\beta$.

Represente a projeção desse quadrado sobre $\beta$. Qual será a figura obtida?

9. Na pirâmide representada abaixo, a projeção do ponto *V* sobre o plano que contém o quadrado *ABCD* é ponto médio de $\overline{AC}$.

Sabendo que $AB = 8$ cm e $VM = 5$ cm, em que *M* é ponto médio de $\overline{AB}$, calcule a distância do ponto *V* ao plano que contém o quadrado *ABCD*.

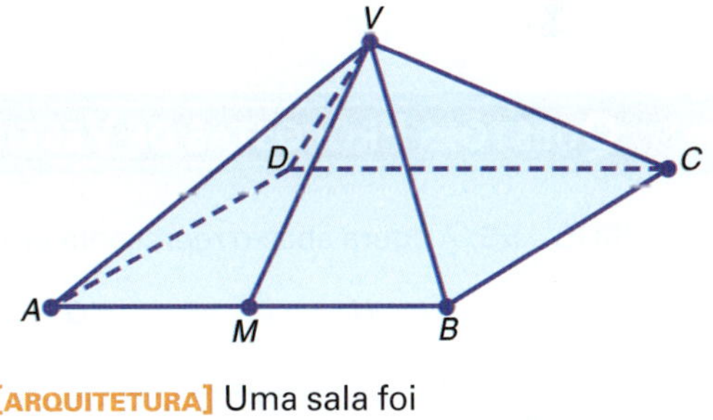


10. **[Arquitetura]** Uma sala foi construída de modo que o formato de seu piso é o de um hexágono regular de lado 4 m. Deseja-se esticar uma corda de um ponto do piso até um ponto do teto, conforme a representação a seguir. Determine o comprimento da corda sabendo que a altura da sala é 3 m.

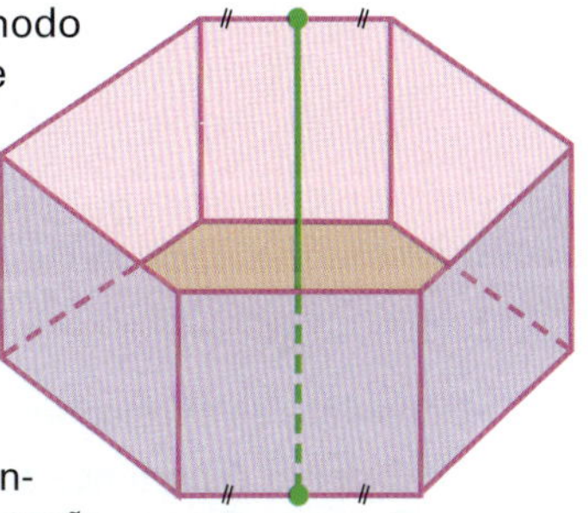

**11.** Na figura, *ABCDEFGH* e *A'B'C'D'E'F'G'H'* são octógonos regulares. Os planos que contêm esses dois polígonos são paralelos.

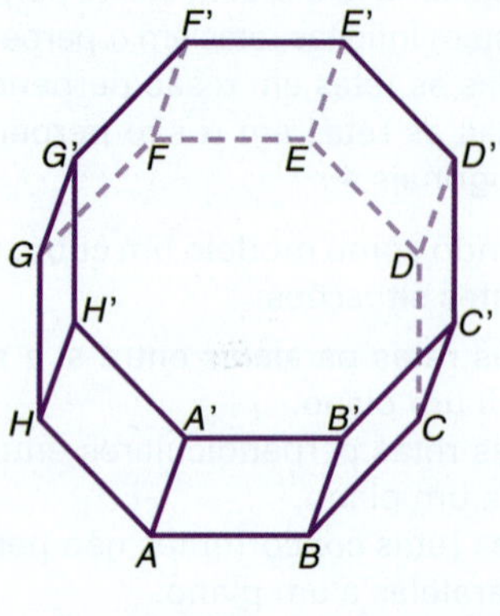


Identifique todos os demais pares de planos paralelos nessa figura.

**12.** Classifique como verdadeira ou falsa cada uma das afirmações abaixo.

a) Se dois planos possuem uma reta em comum, então eles são coincidentes.

b) Se dois planos possuem duas retas distintas em comum, então eles são coincidentes.

c) Três planos podem ser perpendiculares dois a dois simultaneamente.

d) Existem retas paralelas a um mesmo plano e ortogonais entre si.

**13.** **[MEDIÇÃO]** Determine a distância entre os planos paralelos que representam os degraus (todos de mesma altura) de uma escada de acordo com a figura abaixo.

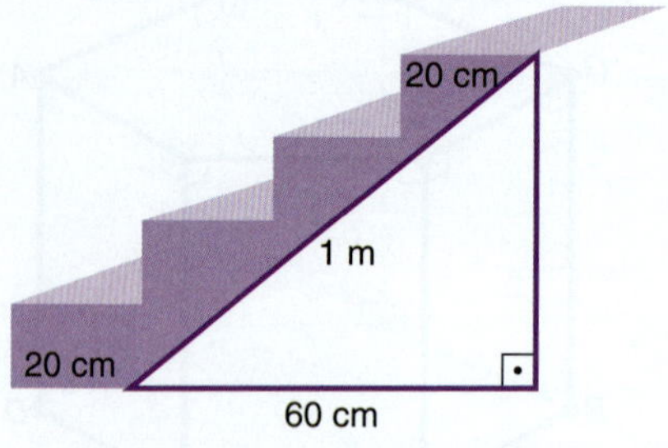


**14.** **[ENGENHARIA]** Um galpão foi construído de acordo com o seguinte esquema:

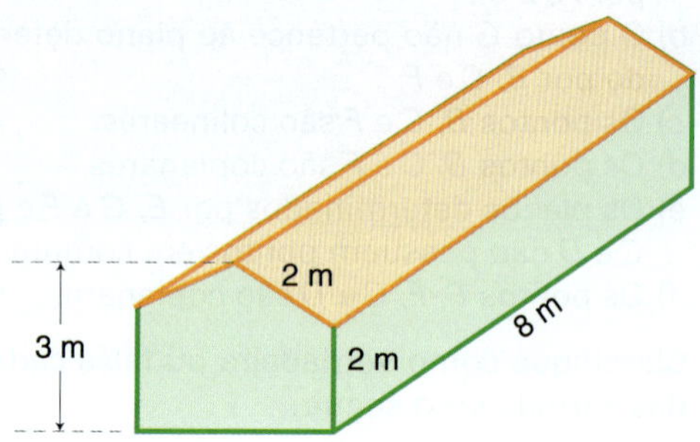


Calcule a medida do ângulo diédrico formado pelos telhados.

## Questões Propostas de Vestibular

**1.** (UFRGS – RS) A figura abaixo representa um cubo de centro *O*.

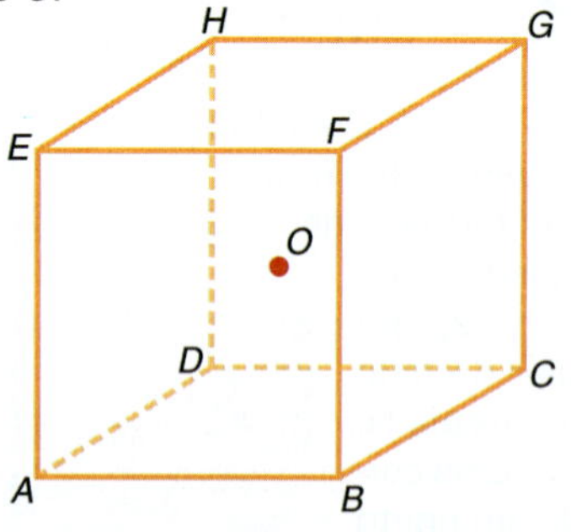


Considere as afirmações abaixo.

I. O ponto *O* pertence ao plano *BDE*.
II. O ponto *O* pertence ao plano *ACG*.
III. Qualquer plano contendo os pontos *O* e *E* também contém *C*.

Quais estão corretas?

a) apenas I
b) apenas II
c) apenas I e II
d) apenas I e III
e) apenas II e III

**2.** (UFAL) Analise as afirmativas abaixo.

a) Duas retas que não têm pontos comuns sempre são paralelas.

b) Duas retas distintas sempre determinam um plano.

c) Uma reta pertence a infinitos planos distintos.

d) Três pontos distintos sempre determinam um plano.

e) Duas retas coplanares distintas são paralelas ou concorrentes.

**3.** (UEL – PR) Sobre os conhecimentos de geometria tridimensional, considere as afirmativas:

I. Se duas retas distintas não são paralelas, então elas são concorrentes.
II. Três pontos distintos entre si determinam um único plano.
III. Duas retas paralelas distintas determinam um plano.
IV. Se duas retas *r* e *s* são reversas, então existe um único plano α que contém *r* e é paralelo a *s*.

A alternativa que contém todas as afirmativas corretas é:

a) I e II
b) I e IV
c) III e IV
d) I, II e III
e) II, III e IV

**4.** (Unifesp) Dois segmentos dizem-se reversos quando não são coplanares.

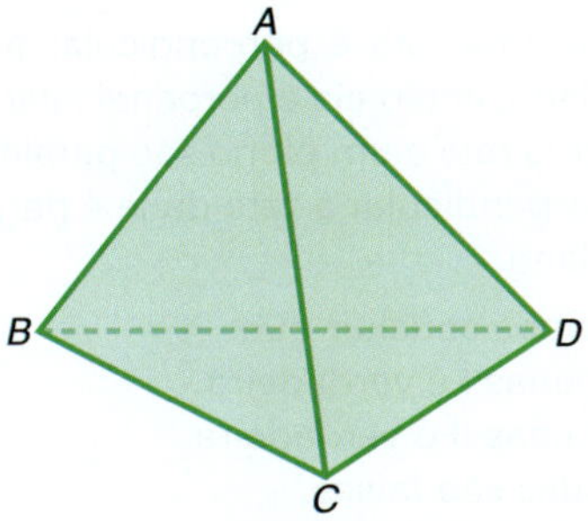


Nesse caso, o número de pares de arestas reversas em um tetraedro, como o da figura, é:

a) 6
b) 3
c) 2
d) 1
e) 0

**5.** (Unifesp) Considere o sólido geométrico exibido na figura, constituído de um paralelepípedo encimado por uma pirâmide. Seja *r* a reta suporte de uma das arestas do sólido, conforme mostrado.

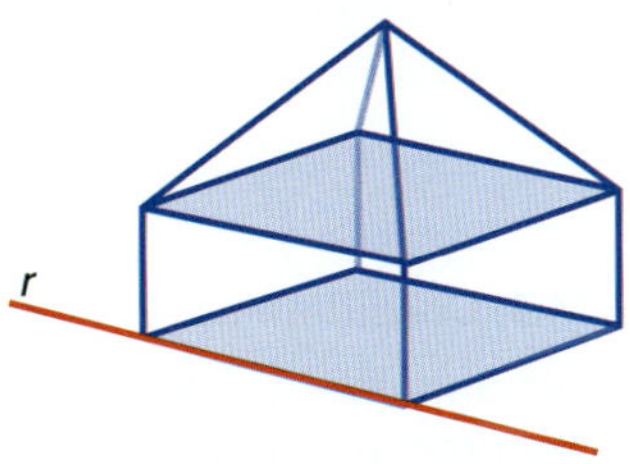


Quantos pares de retas reversas é possível formar com as retas suportes das arestas do sólido, sendo *r* uma das retas do par?

a) 12
b) 10
c) 8
d) 7
e) 6

**6.** (UEG – GO) Observe e classifique as afirmações abaixo como verdadeiras ou falsas:

I. Se um plano intercepta dois outros planos paralelos, então as intersecções são retas paralelas.
II. Se dois planos são paralelos, qualquer reta de um deles é paralela a qualquer reta do outro.
III. Se uma reta é paralela a dois planos, então esses planos são paralelos.
IV. Se dois planos são paralelos, uma reta de um deles pode ser reversa a uma reta do outro.

Identifique a alternativa correta:

a) Apenas as afirmações I e II são verdadeiras.
b) Apenas as afirmações I e III são verdadeiras.
c) Apenas as afirmações I e IV são verdadeiras.
d) Apenas as afirmações II e IV são verdadeiras.
e) Apenas as afirmações III e IV são verdadeiras.

**7.** (UFRN) Na cadeira representada na figura a seguir, o encosto é perpendicular ao assento e este é paralelo ao chão.

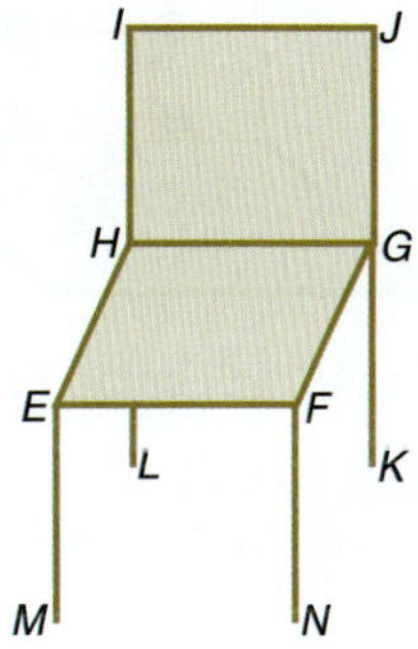


Sendo assim:

a) Os planos *EFN* e *FGJ* são paralelos.
b) $\overline{HG}$ é um segmento de reta comum aos planos *EFN* e *EFH*.
c) Os planos *HIJ* e *EGN* são paralelos.
d) $\overline{EF}$ é um segmento de reta comum aos planos *EFN* e *EHG*.

**8.** (UFBA) Com base nos conhecimentos sobre Geometria Espacial, pode-se afirmar:

(01) Se uma reta *r* e um plano α são paralelos, então toda reta perpendicular à reta *r* é também perpendicular ao plano α.
(02) Se um ponto *P* não pertence a uma reta *s*, então existe um único plano passando por *P*, paralelo à reta *s*.
(04) Se uma reta *r* está contida em um plano α e a reta *s* é reversa a *r*, então a reta *s* intercepta o plano α.
(08) Se α e β são dois planos perpendiculares, e *r* é uma reta perpendicular a α, que não está contida em β, então *r* é paralela a β.

(16) Se dois planos são perpendiculares, então toda reta de um deles é perpendicular ao outro.

Dê como resposta a soma dos números associados às proposições verdadeiras.

**9.** (UEL – PR) Considere três planos que sejam dois a dois perpendiculares entre si e esferas com 10 cm de raio. Quantas dessas esferas poderão tangenciar simultaneamente os três planos?

a) uma
b) duas
c) quatro
d) oito
e) infinitas

**10.** (UFSCar – SP) O triângulo *ABE* e o quadrado *ABCD* estão em planos perpendiculares, conforme indica a figura.

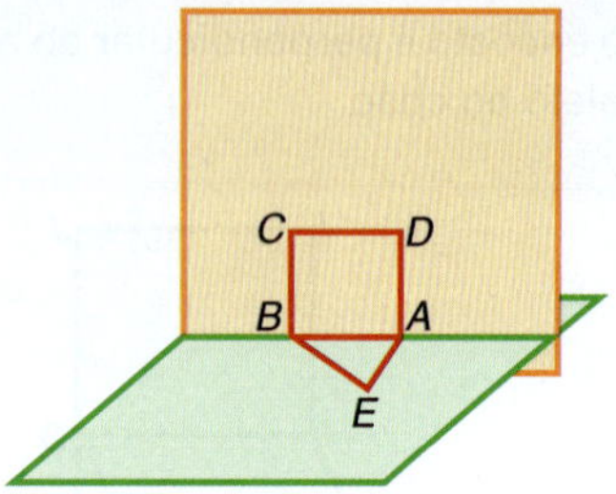


Se $EA = 3$ e $AB = 5$, então $ED$ é igual a:

a) $\sqrt{24}$
b) 5
c) $3\sqrt{3}$
d) $4\sqrt{2}$
e) $\sqrt{34}$

**11.** (UEL – PR) As afirmações seguintes podem ser verdadeiras ou falsas.

I. A projeção ortogonal de uma reta em um plano é uma reta.
II. A distância entre duas retas reversas é a perpendicular comum a essas retas.
III. A distância entre dois planos só é definida se esses planos são paralelos.

É correto afirmar que SOMENTE:

a) II é verdadeira.
b) III é verdadeira.
c) I e II são verdadeiras.
d) I e III são verdadeiras.
e) II e III são verdadeiras.

**12.** (UFSCar – SP) Considere um plano $\alpha$ e um ponto *P* qualquer do espaço.

Se por *P* traçamos a reta perpendicular a $\alpha$, a intersecção dessa reta com $\alpha$ é um ponto chamado de *projeção ortogonal* do ponto *P* sobre $\alpha$. No caso de uma figura $\mathcal{F}$ do espaço, a projeção ortogonal de $\mathcal{F}$ sobre $\alpha$ é definida pelo conjunto das projeções ortogonais de seus pontos.

Com relação a um plano $\alpha$ qualquer fixado, pode-se dizer que:

a) a projeção ortogonal de um segmento de reta pode resultar em uma semirreta.
b) a projeção ortogonal de uma reta sempre resulta em uma reta.
c) a projeção ortogonal de uma parábola pode resultar em um segmento de reta.
d) a projeção ortogonal de um triângulo pode resultar em um quadrilátero.
e) a projeção ortogonal de uma circunferência pode resultar em um segmento de reta.

**13.** (UEPB) Sejam as afirmativas:

I. Duas retas que não se interceptam são paralelas entre si.
II. Duas retas que não se interceptam são reversas entre si.
III. Se uma reta é perpendicular a uma reta do plano, então ela é perpendicular a esse plano.
IV. Uma reta e um plano são paralelos. Toda reta perpendicular à reta dada é perpendicular ao plano.

Podemos concluir que:

a) apenas I é verdadeira.
b) apenas II é verdadeira.
c) todas são falsas.
d) apenas III é verdadeira.
e) apenas IV é verdadeira.

**14.** (Fatec – SP) O ponto *A* pertence à reta *r*, contida no plano $\alpha$. A reta *s*, perpendicular a $\alpha$, o intercepta no ponto *B*. O ponto *C* pertence a *s* e dista $2\sqrt{5}$ cm de *B*. Se a projeção ortogonal de $\overline{AB}$ em *r* mede 5 cm e o ponto *B* dista 6 cm de *r*, então a distância de *A* a *C*, em centímetros, é igual a:

a) $9\sqrt{5}$
b) 9
c) 7
d) 4
e) $3\sqrt{5}$

**15.** (UFV – MG) Considere as afirmações a seguir.

I. Se dois ângulos $\hat{A}$ e $\hat{B}$ de um triângulo são congruentes aos ângulos $\hat{C}$ e $\hat{E}$, respectivamente, de outro triângulo, então esses triângulos são congruentes.
II. Se uma reta é paralela a um plano, então ela é paralela a toda reta desse plano.
III. Se duas retas são paralelas a um plano, então elas são paralelas entre si.
IV. As diagonais de um trapézio isósceles são congruentes.

Identificando com V as afirmações verdadeiras e com F as falsas, a alternativa que apresenta a sequência CORRETA é:

a) V F F V
b) V V F F
c) F F F V
d) F F V V
e) V V V F

**16.** (UFMT) Sobre Geometria Espacial de posição, identifique a afirmativa correta.

a) Se dois planos são paralelos a uma reta, então eles são paralelos entre si.
b) Quatro pontos no espaço determinam quatro planos.
c) Três planos distintos podem se cortar, dois a dois, segundo três retas duas a duas paralelas.
d) A intersecção de dois planos secantes pode ser um único ponto.
e) Duas retas reversas determinam um plano.

**17.** (UECE) Um pedaço de cartolina na forma de um quadrado *ABCD* é dobrado ao longo da diagonal $\overline{AC}$ de modo que os lados $\overline{AB}$ e $\overline{AD}$ formem um ângulo de 60°. Em seguida, ele é colocado sobre uma mesa, apoiado sobre esses lados.

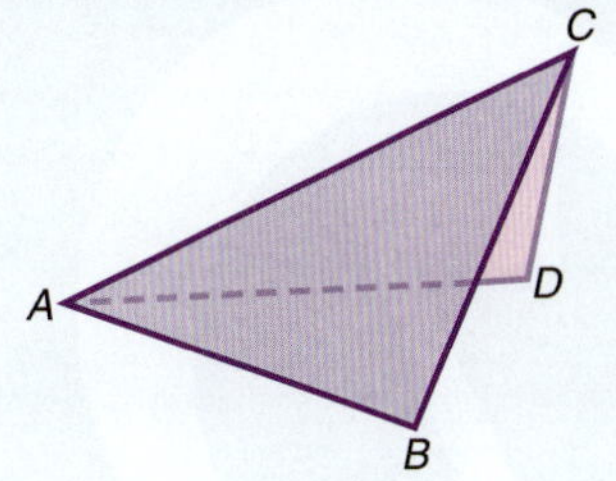


Nessas condições, o cosseno do ângulo (agudo) $\alpha$ que o segmento $\overline{AC}$ forma com o plano horizontal é igual a:

a) $\dfrac{\sqrt{6}}{4}$

b) $\dfrac{\sqrt{2}}{4}$

c) $\dfrac{\sqrt{3}}{4}$

d) $\sqrt{3}$

## Programas de Avaliação Seriada

**1.** (PASES – UFV – MG) Considere as seguintes afirmativas, atribuindo V para a(s) verdadeira(s) e F para a(s) falsa(s):

- Quatro pontos distintos, três a três não colineares, determinam cinco retas distintas.
- Por um ponto, fora de um plano, passa uma única reta paralela a esse plano.
- Dois ângulos complementares, que têm o mesmo seno, são congruentes.
- Em um pentágono regular o número de lados coincide com o número de diagonais.

Na ordem em que as afirmativas aparecem, a sequência CORRETA é:

a) V, V, V, V
b) F, F, V, V
c) F, V, V, F
d) F, F, F, V
e) F, V, V, V

**2.** (PAS – UnB – DF-adaptada) Considere que, na figura a seguir, o cubo com aresta $\overline{FG}$ represente uma caixa branca e o paralelepípedo com arestas $\overline{LK}$, $\overline{LN}$ e $\overline{LM}$, outra caixa de vidro dentro da qual está a caixa cúbica. Considere, ainda, que $\alpha$ seja o plano determinado pelos pontos *L*, *M* e *K*, $\overline{HG} \,//\, \overline{NO}$ e que os segmentos $\overline{LK}$, $\overline{LM}$, $\overline{LN}$ e $\overline{FG}$ sejam de medidas iguais, respectivamente, a 2,1 m, 1,9 m, 2 m e 1,3 m.

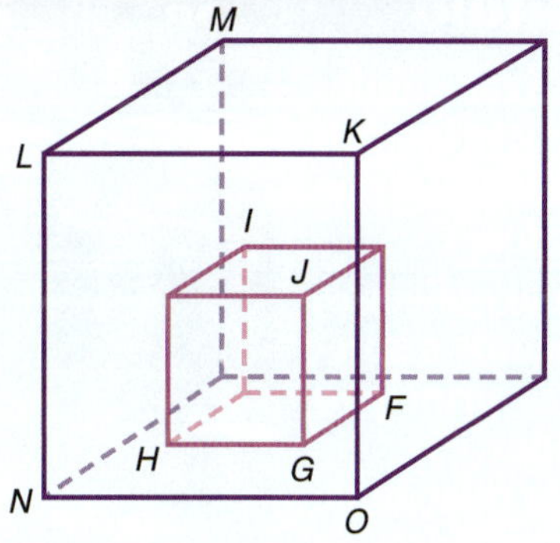


Com base nessas informações, julgue os itens a seguir.

(1) Sabendo-se que as retas reversas não são coplanares, conclui-se que a reta que contém o segmento $\overline{FG}$ e a que contém o segmento $\overline{KL}$ são reversas.
(2) O ângulo $I\hat{J}H$ mede 60°.
(3) Se *r* e *s* são retas quaisquer paralelas entre si e também paralelas ao plano $\alpha$, então existe um plano que contém essas retas, que é, necessariamente, paralelo ao plano $\alpha$.

# Capítulo 7

## Objetivos do Capítulo

- Caracterizar sólidos e seus dois principais grupos: poliedros e corpos redondos.
- Conceituar poliedros, seus elementos e apresentar suas principais propriedades.
- Estudar a relação de Euler e os poliedros de Platão, em particular os poliedros regulares.
- Definir prisma e pirâmide e tratar de seus aspectos geométricos.
- Trabalhar com os aspectos métricos dos principais prismas e pirâmides (áreas e volumes).
- Explorar situações em diferentes contextos que envolvem prismas e pirâmides.

# Poliedros

## Quando Já Se Viu Tudo, Muito Ainda Há Por Ver

Os meios de transporte são vitais quando se fala em comércio, em fazer com que pessoas e cargas sejam deslocadas de um ponto a outro do planeta. Para isso, inventamos veículos e máquinas cada vez mais velozes e/ou mais amplas, além de vias de comunicação. Dos leitos carroçáveis às estradas "inteligentes", em que velocidade, direção e itens de auxílio são gerenciados por redes de computadores, se passaram vários séculos.

Os rios e oceanos também são utilizados para o transporte e, para isso, aplicamos nossa inteligência para eliminar as barreiras algumas vezes impostas pela Natureza e formar hidrovias. É o caso, por exemplo, da construção de comportas (espécies de "caixas" retangulares) para ligar dois trechos de rio em desnível ou, mesmo, oceanos, como no caso do Canal do Panamá. Nessas comportas, a embarcação, que precisa ser içada para alcançar um curso-d'água que se encontra mais elevado, entra nessa "caixa" que é, gradativamente, preenchida com água — à medida que isso é feito, a embarcação vai subindo com a água.

Mas, em meados do século XX, uma invenção modificou por completo a dinâmica dos portos — utilizados inicialmente para transportar cargas por ferrovias, os *contêineres*, grandes caixas em formato de paralelepípedo, com volumes variados, passaram a ser empregados para alocar cargas nos navios. Com isso, carregar um navio, que poderia levar dias ou mesmo semanas, passou a ser feito muito mais rapidamente, além de baratear o custo dos transportes.

Paralelepípedos, cubos e pirâmides são alguns dos *poliedros*, tema deste nosso capítulo.

# 1. Os Sólidos Geométricos

No espaço em que vivemos estamos constantemente em contato com corpos que costumamos chamar de **sólidos**, que têm três dimensões e são limitados por superfícies fechadas.

As bolinhas de gude, um obelisco e um ovo cozido são apenas três exemplos de corpos que representam **sólidos geométricos**, e cada um deles tem uma forma específica, de acordo com o uso a que se destina.

FOTOS: PANTHERMEDIA/KEYDISC

Os **sólidos geométricos** são figuras que têm três dimensões e, portanto, são compactos, isto é, são formados pelos infinitos pontos de sua superfície e, ainda, por todos os infinitos pontos de seu interior.

A seguir, estão representados cinco sólidos geométricos de diferentes formas.

(I) (II) (III) (IV) (V)

**Saiba +**

**Figura** é um conjunto de pontos, não vazio.

## 1.1 Secção plana de um sólido

Quando cortamos os sólidos acima por um plano, os pontos comuns ao plano e ao sólido podem formar um círculo ou não.

O conjunto dos pontos comuns a um plano e ao sólido interceptado por esse plano é denominado **secção plana** do sólido.

Assim, entre os sólidos anteriores, é possível obter uma *secção plana circular* apenas nos sólidos I e IV.

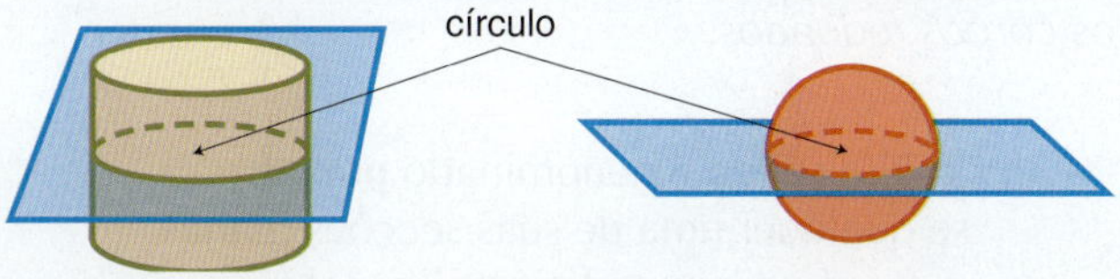


Nos demais sólidos, II, III e V, qualquer *secção plana tem forma poligonal*. Na figura abaixo, observamos algumas das possíveis secções, contornadas com linha tracejada.

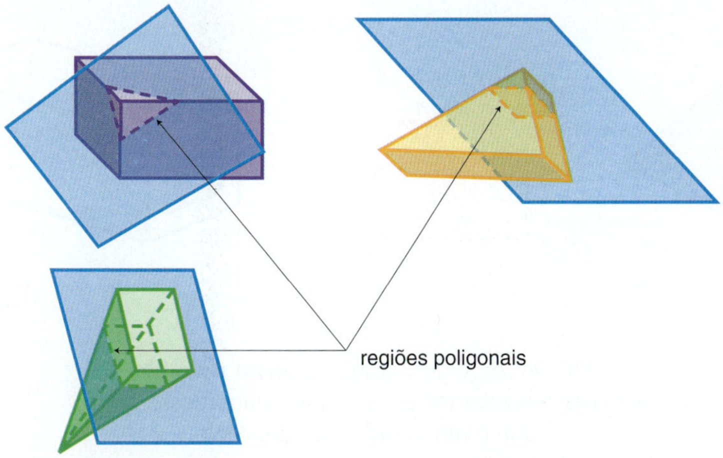


**Recorde**

Uma *região plana* é *poligonal* se a linha que a contorna é um polígono, isto é, uma linha fechada formada apenas por segmentos de reta que não se cruzam.

## Exercícios Propostos

**1.** **[COTIDIANO]** Dos seguintes objetos, escolha quais deles são mais apropriados para representar um sólido e justifique.

tijolos

contêiner

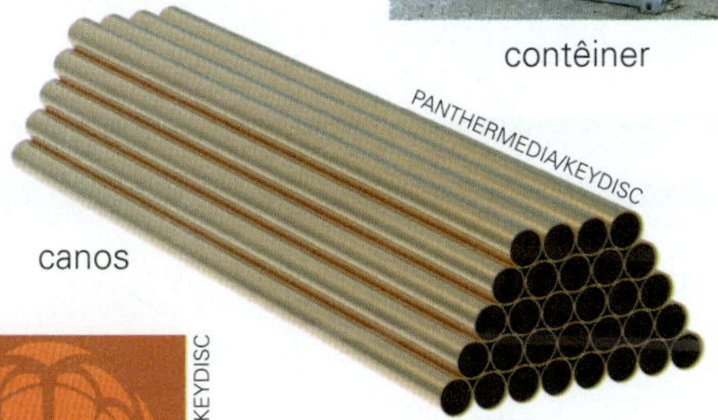

canos

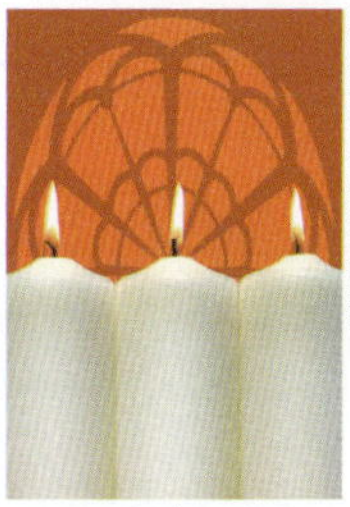

velas

casca de ovo

**2.** Reproduza os sólidos a seguir em seu caderno e represente uma secção plana em cada um deles.

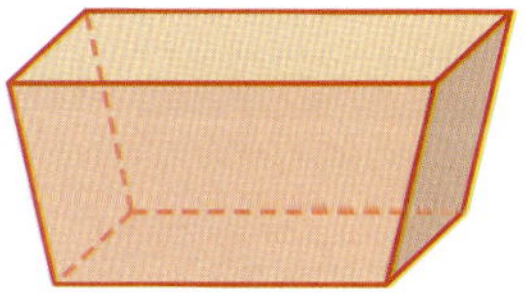

**3.** **[ARTES]** Um escultor deseja fazer um busto de um cidadão ilustre de uma cidade. Identifique duas possíveis secções planas que representam cortes nessa escultura.

Ludwig van Beethoven (1770-1827), renomado compositor alemão, nasceu em Bonn, mas residiu grande parte de sua vida em Viena, capital da Áustria.

## Caracterização dos sólidos

Dentre os sólidos geométricos, vamos destacar dois importantes grupos: os *poliedros* e os *corpos redondos*.

> Um sólido é denominado **poliedro** se qualquer uma de suas secções planas é uma superfície poligonal.

EXEMPLOS

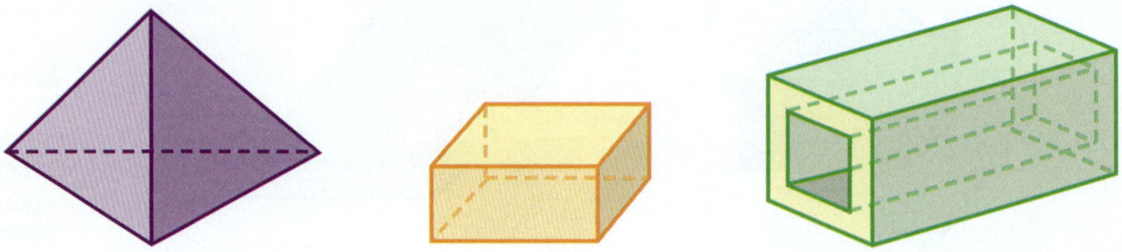

> Um sólido é denominado **corpo redondo** se existe pelo menos uma secção plana desse sólido que é um círculo ou parte dele.

EXEMPLOS

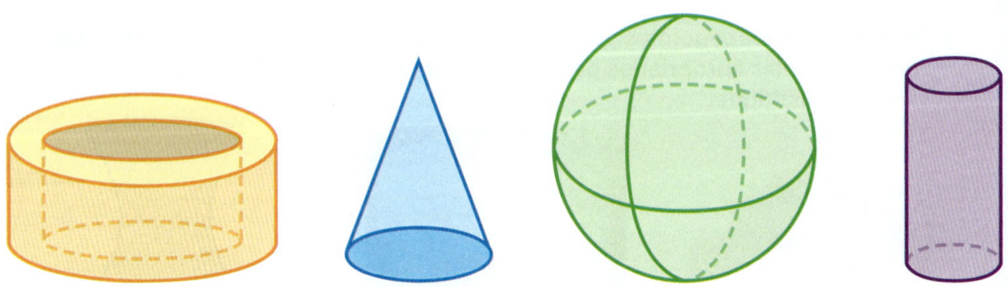

### EXERCÍCIOS PROPOSTOS

**4.** Identifique os poliedros entre os sólidos representados abaixo.

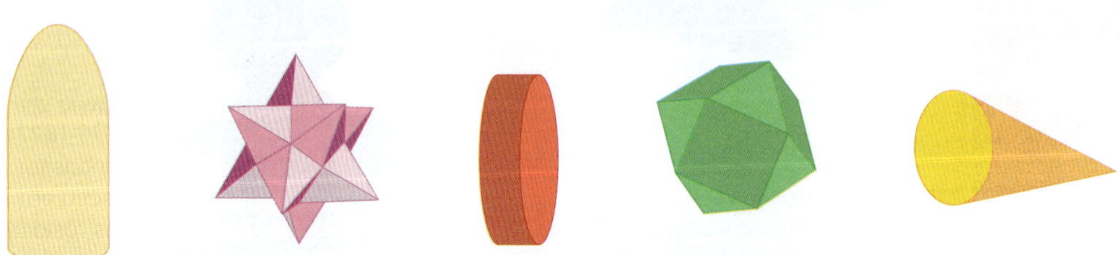

(I) (II) (III) (IV) (V)

5. **[COTIDIANO]** Dos objetos seguintes, identifique os que têm a forma de um poliedro e os que têm a forma de um corpo redondo.

FOTOS: PANTHERMEDIA/KEYDISC

caixa de ferramentas

bola de tênis

pirâmide do Museu do Louvre

lata de creme

chapéu de aniversário

6. Desenhe um sólido que tenha uma secção plana:
   a) que seja uma região poligonal quadrada
   b) que seja um círculo.

# 2. Os Poliedros

Neste capítulo, vamos estudar mais detidamente os poliedros. Os corpos redondos serão vistos no próximo capítulo.

## 2.1 ELEMENTOS DE UM POLIEDRO

Um poliedro é uma figura não plana, entretanto contém figuras planas como, por exemplo, as regiões poligonais planas que formam sua superfície, denominadas **faces** do poliedro.

No poliedro representado a seguir, à esquerda, a parte destacada em verde é uma de suas faces.

O lado comum a duas faces de um poliedro é um segmento de reta denominado **aresta** e o ponto comum a três ou mais de suas arestas é denominado **vértice** do poliedro.

No poliedro representado abaixo, à direita, uma aresta foi pintada de vermelho e um vértice, de verde.

**Recorde**

Uma *figura* é *plana* se existe um plano que contém todos os seus pontos.

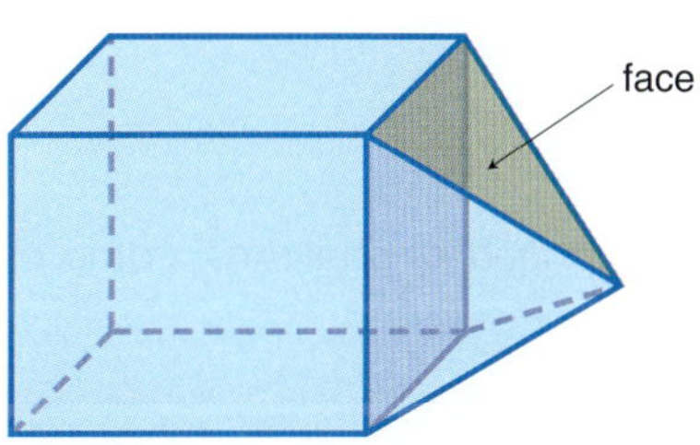

poliedro com 9 faces

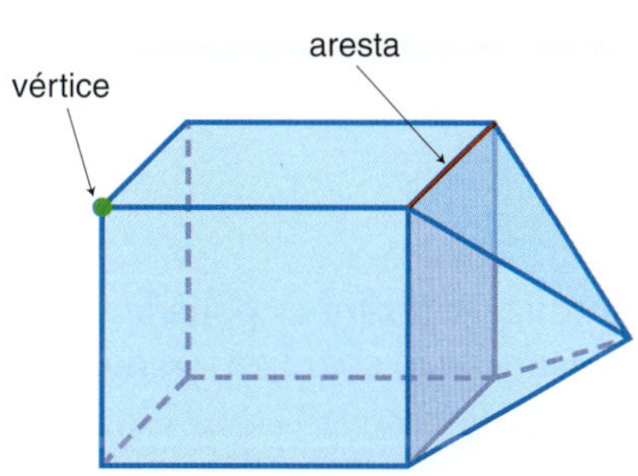

poliedro com 9 faces, 16 arestas e 9 vértices

Chamamos de **superfície poliédrica** a união das faces de um poliedro.

## Exercícios Propostos

7. Identifique o número ($F$) de faces, o número ($A$) de arestas e o número ($V$) de vértices de cada poliedro representado a seguir.

a) 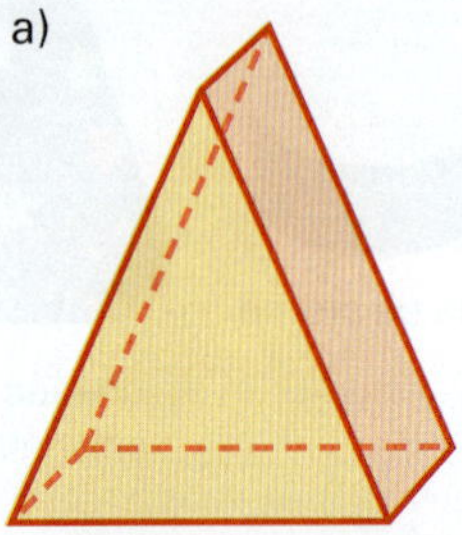

b) 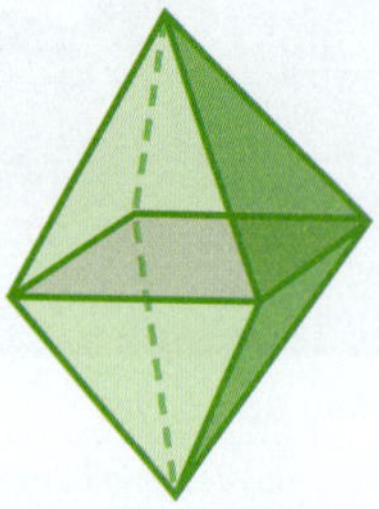

8. Quantas arestas, vértices e faces comuns têm os poliedros de faces verdes e o de arestas vermelhas?

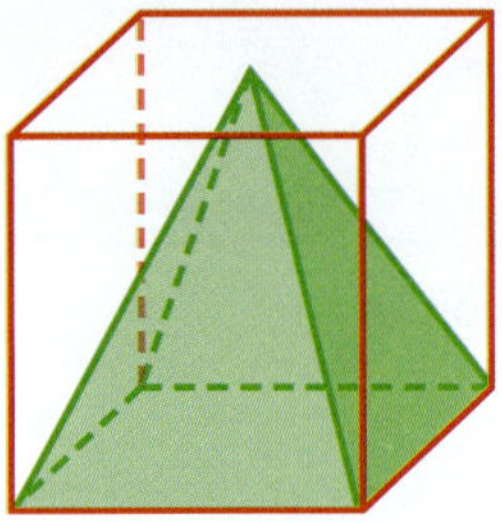

9. Quantas arestas, vértices e faces o poliedro I tem a mais do que o II?

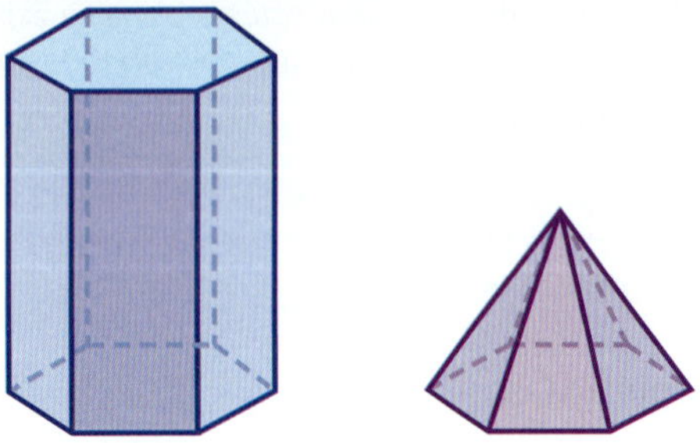

(I) (II)

10. **[TRABALHO]** A peça a seguir representa uma escada construída em pedra.

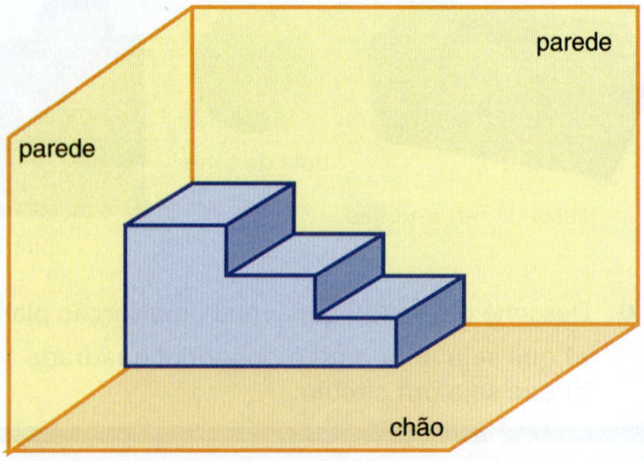


Todas as faces visíveis desse sólido devem ser polidas. Uma empresa cobra R$ 50,00 para polir cada uma das faces. Qual será o valor cobrado por esse serviço?

11. **[*DESIGN*]** Um joalheiro deseja fabricar uma peça em forma de cruz, como mostra a figura. Em cada vértice ele colocará um diamante. Quantos diamantes serão necessários para fazer essa joia?

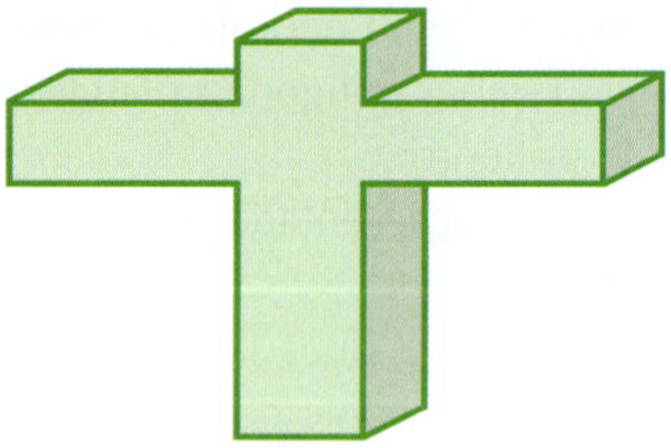

## 2.2 POLIEDROS CONVEXOS

Uma primeira classificação que podemos fazer dentre os poliedros é separá-los em *poliedros convexos*, como os que estão no quadro I a seguir, e em *poliedros não convexos*, os do quadro II.

(I)

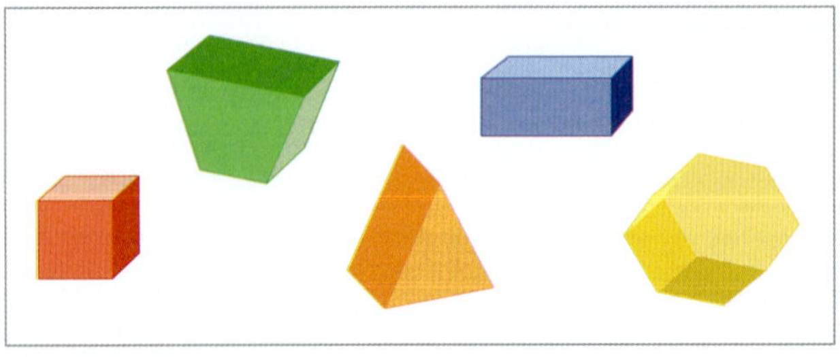

poliedros convexos

(II)

poliedros não convexos

> Um poliedro $\mathcal{P}$ é dito **convexo** se, e somente se, quaisquer dois de seus pontos são extremidades de um segmento inteiramente contido em $\mathcal{P}$; caso contrário, ele é dito **não convexo**.

EXEMPLOS

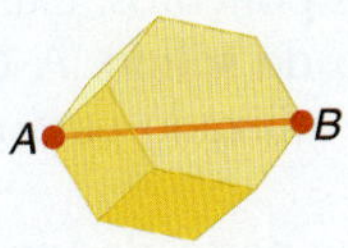

poliedro convexo

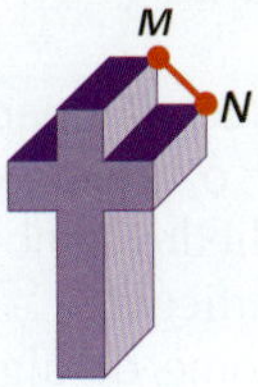

poliedro não convexo

> **Faça**
>
> Procure objetos que tenham a forma de poliedros e verifique se são convexos ou não.

## Propriedade dos poliedros convexos

Considerando um plano $\alpha$ que contém uma face qualquer de um poliedro convexo, ele divide o espaço em dois semiespaços, de modo que todas as demais faces do poliedro ficam contidas em apenas um desses semiespaços.

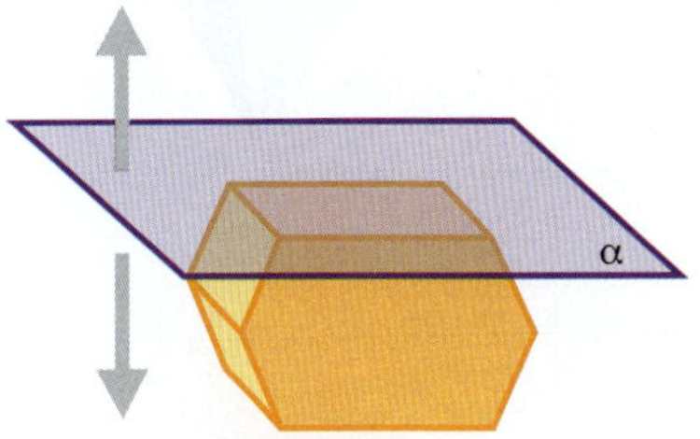

poliedro convexo

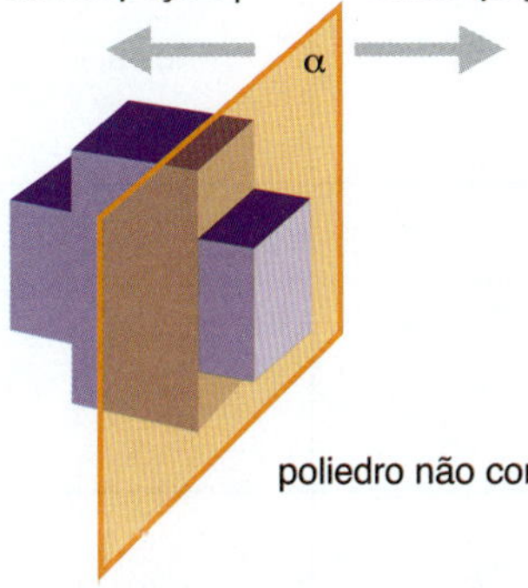

poliedro não convexo

Note que os poliedros não convexos não possuem essa propriedade, já que neles sempre existe pelo menos uma face de tal modo que o plano que a contém não deixa as demais faces em um único semiespaço.

OBSERVAÇÃO

Como neste capítulo trataremos apenas dos poliedros convexos, a não ser que seja absolutamente necessário, deste ponto em diante, a expressão "poliedro convexo" será simplificada por "poliedro" apenas.

## EXERCÍCIOS PROPOSTOS

**12.** Dos seguintes poliedros, quais são convexos?

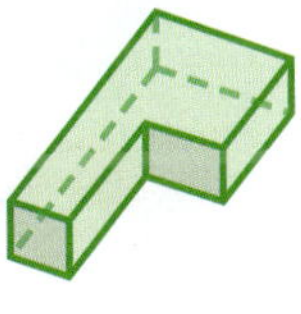
(I)

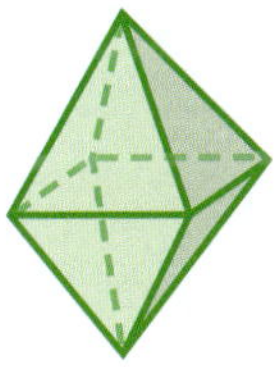
(II)

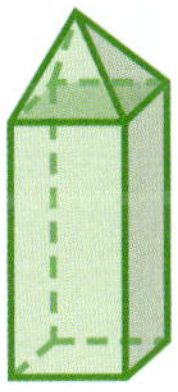
(III)

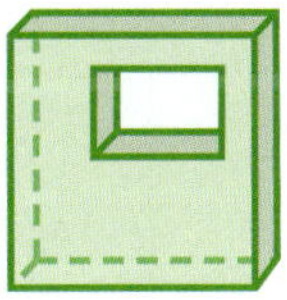
(IV)

**13.** **[COTIDIANO]** Dê dois exemplos de objetos em sua casa que podem representar poliedros convexos.

**14.** **[COTIDIANO]** Encontre um exemplo em sua escola que pode representar um poliedro não convexo.

## Nomenclatura dos poliedros

O nome *poliedro* surgiu na Grécia Antiga e é composto de duas palavras:

POLI → várias

EDRO → face

Como as faces são partes importantes dos poliedros, elas não serviram somente para dar o nome genérico a esse tipo de sólido. A quantidade de faces de cada poliedro também foi um critério utilizado para nomeá-los, de um modo mais particular.

Assim, o nome de alguns poliedros é composto de um prefixo grego que indica seu número de faces mais a palavra *edro*, que significa face, como mostra a tabela dada a seguir.

Nessa tabela você encontra a representação de um dos poliedros com o nome correspondente, indicado na mesma linha.

| Número de faces | Prefixo grego | Nome do poliedro | Representação de um poliedro |
|---|---|---|---|
| 4 | tetra | tetraedro | 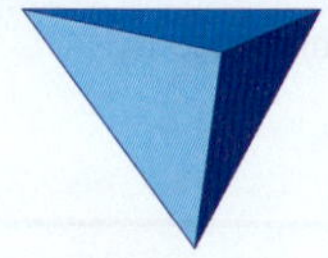 |
| 5 | penta | pentaedro | 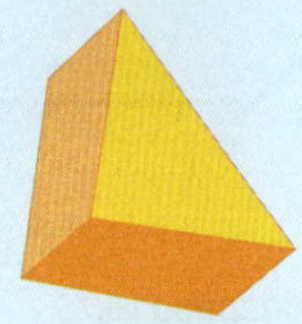 |
| 6 | hexa | hexaedro | 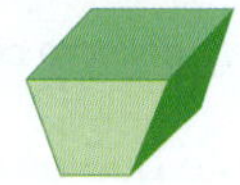 |
| 7 | hepta | heptaedro | 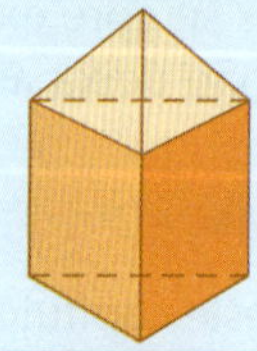 |
| 8 | octa | octaedro | 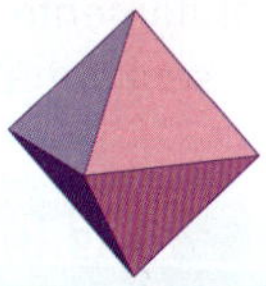 |
| 10 | deca | decaedro | 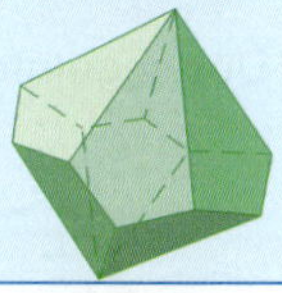 |
| 12 | dodeca | dodecaedro | 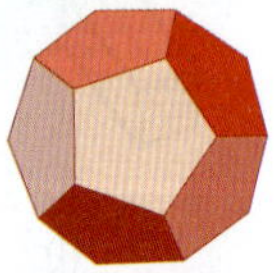 |
| 20 | icosa | icosaedro | 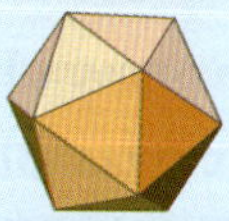 |

Quando um poliedro não tem um nome especial como os da tabela anterior, dizemos simplesmente a palavra poliedro acompanhada de seu número de faces como, por exemplo, poliedro com trinta e cinco faces.

Peça decorativa de cristal em forma de poliedro com 14 faces: 2 quadradas, 8 triangulares e 4 losangulares.

## Exercícios Propostos

**15.** De acordo com a tabela anterior, responda:

a) Em que linha da tabela você colocaria a figura de um cubo? Justifique.

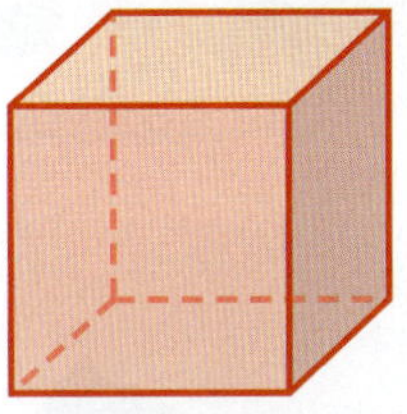

b) Como é possível denominar o sólido representado abaixo? Justifique.

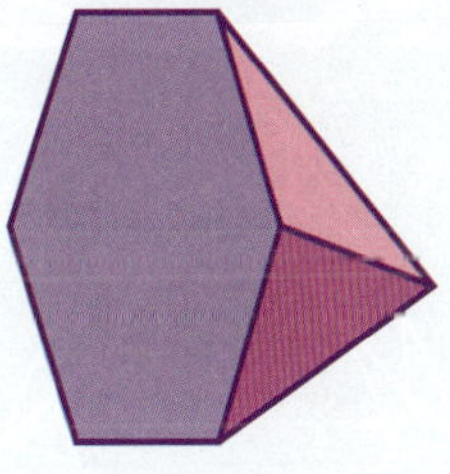

**16.** **[COTIDIANO]** Quais dos objetos seguintes representam um pentaedro?

FOTOS: PANTHERMEDIA/KEYDISC

caixa de presente

pirrâmide de Quéops

prisma óptico

bola de tênis

caixa arquivo

**17.** Qual é o nome de um poliedro cujos vértices são dados por um pentágono regular mais um ponto externo ao plano que contém esse polígono?

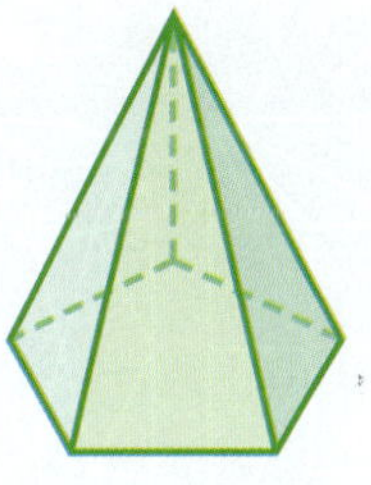

**18.** **[*DESIGN*]** Um diamante será lapidado (cortado em secções planas) conforme a figura a seguir. Qual é o nome do poliedro obtido?

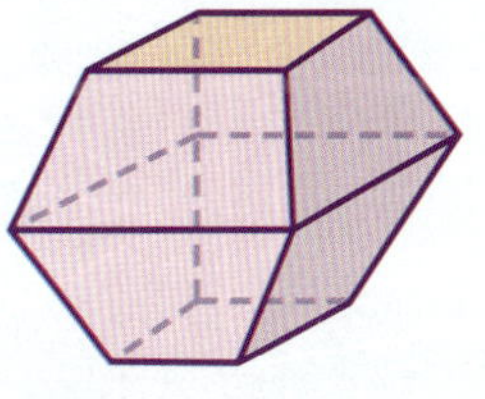

**19.** Desenhe dois hexaedros que tenham formatos diferentes.

## Matemática, Ciência & Vida

PANTHERMEDIA/KEYDISC

As pedras preciosas (também chamadas gemas) não são encontradas na Natureza com a aparência que vemos nas joalherias. Para que toda a sua beleza seja realçada, elas passam por um processo conhecido por *lapidação*.

O lapidador analisa a gema bruta tendo em vista seu formato natural, o corte mais adequado para que se perca o mínimo possível da pedra, a eliminação de pequenos defeitos que poderiam comprometer o resultado final. A partir desse estudo, ele inicia o facetamento, ou seja, sobre a superfície da pedra talha poliedros de tal forma que a luz que incida sobre ela seja refletida internamente da melhor forma possível. Para isso, os ângulos devem ser exatos, é preciso que haja simetria bilateral perfeita, além de proporções corretas. Ao final do processo, há o polimento da pedra, em que por abrasão se tornam as facetas da pedra extremamente lisas.

A lapidação em facetas recebe diferentes nomes segundo o número e tipo de poliedros que a gema recebe.

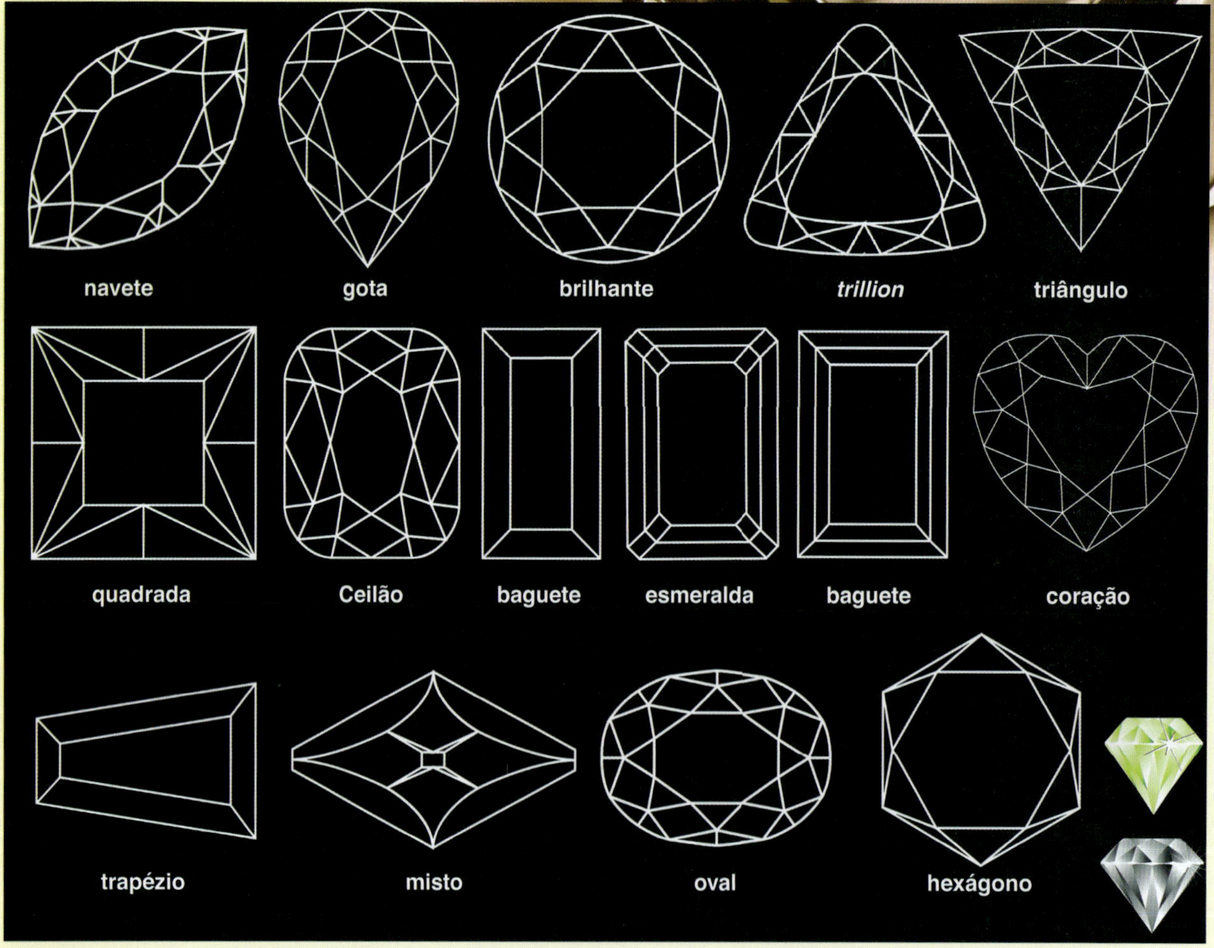

Engana-se quem pensa que um diamante é avaliado pelo seu tamanho. Seu valor está em sua cor (*color*), pureza (*clarity*), lapidação (*cut*) e em sua massa (*carat*), características conhecidas como os "4 Cs". Essa forma de avaliação, mundialmente aceita, foi criada pelo Gemological Institute of América – GIA (Instituto de Gemologia da América).

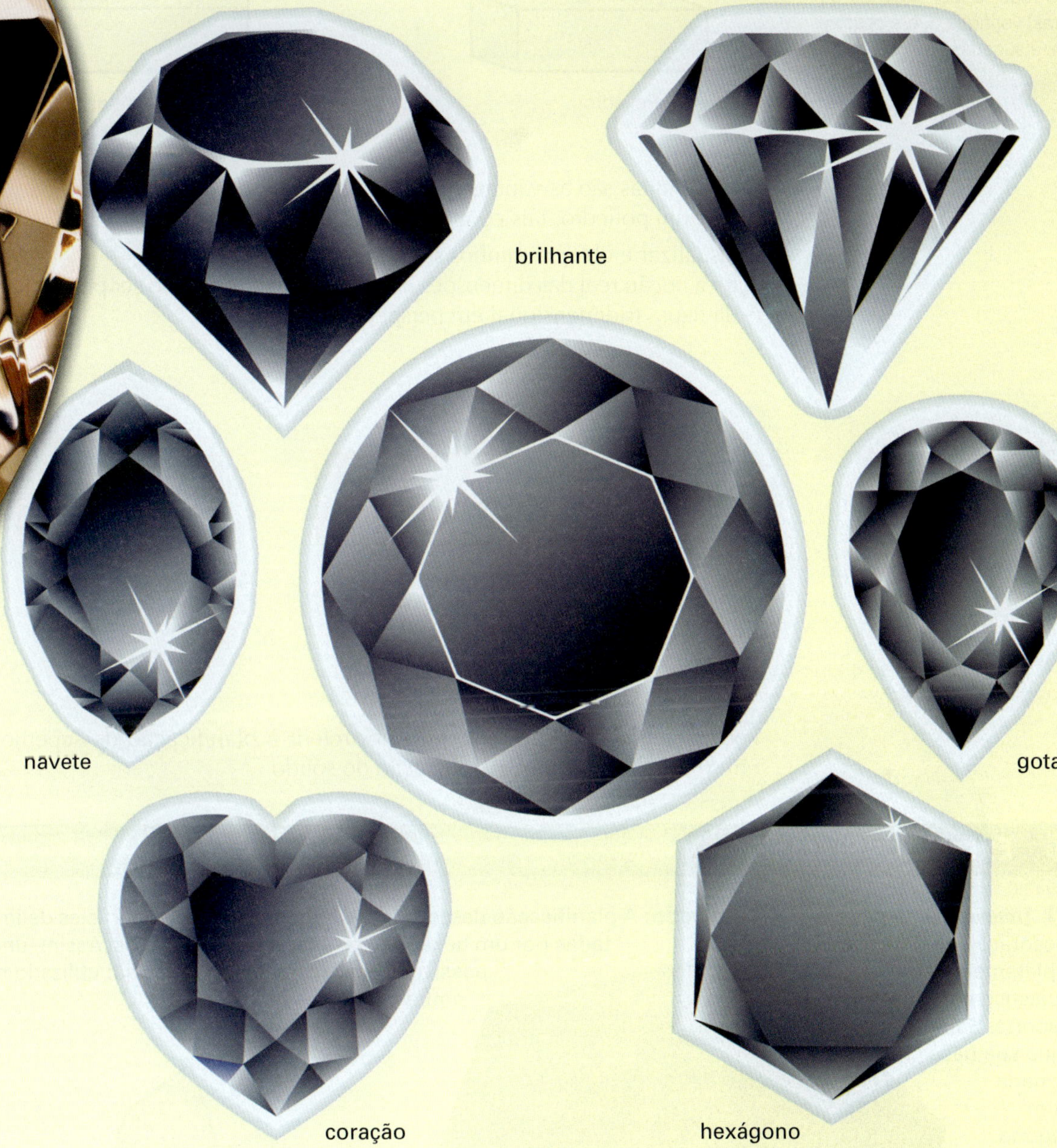


## 2.3 PLANIFICAÇÃO DA SUPERFÍCIE DE UM POLIEDRO

Embora a superfície de um poliedro seja uma figura bidimensional não plana, ela pode ser planificada, obtendo-se a **planificação da superfície poliédrica**. Isso significa que as faces de um poliedro podem ser representadas no plano, por meio de regiões poligonais, de modo que cada uma delas tenha pelo menos um lado em comum com outra e possam formar, no espaço, a superfície não plana do poliedro.

> *Atenção!*
>
> Enquanto o poliedro é uma figura tridimensional, que é sempre não plana, a superfície poliédrica é uma figura também não plana, mas bidimensional.

**Faça**

Reproduza a planificação ao lado em uma folha de cartolina. Recorte-a ao redor e, por meio de dobraduras, verifique que é possível montar a superfície do poliedro.

EXEMPLO

Poliedro

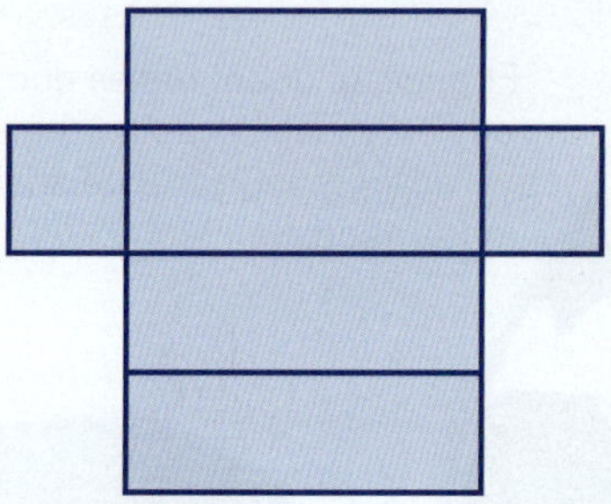

Planificação da superfície poliédrica

Muitas são as vantagens em se trabalhar com a planificação da superfície de um poliedro, tais como:

- visualizar e obter caminhos sobre a superfície poliédrica;
- ter a noção real das dimensões das faces, o que pode não ser possível a partir da figura tridimensional em perspectiva.

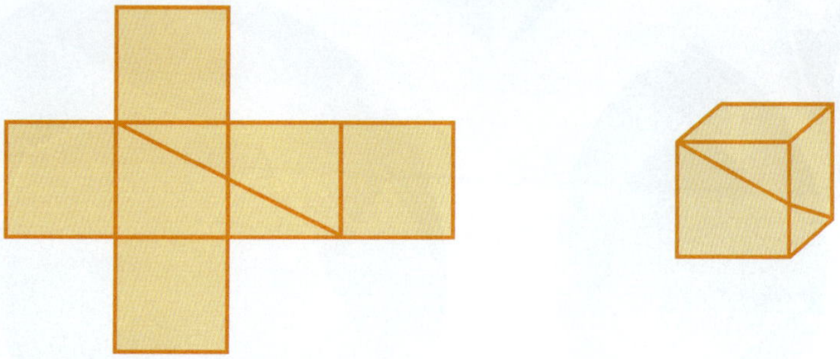

OBSERVAÇÃO

Por mera simplificação, podemos nos referir à planificação da superfície de um sólido apenas como planificação do sólido.

## EXERCÍCIOS RESOLVIDOS

**ER. 1** [*DESIGN*] Uma peça de decoração será revestida completamente com um plástico para transporte. Sabe-se que sua base é formada por um hexágono regular. Represente, a partir da planificação do sólido associado à peça, qual seria uma possível forma plana do material usado para a embalagem.

BRUNO ZANINI

**Resolução:** A planificação desse sólido é composta pelas superfícies delimitadas por um hexágono regular e seis triângulos. Assim, uma possível forma plana para o material utilizado na embalagem é:

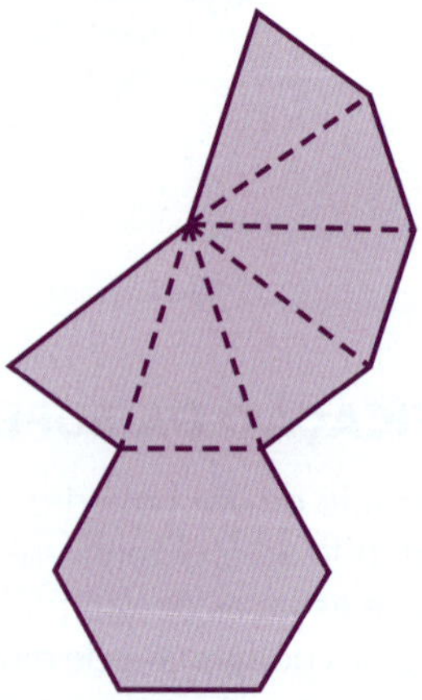

**ER. 2** **[PRODUÇÃO]** Em uma fábrica, as caixas que servem como embalagem ficam desmontadas, como na figura a seguir. Represente o sólido cujo formato é o mesmo da caixa montada.

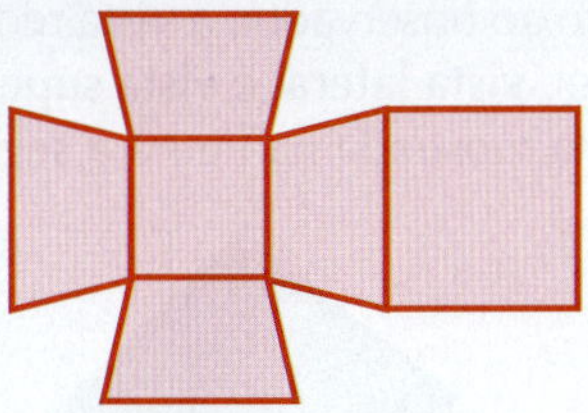

**Resolução:** A partir da figura planificada, podemos associar as seguintes referências:

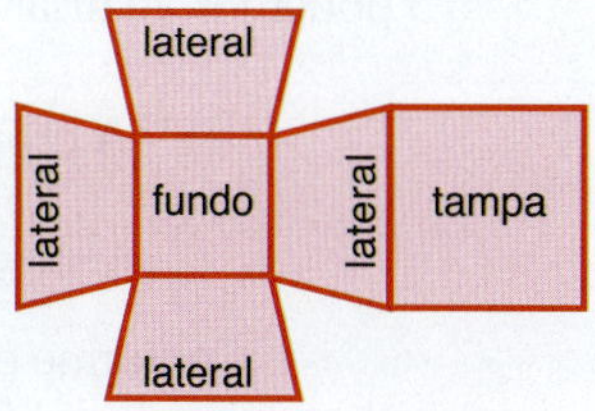


Assim, a caixa terá o formato:

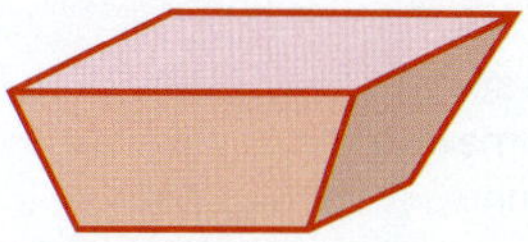

## EXERCÍCIOS PROPOSTOS

**20.** Identifique dentre as figuras seguintes quais sugerem planificações da superfície do poliedro representado abaixo. Justifique o porquê daquelas que não são.

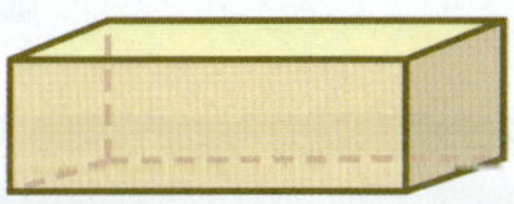

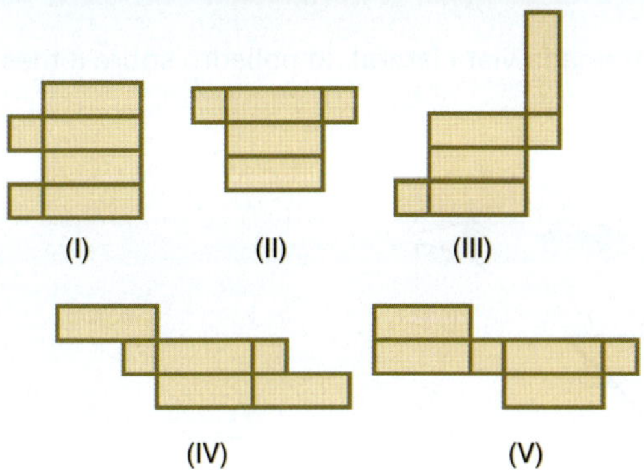


**21.** A superfície de um cubo foi planificada, como mostra a figura a seguir, e alguns de seus pontos foram nomeados.

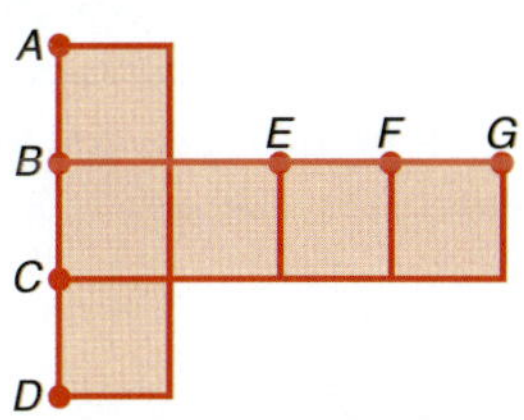


Ao formar a superfície do cubo no espaço:

a) o segmento $\overline{AB}$ coincidirá com qual segmento para formar uma aresta desse cubo?

b) o ponto *A* coincidirá com qual desses pontos para formar um vértice do cubo?

Agora, reproduza a figura dada em uma cartolina. Confirme suas respostas recortando e montando a superfície do cubo no espaço.

**22.** **[DIVERSÃO]** Um dado tradicional cujo formato é um hexaedro tem uma propriedade interessante: a soma dos números de duas faces opostas sempre é 7. A partir da planificação dada a seguir, descubra quais são os números das faces que estão faltando.

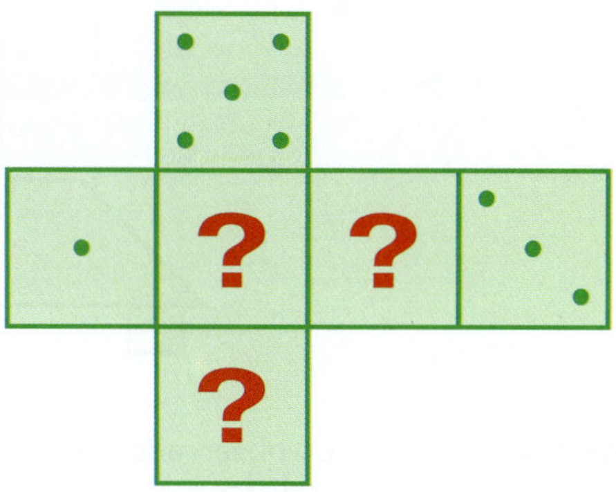


**23.** Represente uma possível planificação do octaedro a seguir.

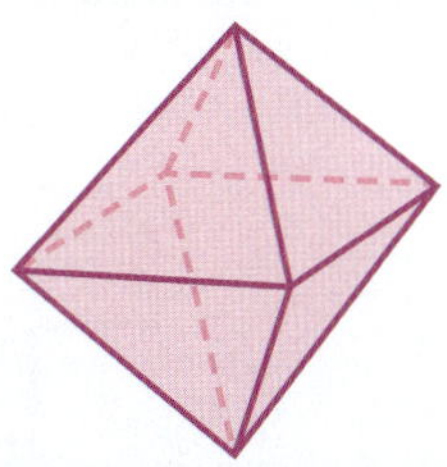

## Vistas de um poliedro

A planificação da superfície de um poliedro é uma ferramenta que nos permite conhecê-lo e utilizá-lo de modo mais eficaz. Entretanto, além desse meio, podemos analisar o poliedro por meio de suas vistas.

> A projeção ortogonal de um poliedro sobre um plano é denominada **vista** do poliedro.

Conforme esse plano se coloca em relação ao observador, a vista recebe denominações diferentes: **vista frontal** (de frente), **vista lateral** e **vista superior** (de cima para baixo), como, por exemplo, a vista mostrada na figura a seguir.

**Faça**

Coloque uma caixa de fósforos sobre a mesa e observe-a de cima para baixo. Em seguida, desenhe a vista superior dessa caixa.

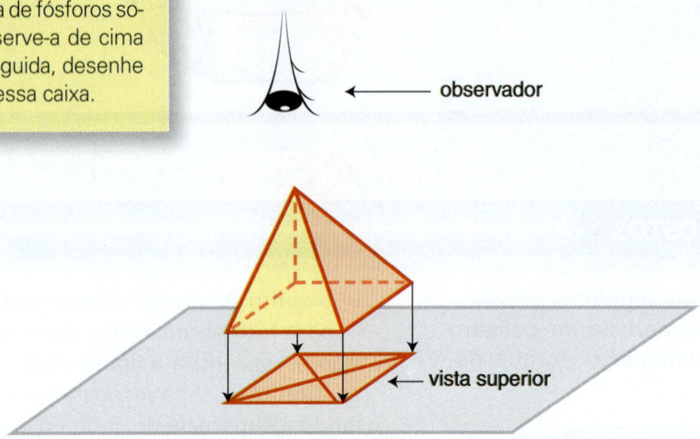


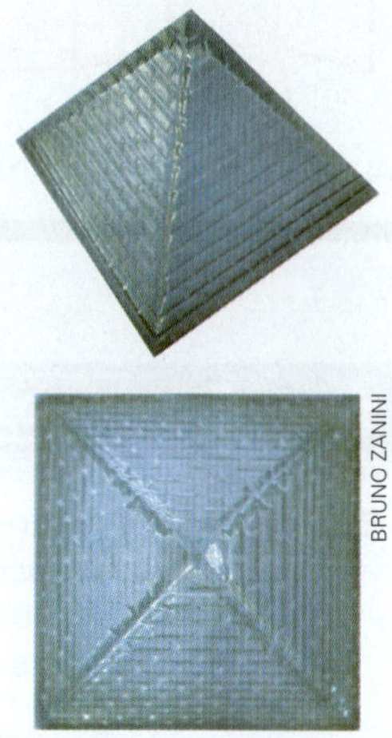


## Exercícios Resolvidos

**ER. 3** A figura que o observador vê, no caso abaixo, é denominada **vista lateral** do poliedro sobre a mesa. Que figura é essa?

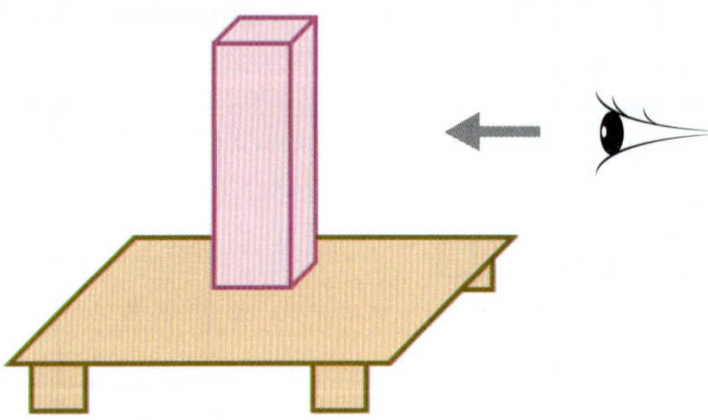

**Resolução:** Nesse caso, o observador vê a face retangular do poliedro e, portanto, ele vê uma região retangular com as dimensões daquela face.

---

**ER. 4** Represente a vista superior de cada um dos sólidos a seguir.

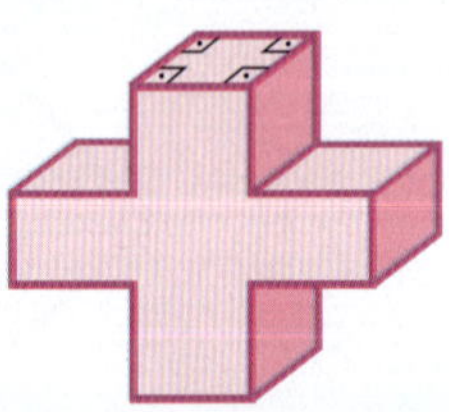

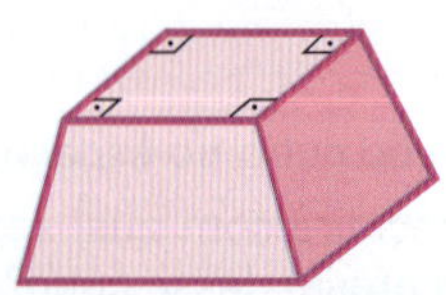

**Resolução:** Colocando-se como observador de cima para baixo, temos as seguintes figuras:

## Exercícios Propostos

**24.** **[*DESIGN*]** Um projetista precisa representar as vistas frontal, superior e lateral da peça a seguir, para orientar sua produção. Faça, em seu caderno, uma representação delas.

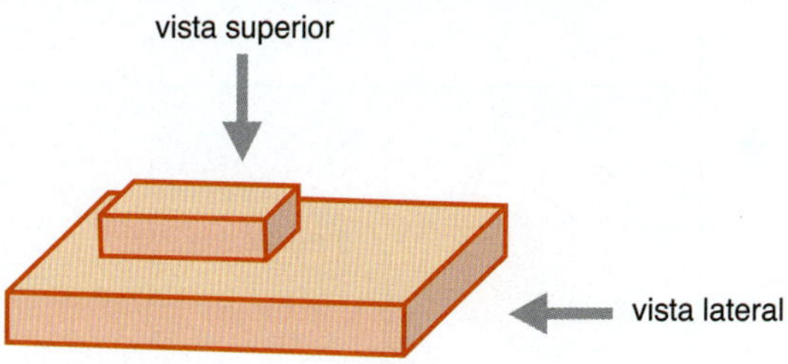


**25.** As vistas superior, frontal e lateral de um poliedro foram representadas a seguir.

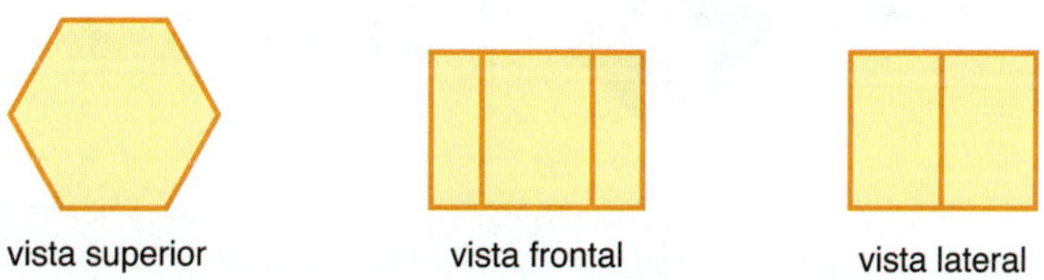


De qual poliedro abaixo são essas vistas?

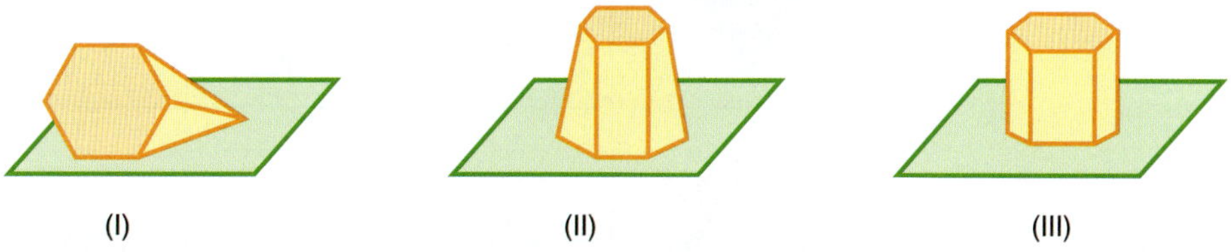


## 2.4 POLIEDROS CONVEXOS E A RELAÇÃO DE EULER

Além de relações geométricas importantes entre os elementos de um poliedro convexo, que serão estudadas ao longo deste capítulo, os poliedros também são caracterizados por propriedades numéricas que envolvem a quantidade de faces, vértices e arestas. A mais importante delas é denominada **relação de Euler** (lê-se "óiler") e é muito fácil de ser percebida. Para tanto, na tabela apresentada na página seguinte, observe a relação entre as quantidades das 3.ª e 4.ª colunas com as da 5.ª para cada poliedro (cada linha).

> ***Faça***
>
> Pesquise sobre quem foi Euler e como contribuiu para o desenvolvimento da Matemática em sua época.

| Poliedro | Nome | Número de vértices ($V$) | Número de faces ($F$) | Número de arestas ($A$) |
|---|---|---|---|---|
| 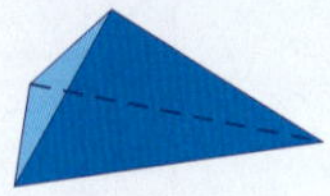 | tetraedro | 4 | 4 | 6 |
| 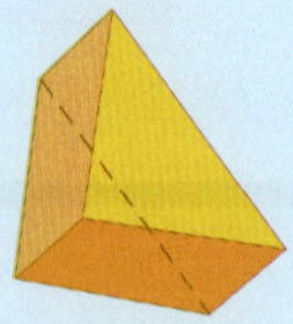 | pentaedro | 6 | 5 | 9 |
|  | hexaedro | 8 | 6 | 12 |
| 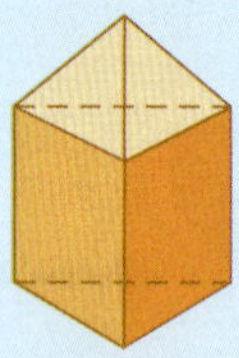 | heptaedro | 7 | 7 | 12 |
| 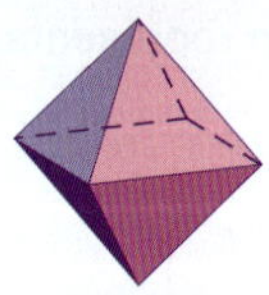 | octaedro | 6 | 8 | 12 |
| 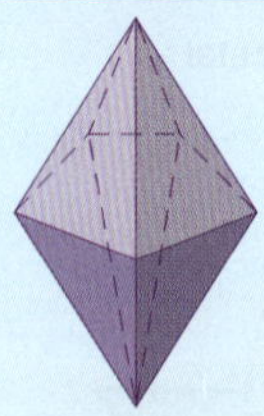 | decaedro | 7 | 10 | 15 |
| 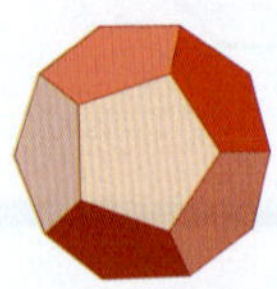 | dodecaedro | 20 | 12 | 30 |
| 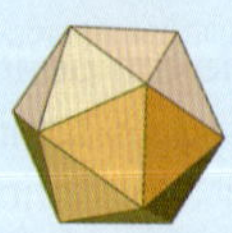 | icosaedro | 12 | 20 | 30 |
| 1.ª coluna | 2.ª coluna | 3.ª coluna | 4.ª coluna | 5.ª coluna |

**Faça**

Utilize os dados da tabela para verificar que essa propriedade é verdadeira para os poliedros convexos apresentados nela.

Você pode notar que a soma do número de vértices com o número de faces de cada poliedro tem sempre 2 unidades a mais do que o número de arestas.

**Relação de Euler**

Para todo poliedro convexo com *V* vértices, *F* faces e *A* arestas, é válida a seguinte relação: $V + F - A = 2$

Essa relação é característica de todos os poliedros convexos, mas nem sempre é válida nos não convexos, como mostram os exemplos seguintes.

Poliedros não convexos

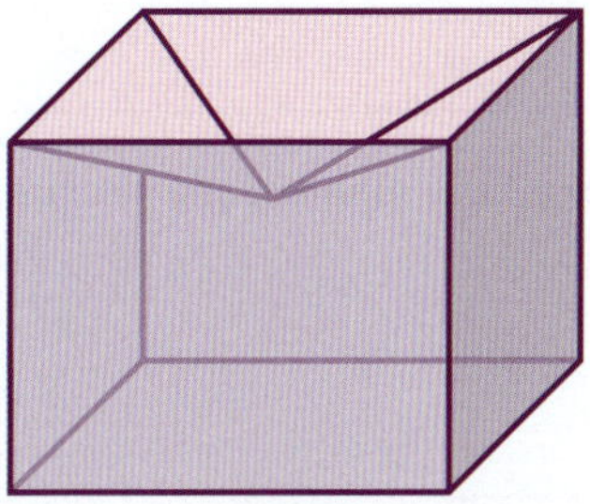

$$\left.\begin{matrix} V = 9 \\ F = 9 \\ A = 16 \end{matrix}\right\} \Rightarrow 9 + 9 - 16 = 2$$

A relação de Euler é válida.

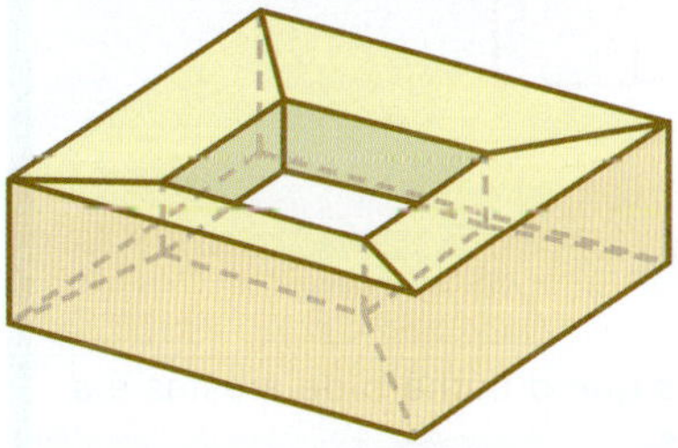

$$\left.\begin{matrix} V = 16 \\ F = 12 \\ A = 28 \end{matrix}\right\} \Rightarrow 16 + 12 - 28 = 0 \neq 2$$

A relação de Euler não é válida.

O matemático suíço Leonhard Euler (1707-1783) contribuiu de forma significativa para a Trigonometria, Geometria, Cálculo e Teoria dos Números.

## Exercícios Resolvidos

**ER. 5** Um poliedro convexo tem 5 faces triangulares, 5 faces retangulares e 1 pentagonal. Quantas arestas ele tem?

**Recorde**

Cada aresta é um segmento de reta formado pelo lado comum a duas faces do poliedro.

**Resolução:** Como cada face triangular tem 3 lados, ao todo as 5 faces triangulares têm 15 lados $(5 \cdot 3)$.

Como cada face retangular tem 4 lados, ao todo as 6 faces retangulares têm 24 lados $(6 \cdot 4)$.

A face pentagonal tem 5 lados.

Assim, ao todo são 44 lados $(15 + 24 + 5)$ dos polígonos que contornam as faces desse poliedro.

Como cada lado de uma face também é lado de outra, para achar o total ($A$) de arestas do poliedro devemos dividir o número de lados obtidos por 2, ou seja:

$$A = 44 : 2 = 22$$

Logo, o poliedro tem 22 arestas.

**ER. 6** Descubra o número de faces, vértices e arestas de cada poliedro convexo cuja planificação de sua superfície é dada a seguir.

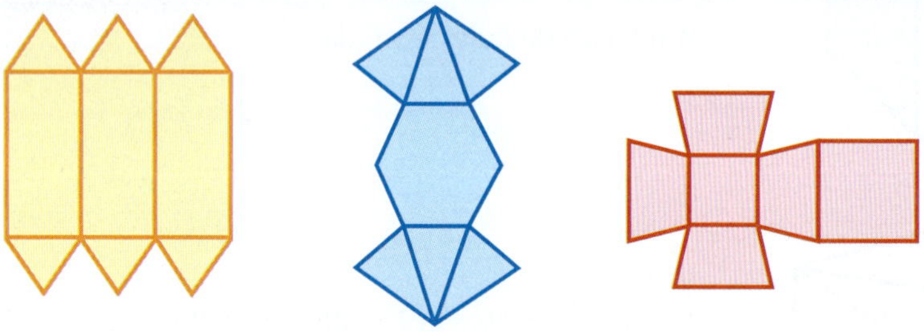

(I) (II) (III)

**Resolução:** O número de faces é obtido diretamente na planificação. Já vimos que o número de arestas é a metade do número de lados que formam os polígonos que contornam as faces.

Como os poliedros são convexos, podemos obter o número de vértices pela relação de Euler:

$$V + F - A = 2 \Rightarrow V = 2 - F + A$$

Assim, temos:

- para I

$F = 9$

$A = \dfrac{3 \cdot 4 + 6 \cdot 3}{2} = 15$

$V = 2 - 9 + 15 = 8$

- para II

$F = 7$

$A = \dfrac{6 \cdot 3 + 6}{2} = 12$

$V = 2 - 7 + 12 = 7$

- para III

$F = 6$

$A = \dfrac{6 \cdot 4}{2} = 12$

$V = 2 - 6 + 12 = 8$

## Exercícios Propostos

**26.** Dê um exemplo de um poliedro não convexo no qual a relação de Euler é válida e outro no qual ela não é válida.

**27.** Quantas arestas um poliedro convexo com 8 vértices e 6 faces possui?

**28.** Um poliedro convexo que possui 2 faces octogonais e 8 faces quadrangulares possui quantos vértices?

**29.** Em um poliedro convexo, o número de vértices é igual ao número de faces. Além disso, o número de arestas é 50% maior que o de vértices. Que poliedro é esse?

**30.** **[QUÍMICA]** A estrutura atômica de um cristal tem o formato de um octaedro no qual em cada vértice está localizado um átomo. Sabendo que todas as faces são triangulares, determine quantos átomos possui essa estrutura.

## Soma das medidas dos ângulos das faces de um poliedro convexo

Para todo poliedro convexo com $V$ vértices, a soma $S$ das medidas dos ângulos de todas as faces é dada por:

$$S = (V - 2) \cdot 360°$$

*Demonstração*

Considere um poliedro convexo com $F$ faces e sejam $n_1, n_2, ..., n_F$ os números de lados de cada uma dessas faces.

Então, o número de arestas desse poliedro é:

$$A = \frac{n_1 + n_2 + ... + n_F}{2} \Rightarrow n_1 + n_2 + ... + n_F = 2A$$

Da soma das medidas dos ângulos internos de um polígono convexo, a soma das medidas dos ângulos das faces é dada por:

$$S = (n_1 - 2) \cdot 180° + (n_2 - 2) \cdot 180° + ... + (n_F - 2) \cdot 180°$$

$$S = 180° \cdot [(n_1 + n_2 + ... + n_F) - (\underbrace{2 + 2 + ... + 2}_{F \text{ parcelas}})]$$

$$S = 180° \cdot [(n_1 + n_2 + ... + n_F) - F \cdot 2]$$

$$S = 180° \cdot (n_1 + n_2 + ... + n_F) - 2F \cdot 180°$$

$$S = 180° \cdot (2A) - F \cdot 360°$$

$$S = (A - F) \cdot 360°$$

Da relação de Euler, vem:

$$V + F - A = 2 \Rightarrow V - 2 = A - F$$

Logo, $S = (V - 2) \cdot 360°$.

**Recorde**

A soma das medidas dos ângulos internos de um polígono convexo com $n$ lados é dada por:

$S = (n - 2) \cdot 180°$

### Exercício Resolvido

**ER. 7** Obtenha a soma das medidas dos ângulos das faces do poliedro representado abaixo.

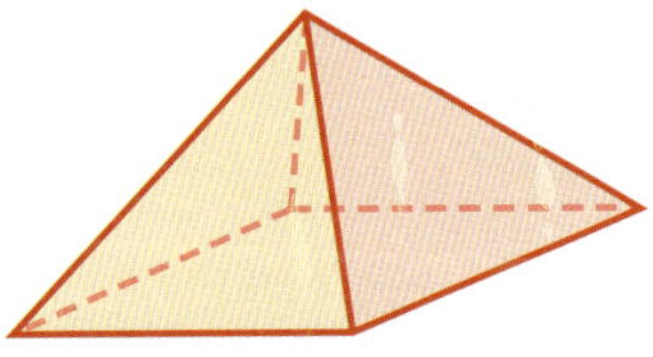

**Resolução:** Observe que o poliedro tem 5 vértices. Assim, obtemos:

$$S = (5 - 2) \cdot 360° \Rightarrow S = 1.080°$$

### Exercícios Propostos

**31.** Qual é o poliedro convexo cuja soma das medidas dos ângulos das faces é 1.800° e cujo número de arestas é 12?

**32.** Determine a soma das medidas dos ângulos das faces de um poliedro convexo que possui 6 faces quadrangulares e 2 faces hexagonais.

LOOK/LATINSTOCK

Estátua do filósofo e matemático grego Platão, à frente da Academia, em Atenas, Grécia.

## 2.5 POLIEDROS DE PLATÃO

Dentre os poliedros, alguns têm características especiais, como os que aparecem abaixo: todos têm faces com o mesmo número de lados e em todos os vértices chega (concorre) o mesmo número de arestas.

tetraedro

hexaedro

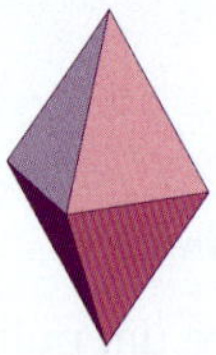

octaedro

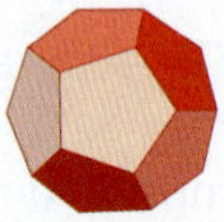

dodecaedro

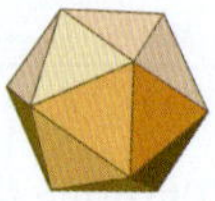

icosaedro

> Todo poliedro convexo cujas faces têm mesmo número de lados e em cujos vértices concorre o mesmo número de arestas é um **poliedro de Platão**.

OBSERVAÇÃO

Como todo poliedro de Platão é convexo, a relação de Euler é válida para esses poliedros.

### EXERCÍCIOS PROPOSTOS

**33.** Em cada poliedro apresentado acima, identifique quantos lados tem cada face e quantas arestas concorrem em cada vértice.

**34.** Explique por que cada poliedro abaixo não é um poliedro de Platão.

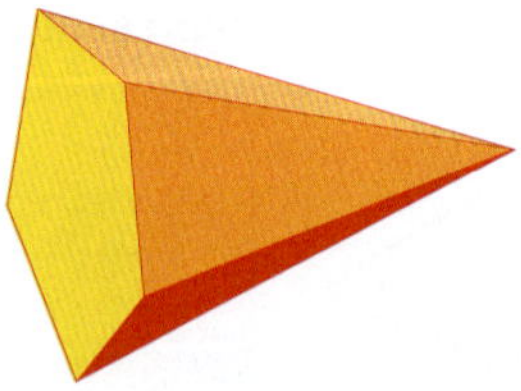

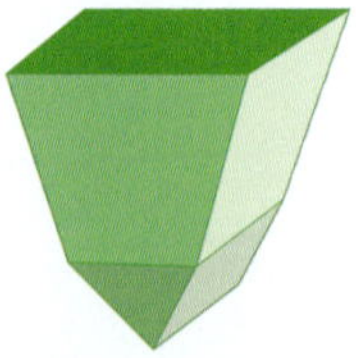

### Poliedros regulares

Dentre os poliedros de Platão, um outro grupo importante de poliedros é constituído pelos poliedros que têm as faces poligonais regulares e congruentes entre si.

> Os poliedros de Platão que têm todas as faces regulares e congruentes entre si são chamados de **poliedros regulares**.

**Recorde**

Um polígono é *regular* se todos os seus lados têm mesmo comprimento e todos os seus ângulos internos têm mesma medida.

Veja a seguir um exemplo e um contraexemplo de poliedro regular.

Octaedro regular: tem 8 faces triangulares equiláteras congruentes e em cada vértice concorrem 4 arestas.

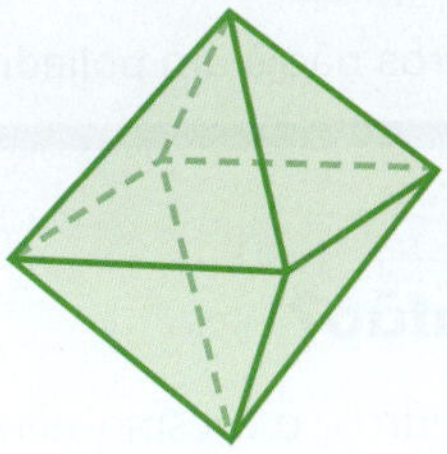

Entre os poliedros regulares, o que tem 6 faces quadradas recebe nome especial: *cubo*.

O cubo é o hexaedro regular.

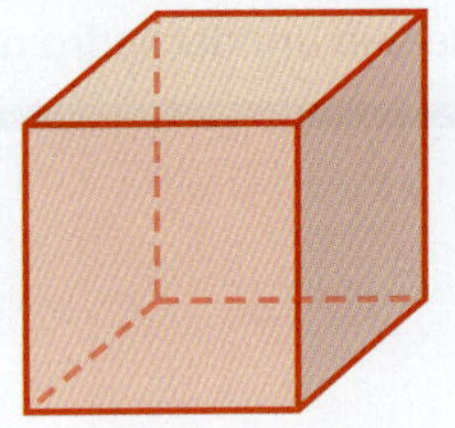

Decaedro não regular: apesar de as faces serem equiláteras congruentes, há vértices onde concorrem 5 arestas e outros onde concorrem 4.

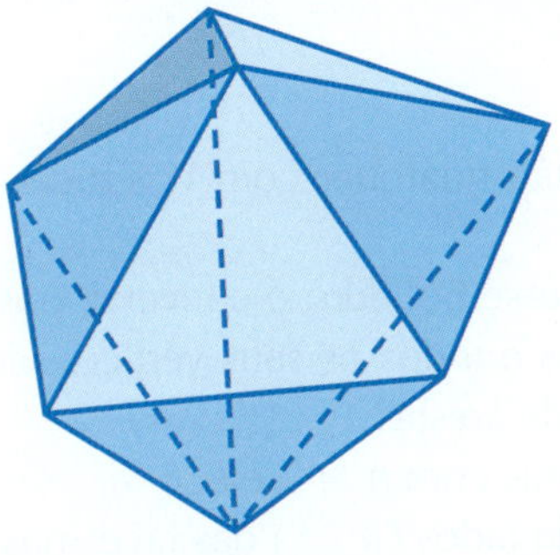

Os demais poliedros regulares recebem o nome de acordo com seu número de faces, acompanhado da palavra regular como, por exemplo, o *octaedro regular* representado abaixo.

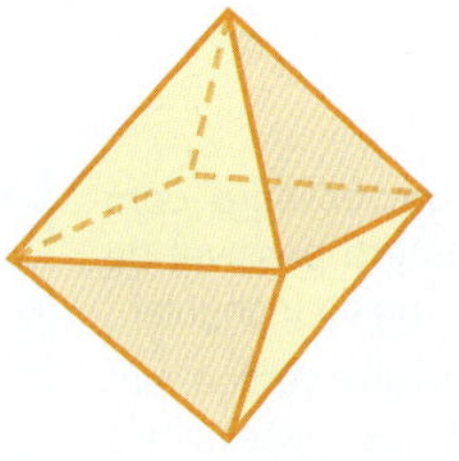

## Exercícios Resolvidos

**ER. 8** Demonstre que todo poliedro regular é um poliedro de Platão.

**Resolução:** De fato, em um poliedro regular, todas as faces são regiões poligonais regulares e, portanto, têm o mesmo número de lados. Também todas as faces de um poliedro regular são congruentes. Logo, em todos os vértices concorre o mesmo número de arestas.

Portanto, qualquer poliedro regular atende às duas condições da definição de poliedro de Platão, ou seja, são poliedros de Platão.

**ER. 9** Mostre que um dodecaedro em que todas as faces são delimitadas por triângulos equiláteros não é um poliedro de Platão.

**Resolução:** Do enunciado, temos:

- número de faces: $F = 12$
- número de arestas: $A = \dfrac{12 \cdot 3}{2} = 18$

Assim, da relação de Euler $(V + F - A = 2)$, o número $V$ de vértices é:

$$V + 12 - 18 = 2 \Rightarrow V = 8$$

Mas cada aresta possui dois vértices. Assim, se existe um número $m$ de arestas que concorre em cada vértice, temos:

$$m \cdot 8 = 2 \cdot 18 \Rightarrow 8m = 36 \Rightarrow m = \frac{9}{2}$$

o que é impossível, pois $m$ deve ser um número natural e, portanto, a relação de Euler não é válida para esse poliedro.

Como a relação de Euler é válida para todo poliedro convexo, concluímos que o dodecaedro descrito não é convexo.

Logo, também não pode ser poliedro de Platão.

## Exercícios Propostos

**35.** Dê um exemplo de um poliedro de Platão que não é poliedro regular, diferente dos que já foram apresentados.

**36.** Verifique que o cubo é um poliedro de Platão.

**37.** Verifique que um decaedro no qual todas as faces são triângulos equiláteros não é um poliedro de Platão.

## Como são os poliedros de Platão?

Apesar de existirem infinitos tipos de poliedros, o mesmo não acontece com os poliedros de Platão nem com os poliedros regulares.

**Teorema**

Existem apenas cinco tipos de poliedros de Platão.

*Demonstração*

Tomemos um poliedro de Platão qualquer com $V$ vértices, $A$ arestas e $F$ faces.

Desse modo, já sabemos que esse poliedro é convexo, possui todas as faces com igual número $(n)$ de lados e todos os seus vértices são pontos de encontro de um mesmo número $(k)$ de arestas.

Assim, devemos ter $n$ e $k$ naturais com $n \geqslant 3$ e $k \geqslant 3$.

Já vimos que o número total de lados $(n \cdot F)$ das faces nos dá o dobro do número $(A)$ de arestas do poliedro, pois cada aresta é contada duas vezes. Daí, vem:

$$n \cdot F = 2 \cdot A \Rightarrow A = \frac{nF}{2}$$

Da mesma forma, o número total de vértices $(k \cdot V)$ também nos dá o dobro do número de arestas, ou seja:

$$k \cdot V = 2 \cdot A \Rightarrow k \cdot V = 2 \cdot \frac{nF}{2} \Rightarrow V = \frac{nF}{k}$$

Assim, pela relação de Euler $(V + F - A = 2)$, obtemos:

$$\frac{nF}{k} + F - \frac{nF}{2} = 2 \Rightarrow \frac{2nF}{2k} + \frac{2kF}{2k} - \frac{knF}{2k} = 2 \Rightarrow$$

$$\Rightarrow \frac{2nF + 2kF - knF}{2k} = 2 \Rightarrow F(2n + 2k - kn) = 4k \Rightarrow$$

$$\Rightarrow F = \frac{4k}{2n + 2k - kn}$$

Desse modo, $\frac{4k}{2n + 2k - kn}$ deve ser um número natural não nulo, já que $F$ é o número de faces do poliedro. Vamos, então, analisar o que ocorre com essa expressão para $n \geqslant 3$ e $k \geqslant 3$ (sendo $n, k \in \mathbb{N}$).

- Para $n = 3$ e $k = 3$

$$F = \frac{4 \cdot 3}{2 \cdot 3 + 2 \cdot 3 - 3 \cdot 3} = \frac{12}{6 + 6 - 9} = \frac{12}{3} = 4$$

Ou seja, o poliedro tem 4 faces e, portanto, é um *tetraedro*.

**Atenção!**

- A face de um poliedro com o menor número possível de lados é uma região triangular.
- Para termos um vértice em um poliedro são necessárias no mínimo três arestas.

**Faça**

Explicite por que não podemos ter $k \geqslant 6$.

- Para $n = 3$ e $k > 3$, com $k$ natural

$$F = \frac{4k}{2 \cdot 3 + 2k - 3k} = \frac{4k}{6 - k} > 0 \text{ (pois } F \text{ é o número de faces)}$$

Assim, só nos serve $k = 4$ e $k = 5$.

Se $k = 4$, temos $F = \frac{4 \cdot 4}{6 - 4} = 8$, o que nos dá um poliedro com 8 faces e, portanto, é um *octaedro*.

Se $k = 5$, temos $F = \frac{4 \cdot 5}{6 - 5} = 20$, o que nos dá um poliedro com 20 faces e, portanto, é um *icosaedro*.

- Para $n > 3$ e $k = 3$, com $n$ natural

$$F = \frac{4 \cdot 3}{2n + 2 \cdot 3 - 3n} = \frac{12}{6 - n} > 0 \text{ (pois } F \text{ é o número de faces)}$$

Assim, só nos serve $n = 4$ e $n = 5$.

Se $n = 4$, temos $F = \frac{12}{6 - 4} = 6$, o que nos dá um poliedro com 6 faces e, portanto, é um *hexaedro*.

Se $n = 5$, temos $F = \frac{12}{6 - 5} = 12$, o que nos dá um poliedro com 12 faces e, portanto, é um *dodecaedro*.

Desse modo, podemos concluir que *só existem cinco classes de poliedros de Platão*:

- os **tetraedros**, poliedros convexos com 4 faces triangulares;
- os **hexaedros**, poliedros convexos com 6 faces retangulares;
- os **octaedros**, poliedros convexos com 8 faces triangulares;
- os **dodecaedros**, poliedros convexos com 12 faces pentagonais;
- os **icosaedros**, poliedros convexos com 20 faces triangulares.

Pelo fato de qualquer poliedro regular ser poliedro de Platão, como já foi visto, podemos concluir também que *existem apenas cinco tipos de poliedros regulares*. Abaixo, vemos um exemplar de cada tipo:

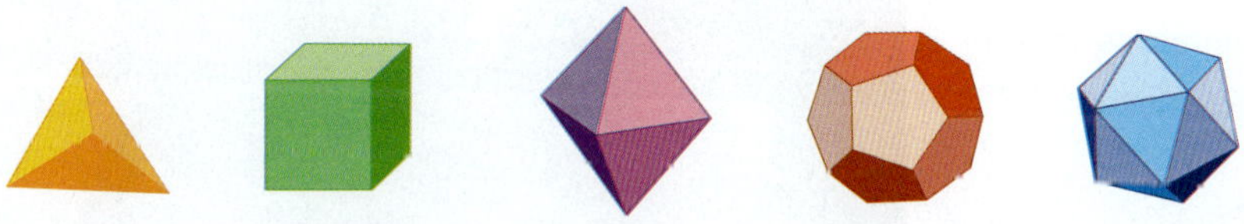

tetraedro regular | cubo (hexaedro regular) | octaedro regular | dodecaedro regular | icosaedro regular

**Responda**

O que ocorre se $n \geq 6$?

**Atenção!**

Esses poliedros devem também satisfazer a condição de que em todos os vértices chega o mesmo número de arestas.

### Observação

Do que foi exposto podemos constatar que as faces de um poliedro de Platão são sempre formadas por triângulos, ou por quadriláteros, ou por pentágonos. Se o poliedro de Platão for também regular, as faces serão regiões poligonais determinadas por polígonos regulares, ou seja, por triângulos equiláteros, ou por quadrados, ou por pentágonos regulares. ■

## Exercícios Propostos

**38.** Construa uma tabela para representar o número de vértices e o de arestas de cada um dos poliedros regulares descritos acima.

**39.** Considere dois poliedros regulares em que o número de faces de um deles é igual ao de vértices do outro. Quantas arestas eles possuem, sabendo que nenhum deles tem faces pentagonais?

# Tecnologia & Desenvolvimento

## Vírus, Cristais, Metais e Poliedros

O que certos vírus, cristais e metais têm em comum? A *forma poliédrica*. Tal formato confere a cada um deles características especiais importantes para o desempenho de seus papéis na Natureza.

Entendamos melhor isso.

Os *poliedros* são encontrados na Natureza abundantemente. No mundo microscópico, eles surgem na estrutura molecular (forma como se arranjam as moléculas) de determinados elementos ou compostos, como os cristais e alguns metais, por exemplo, ou em microrganismos, como os *vírus poliédricos*, assim denominados por sua forma. No mundo macroscópico, a forma poliédrica é utilizada em construções especiais, como é o caso das pirâmides, na Antiguidade, ou dos domos geodésicos, estruturas modernas capazes de conter grandes volumes e suportar grandes cargas.

### Vírus poliédricos

Vírus — palavra de origem latina usada para designar algo venenoso, tóxico.

Uma das principais características desses microrganismos parasitas é a capacidade de se automultiplicarem em grande escala, isto é, os vírus multiplicam a sua própria estrutura fazendo cópias (muitas) deles mesmos.

Para tanto, utilizam células hospedeiras de animais ou vegetais, que, normalmente, são destruídas no processo. É por essa capacidade que os vírus são capazes de causar grande prejuízo aos seres vivos. Você sabia que doenças como sarampo, gripe, AIDS, dengue, caxumba, dentre outras, são causadas por vírus?

Há vários tipos de vírus. O vírus da hepatite C e os adenovírus (alguns dos muitos vírus que causam a gripe) são exemplos de vírus poliédricos.

Dentre os poliédricos, são frequentes os icosaédricos.

### Minerais e cristais

De um modo geral, os minerais caracterizam-se fundamentalmente pela composição e organização de sua estrutura atômica disposta segundo um modelo regular tridimensional elementar (como vemos a seguir) característico para cada mineral. Normalmente, apresentam-se na forma sólida e cristalina. Os cristais são minerais que, por causa de sua organização, são encontrados na Natureza na forma de *sólidos geométricos* limitados por faces planas: os *poliedros*.

PANTHERMEDIA/KEYDISC

Cristal de quartzo.

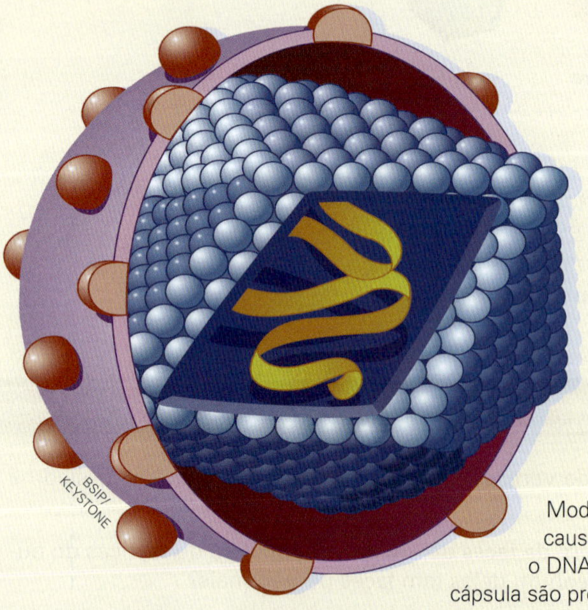

BSIP/KEYSTONE

Modelo representativo do vírus causador da hepatite C. Em amarelo, o DNA viral. As protuberâncias na cápsula são proteínas de contato.

As propriedades químicas e físicas dos cristais estão diretamente ligadas à sua composição química, bem como à estrutura atômica formada pelos elementos que os compõem.

### Formação de minerais

Formação cristalina do cloreto de sódio (sal de cozinha) a partir da repetição de uma malha atômica elementar.

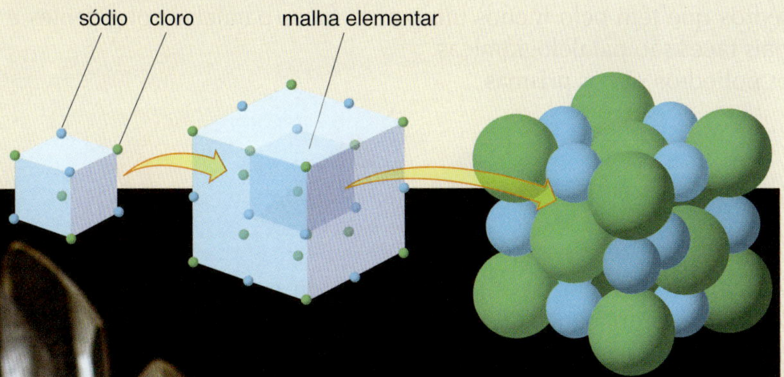

### Alta tecnologia em materiais: o vidro metálico

Imagine uma lâmina de vidro com a resistência de uma chapa de aço. Tal material seria ao mesmo tempo maleável (como os vidros) e extremamente resistente (como o aço). Embora ainda desconhecidos pela maioria das pessoas, esses materiais já são encontrados em produtos de alta tecnologia, como alguns equipamentos desportivos, por exemplo. A obtenção de um material assim, dentre outras possibilidades, é objetivo das pesquisas sobre vidros metálicos. As propriedades diferenciadas que os vidros metálicos apresentam devem-se, sobretudo, à estrutura atômica destes, onde, diferentemente da estrutura cristalina típica dos vidros comuns, os átomos se arranjam de forma desordenada (à primeira vista). De fato, apenas recentemente os cientistas conseguiram compreender melhor a estrutura dos vidros metálicos e descobriram, por exemplo, como os átomos se organizam para formar esses materiais. Ocorre que, nesses materiais, os átomos tendem a se agrupar em torno de um átomo central, em grupos de sete a quinze átomos, formando estruturas básicas tridimensionais conhecidas como *policdros de Kasper*.

Os poliedros de Kasper já foram encontrados em metais cristalinos, mas nos vidros metálicos eles se agrupam diferentemente e são esses arranjos diferenciados os grandes responsáveis pelas propriedades mecânicas do material.

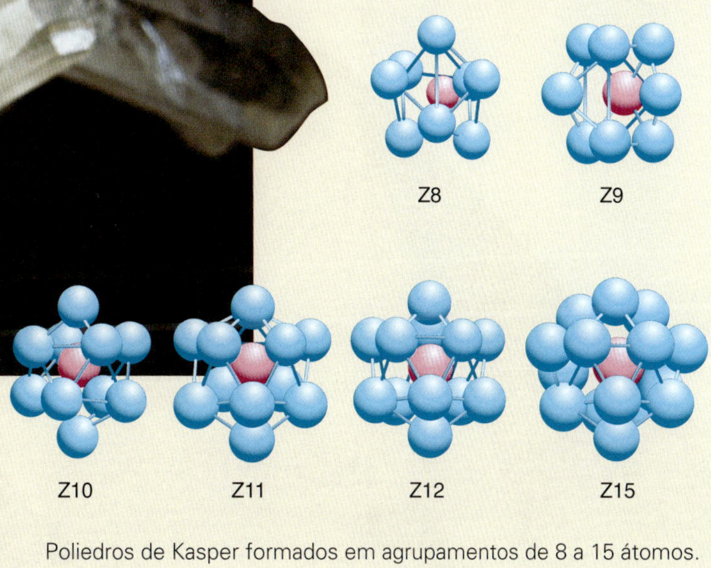


Poliedros de Kasper formados em agrupamentos de 8 a 15 átomos.

# 3. Prismas e Pirâmides: Aspectos Geométricos

FOTOS: PANTHERMEDIA/KEYDISC

No espaço em que vivemos, muitos objetos têm forma de poliedro: desde uma simples caixa de lenço de papel ou uma pedra preciosa até megaconstruções como as pirâmides do Egito.

Os poliedros representados a seguir foram distribuídos em três grupos, com características diferentes.

- Poliedros que têm pelo menos um par de faces paralelas congruentes e as demais faces são paralelogrâmicas.
  Esses poliedros são os **prismas**.

- Poliedros que não têm faces paralelas e, com exceção de uma face, que pode ou não ser triangular, as demais são necessariamente triangulares.
  Esses poliedros são as **pirâmides**.

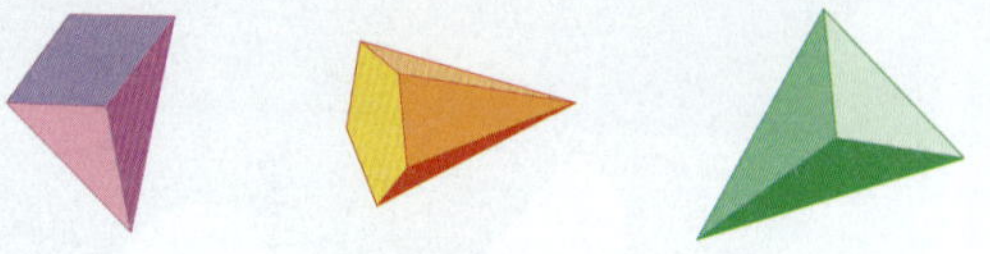

- Poliedros cujas características não são iguais às anteriores.
  Esses poliedros *não são prismas nem pirâmides*.

**Responda**

- Uma latinha de refrigerante tem a forma de um prisma?
- Quais construções com forma de pirâmide você conhece?

Essas propriedades, facilmente perceptíveis, são características dos prismas e das pirâmides. Elas decorrem das definições desses poliedros, que veremos a seguir.

PANTHERMEDIA/KEYDISC

## 3.1 OS PRISMAS

Considere dois planos paralelos distintos $\alpha$ e $\beta$, uma reta $r$ secante a $\alpha$ e a $\beta$, e uma região poligonal $S$ convexa contida em $\alpha$.

Um **prisma** é o sólido que se obtém da reunião de todos os segmentos de reta paralelos a $r$ com extremos na região poligonal $S$ e no plano $\beta$.

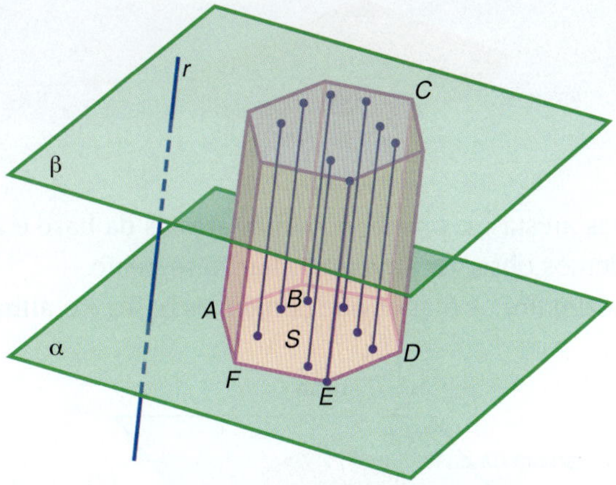


### Elementos de um prisma

A região poligonal $S$, contida em $\alpha$, é denominada **base do prisma** e a região poligonal, paralela e congruente a $S$, contida em $\beta$, também é **base** do prisma. Assim, um prisma tem duas bases congruentes e paralelas.

OBSERVAÇÃO

Um prisma pode ter todas as suas faces determinadas por paralelogramos. Nesse caso, pode haver possibilidades diferentes de escolha do par de bases. Mas, se houver faces determinadas por outro tipo de polígono, necessariamente as bases serão essas faces.

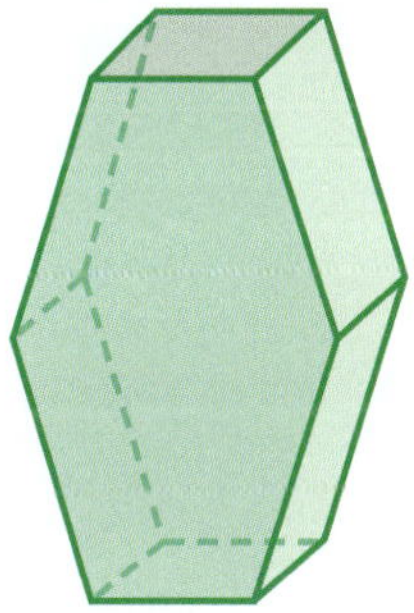

Um prisma, como poliedro convexo que é, tem vértices, faces e arestas que satisfazem à relação de Euler.

Observe o prisma representado ao lado. Ele tem 12 vértices, 8 faces e 18 arestas. Como nesse prisma existem duas faces hexagonais e paralelas, essas faces devem ser suas bases.

Como a base desse prisma é uma região hexagonal, dizemos que este é um **prisma hexagonal**.

A denominação de um prisma leva em conta o número de arestas ou de vértices de uma das suas bases.

Além disso, em um prisma, cada uma de suas bases contém metade de seus vértices.

Verifiquemos esse fato para o prisma dado anteriormente:

- total de vértices do prisma: 12
- total de vértices de uma de suas bases: 6 (metade de 12)
- total de vértices da base $= \dfrac{\text{total de vértices do prisma}}{2}$

Há prismas em que *qualquer* face contém metade de seus vértices. Nesse caso, qualquer face pode ser considerada base do prisma, como é o caso dos **prismas quadrangulares**.

**Responda**

Quantas arestas tem um prisma que possui 8 vértices em cada base?

Uma vez determinadas as bases de um prisma, as demais faces, que têm forma de paralelogramo, são denominadas **faces laterais** do prisma.

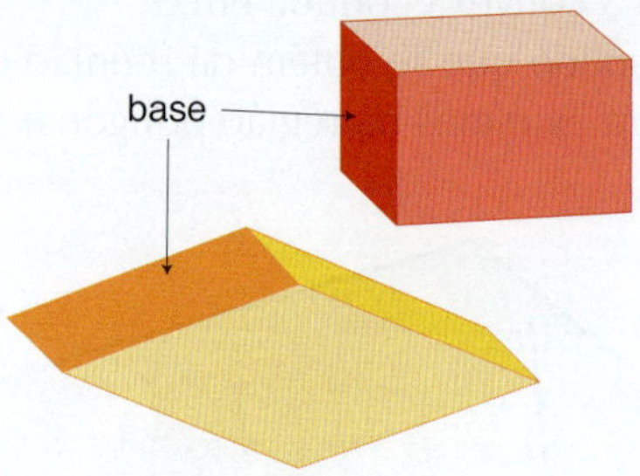


Quanto às arestas, o prisma possui as **arestas da base** e as **arestas laterais**, como podemos observar na representação seguinte.

A distância entre os planos que contêm as bases é a **altura** do prisma.

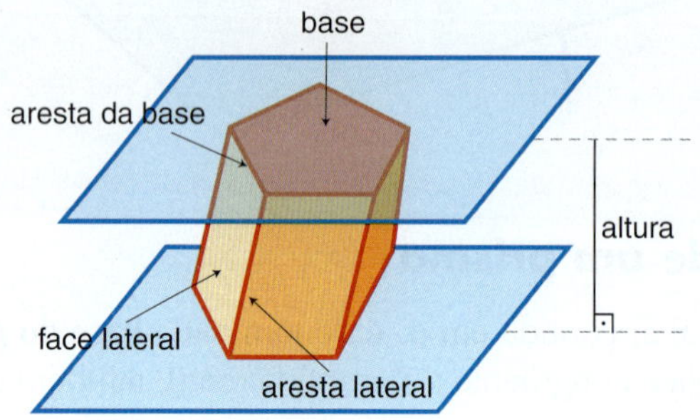


Em qualquer prisma, o segmento de reta que tem extremidades em dois de seus vértices que não estão em uma mesma face é denominado **diagonal do prisma**.

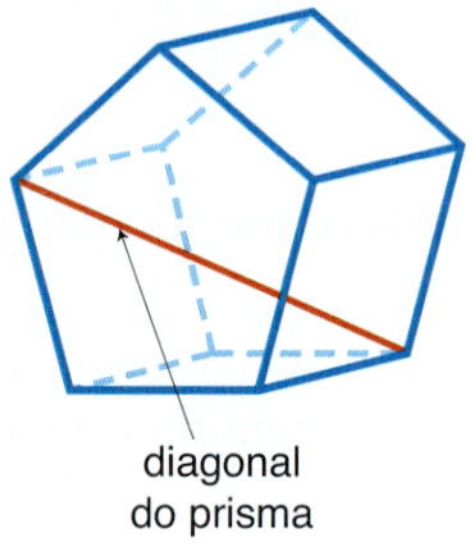


## Exercícios Propostos

**40.** Qual é o nome de cada prisma dado a seguir?

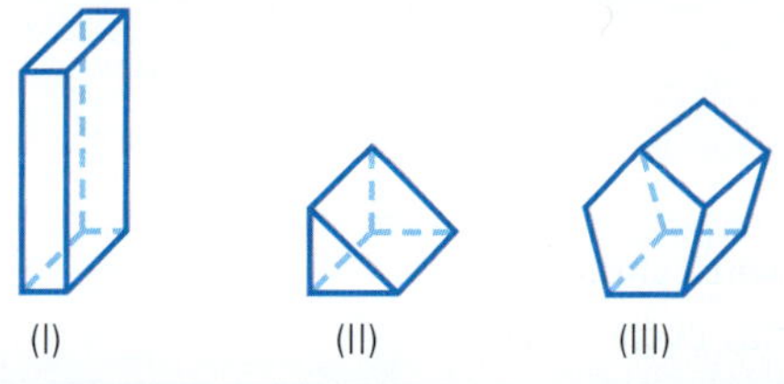


**41.** Quantas diagonais tem cada um dos prismas seguintes?

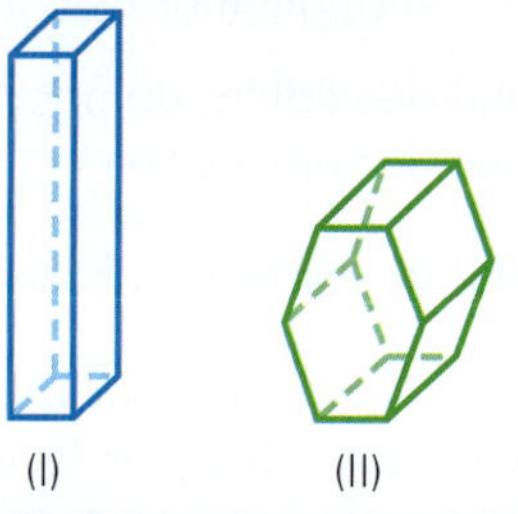

## Classificação de um prisma

Todo prisma em que as arestas laterais são *perpendiculares* ao plano da base é chamado de **prisma reto**; caso contrário ele é chamado de **prisma oblíquo**.

EXEMPLOS

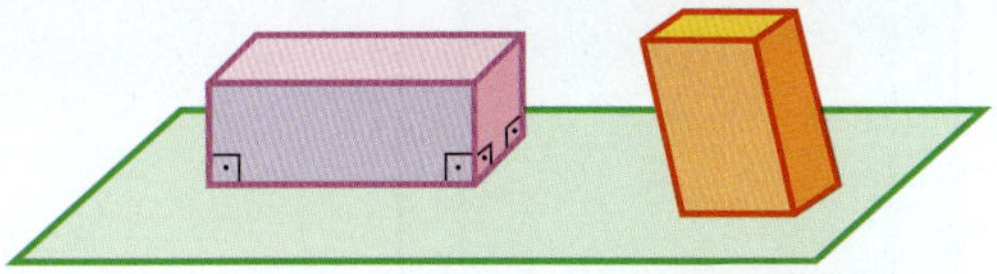

prisma reto prisma oblíquo

### Responda

Que tipo de região poligonal são as faces laterais de um prisma oblíquo?

Em um prisma reto, as faces laterais são necessariamente retangulares.

Um prisma reto é chamado de **prisma regular** sempre que suas bases são regiões poligonais regulares

EXEMPLOS

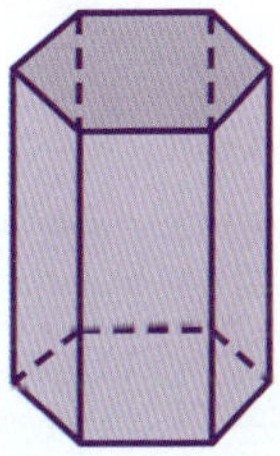

prisma regular hexagonal

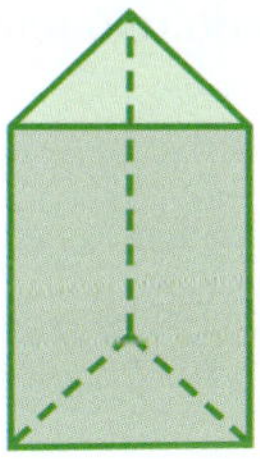

prisma regular triangular

### *Um grupo especial de prismas: os paralelepípedos*

Dentre os prismas quadrangulares, aqueles que têm bases determinadas por paralelogramos são chamados de **paralelepípedos**.

EXEMPLOS

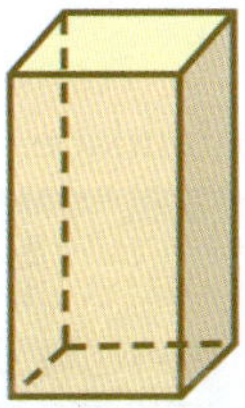

paralelepípedo reto

paralelepípedo oblíquo

Dentre os paralelepípedos retos, um deles tem especial destaque: o *paralelepípedo reto de base retangular*, que é chamado de **paralelepípedo reto retângulo** ou também conhecido como **bloco retangular**.

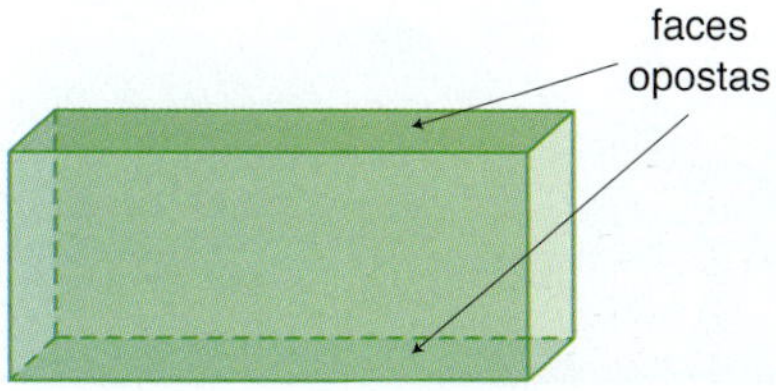

Todas as faces de um paralelepípedo reto retângulo são retangulares e as faces paralelas são chamadas de **faces opostas**. Quaisquer faces opostas de um bloco retangular podem ser consideradas bases, pois cada uma delas contém metade dos vértices desse poliedro.

Em um paralelepípedo reto retângulo, cada aresta lateral é perpendicular aos planos que contêm as bases, pois é perpendicular a duas arestas da base que passam pelo vértice comum.

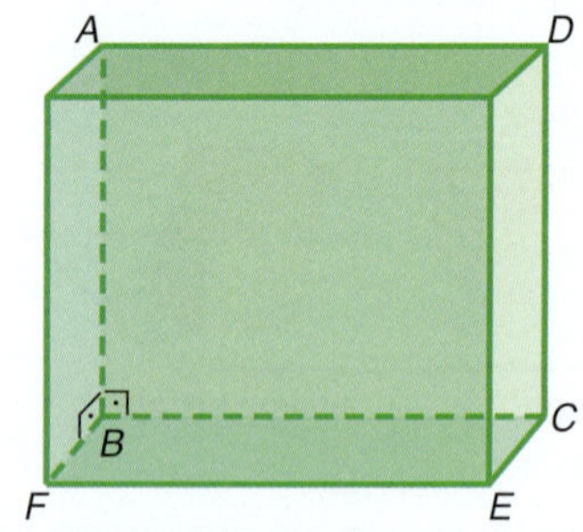


$\overline{AB} \perp \overline{BC}$ e $\overline{AB} \perp \overline{BF} \Rightarrow \overline{AB} \perp$ plano $BCF$

O único paralelepípedo reto retângulo que tem todas as faces congruentes é o **cubo**, já que isso só é possível se as faces retangulares forem quadradas, ou seja, o cubo é um prisma regular. Como o cubo tem 6 faces idênticas, ele também é chamado de **hexaedro regular**.

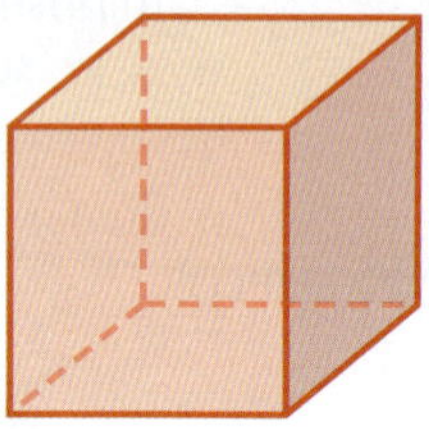

Muitos são os objetos do dia a dia que têm a forma do paralelepípedo reto retângulo, pois ela favorece...

... o empilhamento...

... o encaixe...

FOTOS: PANTHERMEDIA/KEYDISC

... a estabilidade.

Em especial, a presença do cubo se verifica nas mais variadas situações:

... como quebra-cabeça...

... nas horas de lazer...

... no cotidiano.

FOTOS: PANTHERMEDIA/KEYDISC

## Exercícios Propostos

**42.** Quantas arestas, vértices e faces tem um paralelepípedo?

**43.** Quantas diagonais tem um cubo?

**44.** Em um cubo existem:

a) quantos pares de faces paralelas?
b) quantos pares de faces perpendiculares?

## Planificação da superfície de um prisma

A superfície de um prisma é formada por todos os pontos de suas faces. Intuitivamente podemos pensar na superfície do prisma como se fosse sua "casca".

A superfície de um prisma pode ser planificada, isto é, é possível representar todas as suas faces em um mesmo plano, de tal modo que cada uma delas tenha pelo menos uma aresta em comum com uma outra, construindo, assim, um "molde" do prisma.

**Recorde**

As faces laterais de um prisma reto são retangulares.

Prisma reto hexagonal

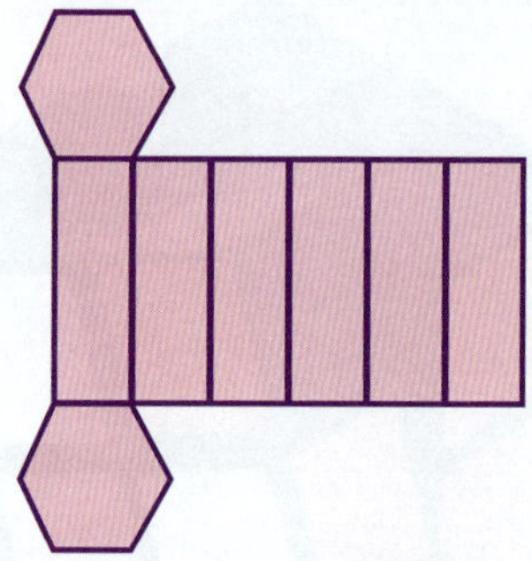

Uma planificação da superfície do prisma reto hexagonal

A superfície de um prisma pode ser representada por planificações diversas; entretanto, o número de faces e sua forma devem ser preservados. Por exemplo, em relação ao prisma anterior temos:

**Responda**

Por que a figura da direita não é uma planificação do prisma reto hexagonal?

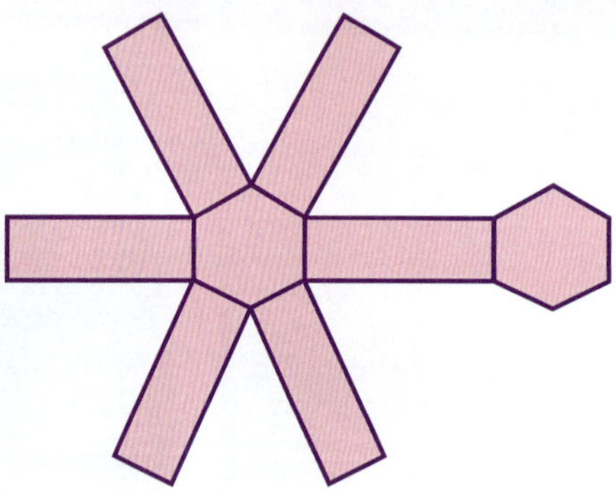

Essa é uma outra planificação da superfície do prisma reto hexagonal.

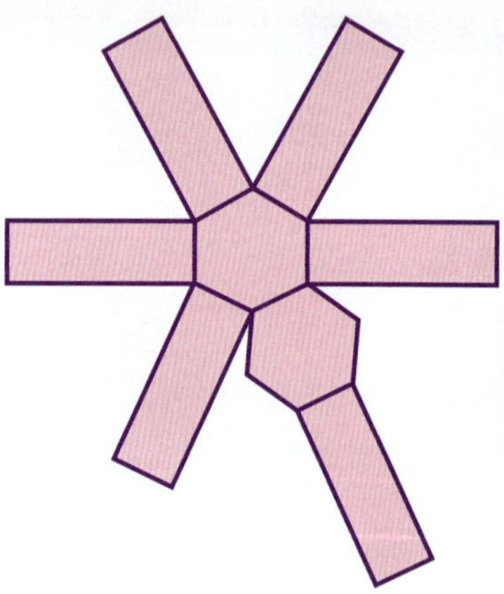

Essa **não é** uma planificação da superfície do prisma reto hexagonal.

## Secções de um prisma

Um prisma pode ser seccionado por um plano $\alpha$ de várias maneiras, obtendo-se, assim, secções planas de formas diferentes, conforme a posição de $\alpha$ em relação ao plano, que contém uma das bases do prisma.

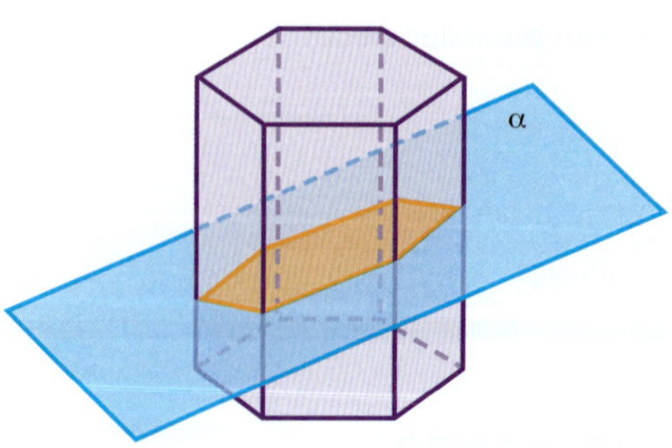


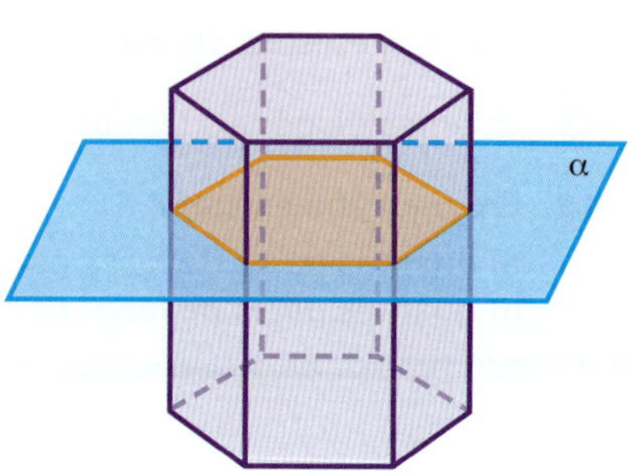


Qualquer plano que secciona um prisma paralelamente ao plano que contém uma de suas bases gera uma figura plana congruente às suas bases.

## Exercícios Resolvidos

**ER. 10** [COTIDIANO] Uma caixa de chocolate tem o formato de um prisma reto cuja base é um triângulo equilátero. Represente uma planificação desse prisma.

**Resolução:** Como o prisma é reto, as faces laterais são retangulares. Assim, uma planificação para esse prisma é:

**ER. 11** Justifique por que o poliedro dado a seguir não é um prisma.

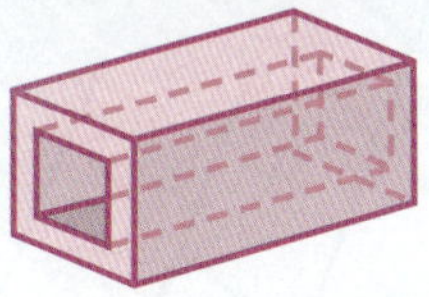

**Resolução:** De fato, esse sólido não é um prisma, pois existem secções paralelas às faces que podem ser as bases que não são regiões congruentes a essas faces, conforme vemos a seguir.

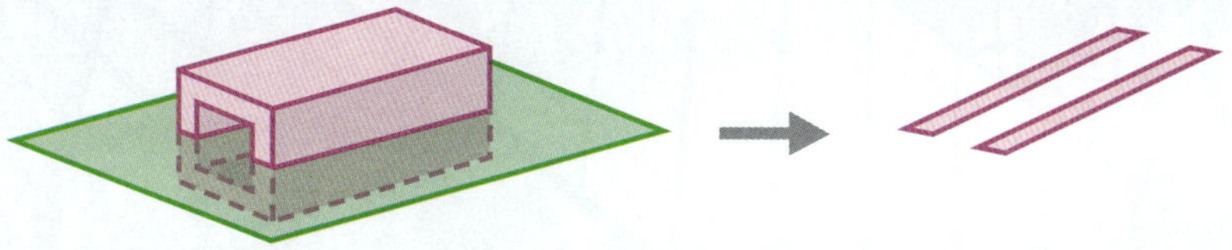

## Exercícios Propostos

**45.** Desenhe a figura do prisma oblíquo representado na planificação a seguir.

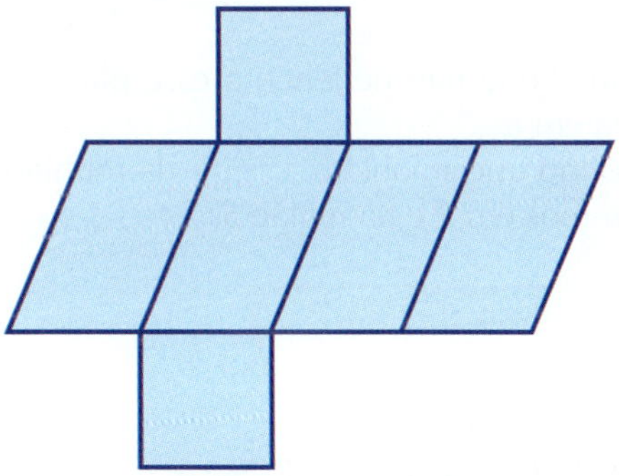

**46.** Observe os prismas dados a seguir. Identifique as bases desses prismas, bem como suas arestas laterais. Nomeie cada um desses prismas.

a)

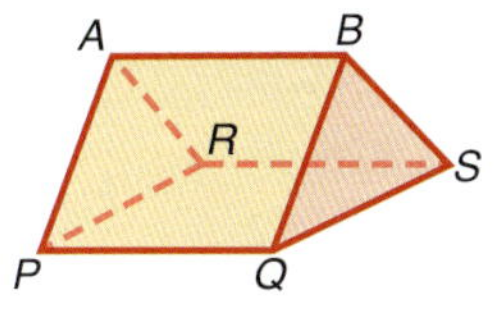


b)

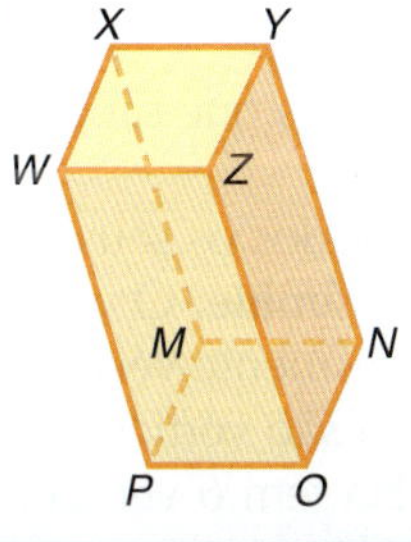


c)

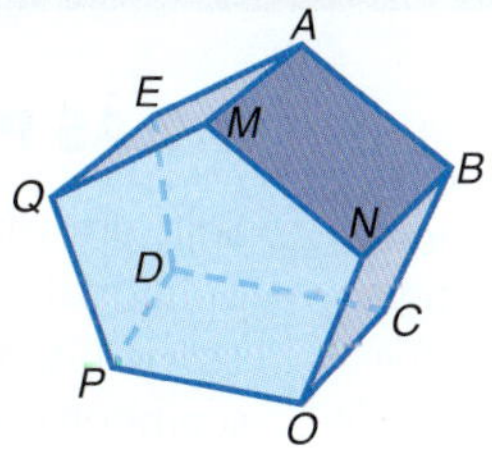


d)

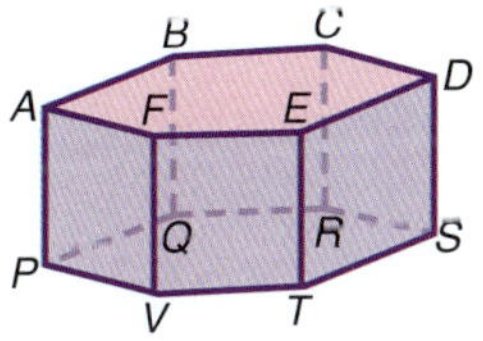


**47.** Justifique por que o poliedro abaixo não é um prisma.

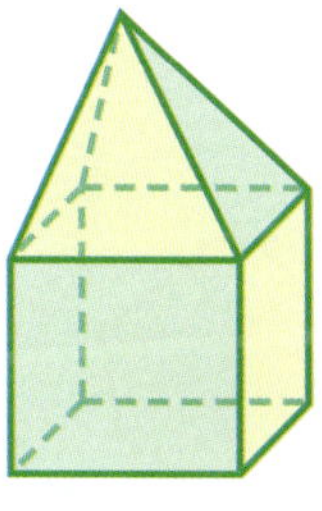

**48.** Quantas faces e quantas diagonais tem um prisma com 16 vértices?

O Museu do Louvre, em Paris, França, foi construído no final do século XII e sua arquitetura tem sido modificada com o passar do tempo. Uma de suas controvertidas mudanças foi a construção de uma grande pirâmide de vidro (inaugurada em 1989) à frente do edifício principal. Observe que cada lado da pirâmide tem a forma triangular.

## 3.2 AS PIRÂMIDES

Seja um plano $\alpha$, um ponto $P$ que não pertence a esse plano e uma região poligonal $S$ convexa contida em $\alpha$.

Uma **pirâmide** é o sólido que se obtém a partir da reunião de todos os segmentos de reta com extremos em $P$ e na região $S$.

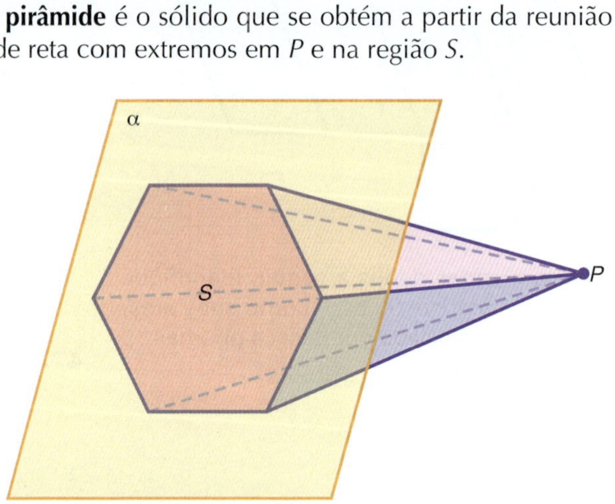


### Elementos de uma pirâmide

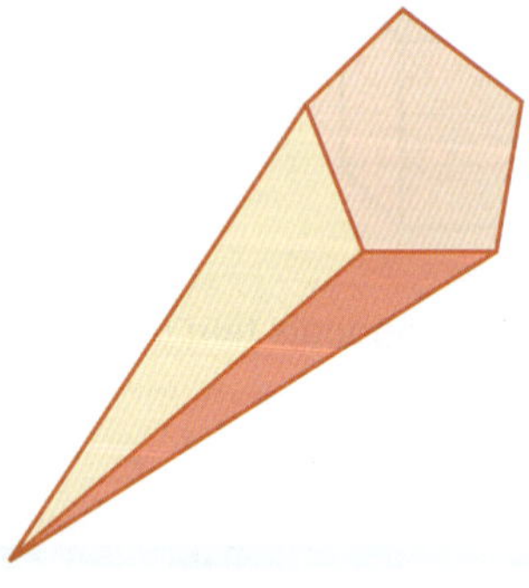

As pirâmides assim definidas, como poliedros convexos que são, têm vértices, faces e arestas que satisfazem a relação de Euler.

A região $S$ é a face da pirâmide que contém todos os seus vértices com exceção de um deles; ela é denominada **base da pirâmide**. O vértice da pirâmide que não pertence à base é denominado simplesmente **vértice da pirâmide** e os demais são os vértices da base, que também são vértices da pirâmide.

Observe a pirâmide representada ao lado. Ela tem 6 vértices, 6 faces e 10 arestas. A face delimitada pelo pentágono é sua base.

PANTHERMEDIA/KEYDISC

Veja que o total de vértices de uma pirâmide é o total de vértices de sua base mais 1.

Como a base dessa pirâmide é uma região pentagonal, dizemos que ela é uma **pirâmide pentagonal**.

A denominação de uma pirâmide leva em conta a forma de sua base, isto é, o número de arestas de sua base.

Existem pirâmides em que *qualquer* face pode ser considerada base, já que cada uma delas contém todos os vértices da pirâmide menos um. É o caso do **tetraedro**, que tem 4 vértices e cada uma das 4 faces tem 3 vértices (4 − 1).

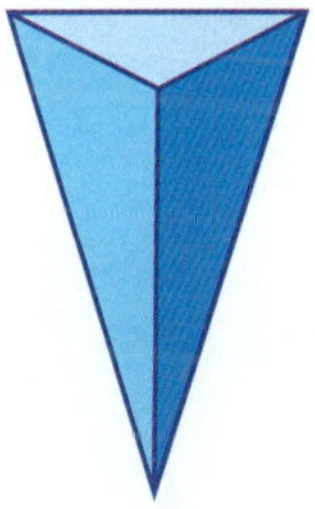

Uma vez determinada a base de uma pirâmide, as demais faces são, necessariamente, triangulares e são denominadas **faces laterais da pirâmide**.

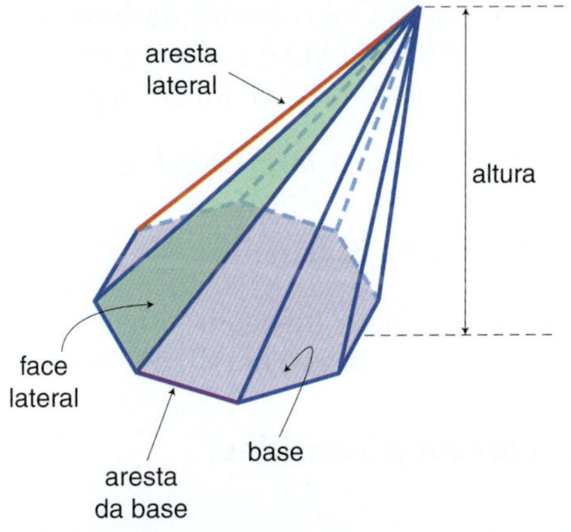


**Responda**

Quantas faces triangulares tem uma pirâmide que possui 22 vértices?

As arestas de uma pirâmide podem estar contidas na base ou não. Assim, são denominadas, respectivamente, **arestas da base** e **arestas laterais**.

A distância entre o vértice da pirâmide (não contido na base) e o plano que contém a base é a **altura** da pirâmide.

## Classificação de uma pirâmide

Uma pirâmide é **reta** se a projeção ortogonal de seu vértice coincide com o centro do polígono da base; caso contrário ela é **oblíqua**.

EXEMPLOS

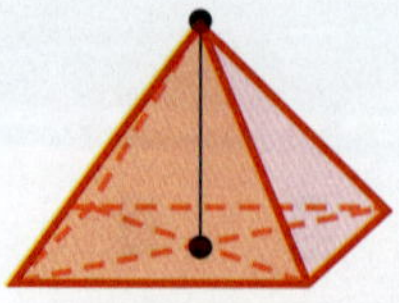

pirâmide reta

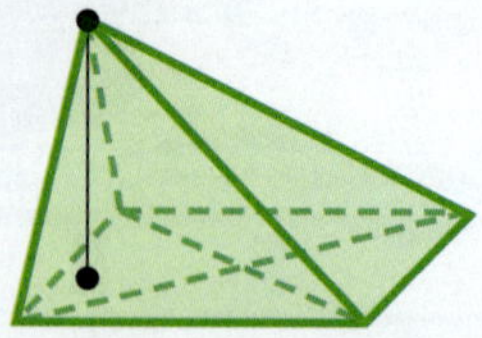

pirâmide oblíqua

> Uma pirâmide reta é chamada de **pirâmide regular** sempre que sua base é uma região poligonal regular.

Veja a seguir um exemplo e um contraexemplo de pirâmide regular.

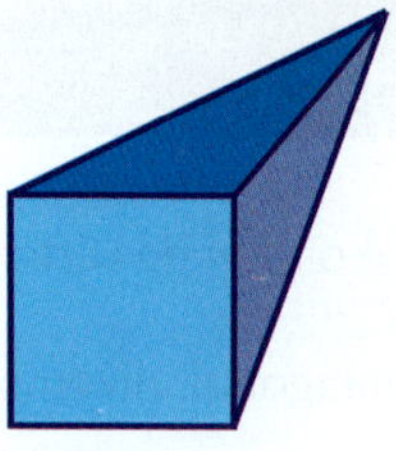

pirâmide regular de base quadrada

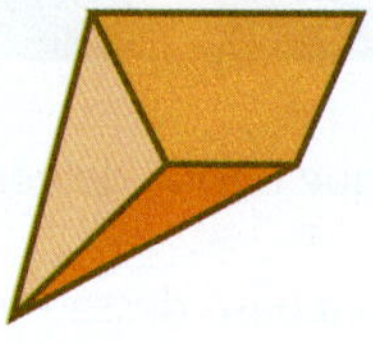

pirâmide não regular de base trapezoidal

Uma pirâmide regular tem faces laterais determinadas por triângulos isósceles congruentes entre si.

### *Elementos de uma pirâmide regular*

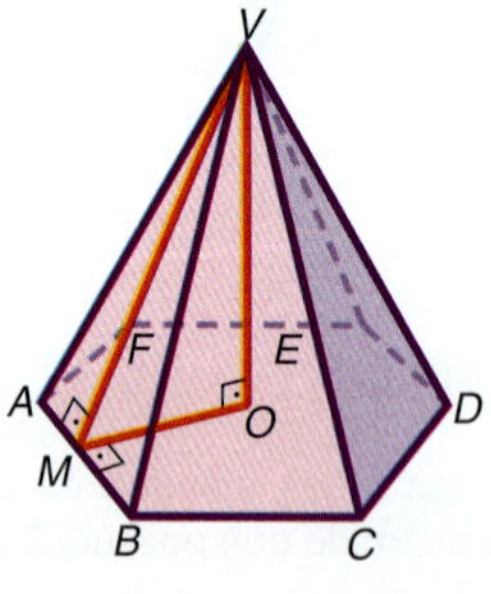


Observe a pirâmide reta hexagonal representada ao lado. Ela é regular.

Já sabemos que o ponto *O* é o **centro da base**, o ponto *V* é o **vértice** (não contido na base) e a distância *VO* é a **altura** dessa pirâmide. No entanto, alguns elementos são especiais para as pirâmides regulares:

- O segmento $\overline{VM}$, *altura de uma face lateral*, é denominado **apótema da pirâmide**.
- O segmento $\overline{MO}$ é o **apótema da base**.

Em uma pirâmide regular, o triângulo formado pelo apótema da pirâmide, sua altura e o apótema da base é um triângulo retângulo.

### *Um grupo especial de pirâmides: os tetraedros*

**Recorde**

Um tetraedro é um poliedro de 4 faces.

Dentre as pirâmides, uma delas tem especial destaque: a *pirâmide de base triangular*. Como toda pirâmide tem faces laterais triangulares, uma pirâmide triangular tem 4 faces (todas triangulares), por isso podemos dizer que ela é um tetraedro.

### Exemplos

Pelas figuras apresentadas como exemplos, podemos verificar que podem existir *pirâmides triangulares regulares* (que têm como base um triângulo equilátero), porém não têm todas as faces formadas por polígonos regulares e congruentes, ou seja, nesse caso não são poliedros regulares.

## Exercício Resolvido

**ER. 12** Qual é a única pirâmide que é um poliedro regular?

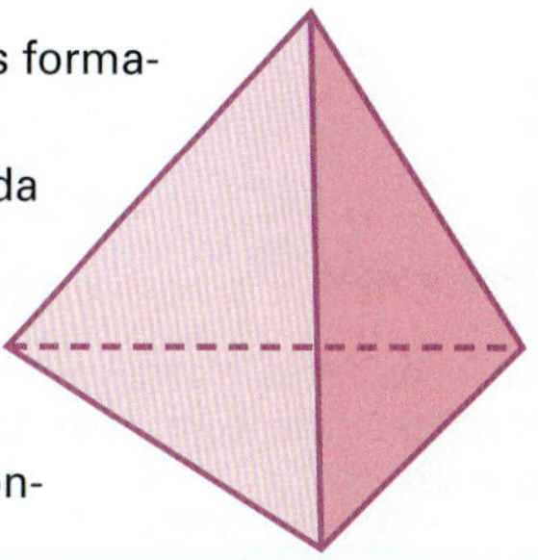

**Resolução:** Já vimos que um poliedro é regular se, e somente se, tem todas as faces formadas por regiões poligonais regulares e congruentes entre si.

No entanto, para que uma pirâmide seja regular, basta ela ser reta e ter a base formada por uma região poligonal regular, ou seja, o polígono da base de uma pirâmide regular não é necessariamente congruente às suas faces laterais (que são triângulos isósceles congruentes).

Desse modo, a única pirâmide que é um poliedro regular é uma pirâmide triangular regular em que tanto a base quanto as faces laterais são triângulos equiláteros congruentes entre si, ou seja, é um *tetraedro regular*.

## Exercícios Propostos

**49.** Classifique as afirmações como verdadeiras ou falsas.

a) Se uma pirâmide tem 4 faces, então todas elas são triangulares.
b) Uma pirâmide de base hexagonal tem 6 vértices.
c) Se uma pirâmide tem 8 faces laterais, então ela tem 9 vértices.
d) Toda pirâmide tem a mesma quantidade de vértices e de faces.
e) Uma pirâmide pentagonal tem 6 vértices.
f) Toda pirâmide tem um número par de arestas.

**50.** Justifique por que uma pirâmide não tem diagonais.

## Planificação da superfície de uma pirâmide

Do mesmo modo que planificamos a superfície de um prisma, podemos planificar a superfície de uma pirâmide, sempre considerando que, em sua configuração plana, cada face deve ter pelo menos uma aresta em comum com outra face e deve permitir a montagem da superfície real do poliedro.

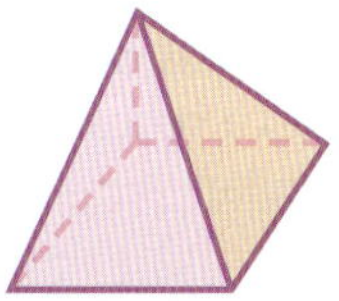

Pirâmide reta de base quadrada

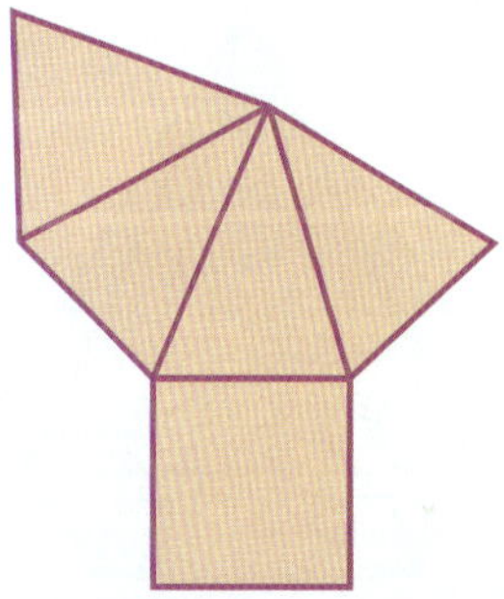

Uma planificação da superfície da pirâmide reta de base quadrada

A superfície de uma pirâmide pode ser representada por planificações diversas; entretanto, o número de faces e sua forma devem ser preservados. Por exemplo, em relação à pirâmide anterior temos:

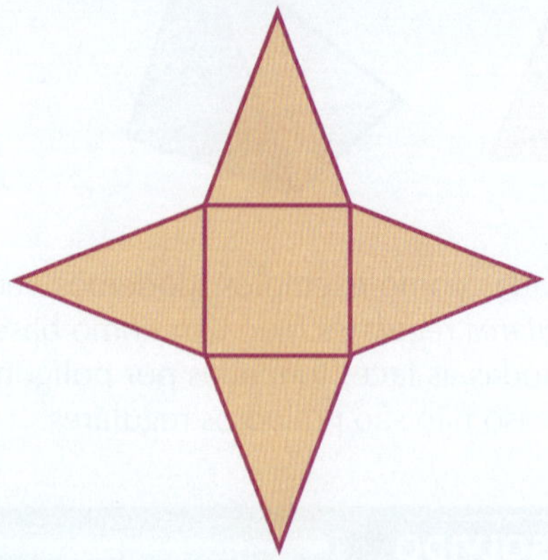

Esta é uma outra planificação da pirâmide reta de base quadrada.

**Faça**

Represente outra planificação de uma pirâmide reta de base quadrada.

Veja algumas planificações de pirâmides com bases que têm diferentes números de vértices:

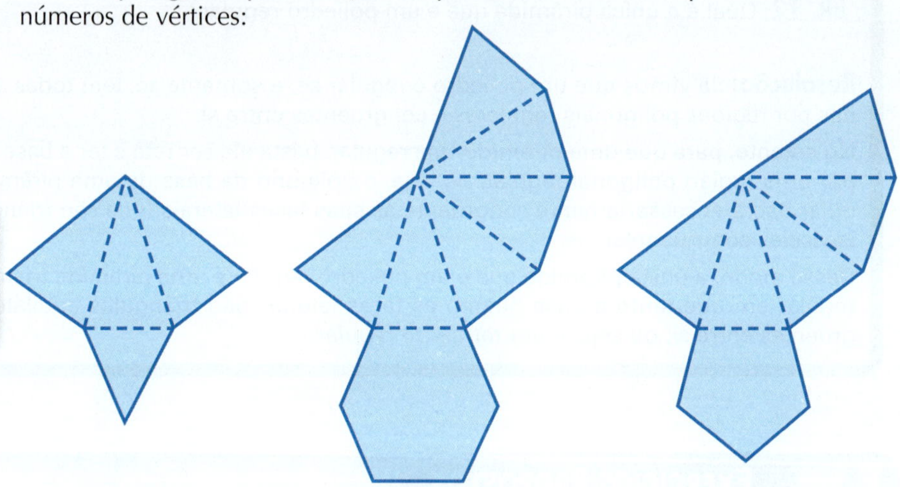

base triangular — base hexagonal — base pentagonal

**Responda**

Quantas faces triangulares tem uma pirâmide com base decagonal?

## Secções de uma pirâmide

Uma pirâmide pode ser seccionada por um plano $\alpha$ de várias maneiras, obtendo-se, assim, secções planas de formas diferentes, conforme a posição de $\alpha$ em relação ao plano que contém a base da pirâmide.

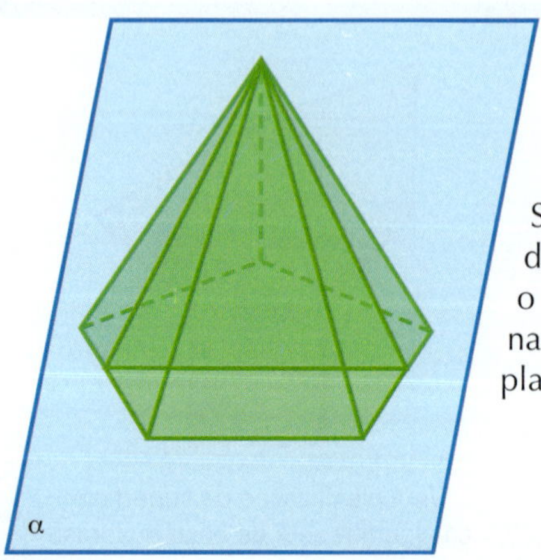


Se $\alpha$ encontra a base da pirâmide e contém o vértice que não está na base, então a secção plana é triangular.

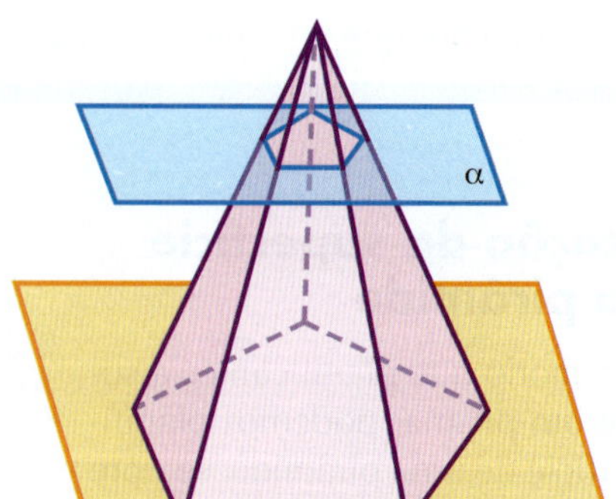


Se $\alpha$ é paralelo ao plano da base, então a secção plana é uma região poligonal semelhante à base.

Um plano que secciona uma pirâmide paralelamente à sua base divide essa pirâmide em dois sólidos: um deles é uma pirâmide menor do que a original e o outro é chamado de **tronco de pirâmide**.

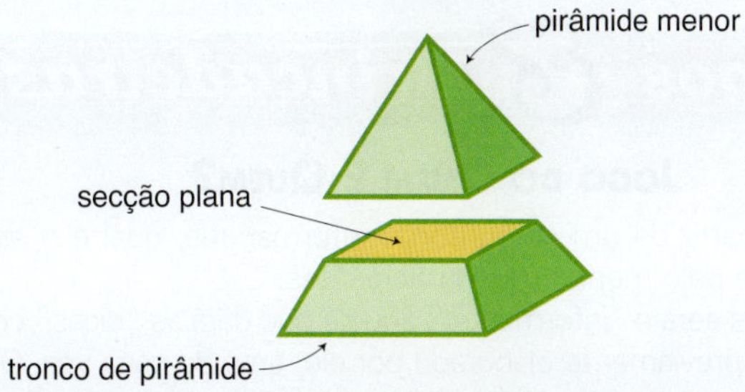


## Exercício Resolvido

**ER. 13** Demonstre que a secção plana de uma pirâmide, paralela à sua base, é semelhante à base.

**Resolução:** Consideremos:

- a pirâmide *VABCDE* ao lado;
- o plano $\beta$ que contém sua base;
- um plano paralelo $\alpha$ a $\beta$, que secciona a pirâmide;
- a região poligonal $A'B'C'D'E'$, secção da pirâmide determinada por $\alpha$.

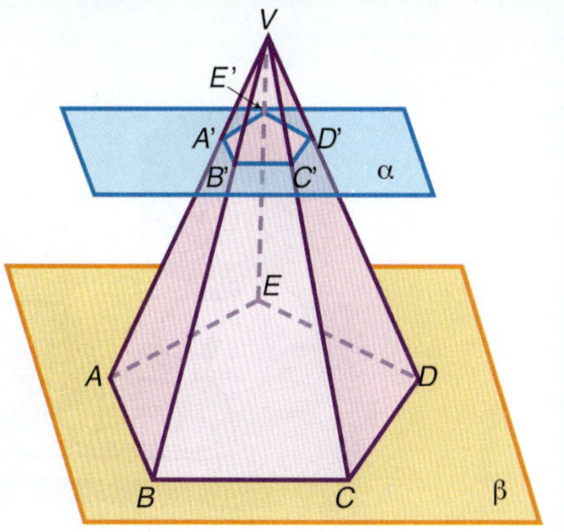


Como $\alpha // \beta$, esses planos determinam sobre o plano *VAB* segmentos paralelos: $\overline{AB} // \overline{A'B'}$.

Portanto: $\dfrac{VA'}{VA} = \dfrac{A'B'}{AB} = \dfrac{VB'}{VB}$ ①

Analogamente, obtemos $\dfrac{VB'}{VB} = \dfrac{B'C'}{BC} = \dfrac{VC'}{VC}$ ②

De ① e ② conclui-se que: $\dfrac{A'B'}{AB} = \dfrac{B'C'}{BC}$

De modo análogo, prova-se também que:

$$\frac{A'B'}{AB} = \frac{B'C'}{BC} = \frac{C'D'}{CD} = \frac{D'E'}{DE} = \frac{E'A'}{EA}$$

Portanto, os lados da região poligonal $A'B'C'D'E'$ são proporcionais aos lados correspondentes na região poligonal *ABCDE*.

Por outro lado, os ângulos $\hat{A}'$, $\hat{B}'$, $\hat{C}'$, $\hat{D}'$, $\hat{E}'$ são respectivamente congruentes aos ângulos $\hat{A}$, $\hat{B}$, $\hat{C}$, $\hat{D}$, $\hat{E}$, pois são ângulos correspondentes, dois a dois.

Logo, conclui-se que as regiões *ABCDE* e $A'B'C'D'E'$ são semelhantes.

## Exercícios Propostos

**51.** Represente uma pirâmide oblíqua de base retangular e uma pirâmide reta de base losangular.

**52.** Duas pirâmides retas, uma de base retangular e outra de base losangular, podem ter mesma planificação? Justifique.

**53.** Classifique cada afirmação como verdadeira ou falsa.

a) Uma secção plana de uma pirâmide reta de base hexagonal que intercepta todas as arestas laterais é delimitada por um hexágono.

b) Qualquer secção plana de uma pirâmide octogonal é delimitada por octógono.

c) Em uma pirâmide reta é possível obter duas secções planas não paralelas que sejam regiões poligonais semelhantes.

## Enigmas, Jogos & Brincadeiras

### Jogo do Quem É Quem?

Este jogo consiste em *identificar*, a partir de um conjunto de informações, qual é o *sólido geométrico* que satisfaz todas as condições dadas. Ele envolve pelo menos três participantes.

Em cada rodada, um dos jogadores será o "informante", aquele que dará as "dicas" contidas em um cartão sobre as características do sólido que escolheu, previamente elaborado por ele, uma de cada vez. Os demais participantes devem descobrir de que sólido se trata.

A cada "dica", os jogadores "descobridores" podem tentar "adivinhar" o sólido; escrevem o nome do sólido em um papel, sem que os outros vejam, e o entregam ao jogador "informante", que vai dizer se já houve um acerto.

O jogo termina quando todos os participantes tiverem sido o jogador "informante". O vencedor é aquele que descobriu o maior número de sólidos com o menor número de "dicas".

Para fazer uma simulação, seguem três cartões com sugestões de "dicas", cada cartão correspondendo a um poliedro.

Você e seus colegas podem sortear um cartão para cada um e experimentarem o jogo.

De que poliedro trata cada um desses cartões?

1.ª) É um poliedro de Platão.
2.ª) O número de faces é múltiplo de 4.
3.ª) Tem a aparência de duas pirâmides juntas.

1.ª) Todas as secções transversais desse sólido têm o formato de um quadrado.
2.ª) A diferença entre o número de arestas e o de vértices é 3.
3.ª) Os egípcios gostavam muito delas.

1.ª) Possui duas bases.
2.ª) Suas arestas laterais são paralelas.
3.ª) Suas bases parecem favos de mel.

# 4. Prismas e Pirâmides: Aspectos Métricos

Em muitas situações o ser humano tem recorrido às medidas para resolver problemas de seu dia a dia, internos à própria Matemática ou também de outros campos do conhecimento como, por exemplo, a situação que segue.

Ao fazer a previsão de gastos com vidro na construção da pirâmide do Louvre, certamente o engenheiro responsável levou em conta algumas relações métricas e geométricas existentes entre os elementos dessa pirâmide: altura, comprimento e largura da base, área das faces laterais, área de cada placa de vidro losangular etc.

## 4.1 PRISMAS E ALGUMAS PROPRIEDADES MÉTRICAS

Vamos retomar o estudo dos prismas focando em suas propriedades métricas, relacionando medidas de seus elementos.

### Relação entre elementos de um paralelepípedo reto retângulo

Uma estrutura metálica com a forma de um bloco retangular precisa ser reforçada com uma viga de aço em sua diagonal.

O comprimento da viga depende das dimensões da estrutura: comprimento (*a*), largura (*b*) e altura (*c*).

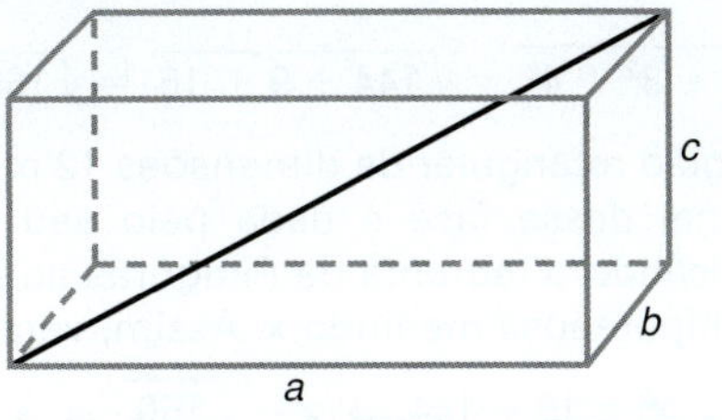


Assim como essa situação, bastante comum na Engenharia, há muitas outras que povoam nosso dia a dia.

Uma ferramenta matemática bastante simples pode ser utilizada para estabelecer a relação entre o comprimento $(d)$ da diagonal de um paralelepípedo reto retângulo e suas dimensões $(a, b, c)$: o teorema de Pitágoras.

Abaixo, na representação da estrutura, notamos que a diagonal $\overline{PQ}$ do paralelepípedo é a hipotenusa do triângulo retângulo *PQR* ($\hat{R}$ é reto, pois $\overline{QR} \perp$ plano *PRS*).

Nesse triângulo, um cateto é uma aresta do paralelepípedo $(\overline{QR})$ e o outro cateto é uma diagonal de face $(\overline{PR})$.

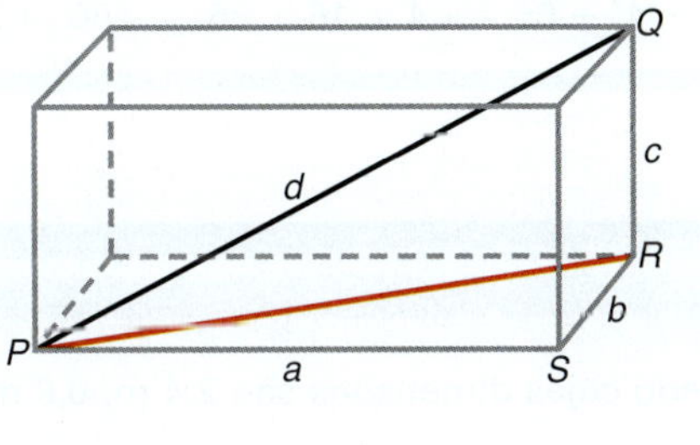


Por outro lado, a diagonal de face $\overline{PR}$ é hipotenusa do triângulo retângulo *PSR* (o ângulo $\hat{S}$ é reto por ser ângulo interno de uma face retangular). Esse triângulo tem catetos de medidas *a* e *b*. Portanto, pelo teorema de Pitágoras temos que:

$$(PR)^2 = a^2 + b^2 \quad ①$$

Aplicando o teorema de Pitágoras no triângulo retângulo *PQR*, vem:

$$d^2 = PR^2 + c^2 \quad ②$$

Como $d > 0$, comparando ① e ② podemos concluir que:

$$d^2 = a^2 + b^2 + c^2 \Rightarrow$$

$$\Rightarrow \boxed{d = \sqrt{a^2 + b^2 + c^2}}$$

## Exercícios Resolvidos

**ER. 14** [ENGENHARIA] Uma estrutura metálica na forma de paralelepípedo reto retângulo tem dimensões 3 m, 4 m e 12 m. Determine o comprimento de uma viga de aço colocada em uma diagonal desse paralelepípedo e a medida de uma diagonal da maior face.

**Resolução:** Representando esse paralelepípedo por meio de uma figura, temos:

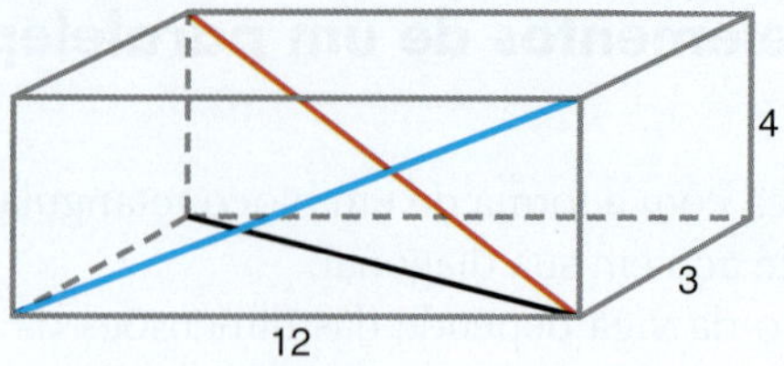


- O comprimento $d$ de uma diagonal desse paralelepípedo é dada, em metros, por:

$$d = \sqrt{12^2 + 3^2 + 4^2} = \sqrt{144 + 9 + 16} = \sqrt{169} = 13$$

- A maior face é a região retangular de dimensões 12 m por 4 m. A medida $(x)$ de uma diagonal dessa face é dada pelo seu comprimento, que podemos obter aplicando o teorema de Pitágoras ao triângulo retângulo de catetos 4 e 12 e hipotenusa medindo $x$. Assim, vem:

$$x^2 = 4^2 + 12^2 \Rightarrow x^2 = 16 + 144 \Rightarrow x = \sqrt{160} \Rightarrow x = \sqrt{16 \cdot 10} \Rightarrow$$
$$\Rightarrow x = 4\sqrt{10}\ \text{m}$$

**ER. 15** As dimensões de um paralelepípedo reto retângulo formam uma PA cuja razão é 2 e a soma dos termos é 12. Calcule o comprimento da diagonal desse paralelepípedo.

**Resolução:** As três dimensões desse paralelepípedo podem ser representadas por uma PA de razão 2 com três termos positivos, assim:

$$(x,\ x + 2,\ x + 4)$$

Como a soma desses termos é 12, vem:

$$x + x + 2 + x + 4 = 12 \Rightarrow 3x = 6 \Rightarrow x = 2$$

Logo, as dimensões do paralelepípedo são 2, 4 e 6. Sendo assim, o comprimento $d$ da diagonal é dado por:

$$d = \sqrt{2^2 + 4^2 + 6^2} = \sqrt{4 + 16 + 36} = \sqrt{56} = 2\sqrt{14}$$

## Exercícios Propostos

**54.** Calcule a medida da diagonal de um paralelepípedo cujas dimensões são 2,4 m, 0,8 m e 60 cm. Dê sua resposta em decímetros.

**55.** Demonstre que se um cubo tem aresta de comprimento $a$ centímetros, então uma diagonal mede $a\sqrt{3}$ centímetros.

**56.** [COTIDIANO] Qual deve ser o maior comprimento possível de um lápis para que ele caiba exatamente na caixinha representada abaixo?

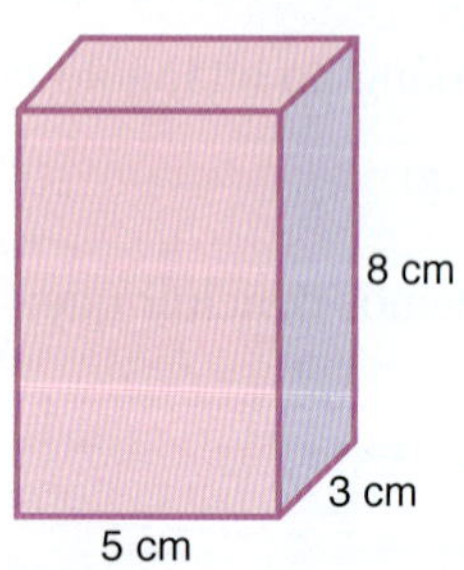

**57.** **[ESPORTE]** Marcelo guardou sua prancha de surfe especial em um quarto de dispensa. Porém, devido ao seu tamanho, ela ficou inclinada conforme mostra a figura a seguir:

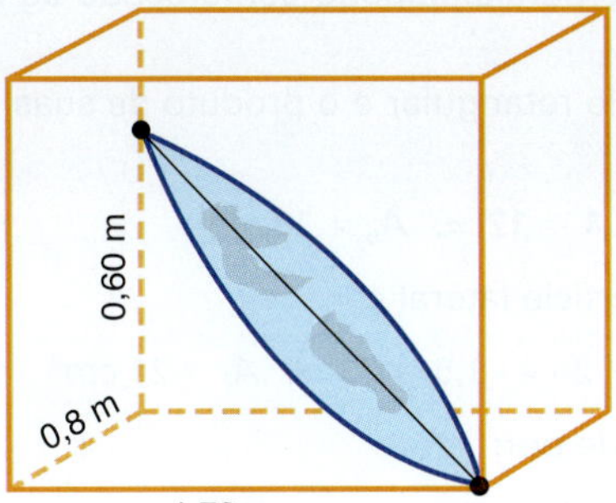


Determine o comprimento aproximado dessa prancha.

(Use $\sqrt{3} = 1{,}73$.)

**58.** **[FÍSICA]** Na sala representada a seguir, um inseto está localizado no vértice $A$.

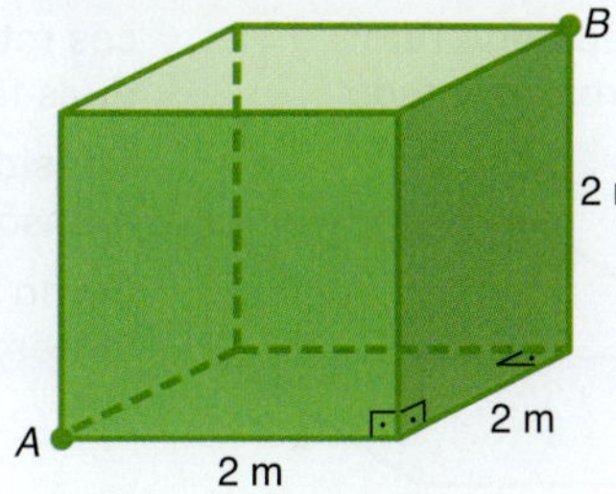


Supondo que ele vá até o vértice $B$, determine a menor distância percorrida caso:

a) ele possa voar;

b) ele precise deslocar-se pela superfície.

**59.** Em um paralelepípedo reto retângulo, os números que expressam suas dimensões e a medida de sua diagonal são consecutivos. Determine o menor desses números.

## A área da superfície de um prisma

Observe as representações de um prisma e da planificação de sua superfície:

prisma pentagonal

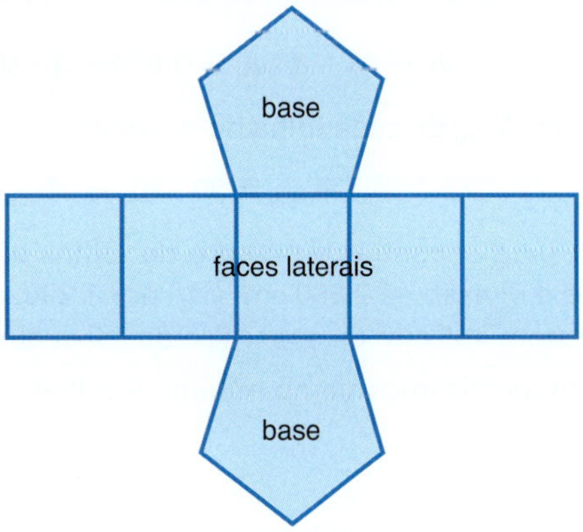


planificação da superfície do prisma pentagonal

**Recorde**

As bases de um prisma são superfícies poligonais planas e congruentes entre si.

Como a superfície lateral de um prisma é a reunião de suas faces laterais, a **área lateral de um prisma** é a soma das áreas de suas faces laterais, isto é, corresponde à área de sua superfície lateral, que indicamos por $A_\ell$.

A superfície total de um prisma é a reunião de sua superfície lateral com as bases.

Por isso, chamamos de **área total de um prisma** a soma da área lateral ($A_\ell$) com as áreas de suas duas bases congruentes. Indicamos a área de cada base de um prisma por $\boldsymbol{A_b}$ e sua área total por $\boldsymbol{A_t}$. Assim, a área total é dada por:

$$A_t = A_\ell + 2 \cdot A_b$$

## Exercícios Resolvidos

**ER. 16** Calcule a área total do paralelepípedo reto retângulo representado abaixo.

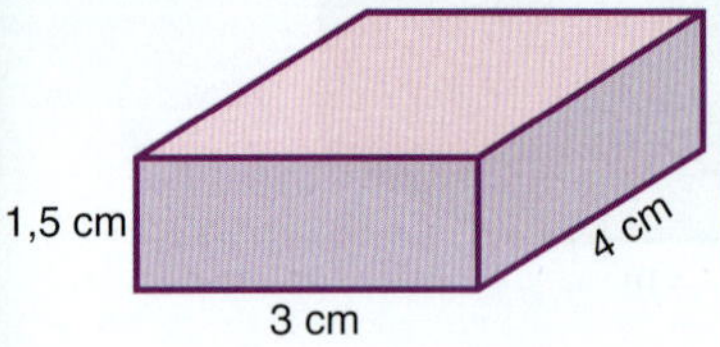


**Resolução:** Se o paralelepípedo é reto retângulo, então ele tem todas as faces retangulares. No caso, duas faces têm dimensões 3 cm e 1,5 cm, outras duas têm dimensões 3 cm e 4 cm e outras duas, 4 cm e 1,5 cm.

Consideremos as bases desse paralelepípedo como sendo as faces de dimensões 3 cm e 4 cm.

Como a área de uma superfície retangular é o produto de suas dimensões, temos:

$$A_b = 3 \cdot 4 = 12 \Rightarrow A_b = 12 \text{ cm}^2$$

Por outro lado, a área da superfície lateral é:

$$A_\ell = 2 \cdot 3 \cdot 1{,}5 + 2 \cdot 4 \cdot 1{,}5 = 21 \Rightarrow A_\ell = 21 \text{ cm}^2$$

Desse modo, a área total é dada por:

$$A_t = A_\ell + 2 \cdot A_b = 21 + 2 \cdot 12 = 21 + 24 \Rightarrow A_t = 45 \text{ cm}^2$$

**ER. 17** **[Artesanato]**
Qual é o menor número de folhas retangulares de papel crepom, de 30 cm por 40 cm, que devem ser utilizadas para revestir a superfície de uma caixa prismática reta com as dimensões dadas na figura abaixo?

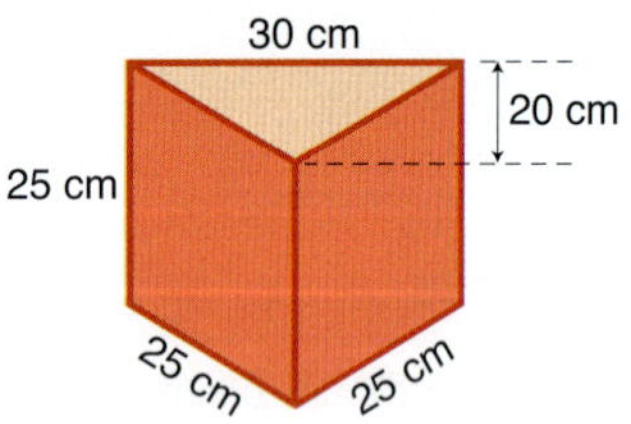


**Resolução:** Como as bases da caixa são triangulares, a área de cada base é dada por:

$$A_b = \frac{30 \cdot 20}{2} \Rightarrow A_b = 300 \text{ cm}^2$$

A área da superfície lateral é dada pela soma das áreas de duas faces quadradas de lado 25 cm com a área de uma face retangular 30 cm por 25 cm. Assim, vem:

$$A_\ell = 2 \cdot 25^2 + 30 \cdot 25 = 1.250 + 750 \Rightarrow A_\ell = 2.000 \text{ cm}^2$$

Desse modo, a área total da superfície da caixa é dada por:

$$A_t = A_\ell + 2 \cdot A_b = 2.000 + 2 \cdot 300 \Rightarrow A_t = 2.600 \text{ cm}^2$$

A área $A_{\text{folha}}$ de cada folha de papel é:

$$A_{\text{folha}} = 30 \cdot 40 \Rightarrow A_{\text{folha}} = 1.200 \text{ cm}^2$$

Daí, para encontrar o número de folhas a serem usadas, no mínimo, fazemos a divisão de 2.600 cm² $(A_t)$ por 1.200 cm² $(A_{\text{folha}})$, o que nos dá 2 folhas e restam 450 cm² da superfície da caixa ainda por cobrir.

Logo, precisamos de no mínimo 3 folhas para recobrir toda a superfície da caixa.

**ER. 18** Demonstre que se um paralelepípedo reto retângulo tem dimensões $x$, $y$ e $z$, como o representado abaixo, então sua área total é:

$$A_t = 2(xy + xz + yz)$$

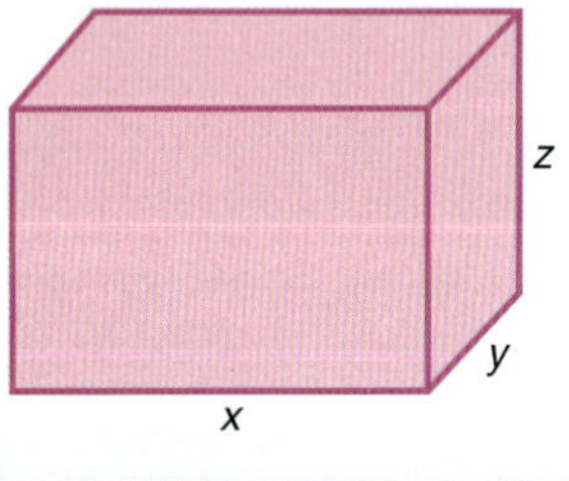


**Resolução:** Um paralelepípedo reto retângulo tem as faces retangulares e congruentes duas a duas. Assim, as áreas das faces que aparecem na figura são dadas por:

$$x \cdot y,\ x \cdot z \text{ e } y \cdot z$$

Logo, a área total do paralelepípedo é:

$$A_t = 2 \cdot x \cdot y + 2 \cdot x \cdot z + 2 \cdot y \cdot z$$
$$A_t = 2(xy + xz + yz)$$

## Exercícios Propostos

**60.** Determine a área lateral e a área total dos prismas regulares retos a seguir.

a)

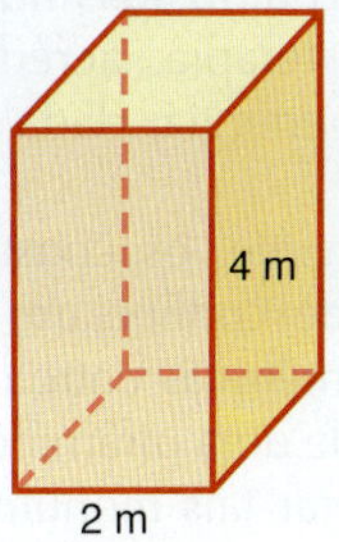


b)

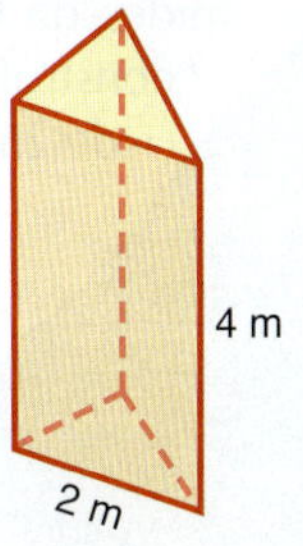


c)

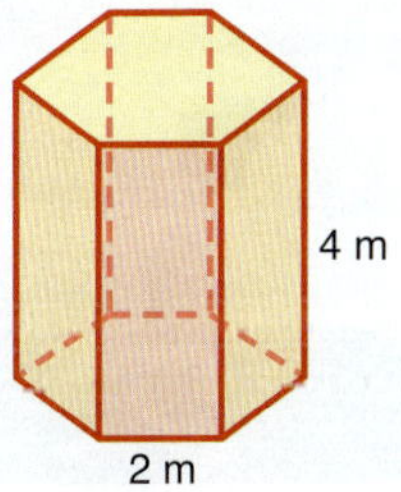


**61.** **[COMÉRCIO]** Um fabricante de caixas de papelão vende suas caixas de acordo com a área do material utilizado na fabricação. Sabendo que elas são cúbicas de lado medindo 2 m e que o preço do metro quadrado do material utilizado é R$ 0,50, qual é o valor da caixa?

PANTHERMEDIA/KEYDISC

**62.** Qual é a altura de um prisma reto regular cuja base é um hexágono de lado medindo 2 cm, sabendo que a área lateral é o dobro da área da base?

**63.** **[ENGENHARIA]** Para fabricar um recipiente sem tampa no formato de um prisma reto regular de base triangular, são usados $\left(6 + \sqrt{3}\right)$ m² de material. Sabendo que a medida da aresta da base é 2 m, calcule a altura desse prisma.

**64.** As dimensões de um paralelepípedo reto retângulo foram duplicadas, produzindo um novo paralelepípedo.

Calcule a área total do novo paralelepípedo em função da área total $A_t$ do antigo.

**65.** **[*DESIGN*]** Para transportar uma peça cujo formato é o de um paralelepípedo reto regular vazado como o representado abaixo, é necessário o uso de um revestimento plástico adesivo. Qual é a quantidade mínima de material para fazer esse revestimento?

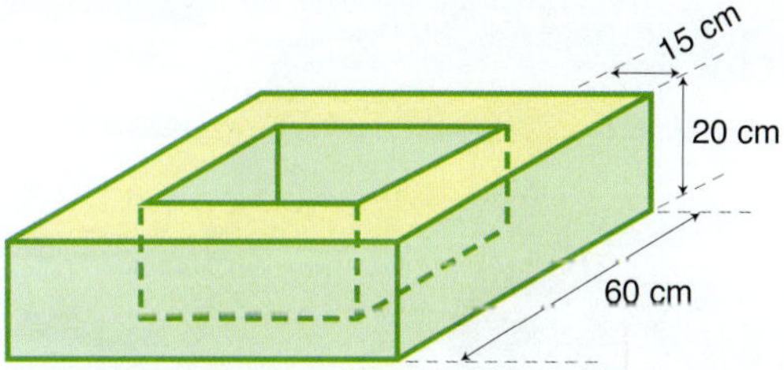


**66.** Determine a razão entre as alturas de dois prismas retos regulares de mesma área lateral, sendo que um deles tem base hexagonal com lado medindo $\ell$ e o outro tem base triangular com lado medindo $2\ell$.

**67.** **[ENGENHARIA]** Um portal foi assentado sobre duas pilastras de bases quadradas iguais. Para revestir a superfície desse conjunto com material impermeável, um pedreiro cobrou R$ 15,00 o m².

Quanto foi gasto nessa impermeabilização?

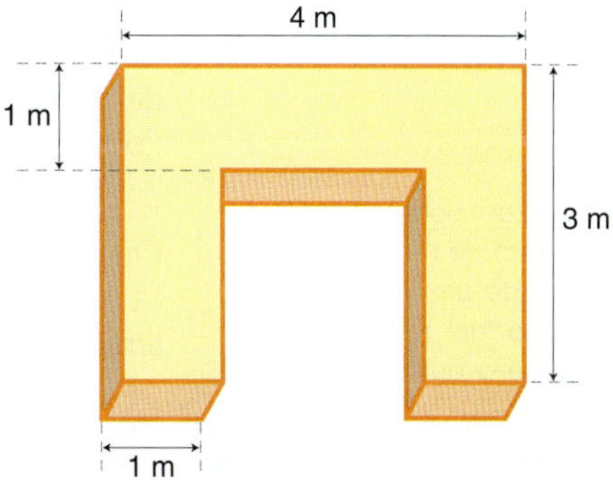

## 4.2 PIRÂMIDES E ALGUMAS PROPRIEDADES MÉTRICAS

Ao longo da história da humanidade, as pirâmides regulares têm despertado muito interesse: desde as pirâmides egípcias, cuja função era a de abrigar e proteger o corpo dos faraós mumificados, até as pirâmides de cristal tão utilizadas hoje em dia, em vários tipos de terapia, acredita-se que elas concentrem energia, dada sua forma peculiar.

Certamente, os construtores da Antiguidade conheciam muitas relações métricas entre os elementos de uma pirâmide para projetar tais monumentos que duram até hoje: as pirâmides de Gizé foram construídas a partir de 2550 a.C.!

As pirâmides de Quéops, Quéfren e Miquerinos, no Egito, foram construídas para guardar o corpo mumificado dos faraós. À frente delas, a Grande Esfinge, maior escultura realizada em uma única pedra (20 m de altura, 6 m de largura e 57 m de comprimento), tida pelos antigos egípcios como símbolo de poder e guardiã das pirâmides.

### Relação entre elementos de uma pirâmide regular

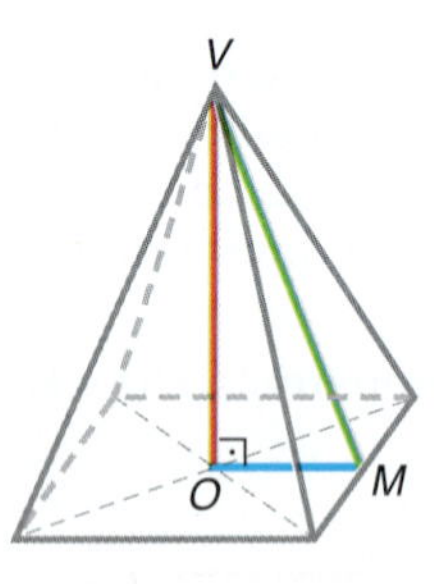


A pirâmide ao lado é regular e, portanto, sua base é uma região poligonal regular — no caso, um quadrado — e suas faces laterais são triangulares e isósceles.

Por ser regular, ela é uma pirâmide reta. Assim, o segmento cuja medida $VO$ é sua altura é perpendicular ao centro $O$ de sua base e, portanto, perpendicular a todos os segmentos do plano que contém a base e que passam por $O$. Logo, $\overline{VO} \perp \overline{OM}$, com $M$ sendo ponto médio da aresta da base ($\overline{OM}$ é o apótema da base).

O segmento $\overline{VM}$ é a altura de uma face lateral, ou seja, é o **apótema da pirâmide** e forma com os segmentos $\overline{VO}$ e $\overline{OM}$ um triângulo retângulo. Portanto, pelo teorema de Pitágoras, vem:

$$(VM)^2 = (VO)^2 + (OM)^2$$

Ou seja, indicando a medida $VM$ do apótema da pirâmide por $a_{\text{pirâmide}}$, a altura $VO$ da pirâmide por $h_{\text{pirâmide}}$ e a medida $OM$ do apótema da base por $a_{\text{base}}$, temos a seguinte relação:

$$\left(a_{\text{pirâmide}}\right)^2 = \left(h_{\text{pirâmide}}\right)^2 + \left(a_{\text{base}}\right)^2$$

**Recorde**

Apótema de um polígono regular é o segmento de reta perpendicular a um de seus lados com um extremo no ponto médio desse lado e o outro no centro do polígono.

## Exercício Resolvido

**ER. 19** Calcule a medida do apótema de uma pirâmide regular de altura 4 dm e cuja aresta da base hexagonal mede 8 dm.

**Recorde**

A medida $h$ da altura de um triângulo equilátero de lado $\ell$ é dada por:

$$h = \frac{\ell\sqrt{3}}{2}$$

**Resolução:** Do enunciado, podemos representar a seguinte pirâmide:

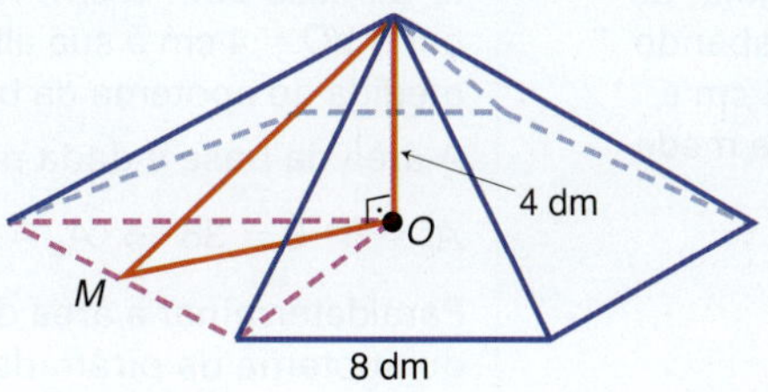


- Como a pirâmide é regular de base hexagonal, cada aresta da base mede 8 dm. $MO$ é a medida $a_{base}$ do apótema da base que, nesse caso, é a medida $h_{triângulo}$ da altura de um triângulo equilátero de lado $\ell = 8$ dm. Assim, vem:

$$a_{base} = h_{triângulo} \Rightarrow a_{base} = \frac{8 \cdot \sqrt{3}}{2} \Rightarrow a_{base} = 4\sqrt{3} \text{ dm}$$

- $VO$ é a altura da pirâmide, ou seja, $h_{pirâmide} = 4$ dm.

Logo, indicando a medida $VM$ do apótema da pirâmide por $a_{pirâmide}$, temos:

$$(a_{pirâmide})^2 = (h_{pirâmide})^2 + (a_{base})^2$$
$$(a_{pirâmide})^2 = 4^2 + (4\sqrt{3})^2$$
$$(a_{pirâmide})^2 = 16 + 48 = 64$$
$$a_{pirâmide} = \sqrt{64} \quad (\text{pois } a_{pirâmide} > 0)$$
$$a_{pirâmide} = 8 \text{ dm}$$

Portanto, o apótema da pirâmide mede 8 dm.

## Exercícios Propostos

**68.** Determine a medida do apótema de uma pirâmide reta de altura 4 cm cuja base é um quadrado com diagonal medindo $4\sqrt{2}$ cm.

**69.** **[DIVERSÃO]** O escorregador Faraós, de 10 metros, foi feito para ser uma atração em um parque. Ele foi colocado como o apótema de uma pirâmide reta de base quadrada cujo lado mede 12 metros. Nessas condições, a que altura do chão está o topo do escorregador?

## A área da superfície de uma pirâmide

Considere as representações de uma pirâmide e da planificação de sua superfície.

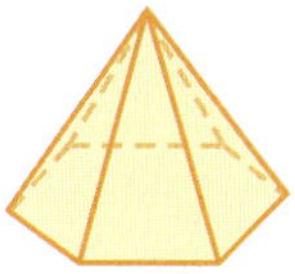

Como a superfície lateral de uma pirâmide é a reunião de suas faces laterais, todas triangulares, a **área lateral de uma pirâmide** é a soma das áreas de suas faces laterais, isto é, corresponde à área de sua superfície lateral, que indicamos por $A_\ell$.

A superfície total de uma pirâmide é a reunião de sua superfície lateral com sua base. Por isso, chamamos de **área total de uma pirâmide** a soma da área lateral ($A_\ell$) com as áreas de sua base ($A_b$). Indicamos a área total de uma pirâmide por $A_t$, que é dada por:

$$A_t = A_\ell + A_b$$

## EXERCÍCIOS RESOLVIDOS

**ER. 20** Calcule a área de uma pirâmide regular de base quadrada, sabendo que sua altura é 4 cm e aresta de sua base mede 6 cm.

**Resolução:** Consideremos a pirâmide de aresta da base com 6 cm, representada ao lado, onde $VO = 4$ cm é sua altura e $OM = 3$ cm é a medida do apótema da base quadrada.

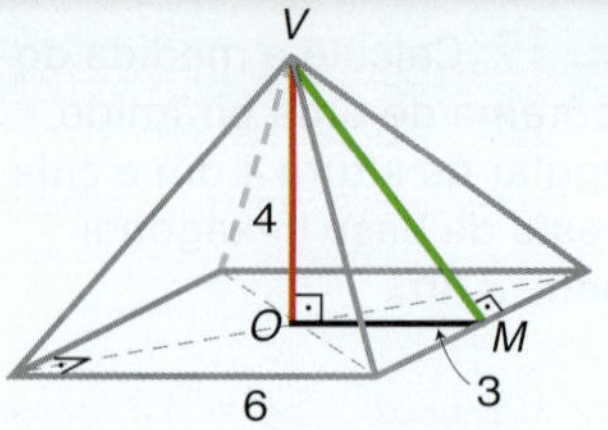


A área da base é dada por:

$A_b = 6 \cdot 6 = 36 \Rightarrow A_b = 36 \text{ cm}^2$ ①

Para determinar a área de cada face lateral é preciso determinar $VM$, medida do apótema da pirâmide.

Como a pirâmide é regular, também é reta. Sendo assim, o triângulo $VOM$ é retângulo em $O$.

Assim, é válida a relação:

$$(a_{\text{pirâmide}})^2 = (h_{\text{pirâmide}})^2 + (a_{\text{base}})^2$$

$$(a_{\text{pirâmide}})^2 = 4^2 + 3^2 = 16 + 9 = 25$$

$$a_{\text{pirâmide}} = 5 \text{ cm } (\text{pois } a_{\text{pirâmide}} > 0)$$

Como $a_{\text{pirâmide}}$ é a medida da altura de cada face lateral, a área lateral é dada por:

$$A_\ell = 4 \cdot A_{\text{triângulo}} = 4 \cdot \frac{6 \cdot 5}{2} = 2 \cdot 30 \Rightarrow A_\ell = 60 \text{ cm}^2 \ ②$$

De ① e ②, conclui-se que a área da superfície $(A_t)$ dessa pirâmide é:

$$A_t = A_\ell + A_b = 60 + 36 \Rightarrow A_t = 96 \text{ cm}^2$$

**ER. 21** Determine a área de um tetraedro regular cuja aresta mede 5 cm.

**Resolução:** Como toda face do tetraedro regular é triangular equilátera e a medida de sua aresta é 5 cm, podemos calcular sua altura como segue.

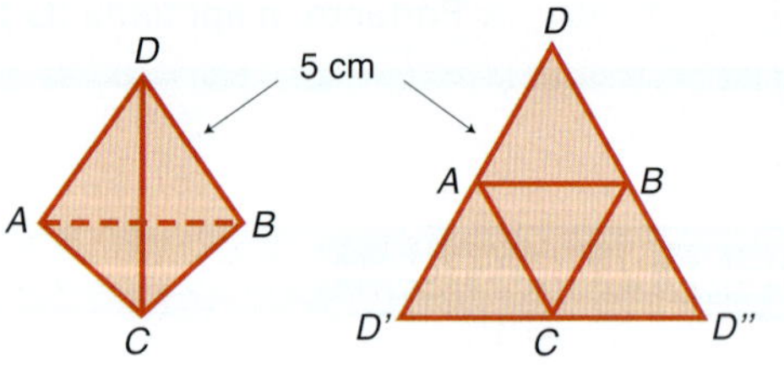


$$h^2 + \left(\frac{5}{2}\right)^2 = 5^2 \Rightarrow h^2 = 5^2 - \frac{5^2}{4} \Rightarrow h^2 = \frac{3 \cdot 5^2}{4} \Rightarrow h = \frac{5\sqrt{3}}{2}$$

Portanto, a área das 4 faces triangulares do tetraedro regular em questão é a área total desse poliedro, que é dada por:

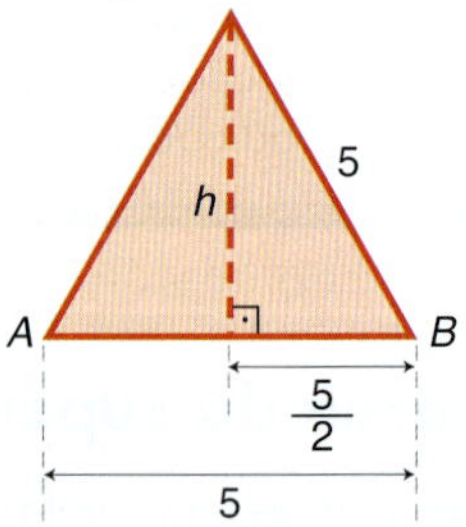


$$A_t = 4 \cdot \frac{5 \cdot \frac{5 \cdot \sqrt{3}}{2}}{2} = 25\sqrt{3} \Rightarrow A_t \simeq 43{,}3 \text{ cm}^2$$

## EXERCÍCIOS PROPOSTOS

**70.** Obtenha a área lateral e a área total de uma pirâmide regular de base quadrada sabendo que o lado da base mede 8 cm e que a altura da pirâmide é 3 cm.

**71.** Determine a razão entre a área lateral e a área da base de uma pirâmide quadrangular regular na qual todas as arestas medem 2 cm.

**72.** **[ARTESANATO]** Um dado no formato de um tetraedro regular com aresta medindo 2 cm será pintado com uma tinta especial cujo custo é de R$ 1.000,00 por metro quadrado. Quanto será gasto nesse procedimento? (Adote $\sqrt{3} = 1,7$.)

**73.** **[ARTES]** Uma escultura será feita a partir de um cubo, fazendo-se buracos em forma de pirâmide em cada face como mostra a figura a seguir.

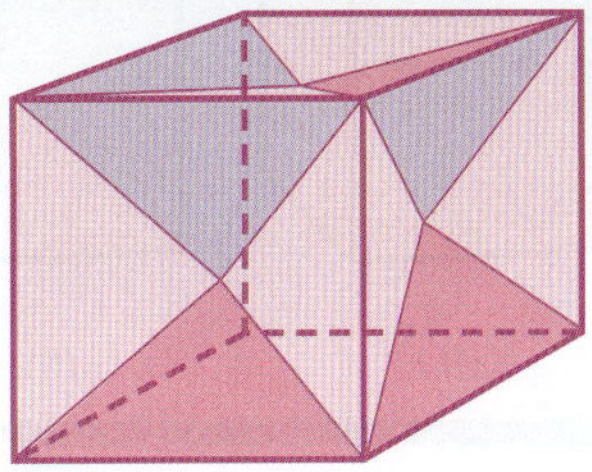

Cada furo tem o formato de uma pirâmide regular, com profundidade de 1 cm e aresta da base medindo 6 cm. Qual é a área da superfície do sólido obtido?

**74.** **[DECORAÇÃO]** Em uma festa foi feita uma peça de gelo no formato de uma pirâmide de base hexagonal colocada sobre um prisma hexagonal regular, ambos retos, como mostra a figura a seguir. Sabendo que esse conjunto está apoiado no chão, qual é a área da superfície lateral do conjunto?

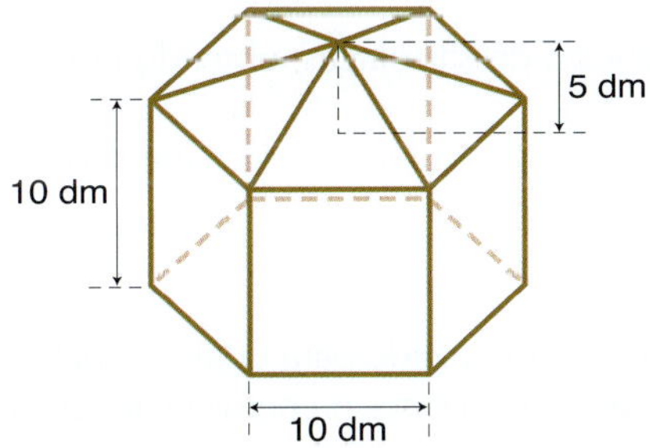


**75.** **[ARTESANATO]** Qual é a área de papel utilizada para fabricar uma caixa decorativa cujo formato é o de um octaedro regular cujas arestas medem 40 cm?

GRASIELE L. FAVATTO CORTEZ

**76.** **[DECORAÇÃO]** Uma moldura especial para fotografias terá o formato de um paralelepípedo reto retângulo com furos para o local de duas fotos, também no formato de paralelepípedos retos retângulos, conforme a figura a seguir. Sabendo que essa moldura será pintada completamente, qual será a área pintada?

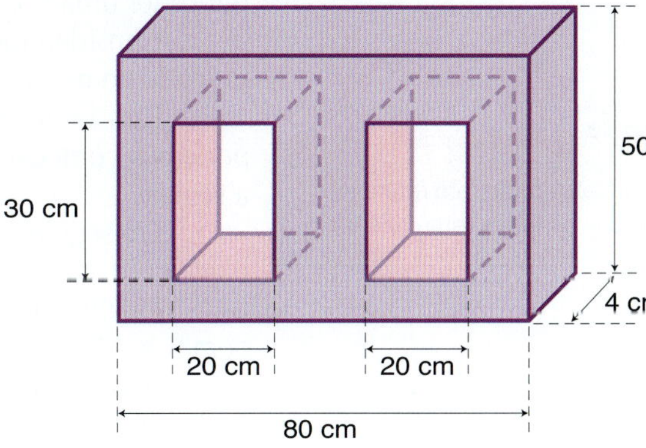


**77.** O apótema da base, a altura e o apótema de uma pirâmide regular de base quadrada formam, nessa ordem, uma PA de razão 1. Calcule a área total dessa pirâmide.

## 4.3 O VOLUME DE UM SÓLIDO

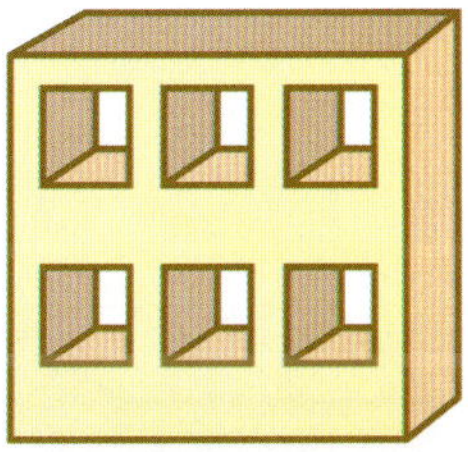

Todo corpo ocupa um lugar no espaço.

O pequeno móvel ao lado, de madeira maciça, foi projetado para acondicionar garrafas de vinho e, naturalmente, ocupa um lugar no espaço.

Temos a tendência de pensar que o lugar ocupado por esse móvel é a porção do espaço limitada por suas paredes laterais, superior e inferior, anterior e posterior, esquecendo da parte vazada.

Entretanto, observando esse outro móvel, podemos notar que, apesar de ele ter a mesma altura, largura e comprimento do anterior, ocupa menor lugar no espaço, já que a parte vazada é maior do que no anterior.

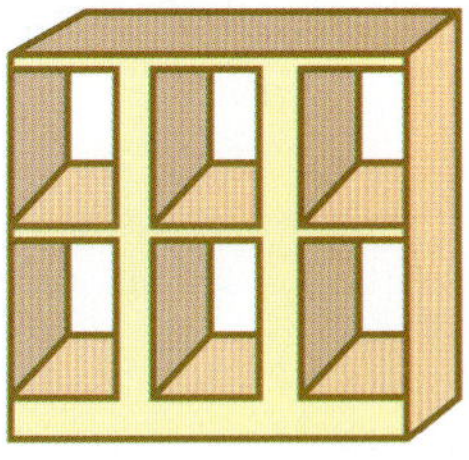

> Chamamos de **volume** de um sólido a quantidade do espaço ocupada por ele.

## Exercícios Propostos

**78.** **[ENGENHARIA]** Qual dos dois corpos ocupa maior porção do espaço: a película de tinta que recobre os degraus de uma escada ou a própria escada? Justifique sua resposta.

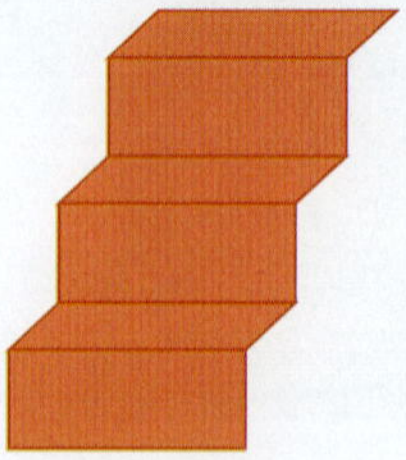

Película de tinta

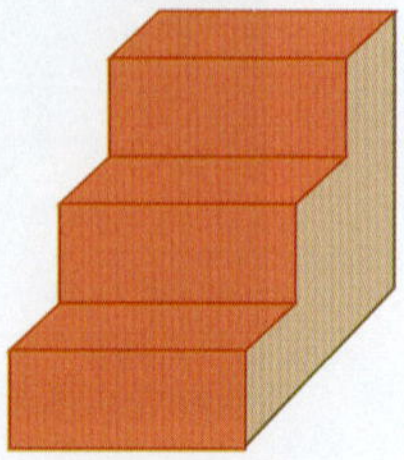

A escada

**79.** Observe os dois sólidos abaixo.

Qual deles ocupa maior quantidade de espaço?

Qual deles tem maior volume?

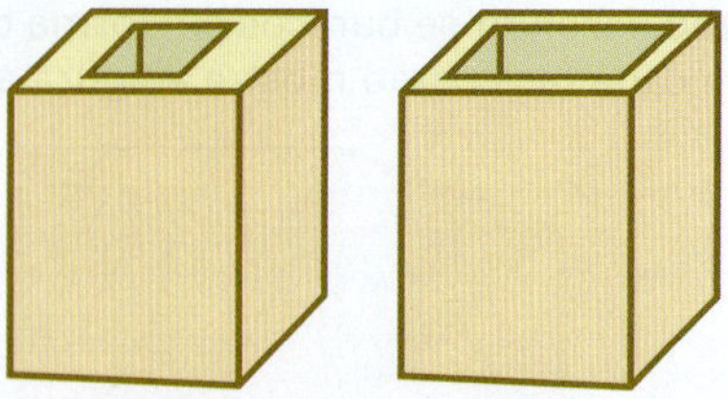

(I) (II)

## O volume de um paralelepípedo reto retângulo

Se construirmos um paralelepípedo reto retângulo com cubos idênticos, poderemos ter uma boa ideia de como determinar seu volume.

Consideremos cada um dos pequenos cubos que o formam como uma unidade de medida de volume, que chamaremos de 1 u.

Para formar um paralelepípedo com 60 desses cubinhos, por exemplo, podemos começar por enfileirar 4 deles (observe a sequência de figuras dadas a seguir).

Em seguida, justapomos, por exemplo, 3 dessas fileiras, formando uma placa com $3 \times 4$ cubinhos.

Finalmente, empilhamos 5 dessas placas, obtendo um bloco retangular com $5 \times (3 \times 4)$ cubinhos.

Assim, pode-se concluir que o volume $V$ do paralelepípedo construído pode ser expresso por:

$$V = (5 \times 3 \times 4)\ \text{u} = 60\ \text{u}$$

Esse procedimento pode ser utilizado para qualquer paralelepípedo reto retângulo de dimensões $a$, $b$ e $c$, sejam esses números racionais ou irracionais.

**Recorde**

Um paralelepípedo reto retângulo tem todas as faces retangulares.

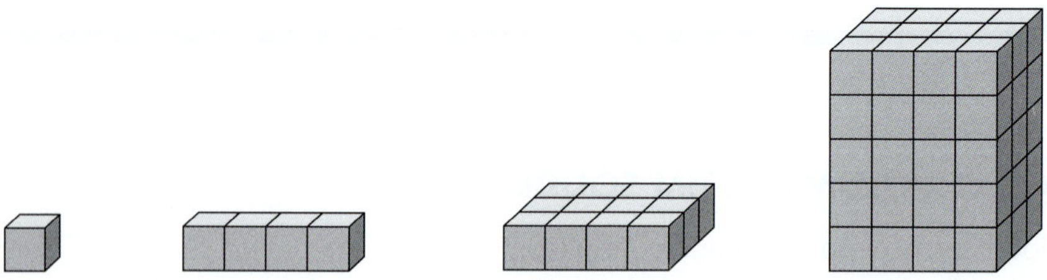

1 u | 4 u | $(3 \times 4)$ u | $5 \times (3 \times 4)$ u

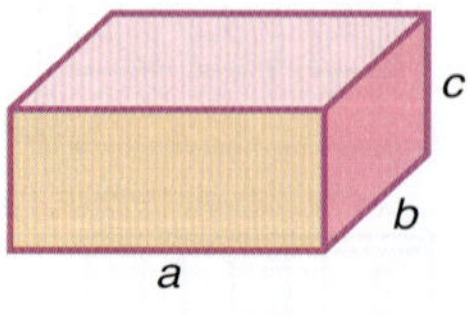


Se um paralelepípedo reto retângulo tem bases de dimensões $a$, $b$ e $c$, expressas em uma mesma unidade, então seu volume pode ser expresso por:

$$V = a \cdot b \cdot c$$

Repare que $a \cdot b$ pode ser considerado a área da base $(A_b)$ desse paralelepípedo e $c$, sua altura $h$. Assim, seu volume pode ser expresso por:

$$V = A_b \cdot h$$

No caso particular de um paralelepípedo reto retângulo com todas as arestas de mesmo comprimento, isto é, um cubo de aresta medindo $a$, podemos expressar seu volume por:

$$V_{cubo} = a^3$$

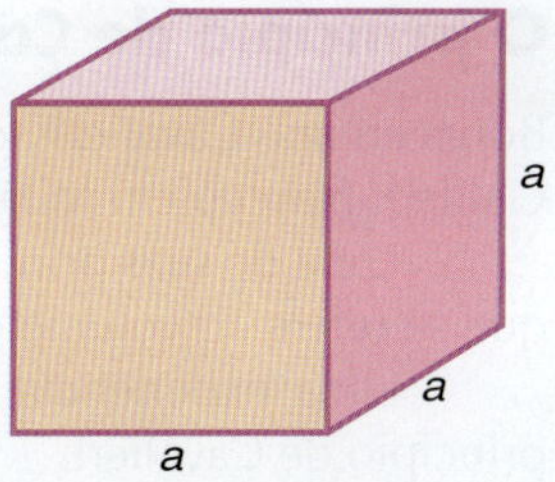


## EXERCÍCIOS RESOLVIDOS

**ER. 22** Determine o volume do paralelepípedo representado abaixo, sabendo que sua altura é o dobro da medida da menor aresta da base e seu comprimento é o triplo da medida dessa aresta.

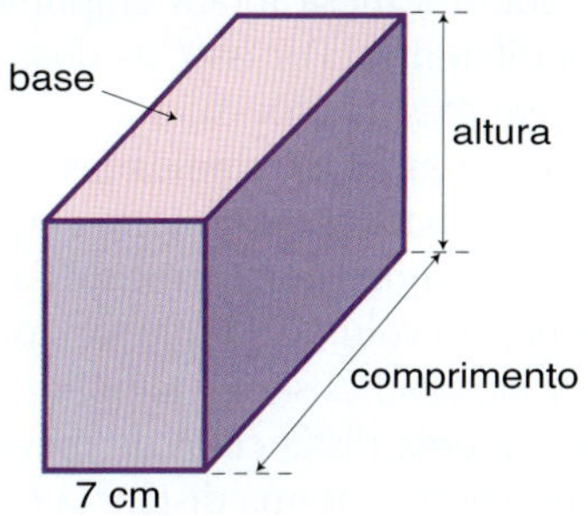


**Resolução:** Temos:

- altura = 14 cm $(2 \times 7)$
- comprimento = 21 cm $(3 \times 7)$
- largura = 7 cm

Desse modo, vem: $V = 14 \times 21 \times 7 \Rightarrow V = 2.058 \text{ cm}^3$

---

**ER. 23** **[ENGENHARIA]** Qual é o volume do portal representado abaixo, sabendo que as duas pilastras laterais têm bases quadradas?

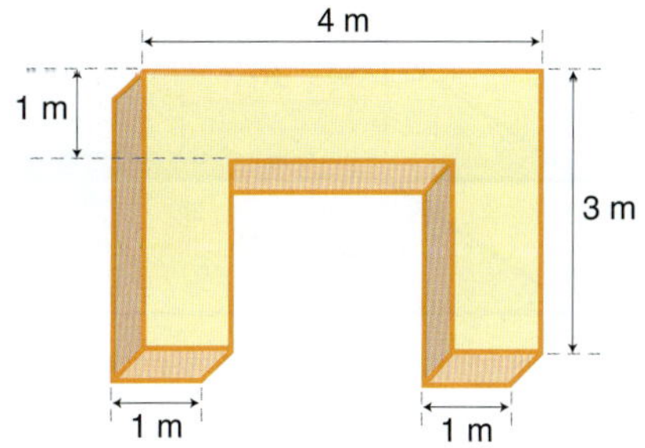


**Resolução:** É possível decompor o portal em três paralelepípedos retos retângulos, como mostra a figura ao lado.

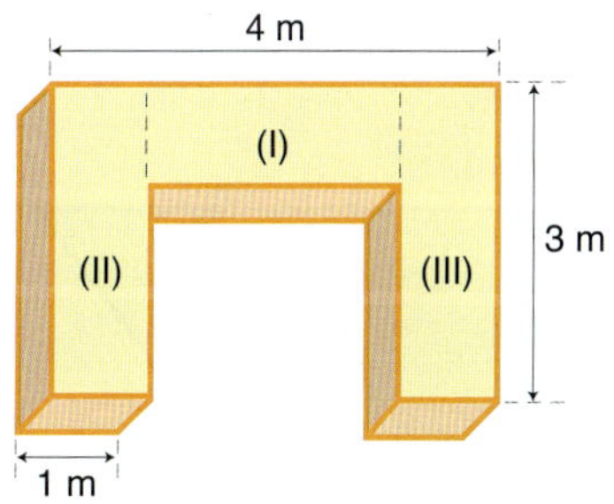


Os paralelepípedos II e III são congruentes e suas dimensões são 1 m, 1 m e 3 m. Logo, o volume de cada um é:

$$V_{II} = V_{III} = (1 \times 1 \times 3)\text{ m}^3 = 3\text{ m}^3$$

O paralelepípedo I tem dimensões 1 m, 1 m e 2 m $(4 - 2)$. Assim, seu volume é:

$$V_I = (1 \times 1 \times 2)\text{ m}^3 = 2\text{ m}^3$$

Logo, o volume do portal é dado por:

$$V_{portal} = V_I + V_{II} + V_{III} = 2\text{ m}^3 + 3\text{ m}^3 + 3\text{ m}^3$$

$$V_{portal} = 8\text{ m}^3$$

Bonaventura Francesco Cavalieri (1598-1647), nasceu em Milão, Itália, no ano de 1598. Permaneceu na cidade italiana de Bolonha até sua morte, em 30 de novembro de 1647.

## O princípio de Cavalieri

Bonaventura Cavalieri foi um jesuíta e matemático italiano, discípulo de Galileu. Nasceu em Milão, no ano de 1598, e morreu em Bolonha em 1647.

Uma de suas principais contribuições para a Matemática foi o princípio que se refere ao volume dos sólidos.

Uma experiência bastante simples, relatada a seguir, pode ilustrar o princípio de Cavalieri.

Sobre a mesa foram empilhadas cinco cartas de um baralho, de dois modos diferentes. Por isso, as duas pilhas têm mesma altura, já que todas as cartas têm mesma espessura.

Todas as faces estampadas das cartas têm mesma área e, portanto, todas as cartas do baralho têm mesmo volume.

Logo, independentemente da forma que apresentam, as duas pilhas possuem mesmo volume, já que são formadas pela mesma quantidade de cartas.

É possível observar também que a área da face da carta de uma pilha, que fica a uma distância $h$ da mesa, é igual à área da face da carta da outra pilha que está à mesma distância $h$ da mesa.

Vamos, então, enunciar o princípio de Cavalieri:

**Faça**

Pesquise mais sobre a vida de Cavalieri e a época em que viveu.

> Considere dois sólidos de mesma altura $h$ que têm suas bases apoiadas em um mesmo plano $\alpha$. Se qualquer plano $\beta$ que é paralelo a $\alpha$ e que intercepta os dois sólidos determina neles secções planas de mesma área, então esses sólidos têm mesmo volume.

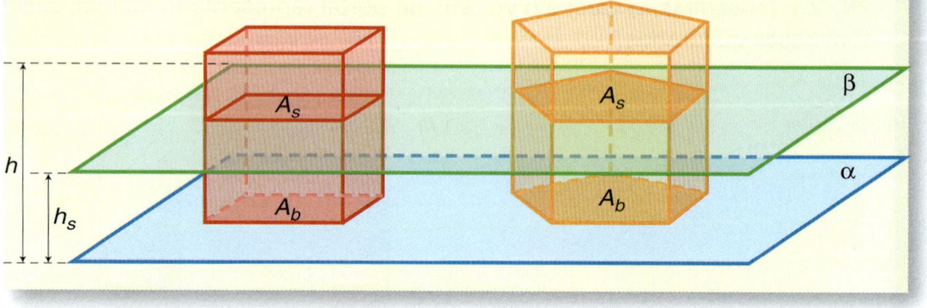


## O volume de um prisma

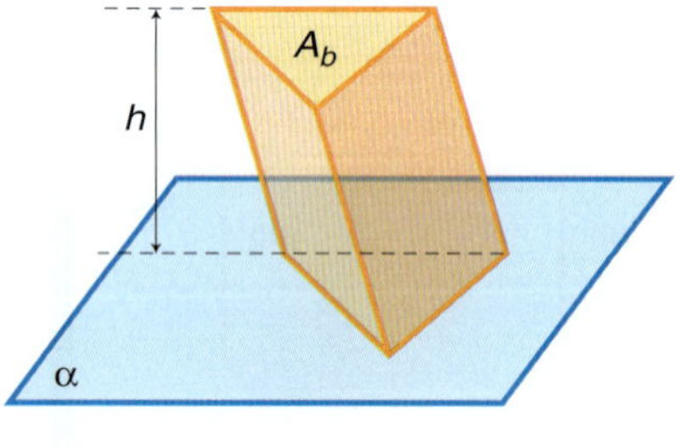


Consideremos, apoiado em um plano $\alpha$, um prisma qualquer de altura $h$ e área da base $A_b$, do qual desejamos determinar o volume.

Para determinar o volume desse prisma, tomemos um paralelepípedo reto retângulo com mesma altura $h$ e base de mesma área $A_b$, cujo volume sabemos ser $A_b \cdot h$, também apoiado em $\alpha$.

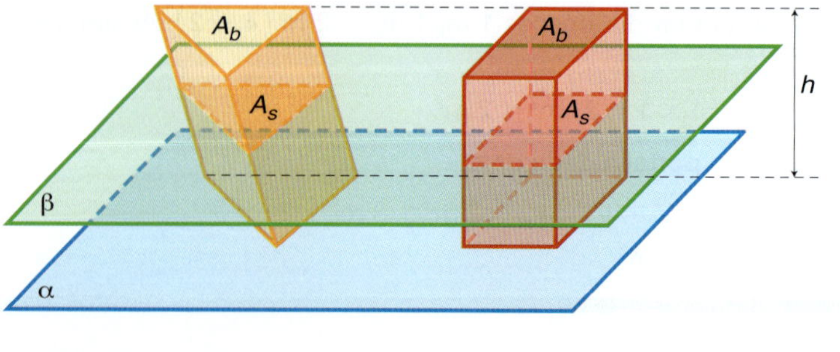

Qualquer plano paralelo a $\alpha$ que intercepta os dois prismas determina neles secções de mesma área $A_s$. Então, pelo princípio de Cavalieri, podemos concluir que os dois prismas têm mesmo volume.

Como o volume do paralelepípedo reto retângulo é $A_b \cdot h$, o volume do prisma considerado também é $A_b \cdot h$.

De modo geral, o volume $V_{prisma}$ de um prisma qualquer de altura $h$ e área da base $A_b$ é dado por

$$V_{prisma} = A_b \cdot h$$

**Observação**

Dois **sólidos** são **equivalentes** quando têm mesmo volume.

## Exercícios Resolvidos

**ER. 24** O contorno da base de um prisma é um triângulo retângulo de catetos medindo 5 cm e 12 cm. A distância entre os planos paralelos que contêm suas bases é de 10 cm. Determine o volume desse prisma.

**Resolução:** Vamos representar a situação por meio de uma figura.

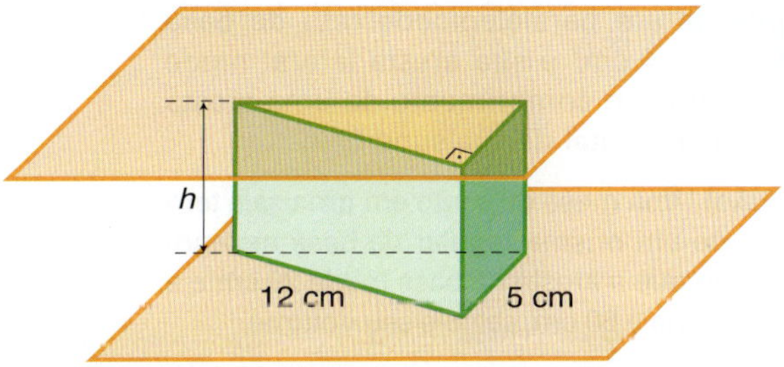


Como a base é determinada por um triângulo retângulo de catetos 5 e 12, a área de cada base é dada por:

$$A_b = \frac{5 \cdot 12}{2} \Rightarrow A_b = 30 \text{ cm}^2$$

Por outro lado, a distância entre os planos que contêm as bases é a altura do prisma, ou seja, $h = 10$ cm.

Logo, o volume desse prisma é:

$$V_{prisma} = A_b \cdot h \Rightarrow V_{prisma} = 30 \cdot 10 \Rightarrow V_{prisma} = 300 \text{ cm}^3$$

**ER. 25** **[*DESIGN*]** Uma fábrica de iogurte decidiu lançar uma embalagem de 1 L de capacidade cujo formato é um paralelepípedo de base retangular com lados medindo 5 cm e 10 cm. Qual será, em centímetros quadrados, a quantidade do material usado nessa embalagem, considerando a espessura do material usado na sua fabricação desprezível?

**Resolução:** Note inicialmente que, como 1 L equivale a 1 dm³, a capacidade da embalagem é igual a 1.000 cm³. Assim, sendo $h$ a altura do paralelepípedo, em centímetros, temos:

**Saiba +**

*Capacidade* de um sólido é o seu volume interno.

$$1.000 = \underbrace{5 \cdot 10}_{\text{área da base}} \cdot h \Rightarrow h = \frac{1.000}{50} \Rightarrow h = 20 \text{ cm}$$

Assim, a área total é dada por:

$$A_t = 2 \cdot (5 \cdot 10 + 5 \cdot 20 + 10 \cdot 20)$$
$$A_t = 2 \cdot (50 + 100 + 200)$$
$$A_t = 700 \text{ cm}^2$$

## Exercícios Propostos

**80.** Determine o volume de um cubo cuja área total é 6 $m^2$.

**81.** **[DIVERSÃO]** Em um jogo, o dado utilizado está representado a seguir. Os buracos que indicam os números têm o formato de cubos cujas arestas medem 2 mm. Sabendo que a aresta do dado mede 2 cm, determine o volume desse dado, em milímetros cúbicos.

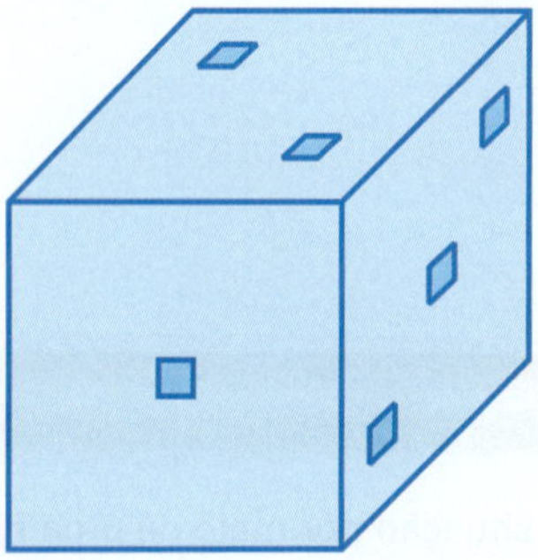

**82.** O volume de um paralelepípedo reto de base quadrada é 324 $cm^3$ e sua aresta lateral mede 4 cm. Determine o comprimento de uma aresta da base e a área total de sua superfície.

**83.** **[DECORAÇÃO]** Uma mesa de canto em uma sala tem o formato de um prisma regular de base hexagonal. Sabendo que a aresta da base mede 20 cm e a altura do prisma é 50 cm, calcule seu volume.

**84.** **[LAZER]** Uma banheira tem o formato de um paralelepípedo de altura 0,6 m no qual a base é delimitada por um retângulo de dimensões 2 m por 2,20 m. Essa banheira está com certa quantidade de água e quando uma pessoa entra nela e fica totalmente imersa, a água fica no limite de transbordamento. Sabendo que o volume da pessoa é de aproximadamente 66 L, qual era a altura aproximada do nível da água antes de ela entrar?

**85.** **[PRODUÇÃO]** Qual é a capacidade, em $m^3$, de armazenamento de um galpão com o formato do prisma reto a seguir, sabendo que todo seu volume pode ser utilizado? (Despreze a espessura das paredes.)

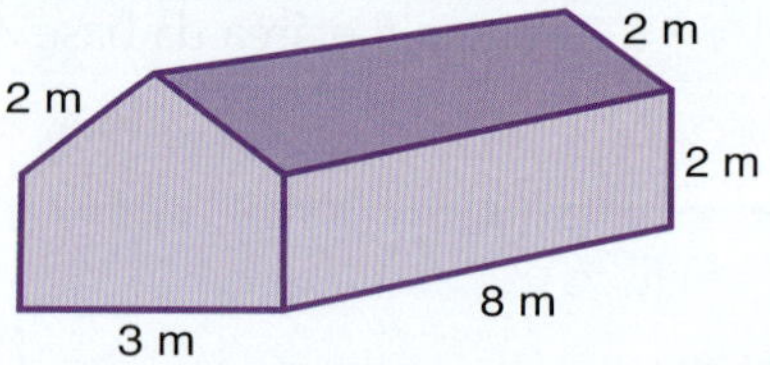


**86.** **[ARTESANATO]** Marisa faz caixas temáticas para datas comemorativas. Uma delas, como mostra a foto, tem o formato de um prisma regular. Sabendo que as arestas da base medem $4\sqrt{3}$ cm e que a área total da caixa é $288\sqrt{3}$ $cm^2$, qual é o volume que a caixa fechada ocupa?

ROBERTO G. FURTADO

**87.** **[DESIGN]** Uma caixa cúbica de madeira é usada para guardar mercadorias. Sabendo que o volume interno é 216 L e que a aresta externa mede 62 cm, calcule a espessura da madeira usada para construir essa caixa.

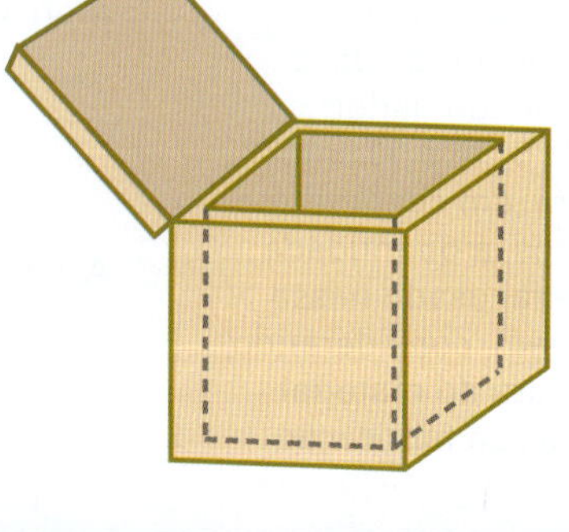

88. **[*DESIGN*]** Determine o volume de uma caixa de *pizza* sabendo que seu formato é o de um prisma regular octogonal cuja altura é 5 cm e aresta da base 10 cm.

89. Determine a razão entre os volumes de um cubo de aresta medindo $\ell$ e de um prisma regular hexagonal com medidas da aresta da base e da altura iguais a $\ell$.

90. **[ENGENHARIA]** Duas peças de metal cúbicas com arestas medindo $2\sqrt[3]{2}$ dm e $2\sqrt[3]{6}$ dm são fundidas. Com o material obtido é fabricada outra peça cúbica. Sabendo que essa nova peça sofre um banho de ouro com 1 mm de espessura, determine o volume de ouro usado nesse banho, em $cm^3$.

91. Um carpinteiro fabricou um escalímetro a partir de um prisma triangular regular cujas arestas da base medem 2 cm. Do prisma foram retirados outros três prismas equivalentes retos de bases triangulares equivalentes entre si. Calcule o volume desse escalímetro, sabendo que seu comprimento é 36 cm e que uma de suas vistas está representada a seguir.

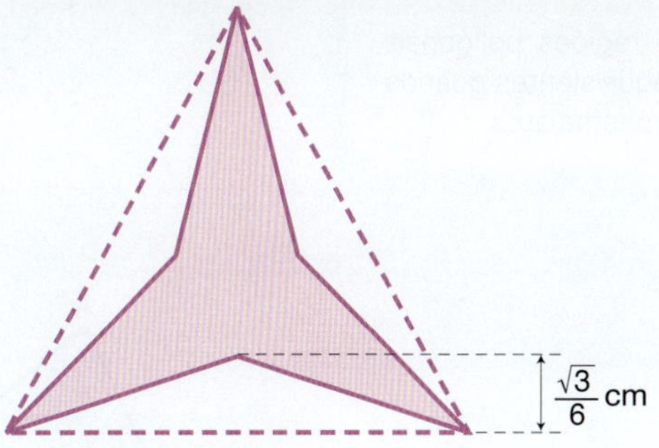


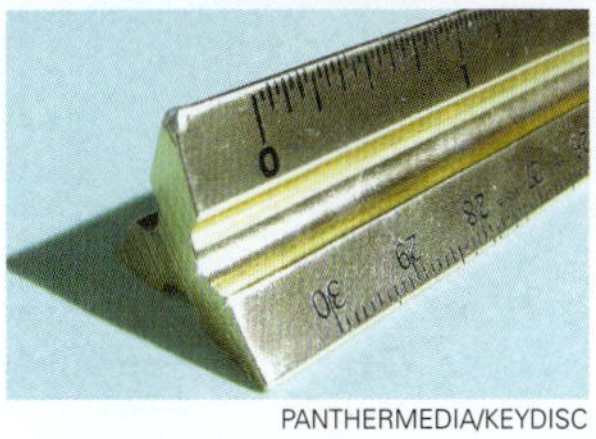
PANTHERMEDIA/KEYDISC

O escalímetro é um instrumento usado em Engenharia e Arquitetura, que auxilia na leitura de medidas de plantas em diversas escalas, nos informando diretamente a medida real.

92. Os números que expressam as dimensões de um paralelepípedo, em uma mesma unidade, formam uma PG cuja soma dos termos é 14 e o produto é 64. Calcule o volume desse sólido.

## O volume de uma pirâmide

Ao compararmos um prisma e uma pirâmide de bases congruentes e mesma altura, é fácil perceber que o volume da pirâmide é menor que o do prisma, pois a pirâmide vai se "afunilando" da base para o vértice que não está na base.

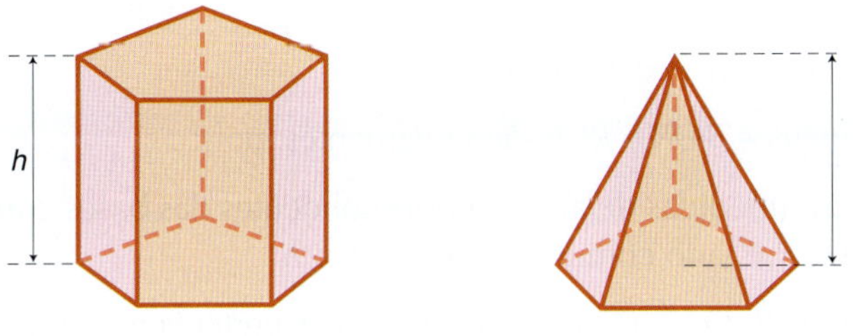


Assim, sendo $A_b$ a área da base do prisma e da pirâmide, podemos exprimir a seguinte relação:

$$V_{\text{pirâmide}} < V_{\text{prisma}} \Rightarrow V_{\text{pirâmide}} < A_b \cdot h$$

Para obter o volume de uma pirâmide, vamos utilizar uma propriedade que pode ser provada a partir do princípio de Cavalieri.

> Duas pirâmides que têm mesma altura e possuem bases determinadas por polígonos equivalentes têm volumes iguais.

Usando essa propriedade vamos determinar inicialmente o volume de uma pirâmide de base triangular.

Para isso, tomemos um prisma de base triangular. Seccionamos o prisma de modo a produzir as pirâmides I, II e III, como mostram as figuras a seguir.

**Recorde**

Duas regiões poligonais são equivalentes quando têm mesma área.

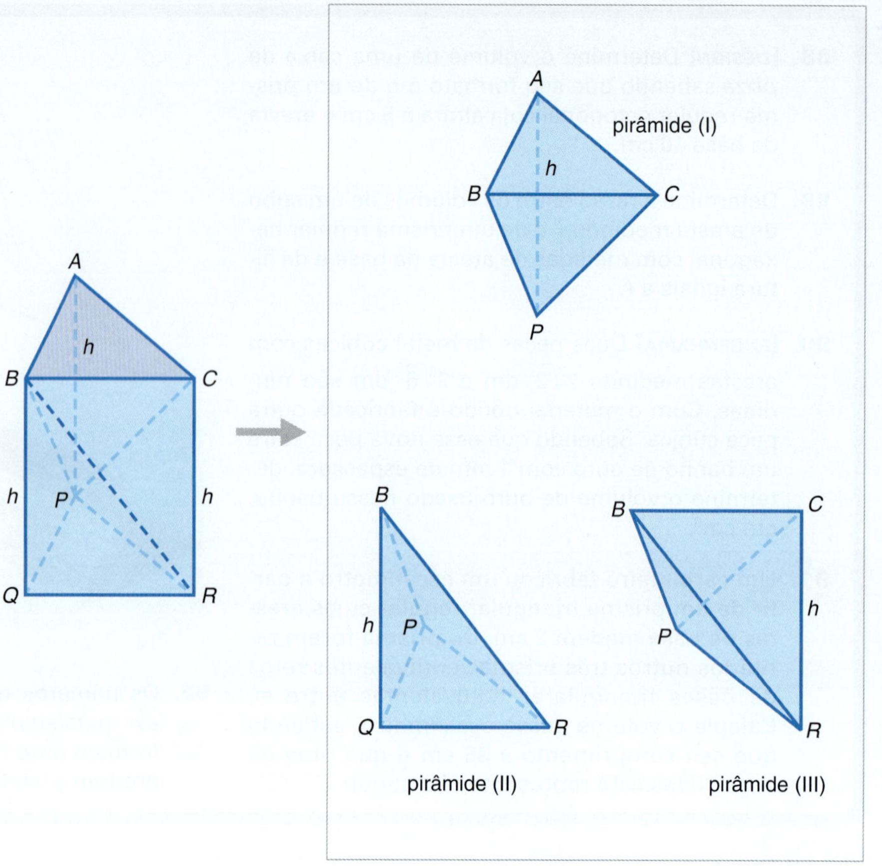


Vamos verificar que essas três pirâmides têm volumes iguais.

- Repare que as regiões triangulares $ABC$ e $PQR$ são equivalentes, pois são bases do prisma. Assim, as *pirâmides I e II têm volumes iguais*, pois ambas têm altura $h$ e bases determinadas pelos triângulos $ABC$ e $PQR$, respectivamente.
- Vamos fazer algumas considerações:

  ① Os triângulos $BQR$ e $RCB$ são congruentes, pois:

  $QR = BC$ (medidas de arestas correspondentes das bases congruentes do prisma) $\overline{BR}$ é lado comum e $BQ = CR = h$

  ② Os pontos $B$, $Q$, $R$, $C$ são coplanares, pois pertencem a uma mesma face do prisma.

  Para a pirâmide II, vamos tomar como base a face triangular $BQR$ e como altura a distância de $P$ ao plano que contém essa base ($BQR$).

  Para a pirâmide III, vamos tomar como base a face triangular $RCB$ e como altura a distância de $P$ ao plano que contém essa base ($RCB$).

  Por ① e ②, verificamos que as pirâmides II e III têm como base regiões poligonais equivalentes e têm mesma altura, dada pela distância do ponto $P$ ao plano que contém a face $BQRC$ do prisma. Logo, as *pirâmides II e III têm volumes iguais*.

Observando ainda que a altura $h$ do prisma também é a altura das três pirâmides, podemos concluir que o volume $V_{\text{pirâmide(triangular)}}$ de cada pirâmide triangular obtida é:

$$V_{\text{pirâmide(triangular)}} = V_{\text{I}} = V_{\text{II}} = V_{\text{III}}$$

Como justapondo as três pirâmides obtemos novamente o prisma, também podemos concluir que:

$$V_{prisma} = V_I + V_{II} + V_{III}$$

$$V_{prisma} = 3 \cdot V_{pirâmide(triangular)}$$

$$A_b \cdot h = 3 \cdot V_{pirâmide(triangular)}$$

$$V_{pirâmide(triangular)} = \frac{1}{3} \cdot A_b \cdot h$$

Assim, o volume de cada uma dessas pirâmides é a terça parte do volume do prisma.

Demonstra-se que o volume de uma pirâmide triangular qualquer é a terça parte do produto da área de sua base pela sua altura, isto é:

$$V_{pirâmide(triangular)} = \frac{1}{3} \cdot A_b \cdot h$$

Agora, vamos generalizar a relação obtida para uma pirâmide qualquer.

No caso de uma pirâmide de base com $n$ arestas ($n > 3$) essa relação também é válida, já que podemos decompor a base da pirâmide em $(n - 2)$ triângulos, obtendo, assim, $(n - 2)$ pirâmides triangulares justapostas. Veja um exemplo.

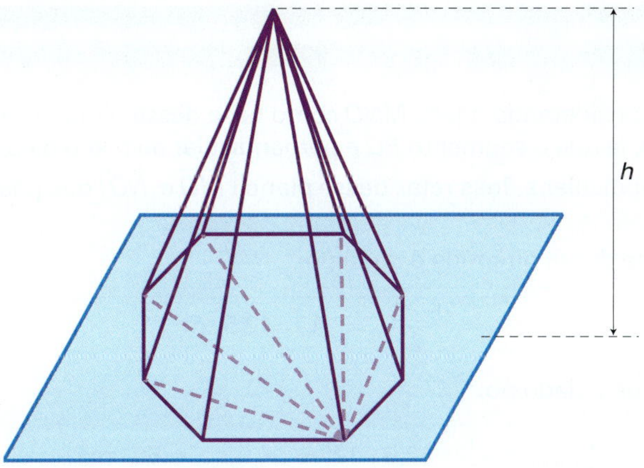


- pirâmide octogonal: $n = 8$
- triângulos que compõem a base: $n - 2 = 6$
- pirâmides triangulares: $n - 2 = 6$

No caso de uma pirâmide qualquer, de altura $h$ e base com área $A_b$, decompomos sua base em $(n - 2)$ triângulos de áreas $A_1$, $A_2$, $A_3$, ..., $A_{n-2}$, obtendo, assim, $(n - 2)$ pirâmides triangulares de altura $h$.

Como o volume da pirâmide inicial é dado pela soma dos volumes das $(n - 2)$ pirâmides que a compõem, temos:

$$V_{pirâmide} = \frac{1}{3}A_1h + \frac{1}{3}A_2h + \frac{1}{3}A_3h + .... + \frac{1}{3}A_{n-2}h$$

$$V_{pirâmide} = \frac{1}{3}h(A_1 + A_2 + A_3 + ... + A_{n-2}) = \frac{1}{3}hA_b$$

$$V_{pirâmide} = \frac{1}{3} \cdot A_b \cdot h$$

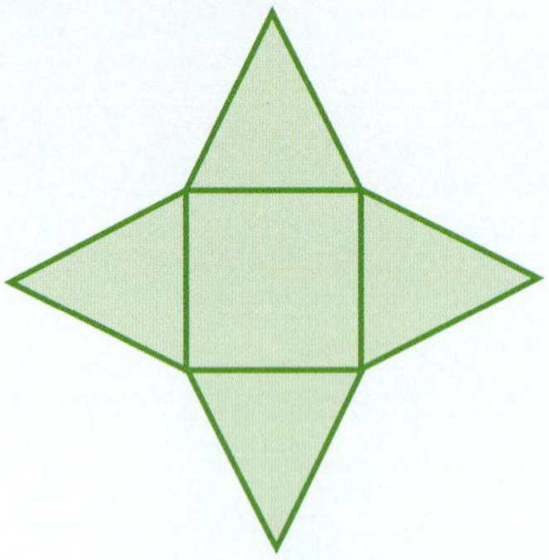

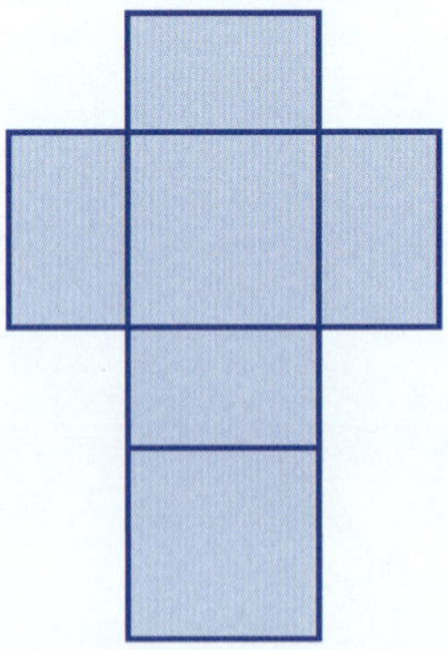

### Observação

Uma experiência que se pode fazer para constatar a relação entre os volumes de um prisma e de uma pirâmide com bases equivalentes e mesma altura é a seguinte:

- Construímos, em cartolina, uma pirâmide e um prisma, ambos de mesma altura e de bases quadradas de mesma área, como mostram as planificações ao lado.
- Em seguida, enchemos completamente a pirâmide de areia e despejamos essa areia no prisma.
- Repetimos esse procedimento até preencher completamente o prisma com areia.
- Com isso, é possível verificar que são necessárias 3 pirâmides cheias de areia para preencher o prisma, de onde se conclui que o volume da pirâmide é $\frac{1}{3}$ do volume do prisma.
- Como o volume do prisma em questão é $A_b \cdot h$, o volume da pirâmide é $\frac{1}{3} \cdot A_b \cdot h$.

## Exercícios Resolvidos

**ER. 26** O contorno de cada face de uma pirâmide triangular é um triângulo retângulo, como mostra a figura. Calcule o volume dessa pirâmide, considerando as medidas dadas em centímetros.

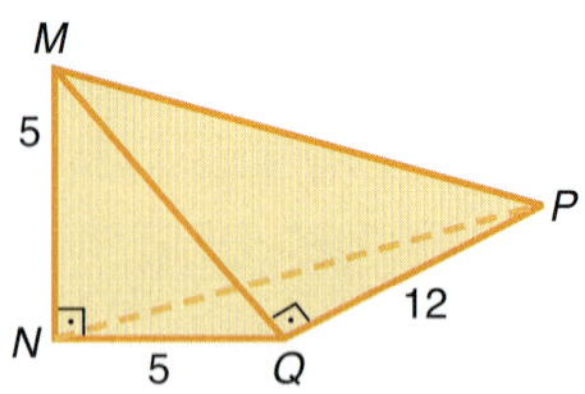


**Resolução:** Considerando a face $MNQ$ como base dessa pirâmide, sua altura é $QP = 12$ cm, já que o segmento $\overline{PQ}$ é perpendicular ao plano da base $MNQ$, por ser perpendicular a duas retas desse plano $\left(\overleftrightarrow{MQ} \text{ e } \overleftrightarrow{NQ}\right)$ que passam pelo seu ponto $Q$.

A área da base dessa pirâmide é dada por:

$$A_b = \frac{5 \cdot 5}{2} \Rightarrow A_b = 12{,}5 \text{ cm}^2$$

Logo, o volume é dado por:

$$V_{\text{pirâmide}} = \frac{1}{3} \cdot 12{,}5 \cdot 12 \Rightarrow V_{\text{pirâmide}} = 50 \text{ cm}^3$$

**ER. 27** **[Artes]** Em uma peça de cristal com o formato de um cubo será gravado a *laser* um holograma na forma de um octaedro regular. Sabendo que o volume do cubo é 64 dm³, calcule a medida da aresta desse octaedro.

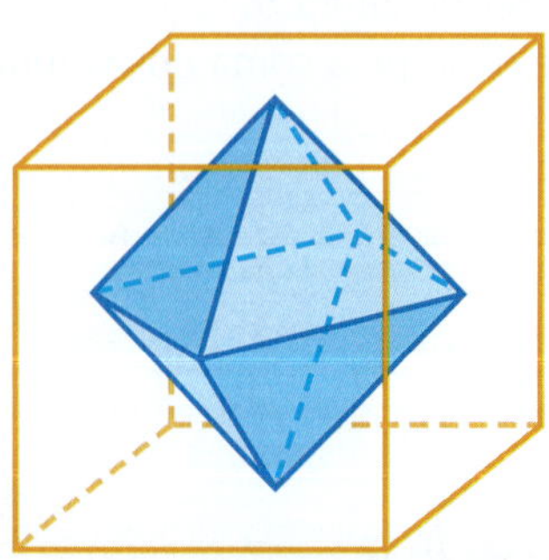

**Resolução:** Já que temos $V_{cubo} = 64\ dm^3$, podemos encontrar a medida $a$ de sua aresta:

$$V_{cubo} = a^3 \Rightarrow 64 = a^3 \Rightarrow a = 4\ dm$$

Observemos a seguinte secção do cubo obtida pelo plano $\alpha$:

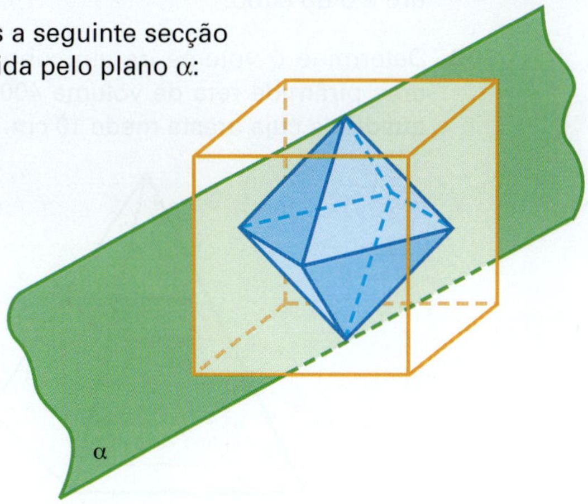


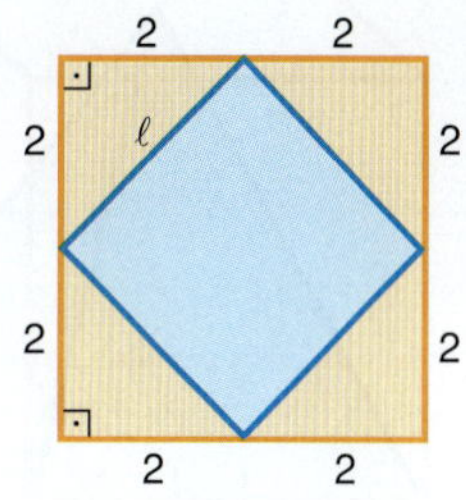


Como $\ell$ é a medida da aresta do octaedro, temos que:

$$\ell^2 = 2^2 + 2^2 = 8 \Rightarrow \ell = 2\sqrt{2}\ dm$$

## Exercícios Propostos

**93.** Determine o volume de uma pirâmide regular:

a) de base quadrada, com aresta da base medindo 8 dm e apótema da pirâmide medindo 5 dm;

b) de base hexagonal, altura de 6 cm e aresta da base medindo 4 cm.

**94.** **[AGRICULTURA]** Em uma fazenda, os grãos produzidos foram guardados em três recipientes iguais, no formato de pirâmides retas de base quadrada com a medida da aresta da base igual à altura da pirâmide. Ao final da colheita, esses grãos foram transferidos para um outro recipiente no formato cúbico com volume de 216 $m^3$. Qual é a medida da aresta lateral de cada uma dessas pirâmides?

**95.** Qual é o volume de uma pirâmide reta de base quadrangular regular em que todas as suas arestas medem 1 cm?

**96.** Determine o volume de um sólido formado por um cubo, de 5 cm de aresta, e quatro pirâmides regulares idênticas, com 6 cm de altura, como mostra a figura:

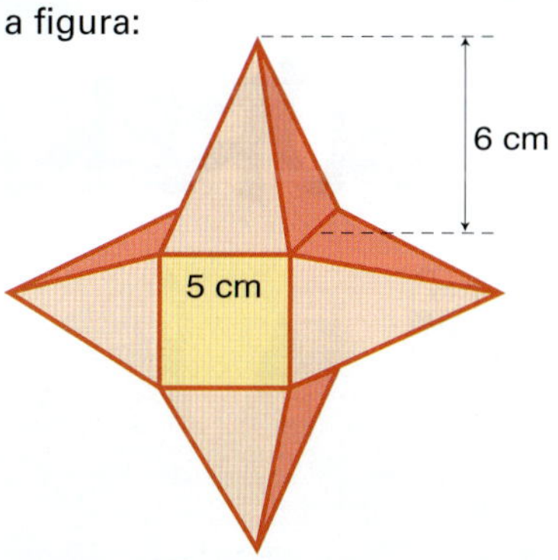


**97.** **[DECORAÇÃO]** Um peso de papel em acrílico é projetado seccionando-se um paralelepípedo reto de base quadrada de modo que a secção obtida seja delimitada por um triângulo equilátero, conforme mostra a figura a seguir. Determine o volume da peça sabendo que as dimensões do paralelepípedo são 6 cm, 6 cm e 7 cm.

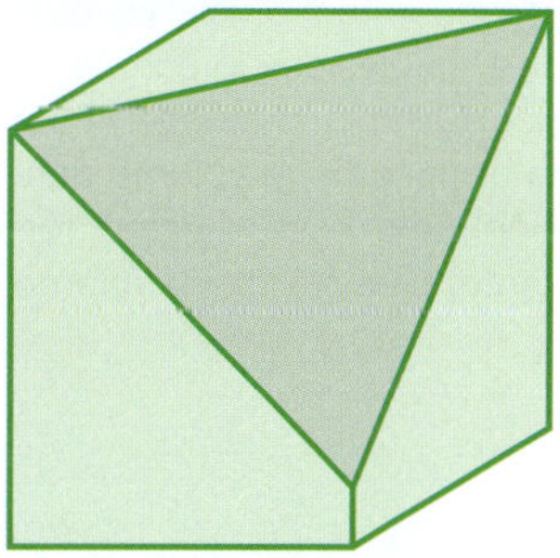

**98.** **[*DESIGN*]** Uma peça tem a forma de uma pirâmide. Para fabricar a superfície lateral dessa peça, cortam-se 6 regiões triangulares isósceles de lados congruentes com 10 cm e base 6 cm. Qual é o volume desse sólido?

**99.** **[*DESIGN*]** Uma embalagem plástica feita para um novo cosmético terá o formato de um octaedro regular com 216 mL. Determine o valor aproximado da medida da aresta desse sólido. (Use $\sqrt[6]{2} = 1{,}12$ e $\sqrt[3]{3} = 1{,}44$.)

**100.** Determine a área total e o volume de um tetraedro regular de aresta medindo $\ell$.

101. Uma pirâmide reta de base quadrada foi inserida "sem folga" em cubo de aresta 2 dm, como mostra a figura:

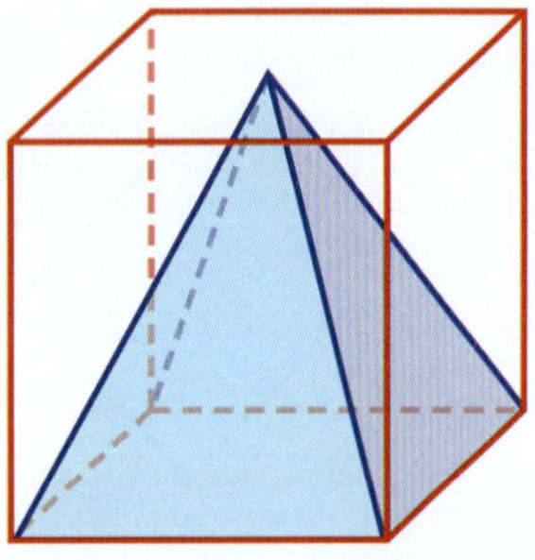

a) Qual é a altura dessa pirâmide?
b) Calcule o volume da parte do cubo que não contém a pirâmide.

102. Um octaedro regular está inscrito em um cubo. Determine a razão entre o volume desse octaedro e o do cubo.

103. Determine o volume de um cubo inscrito em uma pirâmide reta de volume 400 cm$^3$ e base quadrada cuja aresta mede 10 cm.

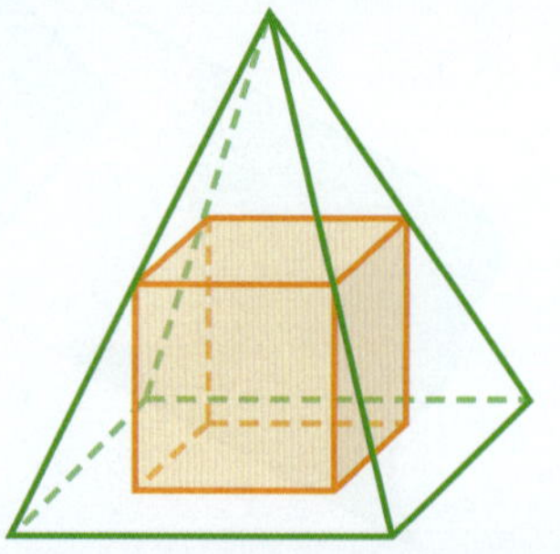

## Conheça mais...

Já vimos fórmulas para determinar os volumes de um prisma e de uma pirâmide. Contudo, determinar o volume de sólidos cujo formato é *irregular* como, por exemplo, uma coroa real pode ser extremamente difícil.

Uma solução para esse problema foi proposta por Arquimedes de Siracusa (287-212 a.C.). Ele notou o seguinte fato:

Um objeto completamente mergulhado em um tanque tem o volume igual ao volume de água deslocado por ele.

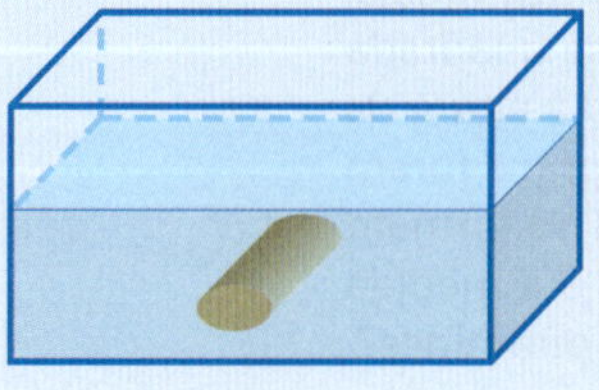

Caso, por exemplo, o tanque tenha o formato de um prisma, o volume deslocado também terá esse mesmo formato e, portanto, para calcular o volume da coroa, basta calcular o volume do prisma que corresponde à água deslocada.

A partir dessa mesma situação, Arquimedes obteve resultados que são estudados na Física até hoje! Infelizmente, sua vida teve um fim trágico. Conta a história que após um cerco romano ao qual Siracusa resistiu, bravamente, o quanto pode, ele foi assassinado por um soldado romano enquanto andava distraído com problemas matemáticos. Dizem também que ele teve a ideia para o cálculo do volume da coroa enquanto tomava banho em uma banheira e, de tão contente, saiu nu pelas ruas da cidade gritando *Eureka*! *Eureka*!, que em grego quer dizer "Descobri!".

## Tronco de pirâmide de bases paralelas

Depois de ter estudado esses dois grupos especiais de poliedros — os prismas e as pirâmides —, você pode se perguntar sobre um tipo muito comum de sólido que você vê ao seu redor e agora já sabe que, apesar de ser um poliedro, não é prisma nem pirâmide.

Se você observar melhor os objetos que têm esse formato característico, pode imaginar as arestas laterais sendo prolongadas e, assim, perceber que elas se encontram em um único ponto, obtendo assim, uma pirâmide. Esse tipo de sólido é chamado **tronco de pirâmide**. Vamos estudar agora apenas os troncos de pirâmide de bases paralelas.

Considere uma pirâmide reta de vértice $V$, ilustrada a seguir. Seccionando essa pirâmide por um plano paralelo à sua base obtemos, além de uma pirâmide menor que a dada originalmente, outro sólido que é um tronco de pirâmide.

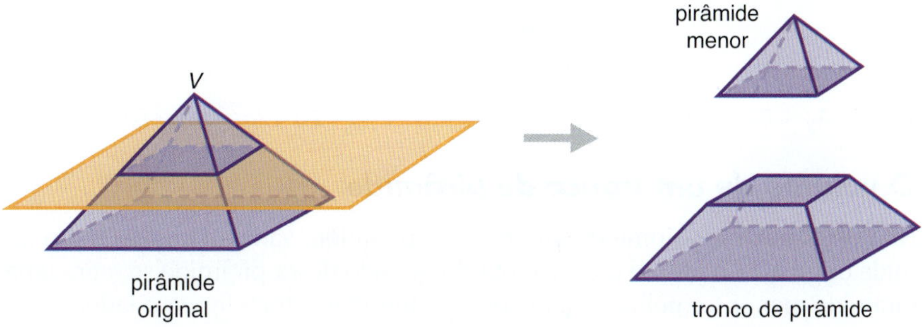


**Saiba +**

Na obtenção de um tronco de pirâmide, a pirâmide original e a menor são semelhantes.

Note que as faces laterais do tronco têm formato de trapézio e sua área lateral é a soma das áreas dessas faces laterais trapezoidais. Assim, sendo $A_B$ e $A_b$ as áreas das bases maior e menor desse tronco, sua área total é dada por:

$$A_t = A_\ell + A_B + A_b$$

A grande pirâmide de Chickén-Itzá, também conhecida como pirâmide de Kukulcán, construída no México no século XII, é um exemplo da arquitetura maia. Repare que, na verdade, trata-se de um tronco de pirâmide encimado por um grande templo em formato de paralelepípedo.

Caso as bases sejam determinadas por polígonos regulares, esse sólido é denominado **tronco de pirâmide regular**.

Nessas condições, cada face lateral tem o formato de um trapézio isósceles e são todas congruentes entre si. Desse modo, veja como podemos encontrar as áreas laterais e total desse tronco.

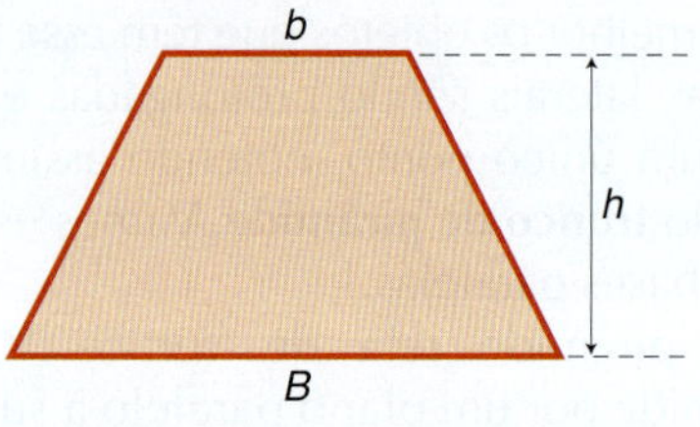


- $A_{face} = A_{trapézio} = \dfrac{(B + b) \cdot h_{face}}{2}$
- $A_\ell = n \cdot A_{face} = n \cdot \dfrac{(B + b) \cdot h_{face}}{2}$
- $A_t = A_B + A_b + A_\ell$

## *O volume de um tronco de pirâmide*

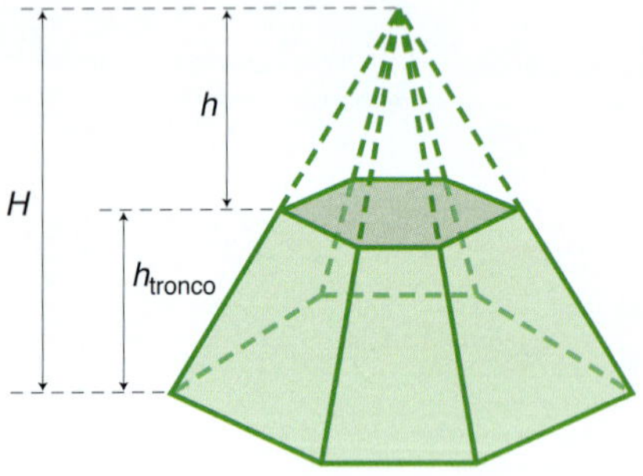


Para determinar o volume de um troco de pirâmide, vamos considerar a pirâmide original (a maior) e o tronco obtido quando dessa pirâmide se retira uma pirâmide menor (semelhante à maior), conforme mostra a figura o lado.

Vamos fazer as seguintes indicações:

- área da base maior do tronco: $A_B$
- área da base menor do tronco: $A_b$
- altura do tronco: $h_{tronco}$
- volume do tronco de pirâmide: $V_{tronco}$

Podemos notar também que a pirâmide maior, cuja área da base é $A_B$, tem altura $H$. Sendo assim, a altura $h$ da pirâmide menor é dada por:

$$h = H - h_{tronco}$$

Pela figura, também observamos que o volume do tronco de pirâmide pode ser obtido pela diferença entre os volumes das pirâmides maior e menor:

$$V_{tronco} = V_{pirâmide(maior)} - V_{pirâmide(menor)}$$

$$V_{tronco} = \frac{1}{3} \cdot A_B \cdot H - \frac{1}{3} \cdot A_b \cdot (H - h_{tronco})$$

$$V_{tronco} = \frac{1}{3} \cdot A_B \cdot H - \frac{1}{3} \cdot A_b \cdot H - \frac{1}{3} \cdot A_b \cdot h_{tronco}$$

$$V_{tronco} = \frac{1}{3} \cdot H \cdot (A_B - A_b) - \frac{1}{3} \cdot A_b \cdot h_{tronco}$$

$$V_{tronco} = \frac{1}{3} \cdot [H \cdot (A_B - A_b) - A_b \cdot h_{tronco}]$$

Também demonstra-se que o volume de um tronco de pirâmide de altura $h_{tronco}$, áreas das bases paralelas $A_B$ (maior) e $A_b$ (menor) pode ser dado por:

$$V_{tronco} = \frac{h_{tronco}}{3} \cdot \left(A_B + \sqrt{A_B \cdot A_b} + A_b\right)$$

## Exercício Resolvido

**ER. 28** Determine a área total e o volume de um tronco de pirâmide obtido pela secção a 4 dm do vértice de uma pirâmide regular de base quadrangular com aresta da base medindo 9 dm e altura da pirâmide de 6 dm.

**Resolução:** Do enunciado, temos a figura:

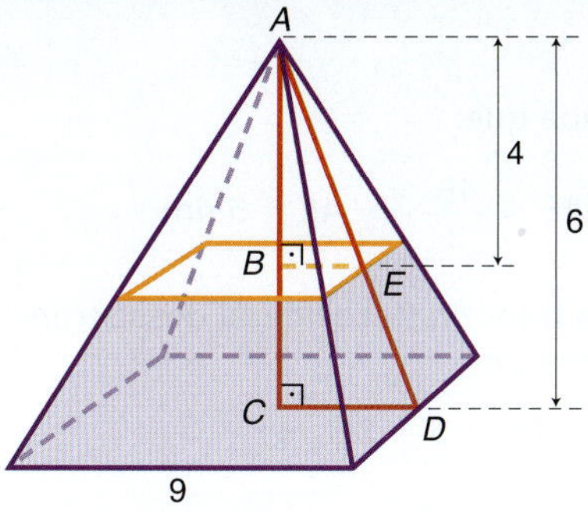


> **Faça**
>
> Justifique o fato de os triângulos *ABE* e *ACD* serem semelhantes.

Os triângulos *ABE* e *ACD* são semelhantes. Daí, vem:

$$\frac{BE}{CD} = \frac{AB}{AC} \Rightarrow \frac{BE}{4{,}5} = \frac{4}{6} \Rightarrow BE = 3 \text{ dm}$$

Desse modo, a aresta da base menor do tronco mede 6 cm.

Para obter o volume do tronco, vamos calcular a diferença entre o volume da pirâmide original e o da pirâmide menor:

$$V_{tronco} = V_{pirâmide(original)} \quad V_{pirâmide(menor)}$$

$$V_{tronco} = \frac{1}{3} \cdot 9^2 \cdot 6 - \frac{1}{3} \cdot 6^2 \cdot 4 = 27 \cdot 6 - 12 \cdot 4$$

$$V_{tronco} = 162 - 48$$

$$V_{tronco} = 114 \text{ dm}^3$$

A área total do tronco de pirâmide é a área de sua superfície. Sendo assim, é dada pela soma da área $A_B$ de sua base maior com a área $A_b$ de sua área menor e com a sua área lateral $A_\ell$, que por sua vez é a soma das áreas de suas faces laterais trapezoidais.

Como a pirâmide que deu origem ao tronco é regular de base quadrada, todas as faces laterais são determinadas por trapézios isósceles congruentes, ou seja, todas as faces laterais têm mesma área, que indicaremos por $A_{trapézio}$.

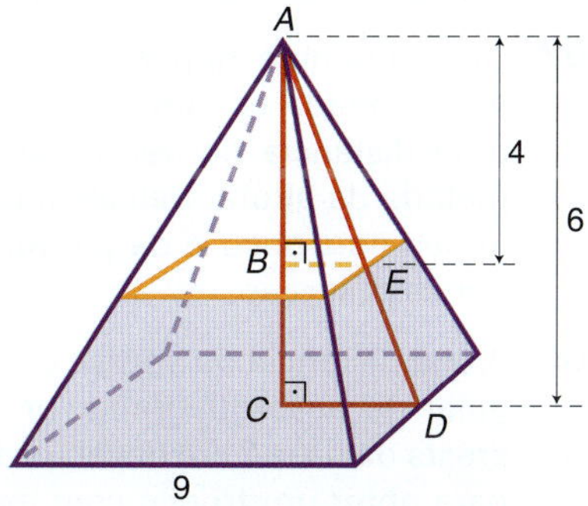


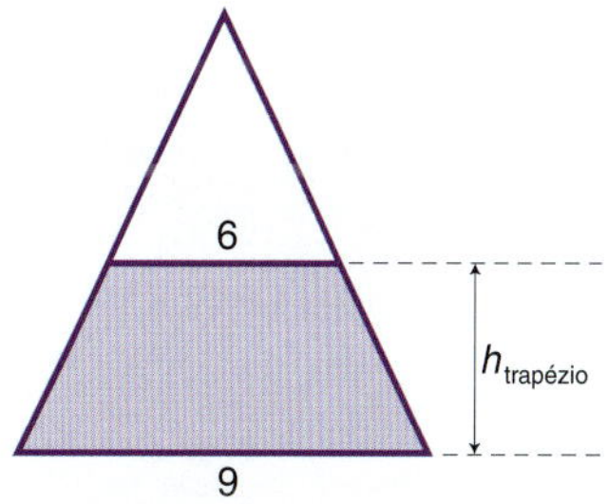

Observando a figura da esquerda, verificamos que $AD$ é a medida do apótema da pirâmide original, e que pode ser encontrada aplicando-se o teorema de Pitágoras ao triângulo $ADC$, cujos catetos medem 6 dm e 4,5 dm.

$$(AD)^2 = 6^2 + \left(\frac{9}{2}\right)^2 \Rightarrow (AD)^2 = 36 + \frac{81}{4} \Rightarrow (AD)^2 = \frac{144}{4} + \frac{81}{4} \Rightarrow$$

$$\Rightarrow (AD)^2 = \frac{225}{4} \Rightarrow AD = \sqrt{\frac{225}{4}} \text{ (pois } AD > 0) \Rightarrow AD = \frac{15}{2} \Rightarrow$$

$$\Rightarrow AD = 7{,}5 \text{ dm}$$

Da semelhança dos triângulos $ABE$ e $ACD$, concluímos ainda que:

$$\frac{AE}{AD} = \frac{AB}{AC} \Rightarrow \frac{AE}{7{,}5} = \frac{4}{6} \Rightarrow AE = \frac{15}{3} \Rightarrow AE = 5 \text{ dm}$$

Pela figura da direita, podemos notar que as bases de cada trapézio (face lateral desse tronco) medem 6 dm e 9 dm, enquanto a medida $h_{\text{trapézio}}$ de sua altura pode ser dada por:

$$h_{\text{trapézio}} = ED = AD - AE = 7{,}5 - 5 = 2{,}5 \Rightarrow$$
$$\Rightarrow h_{\text{trapézio}} = 2{,}5 \text{ dm}$$

Assim, a área total $A_t$ desse tronco de pirâmide, cujas bases paralelas são quadradas, é dada por:

$$A_t = A_B + A_b + 4 \cdot A_{\text{trapézio}}$$
$$A_t = 9^2 + 6^2 + 4 \cdot \frac{(9 + 6) \cdot 2{,}5}{2}$$
$$A_t = 117 + 2 \cdot 15 \cdot 2{,}5$$
$$A_t = 117 + 75$$
$$A_t = 192 \text{ dm}^2$$

**Recorde**

A área de um trapézio cujas bases medem $B$ e $b$ e tem altura $h$ é dada por:

$$A = \frac{(B + b) \cdot h}{2}$$

Logo, a área total desse tronco é 192 dm² e seu volume é 114 dm³.

## Exercícios Propostos

**104.** Determine a área total e o volume de um tronco obtido a partir de uma pirâmide regular de altura 8 cm e base hexagonal com a aresta medindo 6 cm por uma secção plana a 4 cm de seu vértice.

**105.** **[Artes]** Um suporte de bronze para uma escultura será construído a partir da sobreposição de dois troncos de pirâmide equivalentes, como a figura a seguir.

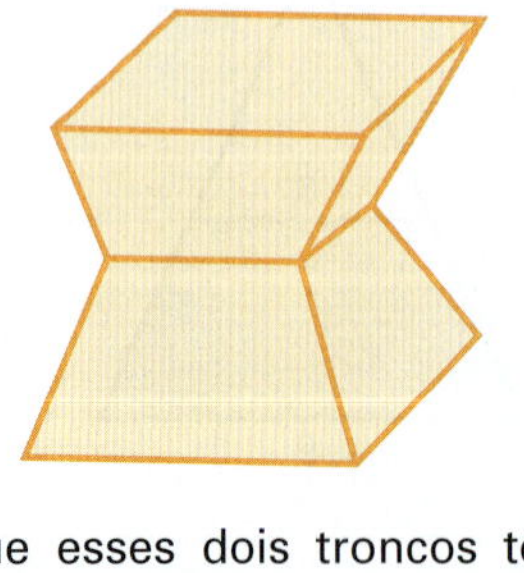

Sabendo que esses dois troncos têm bases quadradas cujas arestas medem 4 dm e 3 dm e que a altura do suporte é 6 dm, determine o volume de bronze necessário para produzir esse suporte.

**106.** Um tronco de pirâmide com bases quadradas possui volume 28. Sabendo que a área da base maior é o quádruplo da área menor e que a altura do tronco é 3, calcule as medidas das arestas das bases e da aresta lateral desse tronco.

**107.** Uma pirâmide regular de base quadrangular é seccionada por um plano paralelo à base a uma distância do vértice que corresponde a metade da altura. Calcule a razão entre os volumes do tronco e da pirâmide menor obtida por essa secção.

**108.** A que distância do vértice de uma pirâmide regular de base quadrangular de altura 2 cm e aresta da base 2 cm devemos fazer uma secção para obter um tronco com metade do volume da pirâmide original?

## Encare Essa!

1. (Fuvest – SP) A figura representa uma pirâmide *ABCDE*, cuja base é o retângulo *ABCD*. Sabe-se que:

$$AB = CD = \frac{\sqrt{3}}{2}$$

$$AD = BC = AE = BE = CE = DE = 1$$

$$AP = DQ = \frac{1}{2}$$

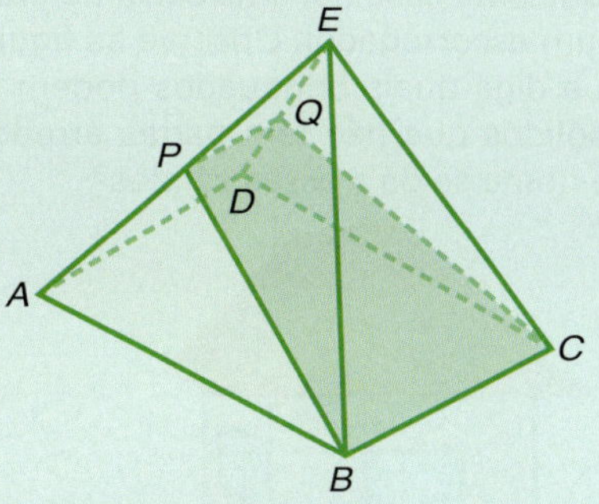


Nessas condições, determine:

a) a medida de $\overline{BP}$;

b) a área do trapézio *BCQP*;

c) o volume da pirâmide *BPQCE*.

2. (ITA – SP) Considere uma pirâmide regular de altura igual a 5 cm e cuja base é formada por um quadrado de área igual a 8 cm$^2$. A distância de cada face dessa pirâmide ao centro de sua base, em cm, é igual a:

a) $\frac{\sqrt{15}}{3}$ b) $\frac{5\sqrt{6}}{9}$ c) $\frac{4\sqrt{3}}{5}$ d) $\frac{7}{5}$ e) $\sqrt{3}$

## História & Matemática

As formas poliédricas aparecem na Natureza e em expressões criativas do ser humano desde a Antiguidade. Elas podem modelar diversos objetos, como estruturas de cristais, e exercem grande importância na Matemática bem como nas Artes, incluindo a Arquitetura. Um exemplo clássico ocorre nas famosas pirâmides da civilização egípcia, que datam de aproximadamente 2700 a.C. Nesse caso, trata-se de estruturas construídas em pedra com base retangular e faces triangulares. Muito depois, decidiu-se teorizar matematicamente tais formas geométricas no que viria a se chamar o objeto matemático *poliedro*, cujas caraterísticas sempre instigaram os matemáticos até os dias de hoje. Como objeto matemático, os poliedros, e em particular os denominados *poliedros regulares* — tetraedro, cubo, octaedro, dodecaedro e icosaedro (todos regulares) —, despertaram o interesse de diversos teóricos da Antiguidade grega. Por exemplo, os pitagóricos já haviam estudado o tetraedro, o cubo e o dodecaedro e o matemático grego Teaetetus (417-369 a.C.) pesquisou as propriedades do octaedro e do icosaedro.

Coube ao matemático grego Euclides sistematizar no livro XIII de sua famosa obra *Os Elementos* os poliedros regulares, por ele denominados *sólidos de Platão*, descrevendo suas propriedades e demonstrando que tais poliedros caracterizados por certas simetrias eram apenas cinco. Depois de Euclides, outros matemáticos gregos como Arquimedes (287-212 a.C.) e Papus (290--350 d.C.) revelaram interesse pelos poliedros, estabelecendo e demonstrando propriedades inerentes a eles. Por exemplo, Papus, na sua obra *Coleção Matemática*, demonstra como cada um dos cinco poliedros regulares pode ser inscrito em uma esfera.

A partir do Renascimento, muitos teóricos, tais como René Descartes, Johannes Kepler e Leonhard Euler, estudaram tais objetos matemáticos. Cabe ressaltar a contribuição de Descartes e Euler para o importante teorema que leva o nome deste último. O teorema de Euler afirma que o número de vértices somados ao número de faces em um poliedro convexo é igual ao número de arestas mais 2. Desde então, diversos matemáticos continuaram o estudo de poliedros abstraindo tal conceito e suas propriedades.

É importante, ainda, mencionar que formas mais notáveis de poliedros fascinaram mentes não apenas de grandes matemáticos, mas também de artistas renascentistas, tais como o alemão Albrecht Dürer (1471--1528) e o veneziano Jacopo de Barbari (1440-1515), até pintores do século XX, como o surrealista espanhol Salvador Dali (1904-1989) e Maurits Cornelis Escher (1898-1972), que procuraram incorporar tais formas geométricas em suas artes.

### Reflexão e ação

Atualmente, além do dado tradicional, que é um hexaedro regular (cubo), existem outros tipos de dados que são muito utilizados nos RPG's (*Role Playing Games*) — jogos com regras dinâmicas que deram origem a filmes como *Dungeons & Dragons* e *Senhor dos Anéis*. Nesses jogos são usados dados cujos formatos são de diferentes poliedros, contudo, todos eles são construídos de modo que todas as faces de um mesmo dado sejam figuras congruentes. Faça uma pesquisa e diga quais são os principais tipos de dados com formato poliédrico que existem. Discuta com seus colegas porque esses são os formatos escolhidos.

## Atividades de Revisão

1. **[DIVERSÃO]** Em um *playground* de um prédio são colocados uma casinha, uma caixa de areia, um tubo e um escorregador. Observe as figuras ilustrativas e diga quais brinquedos podem representar sólidos que não têm partes arredondadas. Que nome se dá a esses sólidos?

PANTHERMEDIA/KEYDISC

2. Identifique o número ($F$) de faces, o número ($A$) de arestas e o número ($V$) de vértices de cada poliedro representado a seguir.

a)

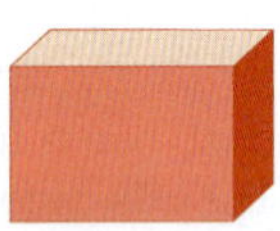

c)

b)

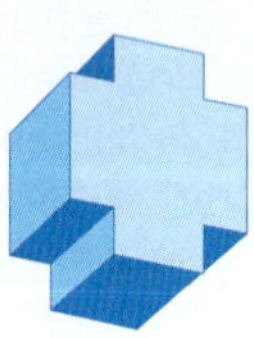

d)

3. Identifique quais dos poliedros da questão anterior são convexos.

4. **[DECORAÇÃO]** Maria enfeita caixinhas de presente. Ela deve colocar um lacinho em cada aresta da caixa representada abaixo. Quantos lacinhos ela vai precisar?

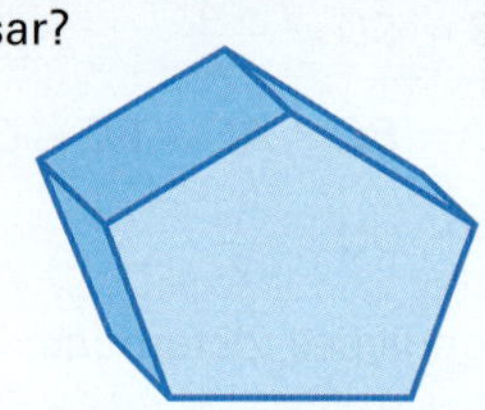

5. Em um poliedro convexo, o número de vértices é igual ao número de arestas menos 10. Determine o número de faces desse poliedro.

6. **[DECORAÇÃO]** Laila está pintando uma caixa de madeira cujo formato é igual ao da figura abaixo. Ela deve colocar um adesivo em cada face da caixa. Quantos adesivos são necessários?

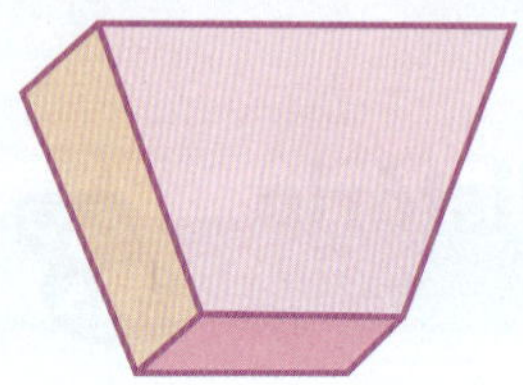

7. Em um poliedro convexo com 30 arestas o número de faces é $\frac{3}{5}$ do número de vértices. Quantas são as faces?

8. Um poliedro convexo de 36 arestas. Além disso, o número de faces é igual ao número de vértices. Quantos são os vértices desse poliedro?

9. Determine a soma das medidas dos ângulos das faces de um poliedro convexo com 12 arestas, sabendo que nele o número de faces é igual ao de vértices.

10. Sabendo que um poliedro convexo possui 7 faces, sendo duas pentagonais e cinco quadrangulares, determine a soma das medidas dos ângulos das faces desse poliedro.

11. **[DECORAÇÃO]** Juliana recebeu uma encomenda de enfeites para uma convenção. Ela deve fazer 50 objetos em forma de poliedro regular com 8 faces triangulares. Ela usa nas arestas um fio de metal com 15 cm de comprimento. Quantos metros de fio de metal ela vai usar?

12. Determine a diagonal do paralelepípedo mostrado abaixo.

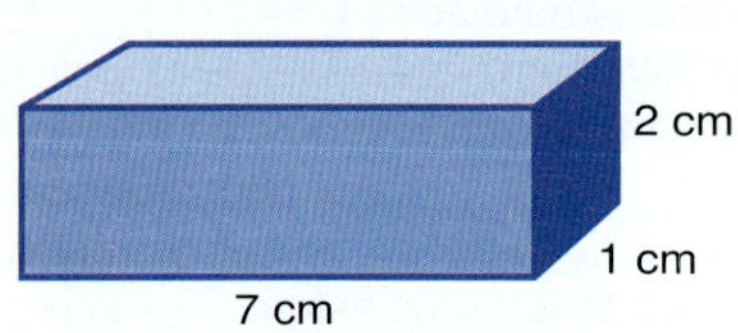

**13.** Sabendo que um cubo tem aresta de 6 cm, determine a medida de sua diagonal.

**14.** **[CULTURA]** Uma editora está preparando um dicionário de espanhol em formato de um paralelepípedo. Ele apresenta arestas medindo: 23 cm, 16 cm e 8 cm. Quantos metros quadrados de papel cartão são necessários para a capa desse dicionário, aproximadamente?

**15.** **[*DESIGN*]** A caixa de uma calculadora é um paralelepípedo cujas medidas das arestas são 16,5 cm, 12,5 cm e 3 cm. Na face superior da embalagem é reservada uma região retangular para a fotografia da calculadora. Sabendo que a foto fica centralizada e que dista 3 cm das bordas da caixa, determine a área reservada para ela.

**16.** **[PRODUÇÃO]** Uma caixa de lenços tem a forma de um paralelepípedo reto retângulo. Em duas faces paralelas da caixa há um recorte retangular de 12 cm por 7 cm em que é pregado um plástico transparente. Sabendo que para a colagem do plástico são deixados 1,5 cm a mais do que o recorte nos quatro lados do plástico, calcule quantos metros quadrados de plástico transparente são necessários para fabricar 20 dessas caixas de lenços.

**17.** **[DIVERSÃO]** Uma caixa de brinquedo tem o formato de um cubo cuja aresta mede 6 cm. Quatro faces desse cubo têm a ilustração do brinquedo, sendo reservado para ela $\frac{2}{3}$ da área da face. Qual é a área destinada à ilustração em cada uma das faces?

**18.** **[PRODUÇÃO]** Uma caixa de quebra-cabeças tem forma de um paralelepípedo reto retângulo. A caixa sai da fábrica revestida por papel celofane. Sabendo que suas dimensões são 27 cm, 19 cm e 3,5 cm, calcule quantos metros quadrados de papel celofane são necessários para revestir 10.000 caixas.

**19.** A área da superfície de um prisma reto de base quadrada é igual a 360 cm². Sabendo que a altura desse prisma é o dobro da medida da aresta de sua base, quais são as dimensões desse prisma?

**20.** Calcule a área total de um prisma reto triangular de altura 8 cm e cuja base tem 90 cm de perímetro e 450 cm² de área.

**21.** Calcule a área total de um prisma regular triangular cujas arestas da base medem 7,5 cm e cada aresta lateral mede 4,5 cm.

**22.** **[ARTESANATO]** Mateus faz caixas com todas as faces coloridas em forma de paralelepípedo reto retângulo. Ele recebeu uma encomenda para fazer 30 dessas caixas todas com as dimensões de 43 cm, 20 cm e 4 cm.

Quantos metros quadrados ele vai precisar pintar para entregar esse pedido?

**23.** **[LAZER]** Uma piscina infantil tem base retangular com 68,7 dm de comprimento e 42,5 dm de largura. Sabendo que a profundidade da piscina é de 6 dm, quantos litros de água são necessários para encher (totalmente) essa piscina?

**24.** **[ARTESANATO]** Uma fábrica de chocolate artesanal usa uma forma para fazer bombom, que é um prisma quadrangular cuja base é um trapézio isósceles. As medidas desse trapézio são 3 cm na base maior, 1,5 cm na menor e 2 cm de altura.

Sabendo que para se fazer 500 bombons são necessários 9 litros de chocolate derretido, determine a altura de cada bombom.

**25.** **[PRODUÇÃO]** Desprezando as abas para colagem, quantos metros quadrados de papelão, aproximadamente, são necessários para fazer 50.000 caixas de ração de gatos com as medidas indicadas na figura?

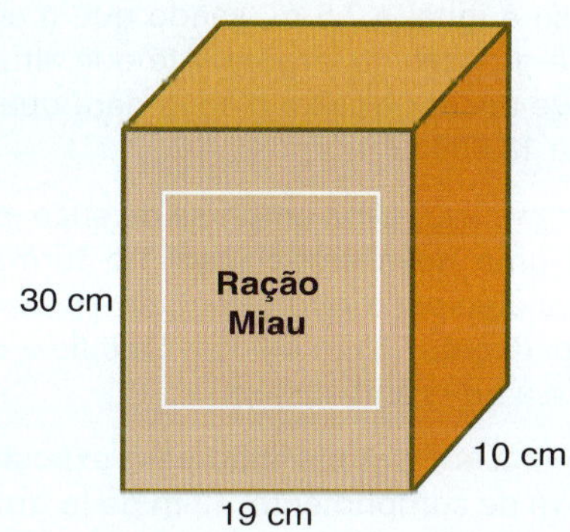


**26.** **[DECORAÇÃO]** Joyce vai revestir internamente as 6 gavetas de seu armário, com plástico autocolante. Sabendo que as dimensões internas cada gaveta são 30 cm, 19 cm e 10 cm (altura), de quantos metros quadrados de plástico autocolante ela vai precisar para revestir todas as gavetas?

**27.** **[PAISAGISMO]** Na reforma de sua casa, Clarice encomendou um canteiro para plantar flores no formato de um paralelepípedo reto retângulo com dimensões 1,30 m, 1,90 m e 0,40 m. Qual é o volume de terra necessário para encher todo o canteiro?

**28.** O volume de um cubo é 4.096 cm³. Calcule a medida de sua aresta, a medida de sua diagonal e sua área total.

**29.** **[DECORAÇÃO]** Um fabricante de velas ornamentais utiliza como molde um prisma hexagonal regular de altura 10 cm e que possui aresta da base medindo 4 cm. Quantos litros de cera derretida são necessários para fabricar 30 velas com esse molde?

**30.** Um cubo tem 150 $cm^2$ de área total. Quanto se deve aumentar a medida de sua aresta para que fique igual à medida da aresta de um cubo de 512 $cm^3$ de volume?

**31.** **[*DESIGN*]** Uma caixa de chá em pó tem a forma de um paralelepípedo reto retângulo.

a) Se as dimensões de sua base são 5 cm e 6,5 cm e 227,5 $cm^3$ de chá preenche toda a caixa, calcule a altura dessa caixa.

b) Se suas dimensões são 10,5 cm, 7 cm e 8 cm, quantas dessas caixas podem ser acondicionadas dentro de outra caixa cujas medidas são 31,5 cm, 28 cm e 16 cm?

**32.** **[TRABALHO]** Um campo tem 132 m de comprimento por 75 m de largura. Quantos metros cúbicos de areia são precisos para cobrir esse campo com uma camada de 20 cm de espessura?

**33.** **[ENGENHARIA]** Roberto vai construir uma caixa-d'água em seu sítio. Ela tem o formato de um paralelepípedo retângulo e o perímetro de sua base é igual a 7,5 m, sendo que o comprimento é o dobro da largura. Até que altura Roberto deve encher a caixa-d'água para que ela contenha 13.000 L?

**34.** **[*MARKETING*]** Uma empresa de suco está lançando uma nova embalagem no formato de um paralelepípedo reto retângulo cujas dimensões são 16 cm, 7,5 cm e 6 cm. Calcule a capacidade dessa nova embalagem.

**35.** **[TRABALHO]** Um pavilhão para exposições mede 26 m de comprimento, 13 m de largura e 5 m de altura. Sabendo que são necessários 18 $m^3$ de ar para cada pessoa, determine quantas pessoas podem entrar no pavilhão ao mesmo tempo.

**36.** Calcule o volume de um prisma triangular regular cujo perímetro da base é 18 cm e cuja medida da aresta lateral é o dobro da medida da aresta da base.

**37.** **[ARQUITETURA]** Uma maquete de uma pirâmide regular de base quadrada foi feita na escala 1 para 20. Sabendo que o volume da maquete é 4 $dm^3$, quantos metros cúbicos a pirâmide real terá?

**38.** **[JARDINAGEM]** Janaina vai plantar flores em uma jardineira que tem o formato de uma pirâmide reta de base retangular de altura 30 cm e cujas dimensões da base são 70 cm e 25 cm. Qual é o volume máximo de terra que ela pode usar?

**39.** **[ARTESANATO]** Uma pessoa que faz objetos ornamentais usa como molde uma pirâmide reta de altura 7,5 cm e base quadrada cuja aresta mede 6 cm. De quanta resina líquida essa pessoa precisará para fazer 20 moldes?

**40.** Calcule a área total e o volume de uma pirâmide regular cuja base é um quadrado de 36 cm de perímetro, sabendo que a soma das medidas das arestas laterais dessa pirâmide é igual a $\frac{4}{3}$ da soma das medidas das arestas de sua base.

**41.** **[DECORAÇÃO]** Uma peça decorativa foi produzida seccionando as arestas de um cubo sempre a 3 cm do vértice, conforme mostra a figura a seguir. Sabendo que cada aresta do cubo mede 10 cm, qual é o volume do sólido produzido?

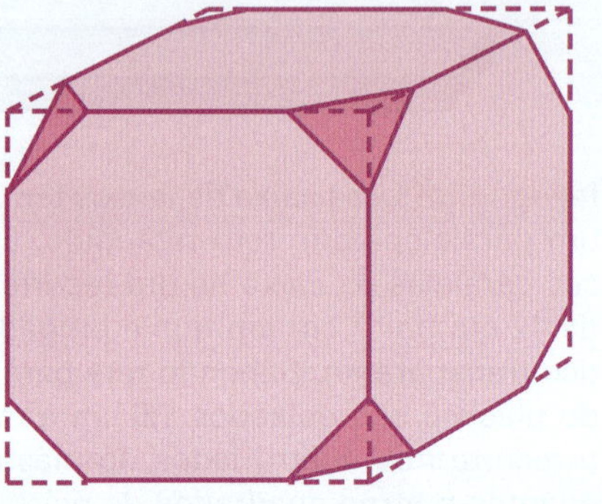

**42.** Calcule a área lateral de uma pirâmide quadrangular regular cujo apótema mede 9 m, sabendo que o apótema da base mede 7 m.

**43.** **[ARTESANATO]** Pedro faz pesos para segurar portas em forma de pirâmides de base quadrada. Sabendo que a aresta da base mede 15 cm e a altura de cada pirâmide é 10 cm, qual é o volume de areia necessário para encher 500 desses pesos?

**44.** **[JARDINAGEM]** Caroline tem 20 vasos iguais em forma de tronco de pirâmide de bases paralelas e quadradas cuja altura é 66 cm. A base inferior de cada vaso tem aresta de 22 cm e na parte superior a aresta mede 34 cm. Qual é o volume de terra de que ela vai precisar para encher os vasos completamente?

**45.** **[ARTESANATO]** Catarina faz sacolas como mostra a figura a seguir. Na lateral ela usa uma camada de tecido, uma de espuma e outra de tecido. Sabendo que para as alças e para o fundo ela usa couro sintético, de quantos metros quadrados de tecido e de espuma ela vai precisar para fazer uma sacola?

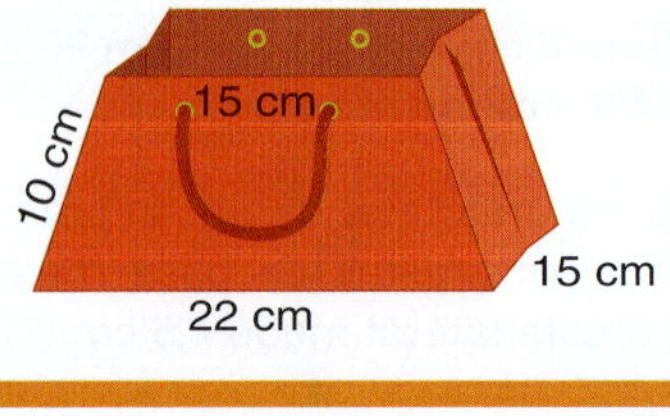

## Questões Propostas de Vestibular

**1.** (UEL – PR) Para explicar a natureza do mundo, Platão "[...] apresenta a teoria segundo a qual os 'quatro elementos' admitidos como constituintes do mundo — o fogo, o ar, a água e a terra — [...] devem ter a forma de sólidos regulares. [...] Para não deixar de fora um sólido regular, atribuiu ao dodecaedro a representação da forma de todo o universo."

(DEVLIN, Keith. *Matemática*: a ciência dos padrões. Porto: Porto Editora, 2002. p. 119.)

As figuras a seguir representam esses sólidos geométricos, que são chamados de **poliedros regulares**.

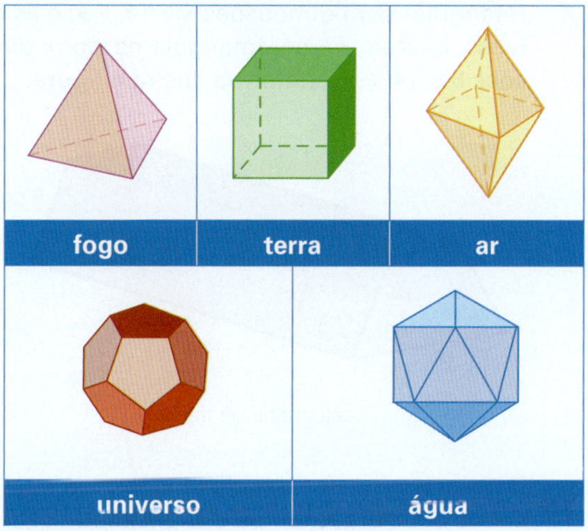


Um poliedro é um sólido limitado por polígonos. Cada poliedro tem um certo número de polígonos em torno de cada vértice. Uma das figuras anteriores representa um octaedro. A soma das medidas dos ângulos em torno de cada vértice desse octaedro é:

a) 180°
b) 240°
c) 270°
d) 300°
e) 324°

**2.** (PUC – RS) No cubo representado na figura:

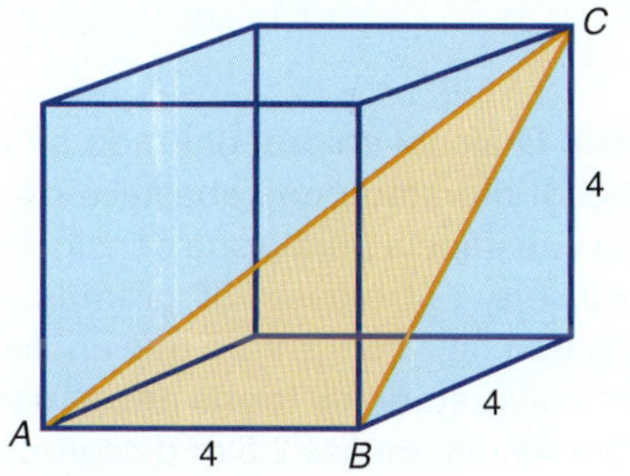


a área do triângulo *ABC* é:

a) $4\sqrt{2}$
b) $8\sqrt{2}$
c) $4\sqrt{3}$
d) $8\sqrt{3}$
e) 8

**3.** (UFMS) Considere um cubo de aresta 3 cm, os pontos *A*, *B* e *E* vértices do cubo e o ponto *P*, pertencente à reta determinada por *A* e *B* e tal que a distância de *A* até *P* seja igual a 7 cm, como mostra a figura abaixo. Seja *d* a distância, em cm, de *P* a *E*. Calcule, em cm², $d^2$.

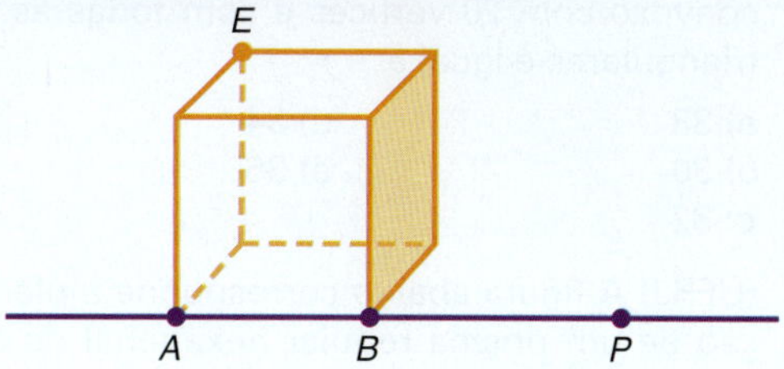


**4.** (UERJ – adaptada) O poliedro abaixo, com exatamente trinta faces quadrangulares numeradas de 1 a 30, é usado como um dado honesto em um jogo.

Calcule o número de vértices do poliedro.

**5.** (UFSCar – SP) A Figura 1 representa um determinado encaixe no plano de 7 ladrilhos poligonais regulares (1 hexágono, 2 triângulos, 4 quadrados), sem sobreposições e cortes.

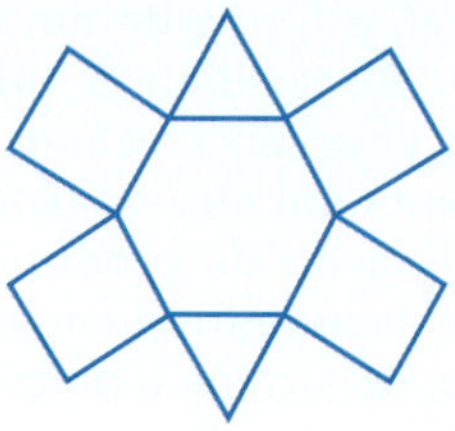

**Figura 1**

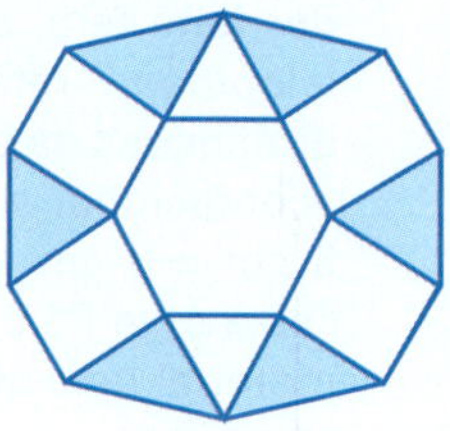

**Figura 2**

Em relação aos 6 ladrilhos triangulares colocados perfeitamente nos espaços da Figura 1, como indicado na Figura 2, é correto dizer que:

a) 2 são triângulos equiláteros e 4 são triângulos isósceles de ângulo da base medindo 15°.
b) 2 são triângulos equiláteros e 4 são triângulos isósceles de ângulo da base medindo 30°.

c) 2 são triângulos isósceles de ângulo da base medindo 50° e 4 são triângulos isósceles de ângulo da base medindo 30°.
d) 2 são triângulos equiláteros e 4 são triângulos isósceles.
e) 2 são triângulos equiláteros e 4 são triângulos escalenos.

**6.** (UFC – CE) O número de faces de um poliedro convexo com 20 vértices e com todas as faces triangulares é igual a:

a) 38
b) 30
c) 32
d) 34
e) 36

**7.** (UFRJ) A figura abaixo corresponde à planificação de um prisma regular hexagonal de altura $2a$ e perímetro da base igual a $3a$.

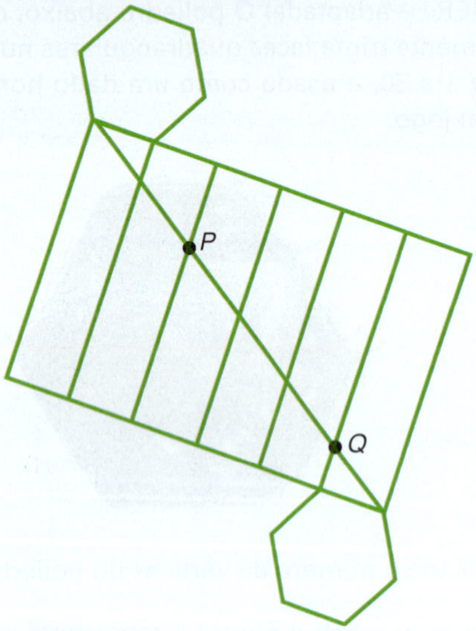


Determine a distância entre os pontos $P$ e $Q$ no prisma.

**8.** (UEG – GO) As embalagens utilizadas para vender leite têm, em geral, a forma de um paralelepípedo retângulo. Considerando que as dimensões da base de uma caixa fechada para acondicionar exatamente um litro de leite são 5 cm e 8 cm e que o custo de produção da caixa é de R$ 0,02 por decímetro quadrado do material nela utilizado, determine o preço dessa caixa.

**9.** (UERJ) Uma embalagem em forma de prisma octogonal regular contém uma *pizza* circular que tangencia as faces do prisma.

Desprezando a espessura da *pizza* e do material usado na embalagem, a razão entre a medida do raio da *pizza* e a medida da aresta da base do prisma é igual a:

a) $2\sqrt{2}$
b) $\frac{3\sqrt{2}}{4}$
c) $\frac{\sqrt{2}+1}{2}$
d) $2(\sqrt{2}-1)$

**10.** (Udesc) Uma empresa de construção civil deseja presentear seus clientes com calendários de mesa. Cada calendário será confeccionado dobrando-se, sem sobreposição, uma folha retangular de papel cuja área é igual a 510 cm². A base do calendário será retangular com dimensões $y$ e $14 + x$; a face superior também será retangular com dimensões $x$ e $14 + x$; e as duas faces laterais serão retangulares com dimensões 8 e $14 + x$, conforme ilustra a figura:

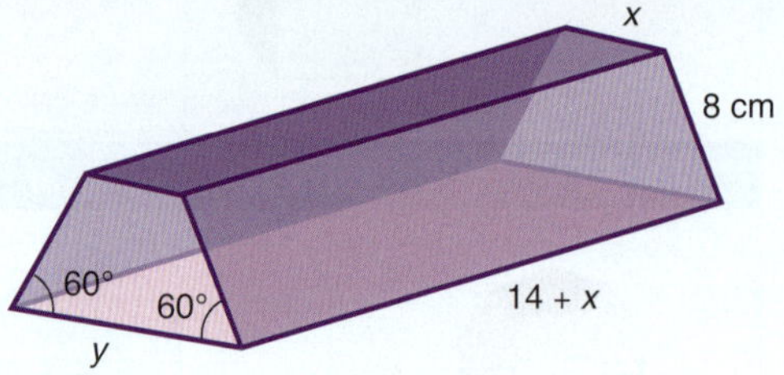


calendário de mesa

Determine o valor das dimensões $x$ e $y$, justificando seus argumentos e explicitando seus cálculos.

**11.** (FEI – SP) Um bloco sólido de alumínio no formato de um paralelepípedo reto de arestas 16 cm, 4 cm e 19 cm é levado a um processo de fusão. Com o alumínio líquido obtido, são moldados dois blocos sólidos: um cubo de aresta medindo $x$ cm e outro paralelepípedo reto de dimensões iguais a 50 cm, 2 cm e 10 cm. Nestas condições, o valor de $x$ é:

a) 5 cm
b) 10 cm
c) 8 cm
d) 6 cm
e) 12 cm

**12.** (UEFS – BA) O álcool anidro, utilizado na obtenção do álcool hidratado que abastece os veículos, é uma substância pura e sua densidade é de 790 g/L, ou seja, 1 litro pesa 790 gramas. Sendo assim, a massa de álcool anidro que enche totalmente um reservatório na forma de um paralelepípedo reto de dimensões 2,5 m de comprimento, 2,0 m de largura e 60 cm de altura é igual, em kg, a:

a) 2.370
b) 2.260
c) 2.140
d) 1.980
e) 1.870

**13.** (PUC-Camp – SP) Um bloco de gelo desprendeu-se da geleira e ficou flutuando com $\frac{9}{10}$ submersos. Curiosamente, ele tinha o formato de um paralelepípedo retângulo. Se suas dimensões eram 40 m, 30 m e 50 m, o volume da parte não submersa do bloco, em metros cúbicos, era:

a) 15.000
b) 12.000
c) 10.000
d) 8.000
e) 6.000

**14.** (UEM – PR) Um paralelepípedo reto de base quadrada e altura medindo $h$ possui área total de $16h^2$. É **correto** afirmar que:

(01) A aresta da base mede o dobro da altura do paralelepípedo.
(02) O paralelepípedo é um cubo.
(04) A diagonal do paralelepípedo mede $2h\sqrt{2}$.
(08) A área lateral do paralelepípedo é metade da área total.
(16) O volume do paralelepípedo é $4h^3$.

Dê como resposta a soma dos números associados às proposições corretas.

**15.** (Udesc) O valor numérico do volume de um cubo é igual ao dobro do valor numérico da sua área total.

Determine o valor numérico da diagonal desse cubo, sabendo que sua aresta mede $a > 0$.

**16.** (UFMG) Considere um reservatório, em forma de paralelepípedo retângulo, cujas medidas são 8 m de comprimento, 5 m de largura e 120 cm de profundidade.

Bombeia-se água para dentro desse reservatório, inicialmente vazio, a uma taxa de 2 litros por segundo.

Com base nessas informações, é CORRETO afirmar que, para se encher **completamente** esse reservatório, serão necessários:

a) 40 min
b) 240 min
c) 400 min
d) 480 min

**17.** (UFOP – MG) Maíra adora brincar na piscina da casa de Jean. A piscina tem 3 m de largura por 4 m de comprimento. A parte rasa tem 0,5 m de profundidade e a parte funda, 1 m de profundidade. O piso da piscina é o usual: uma rampa plana. A quantidade de litros de água necessária para enchê-la é:

a) 6.000
b) 8.000
c) 9.000
d) 10.000

**18.** (UEPB) Se um recipiente contendo água destilada com formato de bloco retangular medindo 300 cm de comprimento, 0,02 m de largura e 20 cm de altura se encontra com $\frac{2}{3}$ de sua capacidade total, a quantidade de litros do mesmo líquido que falta para preenchê-lo é igual a:

a) 4 L
b) 0,3 L
c) 0,4 L
d) 3 L
e) 0,2 L

**19.** (UFPE) Uma calha tem a forma de um prisma reto de base triangular. A altura do prisma é 1 m, e sua base é um triângulo isósceles com lados congruentes, medindo 0,4 m e formando entre si um ângulo $\alpha$.

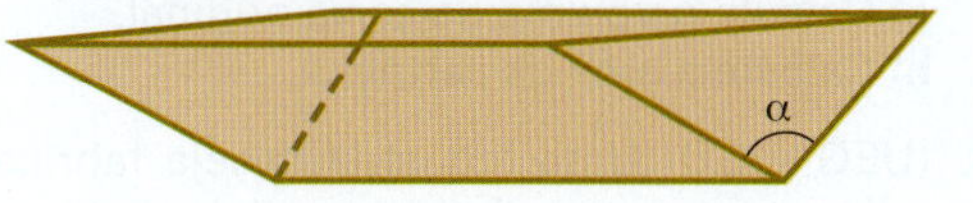


Fazendo a escolha apropriada, qual o maior volume, em litros, que a calha pode ter?

**20.** (UFT – TO) Para fabricar-se uma caixa em forma de paralelepípedo, com 8 m de comprimento e com a altura igual à largura, ambas medindo $x$ metros de comprimento, utilizou-se uma chapa metálica cuja área mede 322 m$^2$.

Considerando-se essas informações, é **correto** afirmar que o volume dessa caixa é de:

a) 300 m$^3$
b) 322 m$^3$
c) 392 m$^3$
d) 400 m$^3$

**21.** (UFPE) Um pedaço de queijo tem a forma de um prisma triangular reto tendo por base um triângulo com um dos lados medindo 8 cm, como ilustrado a seguir.

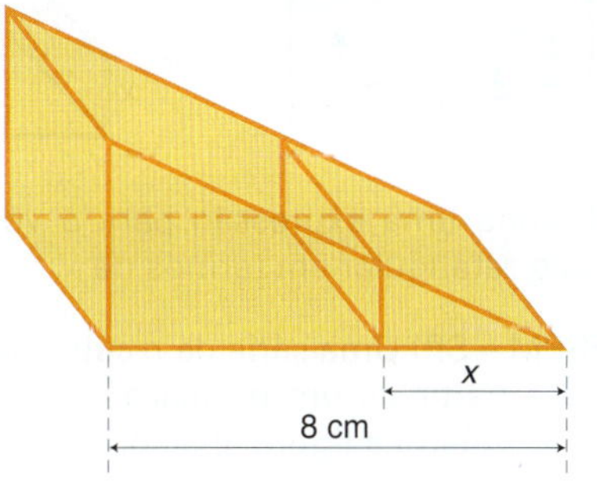


O queijo deve ser dividido em dois pedaços de mesmo volume por um plano paralelo a uma das faces, como ilustrado acima. Qual o valor de $x$?

a) $2^{\frac{5}{2}}$ cm
b) $2^{\frac{3}{8}}$ cm
c) 4 cm
d) $2^{\frac{4}{3}}$ cm
e) 5 cm

**22.** (UFC – CE) Uma caixa de cartolina em forma de um tronco de prisma retangular reto foi planificada, obtendo-se o recorte de cartolina indicado na figura abaixo. Para recuperar a caixa basta dobrar a cartolina nas linhas pontilhadas. As dimensões das arestas, em unidades de comprimento, estão indicadas na figura.

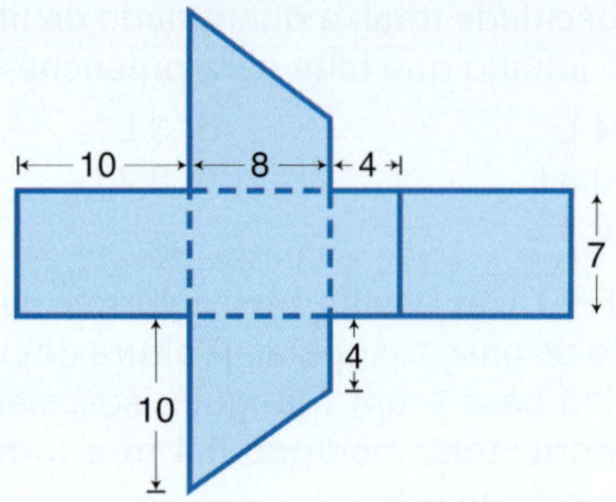


a) Calcule o volume da caixa original.
b) Calcule a área da cartolina.

**23.** (UEG – GO) Uma indústria deseja fabricar um galão no formato de um paralelepípedo retângulo, de forma que duas de suas arestas difiram em 2 centímetros e a outra meça 30 centímetros. Para que a capacidade desse galão não seja inferior a 3,6 litros, a menor de suas arestas deve medir no mínimo:

a) 11 cm
b) 10,4 cm
c) 10 cm
d) 9,6 cm

**24.** (UFPR) Uma calha será construída a partir de folhas metálicas em formato retangular, cada uma medindo 1 m por 40 cm. Fazendo-se duas dobras de largura $x$, paralelas ao lado maior de uma dessas folhas, obtêm-se três faces de um bloco retangular, como mostra a figura da direita.

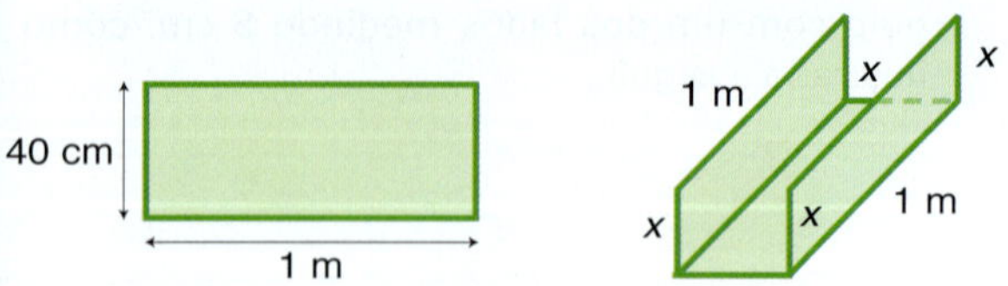


Obtenha uma expressão para o volume desse bloco retangular em termos de $x$.

**25.** (ESPM – SP) Uma série de $n$ cubos são empilhados a partir de um primeiro cubo de aresta 1, como mostra a figura abaixo.

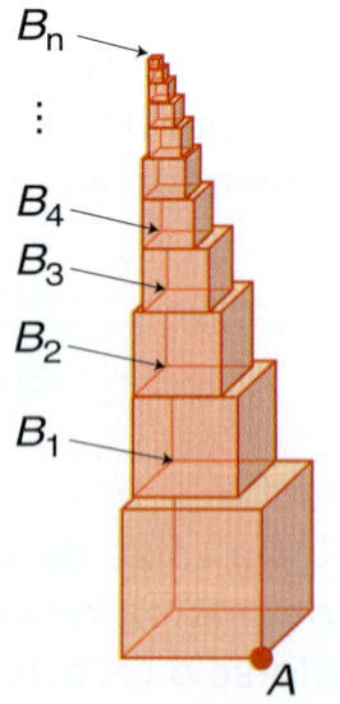


A medida da aresta de cada cubo, a partir do segundo, é igual a $\frac{3}{4}$ da medida da aresta do cubo imediatamente inferior. Se considerarmos uma quantidade infinita de cubos, a distância do vértice $A$ até o vértice $B_n$ será igual a:

a) $3\sqrt{2}$
b) $2\sqrt{3}$
c) $5\sqrt{2}$
d) $4\sqrt{3}$
e) $2\sqrt{5}$

**26.** (FGV – SP) O volume de um cubo, em $m^3$, é numericamente igual a sua área total, em $cm^2$. Assim, a aresta desse cubo, em cm, é igual a:

a) $6 \cdot 10^{-6}$
b) $5 \cdot 10^{-4}$
c) $6 \cdot 10^{4}$
d) $5 \cdot 10^{6}$
e) $6 \cdot 10^{6}$

**27.** (UFMG) Nesta figura, estão representados o cubo *ABCDEFGH* e o prisma *ACRPQO*:

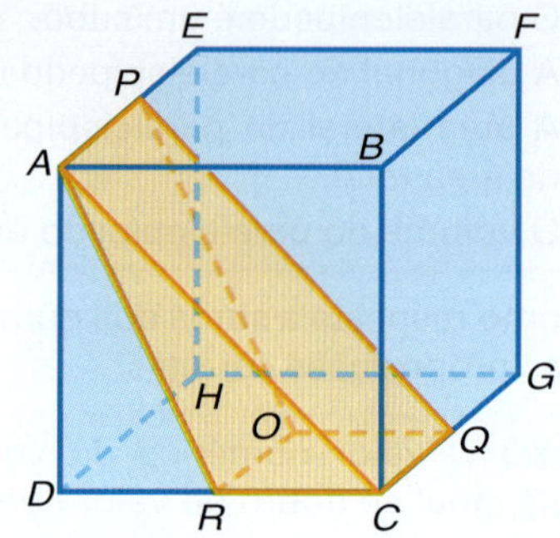


Sabe-se que

- $P$, $Q$ e $R$ são, respectivamente, os pontos médios das arestas $\overline{AE}$, $\overline{CG}$ e $\overline{CD}$;
- o ponto $O$ é o centro da face *CDHG*; e
- o volume do prisma *ACRPQO* é 24 $cm^3$.

Então, é CORRETO afirmar que o comprimento de cada aresta desse cubo é:

a) $4 \cdot \sqrt[3]{2}$ cm
b) $2 \cdot \sqrt[3]{3}$ cm
c) $4 \cdot \sqrt[3]{3}$ cm
d) $2 \cdot \sqrt[3]{2}$ cm

**28.** (Mackenzie – SP) O sólido da Figura I foi obtido retirando-se, de um prisma triangular regular, três prismas iguais, também triangulares e regulares, cada um deles representado pela Figura II.

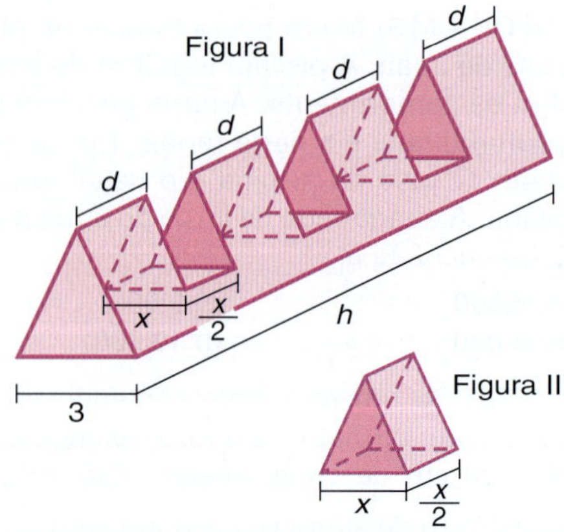

Se $d = \frac{5}{8}x$ e o volume de cada prisma retirado é $\sqrt{3}$, então o volume desse sólido é igual a:

a) $12\sqrt{3}$
b) $14\sqrt{3}$
c) $15\sqrt{3}$
d) $16\sqrt{3}$
e) $19\sqrt{3}$

**29.** (UECE) O volume de um prisma regular reto hexagonal, com 2 m de altura, é $\sqrt{3}$ m³. A medida da área lateral deste prisma é:

a) $\sqrt{3}$ m²
b) $2\sqrt{3}$ m²
c) $3\sqrt{3}$ m²
d) $4\sqrt{3}$ m²

**30.** (UFRGS – RS) Na figura abaixo, os vértices do quadrilátero *ABCD* são pontos médios de quatro das seis arestas do tetraedro regular.

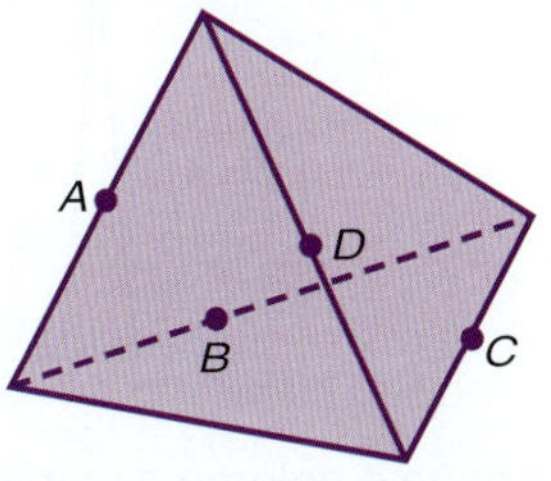


Se a aresta desse tetraedro mede 10, então a área do quadrilátero *ABCD* é:

a) 25
b) $25\sqrt{3}$
c) 75
d) $50\sqrt{3}$
e) 100

**31.** (ESPM – SP) As faces laterais de uma pirâmide quadrangular regular são triângulos equiláteros. O ângulo formado pelas retas suportes de uma aresta lateral e de uma das diagonais da base pode medir:

a) 60° ou 90°
b) 45° ou 60°
c) 30° ou 60°
d) 30° ou 45°
e) 45° ou 90°

**32.** (Fuvest – SP) O triângulo *ACD* é isósceles de base $\overline{CD}$ e o segmento $\overline{OA}$ é perpendicular ao plano que contém o triângulo *OCD*, conforme a figura:

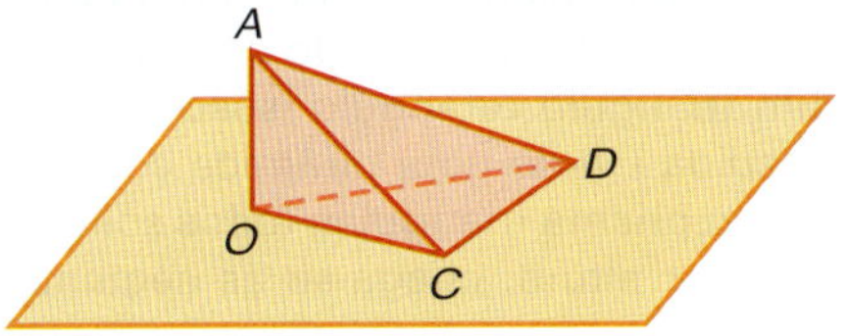


Sabendo-se que $OA = 3$, $AC = 5$ e sen $m(O\hat{C}D) = \frac{1}{3}$, então a área do triângulo *OCD* vale:

a) $\frac{16\sqrt{2}}{9}$
b) $\frac{32\sqrt{2}}{9}$
c) $\frac{48\sqrt{2}}{9}$
d) $\frac{64\sqrt{2}}{9}$
e) $\frac{80\sqrt{2}}{9}$

**33.** (UFPR) Sabe-se que a aresta do cubo abaixo mede 6 cm.

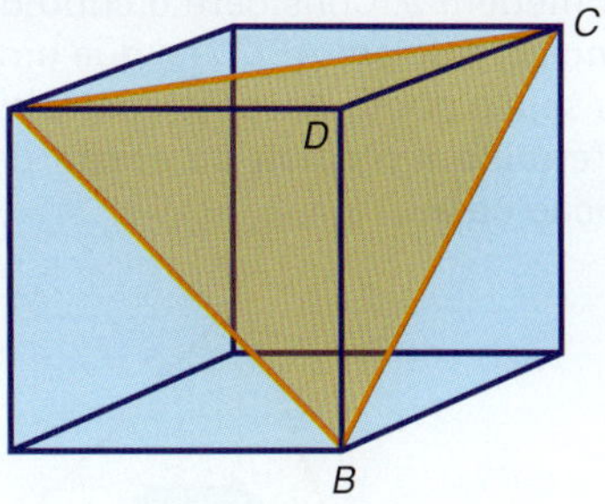


Considere as seguintes afirmativas:

I. A área do triângulo *ACD* é 9 cm².

II. O volume da pirâmide *ABCD* é $\frac{1}{6}$ do volume do cubo.

III. A altura do triângulo *ABC* relativa a qualquer um dos lados mede $3\sqrt{2}$ cm.

Identifique a alternativa correta.

a) Somente a afirmativa I é verdadeira.
b) Somente a afirmativa II é verdadeira.
c) Somente as afirmativas I e II são verdadeiras.
d) Somente as afirmativas I e III são verdadeiras.
e) Somente as afirmativas II e III são verdadeiras.

**34.** (FGV – SP) A figura representa a planificação de um poliedro. Sabe-se que *B*, *C* e *D* são quadrados de lado 1 cm; *A*, *E* e *F* são triângulos retângulos isósceles; e *G* é um triângulo equilátero.

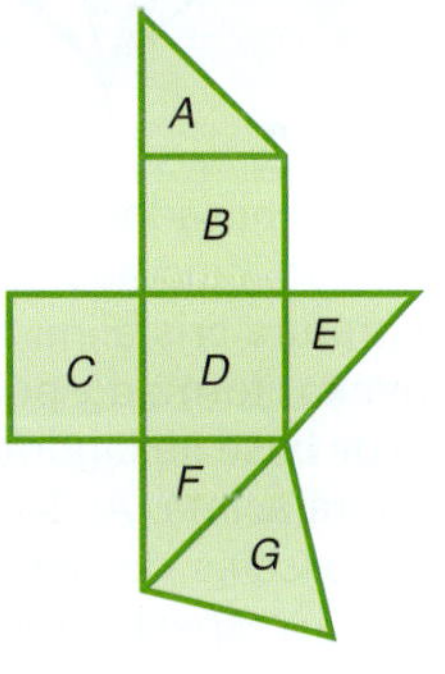


O volume do poliedro obtido a partir da planificação, em cm³, é igual a:

a) $\frac{1}{2}$ b) $\frac{2}{3}$ c) $\frac{3}{4}$ d) $\frac{5}{6}$ e) $\frac{4}{3}$

**35.** (Fuvest – SP) Uma pirâmide tem como base um quadrado de lado 1, e cada uma de suas faces laterais é um triângulo equilátero. Então, a área do quadrado, que tem como vértices os baricentros de cada uma das faces laterais, é igual a:

a) $\frac{5}{9}$
b) $\frac{4}{9}$
c) $\frac{1}{3}$
d) $\frac{2}{9}$
e) $\frac{1}{9}$

**36.** (UFRJ) A pirâmide $ABCD$ é tal que as faces $ABC$, $ABD$ e $ACD$ são triângulos retângulos cujos catetos medem $a$. Considere o cubo de volume máximo contido em $ABCD$ tal que um de seus vértices seja o ponto $A$, como ilustra a figura abaixo. Determine a medida da aresta desse cubo em função de $a$.

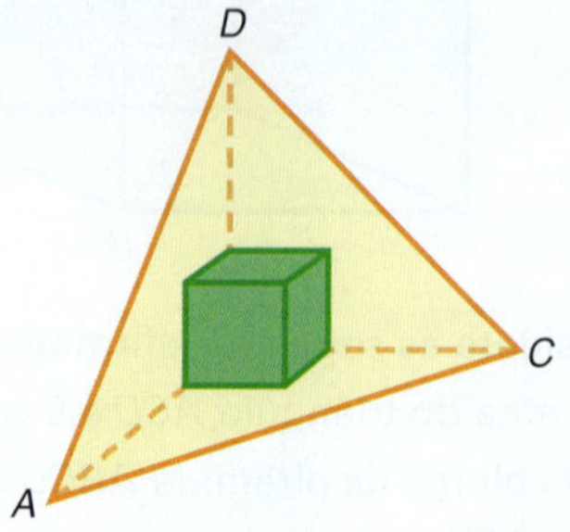


**37.** (UnB – DF – adaptada)

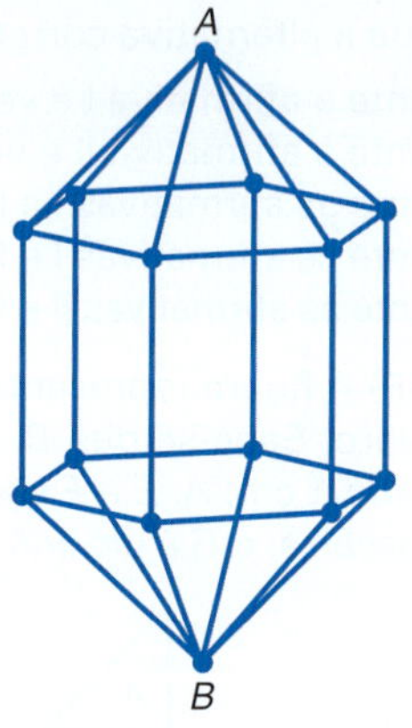


Um dos metais pesados usados no setor industrial é o cádmio, cuja substância simples metálica tem estrutura cristalina na forma de um poliedro convexo, formado por duas pirâmides e um prisma de base hexagonal regular, conforme ilustra a figura acima. As faces triangulares são triângulos isósceles de base e altura relativa à base medindo, respectivamente, $2{,}24 \times 10^{-10}$ m e $2{,}80 \times 10^{-10}$ m. Nas faces retangulares, um dos lados do retângulo mede $3{,}54 \times 10^{-10}$ m.

Acerca do poliedro ilustrado, faça o que se pede nos itens abaixo.

(1) Calcule, em m$^2$, a área do hexágono que é a base de uma das pirâmides. Multiplique o valor encontrado por $10^{20}$.

(2) Calcule, em m$^3$, o volume de uma das pirâmides de base hexagonal. Multiplique o valor encontrado por $10^{30}$.

(3) Calcule, em m$^3$, o volume do poliedro. Multiplique o valor encontrado por $10^{30}$.

**38.** (UFRJ) Em um tanque no formato de um cubo de aresta 25 cm, contendo líquido, foi posta uma pirâmide $P_1$, de altura igual a 6 cm, com a base apoiada no fundo do tanque. Com isso, o nível de líquido passou de 18 cm para 19 cm.

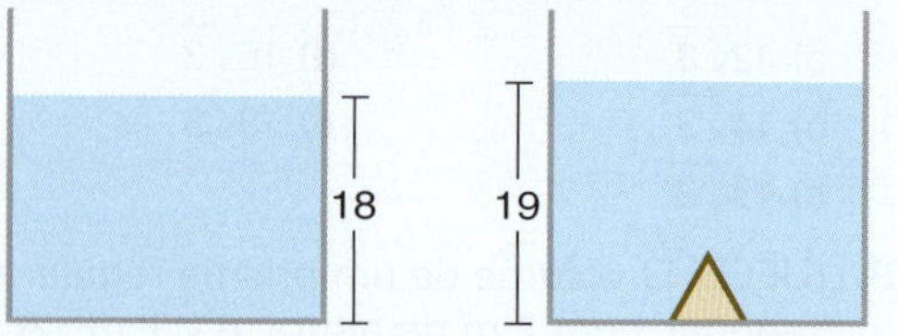


a) Calcule o volume, em cm$^3$, da pirâmide $P_1$.

b) A pirâmide $P_1$ foi retirada do tanque e o nível de líquido voltou ao inicial. Uma pirâmide $P_2$, de 30 cm de altura, foi então posta no tanque, com a base apoiada no fundo, o que elevou em 2 cm o nível de líquido.

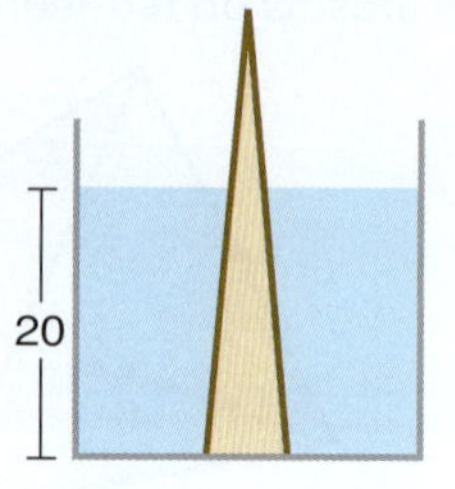


Determine o volume da pirâmide $P_2$.

**39.** (Udesc) Considere o sólido regular reto representado pela figura abaixo.

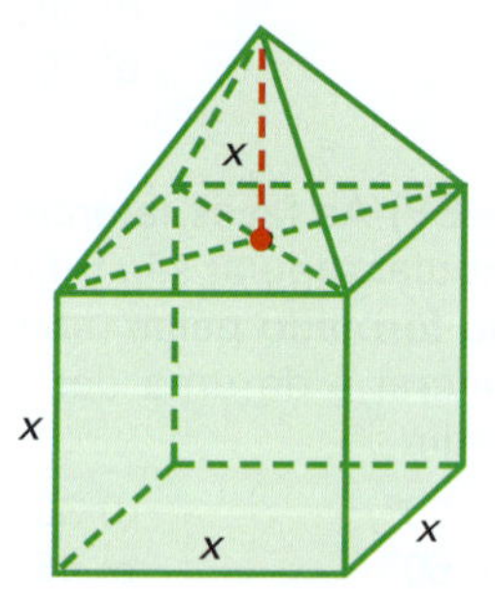


Calcule:

a) o volume;

b) a área lateral total.

**40.** (UCS – RS) Considerando os volumes $V_q$, $V_t$ e $V_p$, respectivamente, de um prisma de base quadrada de aresta $\ell$, de um prisma cuja base é um triângulo retângulo isósceles de catetos de medida $\ell$ e de uma pirâmide com mesma base que o prisma triangular, todos sólidos retos e de mesma altura, chega-se às seguintes relações válidas:

a) $V_t = V_q = V_p$

b) $V_t = \frac{1}{2}V_q$ e $V_p = V_t$

c) $V_t = \frac{1}{2}V_q$ e $V_p = \frac{1}{6}V_q$

d) $V_t = V_q$ e $V_p = \frac{1}{6}V_q$

e) $V_t = \frac{1}{2}V_q$ e $V_p = \frac{1}{3}V_q$

**41.** (UnB – DF – adaptada) Considere que o barco de testes ilustrado na figura a seguir seja formado por dois sólidos: o prisma triangular *BCDEFG* e a pirâmide de base triangular *ABCD*.

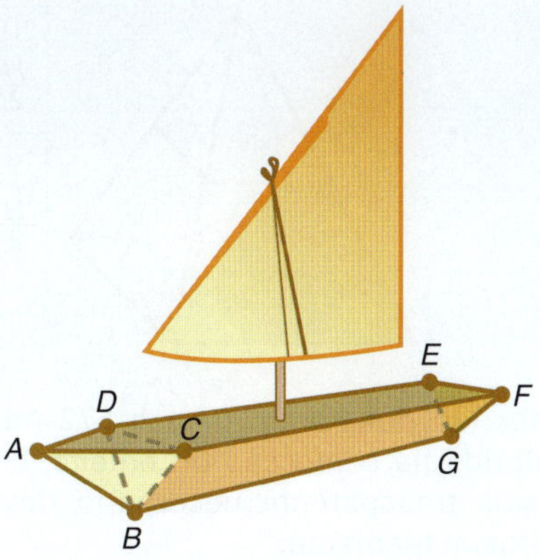


O prisma tem altura $DG = 2$ m e o triângulo da base *BCD* é isósceles, de lados medindo $BC = 0{,}6$ m e $BD = CD = 0{,}5$ m. O triângulo *ABC* é isósceles, com $AB = AC$ e $AD = 0{,}5$ m. Os pontos *A*, *B*, *C*, *E* e *F* são coplanares. Considerando essas informações, faça o que se pede nos itens seguintes:

(1) Calcule, em $m^2$, a área do triângulo *BCD*. Multiplique o valor encontrado por 100.

(2) Calcule, em m, a altura da pirâmide *ABCD* e multiplique o valor encontrado por 100.

(3) Calcule, em $m^3$, o volume do barco. Multiplique o valor encontrado por 1.000.

**42.** (UFMG) Nesta figura, estão representados o cubo *ABCDEFGH* e o sólido *OPQRST*:

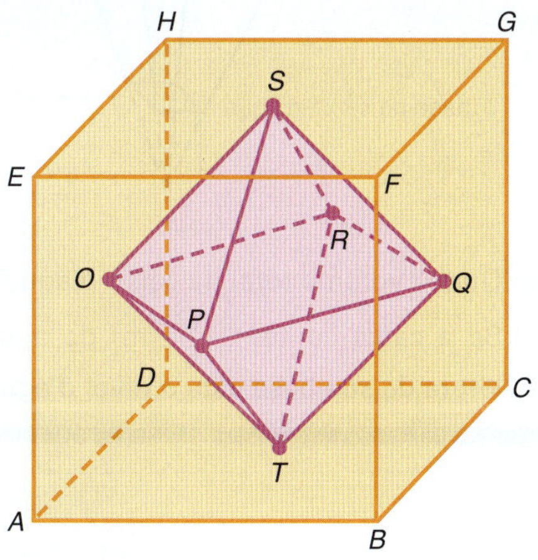


Cada aresta do cubo mede 4 cm e os vértices do sólido *OPQRST* são os pontos centrais das faces do cubo.

Então, é CORRETO afirmar que a área lateral total do sólido *OPQRST* mede:

a) $8\sqrt{2}$ cm$^2$

b) $8\sqrt{3}$ cm$^2$

c) $16\sqrt{2}$ cm$^2$

d) $16\sqrt{3}$ cm$^2$

**43.** (UFG – GO) A figura a seguir representa uma torre, na forma de uma pirâmide regular de base quadrada, na qual foi construída uma plataforma, a 60 metros de altura, paralela à base.

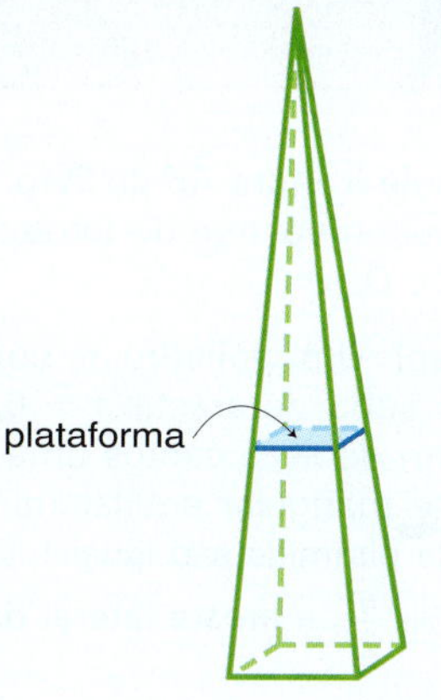


Se os lados da base e da plataforma medem, respectivamente, 18 e 10 metros, a altura da torre, em metros, é:

a) 75
b) 90
c) 120
d) 135
e) 145

**44.** (Uespi) Uma pirâmide regular de base quadrada e altura 1 é dividida, por um plano paralelo à base, em uma pirâmide menor e um tronco de pirâmide, ambos de mesmo volume, conforme ilustrado a seguir.

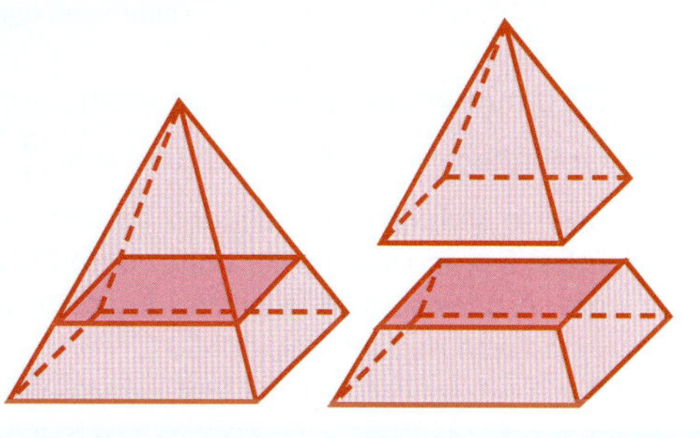

Qual a altura do tronco de pirâmide obtido?

a) $\dfrac{1}{\sqrt[3]{2}}$

b) $1 - \dfrac{1}{\sqrt[3]{2}}$

c) $\sqrt[3]{2} - 1$

d) $\dfrac{\sqrt[3]{2}}{2}$

e) $\dfrac{\sqrt[3]{2}}{4}$

**45.** (Unicamp – SP) Suponha que um livro de 20 cm de largura esteja aberto conforme a figura abaixo, sendo m( $D\hat{A}C$ ) = 120° e m( $D\hat{B}C$) = 60°.

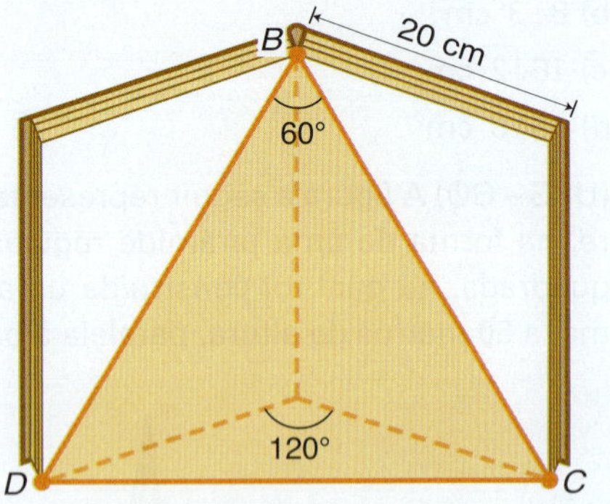


a) Calcule a altura $\overline{AB}$ do livro.

b) Calcule o volume do tetraedro de vértices *A*, *B*, *C* e *D*.

**46.** (Unifesp) Um poliedro é construído a partir de um cubo de aresta $a > 0$, cortando-se em cada um de seus cantos uma pirâmide regular de base triangular equilateral (os três lados da base da pirâmide são iguais). Denote por *x*, com $0 < x \leqslant \frac{a}{2}$, a aresta lateral das pirâmides cortadas.

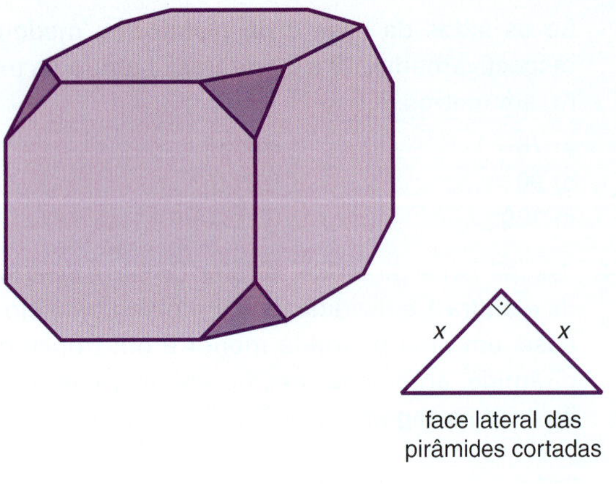


a) Dê o número de faces do poliedro construído.

b) Obtenha o valor de *x*, com $0 < x \leqslant \frac{a}{2}$, para o qual o volume do poliedro construído fique igual a cinco sextos do volume do cubo original. A altura de cada pirâmide cortada, relativa à base equilateral, é $\frac{x}{\sqrt{3}}$.

**47.** (Ibmec – SP) Um artista projetou um enfeite no formato de pirâmide regular, constituído de resina colorida até a metade da altura, e de resina transparente na outra metade, como mostra a figura.

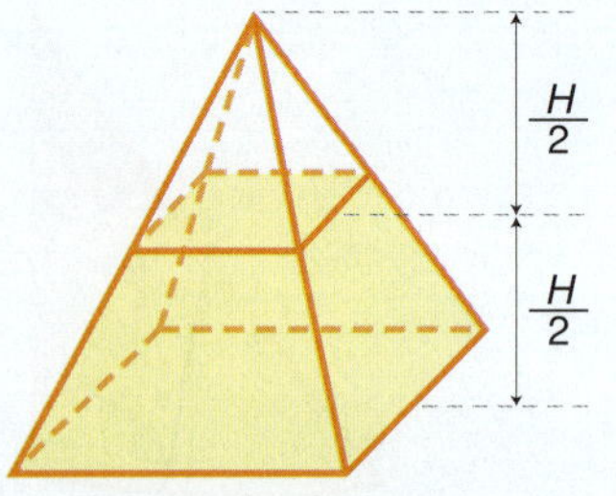


Sabendo que foram gastos 672 mL de resina colorida na confecção do enfeite, o volume de resina transparente necessário deverá ser de aproximadamente:

a) 84 mL
b) 96 mL
c) 168 mL
d) 252 mL
e) 336 mL

**48.** (Unicamp – SP) Uma caixa-d'água tem o formato de um tronco de pirâmide de bases quadradas e paralelas, como mostra a figura abaixo, na qual são apresentadas as medidas referentes ao interior da caixa.

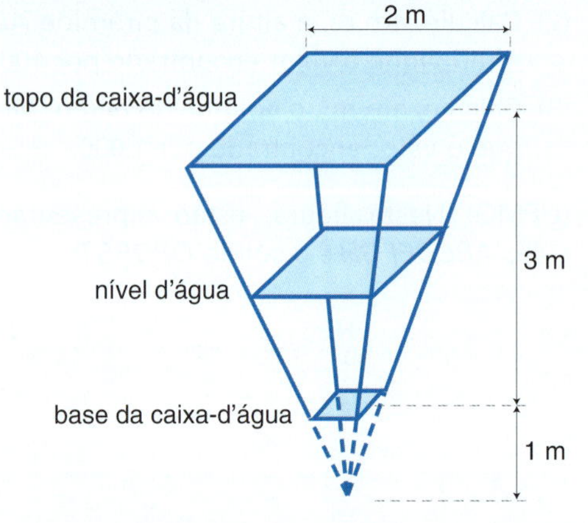


a) Qual o volume total da caixa-d'água?

b) Se a caixa contém $\frac{13}{6}$ m³ de água, a que altura de sua base está o nível d'água?

## PROGRAMAS DE AVALIAÇÃO SERIADA

**1.** (PSS – UFS – SE) Na figura abaixo tem-se o paralelepípedo reto-retângulo *ABCDEFGH*, que tem uma de suas bases apoiadas no plano $\alpha$. Suas bases são quadrados cujas diagonais medem 2 cm cada e sua altura é 5 cm.

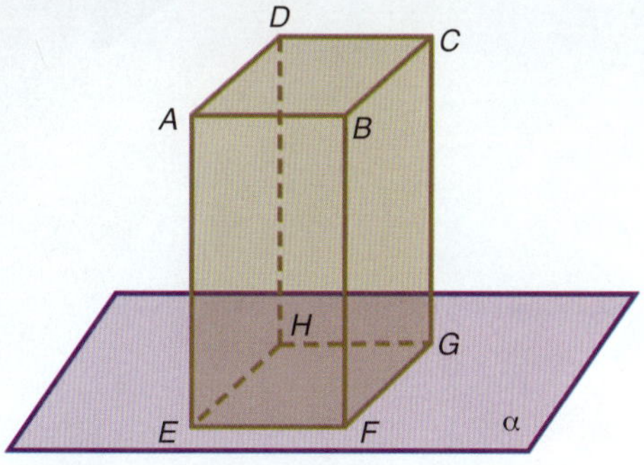


Analise as seguintes afirmações:

(1) A área lateral desse sólido é $20\sqrt{2}$ cm$^2$.

(2) O volume desse sólido é $10\sqrt{2}$ cm$^3$.

(3) O maior círculo contido em uma de suas bases tem área de $2\pi$ cm$^2$.

(4) A reta traçada pelos pontos *E* e *H* e a reta traçada pelos pontos *C* e *G* são reversas.

(5) A reta *t*, contida em $\alpha$, intercepta esse sólido no ponto *E*. A reta *t* e a reta $\overleftrightarrow{EA}$ determinam um plano que é perpendicular a $\alpha$.

**2.** (PISM – UFJF – MG) Considere uma pirâmide *P* quadrangular regular, com aresta da base medindo 4 cm e aresta lateral com medida 6 cm.

a) Calcule o volume da pirâmide *P*.

b) Secciona-se a pirâmide *P* por um plano $\pi$ paralelo à sua base, obtendo-se assim uma nova pirâmide $P_1$. A distância entre o plano $\pi$ e a base de *P* corresponde a $\frac{1}{4}$ da altura da pirâmide *P*. Obtenha a área da base da nova pirâmide $P_1$.

c) Obtenha a área total da pirâmide $P_1$.

**3.** (SAS – UEG – GO) Um poliedro convexo é constituído por duas faces pentagonais e cinco retangulares. Esse poliedro tem:

a) 15 vértices
b) 18 vértices
c) 14 vértices
d) 10 vértices

**4.** (PASUSP – SP) Os papiros mostram que os egípcios antigos possuíam diversos conhecimentos matemáticos. Eles sabiam que o volume da pirâmide equivale a um terço do volume do prisma que a contém. A maior pirâmide egípcia, Quéops, construída por volta de 2560 a.C., tem uma altura aproximada de 140 metros e sua base é um quadrado com lados medindo aproximadamente 230 metros.

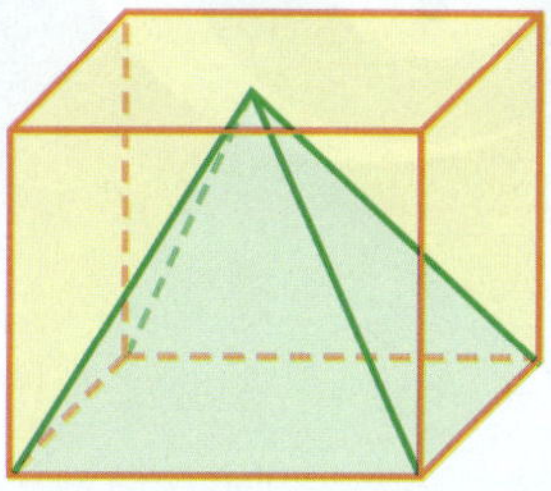

Logo, o volume da pirâmide de Quéops é de aproximadamente (em milhões de metros cúbicos):

a) 1,2
b) 2,5
c) 5
d) 7,5
e) 15

**5.** (PSS – UFPB) As rapaduras, fabricadas no Engenho JB, têm a forma de um tronco de pirâmide regular *ABCDEFGH*, conforme ilustra a figura abaixo.

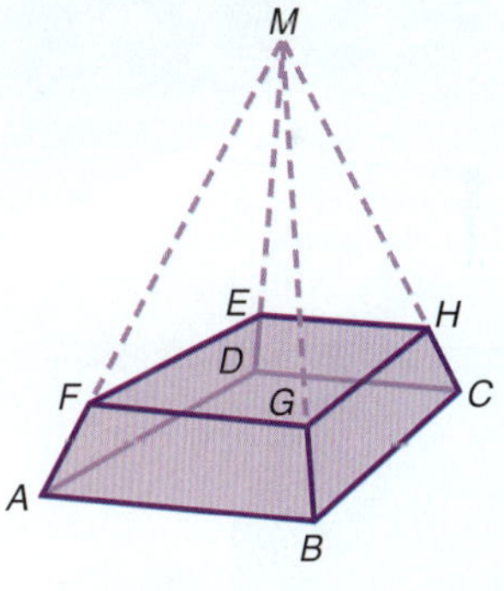


Sabendo-se que os segmentos $\overline{AB}$ e $\overline{EF}$ medem, respectivamente, 15 cm e 12 cm, e que a altura da pirâmide *VABCD* mede 20 cm, o volume de cada rapadura, em cm$^3$, é igual a:

a) 2.304
b) 1.500
c) 768
d) 732
e) 500

# Capítulo 8

## Objetivos do Capítulo

- Definir cilindro, cone e esfera e apresentar suas principais propriedades geométricas.
- Trabalhar com aspectos métricos relacionados a esses corpos redondos (áreas e volumes).
- Explorar situações em diferentes contextos que envolvem os corpos redondos estudados.

# Corpos Redondos

## Nada a Ver. Tudo a Ver.

O que a laranja, o lápis, uma bola de futebol e um pinheiro de Natal têm em comum? Vamos, pense um pouco...

Fazem parte de nosso cotidiano, de nossa casa, têm a intervenção do ser humano para chegar até nós, entre outros tantos itens em comum que poderíamos mencionar.

Mas sua forma também tem características peculiares a todos eles — esses objetos têm partes arredondadas. Observe um lápis: ele tem a forma de um cilindro. A bola de futebol, a laranja — e até mesmo os planetas do Sistema Solar — são esféricos. Uma típica árvore de Natal lembra a forma de um cone.

Cilindros, cones e esferas fazem parte dos chamados *corpos redondos*, tema deste nosso capítulo.

## 1. Os Sólidos Arredondados

O "redondo" faz parte do mundo. Até o nosso planeta tem o formato arredondado. Tudo isso inspirou a humanidade para o estudo desse importante grupo de sólidos: os que têm partes arredondadas.

Nas figuras seguintes vemos exemplos de objetos que têm a forma de corpos redondos.

Vamos estudar mais particularmente três corpos redondos: o *cilindro*, a *esfera* e o *cone*.

PANTHERMEDIA/KEYDISC

Tambores cilíndricos, fáceis de transportar e de empilhar.

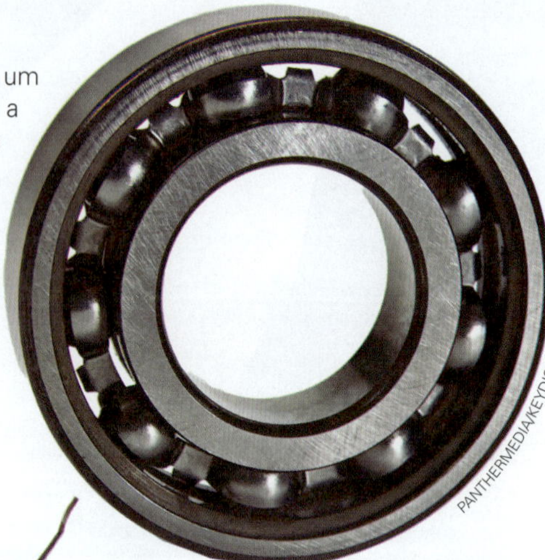

As esferas de um rolamento favorecem a transmissão de carga com baixo atrito.

PANTHERMEDIA/KEYDISC

PANTHERMEDIA/KEYDISC

Tenda indígena cônica, favorece a montagem e a estabilidade.

## 2. O Cilindro Circular

Para definir cilindro circular, procedemos de modo análogo àquele utilizado na definição de prisma.

Consideramos dois planos distintos paralelos, α e β, um círculo *C*, contido em α, e uma reta *r*, concorrente com o plano α.

**Recorde**

Se dois planos são paralelos, toda reta concorrente com um deles também é concorrente com o outro.

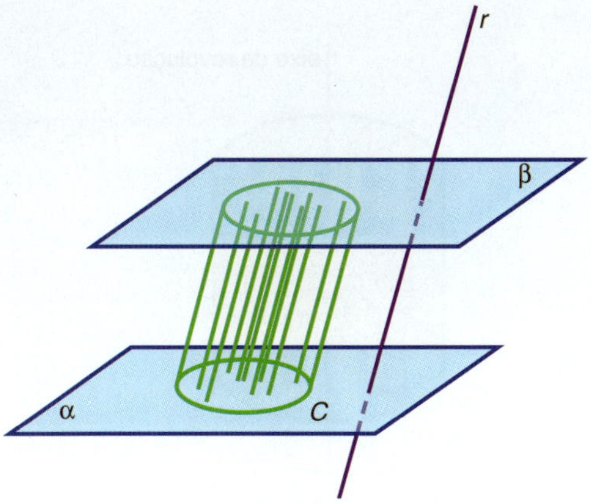


Chamamos de **cilindro circular** à reunião de todos os segmentos de reta paralelos à *r*, que tem uma extremidade no círculo *C* e a outra no plano β.

Assim, as extremidades desses segmentos, no plano β, formam um círculo *C'*, congruente a *C*.

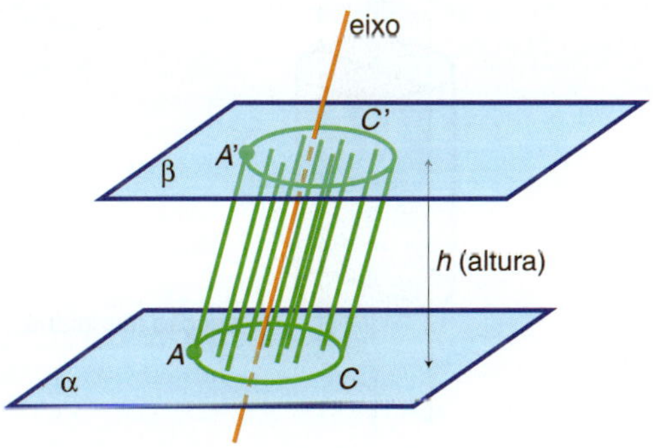


- Os círculos *C* e *C'* são as **bases** do cilindro.
- A distância entre os planos α e β é a **altura** do cilindro.
- Qualquer segmento $\overline{AA'}$, paralelo à reta *r*, que tem extremidades na circunferência dos círculos *C* e *C'* é denominado **geratriz** do cilindro.
- A reta paralela à geratriz do cilindro que passa pelo centro de suas bases é denominada **eixo** do cilindro.

**Atenção!**

Vamos estudar apenas os cilindros circulares. Por isso, por simplificação, usaremos simplesmente cilindro.

Se a reta *r* é perpendicular aos planos α e β, a geratriz e o eixo do cilindro também são perpendiculares aos planos α e β. Nesse caso, dizemos que o cilindro é **reto** e sua altura é igual ao comprimento de sua geratriz.

Caso contrário, o cilindro é chamado de **oblíquo**.

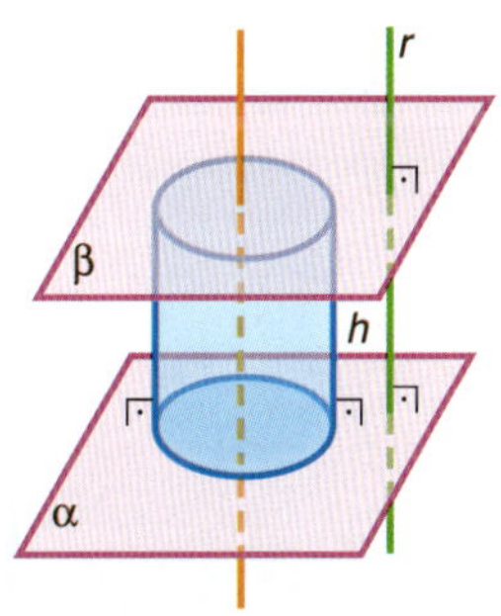


cilindro reto

## 2.1 OUTROS ELEMENTOS DE UM CILINDRO CIRCULAR

Um cilindro circular reto também pode ser obtido pela rotação completa de uma região retangular em torno de um de seus lados. Por esse motivo, o cilindro reto é denominado **cilindro de revolução** e a reta suporte do lado em torno do qual a região retangular é girada é denominada **eixo de revolução.**

**Recorde**

O retângulo é um quadrilátero convexo que possui dois pares de lados paralelos e quatro ângulos retos.

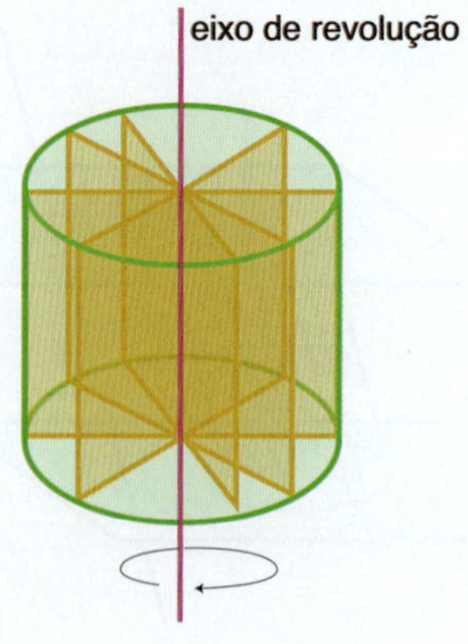


Quando um plano paralelo às bases de um cilindro circular secciona-o, obtém-se, na região comum ao plano e ao cilindro, um círculo denominado **secção transversal**. Entretanto, quando um plano que contém o eixo de um cilindro circular secciona-o, obtém-se na região comum a ambos uma **secção meridiana** que é retangular.

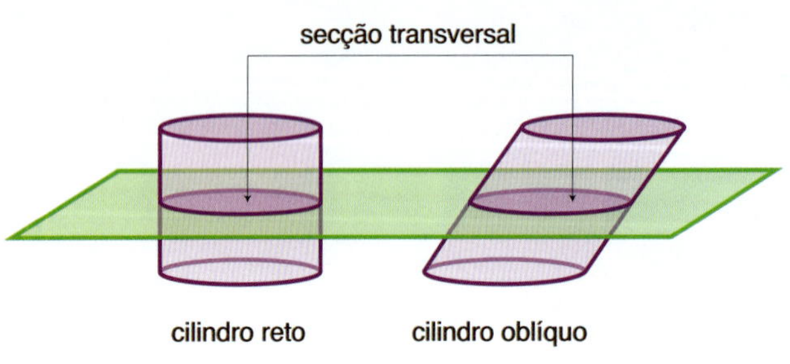


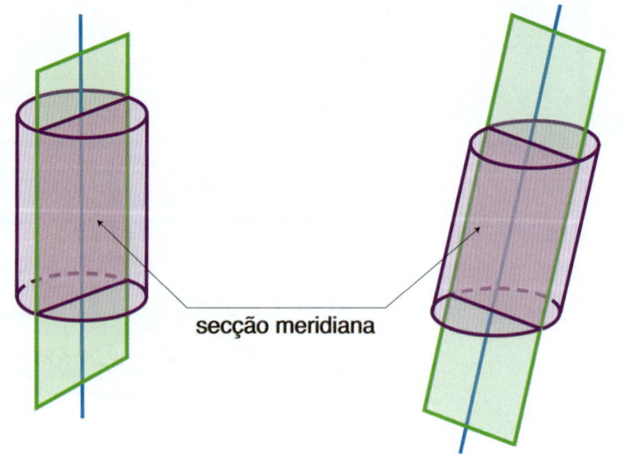


Um cilindro circular reto que tem a secção meridiana *ABCD* quadrada é denominado **cilindro equilátero**. Nesse caso, sua altura *h* é igual à medida do diâmetro *d* de sua base.

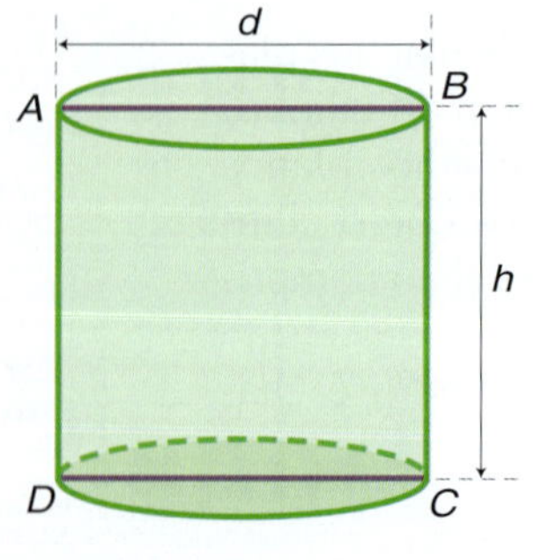

## Exercícios Resolvidos

**ER. 1** Determine a área da secção meridiana de um cilindro equilátero, sabendo que o raio de sua base mede 5 cm.

**Resolução:** Se $r = 5$ cm, então o diâmetro da base mede $d = 10$ cm. Logo, a altura desse cilindro também é 10 cm. A secção meridiana nesse caso é uma região quadrada de lados $d$ e $h$. Então, sua área é $100 \text{ cm}^2$ $(10 \cdot 10)$.

**ER. 2** Determine o raio da base de um cilindro reto sabendo que a sua altura é 12 cm e a área da sua secção meridiana é $72 \text{ cm}^2$.

**Resolução:** Como a secção meridiana de um cilindro reto é delimitada por um retângulo, temos:

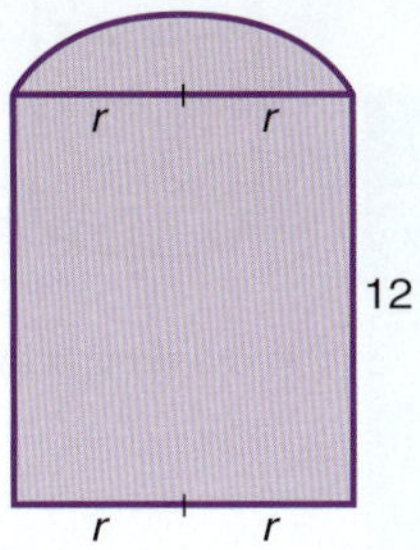


Calculando a área dessa região retangular, obtemos:

$$2r \cdot 12 = 72 \Rightarrow r = 3 \text{ cm}$$

## Exercícios Propostos

1. Determine a altura de um cilindro equilátero, sabendo que o raio de sua base mede 5 cm.
2. Dois cilindros circulares, um reto e outro oblíquo, têm bases congruentes e mesma altura. Descreva a secção transversal de cada um e compare-as.
3. Calcule a área de uma secção transversal de um cilindro equilátero cuja área da secção meridiana é $100 \text{ cm}^2$.
4. Dois cilindros retos têm secções meridianas com mesma área. Calcule a razão entre os seus raios sabendo que um é equilátero e que, no outro, a altura é o quádruplo da medida do raio da base.
5. A secção meridiana de um cilindro oblíquo é delimitada por um paralelogramo, conforme mostra a figura abaixo.

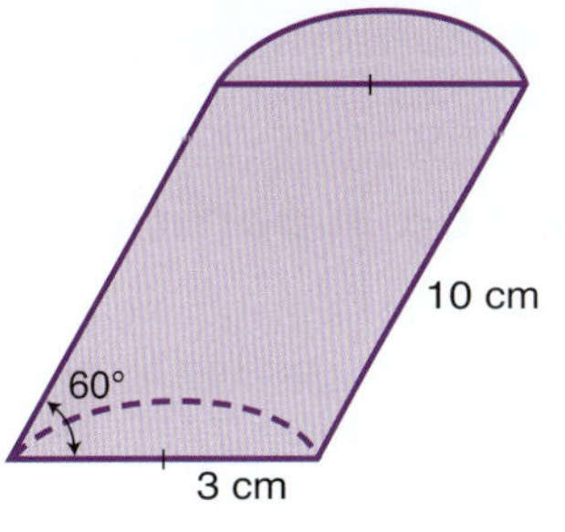


Obtenha a área dessa secção.

6. Calcule a área da secção meridiana do cilindro circular representado pela figura a seguir.

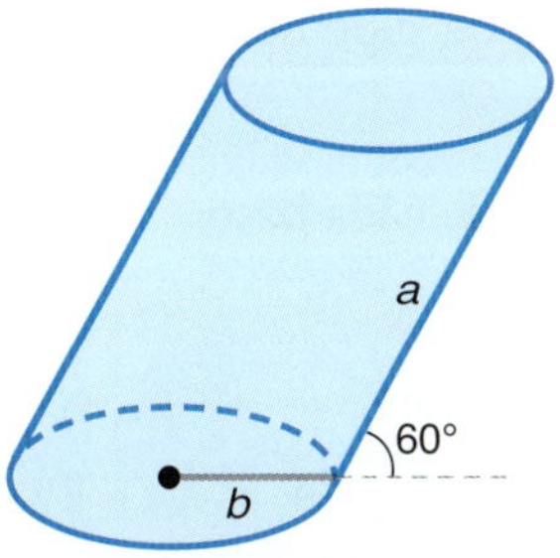

## 2.2 A PLANIFICAÇÃO DA SUPERFÍCIE DO CILINDRO CIRCULAR

A superfície de um cilindro pode ser planificada, como mostra a sequência de figuras abaixo.

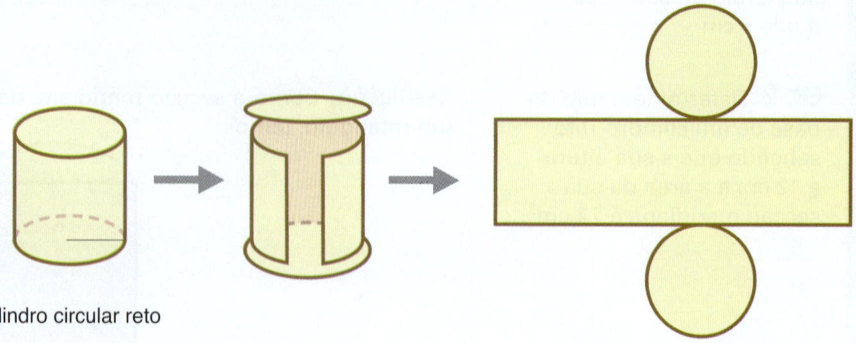

Cilindro circular reto

Planificação da superfície do cilindro circular reto

PANTHERMEDIA/KEYDISC

Os rótulos de garrafa representam superfícies laterais de cilindros retos.

Assim, a superfície total de um cilindro circular reto, quando planificada, é composta de dois círculos de mesmo raio (bases do cilindro) e de uma região retangular cujas dimensões são o comprimento da circunferência da base e a altura do cilindro.

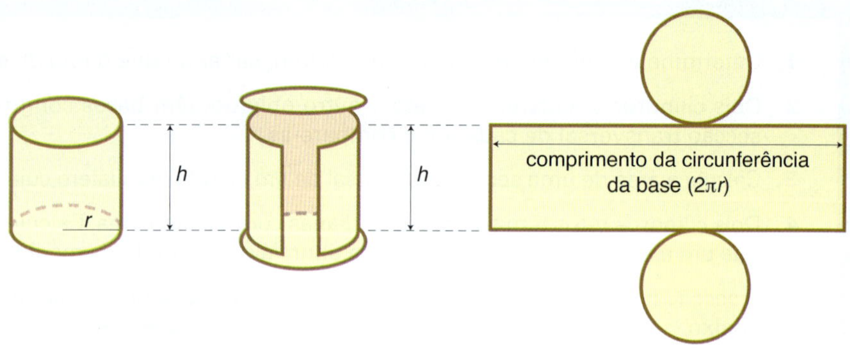


## Área da superfície do cilindro circular

**Recorde**

O comprimento de uma circunferência de raio $r$ é $C = 2\pi r$ e a área do círculo correspondente é $A = \pi r^2$.

Já vimos que na planificação da superfície de um cilindro circular reto obtemos dois círculos, que são as bases, e uma região retangular, que é a *superfície lateral* do cilindro.

Assim, temos:

- área da superfície lateral:

$$A_\ell = 2\pi rh$$

- área de cada base:

$$A_b = \pi r^2$$

- área total:

$$A_t = A_\ell + 2 \cdot A_b = 2\pi rh + 2 \cdot \pi r^2 = 2\pi r(h + r)$$

## Exercícios Resolvidos

**ER. 3** Calcule a área da superfície lateral, em cm², de um cilindro circular reto de 5 cm de altura e raio da base medindo 1 cm.

**Resolução:**

$$A_\ell = 2\pi rh = 2\pi \cdot 5 \cdot 1 = 10\pi \Rightarrow A_\ell = 10\pi \text{ cm}^2$$

Portanto, a área da superfície lateral desse cilindro é $10\pi$ cm².

**ER. 4** Determine a razão entre a área lateral e a da secção transversal de um cilindro equilátero.

**Resolução:**

Sendo $r$ a medida do raio da base, temos:

$$\frac{A_\ell}{A_S} = \frac{2\pi r \cdot 2r}{\pi r^2} = 4$$

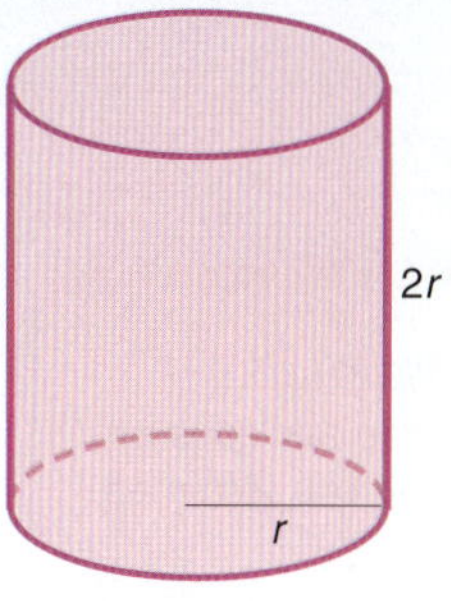


**ER. 5** Qual é a variação percentual da área lateral de um cilindro circular reto caso sua altura aumente 10% e o seu raio diminua 10%?

**Resolução:** Observe os dois cilindros e suas respectivas áreas laterais.

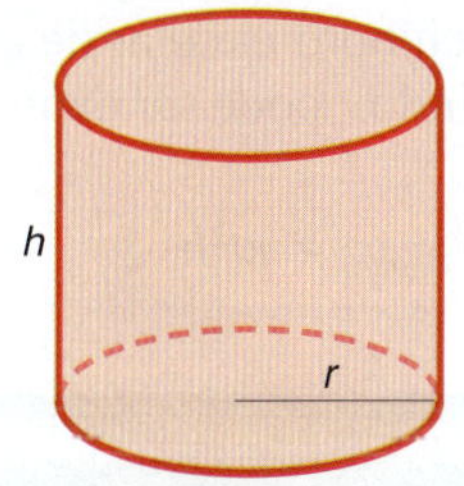


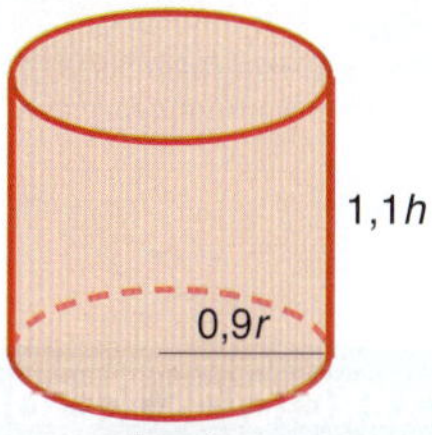


$2\pi hr$ $\qquad$ $2\pi \cdot 0{,}9r \cdot 1{,}1 \cdot h = 0{,}99 \cdot 2\pi rh$

Assim: $A_{\ell\,(\text{final})} = 0{,}99 A_{\ell\,(\text{inicial})}$

Logo, ocorre uma diminuição de 1%.

## Exercícios Propostos

**7.** Calcule a área lateral de um cilindro circular reto cujo raio da base mede 3 cm e a altura do cilindro é 5 cm.

**8.** **[Lazer]** Para ter acesso a um brinquedo no Parque Criança Feliz deve-se passar por um pequeno túnel, em forma de cilindro reto, feito de material sintético, de 25 m de comprimento, cuja secção transversal tem raio 0,4 m. Qual é a razão entre a área dessa superfície e a área de sua secção meridiana?

**9.** **[Culinária]** Taís fez uma torta de cebola em uma assadeira cilíndrica. A torta adquiriu a forma de um cilindro equilátero de área lateral $36\pi$ cm². Para levar metade para sua sogra, Taís cortou a torta ao meio. Determine a área da secção obtida ao fazer esse corte.

**10.** **[Cidadania]** Ivan salvou um canário que tinha uma asa quebrada e desde então o mantém em uma boa gaiola. Ivan colocou um recipiente em forma de cilindro equilátero aberto na parte superior e, todos os dias, após limpá-la, enche a vasilha com uma ração vitaminada própria para essa pequena ave. Qual é a razão entre a área lateral e a área total desse recipiente?

**11.** Em um cilindro circular reto, o produto da área da base pela altura é o triplo da área da base. Determine a área lateral desse cilindro sabendo que a área de sua secção meridiana é 6 cm².

**12.** Determine a medida do raio da base de um cilindro circular reto sabendo que sua altura é 3 cm e sua área total é $8\pi$ cm².

## 2.3 O VOLUME DO CILINDRO CIRCULAR

**Atenção!**

- Bases equivalentes são aquelas que têm mesma área.
- Sólidos equivalentes são aqueles que têm mesmo volume.

Para determinar o volume de um cilindro circular, com raio da base medindo $r$ e altura $h$, consideramos um prisma de mesma altura e com bases equivalentes às do cilindro, do qual sabemos calcular o volume.

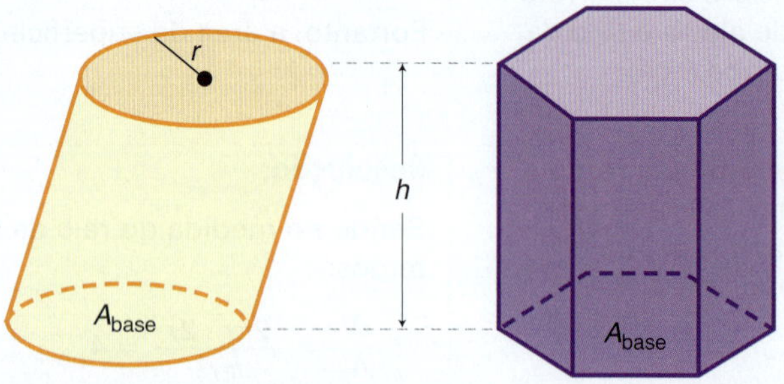


**Recorde**

*Princípio de Cavalieri*

Dois sólidos estão apoiados em um mesmo plano $\alpha$ e têm mesma altura.

Se qualquer plano paralelo a $\alpha$, que corta esses sólidos, determina secções planas de mesma área, então os sólidos têm mesmo volume.

Nessas condições, quaisquer secções transversais do cilindro e do prisma a uma mesma altura são equivalentes e, portanto, pelo princípio de Cavalieri, esses dois sólidos têm mesmo volume.

Assim, o volume do cilindro também é dado por $V_{cilindro} = A_b \cdot h$. Como a base do cilindro circular é um círculo de raio $r$, a área da base desse cilindro é sempre $A_b = \pi r^2$. Logo, o volume de um cilindro circular de altura $h$ e raio da base medindo $r$ pode ser expresso por:

$$V_{cilindro} = \pi r^2 h$$

**Recorde**

O volume de um prisma de altura $h$ é dado por:

$$V_{prisma} = A_b \cdot h$$

onde $A_b$ é a área da base do sólido considerado.

### EXERCÍCIOS RESOLVIDOS

**ER. 6** Um cilindro de revolução cujo diâmetro da base mede 20 cm tem 5 dm de altura. Determine, em cm³, o volume desse cilindro.

**Resolução:**

$d = 20$ cm $\Rightarrow r = 10$ cm

$h = 5$ dm $= 50$ cm

Como $V_{cilindro} = \pi \cdot r^2 \cdot h$, temos:

$$V_{cilindro} = \pi \cdot 10^2 \cdot 50 = 5.000\pi$$

Logo, o volume desse cilindro é $5.000\pi$ cm³.

**ER. 7** Calcule o volume de um cilindro equilátero cuja secção meridiana tem área 16 cm².

**Resolução:** Como o cilindro é equilátero, temos $h = 2r$.

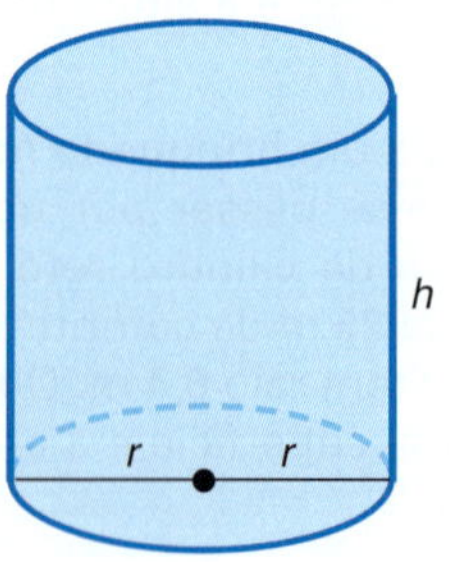


A área da secção meridiana é:

$$A_s = 2rh = 16 \Rightarrow 2r \cdot 2r = 16 \Rightarrow r = 2$$

Assim, $h = 4$ e o volume é: $V_{cilindro} = \pi \cdot 2^2 \cdot 4 = 16\pi$

Logo, o volume é $16\pi$ cm³.

**ER. 8** **[COTIDIANO]** Um caminhão pipa possui um reservatório cilíndrico de comprimento 7 m e raio da base medindo 2 m. Usando $\pi = 3{,}14$, determine a capacidade, em litros, desse reservatório.

**Resolução:** De acordo com o enunciado, esse reservatório pode ser representado por:

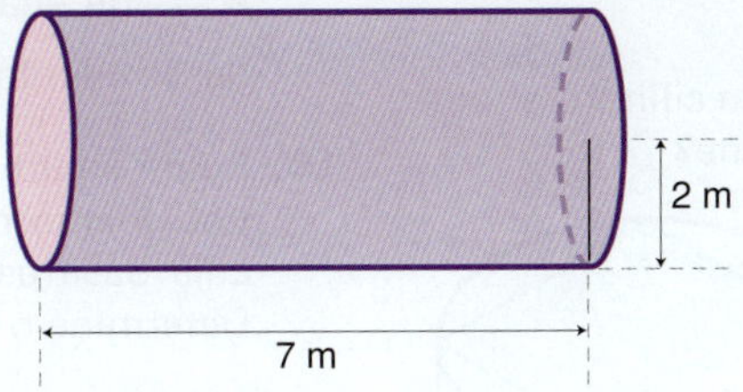


Para encontrarmos sua capacidade, devemos calcular seu volume.

$$V_{cilindro} = \pi \cdot 2^2 \cdot 7 \Rightarrow V_{cilindro} = 28\pi \text{ m}^3$$

Como $1 \text{ m}^3 = 1.000 \text{ dm}^3$, temos que:

$$28\pi \text{ m}^3 = 28.000\pi \text{ dm}^3$$

E, sendo $1 \text{ dm}^3 = 1 \text{ L}$, temos:

$$28.000\pi \text{ dm}^3 = 28.000\pi \text{ L}$$

Mas $28.000\pi \simeq 28.000 \cdot 3{,}14$, o que nos dá 87.920.

Logo, a capacidade aproximada desse reservatório é 87.920 L.

---

**ER. 9** **[*DESIGN*]** Um joalheiro pretende fazer um bracelete em prata, de largura 3 cm, conforme ilustração abaixo, e precisa saber a massa necessária de material a ser usado.

**Atenção!**

A densidade $d$ de um corpo é o quociente entre sua massa $m$ e seu volume $V$, ou seja:

$$d = \frac{m}{V}$$

Sendo 8,2 cm a medida do diâmetro interno desse bracelete e 8,6 a do externo, sabendo que a prata tem densidade $10{,}49 \text{ g/cm}^3$ e usando $\pi = 3{,}14$, qual a massa aproximada necessária para fazer o bracelete?

**Resolução:** O volume do bracelete é dado pela diferença entre os volumes dos dois cilindros abaixo:

$$V_{bracelete} = V_{cilindro\ maior} - V_{cilindro\ menor}$$
$$V_{bracelete} = \pi \cdot (4{,}3)^2 \cdot 3 - \pi \cdot (4{,}1)^2 \cdot 3$$
$$V_{bracelete} = 55{,}47\pi - 50{,}43\pi = 5{,}04\pi \simeq 5{,}04 \cdot 3{,}14$$
$$V_{bracelete} = 15{,}8256 \text{ cm}^3$$

Como a densidade da prata é $10{,}49 \text{ g/cm}^3$, temos:

$$10{,}49 = \frac{m}{15{,}8256} \Rightarrow m = 166{,}010544 \simeq 166$$

Logo, a massa aproximada necessária para fazer o bracelete é 166 g.

## EXERCÍCIOS PROPOSTOS

**13.** A altura de um cilindro circular reto é 8 cm. Determine seu volume, sabendo que o diâmetro de sua base mede $4\sqrt{3}$ cm.

**14.** A medida do raio da base de um cilindro equilátero é 0,5 m. Qual é o seu volume?

**15.** Um cilindro está circunscrito a um cubo de volume 1.331 $cm^3$. Calcule a área total e o volume desse cilindro.

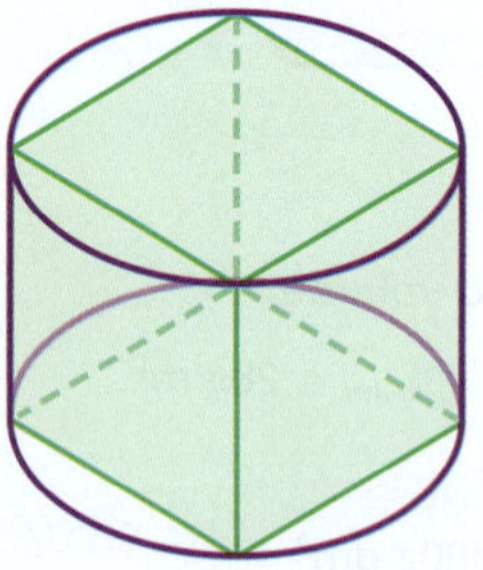

**16.** **[COTIDIANO]** Uma jarra graduada em forma de cilindro, cujo raio da base mede 10 cm, apresenta as marcas de graduação a cada 250 mL. Determine a distância entre uma marca e outra. (Adote $\pi = 3$.)

**17.** **[ARTESANATO]** Com cartolinas cortadas em forma de retângulos de dimensões 6 cm × 9 cm e 8 cm × 10 cm, Isabela vai construir caixinhas cilíndricas de quatro alturas diferentes. Determine a razão entre os volumes das caixinhas de maior e de menor raio da base.

**18.** O volume de um cilindro reto é numericamente igual ao dobro da área de sua base e também a $\frac{2}{5}$ de sua área lateral. Determine o volume desse cilindro.

**19.** Retira-se um cilindro equilátero de raio 5 cm de um prisma regular triangular de altura 12 cm, cuja base está circunscrita à base do cilindro. Determine o volume do sólido obtido.

**20.** Um retângulo de área 147 $cm^2$ é girado em torno de seu menor lado, que é $\frac{1}{3}$ do lado maior. Determine o volume do sólido gerado.

**21.** Um cilindro equilátero foi inscrito em um cubo que tem 10 cm de aresta. Estabeleça a razão porcentual entre o volume do cilindro e o do cubo.

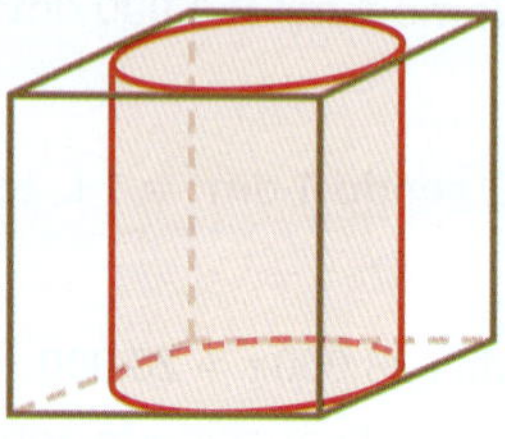

**22.** **[COTIDIANO]** Uma lata de azeite tem forma de um cilindro de revolução de raio 3 cm, e outra, de mesma altura, tem a forma de um paralelepípedo reto retângulo, em que uma das dimensões da base é igual à altura da lata e a outra mede 2 cm. Encontre a altura de modo que esses dois sólidos sejam equivalentes.

## Tecnologia & Desenvolvimento

### CIÊNCIA E TECNOLOGIA EM CORPOS REDONDOS

Na Natureza encontramos corpos redondos em toda parte. Nosso planeta Terra, o Sol e a Lua, por exemplo, são corpos arredondados. Mas não é só nos grandes corpos celestes que as formas redondas aparecem.

Protótipo de um novo conceito em motocicleta. Formas redondas são resultado da aplicação de princípios aerodinâmicos.

Você já se perguntou por que uma simples gota-d'água tem a forma que tem? Como explicar essa aparente predileção da Natureza pelos corpos arredondados?

São forças de coesão que, agindo na formação e durante a vida desses corpos, os mantêm com tais formatos. Nas gotas ocorre uma força de coesão que mantém as moléculas de água unidas, ocasionando a forma redonda. Contudo, se a gota for um pouco maior e estiver atravessando o ar, sua parte inferior se achatará e a parte superior se afunilará. Esse achatamento ocorre porque a gota tem a sua forma ajustada pelo contato com o ar.

Mas por que isso ocorre?

Qualquer corpo que atravessa o ar sofre uma força de oposição ao seu deslocamento, chamada *resistência aerodinâmica*, que depende da velocidade do corpo, da sua forma e da sua textura (superfície mais ou menos áspera). No caso da gota, o novo formato permite que esta atravesse o ar sofrendo um mínimo de resistência ao deslocamento.

O estudo desse fenômeno levou os cientistas a refletirem sobre outros corpos que precisam atravessar o ar desenvolvendo alguma velocidade, como é o caso dos aviões, carros, motocicletas e até bicicletas. Eles perceberam que, dependendo do formato do veículo, a resistência ao deslocamento sofrida por este pode ser muito reduzida, o que permite ao veículo desenvolver maiores velocidades, com menor desgaste e consumo de combustível.

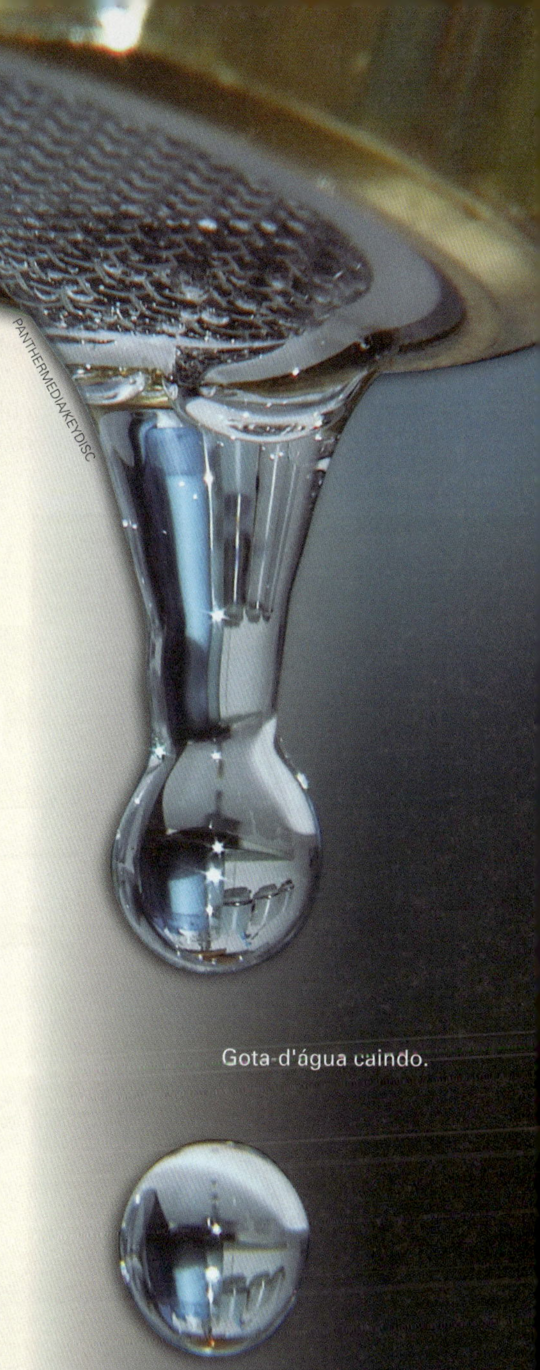
PANTHERMEDIA/KEYDISC

Gota-d'água caindo.

## Aerodinâmica e tecnologia

*Aerodinâmica* é a ciência que estuda as forças que agem sobre um corpo em movimento em relação ao ar que o envolve. Observe que essas forças surgem quando há movimento do corpo em relação ao ar, não importando se é o corpo que atravessa o ar em velocidade ou se o corpo está parado e o ar o atravessa (é o caso das pontes, por exemplo, onde o projeto precisa levar em conta a ação do vento).

No caso do projeto de um veículo, muita tecnologia é empregada até se chegar à sua forma final, seja ele foguete, avião, carro, moto ou bicicleta. Os estudos aerodinâmicos são realizados a partir de modelagens e simulações em computador e, também, dependendo da sofisticação necessária, túneis de vento são utilizados para ensaios diversos. Como resultado desses estudos, formas arredondadas cada vez mais arrojadas são desenvolvidas, nas quais a resistência ao deslocamento é mínima.

LOVIE PSIHOYOS/SCIENCE FACTION/CORBIS/LATINSTOCK

Túnel de vento é utilizado para verificar a aerodinâmica dos corpos.

## 3. O Cone Circular

Para definirmos cone circular, procederemos de modo análogo àquele utilizado na definição de pirâmide.

Consideramos um círculo $C$, contido em um plano $\alpha$, e um ponto $V$, fora de $\alpha$.

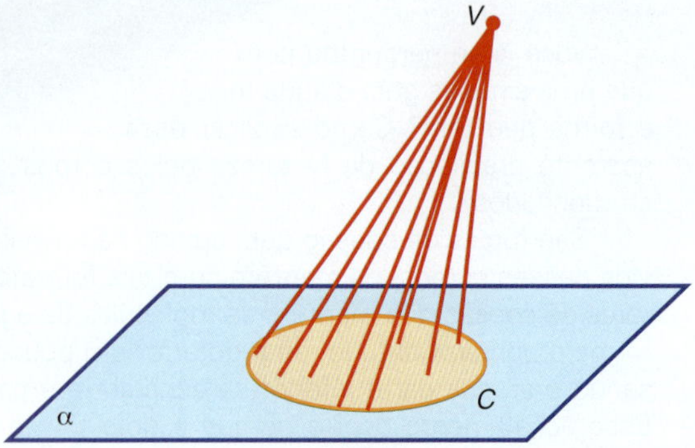


Repare nas edificações abaixo; no passado, era frequente encontrarmos a parte superior dos castelos com a forma aproximada de um cone.

FOTOS: PANTHERMEDIA/KEYDISC

> Chamamos de **cone circular** a reunião de todos os segmentos de reta com uma extremidade no círculo $C$ e a outra no ponto $V$.

- O círculo $C$ é denominado **base** e a distância do ponto $V$ ao plano $\alpha$ é a **altura** do cone circular.
- O ponto $V$ é denominado **vértice** do cone.
- Todo segmento com uma extremidade em $V$ e a outra na circunferência que contorna a base do cone é denominado **geratriz** do cone.

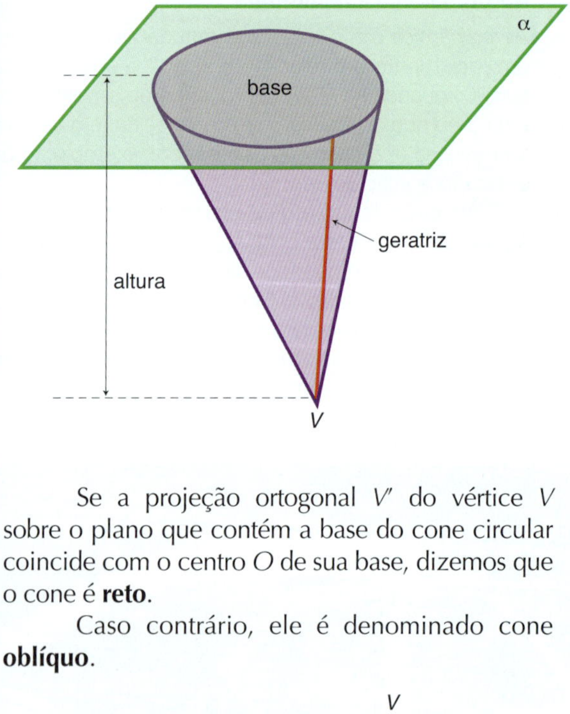


Se a projeção ortogonal $V'$ do vértice $V$ sobre o plano que contém a base do cone circular coincide com o centro $O$ de sua base, dizemos que o cone é **reto**.

Caso contrário, ele é denominado cone **oblíquo**.

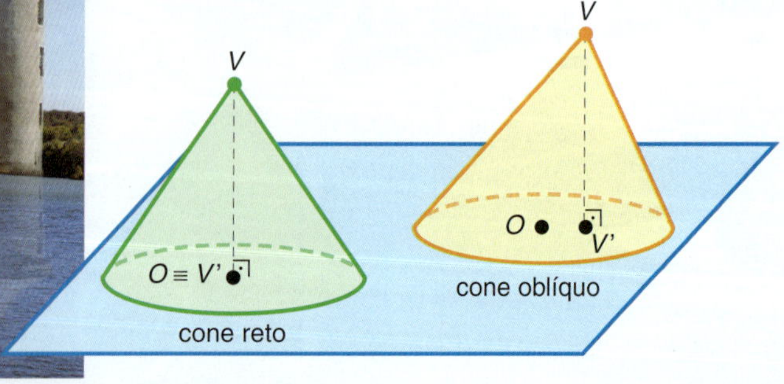

## 3.1 OUTROS ELEMENTOS DE UM CONE CIRCULAR

Um cone circular reto também pode ser obtido pela rotação completa de uma região cujo contorno é um triângulo retângulo em torno de um de seus catetos. Por esse motivo, o cone circular reto é denominado **cone de revolução** e a reta suporte do lado em torno do qual a região triangular é girada é denominada **eixo de revolução.**

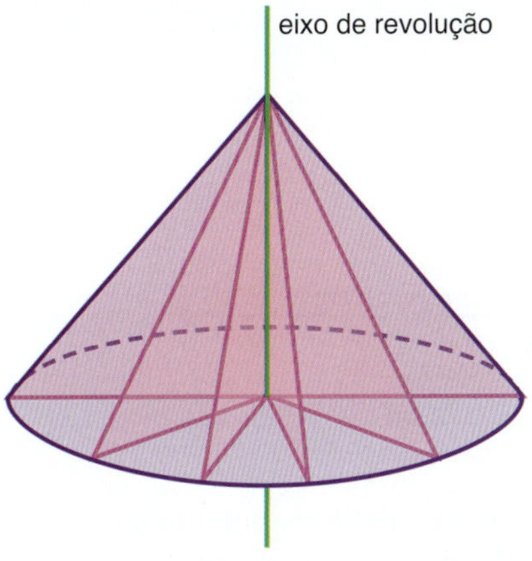


Quando um plano paralelo à base de um cone circular secciona-o, obtém-se, na região comum ao plano e ao cone, um círculo denominado **secção transversal**.

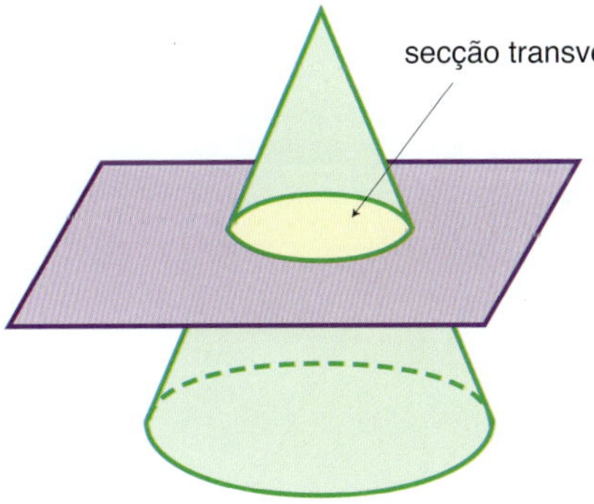


As secções transversais de um cone circular não são congruentes.

Por outro lado, quando um plano que contém o eixo de um cone circular secciona-o, obtém-se na região comum a ambos uma **secção meridiana** que é triangular.

Quando o cone circular é reto, sua secção meridiana é triangular isósceles.

Quando a secção meridiana de um cone circular reto é uma região triangular equilátera, o cone é chamado de **equilátero**. Nesse caso, o diâmetro de sua base tem mesmo comprimento que sua geratriz.

Cones estão presentes à nossa volta, como, por exemplo, nas casquinhas dos sorvetes ou na sinalização de trânsito. Cite mais dois exemplos em que esse elemento está presente.

PANTHERMEDIA/KEYDISC

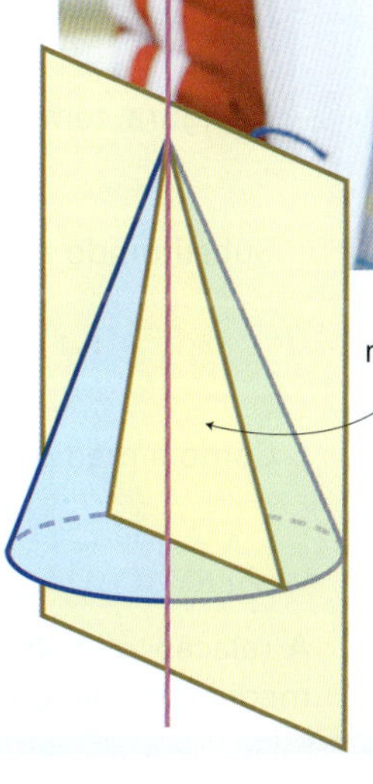

## Exercícios Resolvidos

**ER. 10** Dado um cone equilátero, determine:

a) sua altura, se o raio da base mede 6 cm;

b) a medida do raio de sua base, se sua altura é 10 cm.

**Resolução:**

a) Se o cone é equilátero, uma secção meridiana é uma região triangular equilátera. O diâmetro da base desse cone é um dos lados da secção meridiana. Assim, se o raio da base mede 6 cm, o diâmetro mede 12 cm $(2 \cdot 6)$. Essa também deve ser a medida dos demais lados da seção meridiana, já que ela é equilátera.

Logo: $VA = VB = 12$ cm

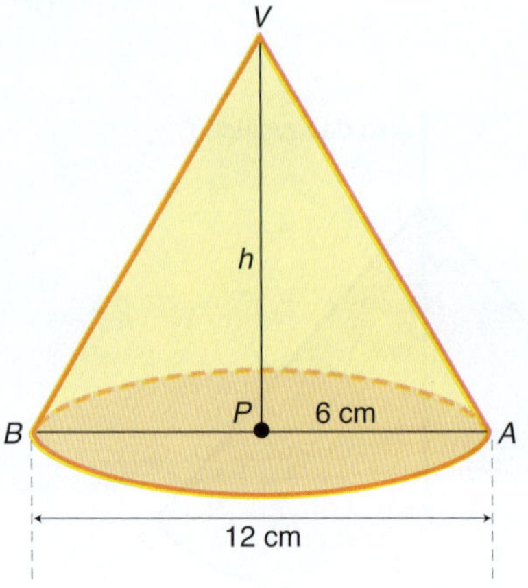


Nesse caso, a altura $VP$ do cone é igual à medida da altura do triângulo equilátero $VAB$ de lados com 12 cm de comprimento.

Como $VP$ é a medida da altura do triângulo, temos $\overline{VP} \perp \overline{AB}$, sendo $P$ o ponto médio de $\overline{AB}$. Logo, o triângulo $VPA$ é retângulo em $P$. Daí, podemos fazer:

$$h^2 + 6^2 = 12^2 \Rightarrow h = \sqrt{144 - 36} \Rightarrow h = \sqrt{108} \Rightarrow h = 6\sqrt{3} \Rightarrow$$
$$\Rightarrow h \simeq 10{,}4 \text{ cm}$$

**Recorde**

O símbolo $\perp$ significa "perpendicular a".

b) Como o cone é equilátero, $g = 2r$.

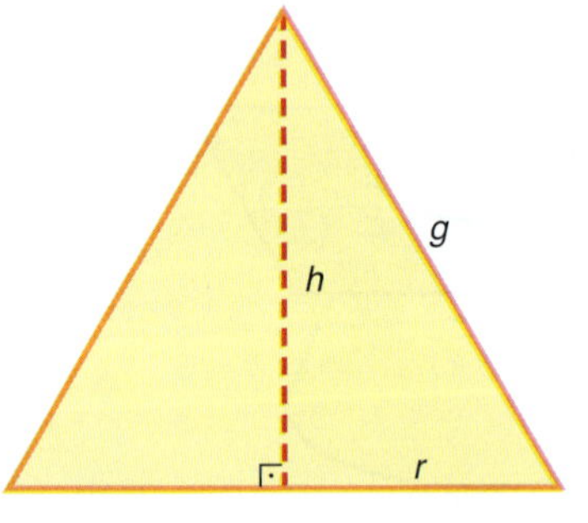


Da figura, temos:

$$g^2 = h^2 + r^2 \Rightarrow (2r)^2 = h^2 + r^2 \Rightarrow 3r^2 = h^2$$

Substituindo na expressão acima o valor de $h$ $(10)$, temos:

$$3r^2 = h^2 \Rightarrow 3r^2 = 100 \Rightarrow r^2 = \frac{100}{3} \Rightarrow r = \pm\frac{10\sqrt{3}}{3}$$

Como a medida do raio é positiva, temos $r = \dfrac{10\sqrt{3}}{3}$ cm.

**Observação**

A relação $\boldsymbol{g^2 = h^2 + r^2}$, em que $g$ é a medida da geratriz, $h$ a altura e $r$ a medida do raio da base, vale para qualquer cone circular reto.

**ER. 11** Em um cone reto, a área da secção meridiana é igual à área da base. Determine a razão entre a altura e a medida do raio da base desse cone.

**Resolução:**

- A área da base é:

$$A_b = \pi r^2$$

- A área da secção meridiana é:

$$A_s = \frac{2r \cdot h}{2} = rh$$

- Pelo enunciado, temos:

$$\pi r^2 = rh \Rightarrow \pi r = h \Rightarrow \frac{h}{r} = \pi$$

Logo, a razão entre a altura e a medida do raio da base é $\pi$.

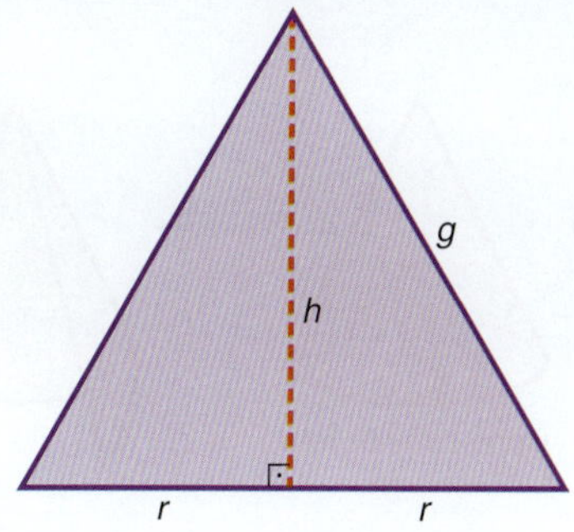


**ER. 12** Em um cone circular reto, a área da secção meridiana é 12 cm². Determine a medida da geratriz desse cone sabendo que a medida do raio da base é o triplo da altura.

**Resolução:** Do enunciado, temos:

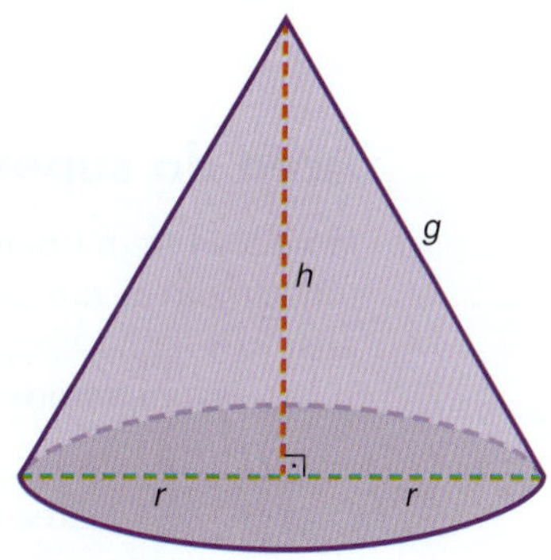


Pela área da secção meridiana temos:

$$\frac{2r \cdot h}{2} = 12 \Rightarrow rh = 12$$

Como $r = 3h$, temos:

$$3h \cdot h = 12 \Rightarrow h^2 = 4 \Rightarrow h = 2 \text{ (pois } h > 0\text{)}$$

Com isso segue que $r = 6$ cm e, assim, a medida $g$ da geratriz é dada por:

$$g^2 = r^2 + h^2 \Rightarrow g^2 = 6^2 + 2^2 \Rightarrow g = \sqrt{40} \Rightarrow g = 2\sqrt{10} \text{ cm (pois } g > 0\text{)}$$

## Exercícios Propostos

**23.** Girando uma região delimitada por um triângulo retângulo de lados 9 cm, 12 cm e 15 cm em torno de um de seus catetos, obtêm-se sólidos de revolução. Considerando as duas possibilidades existentes, encontre a razão entre as áreas das secções meridianas dos sólidos obtidos.

**24.** Calcule a medida da geratriz de um cone reto cuja área da secção meridiana é 12 cm² e o raio da base mede 3 cm.

**25.** Em um cone circular reto, a área da base é $9\pi$ cm². Sabendo que sua geratriz mede 8 cm, determine a área da secção meridiana desse cone.

**26.** Determine a altura de um cone equilátero cuja área da secção meridiana é $\sqrt{3}$ m².

**27.** Em um cone oblíquo, a distância entre o vértice e o centro de sua base circular é 17 cm. A projeção ortogonal desse vértice sobre o plano que contém a base está sobre a circunferência de raio 8 cm que determina a base desse cone. Obtenha a altura desse cone.

## 3.2 A PLANIFICAÇÃO DA SUPERFÍCIE DO CONE CIRCULAR

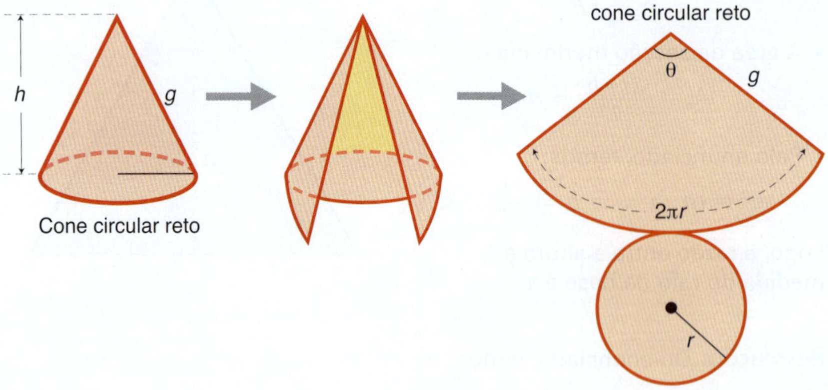


A superfície de um cone também pode ser planificada. Considere um cone circular reto de altura $h$, raio da base $r$ e geratriz de comprimento $g$. A sequência de figuras ao lado mostra a planificação da superfície desse cone.

É possível notar que a planificação da superfície do cone circular reto ao lado descrito é uma figura plana composta de um setor circular, que é a superfície lateral do cone, e um círculo, que é a base do cone.

### Área da superfície do cone circular

Já vimos que na planificação da superfície de um cone circular reto obtemos um círculo e um setor circular. No caso considerado, o setor circular tem ângulo $\theta$ e raio congruente à geratriz do cone, e o círculo tem raio $r$.

Assim, temos:

- área da superfície lateral: $A_\ell = A_{setor} = \pi rg$
- área da base: $A_b = A_{círculo} = \pi r^2$
- área total: $A_t = A_\ell + A_b = \pi rg + \pi r^2 = \pi r(r + g)$

## EXERCÍCIOS RESOLVIDOS

**ER. 13** Mostre que a área da superfície lateral de um cone circular reto é:

$$A_\ell = \pi rg$$

**Resolução:** Já vimos que a superfície lateral de um cone circular reto é um setor circular.

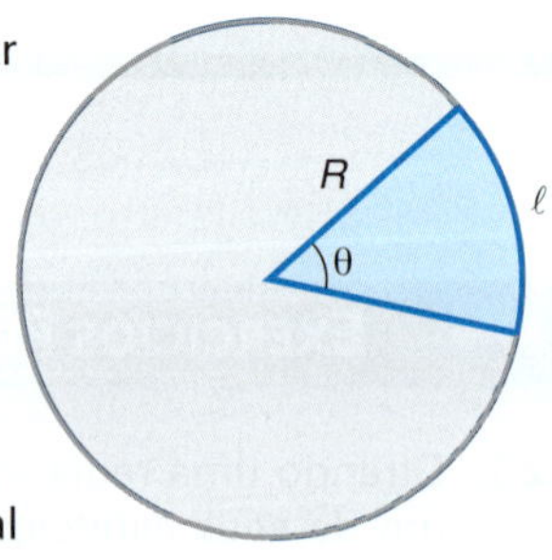


Por isso, para achar a área da superfície lateral, vamos rever como se faz para obter a área de um setor circular.

Consideremos o setor circular correspondente a um ângulo central $\theta$ de um círculo de raio $R$, cujo comprimento de arco é $\ell$, como vemos na figura. Como a área do setor é diretamente proporcional à medida do ângulo central a ele correspondente e, por sua vez, a medida desse ângulo é diretamente proporcional ao comprimento do arco do setor, então a área desse setor é diretamente proporcional ao comprimento do arco que o delimita. Assim, temos:

$$\frac{\text{área do setor}}{\text{área do círculo}} = \frac{\text{comprimento do arco}}{\text{comprimento da circunferência}}$$

$$\frac{A_{setor}}{\pi R^2} = \frac{\ell}{2\pi R}$$

**Atenção!**

$R$ é a medida do raio do setor circular (superfície lateral do cone) e $r$, a medida do raio da base circular do cone.

Como a superfície lateral do cone circular de geratriz $g$ e raio da base $r$ corresponde a um setor circular de raio $g$ e comprimento de arco $\ell = 2\pi r$, podemos fazer:

$$\frac{A_\ell}{\pi g^2} = \frac{2\pi r}{2\pi g} \Rightarrow A_\ell = \frac{2\pi r \cdot \pi g^2}{2\pi g} \Rightarrow A_\ell = \pi rg$$

**ER. 14** [EDUCAÇÃO] A professora do 2.º ano do Ensino Médio, após algumas atividades com corpos redondos, forneceu cartolina a seus alunos para uma atividade livre sobre o tema. Mark construiu um "foguete" colocando um cone de revolução de altura 8 cm sobre uma das bases de um cilindro circular reto, fazendo coincidir suas bases, cujo raio mede 3 cm.
Sabendo que a parte cilíndrica tem altura 20 cm, determine a área da superfície do "foguete" construído por Mark.

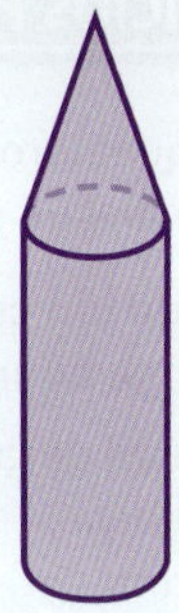

**Resolução:** A área da superfície do "foguete" é calculada somando-se a área lateral do cilindro com a área lateral do cone, acrescentando-se a área da base inferior do cilindro.

$$A_{\text{"foguete"}} = A_{\text{lateral do cilindro}} + A_{\text{lateral do cone}} + A_{\text{base}}$$

Da relação $g^2 = h^2 + r^2$ para o cone, temos:

$$g^2 = 8^2 + 3^2 = 73 \Rightarrow g = \sqrt{73} \text{ (pois } g > 0)$$

Assim, temos:

$$A_{\text{"foguete"}} = 2 \cdot \pi \cdot 3 \cdot 20 + \pi \cdot 3 \cdot \sqrt{73} + \pi \cdot 3^2$$

$$A_{\text{"foguete"}} = 120\pi + 3\pi\sqrt{73} + 9\pi$$

$$A_{\text{"foguete"}} = 3\pi(40 + \sqrt{73} + 3) = 3\pi(43 + \sqrt{73})$$

Logo, a área do "foguete" é:

$$A_{\text{"foguete"}} = 3\pi(43 + \sqrt{73})\text{ cm}^2$$

---

**ER. 15** A planificação da superfície lateral de um cone circular reto é um setor circular de raio 8 cm. Sabendo que o raio da base do cone mede 2 cm, determine a medida do ângulo central desse setor circular.

**Resolução:** A planificação da superfície lateral do cone é:

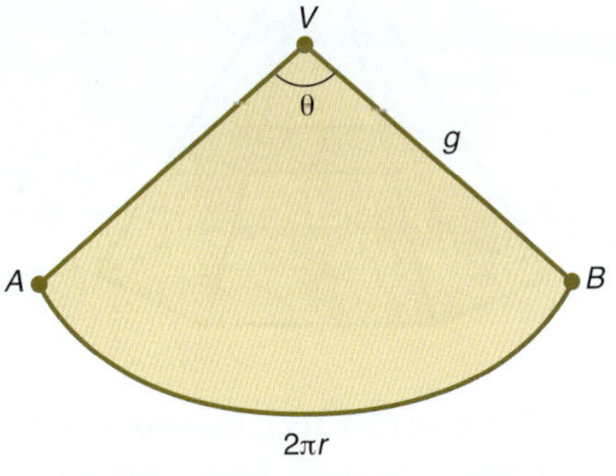


Como o raio do setor circular é 8 cm, temos que $g = 8$ cm. Portanto, a circunferência do círculo do qual foi extraído o setor circular tem comprimento $2 \cdot \pi \cdot 8$, ou seja, $16\pi$ cm.

Como o raio da base do cone mede 2 cm, temos que o arco do setor circular tem comprimento $2 \cdot \pi \cdot 2$, isto é, $= 4\pi$ cm.

Desse modo, vem:

$$360° \text{ ———— } 16\pi$$
$$\theta \text{ ———— } 4\pi$$
$$\theta \cdot 16\pi = 360° \cdot 4\pi \Rightarrow \theta = 90°$$

Portanto, a medida do ângulo central desse setor circular é 90°.

## Exercícios Propostos

**28.** Um cone equilátero tem altura de 27 cm. Determine a área de sua superfície lateral.

**29.** Considerando um cone circular reto com raio da base de 5 cm e altura de 12 cm, calcule:

a) a medida da geratriz;
b) a área da base;
c) a área lateral;
d) a área total;
e) o ângulo, em graus, do setor circular formado pela planificação da superfície lateral do cone.

**30.** Determine a medida da geratriz de um cone circular reto cuja área lateral é $15\pi$ cm$^2$ e área da base é $9\pi$ cm$^2$.

**31.** Determine a razão entre a área lateral e a área da base de um cone de revolução e estude a possibilidade dessa razão ser igual a 1.

**32.** Encontre a medida da geratriz e a do raio da base de um cone circular reto cuja superfície lateral planificada tem ângulo central de 216° e raio de 10 cm.

**33.** Determine o ângulo central do setor circular obtido na planificação de um cilindro equilátero.

**34.** Calcule a área total de um cone circular reto sabendo que a área da secção meridiana é 12 cm$^2$, a altura é maior que a medida do raio da base e que a soma da altura com a medida do raio da base é 7.

## 3.3 VOLUME DO CONE CIRCULAR

De maneira análoga àquela para determinar o volume de um cilindro, quando comparamos o cilindro com um prisma, determinamos o volume de um cone.

Para tanto, vamos comparar um cone circular com uma pirâmide de mesma altura $h$ e com bases de mesma área $A$.

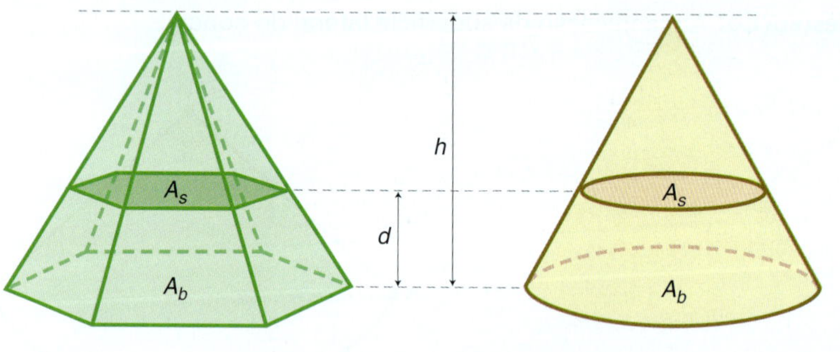


Sempre que seccionamos esses sólidos por um plano paralelo às bases e igualmente distante delas, obtemos secções de mesma área $A_s$.

Assim, pelo princípio de Cavalieri, o cone e a pirâmide têm mesmo volume.

Como o volume da pirâmide em questão é igual a:

$$V_{\text{pirâmide}} = \frac{1}{3} \cdot A_b \cdot h, \text{ o que nos dá } V_{\text{cone}} = \frac{1}{3} \cdot A_b \cdot h$$

podemos concluir que o volume de um cone de raio da base $r$ é dado por:

$$V_{\text{cone}} = \frac{1}{3}\pi r^2 h$$

## Exercícios Resolvidos

**ER. 16** Obtenha o volume de um cone circular reto cujo raio da base mede 6 cm e a geratriz mede 10 cm.

**Resolução:** Como o cone é equilátero, a sua secção meridiana é um triângulo equilátero.

Da figura, temos:

$$10^2 = h^2 + 6^2$$
$$h^2 = 64$$
$$h = 8 \left(\text{pois } h > 0\right)$$

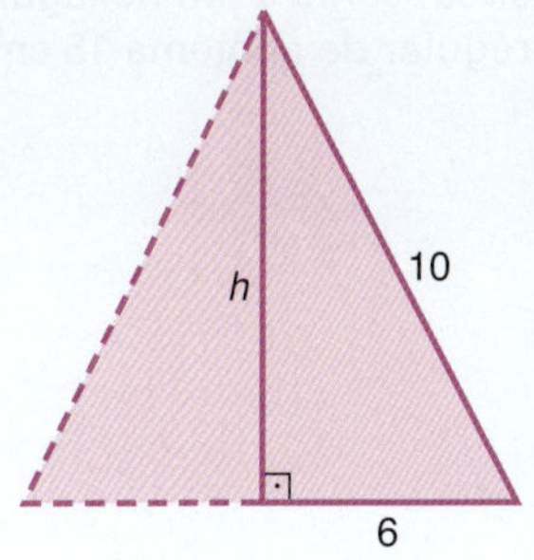


Assim, o volume será:

$$V_{cone} = \frac{1}{3} \cdot A_b \cdot h = \frac{1}{3} \cdot \left(\pi \cdot 6^2\right) \cdot 8 = 96\pi$$

Logo, o volume é $96\pi$ cm$^3$.

**ER. 17** Determine a medida da geratriz de um cone equilátero cujo volume é $9\pi\sqrt{3}$ cm$^3$.

**Resolução:** Como o cone é equilátero, a sua secção meridiana é um triângulo equilátero. Assim, a partir da figura, temos:

$$\frac{h}{2r} = \text{sen } 60° \Rightarrow \frac{h}{2r} = \frac{\sqrt{3}}{2} \Rightarrow h = r\sqrt{3}$$

Como $V_{cone} = \frac{1}{3} \cdot A_b \cdot h$, vem:

$$9\pi\sqrt{3} = \frac{1}{3} \cdot \pi r^2 \cdot r\sqrt{3} \Rightarrow r^3 \cdot \sqrt{3} = 27\sqrt{3} \Rightarrow$$
$$\Rightarrow r^3 = 27 \Rightarrow r = 3$$

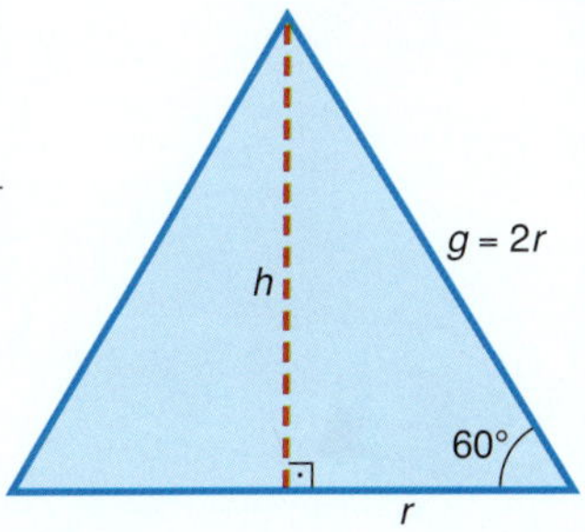


Como o raio mede 3 cm, concluímos que a geratriz mede 6 cm.

**ER. 18** [*DESIGN*] Na figura abaixo temos um vaso em forma de cone circular reto, cuja altura é 25 cm. Nele está inscrito um cilindro reto de altura 15 cm, onde será colocado um tipo diferente de planta. Sabendo que o cone tem raio da base de mesma medida que sua altura, encontre a razão entre o volume do cone e o volume do cilindro.

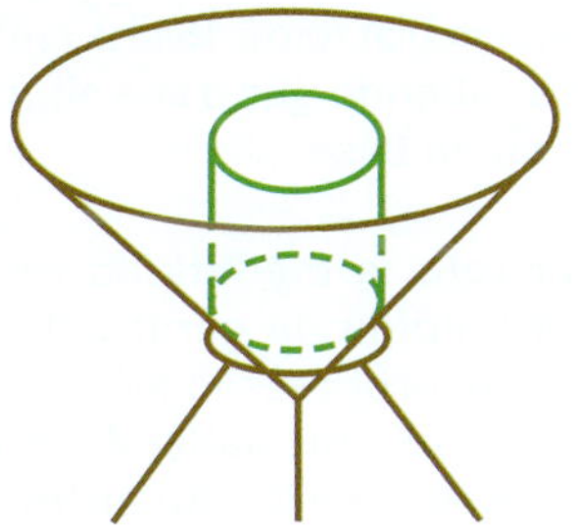

**Resolução:** Observe a figura:

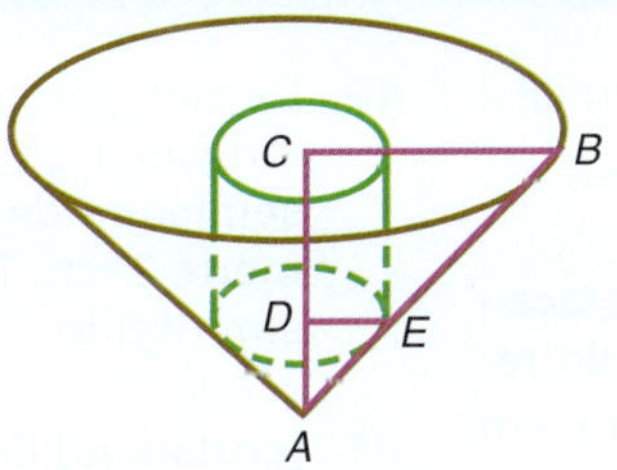


> **Faça**
> Mostre que os triângulos *ADE* e *ACB* são semelhantes.

A partir da figura temos:

- $AC = 25$ e $CD = 15$
- Note que os triângulos *ADE* e *ACB* são semelhantes.

  Logo, $\frac{DE}{CB} = \frac{AD}{AC}$, em que *DE* é a medida *r* do raio da base do cilindro.
- $AD = AC - CD \Rightarrow AD = 25 - 15 = 10$

Assim, temos:

$$\frac{DE}{CB} = \frac{AD}{AC} \Rightarrow \frac{r}{25} = \frac{10}{25} \Rightarrow r = 10 \text{ cm}$$

Como a medida $(CB)$ do raio da base do cone é igual à sua altura, vem que $CB = 25$ cm. Portanto:

$$\frac{V_{cone}}{V_{cilindro}} = \frac{\frac{1}{3} \cdot \pi \cdot 25^2 \cdot 25}{\pi \cdot 10^2 \cdot 15} = \frac{\cancel{\pi} \cdot \overset{5}{\cancel{25}} \cdot \overset{5}{\cancel{25}} \cdot \overset{5}{\cancel{25}}}{3} \cdot \frac{1}{\cancel{\pi} \cdot \underset{2}{\cancel{10}} \cdot \underset{2}{\cancel{10}} \cdot \underset{3}{\cancel{15}}}$$

$$\frac{V_{cone}}{V_{cilindro}} = \frac{125}{36}$$

**ER. 19** Encontre, em centímetros cúbicos, o volume de um cone de geratriz 5 dm cuja base está circunscrita a um hexágono regular de apótema 15 cm.

**Resolução:** Do enunciado, temos:

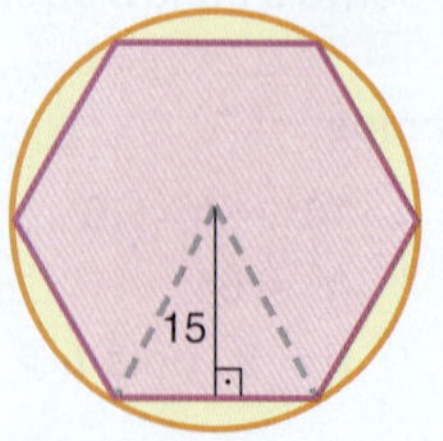


**Recorde**

A medida do apótema de um hexágono regular inscrito em um círculo de raio $r$ é:

$$a_6 = \frac{r \cdot \sqrt{3}}{2}$$

Usando a medida do apótema do hexágono, vem:

$$15 = \frac{r\sqrt{3}}{2} \Rightarrow r = \frac{30}{\sqrt{3}} = \frac{30\sqrt{3}}{3} \Rightarrow r = 10\sqrt{3}$$

Como $g = 5$ dm $= 50$ cm, $g^2 = r^2 + h^2$ e sendo $h > 0$, temos:

$$50^2 = \left(10\sqrt{3}\right)^2 + h^2 \Rightarrow h^2 = 2.500 - 300 = 2.200 \Rightarrow$$

$$\Rightarrow h = \sqrt{2.200} = 10\sqrt{22}$$

Daí, vem:

$$V_{cone} = \frac{1}{3} \cdot \pi \cdot \left(10\sqrt{3}\right)^2 \cdot 10\sqrt{22}$$

$$V_{cone} = 1.000\pi\sqrt{22}\ \text{cm}^3$$

## Exercícios Propostos

**35.** Um cone reto de altura 2 dm, tem volume igual a $\frac{\pi}{6}$ dm³. Determine a medida de sua geratriz.

**36.** Qual é o volume do sólido obtido pela rotação de uma região delimitada por um triângulo retângulo e isósceles, de hipotenusa $4\sqrt{2}$ cm, em torno de um de seus catetos?

**37.** Sendo $100\pi$ cm³ o volume de um cone circular reto cuja altura é 12 cm, obtenha:

a) a medida de sua geratriz;
b) sua área lateral.

**38.** Calcule a área total de um cone circular reto cujo volume é $8\pi$ cm³ e a área da base é $4\pi$ cm².

**39.** **[ENGENHARIA]** Seccionando-se um cone reto de altura 20 cm, por um plano paralelo à base, obtemos a parte de cima do funil ilustrado ao lado. Sabe-se que a planificação da superfície lateral desse cone tem raio de $10\sqrt{5}$ cm e ângulo central de $2\pi\sqrt{5}$ radianos. Determine o volume do cone que deu origem ao funil.

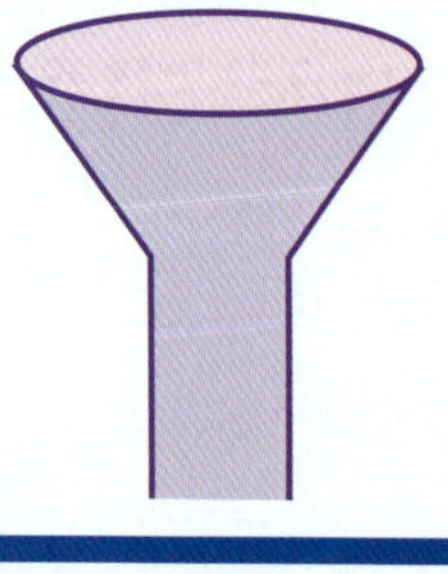

**40.** De um paralelepípedo reto retângulo de dimensões 20 cm, 5 cm e 6 cm retira-se um semicone de altura 20 cm, cujo raio da base mede 2 cm. Encontre o volume do sólido assim obtido.

**41.** **[COTIDIANO]** Em um copo com o formato de um cone reto, a altura é o quádruplo da medida do raio da base. Calcule o volume desse copo sabendo que a sua geratriz mede $4\sqrt{17}$ cm.

**42.** A área lateral de um cone circular reto é $16\pi\sqrt{2}$ cm². Determine seu volume sabendo que a sua altura é igual à medida do raio da base.

**43.** Em um cone circular reto, a medida do raio da base, a altura e a medida da geratriz formam, nessa ordem, uma progressão aritmética. Calcule o volume desse cone sabendo que a soma dos termos dessa progressão aritmética é 6.

**44.** Se aumentarmos a medida do raio da base de um cone circular reto em 2 cm e diminuirmos a altura em 2 cm, a medida da geratriz ficará constante; porém, a área lateral dobrará. Nessas condições, calcule o volume desse cone.

## O Mistério do *Milk-Shake*

PANTHERMEDIA/KEYDISC

Dois jovens amigos foram até a nova lanchonete da cidade, a MatLanches, e com surpresa encontraram no cardápio o sabor de *milk-shake* que tanto gostam. Um deles, que estava com muita vontade, pediu um grande, e o outro, o pequeno.

A diferença de preço é grande também: o *milk-shake* grande custa o triplo do pequeno. Quando o garçom os serviu, algo os intrigou: os dois copos, que estão representados a seguir, tinham a mesma altura e a boca tinha o mesmo diâmetro.

Eles comentaram o fato com o garçom que, por sua vez, ficou muito surpreso, já que ninguém nunca havia perguntado isso. Então, chamou o gerente.

Quando o gerente chegou, afirmou categoricamente: "Está tudo certo! *Sempre cobramos o preço de acordo com o quanto servimos*". E, em seguida, explicou *matematicamente* como isso é possível. Os dois amigos ficaram plenamente convencidos e se deliciaram com seus *milk-shakes*.

Descubra a explicação do gerente.

## 3.4 TRONCO DE CONE RETO

Quando um plano $\alpha$ paralelo à base de um cone circular reto de altura $h$ secciona-o a uma distância $d$ de seu vértice, sendo $d < h$, ficam determinados dois sólidos: um deles é um novo cone circular reto de altura $d$ e o outro é o que chamamos de **tronco de cone reto** de altura $(h - d)$.

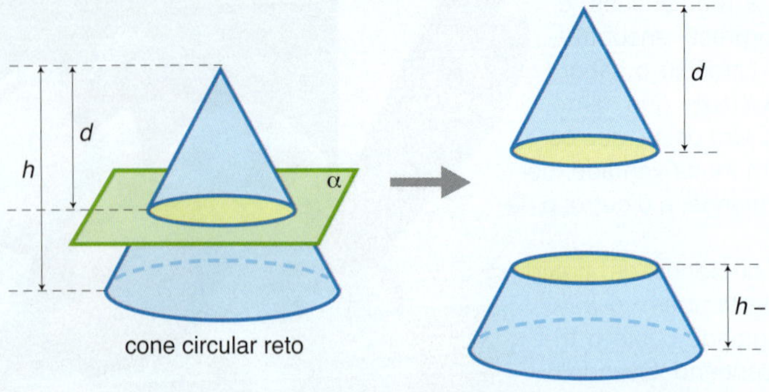

cone circular reto

tronco de cone reto

> **Recorde**
>
> Sólidos semelhantes são sólidos que possuem mesmo formato e comprimentos correspondentes proporcionais.

O cone obtido e o cone original são sólidos semelhantes e a razão entre dois elementos lineares correspondentes no cone obtido e no cone original é $\frac{d}{h}$. Consequentemente, a razão entre a área da superfície do cone menor e a do maior é $\left(\frac{d}{h}\right)^2$ e a razão entre seus volumes, nessa ordem, é $\left(\frac{d}{h}\right)^3$.

### Volume do tronco de cone reto

Consideremos um tronco de cone reto com bases de áreas $A_{b(\text{maior})}$ e $A_{b(\text{menor})}$ e altura $(h - d)$, como mostra a figura abaixo, obtido de um cone circular reto de altura $h$ e área da base $A_b$.

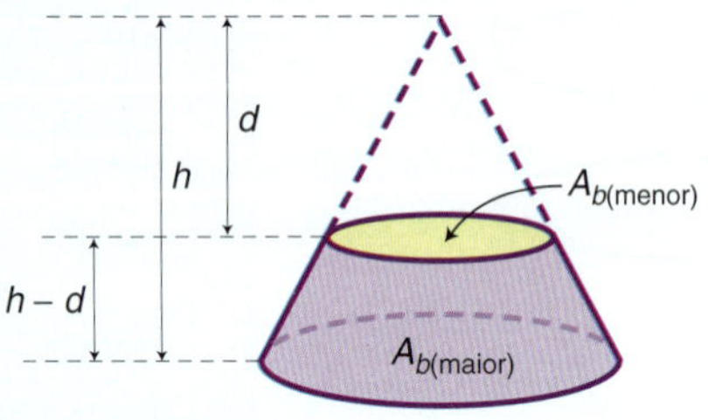


> **Atenção!**
>
> Pode-se provar que o volume do tronco de cone também é dado por:
>
> $V_{\text{tronco de cone}} = \frac{\pi h}{3} \cdot (R^2 + Rr + r^2)$
>
> em que $h$ é a altura do tronco de cone e $R$ e $r$ são as medidas dos raios de suas bases.

Nessas condições, podemos estabelecer uma relação entre o volume do tronco de cone reto e o volume dos cones envolvidos da seguinte maneira:

$$V_{\text{tronco de cone}} = V_{\text{cone de altura } h} - V_{\text{cone de altura } d}$$

## EXERCÍCIOS RESOLVIDOS

**ER. 20** [CULINÁRIA] Em sua chácara, Alice costuma fazer um delicioso bombocado de mandioca colhida por ela própria. Para isso, utiliza um tacho conforme figura ao lado, em forma de tronco de cone reto, cujas bases inferior e superior medem, respectivamente, 40 cm e 50 cm.

Sabendo que a altura desse tacho é 22,5 cm, encontre sua área lateral e sua capacidade.

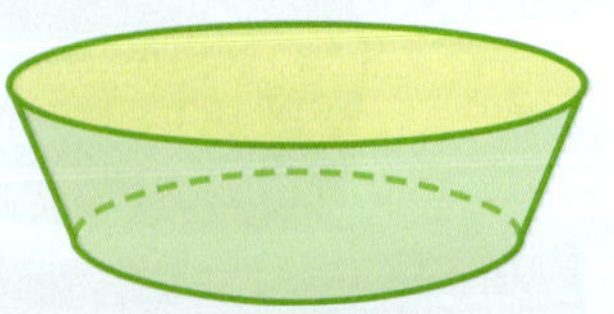

> **Recorde**
>
> A área lateral de um cone é dada por:
>
> $A_\ell = \pi r g$
>
> em que $r$ é a medida do raio de sua base e $g$ a medida de sua geratriz.

**Resolução:** Observemos que o tronco de cone que representa o tacho é obtido por meio de um corte feito em um cone de altura $h + 22{,}5$, conforme esquematizado na figura abaixo.

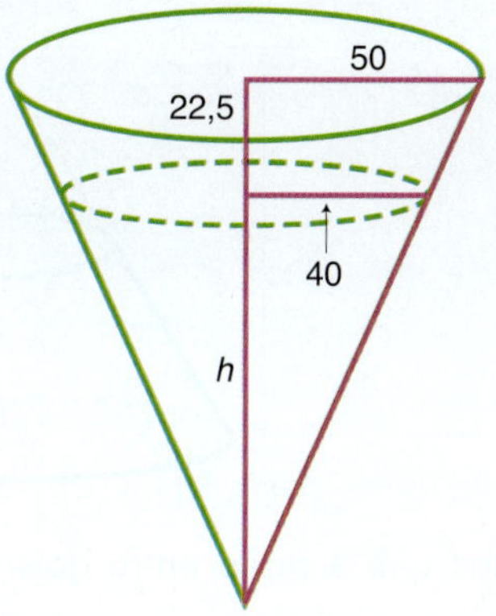


Notemos que, nessa figura, temos dois triângulos semelhantes. Logo:

$$\frac{h}{h + 22{,}5} = \frac{40}{50}$$

$$50h = 40h + 900$$

$$h = 90$$

Portanto, temos dois cones:

- cone 1, de altura 90 cm e raio 40 cm
- cone 2, de altura 112,5 cm (90 + 22,5) e raio 50 cm

Para o cone 1, temos:

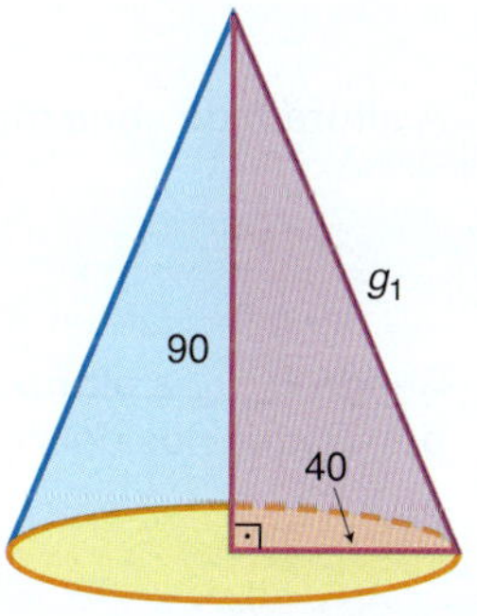


- $g_1^2 = 40^2 + 90^2 = 9.700$

  $g_1 = \sqrt{9.700}$

  $g_1 = 10\sqrt{97}$ cm
- $A_{\ell(1)} = \pi \cdot 40 \cdot 10\sqrt{97}$

  $A_{\ell(1)} = 400\,\pi\sqrt{97}$ cm²
- $V_{(\text{cone 1})} = \dfrac{1}{3} \cdot \pi \cdot 40^2 \cdot 90$

  $V_{(\text{cone 1})} = 48.000\pi$ cm³

Para o cone 2, temos:

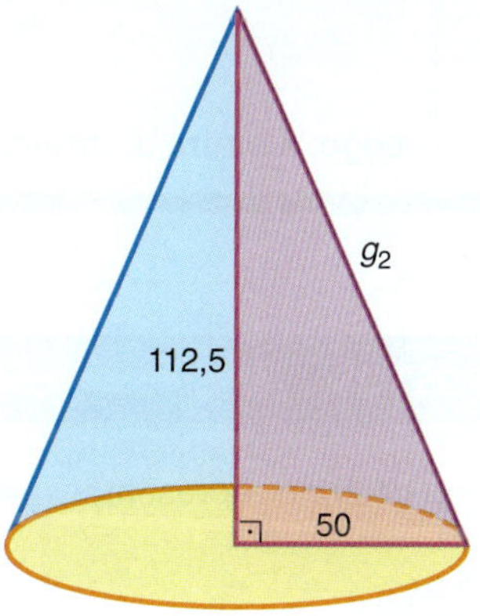


- $g_2^2 = (112{,}5)^2 + 50^2 = 12.656{,}25 + 2.500$

  $g_2^2 = 15.156{,}25$

  $g_2 = \sqrt{\dfrac{1.515.625}{100}}$

  $g_2 = \dfrac{125\sqrt{97}}{10}$ cm
- $A_{\ell(2)} = \pi \cdot 50 \cdot \dfrac{125\sqrt{97}}{10}$

  $A_{\ell(2)} = 625\pi\sqrt{97}$ cm²
- $V_{(\text{cone 2})} = \dfrac{1}{3} \cdot \pi \cdot 50^2 \cdot 112{,}5$

  $V_{(\text{cone 2})} = 93.750\pi$ cm³

Assim, a área lateral do tacho é:

$$A_{\ell(2)} - A_{\ell(1)} = \left(625\pi\sqrt{97} - 400\pi\sqrt{97}\right) \text{cm}^2 = 225\pi\sqrt{97} \text{ cm}^2$$

E o volume do tacho é:

$$V_{\text{cone}(2)} - V_{\text{cone}(1)} = (93.750\pi - 48.000\pi) \text{ cm}^3 = 45.750\pi \text{ cm}^3$$

**ER. 21** Calcule a altura de um tronco de cone reto em que o raio da base maior mede 8 cm, o da base menor mede 4 cm e o volume é $224\pi$ cm³.

**Resolução:** A figura representa o tronco. Sendo $V$ o volume do cone grande, o volume do cone pequeno é $V - 224\pi$.

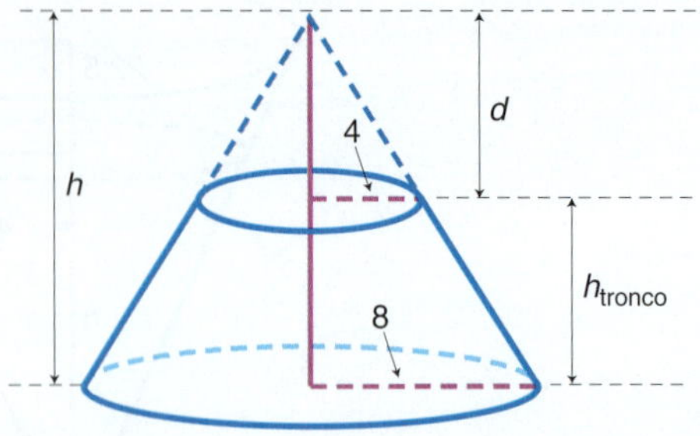


Sabemos que a razão entre dois elementos lineares correspondentes no cone menor e no cone maior é sempre $\frac{d}{h}$. Daí, vem:

$$\frac{r_{menor}}{r_{maior}} = \frac{d}{h} \Rightarrow \frac{4}{8} = \frac{d}{h} = \frac{1}{2}$$

Além disso, a razão entre o volume do cone menor e o do cone maior é $\left(\frac{d}{h}\right)^3$. Assim, temos:

$$\frac{V - 224\pi}{V} = \frac{1}{8}$$

$$8V - 8 \cdot 224\pi = V$$

$$7V = 8 \cdot 7 \cdot 32 \cdot \pi$$

$$V = 256\pi \text{ cm}^3$$

A altura $h$ do cone maior é dada por:

$$\frac{1}{3} \cdot \pi \cdot 8^2 \cdot h = 256\pi$$

$$h = 12 \text{ cm}$$

Sendo $h_{tronco}$ a altura do tronco, pela razão entre elementos lineares correspondentes nos dois cones, temos:

$$\frac{12 - h_{tronco}}{12} = \frac{4}{8} = \frac{1}{2}$$

$$24 - 2h_{tronco} = 12$$

$$2h_{tronco} = 12$$

$$h_{tronco} = 6 \text{ cm}$$

Logo, a altura do tronco de cone é 6 cm.

## Exercícios Propostos

**45.** Calcule o volume do tronco de cone representado pela figura abaixo.

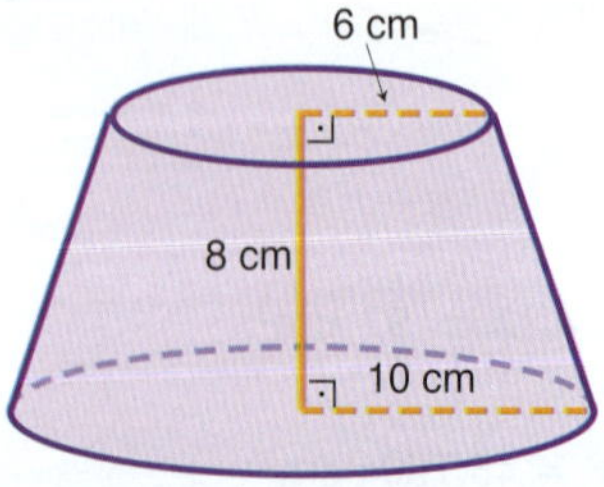


**46.** Determine a área lateral e a área total do tronco de cone abaixo.

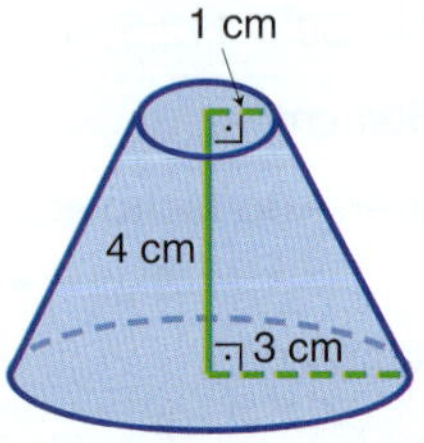

**47.** Um tronco de cone circular reto tem área lateral de $100\pi$ cm$^2$ e raios das bases medindo 8 cm e 12 cm. Obtenha o seu volume.

**48.** **[COTIDIANO]** Uma panela com capacidade de 3,1 litros, aproximadamente, tem o formato de um tronco de cone como mostra a figura. Nessas condições, qual é a altura aproximada da panela? (Use $\pi = 3,14$.)

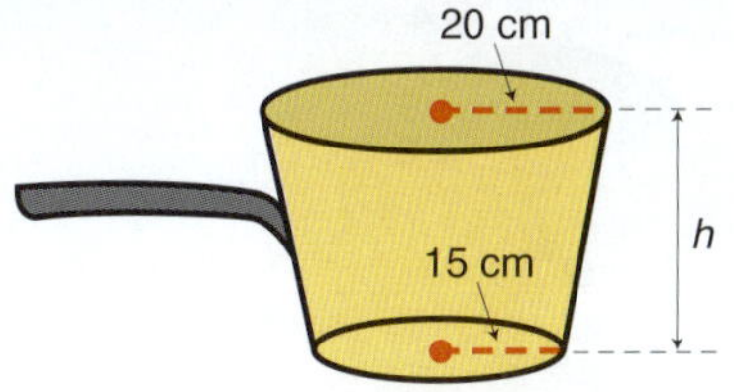


**49.** Um tronco de cone tem bases de raios 8 cm e 4 cm e a sua área lateral é igual a $\frac{3}{4}$ da soma das áreas das bases. Qual é a sua altura?

**50.** Um cone circular reto de altura 8 cm é cortado por um plano paralelo à base de modo que o cone seja dividido em dois sólidos de mesmo volume. Calcule a distância do vértice a esse plano.

**51.** **[CONSUMO]** Em uma lanchonete, os sucos são servidos em copos cônicos conforme a figura ao lado (despreze a espessura do copo).

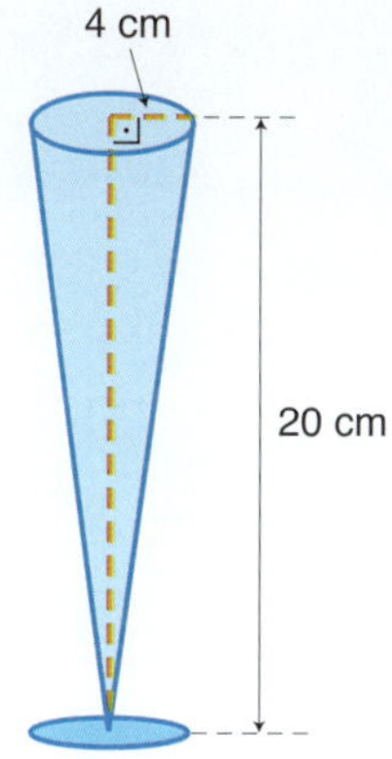


Por um erro, o suco servido foi até a metade do copo (metade da altura). Sabendo que o valor pago é proporcional ao volume servido e o preço do copo cheio é de R$ 2,00, quanto deverá ser pago nesse caso?

## 4. A Esfera

É sabida a importância dos corpos esféricos que povoam o espaço em que vivemos: das esferas de um rolamento, que favorecem o movimento, às mais variadas bolas utilizadas em alguns esportes, passamos por corpos totalmente arredondados como a forma de uma *esfera* ou por aqueles que podem ser aproximados para esse formato, como a própria Terra em que vivemos.

PANTHERMEDIA/KEYDISC

PANTHERMEDIA/KEYDISC

PANTHERMEDIA/KEYDISC

Para definirmos *esfera* é preciso inicialmente considerar um ponto $O$ do espaço e uma distância $r$ (com $r > 0$).

Chamamos de **esfera** o conjunto dos pontos do espaço cuja distância ao ponto $O$ é menor que ou igual a $r$.

O ponto $O$ é o **centro** da esfera e $r$ é seu **raio**.

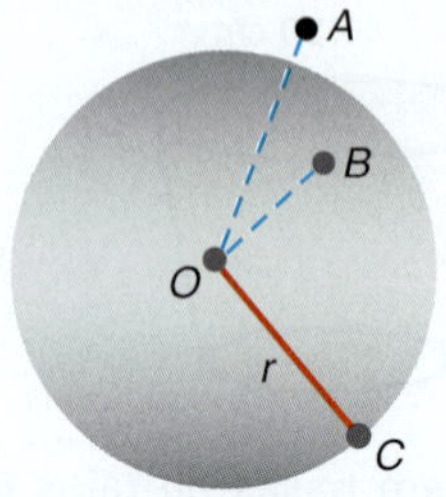


$$\text{Se } \begin{cases} AO > r \\ OB < r \\ OC = r \end{cases} \text{ então } \begin{cases} A \text{ não pertence à esfera} \\ B \text{ pertence à esfera} \\ C \text{ pertence à esfera} \end{cases}$$

O conjunto dos pontos do espaço cuja distância ao ponto $O$ é igual a $r$ constitui a *superfície* dessa esfera, denominada **superfície esférica**.

No exemplo anterior, $C$ é um ponto da superfície esférica e, portanto, é um ponto da esfera. De um modo bastante informal, podemos imaginar a superfície esférica como a "casca" da esfera.

Por outro lado, o conjunto dos pontos do espaço cuja distância ao ponto $O$ é menor que $r$ constitui o **interior** dessa esfera. Nesse caso, o centro $O$ e $B$ são pontos internos da esfera e, nesse caso, os pontos também pertencem à esfera.

O conjunto dos pontos do espaço cuja distância ao ponto $O$ é maior do que $r$ constitui o **exterior** dessa esfera. Então, $A$ é um ponto externo à esfera, ou seja, é um ponto que **não** pertence à esfera (está fora dela).

## Conheça mais...

Você já viu como determinar o volume do cilindro, do cone e da esfera. Em alguns momentos, também se deparou com uma categoria de sólidos em que muitos corpos redondos se enquadram: os *sólidos de revolução*. Nessa categoria estão todos os sólidos que são obtidos pela *rotação completa* (giro de 360°) de uma figura plana em torno de um eixo, como, por exemplo:

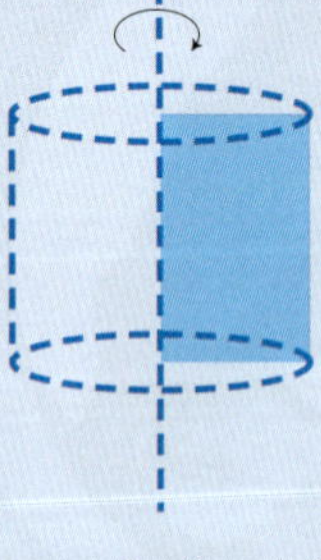

*Cilindro de revolução:* obtido pela rotação de uma região retangular em torno do eixo que contém um de seus lados.

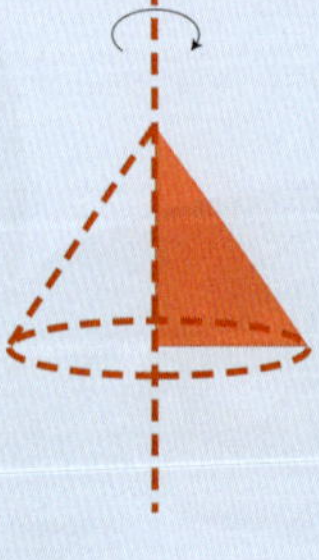

*Cone de revolução:* obtido pela rotação de uma região triangular retangular em torno do eixo que contém um de seus catetos.

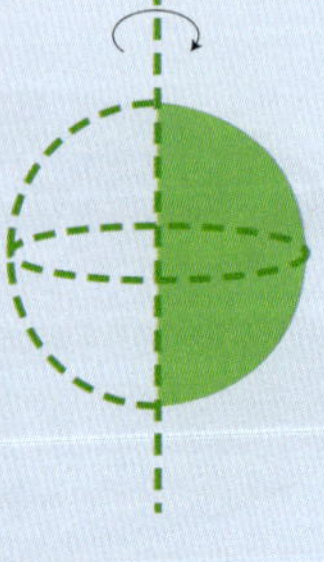

*Esfera:* obtida pela rotação de um semicírculo em torno do eixo que contém o seu diâmetro.

Dentro dessa categoria (sólidos de revolução) há outros sólidos arredondados, como é o caso dos deliciosos pães doces em forma de roscas ou mesmo de sólidos que têm a forma da câmara de um pneu.

Um sólido desse tipo é gerado pela rotação de um círculo em torno de um eixo externo a ele, conforme mostra a figura ao lado.

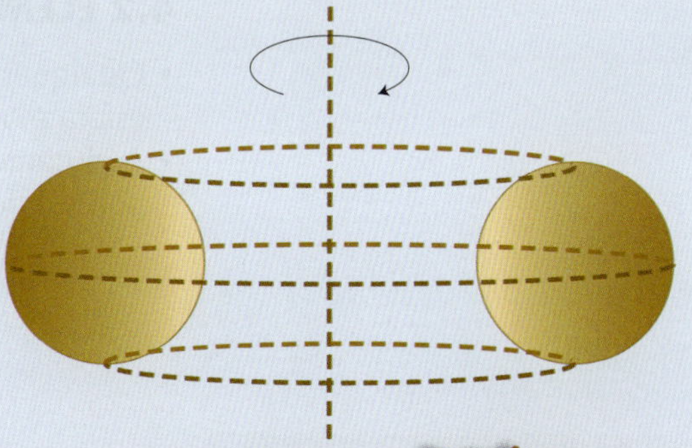

É possível provar que o volume de sólidos tipo "rosca" é dado por:

$$V_{\text{sólido rosca}} = 2\pi \cdot A \cdot d$$

em que $A$ é a área do círculo que o gera e $d$ é a distância do centro desse círculo ao eixo de rotação.

Assim, uma "rosquinha" gerada pela rotação de um círculo de 2 cm de raio cujo centro está a 5 cm do eixo de rotação tem o volume dado por:

$$V_{\text{rosquinha}} = 2\pi \cdot \underbrace{\pi \cdot 2^2}_{A} \cdot \underbrace{5}_{d}$$

$$V_{\text{rosquinha}} = 40\pi^2 \text{ cm}^3$$

PANTHERMEDIA/KEYDISC

## 4.1 OUTRAS CARACTERÍSTICAS DE UMA ESFERA

Uma esfera também pode ser obtida pela rotação completa de um semicírculo em torno de um eixo que contém seu diâmetro. Por isso, do mesmo modo que o cilindro e o cone, a esfera também é um **sólido de revolução**.

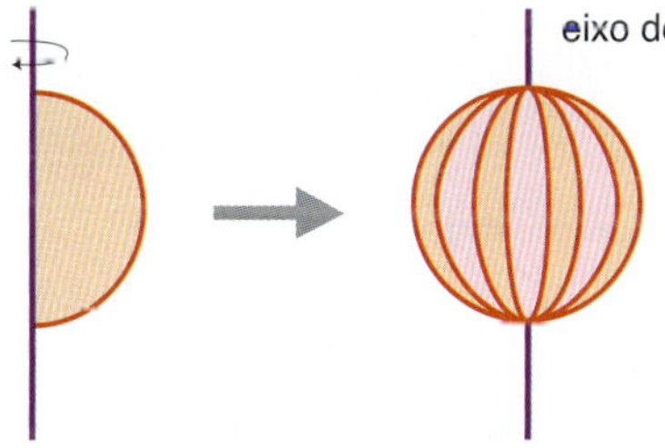


### Propriedades específicas da esfera

Uma propriedade característica da esfera se refere à sua *região de apoio sobre um plano*, que é *apenas um ponto*, qualquer que seja a posição em que ela é apoiada sobre esse plano.

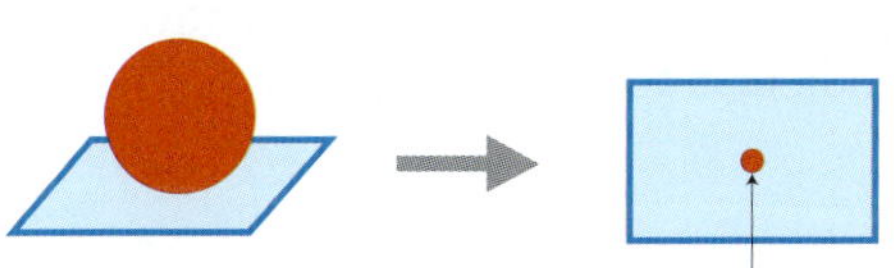


A esfera tem uma outra particular característica: *sua superfície não pode ser planificada*, por não conter partes planas, já que ela é totalmente arredondada. Isso se deve ao fato de que quaisquer três pontos da superfície de uma esfera nunca são colineares.

Entretanto, quando é preciso representar no plano figuras que estão sobre a superfície esférica, outros recursos são utilizados, como, por exemplo, as projeções cartográficas que permitem obter o mapa de uma região da superfície terrestre, que é esférica, no plano da folha de um Atlas.

**Recorde**

Pontos colineares são pontos que estão em uma mesma reta.

## 4.2 ELEMENTOS DA ESFERA

- Qualquer reta que passa pelo centro de uma esfera é chamada de **eixo** da esfera e os pontos da superfície por onde passa um eixo são seus **polos**.
- A circunferência cujos pontos pertencem à superfície esférica e passa pelos polos é denominada **meridiano**.

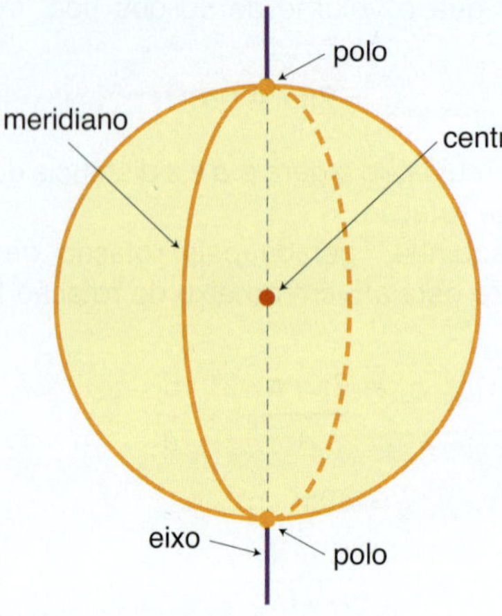


- Todo segmento que passa pelo centro de uma esfera e cujas extremidades são pontos de sua superfície é **diâmetro** da esfera, como $\overline{AB}$ na figura abaixo.

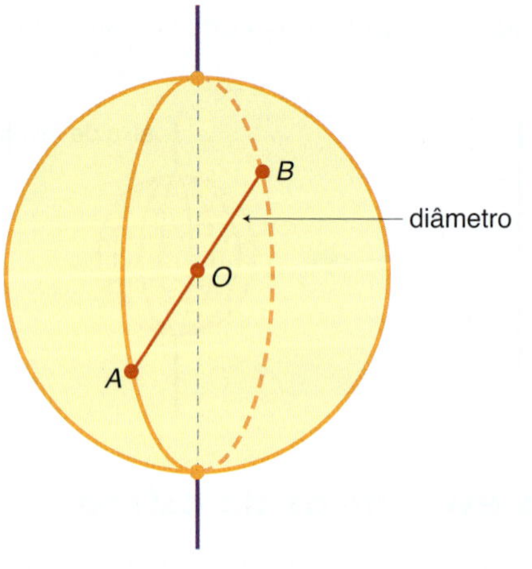


- Um plano $\alpha$ é dito **tangente** a uma esfera se ele tem apenas um ponto $T$ em comum com a esfera. Esse ponto é denominado **ponto de tangência**. Nesse caso, o segmento $\overline{OT}$, com extremidades no centro da esfera e no ponto de tangência, é perpendicular ao plano tangente.

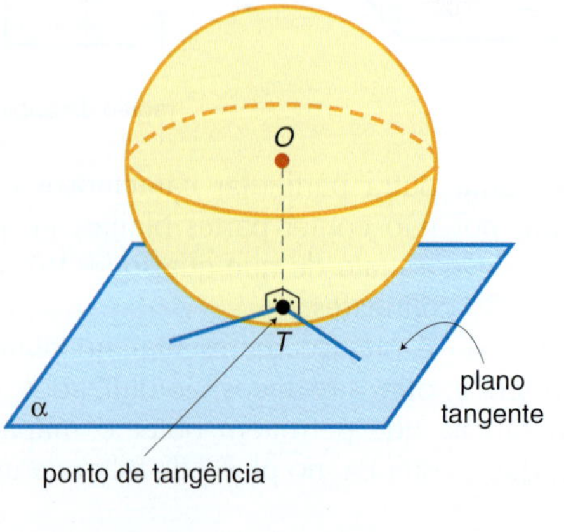

- A intersecção de uma esfera com um plano não tangente a ela é sempre um círculo denominado **secção da esfera**. A medida do raio desse círculo é sempre menor que ou igual à medida do raio da esfera e, no caso de ser igual, a secção é um **círculo máximo**, obtido quando o plano passa pelo centro da esfera.

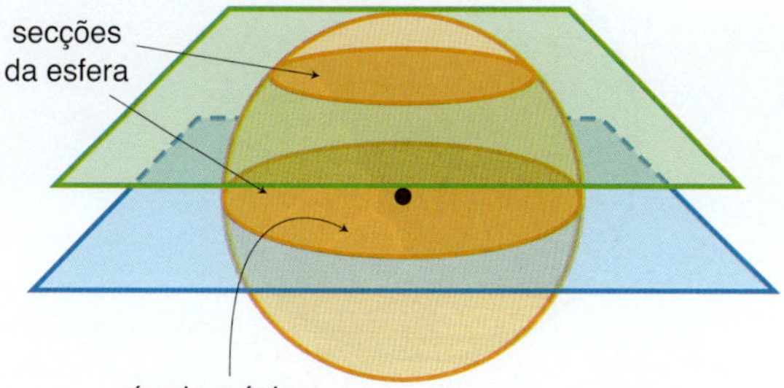


## Relação entre raios de secções da esfera

Um plano passa pelo centro $O$ de uma esfera de raio $r$ determinando um círculo máximo de raio $r$.

A uma distância $d$ do centro $O$ passa outro plano que secciona a esfera, determinando um círculo (secção) de raio $r'$.

Sejam $A$ e $B$ pontos da superfície esférica pertencentes às secções de centros $O'$ e $O$, respectivamente. Nesse caso, o triângulo $AOO'$ é retângulo em $O'$ e $OA = r$.

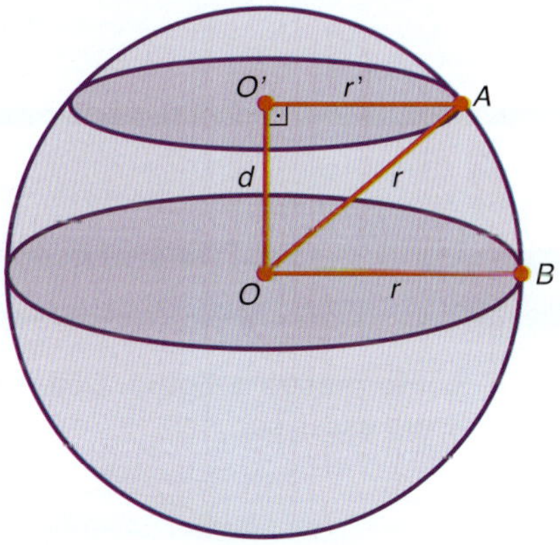


Assim, podemos concluir que:

$$d^2 + r'^2 = r^2$$

## Exercícios Resolvidos

**ER. 22** [DIVERSÃO] Em um brinquedo educativo uma das peças é um cubo vazado sem uma de suas faces. Uma criança encaixou nela uma bola, que ficou inteiramente contida no cubo, tangenciando suas cinco faces existentes. Determine o raio da bola, sabendo que a aresta do cubo mede 10 cm.

**Resolução:** Do enunciado, temos:

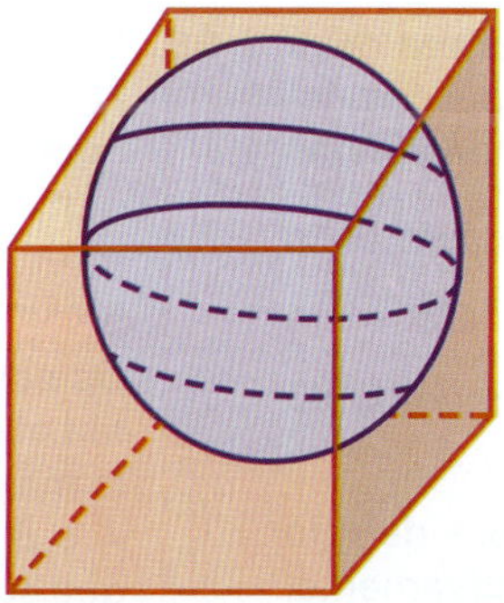

A bola representa uma esfera e está inscrita no cubo.
A distância entre os pontos de tangência das faces opostas do cubo é a medida do diâmetro da esfera, ou seja, 10 cm.

Assim, temos:

$$r = \frac{10}{2} \Rightarrow r = 5 \text{ cm}$$

**ER. 23** Uma esfera está circunscrita a um cilindro de altura 8 cm. Sendo $\sqrt{7}$ cm o raio da base desse cilindro, determine o raio da esfera.

**Resolução:** Do enunciado, temos:

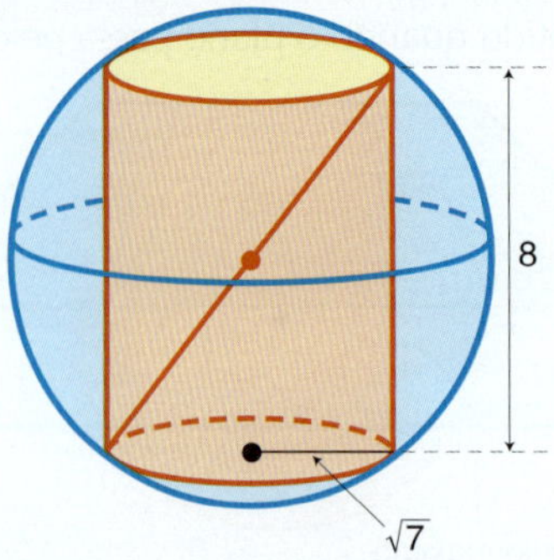


Notemos que o diâmetro da esfera é a diagonal da secção meridiana do cilindro cuja medida $d$, com $d > 0$, é dada por:

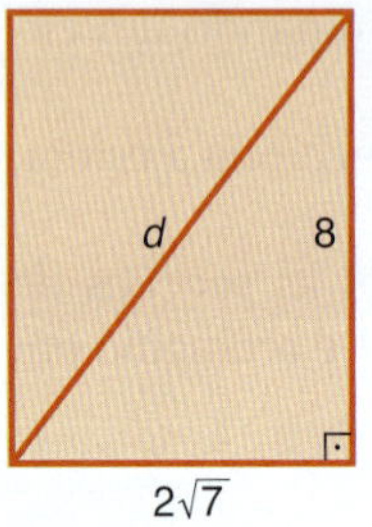


$$d^2 = 8^2 + (2\sqrt{7})^2 = 64 + 28 = 92 \Rightarrow d = \sqrt{92} = 2\sqrt{23}$$

Logo, o raio da esfera é:

$$r = \frac{d}{2} = \frac{2\sqrt{23}}{2} \Rightarrow r = \sqrt{23} \text{ cm}$$

## Exercícios Propostos

**52.** A que distância do centro um plano deve seccionar uma esfera de 5 cm de raio para que a secção determinada tenha 3 cm de raio?

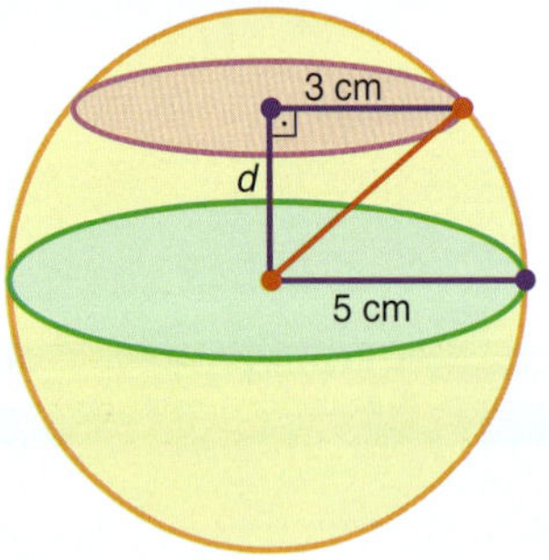


**53.** A que distância do centro de uma esfera deve passar um plano para que o raio da secção determinada por ele seja 50% do raio $r$ da esfera?

**54.** Sabendo que uma secção de uma esfera dista de seu centro $\frac{r \cdot \sqrt{3}}{3}$ cm, determine a razão entre a medida do raio dessa secção e a medida do raio da esfera.

**55.** Duas secções paralelas de uma esfera de raio 5 cm têm raios de 2 cm e 3 cm, respectivamente, como mostra a figura. Determine a distância $d$ entre essas secções.

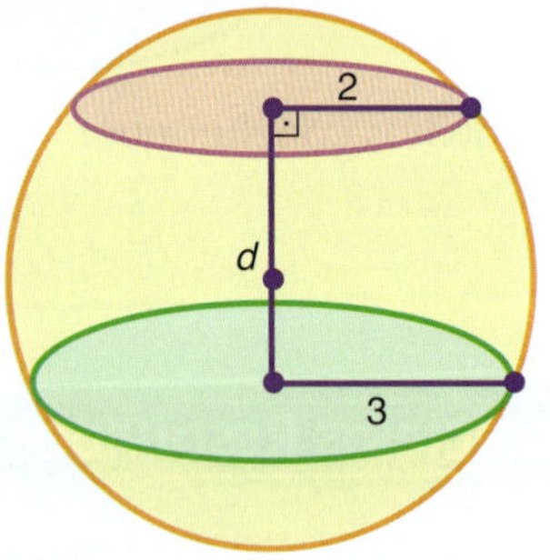


**56.** Na esfera de centro $O$, representada na figura, os pontos $A$ e $B$ pertencem à superfície esférica e a um círculo máximo dessa esfera.

Os pontos $A$, $O$ e $B$ estão alinhados. O círculo máximo que contém $A$ e $B$ é único? Justifique sua resposta.

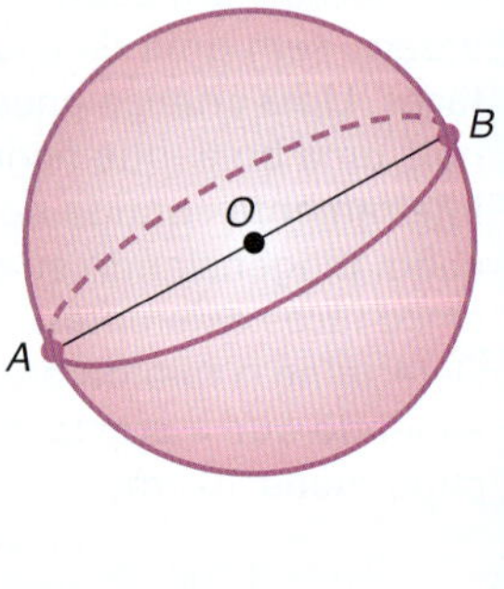

## 4.3 O VOLUME DA ESFERA E A ÁREA DA SUPERFÍCIE ESFÉRICA

Assim como fizemos com o cilindro e com o cone, vejamos como calcular o volume de uma esfera.

Para isso, considere uma esfera de raio $R$ e um sólido obtido a partir de um cilindro com raio da base $R$ e altura $2R$, retirando-se dois cones de raio $R$ e altura $R$, como mostra a figura a seguir.

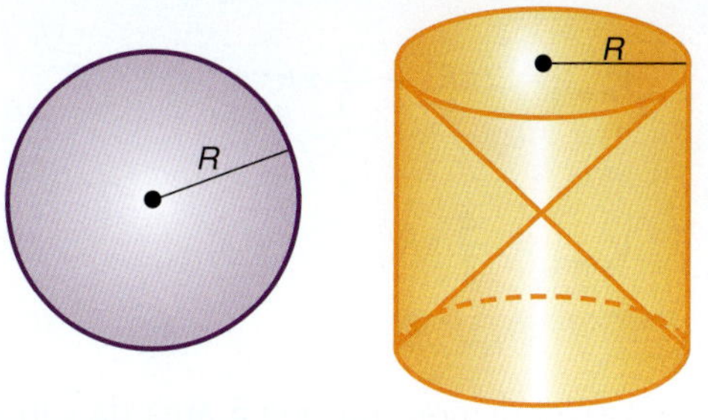


Apoiando esses sólidos sobre um plano $\alpha$, vamos considerar um plano $\beta$, paralelo a $\alpha$, de modo que a distância $d$ entre o plano $\beta$ e o centro da esfera seja menor que $R$, como vemos na figura seguinte.

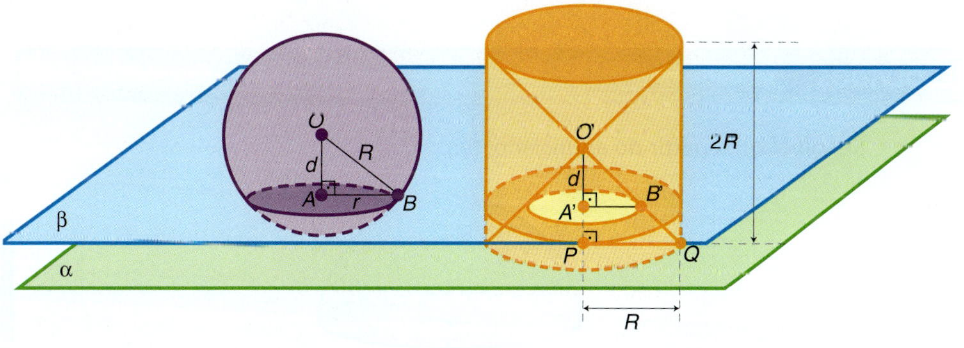


**Responda**

Por que $O'A' = d$?

Considerando a esfera, vamos aplicar o teorema de Pitágoras no triângulo $OAB$:

$$R^2 = r^2 + d^2 \Rightarrow r^2 = R^2 - d^2$$

Assim, a área da secção determinada pela esfera e por $\beta$, cuja medida do raio é $r$, é dada por:

$$A_{s(\text{esfera})} = A_{\text{círculo}} = \pi r^2 \Rightarrow A_{s(\text{esfera})} = \pi\left(R^2 - d^2\right)$$

Observe agora que a secção determinada por $\beta$ no segundo sólido é uma coroa circular em que o raio da circunferência maior mede $R$ e o raio menor mede $A'B'$.

Repare também que $P$ é o centro da base do cilindro que está contida em $\alpha$.

Da semelhança entre os triângulos $O'A'B'$ e $O'PQ$, temos:

$$\frac{O'A'}{O'P} = \frac{A'B'}{PQ} \Rightarrow \frac{d}{R} = \frac{A'B'}{R} \Rightarrow A'B' = d$$

Assim, a área dessa secção (coroa circular) é dada por:

$$A_{s(\text{sólido})} = A_{\text{coroa circular}} = \pi R^2 - \pi d^2 \Rightarrow A_{s(\text{sólido})} = \pi\left(R^2 - d^2\right)$$

Note que $A_{s(\text{esfera})} = A_{s(\text{sólido})}$ para qualquer $d$. Assim, pelo princípio de Cavalieri, podemos concluir que esses dois sólidos possuem o mesmo volume.

Como o volume do segundo sólido é obtido pela diferença entre o volume do cilindro de raio $R$ e altura $2R$ e a soma dos volumes dos dois cones de raio $R$ e altura $R$, temos:

$$V_{\text{esfera}} = \pi R^2 \cdot 2R - 2 \cdot \frac{1}{3}\pi R^2 \cdot R$$

$$V_{\text{esfera}} = 2\pi R^3 - \frac{2}{3}\pi R^3$$

$$V_{\text{esfera}} = \frac{4}{3}\pi R^3$$

Também é possível demonstrar que a área da superfície de uma esfera de raio $R$ é dada por:

$$A_{\text{sup. esférica}} = 4\pi R^2$$

## Exercícios Resolvidos

**ER. 24** Um *hemisfério* é uma semiesfera (meia esfera). Calcule o volume de um hemisfério de raio 5 cm.

**Resolução:** A partir do enunciado, temos:

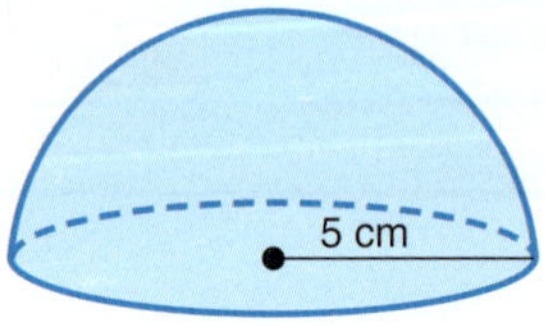


O volume de um hemisfério é *metade* do volume de uma esfera. Logo:

$$V_{\text{hemisfério}} = \frac{1}{2} \cdot \left(\frac{4}{3} \cdot \pi R^3\right)$$

$$V_{\text{hemisfério}} = \frac{1}{2} \cdot \frac{4}{3} \cdot \pi \cdot 5^3$$

$$V_{\text{hemisfério}} = \frac{250\pi}{3}\ \text{cm}^3$$

**ER. 25** Calcule a área da superfície de uma esfera cujo volume é $36\pi$ cm³.

**Resolução:** Sendo $r$ a medida do raio da esfera, a partir de seu volume, temos:

$$V_{\text{esfera}} = \frac{4}{3}\pi r^3 = 36\pi \Rightarrow$$

$$\Rightarrow r^3 = 27 \Rightarrow r = 3$$

Assim, a área da superfície esférica é dada por:

$$A_{\text{sup. esférica}} = 4\pi r^2 = 4 \cdot \pi \cdot 3^2$$

$$A_{\text{sup. esférica}} = 36\pi\ \text{cm}^2$$

# Matemática, Ciência & Vida

O aquecimento global tem sido notícia em todos os veículos de comunicação. Ele não se dá de forma homogênea sobre nosso planeta, sendo que as áreas em que o fenômeno se nota de forma mais acentuada são as sobre os Estados Unidos e a Eurásia. Apesar de o aquecimento da Terra já ter ocorrido várias vezes no passado, o problema atual é a velocidade com que esse fenômeno se dá em virtude da ação do ser humano no meio ambiente.

Desde que as condições da superfície de nosso planeta têm sido monitoradas pela NOAA (National Oceanic and Atmospheric Administration — agência do governo norte-americano para as condições atmosféricas e do oceano), sete dos oito anos mais quentes foram registrados desde 2001, o que deve nos servir de alerta.

Com o aquecimento do planeta, nos últimos 100 anos o nível do mar tem subido a uma taxa de 1,7 mm ao ano, consideravelmente maior do que se estima que tenha subido em milhares de anos anteriores.

Pensando em termos extremos, se todo o gelo do planeta (estimado* em 28 milhões de km³) derretesse, o que aconteceria com o nível dos oceanos? Para determinar com precisão esse número, seria necessário considerar vários detalhes, como a forma e o relevo da Terra, entre vários outros aspectos.

No entanto, podemos estimar a ordem de grandeza dessa elevação, por meio de um cálculo simplificado. Vamos chamar de $V_i$ o volume de uma esfera imaginária (semelhante ao nosso planeta), em que todo o gelo estivesse derretido, e $V_T$ o volume da Terra. Assim:

$$V_i - V_T = 28.000.000 \text{ km}^3 \text{ (gelo estimado do planeta)}$$

Considerando a Terra como uma esfera perfeita, seu volume seria dado por $\frac{4}{3}\pi r^3$, em que $r$ é a medida do raio da Terra (aproximadamente 6.500 km). Assim, poderíamos escrever

$$V_i = \frac{4}{3}\pi(6.500 + h)^3 \quad \text{e} \quad V_T = \frac{4}{3}\pi(6.500)^3$$

de onde vem:

$$\frac{4}{3}\pi(6.500 + h)^3 - \frac{4}{3}\pi(6.500)^3 = 28.000.000$$

Resolvendo essa equação, teríamos:

$$h \cong 0{,}053 \text{ km, ou seja, } \cong 53 \text{ m}$$

Como nem toda a superfície é regular e com água, pois existem os continentes, e fazendo as compensações necessárias, estudos apontaram para uma elevação de 67 m no nível dos oceanos, no improvável caso de todo o gelo da Terra vir a derreter.

* Dados da Revista Pesquisa Fapesp, n. 109, março 2005.

PANTHERMEDIA/KEYDISC

## Exercícios Propostos

**57.** **[COTIDIANO]** Determine o volume de uma vela esférica de raio 4 cm.

**58.** O volume de uma esfera é $288\pi$ m³. Determine a medida de seu raio.

**59.** **[AGRICULTURA]** Um silo de armazenagem tem o formato de um cilindro reto de 6 metros de raio e 6 metros de altura, além de uma semiesfera no seu topo, como mostra a figura. Determine a capacidade aproximada, em litros, de armazenamento desse silo. (Use $\pi = 3$.)

PANTHERMEDIA/KEYDISC

**60.** **[COTIDIANO]** Uma bacia tem a forma de um hemisfério de raio 25 cm. Determine seu volume.

**61.** **[COTIDIANO]** Determine o volume de uma casca de laranja. Para isso, imagine que essa fruta é esférica e tem raio de 3 cm, com a espessura da casca igual a 5 mm. (Use $\pi = 3$.)

**62.** **[*DESIGN*]** Uma bola é guardada em uma caixa cúbica sem folga. Calcule a medida da aresta dessa caixa sabendo que o volume da bola é $36\pi$ cm³.

**63.** Duas esferas se tangenciam. Sabe-se que a distância entre seus centros é 43 cm e que a medida do raio da maior é $\frac{5}{3}$ da medida do raio da menor. Determine a razão entre o volume da menor esfera e o volume da maior.

**64.** Uma esfera de raio 4 cm está inscrita em um cilindro. Determine a quantidade aproximada, em litros, de certo líquido que pode ser colocado dentro do cilindro, mas fora da esfera. (Use $\pi = 3{,}14$.)

**65.** Determine a razão entre o volume de uma esfera de raio 6 cm e o volume de um cilindro circunscrito a essa esfera.

**66.** Em um cilindro é possível colocar sem folga 3 esferas de volume $36\pi$ cm³ cada, de forma que elas fiquem tangentes duas a duas. Nessas condições, qual é o volume desse cilindro, sabendo que sua altura é igual à medida do diâmetro de uma das esferas?

**67.** **[ENGENHARIA]** Um lavatório possui uma cuba semiesférica de raio 20 cm. Qual é o volume da maior esfera que pode ser colocada dentro dessa cuba, sem ultrapassar suas bordas?

**68.** Em um cone circular reto está inscrito um hemisfério como mostra a figura:

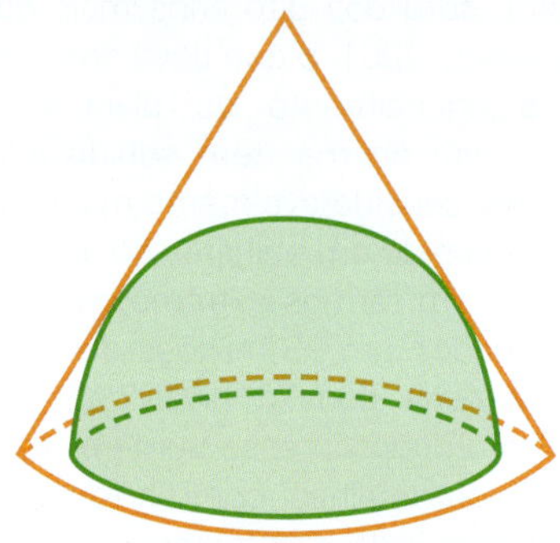

Calcule o volume desse hemisfério sabendo que o raio da base do cone mede 6 cm e sua altura é 8 cm.

**69.** Determine a área da superfície de uma esfera cujo círculo máximo tem área de $12\pi$ cm².

**70.** **[*DESIGN*]** Uma fábrica de sorvetes vai criar uma embalagem para o seu mais novo lançamento, que tem a casquinha em forma de cone de revolução de altura 10 cm e raio da base 4 cm, completamente cheia de sorvete, mais um hemisfério só de sorvete, com medida do raio exatamente igual à medida do raio da base do cone, conforme ilustração ao lado. Obtenha a área total desse produto para que possa ser preparada a embalagem.

**71.** A secção de uma esfera de raio 1,3 dm por um plano é um círculo com raio medindo 0,5 dm. Determine a distância do plano ao centro dessa esfera.

**72.** **[FÍSICA]** Usando $\pi = 3{,}14$, encontre o volume de uma esfera de metal e a área de sua superfície que, quando colocada em um cilindro equilátero de raio 10 cm, com água ocupando $\frac{9}{10}$ de sua capacidade, faz transbordar 1 L dessa água.

73. Sabendo que o comprimento de um meridiano de uma esfera é $16\pi$ m, determine a área da superfície dessa esfera.

74. A área de uma superfície esférica é $38{,}44\pi$ cm$^2$. Determine a medida do diâmetro da esfera.

75. **[ARTESANATO]** Uma artesã fez duas velas de mesma altura, uma em forma de esfera de raio *r* e outra em forma de cubo. Qual é a razão entre a área da superfície da vela cúbica e a área da superfície da vela esférica?

76. **[ARTES]** Uma escultura apresenta uma esfera fixa sobre um cone, representando a figura de uma mulher. Sabendo que a esfera e o cone são equivalentes e que o volume do cone é $36\pi$ cm$^3$, determine a área da superfície dessa esfera.

## Enigmas, Jogos & Brincadeiras

### Meu Pé de Jabuticaba!

Rosa Fátima e Humberto querem fazer uma surpresa para sua mãe. Para isso, colhem jabuticabas da árvore em seu quintal e vão fazer um doce bem gostoso.

Eles vão usar um cesto com formato de um tronco de cone com 24 cm de altura e cujos diâmetros da "boca" e do fundo são, respectivamente, 40 cm e 12 cm. Além disso, eles também sabem que o diâmetro médio de uma jabuticaba é de 3 cm e que elas possuem formatos aproximados de esferas.

Como ficaram muito curiosos sobre quantas jabuticabas poderiam ser colocadas nesse cesto, depois de acharem um jeito de descobrir, resolveram fazer uma brincadeira.

Pediram a alguns amigos que fizessem uma estimativa de quantas jabuticabas caberiam inteiramente no cesto e anotaram as respostas.

Ao final, verificaram que Marcelo foi o que chegou mais perto do valor que eles obtiveram na prática, mas isso não impediu de todos se deliciarem com o doce.

Junte-se com seus colegas e também façam essa estimativa. Em seguida, fazendo os cálculos, descubram quem chegou mais perto da resposta.

GRACIELE L. F. CORTEZ

A jabuticabeira é uma árvore da Mata Atlântica e a fruta conhecida como jabuticaba é rica em vitamina C e cálcio, entre outros elementos.

## 4.4 PARTES DA ESFERA

Agora que já vimos como obter o volume de uma esfera e a área de sua superfície, vamos conhecer outras partes da esfera e ver como determinar seus volumes ou áreas correspondentes.

### A cunha esférica

O sólido obtido por meio de uma rotação de um semicírculo por um ângulo de medida $\alpha$, com $0° < \alpha < 360°$, em torno de um eixo que contém o seu diâmetro é chamado de **cunha esférica**.

**Atenção!**

A medida $\alpha$ do ângulo de rotação pode também ser dada em radianos.

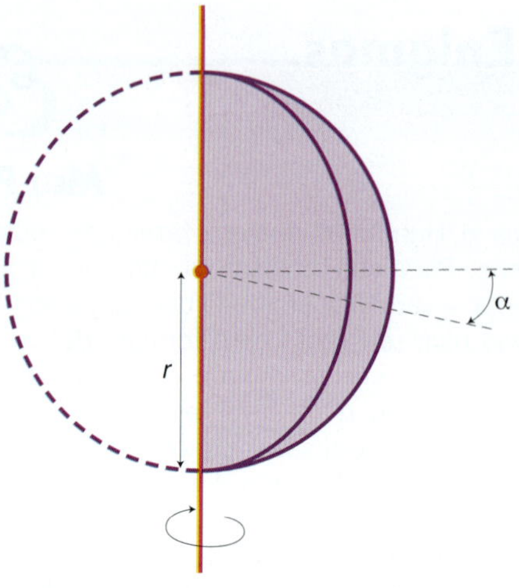


Para ajudar a imaginar o que é uma cunha, pense em uma laranja ou um limão dividido em gomos. Cada gomo se assemelha a uma cunha esférica.

Um detalhe elegante e muitas vezes presente nos mobiliários é o destaque de cunhas formando uma fruta cítrica (laranja, limão) em madeira.

ROBERTO G. FURTADO

Vejamos como determinar o volume de uma cunha esférica.

Note inicialmente que, caso a medida $\alpha$ do ângulo de rotação do semicírculo em torno do eixo seja 360°, o sólido obtido é uma esfera de raio $r$.

O volume da cunha esférica é diretamente proporcional à medida $\alpha$ do ângulo de rotação. Assim, temos:

$$\frac{V_{\text{cunha}}}{\alpha} = \frac{V_{\text{esfera}}}{360°}$$

$$V_{\text{cunha}} = \frac{\alpha \cdot \frac{4}{3}\pi r^3}{360°}$$

$$V_{\text{cunha}} = \frac{\alpha \pi r^3}{270°}$$

## O fuso esférico

A superfície gerada pela rotação de uma semicircunferência de raio $r$ em torno de um eixo que contém as extremidades da semicircunferência, segundo um ângulo de medida $\alpha$, com $0° < \alpha < 360°$, é chamada de **fuso esférico**.

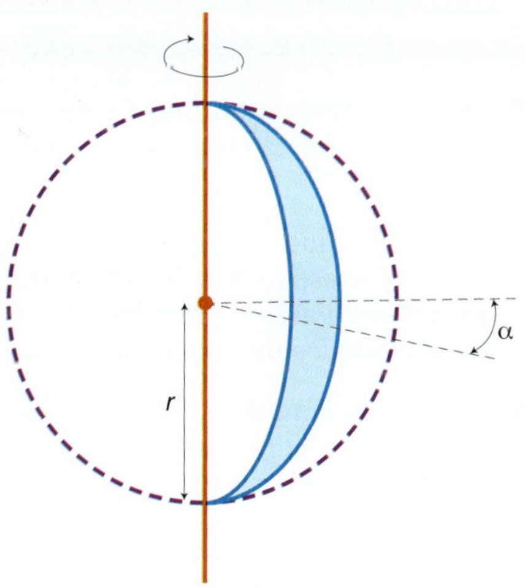

BRUNO ZANINI

Observe a foto ao lado: a casca do gomo da laranja tem a forma de um fuso esférico.

Veja como determinar a área de um fuso esférico. Note que, se a rotação é de 360°, obtemos uma superfície esférica. A área de um fuso esférico é diretamente proporcional à medida $\alpha$ do ângulo de rotação. Desse modo, vem:

$$\frac{A_{\text{fuso}}}{\alpha} = \frac{A_{\text{sup. esférica}}}{360°}$$

$$A_{\text{fuso}} = \frac{\alpha \cdot 4\pi r^2}{360°}$$

$$A_{\text{fuso}} = \frac{\alpha \pi r^2}{90°}$$

**Faça**

Considerando uma cunha esférica de raio $r$ e ângulo de medida $\alpha$, em radianos, mostre que seu volume é:

$$V_{\text{cunha}} = \frac{2\alpha r^3}{3}$$

e que a área do fuso correspondente a essa cunha é:

$$A_{\text{fuso}} = 2\alpha r^2$$

## Exercícios Resolvidos

**ER. 26** Obtenha o volume da cunha esférica com ângulo de 30° e raio 2 dm.

**Resolução:** A partir do enunciado, temos:

$$V_{cunha} = \frac{\alpha \pi r^3}{270°}$$

$$V_{cunha} = \frac{30° \cdot \pi \cdot 2^3}{270°}$$

$$V_{cunha} = \frac{8\pi}{9}\ dm^3$$

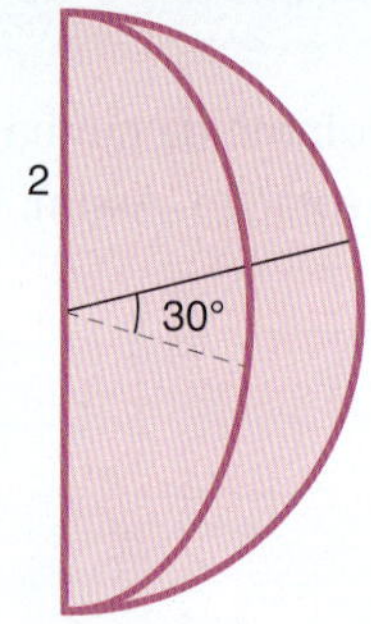


**ER. 27** Determine a área do fuso esférico correspondente a uma cunha com ângulo de 60° e volume $6\pi$ cm³.

**Resolução:** Vamos obter a medida do raio da esfera a partir do volume da cunha:

$$V_{cunha} = \frac{\alpha \pi r^3}{270°} \Rightarrow 6\pi = \frac{60° \cdot \pi \cdot r^3}{270°} \Rightarrow r^3 = 27 \Rightarrow r = 3\ cm$$

Assim, a área do fuso é dada por:

$$A_{fuso} = \frac{\alpha \pi r^2}{90°} \Rightarrow A_{fuso} = \frac{60° \cdot \pi \cdot 3^2}{90°} \Rightarrow A_{fuso} = 6\pi\ cm^2$$

## Exercícios Propostos

**77.** Determine o volume da cunha esférica com ângulo de medida $\theta$ e raio de medida $r$ nos seguintes casos:

a) $\theta = 30°$ e $r = 2$ dm

b) $\theta = 180°$ e $r = 5$ dm

c) $\theta = 360°$ e $r = 1$ dm

d) $\theta = \frac{\pi}{2}$ rad e $r = 2$ dm

e) $\theta$ rad e $r$ dm

**78.** Obtenha a medida do ângulo, em graus, de uma cunha esférica cujo volume é $12\pi$ dm³ e o raio mede 3 dm.

**79.** Qual é a medida do raio de uma cunha esférica de 60° de ângulo e volume $\frac{2\sqrt{3}}{3}\pi$ cm³?

**80.** Determine a área do fuso esférico com ângulo de medida $\theta$ e raio de medida $r$ nos seguintes casos:

a) $\theta = 45°$ e $r = 1$ m

b) $\theta = 180°$ e $r = 2$ dm

c) $\theta = 360°$ e $r = 1{,}5$ cm

d) $\theta = \frac{\pi}{3}$ rad e $r = 2$ cm

e) $\theta$ rad e $r$ dm

**81.** Calcule a medida, em graus, do ângulo do fuso esférico cuja área é $8\pi$ m² e o raio mede 4 m.

**82.** Qual é a medida do raio da esfera que contém um fuso esférico cujo ângulo mede 60° e a área é $24\pi$ cm²?

**83.** Como já vimos, a área total de um sólido é aquela que corresponde à área de toda a sua superfície. Sendo assim, obtenha a área total de uma cunha esférica de raio 3 dm e ângulo de 90°.

**84.** Determine a medida do raio de uma esfera que contém uma cunha esférica de volume $4\pi$ cm³ e cuja área do fuso correspondente é $6\pi$ cm².

**85.** **[COTIDIANO]** Uma fatia de melancia em forma de uma cunha esférica com medida do raio igual a 24 cm e do ângulo central igual a 10° possui volume correspondente ao de uma maçã. Aproximando o volume da maçã ao de uma esfera, determine o raio dessa maçã. (Use $\sqrt[3]{6} = 1{,}82$.)

PANTHERMEDIA/KEYDISC

## Encare Essa!

1. Considere o tronco de cone reto dado abaixo.

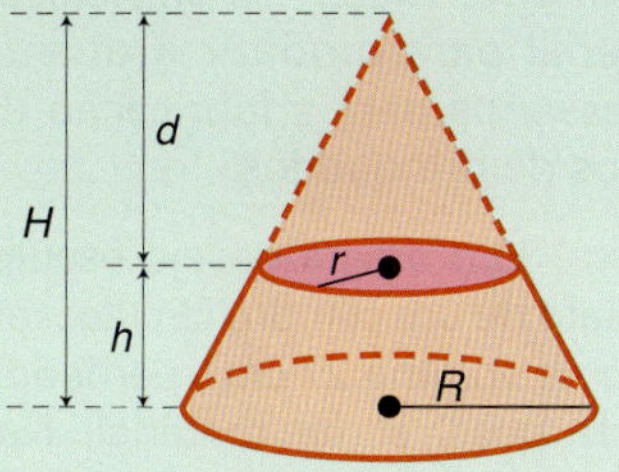


Mostre que o volume do tronco de cone reto pode ser dado por:

$$V_{\text{tronco de cone}} = \frac{\pi h}{3}\left(R^2 + Rr + r^2\right)$$

2. Em um cilindro circular reto cuja medida do raio da base é maior que 2, a área lateral, a área total e o volume formam, nessa ordem, uma progressão aritmética. Determine a altura $H$ em função da medida $R$ do raio da base desse cilindro.

3. (ITA – SP) Uma esfera de raio $r$ é seccionada por $n$ planos meridianos. Os volumes das respectivas cunhas esféricas contidas em uma semiesfera formam uma progressão aritmética de razão $\frac{\pi r^3}{45}$. Se o volume da menor cunha for igual a $\frac{\pi r^3}{18}$, então $n$ é igual a:

a) 4 b) 3 c) 6 d) 5 e) 7

## História & Matemática

As pesquisas em História da Matemática nos mostram que, em geral, um longo caminho é percorrido, pela humanidade, com estudos, tentativas, erros, cooperação, acumulação e aperfeiçoamento de descobertas, até que se chegue a um resultado satisfatório.

As origens dos conhecimentos matemáticos parecem ser mais antigas que a arte de escrever, mas poucos registros, como desenhos nas paredes de cavernas ou marcas em ossos, nos foram legados. Os primeiros documentos escritos aparecem a partir dos últimos seis milênios. Por esse motivo, pesquisadores como Heródoto ou Aristóteles não quiseram se arriscar a propor, para a Geometria ou para a Aritmética, origens mais antigas que a civilização egípcia.

No caso dos corpos redondos, houve realmente uma longa caminhada: verificamos que, por volta de 2000 a.C., os egípcios já calculavam o volume de um cilindro, multiplicando a área da base pela altura. Como estudamos, a base de um cilindro tem forma circular e a regra egípcia para o cálculo da área de um círculo é, até hoje, considerada um dos grandes achados desse povo, em sua época — o valor aproximado da constante π que eles usaram foi $\frac{31}{6}$, bastante próximo do real.

As inscrições egípcias que chegaram até nós mostram que muitas vezes eles registravam apenas os resultados a que haviam chegado, na busca por soluções para seus problemas práticos, não se preocupando em explicar "como" tais resultados foram obtidos.

Coube aos gregos dar a esses conhecimentos um caráter mais geral, passando a procurar não só o "como", mas também "por que" eram válidos os resultados encontrados na prática. Inaugurava-se, assim, o método demonstrativo, que foi impondo o caráter dedutivo da Matemática, considerado sua característica fundamental.

No século IV a.C., em Atenas (Grécia), surge a Academia de Platão. Embora ele próprio não tenha dado grande contribuição ao conhecimento matemático, sua Academia era o centro de reunião de grandes matemáticos, e lá essa ciência era tão valorizada que o portal do prédio ostentava a frase:

"Que ninguém que ignore a Geometria entre aqui".

A Eudoxo de Cnido (480-355 a.C.), um dos integrantes da Academia de Platão, é atribuída a primeira demonstração satisfatória de que o volume de um cone corresponde à terça parte do volume de um cilindro de mesma base e mesma altura.

Arquimedes de Siracusa, além de muitos trabalhos importantes nas áreas de Astronomia e Hidráulica, estudou e aprimorou os conhecimentos deixados por Eudoxo. Ele escreveu vários tratados sobre temas de Matemática, mas parece que o seu preferido era *Sobre a Esfera e o Cilindro*, no qual, considerando uma esfera e um cilindro cujo raio da base é igual ao raio da esfera e cuja altura é igual à medida do diâmetro da esfera, ele provou que a razão entre os volumes dessa esfera e desse cilindro é de 2 para 3.

A partir dessa relação, ficou fácil deduzir a fórmula do volume da esfera.

Considerando essa uma de suas maiores descobertas, Arquimedes pediu que em sua tumba fosse colocada a figura de uma esfera inscrita em um cilindro, com a inscrição da relação entre os dois volumes.

**Reflexão e ação**

Considere uma esfera de raio 10 cm e um cilindro de altura 20 cm cujo raio da base mede 10 cm.

Explique se esses dois sólidos seguem as condições daqueles considerados por Arquimedes. Em seguida, determine os volumes de cada um, usando os conceitos que estudou neste capítulo, e verifique a razão entre os volumes da esfera e do cilindro provada por Arquimedes. Use o valor 3,14 para π.

## ATIVIDADES DE REVISÃO

1. **[ARTESANATO]** Uma embalagem tem a forma de um cilindro equilátero reto, mas é composta apenas de sua superfície lateral. Foi construída com uma folha inteira de cartolina e tem altura de 60 cm. Qual é a largura da folha de cartolina usada?

2. **[ENGENHARIA]** Um tanque cilíndrico de 1 m de altura foi cortado na sua secção meridiana para ser usado como reservatório. Sabendo que a área lateral do tanque era 6 $m^2$, calcule a medida do raio da base do tanque.
(Adote $\pi = 3$.)

3. A partir de um cilindro reto, constrói-se outro cujo raio da base é 20% maior e cuja altura é 20% menor. Qual foi a variação porcentual sobre a área lateral original?

4. **[*DESIGN*]** Um fabricante precisa decidir entre duas latas cilíndricas de mesmo volume qual será utilizada em seu novo produto. Ele escolhe aquela em que se utiliza menos material (que corresponde à área total). Sabendo que a primeira tem raio da base medindo 2 cm e altura 9 cm, e na segunda o raio da base mede 3 cm e tem altura de 4 cm, determine a lata escolhida.

5. A medida do raio da base, a altura e a medida do diâmetro da base de um cilindro reto formam, nessa ordem, uma PA cuja soma dos termos é 9. Nessas condições, calcule o volume desse cilindro.

6. **[NEGÓCIOS]** O fabricante de óleos Saboroso deseja vender os seus produtos em uma embalagem cilíndrica com 900 mL de capacidade. Por razões mercadológicas, essa embalagem pode ter no máximo 20 cm de altura. Desprezando a espessura da embalagem e adotando $\pi = 3$, determine a medida do diâmetro da lata, em centímetros, quando a embalagem tem a altura máxima.
(Use $\sqrt{15} = 3{,}75$.)

7. **[DIVERSÃO]** Um pneu de caminhão de brinquedo tem o formato de um anel como na figura a seguir.

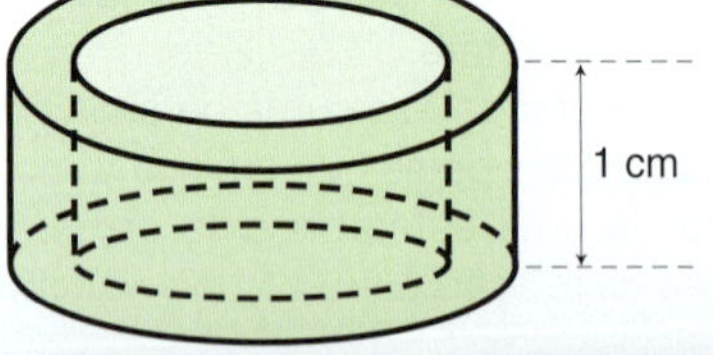

PANTHERMEDIA/KEYDISC

Sabendo que o raio externo do anel mede 2 cm e o interno mede 1,8 cm, calcule o volume de material para produzir a quantidade de pneus necessários para a fabricação de 10.000 desses carros de brinquedos.

8. **[ARTES]** Um artista deseja esculpir uma peça no formato de um cilindro circular reto, a partir de um cubo de volume 27 $cm^3$, perdendo a menor quantidade possível de material. Nessas condições, qual será o volume de material eliminado do cubo nesse processo?
(Use $\pi = 3$.)

9. Calcule o volume de um cilindro circular reto cuja área lateral é $30\pi$ $cm^2$ e a área total é $48\pi$ $cm^2$.

10. Em um cilindro reto, a área da base, a área lateral e o volume formam, nessa ordem, uma PG. Sabendo que a soma entre a altura e a medida do raio da base é 15 cm, determine a área total desse cilindro.

11. Determine a área da base de um cone circular reto de altura 12 cm cuja secção meridiana tem área de $60\pi$ $cm^2$.

12. A secção meridiana de um cone reto é delimitada por um triângulo isósceles cuja área é 48 $dm^2$. Calcule a medida da geratriz desse cone sabendo que a altura é 2 dm maior que a medida do raio da base.

13. **[COTIDIANO]** Um chapéu de aniversário foi feito com o formato de um cone circular reto cuja área da superfície lateral é $15\pi$ $dm^2$. Calcule a medida do raio da "boca" do chapéu sabendo que o raio do setor circular que representa a área lateral mede 5 dm.

PANTHERMEDIA/KEYDISC

14. **[ENGENHARIA]** Um funil cujo formato é um cone reto que tem raio da base medindo 8 cm e a altura 15 cm foi fabricado a partir de uma chapa metálica.

a) Qual foi a área do material utilizado?

b) Determine o formato do corte feito na chapa calculando a medida de seu raio e a medida do ângulo central correspondente.

15. Determine a área total de um cone circular reto equilátero cuja altura é $2\sqrt{3}$ dm.

16. **[COTIDIANO]** Qual é a capacidade, em mililitros, de um copo cujo formato é o de um cone circular reto com o raio da "boca" do copo medindo 3 cm e a altura 18 cm?
(Adote $\pi = 3$.)

17. **[PRODUÇÃO]** Um fabricante de copos de papel produz copos cônicos a partir de cortes em uma folha no formato de um semicírculo de raio medindo 12 cm. Qual será a capacidade desse copo?
(Adote $\pi = 3$ e $\sqrt{3} = 1{,}7$.)

18. **[DESIGN]** Uma ampulheta representada a seguir tem o formato de dois cones justapostos pelo seu vértice.

Qual é o volume de uma ampulheta desse tipo, cujo raio da base de um dos cones mede 4 cm e a altura, 12 cm?
(Use $\pi = 3$.)

PANTHERMEDIA/KEYDISC

Utilizada para medir o tempo, a ampulheta é formada por dois bulbos de vidro, ocos, unidos por um estreito gargalo. Em um dos bulbos é colocada areia fina, cuja quantidade é determinada para que sua passagem pelo gargalo ocorra em um dado período de tempo.

19. Calcule o volume de um cone cuja superfície lateral é um setor circular de ângulo central medindo 240° e cuja altura mede 7 dm.

20. Calcule o volume do tronco de cone representado a seguir.

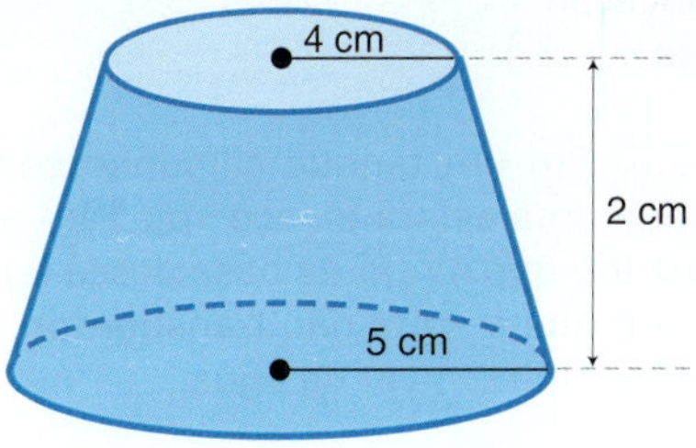


21. **[DESIGN]** Uma empresa lançou um novo tipo de copo no formato de um tronco de cone que tem raio da base menor medindo 3 cm, raio da base maior medindo 4 cm e altura de 15 cm. Qual é a capacidade desse copo?
(Use $\pi = 3$.)

22. **[ENGENHARIA]** Dois troncos de cone idênticos foram justapostos como o esquema abaixo para a construção de uma polia. Sabendo que cada um deles tem medida do raio maior de 3 cm, do raio menor de 2 cm e da altura de 1 cm, calcule a área total dessa polia.

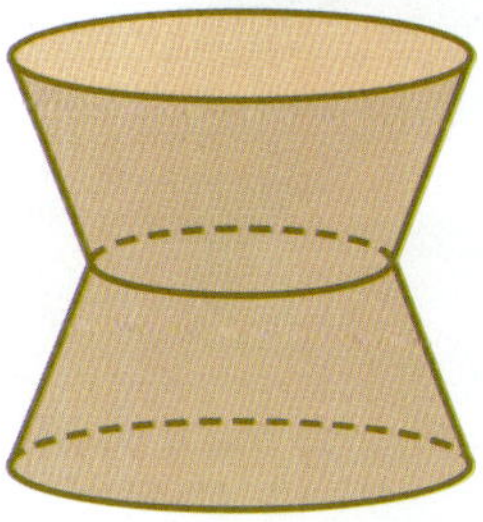

23. **[COTIDIANO]** Uma laranja que possui o formato de uma esfera de raio medindo 4 cm é cortada conforme a figura a seguir.

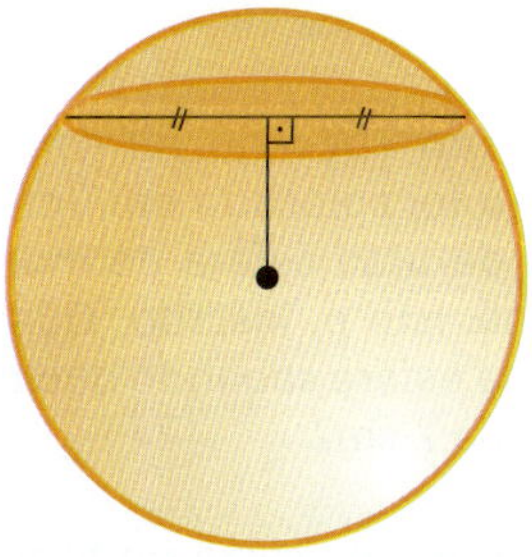

Determine a área dessa secção sabendo que o corte foi feito a 2 cm do centro da laranja.

24. **[ESPORTE]** Calcule o volume de uma bola de futebol que tem raio medindo 12 cm.

25. **[ESPORTE]** A espessura média do material de que uma bola de basquete é fabricada é 3 mm. Sabendo que o raio externo dessa bola é 14,3 cm, determine o volume do material utilizado na sua fabricação.
(Use $\pi = 3$.)

26. **[FÍSICA]** Em um tanque cilíndrico com água foi jogada uma esfera de aço cujo raio mede 3 cm. Sabendo que o raio da base desse tanque mede 6 cm e que a água não transbordou, determine o aumento no nível da água.

27. **[ESPORTE]** Uma tenista, após uma partida, guardou suas três bolas em um tubo cilíndrico conforme mostra a figura a seguir. Sabendo que o raio de uma bola de tênis é aproximadamente 3 cm, calcule o volume da parte do tubo não ocupada pelas bolas.

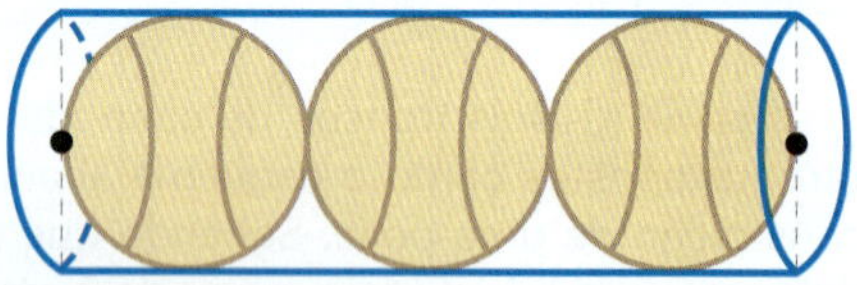

PANTHERMEDIA/KEYDISC

28. **[DESIGN]** Um apito no formato de um cilindro equilátero foi colocado em uma embalagem no formato de uma esfera de modo que ele fique sem folga, isto é, inscrito. Qual é a medida do raio dessa esfera sabendo que o raio da base do apito mede 2 cm?

29. **[DESIGN]** Em uma caixa no formato de um cilindro reto, foram colocados três bombons com formato esférico. Vista de cima, a situação fica como mostra a figura a seguir.

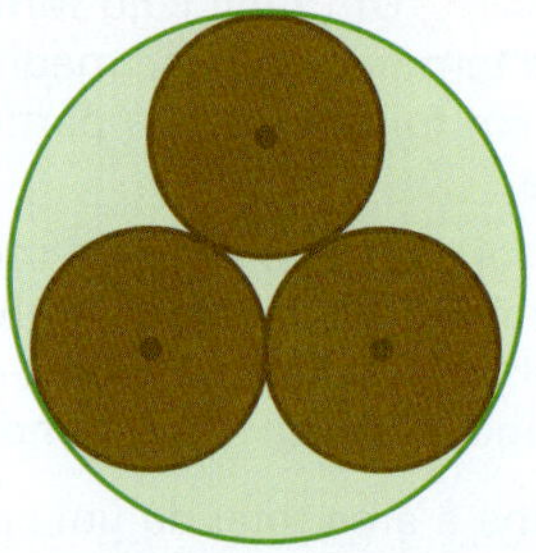

Sabendo que o raio de cada bombom mede 2 cm e que a altura da caixa é 4 cm, calcule a capacidade da caixa.

30. **[COTIDIANO]** Uma bola de sorvete foi colocada em uma casquinha de formato cônico, conforme a ilustração. O raio da boca da casquinha mede 6 cm e a altura da casquinha, 8 cm. Calcule o volume, em $cm^3$, da bola de sorvete.
(Adote $\pi = 3$.)

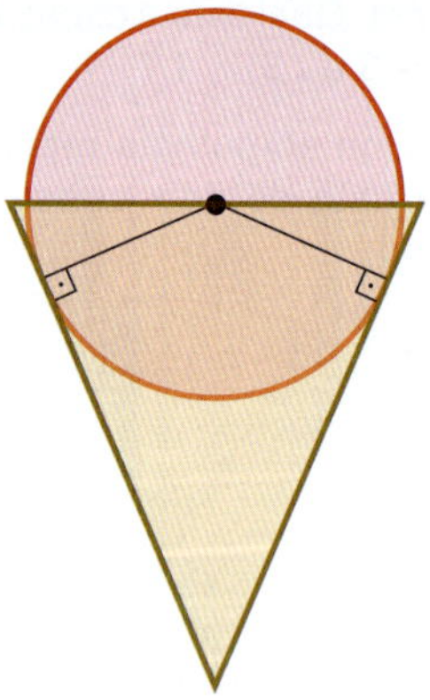

31. Determine a área da superfície de uma esfera cujo volume é $972\pi$ $cm^3$.

32. **[COTIDIANO]** Uma mexerica sem a casca tem um formato aproximado de uma esfera de raio 2,7 cm e 12 gomos, em média.
a) Calcule a medida do ângulo da cunha que pode ser representada por um desses gomos.
b) Determine o volume de cada gomo.

33. **[GEOGRAFIA]** A Terra tem um raio aproximado de 6.378,1 km e é dividida em 24 fusos horários. Calcule a área que cada um desses fusos cobre na superfície terrestre.
(Adote $\pi = 3,14$.)

34. **[ARTESANATO]** Uma peça de decoração feita de madeira no formato de uma cunha esférica de ângulo 45° tem uma área para ser pintada de $24\pi$ $dm^2$. Qual é o raio dessa peça?

35. **[COTIDIANO]** Um pão cujo formato é um cubo de lado medindo 20 cm foi protegido por uma redoma no formato de uma semiesfera, sem deixar folga, isto é, o pão ficou inscrito na redoma. Determine o raio dessa redoma.

## Questões Propostas de Vestibular

**1.** (UFSM – RS) Para viabilizar o escoamento do trânsito, será construído um túnel, em linha reta, de 300 m de comprimento cujas secções transversais são semicírculos de raio $r = 10$ m.

Assim, o volume de terra retirado deve ser de aproximadamente ____ $m^3$. A área da superfície circular do túnel será de ____ $m^2$.

Identifique a alternativa que preenche corretamente as lacunas.

a) 47.100; 4.710
b) 47.100; 9.420
c) 94.200; 9.420
d) 94.200; 4.710
e) 70.650; 7.065

**2.** (UFMG) Um aquário cilíndrico, com 30 cm de altura e área da base igual a 1.200 $cm^2$, está com água até a metade de sua capacidade. Colocando-se pedras dentro desse aquário, de modo que fiquem totalmente submersas, o nível da água sobe para 16,5 cm. Então, o volume das pedras é:

a) 1.200 $cm^3$
b) 2.100 $cm^3$
c) 1.500 $cm^3$
d) 1.800 $cm^3$

**3.** (UFPR) Um cilindro está inscrito em um cubo, conforme sugere a figura ao lado. Sabe-se que o volume do cubo é 256 $cm^3$.

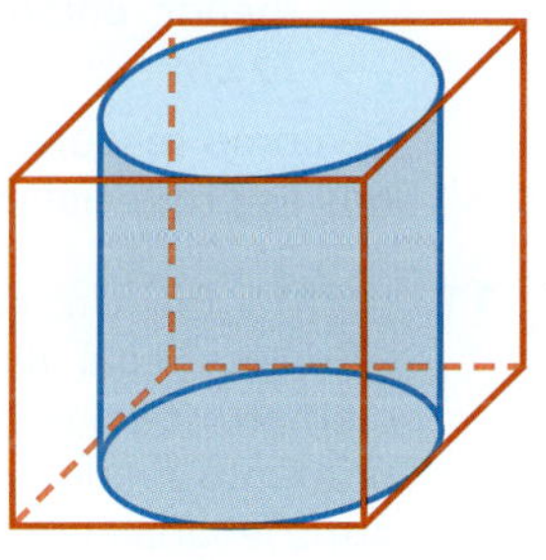

a) Calcule o volume do cilindro.
b) Calcule a área total do cilindro.

**4.** (Fuvest – SP) Uma metalúrgica fabrica barris cilíndricos de dois tipos, *A* e *B*, cujas superfícies laterais são moldadas a partir de chapas metálicas retangulares de lados *a* e 2*a*, soldando lados opostos dessas chapas, conforme ilustrado a seguir.

barril do tipo *A*

barril do tipo *B*

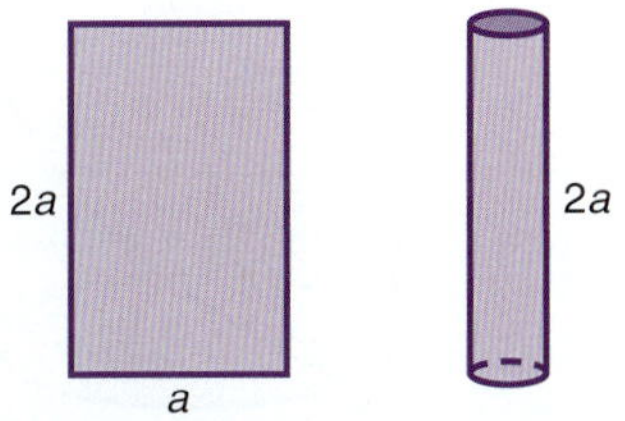


Se $V_A$ e $V_B$ indicam os volumes dos barris do tipo *A* e *B*, respectivamente, tem-se:

a) $V_A = 2V_B$
b) $V_B = 2V_A$
c) $V_A = V_B$
d) $V_A = 4V_B$
e) $V_B = 4V_A$

**5.** (Udesc) A planificação da superfície lateral de um cilindro circular reto de altura *h* e raio *r* gera a região retangular *ABCD*, conforme é ilustrado na figura. Suponha que essa região seja utilizada para construir um novo cilindro, cuja altura é a medida do segmento $\overline{AB}$, sem haver sobreposição.

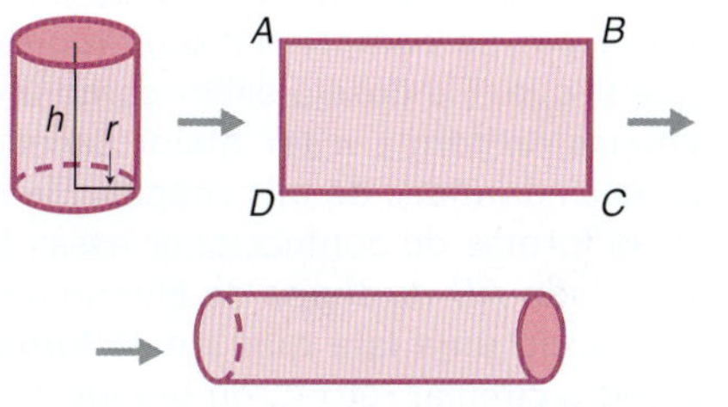


Planificação e construção de um cilindro

O volume do novo cilindro é:

a) $\frac{rh^2}{2}$

b) $\frac{r^2h}{2}$

c) $\frac{rh^2\pi}{2}$

d) $\frac{r^2h\pi}{2}$

e) $\pi r^2 h$

**6.** (UFG – GO) Em um laboratório, um recipiente em forma de um cilindro reto tem marcas que mostram o volume da substância presente a cada 100 mL. Se o diâmetro da base do cilindro mede 10 cm, qual é a distância entre duas dessas marcas consecutivas?

**7.** (UFG – GO) A figura a seguir representa uma seringa no formato de um cilindro circular reto, cujo êmbolo tem 20 mm de diâmetro. Essa seringa está completamente cheia de um medicamento e é usada para injetar doses de 6 mL desse medicamento. Com base nessas informações, determine quantos milímetros o êmbolo se desloca no interior da seringa ao ser injetada uma dose.

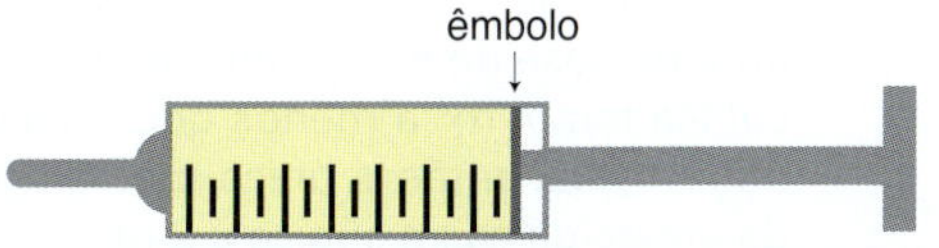

**8.** (UFRN) Um tronco de madeira, em forma de cilindro, de altura *H* e raio *R*, é transformado em uma barra de madeira, em forma de paralelepípedo de base quadrada, com aproveitamento máximo da madeira.

Sabendo-se que o volume original do tronco era $V = \pi \times R^2 \times H$, é correto afirmar que o volume da barra é:

a) $3R^2 \times H$
b) $R^2 \times H$
c) $2R^2 \times H$
d) $4R^2 \times H$

**9.** (UEL – PR) Um fabricante de latas com formato de um cilindro possui chapas retangulares de alumínio com as dimensões: 25 cm de largura por 9 cm de comprimento, conforme a figura que segue. Ele deseja saber como utilizar essas chapas de forma a ter maior capacidade para as latas oriundas de tais chapas. Ele pensou em duas formas de confeccionar essas latas: unindo o lado $\overline{AD}$ da chapa de alumínio no lado $\overline{BC}$ formando uma lata que tem o formato de um cilindro circular reto $C_1$ ou unindo o lado $\overline{AB}$ ao lado $\overline{DC}$ formando uma lata cujo formato é um cilindro circular reto $C_2$.

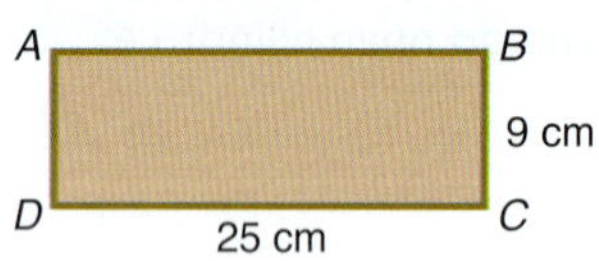


Com base nessas informações, considere as afirmativas a seguir.

I. A área da superfície lateral do cilindro $C_1$ é igual à área da superfície lateral do cilindro $C_2$.

II. A capacidade do cilindro $C_1$ é maior que a capacidade do cilindro $C_2$.

III. Se o fabricante dobrar as dimensões da chapa, a capacidade do cilindro $C_1$ dobra.

IV. Se o fabricante dobrar as dimensões da chapa, a área da superfície lateral do cilindro $C_2$ dobra.

Estão corretas apenas as afirmativas:

a) I e II
b) I e III
c) II e IV
d) I, III e IV
e) II, III e IV

**10.** (UFSC) Identifique a(s) proposição(ões) CORRETA(S).

(01) Considere duas caixas-d'água de mesma altura: uma em forma de cubo e a outra em forma de paralelepípedo retângulo com área da base de 6 m². Se o volume da caixa cúbica tem 4 m³ a menos que o volume da outra caixa, então a única medida possível da aresta da caixa cúbica é 2 m.

(02) É possível construir um poliedro regular utilizando-se seis triângulos equiláteros.

(04) Na Figura 1, estão representados três sólidos e, na Figura 2, estão representadas três planificações. Fazendo corresponder cada sólido com sua planificação, tem-se a relação:

$$A \to 1,\ B \to 3 \text{ e } C \to 2$$

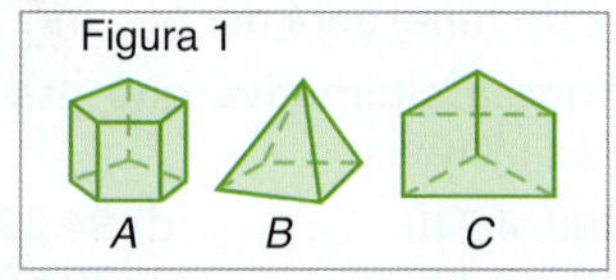


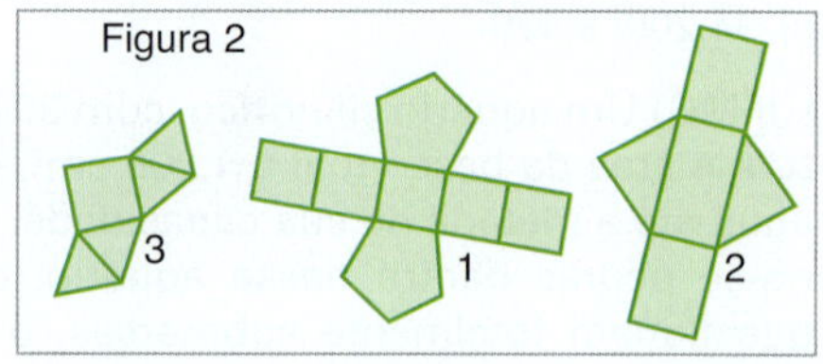


(08) Um retângulo, quando girado em torno de seu lado maior, descreve um cilindro cujo volume tem $432\pi$ cm³. Se o lado maior do retângulo mede o dobro da medida do lado menor, então a área desse retângulo é de 72 cm².

Dê como resposta a soma dos números associados às proposições corretas.

**11.** (UEM – PR) Um reservatório de água, de forma cilíndrica, está disposto horizontalmente. Se o diâmetro da sua base mede 20 m e o seu comprimento mede 24 m, a altura máxima da água armazenada para que sua superfície meça 384 m² é *x* metros. O valor de *x* é...

**12.** (UFPE – adaptada) Qual é a menor quantidade de fita que deve ser utilizada para enfeitar o mastro de forma cilíndrica (reto) de uma bandeira de 5 m de altura, como na figura abaixo, se são gastos 50 cm para cada volta na superfície do cilindro? O diâmetro do mastro mede 15 cm.

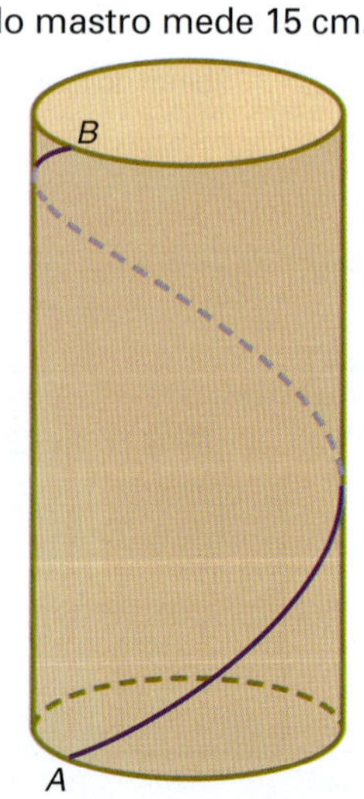

13. (Fuvest – SP) Um castelo está cercado por uma vala cujas bordas são dois círculos concêntricos de raios 41 m e 45 m. A profundidade da vala é *constante* e igual a 3 m.

O proprietário decidiu enchê-la com água e, para este fim, contratou caminhões-pipa, cujos reservatórios são cilindros circulares retos com raio da base de 1,5 m e altura igual a 8 m.

Determine o número mínimo de caminhões-pipa necessário para encher completamente a vala.

14. (UFBA) Considere um prisma reto triangular regular de altura igual a 10 cm e um cilindro circular reto de raio da base igual a $r$, medido em cm, inscrito nesse prisma.

Em função de $r$:

a) deduza a expressão do lado do triâgulo, base do prisma;

b) determine o volume da região exterior ao cilindro e interior do prisma.

15. (Fuvest – SP) Pedrinho, brincando com seu cubo mágico, colocou-o sobre um copo, de maneira que

- apenas um vértice do cubo ficasse no interior do copo, conforme ilustra a foto;
- os pontos comuns ao cubo e ao copo determinassem um triângulo equilátero.

Sabendo-se que o bordo do copo é uma circunferência de raio $2\sqrt{3}$ cm, determine o volume da parte do cubo que ficou no interior do copo.

JULIANA BARROS ZANINI

16. (UFAC) Um balde cilíndrico cheio de água e com base medindo 0,4 m de diâmetro, desprezada a espessura de suas paredes, é posto em uma caixa de vidro "vazia", de base quadrada com 0,8 m de lado. A altura do cilindro é de 0,5 m, cabendo totalmente dentro da caixa. Imagine agora que por um pequeno orifício, a uma altura de 0,2 m da base, permitimos que a água escoe para fora do cilindro, mas para dentro da caixa.

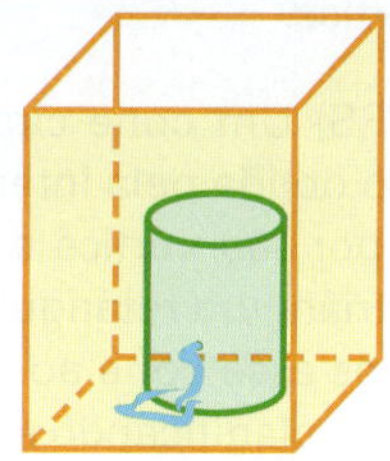

Cessado o escoamento, pode ser observado que:

a) o volume de água dentro do cilindro é igual a $V = 0{,}08\pi$ m³.

b) os volumes de água dentro do cilindro e fora dele, mas dentro da caixa, são iguais.

c) o volume de água dentro do cilindro é maior do que o que está fora dele, mas dentro da caixa.

d) o volume de água fora do cilindro, mas dentro da caixa, é igual a $V = 0{,}192$ m³.

e) o volume de água dentro do cilindro é igual a $V = 0{,}008\pi$ m³.

17. (UFBA) Considerando-se $C_1$, $C_2$, $C_3$, ... cilindros com o mesmo volume, de modo que os respectivos raios das bases, medidos em centímetros, formem uma progressão geométrica com o primeiro termo e razão iguais a $\sqrt{5}$, é correto afirmar:

(01) O número real $5^{61} \cdot \sqrt{5}$ é o termo de ordem 122 da sequência dos raios.

(02) O termo geral da sequência dos raios pode ser escrito como $r_k = 5^{\frac{k}{2}}$.

(04) Considerando-se apenas os termos de ordem par da sequência dos raios, obtém-se uma progressão geométrica de razão 5, em que todos os termos são números inteiros positivos.

(08) A sequência formada pelas alturas dos cilindros é uma progressão geométrica de razão $\frac{1}{5}$.

(16) Sendo o volume dos cilindros igual a $\pi\sqrt{20}$ cm³, a área total do primeiro cilindro, expressa em cm², é um número menor que 42.

Dê como resposta a soma dos números associados às proposições corretas.

**18.** (UFBA) Sobre um cilindro circular reto *C* e uma pirâmide triangular regular *P* sabe-se que:

- *C* tem volume igual a $24\pi$ cm³ e área de cada base igual a $4\pi$ cm²;
- *P* tem a mesma altura que *C* e base inscrita em uma base de *C*.

Calcule o volume do tronco dessa pirâmide determinado pelo plano paralelo à base que dista 2 cm do vértice.

**19.** (UFRGS – RS) Um cone circular reto é tal que cada secção obtida pela interseção de um plano que passa por seu vértice e pelo centro da sua base é um triângulo retângulo de catetos iguais. Se cortarmos esse cone ao longo de uma geratriz, abrindo e planificando sua superfície lateral, será obtido um setor circular cujo ângulo central tem medida $\alpha$. Então:

a) $\alpha < 180°$

b) $180° \leq \alpha < 200°$

c) $200° \leq \alpha < 220°$

d) $220° \leq \alpha < 240°$

e) $\alpha \geq 240°$

**20.** (Uespi) As ilustrações a seguir representam um setor circular, com ângulo central de $\frac{2\pi}{3}$ radianos e raio 9, e o cone tendo esse setor como área lateral.

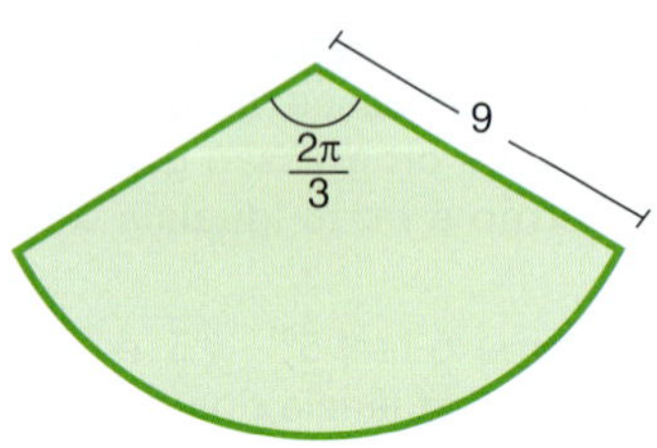


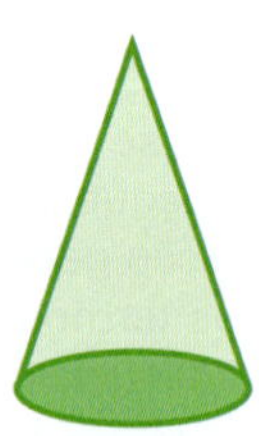

Qual o volume do cone?

a) $18\pi\sqrt{2}$

b) $17\pi\sqrt{2}$

c) $16\pi\sqrt{2}$

d) $15\pi\sqrt{2}$

e) $14\pi\sqrt{2}$

**21.** (Ibmec – SP) A figura que melhor representa a planificação da superfície lateral de um cone reto cujo volume é igual a $96\pi$ e cujo raio da base mede 6 é:

a)

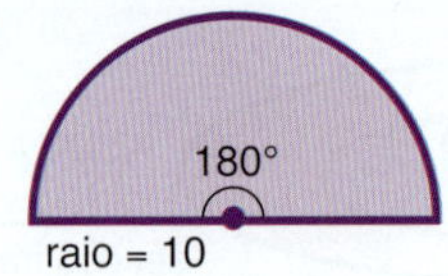


b)

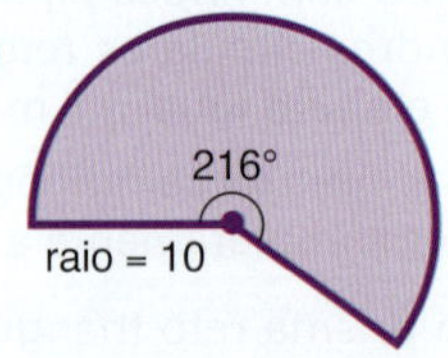


c)

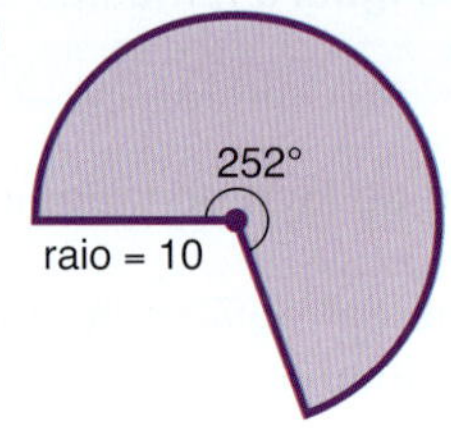


d)

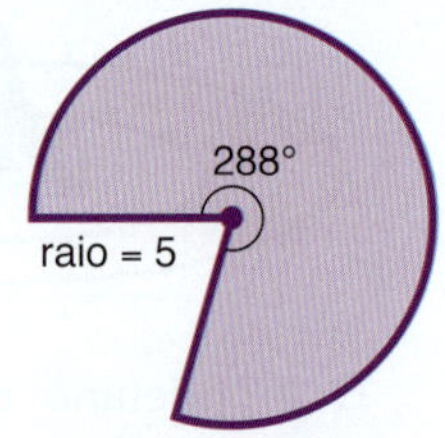


e)

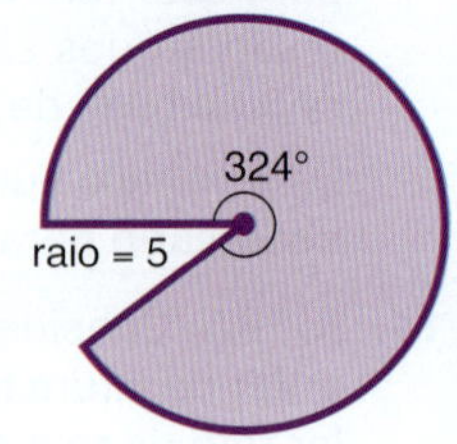


**22.** (UFLA – MG) Parte do líquido de um cilindro completamente cheio é transferido para dois cones idênticos, que ficam totalmente cheios.

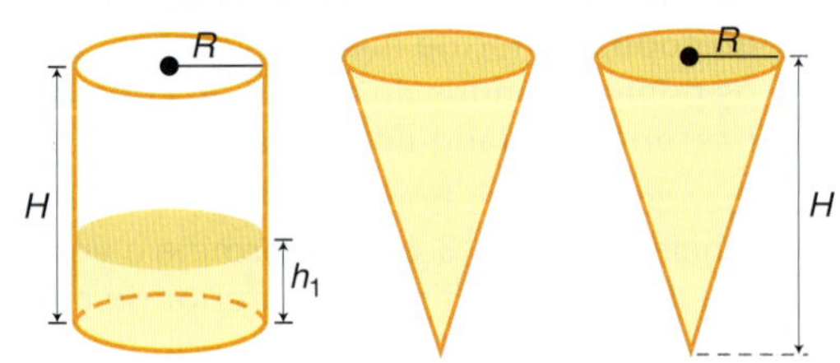


A relação entre as alturas do líquido restante no cilindro ($h_1$) e a altura ($H$) do cilindro é:

a) $h_1 = \frac{H}{4}$

b) $h_1 = \frac{H}{2}$

c) $h_1 = \sqrt{\frac{H}{2}}$

d) $h_1 = \frac{H}{3}$

**23.** (UERJ) Um cilindro circular reto é inscrito em um cone, de modo que os eixos desses dois sólidos sejam coincidentes, conforme representado na ilustração a seguir.

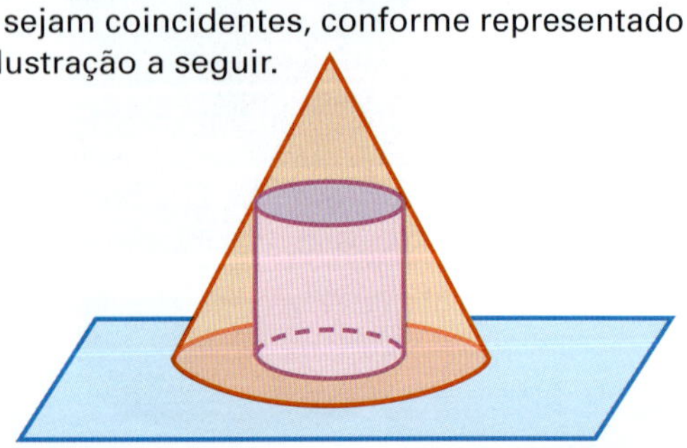

A altura do cone e o diâmetro da sua base medem, cada um, 12 cm.

Admita que as medidas, em centímetros, da altura e do raio do cilindro variem no intervalo $]0, 12[$ de modo que ele permaneça inscrito nesse cone.

Calcule a medida que a altura do cilindro deve ter para que sua área lateral seja máxima.

**24.** (Uespi) Qual o volume do sólido obtido pelo giro de um quadrado de lado medindo $3\sqrt{2}$ em torno de uma de suas diagonais?

a) $14\pi$
b) $15\pi$
c) $16\pi$
d) $17\pi$
e) $18\pi$

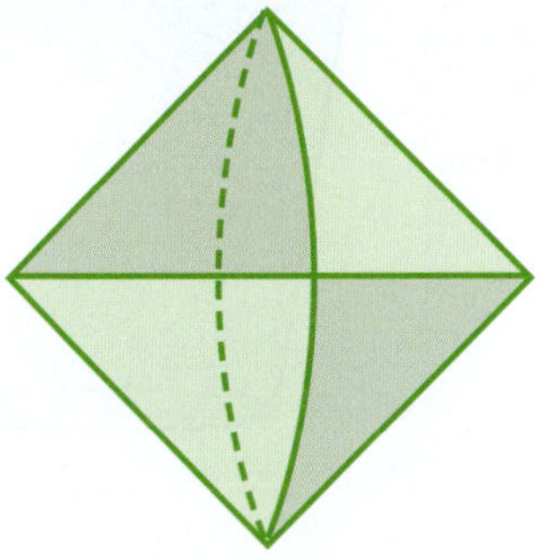

**25.** (UFABC – SP) As figuras mostram um cone circular reto de raio da base $r$ e a planificação da sua área lateral.

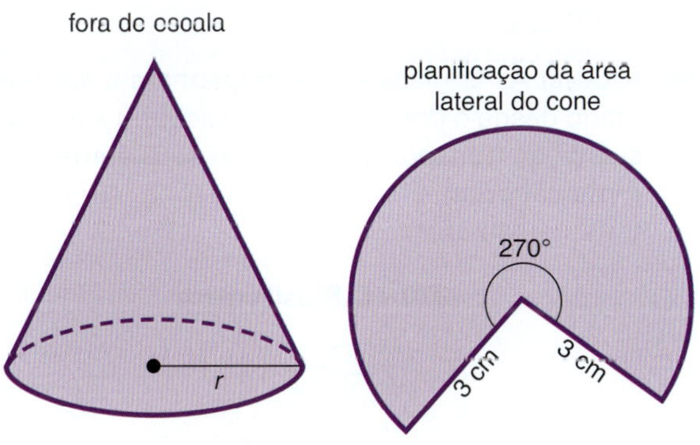


Relembrando que o volume de um cone é igual a $\frac{1}{3}$ do produto entre a área da base e a altura do cone, calcule a medida do raio da base e o volume desse cone.

**26.** (PUC – SP) Considere o triângulo isósceles $ABC$, tal que $AB = BC = 10$ cm e $CA = 12$ cm. A rotação desse triângulo em torno de um eixo que contém o lado $\overline{AB}$ gera um sólido cujo volume, em centímetros cúbicos, é:

a) $256\pi$
b) $298{,}6\pi$
c) $307{,}2\pi$
d) $316\pi$
e) $328{,}4\pi$

**27.** (PUC – RS) A figura a seguir mostra um cone inscrito em um cilindro. Ambos têm raio da base $x$ e altura $2x$.

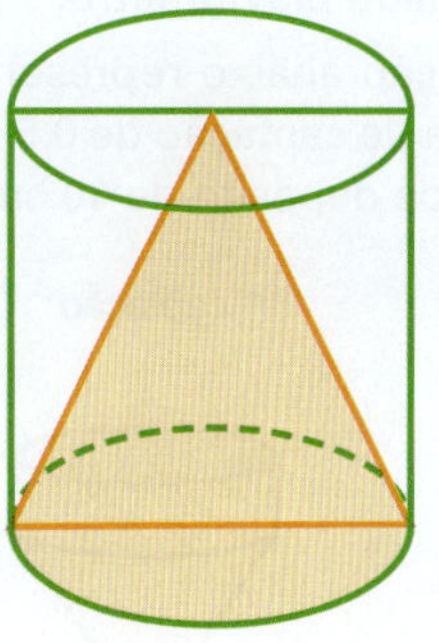

Retirando-se o cone do cilindro, o volume do sólido resultante é:

a) $\frac{2\pi x^3}{3}$
b) $\frac{4\pi x^3}{3}$
c) $\frac{8\pi x^3}{3}$
d) $\frac{2\pi x^2}{3}$
e) $\frac{8\pi x^2}{3}$

**28.** (UnB – DF – adaptada) Uma ampulheta foi construída tendo-se feito um pequeno furo nos vértices de dois cones circulares retos iguais, que foram unidos por esses vértices. O raio da base — $r$ — de cada cone equivale a 20% da sua altura — $h$. A areia colocada na ampulheta ocupa inicialmente todo o volume — $V = \frac{1}{3}\pi r^2 h$ — de um dos cones e demorava exatamente 1 hora para cair do cone superior para o inferior, à vazão de $6\pi$ cm³/min. Com base nessas informações, calcule, **em centímetros**, a medida do raio da base de cada cone utilizado para construir a ampulheta. Multiplique o valor obtido por 50.

**29.** (Unesp) Para calcular o volume de uma tora, na forma de um tronco de cone circular reto de altura $h$, uma fórmula utilizada pelo IBAMA é:

$$V_I = \frac{(A_B + A_b) \cdot h}{2}$$

onde $A_B$ é a área da base maior e $A_b$ é a área da base menor. Por outro lado, uma fórmula utilizada por algumas madeireiras é:

$$V_M = A_b \cdot h$$

Nessas condições, considere uma tora de 4 metros de comprimento, raio da base menor de 40 cm e raio da base maior de 50 cm. Determine quanto, em porcentagem, o volume calculado pela madeireira é menor que o volume calculado pelo IBAMA para essa tora.

**30.** (UERJ) Para a obtenção do índice pluviométrico, uma das medidas de precipitação de água da chuva, utiliza-se um instrumento meteorológico denominado pluviômetro.

A ilustração abaixo representa um pluviômetro com área de captação de 0,5 m² e raio interno do cilindro de depósito de 10 cm.

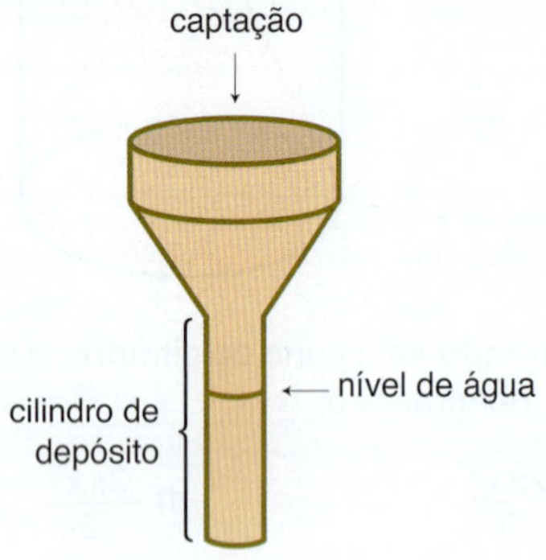


Considere que cada milímetro de água da chuva depositado no cilindro equivale a 1 L/m².

No mês de janeiro, quando o índice pluviométrico foi de 90 mm, o nível de água no cilindro, em dm, atingiu a altura de, aproximadamente:

a) 15
b) 25
c) 35
d) 45

**31.** (UECE) Um plano paralelo à base de um cone circular reto o secciona de tal modo que a altura do tronco de cone resultante é $\frac{2}{3}$ da altura do cone. A razão entre o volume do cone e o volume do tronco de cone é:

a) $\frac{4}{3}$
b) $\frac{16}{15}$
c) $\frac{19}{17}$
d) $\frac{27}{26}$

**32.** (UFPR) A parte superior de uma taça tem o formato de um cone, com as dimensões indicadas na figura.

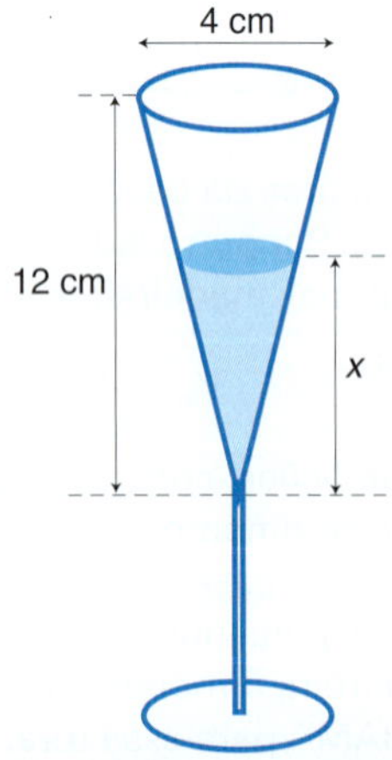


a) Qual é o volume de líquido que essa taça comporta quando está completamente cheia?
b) Obtenha uma expressão para o volume $V$ de líquido nessa taça, em função da altura $x$ indicada na figura.

**33.** (Uneal) Uma xícara de café tem a forma de um tronco de cone reto, conforme figura abaixo.

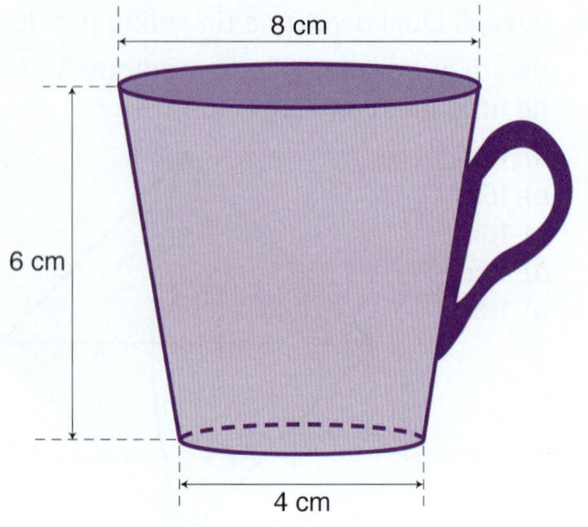


Considerando que $\pi = 3$, o volume máximo de líquido que ela pode conter é:

a) 172 cm³
b) 166 cm³
c) 176 cm³
d) 164 cm³
e) 168 cm³

**34.** (Udesc) As embalagens acompanham o ser humano desde o dia em que ele descobriu a necessidade de transportar e proteger seus alimentos e mercadorias. É uma longa história, como retrata o texto abaixo.

**1970 – O Brasil cresce**

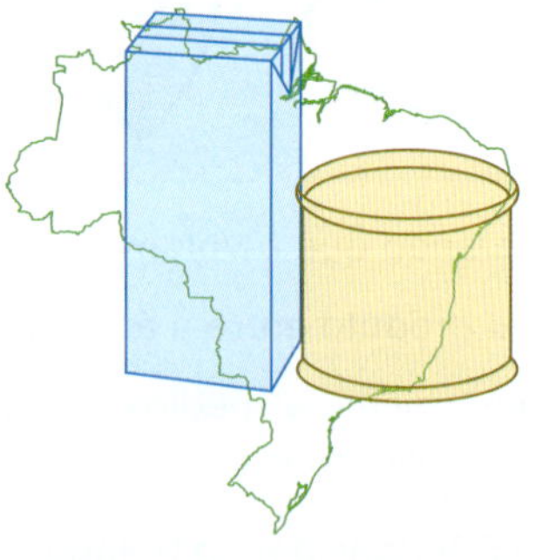

A industrialização crescente e o aumento de supermercados transformam a vida dos brasileiros e as embalagens. Tratando da relação dos supermercados com as embalagens é difícil dizer quem mais influenciou quem. Nascia então uma parceria que se consolidou através de décadas. Marcas tradicionais mudaram suas embalagens e se adequaram aos novos tempos.

Associação Brasileira de Embalagens – ABRE, 2007.

Suponha que uma empresa está pesquisando o formato mais apropriado de uma nova embalagem para um determinado produto. Dentre os formatos selecionados estão um em forma de tronco de cone e outro em forma de um cilindro circular reto, conforme ilustram as figuras.

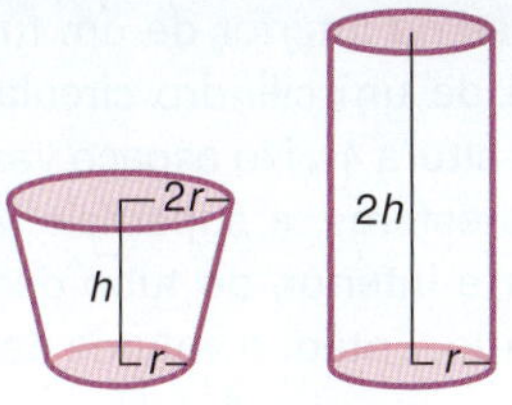


**Novas embalagens**

a) Levando em consideração a maior capacidade volumétrica, justifique com argumentos matemáticos coerentes qual dos dois recipientes é o mais adequado a tal capacidade.

b) Levando em consideração a preservação do meio ambiente, justifique com argumentos matemáticos coerentes qual dessas embalagens é a mais econômica, supondo que o custo do material utilizado para a confecção é de R$ 3,00 por unidade de área e que $h = r$.

**35.** (UFES) Deseja-se construir um reservatório de água com formato de um sólido constituído por um tronco de cone circular reto com sua base menor assentada sobre um cilindro circular reto e sua base maior encimada também por um cilindro circular reto.

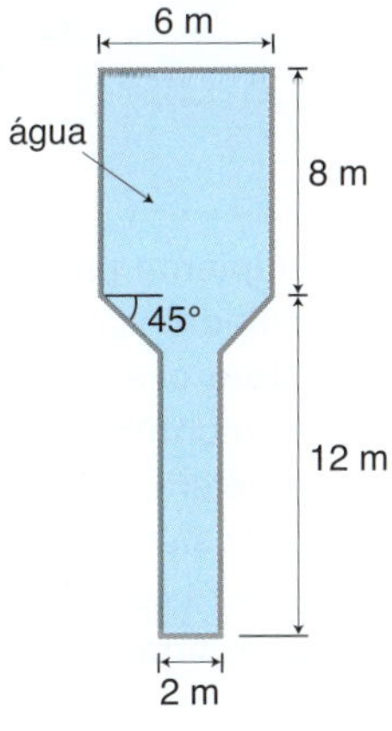


A figura acima é uma secção do sólido por um plano que contém o seu eixo de simetria. Se as dimensões do reservatório devem ser como indicadas na figura, determine:

a) a capacidade do reservatório;

b) a área da superfície lateral externa do reservatório.

**36.** (UFU – MG) Sabendo-se que a intersecção entre um plano II e uma esfera $S$ de raio 10 cm é um círculo de raio 6 cm, então, a distância do centro da esfera $S$ até o plano II é igual a:

a) 4 cm
b) 5 cm
c) 7 cm
d) 8 cm

**37.** (Unesp) Um troféu para um campeonato de futebol tem a forma de uma esfera de raio $R = 10$ cm cortada por um plano situado a uma distância de $5\sqrt{3}$ cm do centro da esfera, determinando uma circunferência de raio $r$ cm, e sobreposta a um cilindro circular reto de 20 cm de altura e raio $r$ cm, como na figura (não em escala):

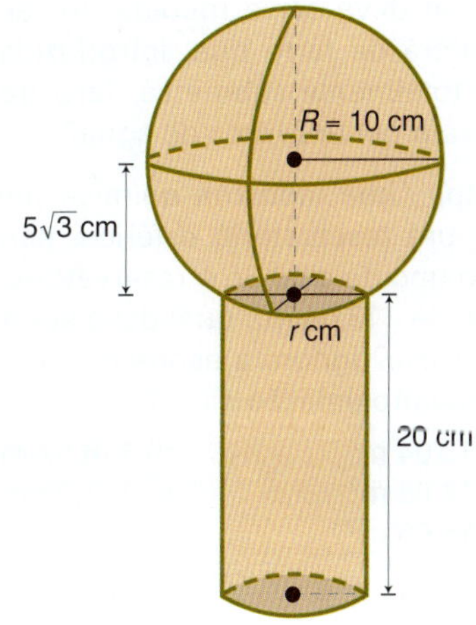


O volume do cilindro, em cm³, é:

a) $100\pi$
b) $200\pi$
c) $250\pi$
d) $500\pi$
e) $750\pi$

**38.** (UFC – CE) Um vaso em forma de cilindro circular reto tem medida de raio da base 5 cm, altura 20 cm e contém água até a altura de 19 cm (despreze a espessura das paredes do vaso). Identifique a alternativa na qual consta o maior número de esferas de aço, de 1 cm de raio cada, que podemos colocar no vaso a fim de que a água não transborde.

a) 14
b) 15
c) 16
d) 17
e) 18

**39.** (Unifesp) Um recipiente, contendo água, tem a forma de um cilindro circular reto de altura $h = 50$ cm e raio $r = 15$ cm. Este recipiente contém 1 litro de água a menos que sua capacidade total.

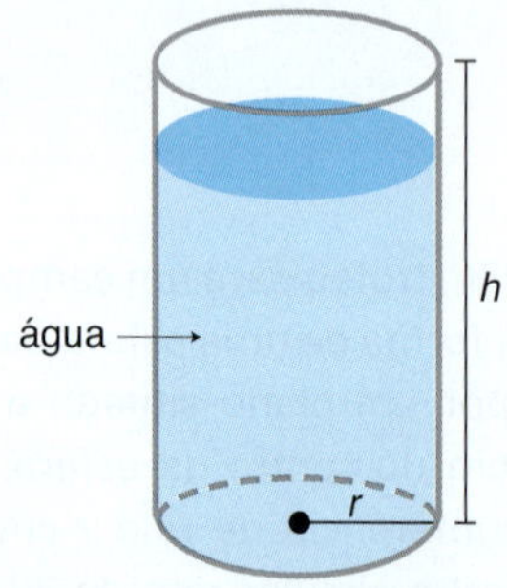


a) Calcule o volume de água contido no cilindro (use $\pi = 3{,}14$).

b) Qual deve ser a medida do raio $R$ de uma esfera de ferro que, introduzida no cilindro e totalmente submersa, faça transbordarem exatamente 2 litros de água?

**40.** (Uespi) Uma indústria química pretende construir um reservatório esférico, para armazenar certo tipo de gás. Se o reservatório deve ter volume de 113,04 $m^3$, qual deve ser a área de sua superfície? Ignore a espessura do reservatório. Use a aproximação $\pi = 3{,}14$.

a) 113,04 $m^2$
b) 114,05 $m^2$
c) 115,06 $m^2$
d) 116,07 $m^2$
e) 117,08 $m^2$

**41.** (UFG – GO) A terra retirada na escavação de uma piscina semicircular de 6 m de raio e 1,25 m de profundidade foi amontoada, na forma de um cone circular reto, sobre uma superfície horizontal plana. Admita que a geratriz do cone faça um ângulo de 60° com a vertical e que a terra retirada tenha volume 20% maior do que o volume da piscina. Nessas condições, a altura do cone, em metros, é de:

a) 2,0
b) 2,8
c) 3,0
d) 3,8
e) 4,0

**42.** (UEPB) Uma esfera de raio 1 cm é inscrita em um cubo. O volume delimitado pela superfície esférica e pelas faces do cubo, em $cm^3$, é:

a) $\frac{2}{3}(6 - \pi)$
b) $\frac{1}{3}(6 - \pi)$
c) $\frac{4}{3}(6 - \pi)$
d) $\frac{5}{3}(6 - \pi)$
e) $\frac{4}{3}(6 + \pi)$

**43.** (UFU – MG) Uma esfera maciça de ferro de raio 10 cm será fundida e todo o material derretido será usado na confecção de um cilindro circular e de um cone circular, ambos maciços com raio da base $r$ cm e altura também $r$ cm. Não havendo perda de material durante o processo, $r$ será igual a:

a) 4 cm
b) 8 cm
c) 5 cm
d) 10 cm

**44.** (UFC – CE) Duas esferas de raios iguais a $r$ são colocadas no interior de um tubo de ensaio sob a forma de um cilindro circular reto de raio da base $r$ e altura $4r$. No espaço vazio compreendido entre as esferas, a superfície lateral e as bases, superior e inferior, do tubo de ensaio, coloca-se um líquido. Então, o volume desse líquido é:

a) $\frac{2}{3}\pi r^3$
b) $\frac{3}{4}\pi r^3$
c) $\frac{4}{3}\pi r^3$
d) $2\pi r^3$
e) $4\pi r^3$

**45.** (UFRGS – RS) Duas esferas de raio $r$ foram colocadas dentro de um cilindro circular reto com altura $4r$, raio da base $r$ e espessura desprezível, como na figura abaixo.

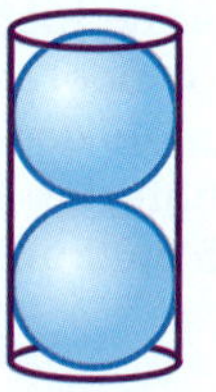

Nessas condições, a razão entre o volume do cilindro não ocupado pelas esferas e o volume das esferas é:

a) $\frac{1}{5}$
b) $\frac{1}{4}$
c) $\frac{1}{3}$
d) $\frac{1}{2}$
e) $\frac{2}{3}$

**46.** (UFMS) Um recipiente para perfume tem o formato de um cilindro circunscrito numa esfera (sendo essa esfera oca, de capacidade máxima de 32 mililitros), conforme figura a seguir. Se o espaço entre a esfera e o cilindro é preenchido com material translúcido, qual será o volume total, em $cm^3$, gasto com esse material, desprezando-se as espessuras das superfícies da esfera e do cilindro?

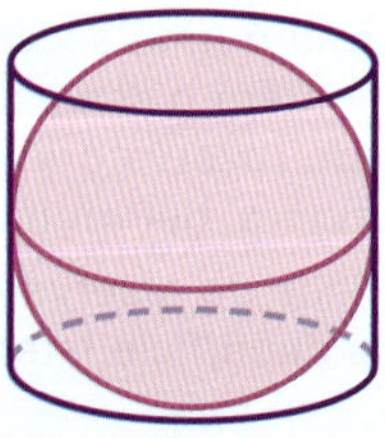

**47.** (UFJF – MG) Um reservatório de água tem a forma de um hemisfério acoplado a um cilindro circular como mostra a figura a seguir.

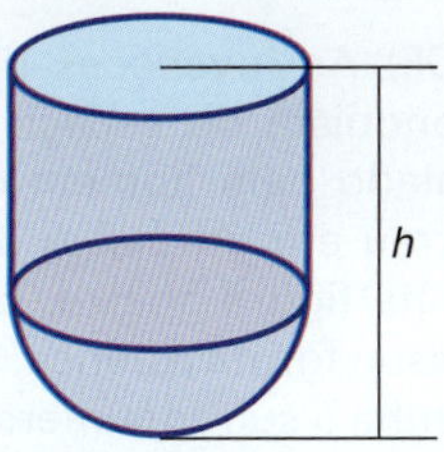


A medida do raio do hemisfério é a mesma do raio da base do cilindro e igual a $r = 3$ m. Se a altura do reservatório é $h = 6$ m, a capacidade máxima de água comportada por esse reservatório é:

a) $9\pi$ m³
b) $18\pi$ m³
c) $27\pi$ m³
d) $36\pi$ m³
e) $45\pi$ m³

**48.** (UEFS – BA) Do hemisfério superior de uma esfera foi retirada uma parte, de acordo com a figura a seguir, em que $\theta = 60°$.

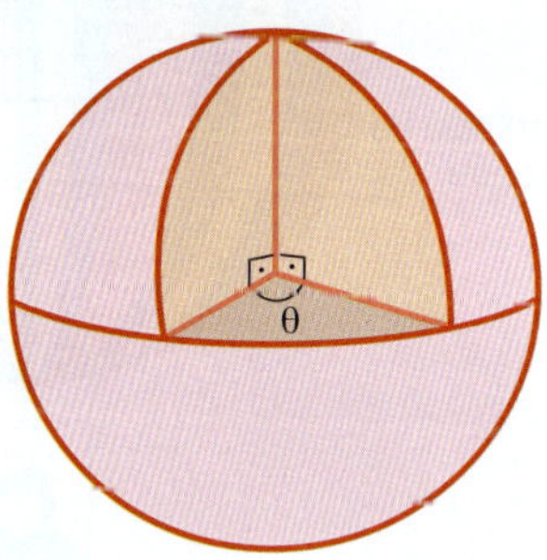


Então, o volume restante corresponde à fração do volume total da esfera, equivalente a:

a) $\frac{5}{6}$
b) $\frac{7}{8}$
c) $\frac{9}{10}$
d) $\frac{11}{12}$
e) $\frac{13}{14}$

**49.** (UFT – TO) Um sorvete em uma casquinha é um sólido completamente cheio cuja parte externa tem a forma de um cone circular reto invertido de altura $H = 12$ cm e raio $R = 6$ cm e uma semiesfera sobreposta à base do cone, conforme Figura 1. Parte do sorvete é consumida por Lúcia, e o restante tem a forma de um cone circular reto completamente cheio de altura $h = 4$ cm, conforme Figura 2.

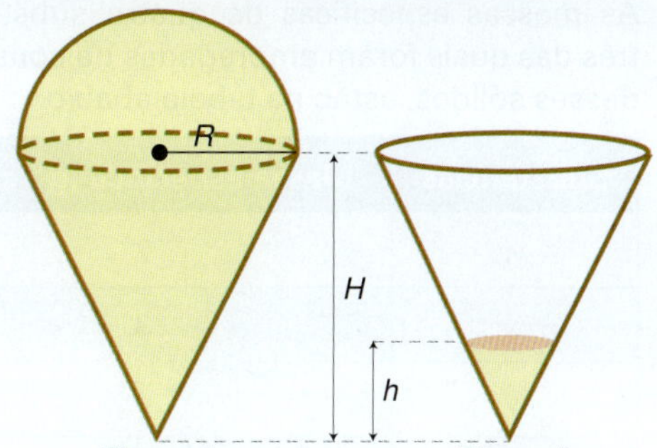

Figura 1 Figura 2

Supondo que não haja perda de volume além do que Lúcia consome, o volume consumido por Lúcia foi de:

a) $\frac{638\pi}{3}$ cm³
b) $\frac{848\pi}{3}$ cm³
c) $\frac{574\pi}{3}$ cm³
d) $\frac{761\pi}{3}$ cm³

**50.** (Fuvest – SP) Um fabricante de cristais produz três tipos de taças para servir vinho. Uma delas tem o bojo no formato de uma semiesfera de raio $r$; a outra, no formato de um cone reto de base circular de raio $2r$ e altura $h$; e a última, no formato de um cilindro reto de base circular de raio $x$ e altura $h$.

Sabendo-se que as taças dos três tipos, quando completamente cheias, comportam a mesma quantidade de vinho, é correto afirmar que a razão $\frac{x}{h}$ é igual a:

a) $\frac{\sqrt{3}}{6}$
b) $\frac{\sqrt{3}}{3}$
c) $\frac{2\sqrt{3}}{3}$
d) $\sqrt{3}$
e) $\frac{4\sqrt{3}}{3}$

**51.** (UERJ) Nas ilustrações abaixo, estão representados três sólidos de bases circulares, todos com raios de medidas iguais e mesma altura. Considere as medidas dos raios iguais às medidas das alturas, em centímetros.

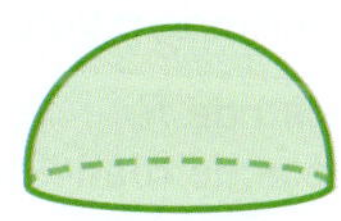
semiesfera

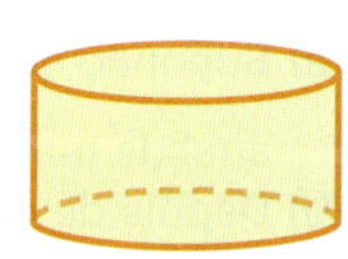
cilindro circular reto

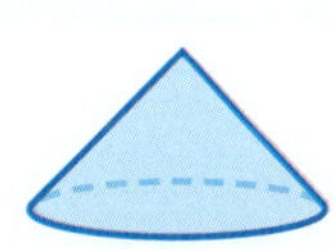
cone circular reto

As massas específicas de quatro substâncias, três das quais foram empregadas na construção desses sólidos, estão na tabela abaixo.

| Substâncias | Massa específica ($g \cdot cm^{-3}$) |
|---|---|
| *w* | 2 |
| *x* | 3 |
| *y* | 4 |
| *z* | 6 |

Admita que os sólidos tenham a mesma massa e que cada um tenha sido construído com apenas uma dessas substâncias.

De acordo com esses dados, o cone circular reto foi construído com a seguinte substância:

a) *w*
b) *x*
c) *y*
d) *z*

**52.** (Unicamp – SP) Uma peça esférica de madeira maciça foi escavada, adquirindo o formato de anel, como mostra a figura a seguir. Observe que, na escavação, retirou-se um cilindro de madeira com duas tampas em formato de calota esférica. Sabe-se que uma calota esférica tem volume $V_{cal} = \frac{\pi h^2}{3}(3R - h)$, em que $h$ é a altura da calota e $R$ é o raio da esfera. Além disso, a área da superfície da calota esférica (excluindo a porção plana da base) é dada por $A_{cal} = 2\pi Rh$.

Atenção: não use um valor aproximado para $\pi$.

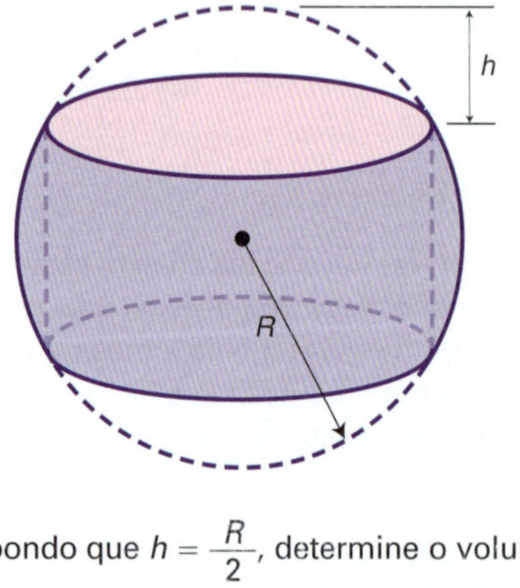


a) Supondo que $h = \frac{R}{2}$, determine o volume do anel de madeira, em função de $R$.

b) Depois de escavada, a peça de madeira receberá uma camada de verniz, tanto na parte externa, como na interna. Supondo, novamente, que $h = \frac{R}{2}$, determine a área sobre a qual o verniz será aplicado.

**53.** (UnB – DF) As invenções do homem permitiram a conquista do espaço aéreo. O primeiro voo tripulado pelo homem de que se tem notícia ocorreu em um balão de ar quente, como ilustrado na figura abaixo. Considere que esse balão possua forma esférica, de diâmetro igual a 20 m, e tenha a sua circunferência do equador — que divide a esfera em duas semiesferas idênticas — dividida em 1.600 partes iguais. Ligando-se cada ponto dessa divisão aos polos norte e sul do balão — indicados, respectivamente, pelos pontos *A* e *B* —, obtém-se 1.600 faixas, numeradas de 1 a 1.600, que são pintadas utilizando-se 5 cores diferentes, da seguinte forma: a 1.ª faixa é pintada de vermelho, a 2.ª, de azul, a 3.ª, de amarelo, a 4.ª, de verde, a 5.ª, de laranja, e esse padrão de cores se repete até a última faixa.

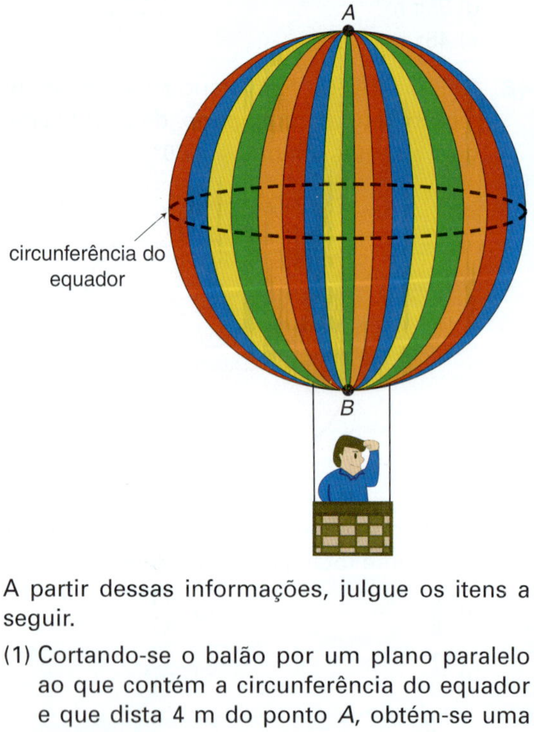


A partir dessas informações, julgue os itens a seguir.

(1) Cortando-se o balão por um plano paralelo ao que contém a circunferência do equador e que dista 4 m do ponto *A*, obtém-se uma circunferência de comprimento igual a $4\pi$ metros.

(2) Lembrando que a área de uma esfera de raio $R$ é igual a $4\pi R^2$, é correto concluir que a área de cada faixa do balão é superior a 1 $m^2$.

## Programas de Avaliação Seriada

**1.** (PSS – UFAL) Vinte e um cilindros retos de mesmo raio são empilhados como na ilustração abaixo.

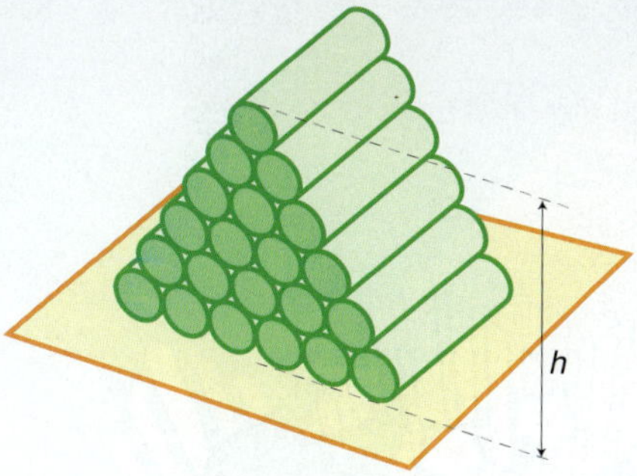


Se os cilindros têm diâmetro da base medindo 8 cm, qual a medida da altura $h$ da pilha, em cm, indicada na figura?

(Use a aproximação $\sqrt{3} = 1{,}7$.)

a) 40 cm
b) 41 cm
c) 42 cm
d) 43 cm
e) 44 cm

**2.** (SAS – UEG – GO) Um chapéu de cartolina, de forma cônica, é planificado formando um setor circular de raio 12 cm e ângulo de 120°, conforme a figura a seguir.

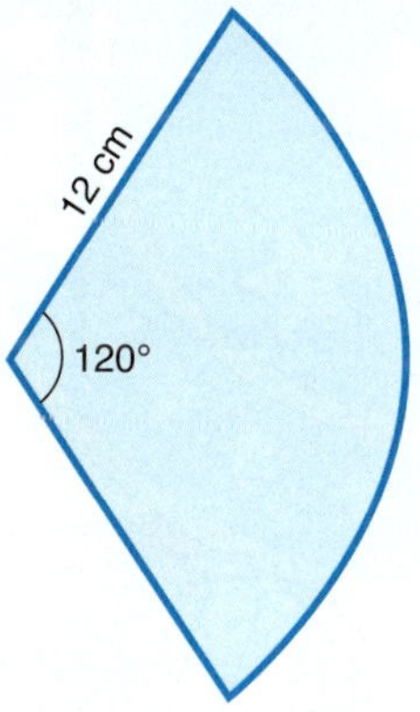


A altura do chapéu é, aproximadamente:

a) 8 cm
b) 11 cm
c) 15 cm
d) 16 cm

**3.** (PASES – UFV – MG) Uma empresa possui discos de alumínio de raio $r = 10$ cm, com os quais pretende fabricar peças no formato de cone. Para isso remove-se do disco um setor circular de ângulo central, $\theta$, entre zero e $\pi$ radianos, conforme apresentado na figura a seguir.

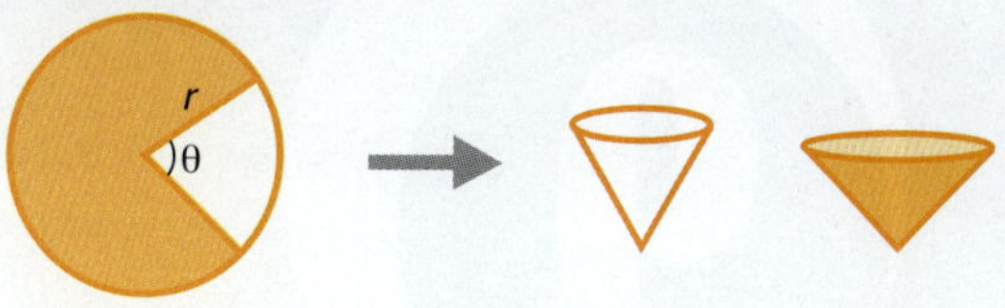


a) Determine a altura, $h$, em função de $\theta$, do cone formado pelo setor circular de ângulo central $\theta$.

b) Seja $H$ a altura do cone formado pelo setor circular de ângulo central $2\pi - \theta$. Determine $\theta$ de modo que $5 \cdot H^2 = h^2$.
(Considere $\sqrt{21} = 4{,}58$.)

**4.** (PISM – UFJF – MG) Duas velas são derretidas para formar uma outra vela em formato de esfera. Dentre as velas derretidas, uma tem formato de cilindro circular reto com raio 6 cm e altura 7 cm, e a outra tem formato de esfera com raio 3 cm. O raio da nova vela esférica, em centímetros, será:

a) menor que 4
b) 4,5
c) 5
d) 6
e) 6,5

**5.** (PSS – UFS – SE) Um cubo, cujas arestas medem 40 cm, está apoiado em um plano horizontal. Dentro dele há 8 esferas iguais, tangentes entre si e tangentes às suas faces.

Use as informações acima para analisar as afirmações que seguem.

(1) Os quatro pontos de contato das esferas com a base superior do cubo são vértices de um polígono de área igual a 800 cm².

(2) Os oito pontos que são centros das esferas são vértices de um cubo cuja diagonal mede $20\sqrt{3}$ cm.

(3) Uma reta vertical que intercepta a base inferior do cubo no seu ponto central intercepta cada esfera em um único ponto.

(4) O volume de cada uma das esferas é igual a $\frac{400\pi}{3}$ cm³.

(5) A medida do raio da base de um cilindro circular reto tangente às 4 esferas é:
$$10 \cdot \left(\sqrt{2} - 1\right) \text{ cm}$$

# Capítulo 9

## Objetivos do Capítulo

- Explorar o princípio fundamental da contagem.
- Conceituar e operar com fatorial.
- Apresentar os principais tipos de agrupamentos e reconhecê-los em diversas situações.
- Trabalhar com números binomiais e suas principais propriedades.
- Estudar o desenvolvimento do binômio de Newton.

# Análise Combinatória

## Um Governo do Povo, pelo Povo e para o Povo

Assim é a democracia. Um sistema político em que as decisões sobre quem serão os governantes do país é feita pelo povo, por meio do *voto*.

O voto pode ser *direto*, quando os cidadãos elegem quem serão seus representantes (ou seja, "pelo povo"), ou *indireto*, em que os representantes eleitos é que votam. Por exemplo, para eleger o presidente da República, no Brasil o voto é direto — são os eleitores que vão às urnas e escolhem uma pessoa ("do povo") para ocupar o cargo —, enquanto nos Estados Unidos a eleição para o mesmo cargo se dá de forma indireta — são os chamados "superdelegados" que o escolhem. Isso provoca uma situação curiosa; um candidato, mesmo que mais votado pelo povo, pode perder as eleições.

E é no voto que o povo coloca toda a sua esperança e expectativa de uma vida melhor, possibilitada em boa parte pelo desempenho responsável de seus representantes. Deles, além da capacidade para decidir sobre questões sociais e políticas, espera-se — sem qualquer tipo de tolerância ou exceção — honestidade a toda prova (que governem única e exclusivamente "para o povo").

Em um país como o Brasil, com vários partidos políticos e, em cada um deles, diversos candidatos aos principais cargos de governo, o eleitor dispõe de uma quantidade enorme de opções. Por exemplo, nas eleições de 2010, concorriam 9 candidatos a presidente da República e no Estado de Minas Gerais, para citar um deles, tínhamos 8 candidatos a governador, 11 a senador, 532 a deputado federal e 965 a deputado estadual. Os eleitores desse estado tinham 2.032.984.800 possibilidades para compor seu voto, lembrando que deveriam escolher dois senadores.

Essa é a beleza da democracia: mais de 2 bilhões de opções nas mãos do povo para atingir *um* único objetivo — a melhoria da qualidade de vida. "Um governo do povo, pelo povo e para o povo, que nunca deve deixar de existir" (Abraham Lincoln, 1863).

## 1. Princípio Fundamental da Contagem

Um restaurante oferece aos seus clientes três tipos de massa: nhoque, espaguete e ravióli, e três tipos de *pizza*: *mozzarella*, calabresa e atum.

Para as massas são oferecidos dois tipos de molho: branco e de tomate. Já as *pizzas* podem ter borda com recheio ou sem recheio.

Para determinar o número de opções diferentes que um cliente tem para fazer seu pedido, vamos organizar essas opções em um diagrama chamado de **árvore de possibilidades** ou **diagrama de árvore**.

PANTHERMEDIA/KEYDISC

Uma forma de determinar o total de possibilidades é contar diretamente o número de retângulos verdes nesse diagrama. Porém, isso seria impraticável caso o número de possibilidades fosse muito grande.

Vamos ver como podemos determinar o total de possibilidades sem essa contagem direta.

Observe que o cliente pode escolher massa ou *pizza*; logo, para essa escolha ele tem 2 opções. Em seguida ele deve escolher o tipo de *pizza* ou de massa, e para isso ele tem 3 opções, e deve fazer ainda uma terceira escolha, para a qual ele tem 2 opções. O total de opções é dado pela **multiplicação** do número de opções para cada escolha. Assim, esse total é:

$$2 \cdot 3 \cdot 2 = 12$$

ou seja, ele tem 12 opções disponíveis para fazer sua escolha.

PANTHERMEDIA/KEYDISC

PANTHERMEDIA/KEYDISC

Na situação do restaurante, obtivemos o número de opções disponíveis utilizando de forma intuitiva o **princípio fundamental da contagem** ou **princípio multiplicativo** que, em geral, pode ser escrito da seguinte forma:

> Em um evento, composto por duas etapas sucessivas, se a primeira pode ocorrer de ***m*** maneiras e se para cada uma dessas maneiras existem ***n*** modos de ocorrer a segunda, então o número de maneiras possíveis para ocorrer esse evento é dado por $\boldsymbol{m \cdot n}$.

O princípio fundamental da contagem também é válido para um evento composto por mais de duas etapas.

Considerando um evento com $p$ etapas sucessivas de modo que o número de possibilidades de escolha para cada uma, respectivamente, é $n_1$, $n_2$, $n_3$, ... e $n_p$, temos que o número de possibilidades de o evento acontecer é dado por:

$$n_1 \cdot n_2 \cdot n_3 \cdot \ldots \cdot n_p$$

O princípio fundamental da contagem é uma das ferramentas mais importantes para a resolução dos problemas de contagem.

## Exercícios Resolvidos

**ER. 1** **[SEGURANÇA]** Calcule o número de senhas numéricas que podem ser compostas sendo cada uma delas formada por quatro dígitos.

**Saiba +**

*Dígito* é o mesmo que algarismo.

**Resolução:** Observe que esse evento é composto por 4 etapas.

dígitos: 1.º ☐ 2.º ☐ 3.º ☐ 4.º ☐

Para cada um desses dígitos, temos dez possibilidades de escolha: os algarismos 0, 1, 2, 3, 4, 5, 6, 7, 8 e 9. Daí, o número de opções de cada dígito pode ser indicado assim:

$$\underset{10}{\underset{\downarrow}{\_\_\_}} \quad \underset{10}{\underset{\downarrow}{\_\_\_}} \quad \underset{10}{\underset{\downarrow}{\_\_\_}} \quad \underset{10}{\underset{\downarrow}{\_\_\_}}$$

Então, pelo princípio fundamental da contagem, o número total de senhas que podem ser formadas é dado por:

$$10 \cdot 10 \cdot 10 \cdot 10 = 10.000$$

Logo, podem ser formadas 10.000 senhas numéricas com 4 dígitos.

**ER. 2** **[TRÂNSITO]** Determine o número de placas distintas que podem ser feitas com 3 letras e 4 algarismos.

PANTHERMEDIA/KEYDISC

**Resolução:** Observe que esse evento é composto por 7 etapas (3 letras e 4 algarismos).

Para cada letra temos 26 opções, e para a escolha de cada algarismo temos 10 opções. Assim, vem:

$$\underset{26}{\underset{\downarrow}{\_\_\_}} \quad \underset{26}{\underset{\downarrow}{\_\_\_}} \quad \underset{26}{\underset{\downarrow}{\_\_\_}} \quad \underset{10}{\underset{\downarrow}{\_\_\_}} \quad \underset{10}{\underset{\downarrow}{\_\_\_}} \quad \underset{10}{\underset{\downarrow}{\_\_\_}} \quad \underset{10}{\underset{\downarrow}{\_\_\_}}$$

$$26 \cdot 26 \cdot 26 \cdot 10 \cdot 10 \cdot 10 \cdot 10 = 175.760.000$$

Logo, existem 175.760.000 placas que satisfazem essas condições.

**ER. 3** Usando os algarismos 1, 2, 3, 4 e 5, determine:

a) quantos números naturais com 3 algarismos podemos formar;
b) quantos números naturais com 3 algarismos distintos podemos formar;
c) quantos números naturais ímpares com 3 algarismos distintos podemos formar;
d) quantos números naturais com 3 algarismos ímpares distintos podemos formar;
e) quantos números naturais com 3 algarismos podem ser formados se incluirmos o algarismo zero;
f) quantos números naturais com 3 algarismos distintos podem ser formados se incluirmos o algarismo zero.

**Resolução:**

a) O evento é composto por 3 etapas. Assim, temos:

$$\underset{5}{\underset{\downarrow}{\_\_\_}} \quad \underset{5}{\underset{\downarrow}{\_\_\_}} \quad \underset{5}{\underset{\downarrow}{\_\_\_}}$$

$$5 \cdot 5 \cdot 5 = 125$$

Logo, nesse caso é possível formar 125 números.

b) Para a escolha do primeiro algarismo temos 5 opções. Para o segundo não podemos usar o que já foi utilizado, pois agora os algarismos são distintos. Assim, temos 4 opções. Para o terceiro algarismo temos 3 opções. Daí, temos:

$$\underset{5}{\underline{\quad}\downarrow} \quad \underset{4}{\underline{\quad}\downarrow} \quad \underset{3}{\underline{\quad}\downarrow}$$

$$5 \cdot 4 \cdot 3 = 60$$

Logo, é possível formar 60 números nessa situação.

c) Para que um número natural seja ímpar, seu último algarismo deve ser ímpar. Desse modo, para o algarismo das unidades podemos usar 1, 3 ou 5, ou seja, existem 3 opções. Além disso, os algarismos devem ser distintos. Assim, temos:

$$\underset{4}{\underline{\quad}\downarrow} \quad \underset{3}{\underline{\quad}\downarrow} \quad \underset{3}{\underline{\quad}\downarrow}$$

$$4 \cdot 3 \cdot 3 = 36$$

Logo, nesse caso é possível formar 36 números.

d) Note que agora todos os algarismos devem ser ímpares, não apenas o último. Desse modo, podemos fazer a escolha apenas dentre os algarismos 1, 3 ou 5. Além disso, os algarismos devem ser distintos. Assim, temos 3 escolhas para o algarismo das centenas, 2 para o das dezenas e 1 para o das unidades:

$$\underset{3}{\underline{\quad}\downarrow} \quad \underset{2}{\underline{\quad}\downarrow} \quad \underset{1}{\underline{\quad}\downarrow}$$

$$3 \cdot 2 \cdot 1 = 6$$

Logo, é possível formar 6 números nessa situação.

e) Veja que agora temos 6 algarismos para fazer a escolha: 0, 1, 2, 3, 4 e 5. No entanto, para que um número natural seja considerado de 3 algarismos, ele não pode iniciar por zero. Por exemplo, o número 035 não tem 3 algarismos, pois 035 = 35, que tem apenas 2 algarismos. No caso da formação de números naturais, o primeiro algarismo só pode ser do 1 ao 9. Desse modo, veja as possibilidades de escolha para cada algarismo, lembrando que o zero não pode entrar na primeira posição (no caso, o algarismo das centenas) e que os algarismos podem ser repetidos:

> **Atenção!**
>
> Em um número natural, o zero como primeiro algarismo não é contado, mas se for uma senha ou um código, como é o caso da numeração de uma placa de automóvel, o zero é considerado.

$$\underset{5}{\underline{\quad}\downarrow} \quad \underset{6}{\underline{\quad}\downarrow} \quad \underset{6}{\underline{\quad}\downarrow}$$

Veja que dentre os 6 algarismos que podemos escolher, só 5 podem entrar na primeira posição. Em seguida, como podemos repetir os algarismos, na segunda posição podemos escolher qualquer um dos 6 algarismos disponíveis (o zero pode ser considerado agora). E, para a terceira posição, podemos de novo escolher qualquer um desses 6 algarismos.

Ou seja: $5 \cdot 6 \cdot 6 = 180$

Logo, nesse caso, podemos formar 180 números.

f) Nesse caso, pensamos de maneira análoga ao item anterior, só que agora não podemos repetir algarismos. Assim, dentre os algarismos 0, 1, 2, 3, 4 e 5, podemos colocar 5 na primeira posição (excluímos o zero), 5 na segunda posição (não há repetição, mas o zero volta a ser considerado) e 4 na terceira (pois já usamos 2 dos 6 algarismos e não podemos repeti-los). Veja o esquema:

$$\underset{5}{\underline{\quad}} \quad \underset{5}{\underline{\quad}} \quad \underset{4}{\underline{\quad}}$$

$$5 \cdot 5 \cdot 4 = 100$$

Logo, nesse caso, podemos formar 100 números.

**ER. 4** **[TRANSPORTE]** Renan mora na cidade *A* e deseja visitar seu irmão na cidade *C*. A única forma de fazer isso é ir até a cidade *B* e de lá ir para a cidade *C*. Ele pode usar trem ou avião. Sabe-se que de *A* para *B* existem 2 ferrovias e 5 linhas aéreas para ele escolher. Para ir de *B* para *C* existem 3 ferrovias e 2 linhas aéreas. De quantas maneiras diferentes Renan pode fazer essa viagem usando dois meios de transporte diferentes?

**Resolução:** Renan tem de fazer a viagem usando trem em um trecho e avião em outro. Como ele pode usar tanto trem como avião de *A* para *B* (desde que use o outro meio de transporte de *B* para *C*), vamos dividir o problema em duas situações.

- Usando trem de *A* para *B* e avião de *B* para *C*

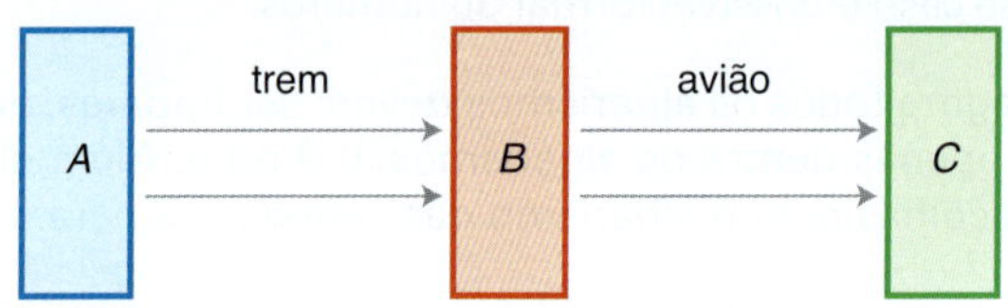


$$\underset{2}{\underline{\quad}} \quad \underset{2}{\underline{\quad}} \Rightarrow 2 \cdot 2 = 4$$

Existem 4 maneiras usando trem de *A* para *B* e avião de *B* para *C*.

- Usando avião de *A* para *B* e trem de *B* para *C*

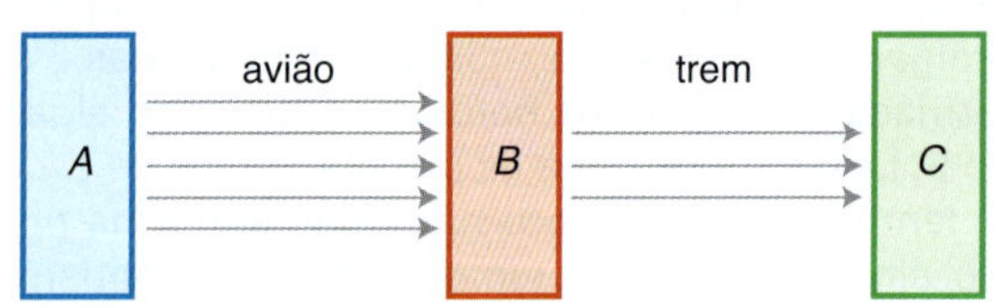


$$\underset{5}{\underline{\quad}} \quad \underset{3}{\underline{\quad}} \Rightarrow 5 \cdot 3 = 15$$

Existem 15 maneiras usando avião de *A* para *B* e trem de *B* para *C*.

Como ele pode optar por qualquer uma das duas situações acima, o total de maneiras é dado pela soma das quantidades de opções nas duas situações, ou seja, $4 + 15 = 19$.

Logo, existem 19 maneiras de Renan ir de *A* para *C* passando por *B* e usando dois meios de transporte diferentes.

**ER. 5** [EDUCAÇÃO] Em uma gincana matemática, para uma das tarefas foram escritos, cada um em um cartão, todos os números naturais entre 200 e 1.900 formados apenas por algarismos ímpares distintos. O objetivo é, sem contar um por um, saber quantos cartões existem e, caso ninguém acerte, a equipe que mais se aproximar do valor correto vence. A primeira equipe disse que existem 1.700 cartões; a segunda, 700 e a terceira, 70. Qual equipe venceu essa tarefa? Alguma equipe acertou a resposta?

**Resolução:** Para decidir quem venceu a tarefa, vamos obter o número de cartões. Observe que os algarismos devem ser todos ímpares e distintos, ou seja, podemos usar apenas os algarismos 1, 3, 5, 7 e 9. Além disso, existem cartões com números de 3 algarismos e de 4 algarismos. Assim, vamos dividir o problema em duas situações.

- Números com 3 algarismos, ou seja, entre 200 e 1.000.

  Nessa situação, para o algarismo das centenas podemos usar apenas os algarismos 3, 5, 7 ou 9, pois o número deve ser maior que 200, ou seja, temos 4 opções. Para os demais podemos usar qualquer algarismo ímpar com exceção dos que já foram usados. Assim, temos:

  $$\underset{4}{\underline{\quad}}\ \underset{4}{\underline{\quad}}\ \underset{3}{\underline{\quad}} \Rightarrow 4 \cdot 4 \cdot 3 = 48$$

- Números com 4 algarismos, ou seja, entre 1.000 e 1.900

  Veja que apesar de o número 1.000 estar entre 200 e 1.900, nós já o excluímos, pois ele não tem todos os algarismos ímpares e distintos; caso contrário, deveríamos tomar os números de 1.000 a 1.899.

  Nessa situação, o algarismo dos milhares é 1 e para o algarismo das centenas podemos usar um dos algarismos 3, 5 ou 7. Note que o 9 não pode ser usado, pois o número é menor que 1.900. Para os demais podemos usar qualquer algarismo ímpar com exceção dos que já foram usados. Assim, temos:

  $$\underset{1}{\underline{\quad}}\ \underset{3}{\underline{\quad}}\ \underset{3}{\underline{\quad}}\ \underset{2}{\underline{\quad}} \Rightarrow 1 \cdot 3 \cdot 3 \cdot 2 = 18$$

O total de cartões é obtido pela soma das quantidades de opções encontradas nas duas situações, ou seja, $48 + 18 = 66$.

Assim, existem 66 cartões. Como a terceira equipe disse 70, ela venceu a tarefa. Note que, apesar de a terceira equipe ter vencido, ela errou a quantidade. Logo, ninguém acertou a resposta.

**ER. 6** [TRABALHO] Um eletricista instalou em uma sala 5 lâmpadas, cada uma com um interruptor independente. Sabe-se que se uma ou mais dessas lâmpadas estiverem acesas, a sala fica relativamente clara. De quantos modos distintos essa sala pode ser iluminada?

**Resolução:** Cada um dos interruptores pode estar ligado ou desligado, ou seja, existem duas posições possíveis para cada interruptor. Assim, o número de modos diferentes segundo os quais os 5 interruptores podem estar configurados é dado por:

$$\underset{2}{\underline{\quad}}\ \underset{2}{\underline{\quad}}\ \underset{2}{\underline{\quad}}\ \underset{2}{\underline{\quad}}\ \underset{2}{\underline{\quad}} \Rightarrow 2^5 = 32$$

Porém, caso todos os interruptores fiquem na posição desligado, a sala não ficará iluminada. Como existe uma única forma de a sala não ficar iluminada, o número de modos distintos de essa sala ficar iluminada é dado por:

$$32 - 1 = 31$$

Logo, existem 31 modos distintos para deixar essa sala iluminada.

## Exercícios Propostos

1. **[PRODUÇÃO]** Uma fabricante de sofás oferece aos seus clientes 5 modelos diferentes. Cada um dos modelos pode ser fabricado em 3 tamanhos e estão disponíveis em 12 diferentes tecidos para o revestimento. Nessas condições, quantos sofás diferentes podem ser feitos?

PANTHERMEDIA/KEYDISC

2. **[LAZER]** Determine o número de formas de uma pessoa entrar e sair de um salão de festas que possui 10 portas. Caso ela decidisse usar portas diferentes, o total encontrado mudaria? Explique.

3. **[SEGURANÇA]** Uma fechadura possui uma senha numérica digital composta por 6 dígitos. Calcule o número de senhas que podem ser feitas, sabendo que não são aceitas senhas com todos os dígitos iguais.

4. Responda:
   a) Quantos números naturais com 4 algarismos existem?
   b) Quantos números naturais ímpares com 4 algarismos existem?
   c) Quantos números naturais ímpares com 4 algarismos distintos existem?
   d) Quantos números naturais com 4 algarismos formados apenas por algarismos ímpares existem?

5. **[ARTES]** Um artista deseja criar uma tela na qual são pintadas 5 faixas justapostas paralelamente, conforme a figura abaixo.

Duas faixas vizinhas devem ter cores diferentes. De quantas maneiras ele pode fazer isso usando as cores azul, amarela, verde, vermelha e branca?

PANTHERMEDIA/KEYDISC

6. **[ESPORTE]** Na prova de corrida de 100 metros rasos são classificados 8 atletas para a final. Os três primeiros colocados recebem, respectivamente, medalhas de ouro, prata e bronze. De quantas maneiras diferentes essas medalhas podem ser distribuídas nessa prova?

PANTHERMEDIA/KEYDISC

7. **[CULTURA]** Cléber foi premiado em um concurso que distribui prêmios para as cinco melhores redações da escola, sendo R$ 1.000,00 para a melhor, R$ 800,00 para a segunda colocada e, a partir da terceira, metade do valor dado à anterior. Os juízes escolheram cinco redações, dentre elas a de Cléber. Quantas possibilidades existem para Cléber receber um valor maior que R$ 400,00?

8. **[TRANSPORTE]** Em um ônibus estão disponíveis 8 lugares. Em uma das paradas entram um homem e uma mulher. De quantas formas diferentes eles podem se sentar?

9. **[COTIDIANO]** Em uma sala de espera de um consultório os sofás estão dispostos da seguinte forma:

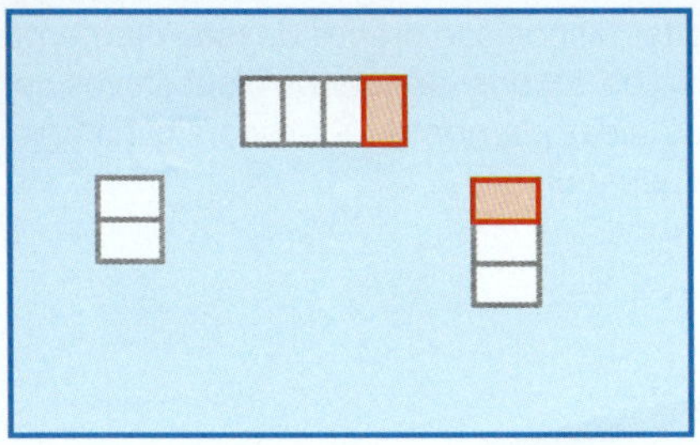

Os lugares marcados em vermelho estão ocupados e dois novos pacientes chegam e vão sentar-se. De quantas maneiras diferentes eles podem se acomodar de modo a não ocupar um lugar vizinho a outro já ocupado?

10. Quantos números naturais pares podem ser formados com três algarismos distintos?

11. Usando apenas dígitos que são números primos, quantos números naturais de 4 algarismos podem ser formados?

12. **[EDUCAÇÃO]** Em um grupo de estudos com 10 pessoas, as cadeiras numeradas de 1 até 10 formam um círculo de modo que todos os membros do grupo possam se ver. Márcia e Pietro chegaram antes dos outros em seus lugares e não ficaram lado a lado. De quantas maneiras isso pode ter ocorrido?

13. Obtenha o número de diagonais de cada um dos polígonos regulares a seguir.

a) pentágono
b) decágono
c) polígono com $n$ lados $(\text{com } n > 3)$

14. Determine a quantidade de números naturais de 4 algarismos distintos maiores que 6.400 que podem ser formados.

15. Para determinar o número de divisores positivos de um número natural maior que 1, basta escrever a sua decomposição em fatores primos e estudar os expoentes dos fatores primos de seus possíveis divisores.

a) Expresse o número 120 na forma $2^a \cdot 3^b \cdot 5^c$, sendo $a$, $b$ e $c$ números naturais.
b) Quantos divisores naturais o número 120 possui?

16. **[SEGURANÇA]** Calcule o número de senhas com três letras distintas que podem ser formadas sabendo que duas vogais não podem ficar juntas.

17. **[ADMINISTRAÇÃO]** Em uma empresa, para agilizar a comunicação interna, todos os departamentos foram representados por uma sigla com duas ou três letras, usando sempre vogais, sendo que as siglas podem ter até duas letras repetidas. Determine o número de opções diferentes de montagem dessas siglas.

18. **[CONSUMO]** Edna deseja comprar um presente para cada uma de suas quatro funcionárias, Helena, Soraia, Letícia e Jacira. Ela foi a uma loja de roupas que tinha calças, camisas, saias e vestidos. Determine de quantas formas ela pode comprar os presentes, sabendo que ela deseja dar no máximo dois presentes de um mesmo tipo.

PANTHERMEDIA/KEYDISC

19. **[EDUCAÇÃO]** Em uma prova com dez questões, cada questão será corrigida apenas como certa ou errada. De quantos modos uma pessoa pode acertar 9 dessas questões?

20. Usando os algarismos 1, 3, 5, 7 e 9, determine quantos números naturais de quatro algarismos possuem três ou mais algarismos repetidos.

21. Um número é *palíndromo* quando ele é o mesmo se lido tanto da esquerda para a direita como da direita para a esquerda como, por exemplo, o número 12.321. Quantos números naturais palíndromos de três algarismos podemos escrever usando apenas os algarismos 1, 3, 4, 6, 7 e 9?

# Matemática, Ciência & Vida

Segurança nas operações financeiras pela Internet é fundamental para que esse serviço possa ser realizado. Para que as transações bancárias sejam seguras, há vários sistemas de codificação e criptografia a fim de evitar que os dados do usuário sejam capturados de forma não autorizada.

Inicialmente, as senhas dos usuários eram formadas apenas por um determinado número de letras ou de algarismos, em geral de quatro a seis, o que possibilitava de $36^4$ a $36^6$ senhas, o que nos daria algo entre 1,5 milhão e 2 bilhões de maneiras diferentes de se compor a senha.

Apesar de elevado, esse número de opções não se mostrou suficiente para a segurança e outros dispositivos foram acrescidos: alteração do número de algarismos ou letras para oito, disposição gráfica desses elementos de forma diferente a cada vez que é solicitada a senha do usuário, implantação de *tokens* (pequenos dispositivos com um visor e uma tecla que, ao ser pressionada, mostra algarismos originados aleatoriamente — esses algarismos devem ser digitados nas transações pela Internet após a inclusão da senha do usuário).

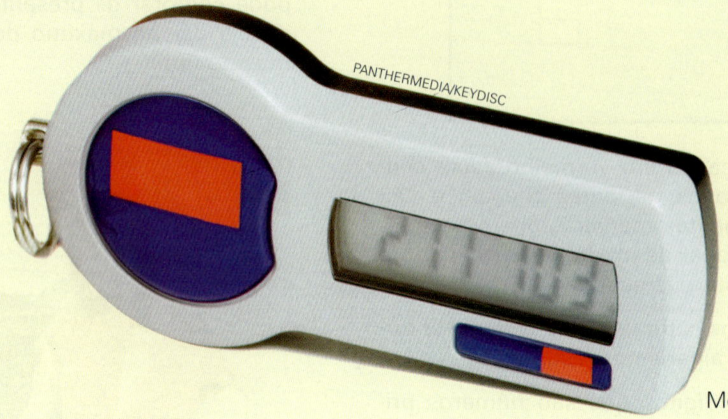
PANTHERMEDIA/KEYDISC

Modelo de *token*.

A simples disposição dos algarismos e letras de modo diferente a cada vez que se acessa o banco, como a apresentada abaixo, já diminui em muito a possibilidade de a senha ser "quebrada".

Um arranjo desse tipo já faz com que o número de possibilidades ultrapasse a casa dos trilhões, e contar essa quantidade sem o auxílio das ferramentas desenvolvidas na Análise Combinatória seria impossível.

## 2. Fatorial

Considere a situação a seguir.

James resolveu escutar em seu MP4 as 10 músicas de um novo CD. Ele decidiu escolher em seu aparelho o modo *aleatório*, em que as músicas são reproduzidas em uma ordem escolhida ao acaso. De quantas formas diferentes o CD pode ser reproduzido, sendo que todas as músicas são tocadas uma única vez cada?

Para entender a situação, vamos usar o princípio fundamental da contagem. Note que essa sequência é um evento com 10 etapas:

$$\underset{10}{\underline{\quad}}\ \underset{9}{\underline{\quad}}\ \underset{8}{\underline{\quad}}\ \underset{7}{\underline{\quad}}\ \underset{6}{\underline{\quad}}\ \underset{5}{\underline{\quad}}\ \underset{4}{\underline{\quad}}\ \underset{3}{\underline{\quad}}\ \underset{2}{\underline{\quad}}\ \underset{1}{\underline{\quad}}$$

PANTHERMEDIA/KEYDISC

Assim, o número de sequências nas quais as músicas do CD de James podem ser reproduzidas é dado por:

$$10 \cdot 9 \cdot 8 \cdot 7 \cdot 6 \cdot 5 \cdot 4 \cdot 3 \cdot 2 \cdot 1 = 3.628.800$$

Logo, existem mais de três milhões de maneiras diferentes de reproduzir um único CD com apenas 10 músicas!

Existem muitas situações, como a descrita acima, nas quais durante a resolução de problemas de contagem é necessário fazermos a multiplicação de números naturais consecutivos. Devido à frequência com que isso ocorre, é útil definirmos uma notação mais curta para representar essas operações: o **fatorial** de um número.

> **Fatorial** de um número natural $n$ é definido da seguinte maneira:
>
> $0! = 1$
>
> $1! = 1$
>
> $n! = n \cdot (n-1) \cdot (n-2) \cdot ... \cdot 2 \cdot 1$, para $n$ natural e $n \geq 2$
>
> ($n!$ lê-se $n$ fatorial)

### Exemplos

a) $4! = 4 \cdot 3 \cdot 2 \cdot 1 = 24$

b) $10! = 10 \cdot 9 \cdot 8 \cdot 7 \cdot 6 \cdot 5 \cdot 4 \cdot 3 \cdot 2 \cdot 1 = 3.628.800$

### Observações

1. Como $1! = 1$, temos que:

$$4! = 4 \cdot 3 \cdot 2 \cdot 1! = 4 \cdot 3 \cdot 2! = 4 \cdot 3!$$

2. Sendo $n \in \mathbb{N}$ e $n \geq 2$, temos:

$$n! = n \cdot (n-1)!$$

> **Responda**
>
> De acordo com a definição dada, $\left(\frac{1}{4}\right)!$ existe? Justifique sua resposta.

## Exercícios Resolvidos

**ER. 7** Simplifique cada uma das expressões a seguir.

a) $\dfrac{11!}{9!}$

b) $\dfrac{6! + 4!}{5!}$

c) $\dfrac{n! - (n-2)!}{(n-1)!}$

**Resolução:**

a) Como $11 > 9$, vamos exprimir 11! da seguinte maneira:

$$11! = 11 \cdot 10 \cdot 9!$$

Assim, podemos simplificar a expressão dada:

$$\frac{11!}{9!} = \frac{11 \cdot 10 \cdot 9!}{9!} = 11 \cdot 10 = 110$$

b) $\dfrac{6! + 4!}{5!} = \dfrac{6 \cdot 5 \cdot 4! + 4!}{5 \cdot 4!} = \dfrac{4! \cdot (6 \cdot 5 + 1)}{5 \cdot 4!} = \dfrac{30 + 1}{5} = \dfrac{31}{5} = 6{,}2$

c) $\dfrac{n! - (n-2)!}{(n-1)!} = \dfrac{n \cdot (n-1) \cdot (n-2)! - (n-2)!}{(n-1) \cdot (n-2)!} =$

$= \dfrac{(n-2)! \cdot [n \cdot (n-1) - 1]}{(n-1) \cdot (n-2)!} = \dfrac{n^2 - n - 1}{n - 1}$

**ER. 8** Obtenha o valor de $n$ tal que:

a) $n! = 120$

b) $(n+2)! + 5 \cdot (n+1)! = 7 \cdot n!$

**Atenção!**

Repare que:

$$7n! \neq (7n)!$$

- $7n! = 7 \cdot n!$ (o fatorial é só do $n$)
- $(7n)! = 7n \cdot (7n - 1) \cdot ... \cdot 1$ (o fatorial é do produto $7n$)

**Resolução:**

a) Observe que $120 = 5 \cdot 4 \cdot 3 \cdot 2 \cdot 1$, ou seja, $120 = 5!$

Como $n$ é um número natural, temos que $n = 5$.

b) Para que $(n+2)!$, $(n+1)!$ e $n!$ existam, devemos ter:

- $n + 2 \geqslant 0 \Rightarrow n \geqslant -2$
- $n + 1 \geqslant 0 \Rightarrow n \geqslant -1$
- $n \geqslant 0$

Para atender a essas três condições, devemos ter $n$ natural e $n \geqslant 0$.

Observe que as expressões $(n + 2)$ e $(n + 1)$ assumem valores maiores que $n$ para todo número natural.

Repare que podemos escrever os dois fatoriais $(n + 2)!$ e $(n + 1)!$ da seguinte maneira:

- $(n+2)! = (n+2) \cdot (n+1) \cdot n!$
- $(n+1)! = (n+1) \cdot n!$

Substituindo na igualdade, vem:

$$(n+2) \cdot (n+1) \cdot n! + 5(n+1) \cdot n! = 7 \cdot n!$$
$$n! \cdot [(n+2) \cdot (n+1) + 5(n+1)] = 7 \cdot n!$$

Como o fatorial de qualquer número natural é positivo, podemos dividir os dois membros da igualdade obtida por $n!$. Assim, temos:

$(n+2) \cdot (n+1) + 5(n+1) = 7 \Rightarrow n^2 + 3n + 2 + 5n + 5 = 7 \Rightarrow$
$\Rightarrow n^2 + 8n = 0 \Rightarrow n(n+8) \Rightarrow n = 0$ ou $n = -8$ (não serve, pois $n \geqslant 0$)

Logo, o único valor que satisfaz a equação é $n = 0$.

**ER. 9** Organize os números $[(2!)!]!$, $(2 \cdot 3)!$, $(3!)^{2!}$ em ordem crescente.

**Resolução:**

- Como $2! = 2$, temos:

$$[(2!)!]! = [2!]! = 2! = 2$$

- $(2 \cdot 3)! = 6! = 6 \cdot 5 \cdot 4 \cdot 3 \cdot 2 \cdot 1 = 720$
- $(3!)^{2!} = (3 \cdot 2 \cdot 1)^2 = 6^2 = 36$

Como $2 < 36 < 720$, temos:

$$[(2!)!]! < (3!)^{2!} < (2 \cdot 3)!$$

**ER. 10** Resolva a inequação $\frac{n!}{(n-2)!} \leqslant 6$.

**Resolução:** Em primeiro lugar vamos encontrar a condição de existência dos fatoriais.

- Para $n!$, temos: $n \geqslant 0$
- Para $(n-2)!$, temos: $n - 2 \geqslant 0 \Rightarrow n \geqslant 2$

Assim, devemos ter $n \in \mathbb{N}$ e $n \geqslant 2$.

Para resolver a inequação, simplificamos as expressões com fatoriais:

$$\frac{n!}{(n-2)!} \leqslant 6 \Rightarrow \frac{n \cdot (n-1) \cdot (n-2)!}{(n-2)!} \leqslant 6 \Rightarrow n \cdot (n-1) - 6 \leqslant 0 \Rightarrow$$

$$\Rightarrow n^2 - n - 6 \leqslant 0$$

Para resolver essa inequação do 2.º grau, sendo $f(n) = n^2 - n - 6$, devemos ter $f(n) \leqslant 0$.

Note que: $f(n) = n^2 - n - 6 = (n+2) \cdot (n-3)$

Resolvendo a equação $n^2 - n - 6 = 0$, obtemos $n = -2$ ou $n = 3$.

Assim, os zeros da função $f$ são $-2$ e $3$.

Esboço do gráfico de $f$, destacando $f(n) \leqslant 0$ em $\mathbb{R}$.

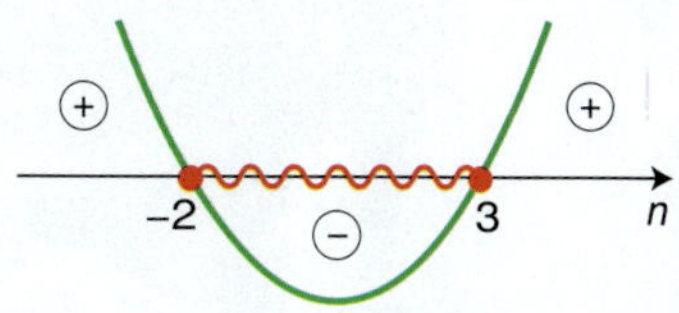


Assim, $-2 \leqslant n \leqslant 3$. Mas, como pela condição de existência $n \geqslant 2$, com $n \in \mathbb{N}$, temos apenas $n = 2$ ou $n = 3$ como solução da inequação do enunciado.

## Exercícios Propostos

**22.** Calcule o valor de cada uma das expressões numéricas:

a) $6! + 5!$

b) $\frac{2.011!}{2.010!}$

c) $\frac{10!}{4! \cdot 6!}$

d) $\frac{18! + 19!}{20!}$

e) $\frac{5 \cdot 8! + 32 \cdot 7!}{9!}$

**23.** Simplifique as expressões algébricas, sendo $n$ um número natural, admitindo que todos os fatoriais estão definidos.

a) $\frac{(n+2)!}{3n!}$

b) $\frac{(n+1)!}{(n-1)!}$

c) $\frac{(n-2)!}{n!}$

d) $\frac{(n+2)! - n!}{n!}$

**24.** Classifique como verdadeira ou falsa cada uma das afirmações a seguir.

a) $5! + 2! = 7!$

b) $2! \cdot 2! = 4!$

c) $2 \cdot 4 \cdot 6 \cdot 8 \cdot 10 = 2^5 \cdot 5!$

d) $(2!)^{3!} = \frac{8!}{6!} + 3! + 2!$

**25.** Resolva a equação:

$$(n+2)! + (n+1)! = 3n!$$

**26.** Encontre o primeiro número natural $n$ para o qual $n^n$ é maior que $n!$, que por sua vez é maior que $3^n$.

**27.** Determine o conjunto solução do sistema:

$$\begin{cases} \frac{(n-2)!}{(n-4)!} = 6 \\ \frac{(n+1)!}{(n-1)!} = 3(n+5) \end{cases}$$

**28.** Para quais valores naturais de $n$ a expressão $\log_2 \frac{2 \cdot 4 \cdot 6 \cdot 8 \cdot ... \cdot (2n)}{n!}$ assume valores maiores que 10?

# Enigmas, Jogos & Brincadeiras

## Anagramas, Poesia e Vice-Versa

**I.** Um poeta encantado com a cidade de Roma, na Itália, decidiu criar um poema brincando com as letras que compõem o nome dessa cidade.

Em cada verso ele reorganizou essas letras apenas trocando suas posições, criando novos agrupamentos das mesmas letras, que são conhecidos como *anagramas*.

Os anagramas compostos pelo poeta, que podem formar ou não uma palavra, foram dispostos na ordem alfabética inversa, gerando a ideia de que Roma leva ao amor.

a) É possível dizer quantos anagramas esse poema possui, sem escrevê-los um a um?

b) Dentre os anagramas da palavra Roma, identifique quais não formam palavra no nosso idioma, isto é, não possuem significado na Língua Portuguesa.

PANTHERMEDIA/KEYDISC

*Fontana de Trevi*, em Roma, a mais famosa fonte italiana.

**II.** Existem diversas palavras que possuem anagramas que são outras palavras, como **Iracema**, que é um anagrama de **América**.

Vamos fazer um *jogo de reconhecimento de anagramas*.

Reúnam-se em dois grupos. Cada grupo deve escolher duas palavras que têm pelo menos um anagrama que também é uma palavra e registrá-las em um papel sem mostrar para o outro grupo. Em seguida, trocam-se os papéis. Cada grupo deve descobrir, com as palavras do grupo adversário, outras palavras diferentes que são anagramas das escolhidas pelo outro grupo. Vence o grupo que terminar de encontrar esses anagramas primeiro.

Depois, cada grupo deve encontrar palavras que tenham um anagrama que resulte nela mesma. Vence o grupo que achar mais palavras em um certo tempo combinado.

Para completar a brincadeira, encontrem palavras que escritas de traz para frente sejam elas mesmas (palindrômicas).

# 3. Tipos de Agrupamento

Você já trabalhou com diversos problemas de contagem usando o princípio fundamental e deve ter percebido que se não fizer a contagem de forma organizada, você pode não ser bem-sucedido. Existem situações de contagem que seguem determinados padrões que, se observados, podem facilitá-la. Os diferentes tipos de padrões são chamados de **agrupamentos**.

Vejamos os tipos de agrupamento mais comuns.

## 3.1 PERMUTAÇÕES

A **permutação** é o primeiro tipo de agrupamento que iremos trabalhar. Esse tipo de agrupamento ocorre quando o número de elementos é igual ao número de etapas do evento como, por exemplo, pessoas trocando de lugar em uma fila.

**Faça**

Procure no dicionário o significado da palavra *permutação* e escreva-o em seu caderno.

### Permutações simples

Considere a situação a seguir.

Em um parque de diversões, em uma das atrações as pessoas são transportadas em carrinhos com cinco lugares em fila.

De quantas maneiras diferentes cinco amigos podem ocupar um carrinho para participar dessa atração?

Esse evento é composto por 5 etapas. Como cada pessoa fica em um lugar diferente no carrinho, temos:

$$\underset{5}{\underline{\quad}}\;\underset{4}{\underline{\quad}}\;\underset{3}{\underline{\quad}}\;\underset{2}{\underline{\quad}}\;\underset{1}{\underline{\quad}} \Rightarrow 5! = 120$$

Logo, eles podem ocupar os cinco lugares de 120 maneiras diferentes.

Note que o número de lugares é igual ao número de pessoas e, portanto, temos uma situação de *permutação* de 5 elementos diferentes. Repare que o número dessas permutações foi dado por 5!

De modo geral, temos:

> Uma **permutação** de ***n*** elementos distintos é qualquer sequência que podemos montar com esses *n* elementos.

Pelo fato de tomarmos elementos distintos, chamamos esses agrupamentos de **permutações simples**.

O número $P_n$ das permutações simples de $n$ elementos distintos é dado por:

$$P_n = n!$$

PANTHERMEDIA/KEYDISC

## Exercícios Resolvidos

**ER. 11** [ESPORTE]
De quantos modos diferentes pode terminar uma corrida com 6 participantes, supondo que não haja empate?

**Resolução:** Observe que, para chegar em primeiro lugar, existem 6 possibilidades; para o segundo lugar, 5 possibilidades; para o terceiro, 4 possibilidades; para o quarto, 3 possibilidades; para o quinto, 2 possibilidades; e para o sexto, uma possibilidade. Assim, pelo princípio fundamental da contagem, o total de modos é dado por:

$$6 \cdot 5 \cdot 4 \cdot 3 \cdot 2 \cdot 1 = 720$$

PANTHERMEDIA/KEYDISC

Logo, existem 720 modos diferentes para essa corrida terminar.

**ER. 12** Um **anagrama** de uma palavra é um rearranjo dessa palavra trocando letras de lugar, que podem ou não ter significado. Considerando a palavra SORTE, determine:

a) o número de anagramas que essa palavra possui;
b) o número de anagramas dessa palavra que começam por vogal;
c) o número de anagramas dessa palavra que começam por vogal e terminam por consoante.

**Resolução:**

a) Para obter um anagrama da palavra SORTE, basta fazer uma permutação das suas 5 letras. Assim, o número de permutações dessas 5 letras é:

$$P_5 = 5! = 120$$

Logo, a palavra SORTE possui 120 anagramas.

b) Existem duas formas de o anagrama começar por vogal: iniciando por E ou O. Assim, temos:

$$\underset{2}{\underline{\quad}}\ \underset{4}{\underline{\quad}}\ \underset{3}{\underline{\quad}}\ \underset{2}{\underline{\quad}}\ \underset{1}{\underline{\quad}} \Rightarrow 2 \cdot 4! = 2 \cdot 24$$

Logo, o número de anagramas da palavra SORTE que começam por vogal é 48.

Outra forma para interpretar o problema é: fixada a primeira letra (E ou O), para as demais quatro posições as 4 letras que não foram escolhidas podem ser permutadas livremente. Assim, o número de anagramas da palavra SORTE que começam por vogal é dado por:

$$2 \cdot P_4 = 2 \cdot 4! = 2 \cdot 24 = 48$$

c) Já vimos que existem duas formas de começar por vogal: com E ou O.

Além disso, existem três formas de terminar em consoante: com S, R ou T.

Assim, temos:

> **Faça**
> Refaça o item **c** interpretando o problema de outra forma.

$$\underset{2}{\underline{\quad}}\ \underset{3}{\underline{\quad}}\ \underset{2}{\underline{\quad}}\ \underset{1}{\underline{\quad}}\ \underset{3}{\underline{\quad}} \Rightarrow 2 \cdot 3! \cdot 3 = 36$$

Logo, o número de anagramas procurado é 36.

**ER. 13** **[COTIDIANO]** De quantas formas 6 pessoas, dentre elas Rute e Augusto, podem sentar-se para a apresentação do coral, sabendo que Rute e Augusto desejam sentar lado a lado?

PANTHERMEDIA/KEYDISC

**Resolução:** Como Rute e Augusto desejam se sentar sempre juntos, vamos, inicialmente, considerá-los como um único elemento e permutar esse elemento juntamente com as outras quatro pessoas.

Assim, o número de permutações desses 5 elementos é $P_5 = 5!$.

Porém, Rute e Augusto podem trocar de lugar entre si. O número de formas para isso acontecer é $P_2 = 2!$.

Veja que para cada uma das permutações dos 5 elementos temos uma possibilidade de mudança entre Rute e Augusto. Desse modo, o total de maneiras diferentes para que eles se acomodem é:

$$P_5 \cdot P_2 = 5! \cdot 2! = 120 \cdot 2 = 240$$

Logo, existem 240 maneiras diferentes para eles se sentarem.

## Exercícios Propostos

**29.** Resolva a equação:

$$P_{n+1} - P_n = 16 \cdot P_{n-1}$$

**30.** Sobre a palavra MARTELO, responda:

a) Quantos anagramas essa palavra possui?

b) Quantos desses anagramas começam por consoante?

c) Quantos anagramas dessa palavra começam por vogal e terminam por consoante?

d) Quantos anagramas começam por vogal ou terminam por consoante?

e) Em quantos anagramas dessa palavra as vogais ficam juntas?

**31.** **[TRANSPORTE]** De quantas formas distintas 9 pessoas podem acomodar-se em uma *van* com 9 lugares disponíveis para os passageiros, sendo que nenhuma delas irá dirigir?

PANTHERMEDIA/KEYDISC

**32.** **[COTIDIANO]** Uma pessoa tem 9 DVDs, sendo 4 de ficção, 3 de comédia e 2 de aventura. De quantas maneiras ela pode organizá-los em uma estante, sendo que filmes do mesmo gênero devem ficar juntos?

**33.** **[COMÉRCIO]** Em uma loja serão colocados 10 manequins alinhados, sendo 5 com modelos masculinos e 5 com femininos. Determine o número de formas diferentes de fazer isso, sabendo que os modelos masculinos e femininos devem ficar intercalados.

**34.** Em quantos anagramas da palavra GALETO as vogais estão em ordem alfabética?

**35.** Organizando todos os anagramas da palavra BARCO em ordem alfabética, determine a posição em que a palavra COBRA se encontra.

**36.** **[DIVERSÃO]** Em um cinema, 6 colegas sentam-se em uma fila com seis lugares. Dentre eles existem dois que gostam muito de conversar. Então, ficou combinado que esses dois não iriam se sentar em lugares vizinhos para não atrapalhar os demais.

De quantas formas diferentes eles podem se acomodar?

## Permutações com elementos repetidos

Veja como proceder quando temos permutações em que há elementos repetidos. Para isso, acompanhe a situação a seguir.

Vamos analisar os anagramas da palavra JOGO, considerando as duas letras O como se fossem distintas:

| JOGO | JOOG | JGOO | OOGJ | OGJO | OGOJ |
|---|---|---|---|---|---|
| JOGO | JOOG | JGOO | OOGJ | OGJO | OGOJ |
| GJOO | GOOJ | GOJO | OOJG | OJGO | OJOG |
| GJOO | GOOJ | GOJO | OOJG | OJGO | OJOG |

Em um tabuleiro de xadrez, para cada conjunto de peças existem elementos repetidos, como peões, torres, cavalos e bispos, que podem ser permutados sem mudar a configuração das peças.

Observe que temos 24 situações. Porém, apenas 12 anagramas, pois ao trocar de posição as duas letras O, mantendo a posição das demais letras, não obtemos um novo diagrama. Por exemplo, JOGO e JOGO são o mesmo anagrama.

Para calcular o número de permutações diferentes nesse caso (com repetição), basta dividir o número de permutações consideradas sem repetição ($24 = 4!$) pelo número de permutações entre as duas letras O ($2!$), ou seja, $\frac{4!}{2!}$, que nos dá 12.

Situações similares a essa ocorrem sempre que existem elementos repetidos em uma permutação.

Considere agora a palavra MASSA. Note que, além de duas letras A, temos também duas letras S. Como as permutações de elementos repetidos não geram novos anagramas, o número de anagramas da palavra MASSA é dado por:

$$\frac{5!}{2! \cdot 2!} = \frac{5 \cdot 4 \cdot 3 \cdot 2!}{2 \cdot 1 \cdot 2!} = 5 \cdot 2 \cdot 3 = 30$$

Ou seja, apesar de ser possível fazer 120 trocas entre as posições das letras, essa palavra possui apenas 30 anagramas.

De modo geral, temos:

> O número de permutações de $n$ elementos dos quais $k_1$ são de um tipo 1, $k_2$ são de um tipo 2, ..., e $k_m$ são de um tipo $m$ é dado por:
>
> $$P_n^{(k_1, k_2, \ldots, k_m)} = \frac{n!}{k_1! \cdot k_2! \cdot \ldots \cdot k_m!}$$
>
> em que $k_1 + k_2 + \ldots + k_m \leq n$

## Exercícios Resolvidos

**ER. 14** Para cada uma das palavras a seguir, determine o número de anagramas que começam por vogal.

a) CARRO

b) BANANA

**Resolução:**

a) Vamos considerar inicialmente as duas letras R diferentes entre si. Pelo princípio fundamental da contagem, o número de permutações entre as letras da palavra CARRO que começam por vogal é:

$$2 \cdot 4! = 2 \cdot 4 \cdot 3 \cdot 2 \cdot 1 = 48$$

Como a letra R aparece 2 vezes, a permutação dessas duas letras não gera novos anagramas. Assim, o total de anagramas da palavra CARRO que começam por vogal é dado por:

$$\frac{2 \cdot 4!}{2!} = \frac{2 \cdot 4 \cdot 3 \cdot 2!}{2!} = 24$$

Logo, existem 24 anagramas da palavra CARRO que começam por vogal.

b) Da mesma forma, vamos considerar os dois N e os três A como letras diferentes.

O total de permutações entre as seis letras que compõem a palavra BANANA e começam por vogal é dado por:

$$3 \cdot 5! = 3 \cdot 5 \cdot 4 \cdot 3 \cdot 2 \cdot 1 = 360$$

Como a letra N aparece 2 vezes e a letra A 3 vezes, suas permutações não geram novos anagramas. Assim, o número de anagramas procurados é:

$$\frac{3 \cdot 5!}{2! \cdot 3!} = \frac{3 \cdot 5 \cdot 4 \cdot 3!}{2 \cdot 3!} = 3 \cdot 5 \cdot 2 = 30$$

Logo, existem 30 anagramas da palavra BANANA que começam por vogal.

**ER. 15** **[cotidiano]** Na figura a seguir, estão representados alguns quarteirões de um bairro. Uma pessoa está no ponto *A* e deseja ir até o ponto *B*, conforme o exemplo. Sabendo que ela irá se deslocar apenas para leste ou para o norte, quantos caminhos diferentes ela pode fazer?

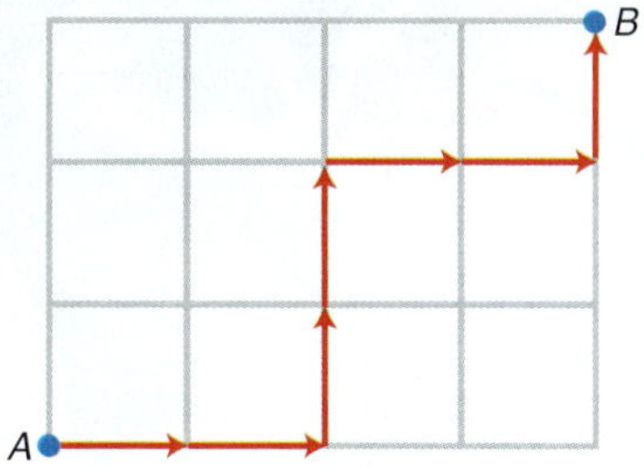

**Resolução:** Note que para ir de *A* para *B* ela deve se deslocar 4 quarteirões para leste e 3 para o norte.

Indicando por L cada deslocamento para leste e por N cada um ao norte, o caminho mostrado no exemplo do enunciado fica representado por LLNNLLN.

Além disso, qualquer caminho válido pode ser indicado por uma permutação desses 7 elementos, sendo 4 L e 3 N.

Assim, o número de caminhos diferentes é dado por:

$$P_7^{(4,\,3)} = \frac{7!}{4! \cdot 3!} = \frac{7 \cdot 6 \cdot 5 \cdot 4!}{4! \cdot 3 \cdot 2 \cdot 1} = 7 \cdot 5 = 35$$

Logo, a pessoa pode fazer o percurso de *A* para *B* de 35 maneiras diferentes.

## Exercícios Propostos

**37.** Faça o que se pede.

a) Determine a quantidade de anagramas da palavra MELECA.

b) Determine quantos anagramas da palavra MELECA começam por consoante e terminam por vogal.

**38.** Qual das duas palavras a seguir possui um número maior de anagramas: ARARA ou MALA?

**39.** **[Decoração]** Calcule o número de maneiras diferentes que um arquiteto tem para pintar as seis casas de uma vila, sendo 4 de branco e 2 de azul.

**40.** **[Educação]** Um professor deseja fazer uma prova com 8 questões de múltipla escolha, sendo três com a alternativa **a** correta, duas com **b**, duas com **c** e uma com **d**. De quantas maneiras diferentes ele pode compor o gabarito dessa prova?

**41.** Considere a equação $x + y + z = 4$, com $x$, $y$ e $z$ sendo números naturais. Quantas soluções essa equação possui?

**42.** **[Trabalho]** Um rapaz precisa entregar flores nos locais $A$ e $B$ partindo da floricultura. No esquema a seguir, estão representadas as ruas do bairro. Sabendo que ele fará primeiro a entrega em $A$ e depois em $B$ e que, além disso, ele pode deslocar-se somente para o sul ou para oeste, determine o número de caminhos diferentes que esse rapaz pode fazer.

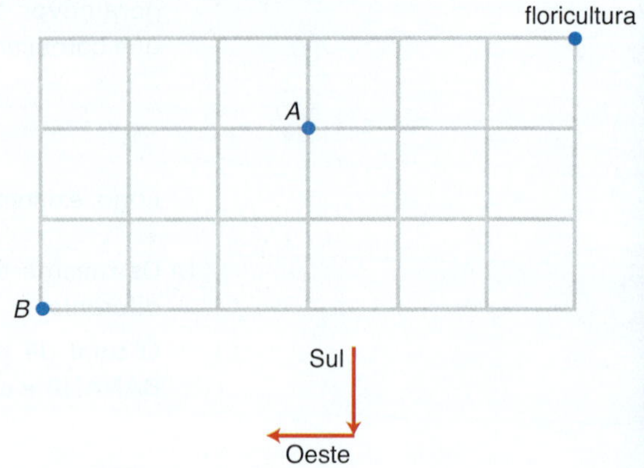

PANTHERMEDIA/KEYDISC

## Permutações circulares

Observe a situação a seguir.

Quatro amigos, Alberto, Beatriz, Cléo e Dorival, estão sentados em uma mesa, como mostra a figura.

Se cada um deles passar para a cadeira à sua direita, sua posição com relação aos demais ocupantes será a mesma, isto é, quem estava à sua esquerda continuará à esquerda e quem estava à sua direita continuará à direita.

Para que exista uma situação nova, após a troca, pelo menos um dos vizinhos deve mudar.

Assim, indicando Alberto por $A$, Beatriz por $B$, Cléo por $C$ e Dorival por $D$, temos que as sequências $ABCD$, $DABC$, $CDAB$ e $BCDA$ são consideradas situações iguais.

> Uma permutação em que os elementos estão dispostos de maneira circular é chamada de **permutação circular**.

Repare que permutando $n$ elementos distintos em disposição circular, obtemos $n$ grupos de situações idênticas. Sendo assim, indicando o número de permutações circulares por $(PC)_n$, temos:

$$(PC)_n = \frac{P_n}{n} = \frac{n!}{n} \Rightarrow (PC)_n = (n-1)!$$

**Observação**

Nas permutações circulares trabalharemos apenas com elementos distintos.

## Exercício Resolvido

**ER. 16** [COTIDIANO] Em um jantar em família, 5 pessoas sentam-se em torno de uma mesa redonda. De quantas formas diferentes elas podem fazer isso, sabendo que duas delas desejam sentar-se juntas?

**Resolução:** Considere inicialmente as duas pessoas que ficarão vizinhas como um único elemento na permutação. Assim, temos uma permutação circular de 4 elementos distintos, ou seja:

$$(PC)_4 = (4-1)! = 3!$$

Contudo, as duas pessoas podem trocar de lugar entre si.

Dessa forma, o total de maneiras para que a mesa seja ocupada é dada por:

$$2 \cdot 3! = 2 \cdot 3 \cdot 2 \cdot 1 = 12$$

Logo, existem 12 maneiras diferentes para que essas pessoas se sentem em torno da mesa.

PANTHERMEDIA/KEYDISC

## Exercícios Propostos

**43.** [DESIGN] Uma empresa fez uma embalagem para chá em saquinhos no formato de uma pirâmide regular de base quadrada e em cada face lateral será colocada um dos quatro elementos seguintes:

- informações nutricionais do produto
- modo de preparo
- logotipo da empresa
- tipos de chá que a embalagem contém

De quantas maneiras diferentes essa embalagem pode ser criada?

**44.** [SOCIEDADE] Em uma festa de casamento, o casal de noivos, juntamente com os 4 casais de padrinhos, resolveram fazer um círculo para dançar uma música. De quantos modos diferentes eles podem se organizar nesse círculo de modo que marido e mulher sempre fiquem juntos?

## Conheça mais...

Além dos tipos de permutações que estudamos (simples, com elementos repetidos e circulares), existem outras situações em que essa ideia aparece na Análise Combinatória.

Acompanhe o exemplo do entregador atrapalhado.

Em certo dia, um entregador tinha de levar uma encomenda para cada uma das casas de uma vila. Infelizmente, ele estava desatento e entregou **todas** as encomendas nas casas erradas.

De quantas maneiras diferentes ele pode ter feito isso?

Vejamos algumas possibilidades.

- Caso a vila tenha apenas duas casas numeradas (1 e 2), existem apenas 2 maneiras de fazer a entrega: uma em que ele acerta, isto é, entrega a correspondência da casa 1 na casa 1 e a da 2 na 2; e outra em que ele entrega a correspondência da casa 2 na casa 1 e a da 1 na casa 2 (nessa situação, ele errou todas as entregas).
- Caso a vila tenha três casas numeradas de 1 até 3, existem 3! maneiras diferentes de fazer as entregas, como mostra o quadro a seguir

| Encomenda para a casa | Entregou na casa | | | | | |
|---|---|---|---|---|---|---|
| 1 | 1 | 1 | 2 | **2** | **3** | 3 |
| 2 | 2 | 3 | 1 | **3** | **1** | 2 |
| 3 | 3 | 2 | 3 | **1** | **2** | 1 |

Observe que apenas nas duas situações destacadas o entregador errou todas as entregas, nas demais ele acertou ao menos uma delas.

- Já no caso de a vila possuir quatro casas, existem 4! maneiras diferentes de se fazer as entregas, sendo que aquelas em que ele erra todas estão apresentadas no quadro abaixo.

| Encomenda para a casa | Entregou na casa | | | | | | | | |
|---|---|---|---|---|---|---|---|---|---|
| 1 | 2 | 2 | 2 | 3 | 3 | 3 | 4 | 4 | 4 |
| 2 | 1 | 3 | 4 | 4 | 4 | 1 | 3 | 3 | 1 |
| 3 | 4 | 4 | 1 | 2 | 1 | 4 | 1 | 2 | 2 |
| 4 | 3 | 1 | 3 | 1 | 2 | 2 | 2 | 1 | 3 |

Note que com uma casa a mais o número de possibilidades de erro aumenta bastante (para um conjunto de 4 casas há 9 modos de se fazer a entrega toda errada). Imagine a confusão que ele poderia fazer em uma rua inteira!

Essa situação que pode ocorrer com o entregador ou quando sorteamos um amigo secreto, caso em que o que queremos é que ninguém sorteie a si mesmo, é um tipo de agrupamento denominado **permutação caótica** ou **desarranjo**.

Denotando por $D_n$ o número de permutações caóticas que um conjunto de $n$ elementos possui, no caso do entregador conseguimos contar cada uma delas, pois $n$ é pequeno:

| $n$ | Número de permutações caóticas $(D_n)$ |
|---|---|
| 1 | 0 |
| 2 | 1 |
| 3 | 2 |
| 4 | 9 |

O total de permutações caóticas que existem em um conjunto com $n$ elementos pode ser obtido a partir da fórmula recorrente dada a seguir:

$$D_1 = 0,\ D_2 = 1 \text{ e } D_n = (n-1)(D_{n-1} + D_{n-2}),\ \text{para } n > 1$$

Vamos verificar esse fato para o caso em que $n = 4$:

$$D_4 = (4-1)(D_{4-1} + D_{4-2}) = 3(D_3 + D_2) = 3 \cdot (2+1) = 9$$

## 3.2 ARRANJOS SIMPLES

Considere a situação a seguir.

Em um campeonato de futebol, os times são divididos em chaves com cinco equipes cada e após os jogos os 3 primeiros colocados classificam-se e, de acordo com a ordem no grupo, têm vantagens diferentes nas fases seguintes.

Uma chave é composta pelos times Pé na Jaca, Lamaçal, Quero Gol, Bola Murcha e Zigue-Zague. De quantas maneiras diferentes três dessas equipes podem se classificar para a próxima fase?

| TABELA DE FUTEBOL | | |
|---|---|---|
| TIMES | PONTOS | CLASSIFICAÇÃO |
| LAMAÇAL | | |
| QUERO GOL | | |
| BOLA MURCHA | | |
| ZIGUE-ZAGUE | | |
| PÉ NA JACA | | |

Já nos deparamos com problemas similares a esse e o resolvemos usando o princípio fundamental da contagem. Problemas como esse, em que **a ordem** dos elementos **importa** na contagem, são associados ao tipo de agrupamento que chamamos de **arranjo**.

De modo geral, temos:

> Um **arranjo** de ***n*** elementos distintos tomados ***p*** a ***p***, com $n$ e $p$ naturais e $p \leqslant n$, é qualquer agrupamento ordenado de $p$ elementos escolhidos dentre esses $n$ elementos.
> Pelo fato de tomarmos elementos distintos, chamamos esses agrupamentos de **arranjos simples**.

Observe que as possibilidades de classificação dos times no campeonato são dadas pelas sequências com 3 elementos escolhidos entre as 5 equipes.

Uma possibilidade seria:

1.º colocado: Bola Murcha

2.º colocado: Zigue-Zague

3.º colocado: Pé na Jaca

Sendo assim, para o 1.º lugar podemos ter qualquer time entre os cinco (5 possibilidades). Fixado o 1.º lugar, temos 4 possibilidades entre os times restantes para o 2.º lugar e, para o 3.º lugar, restam 3 possibilidades.

Indicando por $A_{5,3}$ o número de sequências de 3 elementos escolhidos dentre as 5 equipes, temos:

$$A_{5,3} = 5 \cdot 4 \cdot 3 = 60$$

Veja como podemos expressar esse produto usando fatoriais:

$$A_{5,3} = 5 \cdot 4 \cdot 3 = \frac{5 \cdot 4 \cdot 3 \cdot 2 \cdot 1}{2 \cdot 1} = \frac{5!}{2!} = \frac{5!}{(5-3)!}$$

De modo geral, o número $A_{n,p}$ dos arranjos de $n$ elementos distintos tomados $p$ a $p$ (com $n$ e $p$ naturais e $p \leqslant n$), pelo princípio fundamental da contagem, é dado por:

$$A_{n,p} = \underbrace{n \cdot (n-1) \cdot (n-2) \cdot \ldots \cdot \left[n - (p-1)\right]}_{p \text{ fatores}}$$

$$A_{n,p} = n \cdot (n-1) \cdot (n-2) \cdot \ldots \cdot (n-p+1)$$

Note que podemos exprimir a expressão obtida para $A_{n,\,p}$ da seguinte maneira:

$$A_{n,\,p} = \frac{n \cdot (n-1) \cdot (n-2) \cdot (n-p+1) \cdot (n-p) \cdot ... \cdot 3 \cdot 2 \cdot 1}{(n-p) \cdot ... \cdot 3 \cdot 2 \cdot 1}$$

$$A_{n,\,p} = \frac{n!}{(n-p)!}$$

**Faça**

Verifique que $A_{n,\,n} = P_n$.

OBSERVAÇÕES

1. A permutação simples é um caso particular de arranjo, que ocorre quando $n = p$.
2. O número de arranjos simples de $n$ elementos tomados $p$ a $p$ também pode ser representado por $A_n^p$.

## EXERCÍCIOS RESOLVIDOS

**ER. 17** Resolva a equação $A_{n+1,\,2} = 6$.

**Resolução:** Vamos inicialmente determinar $A_{n+1,\,2}$.

$$A_{n+1,\,2} = \frac{(n+1)!}{(n+1-2)!}$$

Devemos lembrar da condição de existência para os fatoriais.

- Para $(n+1)!$, temos: $n + 1 \geqslant 0 \Rightarrow n \geqslant -1$
- Para $(n-1)!$, temos: $n - 1 \geqslant 0 \Rightarrow n \geqslant 1$

Assim, devemos ter $n \geqslant 1$, com $n \in \mathbb{N}$.

Desse modo, para $n$ natural e $n \geqslant 1$, podemos simplificar a expressão de $A_{n+1,\,2}$.

$$A_{n+1,\,2} = \frac{(n+1)!}{(n+1-2)!} = \frac{(n+1) \cdot n \cdot (n-1)!}{(n-1)!} = (n+1) \cdot n = n^2 + n$$

Substituindo a expressão encontrada na equação dada, obtemos:

$$n^2 + n = 6 \Rightarrow n^2 + n - 6 = 0 \Rightarrow (n-2)(n+3) = 0 \Rightarrow n = 2 \text{ ou } n = -3$$

Como $n$ é natural e $n \geqslant 1$, a solução é apenas $n = 2$.

**ER. 18** [NEGÓCIOS] Uma empresa abrirá um departamento para produzir um novo tipo de calçado. Nesse novo departamento, serão escolhidos três dos 10 atuais gerentes para ocupar os cargos de diretor, gerente comercial e gerente técnico. De quantos modos diferentes essas vagas podem ser preenchidas?

**Resolução:** Note que os cargos que serão ocupados na empresa são diferentes; por exemplo, escolher uma pessoa para gerente comercial é diferente de escolhê-la para o cargo de diretor.

Assim, o número de maneiras de preencher essas vagas é dado pelo número de arranjos simples dos 10 elementos tomados 3 a 3.

$$A_{10,\,3} = 10 \cdot (10-1) \cdot (10-2) = 10 \cdot 9 \cdot 8 = 720$$

Logo, existem 720 maneiras diferentes de preencher essas vagas.

PANTHERMEDIA/KEYDISC

**ER. 19** **[ARTES]** Uma artista pintará um painel que servirá de fundo para uma escultura de parede. Nele serão pintadas quatro faixas de larguras distintas com cores variadas escolhidas entre 8 opções. Determine o número de maneiras diferentes para fazer isso.

**Resolução:** A artista precisa escolher 4 dentre as 8 cores disponíveis para pintar o painel. Trocar as cores usadas em duas faixas quaisquer entre si afeta o efeito visual do painel.

Assim, o número de maneiras para se pintar esse painel é dado pelo número de arranjos de 8 elementos tomados 4 a 4.

$$A_{8,\,4} = \frac{8!}{(8-4)!} = \frac{8 \cdot 7 \cdot 6 \cdot 5 \cdot 4!}{4!} = 1.680$$

Logo, existem 1.680 maneiras diferentes para pintar esse painel.

**ER. 20** **[SEGURANÇA]** Alfredo Yudi decidiu criar senhas usando sempre quatro letras distintas do seu nome. O número de senhas que ele pode criar, nessas condições, é maior que 8.000?

**Resolução:** Em cada uma das senhas é usada uma sequência com 4 das 10 letras disponíveis (a letra **d** se repete, logo devemos contar apenas uma vez).

Assim, o total de senhas que podem ser criadas é dado por:

$$A_{10,\,4} = \frac{10!}{(10-4)!} = \frac{10 \cdot 9 \cdot 8 \cdot 7 \cdot 6!}{6!} = 5.040$$

Existem 5.040 senhas possíveis e, portanto, o número de senhas é menor que 8.000.

## Exercícios Propostos

**45.** Calcule:

a) $A_{6,\,4}$ b) $A_{5,\,0}$ c) $A_{5,\,5}$ d) $\dfrac{A_{5,\,2} + A_{6,\,3}}{A_{3,\,1}}$

**46.** Faça o que se pede.

a) Resolva a equação $A_{n+1,\,2} = A_{n-2,\,2} + 12$.

b) Para quais valores de $k$ a equação $A_{n+1,\,2} = A_{n-2,\,2} + k$ possui solução?

**47.** **[EDUCAÇÃO]** Em uma escola, uma sala de terceiro ano com 20 alunos escolherá duas pessoas: uma para ser representante de sala e outra para reserva dessa função. Quantas comissões diferentes podem ser formadas?

**48.** **[ENTRETENIMENTO]** Uma emissora de televisão possui 10 programas diferentes com 1 hora de duração cada. Ela transmitirá 2 desses programas diariamente. Após quantos dias ela precisará repetir a programação?

**49.** **[NEGÓCIOS]** Todos os produtos da empresa MALEIRO serão representados por sequências de três letras distintas usando apenas letras que compõem seu nome. Qual é o número máximo de produtos que essa empresa pode ter, obedecendo essa condição?

**50.** Usando as letras da palavra BOLA, quantos arranjos contendo de uma a quatro letras distintas podemos formar?

**51.** **[DIVERSÃO]** Na gincana anual da cidade de Ferradura da Serra, participam cinco equipes, dentre elas as AMIGOS DA ONÇA e GRANULADOS. Ao final da tarefa as equipes são classificadas sem empate. Calcule o número de situações em que a equipe AMIGOS DA ONÇA fica na frente de GRANULADOS.

**52.** Determine quantos números naturais de 3 algarismos podem ser formados usando apenas algarismos ímpares distintos.

**53.** **[GEOGRAFIA]** O mapa a seguir deve ser pintado usando-se cores diferentes para cada uma das regiões para permitir uma identificação visual na legenda.

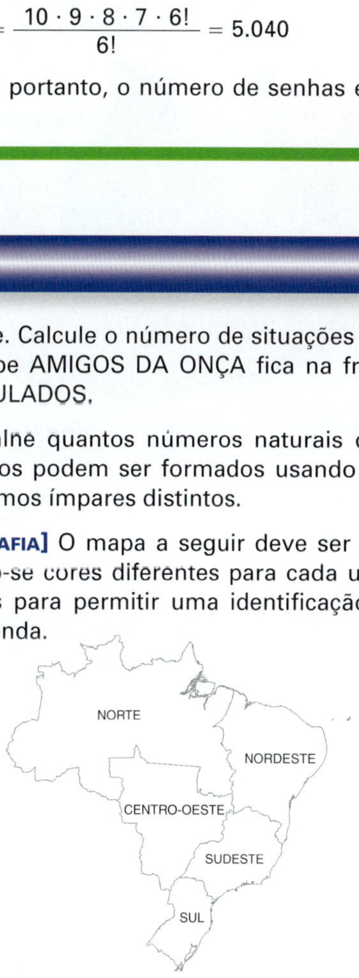


Sabendo que o responsável pelo trabalho tem 7 cores disponíveis, dentre elas vermelho e rosa, e que, por motivos gráficos, ele não pode usar essas duas cores simultaneamente na pintura do mapa, determine o número de maneiras diferentes de ele fazer esse serviço.

**54.** Usando apenas as 21 primeiras letras do nosso alfabeto, determine o número de senhas com três letras distintas que é possível criar com as letras em ordem alfabética.

## 3.3 COMBINAÇÕES SIMPLES

Observe a situação a seguir.

Marcelo está fazendo uma dieta e, além de outros alimentos, ele deve consumir diariamente três frutas. Certo dia ele tinha em casa laranjas, maçãs, peras, pêssegos e bananas. Ele decidiu comer três frutas diferentes.

Vejamos como ele pode escolher as três frutas que irá consumir em um dia dentre os cinco tipos de frutas disponíveis.

Escolhendo, por exemplo, laranja, maçã e banana, ele poderia consumir nestas ordens: laranja, maçã e banana, ou laranja, banana e maçã, ou maçã, laranja e banana, ou maçã, banana e laranja, ou banana, maçã e laranja, ou banana, laranja e maçã.

Porém, como estamos interessados apenas nos tipos de frutas que ele irá comer e não na ordem em que elas serão consumidas, todas essas opções podem ser descritas em um único *subconjunto* com três elementos do conjunto dos tipos de fruta que Marcelo tem em casa:

$$\{\text{laranja, maçã, banana}\} \subset \{\text{laranja, maçã, pera, pêssego, banana}\}$$

PANTHERMEDIA/KEYDISC

Assim, os subconjuntos com três elementos que mostram todas as possíveis escolhas de Marcelo são:

{laranja, maçã, pera}, {laranja, maçã, pêssego},
{laranja, maçã, banana}, {laranja, pera, pêssego},
{laranja, pera, banana}, {laranja, pêssego, banana},
{maçã, pera, pêssego}, {maçã, pera, banana},
{maçã, pêssego, banana} e {pera, pêssego, banana}

Logo, em um dia Marcelo tem 10 opções diferentes com três tipos de frutas para comer.

Situações como essa, em que **a ordem** dos elementos **não importa** na contagem, são associadas ao tipo de agrupamento denominado **combinação**.

De modo geral, temos:

> Sendo *A* um conjunto com *n* elementos, chamamos de **combinação simples** desses ***n*** elementos distintos tomados ***p*** a ***p***, com *n* e *p* naturais e $p \leq n$, qualquer subconjunto (agrupamento não ordenado) de *A* com *p* elementos.

Analisando novamente as opções de Marcelo, verificamos que, caso consideremos a ordem para a escolha das 3 frutas dentre os 5 tipos disponíveis, temos 60 modos de consumi-las ordenadamente (arranjo de 5 elementos tomados 3 a 3). No entanto, como só queremos as opções de escolha das frutas (subconjuntos) e não em que ordem serão ingeridas, precisamos desconsiderar para cada escolha de três frutas as suas permutações ($3! = 6$), que nos dão a ordem de consumi-las. Ou seja, o número de opções de escolha de 3 elementos do conjunto das 5 frutas disponíveis é dado por:

$$\frac{A_{5,\,3}}{P_3} = \frac{\frac{5!}{(5-3)!}}{3!} = \frac{5!}{(5-3)!} \cdot \frac{1}{3!} = \frac{5!}{3! \cdot (5-3)!}$$

A expressão obtida corresponde ao número $C_{5,\,3}$ das combinações de 5 elementos tomados 3 a 3:

$$C_{5,\,3} = \frac{A_{5,\,3}}{P_3} = \frac{5!}{3! \cdot (5-3)!}$$

De modo geral, o número $C_{n,p}$ das combinações de $n$ elementos distintos tomados $p$ a $p$ (com $n$ e $p$ naturais e $p \leq n$) é dado por:

$$C_{n,p} = \frac{A_{n,p}}{P_p} = \frac{\frac{n!}{(n-p)!}}{p!}$$

$$C_{n,p} = \frac{n!}{p! \cdot (n-p)!}$$

**Observação**

O número de combinações de $n$ elementos distintos tomados $p$ a $p$ também pode ser representado por $C_n^p$.

## Exercícios Resolvidos

**ER. 21** Determine o valor da expressão:

$$\frac{C_{7,3} + C_{5,0}}{C_{30,30}}$$

**Resolução:** Lembrando a relação que nos dá o número de combinações de $n$ elementos tomados $p$ a $p$, temos:

$$\frac{C_{7,3} + C_{5,0}}{C_{30,30}} = \frac{\frac{7!}{3! \cdot (7-3)!} + \frac{5!}{0! \cdot (5-0)!}}{\frac{30!}{30! \cdot (30-30)!}} =$$

$$= \frac{\frac{7!}{3! \cdot 4!} + \frac{5!}{0! \cdot 5!}}{\frac{30!}{30! \cdot 0!}} = \frac{\frac{7 \cdot 6 \cdot 5 \cdot 4!}{3 \cdot 2 \cdot 1 \cdot 4!} + \frac{5!}{1 \cdot 5!}}{\frac{30!}{30! \cdot 1}} = \frac{35 + 1}{1} = 36$$

**ER. 22** [TRABALHO] Em uma empresa com 20 funcionários, sendo 11 homens e 9 mulheres, será formada a Comissão Interna de Prevenção de Acidentes (CIPA), composta por três funcionários. Nessas condições, responda:

a) Quantas comissões diferentes podem ser criadas?

b) Quantas comissões diferentes podem ser compostas por dois homens e uma mulher?

**Resolução:**

a) Observe que nessa situação cada comissão é um conjunto com três elementos, pois a ordem das pessoas não importa. Assim, o número de comissões corresponde ao número de combinações de 20 elementos tomados 3 a 3, isto é:

$$C_{20,3} = \frac{20!}{3! \cdot (20-3)!} = \frac{20!}{3! \cdot 17!} = \frac{20 \cdot 19 \cdot 18 \cdot 17!}{3 \cdot 2 \cdot 1 \cdot 17!} = 20 \cdot 19 \cdot 3 = 1.140$$

Logo, podem ser formadas 1.140 comissões.

b) Como queremos dois homens e uma mulher presentes na comissão, devemos escolher dois homens dentre os 11 disponíveis e, para cada homem selecionado, devemos escolher uma mulher dentre as 9 disponíveis.

Assim, o total de comissões é dado por:

$$C_{11,2} \cdot C_{9,1} = \frac{11!}{2! \cdot (11-2)!} \cdot \frac{9!}{1! \cdot (9-1)!} = \frac{11!}{2! \cdot 9!} \cdot \frac{9!}{1! \cdot 8!} =$$

$$= \frac{11 \cdot 10 \cdot 9!}{2 \cdot 1 \cdot 9!} \cdot \frac{9 \cdot 8!}{1 \cdot 8!} = 11 \cdot 5 \cdot 9 = 55 \cdot 9 = 495$$

Logo, podem ser formadas 495 comissões com 2 homens e uma mulher.

**ER. 23** [LAZER] Mercedes vai passar o fim de semana na casa de seus avós. Ela possui 4 pares de tênis, 3 pares de sandálias e 2 pares de chinelos. De quantas maneiras diferentes ela pode arrumar sua mala escolhendo 3 pares de calçados e havendo entre eles pelo menos um par de sandálias?

**Resolução:** Vamos resolver esse problema de dois modos:

*Primeiro modo*

Note que temos três situações possíveis: ela pode arrumar a mala com um par de sandálias, com dois pares de sandálias ou com três pares de sandálias.

- Para um par de sandálias, ela deve escolher um dentre os três disponíveis e dois dos outros 6 pares que não são sandálias. Assim, temos:

$$C_{3,\,1} \cdot C_{6,\,2} = \frac{3!}{1! \cdot (3-1)!} \cdot \frac{6!}{2! \cdot (6-2)!} = \frac{3 \cdot 2!}{1 \cdot 2!} \cdot \frac{6 \cdot 5 \cdot 4!}{2 \cdot 1 \cdot 4!} =$$

$$= 3 \cdot 3 \cdot 5 = 45$$

- Para dois pares de sandálias, ela deve escolher dois pares dentre os três disponíveis e um dos outros pares dentre os 6 disponíveis. Assim, temos:

$$C_{3,\,2} \cdot C_{6,\,1} = \frac{3!}{2! \cdot (3-2)!} \cdot \frac{6!}{1! \cdot (6-1)!} = \frac{3 \cdot 2!}{2! \cdot 1!} \cdot \frac{6 \cdot 5!}{1 \cdot 5!} = 3 \cdot 6 = 18$$

- Para três pares de sandálias ela deve escolher 3 pares dentre os três disponíveis, ou seja, há apenas uma possibilidade.

Assim, o total de maneiras é dado pela soma dos valores obtidos nos três casos:

$$45 + 18 + 1 = 64$$

Logo, a mala pode ser arrumada de 64 maneiras diferentes.

*Segundo modo*

Note que "não haver pares de sandálias" é a *negação* de "haver pelo menos um par de sandálias". Assim, podemos obter a solução calculando o número de combinações dos 9 pares de calçados tomados 3 a 3 e subtrair deste o número de situações em que dos três pares escolhidos $\left(C_{6,\,3}\right)$ nenhum é de sandália $\left(C_{6,\,3}\right)$, ou seja:

$$C_{9,\,3} - C_{6,\,3} = \frac{9!}{3! \cdot (9-3)!} - \frac{6!}{3! \cdot (6-3)!} =$$

$$= \frac{9 \cdot 8 \cdot 7 \cdot 6!}{3 \cdot 2 \cdot 1 \cdot 6!} - \frac{6 \cdot 5 \cdot 4 \cdot 3!}{3 \cdot 2 \cdot 1 \cdot 3!} = 3 \cdot 4 \cdot 7 - 5 \cdot 4 = 84 - 20 = 64$$

**ER. 24** [LAZER] Em uma confraternização estão presentes 12 pessoas. Todas cumprimentam-se na entrada com um aperto de mão e na saída com um abraço. Quantos cumprimentos, entre apertos de mão e abraços, são dados?

**Resolução:** Para ocorrer um aperto de mão são necessárias duas pessoas (sem importar a ordem).

Assim, o número de apertos de mão corresponde ao número de combinações de 12 elementos tomados 2 a 2.

$$C_{12,\,2} = \frac{12!}{2! \cdot (12-2)!} =$$

$$= \frac{12 \cdot 11 \cdot 10!}{2 \cdot 1 \cdot 10!} = 6 \cdot 11 = 66$$

Como o número de abraços também é dado pelo número de combinações de 12 elementos tomados 2 a 2, o total de cumprimentos é 66 + 66 = 132.

Logo, ocorrem 132 cumprimentos.

PANTHERMEDIA/KEYDISC

**ER. 25** **[COTIDIANO]** No jogo da Mega-Sena, uma aposta consiste em escolher 6 números de 00 até 59. Quantas apostas diferentes podem ser feitas nesse jogo?

**Resolução:** Uma aposta é uma combinação de 6 elementos escolhidos dentre as 60 possibilidades. Assim, o número de apostas é igual ao número de combinações de 60, tomadas 6 a 6. Assim, temos:

$$C_{60,\,6} = \frac{60!}{6! \cdot (60-6)!} = \frac{60 \cdot 59 \cdot 58 \cdot 57 \cdot 56 \cdot 55 \cdot 54!}{6 \cdot 5 \cdot 4 \cdot 3 \cdot 2 \cdot 1 \cdot 54!} =$$

$$= 10 \cdot 59 \cdot 58 \cdot 19 \cdot 7 \cdot 11 = 50.063.860$$

Logo, podem ser feitas 50.063.860 apostas diferentes.

**ER. 26** **[CIDADANIA]** Uma empresa vai criar uma comissão com 4 pessoas escolhidas dentre 10 de seus funcionários, para fazer trabalhos comunitários. Dois desses funcionários são engenheiros. Determine de quantas maneiras essa comissão pode ser criada de modo que os dois engenheiros não estejam nela ao mesmo tempo.

**Resolução:** Repare que é mais fácil achar de quantas maneiras pode-se criar a comissão que tenha os dois engenheiros juntos fazendo parte dela, pois nesse caso já temos dois elementos da comissão fixados, ou seja, basta escolher 2 elementos em 8 disponíveis $(C_{8,\,2})$.

Além disso, se desconsiderarmos todas as possibilidades em que os dois engenheiros figuram juntos na comissão, obtemos justamente o número de maneiras de criar a comissão desejada.

Assim, vamos determinar o total de possibilidades de se criar uma comissão de 4 pessoas dentre as 10 disponíveis $(C_{10,\,4})$ e, depois, retirar dessa quantidade o número de opções de se criar a comissão em que os dois engenheiros figurem juntos.

- $C_{10,\,4} = \dfrac{10!}{4! \cdot (10-4)!} = \dfrac{10 \cdot 9 \cdot 8 \cdot 7 \cdot 6!}{4 \cdot 3 \cdot 2 \cdot 1 \cdot 6!} = 10 \cdot 3 \cdot 7 = 210$
- $C_{8,\,2} = \dfrac{8!}{2! \cdot (8-2)!} = \dfrac{8 \cdot 7 \cdot 6!}{2 \cdot 6!} = 4 \cdot 7 = 28$
- $C_{10,\,4} - C_{8,\,2} = 210 - 28 = 182$

Logo, há 182 maneiras de se criar a comissão desejada.

## Exercícios Propostos

**55.** Encontre o valor de:

a) $C_{6,\,2}$

b) $C_{5,\,0}$

c) $C_{7,\,7}$

d) $\dfrac{C_{8,\,3} - C_{9,\,2}}{C_{5,\,3}}$

e) $C_{6,\,0} + C_{6,\,1} + C_{6,\,2} + C_{6,\,3} + C_{6,\,4} + C_{6,\,5} + C_{6,\,6}$

**56.** Mostre que o valor numérico de

$$P_3 \cdot C_{3,1} + P_5^{(3,\,2)} \cdot A_{4,1}$$

é um número par.

**57.** Simplifique cada uma das expressões a seguir.

a) $C_{n+1,\,n-1}$  b) $C_{n+3,\,n+1}$

**58.** Resolva a equação: $\dfrac{A_{x,\,5}}{C_{x,\,4}} = 48$

**59.** Obtenha o valor de $x$ e determine a razão da PA:

$$(C_{5,\,3},\ x,\ A_{5,\,3})$$

**60.** **[TRABALHO]** O turno da noite deve sempre ser composto por 7 dos 10 funcionários que são contratados para trabalhar nesse período. Determine de quantas formas diferentes essa equipe de trabalho pode ser composta.

**61.** **[CIDADANIA]** Uma escola está desenvolvendo um estudo para propor ações que visem à melhoria das condições sociais de uma comunidade próxima. Para isso foi formado um grupo envolvendo 3 professores escolhidos entre os 15 que trabalham nessa escola e 2 alunos escolhidos entre os 40 que demonstraram interesse pelo estudo. O número de formas para compor esse grupo é maior ou menor que 100.000? Explique sua resposta.

**62.** **[COTIDIANO]** Em um edifício com 20 apartamentos, haverá eleição para o corpo diretivo composto por um síndico, um subsíndico e três conselheiros. Pelas regras desse edifício cada apartamento pode ter no máximo um representante, e uma mesma pessoa não pode ocupar duas funções diferentes. Determine o número de maneiras com que o corpo diretivo pode ser formado.

63. [POLÍTICA] No Congresso Nacional foi formada uma comissão para estudar os benefícios de uma nova lei. Essa comissão deve ser composta por 6 pessoas entre 8 deputados e 5 senadores que são especialistas no assunto, de modo que contenha no mínimo um deputado e um senador. Determine de quantas maneiras diferentes pode ser formada essa comissão.

64. Deve-se escolher 4 elementos de um conjunto com 5 números positivos e 4 números negativos de modo que o produto seja positivo. De quantas maneiras pode-se fazer isso?

65. [ESPORTE] Em uma roda de capoeira algumas pessoas ficam em torno de um círculo e duas delas vão se alternando no centro fazendo movimentos harmoniosos que sugerem, a quem assiste, uma mistura entre dança, jogo e luta.

CLÉO ASSUNÇÃO

Supondo que uma roda de capoeira foi formada com 12 pessoas e que todas jogam com todas uma vez durante 2 minutos sem interrupção, calcule quanto tempo essa "dança" irá durar.

66. Em uma circunferência são marcados nove pontos. Determine o número de triângulos que podem ser formados com vértices nesses pontos.

67. Em um plano são marcados 6 pontos em uma reta e 5 pontos em outra reta, conforme a figura.

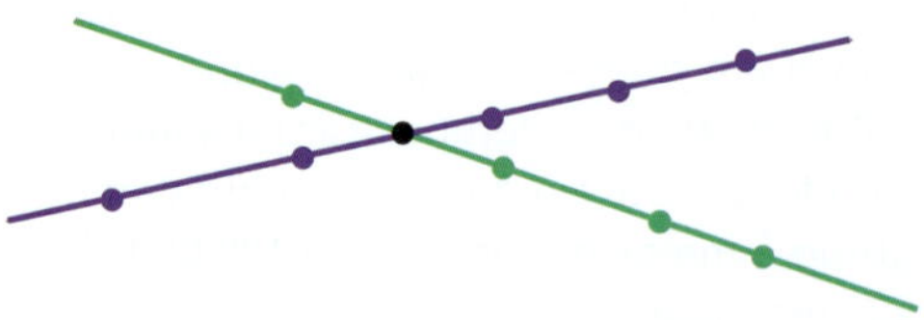

Determine o número de triângulos, com vértices nesses pontos, que podem ser formados.

68. Considere duas retas paralelas com 5 pontos marcados em cada uma.

Nessas condições, calcule:

a) o número de triângulos com vértices nesses pontos;

b) o número de quadriláteros convexos com vértices nesses pontos.

69. [EDUCAÇÃO] Ao estudarem juntos, Luís fez um desafio a Naomi:

O número de retângulos que podem ser formados com as linhas que dividem um tabuleiro de damas é maior ou menor que 1.500?

Naomi respondeu:

Não só é menor que 1.500 como também é menor que 1.000.

Verifique se Naomi venceu o desafio e se a segunda estimativa que ela fez também está certa.

70. [ESPORTE] Da Copa do Mundo de futebol participam 32 seleções que são divididas em 8 grupos com 4 equipes cada. Na primeira fase todas as equipes dentro de um grupo jogam entre si. Os dois primeiros colocados de cada grupo são classificados para as oitavas de final, em que duas equipes se enfrentam em jogo único. Os vencedores desses confrontos classificam-se para as quartas de final e, posteriormente, para as semifinais, que seguem a mesma regra das oitavas. Os vencedores das semifinais disputam a final e os perdedores disputam a decisão de terceiro colocado. Ao final da Copa, quantos jogos foram realizados?

71. [MEIO AMBIENTE] Uma ONG decidiu formar um grupo de trabalho com 9 especialistas para estudar os efeitos do aquecimento global sobre a Amazônia. Esses especialistas foram escolhidos entre 6 engenheiros florestais e 8 biólogos. De quantos modos esse grupo pode ser formado, sabendo que o grupo deve ter pelo menos dois engenheiros florestais?

72. [GASTRONOMIA] Um cozinheiro decidiu inventar um novo prato. Em sua cozinha ele tinha disponíveis 11 tipos de tempero e decidiu usar 4 deles em sua preparação. De quantas formas ele pode fazer essa escolha, sabendo que existem dois desses temperos que não devem ser utilizados juntos por serem muito parecidos?

PANTHERMEDIA/KEYDISC

**73.** **[TURISMO]** Em uma viagem a Minas Gerais, Ernesto foi a uma loja de doces regionais que dispunha, para venda, de 6 tipos de doces em compota e 5 tipos de doces de leite que eram vendidos em lata. Os preços das compotas variavam de R$ 6,00 a R$ 12,00 e os das latas de doce de leite de R$ 5,00 a R$ 10,00. Como existia uma promoção em que, caso ele comprasse 4 itens de sabores diferentes, sendo pelo menos uma compota, seria dado um desconto de 10% no valor final da compra, ele resolveu aproveitar a oportunidade. Nessas condições, responda:

a) De quantas formas diferentes ele pode compor a compra desses 4 itens de modo a aproveitar a promoção?

b) Qual é o valor mínimo que Ernesto pode pagar? E o valor máximo?

**74.** **[ESPORTE]** No jogo de basquete, as equipes são compostas por cinco jogadores que são divididos em três posições básicas discriminadas pelas suas funções ofensivas:

- armadores — responsáveis pela coordenação das jogadas ofensivas; normalmente são jogadores muito rápidos;
- alas — jogadores que auxiliam no ataque por serem, frequentemente, bons arremessadores;
- pivôs — normalmente são os jogadores mais altos e fortes da equipe, responsáveis por jogadas próximas à cesta.

PANTHERMEDIA/KEYDISC

O técnico de uma seleção de basquete irá convocar 12 atletas para compor a seleção, sendo 4 pivôs, 5 alas e 3 armadores. Cada jogador desempenhará apenas a função para a qual foi selecionado. De quantas maneiras ele pode montar a equipe titular composta por um armador, dois alas e dois pivôs?

**75.** Faça o que se pede.

a) Determine o número de triângulos que estão contidos em uma das faces de um cubo e cujos vértices são também vértices do cubo.

b) Determine o número de triângulos que não estão contidos em nenhuma das faces do cubo e cujos vértices também são vértices do cubo.

**76.** **[DESIGN]** Um joalheiro produz uma linha de anéis de ouro, contendo diamantes em pelo menos um dos lugares indicados em azul no molde abaixo, de modo que exista apenas uma unidade de cada tipo, para manter a sua exclusividade. Quantas peças podem ser produzidas?

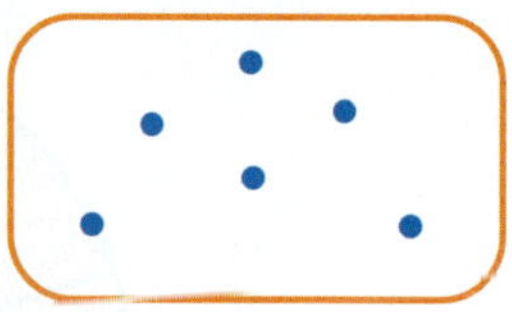

**77.** **[EDUCAÇÃO]** Um professor dividirá 10 alunos em três grupos de trabalho com 2, 3 e 5 pessoas em cada grupo. De quantas formas isso pode ser feito?

**78.** Considerando os algarismos 1, 2, 3, 4 e 5, responda:

a) Quantos conjuntos com três elementos podem ser formados cujos elementos são esses algarismos?

b) Em quantos desses conjuntos a soma dos algarismos é um múltiplo de 3?

c) Quantos múltiplos de 3 com três algarismos distintos podem ser formados com esses algarismos?

**79.** **[COTIDIANO]** Em um jogo da Mega-Sena cada aposta consiste em escolher 6 números de 00 até 59. Uma aposta será premiada caso acerte 6 (sena), 5 (quina) ou 4 (quadra) números dos seis sorteados. Cada aposta de 6 números só é válida para uma premiação. Uma pessoa escolheu 9 números e fez todas as apostas possíveis com eles. Após o sorteio ela constatou que acertou a sena. Além da aposta premiada com a sena, determine quantas das apostas feitas por essa pessoa foram premiadas com a quina e quantas com a quadra.

## Enigmas, Jogos & Brincadeiras

### O Caminho da Contagem

Este jogo deve ter pelo menos três jogadores. O objetivo é fazer o percurso e chegar ao PALÁCIO COMBINADO a partir do PÂNTANO DOS NÚMEROS (usar o tabuleiro dado a seguir). Para isso reproduza três cartões de cada um dos tipos abaixo.

| 1 | 2 | 3 |
|---|---|---|

Esses cartões devem ser empilhados com as faces numeradas voltadas para baixo e a cada rodada um jogador por vez retira um cartão e caminha o número correspondente de casas (escolham os marcadores) e deve acertar o valor da expressão que está escrita na casa. Caso erre, o jogador perde a rodada seguinte.

Dentre os participantes, escolhem-se um ou dois (se for possível) para serem os juízes da partida. Eles vão conferir os resultados dos demais jogadores. Na partida em que um participante é juiz, ele não joga. Em uma próxima partida, trocam-se os juízes.

Vence o jogo aquele que chegar primeiro ao PALÁCIO COMBINADO.

## 3.4 SITUAÇÕES QUE ENVOLVEM ARRANJOS E COMBINAÇÕES

Agora que você já trabalhou com os principais tipos de agrupamento, vamos apresentar mais alguns problemas que envolvem diferentes tipos de agrupamento, para você aplicar os conceitos estudados.

## Exercício Resolvido

**ER. 27** **[COTIDIANO]** Uma pessoa decidiu distribuir cinco doces iguais em 3 pratos. De quantas maneiras ela pode fazer isso sabendo que cada prato recebe pelo menos um doce?

**Resolução:** Vamos inicialmente interpretar o problema.

A quantidade de doces colocada em cada prato é um número natural não nulo. Como cada prato recebe pelo menos um doce, vamos denotar por $x$, $y$ e $z$ (números naturais) as quantidades que cada um recebe além desse **1** doce.

| Prato | Número de doces |
|---|---|
| 1.º | $x + 1$ |
| 2.º | $y + 1$ |
| 3.º | $z + 1$ |

Como o total de doces é 5, podemos escrever a equação:

$$x + 1 + y + 1 + z + 1 = 5$$
$$x + y + z = 2$$

Dessa forma, o número de maneiras de distribuir os doces é igual ao número de soluções naturais que essa equação possui.

Repare que uma solução dessa equação é uma terna $(x, y, z)$. Então, precisamos encontrar quantas ternas de números naturais desse tipo existem.

As ternas $(2, 0, 0)$ e $(1, 1, 0)$ são duas das soluções procuradas. Além disso, todas as ternas de números naturais que são soluções só podem ter esses números: 2 e zeros, ou uns e zero.

Assim, verificamos que para obter todas as soluções formadas por números naturais, basta tomar as permutações distintas dos elementos da sequência $(2, 0, 0)$ e dos elementos da sequência $(1, 1, 0)$ e, em seguida, somar os valores obtidos.

Observe, no entanto, que como há termos repetidos nessas sequências, devemos fazer $P_3^{(2)}$ para cada uma dessas ternas, ou seja, o número de soluções naturais da equação é dado por:

$$2 \cdot P_3^{(2)} = 2 \cdot \frac{3!}{2!} = 2 \cdot \frac{3 \cdot 2!}{2!} = 2 \cdot 3 = 6$$

Logo, existem 6 maneiras diferentes de fazer a distribuição pedida.

## Exercícios Propostos

**80.** **[SOCIEDADE]** Em uma reunião, cada pessoa cumprimentou a outra com um aperto de mão na entrada. Sabendo que foram dados 171 apertos de mãos, quantas pessoas estavam nessa reunião?

**81.** **[TRABALHO]** Em uma empresa, um grupo com três funcionários decidiu distribuir entre eles as quatro tarefas iguais que precisavam ser realizadas por eles. De quantos modos eles podem fazer isso?

**82.** **[EDUCAÇÃO]** Para elaborar uma prova de Português contendo 6 questões, uma professora tem à disposição 4 questões de Gramática e 5 de Literatura. De quantas maneiras diferentes ela pode escolher 3 questões de Gramática e 3 de Literatura antes de montar a prova?

**83.** **[ESPORTE]** Em um determinado campeonato de tênis de mesa, foram disputadas 55 partidas, onde cada jogador enfrentou uma única vez os demais participantes. Quantos competidores participaram desse campeonato?

**84.** **[EDUCAÇÃO]** Na aula de Artes, 10 alunos foram escolhidos para apresentar trabalhos sobre três importantes estilos na história da pintura: o impressionismo, o cubismo e o surrealismo. Cada aluno deve escolher um estilo e analisar.

a) De quantas maneiras eles podem escolher os trabalhos, sabendo que o professor exigiu que todos os estilos fossem contemplados?

b) Fazendo um relatório da quantidade de estilos escolhidos de cada tipo, quantas possibilidades diferentes de relatório existem?

**85.** **[LAZER]** Roberto ofereceu um jantar. Ao todo, contando com o dono da casa, estavam presentes 8 pessoas. O anfitrião sentou em uma das cabeceiras de uma mesa que tem 10 lugares, e um dos convidados sentou na outra. Nessas condições, de quantas maneiras diferentes podemos dispor as 8 pessoas nessa mesa?

**86.** **[COTIDIANO]** Determine de quantas maneiras distintas seis pessoas podem sentar-se em duas filas de quatro cadeiras em cada uma, sabendo que as duas primeiras cadeiras de cada fila devem ser ocupadas.

## Tecnologia & Desenvolvimento

### DSJQUPHSBGJB F TFHVSBODB (CRIPTOGRAFIA E SEGURANÇA)

A criptografia constitui uma importante aplicação da *Análise Combinatória* e está relacionada com mensagens secretas. *Análise Criptográfica* é o nome da área que estuda a quebra de códigos secretos. Essa área do conhecimento tem hoje grande importância para pessoas e instituições por vários motivos, sendo um dos principais a ampla variedade de informações confidenciais que circula na Internet. Por isso, um grande número de profissionais especializados e muita tecnologia computacional é empregada nesse setor para garantir, por exemplo, que simples transações bancárias possam ser realizadas com segurança.

PANTHERMEDIA/KEYDISC

Navegação segura na Internet.

**Criptografia: ideias básicas**

Inicialmente, vejamos as ideias básicas por trás da criptografia e como a Análise Combinatória é aplicada na criação dos códigos.

Suponha que Leon deseja enviar uma mensagem a Isabella de maneira que qualquer outro que também a receba não seja capaz de entendê-la. Ele resolve se comunicar em código e, para tanto, precisará de três coisas:

I. o texto simples, que é o que Leon quer dizer a Isabella;
II. o texto criptografado, que é a mensagem que Leon envia;
III. a *chave*, que diz como converter o texto simples em criptografado e vice-versa.

Note que a chave tem de ser conhecida por ambos e, por esse motivo, é chamada de *chave compartilhada*.

Para criar a sua chave, Leon poderia, por exemplo, realizar uma *permutação simples* das letras do alfabeto, como a utilizada para escrever o título deste texto. (Você já descobriu essa chave?) É aí que entra a Análise Combinatória. Com o uso de permutações simples é possível obter um número gigantesco de novos alfabetos: 26!, que é mais de 400 septilhões de alfabetos diferentes e, em princípio, qualquer um deles poderia ser utilizado por Leon para criptografar a sua mensagem. Escolhida a permutação (que deve também ser conhecida por Isabella), agora é só enviar a mensagem criptografada para Isabella (por *e-mail*, por exemplo). Quando esta a recebe, usa a chave para decifrá-la.

**Segurança e criptografia na Internet**

O processo descrito anteriormente ocorre a todo instante na *Internet*, só que a *encriptação* utilizada é um pouco mais sofisticada. O motivo para isso é que atualmente verdadeiras fortunas circulam diariamente na rede. Com isso, há um aumento na necessidade de conexões seguras, o que torna a criptografia uma tecnologia indispensável ao modo de vida da sociedade. Na Internet, para identificar uma página (sítio ou *site*) com *conexão segura*, deve-se observar se um pequeno cadeado amarelo surge no lado esquerdo da barra inferior do seu programa de navegação. Esse ícone indica que os dados que estão sendo enviados pela página estão codificados e não poderão ser lidos por alguém que os intercepte. É claro que, do outro lado da conexão, o computador receptor precisa se identificar como sendo o único que está autorizado a receber os dados. Tudo isso ocorre naturalmente, sem que o usuário precise conhecer a chave codificadora, pois é o programa navegador que se incumbe de realizar tudo isso.

Ícone que indica (hoje) conexão segura.

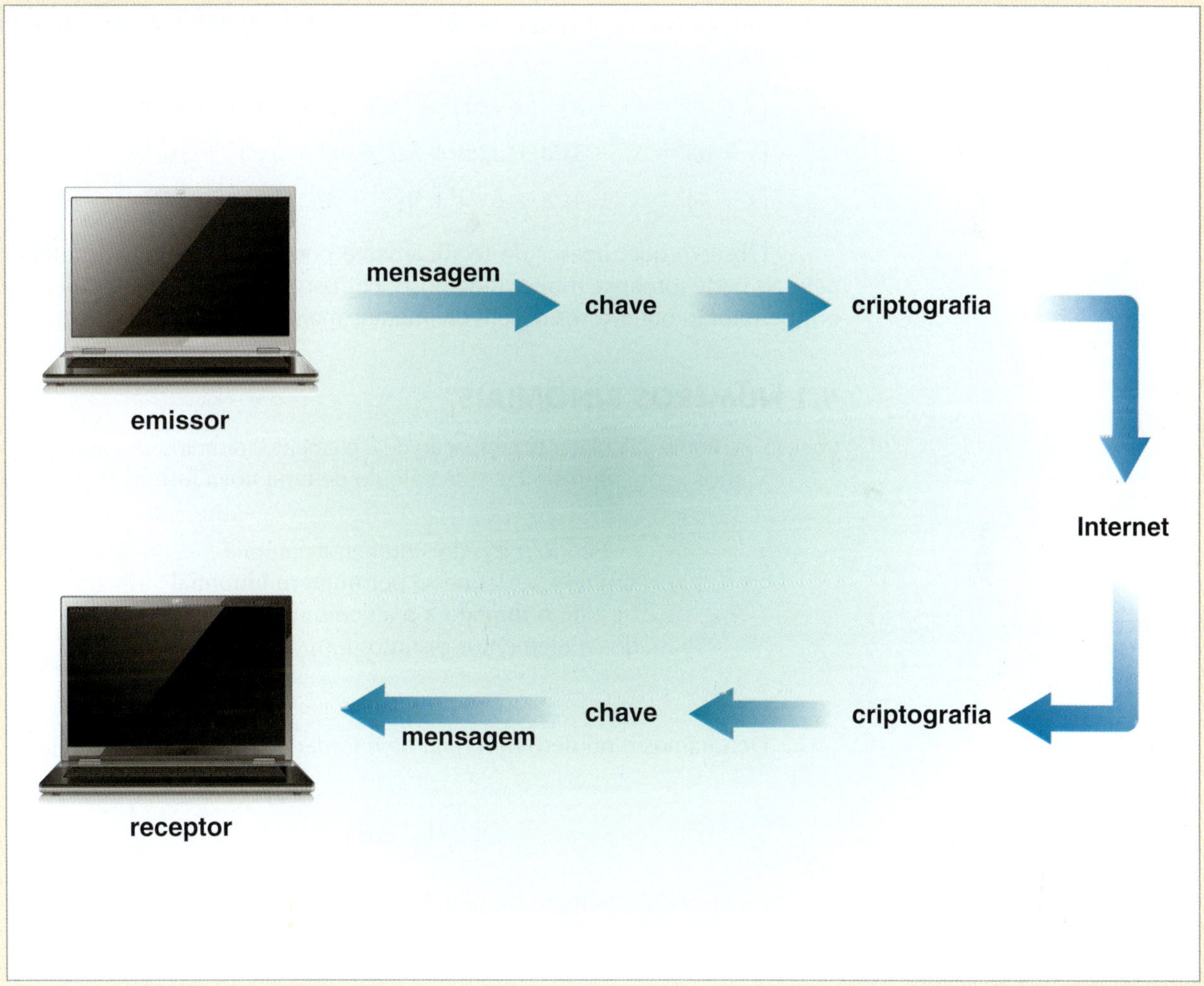


**Chaves de segurança**

As chaves utilizadas pelos navegadores podem ser mais ou menos seguras. Você provavelmente já ouviu falar em "chave de 32 bits", 64 bits, 128 bits e assim por diante. O que isso significa? Esses valores expressam o tamanho da chave. Quanto mais bits forem utilizados, mais segura será a criptografia realizada. Um algoritmo com chave de 8 bits, por exemplo, é pouco seguro, pois com 8 bits é possível produzir apenas $2^8$ chaves, isto é, 256 codificações possíveis, o que pode ser decodificado até por uma pessoa sozinha (com 256 tentativas), imagine então se for utilizado um computador... Contudo, com o emprego de chaves de 128 bits ou mais ($2^{128}$, já imaginou!!!), temos uma quantidade gigantesca de combinações, o que torna muito difícil (mas não impossível) decifrar a chave da informação criptografada. Essas chaves de 128 bits são bem comuns atualmente, porém já existe quem estude meios de quebrar a sua segurança com uso de computadores, o que certamente ocorrerá em um futuro próximo.

# 4. Binômio de Newton

Vamos estudar a partir de agora uma importante aplicação da Análise Combinatória ao desenvolvimento de expressões algébricas da forma $(x + a)^n$, sendo $x$ e $a$ números reais e $n$ um número natural. Esse desenvolvimento é chamado **Binômio de Newton**.

Vejamos o desenvolvimento dessa expressão para alguns valores de $n$.

Para $n = 0$: $(x + a)^0 = 1$

Para $n = 1$: $(x + a)^1 = x + a$

Para $n = 2$: $(x + a)^2 = x^2 + 2xa + a^2$

Para $n = 3$: $(x + a)^3 = x^3 + 3x^2a + 3xa^2 + a^3$

**Faça**

Desenvolva a expressão $(x - a)^5$.

Essa ideia pode ser desenvolvida para outras potências de expoente natural, aplicando a propriedade distributiva da multiplicação como, por exemplo:

$$(x + a)^4 = (x + a) \cdot (x + a)^3 = (x + a) \cdot (x^3 + 3x^2a + 3xa^2 + a^3)$$

$$(x + a)^4 = x^4 + 3x^3a + 3x^2a^2 + xa^3 + ax^3 + 3x^2a^2 + 3xa^3 + a^4$$

$$(x + a)^4 = x^4 + 4x^3a + 6x^2a^2 + 4xa^3 + a^4$$

Observe que, apesar de tecnicamente possível, desenvolver potências naturais pode tornar-se muito trabalhoso. Por isso, vamos estudar técnicas que nos permitirão obter esses desenvolvimentos mais rapidamente.

## 4.1 Números binomiais

Você já viu como calcular a combinação de $n$ elementos distintos, tomados $p$ a $p$.

Vamos agora representar esse cálculo de uma nova forma.

Sendo $n$ e $p$ dois números naturais, com $n \geq p$, define-se por **número binomial de $n$ tomado a $p$** a combinação dos $n$ elementos distintos tomados $p$ a $p$.

Denotamos o número binomial de $n$ tomado a $p$ por $\begin{pmatrix} n \\ p \end{pmatrix}$, ou seja:

$$\begin{pmatrix} n \\ p \end{pmatrix} = C_{n,\,p}$$

Escrevendo o número binomial em termos de fatoriais, temos:

$$\begin{pmatrix} n \\ p \end{pmatrix} = \frac{n!}{p! \cdot (n - p)!}$$

**Atenção!**

Apesar da aparência da notação, **não** se trata da fração $\frac{n}{p}$ nem de uma matriz.

### Exemplos

a) O valor do número binomial $\begin{pmatrix} 7 \\ 3 \end{pmatrix}$ é dado por $C_{7,3}$, isto é:

$$\begin{pmatrix} 7 \\ 3 \end{pmatrix} = \frac{7!}{3! \cdot (7 - 3)!} = \frac{7 \cdot 6 \cdot 5 \cdot 4!}{3 \cdot 2 \cdot 1 \cdot 4!} = 7 \cdot 5 = 35$$

b) O valor de $\binom{n}{0}$ é dado por $C_{n,\,0}$, isto é:

$$\binom{n}{0} = \frac{n!}{0! \cdot (n-0)!} = \frac{n!}{1 \cdot n!} = 1$$

c) O valor de $\binom{n}{n}$ é dado por $C_{n,\,n}$, isto é:

$$\binom{n}{n} = \frac{n!}{n! \cdot (n-n)!} = \frac{n!}{n! \cdot 0!} = 1$$

**Faça**

Sendo $n$ um número natural não nulo, escreva em função de $n$ os números binomiais:

$$\binom{n}{1} \text{ e } \binom{n}{n-1}$$

## Exercícios Propostos

**87.** Calcule o valor de cada um dos números binomiais a seguir.

a) $\binom{10}{3}$

b) $\binom{8}{4}$

c) $\binom{6}{1}$

d) $\binom{6}{5}$

e) $\binom{9}{0}$

f) $\binom{9}{9}$

**88.** Simplifique a fração $\dfrac{\binom{10}{7} + \binom{10}{8}}{\binom{11}{8}}$.

**89.** Registre em ordem crescente:

$$\binom{9}{5} + \binom{9}{6},\ \binom{10}{7} \text{ e } \binom{11}{3}$$

**90.** Determine o valor de $\binom{10}{6} + \binom{10}{7}$. Compare com o valor de $\binom{11}{7}$ e registre o que você observa.

**91.** Desenvolva cada um dos produtos notáveis abaixo e represente cada coeficiente numérico como um número binomial.

a) $(x + y)^2$

b) $(a + b)^3$

## Propriedades dos números binomiais

Vejamos duas relações sobre os números binomiais que podem ser úteis na resolução de problemas.

### *Números binomiais complementares*

Sendo $n$, $p$ e $q$ números naturais com $n \geqslant p$ e $n \geqslant q$, dizemos que dois **números binomiais** $\binom{n}{p}$ e $\binom{n}{q}$ são chamados de **complementares** quando

$$p + q = n, \text{ ou seja, } q = n - p$$

Uma propriedade importante é a de que dois números binomiais complementares são iguais, isto é:

$$\binom{n}{p} = \binom{n}{n-p}$$

*Demonstração*

$$\binom{n}{p} = \frac{n!}{p! \cdot (n-p)!} = \frac{n!}{(n-p)! \cdot p!} = \frac{n!}{(n-p)! \cdot (n-n+p)!} =$$

$$= \frac{n!}{(n-p)! \cdot [n-(n-p)]!} = \binom{n}{n-p}$$

Logo, $\binom{n}{p} = \binom{n}{n-p}$.

**EXEMPLOS**

a) $\binom{5}{2} = \binom{5}{3}$ b) $\binom{12}{0} = \binom{12}{12}$ c) $\binom{k+4}{m} = \binom{k+4}{k+4-m}$, para $k$ e $m$ naturais, tais que $k + 4 \geqslant m$

## Relação de Stifel

Sendo $n$ e $p$ números naturais e $n \geqslant p$, vale a relação a seguir.

$$\binom{n-1}{p-1} + \binom{n-1}{p} = \binom{n}{p}$$

*Demonstração*

$$\binom{n-1}{p-1} + \binom{n-1}{p} = \frac{(n-1)!}{(p-1)! \cdot [n-1-(p-1)]!} + \frac{(n-1)!}{p! \cdot (n-1-p)!} =$$

$$= \frac{(n-1)!}{(p-1)! \cdot (n-p)!} + \frac{(n-1)!}{p! \cdot (n-p-1)!} =$$

$$= \frac{(n-1)!}{(p-1)! \cdot (n-p) \cdot (n-p-1)!} + \frac{(n-1)!}{p \cdot (p-1)! \cdot (n-p-1)!} =$$

$$= \frac{p \cdot (n-1)! + (n-p) \cdot (n-1)!}{p \cdot (p-1)! \cdot (n-p) \cdot (n-p-1)!} =$$

$$= \frac{p \cdot (n-1)! + n \cdot (n-1)! - p \cdot (n-1)!}{p! \cdot (n-p)!} = \frac{n!}{p! \cdot (n-p)!} = \binom{n}{p}$$

Assim, obtemos:

$$\binom{n-1}{p-1} + \binom{n-1}{p} = \binom{n}{p}$$

**EXEMPLOS**

a) $\binom{5}{2} + \binom{5}{3} = \binom{6}{3}$ b) $\binom{k}{p} + \binom{k}{p+1} = \binom{k+1}{p+1}$, para $k$ e $p$ naturais, tais que $k \geqslant p$

## Exercícios Resolvidos

**ER. 28** Obtenha os valores de $p$ para os quais a igualdade

$$\binom{12}{p+2} = \binom{12}{7}$$

é verdadeira.

**Resolução:** Para a igualdade ser verdadeira, temos duas possibilidades: ou os números binomiais $\binom{12}{p+2}$ e $\binom{12}{7}$ são iguais ou são complementares.

Casos eles sejam iguais, temos:

$$p + 2 = 7 \Rightarrow p = 5$$

Caso eles sejam complementares, temos:

$$p + 2 + 7 = 12 \Rightarrow p = 3$$

Logo, os valores de $p$ para os quais a igualdade é verdadeira são 3 e 5.

**ER. 29** Determine o valor da expressão:

$$E = \binom{8}{5} + \binom{8}{6} + \binom{9}{7} + \binom{10}{8}$$

**Resolução:** Note inicialmente que da relação de Stifel temos:

- $\binom{8}{5} + \binom{8}{6} = \binom{9}{6}$
- $\binom{9}{6} + \binom{9}{7} = \binom{10}{7} \Rightarrow \binom{9}{7} = \binom{10}{7} - \binom{9}{6}$
- $\binom{10}{7} + \binom{10}{8} = \binom{11}{8} \Rightarrow \binom{10}{8} = \binom{11}{8} - \binom{10}{7}$

Assim, substituindo essas relações na expressão inicial, obtemos:

$$E = \binom{8}{5} + \binom{8}{6} + \binom{9}{7} + \binom{10}{8} = \binom{9}{6} + \left[\binom{10}{7} - \binom{9}{6}\right] + \left[\binom{11}{8} - \binom{10}{7}\right]$$

$$E = \binom{9}{6} + \binom{10}{7} - \binom{9}{6} + \binom{11}{8} - \binom{10}{7} - \binom{11}{8}$$

$$E = \binom{11}{8} = \frac{11!}{8! \cdot (11-8)!} = \frac{11 \cdot 10 \cdot 9 \cdot 8!}{8! \cdot 3 \cdot 2 \cdot 1} = 11 \cdot 5 \cdot 3 = 165$$

Logo, o valor da expressão é igual a 165.

**ER. 30** **[Negócios]** Uma empresa deve formar uma comissão para analisar e concluir um acordo de exportação. De quantas maneiras podem ser formadas comissões com 2 ou 3 diretores escolhidos dentre os 9 diretores dessa empresa?

**Resolução:** O número de possibilidades de formar uma comissão com 2 pessoas escolhidas entre 9 é dado por $C_{9,\,2} = \binom{9}{2}$.

Analogamente, o número de possibilidades de formar uma comissão com 3 pessoas escolhidas entre 9 é dado por $C_{9,\,3} = \binom{9}{3}$.

Assim, o total é a soma das duas possibilidades:

$$\binom{9}{2} + \binom{9}{3} = \binom{10}{3} = \frac{10!}{3! \cdot (10-3)!} = \frac{10 \cdot 9 \cdot 8 \cdot 7!}{3 \cdot 2 \cdot 1 \cdot 7!} = 10 \cdot 3 \cdot 4 = 120$$

Logo, há 120 maneiras diferentes de se formar essa comissão.

## Exercícios Propostos

**92.** Determine os valores de $x$ que satisfazem a igualdade em cada caso.

a) $\binom{7}{x+2} = \binom{7}{2x}$

b) $\binom{10}{x-2} = \binom{10}{x+2}$

**93.** Calcule o valor de cada uma das expressões a seguir.

a) $\binom{5}{2} + \binom{5}{3} + \binom{6}{4}$

b) $\binom{7}{5} + \binom{7}{6} + \binom{8}{7} + \binom{9}{1}$

**94.** Determine o maior número natural $a$ que satisfaz a igualdade:

$$\binom{8a-1}{5} - \binom{8a-2}{a+1} = \binom{8a-2}{a+2}$$

**95.** Sabendo que a sequência $\left(\binom{6}{3}, \binom{7}{4}, x\right)$ é uma PA, calcule o valor de $x$ e determine sua razão.

**96.** Mostre que se $n = 2p + 4$, com $n$ e $p$ sendo números naturais, então:

$$\binom{n+1}{p+2} + \binom{n+1}{p+3} = 2 \cdot \binom{n+1}{p+2}$$

**97.** **[DECORAÇÃO]** Dos 8 porta-retratos que Sílvio tem em sua casa, ele decidiu levar alguns para decorar seu escritório. Sílvio ainda não decidiu se levará 4 ou 5 deles. De quantas maneiras ele pode fazer essa seleção?

VITO CASTIGLIA

## O triângulo de Pascal

Com o objetivo de identificar mais facilmente algumas propriedades, vamos organizar os números binomiais de uma maneira específica. Essa organização é chamada de **triângulo de Pascal**.

*Atenção!*

Note que se substituirmos cada binomial pelo seu respectivo valor obteremos o triângulo que se vê na área demarcada em laranja.

$$\binom{0}{0}$$
$$\binom{1}{0}\ \binom{1}{1}$$
$$\binom{2}{0}\ \binom{2}{1}\ \binom{2}{2}$$
$$\binom{3}{0}\ \binom{3}{1}\ \binom{3}{2}\ \binom{3}{3}$$
$$\binom{4}{0}\ \binom{4}{1}\ \binom{4}{2}\ \binom{4}{3}\ \binom{4}{4}$$
$$\vdots$$
$$\binom{n}{0}\ \binom{n}{1}\ \binom{n}{2}\ \binom{n}{3} \cdots \binom{n}{n-1}\ \binom{n}{n}$$

1
1 1
1 2 1
1 3 3 1
1 4 6 4 1
1 5 10 10 5 1
1 6 15 20 15 6 1
⋮

Também podemos dispor o triângulo de Pascal com seus elementos alinhados à esquerda, conforme a figura.

| | coluna 0 | coluna 1 | coluna 2 | coluna 3 | coluna 4 | | coluna $n$ |
|---|---|---|---|---|---|---|---|
| linha 0 | $\binom{0}{0}$ | | | | | | |
| linha 1 | $\binom{1}{0}$ | $\binom{1}{1}$ | | | | | |
| linha 2 | $\binom{2}{0}$ | $\binom{2}{1}$ | $\binom{2}{2}$ | | | | |
| linha 3 | $\binom{3}{0}$ | $\binom{3}{1}$ | $\binom{3}{2}$ | $\binom{3}{3}$ | | | |
| linha 4 | $\binom{4}{0}$ | $\binom{4}{1}$ | $\binom{4}{2}$ | $\binom{4}{3}$ | $\binom{4}{4}$ | | |
| | ⋮ | ⋮ | ⋮ | ⋮ | ⋮ | ⋱ | |
| linha $n$ | $\binom{n}{0}$ | $\binom{n}{1}$ | $\binom{n}{2}$ | $\binom{n}{3}$ | $\binom{n}{4}$ | … $\binom{n}{n-1}$ | $\binom{n}{n}$ |

➡

| | | | | | |
|---|---|---|---|---|---|
| 1 | | | | | |
| 1 | 1 | | | | |
| 1 | 2 | 1 | | | |
| 1 | 3 | 3 | 1 | | |
| 1 | 4 | 6 | 4 | 1 | |
| 1 | 5 | 10 | 10 | 5 | 1 |
| | | ⋮ | | | |

### *Propriedades do triângulo de Pascal*

Vejamos algumas propriedades que podem ser visualizadas no triângulo de Pascal.

- O primeiro e o último elemento de qualquer linha do triângulo sempre vale 1, pois:

$$\binom{n}{0} = 1 \quad \text{e} \quad \binom{n}{n} = 1$$

- Para qualquer linha, dois elementos equidistantes dos extremos são iguais, pois representam números binomiais complementares, isto é:

$$\binom{n}{p} = \binom{n}{n-p}$$

**Exemplo**

Observe duas linhas do triângulo de Pascal.

1 [6] [15] 20 [15] [6] 1

1 [9] 36 [84] 126 126 [84] 36 [9] 1

- A soma dos elementos de uma linha $n$ qualquer é uma potência de base 2 e expoente $n$, ou seja, é $2^n$.

| | | |
|---|---|---|
| 1 | linha 0 | $1 = 2^0$ |
| 1 1 | linha 1 | $1 + 1 = 2 = 2^1$ |
| 1 2 1 | linha 2 | $1 + 2 + 1 = 4 = 2^2$ |
| 1 3 3 1 | linha 3 | $1 + 3 + 3 + 1 = 8 = 2^3$ |

- A soma de dois elementos consecutivos de uma mesma linha é igual ao elemento da próxima linha que está abaixo do segundo elemento somado (ou que está centrado entre eles), pela relação de Stifel.

```
1
1  1
1  2  1
1  3  3  1
1  4  6  4  1
1  5  10 10 5  1
```

```
          1
        1   1
      1   2   1
    1   3   3   1
  1   4   6   4   1
1   5   10  10  5   1
```

- A soma dos elementos de uma coluna $p$ desde o primeiro elemento dessa coluna até o da linha $n$ é igual ao elemento localizado na linha $(n + 1)$ e coluna $(p + 1)$, isto é:

$$\binom{p}{p} + \binom{p+1}{p} + \binom{p+2}{p} + \ldots + \binom{n}{p} = \binom{n+1}{p+1}$$

Essa propriedade pode ser visualizada no triângulo de Pascal assim:

```
1
1  1
1  2  1
1  3  3  1
1  4  6  4  1
1  5  10 10 5  1
```

- A soma dos primeiros $p$ elementos de uma transversal é igual ao elemento localizado na linha $(n + p + 1)$ e coluna $p$, isto é:

$$\binom{n}{0} + \binom{n+1}{1} + \binom{n+2}{2} + \ldots + \binom{n+p}{p} = \binom{n+p+1}{p}$$

Essa propriedade pode ser visualizada no triângulo de Pascal assim:

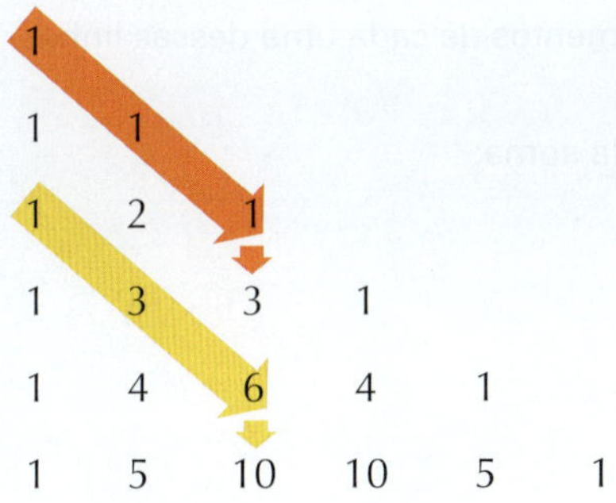


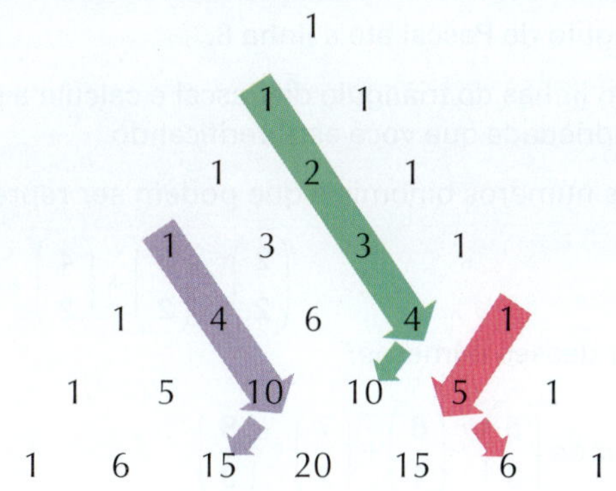


## EXERCÍCIOS RESOLVIDOS

**ER. 31** Determine o valor das letras no esquema abaixo, sabendo que são três linhas consecutivas do triângulo de Pascal.

$$\begin{matrix} A & H & 21 & 35 & 35 & 21 & 7 & P \\ K & 8 & 28 & 56 & 70 & 56 & B & X & L \\ D & E & J & T & 126 & G & F & N & Z & 1 \end{matrix}$$

**Resolução:**

- Toda linha começa e termina por 1. Assim, temos:

$$A = P = K = L = D = 1$$

- Pela simetria, elementos equidistantes dos extremos são iguais:

$$H = 7, \quad X = 8 \quad \text{e} \quad B = 28$$

- Pela relação de Stifel, vem:

$$E = 1 + 8 = 9$$
$$J = 8 + 28 = 36$$
$$T = 28 + 56 = 84$$

- Pela simetria, novamente:

$$Z = E = 9, \quad N = J = 36, \quad F = T = 84 \quad \text{e} \quad G = 126$$

---

**ER. 32** Calcule o valor de:

$$\binom{6}{6} + \binom{7}{6} + \binom{8}{6} + \binom{9}{6}$$

**Resolução:** Observe que temos a soma dos elementos da coluna 6 do triângulo de Pascal, desde a linha 6 até a linha 9.

Assim, temos:

$$\binom{6}{6} + \binom{7}{6} + \binom{8}{6} + \binom{9}{6} = \binom{9+1}{6+1} = \binom{10}{7} = \frac{10!}{7! \cdot 3!} = \frac{10 \cdot 9 \cdot 8 \cdot 7!}{7! \cdot 3 \cdot 2 \cdot 1} = 10 \cdot 3 \cdot 4 = 120$$

---

**ER. 33** Sabe-se que certa linha do triângulo de Pascal é:

1 10 45 120 210 252 210 45 10 1

Determine a próxima linha do triângulo a partir dos elementos da linha dada.

**Resolução:** Aplicando as propriedades, temos:

1 10 45 120 210 252 210 45 10 1

1 11 55 165 330 462 462 330 165 55 11 1

## Exercícios Propostos

**98.** Monte o triângulo de Pascal até a linha 8.

**99.** Escolha quatro linhas do triângulo de Pascal e calcule a soma dos elementos de cada uma dessas linhas. Enuncie a propriedade que você está verificando.

**100.** Descubra dois números binomiais que podem ser representados pela soma:

$$\binom{2}{2}+\binom{3}{2}+\binom{4}{2}+\binom{5}{2}+\binom{6}{2}$$

Qual é o valor desses números?

**101.** Calcule o valor de $\binom{5}{0}+\binom{6}{1}+\binom{7}{2}+\binom{8}{3}$.

**102.** Exprima o número $\binom{12}{5}$ como a soma dos elementos de uma mesma coluna $p$ desde o primeiro elemento dessa coluna até o da linha 11.

**103.** Resolva a equação:

$$\binom{10}{x}=\binom{7}{3}+\binom{8}{4}+\binom{9}{6}$$

**104.** Sejam $a$ e $b$, respectivamente, o maior e o menor valor que satisfazem a igualdade

$$\binom{11}{x}=\binom{5}{5}+\binom{6}{5}+\binom{7}{5}+\binom{8}{5}+\binom{9}{5}+\binom{10}{5}$$

Calcule o valor de $(2^a - ab)$.

**105.** Mostre que:

$$\binom{p}{k+1}+\binom{p+1}{k+2}+\binom{p+3}{k+3}=\binom{p+4}{p-k+1}$$

## 4.2 SOMATÓRIO

Quando temos uma soma com muitas parcelas de uma sequência, podemos representar essa soma por um **somatório**. Veja como fazer isso.

Considere a sequência $(a_p, a_{p+1}, a_{p+2}, \ldots, a_n)$.
A soma dos termos dessa sequência,

$$a_p + a_{p+1} + a_{p+2} + \ldots + a_n,$$

pode ser representada
pelo **somatório**, dado por:

$$\sum_{k=p}^{n} a_k$$

**Exemplo**

$$\sum_{k=1}^{6} k^2 = 1^2 + 2^2 + 3^2 + 4^2 + 5^2 + 6^2$$

(Lê-se: somatório de $k^2$ com $k$ variando de 1 até 6.)

## Exercícios Resolvidos

**ER. 34** Represente cada expressão a seguir como um somatório.

a) $2^3 + 3^3 + 4^3 + 5^3 + 6^3 + 7^3 + 8^3 + 9^3$

b) $\binom{7}{0} + \binom{7}{1} + \binom{7}{2} + \binom{7}{3} + \binom{7}{4} + \binom{7}{5} + \binom{7}{6} + \binom{7}{7}$

**Resolução:** Para representar uma expressão como um somatório, precisamos encontrar um padrão e determinar o início e o final da soma.

a) Observe que todas as parcelas são da forma $k^3$. Além disso, a soma se inicia para $k = 2$ e termina para $k = 9$. Assim, temos:

$$2^3 + 3^3 + 4^3 + 5^3 + 6^3 + 7^3 + 8^3 + 9^3 = \sum_{k=2}^{9} k^3$$

b) Note agora que todas as parcelas são da forma $\binom{7}{k}$, em que $k$ é um número natural de 0 a 7. Assim, temos:

$$\binom{7}{0} + \binom{7}{1} + \binom{7}{2} + \binom{7}{3} + \binom{7}{4} + \binom{7}{5} + \binom{7}{6} + \binom{7}{7} = \sum_{k=0}^{7} \binom{7}{k}$$

---

**ER. 35** Calcule cada uma das somas a seguir.

a) $\sum_{k=1}^{5}(2k + 1)$

b) $\sum_{k=3}^{7} \log 10^k$

> **Recorde**
>
> $\log 10^k = k \cdot \log 10 = k \cdot 1 = k$

**Resolução:**

a) Escrevendo as parcelas indicadas por esse somatório, temos:

$$\sum_{k=1}^{5} (2k + 1) = (2 \cdot 1 + 1) + (2 \cdot 2 + 1) + (2 \cdot 3 + 1) + (2 \cdot 4 + 1) + (2 \cdot 5 + 1)$$

$$\sum_{k=1}^{5} (2k + 1) = 3 + 5 + 7 + 9 + 11 = 35$$

b) De modo análogo ao do item anterior, vamos escrever o somatório na forma desenvolvida:

$$\sum_{k=3}^{7} \log 10^k = \log 10^3 + \log 10^4 + \log 10^5 + \log 10^6 + \log 10^7$$

$$\sum_{k=3}^{7} \log 10^k = 3 + 4 + 5 + 6 + 7 = 25$$

## Exercícios Propostos

**106.** Exprima na forma desenvolvida cada um dos somatórios a seguir.

a) $\sum_{k=0}^{8} \binom{8}{k}$  b) $\sum_{k=2}^{7} k(k + 1)$  c) $\sum_{k=0}^{n} \frac{1}{2^k}$

**107.** Represente como um somatório cada uma das expressões a seguir.

a) $1^3 + 2^3 + 3^3 + \ldots + n^3$

b) $\frac{1}{2} + \frac{1}{3} + \ldots + \frac{1}{15}$

**108.** Calcule o valor do somatório em cada caso.

a) $\sum_{k=1}^{7} 2^k$

b) $\sum_{k=0}^{10} k$

c) $\sum_{k=1}^{12} \text{sen}\left(\frac{k\pi}{6}\right)$

**109.** Mostre que:

$$\sum_{p=0}^{5} \binom{5}{p} = 2^5$$

## 4.3 DESENVOLVIMENTO DO BINÔMIO DE NEWTON

Vamos usar agora as ideias do triângulo de Pascal e da notação de somatório para fazer o desenvolvimento de expressões da forma $(x + a)^n$, com $n$ sendo um número natural.

Como vimos, o desenvolvimento dessas expressões pode ser feito a partir da propriedade distributiva, porém seria muito trabalhoso!

Vejamos inicialmente, para $n = 4$, como fazer isso de uma forma diferente.

Note que o desenvolvimento de $(x + a)^4$ é:

$$(x + a)^4 = x^4 + 4x^3a + 6x^2a^2 + 4xa^3 + a^4$$

Observe que podemos representar os coeficientes dessa expressão por meio de números binomiais:

$$\binom{4}{0} = 1, \binom{4}{1} = 4, \binom{4}{2} = 6, \binom{4}{3} = 4, \binom{4}{4} = 1$$

Assim, podemos escrever $(x + a)^4$ do seguinte modo:

$$(x + a)^4 = \binom{4}{0}x^4a^0 + \binom{4}{1}x^3a^1 + \binom{4}{2}x^2a^2 + \binom{4}{3}x^1a^3 + \binom{4}{4}x^0a^4$$

Reescrevendo, agora com a notação de somatório, temos:

$$(x + a)^4 = \sum_{p=0}^{4} \binom{4}{p} \cdot x^{4-p} \cdot a^p$$

De modo geral, para a expressão $(x + a)^n$, temos:

$$(x + a)^n = \binom{n}{0}x^na^0 + \binom{n}{1}x^{n-1}a^1 + \binom{n}{2}x^{n-2}a^2 + \dots + \binom{n}{n-1}x^1a^{n-1} + \binom{n}{n}x^0a^n$$

Escrevendo esse desenvolvimento na forma de somatório, vem:

$$(x + a)^n = \sum_{p=0}^{n} \binom{n}{p} \cdot x^{n-p} \cdot a^p$$

OBSERVAÇÕES

No desenvolvimento do binômio de Newton $(x + a)^n$:

- há $(n + 1)$ termos;
- os expoentes das potências de $x$ decrescem de $n$ a zero e os das potências de $a$ crescem de zero a $n$;
- em qualquer termo, a soma dos expoentes de $x$ e de $a$ é $n$;
- os coeficientes, considerando $x$ e $a$ como variáveis, são os elementos da linha $n$ do triângulo de Pascal, ou seja, os números binomiais que determinam essa linha. Por isso são chamados de **coeficientes binomiais**.

## Exercícios Resolvidos

**ER. 36** Represente na notação de somatório e desenvolva cada um dos binômios a seguir.

a) $\left(x + \frac{1}{2}\right)^4$

b) $(x - 4)^5$

**Resolução:** Vamos comparar cada uma das expressões com a representação do binômio na forma de somatório, isto é:

$$(x + a)^n = \sum_{p=0}^{n} \binom{n}{p} \cdot x^{n-p} \cdot a^p$$

a) Para $\left(x + \frac{1}{2}\right)^4$, temos $a = \frac{1}{2}$ e $n = 4$. Assim, o binômio na notação de somatório é:

$$\left(x + \frac{1}{2}\right)^4 = \sum_{p=0}^{4} \binom{4}{p} \cdot x^{4-p} \cdot \left(\frac{1}{2}\right)^p$$

Desenvolvendo esse somatório, temos:

$$\left(x + \frac{1}{2}\right)^4 = \binom{4}{0} x^4 \cdot \left(\frac{1}{2}\right)^0 + \binom{4}{1} x^3 \cdot \left(\frac{1}{2}\right)^1 + \binom{4}{2} x^2 \cdot \left(\frac{1}{2}\right)^2 + \binom{4}{3} x^1 \cdot \left(\frac{1}{2}\right)^3 + \binom{4}{4} x^0 \cdot \left(\frac{1}{2}\right)^4$$

Efetuando os cálculos, temos:

$$\left(x + \frac{1}{2}\right)^4 = x^4 + 2x^3 + \frac{3}{2}x^2 + \frac{1}{2}x + \frac{1}{16}$$

b) Para $(x - 4)^5$, temos $a = -4$ e $n = 5$.

Assim, o binômio na notação de somatório é:

$$(x - 4)^5 = \sum_{p=0}^{5} \binom{5}{p} \cdot x^{5-p} \cdot (-4)^p$$

Desenvolvendo esse somatório, temos:

$$(x - 4)^5 = \binom{5}{0} x^5 \cdot (-4)^0 + \binom{5}{1} x^4 \cdot (-4)^1 + \binom{5}{2} x^3 \cdot (-4)^2 + \binom{5}{3} x^2 \cdot (-4)^3 + \binom{5}{4} x^1 \cdot (-4)^4 + \binom{5}{5} x^0 \cdot (-4)^5$$

Efetuando os cálculos, temos:

$$(x - 4)^5 = x^5 - 20x^4 + 160x^3 - 640x^2 + 1.280x - 1.024$$

---

**ER. 37** Encontre o binômio de Newton cujo desenvolvimento é:

$x^4 + 8x^3 + 24x^2 + 32x + 16$

**Resolução:** Para representar o binômio, note que a expressão possui 5 parcelas e que o maior expoente de $x$ é 4. Isso nos sugere que o binômio tem expoente 4.

Além disso, podemos escrever as parcelas da expressão como termos de um binômio da seguinte maneira:

- $x^4 = \binom{4}{0} x^4 2^0$
- $8x^3 = \binom{4}{1} x^3 2^1$
- $24x^2 = \binom{4}{2} x^2 2^2$
- $32x = \binom{4}{3} x^1 2^3$
- $16 = \binom{4}{4} x^0 2^4$

Comparando os termos acima com o desenvolvimento do binômio $(x + a)^n$, podemos fazer a seguinte associação: $a = 2$ e $n = 4$.

Logo, o binômio procurado é $(x + 2)^4$.

**ER. 38** Faça o que se pede.

a) Determine a soma dos coeficientes numéricos no desenvolvimento de $(a + b)^n$ em função de $n$.

b) Usando o resultado obtido no item **a**, mostre que a soma dos elementos da linha $n$ do triângulo de Pascal é $2^n$.

**Resolução:**

a) Observe o desenvolvimento do binômio:

$$(a + b)^n = \binom{n}{0}a^n b^0 + \binom{n}{1}a^{n-1}b^1 + \binom{n}{2}a^{n-2}b^2 + ... + \binom{n}{n-1}a^1 b^{n-1} + \binom{n}{n}a^0 b^n$$

Note que $a$ ou $b$ sempre são fatores de qualquer parcela do desenvolvimento do binômio. Assim, quando $a = 1$ e $b = 1$, temos a soma dos coeficientes numéricos.

Dessa forma, para obter a soma dos coeficientes, basta substituir $a$ e $b$ por 1, ou seja, $(1 + 1)^n = 2^n$.

b) Em cada linha $n$ do triângulo de Pascal, seus elementos correspondem aos coeficientes binomiais no desenvolvimento do binômio de Newton de expoente $n$. Sendo assim, a soma dos elementos da linha $n$ é dada por:

$$\binom{n}{0} + \binom{n}{1} + \binom{n}{2} + ... + \binom{n}{n} = (1 + 1)^n = 2^n$$

Logo, a soma dos elementos da linha $n$ do triângulo de Pascal é $2^n$.

## Exercícios Propostos

**110.** Exprima na forma de somatório cada um dos binômios a seguir.

a) $(x - 1)^8$

b) $(p + 3a)^6$

c) $(2x - 3y)^5$

d) $\left(x + \frac{2}{x^2}\right)^4$

**111.** Represente na forma de somatório e como um binômio de Newton cada uma das expressões a seguir.

a) $\binom{5}{0}x^5 + \binom{5}{1}x^4 + \binom{5}{2}x^3 + \binom{5}{3}x^2 + \binom{5}{4}x + \binom{5}{5}$

b) $\binom{6}{0}x^6 + 2 \cdot \binom{6}{1}x^5 + 4 \cdot \binom{6}{2}x^4 + 8 \cdot \binom{6}{3}x^3 + 16 \cdot \binom{6}{4}x^2 + 32 \cdot \binom{6}{5}x + 64 \cdot \binom{6}{6}$

c) $\binom{4}{0}x^4 - \binom{4}{1}x^2 + \binom{4}{2} - \binom{4}{3}x^{-2} + \binom{4}{4}x^{-4}$

**112.** Desenvolva os binômios:

a) $(x - 2)^5$

b) $(3 + a^2)^4$

c) $\left(x - \frac{1}{x}\right)^8$

**113.** Calcule a soma dos coeficientes numéricos do desenvolvimento de $(x + 2y)^5$.

**114.** Obtenha os possíveis valores para a constante $a$ de modo que a soma dos coeficientes numéricos do desenvolvimento de $(x - 2a)^6$ seja 729.

## Termo geral de um binômio de Newton

Já vimos que o desenvolvimento do binômio $(x + a)^n$ é:

$$(x + a)^n = \binom{n}{0}x^n a^0 + \binom{n}{1}x^{n-1}a^1 + \binom{n}{2}x^{n-2}a^2 + \ldots + \binom{n}{n-1}x^1 a^{n-1} + \binom{n}{n}x^0 a^n$$

Organizando as parcelas na ordem decrescente dos expoentes de $x$, temos:

- 1.º termo $T_1 = \binom{n}{0}x^n a^0$
- 2.º termo $T_2 = \binom{n}{1}x^{n-1}a^1$

$\vdots$

Seguindo essa ideia, pode-se dizer que o **termo geral** do binômio é o que ocupa a posição $(p + 1)$ no desenvolvimento e é dado por:

$$T_{p+1} = \binom{n}{p}x^{n-p}a^p$$

Na expressão do termo geral $T_{p+1}$ do binômio de Newton $(x + a)^n$, em que $a$ é uma constante real, dizemos que $\binom{n}{p} \cdot a^p$ é o **coeficiente numérico** desse termo.

## Exercícios Resolvidos

**ER. 39** Encontre o quarto termo do desenvolvimento de $(x - 2)^8$.

**Resolução:** Queremos obter o $T_4$.

Comparando com a expressão do termo geral do binômio, temos:

$$T_4 = T_{3+1} = \binom{8}{3}x^{8-3} \cdot (-2)^3 = 56x^5 \cdot (-8) = -448x^5$$

Logo, o quarto termo desse binômio é $-448x^5$.

**ER. 40** Sabendo que $360x^7$ é o terceiro termo do desenvolvimento de um binômio da forma $(x + a)^n$, com $a$ sendo uma constante positiva, encontre esse binômio.

**Resolução:** O terceiro termo desse desenvolvimento é:

$$T_3 = T_{2+1} = \binom{n}{2}x^{n-2}a^2$$

Observe que em $360x^7$ o expoente de $x$ é 7. Daí, temos:

$$n - 2 = 7 \Rightarrow n = 9$$

Assim, $T_3 = \binom{9}{2}x^7a^2$.

Observe agora que o coeficiente numérico desse termo é 360. Daí:

$$\binom{9}{2}a^2 = 360 \Rightarrow 36a^2 = 360 \Rightarrow a^2 = 10 \Rightarrow a = \pm\sqrt{10}$$

Como $a > 0$, segue que $a = \sqrt{10}$ e o binômio é $(x + \sqrt{10})^9$.

**ER. 41** Determine o coeficiente numérico do termo em $x^5$ e a posição que ele ocupa no desenvolvimento do binômio $(x + 3)^7$.

**Resolução:** O termo geral do binômio é:

$$T_{p+1} = \binom{7}{p} x^{7-p} \cdot 3^p$$

O expoente de $x$ deve ser 5, pois é o termo em $x^5$. Daí, vem:

$$7 - p = 5 \Rightarrow p = 2$$

Desse modo, esse termo é o $T_3$, ou seja, é o terceiro termo desse desenvolvimento.

Nessas condições, o coeficiente numérico $\binom{7}{p} \cdot 3^p$ é:

$$\binom{7}{2} \cdot 3^2 = 21 \cdot 9 = 189$$

Logo, o coeficiente numérico é 189.

**ER. 42** Verifique se o desenvolvimento de $\left(x + \frac{1}{x^2}\right)^{10}$ possui algum termo independente de $x$.

**Resolução:** O termo geral desse binômio é dado por:

$$T_{p+1} = \binom{10}{p} x^{10-p} \cdot \left(\frac{1}{x^2}\right)^p = \binom{10}{p} x^{10-p} \cdot \left(x^{-2}\right)^p = \binom{10}{p} x^{10-p} \cdot x^{-2p} =$$

$$= \binom{10}{p} x^{10-p-2p} = \binom{10}{p} x^{10-3p}$$

Para que se tenha um termo independente de $x$, devemos fazer:

$$10 - 3p = 0 \Rightarrow p = \frac{10}{3}$$

Como $p$ deve ser um número natural, isso é impossível.

Logo, o binômio $\left(x + \frac{1}{x^2}\right)^{10}$ não possui termo independente de $x$.

## Exercícios Propostos

**115.** Organizando os termos do desenvolvimento em potências de $x$ em ordem decrescente, determine:

a) o terceiro termo de $(x + 3)^9$; b) o quinto termo de $(x - 1)^7$; c) o quarto termo de $\left(x - \frac{3}{x}\right)^{10}$.

**116.** Calcule o coeficiente numérico do termo em $x^4$ no desenvolvimento de $(x + 1)^6$.

**117.** Qual é a posição que o termo de $45x^3$ ocupa no desenvolvimento de $(x + a)^8$, sendo $a$ uma constante real?

**118.** Calcule a razão entre os coeficientes numéricos dos termos em $x^5$ e em $x^6$, nessa ordem, obtidos no desenvolvimento de $(x - 2)^8$.

**119.** No desenvolvimento de $(x + 3a)^7$, calcule os possíveis valores da constante $a$ sabendo que o termo em $x^5$ tem coeficiente numérico igual a 21.

**120.** Determine o quinto termo do desenvolvimento de $\left(a^2 - 3\right)^8$.

**121.** Obtenha o termo independente de $x$ no desenvolvimento de $\left(x + \frac{2}{x}\right)^6$.

**122.** Calcule o valor da constante $k$ para que o coeficiente numérico do termo em $x^5$ no desenvolvimento de $\left(kx + \frac{1}{x^2}\right)^8$ seja 8.

**123.** Obtenha o termo central do desenvolvimento de $(2x - 1)^8$.

**124.** Mostre que o desenvolvimento do binômio $\left(x + \frac{1}{\sqrt{x}}\right)^5$ não possui termo independente de $x$.

## Encare Essa!

1. (OBM) Dizemos que uma palavra *Q* é *quase-anagrama* de outra palavra *P* quando *Q* pode ser obtida retirando-se uma letra de *P* e trocando a ordem das letras restantes, resultando em uma palavra com uma letra a menos do que *P*. Um quase-anagrama pode ter sentido em algum idioma ou não. Por exemplo, RARO, RACR e ARCO são quase-anagramas de CARRO.

Quantos são os quase-anagramas da palavra

BACANA

que começam com A?

a) 48
b) 60
c) 72
d) 96
e) 120

2. (ITA – SP) Determine o coeficiente de $x^4$ no desenvolvimento de $\left(1 + x + x^2\right)^9$.

## História & Matemática

Desde os primórdios da civilização, no seu cotidiano, a humanidade vem tendo de enfrentar problemas de enumeração, cujas soluções foram, pouco a pouco, sendo sistematizadas, constituindo o que chamamos de *Análise Combinatória*. Esse é o ramo da Matemática que tem por objetivo o desenvolvimento de *métodos para contar*, de modo indireto, o total de objetos de uma coleção, quando eles se encontram agrupados sob certas condições.

O matemático indiano Bhaskara (1114-1185), em seu famoso livro *Lilavati*, que trata de problemas de Aritmética, Geometria e Combinatória, mostra como calcular a quantidade de permutações, de arranjos e de combinações de *n* objetos.

A solução de uma das primeiras questões ligadas à Análise Combinatória, que desafiaram os matemáticos na história, aparece no livro II da obra *Os Elementos*, escrita no século IV a.C. por Euclides de Alexandria. Ele encontra a solução para o desenvolvimento do binômio $(1 + x)^n$, quando $n = 2$.

Isaac Newton demonstrou o teorema binomial por volta de 1665. Embora os coeficientes binomiais para potências inteiras $(a + b)^n$, *com n inteiro*, já fossem conhecidos há, pelo menos, 500 anos, o desenvolvimento dado por ele permitia muitos avanços, entre os quais a passagem da potência inteira (valor de *n*) para a fracionária.

Como sabemos, os coeficientes dos termos resultantes do desenvolvimento de binômios desse tipo são encontrados no triângulo de Pascal.

Foi por volta do ano de 1100 que os pensadores do Ocidente tomaram conhecimento do "triângulo aritmético" — que já era muito utilizado pelos chineses, hindus e árabes. Só bem mais tarde esse nome foi alterado para "triângulo de Pascal", como encontramos em nossos textos. O nome *coeficiente binomial* só foi introduzido no vocabulário matemático por volta de 1550 pelo alemão Michael Stifel (1487-1567).

Nas últimas décadas, devido ao desenvolvimento da automação e da inteligência artificial, a Análise Combinatória tem experimentado um crescimento explosivo, com o desenvolvimento da *teoria dos grafos*. Essa teoria permite a construção de modelos matemáticos para a solução de muitos problemas, como os de armazenamento de informações em bancos de dados de computadores e os de pesquisa operacional.

A teoria dos grafos foi criada em 1736 por Leonhard Euler, como desenvolvimento da Análise Combinatória e de uma parte da Geometria conhecida por Topologia.

**Reflexão e ação**

A questão que levou Euler a desenvolver sua teoria foi um curioso desafio, criado pelos habitantes da cidade de Königsberg (cidade que hoje se chama Kaliningrado, na Rússia), que é cortada pelo rio Pregel, em que há duas ilhas. Naquele tempo, sete pontes ligavam as ilhas e as margens do rio e também as ilhas entre si, como na figura a seguir:

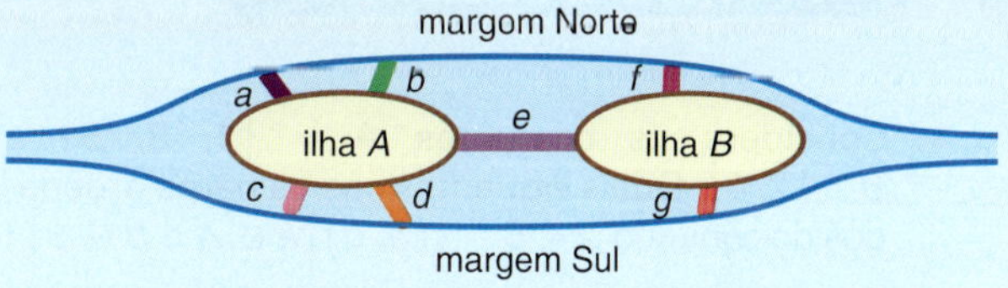


Os visitantes da cidade eram desafiados a descobrir se era possível fazer um passeio contínuo, cruzando todas as pontes, porém passando apenas uma vez sobre cada uma. Depois de inúmeras tentativas, muitos acreditavam que o problema não tinha solução, mas restava ainda uma incerteza.

Tendo sido consultado a respeito, Euler não só elucidou o problema, como acabou por criar uma teoria que se aplica a vários outros problemas de nossa atualidade.

Ele pensou em resolver geometricamente a situação, representando-a por meio de um diagrama, que chamou de *grafo*. Nesse diagrama, Euler representou as quatro porções de terra como pontos ("vértices"), ligados entre si por sete arcos ("arestas"), que representam as pontes. A figura seguinte representa esse tipo de diagrama, que é um grafo.

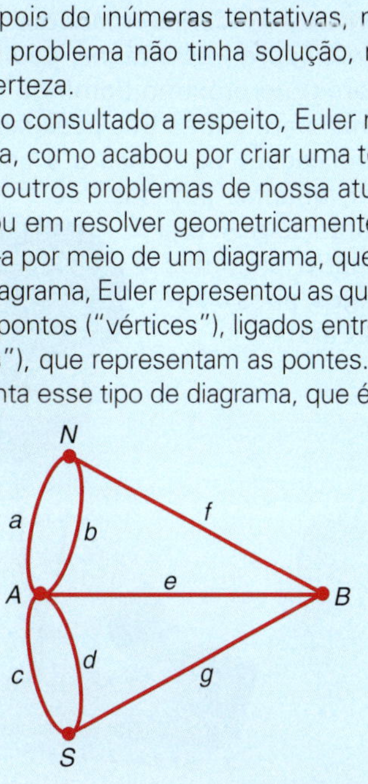

Nesse grafo, define-se o *caminho* como uma sequência de "arestas", escolhida de tal modo que dois arcos consecutivos têm ao menos um "vértice" em comum e, nessa sequência, não aparecem "arestas" repetidas. Dizemos que o grafo admite um "passeio de Euler" quando nele há um caminho do qual fazem parte todas as "arestas", sem repetição.

Estudando as relações entre as quantidades de "vértices" de um grafo e as quantidades de "arestas" cujas extremidades se apoiam em cada "vértice", Euler estabeleceu as condições em que é possível a realização de um "passeio de Euler" no grafo. Desse modo, provou que o problema das pontes de Königsberg realmente não tem solução.

Em cada grafo a seguir, tente encontrar um "passeio de Euler" e identifique-o pelas sequências dos vértices. Quais desses grafos admitem essa possibilidade?

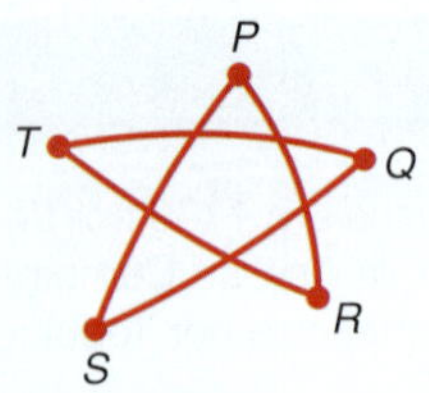


(1)

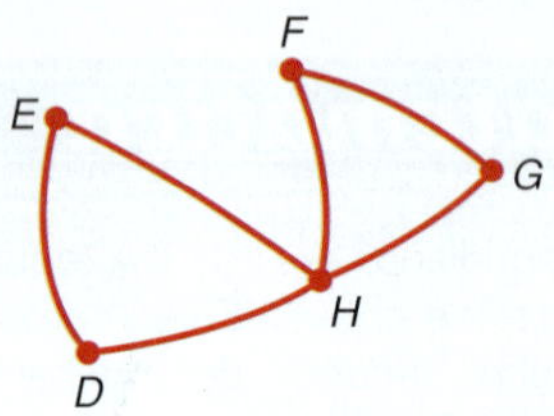


(2)

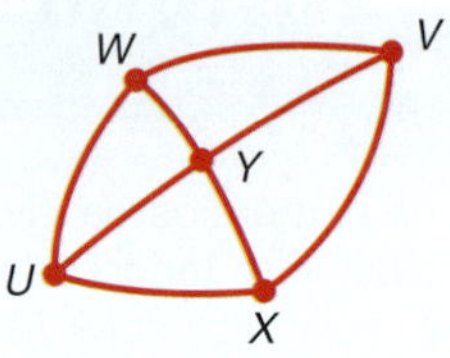


(3)

## Atividades de Revisão

1. Considere os conjuntos $A = \{1, 3, 5\}$ e $B = \{2, 4\}$. Quais e quantos são os pares ordenados do conjunto $A \times B = \{(a, b) \mid a \in A \text{ e } b \in B\}$?

2. Se $A$ é um conjunto com 12 elementos e $B$ possui 8 elementos, quantos elementos possui o conjunto $A \times B$?

3. **[COMUNICAÇÃO]** Carlos mandou, no domingo, um *e-mail* para três amigas, pedindo para elas mandarem no próximo domingo o mesmo tipo de *e-mail* para outras três pessoas. Se não houver duplicações de *e-mail* e a corrente não se romper, quantas pessoas receberão esse *e-mail* nos quatro próximos domingos, após o envio de Carlos?

PANTHERMEDIA/KEYDISC

4. **[EDUCAÇÃO]** Na biblioteca da escola de Maria chegaram 7 livros novos. De quantas maneiras eles podem ser colocados na estante?

PANTHERMEDIA/KEYDISC

5. **[NUTRIÇÃO]** Uma escola organizou uma semana para divulgar hábitos saudáveis de alimentação. Nessa semana os lanches que os alunos podiam comprar na cantina eram: lanche natural, torta de legumes e pão integral com queijo branco. Para beber eram vendidos sucos naturais de laranja, de caju e de maracujá. De quantas maneiras um aluno pode escolher o seu lanche?

6. Simplifique:

a) $\frac{7! + 5! - 6!}{3! + 5!}$

b) $\frac{2! \cdot 5!}{4!}$

c) $\frac{(n+3)! + (n+1)!}{(n+1)!}$

d) $\frac{2(n+1)! - 3n!}{(n-1)!}$

7. Determine $n$ de modo que se tenha:

$$\frac{n! + (n-1)!}{(n+1)! - n!} = \frac{5}{16}$$

8. **[CULTURA]** Para representar uma peça escolar, a professora de Artes precisa formar um casal romântico. Ela selecionou 3 rapazes e 5 garotas, que passaram nos testes. De quantas maneiras ela pode formar esse casal?

9. **[ADMINISTRAÇÃO]** Uma empresa vai colocar 10 computadores em uma de suas salas. Em cada computador irá trabalhar um funcionário. Paulo e Joyce precisam ficar lado a lado, pelo fato de seu trabalho ser em conjunto. De quantas formas a empresa pode acomodar seus funcionários?

10. **[CONSUMO]** Maria tem dinheiro para comprar 3 CDs distintos de 36 títulos disponíveis. De quantas maneiras diferentes ela pode fazer essa compra?

11. **[EDUCAÇÃO]** A classe do 2.º ano do Ensino Médio de um colégio tem 23 alunos. De quantas maneiras o professor de Educação Física pode montar um time de basquete com esses alunos?

PANTHERMEDIA/KEYDISC

12. **[CULTURA]** Larissa pode escolher 4 revistas entre 8 títulos e 2 livros entre 3 títulos. De quantas maneiras ela pode fazer sua escolha?

13. Quantos anagramas a palavra HONESTA possui?

14. **[COTIDIANO]** Carolina tem um certo número de pares de sapatos. Se ela os agrupar de 4 em 4 pares, ela obtém o mesmo número de grupos que se juntasse de 6 em 6 pares. Quantos pares de sapatos Carolina tem?

15. Calcule:

a) $3 \cdot A_{5,2} + 5 \cdot P_4$

b) $P_5 - C_{8,3}$

c) $A_{7,3} + 2 \cdot P_3 - C_{5,2}$

16. Determine o valor de $n$ nos seguintes casos:

a) $C_{n,2} = 3$

b) $\frac{A_{n,3}}{A_{n,2}} = 7$

c) $\frac{A_{n,3}}{C_{n,4}} = 8$

17. **[CIDADANIA]** A diretoria de uma ONG tem 12 membros. Para apresentar seu projeto em programas de televisão, eles precisam formar uma comissão com quatro membros onde figurem o presidente e o vice-presidente juntos. De quantas maneiras pode ser formada essa comissão?

18. **[COTIDIANO]** Um fã clube de uma banda de *rock* tem 15 fundadoras. De quantos modos diferentes um grupo com três membros das fundadoras pode ser formado para ir ao camarim dos componentes da banda?

19. **[ARTES]** Maria precisa pintar a bandeira representada ao lado de vermelho e azul. De quantas maneiras ela pode fazer a pintura?

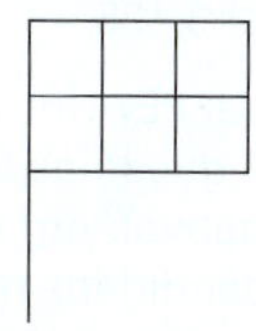

20. **[ADMINISTRAÇÃO]** Um hotel possui 12 quartos simples (para uma pessoa) disponíveis. De quantas maneiras o gerente desse hotel pode acomodar 9 executivos que virão participar de um congresso?

21. Classifique cada uma das igualdades a seguir como verdadeira ou falsa:

a) $\binom{13}{13} = 1$

b) $\binom{5}{3} = \binom{5}{2}$

c) $\binom{6}{2} + \binom{6}{3} = \binom{6}{5}$

d) $\binom{7}{5} = \binom{7}{3}$

e) $\binom{12}{0} = \binom{19}{0}$

22. Determine o valor de $x$ de modo que se tenha:

$$\binom{17}{2x} = \binom{17}{x+5}$$

23. Calcule a soma dos coeficientes numéricos de $(x + a)^4$.

24. **[TRABALHO]** Carlos monta computadores. De quantas maneiras ele pode escolher 4 teclados entre 6 modelos e 4 *mouses* entre 7 modelos?

25. **[ENTRETENIMENTO]** O diretor de um programa de televisão deseja fazer uma experiência: um cachorro é colocado em um labirinto e, de fora, seu dono o chama para que ele chegue no final do labirinto. De quantas maneiras o diretor pode escolher 5 participantes entre os 15 inscritos?

## QUESTÕES PROPOSTAS DE VESTIBULAR

**1.** (UFAM) A quantidade de números pares que se pode formar com quatro algarismos distintos é igual a:

a) 5.040
b) 1.356
c) 2.296
d) 3.600
e) 5.000

**2.** (UFRGS – RS) Para colocar preço em seus produtos, uma empresa desenvolveu um sistema simplificado de código de barras formado por cinco linhas separadas por quatro espaços. Podem ser usadas linhas de três larguras possíveis e espaços de duas larguras possíveis.
O número total de preços que podem ser representados por esse código é:

a) 1.440
b) 2.880
c) 3.125
d) 3.888
e) 4.320

**3.** (UFPE) Um teste de Matemática é composto de 7 questões de múltipla escolha, com cinco alternativas em cada questão (A, B, C, D e E). Se o candidato marca uma alternativa por questão, quantos são os gabaritos possíveis para o teste, nos quais a alternativa C aparece uma única vez?

a) $7 \cdot 5^6$
b) $7 \cdot 4^6$
c) $4 \cdot 7^6$
d) $6 \cdot 5^7$
e) $4 \cdot 6^7$

**4.** (UFOP – MG) O número de gabaritos possíveis para uma prova com 10 questões, com quatro alternativas por questão e apenas uma alternativa correta, é:

a) 40
b) $4^{10}$
c) $10^4$
d) 10

**5.** (Unirio – RJ) Os **quadrados latinos** têm aplicações em experimentação agronômica e zootécnica e consistem de matrizes $n \times n$, onde cada linha e cada coluna é uma permutação dos números 1, 2, ..., $n$. Um exemplo de quadrado latino $4 \times 4$ é:

| 1 | 2 | 3 | 4 |
|---|---|---|---|
| 2 | 1 | 4 | 3 |
| 3 | 4 | 1 | 2 |
| 4 | 3 | 2 | 1 |

Determine o número de quadrados latinos que podem ser formados com $n = 3$.

**6.** (UFAC) Considere todas as matrizes quadradas de ordem 2 cujos elementos (ou entradas) são 0 ou 1. O número dessas matrizes que são inversíveis é:

a) primo.
b) maior que 14.
c) negativo.
d) múltiplo de 6.
e) um quadrado perfeito.

**7.** (UFPE) De um grupo formado por 25 membros de um partido serão escolhidos três candidatos diferentes para disputar os cargos de vereador, deputado estadual e prefeito. De quantas maneiras os candidatos podem ser escolhidos?

a) 13.800
b) 13.700
c) 13.600
d) 13.500
e) 13.400

**8.** (UFC – CE) Dispõe-se de cinco cores distintas para confeccionar bandeiras com três listras horizontais de mesma largura. O número de bandeiras diferentes que se pode confeccionar, exigindo-se que listras vizinhas não tenham a mesma cor, é igual a:

a) 75
b) 80
c) 85
d) 90
e) 95

**9.** (UFES – adaptada) Um grupo de 12 pesquisadores, dentre eles dois brasileiros, José e Eduardo, deverão monitorar os vértices do acelerador de partículas do LNLS.

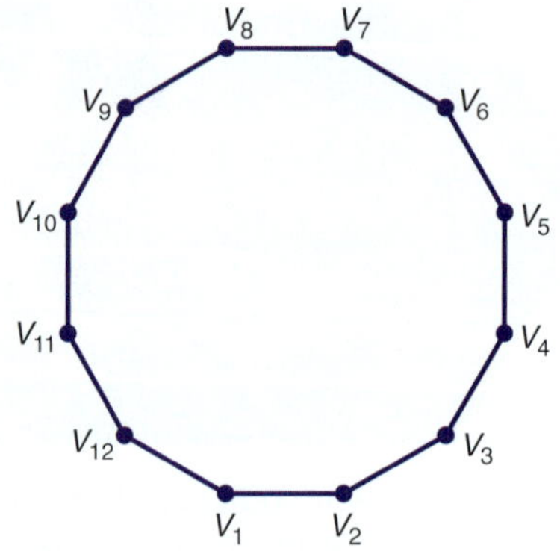


$V_1$, $V_2$, ..., $V_{12}$ são os vértices do acelerador

Se cada um dos vértices $V_1$, $V_2$, ..., $V_{12}$ do acelerador (veja figura acima) deve ser monitorado por exatamente um pesquisador do grupo, o número de possíveis maneiras de alocar esses pesquisadores nos vértices do acelerador, de modo que José e Eduardo não sejam alocados em vértices adjacentes, é:

a) $108 \times 10!$
b) $119 \times 10!$
c) $120 \times 10!$
d) $12! - 120$
e) $12! - 66$

**10.** (Ibmec – SP) A figura mostra as 10 vagas disponíveis no estacionamento de um prédio. As vagas grandes (G) podem ser ocupadas tanto por carros grandes quanto por pequenos, e as vagas pequenas (P) só podem ser ocupadas por carros pequenos. Duas vagas são consideradas adjacentes quando possuem uma faixa de demarcação comum.

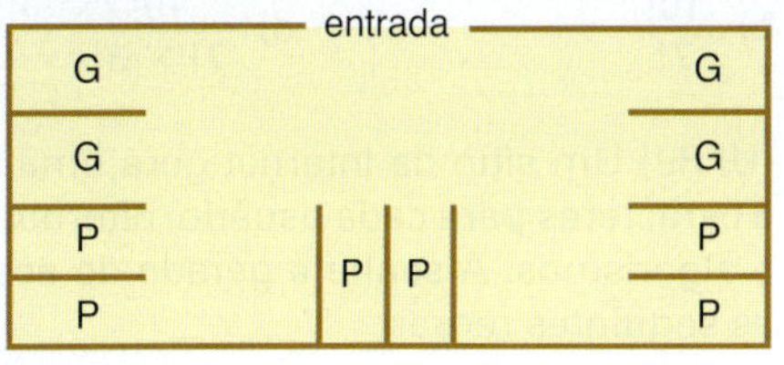


Um carro grande e um pequeno entram simultaneamente no estacionamento, quando este se encontra vazio. O número de maneiras distintas que eles podem estacionar de modo que não ocupem duas vagas adjacentes é igual a:

a) 76
b) 45
c) 36
d) 30
e) 21

**11.** (UFAL) Quantos números, distintos entre si e menores de 30.000, têm exatamente 5 algarismos não repetidos e pertencentes ao conjunto $\{1, 2, 3, 4, 5, 6\}$?

a) 90
b) 120
c) 180
d) 240
e) 300

**12.** (Udesc) Um conjunto de oito tanques, dispostos conforme mostra a figura, deverá ser cheio com diferentes tipos de ácidos, sendo que cada tanque deverá conter um único tipo de ácido, escolhido entre cinco tipos diferentes.

Por imposição técnica, dois tanques com vértices em comum não poderão conter o mesmo tipo de ácido; a quantidade de maneiras de se encher os tanques é:

a) 81.920
b) 390.625
c) 32.768
d) 65.536
e) 160.000

**13.** (UFRJ) O Sr. Ronaldinho é um fabricante de brinquedos fervorosamente nacionalista. Ele deseja fabricar cubos bicolores pintando cada face de verde ou de amarelo.

Determine quantos modelos diferentes de cubos ele pode produzir.

**14.** (Fuvest – SP) Maria deve criar uma senha de 4 dígitos para sua conta bancária. Nessa senha, somente os algarismos 1, 2, 3, 4 e 5 podem ser usados e um mesmo algarismo pode aparecer mais de uma vez. Contudo, supersticiosa, Maria não quer que sua senha contenha o número 13, isto é, o algarismo 1 seguido imediatamente pelo algarismo 3. De quantas maneiras distintas Maria pode escolher sua senha?

a) 551
b) 552
c) 553
d) 554
e) 555

**15.** (Unesp) Uma rede de supermercados fornece a seus clientes um cartão de crédito cuja identificação é formada por 3 letras distintas (dentre 26), seguidas de 4 algarismos distintos. Uma determinada cidade receberá os cartões que têm L como terceira letra, o último algarismo é zero e o penúltimo é 1. A quantidade total de cartões distintos oferecidos por tal rede de supermercados para essa cidade é:

a) 33.600
b) 37.800
c) 43.200
d) 58.500
e) 67.600

**16.** (UFBA) Considerando-se um cubo com centro em um ponto *P*, é correto afirmar:

(01) Existem exatamente 16 segmentos de reta cujos extremos são vértices do cubo e que não são arestas do cubo.

(02) Existem exatamente seis triângulos cujos vértices são o ponto *P* e dois vértices não consecutivos do cubo.

(04) Existem exatamente 12 tetraedros cujos vértices são o ponto *P* e três vértices de uma mesma face do cubo.

(08) A razão entre as medidas da diagonal e da aresta do cubo é igual a $\sqrt{3}$.

(16) Qualquer triângulo cujos vértices sejam também vértices do cubo é um triângulo retângulo.

(32) O volume do cubo é igual a seis vezes o volume de uma pirâmide cujos vértices são o ponto *P* e os vértices de uma mesma face do cubo.

Dê como resposta a soma dos números associados às proposições corretas.

**17.** (UFSM – RS) Uma pessoa esqueceu sua senha bancária de seis dígitos, escolhidos entre 0, 1, 2, 3, 4, 5, 6, 7, 8 e 9, diante de um caixa eletrônico. Lembrava-se apenas de que a sequência ordenada 2 0 0 3 figurava na senha, não sabendo se esse número localizava-se no começo, meio ou final da senha. Supondo que a pessoa levou um minuto em cada tentativa de testar a senha correta (considere isso possível) e que esgotou todas as possibilidades só acertando na última, quantos minutos a pessoa demorou nessa operação?

**18.** (Uespi) Quantos são os números naturais compostos que são maiores que $1.001! + 1$ e menores que $1.001! + 1.002$?

a) 0
b) 10
c) 100
d) 1.000
e) 10.000

**19.** (UCB – DF)

**Anagrama**

Um anagrama (do grego *ana* = "voltar" ou "repetir" + *graphein* = "escrever") é uma espécie de jogo de palavras, resultando do rearranjo das letras de uma palavra ou frase para produzir outras palavras, utilizando todas as letras originais exatamente uma vez. Um exemplo conhecido é o nome da personagem Iracema, claro anagrama de América, no romance de José de Alencar.

Anagramas são frequentemente expressos na forma de uma equação, com símbolos de igualdade (=) separando o objetivo original e o anagrama resultante. ATOR = ROTA é um exemplo de anagrama simples expresso desta forma. Como toda palavra é anagrama de si mesma, temos que CARRO = CARRO.

Internet: <http://pt.wikipedia.org/wiki/anagrama (com adaptações).

Utilizando as informações contidas no texto e com relação às letras das palavras AMOR e LOUCO, julgue os itens a seguir, classificando (V) para os verdadeiros e (F) para os falsos.

(1) Pode-se formar 60 anagramas com LOUCO.
(2) Pode-se formar 24 anagramas com AMOR.
(3) Pode-se formar 24 anagramas com LOUCO, começados por L.
(4) Pode-se formar 24 anagramas com LOUCO, começados por O.
(5) Pode-se formar 48 anagramas com AMOR com as letras R e O, juntas.

**20.** (UFMG) Para montar a programação de uma emissora de rádio, o programador musical conta com 10 músicas distintas, de diferentes estilos, assim agrupadas: **4 de MPB, 3 de *Rock* e 3 de *Pop*.**

Sem tempo para fazer essa programação, ele decide que, em cada um dos programas da emissora, serão tocadas, de forma aleatória, todas as 10 músicas.

Assim sendo, é CORRETO afirmar que o número de programas distintos em que as músicas vão ser tocadas **agrupadas por estilo** é dado por:

a) $4! \times 3! \times 3! \times 3!$
b) $\frac{10!}{7!}$
c) $4! \times 3! \times 3!$
d) $\frac{10!}{7! \times 3!}$

**21.** (UFRJ) Um sítio da Internet gera uma senha de 6 caracteres para cada usuário, alternando letras e algarismos. A senha é gerada de acordo com as seguintes regras:

- não há repetição de caracteres;
- começa-se sempre por uma letra;
- o algarismo que segue uma vogal corresponde a um número primo;
- o algarismo que segue uma consoante corresponde a um número par.

Quantas senhas podem ser geradas de forma que as três letras sejam A, M e R, em qualquer ordem?

**22.** (UCS – RS) Em cada uma das 10 questões da prova de Matemática deste vestibular constam cinco alternativas.

De quantas maneiras diferentes pode ser preenchido o gabarito da prova de Matemática, supondo que deverá ser assinalada apenas uma alternativa em cada questão?

a) $10^5$
b) $5^{10}$
c) 50
d) 5!
e) 10!

**23.** (Unesp) Quantos números de nove algarismos podem ser formados contendo quatro algarismos iguais a 1, três algarismos iguais a 2 e dois algarismos iguais a 3?

**24.** (Unesp) A figura mostra a planta de um bairro de uma cidade. Uma pessoa quer caminhar do ponto *A* ao ponto *B* por um dos percursos mais curtos. Assim, ela caminhará sempre nos sentidos "de baixo para cima" ou "da esquerda para a direita".

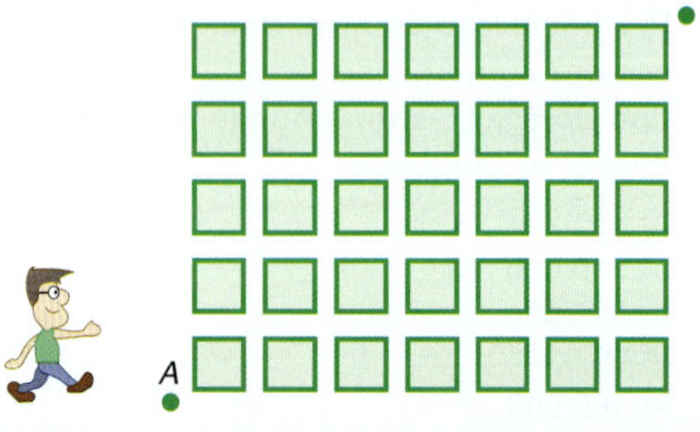

O número de percursos diferentes que essa pessoa poderá fazer de *A* até *B* é:

a) 95.040
b) 40.635
c) 924
d) 792
e) 35

**25.** (Udesc) Se $C_{m,\,p}$ simboliza a combinação de *m* elementos tomados *p* a *p*, então, $\log\left(C_{10,\,3}\right)$ é:

a) $3 + \log 2 + 2 \cdot \log 3$
b) $1 + \log 2 + 3 \cdot \log 3$
c) $2 + \log 2 + \log 3$
d) $1 + 2 \cdot \log 2 + \log 3$
e) $3 + \log 2 + \log 3$

**26.** (UFBA) Durante uma reunião, ocorreu uma divergência quanto à formação de uma comissão gestora a ser escolhida entre os presentes. Um grupo defendia uma comissão com três membros, sendo um presidente, um vice-presidente e um secretário. Outro grupo queria uma comissão com três membros sem cargos definidos. A primeira alternativa oferece 280 possibilidades de escolha a mais que a segunda.

Determine o número de pessoas presentes à reunião, sabendo-se que esse número é maior que 5.

**27.** (PUC – RS) Em uma sala existem 10 pessoas, sendo 8 mulheres e 2 homens. O número de possibilidades de formar, com essas 10 pessoas, um grupo que contenha exatamente 3 mulheres e 2 homens é:

a) $C_8^3$
b) $C_{10}^5$
c) $2 \cdot C_8^3$
d) $A_{10}^5$
e) $A_8^3$

**28.** (UEG – GO) Entre os 486 funcionários de uma agroindústria, há seis agrônomos e oito técnicos agrícolas. Deseja-se constituir uma comissão formada com cinco destes 14 profissionais, sendo que a comissão deve conter dois agrônomos e três técnicos agrícolas. A quantidade de comissões diferentes que podem ser formadas é:

a) 10.080
b) 2.002
c) 840
d) 71

**29.** (Fuvest – SP) Em uma classe de 9 alunos, todos se dão bem, com exceção de Andreia, que vive brigando com Manoel e Alberto. Nessa classe, será constituída uma comissão de cinco alunos, com a exigência de que cada membro se relacione bem com todos os outros.

Quantas comissões podem ser formadas?

a) 71
b) 75
c) 80
d) 83
e) 87

**30.** (Unifesp) Quatro pessoas vão participar de um torneio em que os jogos são disputados entre duplas. O número de grupos com duas duplas, que podem ser formados com essas 4 pessoas, é:

a) 3
b) 4
c) 6
d) 8
e) 12

**31.** (UFMG) A partir de um grupo de 14 pessoas, quer-se formar uma comissão de oito integrantes, composta de um presidente, um vice-presidente, um secretário, um tesoureiro e quatro conselheiros.

Nessa situação, de quantas maneiras distintas se pode compor essa comissão?

a) $\dfrac{14!}{4! \cdot 6!}$
b) $\dfrac{14!}{(4!)^2}$
c) $\dfrac{14!}{6! \cdot 8!}$
d) $\dfrac{14!}{4! \cdot 10!}$

**32.** (Fuvest – SP) Em uma certa comunidade, dois homens sempre se cumprimentam (na chegada) com um aperto de mão e se despedem (na saída) com outro aperto de mão. Um homem e uma mulher se cumprimentam com um aperto de mão, mas se despedem com um aceno. Duas mulheres só trocam acenos, tanto para se cumprimentarem quanto para se despedirem.

Em uma comemoração, na qual 37 pessoas almoçaram juntas, todos se cumprimentaram e se despediram na forma descrita acima. Quantos dos presentes eram mulheres, sabendo que foram trocados 720 apertos de mão?

a) 16
b) 17
c) 18
d) 19
e) 20

**33.** (UFSCar – SP) Em seu trabalho, João tem 5 amigos, sendo 3 homens e 2 mulheres. Já sua esposa Maria tem, em seu trabalho, 4 amigos (distintos dos de João), sendo 2 homens e 2 mulheres. Para uma confraternização, João e Maria pretendem convidar 6 dessas pessoas, sendo exatamente 3 homens e 3 mulheres. Determine de quantas maneiras eles podem convidar essas pessoas:

a) dentre todos os seus amigos no trabalho;
b) de forma que cada um deles convide exatamente 3 pessoas, dentre seus respectivos amigos.

**34.** (UERJ) Em uma barraca de frutas, as laranjas são arrumadas em camadas retangulares, obedecendo à seguinte disposição: uma camada de duas laranjas encaixa-se sobre uma camada de seis; essa camada de seis encaixa-se sobre outra de doze; e assim por diante, conforme a ilustração a seguir.

Sabe-se que a soma dos elementos de uma coluna do triângulo de Pascal pode ser calculada pela fórmula

$$C_p^p + C_{p+1}^p + C_{p+2}^p + \ldots + C_n^p = C_{n+1}^{p+1},$$

na qual $n$ e $p$ são números naturais, com $n \geqslant p$ e $C_n^p$ corresponde ao número de combinações simples de $n$ elementos tomados $p$ a $p$.

Com base nessas informações, calcule:

a) a soma $C_2^2 + C_3^2 + C_4^2 + \ldots + C_{18}^2$;

b) o número total de laranjas que compõem quinze camadas.

**35.** (UFPel – RS) O técnico Antonio Carlos Barbosa convocou 17 atletas que farão parte da seleção brasileira de basquetebol feminino, para participar dos Jogos Olímpicos de 2004. O jogo de estreia do grupo *A* está marcado para o dia 14 de agosto, entre Brasil e Japão, que terão como adversários, na primeira fase, Grécia, Rússia, Nigéria e Austrália.

http://www.cbb.com.br

a) Com base nos dados acima, calcule quantos jogos haverá na primeira fase, considerando-se que todos os países pertencentes ao grupo *A* tenham de jogar entre si.

b) Determine o número de equipes diferentes que o técnico Barbosa poderá formar, sabendo-se que o time de basquetebol é composto de 5 jogadoras.

**36.** (UFMT) *Braille* é o sistema de leitura e escrita mais utilizado pelos deficientes visuais em todo o mundo. Esse método tátil consiste em pontos em relevo, dispostos de maneiras diferentes para cada letra do alfabeto, números, símbolos e pontuação.

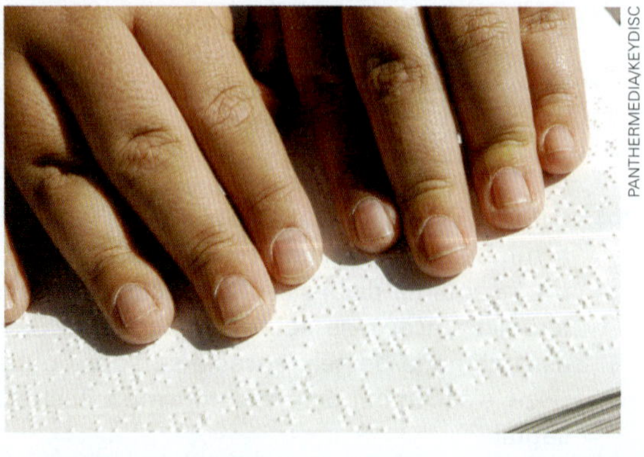

PANTHERMEDIA/KEYDISC

A unidade de leitura onde são assinalados os pontos para representar cada algarismo é denominada CELA. A figura abaixo ilustra uma CELA.

Admita que na ilustração abaixo estão as representações dos algarismos da base decimal nesse sistema.

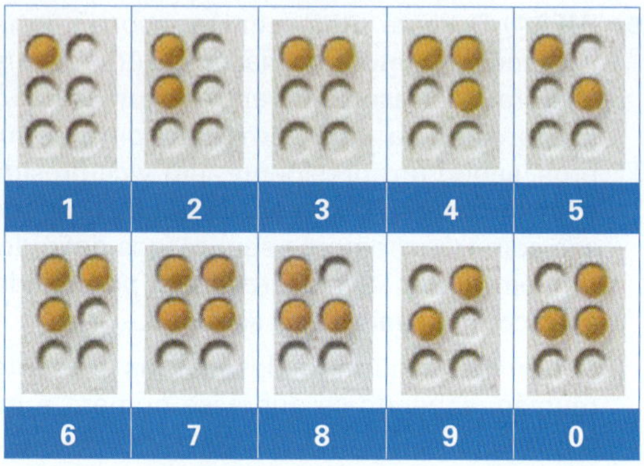


Adaptado da *Revista Galileu*, maio/2005, p. 82.

A partir das informações acima, quantas celas distintas, no sistema *Braille*, podem ser assinaladas com 1, 2, 3 e 4 pontos e NÃO representam algarismos da base decimal?

a) 78
b) 109
c) 380
d) 46
e) 506

**37.** (UEL – PR) Em um restaurante de comida a kg, são oferecidos os seguintes alimentos:

| Grupo I | Grupo II | Grupo III | Grupo IV |
|---|---|---|---|
| alface | arroz | carne bovina | banana |
| cenoura | batata | frango | maçã |
| beterraba | mandioca | peixe | mamão |
| tomate | macarrão | ovos | laranja |
| rúcula | lasanha | soja | abacaxi |
| | | | melão |
| | | | melancia |

Um nutricionista recomendou a um cliente desse restaurante que em sua dieta alimentar fossem consumidos, por refeição, dois alimentos do grupo I, dois do grupo II, um do grupo III e um do grupo IV. De quantos modos diferentes esse indivíduo pode compor sua refeição, seguindo essa dieta?

a) 32
b) 875
c) 3.500
d) 5.400
e) 1.4000

**38.** (UEM – PR) Quinze garotas estão posicionadas numa quadra esportiva para uma apresentação de ginástica, de modo que não se encontram três em uma linha reta, com exceção das garotas que trazem uma letra estampada na camiseta e que estão alinhadas formando a palavra AERÓBICA. O número de retas determinadas pelas posições das quinze garotas é...

**39.** (UNEB – BA) Sabendo-se que a diferença entre os números binominais $\binom{n}{3}$ e $\binom{n}{2}$ é igual a zero, pode-se afirmar que o determinante da matriz $\begin{pmatrix} -1 & 2 \\ -1 & n \end{pmatrix}$ é igual a:

a) $-3$
b) $-1$
c) 2
d) 4
e) 6

**40.** (UnB – DF – adaptada)

Uma opção para minimizar o problema da captação de água potável, nas próximas décadas, é o rebocamento de *icebergs* até as regiões mais necessitadas. O volume de um *iceberg*, entretanto, diminui durante seu deslocamento, devido ao atrito e à temperatura da água. A temperatura dos mares, em cada uma das cinco zonas climáticas do planeta, varia, conforme mostram os dados no gráfico abaixo. Informa-se a seguir também a porcentagem média do volume perdido por um *iceberg* por dia transcorrido em cada uma dessas zonas.

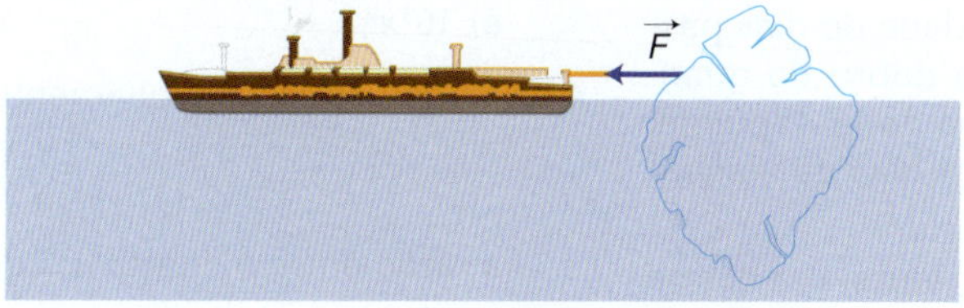


**Temperatura dos mares**

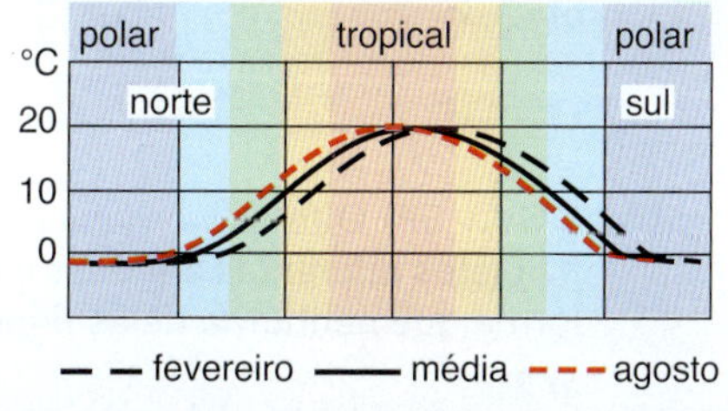


| zona climática | volume perdido (%) |
|---|---|
| tropical | 10 |
| subtropical | 8 |
| temperada | 6 |
| subpolar | 3 |
| polar | 1 |

PANTHERMEDIA/KEYDISC

Suponha que se deseje trazer um *iceberg* da região polar norte até o litoral pernambucano. Considere que, nesse percurso, em razão da zona climática em que se encontra, o *iceberg* perca parte de seu volume a cada dia transcorrido, conforme indicado anteriormente. Considerando que o *iceberg* não muda de forma ao derreter-se e que o número de dias transcorridos, em cada zona climática, é sempre um inteiro positivo, e tomando 0,35 como valor aproximado para $(0{,}9)^{10}$, julgue os itens seguintes:

(1) Ao chegar ao seu destino, o *iceberg* se encontrará em águas de temperaturas superiores a 15 °C.

(2) O volume final do *iceberg*, após ter passado dois dias na zona polar e dois dias na zona subpolar, é superior a 97% de seu volume inicial.

(3) Suponha que a viagem, a partir da zona polar norte em direção ao litoral pernambucano, dure 31 dias e que a quantidade de dias passados em uma zona seja o dobro da quantidade de dias passados na zona seguinte. Nessa situação, são gastos 4 dias de viagem na zona temperada.

(4) A razão de semelhança $r$ entre o volume do *iceberg* na entrada de uma zona climática e o volume do *iceberg* após $d$ dias de viagem na mesma zona, na qual ele perde $t$% de seu volume por dia, é expressa por:

$$r = \left(1 - \frac{t}{100}\right)^{\frac{1}{3d}}$$

(5) Considerando-se apenas o degelo do *iceberg*, em uma viagem de 20 dias, dos quais pelo menos um dia é gasto em cada uma das zonas climáticas do percurso a partir da zona polar norte até o litoral pernambucano, é possível que o *iceberg* chegue ao seu destino com menos de 10% de seu volume inicial.

(6) Considere que o roteiro de uma viagem da zona polar norte ao litoral pernambucano é definido como o número de dias gastos em cada uma das zonas climáticas percorridas desde a origem até o destino final. Nessa situação, a quantidade de possíveis roteiros distintos de uma tal viagem com duração total de 8 dias em que se gasta pelo menos 1 dia em cada zona climática percorrida é igual a:

$$\binom{5}{3} + 2 \times \binom{5}{2} + \binom{5}{1}$$

**41.** (UECE) O termo independente de $x$ no desenvolvimento de $\left(2x + \frac{1}{2x}\right)^{12}$ é:

a) 249
b) 270
c) 720
d) 924

**42.** (UEFS – BA) Desenvolvendo-se o binômio

$$\left(5x - \frac{2}{x^4}\right)^6$$

obtém-se uma expressão algébrica cujo termo médio é igual a:

a) $\frac{-2 \cdot 10^4}{x^9}$

b) $\frac{2 \cdot 10^4}{x^2}$

c) $\frac{-5 \cdot 10^3}{x^4}$

d) $5 \cdot 10^3 \cdot x^5$

e) $10^4x^9$

**43.** (UEPB) No desenvolvimento do binômio

$$\left(x + \frac{1}{x}\right)^{10}$$

a razão entre o quarto e o quinto termos é:

a) $\frac{4}{7}$
b) $\frac{4}{7}x^2$
c) $\frac{5}{7}x^2$
d) $\frac{4}{5}x^2$
e) $\frac{4}{7}x^3$

**44.** (FGV – SP) O total de maneiras de distribuirmos $n$ objetos diferentes em duas caixas diferentes de forma que nenhuma delas fique vazia é igual a:

a) $2^{n-1}$
b) $2^{n-2}$
c) $2^n - 1$
d) $2^n - 2$
e) $2^n$

**45.** (Unifor – CE) No desenvolvimento da expressão

$$\left[(x + 2y + 1)(x + 2y - 1)\right]^3$$

pelo binômio de Newton, o número de parcelas distintas que serão obtidas é:

a) 6
b) 7
c) 11
d) 16
e) 18

## Programas de Avaliação Seriada

**1.** (PSS – UFS – SE) Alzira e Bertoldo compraram sete ingressos para um certo espetáculo teatral e pretendem convidar cinco de seus amigos para acompanhá-los nesse programa. Considerando que os ingressos correspondem a todas as poltronas de uma mesma fila do teatro, analise a veracidade das afirmações seguintes:

(1) Se Alzira, Bertoldo e seus cinco amigos forem ao espetáculo, poderão se acomodar de 5.040 maneiras distintas nos lugares a eles reservados.

(2) Se Alzira e Bertoldo forem ao espetáculo com apenas três dos convidados, os cinco poderão ocupar, de 2.520 modos distintos, quaisquer cinco poltronas da fila reservada.

(3) Os anagramas da palavra ALZIRA, que começam e terminam por consoante, totalizam 144 unidades.

(4) Se os ingressos forem usados por 4 mulheres e 3 homens, então para que não fiquem dois homens ou duas mulheres sentados lado a lado, as sete pessoas poderão se acomodar de 288 modos distintos nas poltronas reservadas.

(5) Se os ingressos têm preços diferenciados – R$ 50,00 para homens e R$ 25,00 para mulheres – e para pagar os sete ingressos foram desembolsados R$ 250,00, então o número de mulheres do grupo era menor que o de homens.

**2.** (PISM – UFJF – MG) Manoel esqueceu-se da senha de seu *e-mail*. Ele sabia que a senha de 5 dígitos distintos era formada pelos dígitos 1, 2, 3, 4 e 5. Além disso, lembrou-se de que o primeiro dígito era diferente de 1, e que o último era diferente de 5. O número máximo de senhas distintas que ele deverá testar para acessar o seu *e-mail* é:

a) 66
b) 72
c) 78
d) 116
e) 120

**3.** (PASES – UFV – MG) No segundo semestre de 2006, os alunos das três turmas de Cálculo da UFV fizeram as provas em um auditório no mesmo dia e horário. O professor responsável elaborou uma prova com 10 questões, das quais cada aluno deveria escolher exatamente 7 para responder. Sabe-se que não houve duas escolhas das mesmas 7 questões entre todos os alunos da turma. Logo, o número máximo de alunos que fez a prova é:

a) 120
b) 150
c) 180
d) 110

**4.** (SAS – UEG – GO) Uma fábrica de brinquedos quer fazer um jogo de cartas no seguinte formato:

- Cada carta tem duas faces, $A$ e $B$. Na face $A$ vai ser impresso o logotipo da empresa, e a face $B$ será dividida ao meio por um traço contínuo.
- Em cada lado da face $B$ será impresso um algarismo de 0 a 9, ou seja, a face $B$ de cada carta representará um par de algarismos $(a, b)$.
- Uma carta que representa um par $(a, b)$ representa também um par $(b, a)$.

O número mínimo de cartas para esse jogo, de tal forma que todos os pares possíveis desses algarismos estejam representados, é:

a) 81
b) 72
c) 64
d) 55

**5.** (PSS – UEPB) Em um torneio de futsal, em que cada equipe jogou uma única vez contra cada uma das demais, foram realizados, no total, 105 jogos. Quantas equipes participaram desse torneio?

# 10 Capítulo

## Objetivos do Capítulo

- ▸ Conceituar espaço amostral, evento e probabilidade de ocorrência de um evento.
- ▸ Explorar as principais propriedades de probabilidade.
- ▸ Trabalhar com probabilidade condicional, eventos independentes e distribuição binomial.
- ▸ Aplicar os conceitos estudados em diversos contextos.

# PROBABILIDADE

## QUEM QUER SER UM MILIONÁRIO?

Esse é o título de um filme lançado em 2008 e vencedor do prêmio Oscar em 8 categorias. Nele, Jamal, um adolescente indiano de 18 anos, que trabalha servindo chá em uma empresa de *telemarketing*, se inscreve e participa de um programa de TV de perguntas e respostas cujo prêmio final é 20 milhões de rúpias, aproximadamente 1 milhão de reais. Sem instrução, ele consegue se desempenhar bem buscando em sua vida as respostas às perguntas que lhe são feitas.

Quantas pessoas você conhece que, na vida real, conseguiram ter um milhão de reais participando de um programa de TV apenas com sua experiência de vida? Isso é possível? Sim, mas pouquíssimo provável.

Então, qual é a probabilidade (tema deste nosso capítulo) de um indivíduo conseguir amealhar um milhão de reais em sua vida, partindo do zero, e como fazê-lo?

Pensando em termos de Brasil, e mantidas as condições econômicas atuais, a probabilidade de que uma pessoa que aplique na Caderneta de Poupança R$ 300,00 a cada mês, durante 30 anos, sem nenhuma retirada, tenha acumulado a quantia de 1 milhão de reais ao final desse período é de 100%. Assim, se você começar essa poupança aos 21 anos, aos 51 já será um milionário no sentido real da palavra. Porém, o mesmo não acontecerá se você poupar R$ 1.000,00 por mês, por 10 anos.

# 1. Experimento Aleatório, Espaço Amostral e Evento

Você já imaginou quais são suas possibilidades de ganhar na Mega-Sena? ou o quanto é difícil ou não existir famílias com três filhas meninas? ou por que você tem ou não olhos verdes?

Essas e outras situações que envolvem questões desse tipo podem ser respondidas com o auxílio dos conceitos que vamos conhecer aqui.

No século XIV, navios tripulados com homens corajosos partiam em busca de riquezas, deixando para trás mulheres saudosas e a esperança de uma vida melhor na sua volta! Isso se houvesse volta, pois caso o destino não permitisse, esses homens nunca mais veriam suas famílias.

Porém, além das famílias, outras pessoas estavam muito interessadas no retorno desses navios, pois lucrariam muito com sua carga e, caso algum não retornasse, perderiam boa parte de seus investimentos. Eis o começo da probabilidade! Para calcular o lucro que um navio precisava dar, além dos custos da embarcação em si, era também necessário determinar a probabilidade de um navio voltar. Assim, duas teorias nasceram: a probabilidade, tema deste nosso capítulo, e a análise de risco. Depois disso, as pessoas não precisavam mais depender apenas do destino!

Qual a probabilidade de um casal com dois filhos ter uma terceira criança do sexo feminino? O estudo do tema probabilidade auxilia a buscar a resposta a essa e outras situações de nossa vida.

PANTHERMEDIA/KEYDISC

Para iniciarmos o nosso estudo, considere as seguintes situações.

- $E_1$: lançamos um dado com 6 faces (numeradas de 1 a 6) e anotamos o número que aparece na face voltada para cima.
- $E_2$: sorteamos uma das 52 cartas de um baralho.
- $E_3$: escolhemos aleatoriamente um aluno dentre os 40 de uma sala.

Esses são exemplos do que chamamos de **experimento aleatório**, isto é, qualquer situação na qual o resultado depende apenas do acaso, mas em que é possível discriminar todas as possibilidades de resultados. Vejamos o que acontece nos casos citados acima:

- no experimento $E_1$, os resultados possíveis no lançamento de um dado formam o conjunto $\Omega = \{1, 2, 3, 4, 5, 6\}$;
- em $E_2$, as possibilidades de resultado são todas as 52 cartas de um baralho;
- já em $E_3$, os possíveis resultados da escolha aleatória são cada um dos alunos daquela sala de aula.

Esses conjuntos são denominados **espaços amostrais** do experimento.

> **Espaço amostral** $\Omega$ é o conjunto de todos os resultados possíveis para um experimento.

**Saiba +**

$\Omega$ é uma letra grega maiúscula e se lê "ômega".

**Saiba +**

Uma moeda tem duas faces: aquela em que aparece seu valor é chamada de **coroa**, pois as moedas antigas tinham o valor indicado por coroas, e a face em que aparece o rosto de uma figura humana é chamada de **cara**, devido ao fato de antigamente ser cunhada a face do rei.

BRUNO ZANINI

cara coroa

## Exemplos

a) O espaço amostral no lançamento de uma moeda é: $\Omega = \{\text{cara, coroa}\}$

b) O espaço amostral no lançamento simultâneo de duas moedas é o conjunto:

$$\Omega = \{(\text{cara, cara}), (\text{cara, coroa}), (\text{coroa, cara}), (\text{coroa, coroa})\}$$

c) No experimento "escolher ao acaso uma das letras da palavra AMOR", o espaço amostral é: $\Omega = \{A, M, O, R\}$ ■

Considere agora a situação a seguir.

Marina e Mateus gostam muito de brincar com baralho. Um primo de fora do país chegou e eles resolveram explicar como é um baralho comum para poderem brincar juntos e aproveitar para estudar experimentos aleatórios, tema que estão estudando em Matemática.

Um baralho comum é composto de 52 cartas, divididas em quatro naipes:

ouros (♦), espadas (♠), copas (♥) e paus (♣)

Cada naipe tem 13 cartas cujas faces são nomeadas como segue:

- faces com números de 2 a 10;
- faces com figuras: valete (J), dama (Q) e rei (K);
- face com o ás (A), que pode ser usado também como número 1.

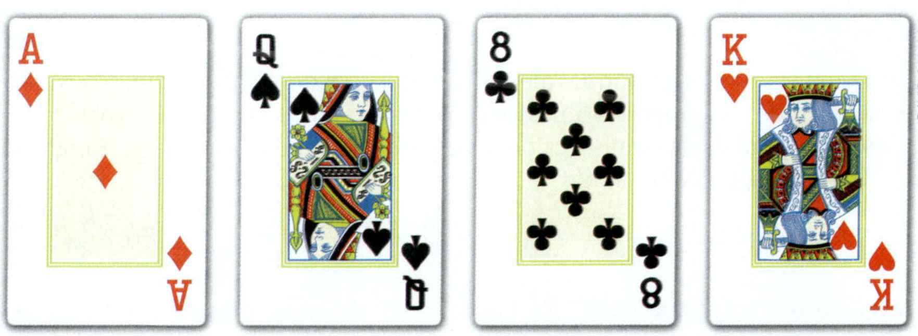


DAVID CAMPOS

Já vimos que "retirar, ao acaso, uma carta de um baralho comum e observar o que aparece em sua face" é um experimento aleatório e conhecemos todas as 52 possibilidades de resultado.

PANTHERMEDIA/KEYDISC

No entanto, se escolhermos uma situação específica para ser observada nesse experimento, como, por exemplo, "sair um ás", estamos tomando um subconjunto do espaço amostral Ω desse experimento, no caso, o subconjunto:

$$A = \{\text{ás de ouros, ás de paus, ás de copas, ás de espadas}\}$$

Repare que esse subconjunto *A* de Ω tem 4 possibilidades de ocorrer dentre as 52 existentes e dizemos que ele é um *evento* do experimento aleatório descrito.

> **Evento** é qualquer subconjunto do espaço amostral de um experimento aleatório.

**Exemplos**

a) No experimento lançar uma moeda e observar a face que ficou voltada para cima, "sair cara" é um evento desse experimento.

b) No lançamento simultâneo de duas moedas, "sair duas faces iguais" ou "não sair duas coroas" são eventos desse experimento.

c) No sorteio de uma letra da palavra AMOR, "sair uma vogal" é um evento desse experimento.

## 1.1 NÚMERO DE ELEMENTOS DE UM ESPAÇO AMOSTRAL E DE UM EVENTO

Uma ferramenta que nos auxiliará na continuidade do estudo deste capítulo é a determinação do número de elementos de um conjunto. Para isso, usaremos os *métodos de contagem* que vimos no capítulo anterior.

Vamos, então, acompanhar os exemplos a seguir e verificar como podemos encontrar o número de elementos do espaço amostral de um experimento aleatório e de seus eventos.

> **Recorde**
>
> Indicamos o número de elementos de um conjunto finito *X* por n(*X*)

> **Recorde**
>
> O número de *combinações* de *n* elementos tomados *p* a *p* é dado por:
>
> $$C_{n,\,p} = \frac{n!}{p! \cdot (n - p)!}$$
>
> Lembre-se de que nesse caso a ordem dos elementos não importa. Por isso, usamos o cálculo de uma *combinação* quando procuramos o número de elementos de um conjunto.

**Exemplos**

a) Vamos determinar o número de elementos do espaço amostral dos experimentos citados anteriormente neste capítulo:
   - para o experimento $E_1$, "lançamento de um dado com 6 faces", temos que $n(\Omega) = 6$;
   - para o experimento $E_2$, "sortear uma das 52 cartas de um baralho", temos que $n(\Omega) = 52$;
   - para o experimento $E_3$, "escolher aleatoriamente um aluno dentre os 40 de uma sala", temos que $n(\Omega) = 40$.

b) Para o experimento "formar aleatoriamente uma comissão de cinco pessoas, a partir de um grupo de 8 pessoas", o espaço amostral de Ω é formado por todas as possíveis comissões de 5 pessoas, escolhidas a partir de um grupo de 8 pessoas. Assim, temos:

$$n(\Omega) = C_{8,\,5} = \frac{8!}{5! \cdot 3!} = \frac{8 \cdot 7 \cdot 6 \cdot 5!}{5! \cdot 3 \cdot 2 \cdot 1} = 8 \cdot 7 = 56$$

c) O evento *C* "sair cara" no lançamento de uma moeda é o conjunto $C = \{\text{cara}\}$. Repare que $n(C) = 1$.

d) O evento *I* "sair duas faces iguais" no lançamento simultâneo de duas moedas é o conjunto $I = \{(\text{cara, cara}), (\text{coroa, coroa})\}$ e $n(I) = 2$.

## Exercícios Resolvidos

**ER. 1** No lançamento simultâneo de 3 moedas, determine o número de resultados possíveis.

> **Responda**
>
> Qual seria o número de resultados possíveis no lançamento simultâneo de 4 moedas não viciadas? E no lançamento de *n* moedas?

**Resolução:** Vamos apresentar um esquema da situação:

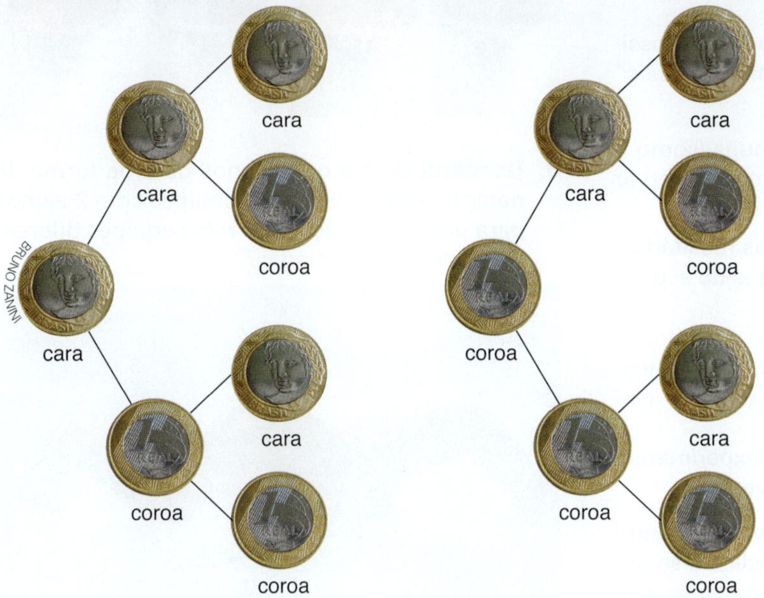


Sendo c (cara) e k (coroa), os resultados possíveis para o lançamento de 3 moedas são dados pelos elementos do espaço amostral:

$$\Omega = \{(c, c, c), (c, c, k), (c, k, c), (c, k, k), (k, c, c), (k, c, k), (k, k, c), (k, k, k)\}$$

Logo: $n(\Omega) = 8$

---

**ER. 2** [LAZER] Para determinar quem inicia uma partida de um jogo, escolhem-se duas cartas de um baralho de 52 cartas e anotam-se os pontos obtidos:

- cartas numeradas de 2 a 7 valem 5 pontos;
- o ás vale 15 pontos;
- cartas numeradas de 8 a 10 e figuras valem 10 pontos.

Determine o número de elementos do evento *A*: obter 15 pontos com duas cartas de paus.

**Resolução:** Como os valores possíveis dos pontos das cartas são 5, 10 e 15, para formar 15 pontos, temos apenas duas situações possíveis de ocorrência do evento *A* com as 13 cartas de paus:

- 1.ª carta valendo 5 pontos: 6 cartas; 2.ª carta valendo 10 pontos: 6 cartas } total de possibilidades $= 6 \cdot 6 = 36$
- 1.ª carta valendo 10 pontos: 6 cartas; 2.ª carta valendo 5 pontos: 6 cartas } total de possibilidades $= 6 \cdot 6 = 36$

Logo, $n(A) = 36 + 36 = 72$.

---

**ER. 3** [SEGURANÇA] Dentre os 10 policiais de uma delegacia, 6 precisam estar de plantão. De quantas formas podemos selecionar aleatoriamente os policiais que irão trabalhar no plantão?

**Resolução:** Sendo *A* o conjunto das possíveis seleções, o número de elementos de *A* é igual às combinações de 10 policiais escolhidos 6 a 6. Assim:

$$n(A) = C_{10,\,6} = \frac{10!}{6! \cdot 4!} = \frac{10 \cdot 9 \cdot 8 \cdot 7 \cdot 6!}{6! \cdot 4 \cdot 3 \cdot 2 \cdot 1} = 10 \cdot 3 \cdot 7 = 210$$

Logo, podemos fazer essa seleção de 210 formas diferentes.

## Exercícios Propostos

**1.** Considere o experimento lançar dois dados cúbicos com faces numeradas de 1 a 6, simultaneamente, e observar que número saiu em cada face voltada para cima.

a) Determine o espaço amostral desse experimento.

b) Nesse experimento, descreva todas as possibilidades de o evento "sair números iguais" ocorrer.

**2.** No lançamento de dois dados comuns (como o descrito na questão anterior), vamos observar os números das faces voltadas para cima.

a) Discriminando todos os possíveis resultados, determine o número de elementos do espaço amostral desse experimento.

b) Descreva um procedimento para encontrar o número de elementos desse espaço amostral sem discriminar cada um de seus elementos.

c) Considere o evento $S_{\text{cinco}}$ desse experimento. Descreva os elementos desse evento.

**3.** **[Esporte]** Em um campeonato de voleibol entre alunos de três escolas, *A*, *B* e *C*, realizou-se um sorteio para decidir em qual das escolas se realizariam os jogos desse campeonato. Determine o espaço amostral desse sorteio.

**4.** **[Recursos humanos]** Sabe-se que em uma editora há três vagas para revisores de texto. Candidataram-se 18 pessoas para essas vagas. De quantas formas diferentes podemos escolher, ao acaso, 3 das 18 pessoas para ocupar essas vagas?

**5.** **[*Marketing*]** Uma indústria de tintas vai selecionar duas residências dentre 24 inscritas para receberem uma tinta especial, para ambientes exteriores, antifungo. De quantas maneiras diferentes essas duas residências podem ser escolhidas?

PANTHERMEDIA/KEYDISC

**6.** **[Esporte]** Dentre os 7 alunos de uma turma de natação, devemos formar equipes com 2 alunos para uma competição. Quantas equipes diferentes podem ser formadas?

PANTHERMEDIA/KEYDISC

**7.** **[Trânsito]** Por causa do grande número de veículos de um país, está sendo adotado um sistema de rodízio de automóveis que consiste na seguinte proibição: em dias pares não devem circular carros com placas de final par e em dias ímpares não devem circular carros com placas de final ímpar. Se há *n* carros nesse país, sendo que o número de carros com placas de final par é o dobro do número de carros com placas de final ímpar, quantos são os elementos do evento: escolher um carro que não deve circular no dia 5?

## 2. Probabilidade de um Evento

Considere a situação em que, no experimento "lançamento simultâneo de 3 moedas", queremos que o evento *A* "sair pelo menos uma cara" ocorra.

Sendo c (cara) e k (coroa), o espaço amostral desse experimento é o conjunto:

$$\Omega = \{(c, c, c), (c, c, k), (c, k, c), (k, c, c), (c, k, k), (k, c, k), (k, k, c), (k, k, k)\}$$

O evento *A* é o seguinte subconjunto desse espaço amostral:

$$A = \{(c, c, c), (c, c, k), (c, k, c), (k, c, c), (c, k, k), (k, c, k), (k, k, c)\}$$

Desse modo, em 7 dos 8 possíveis resultados desse experimento o evento *A* ocorre. Por isso, dizemos que a *probabilidade* de o evento *A* ocorrer é de $\frac{7}{8}$.

Sendo $\Omega$ um espaço amostral finito e não vazio de um experimento aleatório e $A$ um evento desse espaço amostral, chamamos de **probabilidade de o evento $A$ ocorrer** a razão entre o *número de casos favoráveis* e o *número de casos possíveis*, isto é, a razão entre o número de elementos do evento $A$ e o número de elementos do espaço amostral $\Omega$. Então, indicando a probabilidade do evento $A$ por $P(A)$, temos:

$$P(A) = \frac{\text{número de casos favoráveis}}{\text{número de casos possíveis}}$$

$$P(A) = \frac{n(A)}{n(\Omega)}$$

**Recorde**

A razão entre dois números $x$ e $y$, com $y$ diferente de zero, é o quociente entre $x$ e $y$.

EXEMPLOS

a) No lançamento simultâneo de 3 moedas, a probabilidade de sair pelo menos uma cara (evento $A$) é:

$$P(A) = \frac{n(A)}{n(\Omega)} = \frac{7}{8}$$

b) A probabilidade de sair o número 6 (evento $B$) ao jogarmos uma vez um dado honesto é:

$$P(B) = \frac{\text{número de casos favoráveis}}{\text{número de casos possíveis}} = \frac{1}{6}$$

c) Em um sorteio de uma carta dentre as 52 cartas de um baralho, a probabilidade de que ela seja de copas (evento $C$) é dada por:

$$P(C) = \frac{n(C)}{n(\Omega)} = \frac{13}{52} = \frac{1}{4} = 25\%$$

**Saiba +**

Um *dado honesto* (ou *não viciado*) é aquele em que a probabilidade de sair um número é a mesma para quaisquer outros números desse dado.

Já um *dado viciado* é aquele propositalmente modificado para que a probabilidade seja diferente para um ou mais de seus números.

## Classificação de eventos

- **Evento certo** é aquele que tem 100% de possibilidade de ocorrer, ou seja, tem probabilidade igual a 1.
  Por exemplo, o espaço amostral $\Omega$, que também é um evento (todo conjunto é subconjunto de si mesmo), é um evento certo, pois tem 100% de certeza de ocorrência:

$$P(\Omega) = \frac{\text{número de casos favoráveis}}{\text{número de casos possíveis}} = \frac{n(\Omega)}{n(\Omega)} = 1$$

- **Evento impossível** é aquele que **não** tem possibilidade de ocorrer, ou seja, tem probabilidade igual a zero (ou 0%).
  Por exemplo, no lançamento de um dado comum, considere o evento $I$ "sair face com número 9". Como as faces de um dado comum são numeradas de 1 a 6, não há possibilidade de ocorrer face com número 9:

$$P(I) = \frac{\text{número de casos favoráveis}}{\text{número de casos possíveis}} = \frac{n(I)}{n(\Omega)} = \frac{0}{6} = 0$$

**Atenção!**

O evento impossível é o conjunto $\emptyset$, que é subconjunto de qualquer conjunto.

- **Evento elementar** é aquele que é formado por uma única possibilidade dentre os casos possíveis de ocorrer, ou seja, é um conjunto unitário. Sendo assim, sua probabilidade é $\frac{1}{n(\Omega)}$.
  Por exemplo, no lançamento de uma moeda, considere o evento $M$: sair cara. Veja que $M = \{\text{cara}\}$ é um evento elementar. Assim, vem:

$$P(M) = \frac{\text{número de casos favoráveis}}{\text{número de casos possíveis}} = \frac{n(M)}{n(\Omega)} = \frac{1}{2}$$

**Faça**

Dê outro exemplo de espaço equiprovável. Justifique sua resposta.

- **Espaço amostral equiprovável** é aquele em que todos os seus eventos elementares têm probabilidades iguais. Por exemplo:
No lançamento de uma moeda honesta, o espaço amostral $\Omega = \{\text{cara, coroa}\}$ é equiprovável, pois seus eventos elementares "sair cara" (evento $A$) e "sair coroa" (evento $B$) têm probabilidades iguais:

$$P(A) = P(B) = \frac{1}{2}$$

**Observação**

Em nosso estudo, vamos trabalhar apenas com espaços amostrais finitos. Contudo, é possível estender o conceito de probabilidade para um espaço amostral infinito.

Isso ocorre, por exemplo, quando se deseja determinar a probabilidade de um celular ter sinal em um determinado ponto do Brasil.

Nesse caso, a probabilidade é obtida pela razão entre a área de cobertura da operadora (casos favoráveis) e área do território brasileiro (casos possíveis).

Note que nessa situação o espaço amostral é formado pela *superfície do território brasileiro*, que é um conjunto infinito de pontos. ■

## Exercícios Resolvidos

**ER. 4** No lançamento de um dado honesto com faces numeradas de 1 a 6, determine a probabilidade de a face voltada para cima ser divisor do número 10.

**Resolução:** O espaço amostral ($\Omega$) é o conjunto formado pelos possíveis resultados obtidos nas faces voltadas para cima. Assim, $n(\Omega) = 6$.

Queremos determinar a probabilidade de o evento $A$ ocorrer (ou seja, face voltada para cima ser divisor do número 10). Assim, temos $A = \{1, 2, 5\}$ e $n(A) = 3$. Daí, vem:

$$P(A) = \frac{n(A)}{n(\Omega)} = \frac{3}{6} = 0{,}5$$

Logo, essa probabilidade é 0,5 ou 50%.

**ER. 5** [LAZER] Em um jogo, a cada rodada os jogadores lançam cada um dois dados comuns (numerados de 1 a 6). Vence o primeiro jogador que conseguir um número ímpar no produto dos números obtidos nos dados. Nessas condições, qual é a probabilidade de que o primeiro jogador vença na primeira rodada?

**Resolução:** O conjunto $\Omega$ é formado pelos pares ordenados compostos pelos números das faces voltadas para cima nos dados. Assim:

$$n(\Omega) = 6 \cdot 6 = 36$$

Para que o produto dos números obtidos nos dados seja ímpar (evento $A$), cada dado deve ter um número ímpar. Assim, as possíveis ocorrências desse evento $A$ são:

$$(1, 1), (1, 3), (1, 5), (3, 1), (3, 3), (3, 5), (5, 1), (5, 3) \text{ e } (5, 5)$$

Com isso, $n(A) = 9$ e a probabilidade desse evento, na 1.ª jogada, é dada por:

$$P(A) = \frac{n(A)}{n(\Omega)} = \frac{9}{36} = \frac{1}{4} = 0{,}25$$

Logo, essa probabilidade é 0,25 ou 25%.

**ER. 6** [COTIDIANO] Qual é a probabilidade de que, fazendo um jogo com 6 números, um apostador acerte os 6 números na Mega-Sena?

**Resolução:** Como na Mega-Sena existem 60 números, e são sorteados apenas 6 números, o espaço amostral $\Omega$ é o número de jogos possíveis. Assim:

$$n(\Omega) = C_{60,\,6} = 50.063.860$$

**Faça**

Mostre que: $C_{60,\,6} = 50.063.860$

Como o apostador fez apenas um jogo de 6 números (evento $A$), temos $n(A) = 1$. Assim:

$$P(A) = \frac{n(A)}{n(\Omega)} = \frac{1}{50.063.860} \simeq 0{,}000002\%$$

Logo, essa probabilidade é aproximadamente 0,000002%.

## Exercícios Propostos

**8.** **[LAZER]** Escolhendo aleatoriamente uma carta de um baralho (52 cartas), qual é a probabilidade de ela ser uma figura?

**9.** **[DIVERSÃO]** Em jogos de RPG (*Role Playing Game*) frequentemente são utilizados dados com 20 faces congruentes (icosaedros regulares). Essas faces são numeradas de 1 a 20. Ao lançar um dado como esse, qual é a probabilidade de sair um número múltiplo de 3?

**10.** Considere o conjunto $T$ de números naturais tais que:

$$T = \{2, 3, 4, ..., 59, 60\}$$

Qual é a probabilidade de escolhermos um elemento de $T$ que seja múltiplo de 5 e de 6?

**11.** **[SEGURANÇA]** Uma instituição bancária entregou uma senha com três algarismos distintos para cada um de seus clientes.

a) Quantas são as possíveis senhas?

b) Qual é a probabilidade de um cliente ter recebido uma senha que tenha apenas os algarismos 1, 2 e 3?

**12.** No lançamento de um dado não viciado, qual é a probabilidade de obtermos um número ímpar?

**13.** **[COTIDIANO]** Em uma sala de aula com 40 alunos, 26 são meninos. Qual é a probabilidade de sortearmos ao acaso uma menina?

**14.** No lançamento simultâneo de 2 dados, qual é a probabilidade de, nas faces voltadas para cima, obtermos:

a) números cuja soma é 9?

b) números cuja soma é 6?

c) números cujo produto é par?

d) números cujo produto é múltiplo de 5?

**15.** **[LAZER]** Em um baralho de 52 cartas existem 13 cartas de cada naipe (ouros, copas, paus e espadas). Qual é a probabilidade de retirarmos uma carta de espadas?

**16.** No lançamento de duas moedas, qual é a probabilidade de obtermos uma cara e uma coroa?

**17.** Em uma caixa há 20 cartões numerados de 1 a 20. Um cartão é selecionado ao acaso. Qual é a probabilidade de que o número no cartão:

a) seja um múltiplo de 4?

b) seja par?

c) seja maior que 15?

d) seja divisível por 5?

e) não seja um múltiplo de 6?

**18.** Uma letra da palavra FERTILIDADE é escolhida ao acaso. Determine a probabilidade de essa letra ser:

a) um T;

b) um I;

c) uma consoante;

d) uma vogal.

**19.** Lançando-se uma moeda e um dado, qual é a probabilidade de sair:

a) cara e um número maior que 4?

b) coroa e um número par?

**20.** Dentre todos os números com três algarismos, determine a probabilidade do número sorteado ser:

a) um múltiplo de 5;

b) ímpar.

**21.** **[DIVERSÃO]** Um saco contém 10 discos coloridos, sendo 4 azuis, 3 verdes, 2 vermelhos e 1 amarelo. Calcule a probabilidade de que, ao selecionarmos um disco ao acaso, ele seja:

a) vermelho;

b) azul;

c) amarelo;

d) de uma cor diferente de vermelho.

**22.** **[LAZER]** Em um acampamento em que há 12 jovens, um instrutor vai sortear dois deles para serem os líderes das equipes de uma gincana. Sabendo que três desses jovens são irmãos, qual é a probabilidade de que esses dois jovens sorteados sejam irmãos?

**23.** Considerando o lançamento de 3 moedas honestas, determine qual é a probabilidade de obtermos:

a) 3 caras;

b) 3 coroas;

c) apenas uma cara;

d) exatamente duas caras;

e) no mínimo 1 cara;

f) no mínimo 2 caras.

**24.** **[TRABALHO]** A equipe de Carlos é composta de 5 pessoas. A empresa escolherá 3 pessoas dessa equipe para formar uma comissão que viajará para a Argentina para fechar uma venda.

a) Qual é a probabilidade de Carlos participar da comissão?

b) Qual é a probabilidade de Carlos não participar da comissão?

**25.** Escolhido ao acaso um elemento do conjunto dos divisores positivos de 60, qual é a probabilidade de que ele não seja primo?

**26.** **[EDUCAÇÃO]** Em uma escola será realizado um sorteio de um vale-livros. Há 600 alunos nessa escola e a quantidade de meninas é o dobro da quantidade de meninos. Qual é a probabilidade de um menino ganhar o vale-livros?

**27.** **[ESPORTE]** Em certa escola, os alunos devem escolher 3 esportes diferentes para praticar nas aulas de Educação Física. A escola oferece 8 esportes, dentre eles: natação, ginástica olímpica e voleibol. Qual é a probabilidade de um aluno escolher exatamente esses três esportes?

PANTHERMEDIA/KEYDISC

**28.** **[SAÚDE]** Para uma refeição balanceada, uma nutricionista sugeriu que os alimentos que compusessem o prato tivessem pelo menos quatro cores diferentes. Uma pessoa dispõe de oito alimentos diferentes, sendo 2 amarelos, 1 vermelho, 3 verdes e 2 brancos. Escolhendo aleatoriamente quatro desses alimentos, qual é a probabilidade de ela formar um prato com quatro cores diferentes?

PANTHERMEDIA/KEYDISC

## Conheça mais...

Agora que você já trabalhou um pouco com probabilidades, vamos ver como elas podem auxiliar no dia a dia de uma empresa, com a ajuda das já conhecidas matrizes.

Uma situação muito comum no mundo empresarial é a necessidade de se prever o que acontecerá com o número de clientes quando existe concorrência.

Vamos analisar uma situação hipotética em que duas operadoras de telefonia celular estão competindo para conquistar usuários de uma mesma cidade.

No início de certo ano, a operadora OLÁ tinha 10.000 clientes e a FALA, 20.000. De acordo com os preço cobrados e com a qualidade de serviço, uma pesquisa revelou que:

- a probabilidade de um cliente da OLÁ permanecer como cliente dessa operadora é de 90%;
- a probabilidade de que um cliente da OLÁ mude para a operadora FALA é de 10%;
- a probabilidade de um cliente da FALA permanecer como cliente dessa operadora é de 80%;
- a probabilidade de que um cliente da FALA mude para a operadora OLÁ é de 20%.

Quantos clientes cada uma dessas operadoras terá após 1 ano, supondo que o total de usuários desse tipo de serviço permaneça constante nessa cidade?

Uma forma muito utilizada para se organizar essas informações é usando matrizes. Veja como isso acontece para uma situação simplificada, como a de nosso exemplo, em que temos um *estado inicial* e se deseja saber o que ocorre após uma mudança nesse estado.

- As quantidades iniciais dos elementos dos grupos participantes dessa situação são registradas em uma matriz coluna.

  Na situação de nosso exemplo, vamos indicar a quantidade inicial de clientes da operadora OLÁ na primeira linha e a da operadora FALA na segunda linha:

$$C_{\text{inicial}} = \begin{pmatrix} 10.000 \\ 20.000 \end{pmatrix}$$

- As probabilidades de se permanecer ou não no estado em que se está, relativas a uma situação de mudança, são registradas em uma matriz $T$ de modo que o elemento $t_{ij}$ representa a probabilidade de se mudar do grupo $j$ para o grupo $i$.

  Esse tipo de matriz é chamada de *matriz das probabilidades* ou *matriz de transição*, pois é ela que nos fornece a mudança do estado inicial para o estado após a mudança.

  Vamos encontrar a matriz $T$ de transição para o nosso exemplo. Note que como temos 2 grupos envolvidos nessa situação (as operadoras OLÁ e FALA), a matriz obtida é quadrada de ordem 2, em que o elemento $t_{ij}$ indica a probabilidade de mudança da operadora $j$ para a operadora $i$.

  Vamos considerar como 1 a operadora OLÁ e como 2 a operadora FALA.

  Desse modo, temos a seguinte matriz de transição:

$$T = \begin{pmatrix} 0{,}90 & 0{,}20 \\ 0{,}10 & 0{,}80 \end{pmatrix}$$

- Depois de estabelecidas a matriz inicial $C_{\text{inicial}}$ e a matriz das probabilidades $T$, como queremos a mudança relativa a um período unitário de tempo (1 ano), fazendo o produto $C_{\text{inicial}} \cdot T$ obtemos a matriz coluna $C_{\text{após mudança}}$, que nos dá as quantidades de elementos dos grupos participantes da situação, na mesma ordem considerada na matriz $C_{\text{inicial}}$.

Para a situação do nosso exemplo, fica assim:

$$C_{\text{inicial}} \cdot T = C_{\text{após mudança}}$$

$$\begin{pmatrix} 10.000 \\ 20.000 \end{pmatrix} \cdot \begin{pmatrix} 0{,}90 & 0{,}20 \\ 0{,}10 & 0{,}80 \end{pmatrix} = C_{\text{após mudança}}$$

$$C_{\text{após mudança}} = \begin{pmatrix} 10.000 \cdot 0{,}90 + 20.000 \cdot 0{,}2 \\ 10.000 \cdot 0{,}1 + 20.000 \cdot 0{,}8 \end{pmatrix}$$

$$C_{\text{após mudança}} = \begin{pmatrix} 13.000 \\ 17.000 \end{pmatrix}$$

Como já fizemos anteriormente, a primeira linha indica a quantidade de clientes da operadora OLÁ e a segunda, da FALA. Logo, após 1 ano (mudança solicitada) a operadora OLÁ terá 13.000 clientes e a FALA, 17.000.

De modo análogo, mantidas as mesmas condições, seria possível descobrir quantos clientes cada operadora teria após 2 anos, 3 anos, ..., $n$ anos. Para isso, basta multiplicar a matriz que representa o estado inicial pela matriz de transição $T^n$.

A sequência dos resultados obtidos a cada período de mudança é denominada **cadeia de Markov**, importante ferramenta para medir alterações ao longo do tempo.

## 2.1 PROPRIEDADES DAS PROBABILIDADES

Com o que foi visto até aqui, destacam-se algumas observações importantes, que nos levam a determinar algumas propriedades das probabilidades.

### Possíveis valores de uma probabilidade

Como o número de elementos de um evento $A$ é no mínimo zero (caso em que $A = \emptyset$) e no máximo o número de elementos do espaço amostral $\Omega$ não vazio (pois $A \subset \Omega$), temos:

$$0 \leqslant n(A) \leqslant n(\Omega) \Rightarrow \frac{0}{n(\Omega)} \leqslant \frac{n(A)}{n(\Omega)} \leqslant \frac{n(\Omega)}{n(\Omega)} \Rightarrow 0 \leqslant P(A) \leqslant 1$$

Logo, o valor da probabilidade de qualquer evento $A$ sempre é um número racional de zero a 1.

Já vimos que:

- se $P(A) = 0$, então $A = \emptyset$ é um evento impossível;
- se $P(A) = 1$, então $A$ é um evento que ocorrerá com certeza, ou seja, $A$ é um evento certo.

**Faça**

Dê mais dois exemplos de eventos impossíveis e de eventos certos.

EXEMPLOS

a) No lançamento de dois dados honestos com seis faces numeradas de 1 a 6, o evento "sair soma 15" é o *evento impossível*, pois a maior soma possível de se obter é 12. Nesse caso, a probabilidade de sair soma 15 é zero.

b) No lançamento de um dado comum e honesto, o evento "sair um número menor do que 7" é o *evento certo*, pois todas as faces têm números menores do que 7. Nesse caso, a probabilidade de sair um número menor do que 7 é 1.

OBSERVAÇÕES

1. Qualquer que seja o experimento aleatório, o espaço amostral e seus eventos não podem ter probabilidade negativa nem maior do que 1.
2. Toda probabilidade é dada por um número racional positivo, pois é o quociente entre dois números inteiros — $n(A)$ e $n(\Omega)$ —, sendo o divisor não nulo — $n(\Omega) \neq 0$, pois $\Omega \neq \emptyset$.
3. Uma probabilidade expressa na forma de porcentagem varia de 0% a 100%, pois é um número racional de zero a 1.

### Probabilidade de eventos complementares

Dois eventos de um mesmo espaço amostral $\Omega$ são chamados de **eventos complementares** quando a intersecção entre eles é o conjunto vazio e a união é o próprio espaço amostral $\Omega$.

Como consequência disso, se $A$ é um evento e $\overline{A}$ é o seu evento complementar, ambos eventos de $\Omega$, temos que:

$$\left.\begin{array}{l}\overline{A} \cup A = \Omega \\ \overline{A} \cap A = \emptyset\end{array}\right\} \Rightarrow n(A) + n(\overline{A}) = n(\Omega) \Rightarrow \frac{n(A)}{n(\Omega)} + \frac{n(\overline{A})}{n(\Omega)} = \frac{n(\Omega)}{n(\Omega)}$$

Ou seja:

$$P(A) + P(\overline{A}) = 1$$

### EXEMPLO

Dado o lançamento de uma moeda honesta, seja $A$ o evento "sair cara" e $\overline{A}$ o evento "sair coroa".

Como $A$ e $\overline{A}$ são eventos elementares e complementares, temos:

$$P(A) + P(\overline{A}) = 1 \text{ e } P(A) = P(\overline{A}) = 0,5$$

Ou seja, a probabilidade de sair cara e de sair coroa é sempre de 50%. ■

### OBSERVAÇÃO

Podemos estender essa ideia para três ou mais eventos cuja união seja o conjunto $\Omega$ e a intersecção entre quaisquer dois deles seja $\emptyset$. No caso de três eventos, temos:

$$\left.\begin{array}{l} A \cup B \cup C = \Omega \\ A \cap B = \emptyset, A \cap C = \emptyset \text{ e } B \cap C = \emptyset \end{array}\right\} \Rightarrow P(A) + P(B) + P(C) = 1$$

Contudo, definem-se *eventos complementares* apenas para dois eventos, ou seja, três ou mais eventos **não** podem ser complementares. ■

## EXERCÍCIOS RESOLVIDOS

**ER. 7** Em uma urna temos fichas numeradas com números naturais de 65 a 74.
Qual é a probabilidade de sortearmos uma ficha com um número múltiplo de 20 e menor que 100?

**Resolução:** O espaço amostral desse experimento é

$$\Omega = \{65, 66, 67, 68, 69, 70, 71, 72, 73, 74\}$$

Como os múltiplos de 20, naturais menores que 100 são 0, 20, 40, 60 e 80, o evento é impossível.
Portanto, a probabilidade de sair uma ficha com um múltiplo de 20 menor que 100 é zero.

---

**ER. 8** **[EDUCAÇÃO]** Em uma sala de aula de uma escola de Ensino Médio, os alunos são numerados de 1 a 28 na lista de chamada. Sorteando-se um desses alunos, qual é a probabilidade de seu número na lista de chamada ser menor que a soma das idades dos alunos dessa sala?

**Resolução:** O espaço amostral desse experimento é composto pelos números naturais de 1 a 28. Sendo $A$ o evento "ser sorteado um número menor que a soma das idades", certamente essa soma é maior que 28. Assim, temos que $P(A) = 1$ ou 100%, pois $A$ é um evento certo, já que todos os números que podem ser sorteados são menores que a soma das idades dos alunos.

---

**ER. 9** No lançamento simultâneo de 3 moedas não viciadas, qual é a probabilidade de ocorrer pelo menos uma cara?

**Resolução:** Para cada lançamento de uma moeda, temos duas possibilidades: cara ou coroa. Fazendo o desenvolvimento para 3 moedas, temos $2^3$ possibilidades diferentes. Sendo $\Omega$ o espaço amostral desse experimento, temos $n(\Omega) = 8$.

Sejam os eventos $A$ "ocorrer pelo menos uma cara" e seu complementar $\overline{A}$ "não ocorrer cara". Assim, temos:

$$\overline{A} = \{(\text{coroa, coroa, coroa})\} \text{ e } n(\overline{A}) = 1$$

Daí, vem:

$$P(\overline{A}) = \frac{n(\overline{A})}{n(\Omega)} = \frac{1}{8}$$

Como $P(A) + P(\overline{A}) = 1$, temos:

$$P(A) + \frac{1}{8} = 1 \Rightarrow P(A) = \frac{7}{8}$$

**Faça**

Determine a probabilidade de ocorrer pelo menos uma coroa nesta questão.

**ER. 10** **[LAZER]** Dois prêmios iguais serão sorteados entre 6 pessoas, sendo 3 paulistas e 3 mineiros. Sabendo que cada pessoa recebe no máximo um prêmio, qual é a probabilidade de ser sorteado pelo menos um mineiro?

**Resolução:** O espaço amostral $\Omega$ é formado pelos pares de pessoas sorteadas. Vamos enumerar os 3 paulistas por $p_1$, $p_2$, $p_3$ e os 3 mineiros por $m_4$, $m_5$, $m_6$. Assim:

$$\Omega = \{(p_1, p_2), (p_1, p_3), (p_1, m_4), \ldots, (m_4, m_6), (m_5, m_6)\}$$

Como $\Omega$ é a combinação das seis pessoas tomadas duas a duas, temos:

$$n(\Omega) = C_{6,2} = \frac{6!}{2! \cdot 4!} = \frac{6 \cdot 5 \cdot 4!}{2 \cdot 1 \cdot 4!} = \frac{6 \cdot 5}{2} = 15$$

Tomando como $A$ "sortear pelo menos um mineiro" e seu complementar $\overline{A}$ "sortear 2 paulistas", temos:

$$n(\overline{A}) = C_{3,2} = \frac{3 \cdot 2}{2} = 3 \quad \text{e} \quad P(\overline{A}) = \frac{n(\overline{A})}{n(\Omega)} = \frac{3}{15} = 0{,}2$$

Como $P(A) + P(\overline{A}) = 1$, vem:

$$P(A) + 0{,}2 = 1 \Rightarrow P(A) = 0{,}8$$

Logo, a probabilidade de ser sorteado pelo menos um mineiro é de 80%.

**ER. 11** Um dado viciado foi construído para que a probabilidade de sair o número 6 seja o dobro da dos demais números. Qual a probabilidade de se tirar o número 1 nesse dado?

**Resolução:** Considere os eventos:

$A_1$: sair número 1
$A_2$: sair número 2
e assim por diante

Seja $x$ a probabilidade de sair o número 1 nesse dado. Pelo enunciado, temos que a probabilidade de sair o número 6 é o dobro dos demais, ou seja:

$$P(A_1) = P(A_2) = P(A_3) = P(A_4) = P(A_5) = x \text{ e } P(A_6) = 2x$$

Como a união dos eventos $A_1$ até $A_6$ é o próprio $\Omega$ e não existem elementos comuns a nenhum desses eventos (intersecção vazia), temos que:

$$P(A_1) + P(A_2) + P(A_3) + P(A_4) + P(A_5) + P(A_6) = 1$$
$$x + x + x + x + x + 2x = 1$$
$$7x = 1$$
$$x = \frac{1}{7} \simeq 0{,}14$$

Logo, a probabilidade de sair o número 1 é de aproximadamente 14%.

## Exercícios Propostos

**29.** Qual é a probabilidade de obtermos cara ou coroa no lançamento de uma moeda não viciada?

**30.** Qual é a probabilidade de obtermos um número ímpar ao sortearmos fichas numeradas com os 30 primeiros múltiplos de 3 e de 4 simultaneamente?

**31.** No lançamento simultâneo de dois dados honestos, com faces numeradas de 1 a 6, qual é a probabilidade de obtermos números diferentes nas faces voltadas para cima?

**32.** **[COTIDIANO]** Um cliente de uma instituição bancária não quer que o número de sua conta-corrente, com quatro algarismos (exceto 0000), seja terminado com 00. O gerente do banco disse a ele que precisará ter muita sorte. Qual é a probabilidade, expressa em porcentagem, de o cliente obter aleatoriamente uma conta-corrente como ele quer?

**33.** Escolhendo-se, ao acaso, um número entre 1 e 99, qual é a probabilidade de obtermos um número que não seja múltiplo de 5?

**34.** **[TRABALHO]** Em uma empresa, precisa-se formar uma comissão com duas pessoas. Há 12 mulheres e 5 homens disponíveis para se formar essa comissão. Escolhendo-se aleatoriamente dois funcionários para essa comissão, qual é a probabilidade de eles serem de sexos diferentes?

## Enigmas, Jogos & Brincadeiras

### O Mistério das Figurinhas Difíceis

Todos os que já colecionaram um álbum sentiram o quanto é difícil completá-lo. Sempre faltam algumas figurinhas que, apesar de sabermos que todas são impressas em igual quantidade, não encontramos. São as figurinhas "difíceis". Normalmente, isso é apenas uma impressão.

Márcia, que comprou o álbum MUNDO MATEMÁTICO, achou muito estranho sua dificuldade para completá-lo. Por isso, ela pediu ajuda ao famoso detetive Dr. Mate, informando a ele que esse álbum possui 90 figurinhas pequenas e 60 grandes e que em cada pacotinho vêm 3 figurinhas pequenas (sempre diferentes dentro do mesmo pacote) e uma grande.

O Dr. Mate, após alguns dias, explicou a ela que não era apenas impressão, de fato existiam figurinhas mais difíceis de se obter.

Descubra como o Dr. Mate chegou a essa conclusão.

## 3. Probabilidade da União e da Intersecção de Eventos

Considere a situação a seguir.

Lançando-se simultaneamente um dado não viciado e uma moeda honesta, qual é a probabilidade de as faces voltadas para cima serem pares ou ocorrer coroa?

A situação acima é um exemplo de um experimento aleatório no qual precisamos calcular a probabilidade da ocorrência simultânea de dois eventos, tema de nosso estudo a partir de agora.

Vamos inicialmente determinar o número de elementos do espaço amostral $\Omega$ e dos eventos deste experimento. Sendo c (cara) e k (coroa), os possíveis resultados do experimento "lançamento simultâneo de um dado e uma moeda" são os elementos de $\Omega$:

$$\Omega = \{(1, c), (2, c), (3, c), (4, c), (5, c), (6, c), (1, k), (2, k), (3, k), (4, k), (5, k), (6, k)\}$$

Assim, temos $n(\Omega) = 12$.

Sendo os eventos *A* "face voltada para cima ser par" e *B* "ocorrer coroa", temos que:

$$A = \{(2, c), (4, c), (6, c), (2, k), (4, k), (6, k)\} \text{ e } n(A) = 6$$

$$B = \{(1, k), (2, k), (3, k), (4, k), (5, k), (6, k)\} \text{ e } n(B) = 6$$

Os possíveis resultados do evento simultâneo $A \cap B$ (face voltada para cima ser par e ocorrer coroa) são:

$$A \cap B = \{(2, k), (4, k), (6, k)\} \text{ e } n(A \cap B) = 3$$

Logo, pela propriedade da união de conjuntos, temos:

$$n(A \cup B) = n(A) + n(B) - n(A \cap B) \Rightarrow n(A \cup B) = 6 + 6 - 3 = 9$$

Queremos que ocorra $A$ ou $B$, ou seja, o evento $A \cup B$. Daí, vem:

$$P(A \cup B) = \frac{n(A \cup B)}{n(\Omega)} = \frac{9}{12} = \frac{3}{4} = 0{,}75$$

Essa probabilidade, escrita na forma porcentual, é 75%.

**Faça**

Descreva dois eventos que sejam disjuntos. Calcule a probabilidade da união desses eventos e verifique a igualdade relativa a eventos disjuntos.

Podemos escrever uma relação para a probabilidade da união de dois eventos do seguinte modo. Sendo $A$ e $B$ eventos em $\Omega$, temos:

$$n(A \cup B) = n(A) + n(B) - n(A \cap B)$$

Dividindo a igualdade acima por $n(\Omega)$, vem:

$$\frac{n(A \cup B)}{n(\Omega)} = \frac{n(A)}{n(\Omega)} + \frac{n(B)}{n(\Omega)} - \frac{n(A \cap B)}{n(\Omega)}$$

$$P(A \cup B) = P(A) + P(B) - P(A \cap B)$$

Note que se $A$ e $B$ são eventos *disjuntos*, isto é, $A \cap B = \emptyset$, então:

$$P(A \cup B) = P(A) + P(B)$$

Dois eventos de um mesmo espaço amostral são **mutuamente exclusivos** se a ocorrência de um impossibilita a ocorrência do outro, isto é, eles são eventos disjuntos.

Daí, podemos concluir que, se $A$ e $B$ são eventos mutuamente exclusivos, temos:

- $A \cap B = \emptyset$
- $P(A \cup B) = P(A) + P(B)$

**Atenção!**

Eventos complementares ($A$ e $\overline{A}$) são mutuamente exclusivos.

Podemos ainda estender essa ideia para três ou mais eventos.

Assim, se $A, B, C, \ldots, N$ são eventos mutuamente exclusivos dois a dois do mesmo espaço amostral, temos:

$$P(A \cup B \cup C \cup \ldots \cup N) = P(A) + P(B) + P(C) + \ldots + P(N)$$

## Exercícios Resolvidos

**ER. 12** **[COTIDIANO]** Em uma sala de aula com 40 alunas, 20 usam calças, 10 usam bermudas e as demais usam saias. Qual é a probabilidade de que uma aluna sorteada ao acaso use calça ou use bermuda?

**Resolução:** O espaço amostral $\Omega$ é formado pelas alunas dessa sala de aula. Assim, $n(\Omega) = 40$.

Considerando os eventos $A$ "usar calça" e $B$ "usar bermuda", temos que: $n(A) = 20$ e $n(B) = 10$.

Os eventos $A$ e $B$ são disjuntos, pois uma aluna não usa calça e bermuda ao mesmo tempo. Assim:

$$P(A \cup B) = P(A) + P(B) = \frac{20}{40} + \frac{10}{40} = \frac{30}{40} = \frac{3}{4} = 0{,}75$$

Logo, a probabilidade de uma aluna usar calça ou bermuda é de 0,75.

**ER. 13** **[TURISMO]** Uma empresa promove pacotes de viagem para muitos países, dentre eles Argentina e Chile. Dos 30 clientes dessa semana, a empresa constatou que:

- 10 clientes vão para a Argentina;
- 15 clientes vão para o Chile;
- 15 clientes não vão nem para o Chile nem para a Argentina.

Qual é a probabilidade de escolher um cliente que vai para o Chile e para a Argentina dentre esses 30 clientes?

**Resolução:** Pelo enunciado podemos fazer o seguinte diagrama:

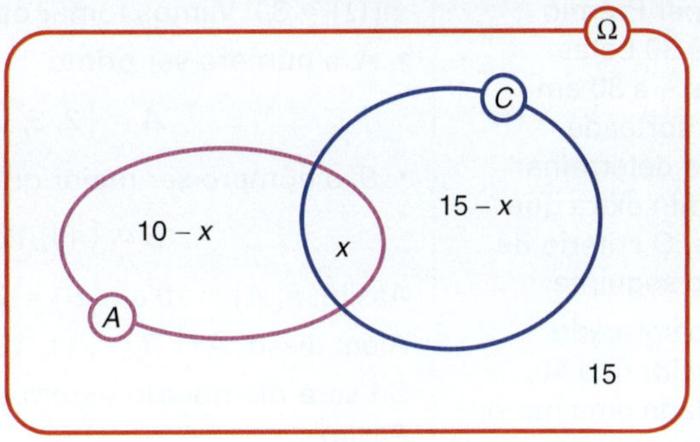


em que:

$A$ é o evento "clientes que vão para a Argentina", ou seja, $n(A) = 10$

$C$ é o evento "clientes que vão para o Chile", ou seja, $n(C) = 15$

Como o total de clientes é 30, temos:

$$(10 - x) + x + (15 - x) + 15 = 30 \Rightarrow 40 - x = 30 \Rightarrow x = 10$$

Assim: $n(A \cap C) = x = 10$

Como $n(\Omega) = 30$, temos:

$$P(A \cap C) = \frac{10}{30} = \frac{1}{3}$$

Logo, a probabilidade de escolher um cliente que vai para o Chile e para a Argentina é de $\frac{1}{3}$.

> **Responda**
>
> Quantos clientes vão apenas para a Argentina?

**ER. 14** **[COMÉRCIO]** A dona de uma padaria constatou que, dos seus clientes, 70% gostam de pão francês, 45% gostam de pão de leite e 98% gostam de pão francês ou de pão de leite. Escolhendo-se, ao acaso, um dos clientes, qual é a probabilidade de ele gostar de pão francês e de pão de leite?

PANTHERMEDIA/KEYDISC

**Resolução:** Vamos considerar:

- $\Omega$: espaço amostral
- $A$: gostar de pão francês
  $P(A) = 70\%$
- $B$: gostar de pão de leite
  $P(B) = 45\%$
- $A \cup B$: gostar de pão francês ou de pão de leite
  $P(A \cup B) = 98\%$
- $A \cap B$: gostar de pão francês e de pão de leite

> **Atenção!**
>
> Nos cálculos devemos usar as porcentagens sempre na notação decimal.

Assim:

$$P(A \cup B) = P(A) + P(B) - P(A \cap B)$$
$$P(A \cap B) = P(A) + P(B) - P(A \cup B)$$
$$P(A \cap B) = 0{,}70 + 0{,}45 - 0{,}98$$
$$P(A \cap B) = 0{,}17$$

Logo, a probabilidade de o cliente gostar de pão francês e de pão de leite é de 17%.

**ER. 15** [COTIDIANO] Na loteria Super Prêmio são colocadas 30 bolas numeradas de 1 a 30 em uma urna e é sorteada uma bola para determinar o tipo de prêmio extra que será entregue. O critério de premiação é o seguinte:

- se o número sorteado for primo maior que 10, então será dada uma moto;
- se o número sorteado for primo, então será dada um televisor;
- se o número sorteado for maior que 10, então será dado um monitor de computador.

Qual é a probabilidade de ser dado pelo menos um prêmio extra?

**Resolução:** As 30 bolas da urna formam o espaço amostral. Daí, temos $n(\Omega) = 30$. Vamos tomar os eventos descritos a seguir.

- $A$: o número ser primo

$$A = \{2, 3, 5, 7, 11, 13, 17, 19, 23, 29\}$$

- $B$: o número ser maior que 10

$$B = \{11, 12, 13, ..., 18, 19, 20, 21, ..., 29, 30\}$$

Assim, $n(A) = 10$ e $n(B) = 20$.

Além disso, $A \cap B = \{11, 13, 17, 19, 23, 29\}$, ou seja, $n(A \cap B) = 6$.

Só será distribuído algum prêmio extra se ocorrer $A$ ou $B$ (isto é, $A \cup B$). Assim:

$$P(A \cup B) = P(A) + P(B) - P(A \cap B)$$

$$P(A \cup B) = \frac{10}{30} + \frac{20}{30} - \frac{6}{30}$$

$$P(A \cup B) = \frac{24}{30} = 0{,}8$$

Logo, a probabilidade de ser dado pelo menos um prêmio extra é de 80%.

## Exercícios Propostos

**35.** [ESPORTE] Foi feito um levantamento entre os torcedores em um estádio durante um jogo entre Corinthians e São Paulo e constatou-se que:

| Time | Número de torcedores | |
|---|---|---|
| | Capital | Interior |
| São Paulo | 5.000 | 2.000 |
| Corinthians | 7.000 | 1.000 |

No intervalo do jogo será feito um sorteio entre todos os torcedores para a entrega de uma camisa da seleção. Com base na tabela acima, responda:

a) Qual é a probabilidade de sortearmos um torcedor do São Paulo?

b) Qual é a probabilidade de sortearmos um torcedor do interior?

c) Qual é a probabilidade de sortearmos um torcedor do São Paulo ou do interior?

**36.** [DIVERSÃO] Se retirarmos uma carta de um baralho comum de 52 cartas, qual é a probabilidade de obtermos uma carta de copas ou um rei?

**37.** Uma urna contém bolas numeradas de 1 a 20. Qual é a probabilidade de sortearmos uma bola cujo número é múltiplo de 3 ou maior que 14?

**38.** Considere os eventos $A$ e $B$ em um espaço amostral $\Omega$ tais que $P(A) = \frac{5}{9}$, $P(B) = \frac{5}{9}$ e $A \cup B = \Omega$. Determine $P(A \cap B)$.

**39.** [LAZER] Em uma festa, a probabilidade de um convidado beber 5 ou mais copos de refrigerante é de 49% e a probabilidade de ele beber 5 copos ou menos de refrigerante é 68%. Qual é a probabilidade de um convidado beber exatamente 5 copos de refrigerante?

**40.** [EDUCAÇÃO] Um estudante participou de dois processos seletivos nas universidades $A$ e $B$. A probabilidade de ele ser aprovado na universidade $A$ é de 60%, na universidade $B$, de 75% e a probabilidade de ele ser aprovado em pelo menos uma das duas é 100%. Qual é a probabilidade de ele ser aprovado nas duas universidades?

**41.** [GASTRONOMIA] Uma pesquisa para descobrir a preferência sobre o prato de entrada dos clientes em um restaurante revelou que:

- 57% preferem sopa;
- 69% preferem salada;
- 30% preferem sopa e salada.

Determine a probabilidade de, aleatoriamente, escolhermos um cliente dentre aqueles que preferem sopa ou salada.

**42.** **[MARKETING]** Com o objetivo de lançar um novo produto no mercado, uma empresa fez uma pesquisa com 90 pessoas e constatou que 30 delas gostam de massa e 60 gostam de carne. Sabendo que 80 pessoas gostam de massa ou de carne, calcule a probabilidade de sortearmos uma, nesse grupo, que goste de carne e também de massa.

**43.** **[TRABALHO]** Na empresa TUDO CERTO, a probabilidade de sortearmos um funcionário que trabalha há mais de 10 anos é 68% e menos de 9 anos é 27%. Qual é a probabilidade de sortearmos um funcionário que trabalha na empresa há 9 ou 10 anos?

**44.** **[COMUNICAÇÃO]** Em uma cidade, dois grandes jornais dominam o setor da imprensa escrita: o "Notícias Fresquinhas" é lido por 56% da população e o "Peguei no Pulo", por 48% da população. Sabendo que 20% da população lê os dois jornais, qual é a probabilidade de uma pessoa não ler qualquer um deles?

**45.** **[TRABALHO]** Um rapaz formado em engenharia sabe que a probabilidade de ser contratado em uma empresa *A* é 25% e em outra empresa *B* é 20%. Sabe ainda que a probabilidade de ser contratado pelas duas é 8%. Calcule a probabilidade de ele ser aceito em pelo menos uma das duas empresas.

**46.** **[COMÉRCIO]** O gerente de uma loja sabe que para cada cliente que entra a probabilidade de ele comprar um produto *A* é 25% e de comprar um produto *B* é 20%. Calcule a probabilidade de um cliente entrar na loja e comprar exatamente um produto, sabendo que a probabilidade de o cliente comprar os dois produtos é 8%.

## Tecnologia & Desenvolvimento

### Caos e Probabilidade

"— Previsão do tempo para este final de semana: tempo ensolarado em toda a região."

Que maravilha! Você prepara um roteiro do viagem, convida os amigos, acorda cedo, põe o pé na estrada e... Surpresa! O tempo vai mudando, fechando, o frio começa a chegar, a chuva, e... adeus dia bonito, adeus passeio...

PANTHERMEDIA/KEYDISC

Quem já não viveu uma situação parecida?

Aí, você não para de pensar: mas como é que o instituto de meteorologia (aquele que fez a previsão do tempo) pode errar tão feio? Será que eles não sabem o que estão fazendo?

Calma, a culpa não é deles!

É que o tempo, assim como a maior parte dos fenômenos naturais, tem a sua porção de *imprevisibilidade*. Isso está associado ao que os cientistas denominam *sistemas caóticos* ou, simplesmente, *caos*. Como, em geral, processos naturais são caóticos, uma previsão perfeita, 100% precisa, do clima é impossível de ser feita e o melhor que o instituto meteorológico pode fazer é usar todos os recursos de que dispuser (supercomputadores, inclusive) para aumentar ao máximo a *probabilidade* de acerto da sua previsão. Mesmo assim, uma boa previsão vale apenas para algum tempo à frente e vai se degradando conforme o tempo passa.

Mas, afinal, o que é esse "caos", culpado pelo fracasso do final de semana?

### A teoria do caos

Considerada por muitos como sendo uma das descobertas mais importantes do século XX, a teoria do caos não se dedica ao estudo da desordem, como muitos pensam, mas sim busca encontrar ordem onde aparentemente ela não existe. Essa ordem pode se apresentar, por exemplo, na forma de padrões bem-definidos que se repetem em fenômenos aparentemente aleatórios. Os estudos sobre caos tiveram início no final dos anos 1950 e estavam relacionados à previsão do tempo. Nessa época, insatisfeito com os resultados obtidos com os métodos utilizados até então, o cientista Eduard Lorenz resolveu utilizar equações matemáticas para representar sistemas meteorológicos e realizar previsões. Como as equações não eram muito simples, computadores passaram a ser utilizados para resolvê-las (nessa época, os computadores estavam apenas começando sua história).

Os estudos de Lorenz levaram-no a concluir que o estado do tempo, longe de ser facilmente previsível, apresenta alta dependência das condições anteriores deste (também chamadas de *condições iniciais*) e qualquer variação pequena nestas poderia provocar grandes alterações no estado final previsto para o tempo. Como é praticamente impossível conhecer com precisão todas as condições que cercam o tempo, uma previsão a longo prazo continua a ser para nós algo inatingível. Essa imprevisibilidade, característica marcante de alguns sistemas complexos, é o que chamamos de *caos*.

A perplexidade causada por tais resultados foi grande. Em 1972, ainda dentro desse espírito, Lorenz apresentou para a comunidade científica seu artigo intitulado *Previsibilidade: o bater de asas de uma borboleta no Brasil desencadeia um tornado no Texas?*

### Algumas aplicações do caos

- Doenças cardíacas

Muitas doenças, como a taquicardia e a fibrilação, são decorrentes da irregularidade dos movimentos do coração. Na fibrilação, por exemplo, embora as partes do coração se comportem de maneira aparentemente normal, a coordenação do movimento do órgão como um todo não ocorre. O coração se contorce caoticamente e o bombeamento do sangue não ocorre. Por que isso acontece?

As pesquisas sobre esse tema têm levado a uma melhor compreensão do sistema complexo que é um coração. Como resultado desses estudos, a criação de equipamentos desfibriladores mais eficientes auxiliam a salvar muitas vidas.

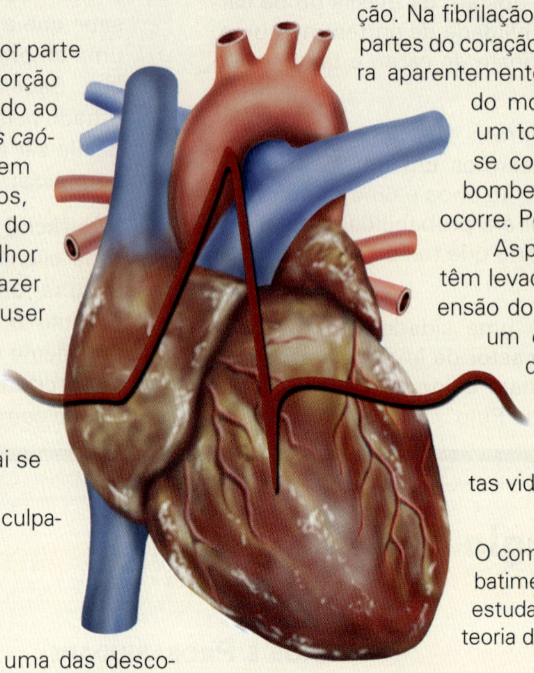

O comportamento irregular do batimento cardíaco também é estudado do ponto de vista da teoria do caos.

- Escoamento de fluidos

Sob determinadas condições, o fluxo de um fluido dentro de um tubo (petróleo em oleodutos, sangue nas veias etc.) parece assumir um comportamento caótico que impede o fluxo normal e causa grandes prejuízos ao escoamento.

- Mercado de ações

Há algum padrão que se possa identificar no sobe e desce aparentemente aleatório do valor das ações? Muitos acreditam que sim e estudam esse mercado para conhecê-lo melhor e tentar fazer previsões que os levem a alguma vantagem competitiva e lucro.

### Caos e probabilidade

Assim como no passeio que não deu certo por causa do nível de caos presente nos processos climáticos, em todos os processos em que o nível de caos é grande o melhor a fazer é cercar-se de cuidados para garantir minimamente os resultados desejados. Para isso, normalmente, o cálculo de probabilidades é utilizado. Como exemplo disso, os sistemas atuais de previsão de tempo "por conjunto", método em que as previsões meteorológicas levam em consideração tanto as incertezas nos modelos matemáticos que descrevem o tempo quanto aquelas relativas às condições iniciais deste.

Por causa dessas incertezas, o boletim é apresentado em termos de probabilidades (temperaturas mínima, média, máxima esperada para o dia, probabilidade de chuva etc.).

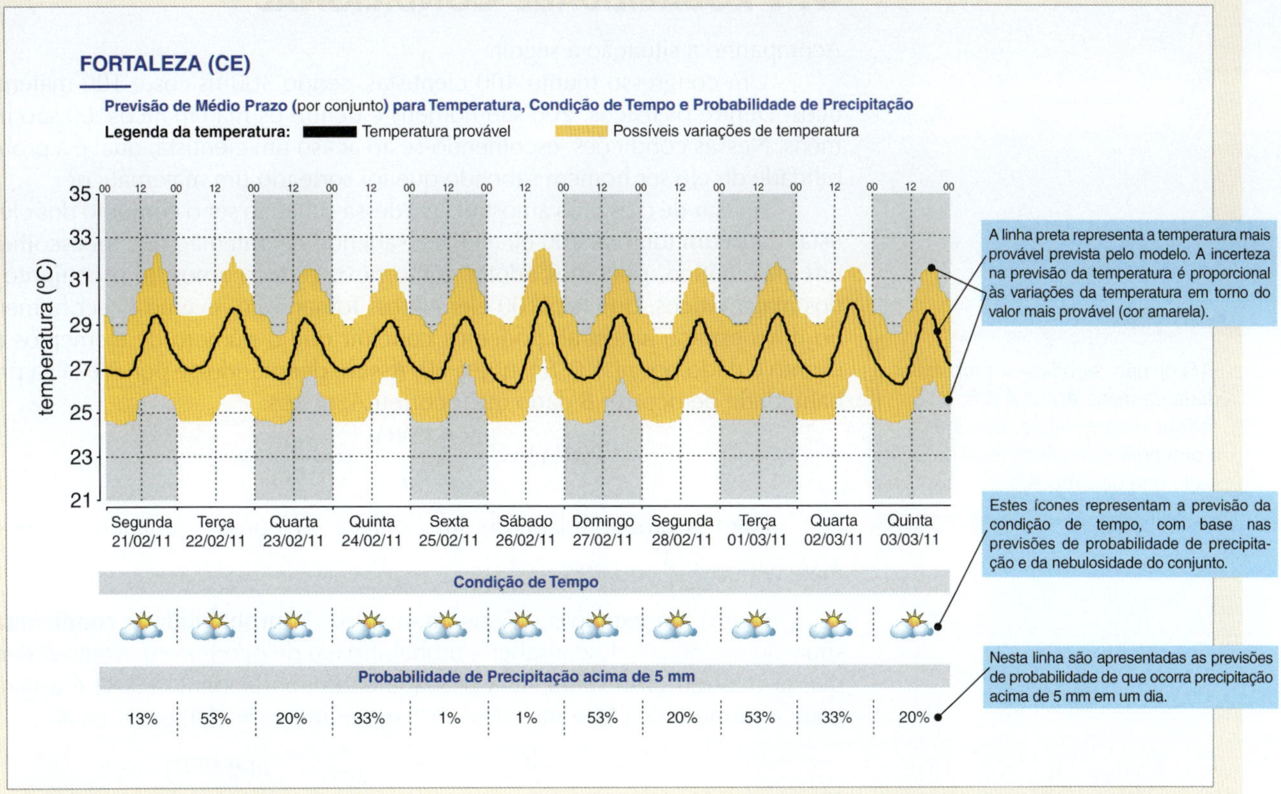


Previsão do tempo para um intervalo de 11 dias para a cidade de Fortaleza (CE).

*Fonte:* CPTEC/INPE – Instituto Nacional de Pesquisas Espaciais. Copyright ©INPE/CPTEC

Assim como na Meteorologia, outros setores do conhecimento (como a Engenharia, por exemplo) também utilizam abordagens probabilísticas em seus estudos. Dessa forma, seus esforços são direcionados para garantir (com 90%, 99%, 99,999%, ... de certeza) que os resultados esperados sejam atingidos, mesmo em vista das incertezas existentes.

### Caos em toda parte

"Agora que a ciência está atenta, o caos parece estar por toda parte. Uma coluna ascendente de fumaça de cigarro..., uma torneira gotejante passa de um movimento constante para outro, aleatório." (James Gleick, em seu livro *Caos:* a criação de uma nova ciência. Rio de Janeiro: Campus, 1989.)

Você sabia que mesmo nos processos mais comuns, bem-estudados e conhecidos pela humanidade, inclusive naqueles que aparentemente são muito bem-comportados, há também um certo nível de caos? Pois é. Esse é o caso do movimento de um pêndulo, do lançamento de projéteis, entre outros. Até em sistemas simples como esses, algum comportamento caótico pode ser percebido, mesmo que bem sutilmente. De fato, sabemos hoje que aquele comportamento completamente previsível que estudamos na escola e que acreditávamos que muitos sistemas apresentavam trata-se apenas de uma simplificação, uma aproximação para uma realidade bem mais complexa. Em vista das novas descobertas, nossas teorias e métodos de ensinar ciências precisam ser revistos para que nossas crianças possam compreender melhor a realidade que as envolve, sem tantas simplificações.

PANTHERMEDIA/KEYDISC

Mudança de comportamento no movimento de uma coluna de fumaça.

## 4. Probabilidade Condicional

Acompanhe a situação a seguir.

Um congresso reuniu 400 cientistas, sendo 300 físicos e 100 matemáticos. Dentre os físicos, 200 são homens e dentre os matemáticos, 60 são homens. Nessas condições, escolhendo-se ao acaso um cientista, qual é a probabilidade de ele ser homem sabendo que foi sorteado um matemático?

Apesar de o espaço amostral ($\Omega$) dessa situação ser o conjunto dos cientistas, com um total de 400 elementos, sabendo de antemão que foi escolhido um matemático, podemos adotar como novo espaço amostral o conjunto $A$ dos matemáticos, que tem 100 elementos. Tomando o evento $B$ (ser homem) no novo espaço amostral, podemos concluir que o número de elementos do evento é dado por $n(A \cap B)$, que é 60. Assim, denotando-se por $P(B/A)$ a probabilidade de ocorrer $B$ dado que ocorreu $A$, temos:

$$P(B/A) = \frac{n(A \cap B)}{n(A)} = \frac{60}{100} = \frac{3}{5}$$

**Atenção!**

$P(B/A)$ não significa a probabilidade da razão entre $A$ e $B$; é somente uma notação, que indica a probabilidade condicional de $B$, dado que ocorreu $A$.

Logo, a probabilidade de um cientista ser homem sabendo que ele é matemático é $\frac{3}{5}$ ou 60%.

Esse é um exemplo do que chamamos de **probabilidade condicional**, situação em que se deseja saber a probabilidade de ocorrer um evento $B$ dado que já ocorreu um evento $A$. A probabilidade condicional $P(B/A)$ é a razão entre o número de elementos de $A \cap B$ e o número de elementos de $A$:

$$P(B/A) = \frac{n(A \cap B)}{n(A)} \Rightarrow P(B/A) = \frac{\frac{n(A \cap B)}{n(\Omega)}}{\frac{n(A)}{n(\Omega)}}$$

Assim, temos:

$$P(B/A) = \frac{P(A \cap B)}{P(A)}$$

## Exercícios Resolvidos

**ER. 16** **[Esporte]** Em uma escola, dos 100 alunos que escolhem praticar esportes dentre futebol, vôlei e basquete, sabe-se que:

- 30 escolhem futebol e, destes, 20 são homens;
- 50 alunos são homens e, destes, 10 escolhem basquete;
- 10 mulheres escolhem basquete.

Assim, sorteando-se um aluno e sabendo que é do sexo feminino, qual é a probabilidade de que ele tenha escolhido futebol?

**Resolução:** A partir do enunciado podemos montar a seguinte tabela:

| | Homens (50) | Mulheres | Total |
|---|---|---|---|
| Futebol | 20 | | 30 |
| Basquete | 10 | 10 | 20 |
| Vôlei | | | |
| Total | | | |

Completando a tabela, temos:

| | Homens (50) | Mulheres | Total |
|---|---|---|---|
| **Futebol** | 20 | **10** | 30 |
| **Basquete** | 10 | 10 | 20 |
| **Vôlei** | **20** | **30** | **50** |
| **Total** | **50** | **50** | **100** |

Temos $n(\Omega) = 100$. Para os eventos $A$ "sortear uma aluna mulher", $B$ "sortear um aluno que escolheu futebol" e $A \cap B$ "sortear uma mulher que escolheu futebol", pela tabela vem:

$$n(A) = 50, \; n(B) = 30 \quad \text{e} \quad n(B \cap A) = 10$$

Como queremos a probabilidade de sair um aluno que escolheu futebol, dado que sorteamos uma mulher, temos agora um novo espaço amostral reduzido pelo fato de que ocorreu o evento $A$. Assim, nosso novo espaço amostral é o próprio evento $A$ e o evento $B$ fica reduzido a $B \cap A$. Então,

$$P(B/A) = \frac{n(B \cap A)}{n(A)} = \frac{10}{50} = 0{,}2$$

Logo, a probabilidade procurada é 20%.

---

**ER. 17** **[ESPORTE]** O time do Esmaga Sapo Futebol Clube tenta se estabelecer junto aos times de várzea, mas sua probabilidade de vencer uma partida é de apenas 20%. Porém, ele tem uma grande vantagem nos dias de chuva, tanto que nos dias em que ele vence, a probabilidade de estar chovendo é de 90%. Sabendo isso, qual é a probabilidade de ele vencer e chover no mesmo dia?

**Resolução:** Considere os eventos $A$ "Esmaga Sapo vencer", $B$ "estar chovendo" e $A \cap B$ "Esmaga Sapo vencer e estar chovendo".

Note que a probabilidade de $B$ ocorrer dado que $A$ já ocorreu é $P(B/A) = 0{,}9$.

Como também sabemos que $P(A) = 0{,}2$, temos:

$$P(B/A) = \frac{P(A \cap B)}{P(A)}$$

$$P(A \cap B) = P(A) \cdot P(B/A)$$

$$P(A \cap B) = 0{,}2 \cdot 0{,}9$$

$$P(A \cap B) = 0{,}18$$

**ER. 18** **[COTIDIANO]** Em uma escola, 60% dos estudantes são garotas, 80% usam *jeans* e 40% são garotas que usam *jeans*.

Nessas condições, calcule a probabilidade de:

a) sortearmos uma garota dado que a pessoa sorteada usa *jeans*;

b) sortearmos uma pessoa que usa *jeans* dado que a pessoa sorteada é uma garota.

**Resolução:** Considere os eventos descritos a seguir:

- $A$: ser garota
  $P(A) = 0{,}6$
- $B$: usar *jeans*
  $P(B) = 0{,}8$
- $A \cap B$: garota que usa *jeans*
  $P(A \cap B) = 0{,}4$

a) A probabilidade de sortearmos uma garota sabendo que a pessoa sorteada usa *jeans* é dada por:

$$P(A/B) = \frac{P(A \cap B)}{P(B)} = \frac{0{,}4}{0{,}8} = 0{,}5 = 50\%$$

b) A probabilidade de sortearmos uma pessoa que usa *jeans* sabendo que uma garota foi sorteada é dada por:

$$P(B/A) = \frac{P(A \cap B)}{P(A)} = \frac{0{,}4}{0{,}6} = \frac{2}{3} \simeq 66\%$$

**ER. 19** **[GENÉTICA]** Em certa população foi feita uma pesquisa que constatou que 40% dela possui o antígeno A no sangue, 55% possui o antígeno B e 13% ambos. Selecionando-se aleatoriamente um indivíduo dessa população, verifica-se que ele possui o antígeno A.

Nessas condições, determine a probabilidade de ele não possuir o antígeno B.

**Saiba +**

*Antígeno* é qualquer substância reconhecida como estranha pelo organismo.

O tipo sanguíneo de uma pessoa, pelo fato de possuir ou não um certo antígeno no sangue, pode ser de um dos quatro tipos abaixo:

tipo **O**: não possui nem **A** nem **B**

tipo **A**: possui só o **A**

tipo **B**: possui só o **B**

tipo **AB**: possui os dois antígenos

**Resolução:** Considere os eventos descritos a seguir.

- $A$: possuir o antígeno A
  $P(A) = 0{,}4$
- $B$: possuir o antígeno B
  $P(B) = 0{,}55$
- $A \cap B$: possuir os dois antígenos (tipo sanguíneo AB)
  $P(A \cap B) = 0{,}13$

Se já sabemos que o evento $A$ (possuir antígeno A) ocorreu, o novo espaço amostral é o próprio $A$. Desse modo, tomando o evento $B$ (possuir o antígeno B) nesse novo espaço amostral, verificamos que a probabilidade de ele ocorrer é dada pela probabilidade de $B$ ocorrer dado que $A$ já ocorreu, ou seja:

$$P(B/A) = \frac{P(A \cap B)}{P(A)} = \frac{0{,}13}{0{,}4} = 0{,}325 = 32{,}5\%$$

Note que, dentro desse novo espaço amostral $(A)$, o evento $B$ tem como complementar o evento $\overline{B}$ "não possuir antígeno B", cuja probabilidade é dada pela probabilidade de $\overline{B}$ ocorrer dado que $A$ já ocorreu, ou seja:

$$P(\overline{B}/A) = 1 - P(B/A) = 1 - 0{,}325 = 0{,}675 = 67{,}5\%$$

---

**ER. 20** Em uma urna existem 10 bolas, sendo 7 brancas e 3 verdes. Calcule a probabilidade de retirar-se simultaneamente 3 bolas, sendo 2 brancas e 1 verde.

**Atenção!**

Retirar simultaneamente é uma expressão que equivale à retirar sucessivamente sem reposição.

**Resolução:** Indiquemos por $A$ o evento: retirar da urna 2 bolas brancas e 1 bola verde simultaneamente, ou seja, uma após a outra sem reposição. Para que $A$ ocorra temos três possibilidades.

① sair branca, branca e verde

Para determinar a probabilidade dessa situação, usamos probabilidade condicional, pois devemos primeiro retirar uma bola branca, em seguida retirar uma bola branca dado que foi retirada uma bola branca na 1.ª vez e retirar uma bola verde dado que foram retiradas duas bolas brancas anteriormente.

Indicando essa probabilidade por $p_1$, temos:

$$p_1 = \frac{7}{10} \cdot \frac{6}{9} \cdot \frac{3}{8} = \frac{7}{40}$$

② sair branca, verde e branca

Analogamente, a probabilidade $p_2$ dessa situação é:

$$p_2 = \frac{7}{10} \cdot \frac{3}{9} \cdot \frac{6}{8} = \frac{7}{40}$$

③ sair verde, branca e branca

A probabilidade $p_3$ desse caso é:

$$p_3 = \frac{3}{10} \cdot \frac{7}{9} \cdot \frac{6}{8} = \frac{7}{40}$$

Assim, a probabilidade $p$ de o evento $A$ ocorrer é dada por:

$$p = p_1 + p_2 + p_3$$

$$p = \frac{7}{40} + \frac{7}{40} + \frac{7}{40}$$

$$p = \frac{21}{40}$$

## Exercícios Propostos

**47.** **[COTIDIANO]** Sabendo que o número da placa de um automóvel é par, qual é a probabilidade do último algarismo desse número ser 8?

**48.** Dados os eventos $A$ e $B$ de um mesmo espaço amostral $\Omega$:

a) calcule $P(A \cap B)$, se $P(A/B) = \frac{4}{7}$ e $P(B) = \frac{9}{20}$;

b) se $P(A) = \frac{7}{10}$ e $P(A \cap B) = \frac{1}{7}$, obtenha $P(B/A)$.

**49.** **[EDUCAÇÃO]** Na tabela seguinte está registrada a distribuição de 100 alunos que pretendem cursar Ecologia.

| Turno | Homens | Mulheres |
|---|---|---|
| Manhã | 15 | 20 |
| Noite | 30 | 35 |

a) Qual é a probabilidade de escolhermos uma mulher, sabendo que foi escolhido um aluno do período da noite?

b) Qual é a probabilidade de escolhermos um homem, sabendo que foi escolhido um aluno da manhã?

**50.** Em uma sacola são colocadas 3 moedas: uma honesta, uma contendo duas caras e uma contendo 2 coroas. Em seguida, uma moeda é selecionada ao acaso e lançada para o alto.

a) Calcule a probabilidade de que ocorra uma coroa na face que fica voltada para cima.

b) Sabendo-se que foi obtida uma cara, calcule a probabilidade de que tenha sido escolhida a moeda com duas caras.

**51.** **[SEGURANÇA]** Um estudo revelou que a probabilidade de ocorrer um acidente de trânsito em uma cidade com um automóvel é de 0,2%, dado que está chovendo. Nessa mesma cidade a probabilidade de chover é de 30%. Determine a probabilidade de chover e ocorrer um acidente de carro em um certo dia.

**52.** Supondo dois eventos $A$ e $B$ de mesma probabilidade e com $P(A \cap B) \neq 0$, prove que a probabilidade de ocorrer $A$ dado que ocorreu $B$ é igual à probabilidade de ocorrer $B$ dado que ocorreu $A$.

**53.** **[NUTRIÇÃO]** Uma pesquisa sobre hábitos alimentares revelou que, em uma cidade, 60% da população consome açúcar, 55% massas e 45% frituras. Além disso, 30% consome açúcar e massas, 25% açúcar e frituras e 25% massas e frituras.

PANTHERMEDIA/KEYDISC

Sorteando aleatoriamente um morador dessa cidade, determine a probabilidade de que ele consuma massas e frituras dado que ele consome açúcar.

PANTHERMEDIA/KEYDISC

**54.** **[TRABALHO]** Uma empresa trabalha em 3 turnos denominados turno da manhã, turno da tarde e turno da noite. Qualquer funcionário pode escolher, no máximo, dois turnos para trabalhar. Após um levantamento constatou-se que o número de funcionários em cada turno é:

- turno da manhã: 700
- turno da tarde: 500
- turno da noite: 200
- total de funcionários: 1.250

Sabendo que 50 funcionários trabalham de manhã e à tarde e que 60 trabalham à tarde e à noite, calcule a probabilidade de um funcionário trabalhar à noite sabendo que ele trabalha de manhã.

**55.** **[ESPORTE]** Em uma vila olímpica, um grupo de atletas foi colocado em alojamentos. Para isso foram sorteados os nomes para ocuparem os aposentos, cada um em um quarto. Após o sorteio foi constatado que:

- 70% eram homens, sendo metade destes corredores;
- 20% eram nadadores, sendo $\frac{3}{4}$ destes homens.
- 30% eram judocas, sendo $\frac{1}{3}$ destes mulheres.

Sabendo que a equipe era composta apenas de nadadores, corredores e judocas, calcule a probabilidade de:

a) ser uma mulher, dado que sorteamos um nadador;

b) ser um nadador, dado que foi sorteada uma mulher;

c) ser um homem, se foi sorteado um judoca;

d) sortearmos um corredor, dado que foi sorteado um homem.

**56.** **[PRODUÇÃO]** Em uma indústria, dentre 50 máquinas fabricadas 4 apresentam defeito. Se sortearmos 2 dessas máquinas, determine a probabilidade de:

a) ambas serem defeituosas;

b) pelo menos uma apresentar defeito;

c) nenhuma apresentar defeito.

**57.** Em uma urna existem 5 bolas brancas e 7 verdes. Retirando-se simultaneamente 4 bolas, responda:

a) Qual é a probabilidade de todas as bolas serem brancas?

b) Qual é a probabilidade de saírem 2 bolas brancas e 2 verdes?

## Enigmas, Jogos & Brincadeiras

### MUDAR OU NÃO MUDAR, EIS A QUESTÃO!

Acompanhe o *e-mail* enviado por Marcos, um morador de Matematicalândia, para a famosa cientista Dra. Mática.

> Dra. Mática, fui convidado a participar do programa de TV:
>
> **E agora, muda ou não?**
>
> Esse programa funciona da seguinte maneira:
>
> O participante deve escolher uma dentre três portas, sendo que atrás de uma delas existe um prêmio e atrás das outras duas não existe nada.
>
> Uma vez que o participante faz a escolha, em vez de abrir a porta escolhida por ele, o apresentador abre uma porta atrás da qual sabe que não há nada.
>
> Em seguida, é dada ao participante a oportunidade de ele ficar com sua escolha inicial ou de trocar, escolhendo outra porta.
>
> Para ter mais "chance" de ganhar o prêmio, devo ou não mudar de porta?
>
> Muito obrigado por sua atenção.
>
> Marcos

A resposta da Dra. Mática foi a seguinte:

> Caro Marcos,
>
> Após analisar com muita atenção seu dilema, cheguei à conclusão de que se você mudar de porta suas "chances" aumentam.
>
> Logo, creio que você deve mudar.
>
> Mática

Descubra por que a Dra. Mática tem tanta certeza disso.

# 5. EVENTOS INDEPENDENTES

Dois eventos são **independentes** quando a probabilidade de ocorrência de um deles não afeta a probabilidade de ocorrência do outro.

Assim, por exemplo, no experimento "sortear uma carta de um baralho completo", considere os eventos *A* "sair uma figura" e *B* "obter um ás de copas" como independentes, pois a ocorrência de um não interfere na ocorrência do outro, já que o baralho sempre está completo.

Em um espaço amostral $\Omega$, dois eventos *A* e *B* são **independentes** se, e somente se:

$$P(B/A) = P(B) \quad \text{e} \quad P(A/B) = P(A)$$

Sendo *A* e *B* dois eventos independentes de um mesmo espaço amostral, com $P(A) \neq 0$, temos:

$$\underbrace{P(B/A)}_{P(B)} = \frac{P(A \cap B)}{P(A)} \Rightarrow P(A \cap B) = P(B) \cdot P(A)$$

ou seja,

$$P(A \cap B) = P(A) \cdot P(B)$$

Podemos estender essa relação para três ou mais eventos. No caso de três eventos *A*, *B* e *C*, independentes dois a dois, em um espaço amostral $\Omega$, temos:

$$P(A \cap B \cap C) = P(A) \cdot P(B) \cdot P(C)$$

## Exercícios Resolvidos

**ER. 21** Retirando-se, sucessivamente e com reposição, duas cartas de um baralho com 52 cartas, determine a probabilidade de obtermos duas cartas de copas.

**Resolução:** Como existe reposição, a primeira retirada de carta não interfere na segunda retirada. Assim, esses eventos são independentes em um espaço amostral equiprovável.

Sabemos que o baralho tem 13 cartas de copas. Daí, consideremos os eventos descritos a seguir.

*A*: a primeira carta ser de copas

Probabilidade de ocorrer *A* na 1.ª retirada:

$$P(A) = \frac{13}{52} = \frac{1}{4}$$

*B*: a segunda carta ser de copas

Probabilidade de ocorrer *B* na 2.ª retirada:

$$P(B) = \frac{13}{52} = \frac{1}{4}$$

Assim, a probabilidade de ocorrer $A \cap B$ na retirada das duas cartas é

$$P(A \cap B) = P(A) \cdot P(B) = \frac{1}{4} \cdot \frac{1}{4} = \frac{1}{16} = 0{,}0625$$

Logo, a probabilidade de obtermos duas cartas de copas é 6,25%.

> **Recorde**
>
> Um espaço amostral é equiprovável quando seus eventos elementares têm probabilidades iguais.

---

**ER. 22** Considere os eventos independentes *A* e *B* (em um espaço amostral $\Omega$). Sabe-se que $P(A) = 0{,}61$ e $P(B) = 0{,}35$. Determine $P(A \cap B)$.

**Resolução:** Se *A* e *B* são eventos independentes, então:

$$P(A \cap B) = P(A) \cdot P(B) = 0{,}61 \cdot 0{,}35 = 0{,}2135 = 21{,}35\%$$

---

**ER. 23** Em uma urna são colocadas 4 bolas verdes e 5 amarelas. São retiradas 2 bolas sucessivamente e com reposição. Calcule a probabilidade de a segunda bola ser verde, sendo que a primeira foi amarela. Verifique se esses eventos são independentes.

**Resolução:** Se o evento *B* é "a 2.ª bola retirada é verde", há 9 possibilidades para a segunda retirada, das quais 4 são bolas verdes, ou seja, $P(B) = \frac{4}{9}$.

Se *A* é "a 1.ª bola retirada é amarela", e há 5 bolas amarelas entre as 9 bolas, temos $P(A) = \frac{5}{9}$.

O evento $A \cap B$ é "a 1.ª bola é amarela e a 2.ª bola é verde".

Como para cada bola amarela retirada inicialmente existem 4 possibilidades de obter uma bola verde na 2.ª retirada, temos:

$$n(A \cap B) = 5 \cdot 4 = 20$$

No espaço amostral $\Omega$, para cada uma das 9 bolas que podem ser retiradas inicialmente há, novamente, 9 possibilidades na 2.ª retirada. Daí:

$$n(\Omega) = 9 \cdot 9 = 81$$

Assim, temos:

$$P(A \cap B) = \frac{n(A \cap B)}{n(\Omega)} = \frac{20}{81}$$

Então, a probabilidade de se retirar a segunda bola verde, sendo a primeira bola amarela, é dada por:

$$P(B/A) = \frac{P(A \cap B)}{P(A)} = \frac{\frac{20}{81}}{\frac{5}{9}} = \frac{4}{9}$$

> **Faça**
>
> Resolva este exercício novamente, agora sem reposição da primeira bola.

Observe que ter sido retirada uma bola amarela inicialmente não influiu no fato de a 2.ª bola ser verde, já que $P(B) = P(B/A) = \frac{4}{9}$. Isso significa que os eventos *A* e *B* são independentes.

**ER. 24** [GENÉTICA]
Uma família tem 3 crianças. Sabendo que a probabilidade de nascer menina ou menino é igual a 0,5, determine a probabilidade de que nessa família as crianças:
a) sejam 3 meninos;
b) sejam 2 meninos e 1 menina;
c) sejam pelo menos 2 meninos;
d) não sejam todas do mesmo sexo.

**Resolução:** Seja $M$ o evento "nascer menina". Assim, $P(M) = 0,5$.

Seja $H$ o evento "nascer menino". Daí, $P(H) = 0,5$.

$M$ e $H$ são eventos independentes, pois se na 1.ª gestação nasceu menina, isso não influencia o nascimento de um menino ou menina em uma 2.ª gestação.

a) A probabilidade $P(HHH)$ de "nascer 3 meninos" é dada pelo produto de três fatores $P(H)$. Assim:

$$P(HHH) = P(H) \cdot P(H) \cdot P(H) = 0,5 \cdot 0,5 \cdot 0,5 = 0,125 = 12,5\%$$

b) Para o caso de nascer 2 meninas e 1 menino, podemos separar em três situações:

- O primeiro filho é menino:

$$P(HMM) = P(H) \cdot P(M) \cdot P(M) = 0,5 \cdot 0,5 \cdot 0,5 = 0,125$$

- O segundo filho é menino:

$$P(MHM) = P(M) \cdot P(H) \cdot P(M) = 0,5 \cdot 0,5 \cdot 0,5 = 0,125$$

- O terceiro filho é menino:

$$P(MMH) = P(M) \cdot P(M) \cdot P(H) = 0,5 \cdot 0,5 \cdot 0,5 = 0,125$$

Assim, a probabilidade $P$ da união desses três eventos, que são mutuamente exclusivos, é dada pela soma das três probabilidades obtidas:

$$P = P(HMM) + P(MHM) + P(MMH) = 3 \cdot 0,125 = 0,375$$

Logo, a probabilidade dos 3 filhos serem 2 meninas e 1 menino é de 37,5%.

c) Para que o evento "nascer pelo menos 2 meninos" ocorra, temos duas possibilidades.

① nascer 3 meninos
Observe que a probabilidade $p_1$ desse caso é a probabilidade obtida no item **a**, ou seja, $p_1 = 0,125$.

② nascer 2 meninos e 1 menina
A probabilidade $p_2$ de ocorrer essa situação é aquela obtida no item **b**, ou seja, $p_2 = 0,375$.

Sendo assim, a probabilidade $p$ de nascer pelo menos 2 meninos é dada por:

$$p = p_1 + p_2 = 0,125 + 0,375 = 0,5$$

d) Note que o evento $D$ "não nascer crianças todas de mesmo sexo" é o complementar do evento $\overline{D}$ "nascer 3 meninos ou nascer 3 meninas".
Assim, $P(D) = 1 - P(\overline{D})$.
Vamos, então, determinar $P(\overline{D})$.

① nascer 3 meninos

$$P(HHH) = 0,5 \cdot 0,5 \cdot 0,5 = 0,125$$

② nascer 3 meninas

$$P(MMM) = 0,5 \cdot 0,5 \cdot 0,5 = 0,125$$

De ① e ②, vem:

$$P(\overline{D}) = 0,125 + 0,125 = 0,25$$

Logo, temos:

$$P(D) = 1 - P(\overline{D}) = 1 - 0,25 = 0,75$$

**ER. 25** Em uma urna há exatamente 10 bolas: 5 azuis, 3 vermelhas e 2 laranjas. Retirando-se três bolas dessa urna, uma de cada vez e com reposição, determine a probabilidade de termos as três bolas de cores diferentes.

**Resolução:** Considere os eventos descritos a seguir.

*A*: sair bola azul
*V*: sair bola vermelha
*L*: sair bola laranja

Pelo enunciado, temos:

$$P(A) = \frac{5}{10} = \frac{1}{2},\quad P(V) = \frac{3}{10} \quad \text{e} \quad P(L) = \frac{2}{10} = \frac{1}{5}$$

Como as bolas são retiradas com reposição, os eventos *A*, *V* e *L* são independentes dois a dois.

Queremos determinar a probabilidade de termos três bolas de cores diferentes, ou seja, uma azul, uma vermelha e uma laranja.

Uma possibilidade desse evento ocorrer é sair a 1.ª bola azul, a 2.ª bola vermelha e a 3.ª bola laranja. A probabilidade dessa possibilidade descrita é dada por:

$$P(AVL) = P(A) \cdot P(V) \cdot P(L) = \frac{1}{2} \cdot \frac{3}{10} \cdot \frac{1}{5} = \frac{3}{100} = 0{,}03$$

Note que qualquer permutação dos elementos dessa possibilidade $(AVL)$ garante a ocorrência do evento solicitado, e os eventos obtidos em cada uma dessas permutações têm probabilidades iguais à $P(AVL)$, ou seja, todas são 0,03.

Desse modo, podemos dizer que a probabilidade *p* do evento "sair 3 bolas de cores diferentes" ocorrer é:

$$p = 3! \cdot 0{,}03 = 3 \cdot 2 \cdot 1 \cdot 0{,}03 = 0{,}18$$

Logo, a probabilidade de tirarmos 3 bolas de cores diferentes é 18%.

## Exercícios Propostos

**58.** Considere os eventos *A* e *B* em $\Omega$, tais que

$$P(A) = \frac{1}{3} \quad \text{e} \quad P(B) = \frac{1}{4}$$

Calcule $P(A \cap B)$ sabendo que *A* e *B* são independentes.

**59.** Considere os eventos *A* e *B* em $\Omega$, tais que

$$P(A/B) = \frac{3}{5},\ P(B/A) = \frac{2}{7} \text{ e } P(A \cap B) = \frac{1}{10}.$$

a) Calcule $P(A)$ e $P(B)$.
b) *A* e *B* são eventos independentes? Por quê?

**60.** Sendo *A* e *B* eventos em $\Omega$, tais que

$$P(A \cap B) = \frac{1}{5} \quad \text{e} \quad P(B) = \frac{2}{5}$$

determine $P(A)$ para que *A* seja independente de *B*.

**61.** **[NUTRIÇÃO]** No cardápio para o lanche da tarde da escola do Vítor, há as seguintes opções:

Sanduíches: de queijo branco e de atum

Sucos: de laranja, de abacaxi, de melancia e de limão

Frutas: maçã, banana, uva e morango

Para o lanche, os alunos podem escolher um sanduíche, um suco e uma fruta. Determine a probabilidade de se escolher um sanduíche de atum, um suco de laranja e morango.

**62.** **[EDUCAÇÃO]** Em uma prova, a probabilidade de 2 alunos *A* e *B* acertarem uma questão é $P(A) = \frac{1}{3}$ e $P(B) = \frac{1}{5}$. Qual é a probabilidade de esses 2 alunos acertarem a questão?

**63.** **[COTIDIANO]** Uma gaveta contém 10 canetas que funcionam e 5 canetas com defeito. Qual é a probabilidade de, retirando sucessivamente 2 canetas:

a) a primeira ser defeituosa e a segunda perfeita?
b) uma ser defeituosa e uma ser perfeita?

**64.** **[EDUCAÇÃO]** Em uma classe de 2.ª série do Ensino Médio, com 26 alunos, há duas meninas que são irmãs gêmeas. Serão sorteadas duas bolsas para fazer um curso pré-vestibular no ano seguinte. Qual é a probabilidade de as irmãs gêmeas ganharem essas bolsas?

65. Uma urna contém 9 bolas, sendo 4 verdes e 5 amarelas. São retiradas 3 bolas simultaneamente. Determine a probabilidade, expressa em porcentagem, de:

a) obter-se 2 bolas verdes e uma amarela;
b) obter-se pelo menos uma bola amarela.

66. Considere os eventos $A$, $B$ e $C$ tais que:

- $A$ é independente de $B$
- $A \subset C$
- $P(A \cap B) = \frac{1}{8}$, $P(B) = \frac{3}{16}$ e $P(C) = \frac{6}{7}$

Calcule $P(A/C)$.

67. Um dado é fabricado de modo que a probabilidade de a face com número 6 ficar voltada para cima seja o dobro da probabilidade de a face com o número 1 $\left(\text{e a probabilidade das demais é } \frac{1}{6}\right)$.

a) Qual é a probabilidade de, lançando esse dado, obtermos 6?
b) Lançando o dado 2 vezes, qual é a probabilidade de obtermos dois números 6 na face voltada para cima?

68. **[LAZER]** Uma *pizzaria* oferece quatro opções aos clientes:

- *pizza* de alho
- *pizza* de calabresa
- *pizza* de alho e calabresa
- *pizza* à moda do freguês

A probabilidade de um cliente escolher qualquer uma dessas opções é de 25%.

Calcule a probabilidade de:

a) um cliente que vai comprar três *pizzas* escolher três *pizzas* diferentes;
b) um cliente que vai comprar quatro *pizzas* escolher duas de alho e duas à moda do freguês.

69. **[ESPORTE]** Em um torneio de dardos, a probabilidade de um competidor acertar o alvo é $\frac{1}{3}$ e de outro é $\frac{1}{5}$. Se cada competidor tem direito a um lançamento, responda:

a) Qual é a probabilidade de nenhum deles acertar o alvo?
b) Qual é a probabilidade de que pelo menos um deles acerte o alvo?
c) Sabendo que o alvo foi atingido apenas uma vez, qual é a probabilidade de ter sido atingido pelo segundo competidor?

PANTHERMEDIA/KEYDISC

70. **[TRABALHO]** Dentre dois matemáticos e seis jornalistas deve-se escolher, aleatoriamente, um grupo de três pessoas. Determine a probabilidade, na forma porcentual, de nesse grupo ter pelo menos um matemático.

71. Em uma urna existem 5 bolas brancas e 7 verdes. Retirando-se 4 bolas com reposição, responda:

a) Qual é a probabilidade de todas as bolas serem brancas?
b) Qual é a probabilidade de saírem 2 bolas brancas e 2 verdes?

## Matemática, Ciência & Vida

Uma das aplicações de probabilidade é em Genética, pois, muitas vezes, se deseja saber qual a probabilidade de que determinado evento aconteça. Pode-se desejar saber, por exemplo, qual a probabilidade de que nasça uma criança do sexo masculino ou com cabelos encaracolados, ou que do cruzamento entre um touro e uma vaca de determinada raça nasçam novilhos com pelo mais curto ou mais longo etc.

Outra aplicação importante da probabilidade em Genética é na prevenção: há algumas doenças que são transmitidas por genes e que só se manifestam na vida adulta, quando o indivíduo já pode ter tido filhos. Uma delas é a doença de Huntington, cujos primeiros sintomas, em geral, surgem entre 35 e 40 anos de idade.

Degenerativa, a doença de Huntington é causada por um gene que pode ser transmitido pelo pai ou pela mãe. Em seu desenvolvimento, determinadas células do cérebro são destruídas e, como consequência, o indivíduo passa a apresentar alterações de comportamento e movimentos involuntários.

Em casos como esses, é importante para os indivíduos da família em que esse gene está presente saber antecipadamente qual a probabilidade de, em caso de ter um filho(a), transmiti-lo para a geração seguinte.

## 6. A Distribuição Binomial

Considere a situação a seguir.

Em uma fábrica de autopeças, sabe-se que a probabilidade de uma peça especial produzida ser boa (não defeituosa) é de 90%. Certo dia, após a fabricação das primeiras 8 peças, notou-se que 3 eram defeituosas. Imediatamente o encarregado decidiu parar a produção alegando que, como a probabilidade de uma peça ser defeituosa é pequena, devia haver algo errado. Vejamos se ele tem razão.

Denotando por $F$ o evento de uma peça ser defeituosa e $S$ o de uma peça não ser defeituosa, uma possível situação em que 3 peças tenham defeito é apresentada na tabela:

| Número de peças fabricadas | 1 | 2 | 3 | 4 | 5 | 6 | 7 | 8 |
|---|---|---|---|---|---|---|---|---|
| Evento | $F$ | $F$ | $F$ | $S$ | $S$ | $S$ | $S$ | $S$ |
| Probabilidade | 0,1 | 0,1 | 0,1 | 0,9 | 0,9 | 0,9 | 0,9 | 0,9 |

Como os eventos $F$ e $S$ são complementares e a fabricação de uma peça independe da fabricação das peças anteriores, a probabilidade $p$ de ocorrer a situação da tabela acima pode ser escrita como:

$$p = P(F) \cdot P(F) \cdot P(F) \cdot P(S) \cdot P(S) \cdot P(S) \cdot P(S) \cdot P(S) = (0,1)^3 \cdot (0,9)^5$$

Assim, a probabilidade de que as 3 primeiras peças fabricadas sejam defeituosas é de $(0,1)^3 \cdot (0,9)^5$.

Porém, existem outras possibilidades que satisfazem a situação, como por exemplo:

| Número de peças fabricadas | 1 | 2 | 3 | 4 | 5 | 6 | 7 | 8 |
|---|---|---|---|---|---|---|---|---|
| Evento | $S$ | $S$ | $S$ | $S$ | $S$ | $F$ | $F$ | $F$ |
| Probabilidade | 0,9 | 0,9 | 0,9 | 0,9 | 0,9 | 0,1 | 0,1 | 0,1 |

Assim, denotando por $E$ o evento, para determinarmos a probabilidade $P(E)$ de exatamente 3 peças serem defeituosas, precisamos saber de quantos modos podemos permutar as 8 possibilidades: $S\ S\ S\ S\ S\ F\ F\ F$.

Veja que o número de permutações de $S\ S\ S\ S\ S\ F\ F\ F$ é dado por:

$$P_8^{(5,\,3)} = \frac{8!}{5! \cdot 3!} = 56$$

Por sua vez, essa permutação é numericamente igual à combinação de 8 elementos tomados 3 a 3, ou seja:

$$P_8^{(5,\,3)} = C_{8,\,3} = \binom{8}{3}$$

Temos, assim, que a probabilidade pedida é dada pela soma das probabilidades de ocorrer cada sequência obtida pelas permutações.

Como a probabilidade de ocorrer cada sequência é a mesma $(p)$, basta então multiplicarmos o número de permutações pela probabilidade $p$, encontrada inicialmente. Assim, a probabilidade $P(E)$ procurada é dada por:

$$P(E) = \binom{8}{3} \cdot (0,1)^3 \cdot (0,9)^5 = 56 \cdot 0,001 \cdot 0,59049 \simeq 0,0331$$

PANTHERMEDIA/KEYDISC

A indústria de autopeças é responsável pela produção de peças e acessórios para automóveis.

**Faça**

Verifique que:

$$C_{8,\,3} = P_8^{(5,\,3)}$$

Depois, generalizando, que:

$$C_{n,\,k} = P_n^{(n-k,\,k)}$$

**Atenção!**

*Sucesso* significa que o evento esperado ocorreu.

*Fracasso* é a não ocorrência do evento esperado.

Por exemplo: você deseja que, ao lançar um dado 5 vezes, ele sempre caia com a face 6 voltada para cima. Se isso ocorrer, você obtém sucesso; caso contrário, fracasso.

Assim, a probabilidade de 3 peças serem defeituosas dentre as 8 fabricadas é, aproximadamente, 3,31%.

Logo, o encarregado tem razão.

Considerando um evento único que irá se repetir várias vezes dentro de um mesmo espaço amostral, em que há apenas duas possibilidades, a de ocorrência do evento (**sucesso**, $S$) e a não ocorrência dele (**fracasso**, $F$), a esse tipo de situação chamamos *distribuição binomial*.

Assim, em geral, considerando um evento com probabilidade $p$ de ocorrer (sucesso) e probabilidade $(1 - p)$ de não ocorrer (fracasso), temos:

A probabilidade $P(E)$ de uma sequência de $n$ eventos independentes, repetidos, em que ocorrem $k$ sucessos e $(n - k)$ fracassos é dada por:

$$P(E) = \binom{n}{k} \cdot p^k \cdot (1 - p)^{n-k}$$

em que $p$ é a probabilidade de ocorrer sucesso.

## Exercícios Resolvidos

**ER. 26** Determine a probabilidade de se obter duas caras e quatro coroas no lançamento de seis moedas.

**Resolução:** Note que o evento "tirar cara" (c) é um sucesso e o evento "tirar coroa" (k) é um fracasso. Agora, podemos aplicar a fórmula de eventos binomiais, com 6 repetições, sendo 2 sucessos e 4 fracassos. Lembrando que os eventos "tirar cara" ou "tirar coroa" são equiprováveis e suas probabilidades são iguais a 50% cada, temos que a probabilidade do evento $E$ pedido é dada por:

$$P(E) = \binom{n}{k} \cdot p^k \cdot (1 - p)^{n-k} \Rightarrow P(E) = \binom{6}{2} \cdot (0{,}5)^2 \cdot (1 - 0{,}5)^4 \Rightarrow$$

$$\Rightarrow P(E) = 15 \cdot 0{,}25 \cdot 0{,}0625 \Rightarrow P(E) = 0{,}234375$$

Logo, a probabilidade de tirarmos 2 caras e 4 coroas no lançamento de 6 moedas é de 23,4375%.

**ER. 27** [GENÉTICA] Um casal está planejando ter quatro filhos. Determine a probabilidade de eles terem dois meninos e duas meninas.

**Resolução:** Vamos determinar a probabilidade do evento $E$ "o casal ter dois meninos e duas meninas, em qualquer ordem".

$$P(E) = \frac{1}{2} \cdot \frac{1}{2} \cdot \frac{1}{2} \cdot \frac{1}{2} \cdot P_4^{(2,\,2)} = \frac{1}{16} \cdot \frac{4!}{2! \cdot 2!} = \frac{3}{8}$$

**ER. 28** [SEGURANÇA] A probabilidade de um carro ser assaltado durante uma noite, em um bairro, é de 1%. Escolhidos 100 carros desse bairro, qual é a probabilidade de que nenhum deles seja assaltado nessa noite?

**Resolução:**

Veja que o evento $A$ "ser assaltado" tem a probabilidade:

$$P(A) = 0{,}01$$

Então, a probabilidade de "não ser assaltado" é 0,99.

Assim, a probabilidade do evento $E$ "nenhum dos 100 carros nessa noite ser assaltado" é dada por:

$$P(E) = \binom{100}{0} \cdot (0{,}01)^0 \cdot (0{,}99)^{100}$$

$$P(E) \simeq 0{,}37$$

**ER. 29** **[GENÉTICA]** Em certa população de uma raça de cachorros, a probabilidade de que um animal tenha cor dourada é 30%.

Sorteando-se 10 animais dessa população, calcule a probabilidade de que no máximo dois sejam dourados.

**Resolução:** Considerando o evento $A$ "ser dourado", temos: $P(A) = p = 0{,}3$. Assim, a probabilidade de "não ser dourado" é:

$$P(\overline{A}) = 1 - 0{,}3 \Rightarrow P(\overline{A}) = 0{,}7$$

As situações a seguir satisfazem as condições do problema.

- nenhum dourado

$$p_1 = \binom{10}{0} \cdot (0{,}3)^0 \cdot (0{,}7)^{10}$$

- exatamente um animal ser dourado

$$p_2 = \binom{10}{1} \cdot (0{,}3)^1 \cdot (0{,}7)^9$$

- exatamente dois animais serem dourados

$$p_3 = \binom{10}{2} \cdot (0{,}3)^2 \cdot (0{,}7)^8$$

Assim, a probabilidade do evento $E$ "no máximo dois cachorros dourados" é:

$$P(E) = (0{,}7)^{10} + 3 \cdot (0{,}7)^9 + 45 \cdot 0{,}09 \cdot (0{,}7)^8$$
$$P(E) \simeq 0{,}028 + 0{,}121 + 0{,}233$$
$$P(E) \simeq 0{,}382$$
$$P(E) \simeq 38{,}2\%$$

Logo, $P(E)$ é aproximadamente 38,2%.

## Exercícios Propostos

**72.** Em um experimento, a probabilidade de ocorrer $A$ é 0,4 e de ocorrer $B$ é 0,6. Os eventos $A$ e $B$ são independentes. Determine a probabilidade de ocorrer 3 vezes o evento $A$ e 2 vezes o evento $B$.

**73.** No lançamento de oito moedas, qual é a probabilidade de se obter 3 caras e 5 coroas?

**74.** **[COMÉRCIO]** A probabilidade de um corretor de imóveis vender um imóvel a cada cliente que entra em seu estabelecimento é de 2%. Em um sábado, o corretor atendeu 12 clientes. Qual é a probabilidade de ele ter vendido apenas um imóvel?

**75.** **[AVIAÇÃO]** Em uma empresa que fabrica aviões, a probabilidade de uma aeronave apresentar defeito de fabricação é de 1%. Em oito aeronaves fabricadas, qual é a probabilidade de exatamente duas delas apresentarem defeito de fabricação?

**76.** **[CIDADANIA]** A probabilidade de um eleitor votar no candidato $A$ é de 0,6 e de votar no candidato $B$ é de 0,4. Em um grupo de seis eleitores, qual é a probabilidade de o candidato $A$ obter exatamente três votos?

**77.** **[EDUCAÇÃO]** Qual é a probabilidade de um aluno acertar "no chute" 9 questões em uma avaliação que possui 10 questões de múltipla escolha, sendo que cada questão apresenta uma única alternativa correta?

**78.** Ao lançar 4 vezes um dado com faces numeradas de 1 a 6, qual é a probabilidade de todas as faces voltadas para cima apresentarem números múltiplos de 3?

**79.** **[DIVERSÃO]** Em uma festa junina sabe-se que a probabilidade de que cada uma das 8 crianças presentes receba algum brinde é 0,60. Qual é a probabilidade de que exatamente 4 dessas crianças recebam algum brinde?

**80.** **[EDUCAÇÃO]** Uma prova é constituída por 5 questões do tipo verdadeiro ou falso. Um aluno que não estudou para essa prova decide "chutar" todas as questões.

a) Qual é a probabilidade de ele acertar todas as questões?

b) Qual é a probabilidade de ele acertar apenas uma questão?

c) Qual é a probabilidade de ele acertar pelo menos uma questão?

**81.** **[GENÉTICA]** Uma mulher terá trigêmeos de uma gravidez incomum, pois os três bebês são gerados em placentas diferentes. Qual a probabilidade de pelo menos um bebê ser menina?

**82.** Uma urna contém exatamente 12 bolas: 8 verdes e 4 amarelas. Retirando-se três bolas sucessivamente e com reposição, qual é a probabilidade de:

a) retirarmos uma bola verde e duas bolas amarelas, nessa ordem?

b) retirarmos duas bolas verdes e uma bola amarela em qualquer ordem?

**83.** **[GENÉTICA]** Em uma família, a probabilidade de uma criança nascer com albinismo é 25%. Sabendo que essa família teve 5 filhos, qual é a probabilidade, na forma porcentual, de que um seja albino?

**84.** **[ENGENHARIA]** A probabilidade de que um pneu saia com defeito é de 0,002. Para testar a segurança foi escolhido um lote com 500 pneus. Com o auxílio de uma calculadora, calcule a probabilidade de que, no máximo, 2 pneus tenham defeito.

**85.** Uma moeda comum será lançada 8 vezes. Determine a probabilidade de sair mais caras que coroas.

**86.** **[DIVERSÃO]** Em uma festa, Tio Válter, que gosta de contar piadas, nem sempre boas, notou que a probabilidade de uma pessoa gostar de uma piada sua é 40%.

Em uma grande festa da cidade ele selecionou 10 pessoas e contou uma piada.

Qual é a probabilidade de que ninguém tenha gostado da piada?

## Encare Essa!

**1.** (Unifesp) De um grupo de alunos dos períodos noturno, vespertino e matutino de um colégio (conforme tabela) será sorteado o seu representante numa gincana. Sejam $p_n$, $p_v$ e $p_m$ as probabilidades de a escolha recair sobre um aluno do noturno, do vespertino e do matutino, respectivamente.

| Número de alunos | Período |
|---|---|
| 3 | noturno |
| 5 | vespertino |
| $x$ | matutino |

a) Calcule o valor de $x$ para que se tenha $p_m = \frac{2}{3}$.

b) Qual deve ser a restrição sobre $x$ para que se tenha $p_m \geqslant p_n$ e $p_m \geqslant p_v$?

**2.** (Ibmec – SP) Seja $A$ o conjunto de todas as matrizes de ordem 2 da forma $\begin{bmatrix} x & y \\ z & w \end{bmatrix}$, em que $x$, $y$, $z$, $w$ são elementos do conjunto $\{0, 1\}$. Escolhendo ao acaso uma matriz do conjunto $A$, a probabilidade de que seu determinante seja zero é igual a:

a) $\frac{1}{2}$ b) $\frac{5}{8}$ c) $\frac{3}{4}$ d) $\frac{7}{8}$ e) 1

**3.** (Fuvest – SP) Em um jogo entre Pedro e José, cada um deles lança, em cada rodada, um mesmo dado honesto uma única vez. O dado é cúbico, e cada uma de suas 6 faces estampa um único algarismo de maneira que todos os algarismos de 1 a 6 estejam representados nas faces do dado.

Um participante vence, em uma certa rodada, se a diferença entre seus pontos e os pontos de seu adversário for, no mínimo, de duas unidades. Se nenhum dos participantes vencer, passa-se a uma nova rodada.

Dessa forma, determine a probabilidade de:

a) Pedro vencer na primeira rodada.

b) nenhum dos dois participantes vencer na primeira rodada.

c) um dos participantes vencer até a quarta rodada.

# História & Matemática

A *Teoria das Probabilidades* há muito tempo vem sendo objeto da atenção de pessoas dotadas de mente especulativa, em geral na busca de vitórias em jogos de azar. Na famosa obra de Dante Alighieri (1265-1321), a *Divina Comédia*, há considerações sobre as possibilidades de ganhos em jogos de dados; dois séculos depois, Girolamo Cardano (1501-1576) escreveu o livro *Sobre os Jogos de Azar*, em que apresentava os primeiros cálculos sistemáticos de probabilidades; e isso se deu um século antes de Pascal e Fermat, que hoje são conhecidos como os "pais" dessa teoria.

Muitos outros matemáticos trataram de problemas ligados ao cálculo de probabilidades, porém de maneira pontual, relacionada a uma determinada situação. Foi o francês Blaise Pascal (1623-1662) quem criou modelos para esses estudos, que continuam em uso até nossos dias, sendo por isso reconhecido como o iniciador da Teoria das Probabilidades. No século XVII havia uma "febre" de jogos de azar na corte francesa, que desencadeou o interesse de Pascal pelo assunto: em 1654, o Cavalheiro de Méré, que era apaixonado por jogos e amigo do matemático, apresentou a ele uma questão sobre a probabilidade de obter vitória em certo jogo de dados. A partir das reflexões sobre esse problema, Pascal iniciou uma correspondência com outro amigo, também interessado em cálculos, Pierre de Fermat (1601-1665); essa correspondência pode ser considerada a real origem da moderna Teoria das Probabilidades. Nenhum dos dois, entretanto, preocupou-se em publicar os resultados desses estudos, talvez pelo caráter de lazer ligado aos jogos, sem importância na vida produtiva. Foi o holandês Christiaan Huygens (1629-1695) que, em 1657, publicou um folheto, *Sobre o Raciocínio em Jogos de Dados*, com base na correspondência entre os franceses.

A Teoria das Probabilidades não despertou grande interesse dos matemáticos da época de Pascal. Foi somente a partir do século XVIII que se tornou cada vez maior a tendência a se aplicar, a todos os aspectos da sociedade, métodos quantitativos que se mostravam eficazes nas Ciências Físicas. Matemáticos como Leonhard Euler ou Jean Le Rond d'Alembert (1717-1783) se destacaram em calcular resultados sobre questões como expectativa de vida, valores de anuidades, prêmios de loterias e outros aspectos das Ciências Sociais. A partir de então, a Teoria das Probabilidades tem sido empregada como um valioso instrumento de observação social. Atualmente é comum entrarmos em contato, pelos diversos meios de comunicação, com probabilidades que fundamentam previsões de crescimento econômico, inflação, expectativa de vida, previsões do tempo, entre outros. Dados de probabilidades têm sido cada vez mais utilizados na administração do Estado e de empresas.

Embora a origem dos estudos de Análise Combinatória e de Teoria das Probabilidades tenha se dado de modo independente, hoje vemos esses dois campos da Matemática desenvolvidos de modo articulado. Isso se deve ao reconhecimento de que muito do que se desenvolveu em Análise Combinatória foi motivado pela necessidade de resolver problemas de contagem, que se originaram na Teoria das Probabilidades. Seguindo um caminho inverso, matemáticos do século XVIII derivavam a teoria das combinações e das permutações dos princípios de probabilidades. A esse respeito, podemos citar o trabalho do francês Abraham De Moivre (1667-1754), um dos matemáticos que mais se dedicaram ao estudo da Teoria das Probabilidades. Para encontrar, por exemplo, o total de arranjos de duas letras escolhidas entre seis letras dadas, ele usava o seguinte raciocínio: a probabilidade de uma dessas letras ser a primeira é de $\frac{1}{6}$; a probabilidade de uma outra dessas letras ser a segunda é de $\frac{1}{5}$. Logo, a probabilidade de aparecerem essas duas letras nessa ordem é de:

$$\frac{1}{6} \cdot \frac{1}{5} = \frac{1}{30}$$

Assim, o total de arranjos possíveis, nas condições dadas, é igual a 30.

Blaise Pascal.

Jean Le Rond d'Alembert.

FOTOS: PANTHERMEDIA/KEYDISC

**Reflexão e ação**

Resolva o seguinte problema, do tipo apresentado por Cardano: quantos e quais são os modos de se obter um total de 8 pontos lançando-se dois dados convencionais de cores diferentes?

Em seguida, responda: qual é a probabilidade de se obter um total de 8 pontos em um jogo que utiliza dois dados de cores diferentes?

## Atividades de Revisão

1. Considere o experimento lançar uma moeda e um dado, nessa ordem. Represente o espaço amostral desse experimento.

2. **[TRABALHO]** Em uma pequena empresa, dentre seus 10 funcionários, 3 serão escolhidos para a CIPA (Comissão Interna de Prevenção de Acidentes). De quantas maneiras diferentes isso pode ser feito?

3. Em um experimento aleatório são lançados 2 dados e observa-se a soma das faces que ficam voltadas para cima. Considere o evento $A$ "sair soma 7 ou 11". Descreva o espaço amostral desse experimento e determine quantos elementos tem o evento $A$.

4. **[EDUCAÇÃO]** Em uma prova em que cada afirmação é verdadeira ou falsa, Pedro responde as 10 questões aleatoriamente. Qual é a probabilidade de ele acertar todas as questões?

5. **[DIVERSÃO]** Clara e Clóvis têm um jogo de corrida de cavalos em um tabuleiro com 10 cavalos. Eles sempre gostam de tentar "adivinhar" a ordem dos três primeiros colocados antes do final do jogo. Qual é a probabilidade de, aleatoriamente, se acertar as três primeiras colocações, na ordem de chegada, em uma única oportunidade?

6. Considere o lançamento de um dado icosaédrico honesto, isto é, em que todas as faces têm a mesma probabilidade de ocorrer e determine a probabilidade:
   a) de se obter um número múltiplo de 3;
   b) de se obter um número sucessor de um múltiplo de 3.

7. **[ENTRETENIMENTO]** Em um famoso jogo de estratégia, dois jogadores disputam um território que atualmente está em poder de um deles. Para que o outro jogador conquiste esse território, ele precisa "tirar" no dado comum um número maior que o atual detentor. Qual é a probabilidade de que o desafiante conquiste o território?

8. Considerando o experimento lançar 4 moedas honestas, determine a probabilidade:
   a) de ocorrer apenas uma cara;
   b) de não ocorrer cara;
   c) de ocorrerem exatamente duas caras;
   d) de ocorrerem exatamente três caras;
   e) de ocorrerem quatro caras.

9. **[COTIDIANO]** Em um grupo de 8 amigos, com 4 rapazes e 4 garotas, duas pessoas devem ir buscar *pizza*. Qual é a probabilidade de que sejam sorteados 2 rapazes para irem buscar a *pizza*?

10. **[PRODUÇÃO]** A empresa Nipo-Brasileira, fabricante de produtos eletrônicos, possui 6 fornecedores de placas-mãe para computadores e 4 de memória. Por segurança, em cada projeto são selecionados dois fornecedores de cada produto. A única empresa que fabrica os dois tipos de peça é a BN-componentes. Escolhendo aleatoriamente os dois fornecedores, qual é a probabilidade da BN-componentes não ser escolhida?

11. **[QUÍMICA]** Em um laboratório será feito um experimento em que serão misturadas 4 de 10 substâncias aleatoriamente. Porém, duas dessas substâncias, se misturadas, provocam uma pequena explosão. Qual é a probabilidade de que uma mistura não provoque explosão?

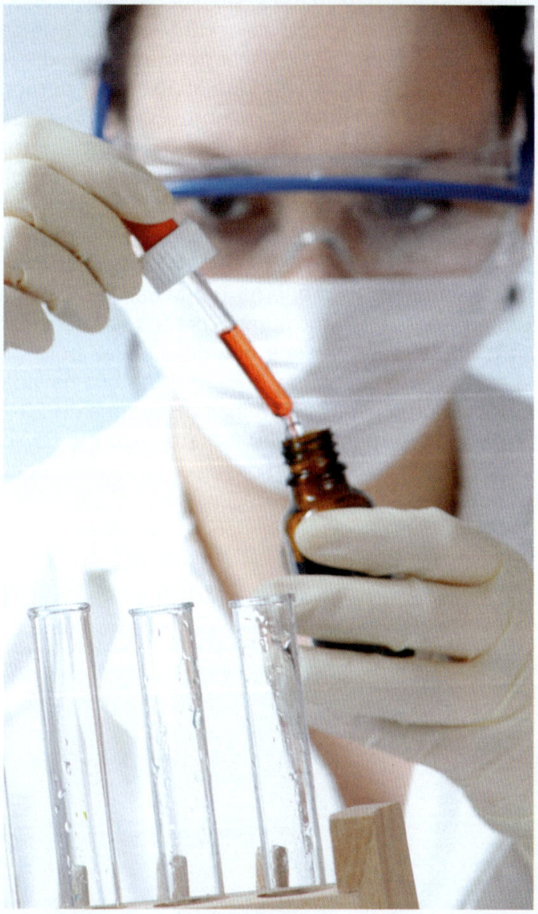

PANTHERMEDIA/KEYDISC

12. Em uma moeda especial, a probabilidade de ocorrer cara é o dobro da de ocorrer coroa. Determine a probabilidade de sair cada face dessa moeda.

13. **[COTIDIANO]** Qual é a probabilidade de escolhermos aleatoriamente uma placa de automóvel com 3 letras e 4 algarismos, de modo que as letras não sejam todas iguais?

14. **[CULINÁRIA]** Dona Bela afirmou que em todas as suas receitas secretas ela usa açúcar ou ovos. Afirmou também que em metade delas usa açúcar e em dois terços usa ovos.

Qual é a probabilidade de que, em um prato feito com uma das receitas secretas de Dona Bela, estejamos consumindo ovos e açúcar?

15. Sendo $A$ e $B$ eventos de um mesmo espaço amostral $\Omega$ tais que: $P(A \cap B) = \frac{1}{4}$, $P(\overline{A}) = \frac{1}{3}$ e $P(\overline{B}) = \frac{1}{2}$, calcule $P(A \cup B)$.

16. **[SAÚDE]** Uma pesquisa revelou que 50% de uma população não escova os dentes à noite, 40% não usa fio dental diariamente e ainda que 20% não escova os dentes à noite nem usa fio dental diariamente. Nessas condições, determine a probabilidade de sortearmos ao acaso uma pessoa que não escove os dentes à noite ou não use fio dental diariamente.

17. **[EDUCAÇÃO]** Os 400 alunos de uma escola responderam uma pesquisa na qual foi constatado que todos gostam de Matemática, Física ou Química. Além disso:

- 150 gostam de Matemática
- 200 gostam de Física
- 180 gostam de Química
- 30 gostam de Matemática e Física
- 50 gostam de Matemática e Química
- 60 gostam de Física e Química

Qual é a probabilidade de que sorteando ao acaso um aluno dessa escola ele goste de Matemática, Física e Química?

18. Considere os eventos $A$ e $B$ tais que $n(A) = 40$, $n(B) = 50$ e $n(A \cup B) = 70$. Tomando o conjunto $A \cup B$ como espaço amostral, determine:

a) o número de elementos desse espaço amostral;

b) as probabilidades de ocorrer cada um dos eventos $A$, $B$ e $A \cap B$;

c) a probabilidade de ocorrer $B$ dado que $A$ ocorreu e a probabilidade de ocorrer $A$ dado que $B$ ocorreu.

19. **[COTIDIANO]** Em certa população, a probabilidade de sortearmos uma pessoa com cabelos longos é 60% e a probabilidade de sortearmos uma mulher sabendo que a pessoa sorteada tem cabelos longos é 80%. Determine a probabilidade, em porcentagem, de sortearmos ao acaso uma mulher dessa população com cabelos longos.

20. **[NEGÓCIOS]** Uma empresa aceita, no máximo, dois contratos por vez para fabricação de produtos. A probabilidade de ela aceitar um segundo contrato dado que aceitou o primeiro é $\frac{1}{2}$. Sabe-se também que, devido às condições do primeiro contrato, a probabilidade de que ele seja aceito é $\frac{2}{3}$. Determine a probabilidade de que a empresa não aceite pelo menos um dos dois contratos.

21. **[ESPORTE]** Um torneio de tênis ocorre em sistema de eliminação simples, isto é, na primeira derrota o jogador é eliminado. Será campeão o jogador que vencer as suas 6 partidas. A probabilidade de João vencer uma partida é $\frac{1}{2}$. Qual é a probabilidade de que ele seja campeão nesse torneio?

PANTHERMEDIA/KEYDISC

22. De uma urna com 8 bolas brancas e 2 vermelhas retiram-se 3 bolas. Determine a probabilidade de se retirar:

a) 3 bolas brancas com reposição;

b) 3 bolas brancas sem reposição;

c) 2 bolas brancas e 1 bola vermelha com reposição;

d) 2 bolas brancas e 1 bola vermelha sem reposição;

e) 3 bolas vermelhas com reposição;

f) 3 bolas vermelhas sem reposição.

23. **[NEGÓCIOS]** Certa empresa tem probabilidade de 5% de fechar um novo contrato a cada visita que seu representante faz a um cliente. Ao se fazer 10 visitas, qual é a probabilidade de que não se feche um novo contrato?

24. Um experimento consiste em lançar uma moeda honesta seis vezes. Qual é a probabilidade de ocorrer 3 caras e 3 coroas nesse experimento?

25. **[LAZER]** A probabilidade de ganhar na loteria TUDO MIL é $\frac{1}{1.000}$. Caso se jogue diariamente durante um ano (360 dias), qual é a probabilidade, expressa na forma porcentual, de que se ganhe 2 vezes?

# Questões Propostas de Vestibular

**1.** (PUC – RS) Numa roleta, há números de 0 a 36. Supondo que a roleta não seja viciada, então a probabilidade de o número sorteado ser maior do que 25 é:

a) $\frac{11}{36}$
b) $\frac{11}{37}$
c) $\frac{25}{36}$
d) $\frac{25}{37}$
e) $\frac{12}{37}$

**2.** (UFS – SE) Se sortearmos ao acaso um dia da semana, qual a probabilidade de obtermos um dia cujo nome começa com a letra S?

a) $\frac{1}{7}$
b) $\frac{2}{7}$
c) $\frac{3}{7}$
d) $\frac{4}{7}$
e) $\frac{5}{7}$

**3.** (UEFS – BA) Ao se analisarem os resultados obtidos por uma turma de um determinado curso, levou-se em consideração, dentre outros fatores, a frequência às aulas. Considerando-se uma amostra aleatória de 10 alunos, constatou-se que o número total de faltas, no decorrer do curso, foi:

0, 1, 2, 2, 2, 3, 4, 5, 5, 6

Sorteando-se, ao acaso, um desses alunos, a probabilidade de o número de faltas ser maior do que 4 é igual a:

a) 0,3
b) 0,4
c) 0,5
d) 0,6
e) 0,7

**4.** (UFPR) Um cadeado com segredo possui três engrenagens, cada uma contendo todos os dígitos de 0 a 9. Para abrir esse cadeado, os dígitos do segredo devem ser colocados em uma sequência correta, escolhendo-se um dígito em cada engrenagem. (Exemplos: 237, 366, 593, ...)

a) Quantas possibilidades diferentes existem para a escolha do segredo, sabendo que o dígito 3 deve aparecer obrigatoriamente e uma única vez?
b) Qual é a probabilidade de se escolher um segredo no qual todos os dígitos são distintos e o dígito 3 aparece obrigatoriamente?

**5.** (Unesp) Numa pesquisa feita com 200 homens, observou-se que 80 eram casados, 20 separados, 10 eram viúvos e 90 eram solteiros. Escolhido um homem ao acaso, a probabilidade de ele não ser solteiro é:

a) 0,65
b) 0,6
c) 0,55
d) 0,5
e) 0,35

**6.** (Unirio – RJ) Leia a tirinha.

*Fonte:* <http: //www.meninomaluquinho.com.br>.

Lúcio está certo: desde o dia 7/7/2007, existem dois grupos de 7 Maravilhas do Mundo: as 7 do Mundo Antigo e as 7 do Mundo Moderno e nenhuma pertence a ambos os conjuntos. Suponha que se escolham, aleatoriamente, duas entre essas 14 Maravilhas. Determine a probabilidade de ambas estarem em um mesmo grupo.

a) $\frac{3}{13}$
b) $\frac{1}{4}$
c) $\frac{6}{13}$
d) $\frac{1}{2}$
e) $\frac{7}{13}$

**7.** (Fuvest – SP) Dois dados cúbicos, não viciados, com faces numeradas de 1 a 6, serão lançados simultaneamente. A probabilidade de que sejam sorteados dois números consecutivos, cuja soma seja um número primo, é de:

a) $\frac{2}{9}$
b) $\frac{1}{3}$
c) $\frac{4}{9}$
d) $\frac{5}{9}$
e) $\frac{2}{3}$

**8.** (UEM – PR) Em uma pesquisa com um grupo de 1.800 homens e 1.200 mulheres sobre suas preferências entre os produtos das marcas *A*, *B* e *C*, foram obtidos os dados registrados na tabela a seguir.

| Marca | Homens | Mulheres |
|---|---|---|
| *A* | 30% | 40% |
| *B* | 35% | 25% |
| *C* | 35% | 35% |

Com relação aos dados informados, identifique o que for **correto**.

(01) 70% do total de pessoas pesquisadas preferem a marca *A*.

(02) As marcas *A* e *C* têm a mesma preferência no grupo pesquisado.

(04) Escolhida ao acaso uma pessoa do grupo pesquisado, a probabilidade de que seja do sexo masculino é $\frac{3}{5}$.

(08) Escolhida ao acaso uma pessoa do grupo pesquisado, a probabilidade de que seja do sexo masculino e prefira a marca *A* é 18%.

(16) O número de mulheres e de homens que escolheu a marca *C* é o mesmo.

Dê como resposta a soma dos números associados às proposições corretas.

**9.** (Unifor – CE) Considere os pontos que pertencem ao gráfico da função dada por

$$f(x) = \frac{1 + 2x}{3}$$

cujo domínio é o conjunto

$$D = \{x \in \mathbb{Z} \mid 1 \leqslant x \leqslant 50\}$$

Ao sortear-se aleatoriamente um desses pontos, a probabilidade de que suas coordenadas sejam números inteiros é:

a) 0,48 b) 0,44 c) 0,42 d) 0,38 e) 0,34

**10.** (UFRGS – RS) Um número natural *N* de três algarismos, menor que 500, é escolhido ao acaso. A probabilidade de que $\log_2 N$ seja um número natural é:

a) 0,001 c) 0,01 e) 0,1
b) 0,005 d) 0,05

**11.** (UFRJ) João criou uma senha de 4 algarismos para o segredo de seu cofre. Mais tarde, quando foi abrir o cofre, João percebeu que não lembrava mais qual era a senha, mas sabia que os algarismos eram 1, 3, 8 e 9. Ele, então, resolveu escrever todos os números possíveis formados pelos 4 algarismos e, em seguida, tentar abrir o cofre sorteando ao acaso, um a um, os números de sua lista, sem repetir números já testados.

a) Determine quantos números João escreveu.
b) Calcule a probabilidade de que ele abra o cofre na 12.ª tentativa.

**12.** (Unifesp) Uma urna contém todas as cartelas, do tipo da Figura I, totalmente preenchidas com os algarismos 1, 2, 3 e 4, de forma que cada linha (horizontal) contempla todos os quatro algarismos.

**Figura I**

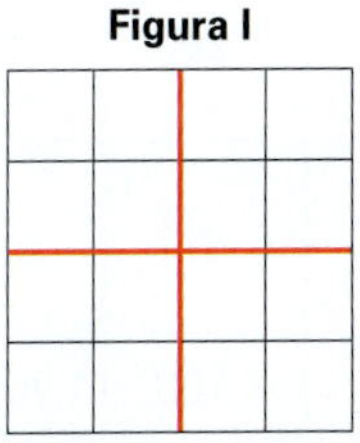

**Figura II**

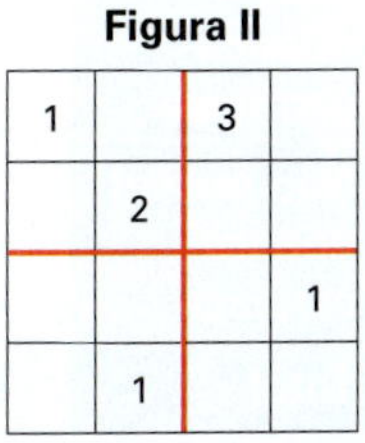


A probabilidade de se retirar dessa urna, aleatoriamente, uma cartela contemplando a configuração da Figura II, com a exigência adicional de que cada coluna (vertical) e cada um dos subquadrados destacados contenham todos os algarismos (1, 2, 3 e 4), é:

a) $\frac{1}{12 \cdot 4! \cdot 4! \cdot 4!}$ d) $\frac{1}{20 \cdot 4! \cdot 4! \cdot 4!}$

b) $\frac{1}{16 \cdot 4! \cdot 4! \cdot 4!}$ e) $\frac{1}{4! \cdot 4! \cdot 4! \cdot 4!}$

c) $\frac{1}{18 \cdot 4! \cdot 4! \cdot 4!}$

**13.** (UEPA) Um grupo de 12 artistas analisou duas obras de artes; 10 deles gostaram da primeira obra; 6 deles gostaram da segunda obra e 4 deles gostaram da primeira e da segunda obra. A probabilidade, ao acaso, de um desses artistas gostar só da segunda obra é:

a) $\frac{1}{6}$ b) $\frac{1}{5}$ c) $\frac{1}{4}$ d) $\frac{1}{3}$ e) $\frac{1}{2}$

**14.** (UERJ) Um pesquisador possui em seu laboratório um recipiente contendo 100 exemplares de *Aedes aegypt*, cada um deles contaminado com apenas um dos tipos de vírus, de acordo com a seguinte tabela:

| Tipo | Quantidade de mosquitos |
|---|---|
| DEN 1 | 30 |
| DEN 2 | 60 |
| DEN 3 | 10 |

Retirando-se simultaneamente e ao acaso dois mosquitos desse recipiente, a probabilidade de que pelo menos um esteja contaminado com o tipo DEN 3 equivale a:

a) $\frac{8}{81}$ b) $\frac{10}{99}$ c) $\frac{11}{100}$ d) $\frac{21}{110}$

**15.** (UFG – GO) A figura abaixo mostra os diversos caminhos que podem ser percorridos entre as cidades *A*, *B*, *C* e *D* e os valores dos pedágios desses percursos.

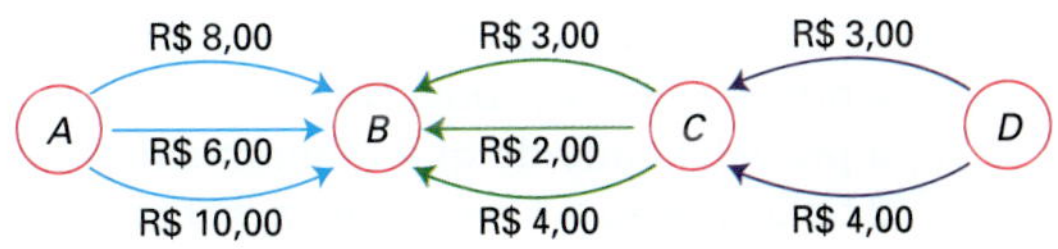


Dois carros partem das cidades *A* e *D*, respectivamente, e se encontram na cidade *B*. Sabendo-se que eles escolhem os caminhos ao acaso, a probabilidade de que ambos gastem a mesma quantia com os pedágios é:

a) $\frac{1}{18}$ b) $\frac{1}{9}$ c) $\frac{1}{6}$ d) $\frac{1}{2}$ e) $\frac{2}{3}$

**16.** (Unicamp – SP) Dois prêmios iguais serão sorteados entre dez pessoas, sendo sete mulheres e três homens. Admitindo que uma pessoa não possa ganhar os dois prêmios, responda às perguntas abaixo.

a) De quantas maneiras diferentes os prêmios podem ser distribuídos entre as dez pessoas?

b) Qual é a probabilidade de que dois homens sejam premiados?

c) Qual é a probabilidade de que ao menos uma mulher receba um prêmio?

**17.** (UFBA) Os dados a seguir referem-se aos alunos matriculados nas três turmas de um curso de Inglês.

| | Turma A | Turma B | Turma C |
|---|---|---|---|
| **Número de meninos** | 17 | 18 | 15 |
| **Número de meninas** | 23 | 22 | 25 |

Com base nesses dados, é correto confirmar:

(01) Em cada turma, a razão entre o número de meninos e o número de meninas é menor que $\frac{3}{4}$.

(02) O número de meninos do curso é igual a 40% do total de alunos matriculados.

(04) A média do número de meninas por turma é menor que 23.

(08) O número de duplas que podem ser formadas apenas com meninas é igual a 2.415.

(16) Sorteando-se um estudante do curso, a probabilidade de ser uma menina da turma A é igual a $\frac{23}{120}$.

(32) Sorteando-se um estudante do curso, a probabilidade de ser uma menina ou ser da turma A é igual a $\frac{87}{120}$.

Dê como resposta a soma dos números associados às proposições corretas.

**18.** (Fuvest – SP) Uma urna contém 5 bolas brancas e 3 bolas pretas. Três bolas são retiradas ao acaso, sucessivamente, sem reposição. Determine:

a) a probabilidade de que tenham sido retiradas 2 bolas pretas e 1 bola branca;

b) a probabilidade de que tenham sido retiradas 2 bolas pretas e 1 bola branca, sabendo-se que as três bolas retiradas não são da mesma cor.

**19.** (UFMG) Um bloco de madeira retangular e sólido mede 30 cm de largura, 20 cm de comprimento e 10 cm de altura e o seu exterior foi colorido de azul.

Por meio de cortes paralelos a cada uma de suas faces, esse bloco é inteiramente dividido em cubos de 1 cm de aresta, que são colocados dentro de uma urna.

Considerando essas informações:

a) Determine a quantidade de cubos que resultou da divisão desse bloco de madeira.

b) Calcule a probabilidade de uma pessoa retirar da urna, que contém todos os cubos em que o bloco foi dividido, um cubo com, exatamente, duas faces azuis.

c) Calcule a probabilidade de uma pessoa retirar um cubo da urna, que contém todos os cubos em que o bloco foi dividido, lançá-lo sobre uma mesa e obter a face superior azul.

**20.** (UCS – RS) Dois dados, com numeração diferente da usual, designados por dado 1 e dado 2, são usados em um jogo. As faces do dado 1 estão numeradas com 2, 3, 4, 20, 21 e 22, e as do dado 2, com os números 1, 15, 16, 17, 18 e 19. Nesse jogo, em que há dois participantes e cada um joga o seu dado, vencerá aquele cujo dado apresentar o número maior na face voltada para cima.

Considerando que os dados não estão viciados, qual é a probabilidade de o jogador do dado 1 ganhar do jogador do dado 2?

a) $\frac{7}{12}$ b) $\frac{5}{12}$ c) $\frac{1}{4}$ d) $\frac{1}{6}$ e) $\frac{3}{4}$

**21.** (UEG – GO – adaptada) João e José, jogando cara e coroa, combinam que o vencedor será aquele que conseguir as primeiras oito vitórias. Em determinado momento do jogo, João já ganhou quatro vezes e José apenas duas. Em mais seis rodadas, a probabilidade de José ganhar esse jogo é de:

a) $\frac{1}{2^6}$ b) $\frac{1}{2^5}$ c) $2^5$ d) $2^6$

**22.** (UFABC – SP) Os dados da tabela foram obtidos a partir de um estudo realizado com 9.800 indivíduos da mesma faixa etária.

| | Pratica exercícios regularmente | Pratica exercícios irregularmente | Não pratica exercícios | Total |
|---|---|---|---|---|
| **Possui doença cardíaca** | 95 | 297 | 712 | 1.104 |
| **Não possui doença cardíaca** | 891 | 6.811 | 994 | 8.696 |
| **Total** | 986 | 7.108 | 1.706 | 9.800 |

Sorteando-se ao acaso um indivíduo dentre os pesquisados, calcule a probabilidade de que ele seja portador de doença cardíaca, apesar de praticar regularmente ou irregularmente exercícios. O resultado do seu cálculo deve ser dado em porcentagem.

**Texto para as questões 23 e 24**

A "loteria assimétrica" é um jogo em que os apostadores compram bilhetes numerados de 1 a $n$ (com $n \geqslant 2$). Depois que todos os bilhetes são vendidos, uma máquina sorteia um número de 1 a $n$, sendo vencedor o apostador que tiver comprado o bilhete cujo número foi sorteado.

Os números, entretanto, não têm igual probabilidade de serem sorteados: a probabilidade de que um número seja sorteado é sempre diretamente proporcional a esse número. Por isso, para que a loteria assimétrica seja um jogo justo, os preços dos bilhetes não são todos iguais, mas são diretamente proporcionais às suas repectivas probabilidades de serem sorteados.

**23.** (Ibmec – SP) Considere nessa questão que $n$ seja um múltiplo de 12. Se na loteria assimétrica o bilhete de número $\frac{n}{4}$ custa R$ 2,40, o preço, em reais, do bilhete de número $\frac{5n}{6}$ deverá ser:

a) 0,72
b) 2,88
c) 4,80
d) 8,00
e) 9,60

**24.** (Ibmec – SP) Se uma pessoa comprar os bilhetes do número 1 e de número $n$ na loteria assimétrica, a probabilidade de que seja a vencedora do jogo é:

a) $\frac{2}{n}$
b) $\frac{2}{n+1}$
c) $\frac{n}{n^2+2}$
d) $\frac{1}{n^2+n}$
e) $\frac{2}{n^2+n}$

**25.** (UFSC) Identifique a(s) proposição(ões) CORRETA(s).

(01) Em uma clínica médica trabalham cinco médicos e dez enfermeiros. Com esse número de profissionais é possível formar 200 equipes distintas, constituídas cada uma de um médico e quatro enfermeiros.

(02) Entre os anagramas da palavra ÁGUA, 6 começam por consoante.

(04) A partir de 12 pontos distintos marcados numa circunferência podem ser feitos 440 triângulos unindo-se três desses pontos.

(08) Um dado (cubo de seis faces congruentes) perfeito, cujas faces estão numeradas de 1 a 6, é lançado duas vezes sucessivamente. A probabilidade de que o produto dos pontos obtidos seja maior que 12 é de $\frac{13}{36}$.

(16) O total de números pares que se obtém permutando os algarismos 1, 2, 2, 5, 5, 5 e 6 é 180.

Dê como resposta a soma dos números associados às proposições corretas.

**26.** (UFMT) Um parque de diversões oferece um jogo que consiste do arremesso de uma bola contra 6 latas idênticas, das quais apenas duas garantem prêmio. Admita que:

- cada ficha permite ao jogador 2 arremessos;
- em cada arremesso o jogador atire apenas uma bola;
- uma lata, se derrubada no primeiro arremesso, não seja reposta para o segundo.

Se um determinado jogador, com uma única ficha, derrubar uma lata em cada arremesso, qual a probabilidade de as duas latas serem premiadas?

a) $\frac{1}{3}$
b) $\frac{1}{15}$
c) $\frac{1}{5}$
d) $\frac{2}{15}$
e) $\frac{2}{5}$

**27.** (Unicamp – SP) Três candidatos $A$, $B$ e $C$ concorrem à presidência de um clube. Uma pesquisa apontou que, dos sócios entrevistados, 150 não pretendem votar. Dentre os entrevistados que estão dispostos a participar da eleição, 40 sócios votariam apenas no candidato $A$, 70 votariam apenas em $B$, e 100 votariam apenas no candidato $C$. Além disso, 190 disseram que não votariam em $A$, 110 disseram que não votariam em $C$, e 10 sócios estão na dúvida e podem votar tanto em $A$ como em $C$, mas não em $B$. Finalmente, a pesquisa revelou que 10 entrevistados votariam em qualquer candidato. Com base nesses dados, pergunta-se:

a) Quantos sócios entrevistados estão em dúvida entre votar em $B$ ou em $C$, mas não votariam em $A$? Dentre os sócios consultados que pretendem participar da eleição, quantos não votariam em $B$?

b) Quantos sócios participaram da pesquisa? Suponha que a pesquisa represente fielmente as intenções de voto de todos os sócios do clube. Escolhendo um sócio ao acaso, qual a probabilidade de que ele vá participar da eleição, mas ainda não tenha se decidido por um único candidato?

**28.** (UFLA – MG) Em um programa de auditório, utiliza-se uma roleta, como na figura a seguir.

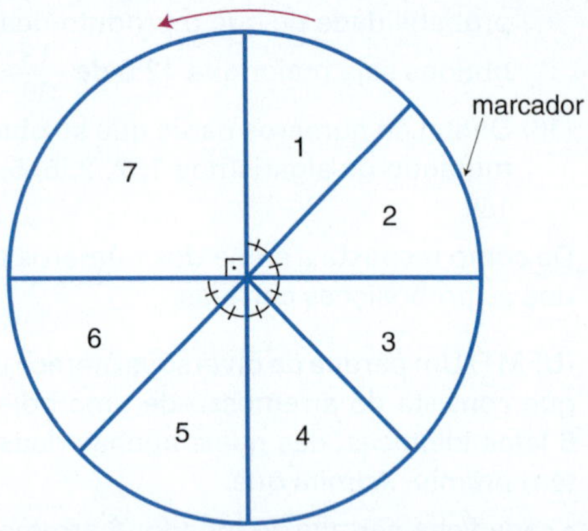


a) A roleta é girada três vezes. Calcule a probabilidade de os números obtidos no primeiro giro, no segundo giro e no terceiro giro serem, respectivamente, 1, 2 e 3.

b) A roleta é girada duas vezes. Calcule a probabilidade de a soma do número obtido no primeiro giro mais o número obtido no segundo giro ser menor que 13.

**29.** (UEPB) Os gráficos indicam a intenção de voto ao cargo de prefeito durante uma pesquisa realizada com eleitores de duas capitais.

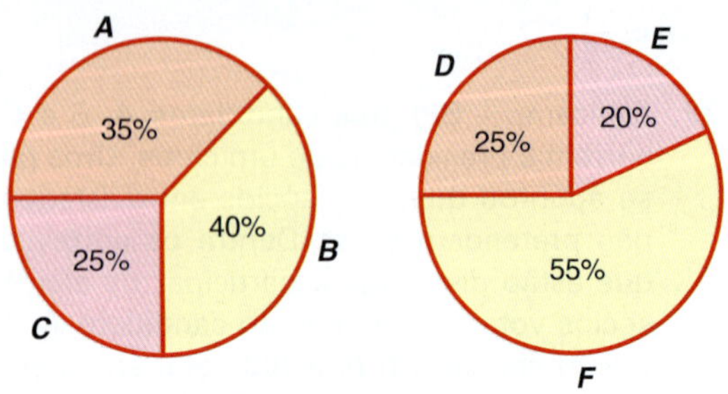


A probabilidade de os candidatos *B* e *F* serem os vencedores juntos é igual a:

a) 15%
b) 95%
c) 78%
d) 22%
e) 75%

**30.** (UCB – DF) Na empresa *W*, existem duas máquinas de café para os empregados: a máquina *A* e a máquina *B*, que funcionam de forma independente. A probabilidade das máquinas apresentarem defeito é de 0,06 para a máquina *A* e de 0,04 para a máquina *B*. Com base nessas informações, julgue os itens a seguir, identificando com (V) para os verdadeiros e (F) para os falsos.

(1) A probabilidade de ambas as máquinas apresentarem defeitos é de 0,1.

(2) A probabilidade de ambas as máquinas estarem funcionando normalmente é de 0,9.

(3) A probabilidade de a máquina *A* apresentar defeito e a máquina *B* não apresentar é de 0,0576.

(4) A probabilidade de a máquina *B* apresentar defeito e a máquina *A* não apresentar é de 0,0376.

(5) A probabilidade de a máquina *A* apresentar defeito dado que a máquina *B* apresentou defeito é de $0{,}04 \times 0{,}06 = 0{,}0024$.

**31.** (UFMG) Considere uma prova de Matemática constituída de quatro questões de múltipla escolha, com quatro alternativas cada uma, das quais apenas uma é correta.

Um candidato decide fazer essa prova escolhendo, aleatoriamente, uma alternativa em cada questão.

Então, é correto afirmar que a probabilidade de esse candidato acertar, nessa prova, **exatamente uma** questão é:

a) $\frac{27}{64}$
b) $\frac{27}{256}$
c) $\frac{9}{64}$
d) $\frac{9}{256}$

**32.** (UFRPE) João e Maria, alternadamente, lançam um dado perfeito. Se João é o primeiro a lançar o dado, qual a probabilidade de Maria ser a primeira a obter um 5?

a) $\frac{2}{11}$ b) $\frac{3}{11}$ c) $\frac{4}{11}$ d) $\frac{5}{11}$ e) $\frac{6}{11}$

**33.** (UFPE) Uma moeda perfeita é lançada 1.000 vezes, e o resultado obtido é composto de 650 caras e 350 coroas. Se a moeda é lançada novamente, é correto afirmar que, neste lançamento:

a) o resultado será cara.
b) o resultado será coroa.
c) a probabilidade de o resultado ser cara é maior que a probabilidade de o resultado ser coroa.
d) a probabilidade de o resultado ser coroa é maior que a probabilidade de o resultado ser cara.
e) a probabilidade de o resultado ser cara é igual à probabilidade de o resultado ser coroa.

**34.** (Unifesp) Sendo *A* e *B* eventos de um mesmo espaço amostral, sabe-se que a probabilidade de *A* ocorrer é $p(A) = \frac{3}{4}$, e que a probabilidade de *B* ocorrer é $p(B) = \frac{2}{3}$. Seja $p = p(A \cap B)$ a probabilidade de ocorrerem *A* e *B*.

a) Obtenha os valores mínimo e máximo possíveis para *p*.

b) Se $p = \frac{7}{12}$, e dado que *A* tenha ocorrido, qual é a probabilidade de ter ocorrido *B*?

## Programas de Avaliação Seriada

**1.** (PAS – UnB – DF – adaptada) A Internet é um dos maiores símbolos da globalização. No gráfico apresentado abaixo é mostrada a distribuição percentual dos usuários de Internet, pelos continentes, em 2008.

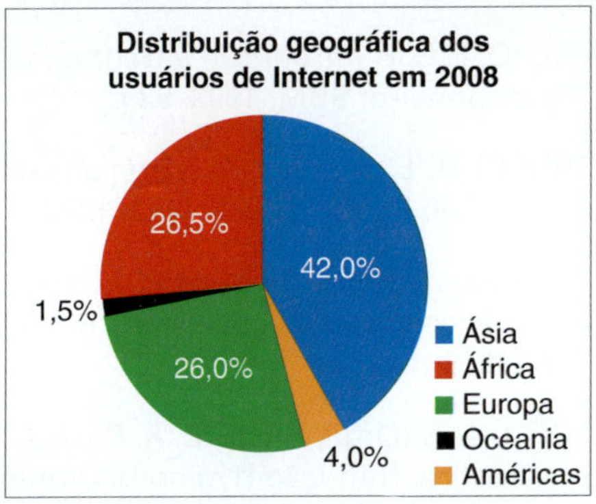


Pelo gráfico, por exemplo, conclui-se que 26,5% dos usuários de Internet no mundo encontram-se na África. Considerando essas informações, julgue os itens a seguir.

(1) Ao se selecionar ao acaso um usuário de Internet no mundo, a probabilidade de esse usuário estar na África ou nas Américas é superior a 32%.

(2) Com base nos dados apresentados no gráfico e considerando que três usuários de Internet no mundo sejam selecionados ao acaso, a probabilidade de os três estarem na Ásia é superior a 7%.

(3) Pelas informações do gráfico, conclui-se que a probabilidade de um usuário de Internet, selecionado ao acaso, estar na Europa, sabendo-se que ele não está na Ásia, é inferior a 0,47.

**2.** (PISM – UFJF – MG) Para sortear um livro entre os 40 alunos da turma, o professor de Flávio colocou 40 bolas em uma urna, cada uma com o nome de um dos alunos. Uma das bolas foi retirada da urna. No entanto, a bola caiu no chão e se perdeu. Com isso, uma segunda bola teve que ser sorteada dentre as 39 restantes. Qual é a probabilidade de que Flávio tenha sido o sorteado dessa segunda vez?

a) $\frac{1}{39}$
b) $\frac{2}{41}$
c) $\frac{1}{41}$
d) $\frac{1}{40}$
e) $\frac{2}{39}$

**3.** (PASES – UFV – MG) A probabilidade de que eu resolva este problema é um terço e a probabilidade de que você resolva é um quarto. Se apenas nós dois, independentemente um do outro, tentarmos resolvê-lo, a probabilidade de que o problema seja resolvido é:

a) zero.
b) maior que meio.
c) igual a meio.
d) menor que meio.

**4.** (PAIES – UFU – MG – adaptada) Um anagrama de uma dada palavra é uma palavra que se obtém da original, mudando-se, eventualmente, a ordem de suas letras. Por exemplo, ROMA e OAMR são alguns anagramas da palavra AMOR.

Considerando as informações dadas, classifique cada afirmação abaixo como (V) verdadeira, (F) falsa ou (SO) sem opção.

(1) Dentre todos os anagramas da palavra COSTUMEIRA, há $25 \cdot 8!$ que começam com consoante e terminam em vogal.

(2) A palavra COSTUMEIRA possui 3.628.415 anagramas.

(3) Dentre todos os anagramas da palavra COSTUMEIRA, $5 \cdot 9!$ começam com consoante.

(4) Escolhendo-se, aleatoriamente, um anagrama da palavra COSTUMEIRA, a probabilidade de ele começar com vogal é de 40%.

**5.** (SAS – UEG – GO) O jogo de dominó é formado por 28 peças e cada uma delas representa unicamente um par de números naturais de 0 a 6. Duas dessas peças são escolhidas ao acaso. Se a primeira escolhida foi uma que representa dois números iguais, calcule a probabilidade de que a outra tenha um número em comum com a escolhida.

PANTHERMEDIA/KEYDISC

# BIBLIOGRAFIA


BARBANTI, L.; MALACRIDA JÚNIOR, S. A. *Matemática Superior:* um primeiro curso de cálculo. São Paulo: Pioneira, 1999. 247 p.

BARBOSA, J. L. M. *Geometria Euclidiana Plana.* Rio de Janeiro: SBM, 1995. 161 p.

BENTLEY, P. *O Livro dos Números:* uma história ilustrada da matemática. Tradução Maria Luiza X. de A. Borges. Rio de Janeiro: Jorge Zahar, 2009. 272 p.

BOYER, C. B. *História da Matemática.* Tradução Elza F. Gomide. São Paulo: Edgard Blücher, 1974. 488 p.

BRASIL. *Lei de Diretrizes e Bases da Educação Nacional.* Lei n.º 9.394, 20 dez. 1996.

_______. *Parâmetros Curriculares Nacionais:* ensino médio: ciências da natureza, matemáticas e suas tecnologias. Brasília: Ministério da Educação/ Secretaria de Educação Média e Tecnológica, 1999.

_______. *Parâmetros Curriculares Nacionais+ (PCN+):* ensino médio: ciências da natureza, matemáticas e suas tecnologias. Brasília: Ministério da Educação/Secretaria de Educação Média e Tecnológica, 2002.

BUSHAW, D. *et al. Aplicações da Matemática Escolar.* Tradução Hygino H. Domingues. São Paulo: Atual, 1997. 354 p.

CALLIOLI, C. A.; DOMINGUES, H. H.; COSTA, R. C. F. *Álgebra Linear e Aplicações.* 4. ed. rev. São Paulo: Atual, 1983. 332 p.

CAMARGO, I. de; BOULOS, P. *Geometria Analítica:* um tratamento vetorial. 3. ed. rev. e ampl. São Paulo: Prentice-Hall, 2005. 543 p.

CARAÇA, B. de J. *Conceitos Fundamentais da Matemática.* 9. ed. Lisboa: Livraria Sá da Costa, 1989. 318 p.

CARMO, M. P. do; MORGADO, A. C.; WAGNER, E. *Trigonometria – Números Complexos.* Rio de Janeiro: IMPA/VITAE, 1992. 121 p.

CAROLI, A. de; CALLIOLI, C. A.; FEITOSA, M. O. *Matrizes, Vetores, Geometria Analítica:* teoria e exercícios. 10. ed. São Paulo: Nobel, 1978. 167 p.

CARVALHO, P. C. P. *Introdução à Geometria Espacial.* Rio de Janeiro: SBM, 1993. 93 p.

CASTRUCCI, B. *Elementos de Teoria dos Conjuntos.* 11. ed. São Paulo: Nobel, 1982. 129 p.

_______. *Fundamentos da Geometria:* estudo axiomático do plano euclidiano. Rio de Janeiro: LTC, 1978. 195 p.

COXFORD, A. F. (Org.); SHULTE, A. P. (Org.). *As Ideias da Álgebra.* Tradução Hygino H. Domingues. São Paulo: Atual, 1994. 285 p.

CRESPO, A. A. *Estatística Fácil.* 17. ed. São Paulo: Saraiva, 2002. 224 p.

DANTAS, M. M. de S. *et al. As Transformações Geométricas e o Ensino da Geometria.* Salvador: EDUFBA, 1996. v. 1, 153 p.

DAVIS, P. J.; HERSH, R. *A Experiência Matemática.* Tradução João Bosco Pitombeira. 4. ed. Rio de Janeiro: F. Alves, 1989. 481 p.

_______. *O Sonho de Descartes.* Tradução Mário C. Moura. 2. ed. Rio de Janeiro: F. Alves, 1998. 335 p.

EVES, H. *Introdução à História da Matemática.* Tradução Hygino H. Domingues. Campinas: Editora da Unicamp, 1995. 843 p.

FRANCISCO, W. de. *Matemática Financeira.* 5. ed. rev. ampl. e atual. São Paulo: Atlas, 1985. 319 p.

GUIDORIZZI, Hamilton Luiz. *Um Curso de Cálculo.* 2. ed. Rio de Janeiro: LTC, 1987. v. 1, 586 p.

HÖNIG, C. S. *Introdução às Funções de uma Variável Complexa.* 3. ed. rev. e ampl. São Paulo: Instituto de Matemática e Estatística da Universidade de São Paulo, 1971. 246 p.

KING, J. P. *The Art of Mathematics.* New York: Plenum, 1992. 313 p.

LIMA, E. L. (Ed.). *Exame de Textos:* análise de livros de matemática para o ensino médio. Rio de Janeiro: VITAE/IMPA/SBM, 2001. 467 p.

LIMA, E. L. *Curso de Análise.* 8. ed. Rio de Janeiro: IMPA, 1976. v. 1, 344 p.

_______. *Logaritmos.* 4. ed. Rio de Janeiro: SBM, 2009. 118 p.

Lima, E. L. *Matemática e Ensino*. Rio de Janeiro: SBM, 2001. 202 p.

______. *Medida e Forma em Geometria:* comprimento, área, volume e semelhança. Rio de Janeiro: IMPA/VITAE, [19--]. 98 p.

LIMA, E. L. *et al. A Matemática do Ensino Médio*. 2. ed. Rio de Janeiro: SBM, 1997. 3 v.

______. *Temas e Problemas*. Rio de Janeiro: SBM, 2001. 193 p.

LINDQUIST, M. M. (Org.); SHULTE, A. P. (Org.). *Aprendendo e Ensinando Geometria*. Tradução Hygino H. Domingues. São Paulo: Atual, 1994. 308 p.

LIPSCHUTZ, S. *Teoria dos Conjuntos*. Tradução Fernando Vilain Heusi da Silva. São Paulo: McGraw-Hill do Brasil, 1972. 337 p.

______. *Teoria e Problemas de Probabilidade*. Tradução Ruth Ribas Itacarabi. 3. ed. rev. São Paulo: McGraw-Hill do Brasil, 1972. 228 p.

MAOR, E. **e**: a história de um número. Tradução Jorge Calife. Rio de Janeiro: Record, 2003. 291 p.

MILIES, C. P.; COELHO, S. P. *Números:* uma introdução à matemática. São Paulo: Editora da Universidade de São Paulo, 2000. 240 p.

MLODINOW, L. *A Janela de Euclides:* a história da geometria, das linhas paralelas ao hiperespaço. Tradução Enézio de Almeida. 1. ed. São Paulo: Geração Editorial, 2004. 295 p.

MONTEIRO, L. H. J. *Elementos de Álgebra*. Rio de Janeiro: LTC, 1974. 552 p.

MORGADO, A. C. de O. *et al. Análise Combinatória e Probabilidade*. Rio de Janeiro: IMPA/VITAE, 1991. 171 p.

MORGADO, A. C.; WAGNER, E.; ZANI, S. C. *Progressões e Matemática Financeira*. 5. ed. Rio de Janeiro: SBM, 2005. 121 p.

NIVEN, I. *Números:* racionais e irracionais. Tradução Renate Watanabe. Rio de Janeiro: SBM, 1984. 216 p.

PAPPAS, T. *The Joy of Mathematics:* discovering mathematics all around you. rev. ed. San Carlos: Wide World Publishing/Tetra, 1989. 240 p.

SANTOS, J. P. de O.; MELLO, M. P.; MURARI, I. T. C. *Introdução à Análise Combinatória*. Campinas: Editora da Unicamp, 1995. 295 p.

SHOKRANIAN, S.; SOARES, M.; GODINHO, H. *Teoria dos Números*. Brasília: Editora da UnB, 1994. 336 p.

SOCIEDADE BRASILEIRA DE MATEMÁTICA. *Revista do Professor de Matemática*. Rio de Janeiro, ano 28, 2010. Quadrimestral.

SPIEGEL, M. R. *Estatística*. Tradução, revisão e adaptação Carlos Augusto Crusius. 2. ed. São Paulo: McGraw-Hill do Brasil, 1985. 454 p.

STEWART, I. *Almanaque das Curiosidades Matemáticas*. Tradução Diego Alfaro. Rio de Janeiro: Jorge Zahar, 2009. 313 p.

______. *Mania de Matemática:* diversão e jogos de lógica e matemática. Tradução Maria Luiza X. de A. Borges. Rio de Janeiro: Jorge Zahar, 2005. 207 p.


# Crédito das Fotos

As fotografias de abertura de cada capítulo têm direitos autorais reservados por:

Cap. 1 — 2-3 — Paul Russell/Corbis/Latinstock

Cap. 2 — 94-95 — Panthermedia/Keydisc

Cap. 3 — 174-175 — Panthermedia/Keydisc

Cap. 4 — 250-251 — Panthermedia/Keydisc

Cap. 5 — 308-309 — Fernando Mendes

Cap. 6 — 356-357 — Reuters/Toru Hanai/Latinstock

Cap. 7 — 400-401 — Panthermedia/Keydisc

Cap. 8 — 478-479 — Panthermedia/Keydisc

Cap. 9 — 532-533 — Brasão Nacional: disponível em <http://www.presidencia.gov.br>; urna eletrônica: Nelson Jr./ASICS/TSE

Cap. 10 — 594-595 — Panthermedia/Keydisc

# BANCO DE QUESTÕES DE VESTIBULAR

## Capítulo 1

### TRIGONOMETRIA NA CIRCUNFERÊNCIA

**1.** (Unifesp) Se um arco de 60° num círculo I tem o mesmo comprimento de um arco de 40° num círculo II, então a razão da área do círculo I pela área do círculo II é:

a) $\frac{2}{9}$
b) $\frac{4}{9}$
c) $\frac{2}{3}$
d) $\frac{3}{2}$
e) $\frac{9}{4}$

**2.** (Unesp) Paulo fabricou uma bicicleta, tendo rodas de tamanhos distintos, com o raio da roda maior (dianteira) medindo 3 dm, o raio da roda menor medindo 2 dm e a distância entre os centros *A* e *B* das rodas sendo 7 dm. As rodas da bicicleta, ao serem apoiadas no solo horizontal, podem ser representadas no plano (desprezando-se os pneus) como duas circunferências, de centros *A* e *B*, que tangenciam a reta *r* nos pontos *P* e *Q*, como indicado na figura.

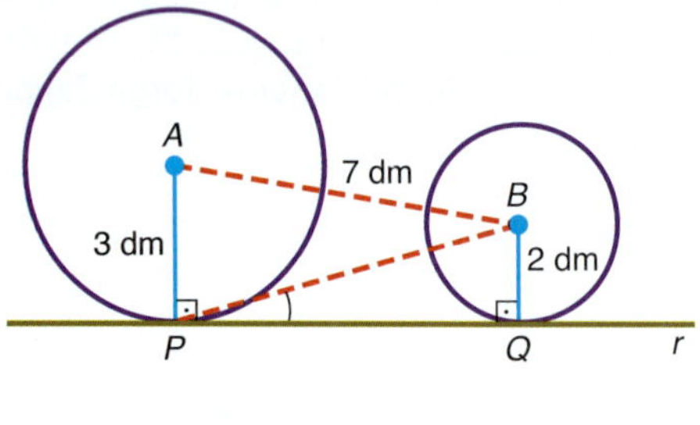


a) Determine a distância entre os pontos de tangência *P* e *Q* e o valor do seno do ângulo $B\hat{P}Q$.

b) Quando a bicicleta avança, supondo que não haja deslizamento, se os raios da roda maior descrevem um ângulo de 60°, determine a medida, em graus, do ângulo descrito pelos raios da roda menor. Calcule, também, quantas voltas terá dado a roda menor quando a maior tiver rodado 80 voltas.

**3.** (Fuvest – SP) Na figura, *B*, *C*, e *D* são pontos distintos da circunferência de centro *O*, e o ponto *A* é exterior a ela.

Além disso:

I. *A*, *B*, *C* e *A*, *O*, *D* são colineares.
II. $AB = OB$
III. $C\hat{O}D$ mede $\alpha$ radianos.

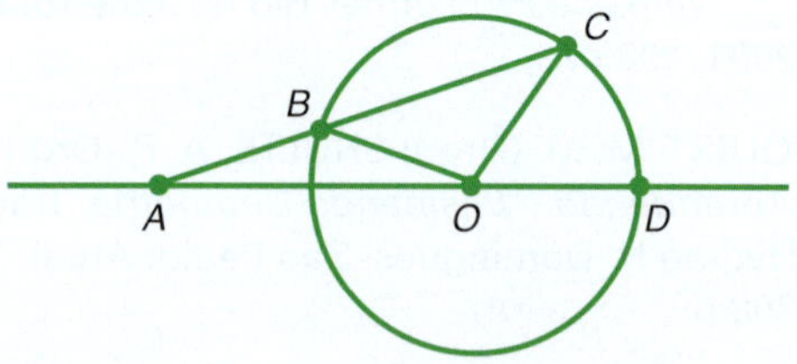


Nessas condições, a medida de $A\hat{B}O$, em radianos, é igual a:

a) $\pi - \frac{\alpha}{4}$
b) $\pi - \frac{\alpha}{2}$
c) $\pi - \frac{2\alpha}{3}$
d) $\pi - \frac{3\alpha}{4}$
e) $\pi - \frac{3\alpha}{2}$

**4.** (Unifor – CE) O arco $\alpha$ mede 7.632°. O arco $\beta$, tal que $0 < \beta < 90°$, é côngruo a $\alpha$. A medida de $\beta$, em radianos, é:

a) $\frac{\pi}{6}$
b) $\frac{\pi}{5}$
c) $\frac{\pi}{3}$
d) $\frac{2\pi}{5}$
e) $\frac{2\pi}{7}$

**5.** (PUC – SP) Na sequência de termo geral

$$a_n = 5n + \text{sen}\left(n \cdot \frac{\pi}{2}\right)$$

com $n \in \mathbb{N}^*$, a soma dos 20 primeiros termos de ordem ímpar é igual a:

a) 1.800
b) 1.874
c) 1.896
d) 2.000
e) 2.024

**6.** (PUC – RS – adaptada) Observe a circunferência representada a seguir.

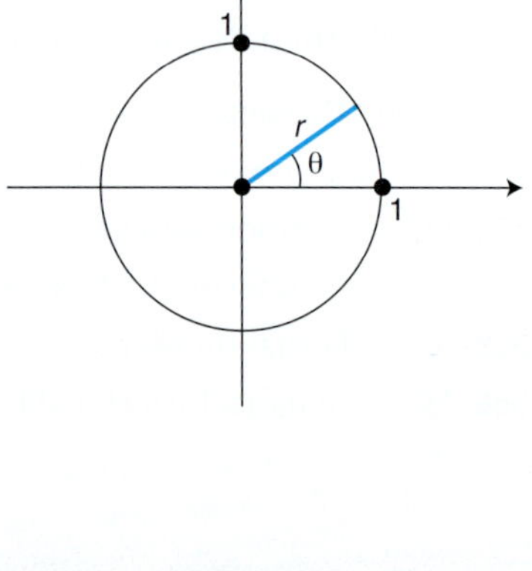

O valor de *r* para qualquer valor de $\theta$ é:

a) sen $\theta$
b) cos $\theta$
c) tg $\theta$
d) $\text{sen}^2\,\theta + \cos^2\theta$
e) $\text{tg}^2\,\theta$

**7.** (UERGS – RS) Se *x* é o arco do primeiro quadrante e sen $x = \frac{3}{5}$, então o valor de $(\text{sen}\,x + \cos x)\cdot 5$ é igual a:

a) 4
b) 5
c) 6
d) 7
e) 8

**8.** (UEPB) Se tg $x = \frac{3}{4}$ e $\pi < x < \frac{3\pi}{2}$, o valor de $\cos x - \text{sen}\,x$ é:

a) $-\frac{2}{5}$
b) $-\frac{7}{5}$
c) $-\frac{1}{5}$
d) $\frac{1}{5}$
e) $\frac{7}{5}$

**9.** (UFSC) Sejam *a* e *b* as medidas dos ângulos centrais associados, respectivamente, aos arcos $\overset{\frown}{AN}$ e $\overset{\frown}{AM}$ na circunferência trigonométrica da Figura 1 e considere *x*, na Figura 2, a seguir. Determine o valor de $y = 15x^4$, sabendo que $a + b = \frac{\pi}{2}$ e $OA = 1$.

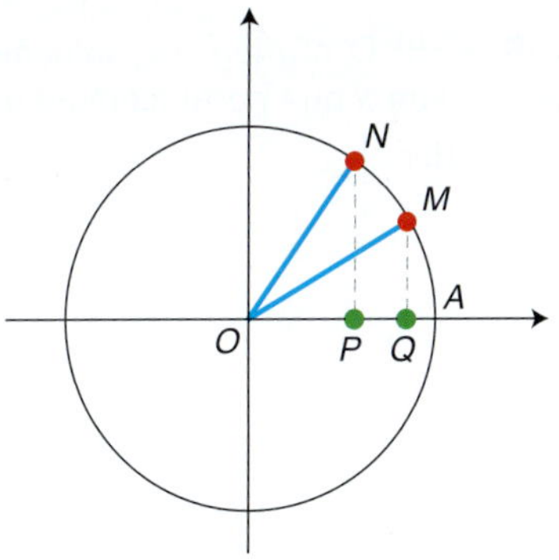


**Figura 1**

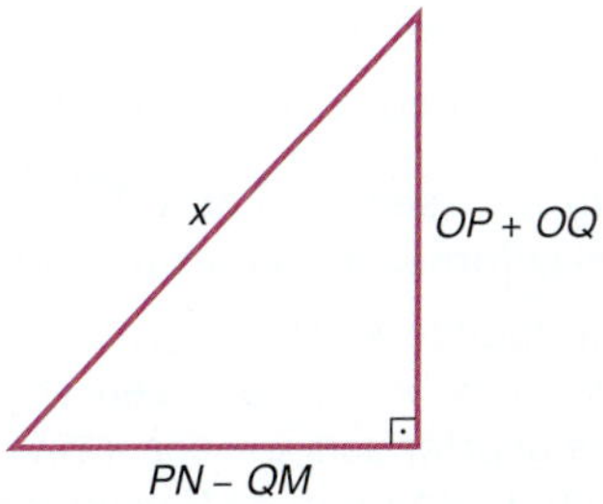


**Figura 2**

**10.** (UFMS) Na figura, *ABCD* é um quadrado. Sendo *M* o ponto médio do lado $\overline{BC}$ e $\alpha$ o ângulo correspondente ao vértice *M* do triângulo *AMD*, calcule o valor de $30 \cdot \cos\alpha$.

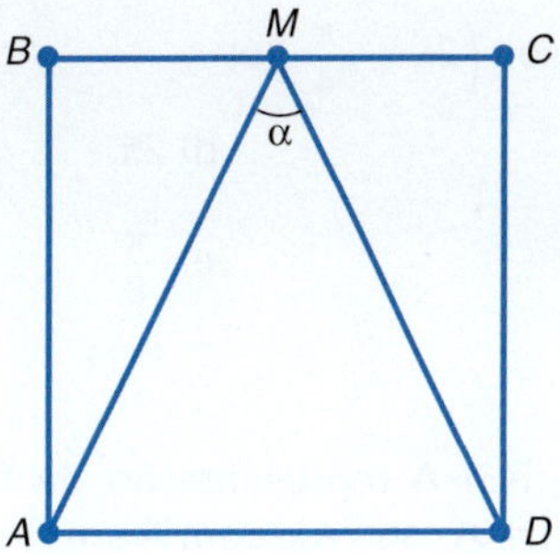


**11.** (UFBA) Na figura, a medida do segmento $\overline{CD}$ é o triplo da medida de $\overline{BD}$, e o ângulo $C\hat{A}D$ mede o dobro da medida do ângulo $B\hat{A}D$.

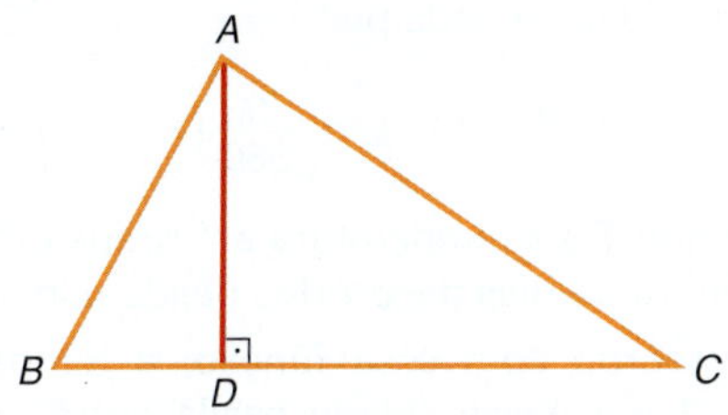


Determine, em radianos, a medida do ângulo não nulo $B\hat{A}D$ compreendido entre 0 e $\frac{\pi}{2}$.

**12.** (Fuvest – SP) Na figura, os pontos *A*, *B*, *C* pertencem à circunferência de centro *O* e $BC = a$. A reta $\overleftrightarrow{OC}$ é perpendicular ao segmento $\overline{AB}$ e o ângulo $A\hat{O}B$ mede $\frac{\pi}{3}$ radianos.

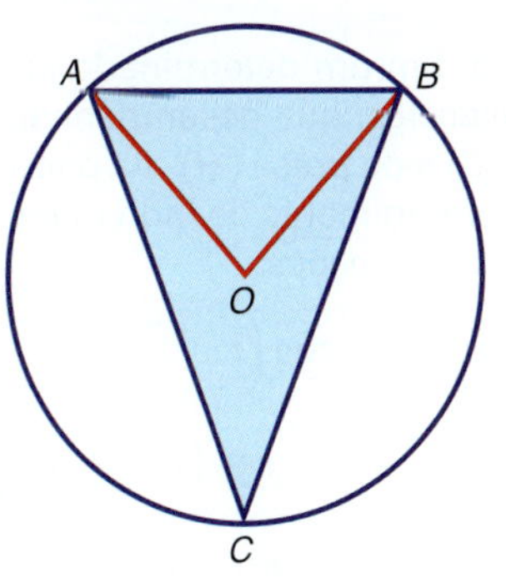


Então, a área do triângulo *ABC* vale:

a) $\frac{a^2}{8}$
b) $\frac{a^2}{4}$
c) $\frac{a^2}{2}$
d) $\frac{3a^2}{4}$
e) $a^2$

## Capítulo 2

### FUNÇÕES TRIGONOMÉTRICAS

**13.** (UFPR) O período da função $f: \mathbb{R} \to \mathbb{R}$ definida por $f(x) = \text{sen}\left(2x + \frac{\pi}{4}\right)$ é:

a) $\frac{\pi}{2}$
b) $\pi$
c) $\frac{\pi}{4}$
d) $2\pi$
e) $\frac{\pi}{8}$

**14.** (PUC – RS) A representação da função dada por $y = f(x) = A \cdot \text{sen}\, Ax$, com $A$ em $\mathbb{R}$ e $x \in [0, 2\pi]$, tem como conjunto imagem $[-2, 2]$. O número de vezes que a curva intercepta o eixo "$x$" é:

a) 1 b) 2 c) 3 d) 4 e) 5

**15.** (UCS – RS) A temperatura média diária em determinada cidade é dada por:

$$T(x) = 14 \cdot \text{sen}\, \frac{2\pi}{360}(x - 95) + 11$$

em que $T$ é a temperatura em graus Celsius e $x$ é o número de dias decorridos desde o início do ano.

De acordo com essa função, a temperatura média diária nessa cidade oscila entre ________ e ________ graus Celsius, sendo que a temperatura média mais alta ocorre no mês de ________. Identifique a alternativa que preenche correta e respectivamente as lacunas acima.

| | | |
|---|---|---|
| a) −3 | 25 | julho |
| b) −3 | 25 | janeiro |
| c) 0 | 11 | janeiro |
| d) 11 | 14 | dezembro |
| e) 0 | 11 | dezembro |

**16.** (Unifesp) Em um determinado ambiente convivem duas espécies, que desempenham o papel de predador $(C)$ e de presa $(H)$. As populações dessas espécies, em milhares de indivíduos, são dadas pelas seguintes equações:

$$C(t) = 1 + \frac{1}{2} \cdot \cos\left(t \cdot \sqrt{2} + \frac{\pi}{4}\right)$$

$$H(t) = 1 + \frac{1}{2\sqrt{2}} \cdot \text{sen}\left(t \cdot \sqrt{2} + \frac{\pi}{4}\right)$$

onde $t$ é o tempo em meses. Determine qual a duração do ciclo do crescimento e decrescimento das populações, isto é, a cada quanto tempo as populações voltam, simultaneamente, a ter as mesmas quantidades de indivíduos de $t = 0$.

**17.** (Unifesp) Na procura de uma função $y = f(t)$ para representar um fenômeno físico periódico, cuja variação total de $y$ vai de 9,6 até 14,4, chegou-se a uma função da forma:

$$f(t) = A + B \cdot \text{sen}\, \frac{\pi}{90}(t - 105)$$

com o argumento medido em radianos.

a) Encontre os valores de $A$ e $B$ para que a função $f$ satisfaça as condições dadas.
b) O número $A$ é chamado valor médio da função. Encontre o menor $t$ positivo no qual $f$ assume o seu valor médio.

**18.** (Cefet – MA) A expressão $y = \frac{\text{tg}^2 x + \text{cotg}^2 x}{\sec^2 x + \text{cossec}^2 x}$ é equivalente a:

a) $y = \text{sen}^4 x + \cos^4 x$
b) $y = \text{sen}^3 x - \cos^3 x$
c) $y = \text{tg}^2 x - \text{cotg}^2 x$
d) $y = \text{tg}^2 x + \text{cotg}^2 x$
e) $y = 2 \cdot \text{sen}\, x \cdot \cos x$

**19.** (Udesc) Resolva a equação trigonométrica:

$$6 \cdot \text{sen}^2 x - 7 \cdot \text{sen}\, x \cdot \cos x + 5 \cdot \cos^2 x = 3$$

**20.** (Fuvest – SP) Determine todos os valores de $x$ pertencentes ao intervalo $[0, 2\pi]$ que satisfazem a equação:

$$\cos^2 2x = \frac{1}{2} - \text{sen}^2 x$$

**21.** (Unesp) Considere os gráficos das funções $y = \text{sen}\, x$ e $y = \text{sen}\, 2x$ em um mesmo plano cartesiano. O número de intersecções desses gráficos, para $x$ no intervalo $[0, 2\pi]$, é:

a) 3
b) 4
c) 5
d) 6
e) 7

**22.** (Udesc) Determine os valores de $x \in [0, 2\pi[$ que satisfazem à equação:

$$\text{sen}\, x + \sqrt{3} \cdot \cos x = \sqrt{3}$$

**23.** (UFRGS – RS) O número de soluções da equação $2 \cdot \cos x = \text{sen}\, x$ que pertencem ao intervalo $\left[-\frac{16\pi}{3}, \frac{16\pi}{3}\right]$ é:

a) 8
b) 9
c) 10
d) 11
e) 12

**24.** (UFSC) Dê a soma dos números associados à(s) proposição(ões) CORRETA(S).

(01) O valor de $\text{sen}\, \frac{9\pi}{2}$ é 1.
(02) O gráfico da função $g(x) = \ell n\, x^2$ é simétrico em relação ao eixo da ordenadas.
(04) Para todo arco $x$ para o qual as expressões $\frac{\cos x}{1 + \text{tg}\, x}$ e $\frac{1}{\text{sen}\, x + \cos x}$ podem ser calculadas, elas fornecem o mesmo valor.
(08) Para todo arco $x$ vale $\text{sen}^2 x + \cos^2 x = 1$ e $|\text{sen}\, x| + |\cos x| \geqslant 1$ e pode ocorrer $\text{sen}\, x + \cos x = 0$.
(16) O conjunto imagem da função $y = 3 \cdot \cos x$ é o intervalo $[-3, 3]$.

**25.** (PUC – RS) Se $x \in [0, 2\pi]$, o conjunto solução para a inequação $x - \text{sen } x \geq 0$ é:

a) $\left[0, \frac{\pi}{2}\right]$
b) $[0, 2\pi]$
c) $[0, \pi]$
d) $]0, +\infty[$
e) $\mathbb{R}$

**26.** (UEM – PR) Sobre funções trigonométricas, identifique o que for correto.

(01) A solução da inequação $-\frac{3}{2} \leq \cos x \leq 0$, para $x \in [0, 2\pi]$, é:

$$S = \left\{x \in \mathbb{R} \mid \frac{\pi}{2} \leq x \leq \frac{3\pi}{2}\right\}$$

(02) A solução da inequação $\text{sen } x \cdot \cos x > 0$, para $x \in [0, 2\pi]$, é:

$$S = \left]0, \frac{\pi}{2}\right] \cup \left[\pi, \frac{3\pi}{2}\right[$$

(04) O período e o conjunto imagem da função $f$, definida por $f(x) = 1 + 3 \cdot \text{sen } \frac{x}{2}$, com $x \in \mathbb{R}$, são, respectivamente, $p = 4\pi$ e $[-2, 4]$.

(08) A função $g$ definida por $g(x) = \text{tg } x$, com

$$x \in \left]-\frac{\pi}{2}, \frac{\pi}{2}\right[,$$

é decrescente.

(16) Se $x + y = 60°$, então:

$$(\cos x + \cos y)^2 + (\text{sen } x - \text{sen } y)^2 - 2 = \frac{1}{2}$$

Dê como resposta a soma dos números associados às proposições corretas.

**27.** (UEM – PR) Considere um ponto $P(x, y)$ sobre a circunferência trigonométrica e que não esteja sobre nenhum dos eixos coordenados. Seja $\alpha$ o ângulo determinado pelo eixo $Ox$ e pela semirreta $\overrightarrow{OP}$, onde $O$ é a origem do sistema. Nessas condições, identifique o que for correto.

(01) A abscissa de $P$ é menor do que $\cos \alpha$.

(02) A ordenada de $P$ é igual a $\text{sen}\left(\alpha + \frac{\pi}{2}\right)$.

(04) A tangente de $\alpha$ é determinada pela razão entre a ordenada e a abscissa de $P$.

(08) As coordenadas de $P$ satisfazem à equação $x^2 + y^2 = 1$.

(32) $\alpha = \frac{\pi}{4}$ é o menor arco positivo para o qual a equação

$$\cos^2(\alpha + \pi) + \text{sen}^2\left(\alpha + \frac{\pi}{2}\right) = \\ = \cos^2\left(\alpha + \frac{\pi}{2}\right) + \text{sen}^2(\alpha + \pi)$$

é satisfeita.

(64) $\text{sen } 2\alpha = 2y$

Dê como resposta a soma dos números associados às proposições corretas.

## Capítulo 3

### Matrizes e Determinantes

**28.** (Udesc) Sendo $A$ uma matriz de ordem $3 \times 3$, cujos elementos são dados pela função:

$$a_{ij} = \begin{cases} i - j, \text{ se } i = j \\ 2i + j, \text{ se } i \neq j \end{cases}$$

a soma dos elementos da diagonal principal é:

a) 5
b) 6
c) −6
d) 4
e) 0

**29.** (PUC – RS) O valor de $x + y$ para que o produto das matrizes $A = \begin{pmatrix} 1 & x \\ y & 1 \end{pmatrix}$ e $B = \begin{pmatrix} 2 & -2 \\ -2 & 2 \end{pmatrix}$ seja a matriz nula é:

a) −1
b) 0
c) 1
d) 2
e) 4

**30.** (FGV – SP) Considere as matrizes $A = (a_{ij})_{3 \times 3}$, em que $a_{ij} = (-2)^j$, e $B = (b_{ij})_{3 \times 3}$, em que $b_{ij} = (-1)^i$.
O elemento $c_{23}$, da matriz $C = (c_{ij})_{3 \times 3}$, em que $C = A \cdot B$ é:

a) 14
b) −10
c) 12
d) −8
e) 4

**31.** (UFBA) Uma empresa de microcomputadores vende alguns produtos em pacotes de acordo com a tabela a seguir.

| | Monitor (unidade) | Processador (unidade) | Gravador (unidade) | Preço (em reais) |
|---|---|---|---|---|
| Pacote 1 | 2 | 1 | 3 | 2.736 |
| Pacote 2 | 1 | 0 | 2 | 840 |
| Pacote 3 | 1 | 2 | 0 | 2.952 |

Com base nos dados acima e considerando-se que o preço unitário de cada produto independe do pacote, pode-se afirmar:

(01) A soma dos preços de uma unidade de cada produto é um múltiplo de 8.
(02) É possível que o preço de um monitor seja menor que R$ 300,00.
(04) O preço do gravador é maior que R$ 420,00.
(08) Se o preço de um monitor é igual a R$ 400,00, então a soma dos preços unitários de cada um dos outros produtos é um número divisível por 5.

(16) Se $A$ é a matriz $2 \times 3$, formada com as duas primeiras linhas e as três primeiras colunas da tabela, e $B$ é a matriz $3 \times 2$, formada com as três linhas e as duas primeiras colunas, então:

$$A \cdot B = \begin{pmatrix} 8 & 8 \\ 4 & 5 \end{pmatrix}$$

Dê como resposta a soma dos números associados às proposições verdadeiras.

**32.** (UECE) Considere os parâmetros $p = \cos x$ e $q = \operatorname{sen} x$, com $0 \leqslant x \leqslant 2\pi$, e as matrizes

$U = \begin{pmatrix} 1 \\ 0 \end{pmatrix}$, $V = \begin{pmatrix} 0 \\ 1 \end{pmatrix}$ e $M = \begin{pmatrix} p & -q \\ q & p \end{pmatrix}$. Se $M \cdot U = V$,

então $\operatorname{tg} \frac{x}{2}$ é igual a:

a) 1

b) $\frac{\sqrt{3}}{3}$

c) $\frac{\sqrt{2}}{2}$

d) 0

**33.** (UEPB) São dadas duas matrizes $A$ e $B$, quadradas, invertíveis e de ordem $n$. A solução da equação matricial $AX^{-1}B^{-1} = I_n$, onde $I_n$ é a matriz identidade de ordem $n$, é a matriz $X$ tal que:

a) $X = B^{-1}A^{-1}$
b) $X = A^{-1}B$
c) $X = B^{-1}A$
d) $X = BA^{-1}$
e) $X = AB^{-1}$

**34.** (UFPel – RS) Considere a equação:

$$\begin{vmatrix} \cos x & 1 & \operatorname{sen} x \\ 1 & \operatorname{sen} x & 1 \\ 1 & \cos x & 1 \end{vmatrix} = -2$$

Se $0 \leqslant x < \pi$, é correto afirmar que $\sec x$ é igual a:

a) 2

b) $-\sqrt{2}$

c) $-\frac{2\sqrt{3}}{3}$

d) $-1$

e) $-\frac{\sqrt{2}}{2}$

**35.** (UFAM) Sendo $A = \begin{pmatrix} 1 & 0 & 0 & 0 & 0 \\ -5 & 0 & 1 & 3 & 2 \\ 6 & 3 & 0 & 2 & 1 \\ 9 & 1 & 0 & 2 & 0 \\ -1 & -1 & 0 & 1 & 0 \end{pmatrix}$ uma matriz real, então o det $A$ é:

a) $-3$
b) 3
c) 10
d) $-10$
e) 24

**36.** (Udesc) Dada a matriz $A = \begin{pmatrix} 1 & 0 & 1 \\ 0 & -1 & 1 \\ 0 & 2 & 1 \end{pmatrix}$, obtenha a(o):

a) matriz transposta de $A$ denotada por $A^t$;
b) matriz $B = A^2$;
c) determinante da matriz $A$, denotado por det $A$;
d) determinante da matriz transposta $(\det A^t)$;
e) determinante da matriz $B$ $(\det B$ ou $\det A^2)$.

**37.** (UFMT) Sejam $A$ e $B$ matrizes quadradas de ordem 2 cujos determinantes são, respectivamente, $k$ e $k^2$, com $k$ real positivo. Nessas condições, é correto afirmar:

a) É possível $B$ ser igual a $kA$.
b) $B$ é sempre igual a $kA$.
c) $B$ é sempre igual a $A^2$.
d) É impossível $A$ ser igual a $2B$.
e) É impossível $A$ ser igual a $B$.

**38.** (UFU – MG) Seja $A$ uma matriz quadrada de ordem 3 invertível tal que $A^2 = -2 \cdot A^t$, em que $A^t$ representa a transposta de $A$. Nessas condições, o determinante de $A$ é igual a:

a) 2
b) $-8$
c) 0
d) $-2$

**39.** (UFSC) Identifique a(s) proposição(ões) **correta(s)**.

(01) O par ordenado $(x, y) = (5, 2)$ é a única solução do sistema: $\begin{cases} x + 2y = 9 \\ 3x + 6y = 27 \end{cases}$

(02) A matriz $A = (a_{ij})_{1 \times 3}$, tal que $a_{ij} = i - 3j$, é $A = (-2 \;\; -5 \;\; -8)$.

(04) A soma dos elementos da inversa da matriz $\begin{pmatrix} 1 & 1 \\ 0 & 1 \end{pmatrix}$ é igual a 2.

(08) Uma matriz quadrada $A$ se diz antissimétrica se $A^t = -A$, sendo $A^t$ a transposta da matriz $A$. Nessas condições, pode-se afirmar que a matriz $\begin{pmatrix} 0 & 0 & 1 \\ 0 & 0 & 0 \\ 1 & 0 & 0 \end{pmatrix}$ é antissimétrica.

(16) Se as matrizes $P$, $Q$ e $R$ são escolhidas entre as listadas a seguir, para que $PQ - R$ seja a matriz nula, o valor de $x$ deve ser 2.

$$\begin{pmatrix} 3 \\ 1 \\ 2 \end{pmatrix}, (3x \quad 5), \begin{pmatrix} 6 & -1 & 1 \\ 0 & 2 & x \end{pmatrix}, \begin{pmatrix} 19 \\ 6 \end{pmatrix}$$

(32) $A$ e $B$ são matrizes quadradas de ordem 2 tais que $A = 5B$. Nessas condições, pode-se afirmar que $\det A = 5 \cdot \det B$, sendo que det $A$ e det $B$ designam, respectivamente, os determinantes das matrizes $A$ e $B$.

Dê como resposta a soma dos números associados às proposições corretas.

## Capítulo 4

### Sistemas Lineares

**40.** (PUC – RS) A soma das idades de Luís $(L)$, Paulo $(P)$ e Juliano $(J)$ é 114 anos. Luís é pai de Paulo, que é pai de Juliano. Retirando a idade de Paulo do dobro da idade de Juliano e somando a idade de seu avô, obtemos 42 anos. Diminuindo a idade de Paulo da idade de Luís, obtemos 18. Um sistema de equações lineares que descreve esse problema é:

a) $\begin{cases} J + P + L = 114 \\ 2J - P + L = 42 \\ -P + L = 18 \end{cases}$

b) $\begin{cases} J + P + L = 114 \\ 2J - P + L = 42 \\ -P + L = -18 \end{cases}$

c) $\begin{cases} J + P + L = 114 \\ 2J + P - L = 42 \\ -P + L = 18 \end{cases}$

d) $\begin{cases} J + P + L = 114 \\ 2J + P - L = 42 \\ -P + L = -18 \end{cases}$

e) $\begin{cases} J + P + L = 114 \\ J^2 + P - L = 42 \\ -P + L = 18 \end{cases}$

**41.** (UFPE) Um atacadista vende café do Brasil a R$ 13,00 o quilograma e café da República Dominicana a R$ 16,00 o quilograma. Quantos quilogramas de café brasileiro devem ser misturados a café dominicano de modo a se obter 90 kg de uma mistura com preço de R$ 14,00 o quilograma?

a) 40 kg
b) 45 kg
c) 50 kg
d) 55 kg
e) 60 kg

**42.** (UFABC – SP) No sistema de equações

$$\begin{cases} p \cdot x - y = 2 \\ (p + q) \cdot x + y = 3 \end{cases}$$

$p$ e $q$ são constantes reais e $x$ e $y$ são variáveis reais. Calcule $p$ e $q$, sabendo-se que a solução desse sistema é o par ordenado $(2, -3)$.

**43.** (UFRGS – RS) Em cada prova de uma competição esportiva, foram distribuídas uma medalha de ouro (3 pontos), uma de prata (2 pontos) e uma de bronze (1 ponto). Foram realizadas dez provas, e três equipes conquistaram todas as medalhas da competição, sendo vencedora a equipe que obteve o maior número de pontos. Observe a tabela abaixo, que apresenta a distribuição das medalhas.

| | Ouro | Prata | Bronze |
|---|---|---|---|
| **Equipe I** | $x$ | $z$ | $x$ |
| **Equipe II** | $2y$ | $x$ | $y$ |
| **Equipe III** | $x$ | $y$ | $z$ |

Considerando-se que a equipe III obteve 18 pontos, a equipe vencedora obteve:

a) 19 pontos
b) 20 pontos
c) 21 pontos
d) 22 pontos
e) 23 pontos

**44.** (Fuvest – SP) Se Amélia der R$ 3,00 a Lúcia, então ambas ficarão com a mesma quantia. Se Maria der um terço do que tem a Lúcia, então esta ficará com R$ 6,00 a mais do que Amélia. Se Amélia perder a metade do que tem, ficará com uma quantia igual a um terço do que possui Maria.
Quanto possui cada uma das meninas Amélia, Lúcia e Maria?

**45.** (PUC – SP) Considere que os elementos da matriz coluna, solução da equação matricial seguinte, são termos da matriz quadrada $A = (x_{ij})_{2 \times 2}$.

$$\begin{pmatrix} 1 & 1 & 0 & 0 \\ 0 & 0 & 1 & 1 \\ 1 & 0 & 0 & 1 \\ 1 & 0 & 1 & 0 \end{pmatrix} \cdot \begin{pmatrix} x_{11} \\ x_{12} \\ x_{21} \\ x_{22} \end{pmatrix} = \begin{pmatrix} 3 \\ 3 \\ 1 \\ 6 \end{pmatrix}$$

Se o determinante de $A$ é igual a $k$, então o número de soluções da equação $\operatorname{tg} \frac{kx}{4} = -1$, para $-2\pi < x < 2\pi$, é:

a) 2
b) 4
c) 6
d) 8
e) 10

**46.** (UFAM) Definimos a representação geométrica da equação $ax + by + cz + d = 0$, onde $a$, $b$, $c$ e $d$ são números reais com $a^2 + b^2 + c^2 \neq 0$, como sendo o plano $\pi$.

$ax + by + cz + d = 0$

Considere o sistema:

$$\begin{cases} a_1x + b_1y + c_1z + d_1 = 0 & (\pi_1) \\ a_2x + b_2y + c_2z + d_2 = 0 & (\pi_2) \\ a_3x + b_3y + c_3z + d_3 = 0 & (\pi_3) \end{cases}$$

onde $\pi_1$, $\pi_2$ e $\pi_3$ são planos.
Sabendo que o sistema não possui solução, a alternativa que melhor representa graficamente tal situação é:

a)

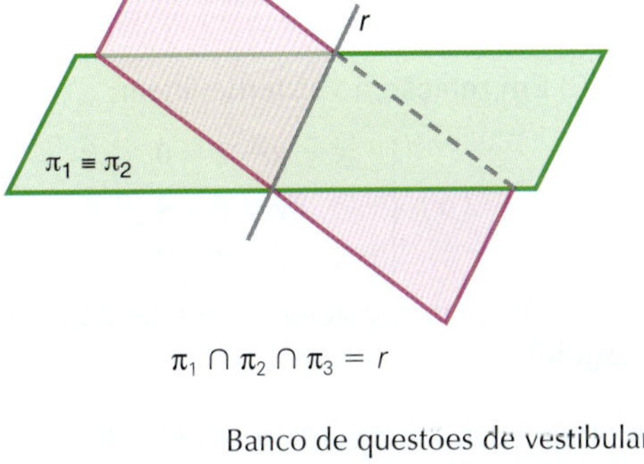


$\pi_1 \cap \pi_2 \cap \pi_3 = r$

b)

$\pi_1 \cap \pi_2 \cap \pi_3 = \emptyset$

c)

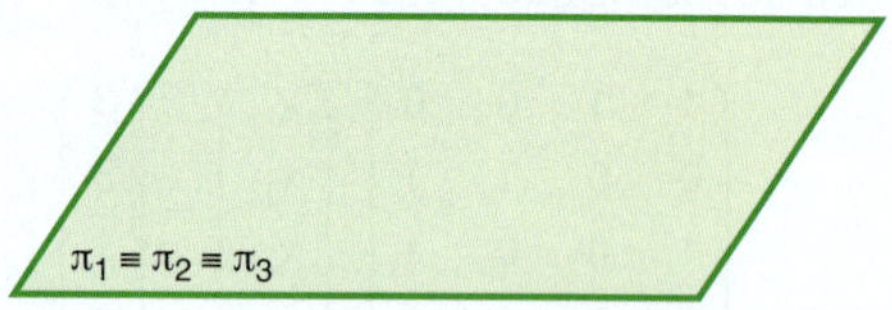


$\pi_1 \cap \pi_2 \cap \pi_3 = \pi_1$

d)

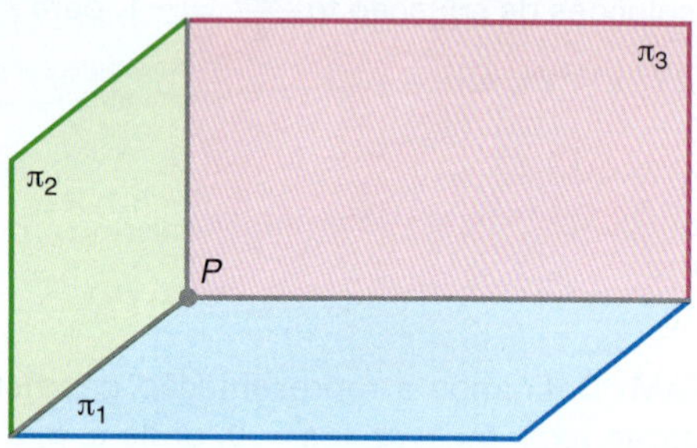


$\pi_1 \cap \pi_2 \cap \pi_3 = \{P\}$

e)

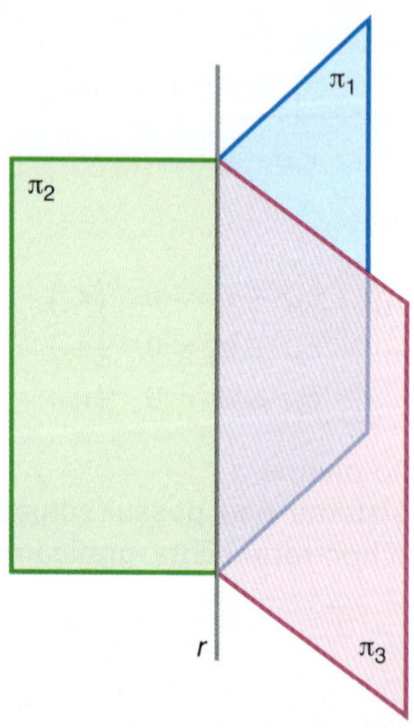


$\pi_1 \cap \pi_2 \cap \pi_3 = r$

**47.** (UFAC) Em relação ao sistema linear:

$$(\alpha): \begin{cases} x + y - z = 0 \\ 2y + z = 4 \\ -x + y + z = 2 \end{cases}$$

qual é a única proposição errada dentre as dos itens a seguir?

a) A matriz dos coeficientes de $\alpha$ é invertível.

b) O conjunto solução de $\alpha$ é finito.

c) O sistema $\alpha$ é possível e determinado.

d) O método de G. Cramer (1704-1752) é preciso na obtenção do conjunto solução de $\alpha$.

e) Não existem sistemas lineares equivalentes a $\alpha$.

**48.** (UFG – GO) Um sistema linear tem a seguinte matriz de coeficientes:

$$\begin{pmatrix} 3 & 4 & 5 \\ 2 & k & 4 \\ 1 & -2 & 2 \end{pmatrix}$$

Uma condição necessária e suficiente sobre $k$ para que o sistema tenha uma única solução é:

a) $k \neq 4$

b) $k \neq \frac{12}{11}$

c) $k \neq 0$

d) $k \neq -\frac{12}{11}$

e) $k \neq -4$

**49.** (UEM – PR) Identifique o que for **correto** com respeito às matrizes:

$$A = \begin{pmatrix} 0 & 0 & a+1 \\ a & b & 0 \\ 0 & a & b \end{pmatrix}, X = \begin{pmatrix} x \\ y \\ z \end{pmatrix} \text{ e } B = \begin{pmatrix} 8 \\ 3 \\ -5 \end{pmatrix}$$

sendo $a$, $b$, $x$, $y$ e $z$ números reais.

(01) $A$ não é uma matriz nula.

(02) Se $a \neq 0$, então $A$ possui inversa.

(04) Se $a = 0$ e $b \neq 0$, então a equação matricial $A \cdot X = B$ possui uma única solução.

(08) Se $a = -1$, então a equação matricial $A \cdot X = B$ não possui solução.

(16) Se $A^2 = A$, então $a = 0$ e $b = 1$.

Dê como resposta a soma dos números associados às proposições corretas.

**50.** (UFBA) Os estoques de gasolina, álcool e diesel de três postos de combustíveis são dados, em milhares de litros, na tabela a seguir, sendo $c$ e $k$ números reais não negativos.

| | Gasolina | Álcool | Diesel |
|---|---|---|---|
| **Posto 1** | 2 | 1 | 1 |
| **Posto 2** | 1 | 4 | $k$ |
| **Posto 3** | $c$ | $k$ | 1 |

Seja $M$ a matriz formada pelos estoques de cada combustível em cada posto, na mesma disposição da tabela dada. Sabe-se que o preço por litro de cada combustível é o mesmo nos três postos. Com base nessas informações, é correto afirmar:

(01) Se $c = 1$, então a matriz $M^2$ é simétrica.

(02) Se $c = 1$, então a matriz $M$ é invertível, para todo $k \in [0, +\infty[$.

(04) Se $c = 3$, então existe $k \in [0, +\infty[$ para o qual o determinante da matriz $M$ é nulo.

(08) Conhecendo-se os preços por litro de álcool e de diesel e sabendo-se que o primeiro é maior que o segundo, então existe $k \in [0, +\infty[$ tal que a soma dos valores dos estoques desses dois combustíveis, no posto 2, é igual à mesma soma no posto 3.

(16) Assumindo-se que $c = 3$, $k = 0$ e que as somas dos valores dos estoques dos postos 1, 2 e 3 são, respectivamente, R$ 8.800,00, R$ 10.800,00 e R$ 9.600,00, então a soma dos preços, por litro, de cada combustível é igual a R$ 6,00.

Dê como resposta a soma dos números associados às proposições corretas.

**51.** (FGV – SP) Considere o sistema linear

$$\begin{cases} kx - y + z = 3 \\ x + ky + z = k \\ x + y + kz = 1 \end{cases}$$

de incógnitas $x$, $y$ e $z$, sendo $k$ um parâmetro real, então:

a) o sistema será impossível se $k = -1$ ou $k = 1$
b) o sistema será determinado se $k = 1$
c) o sistema será impossível se $k = 0$ ou $k = -1$
d) o sistema será indeterminado se $k = 0$ ou $k = -1$
e) o sistema será determinado se $k = 0$ ou $k = -1$

**52.** (UEPB) O valor real de $m$ para que o sistema homogêneo:

$$\begin{cases} 2x + y = 0 \\ x - y + z = 0 \\ 5x + y + mz = 0 \end{cases}$$

nas incógnitas $x$, $y$, $z$, admita solução não nula, será:

a) $m = -2$
b) $m = -1$
c) $m = 0$
d) $m = 1$
e) $m = 3$

**53.** (Unicamp – SP) Sejam dados:

a matriz $A = \begin{pmatrix} x-1 & x-1 & x-1 \\ x-1 & 1 & 2 \\ x-1 & 1 & -2 \end{pmatrix}$,

o vetor $b = \begin{pmatrix} m \\ 3 \\ 5 \end{pmatrix}$ e o vetor $y = \begin{pmatrix} y_1 \\ y_2 \\ y_3 \end{pmatrix}$

a) Encontre o conjunto solução da equação:
$$\det A = 0$$
b) Utilizando o maior valor de $x$ que você encontrou no item **a**, determine o valor de $m$ para que o sistema linear $Ay = b$ tenha infinitas soluções.

## Capítulo 5

### Áreas de Figuras Planas

**54.** (UFLA – MG) Dado um quadrado $ABCD$ de área $4 \text{ cm}^2$ em que $B$ é o ponto médio do segmento $\overline{DE}$, calcule a medida do segmento $\overline{CE}$.

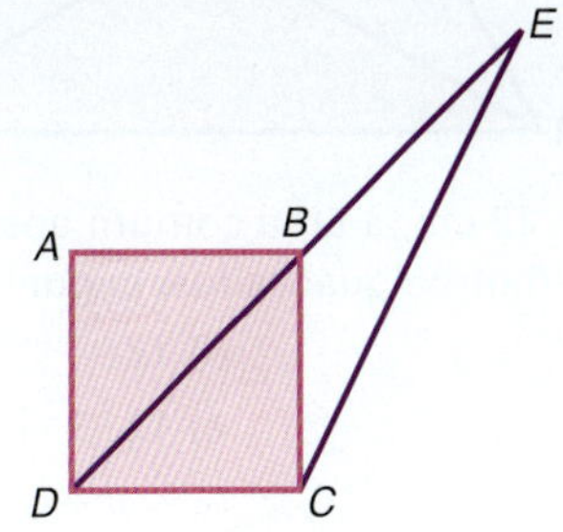


**55.** (PUC – MG) Um terreno quadrado tem $289 \text{ m}^2$ de área. Parte desse terreno é ocupada por um galpão quadrado e outra, por uma calçada de 3 m de largura, conforme indicado na figura.

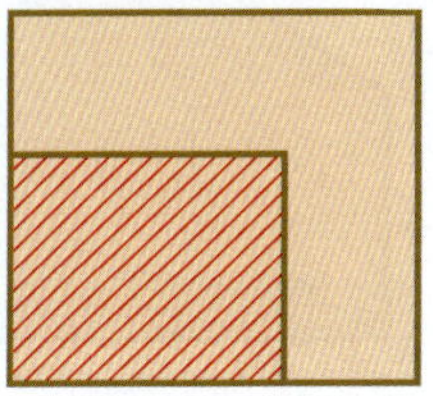

A medida do perímetro desse galpão, em metros, é igual a:

a) 56
b) 58
c) 64
d) 68

**56.** (UFU – MG) Na figura a seguir, a área do triângulo $ADE$ corresponde a 20% da área do quadrado $ABCD$.

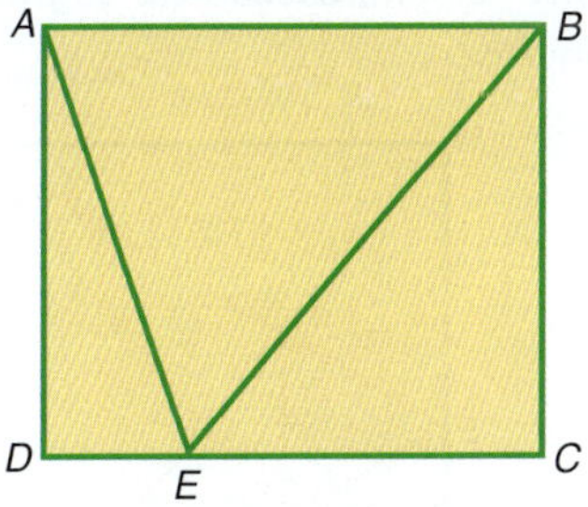


Para que a área do triângulo $EBC$ seja igual a $30 \text{ cm}^2$, a medida do lado do quadrado $ABCD$ deve ser igual a:

a) 5 cm
b) $5\sqrt{3}$ cm
c) 10 cm
d) $10\sqrt{2}$ cm

**57.** (Fuvest – SP) A soma das distâncias de um ponto interior de um triângulo equilátero aos seus lados é 9. Assim, a medida do lado do triângulo é:

a) $5\sqrt{3}$
b) $6\sqrt{3}$
c) $7\sqrt{3}$
d) $8\sqrt{3}$
e) $9\sqrt{3}$

**58.** (Unifesp) Dois triângulos congruentes *ABC* e *ABD*, de ângulos 30°, 60° e 90°, estão colocados como mostra a figura, com as hipotenusas $\overline{AB}$ coincidentes.

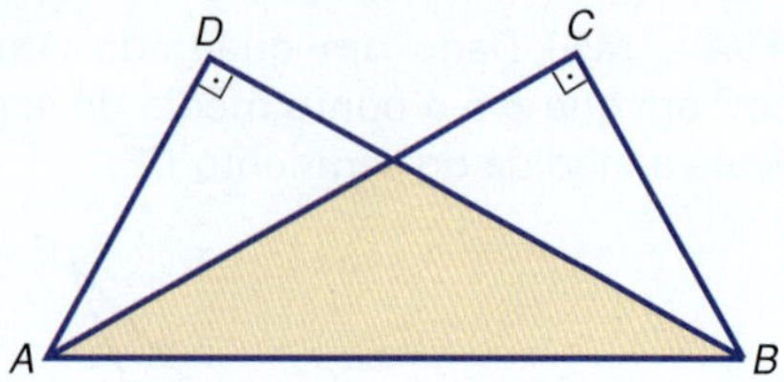


Se $AB = 12$ cm, a área comum aos dois triângulos, em centímetros quadrados, é igual a:

a) 6
b) $4\sqrt{3}$
c) $6\sqrt{3}$
d) 12
e) $12\sqrt{3}$

**59.** (Uespi) Qual é a área do quadrilátero *ABCD* ilustrado a seguir?

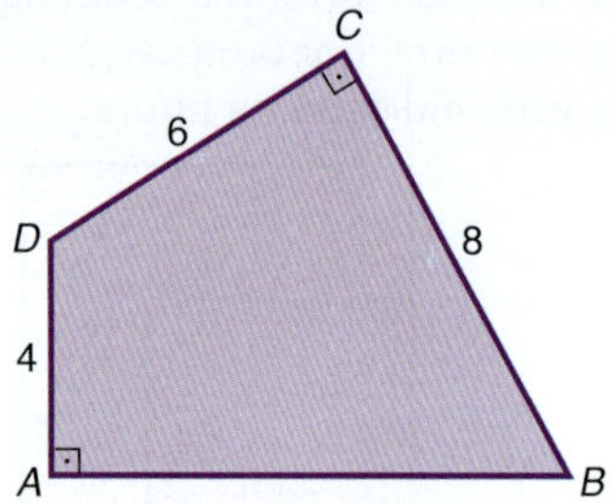


a) $4\sqrt{21} + 24$
b) 40
c) 42
d) 44
e) $6\sqrt{7} + 24$

**60.** (UFMS) Na figura, *MNOP* é um retângulo. O lado $\overline{NO}$ mede 6 cm, *E* é o ponto médio do lado $\overline{MP}$, o triângulo *NOE* é equilátero, *Y* é o ponto de intersecção do segmento $\overline{EO}$ com a diagonal $\overline{PN}$ e *X* é o ponto de intersecção do segmento $\overline{EN}$ com a diagonal $\overline{MO}$.

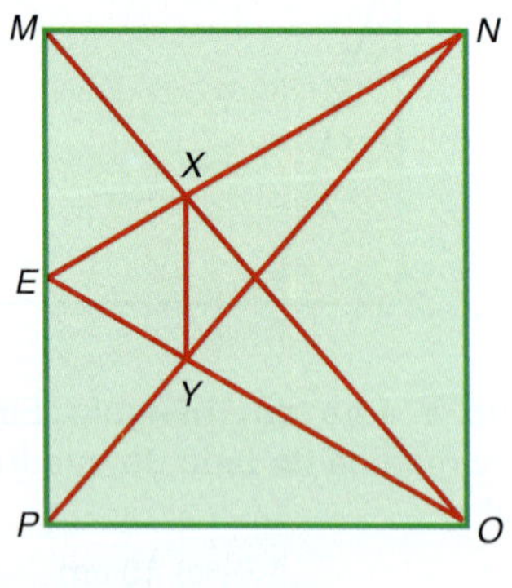


Assim, é correto afirmar que:

(01) A medida do segmento $\overline{EX}$ é 2 cm.
(02) A área do triângulo *NOE* é $8\sqrt{3}$ cm².
(04) A área do retângulo *MNOP* é $18\sqrt{3}$ cm².
(08) Os triângulos *NYO* e *NXO* são congruentes.
(16) A medida do ângulo $M\hat{N}P$ é 45°.

Dê como resposta a soma dos números associados às proposições corretas.

**61.** (Udesc) A área de um triângulo qualquer é igual ao semiproduto das medidas de dois lados quaisquer pelo seno do ângulo formado por eles.

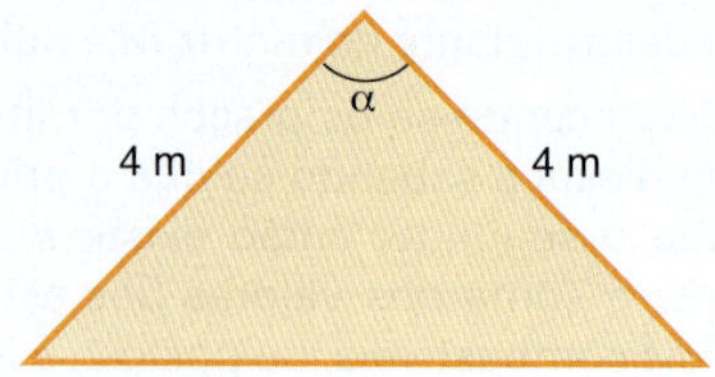


O valor da área do triângulo isósceles é máximo quando o ângulo α mede:

a) $\frac{\pi}{2}$
b) $\frac{3\pi}{2}$
c) $\frac{\pi}{4}$
d) $\frac{\pi}{6}$
e) $-\frac{\pi}{2}$

**62.** (UEPB) Sejam as retas *r* e *s* paralelas e $S_1$, $S_2$ e $S_3$ as áreas dos triângulos *ABC*, *ABD* e *ABE*, respectivamente, conforme a figura:

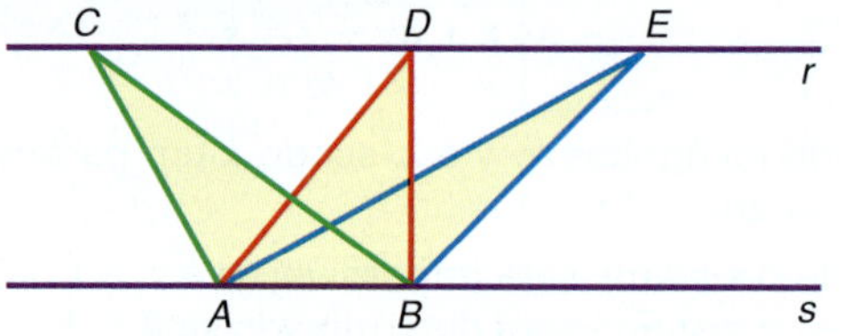


Identifique a alternativa correta:

a) $S_1 < S_2 < S_3$
b) $S_1 > S_2 > S_3$
c) $S_1 = S_2 = S_3$
d) $S_2 < S_1 < S_3$
e) $S_1 = S_2 < S_3$

**63.** (Unesp) A figura representa um trapézio retângulo em que a medida de $\overline{AB}$ é *k* centímetros, o lado $\overline{AD}$ mede 2*k* e o ângulo $D\hat{A}E$ mede 30°.

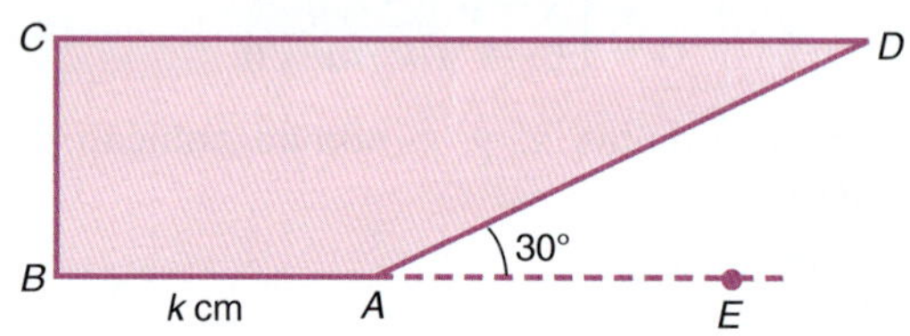


Nessas condições, a área do trapézio, em função de *k*, é dada por:

a) $k^2 \cdot (2 + \sqrt{3})$
b) $k^2 \cdot \left(\frac{2 + \sqrt{3}}{2}\right)$
c) $\frac{3k^2 \cdot \sqrt{3}}{2}$
d) $3k^2 \cdot \sqrt{3}$
e) $k^2 \cdot \sqrt{3}$

**64.** (FGV – SP) Na figura plana abaixo, os triângulos *ABC* e *CDE* são equiláteros.

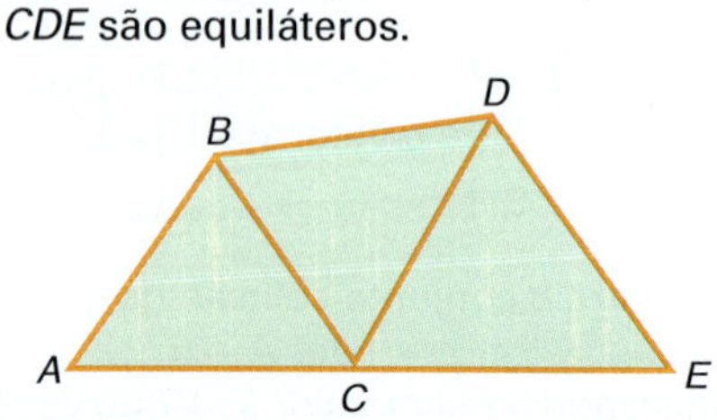


Os lados medem 4 cm e 6 cm respectivamente. Calcule a área do quadrilátero *ABDE*.

**65.** (UFRGS – RS) Os quadrados *ABCD* e *APQR*, representados na figura abaixo, são tais que seus lados medem 6 e o ângulo $P\hat{A}D$ mede 30°.

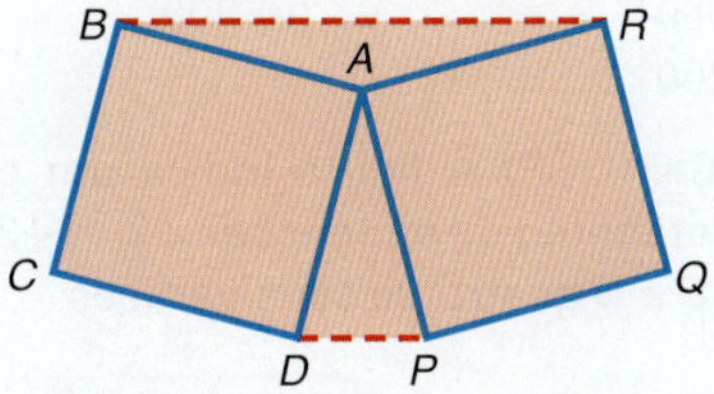


Ligando-se o ponto *B* com o ponto *R* e o ponto *D* com o ponto *P*, obtém-se o hexágono *BCDPQR*, cuja área é:

a) 90
b) 95
c) 100
d) 105
e) 110

**66.** (Fuvest – SP) No retângulo *ABCD* da figura tem-se $CD = \ell$ e $AD = 2\ell$.

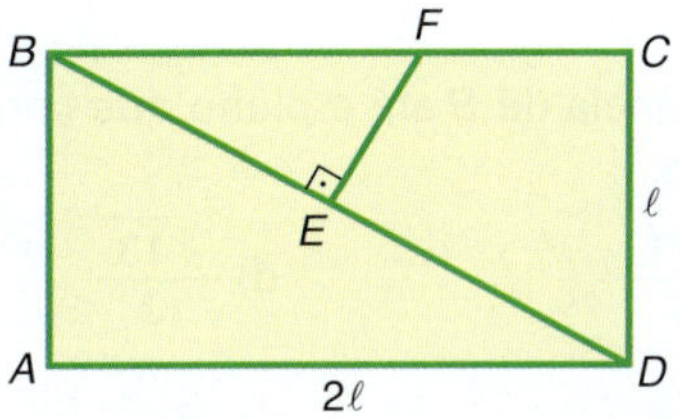


Além disso, o ponto *E* pertence à diagonal $\overline{BD}$, o ponto *F* pertence ao lado $\overline{BC}$ e $\overline{EF}$ é perpendicular a $\overline{BD}$. Sabendo que a área do retângulo *ABCD* é cinco vezes a área do triângulo *BEF*, então $\overline{BF}$ mede:

a) $\dfrac{\ell\sqrt{2}}{8}$
b) $\dfrac{\ell\sqrt{2}}{4}$
c) $\dfrac{\ell\sqrt{2}}{2}$
d) $\dfrac{3\ell\sqrt{2}}{4}$
e) $\ell\sqrt{2}$

**67.** (Ibmec – SP) Na figura a seguir, os pentágonos *ABCDE* e *DEFGH* são regulares, com lados medindo 1.

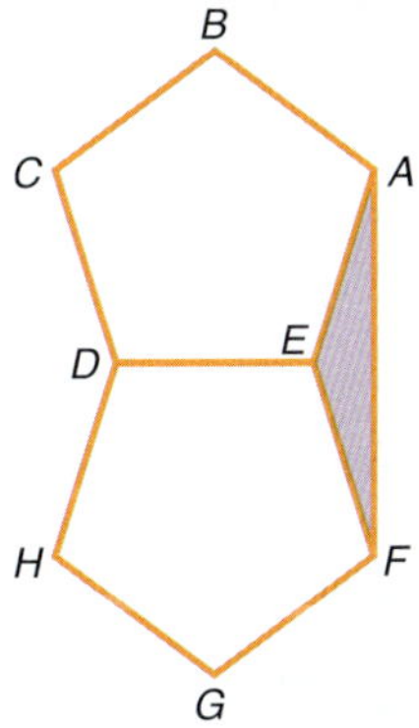


Se a área do triângulo *AEF* é igual a *S*, então cos 36° vale:

a) $\dfrac{\sqrt{2 - S}}{2}$
b) $\dfrac{\sqrt{1 + S}}{2}$
c) $\dfrac{\sqrt{1 - 2S^2}}{4}$
d) $\sqrt{4 - S^2}$
e) $\sqrt{1 - 4S^2}$

**68.** (Unifor – CE – adaptada) A figura abaixo apresenta a logomarca de certa empresa, onde aparecem traçadas duas cordas paralelas entre si e de mesmo comprimento, distantes 4 cm uma da outra.

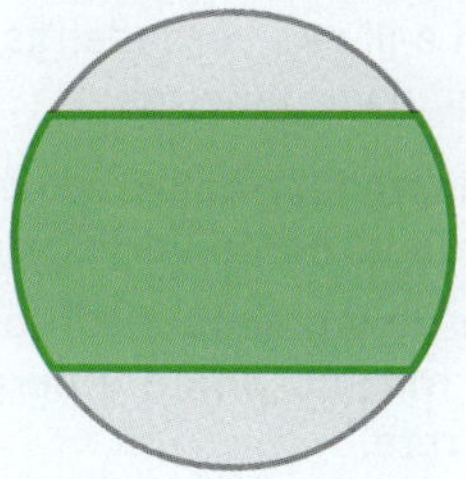

Se o raio do círculo mede 4 cm e usando $\pi = 3$, a área da região pintada de verde, em centímetros quadrados, é:

a) $4(\sqrt{3} + 1)$
b) $4(\sqrt{3} + 2)$
c) $8(\sqrt{3} + 1)$
d) $8(\sqrt{3} + 2)$
e) $8(2\sqrt{3} + 1)$

**69.** (UERJ) Considere um setor circular *AOC* cujo ângulo central θ é medido em radianos. A reta que tangencia o círculo no extremo *P* do diâmetro $\overline{CP}$ encontra o prolongamento do diâmetro $\overline{AB}$ em um ponto *Q*, como ilustra a figura:

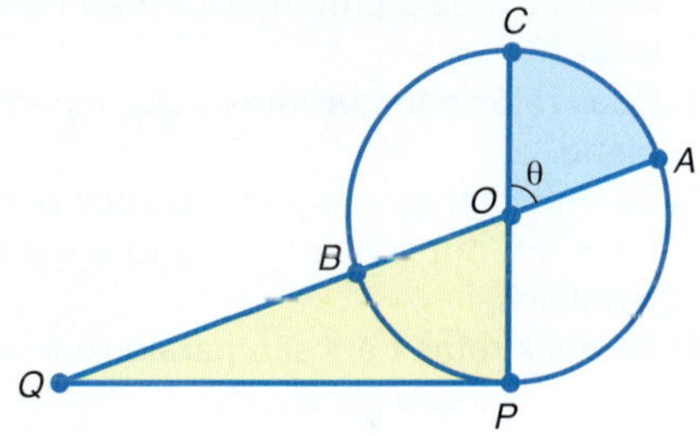


Sabendo-se que o ângulo θ satisfaz a igualdade $\text{tg}\ \theta = 2\theta$, calcule a razão entre a área do setor *AOC* e a área do triângulo *OPQ*.

## Capítulo 6

### Introdução à Geometria Espacial

**70.** (Mackenzie – SP) As retas *r*, *s* e *t* são distintas tais que *s* é perpendicular a *r* e *t* é perpendicular a *r*. Relativamente às retas *s* e *t*, podemos afirmar que:

a) elas podem ser unicamente paralelas ou concorrentes.
b) elas podem ser unicamente paralelas ou reversas.
c) elas podem ser unicamente concorrentes ou reversas.
d) elas podem ser paralelas, concorrentes ou reversas.
e) elas podem ser unicamente reversas.

**71.** (PUC-Camp – SP) Considere as afirmações a seguir.

I. Duas retas distintas determinam um plano.
II. Se duas retas distintas são paralelas a um plano, então elas são paralelas entre si.
III. Se dois planos são paralelos, então toda reta de um deles é paralela a alguma reta do outro.

É correto afirmar que:

a) apenas II é verdadeira.
b) apenas III é verdadeira.
c) apenas I e II são verdadeiras.
d) apenas I e III são verdadeiras.
e) I, II e III são verdadeiras.

**72.** (UFPE – adaptada) Analise as seguintes afirmações, classificando-as como verdadeiras ou falsas.

a) Existem dois planos distintos, passando ambos por um mesmo ponto e perpendiculares a uma mesma reta.
b) Se dois planos forem perpendiculares, todo plano perpendicular a um deles será paralelo ao outro.
c) Duas retas paralelas a um plano são paralelas.
d) Se dois planos forem perpendiculares, toda reta paralela a um deles será perpendicular ao outro.
e) Uma reta paralela a duas retas concorrentes de um plano é perpendicular a esse plano.

**73.** (UFSC – adaptada) Identifique a(s) proposição(ões) CORRETA(S).

(01) Dois planos que possuem três pontos em comum são coincidentes.
(02) Se duas retas *r* e *s*, no espaço, são ambas perpendiculares a uma reta *t*, então *r* e *s* são paralelas.
(04) Duas retas concorrentes determinam um único plano.
(08) Se dois planos $\alpha$ e $\beta$ são ambos perpendiculares a um outro plano $\gamma$, então $\alpha$ e $\beta$ são planos paralelos.
(16) Se duas retas *r* e *s* são paralelas a um plano $\alpha$, então *r* e *s* são paralelas.

Dê como resposta a soma dos números associados às proposições corretas.

**74.** (Unesp) Entre todas as retas suportes das arestas de um certo cubo, considere duas, *r* e *s*, reversas. Seja *t* a perpendicular comum a *r* e a *s*. Então:

a) *t* é a reta suporte de uma das diagonais de uma das faces do cubo.
b) *t* é a reta suporte de uma das diagonais do cubo.
c) *t* é a reta suporte de uma das arestas do cubo.
d) *t* é a reta que passa pelos pontos médios das arestas contidas em *r* e *s*.
e) *t* é a reta perpendicular a duas faces do cubo, por seus pontos médios.

## Capítulo 7

### Poliedros

**75.** (PUC – PR) Um poliedro convexo tem 7 faces. De um dos seus vértices partem 6 arestas e de cada um dos vértices restantes partem 3 arestas. Quantas arestas tem esse poliedro?

a) 8
b) 10
c) 12
d) 14
e) 16

**76.** (UEPB) A soma das medidas dos ângulos de todas as faces de um prisma triangular é igual a:

a) 1.440°
b) 1.080°
c) 1.260°
d) 1.800°
e) 900°

**77.** (UFSCar – SP) A figura indica um paralelepípedo reto retângulo de dimensões $\sqrt{2} \times \sqrt{2} \times \sqrt{7}$, sendo *A*, *B*, *C* e *D* quatro de seus vértices.

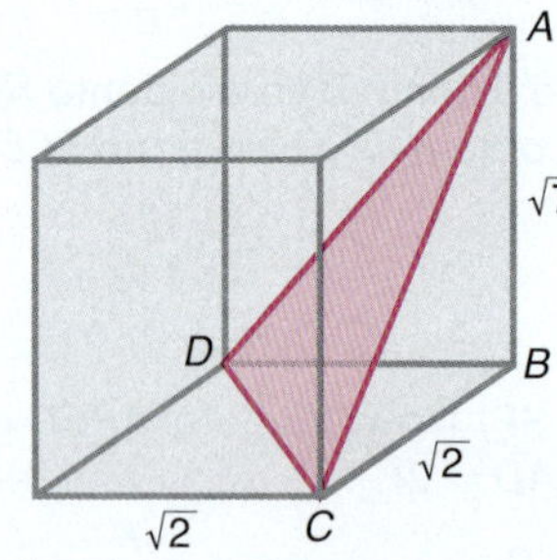


A distância de *B* até o plano que contém *A*, *D* e *C* é igual a:

a) $\frac{\sqrt{11}}{4}$
b) $\frac{\sqrt{14}}{4}$
c) $\frac{\sqrt{11}}{2}$
d) $\frac{\sqrt{13}}{2}$
e) $\frac{3\sqrt{7}}{2}$

**78.** (UERJ) Para fazer uma caixa, foi utilizado um quadrado de papelão de espessura desprezível e 8 dm de lado, do qual foram recortados e retirados seis quadrados menores de lado *x*. Observe a ilustração.

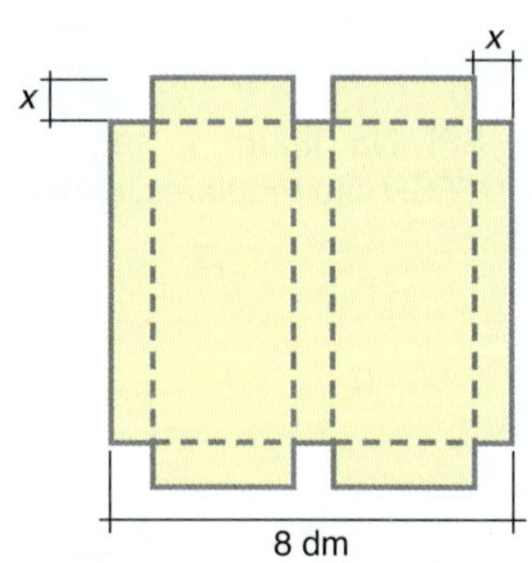


Em seguida, o papelão foi dobrado nas linhas tracejadas, assumindo a forma de um paralelepípedo retângulo, de altura *x*, como mostram os esquemas.

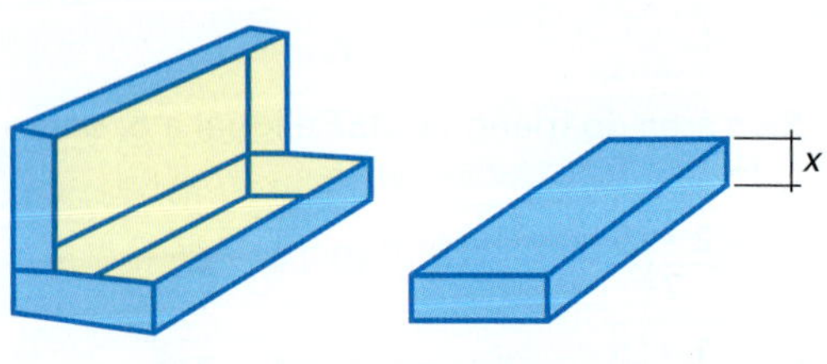


Quando $x = 2$ dm, o volume da caixa é igual a 8 dm$^3$. Determine outro valor de *x* para que a caixa tenha volume igual a 8 dm$^3$.

**79.** (Fuvest – SP) O cubo de vértices *ABCDEFGH*, indicado na figura, tem arestas de comprimento *a*.

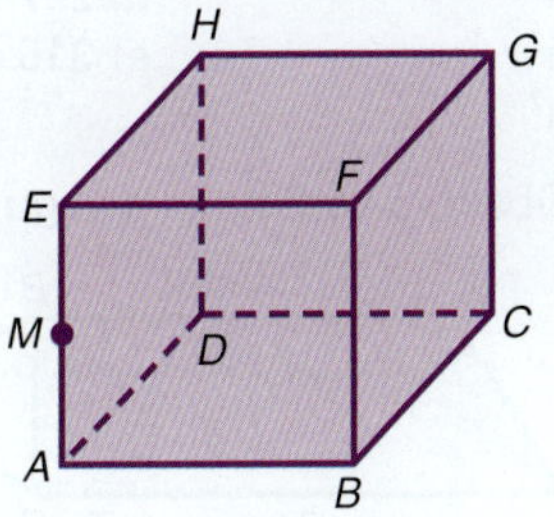


Sabendo-se que *M* é o ponto médio da aresta $\overline{AE}$, então a distância do ponto *M* ao centro do quadrado *ABCD* é igual a:

a) $\frac{a\sqrt{3}}{5}$

b) $\frac{a\sqrt{3}}{3}$

c) $\frac{a\sqrt{3}}{2}$

d) $a\sqrt{3}$

e) $2a\sqrt{3}$

**80.** (UEG – GO) A figura abaixo representa um paralelepípedo retângulo.

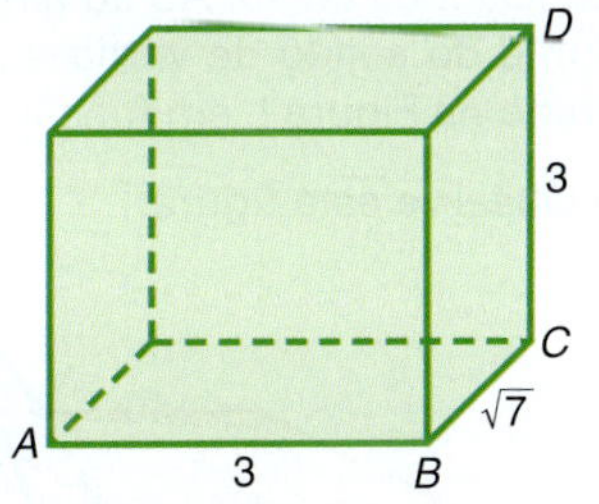


As medidas das arestas são $AB = 3$ cm, $BC = \sqrt{7}$ cm e $CD = 3$ cm. O perímetro do triângulo *ACD* é:

a) $6\sqrt{2}$ cm
b) 12 cm
c) 13 cm
d) 14 cm

**81.** (Udesc) A figura apresenta a planificação de um sólido. Determine o volume desse sólido sabendo que $OP = 5$ cm e que a medida do apótema do hexágono regular é $\sqrt{3}$ cm.

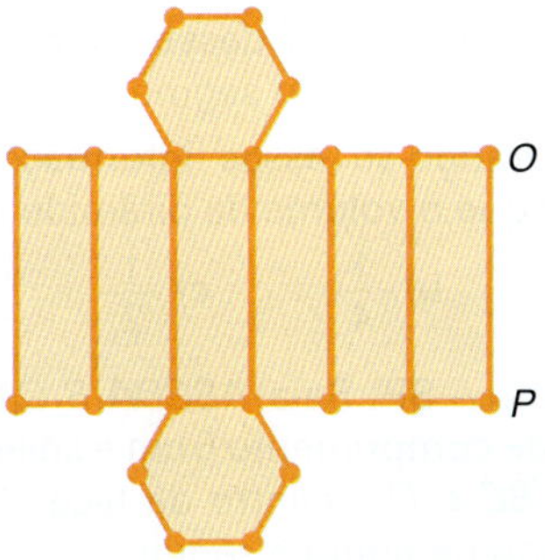


**82.** (UCS – RS) Um produtor precisa construir um depósito de cereais em forma de um prisma hexagonal regular, de modo que a medida de sua superfície lateral seja 6 vezes a da superfície da base e o volume seja de 54 $m^3$. A medida da aresta da base desse depósito deverá ser igual a:

a) 18 m
b) 1,8 m
c) 4 m
d) 2,5 m
e) 2 m

**83.** (Unifor – CE) A peça de ferro abaixo foi obtida de um paralelepípedo reto retângulo de dimensões 20 cm, 30 cm e 40 cm, com a retirada de quatro cubos idênticos de aresta 10 cm.

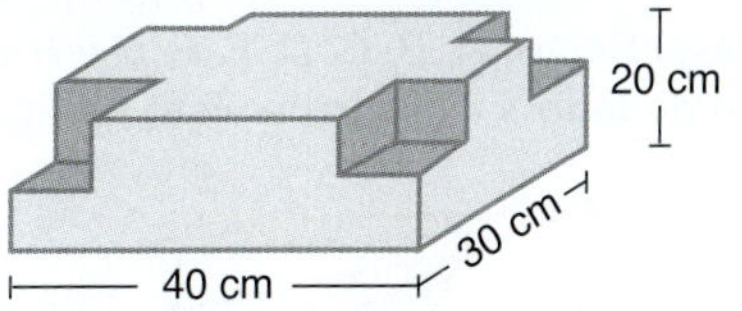


Se a densidade do ferro é 7,8 g/$cm^3$, então a massa dessa peça, em quilogramas, é:

a) 187,2
b) 179,4
c) 171,6
d) 163,8
e) 156

**84.** (UFMG) Nesta figura, está representado o prisma reto *ABCDEF*, cuja base é um triângulo retângulo, em que $B\hat{A}C$ é o ângulo reto:

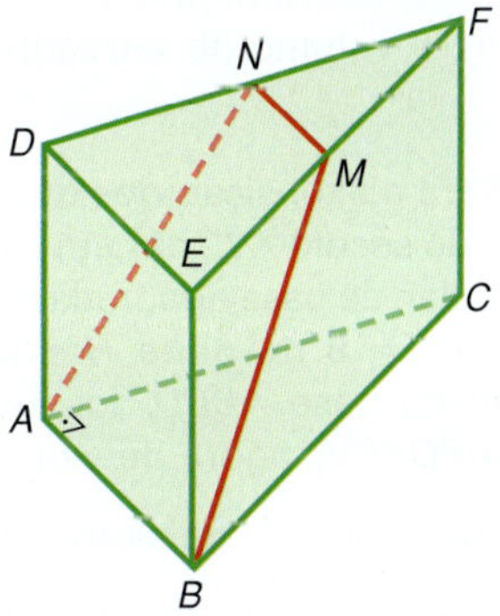


Sabe-se que:

- as arestas $\overline{AB}$, $\overline{AC}$ e $\overline{AD}$ medem, respectivamente, 4 cm, 8 cm e 3 cm;
- *M* e *N* são, respectivamente, os pontos médios dos segmentos $\overline{EF}$ e $\overline{DF}$.

a) Calcule a área do quadrilátero *ABMN*.
b) Calcule o volume do sólido *ABEDMN*.

**85.** (UCB – DF) Em uma estação de tratamento de água existem dois tanques, em forma de paralelepípedo reto retângulo. Um deles, o tanque *A*, tem 4 m de comprimento, 5 m de largura e 4 m de profundidade e o outro, o tanque *B*, tem 5 m de comprimento, 6 m de largura e 4 m de profundidade. Há uma bomba que transfere a água do tanque *A* para o tanque *B* à razão de 8.000 litros por minuto. Julgue os itens a seguir, identificando (V) para os verdadeiros e (F) para os falsos.

(1) Os dois tanques juntos podem armazenar, no máximo, 180.000 litros de água.

(2) A capacidade máxima de armazenamento de água do tanque *B* excede em 50% a capacidade máxima de armazenamento do tanque *A*.

(3) Para revestir toda a superfície interna do tanque *B*, são necessários mais de 110 m² de azulejo.

(4) Se o tanque *A* estiver completamente cheio, o tempo necessário para bombear toda a água para o tanque *B* é superior a 12 minutos.

(5) Se o tanque *A* estiver completamente cheio, o tanque *B* completamente vazio e a bomba for ligada, passarão 6 minutos até que a altura da coluna-d'água seja igual nos dois tanques.

**86.** (Udesc) Sejam *A, B, C, D, E, F, G* e *H* vértices de um cubo de lado *x*, conforme visto na figura.

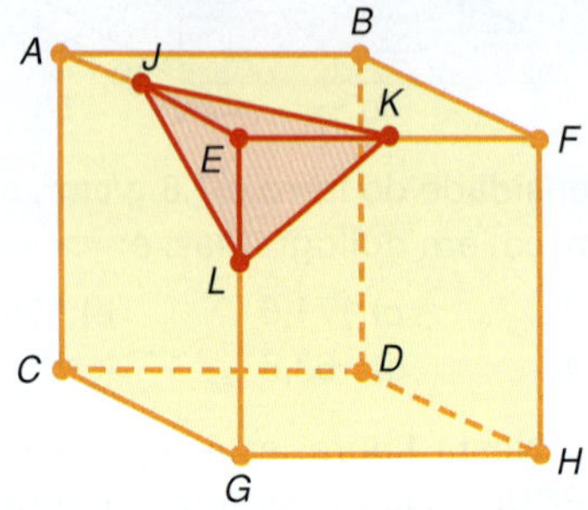


Sejam *J, K* e *L* os pontos médios dos segmentos $\overline{AE}$, $\overline{EF}$ e $\overline{EG}$, respectivamente.
Determine o volume do tetraedro de vértices *E, J, K* e *L*.

**87.** (Uespi) Para a exposição dos quadros de um famoso pintor do século XVI, em um salão de forma piramidal regular, de base quadrada medindo $AB = 20$ m e altura $VH = 6$ m, onde *H* situa-se no meio do quadrado da base *ABCD*, foi montada uma nova pirâmide $PQRSV_1$, agora de vidro, também regular, com altura igual a $\frac{2}{3}$ da altura do salão e os pontos *P, Q, R* e *S* situados nos pontos médios dos lados da base *ABCD*, conforme figura abaixo.

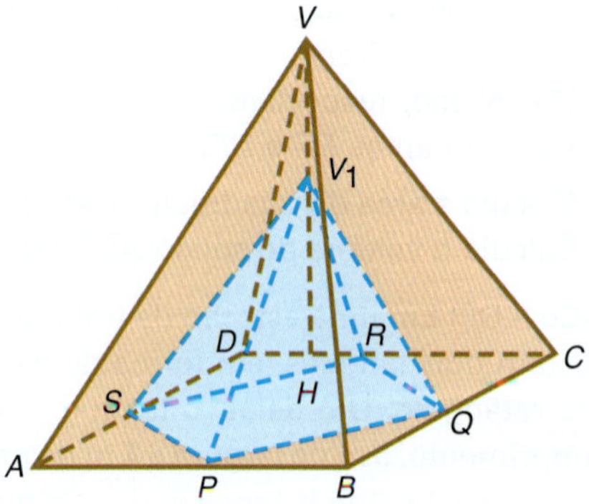


Na face $PQV_1$ foi feita no vidro uma abertura de área igual a 6 m², para possibilitar o acesso do público, e na construção da parte lateral da pirâmide $PQRSV_1$, sem a porta, foram gastos, em vidro, o equivalente a *x* metros quadrados. Nessas condições, com $\sqrt{33} = 5{,}74$, é correto afirmar que o inteiro mais próximo do valor mínimo de *x* é:

a) 146 m²
b) 196 m²
c) 224 m²
d) 297 m²
e) 315 m²

**88.** (UERJ) Observe as figuras a seguir.

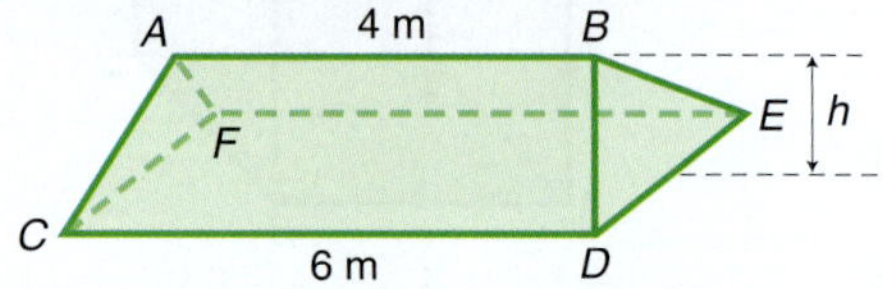


(I)

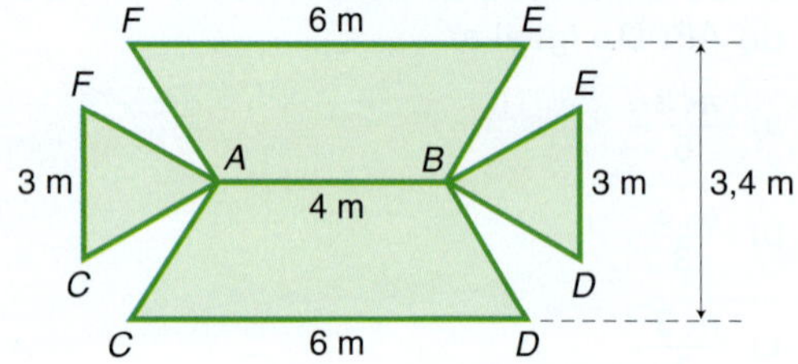


(II)

A Figura I mostra a forma do toldo de uma barraca, e a Figura II, sua respectiva planificação, composta por dois trapézios isósceles congruentes e dois triângulos.

Calcule:

a) a distância *h* da aresta $\overline{AB}$ ao plano *CDEF*;
b) o volume do sólido de vértices *A, B, C, D, E* e *F*, mostrado na Figura I, em função de *h*.

**89.** (UFMG) Observe esta figura:

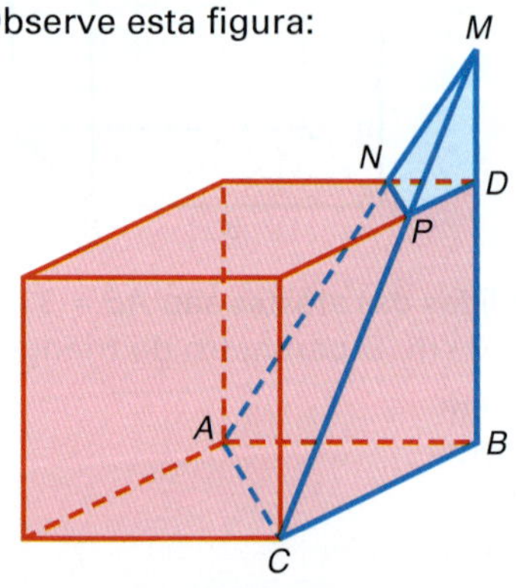


Nessa figura, estão representados um cubo, cujas arestas medem, cada uma, 3 cm, e a pirâmide *MABC*, que possui três vértices em comum com o cubo. O ponto *M* situa-se sobre o prolongamento da aresta $\overline{BD}$ do cubo. Os segmentos $\overline{MA}$ e $\overline{MC}$ interceptam arestas desse cubo, respectivamente, nos pontos *N* e *P* e o segmento $\overline{ND}$ mede 1 cm.

Considerando-se essas informações, é CORRETO afirmar que o volume da pirâmide *MNPD* é, em cm³:

a) $\frac{1}{6}$
b) $\frac{1}{4}$
c) $\frac{1}{2}$
d) $\frac{1}{8}$

**90.** (Unicamp – SP) Seja $ABCDA_1B_1C_1D_1$ um cubo com aresta de comprimento 6 cm e sejam *M* o ponto médio de $\overline{BC}$ e *O* o centro da face $CDD_1C_1$, conforme mostrado na figura a seguir.

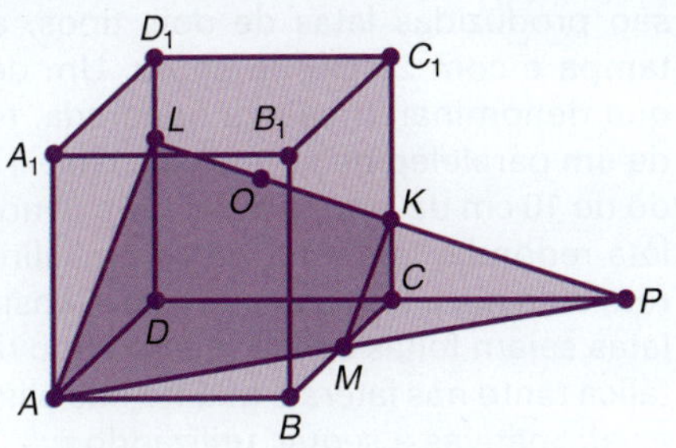


a) Se a reta $\overleftrightarrow{AM}$ intercepta a reta $\overleftrightarrow{CD}$ no ponto $P$ e a reta $\overleftrightarrow{PO}$ intercepta $\overline{CC_1}$ e $\overline{DD_1}$ em $K$ e $L$, respectivamente, calcule os comprimentos dos segmentos $\overline{CK}$ e $\overline{DL}$.

b) Calcule o volume do sólido com vértices $A$, $D$, $L$, $K$, $C$ e $M$.

## Capítulo 8

### Corpos Redondos

**91.** (UFSCar – SP) Retirando-se um semicilindro de um paralelepípedo reto retângulo, obtivemos um sólido cujas fotografias, em vista frontal e vista superior, estão indicadas nas figuras.

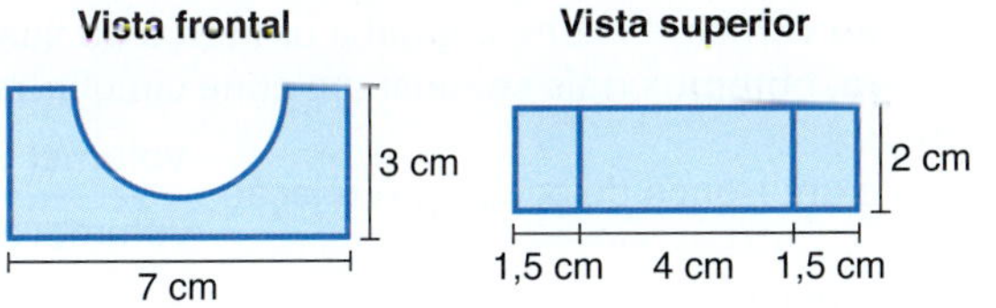


Se a escala das medidas indicadas na fotografia é 1 : 100, o volume do sólido fotografado, em $m^3$, é igual a:

a) $2(14 + 2\pi)$
b) $2(14 + \pi)$
c) $2(14 - \pi)$
d) $2(21 - \pi)$
e) $2(21 - 2\pi)$

**92.** (UCS – RS) A superfície lateral de embalagens em forma de cilindro circular reto é confeccionada unindo-se dois lados opostos de folhas de flandres retangulares de 12 cm × 18 cm. Conforme os lados que são unidos, obtêm-se embalagens de alturas diferentes. Qual é a razão entre o volume $V_1$ da embalagem de altura menor e o volume $V_2$ da embalagem de altura maior?

a) 1
b) 2
c) $\frac{1}{2}$
d) $\frac{3}{2}$
e) $\frac{1}{4}$

**93.** (Ibmec – SP) Na figura a seguir está representado um cilindro circular reto em que:

- o segmento $\overline{CD}$ é um diâmetro da base superior;
- os segmentos $\overline{AB}$ e $\overline{EF}$ são diâmetros perpendiculares de base inferior;
- os pontos $C$, $D$, $E$ e $F$ são coplanares.

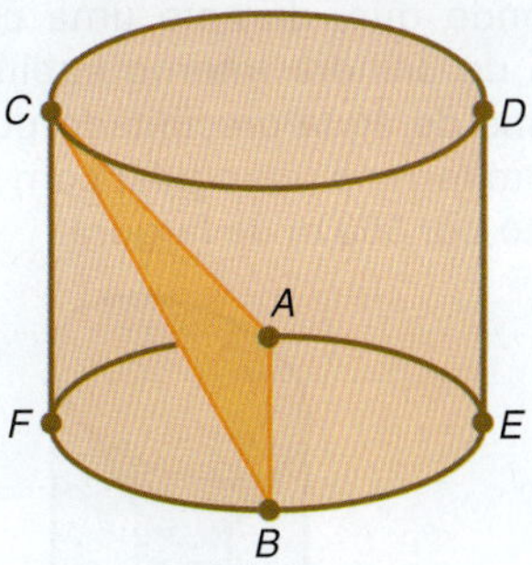


Se o triângulo $ABC$ é equilátero e o segmento $\overline{AE}$ mede 2 cm, então o volume do cilindro é igual a:

a) $\pi$ $cm^3$
b) $2\pi$ $cm^3$
c) $3\pi$ $cm^3$
d) $4\pi$ $cm^3$
e) $5\pi$ $cm^3$

**94.** (UFAM) Três cilindros têm alturas e raios das bases de medidas iguais

12 cm × 12 cm, 12 cm × 5 cm e 25 cm × 5 cm

e volumes $V_1$, $V_2$, $V_3$, respectivamente.

Exprima em ordem crescente os volumes $V_1$, $V_2$ e $V_3$ dos três cilindros.

a) $V_2 > V_3 > V_1$
b) $V_1 > V_3 > V_2$
c) $V_1 > V_2 > V_3$
d) $V_2 > V_1 > V_3$
e) $V_3 > V_2 > V_1$

**95.** (Ibmec – SP) Na figura estão representadas a vista lateral e superior de um vaso. As duas circunferências que aparecem na vista superior são concêntricas e têm raios iguais a 10 cm e 15 cm.

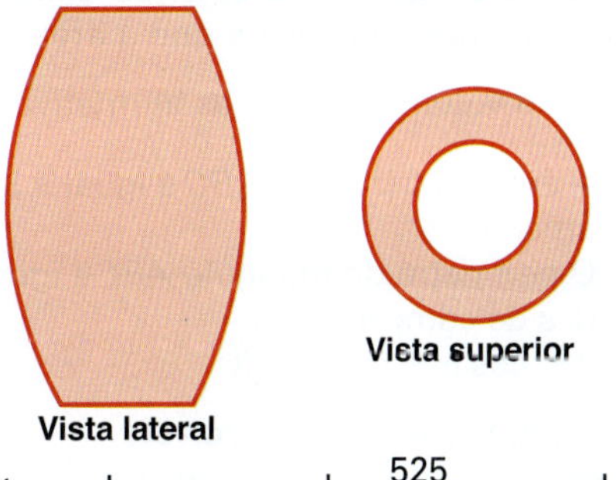


Se a altura do vaso mede $\frac{525}{11}$ cm, adotando $\pi = \frac{22}{7}$, o volume do vaso está entre:

a) 5,00 e 8,00 litros
b) 9,00 e 12,25 litros
c) 15,00 e 33,75 litros
d) 35,00 e 50,00 litros
e) 67,50 e 80,00 litros

**96.** (Unicamp – SP) Um pluviômetro é um aparelho utilizado para medir a quantidade de chuva precipitada em determinada região. A figura de um pluviômetro padrão é exibida a seguir. Nesse pluviômetro, o diâmetro da abertura circular existente no topo é de 20 cm. A água que cai sobre a parte superior do aparelho é recolhida em um tubo cilíndrico interno. Esse tubo cilíndrico tem 60 cm de altura e sua base tem $\frac{1}{10}$ da área da abertura superior do pluviômetro. (Obs.: a figura não está em escala.)

a) Calcule o volume do tubo cilíndrico interno.

b) Supondo que, durante uma chuva, o nível da água do cilindro interno subiu 2 cm, calcule o volume de água precipitado por essa chuva sobre um terreno retangular com 500 m de comprimento por 300 m de largura.

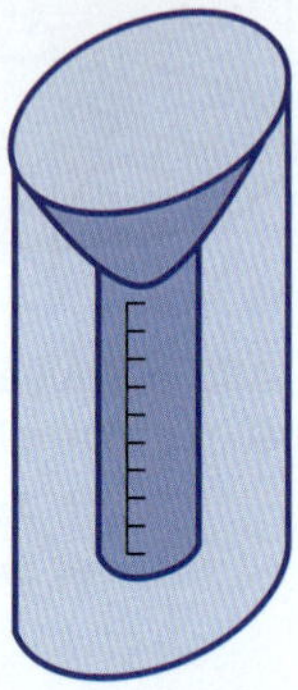

**97.** (Udesc) Considere o cilindro reto de base circular, de raio $r$ e altura $h$, conforme mostra a figura:

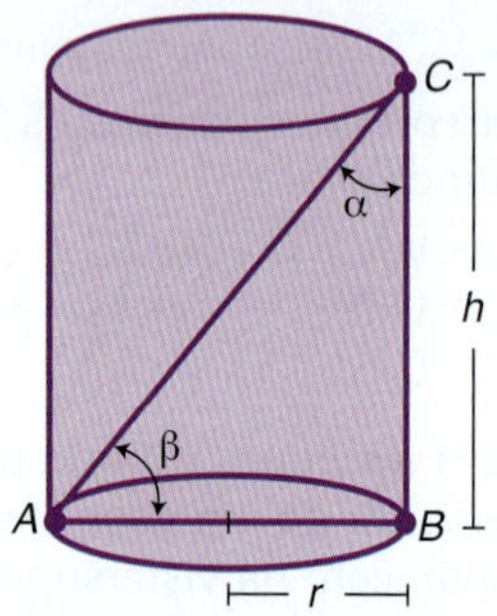


Sabendo-se que o volume do cilindro é igual a 4 vezes a área da base e que a área lateral é igual a $\frac{4}{3}$ do volume, analise as afirmativas:

I. A área do triângulo $ABC$ é igual a 3 unidades de área.
II. O perímetro do triângulo $ABC$ é igual a 12 unidades de comprimento.
III. $2 < \cos \alpha + \cos \beta < 3$

Identifique a alternativa **correta**.

a) Somente as afirmativas I e II são verdadeiras.
b) Somente a afirmativa II é verdadeira.
c) Somente as afirmativas II e III são verdadeiras.
d) Somente a afirmativa III é verdadeira.
e) Todas as afirmativas são verdadeiras.

**98.** (UEPB) A área total do sólido obtido através da rotação da figura plana $ABCD$ em torno de $\overline{AD}$ é igual a:

a) $60\pi$ cm²
b) $88\pi$ cm²
c) $104\pi$ cm²
d) $14\pi$ cm²
e) $52\pi$ cm²

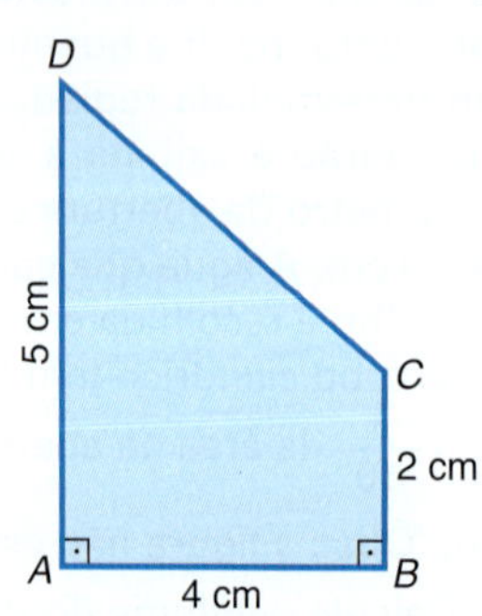


**99.** (UFPR) No setor de embalagens de uma fábrica são produzidas latas de dois tipos, ambos sem tampa e com 20 cm de altura. Um desses tipos, que denominaremos lata quadrada, tem a forma de um paralelepípedo reto cuja base é um quadrado de 10 cm de lado; o outro, que denominaremos lata redonda, tem a forma de um cilindro circular reto cuja base tem 5 cm de raio. Considere que as latas sejam feitas com o mesmo tipo de folha metálica tanto nas laterais quanto nas bases e analise as afirmativas a seguir, utilizando $\pi = 3,14$.

I. O rótulo de papel colocado na lata redonda, envolvendo sua lateral totalmente e sem sobras, tem área suficiente para envolver também a lateral da lata quadrada, totalmente e sem sobras.
II. A capacidade da lata redonda é menor do que a da lata quadrada.
III. A quantidade de folha metálica usada para produzir a lata redonda é 70% da quantidade necessária para produzir a lata quadrada.

Identifique a alternativa correta.

a) Somente a afirmativa II é verdadeira.
b) Somente a afirmativa III é verdadeira.
c) Somente as afirmativas II e III são verdadeiras.
d) Somente as afirmativas I e II são verdadeiras.
e) Somente as afirmativas I e III são verdadeiras.

**100.** (UFC – CE) Ao seccionarmos um cone circular reto por um plano paralelo a sua base, cuja distância ao vértice do cone é igual a um terço da sua altura, obtemos dois sólidos: um cone circular reto $S_1$ e um tronco de cone $S_2$. A relação $\dfrac{\text{volume}(S_2)}{\text{volume}(S_1)}$ é igual a:

a) 33
b) 27
c) 26
d) 9
e) 3

**101.** (UEM – PR) Um funil de metal será construído para fins industriais. A parte superior do funil tem a forma de um tronco de cone circular reto e a inferior tem a forma de um cilindro circular reto, como mostra a Figura **A** abaixo.

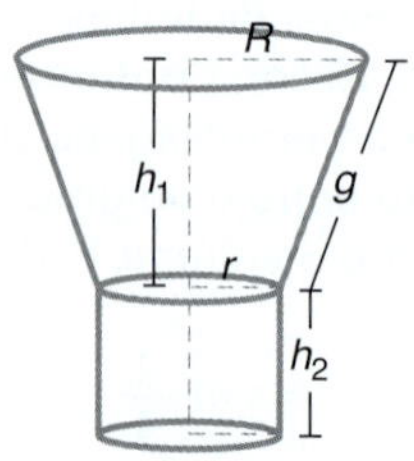


**Figura A**

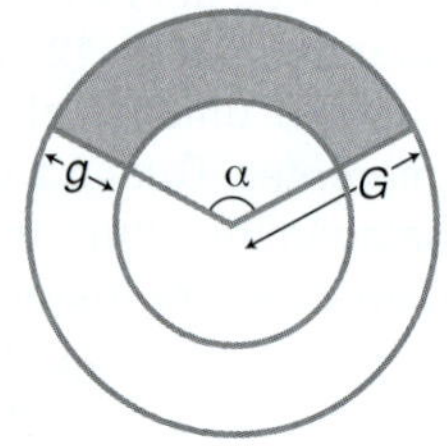


**Figura B**

O tronco de cone tem raio da base maior $R = 2$ m, raio da base menor $r = 1$ m e altura $h_1 = 3$ m. O cilindro tem altura $h_2 = 2$ m. Planificando-se a parte superior do funil, obtém-se uma folha de metal com a forma de um setor de coroa circular com ângulo central igual a α radianos, de raio maior $G$ (em metros) e tal que a diferença entre as medidas dos raios maior e menor é igual a $g$ (em metros), como ilustrado na Figura **B** da página anterior. Considerando o exposto, identifique o que for **correto**.

(01) O cone reto que, quando seccionado por um plano paralelo à sua base, produz o tronco de cone da parte superior do funil tem altura $H = 6$ m.

(02) A folha de metal, ilustrada na Figura **B**, em forma de um setor de coroa circular, tem raio maior $G = 2\sqrt{10}$ m e ângulo central $\alpha = \frac{2\pi}{\sqrt{10}}$ radianos.

(04) A área da superfície da parte superior do funil é igual a 27 m$^2$.

(08) A razão entre a capacidade volumétrica da parte superior do funil em relação à da parte inferior é igual a $\frac{9}{2}$.

(16) A capacidade volumétrica do funil é $9\pi$ m$^3$.

Dê como resposta a soma dos números associados às proposições corretas.

**102.** (FGV – SP) A figura indica a planificação da lateral de um cone circular reto:

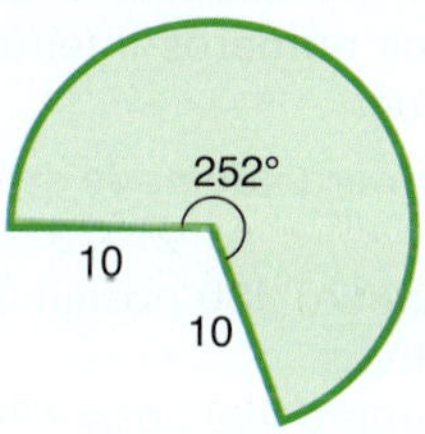


O cone a que se refere tal planificação é:

a)

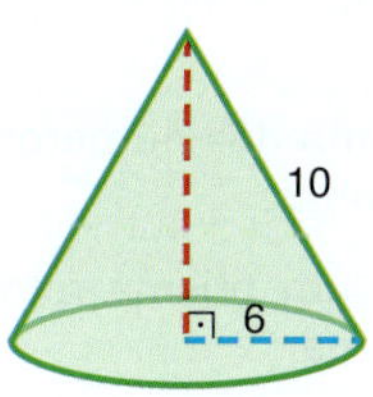


d)

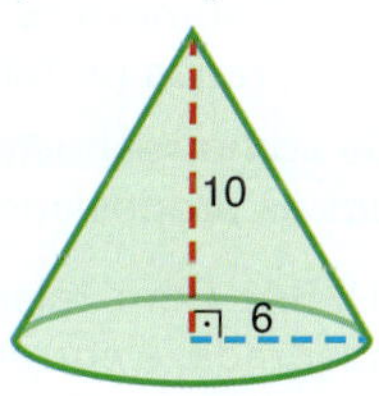


b)

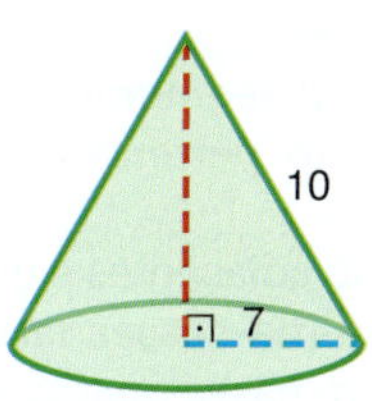


e)

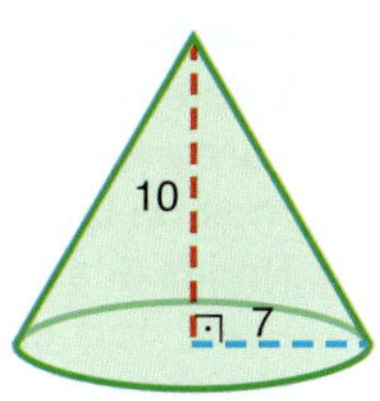


c)

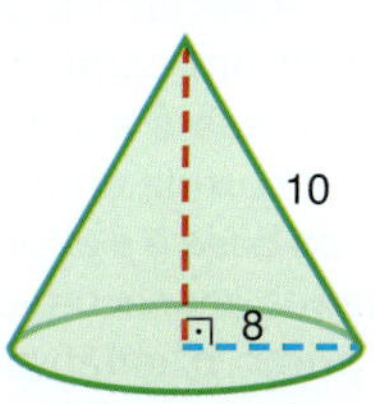


**103.** (UFMT) Duas esferas cujos raios medem $a$ cm e $b$ cm estão apoiadas em um mesmo plano horizontal e encostadas uma à outra, conforme a figura a seguir.

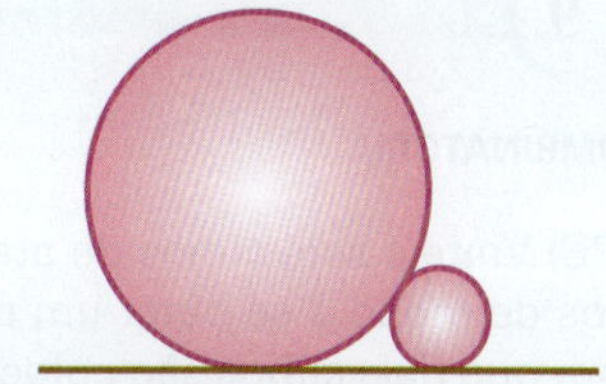

A distância entre os seus respectivos pontos de apoio nesse plano horizontal é:

a) $3\sqrt{ab}$ cm
b) $2\sqrt{ab}$ cm
c) $2ab$ cm
d) $3ab$ cm
e) $\sqrt{3ab}$ cm

**104.** (UERJ) Uma cuba de superfície semiesférica, com diâmetro de 8 cm, está fixada sobre uma mesa plana. Uma bola de gude de forma esférica, com raio de 1 cm, encontra-se sob essa cuba.

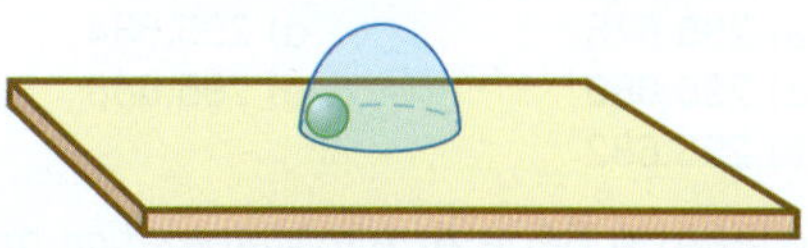

Desprezando a espessura do material usado para fabricar a cuba, determine:

a) a maior área, em cm$^2$, pela qual a bola de gude poderá se deslocar na superfície da mesa;

b) o volume, em cm$^3$, da maior esfera que poderia ser colocada embaixo dessa cuba.

**105.** (UEM – PR) Inscrevem-se, em uma esfera de raio $R > 0$, dois cones circulares retos tendo como base comum um círculo de raio $r > 0$ e vértices diametralmente opostos. Seja $x$ a distância do centro da esfera ao centro da base dos cones. Com essas considerações, identifique a(s) alternativa(s) **correta(s)**.

(01) $x$ pode assumir todos os valores no intervalo $[0, R[$.

(02) Se $x = 0$, a soma dos volumes dos cones é $\frac{1}{4}$ do volume da esfera.

(04) A razão do volume do cone maior para o volume do cone menor é expresso por $\frac{R + x}{R - x}$, sendo $x > 0$.

(08) Se $x = \frac{R}{2}$, o volume do cone maior é o dobro do volume do cone menor.

(16) A soma dos volumes dos cones não excede o volume de um hemisfério da esfera.

Dê como resposta a soma dos números associados às proposições corretas.

**106.** (UECE) Uma esfera está circunscrita a um cubo cuja medida da aresta é 2 m. A medida do volume da região exterior ao cubo e interior à esfera é:

a) $4(\pi\sqrt{3} - 2)$ m$^3$
b) $3(\pi\sqrt{3} + 2)$ m$^3$
c) $4(\pi\sqrt{3} + 2)$ m$^3$
d) $3(\pi\sqrt{3} - 2)$ m$^3$

## Capítulo 9

### ANÁLISE COMBINATÓRIA

**107.** (UFRPE) Vinte e sete cubos de aresta 1 devem ser colados de modo a se obter um cubo de aresta 3. Sempre que dois cubos são colocados face a face, um deles é untado com cola, para mantê-los unidos. Quantas faces devem ser untadas com cola?

a) 50
b) 52
c) 54
d) 56
e) 58

**108.** (Uespi) Se um alfabeto contém 6 vogais e 20 consoantes, qual é o número máximo de anagramas com 4 caracteres que se pode formar, contendo pelo menos uma consoante e pelos menos uma vogal?

a) 295.678
b) 295.680
c) 295.682
d) 295.684
e) 295.686

**109.** (UEPA) A Série *Arte e Matemática na Escola*, que será apresentada pela TV ESCOLA, no Programa *Salto para o Futuro*, é constituída por cinco programas que pretendem oferecer um espaço de reflexão, interação e discussão sobre as múltiplas relações matemáticas existentes nas diversas linguagens.

*Fonte:* <www.tvebrasil.com.br/SALTO/boletins2002/ame/ameimp.htm>.

Considere que os programas acima sejam exibidos em três turnos: o primeiro pela manhã, o segundo pela tarde, e o terceiro pela noite. Então, o número de maneiras distintas que a sequência de programas pode ser exibida é:

a) 10
b) 30
c) 60
d) 80
e) 120

**110.** (UFMG) Seja $S$ o conjunto dos números naturais maiores que 1 que são divisores de 360 e não possuem fatores primos em comum com 147.
Então, é CORRETO afirmar que $S$ contém:

a) 6 elementos
b) 7 elementos
c) 8 elementos
d) 9 elementos

**111.** (Uneal) Considere os algarismos 2, 3, 4, 6 e 9. Quantos múltiplos de 3 com quatro algarismos distintos podemos obter usando apenas os algarismos acima?

a) 64
b) 62
c) 72
d) 74
e) 66

**112.** (PUC – RS) O número de anagramas da palavra

CONJUNTO

que começam com C e terminam por T é:

a) 15
b) 30
c) 180
d) 360
e) 720

**113.** (UFAM) Quantas funções $f_1$: $A \rightarrow B$ existem, sabendo-se que conjunto $A$ possui 4 elementos e o conjunto $B$ possui 3 elementos?

a) 64
b) 81
c) 12
d) 16
e) 9

**114.** (UFMS) Um número inteiro positivo $p$ é **primo** se $p \neq 1$ e os únicos divisores de $p$ são 1 e $p$. O **Teorema da Fatoração Única** estabelece que "dado um número inteiro positivo $N \geqslant 2$ pode-se sempre escrevê-lo, de modo único, na forma $N = p_1^{a_1} \times p_2^{a_2} \times ... \times p_k^{a_k}$, onde $1 < p_1 < p_2 < ... < p_k$ são números primos e $a_1$, $a_2$, ..., $a_k$ são números inteiros positivos".
É comum o uso desse teorema para escrever os **divisores** de um número inteiro positivo. Por exemplo, os divisores inteiros positivos do número $2.004 = 2^2 \times 3 \times 167$ são os números da forma $2^a \times 3^b \times 167^c$, com $a \in \{0, 1, 2\}$, $b \in \{0, 1\}$ e $c \in \{0, 1\}$.
Um número inteiro $n$ é um **quadrado perfeito** se existir um número inteiro $m$ tal que $m^2 = n$. Por exemplo, 1 e 25 são quadrados perfeitos, pois $1^2 = 1$ e $5^2 = 25$.
Com base no exposto acima e considerando o estudo dos números inteiros positivos, é correto afirmar que:

(01) O número 480 pode ser escrito na forma:
$$2^2 \times 3 \times 5 \times 7$$
(02) O número 480 possui 24 divisores inteiros e positivos.
(04) O número 480 possui 16 divisores pares.
(08) O número 480 possui 8 divisores ímpares.
(16) O número 480 possui 3 divisores que são quadrados perfeitos.

Dê como resposta a soma dos números associados às proposições corretas.

**115.** (UFBA) Com relação a um prisma reto de base quadrada, é correto afirmar:

(01) Cada diagonal de uma face divide-a em dois triângulos congruentes.
(02) Existem exatamente 8 segmentos que ligam pares de vértices não pertencentes a uma mesma face.
(04) Dadas duas faces não adjacentes e quatro vértices, dois em cada uma dessas faces, existe um plano que contém esses quatro vértices.
(08) Dados dois vértices consecutivos, para cada $n \in \{1, 3, 5, 7\}$ existe um caminho poligonal que liga esses vértices e é formado por $n$ arestas, cada uma percorrida uma única vez.
(16) Se a medida do lado da base e a altura do prisma são números inteiros consecutivos, e o volume é um número primo $p$, então $p$ é único.
(32) Existem exatamente 24 pirâmides distintas cujas bases são faces do prisma e cujos vértices são também vértices do prisma.

Dê como resposta a soma dos números associados às proposições corretas.

**116.** (UEG – GO) A UEG realiza seu Processo Seletivo em dois dias. As oito disciplinas, Língua Portuguesa-Literatura Brasileira, Língua Estrangeira Moderna, Biologia, Matemática, História, Geografia, Química e Física, são distribuídas em duas provas objetivas, com quatro disciplinas por dia. No Processo Seletivo 2005/2, a distribuição foi a seguinte:

- primeiro dia: Língua Portuguesa-Literatura Brasileira, Língua Estrangeira Moderna, Biologia e Matemática
- segundo dia: História, Geografia, Química e Física

A UEG poderia distribuir as disciplinas para as duas provas objetivas, com quatro por dia, de:

a) 1.680 modos diferentes.
b) 256 modos diferentes.
c) 140 modos diferentes.
d) 128 modos diferentes.
e) 70 modos diferentes.

**117.** (Fuvest – SP) Um lotação possui três bancos para passageiros, cada um com três lugares, e deve transportar os três membros da família Sousa, o casal Lúcia e Mauro e mais quatro pessoas. Além disso:

I. a família Sousa quer ocupar um mesmo banco;
II. Lúcia e Mauro querem sentar-se lado a lado.

Nessas condições, o número de maneiras distintas de dispor os nove passageiros no lotação é igual a:

a) 928
b) 1.152
c) 1.828
d) 2.412
e) 3.456

**118.** (Unesp – SP) Dois rapazes e duas moças irão viajar de ônibus, ocupando as poltronas de números 1 a 4, com 1 e 2 juntas e 3 e 4 juntas, conforme o esquema.

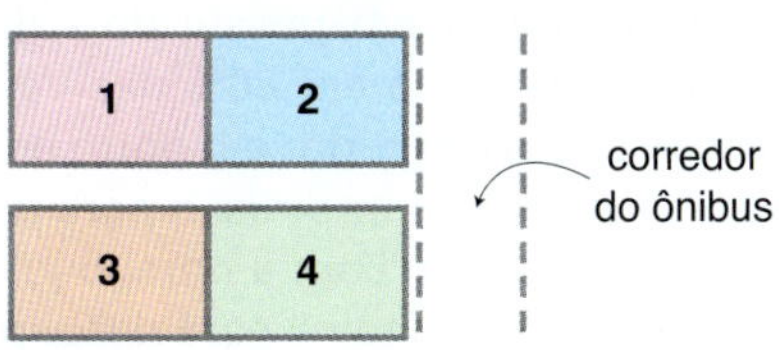


O número de maneiras de ocupação dessas quatro poltronas, garantindo que, em duas poltronas juntas, ao lado de uma moça sempre viaje um rapaz, é:

a) 4
b) 6
c) 8
d) 12
e) 16

**119.** (Udesc) A soma dos valores de $m$ e $n$, que são soluções do sistema $\begin{cases} A_{m,\,2} - 2 \cdot C_{n,\,2} = 14 \\ C_{m,\,1} + A_{n,\,2} = 11 \end{cases}$, é:

a) 6
b) 7
c) 8
d) 5
e) 3

**120.** (UFMG) A partir de um grupo de oito pessoas, quer-se formar uma comissão constituída de quatro integrantes. Nesse grupo, incluem-se Gustavo e Danilo, que, sabe-se, não se relacionam um com o outro.
Portanto, para evitar problemas, decidiu-se que esses dois, juntos, não deveriam participar da comissão a ser formada.
Nessas condições, de quantas maneiras distintas se pode formar essa comissão?

a) 70
b) 35
c) 45
d) 55

**121.** (UFC – CE) Uma comissão de 5 membros será formada escolhendo-se parlamentares de um conjunto com 5 senadores e 3 deputados. Determine o número de comissões distintas que podem ser formadas obedecendo à regra: a presidência da comissão deve ser ocupada por um senador, e a vice-presidência, por um deputado (duas comissões com as mesmas pessoas, mas que a presidência ou a vice-presidência sejam ocupadas por pessoas diferentes, são consideradas distintas).

**122.** (UFRJ) Nove pessoas serão distribuídas em três equipes de três para concorrer a uma gincana. O número de maneiras diferentes de formar as três equipes é menor do que 300?

**123.** (UEPB) Se o coeficiente de $x^5$ no desenvolvimento de $(x + k)^8$ é 7, o valor do $4k$ será:

a) $\frac{1}{2}$
b) 2
c) 4
d) $\frac{3}{2}$
e) 3

## Capítulo 10

### Probabilidade

**124.** (PUC – RS) Um baralho comum de 52 cartas tem três figuras (valete, dama e rei) de cada um dos quatro naipes (paus, ouros, espadas e copas). Ao se retirar uma carta do baralho, a propabilidade de ser uma carta que apresente figura de paus é:

a) $\frac{1}{52}$
b) $\frac{3}{52}$
c) $\frac{7}{52}$
d) $\frac{12}{52}$
e) $\frac{13}{52}$

**125.** (UEG – GO) Em uma reunião de trabalho estão seis pessoas, entre elas Luís e Geraldinho. Escolhendo-se, ao acaso, uma comissão com quatro pessoas, qual é a probabilidade de Luís ou Geraldinho pertencerem a essa comissão?

**126.** (UEPB) Seja o conjunto $M = \{0, 1, 2, 3, 4, 5\}$. Defina a partir de $M$ o conjunto

$$M \times M = \{(x, y) \text{ tal que } x, y \in M\}$$

e escolha ao acaso um par ordenado de $M \times M$. A probabilidade de o par escolhido apresentar $x > y$ é:

a) $\frac{1}{2}$
b) $\frac{7}{12}$
c) $\frac{1}{12}$
d) $\frac{11}{12}$
e) $\frac{5}{12}$

**127.** (UFRGS – RS) Um painel é formado por dois conjuntos de sete lâmpadas cada um, dispostos como na Figura 1 a seguir. Cada conjunto de lâmpadas pode ser aceso independentemente do outro, bem como as lâmpadas de um mesmo conjunto podem ser acesas independentemente umas das outras, formando ou não números.

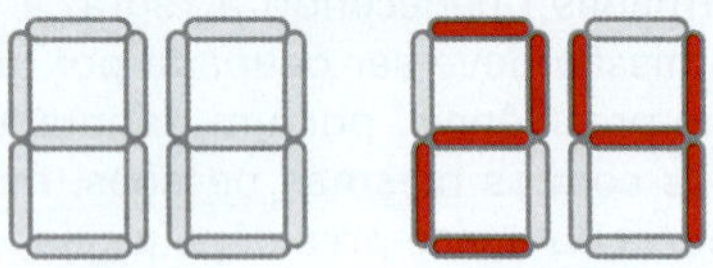

**Figura 1** **Figura 2**

Estando todas as lâmpadas apagadas, acendem-se, ao acaso e simultaneamente, cinco lâmpadas no primeiro conjunto e quatro lâmpadas no segundo conjunto. A probabilidade de que apareça no painel o número 24, como na Figura 2, é:

a) $\frac{1}{735}$
b) $\frac{1}{700}$
c) $\frac{1}{500}$
d) $\frac{1}{250}$
e) $\frac{1}{200}$

**128.** (UFMG) Em uma mesa, estão espalhados 50 pares de cartas. As duas cartas de cada par são iguais e cartas de pares distintos são diferentes. Suponha que duas dessas cartas são retiradas da mesa ao acaso.

Então, é CORRETO afirmar que a probabilidade de essas duas cartas serem iguais é:

a) $\frac{1}{100}$
b) $\frac{1}{99}$
c) $\frac{1}{50}$
d) $\frac{1}{49}$

**129.** (UFPE) Supondo igual a probabilidade de se nascer em cada um dos meses do ano, é correto afirmar que a probabilidade de, em um grupo de cinco pessoas, escolhidas ao acaso, existirem pelo menos duas nascidas no mesmo mês do ano é:

a) superior a 45% e inferior a 50%.
b) igual a $\frac{5}{12}$.
c) superior a 60%.
d) igual a $\frac{1}{12^5}$.
e) igual a $\frac{5}{12^5}$.

**130.** (UEM – PR) Em um grupo de 176 jovens, 16 praticam futebol, natação e voleibol; 24 praticam futebol e natação; 30 praticam futebol e voleibol; 22 praticam natação e voleibol; 6 praticam apenas futebol; 9 praticam apenas natação e 5 apenas voleibol. Os demais praticam outros esportes. A probabilidade de escolher, ao acaso, um jovem desse grupo que pratique futebol é de $x$%. O valor de $x$ é...

**131.** (Mackenzie – SP) Em um torneio de futebol, participam cinco times, cada um jogando com os demais uma única vez, sendo igualmente possíveis os resultados empate, derrota ou vitória. Se os times Coringa e São Pedro irão se enfrentar somente na última partida, a probabilidade de ambos chegarem a essa partida sem derrotas é:

a) $\left(\frac{4}{9}\right)^3$
b) $\left(\frac{2}{3}\right)^9$
c) $\left(\frac{1}{3}\right)^6$
d) $4 \cdot \left(\frac{2}{3}\right)^3$
e) $9 \cdot \left(\frac{1}{3}\right)^6$

**132.** (UFPR) Os dados da filial de um empresa na cidade $A$ são transmitidos para a matriz na cidade $C$ passando por uma estação intermediária $B$, que recebe os dados de $A$ e os transmite para $C$. As informações são codificadas utilizando-se apenas os dígitos 0 e 1, e são transmitidas dígito a dígito. Sabendo que há uma probabilidade de 0,1% de ocorrência de erros em cada transmissão, tanto de $A$ para $B$ quanto de $B$ para $C$, qual é a probabilidade de $C$ receber o dígito 0 quando $A$ envia esse mesmo dígito?

a) 99,9999%
b) 99,8002%
c) 99,8500%
d) 99,7500%
e) 99,7001%

**133.** (Unifesp) Um jovem possui dois despertadores. Um deles funciona em 80% das vezes em que é colocado para despertar e o outro em 70% das vezes. Tendo um compromisso para daqui a alguns dias e preocupado com a hora, o jovem pretende colocar os dois relógios para despertar.

a) Qual é a probabilidade de que os dois relógios venham a despertar na hora programada?
b) Qual é a probabilidade de que nenhum dos dois relógios desperte na hora programada?

**134.** (Unicamp – SP) Seja $C$ o conjunto dos números (no sistema decimal) formados usando-se apenas o algarismo 1, ou seja:

$$C = \{1, 11, 111, 1.111, 11.111, 111.111, \ldots\}$$

a) Verifique se o conjunto $C$ contém números que são divisíveis por 9 e se contém números divisíveis por 6. Exiba o menor número divisível por 9, se houver. Repita o procedimento em relação ao 6.

b) Escolhendo ao acaso um número $m$ de $C$, e sabendo que esse número tem, no máximo, 1.000 algarismos, qual a probabilidade de $m$ ser divisível por 9?

135. (Fuvest - SP) Um apreciador deseja adquirir, para sua adega, 10 garrafas de vinho de um lote constituído por 4 garrafas das Espanha, 5 garrafas da Itália e 6 garrafas da França, todas de diferentes marcas.

a) De quantas maneiras é possível escolher 10 garrafas desse lote?
b) De quantas maneiras é possível escolher 10 garrafas do lote, sendo 2 garrafas da Espanha, 4 da Itália e 4 da França?
c) Qual é a probabilidade de que, escolhidas ao acaso, 10 garrafas do lote, haja exatamente 4 garrafas da Itália e, pelo menos, uma garrafa de cada um dos outros dois países?

136. (UFMG) Leandro e Heloísa participam de um jogo em que se utilizam dois cubos. Algumas faces desses cubos são brancas e as demais, pretas.

O jogo consiste em lançar, simultaneamente, os dois cubos e em observar as faces superiores de cada um deles quando param:

- se as faces superiores forem da mesma cor, Leandro vencerá;
- se as faces superiores forem de cores diferentes, Heloísa vencerá.

Sabe-se que um dos cubos possui cinco faces brancas e uma preta e que a probabilidade de Leandro vencer o jogo é de $\frac{11}{18}$.

Então, é CORRETO afirmar que o outro cubo tem:

a) quatro faces brancas.
b) uma face branca.
c) duas faces brancas.
d) três faces brancas.

137. (Unicamp - SP) Um casal convidou seis amigos para assistirem a uma peça teatral. Chegando ao teatro, descobriram que, em cada fila da sala, as poltronas eram numeradas em ordem crescente. Assim, por exemplo, a poltrona 1 de uma fila era sucedida pela poltrona 2 da mesma fila, que, por sua vez, era sucedida pela poltrona 3, e assim por diante.

a) Suponha que as oito pessoas receberam ingressos com numeração consecutiva de uma mesma fila e que os ingressos foram distribuídos entre elas de forma aleatória. Qual a probabilidade de o casal ter recebido ingressos de poltronas vizinhas?
b) Suponha que a primeira fila do teatro tenha 8 cadeiras, a segunda fila tenha 2 cadeiras a mais que a primeira, a terceira fila tenha 2 cadeiras a mais que a segunda e assim sucessivamente até a última fila. Determine o número de cadeiras da sala em função de $n$, o número de filas que a sala contém. Em seguida, considerando que a sala tem 144 cadeiras, calcule o valor de $n$.

138. (UFMT) Admita que os termos $a_{ij}$, com $i \neq j$, da matriz $A$, dada abaixo, representam as probabilidades do proprietário de um caminhão com um certo tipo de motor, linha $i$, optar, na primeira troca de veículos, por outro com tipo de motor diferente, coluna $j$, e os termos $a_{ij}$, com $i = j$, representam as probabilidades de ele optar por um novo caminhão com o mesmo tipo de motor.

$$\text{de}\ \begin{matrix} \text{D} \rightarrow \\ \text{G} \rightarrow \end{matrix} \overset{\text{para: D} \uparrow \quad \text{G} \uparrow}{\begin{bmatrix} 0,8 & 0,2 \\ 0,6 & 0,4 \end{bmatrix}} = A$$

onde D = diesel e G = gasolina

De maneira análoga, interpretam-se os termos da matriz $A^2$, que representam as probabilidades da segunda troca de veículo. Desse modo, se atualmente ele é proprietário de um caminhão com motor a diesel, a probabilidade de, na segunda troca, ele adquirir um caminhão com motor a gasolina é:

a) 76%
b) 72%
c) 28%
d) 24%
e) 20%

139. (FGV - SP) Em um grupo de turistas, 40% são homens. Se 30% dos homens e 50% das mulheres desse grupo sao fumantes, a probabilidade de que um turista fumante seja mulher é igual a:

a) $\frac{5}{7}$
b) $\frac{3}{10}$
c) $\frac{2}{7}$
d) $\frac{1}{2}$
e) $\frac{7}{10}$

140. (Ibmec - SP) Em 2010, Miguel não pretende perder um único jogo de sábado do time para o qual torce. Ele já começou a se planejar para isso, estudando calendário, meteorologia etc. Observou que, em 2010:

- o único dia da semana que ocorrerá 53 vezes é a sexta-feira;
- o time de Miguel irá jogar em 20 sábados;
- a meteorologia prevê que vai chover em 21 sábados no ano.

Cruzando as previsões meteorológicas com as datas dos jogos, Miguel percebeu também que deverá chover em apenas metade dos sábados de 2010 em que seu time não irá jogar. Considerando que as previsões meteorológicas se confirmem, selecionando aleatoriamente um dos dias de jogo do time de Miguel em 2010, a probabilidade de *não chover* nesse dia é de:

a) 25,0%
b) 37,5%
c) 50,0%
d) 62,5%
e) 75,0%

# Banco de Questões do Enem

## Trigonometria, Geometria e Medidas

### Razões trigonométricas no triângulo retângulo

**NOVO ENEM 1.** Ao morrer, o pai de João, Pedro e José deixou como herança um terreno retangular de 3 km × 2 km que contém uma área de extração de ouro delimitada por um quarto de círculo de raio 1 km a partir do canto inferior esquerdo da propriedade. Dado o maior valor da área de extração de ouro, os irmãos acordaram em repartir a propriedade de modo que cada um ficasse com a terça parte da área de extração, conforme mostra a figura.

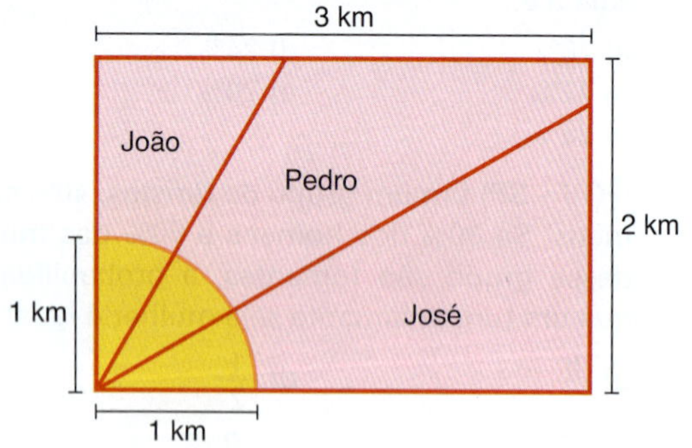


Em relação à partilha proposta, constata-se que a porcentagem da área do terreno que coube a João corresponde, aproximadamente, a:

a) 50%
b) 43%
c) 37%
d) 33%
e) 19%

Considere $\frac{\sqrt{3}}{3} = 0{,}58$.

### Comprimento da circunferência

**2.** As bicicletas possuem uma corrente que liga uma coroa dentada dianteira, movimentada pelos pedais, a uma coroa localizada no eixo da roda traseira, como mostra a figura:

O número de voltas dadas pela roda traseira a cada pedalada depende do tamanho relativo dessas coroas.

I. Em que opção abaixo a roda traseira dá o **maior** número de voltas por pedalada?

a)

b)

c)

d)

e)

II. Quando se dá uma pedalada na bicicleta a seguir (isto é, quando a coroa acionada pelos pedais dá uma volta completa), qual é a distância aproximada percorrida pela bicicleta, sabendo-se que o comprimento de uma circunferência de raio $R$ é igual a $2\pi R$, onde $\pi \simeq 3$?

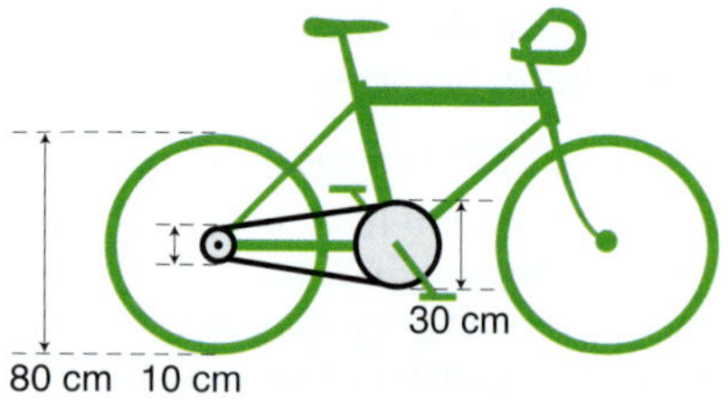


a) 1,2 m
b) 2,4 m
c) 7,2 m
d) 14,4 m
e) 48,0 m

### Comprimento da circunferência

**3.** As cidades de Quito e Cingapura encontram-se próximas à linha do equador e em pontos diametralmente opostos no globo terrestre. Considerando o raio da Terra igual a 6.370 km, pode-se afirmar que um avião saindo de Quito, voando em média 800 km/h, descontando as paradas de escala, chega a Cingapura em aproximadamente:

a) 16 horas
b) 20 horas
c) 25 horas
d) 32 horas
e) 36 horas

### Arcos trigonométricos

**4.** Nos *X-Games Brasil*, em maio de 2004, o *skatista* brasileiro Sandro Dias, apelidado de "Mineirinho", conseguiu realizar a manobra denominada "900", na modalidade *skate* vertical, tornando-se o segundo atleta no mundo a conseguir esse feito. A denominação "900" refere-se ao número de graus que o atleta gira no ar em torno de seu próprio corpo, que, no caso, corresponde a:

a) uma volta completa.
b) uma volta e meia.
c) duas voltas completas.
d) duas voltas e meia.
e) cinco voltas completas.

### Conceito de área

**5.** Um pátio de grandes dimensões vai ser revestido por pastilhas quadradas brancas e pretas, segundo o padrão representado a seguir, que vai ser repetido em toda a extensão do pátio.

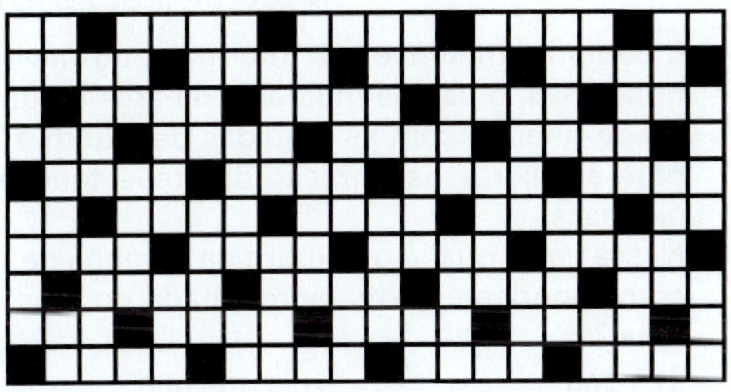

As pastilhas de cor branca custam R$ 8,00 por metro quadrado e as de cor preta, R$ 10,00. O custo por metro quadrado do revestimento será de:

a) R$ 8,20
b) R$ 8,40
c) R$ 8,60
d) R$ 8,80
e) R$ 9,00

### Conceito de área

**6.** Um engenheiro, para calcular a área de uma cidade, copiou sua planta em uma folha de papel de boa qualidade, recortou e pesou em uma balança de precisão, obtendo 40 g. Em seguida, recortou, do mesmo desenho, uma praça de dimensões reais 100 m × 100 m, pesou o recorte na mesma balança e obteve 0,08 g.

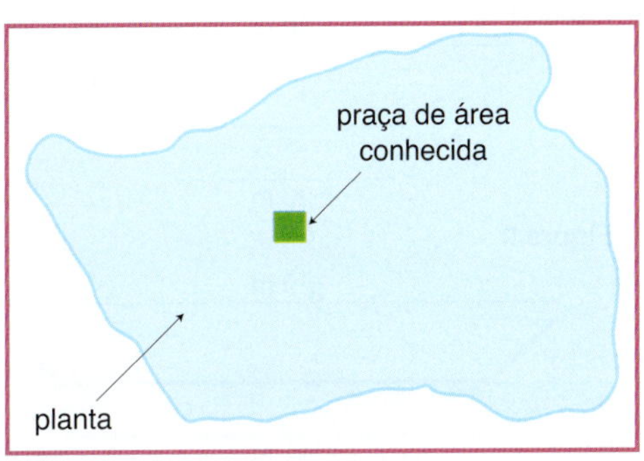


Com esses dados foi possível dizer que a área da cidade, em metros quadrados, é de, aproximadamente:

a) 800
b) 10.000
c) 320.000
d) 400.000
e) 5.000.000

### Áreas de regiões poligonais

NOVO ENEM **7.** O governo cedeu terrenos para que famílias construíssem suas residências com a condição de que no mínimo 94% da área do terreno fosse mantida como área de preservação ambiental. Ao receber o terreno retangular *ABCD*, em que $AB = \frac{BC}{2}$, Antônio demarcou uma área quadrada no vértice *A*, para a construção de sua residência, de acordo com o desenho, no qual $AE = \frac{AB}{5}$ é lado do quadrado.

Nesse caso, a área definida por Antônio atingiria exatamente o limite determinado pela condição se ele:

a) duplicasse a medida do lado do quadrado.
b) triplicasse a medida do lado do quadrado.
c) triplicasse a área do quadrado.
d) ampliasse a medida do lado do quadrado em 4%.
e) ampliasse a área do quadrado em 4%.

### Áreas de regiões poligonais

**8.** Na literatura de cordel, os textos são impressos, em geral, com 8, 16, 24 ou 32 páginas de formato 10,5 cm × 15,5 cm. As razões históricas que explicam tal fato estão relacionadas à forma artesanal como são montadas as publicações e ao melhor aproveitamento possível do papel disponível.
Considere, abaixo, a confecção de um texto de cordel com 8 páginas (4 folhas):

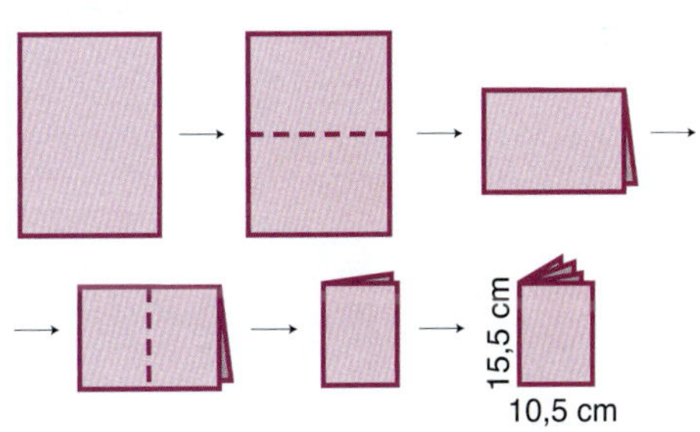


Utilizando o processo descrito acima, pode-se produzir um exemplar de cordel com 32 páginas de 10,5 cm × 15,5 cm, com o menor gasto possível de material, utilizando uma única folha de:

a) 84 cm × 62 cm
b) 84 cm × 124 cm
c) 42 cm × 31 cm
d) 42 cm × 62 cm
e) 21 cm × 31 cm

### Áreas de regiões poligonais

9. Em uma empresa, existe um galpão que precisa ser dividido em três depósitos e um *hall* de entrada de 20 m², conforme a figura abaixo.

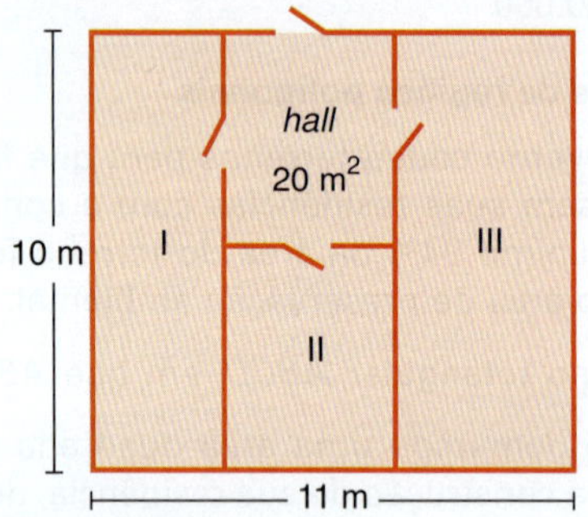


Os depósitos I, II e III serão construídos para o armazenamento de, respectivamente, 90, 60 e 120 fardos de igual volume, e suas áreas devem ser proporcionais a essas capacidades.

A largura do depósito III deve ser, em metros, igual a:

a) 1
b) 2
c) 3
d) 4
e) 5

### Áreas de regiões poligonais

10. O *tangram* é um jogo oriental antigo, uma espécie de quebra-cabeça, constituído de sete peças: 5 triângulos retângulos e isósceles, 1 paralelogramo e 1 quadrado. Essas peças são obtidas recortando-se um quadrado de acordo com o esquema da Figura 1. Utilizando-se todas as sete peças, é possível representar uma grande diversidade de formas, como as exemplificadas nas Figuras 2 e 3.

**Figura 1**

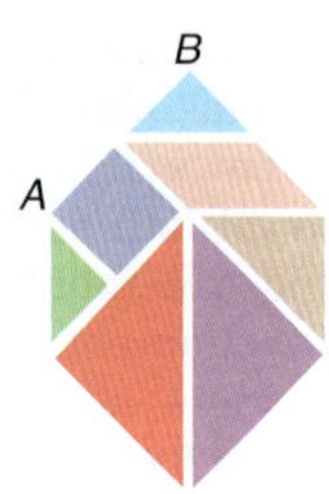


**Figura 2**

**Figura 3**

Se o lado $\overline{AB}$ do hexágono mostrado na Figura 2 mede 2 cm, então a área da Figura 3, que representa uma "casinha", é igual a:

a) 4 cm²
b) 8 cm²
c) 12 cm²
d) 14 cm²
e) 16 cm²

### Áreas de regiões poligonais

NOVO ENEM 11. O quadro apresenta informações da área aproximada de cada bioma brasileiro.

| Biomas continentais brasileiros | Área aproximada (km²) | Área / Área total Brasil |
|---|---|---|
| Amazônia | 4.196.943 | 49,29% |
| Cerrado | 2.036.448 | 23,92% |
| Mata Atlântica | 1.110.182 | 13,04% |
| Caatinga | 844.453 | 9,92% |
| Pampa | 176.496 | 2,07% |
| Pantanal | 150.355 | 1,76% |
| Área total Brasil | 8.514.877 | |

*Disponível em:* <www.ibge.gov.br>. *Acesso em:* 10 jul. 2009 (adaptado).

É comum em conversas informais, ou mesmo em noticiários, o uso de múltiplos da área de um campo de futebol (com as medidas de 120 m × 90 m) para auxiliar a visualização de áreas consideradas extensas.

Nesse caso, qual é o número de campos de futebol correspondente à área aproximada do bioma Pantanal?

a) 1.400
b) 14.000
c) 140.000
d) 1.400.000
e) 14.000.000

### Áreas de regiões poligonais

NOVO ENEM 12. A vazão do rio Tietê, em São Paulo, constitui preocupação constante nos períodos chuvosos. Em alguns trechos, são construídas canaletas para controlar o fluxo de água. Uma dessas canaletas, cujo corte vertical determina a forma de um trapézio isósceles, tem as medidas especificadas na Figura I. Nesse caso, a vazão da água é de 1.050 m³/s. O cálculo da vazão, $Q$, em m³/s, envolve o produto da área $A$ do setor transversal (por onde passa a água), em m², pela velocidade da água no local, $v$, em m/s, ou seja, $Q = Av$.

Planeja-se uma reforma na canaleta, com as dimensões especificadas na Figura II, para evitar a ocorrência de enchentes.

**Figura I**

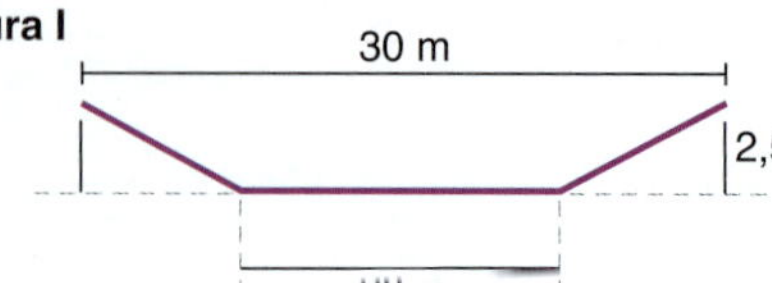


**Figura II**

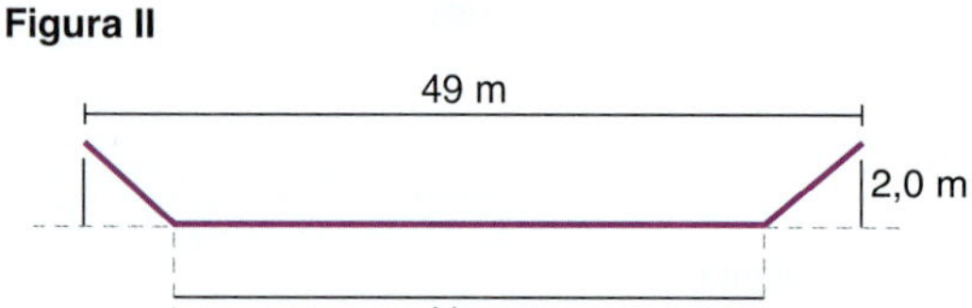

Na suposição de que a velocidade da água não se alterará, qual é a vazão esperada para depois da reforma na canaleta?

a) 90 $m^3/s$
b) 750 $m^3/s$
c) 1.050 $m^3/s$
d) 1.512 $m^3/s$
e) 2.009 $m^3/s$

### Polígonos regulares

**13.** Na construção civil, é muito comum a utilização de ladrilhos ou azulejos com a forma de polígonos para o revestimento de pisos ou paredes. Entretanto, não são todas as combinações de polígonos que se prestam a pavimentar uma superfície plana, sem que haja falhas ou superposições de ladrilhos, como ilustram as figuras:

**Figura 1:** Ladrilhos retangulares pavimentando o plano

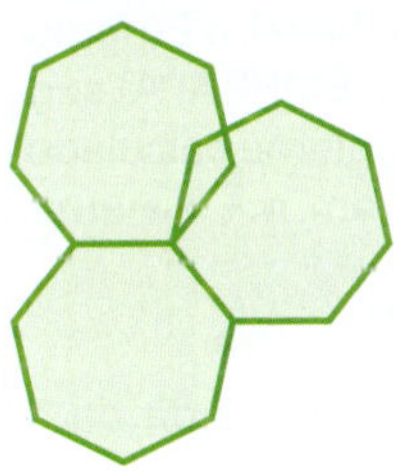

**Figura 2:** Heptágonos regulares não pavimentam o plano (há falhas ou superposição)

A tabela traz uma relação de alguns polígonos regulares, com as respectivas medidas de seus ângulos internos.

| Nome | Figura | Ângulo interno |
|---|---|---|
| triângulo |  | 60° |
| quadrado | 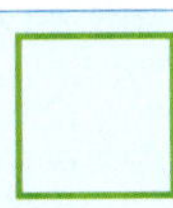 | 90° |
| pentágono |  | 108° |
| hexágono | 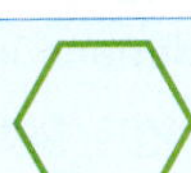 | 120° |
| octógono |  | 135° |
| eneágono |  | 140° |

Se um arquiteto deseja utilizar uma combinação de dois tipos diferentes de ladrilhos entre os polígonos da tabela, sendo um deles octogonal, o outro tipo escolhido deverá ter a forma de um:

a) triângulo
b) quadrado
c) pentágono
d) hexágono
e) eneágono

### Área do círculo

**14.** Uma empresa produz tampas circulares de alumínio para tanques cilíndricos a partir de chapas quadradas de 2 metros de lado, conforme a figura. Para 1 tampa grande, a empresa produz 4 tampas médias e 16 tampas pequenas.

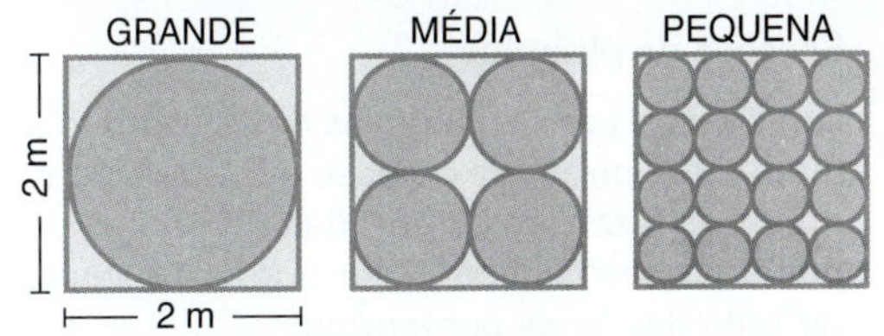


**Área do círculo:** $\pi r^2$

As sobras de material da produção diária das tampas grandes, médias e pequenas dessa empresa são doadas, respectivamente, a três entidades: I, II e III, para efetuarem reciclagem do material. A partir dessas informações, pode-se concluir que:

a) a entidade I recebe mais material do que a entidade II.
b) a entidade I recebe metade de material do que a entidade III.
c) a entidade II recebe o dobro de material do que a entidade III.
d) as entidades I e II recebem, juntas, menos material do que a entidade III.
e) as três entidades recebem iguais quantidades de material.

### Secções de poliedros

NOVO ENEM **15.** Suponha que, na escultura do artista Emanoel Araújo, mostrada na figura ao lado, todos os prismas numerados em algarismos romanos são retos, com bases triangulares, e que as faces laterais do poliedro II são perpendiculares à sua própria face superior, que, por sua vez, é um triângulo congruente ao triângulo base dos prismas. Além disso, considere que os prismas I e III são perpendiculares ao prisma IV e ao poliedro II.

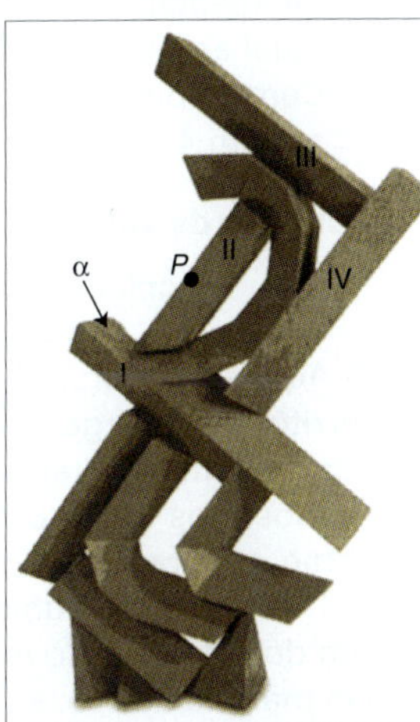


*Disponível em:* <www.escritoriodearte.com.br>. *Acesso em:* 28 jul. 2009.

Imagine um plano paralelo à face $\alpha$ do prisma I, mas que passe pelo ponto $P$ pertencente à aresta do poliedro II, indicado na figura. A intersecção desse plano imaginário com a escultura contém:

a) dois triângulos congruentes com lados correspondentes paralelos.
b) dois retângulos congruentes com lados correspondentes paralelos.
c) dois trapézios congruentes com lados correspondentes perpendiculares.
d) dois paralelogramos congruentes com lados correspondentes paralelos.
e) dois quadriláteros congruentes com lados correspondentes perpendiculares.

### Secções de pirâmide

NOVO 16. ENEM Um artesão construiu peças de artesanato interceptando uma pirâmide de base quadrada com um plano. Após fazer um estudo das diferentes peças que poderia obter, ele concluiu que uma delas poderia ter uma das faces pentagonal.
Qual dos argumentos a seguir justifica a conclusão do artesão?

a) Uma pirâmide de base quadrada tem 4 arestas laterais e a intersecção de um plano com a pirâmide intercepta suas arestas laterais. Assim, esses pontos formam um polígono de 4 lados.
b) Uma pirâmide de base quadrada tem 4 faces triangulares e, quando um plano intercepta essa pirâmide, divide cada face em um triângulo e um trapézio. Logo, um dos polígonos tem 4 lados.
c) Uma pirâmide de base quadrada tem 5 faces e a intersecção de uma face com um plano é um segmento de reta. Assim, se o plano interceptar todas as faces, o polígono obtido nessa intersecção tem 5 lados.
d) O número de lados de qualquer polígono obtido como intersecção de uma pirâmide com um plano é igual ao número de faces da pirâmide. Como a pirâmide tem 5 faces, o polígono tem 5 lados.
e) O número de lados de qualquer polígono obtido interceptando-se uma pirâmide por um plano é igual ao número de arestas laterais da pirâmide. Como a pirâmide tem 4 arestas laterais, o polígono tem 4 lados.

### Conceito de volume

NOVO 17. ENEM

**Técnicos concluem mapeamento do Aquífero Guarani**

O Aquífero Guarani localiza-se no subterrâneo dos territórios da Argentina, Brasil, Paraguai e Uruguai, com extensão total de 1.200.000 quilômetros quadrados, dos quais 840.000 quilômetros quadrados estão no Brasil. O aquífero armazena cerca de 30 mil quilômetros cúbicos de água e é considerado um dos maiores do mundo.
Na maioria das vezes em que são feitas referências à água, são usadas as unidades metro cúbico e litro, e não as unidades já descritas. A Companhia de Saneamento Básico do Estado de São Paulo (SABESP) divulgou, por exemplo, um novo reservatório cuja capacidade de armazenagem é de 20 milhões de litros.

*Disponível em:* <http://noticias.terra.com.br>. *Acesso em:* 10 jul. 2009 (adaptado).

Comparando as capacidades do Aquífero Guarani e desse novo reservatório da SABESP, a capacidade do Aquífero Guarani é:

a) $1{,}5 \times 10^2$ vezes a capacidade do reservatório novo.
b) $1{,}5 \times 10^3$ vezes a capacidade do reservatório novo.
c) $1{,}5 \times 10^6$ vezes a capacidade do reservatório novo.
d) $1{,}5 \times 10^8$ vezes a capacidade do reservatório novo.
e) $1{,}5 \times 10^9$ vezes a capacidade do reservatório novo.

### Conceito de volume

NOVO 18. ENEM A cisterna é um recipiente utilizado para armazenar água da chuva. Os principais critérios a serem observados para captação e armazenagem de água da chuva são: a demanda diária de água na propriedade; o índice médio de precipitação (chuva), por região, em cada período do ano; o tempo necessário para armazenagem; e a área de telhado necessária ou disponível para captação. Para fazer o cálculo do volume de uma cisterna, deve-se acrescentar um adicional relativo ao coeficiente de evaporação. Na dificuldade em se estabelecer um coeficiente confiável, a Empresa Brasileira de Pesquisa Agropecuária (EMBRAPA) sugere que sejam adicionados 10% ao volume calculado de água.
Desse modo, o volume, em m³, de uma cisterna é calculado por

$$V_c = V_d \times N_{dia}$$

em que $V_d$ = volume de demanda da água diária (m³), $N_{dia}$ = número de dias de armazenagem, e este resultado deve ser acrescido de 10%.
Para melhorar a qualidade da água, recomenda-se que a captação seja feita somente nos telhados das edificações.
Considerando que a precipitação de chuva de 1 mm sobre uma área de 1 m² produz 1 litro de água, pode-se calcular a área de um telhado a fim de atender a necessidade de armazenagem da seguinte maneira: área do telhado (em m²) = volume da cisterna (em litros)/precipitação.

*Disponível em:* <www.cnpsa.embrapa.br>. *Acesso em:* 8 jun. 2009 (adaptado).

Para atender a uma demanda diária de 2.000 litros de água, com período de armazenagem de 15 dias e precipitação média de 110 mm, o telhado, retangular, deverá ter as dimensões mínimas de:

a) 6 metros por 5 metros, pois assim teria uma área de 30 m².
b) 15 metros por 20 metros, pois assim teria uma área de 300 m².
c) 50 metros por 60 metros, pois assim teria uma área de 3.000 m².
d) 91 metros por 30 metros, pois assim teria uma área de 2.730 m².
e) 110 metros por 30 metros, pois assim teria uma área de 3.300 m².

## Conceito de volume

**19.** A diversidade de formas geométricas espaciais criadas pelo homem, ao mesmo tempo em que traz benefícios, causa dificuldades em algumas situações. Suponha, por exemplo, que um cozinheiro precise utilizar exatamente 100 mL de azeite de uma lata que contenha 1.200 mL e queira guardar o restante do azeite em duas garrafas, com capacidade para 500 mL e 800 mL cada, deixando cheia a garrafa maior. Considere que ele não disponha do instrumento de medida e decida resolver o problema utilizando apenas a lata e as duas garrafas. As etapas do procedimento utilizado por ele estão ilustradas nas figuras a seguir, tendo sido omitida a 5.ª etapa.

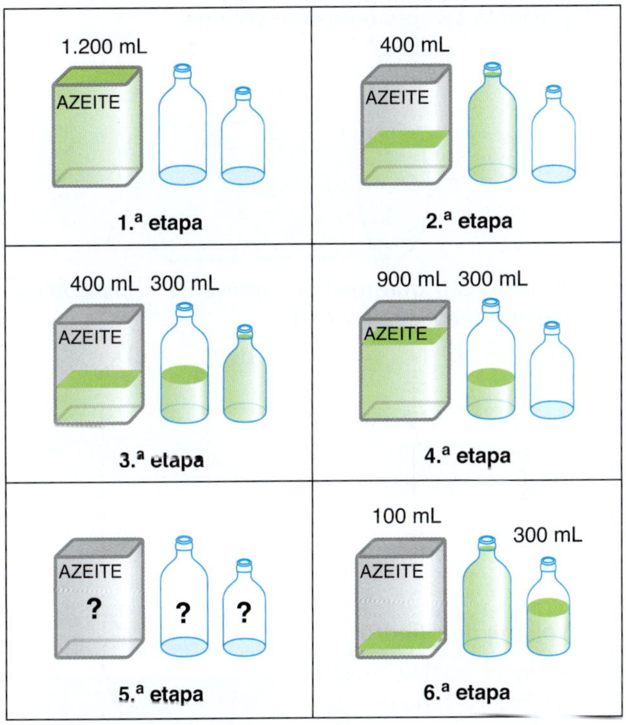


Qual das situações ilustradas a seguir corresponde à 5.ª etapa do procedimento?

a)
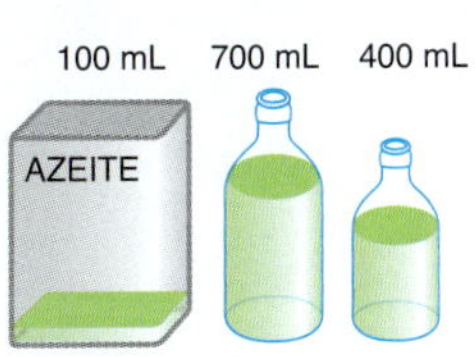


b)
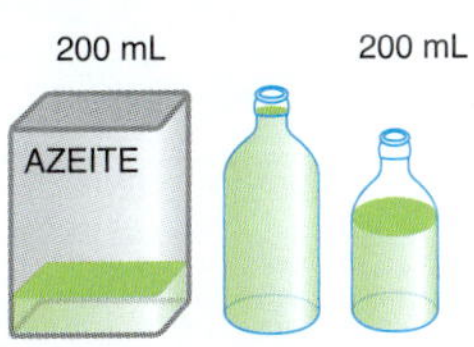


c)
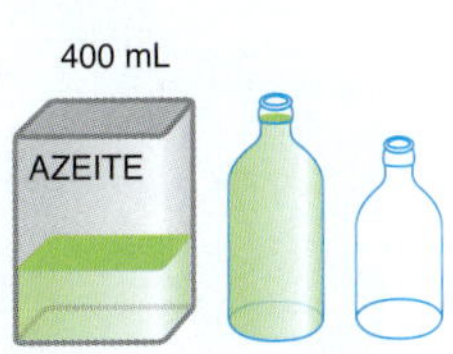


d)
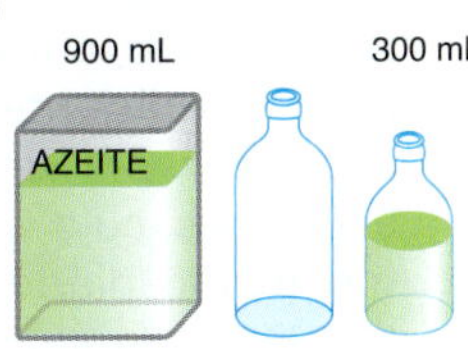


e)
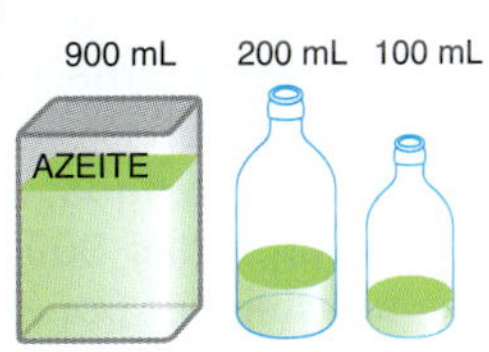


## Volume do prisma

**20.** Uma editora pretende despachar um lote de livros, agrupados em 100 pacotes de 20 cm por 20 cm por 30 cm. A transportadora acondicionará esses pacotes em caixas com formato de bloco retangular de 40 cm por 40 cm por 60 cm. A quantidade mínima necessária de caixas para esse envio é:

a) 9
b) 11
c) 13
d) 15
e) 17

## Volume do prisma

**21.** Prevenindo-se contra o período anual de seca, um agricultor pretende construir um reservatório fechado, que acumule toda a água proveniente da chuva que cair no telhado de sua casa, ao longo de um período anual chuvoso.
As ilustrações a seguir apresentam as dimensões da casa, a quantidade média mensal de chuva na região, em milímetros, e a forma do reservatório a ser construído.

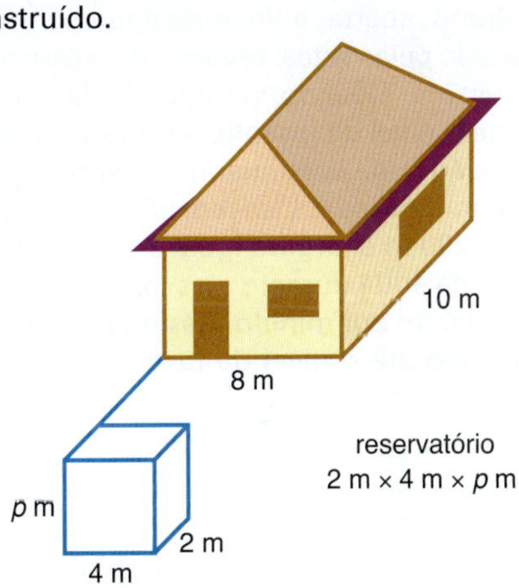


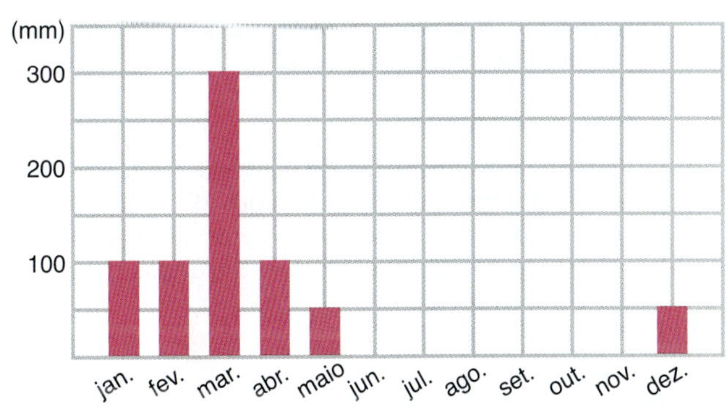


Sabendo que 100 milímetros de chuva equivalem ao acúmulo de 100 litros de água em uma superfície plana horizontal de um metro quadrado, a profundidade (*p*) do reservatório deverá medir:

a) 4 m
b) 5 m
c) 6 m
d) 7 m
e) 8 m

### Volume do prisma

22. Eclusa é um canal que, construído em águas de um rio com grande desnível, possibilita a navegabilidade, subida ou descida de embarcações. No esquema abaixo, está representada a descida de uma embarcação, pela eclusa do porto Primavera, do nível mais alto do rio Paraná até o nível da jusante.

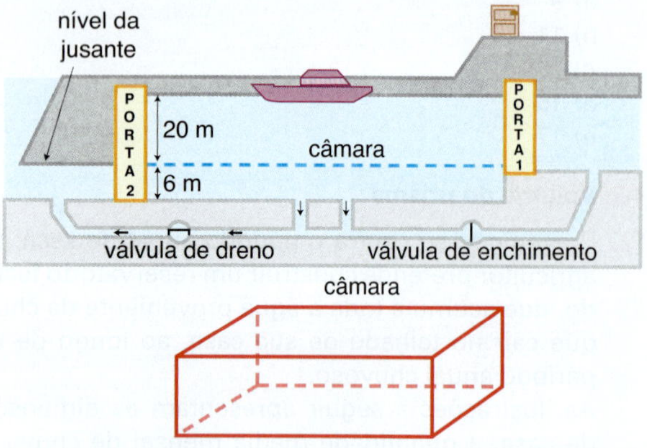


Enquanto a válvula de enchimento está fechada e a de dreno, aberta, o fluxo de água ocorre no sentido indicado pelas setas, esvaziando a câmara até o nível da jusante. Quando, no interior da câmara, a água atinge o nível da jusante, a porta 2 é aberta, e a embarcação pode continuar navegando rio abaixo.

A câmara dessa eclusa tem comprimento aproximado de 200 m e largura igual a 17 m. A vazão aproximada da água durante o esvaziamento da câmara é de 4.200 $m^3$ por minuto. Assim, para descer do nível mais alto até o nível da jusante, uma embarcação leva cerca de:

a) 2 minutos
b) 5 minutos
c) 11 minutos
d) 16 minutos
e) 21 minutos

*Observação:* Jusante é a parte mais baixa de um rio, para onde suas águas correm.

### Volume da pirâmide

NOVO ENEM 23. Uma fábrica produz velas de parafina em forma de pirâmide quadrangular regular com 19 cm de altura e 6 cm de aresta da base. Essas velas são formadas por 4 blocos de mesma altura — 3 troncos de pirâmide de bases paralelas e 1 pirâmide na parte superior —, espaçados de 1 cm entre eles, sendo que a base superior de cada bloco é igual à base inferior do bloco sobreposto, com uma haste de ferro passando pelo centro de cada bloco, unindo-os, conforme a figura.

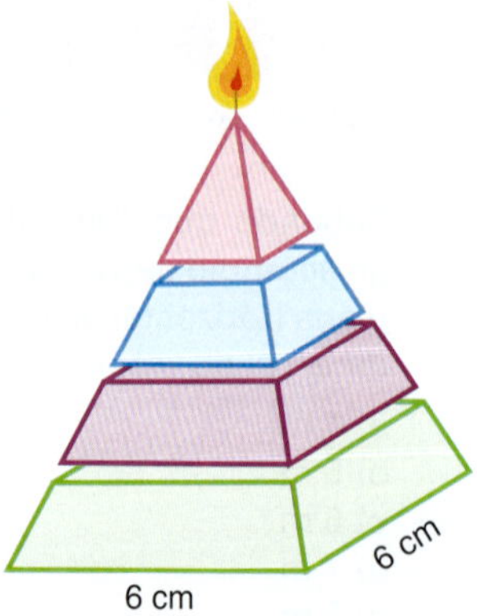


Se o dono da fábrica resolver diversificar o modelo, retirando a pirâmide da parte superior, que tem 1,5 cm de aresta na base, mas mantendo o mesmo molde, quanto ele passará a gastar com parafina para fabricar uma vela?

a) 156 $cm^3$
b) 189 $cm^3$
c) 192 $cm^3$
d) 216 $cm^3$
e) 540 $cm^3$

### Volume do cilindro

24. Uma empresa de transporte armazena seu combustível em um reservatório cilíndrico enterrado horizontalmente. Seu conteúdo é medido com uma vara graduada em vinte intervalos, de modo que a distância entre duas graduações consecutivas representa sempre o mesmo volume.

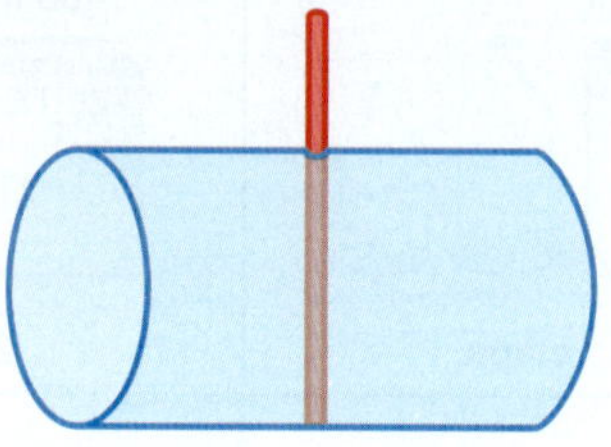

A ilustração que melhor representa a distribuição das graduações na vara é:

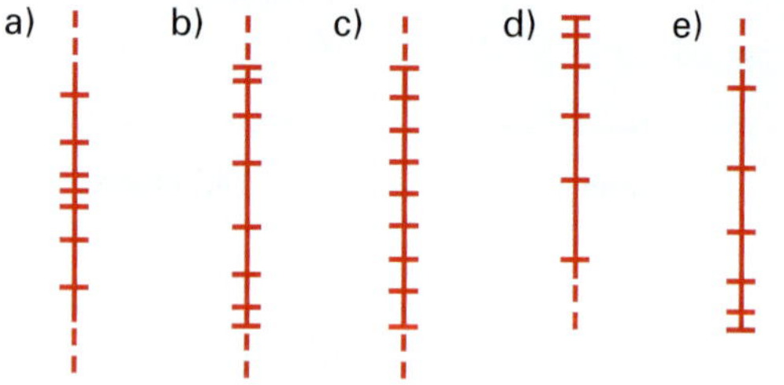


### Volume do cilindro

25. A figura abaixo mostra um reservatório de água na forma de um cilindro circular reto, com 6 m de altura.

Quando está completamente cheio, o reservatório é suficiente para abastecer, por um dia, 900 casas cujo consumo médio diário é de 500 litros de água. Suponha que, um certo dia, após uma campanha de conscientização do uso da água, os moradores das 900 casas abastecidas por esse reservatório tenham feito economia de 10% no consumo de água.

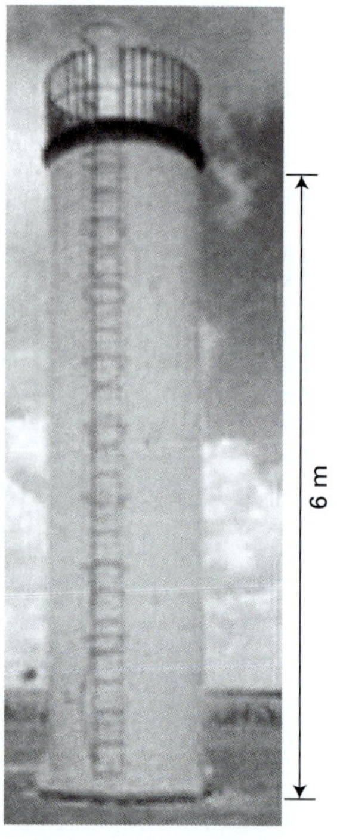

Nessa situação:

a) a quantidade de água economizada foi de 4,5 $m^3$.
b) a altura do nível da água que sobrou no reservatório, no final do dia, foi igual a 60 cm.
c) a quantidade de água economizada seria suficiente para abastecer, no máximo, 90 casas cujo consumo diário fosse de 450 litros.
d) os moradores dessas casas economizariam mais de R$ 200,00, se o custo de 1 $m^3$ de água para o consumidor fosse igual a R$ 2,50.
e) um reservatório de mesma forma e altura, mas com raio da base 10% menor que o representado, teria água suficiente para abastecer todas as casas.

### Volume do cilindro

**26.** Uma artesã confecciona dois diferentes tipos de vela ornamental a partir de moldes feitos com cartões de papel retangulares de 20 cm × 10 cm (conforme ilustram as figuras abaixo). Unindo dois lados opostos do cartão, de duas maneiras, a artesã forma cilindros e, em seguida, os preenche completamente com parafina.

**Tipo I** **Tipo II**

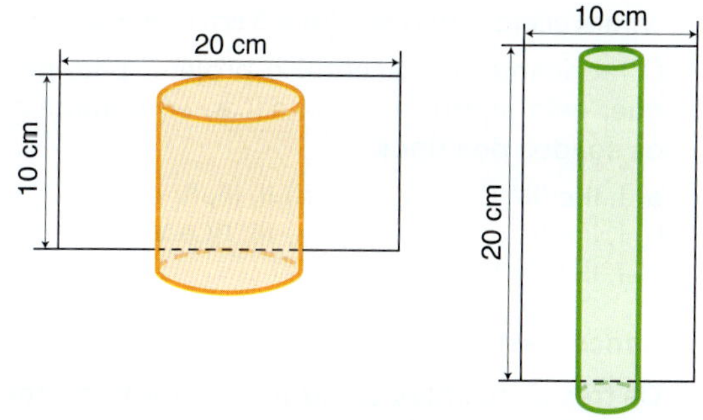


Supondo-se que o custo da vela seja diretamente proporcional ao volume de parafina empregado, o custo da vela do Tipo I, em relação ao custo da vela do Tipo II, será:

a) o triplo.
b) o dobro.
c) igual.
d) a metade.
e) a terça parte.

### Volume do cilindro

**27.** Em muitas regiões do Estado do Amazonas, o volume de madeira de uma árvore cortada é avaliado de acordo com uma prática dessas regiões:

I. Dá-se uma volta completa em torno do tronco com um barbante.

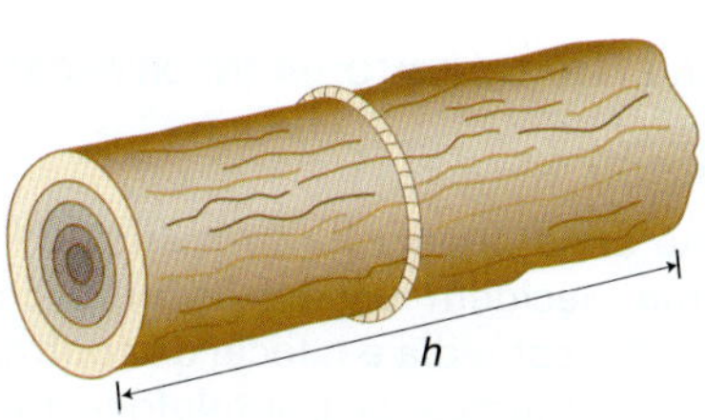


II. O barbante é dobrado duas vezes pela ponta e, em seguida, seu comprimento é medido com fita métrica.

**1.ª dobra** **2.ª dobra**

III. O valor obtido com essa medida é multiplicado por ele mesmo e depois multiplicado pelo comprimento do tronco. Esse é o volume estimado de madeira.

Outra estimativa pode ser obtida pelo cálculo formal do volume do tronco, considerando-o um cilindro perfeito.

A diferença entre essas medidas é praticamente equivalente às perdas de madeira no processo de corte para comercialização.

Pode-se afirmar que essas perdas são da ordem de:

a) 30%
b) 22%
c) 15%
d) 12%
e) 5%

### Volume do cilindro

**28.** Uma garrafa cilíndrica está fechada, contendo um líquido que ocupa quase completamente seu corpo, conforme mostra a figura.

Suponha que, para fazer medições, você disponha apenas de uma régua milimetrada.

I. Para calcular o volume do líquido contido na garrafa, o número mínimo de medições a serem realizadas é:

a) 1
b) 2
c) 3
d) 4
e) 5

II. Para calcular a capacidade total da garrafa, lembrando que você pode virá-la, o número mínimo de medições a serem realizadas é:

a) 1
b) 2
c) 3
d) 4
e) 5

### Sólidos de revolução

**29.** Assim como na relação entre o perfil de um corte de um torno e a peça torneada, sólidos de revolução resultam da rotação de figuras planas em torno de um eixo. Girando-se as figuras abaixo em torno da haste indicada obtêm-se os sólidos de revolução que estão na coluna da direita.

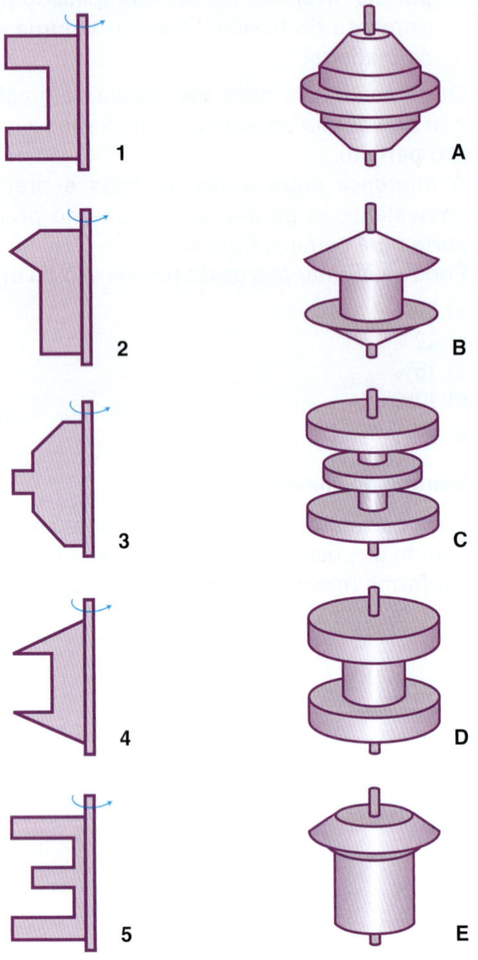


A correspondência correta entre as figuras planas e os sólidos de revolução obtidos é:

a) 1A, 2B, 3C, 4D, 5E
b) 1B, 2C, 3D, 4E, 5A
c) 1B, 2D, 3E, 4A, 5C
d) 1D, 2E, 3A, 4B, 5C
e) 1D, 2E, 3B, 4C, 5A

### Cubo e esfera

NOVO ENEM **30.** Uma empresa que fabrica esferas de aço, de 6 cm de raio, utiliza caixas de madeira, na forma de um cubo, para transportá-las. Sabendo que a capacidade da caixa é de 13.824 cm$^3$, então o número máximo de esferas que podem ser transportadas em uma caixa é igual a:

a) 4
b) 8
c) 16
d) 24
e) 32

### Prismas, cone e esfera

**31.** Um fabricante de brinquedos recebeu o projeto de uma caixa que deverá conter cinco pequenos sólidos, colocados na caixa por uma abertura em sua tampa. A figura representa a planificação da caixa, com as medidas dadas em centímetros.

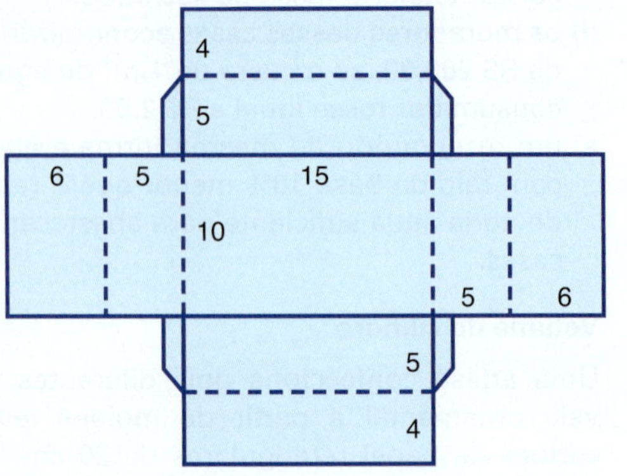


Os sólidos são fabricados nas formas de:

I. um cone reto de altura 1 cm e raio da base 1,5 cm
II. um cubo de aresta 2 cm
III. uma esfera de raio 1,5 cm
IV. um paralelepípedo retangular reto, de dimensões 2 cm, 3 cm e 4 cm
V. um cilindro reto de altura 3 cm e raio da base 1 cm

O fabricante não aceitou o projeto, pois percebeu que, pela abertura dessa caixa, só poderia colocar os sólidos dos tipos:

a) I, II e III
b) I, II e V
c) I, II, IV e V
d) II, III, IV e V
e) III, IV e V

### Cones e esfera

**32.** Os três recipientes da figura têm formas diferentes, mas têm a mesma altura e o mesmo diâmetro da boca. Neles são colocados líquidos até a metade de sua altura, conforme indicado nas figuras.

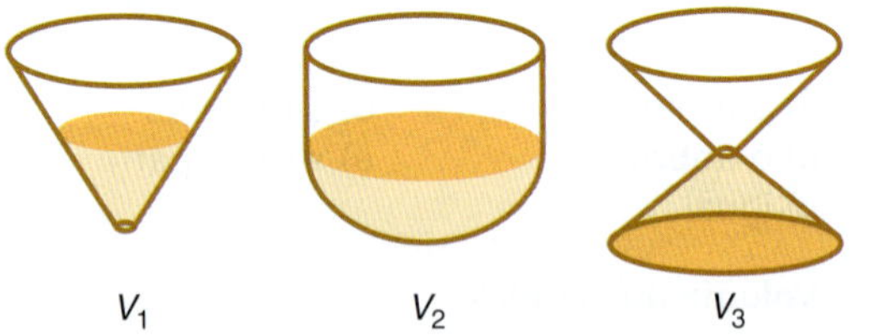

$V_1$ $V_2$ $V_3$

Representando por $V_1$, $V_2$ e $V_3$ o volume de líquido em cada um dos recipientes, tem-se:

a) $V_1 = V_2 = V_3$
b) $V_1 < V_3 < V_2$
c) $V_1 = V_3 < V_2$
d) $V_3 < V_1 < V_2$
e) $V_1 < V_2 = V_3$

## Álgebra e Tratamento da Informação

### Matrizes

**33.** Vinte anos depois da formatura, cinco colegas de turma decidem organizar uma confraternização. Para marcar o dia e o local da confraternização, precisam comunicar-se por telefone. Cada um conhece o telefone de alguns colegas e desconhece o de outros. No quadro abaixo, o número 1 indica que o colega da linha correspondente conhece o telefone do colega da coluna correspondente; o número 0 indica que o colega da linha não conhece o telefone do colega da coluna. Exemplo: Beto sabe o telefone do Dino que não conhece o telefone do Aldo.

| | Aldo | Beto | Carlos | Dino | Ênio |
|---|---|---|---|---|---|
| **Aldo** | 1 | 1 | 0 | 1 | 0 |
| **Beto** | 0 | 1 | 0 | 1 | 0 |
| **Carlos** | 1 | 0 | 1 | 1 | 0 |
| **Dino** | 0 | 0 | 0 | 1 | 1 |
| **Ênio** | 1 | 1 | 1 | 1 | 1 |

O número **mínimo** de telefonemas que Aldo deve fazer para se comunicar com Carlos é:

a) 1 b) 2 c) 3 d) 4 e) 5

### Sistemas lineares

**34.** Uma companhia de seguros levantou dados sobre os carros de determinada cidade e constatou que são roubados, em média, 150 carros por ano. O número de carros roubados da marca *X* é o dobro do número de carros roubados da marca *Y*, e as marcas *X* e *Y* juntas respondem por cerca de 60% dos carros roubados. O número esperado de carros roubados da marca *Y* é:

a) 20 b) 30 c) 40 d) 50 e) 60

### Princípio fundamental da contagem

**35.** Estima-se que haja, no Acre, 209 espécies de mamíferos, distribuídas conforme a tabela abaixo.

| Grupos taxonômicos | Número de espécies |
|---|---|
| Artiodáctilos | 4 |
| Carnívoros | 18 |
| Cetáceos | 2 |
| Quirópteros | 103 |
| Lagomorfos | 1 |
| Marsupiais | 16 |
| Perissodáctilos | 1 |
| Primatas | 20 |
| Roedores | 33 |
| Sirênios | 1 |
| Edentados | 10 |
| **Total** | 209 |

*T & C Amazônia*, ano 1, n.º 3, dez./2003.

Deseja se realizar um estudo comparativo entre três dessas espécies de mamíferos — uma do grupo Cetáceos, outra do grupo Primatas e a terceira do grupo Roedores. O número de conjuntos distintos que podem ser formados com essas espécies para esse estudo é igual a:

a) 1.320
b) 2.090
c) 5.845
d) 6.600
e) 7.245

### Princípio fundamental da contagem

**36.** No Nordeste brasileiro, é comum encontrarmos peças de artesanato constituídas por garrafas preenchidas com areia de diferentes cores, formando desenhos. Um artesão deseja fazer peças com areia de cores cinza, azul, verde e amarela, mantendo o mesmo desenho, mas variando as cores da paisagem (casa, palmeira e fundo), conforme a figura.

O fundo pode ser representado nas cores azul ou cinza; a casa, nas cores azul, verde ou amarela; e a palmeira, nas cores cinza ou verde. Se o fundo não pode ter a mesma cor nem da casa nem da palmeira, por uma questão de contraste, então o número de variações que podem ser obtidas para a paisagem é:

a) 6
b) 7
c) 8
d) 9
e) 10

### Princípio fundamental da contagem

**37.** A escrita *Braille* para cegos é um sistema de símbolos no qual cada caráter é um conjunto de 6 pontos dispostos em forma retangular, dos quais pelo menos um se destaca em relação aos demais.
Por exemplo, a letra A é representada por:

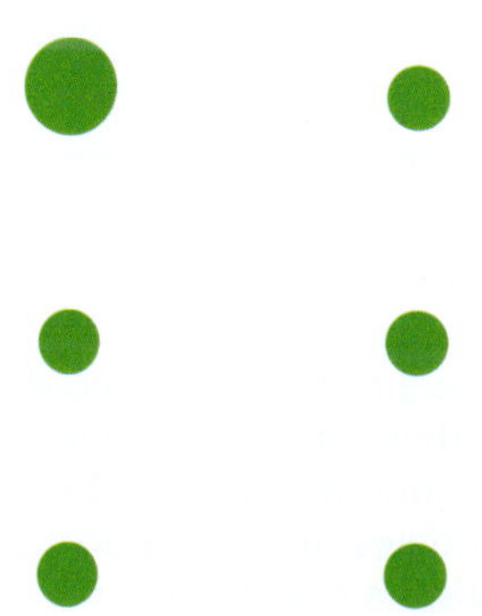

O número total de caracteres que podem ser representados no sistema *Braille* é:

a) 12
b) 31
c) 36
d) 63
e) 720

### Princípio fundamental da contagem

**38.** O código de barras, contido na maior parte dos produtos industrializados, consiste em um conjunto de várias barras que podem estar preenchidas com cor escura ou não. Quando um leitor óptico passa sobre essas barras, a leitura de uma barra clara é convertida no número 0 e a de uma barra escura, no número 1. Observe abaixo um exemplo simplificado de um código em um sistema de código com 20 barras.

Se o leitor óptico for passado da esquerda para a direita irá ler:

01011010111010110001

Se o leitor óptico for passado da direita para a esquerda irá ler:

10001101011101011010

No sistema de código de barras, para se organizar o processo de leitura óptica de cada código, deve-se levar em consideração que alguns códigos podem ter leitura da esquerda para a direita igual à da direita para a esquerda, como o código:

00000000111100000000

no sistema descrito acima.
Em um sistema de códigos que utilize apenas cinco barras, a quantidade de códigos com leitura da esquerda para a direita igual à da direita para a esquerda, desconsiderando-se todas as barras claras ou todas as escuras, é:

a) 14
b) 12
c) 8
d) 6
e) 4

### Agrupamentos para contagem

NOVO ENEM **39.** Doze times se inscreveram em um torneio de futebol amador. O jogo de abertura do torneio foi escolhido da seguinte forma: primeiro foram sorteados 4 times para compor o Grupo *A*. Em seguida, entre os times do Grupo *A*, foram sorteados 2 times para realizar o jogo de abertura do torneio, sendo que o primeiro deles jogaria em seu próprio campo, e o segundo seria o time visitante.

A quantidade total de escolhas possíveis para o Grupo *A* e a quantidade total de escolhas dos times do jogo de abertura podem ser calculadas através de:

a) uma combinação e um arranjo, respectivamente.
b) um arranjo e uma combinação, respectivamente.
c) um arranjo e uma permutação, respectivamente.
d) duas combinações.
e) dois arranjos.

### Probabilidade

NOVO ENEM **40.** A população brasileira sabe, pelo menos intuitivamente, que a probabilidade de acertar as seis dezenas da mega sena não é zero, mas é quase. Mesmo assim, milhões de pessoas são atraídas por essa loteria, especialmente quando o prêmio se acumula em valores altos. Até junho de 2009, cada aposta de seis dezenas, pertencentes ao conjunto $\{01, 02, 03, ..., 59, 60\}$, custava R$ 1,50.

*Disponível em:* <www.caixa.gov.br>. *Acesso em:* 7 jul. 2009.

Considere que uma pessoa decida apostar exatamente R$ 126,00 e que esteja mais interessada em acertar apenas cinco das seis dezenas da mega sena, justamente pela dificuldade desta última. Nesse caso, é melhor que essa pessoa faça 84 apostas de seis dezenas diferentes, que não tenham cinco números em comum, do que uma única aposta com nove dezenas, porque a probabilidade de acertar a quina no segundo caso em relação ao primeiro é, aproximadamente:

a) $1\frac{1}{2}$ vezes menor
b) $2\frac{1}{2}$ vezes menor
c) 4 vezes menor
d) 9 vezes menor
e) 14 vezes menor

### Probabilidade

**41.** Uma empresa de alimentos imprimiu em suas embalagens um cartão de apostas do seguinte tipo:

**Frente do cartão**

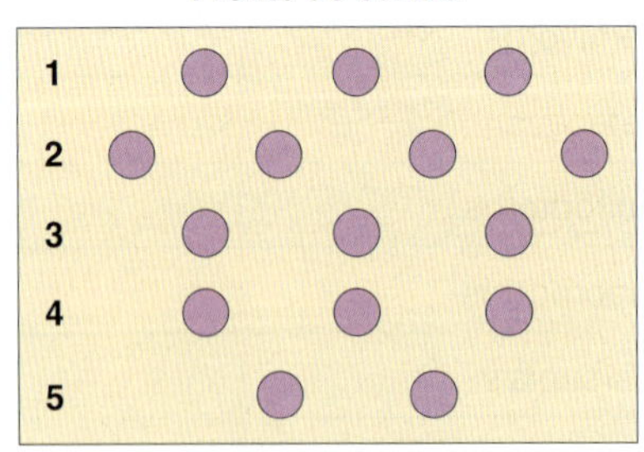


**Verso do cartão**

**Como jogar:**

- Inicie raspando apenas uma das alternativas da linha de início (linha 1).
- Se achar uma bola de futebol, vá para a linha 2 e raspe apenas uma das alternativas. Continue raspando dessa forma até o fim do jogo.
- Se encontrar um "X" em qualquer uma das linhas, o jogo está encerrado e você não terá direito ao prêmio.
- Se você encontrar uma bola de futebol em cada uma das linhas terá direito ao prêmio.

Cada cartão de apostas possui 7 figuras de bolas de futebol e 8 sinais de "X" distribuídos entre os 15 espaços possíveis, de tal forma que a probabilidade de um cliente ganhar o prêmio nunca seja igual a zero.
Em determinado cartão existem duas bolas na linha 4 e duas bolas na linha 5. Com esse cartão, a probabilidade de o cliente ganhar o prêmio é:

a) $\frac{1}{27}$
b) $\frac{1}{36}$
c) $\frac{1}{54}$
d) $\frac{1}{72}$
e) $\frac{1}{108}$

**Probabilidade**

**42.** Um time de futebol amador ganhou uma taça ao vencer um campeonato. Os jogadores decidiram que o prêmio seria guardado na casa de um deles. Todos quiseram guardar a taça em suas casas. Na discussão para se decidir com quem ficaria o troféu, travou-se o seguinte diálogo:
*Pedro, camisa 6*: — Tive uma ideia. Nós somos 11 jogadores e nossas camisas estão numeradas de 2 a 12. Tenho dois dados com as faces numeradas de 1 a 6. Se eu jogar os dois dados, a soma dos números das faces que ficarem para cima pode variar de 2 (1 + 1) até 12 (6 + 6). Vamos jogar os dados, e quem tiver a camisa com o número do resultado vai guardar a taça.
*Tadeu, camisa 2*: — Não sei não... Pedro sempre foi muito esperto...
Acho que ele está levando alguma vantagem nessa proposta...
*Ricardo, camisa 12*: — Pensando bem... Você pode estar certo, pois, conhecendo o Pedro, é capaz que ele tenha mais chances de ganhar que nós dois juntos...
Desse diálogo conclui-se que:

a) Tadeu e Ricardo estavam equivocados, pois a probabilidade de ganhar a guarda da taça era a mesma para todos.
b) Tadeu tinha razão e Ricardo estava equivocado, pois, juntos, tinham mais chances de ganhar a guarda da taça do que Pedro.
c) Tadeu tinha razão e Ricardo estava equivocado, pois, juntos, tinham a mesma chance que Pedro de ganhar a guarda da taça.
d) Tadeu e Ricardo tinham razão, pois os dois juntos tinham menos chances de ganhar a guarda da taça do que Pedro.
e) não é possível saber qual dos jogadores tinha razão, por se tratar de um resultado probabilístico, que depende exclusivamente da sorte.

**Probabilidade**

NOVO ENEM **43.** Um médico está estudando um novo medicamento que combate um tipo de câncer em estágios avançados. Porém, devido ao forte efeito dos seus componentes, a cada dose administrada há uma chance de 10% de que o paciente sofra algum dos efeitos colaterais observados no estudo, tais como dores de cabeça, vômitos ou mesmo agravamento dos sintomas da doença.
O médico oferece tratamentos compostos por 3, 4, 6, 8 ou 10 doses do medicamento, de acordo com o risco que o paciente pretende assumir.
Se um paciente considera aceitável um risco de até 35% de chances de que ocorra algum dos efeitos colaterais durante o tratamento, qual é o maior número admissível de doses para esse paciente?

a) 3 doses
b) 4 doses
c) 6 doses
d) 8 doses
e) 10 doses

**Probabilidade**

NOVO ENEM **44.** O controle de qualidade de uma empresa fabricante de telefones celulares aponta que a probabilidade de um aparelho de determinado modelo apresentar defeito de fabricação é de 0,2%. Se uma loja acaba de vender 4 aparelhos desse modelo para um cliente, qual é a probabilidade de esse cliente sair da loja com exatamente dois aparelhos defeituosos?

a) $2 \times (0{,}2\%)^4$
b) $4 \times (0{,}2\%)^2$
c) $6 \times (0{,}2\%)^2 \times (99{,}8\%)^2$
d) $4 \times (0{,}2\%)$
e) $6 \times (0{,}2\%) \times (99{,}8\%)$

**Texto para as questões 45 e 46**

A população mundial está ficando mais velha, os índices de natalidade diminuíram e a expectativa de vida aumentou. No gráfico seguinte, são apresentados dados obtidos por pesquisa realizada pela Organização das Nações Unidas (ONU), a respeito da quantidade de pessoas com 60 anos ou mais em todo o mundo. Os números da coluna da direita representam as faixas percentuais. Por exemplo, em 1950 havia 95 milhões de pessoas com 60 anos ou mais nos países desenvolvidos, número entre 10% e 15% da população total nos países desenvolvidos.

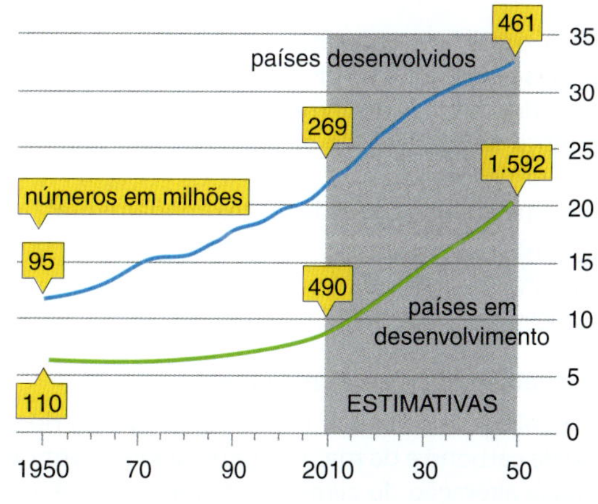


*Fonte:* "Perspectivas da População Mundial", ONU, 2009.
*Disponível em:* <www.economist.com>.
*Acesso em:* 9 jul. 2009 (adaptado).

### Exponencial

NOVO ENEM **45.** Suponha que o modelo exponencial $y = 363 \cdot \mathbf{e}^{0,03x}$, em que $x = 0$ corresponde ao ano 2000, $x = 1$ corresponde ao ano 2001, e assim sucessivamente, e que $y$ é a população em milhões de habitantes no ano $x$, seja usado para estimar essa população com 60 anos ou mais de idade nos países em desenvolvimento entre 2010 e 2050. Desse modo, considerando $\mathbf{e}^{0,3} = 1,35$, estima-se que a população com 60 anos ou mais estará, em 2030, entre:

a) 490 e 510 milhões
b) 550 e 620 milhões
c) 780 e 800 milhões
d) 810 e 860 milhões
e) 870 e 910 milhões

### Probabilidade

NOVO ENEM **46.** Em 2050, a probabilidade de se escolher, aleatoriamente, uma pessoa com 60 anos ou mais de idade, na população dos países desenvolvidos, será um número mais próximo de:

a) $\frac{1}{2}$
b) $\frac{7}{20}$
c) $\frac{8}{25}$
d) $\frac{1}{5}$
e) $\frac{3}{25}$

### Probabilidade e área

**47.** Um município de 628 km² é atendido por duas emissoras de rádio cujas antenas $A$ e $B$ alcançam um raio de 10 km do município, conforme mostra a figura:

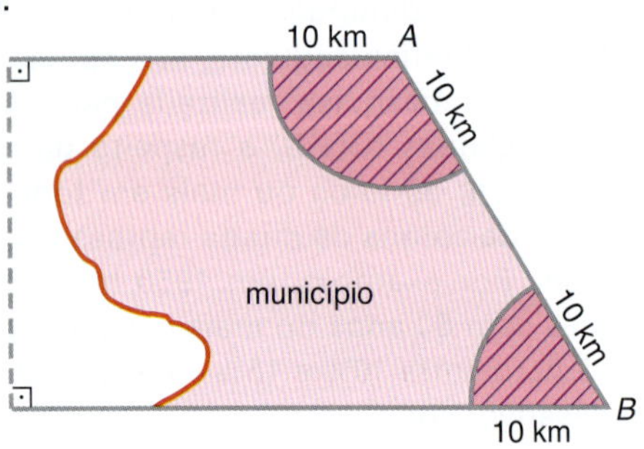


Para orçar um contrato publicitário, uma agência precisa avaliar a probabilidade que um morador tem de, circulando livremente pelo município, encontrar-se na área de alcance de pelo menos uma das emissoras.
Essa probabilidade é de, aproximadamente:

a) 20%
b) 25%
c) 30%
d) 35%
e) 40%

### Probabilidade e análise de tabela

**48.** A queima de cana aumenta a concentração de dióxido de carbono e de material particulado na atmosfera, causa alteração do clima e contribui para o aumento de doenças respiratórias. A tabela a seguir apresenta números relativos a pacientes internados em um hospital no período da queima da cana.

| Pacientes | idosos | crianças |
|---|---|---|
| Problemas respiratórios causados pelas queimadas | 50 | 150 |
| Problemas respiratórios resultantes de outras causas | 150 | 210 |
| Outras doenças | 60 | 90 |
| Total | 260 | 450 |

Escolhendo-se aleatoriamente um paciente internado nesse hospital por problemas respiratórios causados pelas queimadas, a probabilidade de que ele seja uma criança é igual a:

a) 0,26, o que sugere a necessidade de implementação de medidas que reforcem a atenção ao idoso internado com problemas respiratórios.
b) 0,50, o que comprova ser de grau médio a gravidade dos problemas respiratórios que atingem a população nas regiões das queimadas.
c) 0,63, o que mostra que nenhum aspecto relativo à saúde infantil pode ser negligenciado.
d) 0,67, o que indica a necessidade de campanhas de conscientização que objetivem a eliminação das queimadas.
e) 0,75, o que sugere a necessidade de que, em áreas atingidas pelos efeitos das queimadas, o atendimento hospitalar no setor de pediatria seja reforçado.

### Probabilidade e análise de tabela

**49.** A tabela abaixo indica a posição relativa de quatro times de futebol na classificação geral de um torneio, em dois anos consecutivos. O símbolo • significa que o time indicado na linha ficou, no ano de 2004, à frente do indicado na coluna. O símbolo * significa que o time indicado na linha ficou, no ano de 2005, à frente do indicado na coluna.

| | A | B | C | D |
|---|---|---|---|---|
| A | | | | * |
| B | • * | | • | • * |
| C | • * | * | | * |
| D | • | | • | |

A probabilidade de que um desses quatro times, escolhido ao acaso, tenha obtido a mesma classificação no torneio, em 2004 e 2005, é igual a:

a) 0,00
b) 0,25
c) 0,50
d) 0,75
e) 1,00

### Probabilidade e análise de gráfico

**50. A vida na rua como ela é**

O Ministério do Desenvolvimento Social e Combate à Fome (MDS) realizou, em parceria com a ONU, uma pesquisa nacional sobre a população que vive na rua, tendo sido ouvidas 31.922 pessoas em 71 cidades brasileiras. Nesse levantamento, constatou-se que a maioria dessa população sabe ler e escrever (74%), que apenas 15,1% vivem de esmolas e que, entre os moradores de rua que ingressaram no ensino superior, 0,7% se diplomou. Outros dados da pesquisa são apresentados nos quadros abaixo.

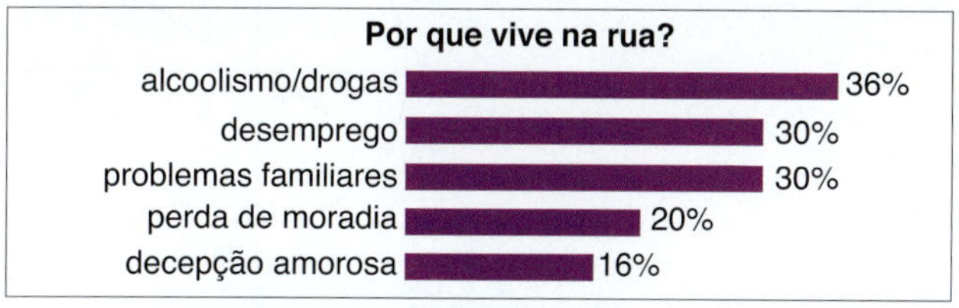


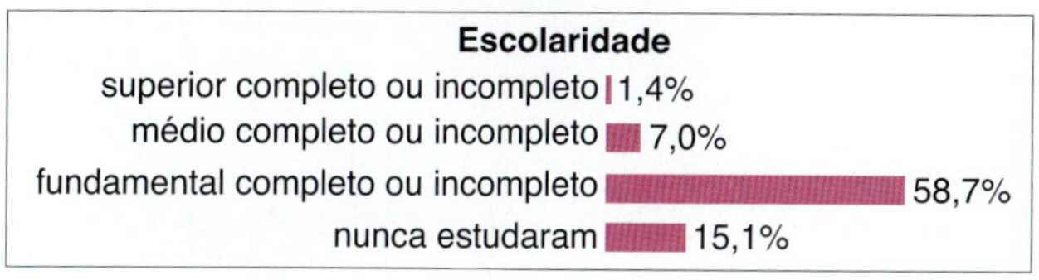


*Istoé*, 7/5/2008, p. 21 (com adaptações).

I. No universo pesquisado, considere que *P* seja o conjunto das pessoas que vivem na rua por motivos de alcoolismo/drogas e *Q* seja o conjunto daquelas cujo motivo para viverem na rua é a decepção amorosa.
Escolhendo-se ao acaso uma pessoa no grupo pesquisado e supondo-se que seja igual a 40% a probabilidade de que essa pessoa faça parte do conjunto *P* ou do conjunto *Q*, então a probabilidade de que ela faça parte do conjunto intersecção de *P* e *Q* é igual a:

a) 12% b) 16% c) 20% d) 36% e) 52%

II. As informações apresentadas no texto são suficientes para se concluir que:

a) as pessoas que vivem na rua e sobrevivem de esmolas são aquelas que nunca estudaram.
b) as pessoas que vivem na rua e cursaram o ensino fundamental, completo ou incompleto, são aquelas que sabem ler e escrever.
c) existem pessoas que declararam mais de um motivo para estarem vivendo na rua.
d) mais da metade das pessoas que vivem na rua e que ingressaram no ensino superior se diplomou.
e) as pessoas que declararam o desemprego como motivo para viver na rua também declararam a decepção amorosa.

# Respostas

## Capítulo 1

### Exercícios Propostos

**1.** $AB = 64$ e $AC = 77$

**2.** $\text{sen}\,\alpha = \cos\alpha = \frac{\sqrt{2}}{2}$

**3.** a) $2\sqrt{3}$

b) $4\sqrt{2}$

c) $3\sqrt{3}$

**4.** $20\sqrt{3}$ m

**5.** $BC = c \cdot \cos\alpha + \frac{c \cdot \text{sen}\,\alpha}{\text{tg}\,\beta}$

**6.** 211 $m^2$

**7.** sim; 5,7 m

**8.** $x = -\frac{2}{13}$

**9.** $\frac{5}{\pi}$ m e $\frac{15}{\pi}$ m

**10.** $a_2 = r(\pi + 1)$

**11.** 125,6 m

**12.** 250.000 voltas

**13.** 628 km

**14.** 100 m

**15.** 22 m e 31 m

**16.** sim

**17.** a) 160°

b) 115°

**18.** 17h 11min

**19.** a) 18,84 cm

b) 118,04 cm

c) 120°

d) 90°

e) 9 cm

f) 18 cm

**20.** $\simeq 1$

**21.** 9 m

**22.** $\frac{5\pi}{3}$ m

**23.** Eles formam uma PA de razão $\frac{\pi r}{2}$.

**24.** 42 reais

**25.** 70,6 m

**26.** a) $\frac{3\pi}{4}$ rad

b) $\frac{11\pi}{6}$ rad

c) $\frac{\pi}{2}$ rad

d) $\frac{2\pi}{5}$ rad

e) $\frac{\pi}{180}$ rad $\simeq 0{,}017$ rad

f) 15°

g) $\simeq 171{,}9°$

h) $\simeq 57°$

i) $\simeq 28{,}6°$

**27.** 8 cm

**28.** 12 cm

**29.** $\pi$ rad

**30.** $\pm\sqrt{2\pi}$ rad

**31.** $M$: $\frac{\pi}{6}$ rad, $N$: $\frac{\pi}{3}$ rad, $P$: $\frac{5\pi}{6}$ rad, $Q$: $\frac{7\pi}{6}$ rad e $R$: $\frac{11\pi}{6}$ rad

**32.** $K$: 60°, $L$: 120°, $S$: 240° e $T$: 300°

**33.** Para $k \in \mathbb{Z}$, temos:

a) $\alpha = \frac{2\pi}{3} + 2k\pi$

b) $\alpha = \frac{\pi}{5} + k\pi$

c) $\alpha = \frac{\pi}{7} + \frac{k\pi}{2}$

d) $\alpha = \frac{k\pi}{3}$

**34.** a)

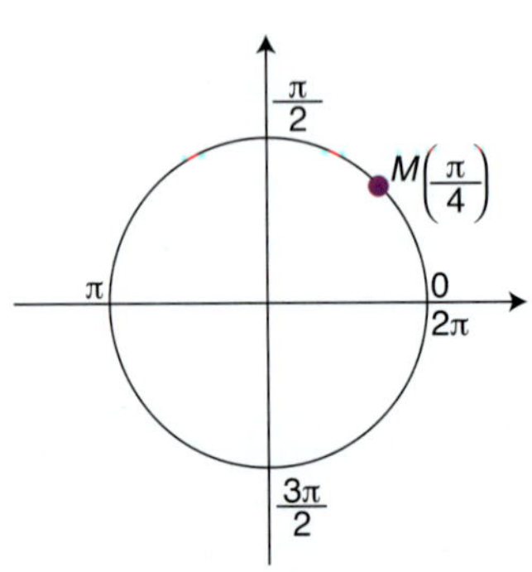


b)

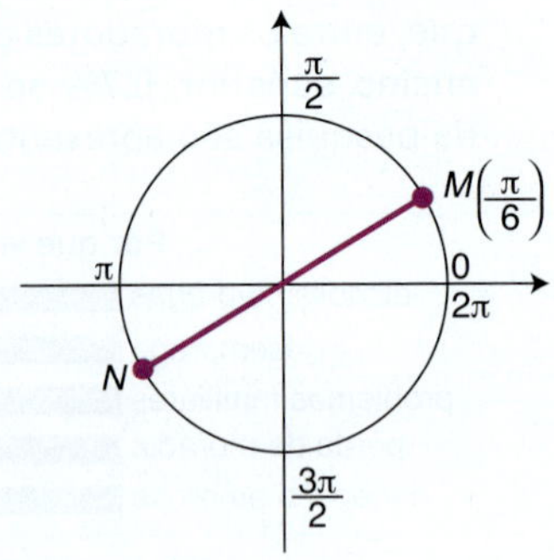


c)

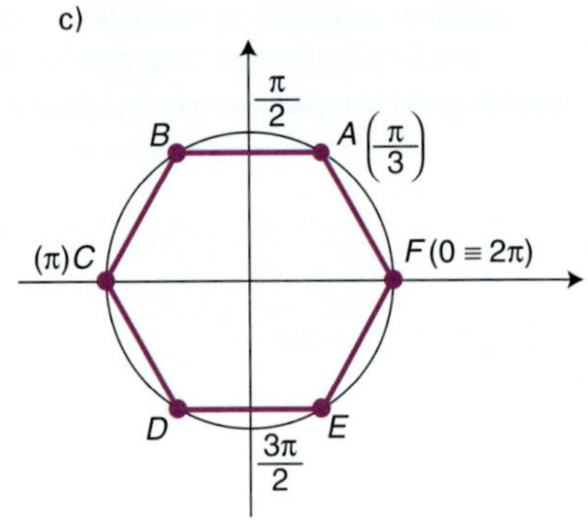


**35.** $\alpha = 40° + k \cdot 120°$, com $k \in \mathbb{Z}$

**36.** 330°

**37.** Porque ambos são côngruos ao arco de $\frac{\pi}{3}$ rad.

**38.** a) 4

b) 100°

**39.** Não são.

**40.** demonstração

**41.** um quadrado

**42.** a) $M_1$: 45°, $M_2$: 135° e $M_4$: 315°

b) $M_1$: $\frac{\pi}{6}$, $M_3$: $\frac{7\pi}{6}$ e $M_4$: $\frac{11\pi}{6}$

**43.** a) 70°, 250° e 290°

b) $\frac{\pi}{9}$ rad, $\frac{8\pi}{9}$ rad e $\frac{17\pi}{9}$ rad

c) 40°, 140° e 220°

d) $\frac{\pi}{5}$ rad, $\frac{4\pi}{5}$ rad e $\frac{6\pi}{5}$ rad

**44.** a) 30°, 150°, 210° e 330°

b) $\sqrt{3}$

**45.** 9 mudas

46.

| | sen | cos | | sen | cos | | sen | cos |
|---|---|---|---|---|---|---|---|---|
| 30° | $\frac{1}{2}$ | $\frac{\sqrt{3}}{2}$ | 45° | $\frac{\sqrt{2}}{2}$ | $\frac{\sqrt{2}}{2}$ | 60° | $\frac{\sqrt{3}}{2}$ | $\frac{1}{2}$ |
| 150° | $\frac{1}{2}$ | $-\frac{\sqrt{3}}{2}$ | 135° | $\frac{\sqrt{2}}{2}$ | $-\frac{\sqrt{2}}{2}$ | 120° | $\frac{\sqrt{3}}{2}$ | $-\frac{1}{2}$ |
| 210° | $-\frac{1}{2}$ | $-\frac{\sqrt{3}}{2}$ | 225° | $-\frac{\sqrt{2}}{2}$ | $-\frac{\sqrt{2}}{2}$ | 240° | $-\frac{\sqrt{3}}{2}$ | $-\frac{1}{2}$ |
| 330° | $-\frac{1}{2}$ | $\frac{\sqrt{3}}{2}$ | 315° | $-\frac{\sqrt{2}}{2}$ | $\frac{\sqrt{2}}{2}$ | 300° | $-\frac{\sqrt{3}}{2}$ | $\frac{1}{2}$ |

**47.** a) $\cos 5\pi = -1$ e $\text{sen } 5\pi = 0$

b) $\cos \frac{9\pi}{2} = 0$ e $\text{sen } \frac{9\pi}{2} = 1$

c) $\cos 12\pi = 1$ e $\text{sen } 12\pi = 0$

d) $\cos(-3\pi) = -1$ e $\text{sen}(-3\pi) = 0$

e) $\cos\left(-\frac{7\pi}{3}\right) = \frac{1}{2}$ e $\text{sen}\left(-\frac{7\pi}{3}\right) = -\frac{\sqrt{3}}{2}$

**48.** $\cos 1 < \text{sen } 1$

**49.** a) $\text{sen } \beta$ b) $\cos \beta$

**50.** $E = 2$

**51.** negativo

**52.** positivo: a, b, c
negativo: d, e, f

**53.** V, V, F, V, F

**54.** $-\frac{3}{5}$

**55.** $\frac{28}{9}$

**56.** $\cos \alpha = -\frac{3}{5}$ e $\text{sen } \alpha = -\frac{4}{5}$

**57.** $\frac{\sqrt{5}}{5}$

**58.** $\alpha = -90°$ ou $\alpha = -330°$

**59.** $\left(\frac{4}{5}, \frac{3}{5}\right), \left(\frac{4}{5}, -\frac{3}{5}\right), \left(-\frac{4}{5}, \frac{3}{5}\right)$ e $\left(-\frac{4}{5}, -\frac{3}{5}\right)$

**60.** $\frac{1}{2}$

**61.** $x = -1 - \text{sen } \alpha$ ou $x = 1 - \text{sen } \alpha$

**62.** demonstração

**63.** a) $\cos \alpha = 0$ e $\text{sen } \alpha = 1$

b) $\cos \alpha = -\frac{\sqrt{2}}{2}$ e $\text{sen } \alpha = \frac{\sqrt{2}}{2}$

c) $\cos \alpha = -1$ e $\text{sen } \alpha = 0$

d) $\cos \alpha = -\frac{1}{2}$ e $\text{sen } \alpha = -\frac{\sqrt{3}}{2}$

e) $\cos \alpha = \frac{\sqrt{3}}{2}$ e $\text{sen } \alpha = -\frac{1}{2}$

f) $\cos \alpha = 1$ e $\text{sen } \alpha = 0$

**64.** a) 0,5 b) zero c) $-0{,}5$ d) $-1$

**65.** a) $E = -2$ b) $E = -1$ c) $E = -2$

**66.** 2

**67.** V, V, F, V

**68.** demonstração

**69.** inteiro negativo

**70.** $x = \frac{\sqrt{2} + 1}{2}$ ou $x = \frac{\sqrt{2} - 1}{2}$

**71.** a) 240° e 300° c) 225° e 315°
b) 45° e 315° d) 150° e 240°

**72.** a) $-\sqrt{3}$ c) $-1$
b) $\frac{\sqrt{3}}{3}$ d) 0

**73.** a) $\cos \alpha = -\frac{1}{2}$ e $\text{sen } \alpha = \frac{\sqrt{3}}{2}$

b) $\cos \alpha = -\frac{\sqrt{10}}{10}$ e $\text{sen } \alpha = -\frac{3\sqrt{10}}{10}$

**74.** 1

**75.** demonstrações

**76.** 1

**77.** demonstração

**78.** $\frac{\sqrt{3}}{4}$

**79.** demonstração

**80.**

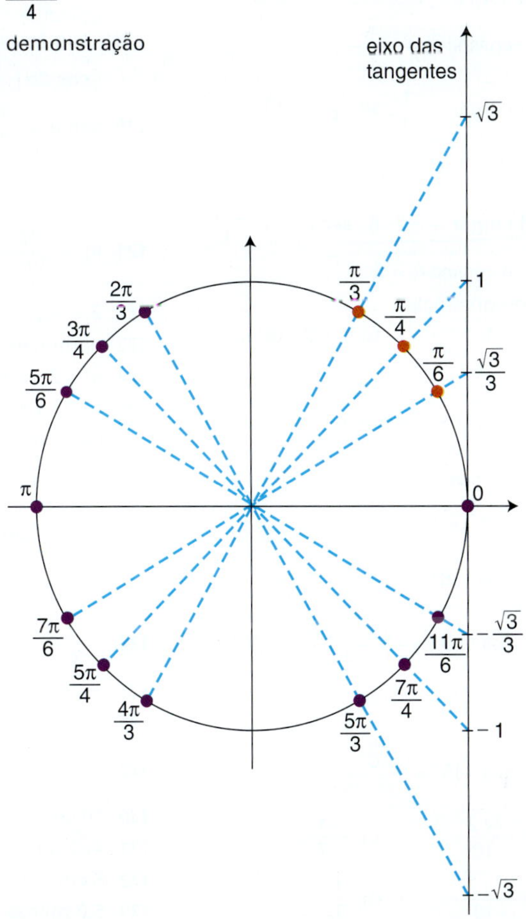

81. a) zero d) zero
b) Não existe. e) $-\sqrt{3}$
c) zero

82. demonstração

83. positiva: a, d
negativa: b, c, e, f

84. a) $-\sqrt{3}$ c) $-1$
b) $\frac{\sqrt{3}}{3}$ d) zero

85. a) $\frac{\sqrt{5}}{5}$ b) $\frac{2\sqrt{5}}{5}$

86. $x = \text{cotg } \alpha$

87. a) $\frac{2\sqrt{3}}{3}$ d) $\frac{2\sqrt{3}}{3}$
b) 2 e) $\sqrt{2}$
c) $-1$ f) Não existe.

88. a) $-1$ b) 4

89. a) 3 b) 4

90. a) maior b) menor c) menor

91. a) $-\frac{4}{5}$ d) $-\frac{5}{4}$
b) $-\frac{3}{4}$ e) $\frac{5}{3}$
c) $-\frac{4}{3}$

92. a) $\text{cotg } \alpha = \frac{4}{3}$, $\sec \alpha = 1{,}25$ e
$\text{cossec } \alpha = \frac{5}{3}$
b) $\text{cotg } \alpha = 0{,}5$, $\sec \alpha = \sqrt{5}$ e
$\text{cossec } \alpha = \frac{\sqrt{5}}{2}$
c) $\text{cotg } \alpha = \frac{1}{3}$, $\sec \alpha = \sqrt{10}$ e
$\text{cossec } \alpha = \frac{4}{3}$
d) $\text{cotg } \alpha = -2\sqrt{6}$, $\sec \alpha = -\frac{2\sqrt{6}}{5}$
e $\text{cossec } \alpha = 5$

93. demonstração

94. a) $-1$ b) $1 + 2 \cdot \text{tg}^2 \alpha$

95. 0,5

96. $E_1 = \frac{1}{(\cos^2 \alpha)(\text{sen}^2 \alpha)}$
$E_2 = \frac{1}{\cos^2 \alpha}$
$E_3 = -\text{tg}^2 \alpha$

97. a) $\text{sen } 105° = \frac{\sqrt{2} + \sqrt{6}}{4}$ e
$\cos 105° = \frac{\sqrt{2} - \sqrt{6}}{4}$
b) $\text{sen } 345° = \frac{\sqrt{2} - \sqrt{6}}{4}$ e
$\cos 345° = \frac{\sqrt{6} + \sqrt{2}}{4}$

98. a) $\frac{7\sqrt{2}}{10}$ c) $-\frac{1}{7}$
b) $\frac{7\sqrt{2}}{10}$ d) $\frac{1}{7}$

99. negativo

100. 210°

101. $\frac{4}{3}$

102. demonstração

103. $\frac{10}{9}$

104. $E = \frac{1}{2 \cdot \cos x - 3}$

105. $3\sqrt{3}$

106. $\text{tg}(a - b) = \frac{5}{12}$ e
$\text{tg}(b - a) = -\frac{5}{12}$

107. $\frac{5}{12}$

108. demonstrações

109. $-\frac{1}{2}$

110. $2 + \sqrt{3}$

111. a) $-\frac{24}{25}$ b) $\frac{7}{25}$ c) $-\frac{24}{7}$

112. 1

113. $\frac{\sqrt{3}}{16}$

114. demonstração

115. a) 1 b) 2

116. demonstração

117. $\frac{\sqrt{10} - 1}{3}$

118. $|\text{sen } 2\alpha| = |t^2 - 1|$ e
$|\cos 2\alpha| = |t| \cdot \sqrt{2 - t^2}$

119. $\text{sen } \alpha = \frac{120}{169}$ e $\cos \alpha = \frac{119}{169}$

120. $\text{tg } 2x = \frac{2t \cdot \sqrt{1 - t^2}}{2t^2 - 1}$

121. a) $\frac{3\sqrt{10}}{10}$ b) $\frac{\sqrt{10}}{10}$

122. $2 - \sqrt{3}$

123. demonstração

124. a) $\sqrt{2} \cdot \cos 25°$ b) $\sqrt{2} \cdot \text{sen } 25°$

125. a) $2 \cdot \text{sen } 3x \cdot \cos 2x$
b) $2 \cdot \cos^2 x$
c) $\sqrt{2} \cdot \cos\left(x - \frac{\pi}{4}\right)$
d) $-2 \cdot \text{sen } 2x \cdot \text{sen } x$
e) $\frac{\text{sen } 4x}{\cos 3x \cdot \cos x}$

126. $\frac{\sqrt{3}}{3}$

127. $-1$ e 1

128. $x = m^2$

129. $\frac{1}{4}$

130. 10 cm

131. $4\sqrt{2}$ dm

132. 8 cm

133. 5,6 milhas

134. $x \in \left]0, 8\sqrt{3}\right[$

135. $\alpha = 120°$

136. a) $AC = \sqrt{31}$
b) $AC = 2\sqrt{19}$
c) $AC = \sqrt{10}$

137. $BD = 2\sqrt{53}$ cm e $AC = 2\sqrt{13}$ cm

138. 147,57 m

139. a) o perímetro
b) $10\left(11 + \sqrt{7}\right)$ m $\simeq$ 136 m

140. 48 cm e $48\sqrt{3}$ cm

141. $\frac{1}{8}$

142. agudo

143. $\cos 2\alpha = -\frac{41}{49}$ e $\text{sen } 2\alpha = \frac{12\sqrt{5}}{49}$

144. Não existe.

145. a) 6 b) $3\sqrt{2}$ c) $\sqrt{3}$

146. 12,285 $dm^2$

147. $\frac{16\sqrt{2}}{3}$

148. 4 $cm^2$

## Encare Essa!

1. $-\sqrt{2}$ e $\sqrt{2}$
2. 6
3. V, V, F, V, V

## Atividades de Revisão

1. a) $\text{sen } \alpha = \frac{4\sqrt{41}}{\sqrt{41}}$
$\cos \alpha = \frac{5\sqrt{41}}{\sqrt{41}}$
$\text{tg } \alpha = \frac{4}{5}$
b) $\text{sen } \alpha = \frac{\sqrt{5}}{5}$
$\cos \alpha = \frac{2\sqrt{5}}{5}$
$\text{tg } \alpha = \frac{1}{2}$
c) $\text{sen } \alpha = \frac{3\sqrt{13}}{13}$
$\cos \alpha = \frac{2\sqrt{13}}{13}$
$\text{tg } \alpha = \frac{3}{2}$
d) $\text{sen } \alpha = \frac{2\sqrt{5}}{5}$
$\cos \alpha = \frac{\sqrt{5}}{5}$
$\text{tg } \alpha = 2$
e) $\text{sen } \alpha = \frac{3}{5}$
$\cos \alpha = \frac{4}{5}$
$\text{tg } \alpha = \frac{3}{4}$

2. a) $\frac{7}{2}$ cm e $\frac{7\sqrt{3}}{2}$ cm
b) Os dois medem $2\sqrt{2}$ cm.
3. $\simeq 87{,}175$ m
4. a 34,75 m
5. 4,194 m
6. $\simeq 7{,}96$ cm
7. 90
8. 141,3 km
9. $\simeq 47.770$
10. 65,94 cm
11. 18,84 m
12. 30°
13. a) 1,884 cm c) 68,033 cm
b) 11,356 cm d) 174,444 cm
14. $\simeq 9{,}17$ cm
15. $\simeq 34$ m
16. ponteiro das horas: $\frac{\pi}{8}$ cm
ponteiro dos minutos: $3\pi$ cm
17. a) $\frac{5\pi}{36}$ d) $\frac{13\pi}{9}$
b) $\frac{7\pi}{15}$ e) $\frac{19\pi}{45}$
c) $\frac{13\pi}{18}$ f) $\frac{19\pi}{10}$
18. a) 72° c) 96°
b) 67° d) 100°
19. no 1.° Q: a, d, g
no 2.° Q: b, c, h
no 3.° Q: e, i
no 4.° Q: f
20. a) Gabriela no azul, João no rosa, Rita no verde e Davi no amarelo
b) Gabriela no 1.° Q, João no 3.° Q, Rita no 2.° Q e Davi no 4.° Q
21. 205°
22. Para $k \in \mathbb{Z}$, temos:
a) $\alpha = 340° + k \cdot 360°$
b) $\alpha = 75° + k \cdot 360°$
c) $\alpha = \frac{\pi}{5} + 2k\pi$
d) $\alpha = \frac{2\pi}{7} + 2k\pi$
23. para arcos de $\frac{\pi}{6}$ rad e $\frac{5\pi}{6}$ rad
24. positivo: a, d
negativo: b, c
25. a) $\frac{2\sqrt{3}-1}{2}$ c) zero
b) 1 d) $\frac{\sqrt{2}+\sqrt{6}}{4}$
26. F, F, V, V
27. a) $m = -\frac{1}{2}$ b) Não existe.
28. a) $\frac{1+\sqrt{2}}{2}$ b) $-1$
29. ambos negativos: a, c
ambos positivos: b, d
30. a) 1 e) $\sqrt{2}$
b) $-1$ f) $-\sqrt{2}$
c) $\sqrt{2}$ g) $\frac{2\sqrt{3}}{3}$
d) $\frac{\sqrt{3}}{3}$ h) $-\frac{2\sqrt{3}}{3}$
31. a) $\text{sen}\,\alpha = -\frac{3}{5}$
$\text{tg}\,\alpha = -\frac{3}{4}$
$\text{cotg}\,\alpha = -\frac{4}{3}$
$\sec\alpha = \frac{5}{4}$
$\text{cossec}\,\alpha = -\frac{5}{3}$
b) $\text{sen}\,\alpha = -\frac{\sqrt{3}}{2}$
$\cos\alpha = -\frac{1}{2}$
$\text{cotg}\,\alpha = \frac{\sqrt{3}}{3}$
$\sec\alpha = -2$
$\text{cossec}\,\alpha = -\frac{2\sqrt{3}}{3}$
32. V, F, F, F
33. a) $AC = \frac{11\sqrt{6}}{6}$ cm e
$AB = \frac{11(3\sqrt{2}+\sqrt{6})}{12}$ cm
b) $BC \simeq 5{,}074$ cm
34. $BC \simeq 9{,}84$ km e $AC \simeq 7{,}40$ km
35. $\simeq 25{,}19\ \text{cm}^2$

## Questões Propostas de Vestibular

1. a
2. d
3. 40
4. a
5. $\frac{20}{\pi}$ min
6. c
7. c
8. b
9. d
10. e
11. c
12. c
13. e
14. c
15. d
16. d
17. d
18. c
19. c
20. d
21. b
22. zero
23. b
24. a
25. d
26. e
27. e
28. $\text{tg}\,x = \sqrt{3}$
$\sec x = 2$
$\text{cossec}\,x = \frac{2\sqrt{3}}{3}$
$\text{cotg}\,x = \frac{\sqrt{3}}{3}$
29. d
30. d
31. d
32. d
33. d
34. a) $\cos x = 0{,}8$ e $\cos y = 0{,}6$
b) $\text{sen}\,(x+y) = 1$ e
$\cos(x-y) = 0{,}96$
35. e
36. e
37. $\frac{1.200}{169}$ m
38. d
39. a
40. d
41. a
42. c
43. d
44. d
45. e
46. d
47. d
48. a) $\frac{\sqrt{3}}{4 \cdot AB}$
b) $\frac{\sqrt{13}+1}{6}$
49. a) $\frac{\sqrt{6}+\sqrt{2}}{2\sqrt{3}}$
b) $\frac{2+\sqrt{3}}{4\sqrt{3}}$
50. c
51. a) $\sqrt{5{,}8}$ m
b) $\sqrt{2{,}55}$ m
52. a
53. 6 cm
54. c
55. d
56. b
57. a) $\beta = 60°$ b) $\alpha = 30°$ e $\gamma = 90°$
58. 12
59. c
60. a) 31,5 m
b) $22\sqrt{2+\sqrt{3}}$ cm
61. d
62. a) 15 min b) $\simeq 37{,}06$ m
63. a
64. a
65. 28

## Programas de Avaliação Seriada

1. b
2. c
3. c
4. V, F, V, F, V
5. d

## Capítulo 2

### Exercícios Propostos

**1.** gráficos (b) de período $2\pi$, (c) de período 2 e (e) de período 2

**2.** resposta pessoal

**3.** período 8 e $g(2.011) = 0$

**4.** 1,73 cm acima da água

**5.** a) $[-1, 1]$

b) $[-2, 2]$

c) $[1, 3]$

d) $[-1, 1]$

**6.** 20,5 °C e 19,5 °C

**7.** a) $\text{Im}(f) = \text{Im}(g) = \text{Im}(h) = [-1, 1]$

b) resposta pessoal

**8.**

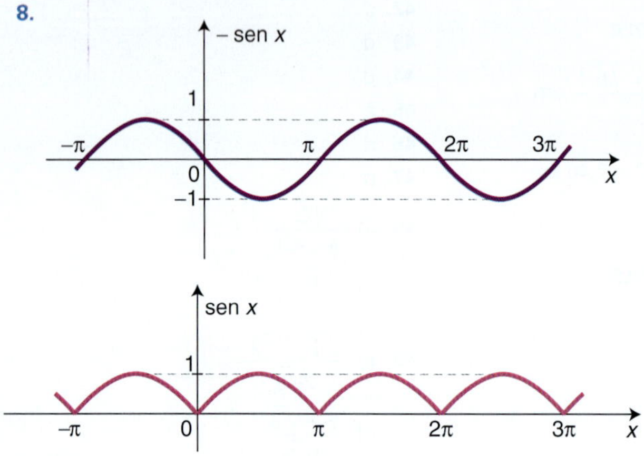


**9.** Existe um deslocamento horizontal de $f$ para $g$ de $\frac{\pi}{4}$ para a esquerda e de $f$ para $h$ de $\frac{\pi}{4}$ para a direita.

**10.** $f$ é representada pelo gráfico azul, $g$ pelo vermelho e $h$ pelo verde.

**11.** $a = 0$ e $b = 2$

**12.** zero

**13.** $1{,}5 \leqslant k \leqslant 2{,}5$

**14.** $[0, 4]$

**15.** 3 e 27

**16.** zero

**17.** a) 4 m

b) 3,5 m e 4,5 m

**18.** a) em $]\pi, 2\pi[$ e em $]3\pi, 4\pi[$

b) em $]0, \pi[$ e em $]2\pi, 3\pi[$

**19.** entre 0h e 6h, e entre 18h e 24h

**20.** a) período: $2\pi$ e amplitude: 3

b) período: $\frac{2\pi}{5}$ e amplitude: 2

c) período: 2 e amplitude: 1

d) período: 24 e amplitude: 20

**21.** a) período: $4\pi$ e amplitude: 2

b) período: $\frac{2\pi}{3}$ e amplitude: 2,5

**22.** $m = \pm 2$ e $k = \pm 8$

**23.** a) 2 milhares de reais

b) 6 milhares de reais; em 2 dias no ano

**24.** a) crescente: $[0, \pi]$ e $[3\pi, 4\pi]$

decrescente: $[\pi, 3\pi]$

b) crescente: $\left[\frac{\pi}{2}, \frac{3\pi}{2}\right]$

decrescente: $\left[0, \frac{\pi}{2}\right]$ e $\left[\frac{3\pi}{2}, 2\pi\right]$

**25.** a) $[0, 1]$ e $[3, 4]$

b) somente em $[1, 3]$

**26.** a) $f_1$ b) $f_3$ c) $f_4$

**27.** zero

**28.** a, d

**29.** $\simeq 63$ cm

**30.** a) $[-1, 1]$ b) $[-2, 2]$ c) $\left[-\frac{1}{2}, \frac{1}{2}\right]$

**31.** Os gráficos de $g$ e $h$ são obtidos, cada um deles, por um deslocamento vertical do gráfico de $f$: 2 unidades para cima, no caso de $g$, e 2 unidades para baixo, no caso de $h$.

**32.** O gráfico de $g$ é simétrico ao gráfico de $f$ em relação ao eixo $x$. Para os valores de $x$ que se tem $\cos x \geqslant 0$, o gráfico de $h$ coincide com o gráfico de $f$; para os valores de $x$ que se tem $\cos x < 0$, o gráfico de $h$ é obtido pelo rebatimento do gráfico de $f$ em relação ao eixo $x$.

**33.**

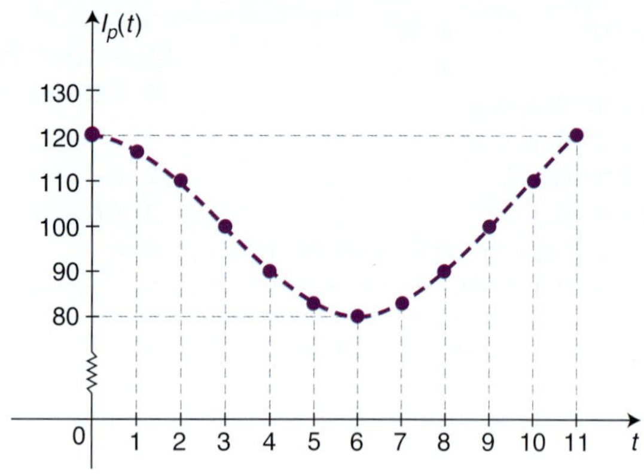


**34.** $a = 1$ e $b = 1$

**35.** a) $[-4, 2]$ b) $[2, 4]$

**36.** $3 \leqslant k \leqslant 7$

**37.** 1 e 4

**38.** −3 e 3

**39.** 4

**40.** $\left]-\frac{3\pi}{2}, -\frac{\pi}{2}\right[$ e $\left]\frac{\pi}{2}, \frac{3\pi}{2}\right[$

**41.** para nenhum valor de $k$

**42.** a) período: $\pi$ e amplitude: 7

b) período: $4\pi$ e amplitude: 1,5

c) período: 12 e amplitude: $\sqrt{2}$

**43.** a) período: $4\pi$ e amplitude: 4

b) período: 12 e amplitude: 1,5

**44.** $k = \pm 2{,}5$ e $m = \pm\frac{\pi}{3}$

**45.** a) crescente: $\left[\frac{\pi}{2}, \pi\right]$ e decrescente: $\left[0, \frac{\pi}{2}\right]$

b) crescente: $[0, \pi]$ e decrescente: $[\pi, 2\pi]$

**46.** do meio-dia à meia-noite

**47.** $a = 1$ ou $a = -1$

**48.** demonstração

**49.** a)

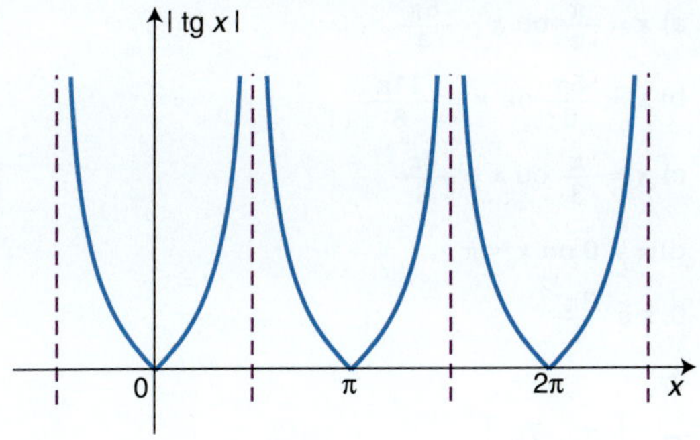


b)

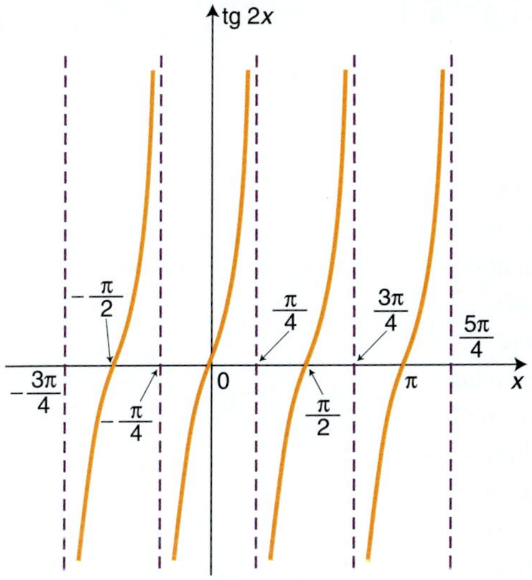


c)

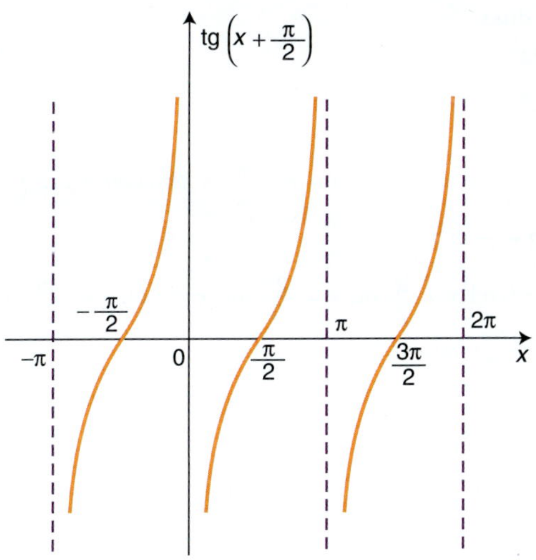


d)

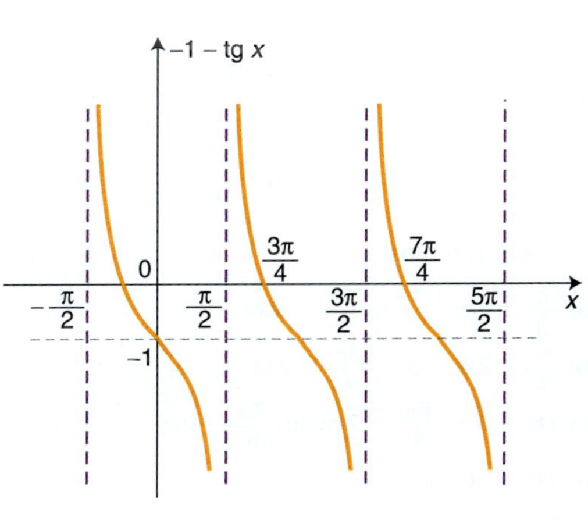


**50.** Como $g(x) = f(x) + 2$, seu gráfico pode ser obtido a partir do gráfico de $f$ por meio de um deslocamento vertical de 2 unidades para cima.
Analogamente, temos que $h(x) = f(x) - 1$ e, assim, seu gráfico pode ser obtido a partir do gráfico de $f$ por meio de um deslocamento vertical de 1 unidade para baixo.

**51.** três

**52.** $a = 1$ e $b = -1$

**53.** $x = 1$

**54.** $k < 2$

**55.** $\left[0, \frac{\pi}{4}\right[, \left]\frac{\pi}{2}, \frac{5\pi}{4}\right[$ e $\left]\frac{3\pi}{2}, 2\pi\right]$

**56.** a) $2\pi$  b) $\frac{\pi}{4}$

**57.** $\pm\frac{\pi}{4}$

**58.** resposta pessoal

**59.** resposta pessoal

**60.** demonstração

**61.** três

**62.** a) Deslocando 1 unidade para baixo o gráfico da cotg $x$.
b) Tomando as imagens opostas dos pontos do gráfico da cotg $x$.
c) Rebatendo a parte do gráfico da cotg $x$ que está abaixo do eixo das abscissas.

**63.** $D(f) = \left\{x \in \mathbb{R} \mid x \neq \frac{k\pi}{2}, \text{ com } k \in \mathbb{Z}\right\}$ e $Im(f) = \{1\}$

**64.** É uma função ímpar.

**65.** a) $\frac{\pi}{2}$  b) $\pi$

**66.** O fato de esses gráficos não interceptarem o eixo das abscissas nos indica que não existem valores reais de $x$ que satisfaçam a igualdade sec $x = 0$ nem cossec $x = 0$, ou seja, essas duas funções nunca se anulam.

**67.** a) $]-\infty, -3] \cup [1, +\infty[$  b) $]-\infty, 1] \cup [7, +\infty[$

**68.** demonstrações

**69.** secante:

crescente em $\left[0, \frac{\pi}{2}\right[$ e em $\left]\frac{\pi}{2}, \pi\right]$

decrescente em $\left[-\pi, -\frac{\pi}{2}\right[$ e em $\left]-\frac{\pi}{2}, 0\right]$

cossecante:

crescente em $\left]-\pi, -\frac{\pi}{2}\right]$ e em $\left[\frac{\pi}{2}, \pi\right[$

decrescente em $\left[-\frac{\pi}{2}, 0\right[$ e em $\left]0, \frac{\pi}{2}\right]$

**70.** $a = 0$ e $b = -2$

**71.** a) $\frac{\pi}{4}$ e $\frac{\pi}{4}$
b) 0 e $\frac{\pi}{2}$
c) $-\frac{\pi}{6}$ e $\frac{2\pi}{3}$
d) $\frac{\pi}{2}$ e 0

**72.** a) zero
b) $\frac{\pi}{3}$
c) $-\frac{\pi}{6}$

**73.** $E = 9$

74. $m = 1$

75. $-\frac{3}{5}$

76. $x = -1$ ou $x = -\pi + 1$

77. $\frac{\pi}{4}$

78. São identidades trigonométricas: a, e

79. demonstrações

80. demonstração

81. a) $S = \left\{\frac{\pi}{6}, \frac{5\pi}{6}\right\}$

b) $S = \left\{\frac{\pi}{4}, \frac{7\pi}{4}\right\}$

c) $S = \{0, \pi\}$

d) $S = \{\pi\}$

e) $S = \left\{\frac{5\pi}{4}, \frac{7\pi}{4}\right\}$

f) $S = \left\{\frac{2\pi}{3}, \frac{4\pi}{3}\right\}$

82. Para $k \in \mathbb{Z}$, temos:

a) $x = \frac{7\pi}{6} + 2k\pi$ ou $x = \frac{11\pi}{6} + 2k\pi$

b) $x = \frac{\pi}{3} + 2k\pi$ ou $x = \frac{5\pi}{3} + 2k\pi$

c) $x = \frac{\pi}{2} + k\pi$

d) $x = \frac{3\pi}{4} + 2k\pi$ ou $x = \frac{5\pi}{4} + 2k\pi$

e) $x = \frac{\pi}{4} + 2k\pi$ ou $x = \frac{3\pi}{4} + 2k\pi$

f) $x = \frac{5\pi}{6} + 2k\pi$ ou $x = \frac{7\pi}{6} + 2k\pi$

83. respostas pessoais

84. Uma equação do tipo sen $x = k$ tem solução se, e somente se, $-1 \leqslant k \leqslant 1$. Assim:

- $2 > 1$, o que acarreta sen $x = 2$ sem solução
- $\frac{\pi}{4} \simeq 0{,}78$, o que acarreta sen $x = \frac{\pi}{4}$ com solução real

85. a) $x = \text{arcsen } 0{,}25$

b) $x = \text{arccos } \frac{1}{3}$

c) $x = \text{arcsen}\left(-\frac{1}{4}\right)$

d) $x = \text{arccos}(-0{,}8)$

e) Não tem solução.

86. $\frac{\pi}{6}, \frac{5\pi}{6}, \frac{7\pi}{6}$ e $\frac{11\pi}{6}$

87. $x = 0$ ou $x = \frac{\pi}{2}$ ou $x = \pi$

88. três

89. $S = \left\{0, \frac{\pi}{2}, \pi, \frac{3\pi}{2}\right\}$

90. a) $\left(\frac{\pi}{4}, \frac{\sqrt{2}}{2}\right)$ e $\left(\frac{5\pi}{4}, -\frac{\sqrt{2}}{2}\right)$

b) $x = \frac{\pi}{4}$ ou $x = \frac{5\pi}{4}$

c) As abscissas dos pontos de intersecção são as soluções da equação.

91. a) $x = \frac{\pi}{4}$ ou $x = \frac{5\pi}{4}$

b) $x = \frac{5\pi}{6}$ ou $x = \frac{11\pi}{6}$

c) $x = \frac{\pi}{3}$ ou $x = \frac{4\pi}{3}$

d) $x = 0$ ou $x = \pi$

92. $0, \pi$ e $\frac{3\pi}{4}$

93. $2\pi$

94. $S = \left\{\frac{\pi}{6}, \frac{7\pi}{6}\right\}$

95. 16

96. $-\frac{\pi}{2}$

97. a) duas

b) seis

c) duas

d) quatro

e) seis

f) oito

98. a) infinitos

b) cinco

99. a) duas

b) duas

c) duas

d) seis

e) duas

100. duas

101. $-\frac{\pi}{6}$

102. $S = \left\{x \in \mathbb{R} \mid x = 2k\pi \text{ ou } x = \frac{\pi}{2} + 2k\pi, \text{ com } k \in \mathbb{Z}\right\}$

103. $-2 \leqslant m \leqslant 2$

104. $x = 0$ ou $x = \frac{\pi}{2}$ ou $x = \frac{2\pi}{3}$ ou $x = \pi$ ou $x = \frac{4\pi}{3}$ ou $x = \frac{3\pi}{2}$ ou $x = 2\pi$

105. a) $S = \left\{x \in \mathbb{R} \mid \frac{\pi}{6} \leqslant x \leqslant \frac{5\pi}{6}\right\}$

b) $S = \left\{x \in \mathbb{R} \mid \frac{\pi}{4} < x < \frac{7\pi}{4}\right\}$

c) $S = \left\{x \in \mathbb{R} \mid 0 \leqslant x < \frac{\pi}{3} \text{ ou } \frac{2\pi}{3} < x < 2\pi\right\}$

d) $S = \left\{x \in \mathbb{R} \mid \frac{5\pi}{6} \leqslant x \leqslant \frac{7\pi}{6}\right\}$

e) $S = \left\{x \in \mathbb{R} \mid 0 \leqslant x < \frac{\pi}{6} \text{ ou } \frac{11\pi}{6} < x < 2\pi\right\}$

106. Para $k \in \mathbb{Z}$, temos:

a) $\frac{\pi}{3} + 2k\pi \leqslant x \leqslant \frac{5\pi}{3} + 2k\pi$

b) $\frac{\pi}{4} + 2k\pi < x < \frac{3\pi}{4} + 2k\pi$

c) $2k\pi \leqslant x < \frac{5\pi}{6} + 2k\pi$ ou $\frac{7\pi}{6} + 2k\pi < x < 2\pi + 2k\pi$

d) $2k\pi \leqslant x \leqslant \pi + 2k\pi$

**107.** a)

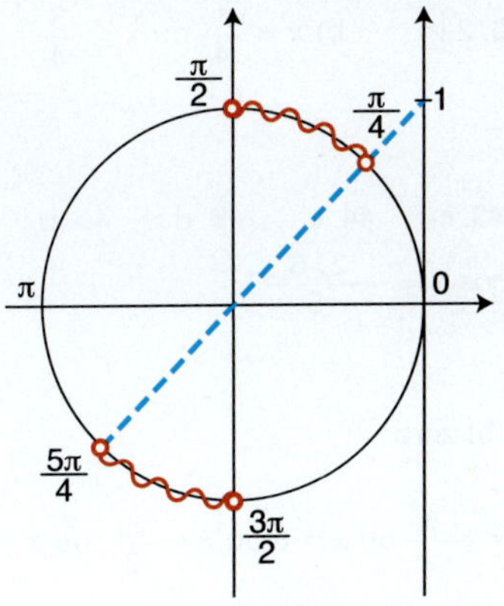


b) Esses valores são as abscissas dos pontos que satisfazem a condição $f(x) > g(x)$.

**108.** a) $\frac{\pi}{4} < x < \frac{3\pi}{4}$ ou $\frac{5\pi}{4} < x < \frac{7\pi}{4}$

b)

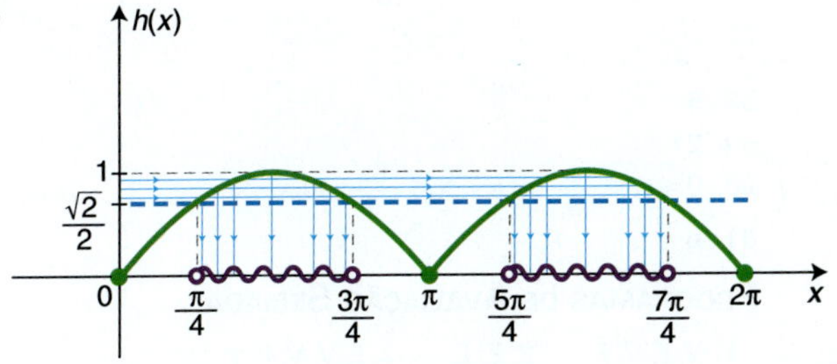


**109.** $\left\{x \in \mathbb{R} \mid 2k\pi \leq x \leq \frac{7\pi}{6} + 2k\pi \text{ ou } \frac{11\pi}{6} + 2k\pi \leq x < 2\pi + 2k\pi, \text{ com } k \in \mathbb{Z}\right\}$

**110.** $\frac{3\pi}{4} < x < \frac{5\pi}{4}$

**111.** $\frac{\pi}{12} \leq x \leq \frac{5\pi}{12}$ ou $\frac{13\pi}{12} \leq x \leq \frac{17\pi}{12}$

**112.** $\frac{\pi}{2} \leq x < \frac{2\pi}{3}$

**113.** a) puro b) composto c) composto d) puro

**114.** $c = \sqrt{3}$

**115.** $a = 4{,}5$, $b = 0{,}5$ e $k = \frac{2\pi}{3}$

**116.** a) 2 metros

b) alta: 6h da manhã e baixa: 6h da tarde

c) durante 16 horas

**117.** $g(x) = 1{,}5 \cdot \text{sen}\, \frac{\pi x}{4}$

**118.** 4

## Encare Essa!

1. d
2. c
3. $-\sqrt{a^2 + b^2}$ e $\sqrt{a^2 + b^2}$
4. e

## Atividades de Revisão

**1.** a) $-\frac{\sqrt{2}}{2}$ b) $\frac{\sqrt{3}}{2}$ c) $\frac{1}{2}$ d) $-\frac{\sqrt{2}}{2}$ e) $-\frac{\sqrt{3}}{2}$

**2.** $y = 3 + 2 \cdot \text{sen}\, 3x$

**3.** a) $-2 \leq k \leq 8$ b) $-\frac{10}{3} \leq k \leq -\frac{8}{3}$ c) $-\frac{13}{3} \leq k \leq \frac{1}{3}$

**4.** a) $\left[\frac{14}{3}, \frac{16}{3}\right]$

b) $[-3, 11]$

c) $\left[\frac{20}{7}, \frac{22}{7}\right]$

d) $\left[\frac{13}{3}, \frac{17}{3}\right]$

**5.** 2 m

**6.** 1.500 cm³ e 500 cm³

**7.** a) $\frac{1}{2}$ d) $\frac{\sqrt{3}}{2}$

b) $\frac{\sqrt{3}}{2}$ e) $\frac{\sqrt{2}}{2}$

c) $\frac{\sqrt{2}}{2}$

**8.** a) $\text{Im}(f) = [2, 4]$ e $\text{Im}(g) = [-4, -2]$

b) $\text{Im}(f) = [-1, 1]$ e $\text{Im}(g) = [-1, 1]$

c) $\text{Im}(f) = [-1, 1]$ e $\text{Im}(g) = [-3, 3]$

**9.** a) $-2 \leq m \leq 7$

b) $-4 \leq m \leq \frac{2}{3}$

c) $-\frac{4}{5} \leq m \leq -\frac{2}{5}$

**10.** $\frac{1}{2} \leq k \leq 1$

**11.** 5 cm/s e 3 cm/s

**12.** a) $\frac{2\pi}{5}$ b) $\pi$

**13.** $[-1, 1]$

**14.** a) $\frac{\sqrt{3}}{3}$ c) $\sqrt{3}$

b) $\sqrt{3}$ d) $-1$

**15.**

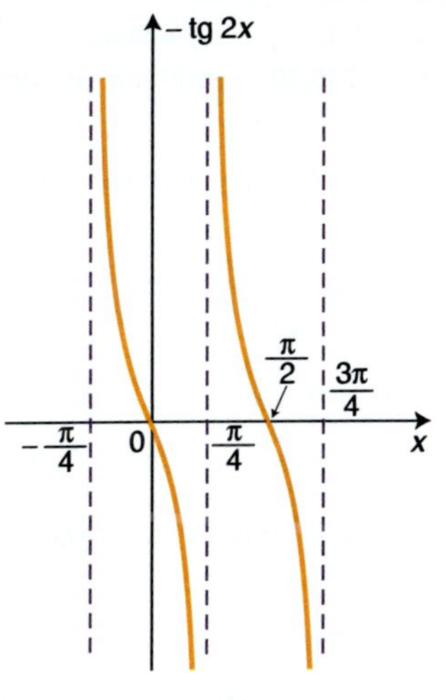


**16.** a) $\frac{\pi}{3}$ b) $\frac{3\pi}{5}$ 3) $\frac{\pi}{3}$

**17.** a) $\sqrt{3}$ c) $\frac{\sqrt{3}}{3}$

b) 1 d) $\frac{\sqrt{3}}{3}$

18. a) $D(f) = \left\{x \in \mathbb{R} \mid x \neq -\frac{\pi}{3} + k\pi, \text{ com } k \in \mathbb{Z}\right\}$

b) $D(g) = \left\{x \in \mathbb{R} \mid x \neq -\frac{\pi}{8} + \frac{k\pi}{2}, \text{ com } k \in \mathbb{Z}\right\}$

c) $D(h) = \left\{x \in \mathbb{R} \mid x \neq -\frac{\pi}{6} + k\pi, \text{ com } k \in \mathbb{Z}\right\}$

19. a) $\frac{2\sqrt{3}}{3}$ b) 2 c) 2 d) $\sqrt{2}$

20. a) 2 b) $\sqrt{2}$ c) $-\frac{2\sqrt{3}}{3}$ d) $\frac{2\sqrt{3}}{3}$

21. par: d, f ímpar: a, b, c, e

22. a) $D(f) = \left\{x \in \mathbb{R} \mid x \neq \frac{\pi}{4} + k\pi, \text{ com } k \in \mathbb{Z}\right\}$

b) $D(g) = \left\{x \in \mathbb{R} \mid x \neq \frac{\pi}{6} + k\pi, \text{ com } k \in \mathbb{Z}\right\}$

23. demonstrações

24. $x = \frac{5\pi}{6}$

25. 7,2

26. $x = \frac{5\pi}{24} + k\pi$ ou $x = \frac{23\pi}{24} + k\pi$, com $k \in \mathbb{Z}$

27. Para $k \in \mathbb{Z}$, temos:

a) $x = \frac{\pi}{12} + \frac{2k\pi}{3}$ ou $x = \frac{\pi}{4} + \frac{2k\pi}{3}$

b) $x = \frac{\pi}{9}$ ou $x = \frac{4\pi}{9}$ ou $x = \frac{7\pi}{9}$ ou $x = \frac{10\pi}{9}$ ou $x = \frac{13\pi}{9}$ ou $x = \frac{16\pi}{9}$

c) $x = \pi + 2k\pi$

28. $\frac{\pi}{15}$

29. $\frac{\pi}{6} < x < \frac{\pi}{2}$ ou $\frac{7\pi}{6} < x < \frac{3\pi}{2}$

30. $S = \left[\frac{\pi}{4}, \frac{7\pi}{4}\right]$

31. a) 2 m b) 1,6 s

32. a) 0,4 L b) 3 s c) 40 vezes

33. a) $\simeq 0{,}29$ b) $\simeq 0{,}4$

34. a) 7.050 b) agosto

35. a) R$ 240,00; fevereiro e outubro b) R$ 140,00; junho

## Questões Propostas de Vestibular

1. c 2. a

3. a) março e novembro b) janeiro

4. a) 3 b) $\pm\frac{\pi}{6}$

5. oito 6. d

7. a) $\frac{10 - \sqrt{3}}{2}$ b) $a = 5$, $b = -1$ e $c = \pm\frac{2\pi}{3}$

8. a) R$ 3,50 e R$ 1,90 b) $t = 131$ ou $t = 251$

9. I. b II. e

10. $P\left(\frac{4}{3}, 0\right)$, $Q(2, 0)$, $R\left(\frac{8}{3}, 0\right)$ e $S\left(\frac{10}{3}, 0\right)$

11. b 12. d 13. e 14. a 15. a 16. V, V, V, F, F

17. a 18. e 19. $x = 8$; 19 kg 20. b 21. e

22. a) $h(x) = 2 - \text{sen } 2x$ b) 3

23. e 24. c 25. c 26. e 27. b 28. c 29. d

30. e 31. 5 32. e 33. b 34. c 35. c 36. c

37. $\frac{\pi}{6}$

38. a) 1 e $\text{Im}(f) = [0, 2]$ b) $x = \frac{1}{4}$ ou $x = \frac{3}{4}$

39. c

40. 0, $\frac{2\pi}{3}$, $\pi$ e $\frac{4\pi}{3}$

41. b 42. 22 43. c 44. c 45. d 46. b 47. c

48. $\text{sen } x = -\frac{1}{5}$ e $\cos x = -\frac{2\sqrt{6}}{5}$

49. 33

50. e

51. a) $x = \frac{2\pi}{3}$ b) zero

52. c

53. a) $x = -\pi$ ou $x = -\frac{\pi}{2}$ ou $x = 0$ ou $x = \frac{\pi}{2}$ ou $x = \pi$

b) $\frac{\pi}{2}$

54. e

55. a

56. a) $\frac{\sqrt{5}}{2}$ b) $\frac{3\sqrt{10}}{10}$

57. $\frac{\pi}{4}$

58. 5

59. 21

60. $0 \leqslant x \leqslant \frac{\pi}{3}$ ou $\pi \leqslant x \leqslant \frac{5\pi}{3}$ ou $x = 2\pi$

61. b

## Programas de Avaliação Seriada

1. V, F, V, F 2. E, E 3. F, V, V, F, V

4. $x = \frac{\pi}{4} + k\pi$, com $k \in \mathbb{Z}$ 5. a

# Capítulo 3

## Exercícios Propostos

1. a) $A = \begin{pmatrix} 1 & 1 & 1 \\ 2 & 4 & 8 \end{pmatrix}$ b) $B = \begin{pmatrix} 1 & -1 \\ -1 & 1 \\ 1 & -1 \end{pmatrix}$

2. a) 6 elementos b) apenas 1

3. 7

4. $c_{31}$ e $c_{32}$

5. $a = 3$; matriz nula

6. F, V, F, V, V, V, V

7. a) Existe.
b) quadrada
c) nula, quadrada, diagonal, identidade ou triangular

8. a) resposta pessoal c) resposta pessoal
b) resposta pessoal d) Não existe.

9. a) $x = 1$ b) $x = 5$, $y = 7$ e $z = -12$

10. a) $A = \begin{pmatrix} 3 & 5 \\ 4 & 6 \end{pmatrix}$ e $B = \begin{pmatrix} 0 & -1 & -2 \end{pmatrix}$

b) $A$ é quadrada de ordem 2 e $B$ é matriz linha do tipo $1 \times 3$.

c) $A^t = \begin{pmatrix} 3 & 4 \\ 5 & 6 \end{pmatrix}$ e $B^t = \begin{pmatrix} 0 \\ -1 \\ -2 \end{pmatrix}$

$A^t$ é quadrada de ordem 2 e $B^t$ é matriz coluna do tipo $3 \times 1$.

11. V, F, V, F, V

12. a) $x = -1$ e $y = 5$ c) Não existem $x$ e $y$.
b) $x = 2$ e $y = 3$ d) $x = 2$ e $y = 0,5$

13. $x = 7$

14. $a = 4$

15. resposta pessoal

16. $x = 100$

17. a) matriz quadrada
b) resposta pessoal
c) $x = 0$, $y = 1$ e $z = -1$ ou $x = 0$, $y = 3$ e $z = -1$ ou $x = 1$, $y = 1$ e $z = -1$ ou $x = 1$, $y = 3$ e $z = -1$
d) quatro

18. a) $\begin{pmatrix} 2 & 0 \\ 7 & 6 \end{pmatrix}$ b) Não existe. c) $\begin{pmatrix} 0 & 4 \\ 5 & 2 \\ 0 & 5 \end{pmatrix}$

19. 8

20. a) $L_1 = \begin{pmatrix} 2 & 3 & 4 \\ 0 & 5 & 8 \end{pmatrix}$, $L_2 = \begin{pmatrix} 5 & 1 & 2 \\ 2 & 3 & 4 \end{pmatrix}$
e $E = \begin{pmatrix} 7 & 4 & 6 \\ 2 & 8 & 12 \end{pmatrix}$
b) calças P, M, G e camisas P

21. a) $\begin{pmatrix} 3 & 27 \\ 3 & 18 \end{pmatrix}$
b) Esmaga Sapo; 27
c) Nenhum dos dois, pois ambos marcaram 3 gols.

22. $x = 2$, $y = 1$, $z = 0$ e $t = -1$

23. $x = 3$

24. $\begin{pmatrix} 1 & 1 \\ 3 & 4 \end{pmatrix}$

25. $\begin{pmatrix} -1 & -2 & -3 \\ -1 & -4 & -6 \end{pmatrix}$

26. a) matriz quadrada c) $x = -1$, $y = 3$ e $z = -5$
b) Não é. d) todos nulos

27. a) $\begin{pmatrix} 1 & 0 \\ 4 & 10 \end{pmatrix}$ b) $\begin{pmatrix} 1 & 4 \\ -6 & -2 \end{pmatrix}$ c) $\begin{pmatrix} 0 & -4 \\ 10 & 12 \end{pmatrix}$
d) matriz nula de ordem 2

28. $\begin{pmatrix} -9 & -11 \\ -13 & -15 \end{pmatrix}$

29. a) 0h: $\begin{pmatrix} 10.000 \\ 729 \end{pmatrix}$ 1h: $\begin{pmatrix} 5.000 \\ 243 \end{pmatrix}$ 2h: $\begin{pmatrix} 2.500 \\ 81 \end{pmatrix}$
3h: $\begin{pmatrix} 1.250 \\ 27 \end{pmatrix}$ 4h: $\begin{pmatrix} 625 \\ 9 \end{pmatrix}$
b) $\begin{pmatrix} 9.375 \\ 720 \end{pmatrix}$
c) É uma matriz coluna $2 \times 1$.

30. $x = 0$ e $y = 2$

31. $A - B = \begin{pmatrix} 3 & 5 \\ 4 & 6 \\ 5 & 7 \end{pmatrix}$, $B - A = \begin{pmatrix} -3 & -5 \\ -4 & -6 \\ -5 & -7 \end{pmatrix}$
e $(A - B) + (B - A) = O_{3 \times 2}$ (matriz nula)

32. a) $\begin{pmatrix} 0,5 & 1 \\ 1,5 & 2 \end{pmatrix}$ b) $\begin{pmatrix} 3 & -4 \\ 11 & 8 \end{pmatrix}$

33. $\alpha = 2$ e $\beta = 1$

34. $\begin{pmatrix} -14 & -25 \\ -20 & -29 \end{pmatrix}$

35. $A \cdot B = \begin{pmatrix} 1 & 1 \\ 2 & 2 \end{pmatrix}$ e $B \cdot A = (3)$

36. a) $A \cdot I_2 = \begin{pmatrix} 2 & 2 \\ 3 & 5 \end{pmatrix}$ e $I_2 \cdot A = \begin{pmatrix} 2 & 2 \\ 3 & 5 \end{pmatrix}$
b) $A \cdot I_2$ não existe e $I_2 \cdot A = \begin{pmatrix} 2 & 1 & 3 \\ 4 & 5 & 6 \end{pmatrix}$
c) $A \cdot I_2 = \begin{pmatrix} 2 & 4 \\ 1 & 5 \\ 3 & 6 \end{pmatrix}$ e $I_2 \cdot A$ não existe

37. $n = 3$, $p = 5$ e $q = 2$

38. a) $-6$
b) $c_{13} = 1,5$ e $c_{63}$ não existe

39. $A \cdot B = \begin{pmatrix} 1 & 2 & 3 \\ 2 & 3 & 8 \end{pmatrix}$, $B \cdot A$ não existe, $A \cdot A = \begin{pmatrix} 1 & 0 \\ 4 & 1 \end{pmatrix}$,
$B \cdot B$ não existe e $(A \cdot A) \cdot B = \begin{pmatrix} 1 & 2 & 3 \\ 4 & 7 & 14 \end{pmatrix}$

40. $\begin{pmatrix} 2 & 0 \\ 0 & 2 \end{pmatrix}$ ou $\begin{pmatrix} -2 & 0 \\ 0 & -2 \end{pmatrix}$

41. $A \cdot B \cdot C = \begin{pmatrix} 2 & -2 \\ 2 & -6 \end{pmatrix}$, $(A + B) \cdot C = \begin{pmatrix} 2 & 1 \\ 10 & 5 \end{pmatrix}$ e
$(A + B)^2 = \begin{pmatrix} 6 & 6 \\ 30 & 30 \end{pmatrix}$

42. a) $M^2 = \begin{pmatrix} 1 & 0 \\ 4 & 1 \end{pmatrix}$ e $M^4 = \begin{pmatrix} 1 & 0 \\ 8 & 1 \end{pmatrix}$
b) $M^{100} = \begin{pmatrix} 1 & 0 \\ 200 & 1 \end{pmatrix}$ e $M^n = \begin{pmatrix} 1 & 0 \\ 2n & 1 \end{pmatrix}$

43. a) $A \cdot I_2 = \begin{pmatrix} 1 & 1 \\ 0 & 1 \end{pmatrix}$ c) $A^3 = \begin{pmatrix} 1 & 3 \\ 0 & 1 \end{pmatrix}$
b) $A^2 = \begin{pmatrix} 1 & 2 \\ 0 & 1 \end{pmatrix}$ d) $A^n = \begin{pmatrix} 1 & n \\ 0 & 1 \end{pmatrix}$

44. $(I_2)^n = \begin{pmatrix} 1 & 0 \\ 0 & 1 \end{pmatrix}$

45. $\forall x \in \mathbb{R}$ e $y = 0$

46. a) Não é válida.
b) É válida.

47. $\begin{pmatrix} 4 & 2 \\ 2 & 4 \end{pmatrix}$

48. a) $A^2 + AB + BA + B^2$ c) $A^2 - (I_n)^2 = A^2 - I_n$
b) $A^2 - AB + BA - B^2$

49. $\begin{pmatrix} 13 & 30 \\ 30 & 73 \end{pmatrix}$

50. $(A + B)^t = \begin{pmatrix} 3 & 1 \\ 2 & 2 \end{pmatrix}$, $(AB)^t = \begin{pmatrix} 5 & 1 \\ 2 & 1 \end{pmatrix}$ e $B^t \cdot A^t = \begin{pmatrix} 5 & 1 \\ 2 & 1 \end{pmatrix}$

51. V, F, F, V

52. $A^t \cdot B^t = \begin{pmatrix} 11 & 22 \\ 17 & 34 \end{pmatrix}$ e $(AB)^t = \begin{pmatrix} 13 & 14 \\ 26 & 32 \end{pmatrix}$

53. Como os dois produtos resultam na matriz identidade de mesma ordem que essas matrizes quadradas, podemos afirmar que *M* e *N* são matrizes inversas.

54. a) $M^{-1} = \begin{pmatrix} 0 & \frac{1}{3} \\ 1 & 0 \end{pmatrix}$ c) *L* não é invertível.

b) $N^{-1} = \begin{pmatrix} 0{,}5 & -1 \\ 0 & 2 \end{pmatrix}$ d) $H^{-1}$ não existe.

55. a) São. b) Não são. c) São.

56. a) $H^{-1} = \begin{pmatrix} 1 & 0 & \frac{1}{3} \\ -\frac{2}{3} & \frac{1}{3} & -\frac{1}{3} \\ 0 & 0 & \frac{1}{3} \end{pmatrix}$ e $E^{-1}$ não existe

b) $(H^{-1})^{-1} = \begin{pmatrix} 1 & 0 & -1 \\ 2 & 3 & 1 \\ 0 & 0 & 3 \end{pmatrix}$

c) $(H^{-1})^t = \begin{pmatrix} 1 & -\frac{2}{3} & 0 \\ 0 & \frac{1}{3} & 0 \\ \frac{1}{3} & -\frac{1}{3} & \frac{1}{3} \end{pmatrix}$

d) $(E^t)^{-1}$ não existe.

57. $x = 1$ e $y = -1$

58. $A^{-1} = \begin{pmatrix} -2 & 1 \\ \frac{3}{2} & -\frac{1}{2} \end{pmatrix}$, $B^{-1} = \begin{pmatrix} 1 & 0 \\ -\frac{1}{2} & \frac{1}{2} \end{pmatrix}$,

$B^{-1} \cdot A^{-1} = \begin{pmatrix} -2 & 1 \\ \frac{7}{4} & -\frac{3}{4} \end{pmatrix}$ e $(AB)^{-1} = \begin{pmatrix} -2 & 1 \\ \frac{7}{4} & -\frac{3}{4} \end{pmatrix}$

Podemos verificar que, nesse caso, $B^{-1} \cdot A^{-1} = (AB)^{-1}$.

59. $(A^t)^{-1} = \begin{pmatrix} 3 & -2 \\ -1 & 1 \end{pmatrix}$ e $(A^{-1})^t = \begin{pmatrix} 3 & -2 \\ -1 & 1 \end{pmatrix}$

60. a) $I_1$ b) $I_2$ c) $I_3$ d) $I_{10}$ e) $I_n$

61. a) $\begin{pmatrix} 6 & 10 \\ 11 & -1 \\ 3 & 1 \end{pmatrix}$ b) $\begin{pmatrix} 9 & 14 \\ 10 & -5 \\ 9 & 8 \end{pmatrix}$ c) $\begin{pmatrix} -4 & -3 & -5 \\ -6 & 3 & -5 \end{pmatrix}$

62. $M = \begin{pmatrix} 1 & 0 \\ 0 & 1 \end{pmatrix}$

63. $B = \begin{pmatrix} 1 & 0 \\ -2 & 1 \end{pmatrix}$

64. $X = \begin{pmatrix} 2 \\ 3 \end{pmatrix}$

65. a) $X = \begin{pmatrix} 1 & -1 \\ 2 & 1 \end{pmatrix}$ b) $Y = \begin{pmatrix} 1 & 0 \\ 2 & 1 \end{pmatrix}$

66. $x = \frac{11}{3}$ e $y = \frac{5}{3}$

67. $X + Y = \begin{pmatrix} 1 & 0 & 3 \\ -1 & 2 & 1 \end{pmatrix}$, $X = \begin{pmatrix} 0 & -2 & 0 \\ 1 & -1 & 3 \end{pmatrix}$

e $Y = \begin{pmatrix} 1 & 2 & 3 \\ -2 & 3 & -2 \end{pmatrix}$

68. a) $\begin{pmatrix} 1 & 0{,}8 & 0{,}9 \end{pmatrix} \cdot \begin{pmatrix} 20 & 15 & 15 \\ 30 & 0 & 20 \\ 10 & 30 & 10 \end{pmatrix}$

b) André 53 reais, Bruno 42 reais e Caio 40 reais

69. a) 17.500 reais
b) 238 kg
c) 443 kg, 937 $dm^3$ e 35.000 reais

70. a) a equipe *B* b) 60 pontos

71. a) det $A = -2$ b) det $H = 2$ c) det $M = 0$ d) det $T = 1$

72. a) $x = 2$ ou $x = -2$ b) $x = 5$

73. $-\sqrt{5}$

74. $x < -1$

75. 4

76. $\sqrt{3}$

77. a) det $N = -5$ b) det $B = 1$ c) det $C = -15$ d) det $H = 0$

78. 17

79. $a = -4$

80. $x = \frac{3}{5}$

81. a) $x = 27$ b) $x < -2$ ou $x > 2$

82. três

83. 2

84. demonstração

85. a) zero b) 1

86. 4 e 12

87. a) $-6$ b) 80

88. a) $S = \{3\}$ b) $S = \{0, 2, 3, -2\}$

89. 2

90. a) zero b) $-5$ c) zero d) zero

91. $cfb + ade$

92. Nenhum, pois os dois valem zero.

93. a) 14 b) $-14$ c) $-1$ d) 40

94. a) 5 b) $-5$

95. zero

96. a) apenas uma b) nenhuma

97. $0 < x \leq 2$ ou $3 \leq x < 4$

98. $-10 \cdot 11^4$

99. a) $-12$ b) 8 c) $2m^3$

100. a) 3 b) 75 c) 0,75

101. $\pm 2\sqrt{5}$

102. 120

103. o 2.º determinante

104. a) zero b) demonstração

105. a) $S = \{0, 1, 2, 15\}$ b) $S = \{0, 3\}$ c) $S = \{0, 1, 2,\}$

106. $-100$

107. 2 e 5

108. 9 ou zero

109. 18

110. $\frac{1}{6}$

111. 8

112. a) $x \neq 6$ b) $x \neq 2$ e $x \neq -2$

113. 0,5

114. a) $\text{cof } A = \begin{pmatrix} 7 & -2 \\ -3 & 1 \end{pmatrix}$ e $\text{cof } B = \begin{pmatrix} 2 & 0 & 0 \\ -2 & 1 & -2 \\ 2 & -1 & 4 \end{pmatrix}$

b) $\text{adj } A = \begin{pmatrix} 7 & -3 \\ -2 & 1 \end{pmatrix}$ e $\text{adj } B = \begin{pmatrix} 2 & -2 & 2 \\ 0 & 1 & -1 \\ 0 & -2 & 4 \end{pmatrix}$

115. $x = 3$

116. demonstração

117. a) $A^{-1} = \begin{pmatrix} 7 & -3 \\ -2 & 1 \end{pmatrix}$ b) $B^{-1} = \begin{pmatrix} 1 & -1 & 1 \\ 0 & 0,5 & -0,5 \\ 0 & -1 & 2 \end{pmatrix}$

## Encare Essa!

1. d
2. demonstração
3. $\begin{pmatrix} 1 & 0 \\ 0 & 1 \end{pmatrix}, \begin{pmatrix} -1 & 0 \\ 0 & -1 \end{pmatrix}, \begin{pmatrix} \sqrt{1-b^2} & b \\ b & -\sqrt{1-b^2} \end{pmatrix}$ e $\begin{pmatrix} -\sqrt{1-b^2} & b \\ b & \sqrt{1-b^2} \end{pmatrix}$, com $|b| \leq 1$
4. d

## Atividades de Revisão

1. a) quadrada e triangular
   b) nenhuma delas
   c) linha
   d) quadrada, triangular, diagonal e identidade
2. $\begin{pmatrix} 0 & 1 & 2 \\ 1 & 1 & 1 \\ 2 & 1 & 0 \end{pmatrix}$
3. $x = 2$, $y = 0$ e $z = 2$
4. $x = 0$, $y = -1$ e $t = 2$
5. $\begin{pmatrix} -1 & 1 \\ -4 & 6 \end{pmatrix}$
6. a) $A = \begin{pmatrix} 0 & -3 & -8 \\ 3 & 0 & -5 \end{pmatrix}$
   b) $A^t = \begin{pmatrix} 0 & 3 \\ -3 & 0 \\ -8 & -5 \end{pmatrix}$
   c) $A \cdot A^t = \begin{pmatrix} 73 & 40 \\ 40 & 34 \end{pmatrix}$
   d) $A^t \cdot A = \begin{pmatrix} 9 & 0 & -15 \\ 0 & 9 & 24 \\ -15 & 24 & 89 \end{pmatrix}$
7. 786
8. 4
9. $b = 2\sqrt{2}$ e $a$ é qualquer real ou $b = -2\sqrt{2}$ e $a$ é qualquer real
10. $A^2 = I_2$, $A^3 = A$, $A^4 = I_2$, $A^5 = A$ e $A^{2.010} = I_2$
11. $\begin{pmatrix} 1 & 0 & 0 \\ 0 & 64 & 0 \\ 0 & 0 & 729 \end{pmatrix}$
12. a) $\begin{pmatrix} 2 & -5 \\ -1 & 3 \end{pmatrix}$ b) Não existe.
    c) $\begin{pmatrix} \frac{1}{5} & \frac{2}{5} & -\frac{1}{5} \\ -\frac{2}{5} & \frac{1}{5} & -\frac{3}{5} \\ \frac{4}{5} & -\frac{2}{5} & \frac{11}{5} \end{pmatrix}$
13. $a = 3$
14. $A = \begin{pmatrix} 2 & 0 \\ 0 & 2 \end{pmatrix}$
15. $X = \begin{pmatrix} 0,7 \\ 3,2 \end{pmatrix}$
16. a) $\begin{pmatrix} 2 & 1 & 3 \\ 4 & 0 & 2 \\ 5 & 2 & 1 \end{pmatrix}$
    b) Cada linha representa a pontuação de cada um dos três atletas citados. Cada coluna dá a pontuação por rodada.
    c) Basta fazer a multiplicação da matriz dos pontos de cada atleta por rodada pela matriz coluna dos pesos. A matriz produto obtida fornece a pontuação total de cada atleta.
    d) Carlos
17. 1.520 reais
18. 3
19. $a + b$
20. a) $D(f) = \mathbb{R}$ b) não; sim
21. $m = -1$
22. a) 3 b) $-3$ c) 3 d) $-3$
23. demonstração
24. $2\pi$
25. $x = 2$ ou $x = \frac{1}{4}$
26. 54
27. a) zero b) zero c) zero d) zero
28. a) zero b) $2^3 \cdot \det A$
29. a) $\begin{pmatrix} 4 & 5 \\ 3 & 6 \end{pmatrix}$ b) $\begin{pmatrix} 0 & 1 \\ 1 & 0 \end{pmatrix}$ c) $-81$

30. 27

31. $x = 0$ ou $x = 1$

32. a) $-110$

b) 8

33. $x \neq 1$ e $x \neq -4$

34. 16

35. 1

## Questões Propostas de Vestibular

1. c

2. a) 13 mg e 50 mg

b) $\begin{pmatrix} 28 & \frac{91}{3} \\ \frac{350}{3} & 140 \end{pmatrix}$

3. e

4. a

5. c

6. d

7. a

8. b

9. V, V, V, F, F

10. a

11. d

12. $A = \begin{pmatrix} 2 & 1 \\ 3 & 4 \end{pmatrix}$

13. Estados Unidos: 519, Cuba: 288 e Brasil: 309

14. a) $\begin{pmatrix} 1.400 & 1.800 & 1.750 \\ 1.450 & 1.600 & 1.700 \end{pmatrix}$

b) O elemento $c_{23}$ representa o total produzido utilizando o fertilizante $Z$.

15. a) $\begin{pmatrix} -1 & 1 & 1 \\ 1 & -1 & 1 \\ 1 & 1 & -1 \end{pmatrix}$

b) $\begin{pmatrix} -0,5 & 0,5 & 0,5 \\ 0,5 & -0,5 & 0,5 \\ 0,5 & 0,5 & -0,5 \end{pmatrix}$

16. a) $x = -0,5$

b) $\begin{pmatrix} 2 & -6 \\ 2 & -8 \end{pmatrix}$

17. e

18. b

19. a) $x > -\frac{5}{12}$

b) $-\frac{5}{12} < x \leqslant 2$ ou $x \geqslant 3$

20. e

21. a

22. b

23. d

24. e

25. e

26. b

27. d

28. a

29. d

30. a

31. c

32. b

33. c

34. c

35. b

36. 9

37. 50

38. $\frac{\pi}{4}, \frac{3\pi}{4}, \frac{5\pi}{4}, \frac{7\pi}{4}$

39. b

40. b

41. d

42. e

43. a

44. 25

45. b

## Programas de Avaliação Seriada

1. d

2. a

3. c

4. a) 12

b) 300

5. V, V, F, F, V

# Capítulo 4

## Exercícios Propostos

1. respostas pessoais

2. linear: a, b, e

não linear: c, d

3. $2x + 3y + 5z = 40$

4. a) É.

b) É.

c) Não é.

d) É.

5. $-2$

6. soma: $-6$ e produto: 5

7. 3

8. a)

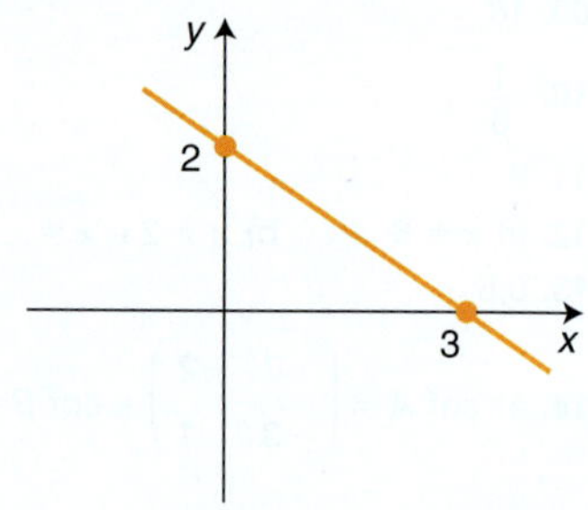


b)

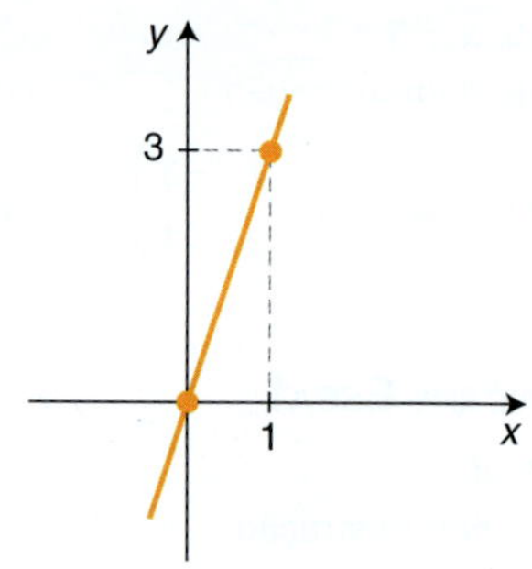


c)

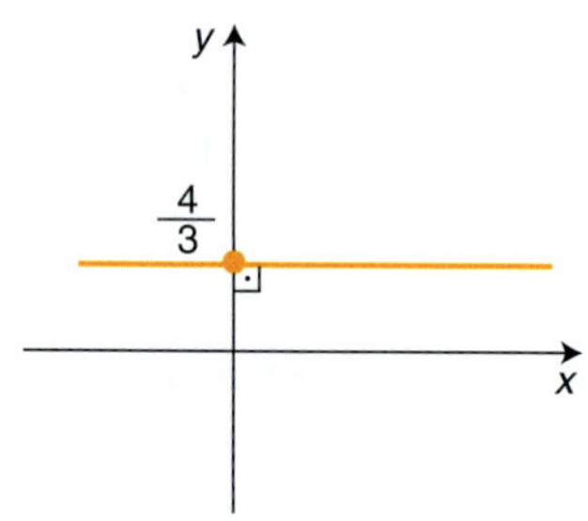


9. a) $-5x + 8y = 20$

b) $x - y = 0$

c) $x = -2$

10. a) 4 equações e 4 incógnitas

b) 2 equações e 3 incógnitas

c) 3 equações e 4 incógnitas

d) 2 equações e 4 incógnitas

e) 3 equações e 2 incógnitas

11. $\begin{cases} x + y + z = 10 \\ 30x + 50y + 40z = 400 \end{cases}$

12. a) resposta pessoal

b) demonstração

13. $-1$

14. $a = 1$ e $b = 2$

15. a) Não é.

b) É.

**16.** a)

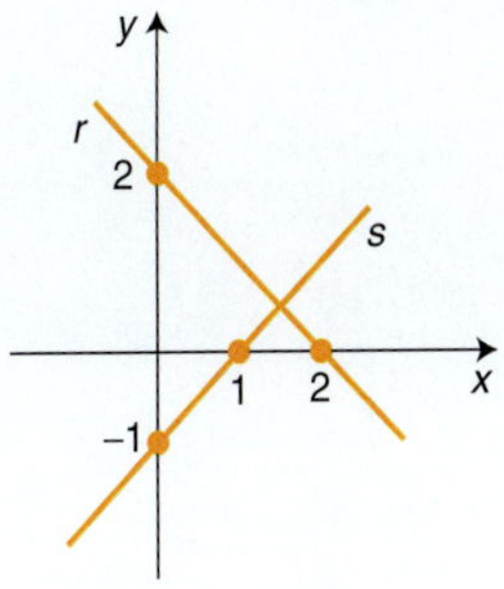


b)

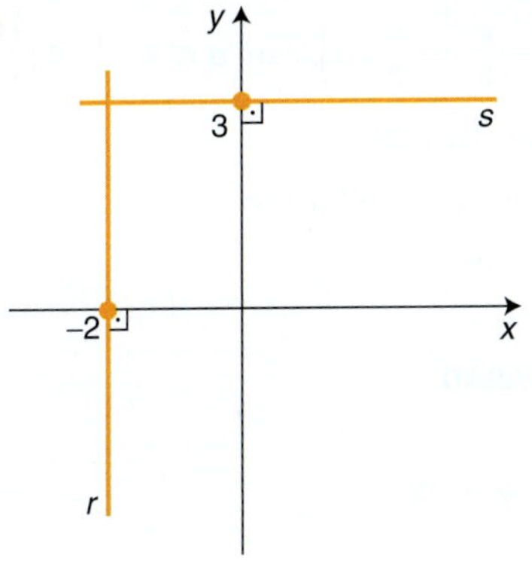


c)

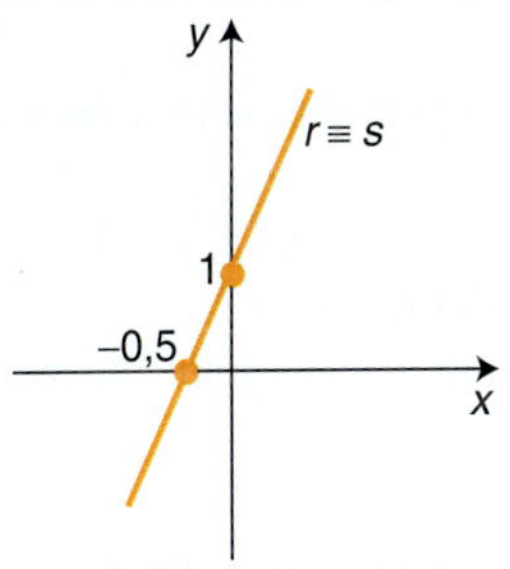


d)

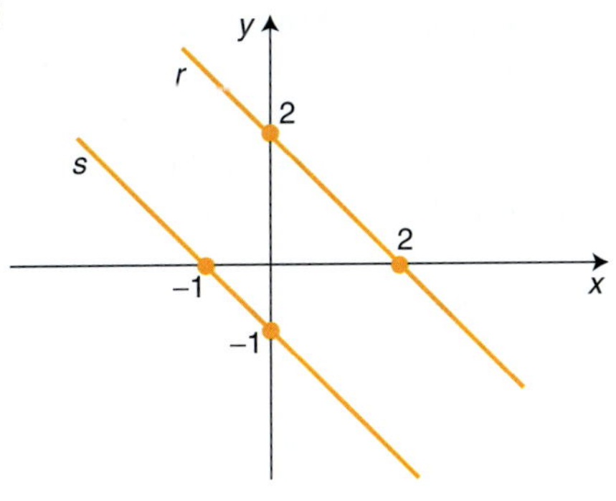


**17.** resposta pessoal

**18.** a) O conjunto solução dos dois sistemas é $S = \{(1, 1)\}$.

b) Sim, pois ambos têm o mesmo conjunto solução.

c) Nem sempre. Por exemplo, os sistemas deste exercício são representados por retas diferentes, contudo são equivalentes.

**19.** a) $S = \{(-6, 5)\}$; retas concorrentes

b) $S = \{(k, k - 3) \mid k \in \mathbb{R}\}$; retas coincidentes

c) $S = \emptyset$; retas paralelas

**20.** I. d; II. a, b; III. c

**21.** a) $x = 2$ e $y = 0$

b) $x = 4$ e $y = 3$

**22.** a) $S = \{(5, 2)\}$ b) $S = \{(1, -2)\}$

**23.** a) SPD b) SPI c) SI

**24.** F, V, V, F, V

**25.** a) resposta pessoal

b) SI

c) Dalva está correta.

**26.** a) SI; $S = \emptyset$

b) SPD; $S = \{(-1, -2)\}$

**27.** a) $\begin{pmatrix} 1 & 2 & 4 \\ 1 & 3 & 9 \\ 1 & 4 & 16 \end{pmatrix}$ e $\begin{pmatrix} 1 & 2 & 4 & 8 \\ 1 & 3 & 9 & 27 \\ 1 & 4 & 16 & 64 \end{pmatrix}$

b) $\begin{pmatrix} 1 & -4 & 2 & 1 \\ 0 & 0 & -1 & 1 \end{pmatrix}$ e $\begin{pmatrix} 1 & -4 & 2 & 1 & 1 \\ 0 & 0 & -1 & 1 & 2 \end{pmatrix}$

c) $\begin{pmatrix} 1 & 2 \\ 3 & 4 \\ 7 & 4 \end{pmatrix}$ e $\begin{pmatrix} 1 & 2 & 1 \\ 3 & 4 & 3 \\ 7 & 4 & 7 \end{pmatrix}$

**28.** O número de colunas de uma matriz completa é igual ao número de incógnitas mais um, pois a última coluna é formada pelos termos independentes das incógnitas. Por essa matriz ser quadrada, o número de linhas é igual ao de colunas. Como o número de linhas corresponde ao de equações, podemos concluir que há mais equações do que incógnitas.

**29.** 2

**30.** demonstração

**31.** demonstração

**32.** $\begin{pmatrix} 2 & 1 & 3 \\ 4 & -2 & 3 \end{pmatrix} \times \begin{pmatrix} x \\ y \\ z \end{pmatrix} = \begin{pmatrix} 0 \\ 1 \end{pmatrix}$

**33.** a) $\begin{cases} x - 5y = 1 \\ x - 9y = -27 \end{cases}$

b) $\begin{pmatrix} 1 & -5 \\ 1 & -9 \end{pmatrix} \times \begin{pmatrix} x \\ y \end{pmatrix} = \begin{pmatrix} 1 \\ -27 \end{pmatrix}$

c) $\begin{pmatrix} 36 \\ 7 \end{pmatrix}$

**34.** respostas pessoais

**35.** a) SI b) SPD

**36.** demonstração

**37.** a) SI b) SPI c) SPI d) SPD e) SPI

**38.** b, d

**39.** a) $S = \{(1, 1, 1, 1)\}$

b) $S = \{(3 - 2\alpha, \alpha, 1 + \alpha)$, com $\alpha$ real$\}$

c) $S = \left\{\left(\frac{4 - \alpha}{3}, \alpha, -2\right)\right.$, com $\alpha$ real$\left.\right\}$

**40.** a) SPD; $S = \{(1, 2, 3)\}$

b) SPI; $S = \{(9 + 5\alpha, \alpha, -6 - 3\alpha)$, com $\alpha$ real$\}$

c) SI; $S = \emptyset$

41. 18
42. $t = 2$ ou $t = 3$
43. demonstração
44. Para $\alpha$ real, temos:
    a) $(4 - 4\alpha, 3\alpha - 1, \alpha)$
    b) $(\alpha, 8 - \alpha, -3)$
    c) $(\alpha, 2 - \alpha)$
45. $(\alpha, 3 - \alpha)$, com $\alpha$ real
46. 10
47. demonstração
48. $\left(\frac{1}{a-1}, -\frac{1}{a-1}\right)$
49. a) $S = \{(-23, -18)\}$   b) $S = \{(1, 1, 1)\}$
50. a) $a \neq -2$ e $a \neq 2$, com $a$ real
    b) $a \neq 0$ e $a \neq 2$, com $a$ real
51. $k < -2$
52. demonstração
53. 1,5
54. 12 bolos e 12 tortas
55. R$ 14,50
56. $x = 1.500$, $y = 1.000$ e $z = 500$
57. 25°, 100° e 55°
58. a) 252 crianças   b) 130 adultos
59. *A*: 12 de ouro, 6 de prata, 2 de bronze
    *B*: 2 de ouro, 6 de prata, 9 de bronze
    *C*: 6 de ouro, 8 de prata, 9 de bronze
60. dois modos
61. 60
62. a) $a \neq 2$: SPD e $a = 2$: SI
    b) $a \neq 1$ e $a \neq -1$: SPD
       $a = 1$: SPI
       $a = -1$: SI
    c) $a \neq 1$ e $a \neq -1$ e qualquer $b$: SPD
       $a = 1$ e $b = 1$: SPI
       $a = 1$ e $b \neq 1$: SI
       $a = -1$ e $b = -1$: SPI
       $a = -1$ e $b \neq -1$: SI
    d) $a \neq 1$ e $a \neq -1$: SPD
       $a = 1$: SPI
       $a = -1$: SI
63. para nenhum
64. demonstração
65. Não podemos usar determinantes, pois os sistemas não são quadrados.
    a) $a \neq -3$: SI
       $a = -3$: SPI
    b) SPI para qualquer $a$ real
    c) $a = -1$: SPD
       $a \neq -1$: SI
66. $n = -2m + 9$
67. a) $m = -2$ e $n = 2$   b) quaisquer $m$ e $n$ reais
68. apenas uma, a trivial
69. $k = -2 + \sqrt{2}$ ou $k = -2 - \sqrt{2}$
70. demonstração
71. a) $a \neq -1$: SPD
       $a = -1$: SPI
    b) $a \neq 6$ e $a \neq -6$: SPD
       $a = 6$ ou $a = -6$: SPI
    c) $a \neq 1$ e $a \neq -1$: SPD
       $a = 1$ ou $a = -1$: SPI
72. demonstração

## Encare Essa!

1. $S = \left\{\left(\alpha + \frac{31}{3}, -\frac{8}{3}, -\frac{5}{3}, \alpha\right), \text{com } \alpha \in \mathbb{R} - \{-5\}\right\}$
2. a) $\text{sen}(a + b) \cdot \text{sen}(a - b)$
   b) $a = \pm b + k\pi$, com $k \in \mathbb{Z}$, e $\forall$ $c$ real
   c) $(-\alpha, -4\alpha, \alpha)$, com $\alpha \in \mathbb{R}$

## Atividades de Revisão

1. a, c, d
2. $y = x + 5$ ou $x - y = -5$
3. 31 e 124
4. A chácara de André tem área de 81 hectares e a de Rômulo, 135 hectares.
5. O lote tem 76 metros de comprimento e 19 metros de largura.
6. Lalá: 46 e PegLeve: 140
7. individual: 45, duplos: 30 e triplos: 15
8. individual: 92 reais, duplo: 138 reais e triplo: 168 reais
9. a) $a \neq 2$   b) $a = 2$
10. 15°, 30° e 135°
11. 100 copos pequenos, 350 médios e 250 grandes
12. $(0, 0, 0)$ não é solução; $(1, 1, 1)$ é solução.
13. a) $(3, 4, -1)$; SPD
    b) SI
    c) $(-2, 1 - 3z, z, 3 + 2z)$, com $z \in \mathbb{R}$; SPI
    d) $(-3, -1, 0, 4)$; SPD
14. 27, 32 e 44
15. 1 ovo: 274 mg, 1 pedaço de *pizza*: 9 mg e 1 pedaço de bolo: 19 mg
16. 3
17. Cláudio tem 17 anos, Telma 29 e o pai deles, Marcos, 51 anos.
18. Cecília precisa comer 3 g do alimento I, 6 g do II e 5 g do III.
19. $a = 8$
20. a) Eles são sistemas equivalentes.
    b) $a = 1$, $b = 2$, $c = 3$ e $d = 4$
21. a) $a = \frac{13}{2}$ e $b = -6$
    b) $a = 2$, $b = -1$, $c = 3$
22. a) O sistema é possível e determinado. Ele possui apenas a solução trivial.
    b) O sistema é possível e determinado. Ele possui apenas a solução trivial.
    c) O sistema é possível e indeterminado. As quádruplas de tipo $(0, 0, z, -z)$, com $z \in \mathbb{R}$, são as infinitas soluções desse sistema.

### Questões Propostas de Vestibular

1. a
2. 30
3. e
4. a
5. F, V, F, V, V
6. b
7. d
8. b
9. b
10. c
11. a) 40.000
    b) 25.000
12. $x = 11$, $y = 1$,
    $z = 16$ e $w = 34$
13. $x = 6$, $y = 2$ e
    $z = 9$
14. b
15. b
16. c
17. c
18. hambúrguer R$ 4,00;
    suco de laranja R$ 2,50 e
    cocada R$ 3,50
19. a) $y = z - 2$ e $x = 27 - 5z$
    b) $(x, y, z) = (12, 1, 3)$ ou
    $(x, y, z) = (7, 2, 4)$ ou
    $(x, y, z) = (2, 3, 5)$
20. $x = 1$, $y = 2$ e $z = 2$
21. E, C, E, C
22. a
23. a
24. 12
25. 29
26. a) $S = \left\{\left(-\frac{y}{2}, y\right), \text{com } y \in \mathbb{R}\right\}$
    b) $m = 1$ ou
    $m = \frac{-1 - \sqrt{5}}{2}$ ou
    $m = \frac{-1 + \sqrt{5}}{2}$
    c) $m = \frac{-1 - \sqrt{5}}{2}$ ou
    $m = \frac{-1 + \sqrt{5}}{2}$
27. 26

### Programas de Avaliação Seriada

1. e
2. d
3. C, E, E
4. V, F, V, F, F

## Capítulo 5

### Exercícios Propostos

1. a) $A_I = 32u$, $A_{II} = 16u$ e $A_{III} = 12u$
   b) O número obtido será menor, pois a unidade considerada é maior que a primeira e, portanto, caberá na superfície a ser medida um número menor de vezes.
2. I e II
3. a) $3\ell$
   b) $A_I = 5u$ e $A_{II} = 45u$
   c) fator 3
   d) fator 9 (ou $3^2$)
4. a) 31.250 peças b) 2 meses
5. 24,2 hectares
6. 2 m por 1 m
7. a) 4,4 m
   b) 100 $dm^2$
   c) 0,2 $m^2$
8. 228 $m^2$
9. a) 0,565 $m^2$
   b) um hexágono e um pentágono
   c) $\simeq$ 165 cm; perímetro do pentágono
   d) resposta pessoal
10. 50 $cm^2$
11. a) 75 reais b) 9.500 reais
12. a) 10,5 $cm^2$
    b) região azul: 25 $cm^2$; região rosa: 24 $cm^2$
13. a) resposta pessoal
    b) 49 $dm^2$
    c) resposta pessoal
14. 28,8 ha
15. demonstração
16. $2\sqrt{41}$ cm
17. $14\sqrt{3}$ $cm^2$
18. a) $50\sqrt{3}$ $cm^2$ b) 40
19. $x = \frac{\sqrt[4]{3}}{2}$; $z = \frac{\sqrt{3}}{4}$; $h = \frac{\sqrt[4]{27}}{2}$;
    $\ell = \frac{\sqrt{3}}{2}$; $d = \frac{\sqrt{6}}{2}$
    Nenhum, pois todos têm mesma área.
20. a) resposta pessoal
    b) 24 $cm^2$
21. 50 $cm^2$
22. $37{,}5\sqrt{2}$ $cm^2$
23. 2 m por 1,5 m
24. 43,2 $cm^2$
25. $\simeq$ 198 reais
26. 56 $m^2$
27. a) R$ 312,00 b) 10 m por 7,8 m
28. 2,88 m
29. 4 cm
30. $\simeq 0{,}15$ $m^2$
31. sim; não
32. $\frac{2\sqrt{3}}{3}$
33. a) demonstração
    b) cerca de 25%
34. $625\pi$ $m^2$
35. $15{,}75\pi$ $m^2$
36. a) octógono regular
    b) $288\sqrt{2}$ $cm^2$
37. $R \simeq 6{,}1$ cm e $r \simeq 3{,}5$ cm
38. $(50\pi - 100)$ $cm^2$
39. $(0{,}5\pi - 1)$ $m^2$
40. $25\left(\sqrt{3} - \frac{\pi}{2}\right)$ $cm^2 \simeq 4$ $cm^2$
41. $20\sqrt{5}$ cm $\simeq$ 45 cm
42. $25\left(\frac{\pi}{2} - \sqrt{2}\right)$ $dm^2$
43. $\simeq 11{,}76$ $cm^2$

### Encare Essa!

1. c
2. $18\pi$ $cm^2$
3. C, E, C
4. c

### Atividades de Revisão

1. a) 44 m b) 80 $m^2$
2. 168 $cm^2$
3. $\simeq 30{,}8$ $m^2$
4. 60 $m^2$
5. 24 reais
6. 96 reais
7. 10.000 $cm^2$
8. $\sqrt{a^2 + b^2}$
9. 16,5 cm
10. $24\sqrt{3}$ $cm^2$
11. $\frac{\pi}{8}$ $m^2$
12. $\simeq 312$ $cm^2$ e $\simeq 9{,}76$ cm
13. $\frac{16\pi - 12\sqrt{3}}{3}$ $cm^2$
14. $0{,}16(6 + \pi)$ $m^2 \simeq 1{,}46$ $m^2$
15. $800\pi$ $cm^2$

### Questões Propostas de Vestibular

1. 25,5u
2. 64
3. e
4. c
5. c

6. 11
7. d
8. d
9. e
10. b
11. e
12. b
13. a
14. d
15. c
16. c
17. $\frac{25}{16}$
18. c
19. b
20. a
21. c
22. e
23. a
24. c
25. e
26. b
27. $4(5 - \pi)$ cm²
28. a
29. e
30. a) $\frac{\ell^2}{6}\left(3\sqrt{3} + 2\pi\right)$ b) $\frac{6\ell}{5}$
31. b
32. b
33. e
34. a) $\frac{\sqrt{3}}{2}$

    b) $\frac{5\pi}{6}$ e $\frac{19\pi}{6}$

    c) $\frac{3\sqrt{3} + 6 + 5\pi}{6}$
35. a) $625\left(\sqrt{3} + 1\right)$ cm²

    b) $\frac{25\pi\sqrt{2}}{2}$ cm
36. c
37. c

## Programas de Avaliação Seriada

1. C, C, C
2. a) 96 cm²

   b) $x = 3$ cm e $y = 4$ cm

   c) $\frac{1}{16}$
3. V, F, F, V
4. a) $16\pi$ m²

   b) $(336 - 48\pi)$ m²

# Capítulo 6

## Exercícios Propostos

1. *A*, *B* e *C* não são colineares.
   *A*, *C* e *E* são colineares.
2. V, F, V, V, V
3. *A*, *C*, *D* e *F* não são coplanares.
   *B*, *C*, *D* e *E* são coplanares.
4. resposta pessoal
5. a) uma b) três c) seis
6. F, V, V, F, F, V
7. a) A reta *s* não está contida no plano $\alpha$ nem no plano $\beta$.

   b) A reta *r* não *s* está contida no plano $\alpha$. A reta *r* está contida em $\beta$.
8. a) sim

   b) resposta pessoal

   c) *E* e *C*
9. a) *C*, *D*, *E* e *H* b) *E*, *F*, *G* e *H*
10. F, V, F, F, V
11. a) *m* e *q*

    b) *m* e *t*, *q* e *t*, *n* e *t*, *n* e *q*

    c) *m* e *n*

    d) *m* e *t*, *q* e *t*
12. a) $\overleftrightarrow{XU}$ b) $\overleftrightarrow{RV}$, $\overleftrightarrow{PT}$, $\overleftrightarrow{SX}$ e $\overleftrightarrow{QU}$
13. F, F, V, F, F
14. demonstração
15. F, V, F, V, F, V
16. a) $r \subset \alpha$

    b) $r // \beta$

    c) *s* é secante a $\alpha$.

    d) $s \subset \beta$

    e) $t \subset \alpha$

    f) $t \subset \beta$
17. demonstração
18. a) É o plano que contém a face *APSD*.

    b) A reta $\overleftrightarrow{BR}$ é secante aos planos que contêm respectivamente as faces *ABCD* e *PQRS*.
19. V, V, F
20. 50 cm²
21. a) o segmento $\overline{XY}$

    b) a região quadrada *XYZT*

    c) infinitos

    d) o ponto *T*
22. sim
23. não
24. não
25. a) zero

    b) zero

    c) É a medida de uma das arestas do cubo.
26. a 1 m
27. F, F, V, V, V
28. 5 m
29. para o item **a**, 5 cm; para o item **b**, triângulo retângulo de lados 3, 4 e 5 cm
30. 4,8 cm
31. 3 cm
32. demonstração
33. a) secantes b) $r \subset \alpha$ e $s \subset \beta$
34. respostas pessoais
35. respostas pessoais
36. V, F, V, V, F, F
37. demonstração
38. não
39. resposta pessoal
40. demonstração
41. resposta pessoal
42. A figura abaixo se refere aos itens **a** e **b**.

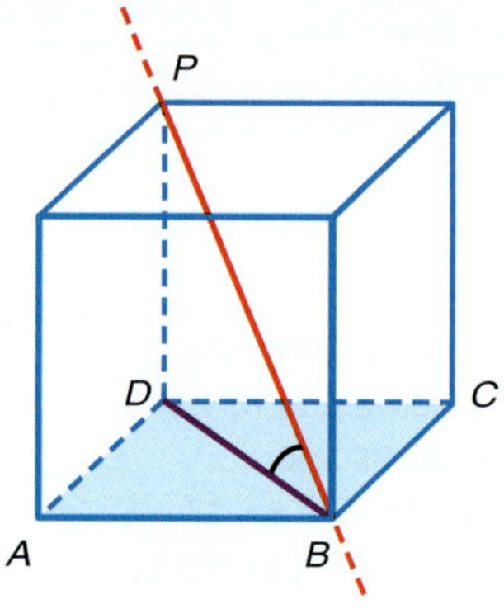


43. resposta pessoal
44. 60°
45. 10°
46. 70°

## Encare Essa!

1. 15 m
2. demonstração
3. a) demonstração b) 30°

## Atividades de Revisão

1. V, V, F, V, F, V
2. V, V, F, F
3. a) $\overleftrightarrow{AB}$ e $\overleftrightarrow{CD}$, $\overleftrightarrow{AD}$ e $\overleftrightarrow{BC}$

   b) $\overleftrightarrow{AB}$ e $\overleftrightarrow{BC}$, $\overleftrightarrow{BC}$ e $\overleftrightarrow{CD}$, $\overleftrightarrow{CD}$ e $\overleftrightarrow{AD}$, $\overleftrightarrow{AC}$ e $\overleftrightarrow{BD}$, $\overleftrightarrow{AC}$ e $\overleftrightarrow{VE}$, $\overleftrightarrow{BD}$ e $\overleftrightarrow{VE}$, $\overleftrightarrow{AD}$ e $\overleftrightarrow{AB}$

   c) Além de todos os pares do item **b**, temos ainda: $\overleftrightarrow{DC}$ e $\overleftrightarrow{VE}$, $\overleftrightarrow{AB}$ e $\overleftrightarrow{VE}$, $\overleftrightarrow{DA}$ e $\overleftrightarrow{VE}$, $\overleftrightarrow{BC}$ e $\overleftrightarrow{VE}$
4. demonstração
5. V, V, F, V
6. respostas pessoais

7. sim
8. um retângulo
9. 3 cm
10. $\sqrt{57}$ m
11. $A'B'A$ e $E'FE$, $AA'H'$ e $DD'E'$, $CC'D'$ e $GG'H'$, $BB'C'$ e $FF'G'$
12. F, V, V, V
13. 20 cm
14. 120°

## Questões Propostas de Vestibular

1. e
2. F, F, V, F, V
3. c
4. b
5. c
6. c
7. d
8. 8
9. d
10. e
11. b
12. e
13. c
14. b
15. c
16. c
17. a

## Programas de Avaliação Seriada

1. b
2. C, C, E

# Capítulo 7

## Exercícios Propostos

1. tijolo e vela
2. resposta pessoal
3. resposta pessoal
4. II e IV
5. corpo redondo: bola de tênis, lata de creme e chapéu de aniversário
   poliedro: caixa de pintura e pirâmide do museu do Louvre
6. respostas pessoais
7. a) $F = 5$, $A = 9$ e $V = 6$
   b) $F = 8$, $A = 12$ e $V = 6$
8. 4 arestas, 4 vértices e 1 face
9. 1 face, 6 arestas e 5 vértices a mais
10. R$ 350,00
11. 24
12. II e III
13. resposta pessoal
14. resposta pessoal
15. a) na 3.ª linha
    b) heptaedro
16. pirâmide de Quéops e prisma óptico
17. hexaedro
18. decaedro
19. resposta pessoal
20. III e V
21. a) $\overline{FG}$
    b) $F$
22.

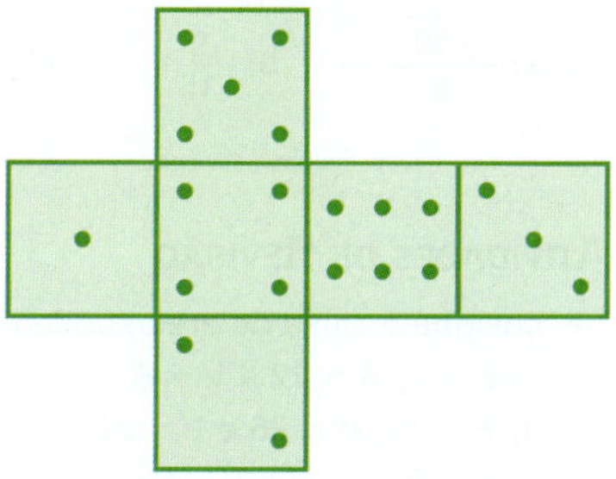

23. resposta pessoal
24.

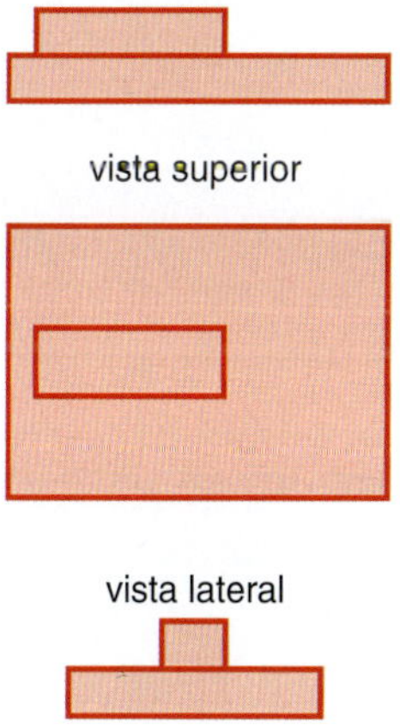


25. do poliedro III
26. resposta pessoal
27. 12
28. 16
29. tetraedro
30. 6
31. heptaedro
32. 3.600°
33. tetraedro: 3 lados e 3 arestas
    hexaedro: 4 lados e 3 arestas
    octaedro: 3 lados e 4 arestas
    dodecaedro: 5 lados e 3 arestas e
    icosaedro: 3 lados e 5 arestas
34. resposta pessoal
35. resposta pessoal
36. demonstração
37. demonstração
38.

| Poliedro | Número de faces | Número de arestas | Número de vértices |
|---|---|---|---|
| tetraedro | 4 | 6 | 4 |
| hexaedro | 6 | 12 | 8 |
| octaedro | 8 | 12 | 6 |
| dodecaedro | 12 | 30 | 20 |
| icosaedro | 20 | 30 | 12 |

39. 12
40. I: prisma quadrangular
    II: prisma triangular
    III: prisma pentagonal
41. I: 4 diagonais
    II: 18 diagonais
42. 12 arestas, 8 vértices e 6 faces
43. 4
44. a) 3    b) 12
45.

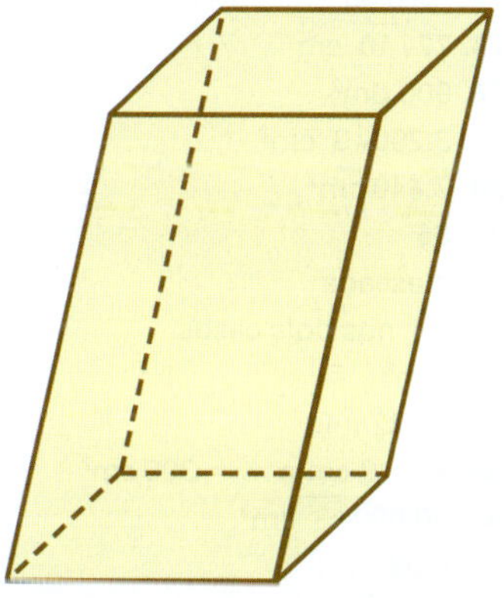

46. a) prisma triangular
    bases: $APR$ e $BQS$
    arestas laterais: $\overline{AB}$, $\overline{PQ}$ e $\overline{RS}$
    b) prisma quadrangular
    bases: qualquer par de faces opostas
    arestas laterais: uma vez escolhidas as bases, todas as arestas que não estão contidas nas bases são as laterais
    c) prisma pentagonal
    bases: $ABCDE$ e $MNOPQ$
    arestas laterais: $\overline{AM}$, $\overline{BN}$, $\overline{CO}$, $\overline{DP}$ e $\overline{EQ}$
    d) prisma hexagonal
    bases: $ABCDEF$ e $PQRSTV$
    arestas laterais: $\overline{AP}$, $\overline{BQ}$, $\overline{CR}$, $\overline{DS}$, $\overline{ET}$ e $\overline{FV}$
47. resposta pessoal
48. 10 faces e 40 diagonais
49. V, F, V, V, V, V

50. Porque dois de seus vértices estão sempre em uma mesma face.
51. resposta pessoal
52. sim
53. V, F, V
54. 26 dm
55. demonstração
56. $\sqrt{98}$ cm
57. 2 m
58. a) $2\sqrt{3}$ m b) $2\sqrt{5}$ m
59. $\sqrt{2}$
60. a) $A_\ell = 32$ m² e $A_t = 40$ m²
b) $A_\ell = 24$ m² e $A_t = 2(12 + \sqrt{3})$ m²
c) $A_\ell = 48$ m² e $A_t = 12(4 + \sqrt{3})$ m²
61. R$ 12,00
62. $\sqrt{3}$ cm
63. 1 m
64. $A_{t(nova)} = 4 \cdot A_t$
65. 12.600 cm²
66. 1
67. R$ 480,00
68. $2\sqrt{5}$ cm
69. a 8 metros
70. $A_\ell = 80$ cm² e $A_t = 144$ cm²
71. $\sqrt{3}$
72. R$ 0,68
73. $72\sqrt{10}$ cm²
74. 900 dm²
75. $3.200\sqrt{3}$ cm²
76. 7.440 cm²
77. 96
78. a escada
79. o I, nos dois casos
80. 1 m³
81. 7.832 mm³
82. $a_b = 9$ cm e $A_t = 306$ cm²
83. $30.000\sqrt{3}$ cm³
84. 0,59 m
85. $6(\sqrt{7} + 8)$ m³
86. $432\sqrt{3}$ cm³
87. 1 cm
88. $1.000(\sqrt{2} + 1)$ cm³
89. $\frac{2\sqrt{3}}{9}$
90. 964,808 cm³
91. $18\sqrt{3}$ cm³
92. 64
93. a) 64 dm³ b) $48\sqrt{3}$ cm³
94. $3\sqrt{6}$ m
95. $\frac{\sqrt{2}}{6}$ cm³
96. 325 cm³
97. 216 cm³
98. $144\sqrt{3}$ cm³
99. 7,7 cm
100. $A_t = \ell^2 \cdot \sqrt{3}$ e $V = \frac{\ell^3 \cdot \sqrt{2}}{12}$
101. a) 2 dm
b) $\frac{16}{3}$ dm³
102. $\frac{1}{6}$
103. $\left(\frac{60}{11}\right)^3$ cm³
104. $A_t = (13{,}5\sqrt{91} + 67{,}5\sqrt{3})$ cm² e $V = 126\sqrt{3}$ cm³
105. 74 dm³
106. As arestas das bases medem 2 e 4, respectivamente, e a aresta lateral, $\sqrt{11}$.
107. 7
108. $\sqrt[3]{4}$ cm

## Encare Essa!

1. a) $\frac{\sqrt{10}}{4}$ b) $\frac{9}{16}$ c) $\frac{3\sqrt{3}}{64}$
2. b

## Atividades de Revisão

1. casinha e caixa de areia; poliedro
2. a) $F = 6$, $A = 12$ e $V = 8$
b) $F = 14$, $A = 36$ e $V = 24$
c) $F = 5$, $A = 9$ e $V = 6$
d) $F = 6$, $A = 12$ e $V = 8$
3. a, c, d
4. 15
5. 12
6. 6
7. 12
8. 19
9. 1.800°
10. 2.880°
11. 90 m
12. $3\sqrt{6}$ cm
13. $6\sqrt{3}$ cm
14. 9,2 m²
15. 68,25 cm²
16. 0,6 m²
17. 24 cm²
18. 1.348 m²
19. 6 cm, 6 cm e 12 cm
20. 1.620 cm²
21. $25(4{,}05 + 1{,}125\sqrt{3})$ cm²
22. 6,672 m²
23. 17.518,5 L
24. 4 cm
25. 10.600 m²
26. 0,93 m²
27. 0,988 m³
28. $a = 16$ cm, $d = 16\sqrt{3}$ cm e $A_t = 1.536$ cm²
29. ≃ 12,45 L
30. 3 cm
31. a) 7 cm b) 24
32. 1.980 m³
33. até 4,16 m
34. 720 mL
35. 93
36. $108\sqrt{3}$ cm³
37. 32 m³
38. 17.500 cm³
39. 1,8 L
40. $A_t \simeq 281{,}16$ cm² e $V \simeq 274{,}59$ cm³
41. 964 cm³
42. 252 m²
43. 375.000 cm³
44. 1,05 m³
45. ≃ 0,065 m² de espuma e ≃ 0,129 m² de tecido

## Questões Propostas de Vestibular

1. b
2. b
3. 67
4. 32
5. d
6. e
7. $\frac{a\sqrt{13}}{2}$
8. R$ 0,15
9. c
10. $x = 3$ e $y = 11$
11. d
12. a
13. e
14. 25
15. $12\sqrt{3}$
16. c
17. c
18. a
19. 80 L
20. c
21. a
22. a) 392 b) 336
23. c
24. a) $V = (0{,}4 - 2x) \cdot x$ b) 10 cm
25. a
26. e
27. c
28. c
29. d
30. a
31. e
32. b
33. b
34. d
35. d
36. $a_{cubo} = \frac{a}{3}$
37. (1) 13,02
(2) ≃ 8,77
(3) ≃ 63,63
38. a) 625 cm³ b) ≃ 1.298 cm³
39. a) $V = \frac{4}{3}x^3$ b) $A_\ell = (4 + \sqrt{5})x^2$
40. c
41. (1) 12
(2) 30
(3) 252

42. d
43. d
44. b
45. a) $20\sqrt{2}$ cm b) $\dfrac{2.000 \cdot \sqrt{6}}{3}$ cm³
46. a) 14 b) $x = \dfrac{a}{2}$
47. b
48. a) $\dfrac{21}{4}$ m³ b) a 2 m

## Programas de Avaliação Seriada

1. V, F, F, V, V
2. a) $\dfrac{32\sqrt{7}}{3}$ cm³
   b) 9 cm²
   c) $9\left(1 + 2\sqrt{2}\right)$ cm²
3. d
4. b
5. d

# Capítulo 8

## Exercícios Propostos

1. 10 cm
2. As secções transversais são circulares, congruentes com as bases e, portanto, congruentes entre si.
3. $25\pi$ cm²
4. $\sqrt{2}$
5. $30\sqrt{3}$ cm²
6. $ab\sqrt{3}$ cm²
7. $30\pi$ cm²
8. $\pi$
9. 36 cm²
10. $\dfrac{4}{5}$
11. $6\pi$ cm²
12. 1 cm
13. $96\pi$ cm³
14. $0{,}25\pi$ m³
15. $A_t = 121\pi\left(1 + \sqrt{2}\right)$ cm² e
    $V = \dfrac{1.331\pi}{2}$ cm³
16. 0,83 cm
17. $\dfrac{200}{81}$
18. $\dfrac{32\pi}{25}$
19. $50\left(18\sqrt{3} - \pi\right)$ cm³
20. $3.087\pi$ cm³
21. $\dfrac{\pi}{4}$
22. $\dfrac{9\pi}{2}$ cm
23. 1
24. 5 cm
25. $3\sqrt{55}$ cm²
26. $\sqrt{3}$ m
27. 15 cm
28. $486\pi$ cm²
29. a) 13 cm
    b) $25\pi$ cm²
    c) $65\pi$ cm²
    d) $90\pi$ cm²
    e) $\simeq 138°$
30. 5 cm
31. $\dfrac{g}{r}$
32. $g = 10$ cm e $r = 6$ cm
33. 180°
34. $24\pi$ cm²
35. $\dfrac{\sqrt{17}}{2}$ dm
36. $\dfrac{64\pi}{3}$ cm³
37. a) 13 cm
    b) $65\pi$ cm²
38. $4\pi\left(1 + \sqrt{10}\right)$ cm²
39. $\dfrac{2.000\pi}{3}$ cm³
40. $\dfrac{40}{3}(45 - \pi)$ cm³
41. $\dfrac{256\pi}{3}$ cm³
42. $\dfrac{64\pi}{3}$ cm³
43. $\dfrac{3\pi}{2}$
44. $\dfrac{16\pi}{3}$ cm³
45. $\dfrac{1.568\pi}{3}$ cm³
46. $A_\ell = 8\pi\sqrt{5}$ cm² e
    $A_t = 2\pi\left(5 + 4\sqrt{5}\right)$ cm²
47. $304\pi$ cm³
48. $\simeq 3{,}2$ cm
49. 3 cm
50. $4\sqrt[3]{4}$ cm
51. R$ 0,25
52. 4 cm
53. $\dfrac{\sqrt{3}}{2}r$ cm
54. $\dfrac{\sqrt{6}}{3}$
55. $\left(4 + \sqrt{21}\right)$ cm
56. não
57. $\dfrac{256\pi}{3}$ cm³
58. 6 m
59. $\simeq 1.080.000$ L
60. $\dfrac{31.250\pi}{3}$ cm³
61. 45,5 cm³
62. 6 cm
63. $\dfrac{27}{125}$
64. 0,134 L
65. $\dfrac{2}{3}$
66. $486\pi$ cm³
67. $\dfrac{4.000\pi}{3}$ cm³
68. $73{,}728\pi$ cm³
69. $484\pi$ cm²
70. $8\pi\left(\sqrt{29} + 4\right)$ cm²
71. 1,2 dm
72. $V_{esfera} = 1.628$ cm³
    $A_{superfície\ esférica} = 4\pi \cdot \sqrt[3]{\dfrac{1.221^2}{\pi^2}}$ cm²
73. $256\pi$ m²
74. 6,2 cm
75. $\dfrac{6}{\pi}$
76. $36\pi$ cm²
77. a) $\dfrac{8\pi}{9}$ dm³
    b) $\dfrac{250\pi}{3}$ dm³
    c) $\dfrac{4\pi}{3}$ dm³
    d) $\dfrac{8\pi}{3}$ dm³
    e) $\dfrac{2}{3}\theta r^3$ dm³
78. 120°
79. $\sqrt{3}$ cm
80. a) $\dfrac{\pi}{2}$ m²
    b) $8\pi$ dm²
    c) $9\pi$ cm²
    d) $\dfrac{8\pi}{3}$ cm²
    e) $2r^2\theta$ dm²
81. 45°
82. 6 cm
83. $18\pi$ dm²
84. 2 cm
85. 7,28 cm

## Encare Essa!

1. demonstração
2. $H = \dfrac{4R}{R - 2}$
3. c

## Atividades de Revisão

1. $60\pi$ cm
2. 1 m
3. diminuição de 4%
4. a segunda lata
5. $12\pi$
6. 7,5 cm
7. $30.400\pi$ cm³

8. $6{,}75\ cm^3$
9. $45\pi\ cm^3$
10. $180\pi\ cm^2$
11. $25\pi\ cm^2$
12. 10 dm
13. 3 dm
14. a) $136\pi\ cm^2$
b) 17 cm e $\frac{8}{17} \cdot 360°$
15. $12\pi\ dm^2$
16. 162 mL
17. 367,2 mL
18. $192\ cm^3$
19. $274{,}4\pi\ dm^3$
20. $\frac{122\pi}{3}\ cm^3$
21. 555 mL
22. $2\pi(9 + 5\sqrt{2})\ cm^2$
23. $12\pi\ cm^2$
24. $2.304\pi\ cm^3$
25. $720{,}828\ cm^3$
26. 1 cm
27. $54\pi\ cm^3$
28. $2\sqrt{2}$ cm
29. $4\pi(7 + 4\sqrt{3})\ cm^3$
30. $442{,}368\ cm^3$
31. $324\pi\ cm^2$
32. a) 40°
b) $2{,}916\pi\ cm^3$
33. $\simeq 21.289.284\ km^2$
34. $\simeq 6{,}93$ dm
35. $\simeq 24{,}5$ cm

## Questões Propostas de Vestibular

1. b
2. d
3. a) $64\pi\ cm^3$
b) $48\pi \cdot \sqrt[3]{2}\ cm^2$
4. a
5. a
6. $\frac{4}{\pi}$ cm
7. $\frac{60}{\pi}$ mm
8. c
9. a
10. 12
11. 16
12. $\simeq 15$ m
13. 58
14. a) $\ell = 2r \cdot \sqrt{3}$
b) $V = 10r^2 \cdot (3\sqrt{3} - \pi)$
15. $9\sqrt{2}\ cm^3$
16. e
17. 14
18. $\frac{52\sqrt{3}}{9}\ cm^3$
19. e
20. a
21. b
22. d
23. 6 cm
24. e
25. $r = \frac{9}{4}$ cm e
$V_{cone} = \frac{81\pi\sqrt{7}}{64}\ cm^3$
26. c
27. b
28. 300
29. 22%
30. a
31. d
32. a) $16\pi\ cm^3$ b) $V = \frac{\pi \cdot x^3}{108}$
33. e
34. a) o tronco de cone
b) demonstração
35. a) $\frac{272\pi}{3}\ m^3$
b) $4\pi(17 + 2\sqrt{2})\ m^2$
36. d
37. d
38. e
39. a) 34,325 L b) $\sqrt[3]{\frac{9}{4\pi}}$ dm
40. a
41. c
42. c
43. d
44. c
45. d
46. $16\ cm^3$
47. e
48. d
49. b
50. e
51. d
52. a) $V_{anel} = \frac{\pi \cdot R^3}{6}$
b) $A = \pi \cdot R^2 \cdot (2 + \sqrt{3})$
53. E, E

## Programas de Avaliação Seriada

1. c
2. b
3. a) $h = \frac{5}{\pi} \cdot \sqrt{4\pi^2 - \theta^2}$
b) $\theta = 0{,}21 \cdot \pi$
4. d
5. F, V, F, F, F

# Capítulo 9

## Exercícios Propostos

1. 180
2. 100; sim
3. 999.990
4. a) 9.000
b) 4.500
c) 2.240
d) 120
5. 1.280
6. 336
7. 48
8. 56
9. 16
10. 328
11. 256
12. 70
13. a) 5 b) 35 c) $d = \frac{n(n-3)}{2}$
14. 1.792
15. a) $120 = 2^3 \cdot 3^1 \cdot 5^1$ b) 16
16. 14.700
17. 145
18. 168
19. 1.023
20. 85
21. 36
22. a) 840
b) 2.011
c) 210
d) $\frac{1}{19}$
e) 1
23. a) $\frac{n^2 + 3n + 2}{3}$
b) $n^2 + n$
c) $\frac{1}{n^2 - n}$
d) $n^2 + 3n + 1$
24. F, F, V, V
25. $n = 0$
26. $n = 7$
27. $S = \{5\}$
28. $n \geqslant 11$, com $n \in \mathbb{N}$
29. $n = 4$
30. a) 5.040
b) 2.880
c) 1.440
d) 3.600
e) 4.320
31. 362.880
32. 1.728
33. 28.800
34. 120
35. 64
36. 480
37. a) 360 b) 72
38. MALA
39. 15
40. 1.680
41. 15
42. 40
43. 6
44. 768

**45.** a) 360 c) 120

b) 1 d) $\frac{140}{3}$

**46.** a) $n = 3$

b) para $k$ sendo múltiplo positivo de 6

**47.** 380

**48.** após 90 dias

**49.** 210

**50.** 64

**51.** 60

**52.** 60

**53.** 1.320

**54.** 1.330

**55.** a) 15 d) 2

b) 1 e) 64

c) 1

**56.** demonstração

**57.** a) $\frac{n^2 + n}{2}$

b) $\frac{n^2 + 5n + 6}{2}$

**58.** $x = 6$

**59.** $x = 35$ e $r = 25$

**60.** 120

**61.** maior

**62.** 310.080

**63.** 1.688

**64.** 66

**65.** 132 minutos

**66.** 84

**67.** 90

**68.** a) 100 b) 100

**69.** Naomi venceu o desafio e errou a estimativa.

**70.** 64

**71.** 1.996

**72.** 294

**73.** a) 325

b) R$ 18,90 e R$ 43,20

**74.** 180

**75.** a) 4 b) 32

**76.** 63

**77.** 2.520

**78.** a) 10 b) 4 c) 24

**79.** quina: 18 e quadra: 45

**80.** 19

**81.** 15

**82.** 40

**83.** 11

**84.** a) 36 b) 36

**85.** 282.240

**86.** 4.320

**87.** a) 120 d) 6

b) 70 e) 1

c) 6 f) 1

**88.** 1

**89.** $\binom{10}{7}$, $\binom{11}{3}$ e $\binom{9}{5} + \binom{9}{6}$

**90.** 330

**91.** a) $\binom{2}{0} \cdot x^2 + \binom{2}{1} \cdot xy + \binom{2}{2} \cdot y^2$

b) $\binom{3}{0} \cdot a^3 + \binom{3}{1} \cdot a^2 \cdot b + \binom{3}{2} \cdot a \cdot b^2 + \binom{3}{3} \cdot b^3$

**92.** a) 2 b) 5

**93.** a) 35 b) 45

**94.** 3

**95.** $x = 50$ e $r = 15$

**96.** demonstração

**97.** 126

**98.**

```
1
1  1
1  2   1
1  3   3   1
1  4   6   4   1
1  5  10  10   5   1
1  6  15  20  15   6   1
1  7  21  35  35  21   7  1
1  8  28  56  70  56  28  8  1
```

ou

```
                    1
                  1   1
                1   2   1
              1   3   3   1
            1   4   6   4   1
          1   5  10  10   5   1
        1   6  15  20  15   6   1
      1   7  21  35  35  21   7   1
    1   8  28  56  70  56  28   8   1
```

**99.** A soma dos elementos da linha $n$ é $2^n$.

**100.** 35

**101.** 84

**102.** $\binom{12}{5} = \binom{4}{4} + \binom{5}{4} + \binom{6}{4} + \binom{7}{4} + \binom{8}{4} + \binom{9}{4} + \binom{10}{4} + \binom{11}{4}$

**103.** $x = 4$ ou $x = 6$

**104.** 34

**105.** demonstração

**106.** a) $\binom{8}{0} + \binom{8}{1} + \binom{8}{2} + \binom{8}{3} + \binom{8}{4} + \binom{8}{5} + \binom{8}{6} + \binom{8}{7} + \binom{8}{8}$

b) $2 \cdot 3 + 3 \cdot 4 + 4 \cdot 5 + 5 \cdot 6 + 6 \cdot 7 + 7 \cdot 8$

c) $\frac{1}{2^0} + \frac{1}{2^1} + \ldots + \frac{1}{2^{n-1}} + \frac{1}{2^n}$

**107.** a) $\sum_{k=1}^{n} k^3$ b) $\sum_{k=2}^{15} \frac{1}{k}$

**108.** a) 254 b) 55 c) 0

**109.** demonstração

**110.** a) $\sum_{k=0}^{8} \binom{8}{k} \cdot x^{8-k} \cdot (-1)^k$

b) $\sum_{k=0}^{6} \binom{6}{k} \cdot p^{6-k} \cdot (3a)^k$

c) $\sum_{k=0}^{5} \binom{5}{k} \cdot (2x)^{5-k} \cdot (-3y)^k$

d) $\sum_{k=0}^{4} \binom{4}{k} \cdot x^{4-3k} \cdot 2^k$

**111.** a) $\sum_{p=0}^{5} \binom{5}{p} \cdot x^{5-p} \cdot 1^p = (x + 1)^5$

b) $\sum_{p=0}^{6} \binom{6}{p} \cdot x^{6-2p} \cdot 2^p = (x + 2)^6$

c) $\sum_{p=0}^{4} \binom{4}{p} \cdot x^{4-2p} \cdot (-1)^p = \left(x - \frac{1}{x}\right)^4$

**112.** a) $x^5 - 10x^4 + 40x^3 - 80x^2 + 80x - 32$

b) $81 + 108a^2 + 54a^4 + 12a^6 + a^8$

c) $x^8 - 8x^6 + 28x^4 - 56x^2 + 70 - \frac{56}{x^2} + \frac{28}{x^4} - \frac{8}{x^6} + \frac{1}{x^8}$

**113.** 243

**114.** $a = -1$ ou $a = 2$

**115.** a) $324x^7$ b) $35x^3$ c) $-3.240x^4$

116. 15
117. 6.º termo
118. −4
119. $a = \frac{1}{3}$ ou $a = -\frac{1}{3}$
120. $5.670a^8$
121. 160
122. $k = 1$
123. $1.120x^4$
124. demonstração

## Encare Essa!

1. b
2. 414

## Atividades de Revisão

1. São seis pares: (1, 2), (1, 4), (3, 2), (3, 4), (5, 2) e (5, 4)
2. 96
3. 360
4. 5.040
5. 9
6. a) $\frac{740}{21}$ c) $n^2 + 5n + 7$
   b) 10 d) $2n^2 - n$
7. $n = 4$
8. 15
9. $2 \cdot 9! = 725.760$
10. 7.140
11. 33.649
12. 210
13. 5.040
14. 10
15. a) 180 b) 64 c) 212
16. a) $n = 3$ b) $n = 9$ c) $n = 6$
17. 45
18. 455
19. 62
20. 79.833.600
21. V, V, F, F, V
22. $x = 5$ ou $x = 4$
23. 16
24. 525
25. 3.003

## Questões Propostas de Vestibular

1. c
2. d
3. b
4. b
5. 12
6. d
7. a
8. b
9. a
10. d
11. d
12. a
13. 8
14. a
15. a
16. 41
17. 300
18. d
19. V, V, F, V, F
20. a
21. 432
22. b
23. 1.260
24. d
25. d
26. 8
27. a
28. c
29. a
30. a
31. a
32. b
33. a) 40 b) 18
34. a) 969 b) 1.360
35. a) 15 b) 6.188
36. d
37. c
38. 78
39. a
40. C, E, C, E, E, C
41. d
42. a
43. b
44. d
45. d

## Programas de Avaliação Seriada

1. V, V, F, F, F
2. c 3. a 4. d 5. 15

# Capítulo 10

## Exercícios Propostos

1. a) $\Omega = \{(1, 1), (1, 2), (1, 3), (1, 4), (1, 5), (1, 6), (2, 1), (2, 2), (2, 3), (2, 4), (2, 5), (2, 6), (3, 1), (3, 2), (3, 3), (3, 4), (3, 5), (3, 6), (4, 1), (4, 2), (4, 3), (4, 4), (4, 5), (4, 6), (5, 1), (5, 2), (5, 3), (5, 4), (5, 5), (5, 6), (6, 1), (6, 2), (6, 3), (6, 4), (6, 5), (6, 6)\}$
   b) (1, 1), (2, 2), (3, 3), (4, 4), (5, 5) e (6, 6)
2. a) 36
   b) resposta pessoal
   c) $S_{cinco} = \{(1, 4), (4, 1), (2, 3), (3, 2)\}$
3. $\Omega = \{\text{escola } A, \text{escola } B, \text{escola } C\}$
4. 816
5. 276
6. 21
7. $\frac{n}{3}$
8. $\frac{3}{13}$
9. 0,3
10. $\frac{2}{59}$
11. a) 720 b) $\frac{1}{120}$
12. $\frac{1}{2}$
13. 0,35
14. a) $\frac{1}{9}$ b) $\frac{5}{36}$ c) $\frac{3}{4}$ d) $\frac{11}{36}$
15. $\frac{1}{4}$
16. $\frac{1}{2}$
17. a) $\frac{1}{4}$ d) $\frac{1}{5}$
    b) $\frac{1}{2}$ e) $\frac{17}{20}$
    c) $\frac{1}{4}$
18. a) $\frac{1}{11}$ b) $\frac{2}{11}$ c) $\frac{6}{11}$ d) $\frac{5}{11}$
19. a) $\frac{1}{6}$ b) $\frac{1}{4}$
20. a) $\frac{1}{5}$ b) $\frac{1}{2}$
21. a) $\frac{1}{5}$ b) $\frac{2}{5}$ c) $\frac{1}{10}$ d) $\frac{4}{5}$
22. $\frac{1}{22}$
23. a) $\frac{1}{8}$ d) $\frac{3}{8}$
    b) $\frac{1}{8}$ e) $\frac{7}{8}$
    c) $\frac{3}{8}$ f) $\frac{1}{2}$
24. a) $\frac{3}{5}$ b) $\frac{2}{5}$
25. $\frac{3}{4}$
26. $\frac{1}{3}$
27. $\frac{1}{56}$
28. $\frac{6}{35}$
29. 1
30. 0
31. $\frac{5}{6}$
32. $\simeq 99\%$
33. $\frac{80}{99}$
34. $\frac{15}{34}$
35. a) $\frac{7}{15}$ b) $\frac{1}{5}$ c) $\frac{8}{15}$
36. $\frac{4}{13}$

37. $\frac{1}{2}$

38. $\frac{1}{9}$

39. 17%

40. 35%

41. 96%

42. $\frac{1}{9}$

43. 5%

44. $\frac{4}{25}$

45. 37%

46. 29%

47. $\frac{1}{5}$

48. a) $\frac{9}{35}$ b) $\frac{10}{49}$

49. a) $\frac{7}{13}$ b) $\frac{3}{7}$

50. a) $\frac{1}{2}$ b) $\frac{2}{3}$

51. 0,06%

52. demonstração

53. $\frac{1}{3}$

54. $\frac{2}{35}$

55. a) $\frac{1}{4}$ b) $\frac{1}{6}$ c) $\frac{2}{3}$ d) $\frac{1}{2}$

56. a) $\frac{3}{1.225}$ b) $\frac{38}{245}$ c) $\frac{207}{245}$

57. a) $\frac{1}{99}$ b) $\frac{14}{33}$

58. $\frac{1}{12}$

59. a) $P(A) = \frac{7}{20}$ e $P(B) = \frac{1}{6}$
b) não

60. $\frac{1}{2}$

61. $\frac{1}{32}$

62. $\frac{1}{15}$

63. a) $\frac{5}{21}$ b) $\frac{10}{21}$

64. $\frac{1}{325}$

65. a) $\simeq$ 35,7% b) $\simeq$ 95,2%

66. $\frac{7}{9}$

67. a) $\frac{2}{9}$ b) $\frac{4}{81}$

68. a) 6,25% b) $\simeq$ 2,34%

69. a) $\frac{8}{15}$ b) $\frac{7}{15}$ c) $\frac{1}{3}$

70. $\simeq$ 64,3%

71. a) $\left(\frac{5}{12}\right)^4$ b) $\frac{5^2 \cdot 7^2}{2 \cdot 12^3}$

72. $\frac{144}{625}$

73. $\frac{7}{32}$

74. $\simeq$ 16%

75. $\simeq$ 0,26%

76. $\simeq$ 28%

77. $\frac{8}{1.953.125}$

78. $\frac{1}{81}$

79. $\simeq$ 23%

80. a) $\frac{1}{32}$ b) $\frac{5}{32}$ c) $\frac{31}{32}$

81. $\frac{7}{8}$

82. a) $\frac{2}{27}$ b) $\frac{4}{9}$

83. $\simeq$ 40%

84. $\simeq$ 92%

85. $93 \cdot (0,5)^8$

86. $(0,6)^{10}$

## Encare Essa!

1. a) 16 b) $x \geqslant 5$

2. b

3. a) $\frac{5}{18}$ b) $\frac{4}{9}$ c) $\frac{6.305}{6.561}$

## Atividades de Revisão

1. $\Omega = \{(k, 1), (k, 2), (k, 3), (k, 4), (k, 5), (k, 6), (c, 1), (c, 2), (c, 3), (c, 4), (c, 5), (c, 6)\}$

2. 120

3. $\Omega = \{2, 3, 4, 5, 6, 7, 8, 9, 10, 11, 12\}$
$n(A) = 2$

4. $\frac{1}{1.024}$

5. $\frac{1}{720}$

6. a) $\frac{3}{10}$ b) $\frac{7}{20}$

7. $\frac{5}{12}$

8. a) $\frac{1}{4}$ d) $\frac{1}{4}$
b) $\frac{1}{16}$ e) $\frac{1}{16}$
c) $\frac{3}{8}$

9. $\frac{3}{14}$

10. $\frac{1}{3}$

11. $\frac{91}{105}$

12. $P(\text{cara}) = \frac{2}{3}$ e $P(\text{coroa}) = \frac{1}{3}$

13. $\frac{675}{676}$

14. $\frac{1}{6}$

15. $\frac{11}{12}$

16. 70%

17. $\frac{1}{40} = 2{,}5\%$

18. a) 70
b) $P(A) = \frac{4}{7}$, $P(B) = \frac{5}{7}$ e
$P(A \cap B) = \frac{2}{7}$
c) $P(B/A) = \frac{1}{2}$ e $P(A/B) = \frac{2}{5}$

19. 48%

20. $\frac{2}{3}$

21. $\frac{1}{64}$

22. a) $\frac{64}{125}$ d) $\frac{7}{15}$
b) $\frac{7}{15}$ e) $\frac{1}{125}$
c) $\frac{48}{125}$ f) zero

23. $\left(\frac{19}{20}\right)^{10}$

24. $\frac{5}{16}$

25. $\simeq$ 4,5%

## Questões Propostas de Vestibular

1. b

2. c

3. a

4. a) 243 b) 0,216

5. c

6. c

7. a

8. 12

9. e

10. b

11. a) 24 b) $\frac{1}{24}$

12. a

13. a

14. d

15. c

16. a) 45 b) $\frac{1}{15}$ c) $\frac{14}{15}$

17. 56

18. a) $\frac{15}{56}$ b) $\frac{1}{3}$

19. a) 6.000 b) 0,036 c) $\frac{11}{180}$

20. a

21. a

22. 4%

23. d

24. a

25. 24

26. b

27. a) 20; 150 b) 400; $\frac{1}{10}$

28. a) $\frac{1}{512}$ b) $\frac{7}{8}$

29. d

30. F, F, V, V, F

31. a

32. d

33. e

34. a) $\frac{5}{12}$ e $\frac{2}{3}$ b) $\frac{7}{9}$

## Programas de Avaliação Seriada

1. E, C, C
2. d
3. c
4. V, F, V, F
5. $\frac{6}{27}$

## Banco de Questões de Vestibular

1. b
2. a) $4\sqrt{3}$ dm; $\frac{\sqrt{13}}{3}$
   b) 90°; 120 voltas

3. c 4. d 5. d 6. d 7. d
8. c 9. 60 10. 18 11. $\frac{\pi}{6}$ 12. b
13. b 14. e 15. a
16. 4 meses e 13 dias
17. a) $A = 12$ e $B = 2{,}4$ ou $A = 12$ e $B = -2{,}4$
    b) 15 rad
18. a
19. $x = \text{arctg } 2$ ou $x = \text{arctg } \frac{1}{3}$
20. $\frac{\pi}{4}, \frac{3\pi}{4}, \frac{5\pi}{4}, \frac{7\pi}{4}, \frac{\pi}{6}, \frac{5\pi}{6}, \frac{7\pi}{6}$ e $\frac{11\pi}{6}$
21. c
22. $x = 0$ ou $x = \frac{\pi}{3}$
23. c 24. 27 25. b 26. 5
27. 44 28. e 29. d 30. a
31. 19 32. a 33. c 34. b
35. a
36. a) $\begin{pmatrix} 1 & 0 & 0 \\ 0 & -1 & 2 \\ 1 & 1 & 1 \end{pmatrix}$
    b) $\begin{pmatrix} 1 & 2 & 2 \\ 0 & 3 & 0 \\ 0 & 0 & 3 \end{pmatrix}$
    c) $-3$
    d) $-3$
    e) 9
37. a
38. b
39. 18
40. a
41. e
42. $p = -\frac{1}{2}$ e $q = \frac{7}{2}$
43. d
44. Amélia: R$ 24,00, Lúcia: R$ 18,00 e Maria: R$ 36,00
45. c
46. b
47. e
48. e
49. 25
50. 25
51. c
52. d
53. a) $S = \{1, 2\}$ b) $m = \frac{7}{2}$
54. $2\sqrt{5}$ cm
55. a
56. c
57. b
58. e
59. a
60. 13
61. a
62. c
63. b
64. $19\sqrt{3}$ cm²
65. a
66. e
67. e
68. d
69. $\frac{1}{2}$
70. d
71. b
72. F, F, F, F, F
73. 4
74. c
75. c
76. a
77. b
78. $\frac{7 - \sqrt{37}}{3}$ dm
79. c
80. b
81. $30\sqrt{3}$ cm³
82. e
83. e
84. a) 15 cm² b) 20 cm³
85. F, V, V, F, V
86. $V = \frac{x^3}{48}$
87. c
88. a) 0,8 m b) $V = 8h$
89. b
90. a) $CK = 2$ cm e $DL = 4$ cm
    b) 42 cm³
91. e
92. d
93. d
94. b
95. c
96. a) $600\pi$ cm³ b) 300 m³
97. b
98. e
99. a
100. c
101. 19
102. b
103. b
104. a) $8\pi$ cm² b) $\frac{32\pi}{3}$ cm³
105. 21
106. a
107. c
108. b
109. c
110. b
111. c
112. c
113. b
114. 18
115. 57
116. e
117. e
118. e
119. c
120. d
121. 300
122. sim
123. b
124. b
125. $\frac{14}{15}$
126. e
127. a
128. b
129. c
130. 25
131. a
132. b
133. a) 56% b) 6%
134. a) *C* contém números divisíveis por 9, sendo o menor 111.111.111.
     *C* não contém números divisíveis por 6.
     b) 11,1%
135. a) 3.003 b) 450 c) $\frac{95}{273}$
136. a
137. a) $\frac{1}{4}$ b) $n = 9$
138. d
139. a
140. e

## Banco de Questões do ENEM

1. e 2. I. a II. c 3. c 4. d
5. b 6. e 7. c 8. d 9. d
10. b 11. e 12. d 13. b 14. e
15. a 16. c 17. e 18. b 19. d
20. c 21. d 22. d 23. b 24. a
25. b 26. b 27. b 28. I. b II. c
29. d 30. b 31. c 32. b 33. c
34. b 35. a 36. b 37. d 38. d
39. a 40. c 41. c 42. d 43. b
44. c 45. e 46. c 47. b 48. e
49. a 50. I. a II. c